广东土木建筑年鉴

（2008）

主　编：广东省土木建筑学会
指　导：广东省建设厅
广东省交通厅
广东省水利厅
广州铁路集团

中国建筑业出版社

《广东土木建筑年鉴》（2008）
编辑委员会名单

《广东土木建筑年鉴》编辑部

编 辑 说 明

一、广东省土木建筑学会在省建设厅、交通厅、水利厅、广铁集团的指导下，组织编纂出版了《广东土木建筑年鉴》（2008）首卷，在编辑工作中得到了各方面的大力支持，充分体现了“大土木”的格局。在此表示深深的感谢！

二、《广东土木建筑年鉴》按年度编辑出版，每年一卷。其组稿、编辑、出版、发行和彩版征集汇编工作由《广东土木建筑年鉴》编辑部负责。

三、《广东土木建筑年鉴》（2008）主要分六个部分编辑：

第一部分:文献；主要集中刊登了2007年国家、国务院、建设部等部委，以及广东省人大、政府、建设厅颁发的法律法规及重要文件，选载了广东省建设厅、交通厅、广州市建委、深圳市建设局主要领导的重要讲话；还收集了2007广东省建设工作会议上部分城市建设主管部门的经验交流文章。

第二部分：建筑类大奖；主要记载了中国建筑工程鲁班奖、中国土木工程(詹天佑)奖、梁思成奖、华夏科学技术奖、绿色建筑创新奖、2007广东科学技术奖、2007年度广东省建设工程金匠奖、2007年度广东省第十一次优秀工程勘察、 第十三次优秀工程设计奖、2007年度广东省建筑业新技术应用示范工程评审；

第三部分：人物风采；主要设立了专家感言、年鉴人物、全国工程勘察设计大师作品选、室内篇——中国酒店设计大师作品选、广东建筑师作品文库、高级专业人才名录等栏目，突出展示我省“大土木”行业精英的风采和主要工作成绩，凸显以人为本的理念。

第四部分：专业技术交流；选载了20余篇短小精干的专业技术文章，具有极高的借鉴和启迪作用。

第五部分：地区建设概况；本卷只刊登了广州市、深圳市、清远市的情况。今后第四部分将成为重头部分，集中记载全省各市上一年的建筑业发展概况。

第六部分：学会专辑；本卷刊登了广东省土木建筑学会2007工作总结和2008工作安排、刊登了学会章程、并且集中介绍了学会的主要领导和各专业委员会的情况。今后各卷将详细记载学会每年工作情况。

四、《广东土木建筑年鉴》（2008）还设立了特载、图片专辑，图文并茂的记载了我省建筑行业部分优秀骨干企业的概况。

五、《广东土木建筑年鉴》（2008）没有记载交通、水利、铁路建筑业的情况，今后将单独设立栏目记载。

首次编辑出版《广东土木建筑年鉴》，因人员不足，经费不足，经验不足等客观原因，难免存在很多缺欠，在此请提宝贵意见和建议，以便我们采纳改正，使《广东土木建筑年鉴》越办越好，真正起到广东省“大土木”的“史记”作用。

广东省土木建筑年鉴编委会

2008年10月

目　录

特载

广州大学城项目
广州白云国际会议中心工程
广东省建筑工程集团有限公司
中交第四航务工程局有限公司
广东省建筑科学研究院
广州市设计院
广东省建筑设计研究院
广州市城市规划勘测设计研究院
广东省基础工程公司
广东省第四建筑工程公司
广东省公路勘察规划设计院
广州瀚华建筑设计有限公司

第一部分：文献

一、重要讲话

广东省建设厅厅长劳应勋在全省建设工作会议上的讲话（2008年1月14日）.........[014]
广东省建设厅党组书记房庆方在全省墙材革新与建筑节能工作情况通报会上的讲话
（2007年12月6日）..[018]
广东省交通厅张远贻厅长在全省高速公路建设现场会上的讲话（2007年06月22日）..[020]
广东省建设厅陈英松副厅长在全省建筑施工安全生产工作
暨第一季度防范重特大事故工作会议上的讲话（2007年1月19日）.............[022]
广东省建设厅副厅长陈英松在全省建设工程勘察设计与建筑管理工作会议上的讲话
（2007年2月8日）...[025]
广州市建委主任陈如桂：广州市城市建设工作报告　（2007年1月18日）.............[029]
广州市建设工委书记、市建委主任简文豪
在市建筑工地农民工业余学校创建工作会议上的讲话（2007年7月19日）.......[036]
深圳市建设局局长李荣强在在全局系统年终总结大会上的讲话
（2008年1月25日）..[038]

二、经验交流

[2008]全省建设工作会议交流材料之一
科学构建多层次住房供应和消费体系，不断满足群众日益增长的住房需求
广州市国土房管局...[044]
[2008]全省建设工作会议交流材料之二
规划统筹，强力引导土地资源节约集约利用
深圳市规划局...[045]

[2008]全省建设工作会议交流材料之三
构建预防新机制，促进重点项目廉洁建设
——广佛轨道交通建设工程（佛山段）介绍
佛山市建设局 .... [047]
[2008]全省建设工作会议交流材料之四
以人为本，实惠百姓，积极开创城市公厕建设新模式
梅州市环境卫生管理局 .... [048]
[2008]全省建设工作会议交流材料之五
激励工程质量创优的经验和做法
东莞市建设局 .... [049]
[2008]全省建设工作会议交流材料之六
全民动员，全力整治，扎实推进城乡清洁工程
湛江市建设局 .... [051]
[2008]全省建设工作会议交流材料之七
关爱建筑业农民工，建设文明和谐新广州
广州市建设委员会 .... [052]
[2008]全省建设工作会议交流材料之八
加强规划衔接，促进两市协调发展
——广佛两市城市规划协调机制的构筑及实践
广州市规划局　佛山市规划局.. [054]
[2008]全省建设工作会议交流材料之九
坚持办事公开，打造阳光市政
广州市市政园林局 .... [056]
[2008]全省建设工作会议交流材料之十
加强管理，确保安全，努力提升城市桥梁管理水平
深圳市城市管理局 .... [057]
[2008]全省建设工作会议交流材料之十一
积极推动服务创新，全面提高行政效能
韶关市建设局 .... [058]
[2008]全省建设工作会议交流材料之十二
突出生态文明村规划，推进社会主义新农村建设
韶关市始兴县建设局 .... [059]
[2008]全省建设工作会议交流材料之十三
以科技为龙头，建设政府主导，企业唱戏的建筑节能大平台
东莞市建设局 .... [060]
[2008]全省建设工作会议交流材料之十四
严抓狠管，切实做好，建筑施工起重机械安全监督管理工作
中山市建设局 .... [062]
[2008]全省建设工作会议交流材料之十五
狠抓创“双优”样板工地，有效促进我市建筑工程施工安全生产的健康发展
肇庆市建设局 .... [063]
[2008]全省建设工作会议交流材料之十六
多管齐下解决城镇特困户住房难
连州市房地产管理局 .... [064]
[2008]全省建设工作会议交流材料之十七
城市房屋拆迁全程管理介入
潮州市房地产管理局 .... [065]

三、法律法规

中华人民共和国城乡规划法（2007年10月28日中华人民共和国主席令第74号）........... [066]

中华人民共和国节约能源法（2007年10月28日中华人民共和国主席令第77号）........... [070]
中华人民共和国物权法（2007年3月16日中华人民共和国主席令第62号）............... [074]
中华人民共和国城市房地产管理法（中华人民共和国主席令第72号）............... [083]
中华人民共和国突发事件应对法（2007年8月30日中华人民共和国主席令第69号）........ [086]
中华人民共和国科学技术进步法（2007年12月29日中华人民共和国主席令第82号）....... [090]
中华人民共和国道路交通安全法（2007年12月29日中华人民共和国主席令第81号）....... [094]
中华人民共和国水文条例（国务院令第496号公布）.............................. [100]
国务院关于修改《物业管理条例》的决定 （国务院令第504号公布）............... [102]

四、部门规章、重要文件

外商投资建设工程服务企业管理规定 （建设部、商务部令第155号）............... [105]
建筑业企业资质管理规定 （建设部部令第159号）.............................. [106]
关于印发《施工总承包企业特级资质标准》的通知(建市[2007]72号)................ [109]
关于印发《建设工程勘察设计资质管理规定实施意见》通知(建市[2007]202号).......... [111]
《生产安全事故报告和调查处理条例》罚款处罚暂行规定
（国家安全生产监督管理总局令第13号）.................................. [116]
关于建筑工程建筑面积计算问题的通知(粤建造函[2007]047号)..................... [117]
建设工程勘察设计资质管理规定（建设部令第160号）.......................... [118]
关于印发《水利工程建设项目招标投标审计办法》的通知.......................... [121]
工程监理企业资质管理规定（建设部令第158号）.............................. [122]
广东省建设厅印发2007年广东省建设工作要点的通知(粤建法字[2007]18号)............ [125]
广东省建设工程勘察设计管理条例.
广东省第十届人民代表大会常务委员会公告第74号............................ [127]
广东省物价局关于印发《广东省物价局新建商品房交易价格行为规则》
的通知 (粤价[2007]105号)... [129]
广东省民政厅、建设厅、国土资源厅、林业局、物价局
关于加强和规范公益性生态墓地建设和管理的意见 (粤民福[2007]34号)............ [130]
广东省企业信用信息公开条例
（广东省第十届人民代表大会常务委员会第三十三次会议通过）.................. [132]
广东省物价局新建商品房销售明码标价规定（粤价[2007]127号）................. [133]
广东省安全生产监督管理局非煤矿山建设项目安全设施设计审查和竣工验收工作程序规定
（粤安监[2007]382号）.. [134]
广东省建设厅关于2007年广东省建筑节能专项检查情况的通报(粤建科函[2007]474号).... [136]

第二部分：建筑类大奖

（一）中国建筑工程鲁班奖简介.. [158]
（二）中国土木工程(詹天佑)奖简介.. [163]
（三）梁思成奖简介.. [164]
（四）华夏科学技术奖简介.. [164]
（五）绿色建筑创新奖.. [165]
（六）2007广东科学技术奖.. [166]
（七）关于2007年度广东省建设工程金匠奖评审结果的公示（粤建协[2007]4号）....... [168]
(八)关于2007年度广东省优良样板工程获奖名单的公示（粤建协[2008]1号............. [172]
（九）2007年度广东省第十一次优秀工程勘察、第十三次优秀工程设计奖获奖项目....... [179]
（十）关于2007年度广东省建筑业新技术应用示范工程评审结果的公示（粤建协[2008]6号） [207]
(十一)关于广东省城乡规划行业优秀工作者名单的公告（粤规协函[2008]06号）......... [140]

第三部分：年鉴人物

●专家感言……[141]

气候变暖引发建筑业的思考/陈之泉/142
重管理，求创新，促进建设行业科学发展/郭成奎/143
我省建筑结构体系新发展/容柏生/144
建筑创作要体现地域性、文化性、时代性/何镜堂/145
我省建筑业现状、前景及学会作用的感悟/赵资钦/146
美术人员学习建筑大有作为/陈开庆/147
建筑行业计算机应用与信息化建设/韩大建/148
学术观点建议/郭明卓/149
创作思想表白/潘忠诚/149
建筑师与医院建筑设计/张九学/150
建筑防水杂谈——治乱路在何方？/蒙炳权/151
广东地下工程感想/林培源/152
环保节能任重道远/张廷全/152
当前建筑施工技术的热点问题/张润民/153
城市轨道交通大发展的感想/莫庭斌/153
完善设计投标及评审方式的几点建议/肖大威/154
确保工程质量是建设工作者的天职/周文辉/154
对我省建筑结构专业的感悟/刘玉树/155
变革与创新/汤德明/155
希望明天会更好/赵　亮/156

●人物传记……[209]

陈之泉：用智慧演绎建筑人生 用爱心呼唤绿色环境……[210]

●全国工程勘察设计大师作品选……[215]

何镜堂……[216]
郭明卓……[220]

●中国酒店设计大师作品选（室内篇）……[224]

王　河……[225]

●医院建筑设计专辑

张九学……[242]

●广东建筑师作品文库……[233]

黄　捷作品选……[234]
马震聪作品选……[238]
张九学作品选……[242]
李求之作品选……[272]
徐福林作品选……[276]
卢子敏作品选……[280]
王如荔作品选……[282]
赵向东作品选……[284]
黄　劲作品选……[286]
李远松作品选……[288]
刘志武作品选……[289]
李子刚作品选……[292]
张南宁作品选……[294]
骆建云作品选……[296]
陈福谦作品选……[298]
曾亦晖作品选……[300]
陈　岩作品选……[302]
曹友启作品选……[302]
郭雨君作品选……[307]
杨欣炜作品选……[310]

●高级人才名录……[311]

2007年广东省建筑专业高级工程师资格评审通过人员名单……[312]
2007年路桥、港航专业高级工程师资格评审结果公示……[320]
获得路桥专业高级工程师资格人员名单
获得港航（水工）专业高级工程师资格人员名单

第四部分：专业技术交流

住宅裂缝成因及控制与处理……/杨建荣/[323]
住宅工程现浇楼板裂缝成因分析及防治……/杨 城/[324]
新建房屋地基沉降的控制与处理……/叶国群/[325]
外墙外保温体系抗裂问题分析……/杨生凤/[326]
推广新墙材与建筑节能要注意的问题……/周卫国/[327]
室内排水横管设置的综合技术……/姚彦鹅/[328]
试论住宅楼宇项目电气分包中的控制路径……/舜 杰/[329]
石灰精在混凝土中的应用……/王品伦/[330]
施工项目管理与成本控制……/傅坚强 徐锦虎 凌金耀/[331]
施工管理的质量控制……/杨建荣 王建祥/[332]
上海金茂大厦塔吊应用技术研究……/顾冬生/[332]
软土地区大面积直、斜桩施工技术……/李佳雨/[333]
轻钢彩板建筑如何选择螺钉……/顾纪清/[334]
建筑节能在工程中的应用……/谢洪军 张加根/[334]
广州地区民用建筑节能技术的研究与应用……/ 冀兆良 梁栋 屈国伦/[336]
家居装修中的隐患及质量控制……/严明发/[336]
智能工程招投标工作内容与方法……/李 林/[337]
浅谈绿化施工管理……/宋云标 俞瑞刚 王寿山/[338]
论现场管理的优化……/谢锦豪 倪财富/[339]
建筑装饰施工现场技术管理要点……/张卫国/[340]
建筑施工企业技术创新之我见……/杜寿兴/[340]
蓄冷罐施工技术研究……/殷 杰/[341]
推进工程建设“绿色施工”的思考……/肖绪文、王玉玲、谢刚奎、王青水/[342]

第五部分：地区建设概况

广州市……[344]
深圳市……[351]
清远市……[353]

●骨干企业图片专辑 ……[355]

广东南海建筑设计院有限公司/357
广州市住宅建筑设计院有限公司/358
广州市园林建筑规划设计院/360
广州市公用事业规划设计院给水设计所/361
广州市市政工程设计研究院/364
广东柯杰外加剂科技有限公司/365
广东龙光集团/366
广东华联建设项目管理咨询公司/368
广东省华南工程物探技术开发总公司/369
广东省地质建设工程集团公司/370
广东工程建设监理有限公司/371

广州市建筑集团有限公司/372
广州市第二建筑工程有限公司/373
广州市建筑机械施工有限公司/374
广州市建筑集团有限公司装修分公司/376
广东广建项目管理有限公司/377
广州市建筑集团有限公司第一建筑工程分公司/378
广州市第三建筑工程有限公司/380
广州市第四建筑工程有限公司/382
广州市恒盛建设工程有限公司/383
广州市房屋建设有限公司/384
广州市住宅建设发展有限公司/385
汕头市城市建设监理公司/386
广州华南路桥实业有限公司/4387
广州市新光快速路有限公司/388
湛江市粤西建筑工程公司/390
番禺职业技术学院
建筑与艺术设计系建筑工程技术专业/391
广州粤建三和软件有限公司/391
广州一洲信息技术有限公司/391
广州市建都建筑技术有限公司/391
广州三语园林绿化有限公司/391
广东工业大学华立学院/392
广州大学土木工程学院/393
汕头大学土木工程系/393
CM三维高强复合地基/394
广东省土木建筑学会/395

第六部分：广东省土木建筑学会专辑 .... [395]

广东省土木建筑学会2007年工作总结和2008年工作要点
（经2008年1月5日四届四次理事会议讨论通过）.................................. [399]
广东省土木建筑学会简介.. [402]
《广东土木建筑年鉴》简介.. [402]
广东省土木建筑学会章程.. [403]
广东省土木建筑学会第四届理事会理事长\副理事长简介.......................... [405]

理　　事　　长 陈之泉
常务副理事长 赵资钦
名 誉 理 事 长 容柏生、陈家辉
理 事 会 顾 问 吴仁培、张旷成
副　理　事　长 韩大建、郭成奎、何镜堂、周福霖、郭明卓、吴硕贤、
潘浚源、袁明桂、李福伟、王　离、曹华先

广东省土木建筑学会各专业委员会的简介... [410]

广东省土木建筑学会地下工程专业委员会
广东省土木建筑学会给排水专业技术委员会
广东省土木建筑学会工程检测专业委员会
广东省土木建筑学会工程经济专业委员会
广东省土木建筑学会计算机应用专业委员会
广东省土木建筑学会建筑结构专业委员会
广东省土木建筑学会建筑物诊治专业委员会
广东省土木建筑学会环境艺术专业委员会
广东省土木建筑学会混凝土与预应力砼专业委员会
广东省土木建筑学会建筑创作专业委员会
广东省土木建筑学会建筑物理专业委员会
广东省土木建筑学会建筑施工专业委员会
广东省土木建筑学会市政工程专业委员会
广东省土木建筑学会土力学与基础专业委员会
广东省土木建筑学会建筑材料专业委员会
广东省土木建筑学会建筑电气专业委员会
广东省土木建筑学会暖通空调专业委员会

关于请组织做好《广东土木建筑年鉴》有关工作的函
粤建学编函[2008]1号.. [414]

关于编辑出版《广东省土木建筑专家文集》丛书的通知
粤建学（编）字（2006）008号.. [416]

热烈祝贺《广东土木建筑年鉴》（2008）暨创刊卷出版发行

同贺单位（排名不分先后）

广东省房地产业协会
广东省建筑业协会
广东注册建筑师协会
广东省建筑工程集团有限公司
广州市设计院
广东新广国际集团公司
广州市建筑集团有限公司
中港第四航务工程局
中国科学院广州化学研究所
广东省建筑设计研究院
广州大鹏房地产公司
广州市第四建筑工程有限公司
广州市建筑科学研究院
广东省水利水电科学研究院
广东省建筑设计研究院勘测设计所
广东省国际工程咨询公司
深圳招商房地产有限公司
深圳大学建筑设计研究院
广州市建设科学技术委员
广州铁路工程（集团）有限责任公司
广州铁路集团广州铁路勘测设计研究院
广州铁路（集团）有限公司科学技术研究所
广东华路交通科技有限公司
广州四航工程技术研究院
广州市市政园林局
广东省水利电力勘测设计研究院建筑分院
广东省城乡规划设计研究院
广东省冶金建筑设计研究院
广州军区建筑设计院
中交第四航务工程勘察设计院
中国轻工业广州设计院
广州市民用建筑科研设计院
广州市市政工程设计研究院
珠海市建筑设计院
广东省国际工程咨询公司
广东省地震工程勘测中心
江门市建工设计院
深圳市建筑设计研究总院
广州珠江外资建筑设计院
广州瀚华建筑设计有限公司
广东省公路勘察规划设计院
广东省第一建筑工程有限公司
广东省第二建筑工程公司
广东省六建集团有限公司
广东省八建集团有限公司
广东省基础工程公司
广东省建筑构件工程公司
广东省建筑工程机械施工有限公司
广东省工业设备安装公司建筑装饰分公司
广东工程建设监理有限公司
广州市城市建设开发集团有限公司
广州工程总承包集团有限公司
广州市第二建筑工程有限公司
广州市第三建筑工程有限公司
广州市第四建筑工程有限公司
广州市地下铁道总公司
广州市市政集团公司
广州市鲁班防水补强有限公司
广州珠江工程建设监理公司
广州市建筑机械施工有限公司
广州市住宅建设发展有限公司
广州四航工程技术研究院
广东省建材工业科研所
广东省建设工程造价管理总站
广东省建筑设计研究院市政院
阳江市建设监理有限公司
韶关市建筑学会
珠海市土木建筑学会
江门市新会区建筑学会
鹤山市建筑设计院有限公司
广东省佛山建筑设计院
中建国际（深圳）设计顾问有限公司
华南理工大学城市建设研究所
华南理工大学建筑设计研究院
华南理工大学建筑学院
广州大学工程抗震研究中心
广州大学土木工程学院
广东工业大学建设学院
中大理工学院地下工程与信息技术研究中心
汕头市汕头大学土木系

特 载

骨干企业图片专辑

广州大学城项目

广州大学城位于广州市番禺区小谷围岛，面积约18平方公里，规划城市人口约25万人。整体一次规划建设，校区总建筑面积520万平方米，市政道路189公里，总投资250亿。大学城建设贯彻资源共享、生态优先、校际交流的原则，总体布局呈轴线发展加组团放射结构，轴线上布置综合发展区、信息与体育共享区、文化会展共享区，周边布置中山大学、华南理工大学、广东工业大学等10个校区。广州大学城岛内交通以内环、中环、外环3条环路以及12条放射线形成开放式路网。

广州大学城利用集中规划，一次建设的历史机遇，全面贯彻集约型、节约型的理念，体现“人文生态、节地、节能、环保”的可持续发展思想，采用了大量的城市建设新技术，进行了城市建设新的探索和尝试，系统实现了综合管沟、分质供水、分布式能源系统等在国内、;国际上均属领先技术的项目，重点进行了信息系统、生态系统建设和历史文物的保护，初步建成了一座现代化、数字化、生态化、文化氛围浓厚的新型城市。

广州大学城良好的规划、设计、城市配套及环境营造得到了各级领导及社会各界的普遍赞评，广州大学城建设科技创新与新技术应用取得了显著成效。广州大学城按两期建设，目前已全部建成投入使用。一期工程于2003年7月开始动工建设，2004年7月竣工投入使用。二期工程于2004年7月动工建设，2005年8月竣工投入使用。共建设校区房屋总建筑面积520万平方米，建设市政道路总长约69公里，建设校区道路120公里，建设园林绿化设施8.6平方公里，建设地下综合管沟17.4公里及其它的城市基础设施和公共配套设施。现入驻十所大学师生人数达15万人，一个“一流规划，一流设计，一流建设，一流质量”的现代化、智能化大学城已经巍然伫立在南粤之滨。

广州大学城建设项目得到省市科技部门、省市建筑学会等部门的认同，荣获多项国家、省部级奖项。

1、获得各类勘察设计奖31项，其中中山大学获建设部优秀勘察设计三等奖、华南理工大学、华南师范大学获广东省第十二次优秀工程设计一等奖；广州美术学院、广州大学校区、广东外语外贸大学校区、星海音乐学院、广州中医药大学、广东药学院获广东省第十二次优秀设计二等奖；广东工业大学校区获广东省第十二次优秀设计三等奖；

2、获省部优良样板工程108项；

3、中山大学图书馆获2006年鲁班奖；

4、广州大学、广东外语外贸大学、华南理工大学、广东药学院四个校区获得2006年国家优质工程银奖；

5、科技创新成果得到省市科技部门、省市建筑学会等部门的认同和高度评价，尤其分布式能源系统作为广东省2005年环保节能可持续发展的推广示范项目，参加了2005年12月在北京举行的全国节能环保成果展，展示会上得到国家领导人和相关部委的高度赞赏；

6、广州大学城获2006年度国家人居环境范例奖；

7、广州大学城建设项目获第七届中国土木工程詹天佑奖。

图1　广州大学城卫星影像及规划图

广州大学城市政工程

广州大学城园林绿化工程

中山大学

广东外语外贸大学

广州中医药大学

广东药学院

华南理工大学

广东工业大学

广州美术学院

广州大学

华南师范大学

星海音乐学院

广州大学城十所高校

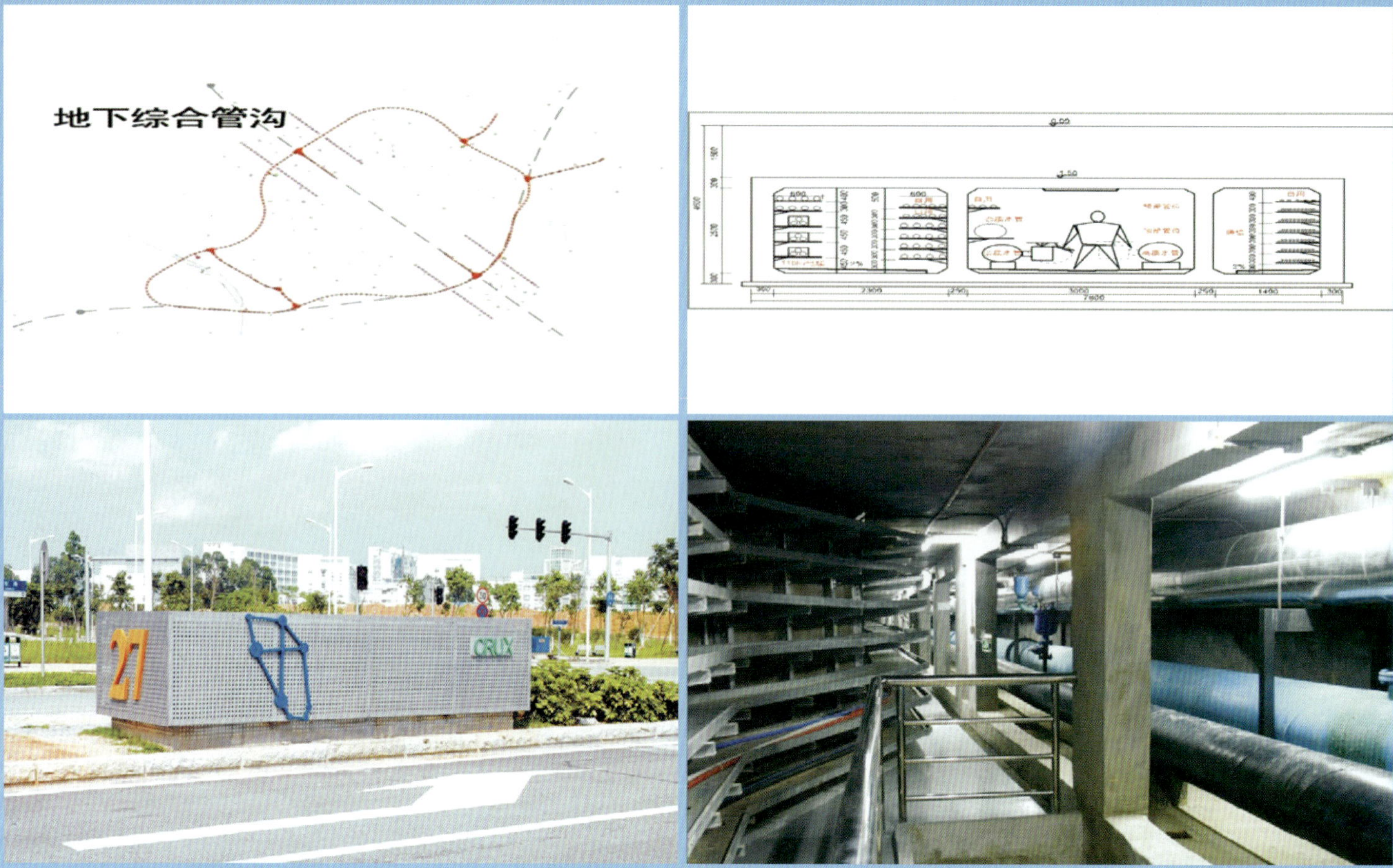

图5　广州大学城综合管沟

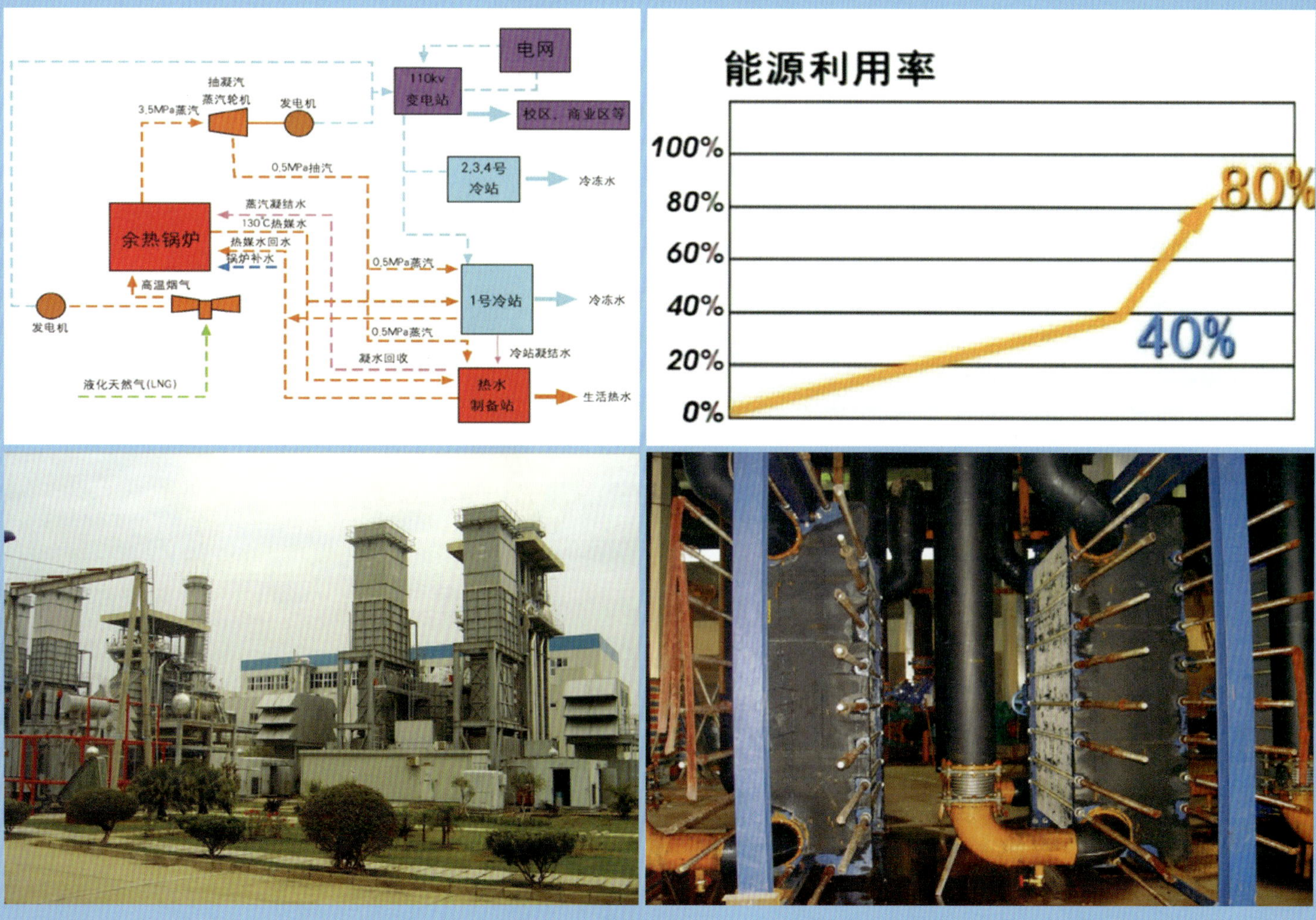

图6　广州大学城能源联产循环利用

图7　广州大学城分质供水高质水的使用

图8　广州大学城建设成为数字化城市

广州白云国际会议中心工程

广州白云国际会议中心是广东省、广州市的重点工程。该项目总建筑面积31.6万平方米，主体建筑包括B、C、D三栋会议展览中心和A、E两栋国际会议酒店，具有召开大型政务会议、各类型国际会议及大型综艺演出、音乐会、影视、展览等功能。该中心是集会议、展览、观演、酒店、商业用房等配套服务设施于一体的大型综合性会议中心，是体现广东省、广州市政务管理能力和建设水平的重要公共设施，是展现岭南地域文化特色、推动国际政治、文化、经贸交流的重要场所。该工程于2005年10月开工建设，2007年1月主体建筑落成并作为广东省十届人大五次会议及广东省九届政协五次会议的主会场投入使用，2007年4月作为广东省第十次党代会召开场所整体全面投入使用。

广州白云国际会议中心设计理念独特，由五个自由曲面建筑组成。整体造型优雅、现代、简洁而大气，功能合理，采用了国内和国际大量的新技术、新材料和新工艺，创造了多个"国内首创"，是一个高科技、智能化、生态化、集成化的大型系统工程。其科技成就如下：

（1）编制了砂岩幕墙规程及设计导则，填补了国内该技术领域的空白。

（2）首创干挂敞开式红砂岩幕墙，应用多项幕墙设计、施工创新技术。自主开发了"幕墙热通道和钢索结构有限分析计算软件"，通过数学建模，模拟仿真解决了拉索的计算及测量等难题。

（3）应用多项钢结构创新技术，如超长、超大直径厚壁离心铸造管（长37米，直径1米、壁厚70毫米）的应用为离心铸造管在民用建筑使用中首开先河。

（4）BMS集成的智能化系统创新设计，创新采用光纤数模技术，减少昂贵投影机的投资约20%。

（5）应用国际先进的声学、舞台设计，2007年1月经中国舞台美术学会进行竣工验收，工程评价达到目前国际先进水平。

（6）采用多项先进技术，创造节能、环保、生态建筑，如玻璃幕墙采用中空LOW-E玻璃，达到最大的节能效果；采用冷源系统群控算法，达到节能效果47%；采用转轮式全热交换器，新风与排风进行全热交换，冷（热）量回收效率70%左右，减少了空调的整体能耗，降低空调的系统容量；采用水源热泵技术，每年可以节约燃料费约55万元。

（7）多项施工技术创新：如首次使用预埋型钢替代超高支模超高超厚筒体楼板支撑技术；采用倾斜外立面悬挑脚手架施工技术，工期节省90天；应用大型履带吊机（L1750）进行大型构件安装，工期节约2个月；波浪式曲面钢框架结构安装精度控制技术；厚板焊接的仿真技术；幕墙单元整体安装等工艺，既保证焊接质量，又大大地缩短了工期。

图1　广州白云国际会议中心西广场

图2　广州白云国际会议中心西广场

图3　广州白云国际会议中心西广场

图4　迎宾道

图5　大会堂

图6　会议厅

图7　餐厅

广东建工

广东省建筑工程集团有限公司

广东省建筑工程集团有限公司成立于1953年，前身是广东省建筑工程局，1983年转制为企业，1996年起成为广东省人民政府授权经营的国有大型建筑企业集团。

广东建工集团以建筑安装、水利水电、装修装饰为主业，工贸科研设计相结合、多种经营并举，具有房屋建筑工程施工总承包特级资质，市政公用、机电安装、水利水电、公路工程施工总承包一级资质，建筑装修装饰、钢结构工程专业承包一级资质，房地产开发经营一级资质，建筑设计甲级资质，工程监理甲级资质，物业管理、特种专业、消防设施、建筑幕墙等专业工程承包资质以及直接对外经营权和劳务输出权，能够承担境内外各类土木建筑和水利水电工程项目。

广东建工集团拥有全资、控股企业及其它分支机构40多家，遍布省内外、港澳以至海外多个国家，拥有省级建筑科学研究院及博士后工作站，总资产115亿元，年综合生产能力超过200亿元。集团拥有员工近4万人，其中专业技术人员和管理人员1万多人，硕士152人，博士6人，在职教授级高级工程师20人，享受政府特殊津贴专家22人，有数百位专家担任了各类行业协会、学会的重要职务或受聘为各类政府机构、专业机构的评委或科技专家。

广东建工

广东建工集团
创造了4项亚洲或世界记录

1、在广东奥林匹克体育场火炬安装工程中，创造性地完成了世界上首个采用"悬吊结构体系火炬"的高空悬吊、安装工程。

2、在清远市黎溪北江大桥施工中，创世界大桥转体法施工转体角度最大纪录。

3、在广东星海音乐厅承建工程中，建筑规模首创亚洲混凝土壳体工程纪录。

4、在广州国际会议展览中心空调安装工程中，创亚洲单体建筑空调总装机容量纪录。

GENR
广东企业创新纪录
广东省建筑工程集团有限公司1999年至2001年承建广东奥林匹克体育场火炬安装工程，创造性地完成了世界上第一个采用"悬吊结构体系火炬"的高空悬吊、安装工程。
广东省企业联合会 广东省企业家协会
广东企业创新纪录审定委员会
二〇〇六年八月

GENR
广东企业创新纪录
广东省建筑工程机械施工有限公司2005年2月承建的广州市永福路段内环路改造工程，98天拆除路面25210 m²，桥梁土石方1190m²，修筑道路工程40657 m²，浇注桥梁混凝土12260 m²，制作钢筋梁560t，其工程效率创省内同行业新纪录。
广东省企业联合会 广东省企业家协会
广东企业创新纪录审定委员会
二〇〇六年八月

专利名称

1、"包芯"断面海堤爆炸施工技术
2、用于建筑幕墙检测的机械式稳定周期波动风压系统
3、一种加固地基基础的复合注浆施工方法
4、一种顶管掘进机
5、一种隧道过江施工中用于监测河床沉降的装置及其方法
6、一种大批量泥浆的泥水分离装置及其方法
7、一种隧道过江施工中用于监测河床沉降的装置
8、一种大掺量粉煤灰的混凝土
9、特大型组合式重锤研制及其高应变动力试桩技术研究
10、用于建筑幕墙门窗检测的新型机械式波动阀
11、一种用于建筑维护结构传热系数现场检测的冷箱

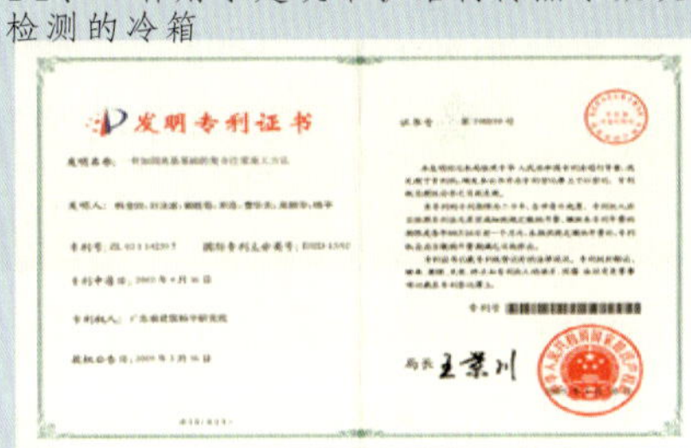
发明专利证书

国家级工法

超高层建筑电缆垂直敷设工法
高层建筑一级泵送混凝土工法
多层地下室逆作法施工工法
基坑开挖监测工法
钢管柱C80高性能混凝土工法

GENR
广东企业创新纪录
广东省建筑工程集团有限公司1999年至2001年承建广东奥林匹克体育场，占地面积340,350 m²，建筑面积145,560 m²，设座位80,012座，总投资12.3亿元，主体结构南北相距316m，东西相距268m，首创国内现代化体育建设规模最大场纪录。
广东省企业联合会 广东省企业家协会
广东企业创新纪录审定委员会
二〇〇六年八月

GENR
广东企业创新纪录
广东省建筑工程集团有限公司1999年至2001年承建广东奥林匹克体育场钢屋盖，用钢量12,000t，单幅起吊重129t，起吊高度53.6m，屋盖安装三维精度控制在±2mm以内，完成10,013根互不通用杆件构成钢屋盖的制作和安装及飘带式钢屋盖施工，创省内同类工程施工规模最大，技术难度最高纪录。
广东省企业联合会 广东省企业家协会
广东企业创新纪录审定委员会
二〇〇六年八月

GENR
广东企业创新纪录
广东省建筑工程集团有限公司1999年至2001年承建广东奥林匹克体育场，所应用的高精度施工测量技术；异型结构钢板桩倒模施工技术；钢屋盖大型桁架吊装技术；大型屋盖钢结构高精度安装技术，这四项技术均为国内首创。
广东省企业联合会 广东省企业家协会
广东企业创新纪录审定委员会
二〇〇六年八月

广东创新记录金奖

计算机软件著作权登记证书
软件著作权证书

部分专著及规程规范

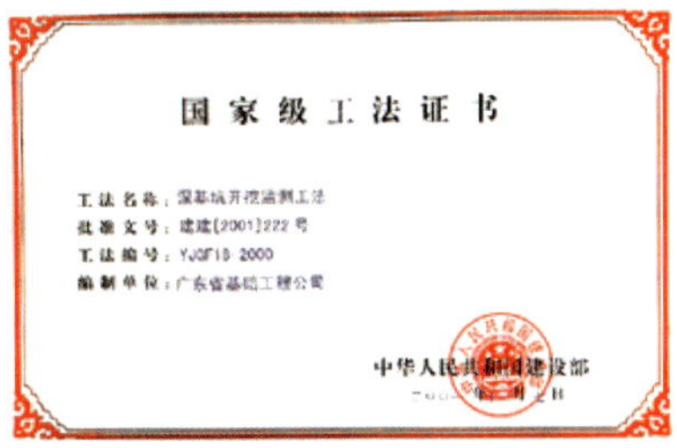
国家级工法证书
工法名称：深基坑开挖监测工法
批准文号：建建[2001]222号
工法编号：YJGF13-2000
编制单位：广东省基础工程公司
中华人民共和国建设部

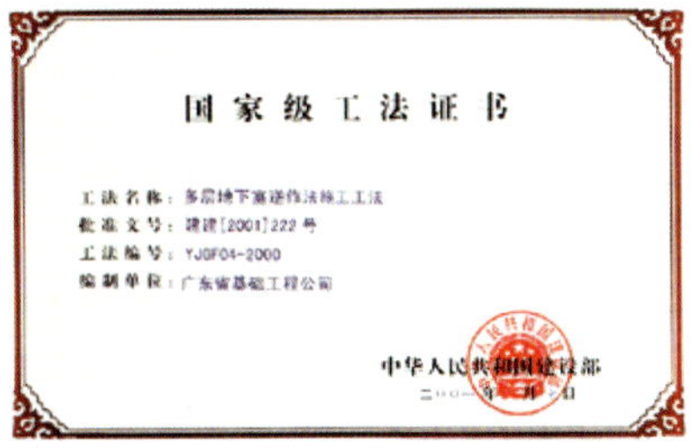
国家级工法证书
工法名称：多层地下室逆作法施工工法
批准文号：建建[2001]222号
工法编号：YJGF04-2000
编制单位：广东省基础工程公司
中华人民共和国建设部

国家工法证书

广东建工集团承建或参建了大量省市以及国内外标志性、综合性大型建筑工程或具有重大影响的高、难、新、特项目，涵盖了高层建筑、市政公用、水利水电、道路桥梁、地下铁道、机场建设等各个方面，典型工程如：广东奥林匹克体育场、东深供水改造工程、飞来峡水利枢纽工程、广东国际大厦、广东星海音乐厅、上海国际会议中心、海南博鳌亚洲论坛会议中心、广州国际会议展览中心、广州海印大桥、广州地铁、广州新白云国际机场、澳门综艺馆等等，50多年来为社会奉献出万千精品。

广东建工集团总承建的第九届全国运动会主场馆

广东奥林匹克体育场，是目前亚洲最大的综合性体育场馆，工程占地30万m，建筑总面积145600m，观众座位80012席，荣获“中国建筑工程鲁班奖”、“全国建筑业新技术应用金牌示范工程奖”和“广东省科学技术一等奖”等奖项。

广东建工集团总承建的广东国际大厦（63层、高度200.18m），是二十世纪九十年代初国内最高的钢筋混凝土结构，也是世界上最高的无粘结预应力混凝土平板楼盖的超高层建筑。该工程荣获“詹天佑土木工程大奖”，“中国建筑工程鲁班奖”、“国家科技进步二等奖”和“广东省科技进步一等奖”等奖项。

广东建工集团承建的广东邮电大厦（工程建筑面积15万m^2，地上64层，地下6层，总高度250m）荣获“詹天佑土木工程大奖”、“全国建筑工程装饰奖”、“广东省优秀建筑装饰工程奖”等奖项。

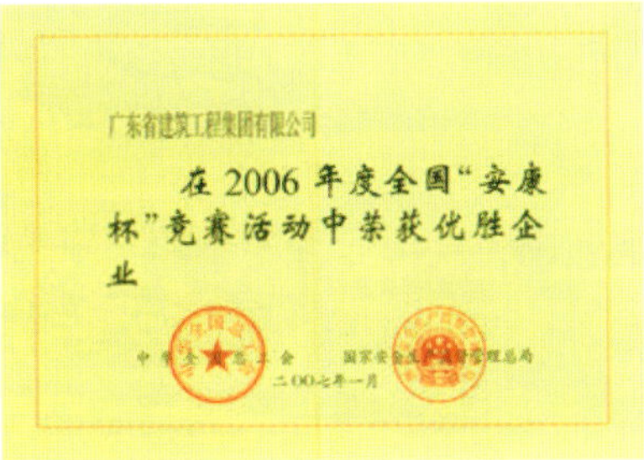

全国“安康杯”竞赛活动优胜企业奖

全国优秀质量管理小组

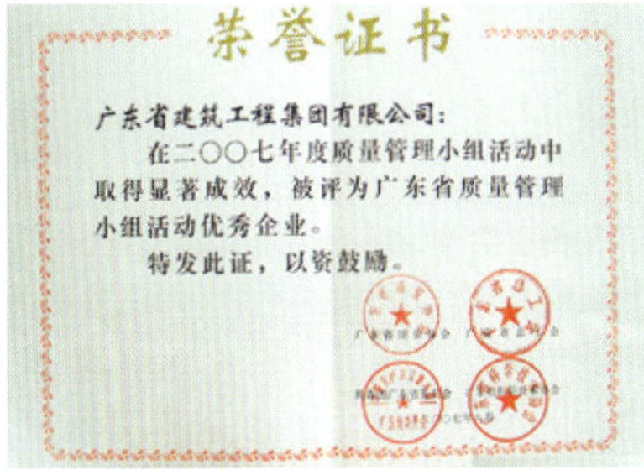

广东省质量管理小组活动优秀企业

广东省企业安全生产工作先进单位

广东省建筑工程文明施工样板工地

老挝优良样板工程
（老挝交通运输邮政建设部）

安徽“黄山杯”

全国安全文明工地之最

芜湖“鸠兹杯”

上海“白玉兰杯

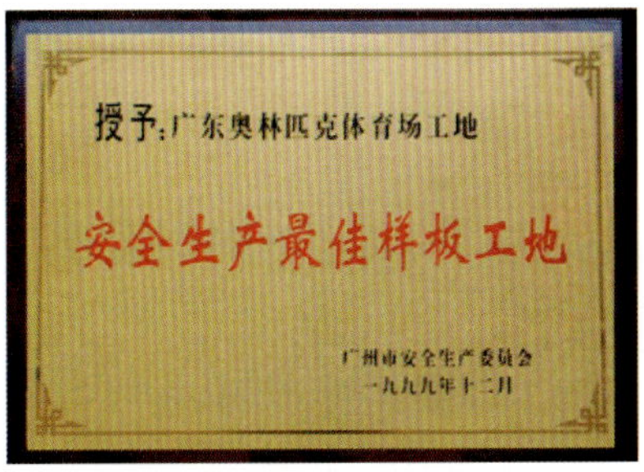

广州市安全
生产最佳样板工地

广州市建筑施工
安全生产标兵单位

广州市建筑装饰奖

广州市结构
优良样板工程

广东建工集团承建的上海国际会议中心装饰工程，荣获“新中国五十年上海十大金奖经典建筑”、“上海国际会议中心建设杰出贡献奖”、“上海国际会议中心建设最佳设计奖”等荣誉。

广东建工集团承建的飞来峡水利枢纽工程是广东省投资规模最大的水利工程，荣获“广东省科学技术奖一等奖”、“广东省优秀QC小组奖”等多项大奖。

广东建工集团承建的澳门综艺馆

澳门特别行政区第一届政府成立仪式就在这里举行

广东建工集团参建的东深供水改造工程是广东省重点工程，她为香港的繁荣稳定和顺利回归，为深圳特区建设和东莞沿线经济发展做出了重大贡献，工程荣获了“詹天佑土木工程大奖”、“中国水利工程优质（大禹）奖”等多项大奖。

广东建工集团承建的星海音乐厅 是集团奉献给社会的建筑艺术珍品

广东建工集团出色完成了老挝万象市中心大道工程，荣获老挝国家四项大奖，成为老挝首都万象市新的标志性建筑。

广东建工集团总承建的广州海印大桥为双塔单索面预应力箱梁斜拉桥，主桥长416m，全桥斜拉索共186条；荣获鲁班奖和广东省科学技术奖二等奖。

近年来，广东建工集团在承接工程任务、完成产值、实现利润、上缴税金和综合效益等方面连年较大幅度增长，国有资产保值增值率达到同行业优秀水平，整体实力和社会信誉跃上新的台阶，多次获评“全国先进施工企业”、“中国企业500强”、“中国承包商和工程设计企业双60强”、“广东省大型企业竞争力评估50强企业”、“广东省企业100强”、“广东省十大诚信示范企业”、“广东省十大国有诚信企业”、“广东省十大诚信企业”、“广东建设20年最具有竞争力建筑企业20强”、“广东省A级纳税企业”、连续12年被评为“广东省重合同守信用企业”，荣获“全国五一劳动奖状”、“全国建设系统优秀政研会”等荣誉称号。

中国企业500强

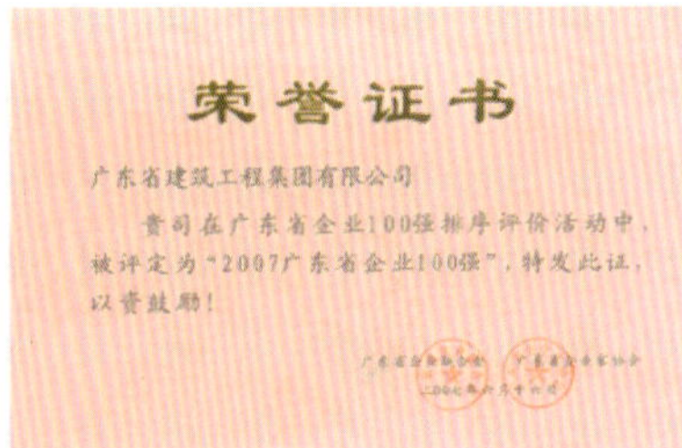

广东省企业100强

全国五一劳动奖状

广东省五一劳动奖状

广东大型企业竞争力50强

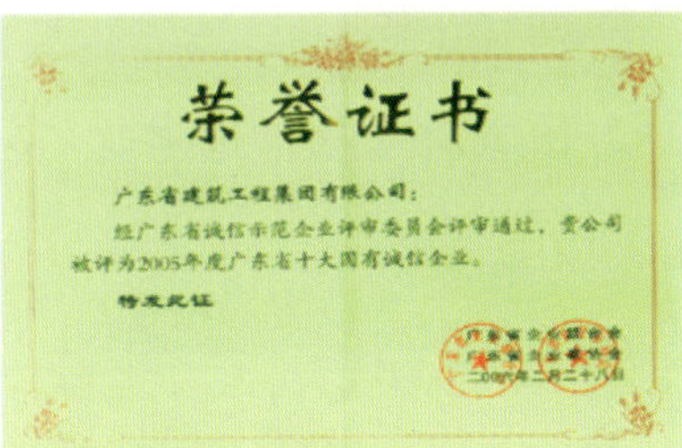

广东省十大国有诚信企业称号

连续十年守合同重信用企业

全国建设系统纪检监察工作先进集体

广东省大型企业竞争力评估50强企业

中国承包商企业60强

广东建工

广东建工集团积极推广应用“四新”技术，大力开展技术创新，着力加快科研成果转化力度，努力推进科技进步，取得显著效果：“十五”期间，共有45项纪录入选《广东企业新纪录》，其中4项纪录达到亚洲或世界级水平。近年来荣获“詹天佑土木工程大奖”、“全国建筑业新技术应用金牌示范工程”、“十五全国建筑业技术创新企业”、“全国工程建设科技创新示范单位”、“华夏建设科学技术奖”、“中国安装协会科技成果奖”、“广东省科学技术奖”等一大批，编写国家级工法、申报取得国家专利多项。

1999年至2006年期间，集团共获得科技成果三百多项，其中荣获詹天佑奖7项、国家（部）级科技进步奖5项，省级科技进步奖47项，取得了11项专利.及6项软件著作权，编写了23项国家级及省级工法，创作了一大批论文、软件和著作。

詹天佑土木工程大奖

国家科学技术进步奖

华夏建设技术奖

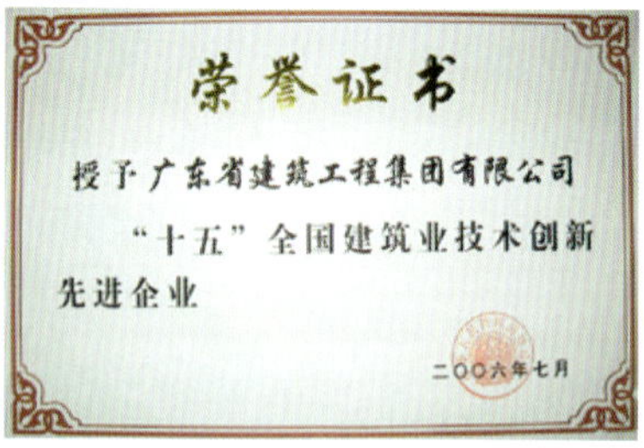

“十五”全国建筑业技术创新先进企业

全国建设技术创新工作先进单位

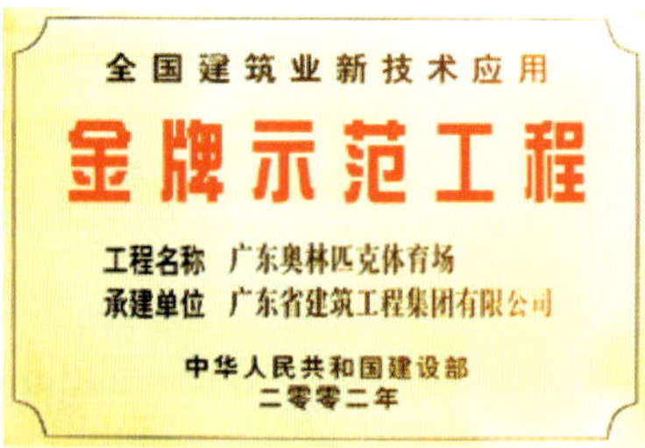

全国建筑业新技术应用金牌示范工程

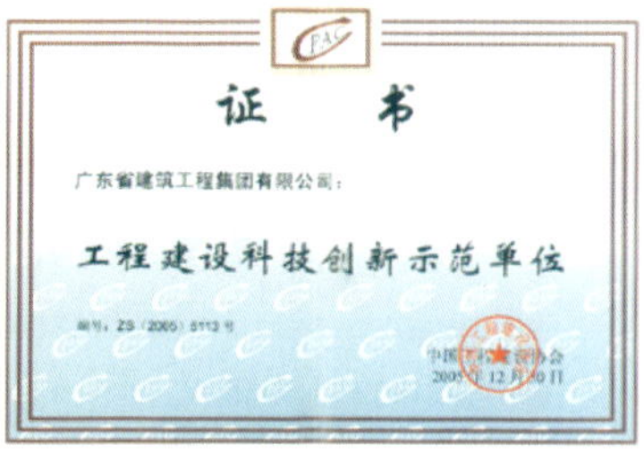

全国工程建设科技创新示范单位

广东企业创新纪录金奖

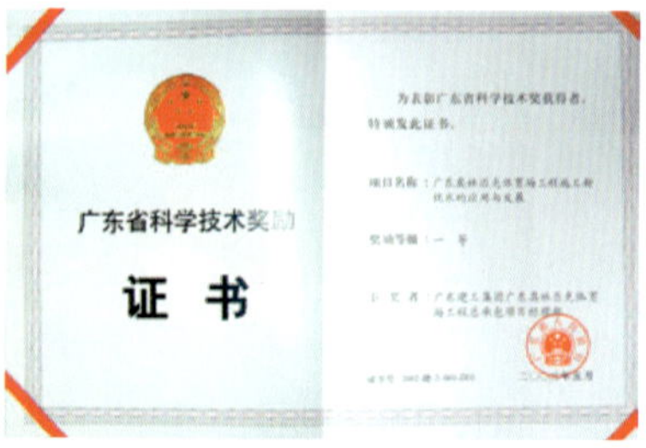

广东省科学技术一等奖

广东建工集团十分重视对业主的承诺和社会信誉，严格实施标准化、规范化管理，为用户提供优质的产品和良好的服务，以“优质、高效、诚信、守约”的经营宗旨取信于市场，受到业主与社会的高度赞许，企业的品牌信誉不断提升。

在多年来的生产管理中，集团严格落实国家法律法规和行业规范标准，狠抓工程质量、安全生产、文明施工，荣获了中国建筑工程鲁班奖、中国水利工程优质（大禹）奖等国家级质量奖项20多项，荣获了全国室内装饰优质工程、全国建筑工程装饰奖、全国市政金杯示范工程奖、全国“安康杯”竞赛优胜企业等奖项一大批，连续八年来安全事故率控制在行业管理目标范围内。

1999~2006年度集团管理成果统计表

项目 \ 年度	1999	2000	2001	2002	2003	2004	2005	2006	合计
工程质量奖	79	95	126	124	183	180	264	423	1474
安全、消防、文明施工奖	93	94	92	55	82	97	113	159	785
科技进步奖	51	37	45	44	40	34	124	128	503
优秀项目经理	14	16	22	17	25	50	65	99	308
其他	7	/	130	/	89	74	35	62	397
合计	244	242	415	240	419	435	601	871	3467

中国建筑工程鲁班奖

全国工程建设质量管理优秀企业

全国重视安全管理示范单位

中华人民共和国第九届运动会授予荣誉证书

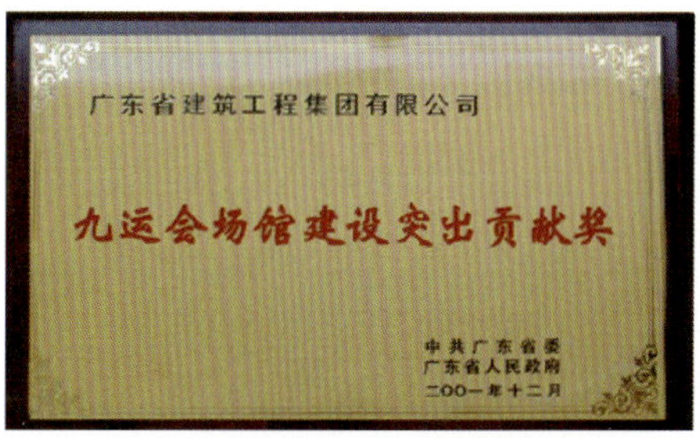

九运会场馆建设突出贡献奖

中交第四航务工程局有限公司

企业简介 OVERSEAS

中交第四航务工程局有限公司是中国交通建设股份有限公司的全资子公司，是一家业务清晰、战略明确、法人治理结构规范、资产结构合理、投融资能力强大、管理科学的大型国有建筑施工企业，集勘察、设计、科研、海内外施工和船舶制造于一体，具有港口与航道工程施工总承包特级和公路、桥梁与市政工程等施工总承包一级资质。目前拥有5500多名员工，年营业额近100亿元。

四航局创立于1951年9月，前身为中央人民政府交通部广州区航道工程局；1963年4月更名为中华人民共和国交通部第四航务工程局；1991年1月归属中国港湾建设集团，并更名为中港第四航务工程局；2005年12月，中国港湾建设集团、中国路桥集团强强联合，合并成立了中国交通建设集团，原中港第四航务工程局更名为中交第四航务工程局，并于2006年10月改制成立了中交第四航务工程局有限公司。

五十多年来，四航局在国内20多个省、市、区以及香港、澳门、马耳他、巴基斯坦、苏丹、印尼、孟加拉、斯里兰卡、安哥拉、墨西哥等10多个国家和地区建设了90多公里的码头岸线、1000多公里的公路、桥梁和隧道，承接了湘潭四大桥、重庆涪陵李渡长江大桥、广明高速公路等多个BOT项目，并成功进入了铁路工程领域，先后有100多项工程获国家、省（部）级和中港优质工程、优质混凝土奖项。其中，深圳盐田港二期水工工程和江苏淮安三线船闸工程获鲁班奖，澳门国际机场人工岛工程和广州新沙港6-10#泊位分别获第二、第三届詹天佑土木工程大奖；广州珠江隧道获中国市政工程金杯奖；广州港洪圣沙水转水码头、广东沙角电厂A厂卸煤码头工程、广州市内环路主线桥梁工程和蛇口集装箱二期码头工程分别获得国家优质工程银质奖。同时，四航局还荣获“广东省诚信示范企业”、“全国重合同、守信用企业”、“全国用户满意施工企业”、“全国最佳诚信企业”和“全国五一劳动奖状”等荣誉称号。

组织架构 ORGANIZATION FRAME

中交四航工程总承包公司
第一工程有限公司
第二工程有限公司
第三工程有限公司
四航工程技术研究院有限公司
广州港湾工程设计院有限公司
珠海工程有限公司
福州分公司
深圳分公司
汕头分公司
厦门分公司
海南分公司
上海分公司
北方分公司
西南分公司
新会分公司
房地产分公司

梁卓仁 Mr. Liang Zhuoren
中交第四航务工程局有限公司董事长、党委书记
中国优秀企业家
河海大学兼职教授
Chairman and Secretary of CPC Committee of CCCC Fourth Harbor Engineering Co., Ltd
[Excellent Entrepreneur of China]
Part-time Professor of Hohai University

和谐凝聚力量
战略引领未来
文化决定成败

Harmony concentrates strength
Strategy leads to the future
Culture underpins viability

品格通古今　和谐宽天地

Morality makes no vacuum in time,Harmony makes the world wider.

发展源于创造价值
诚信铸就百年基业

Value creating is the fountain of development
Good faith is the base of lasting business prospect

海纳百川　有容乃大

The sea receives water of various rivers, that's why it's so large.

孙国强 Mr. Sun Guoqiang
中交第四航务工程局有限公司董事、总经理、党委副书记
全国水运工程建设优秀施工企业家
Director, General Manager and Deputy Secretary of CPC Committee of CCCC Fourth Harbor Engineering Co., Ltd.
[Excellent Construction Entrepreneur of National Ports & Waterway Engineering]

主要荣誉
MAJOR AWARDS

鲁班奖
Luban Prize

国家优质工程银质奖
Silver Prize for National Excellent Project

詹天佑土木工程奖
Zan Tianyou Prize for Civil Works

中国市政工程金杯奖
Golden Cup Prize for China Municipal Works

1996年以来四航局承建工程获得的主要荣誉
Major Awards given to Projects Constructed by CCCC4 since 1996

获奖年度	获奖项目	获奖名称	获奖级别
1996年	沙角C电厂卸煤码头及通道工程	优质工程	部优
1998年	广州文冲船厂10万吨级修船坞水工工程	国家科技进步二等奖	国家级
1999年	广州珠江隧道工程	广东省优质市政工程	省级
2000年	黄埔新沙港区一期6~9#泊位码头水工工程	广东省优质市政工程	省级
	广州珠江隧道工程	中国市政工程金杯奖	国家级
	盐田港二期码头及堆场工程	优质工程	部优
	广州市内环路A2.3、A2.12标段工程	广东省优良样板工程	省优
2001年	深圳市盐田港区二期工程	鲁班奖	国家级
2002年	广州市广园快速路二期A12标段工程	广东省优良样板工程	省优
	澳门机场人工岛场地工程	第二届詹天佑土木工程奖	国家级
2003年	广州港新沙港区一期工程6~10#泊位	第三届詹天佑土木工程奖	国家级
	广州内环路主线桥梁工程	国家优质产品工程银质奖	国家级
2004年	上海孚宝港务有限公司2.5万吨液化码头	上海市水运工程优质	副省部优
	上海外高桥港区五期工程雨水泵站	上海市水运工程优质	副省部优
2005年	蛇口集装箱码头二期水工及道堆工程	部水运工程质量奖	部优
	京杭运河淮安三线船闸土建工程	江苏省扬子杯优质工程奖	省部优
	京杭运河淮安三线船闸土建工程	部水运工程质量奖	部优
2006年	蛇口集装箱码头二期	国家优质工程银质奖	国家级
	京杭运河淮安三线船闸土建工程	鲁班奖	国家级
	深圳市盐田港区三期工程	部水运工程质量奖	部优
	广州地铁2#线	国家科技进步二等奖	国家级

主要客户
MAJOR CLIENTS

盐田国际集装箱码头有限公司 Yantian International Container Terminals	广州港集团有限公司 Guangzhou Port Group Co., Ltd.	中国石油化工股份有限公司 China Petroleum & Chemical Corporation	中国石油天然气股份有限公司 PetroChina Company Limited
招商国际有限公司 China Merchants Holdings (International) Co., Ltd.	中国广东核电集团有限公司 China Guangdong Nuclear Power Holding Co., Ltd.	海南港航控股有限公司 Hainan Harbor & Shipping Holding Co., Ltd.	东莞市虎门港控股有限公司 Humen Port Holding Corporation, Ltd.
广西北部湾国际港务集团有限公司 Guangxi Beibu Gulf International Port Group Co., Ltd.	广东省交通集团有限公司 Guangdong Provincial Communication Group Co., Ltd.	烟台港集团有限公司 Yantai Port Group Co., Ltd.	汕头市港口管理局 Port Administration Of Shantou City
湛江港集团有限公司 Zhanjiang Port Group Co., Ltd.	中国船舶工业集团公司 China State Shipbuilding Corporation	深圳市大铲湾港口投资发展有限公司 Shenzhen Dachan Bay Prot Investment & Development Co., Ltd.	深圳大铲湾现代港口发展有限公司 Shenzhen Dachan Bay Modern Prot Development Co., Ltd.
广东省粤电集团有限公司 Guangdong Yudean Group Co., Ltd.	厦门港务集团有限公司 Xiamen Port Group Co., Ltd.	深圳盐田港股份有限公司 Shenzhen Yantian Port Holdings Co., Ltd.	珠海九州港务集团公司 Zhuhai Jiuzhou Port Administration Group Co.
上海国际港务（集团）股份有限公司 Shanghai International Port(Group) Co., Ltd.	中国华能集团公司 China Huaneng Group	中国国电集团公司 China Guodian Corporation	中国大唐集团公司 China Datang Corporation
中远船务工程集团有限公司 Cosco Shipyard Group Co., Ltd.	中国海洋石油总公司 China National Offshore Oil Corp.	神华集团有限责任公司 Shen Hua Group Corporation Limited	广州地下铁道总公司 Guangzhou Metro Corporation

人才实力
TALENT CAPACITY

陈肇元
中国工程院院士
清华大学教授
土木结构工程和防护工程专家
四航局技术顾问

四航局拥有丰富的人力资源和雄厚的人才储备，现有在职员工5500多人，其中管理人员3000多人，熟练技术工人2500多人（高级技师20多人，技师100多人），具有高级职称的300多人，中级职称1000多人，建造师和一级项目经理350多人，博士5人，硕士研究生100多人，享受政府特殊津贴14人。

CCCC4 boasts rich human resources and abundant reserve of able people. At present, CCCC 4 has more than 5,500 employees. Among them, there are more than 3,000 administrative personnel and more than 2,500 skilled workers including more than 20 senior technicians and more than 100 medium-level technicians. There are more than 300 people with senior technical titles, more than 1000 with medium technical titles, and more than 350 Certified Architects and Project Managers with First Grade Qualification. There are 5 Doctors and more than 100 Masters, and 14 experts enjoying government special subsidy.

孙国强
四航局董事
四航局总经理
教授级高级工程师

麦远俭
教授级高级工程师
享受政府特殊津贴的专家
交通部专家组成员
全国科学技术先进工作者

傅立容
四航局高级顾问
教授级高级工程师
享受政府特殊津贴的专家

潘德强
教授级高级工程师
享受政府特殊津贴的专家
中交集团首席建材专家

黄焕谦
四航局副总经理
四航局总工程师
高级工程师

李绍英
四航局副总工程师
教授级高级工程师
1968年毕业于清华大学

在岗职工结构图
Structure of Employees on Post

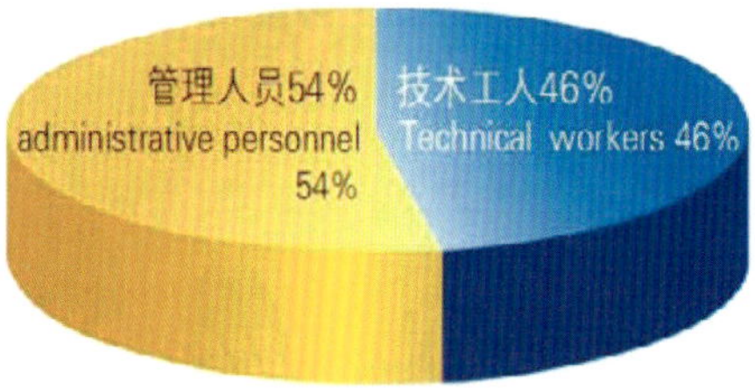

董志良
研究院有限公司总经理
教授级高级工程师
[illegible]工程学院、[illegible]大学兼职教授
广东省青年科技[illegible]

王胜年
建材所所长
教授级高级工程师
享受政府特殊津贴的专家
全国交通青年科技英才
广东省创新能手

管理人员文化层次结构图
Structure of Education Level of Managing Staffs

韩建强
四航局副总工
教授级高级工程师
岩土工程博士

14 people enjoying government special subsidy

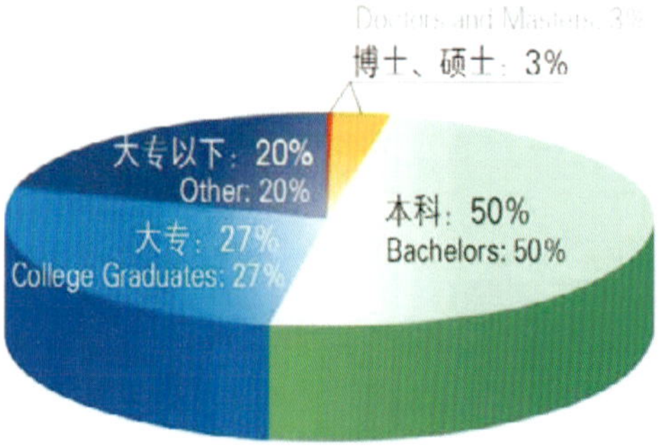

吕卫清
高级工程师

2600吨起重船—四航奋进号
2600t-Floating Crane-si hang fen jin hao

93.5米高桩架打桩船—粤工桩8船
Piling barge with 93.5m high piling frame—Yue Gong Zhuang8

装备实力

EQUIPMENT CAPACITY

拥有2600吨起重船、93.5米高桩架打桩船、5800千瓦拖轮、5000吨浮船坞、8000吨方驳、280吨吊机等各种大中型施工设备2000多台，还建有四个大型的混凝土预制构件生产基地，能满足各种条件下施工生产的需要。

CCC4 boasts more than 2000 sets of large and medium-sized construction equipment of various types, such as 2600t-floating crane, 93m-piling barge, 5800kw-tug boat, 5000t-floating dock, 8000t-flat barge, 280t-crawler crane etc. Moreover, there are four large concrete pre-casting yards located in different places in China which can meet various requirements of construction in different conditions.

5000吨浮船坞
5000t floating dock

5800千瓦拖船
5800kw tug boat

主要船机设备一览表

List of Major Construction Vessels, Plant and Equipment

类型	能力	数量
起重船	2600t	1艘
打桩船	93m	1艘
起重船	500t	1艘
打桩船	60~80m	多艘
抓斗式挖泥船	8m3	多艘
铰吸式挖泥船	1800m^3/h	1 艘
拖轮	5800kw或以下	多艘
方驳	8000t	1艘
方驳	7000t	多艘
抛石船	1000m^3	3艘
浮船坞	5000t	5艘
多功能运载驳舟	3300~8000t	多艘
各种类型和型号的陆上施工设备多台		

1000吨抛石船
1000t rock dumping barge

挖泥船
Dredger

科研实力

TECHNICAL AND RESEARCH CAPACITY

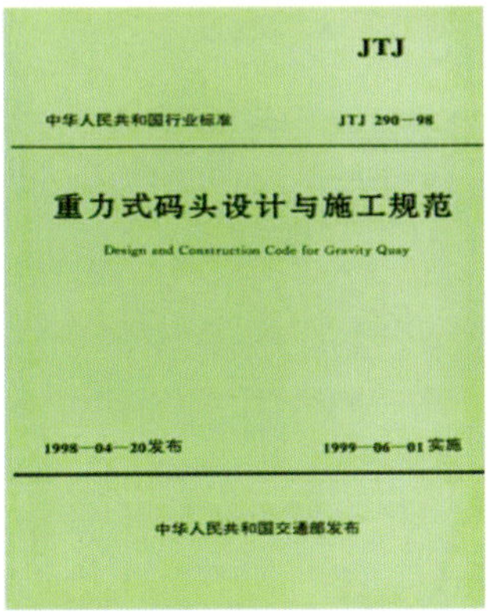

所属的四航工程技术研究院和中交集团建筑材料重点试验室，在高性能混凝土材料配制与应用技术、软基处理技术、环境生态岩土工程技术、工程结构防腐材料研究与施工技术、工程检测技术等方面取得大量优秀成果，其中不少成果处于国际或国内领先水平；主编了《重力式码头设计与施工规范》、《海工工程混凝土防腐结构技术规范》和《水运工程混凝土质量控制标准》、《港口水工建筑物检测与评估技术规范》等行业规范，并参编了其他多项标准和规范。

CCCC4 owns an Engineering Technology Research Co.Ltd. and a key laboratory of construction material of CCCC Group which have made a large number of achievements in many aspects such as design, production and application technology of high performance concrete, technique of soft foundation treatment, technique of environmental geotechnical engineering, research construction technique of anti-erosion material of marine works structure, and technique of engineering inspection etc. Among these achievements, many have reached the national or international advanced standard. CCCC4 are editor-in-chief of many professional specifications such as "Design and Construction Code for Gravity Quay", "Corrosion Prevention Technical Specification for Concrete Structure of Marine Harbor Engineering", "Quality Control Specifications for Concrete of Port and Waterway Engineering", "Technical Specification for Inspection and Evaluation of Port Engineering Structure" etc. And CCCC4 also participated in editing of many other specifications and standards.

四航工程技术研究院

Engineering Technology Research company Ltd. of CCCC4

中交集团建筑材料重点试验室

Key Laboratory of Construction Material of CCCC Group

■主要获奖科研成果一览表

Major Awards in the field of Scientific Research Achievements

项目	奖项	颁奖机构
抗盐污染高性能混凝土配制成套技术研究	科学技术进步二等奖 科学技术进步特等奖	中国航海学会 中国港湾建设(集团)总公司
广州港南沙港区软基处理技术研究	科学技术进步二等奖	中国航海学会
大型嵌岩钢管桩码头成套施工技术	科学技术进步一等奖	中国港湾建设(集团)总公司
大掺量粉煤灰高性能混凝土的研究与应用	科学技术进步二等奖	中国港湾建设(集团)总公司
《堆载及真空预压砂井地基固结解析理论》	优秀论文特等奖	交通部
潜吸式清淤装置的研制	科学技术进步三等奖	交通部
GBH-1型钢筋混凝土保护层厚度测定仪	科学技术进步三等奖	交通部
MY混凝土减水剂试验研究	科学技术进步三等奖	交通部
深圳河二期工程土工合成材料试验研究	科学技术进步三等奖	中国港湾建设(集团)总公司
港工嵌岩锚杆的受力特性与检测技术研究	科学技术进步三等奖	中国港湾建设(集团)总公司
复杂地质条件下提高膜下真空度	优秀质量管理	中国交通企业管理协会
地基边坡稳定电算程序	全国科学大会奖	
围海造陆形成的复杂地基的加固处理研究	科学技术进步三等奖	中国航海学会
水下混凝土材料及耐久性研究	科学技术一等奖	中国公路学会

重力式码头
GRAVITY TYPE QUAY

以广州港南沙港区、深圳大铲湾港区、福建江阴电厂码头等为代表的重力式码头，采用的2000~3000多吨的单件沉箱分层浇筑、气囊出运、大型浮船坞装载拖运，在国内首次使用卫星定位安装等工艺，打造了大型沉箱重力式码头品牌，创国内一流水平。

The representative projects of gravity type quay are Nansha Port Project in Guangzhou, Dachan Bay Prject in Shenzhen and Jiangyin Power Plant Project in Fujian etc. In these projects, the weight of caisson for each was up to 2000~3000 tons. The caissons were precasted in layers, moved to the barge with air capsula and transported to the construction site by huge floating dock. During installation, GPS system positioning method was adopted. It is the first time in China. Hence, CCCC4 has created a famous brand of building of gravity type quay in China and the technique is of the first class in China.

中共中央政治局委员、广东省委书记张德江在广州港南沙工地与中交股份副总裁陈奋健亲切握手

Mr. Zhang De Jiang, member of the Political Bureau of CCCPC and Secretary of Guangdong Provincial Party Committee, was holding hand cordially with Mr. Chen Fen Jian, Vice-President of CCCC Group at the site of Nansha Port Project

浮船坞装运沉箱
Caisson was transported by Floating Dock

沉箱预制
Pre-casting of Caisson

路桥工程
ROAD AND BRIDGE PROJECT

先后承建了澳门友谊大桥、广州鹤洞大桥、广州华南大桥、广州下横沥大桥、湘潭四大桥、重庆李渡长江大桥、河龙高速公路、福泉高速公路、山西新原高速公路和目前在建的长达42公里的广明高速等路桥工程。

CCCC4 has successively constructed a large umber of roads and bridges, such as Friendship Bridge in Macau, Hedong Bridge , Huanan Bridge and XiaHengli Bridge in Guanghzou, Xiangjiang #4 Bridge in Xiangtan, Lidu Yangtze River Bridge at Fulin, Chongqing, Heyuan-Longchuan Expressway, Fuzhou-Quanzhou Expressway, Xinguangwu-Yuanping Expreeway in Shanxi, 42km-Guangzhou-Gaoming Expressway which currently under construction and so on.

河龙高速公路

福泉高速公路

山西新原高速公路

澳门友谊大桥
Friendship Bridge in Macau

辽宁红沿河核电海工护岸工程
Revetment Works of Hongyan River Unclear Power Plant of Liaoning

核电、火电海工工程
MARINE WORKS OF NUCLEAR OR THERMAL POWER PLANT

承建了广东大亚湾、岭澳、阳江核电站和辽宁红沿河核电站海工工程；广东沙角电厂A、B、C厂煤码头及通道、福建漳州后电厂等一批火电厂水工工程。

CCCC4 has executed marine works for many nuclear or thermal power plants such as Daya Bay Nuclear Power Plant, Lingao Nuclear Power Plant, Yangjiang Unclear Power Plant of Guangdong and Hongyan River Unclear Power Plant of Liaoning etc.

华能海口电厂海工工程
Marine Works of Haikou Power Plant of China Huaneng Group

阳江核电站防波堤
Breakwater of Yangjiang Unclear Power Plant

大亚湾、岭澳核电站海工工程
Daya Bay Nuclear Power Plant and Lingao Nuclear Power Plant of Guangdong

广州市北二环木强隧道
Muqiang Tunnel of 2nd Ring Road (North) of Guangzhou

隧道工程
TUNNEL WORKS

近十年来已建和在建隧道15座，总里程达40余公里。其中总长5700多米莲花山公路隧道，采用GPS卫星定位技术和新奥法光面爆破工艺，贯通精度达到国际先进水平。目前承建沪蓉西高速公路恩施段乌池坝隧道、青岛至银川高速公路离石段的师婆沟隧道两项工程共7775米。

In the last ten years, the tunnels that have been constructed and currently being constructed by CCCC4 amount to 15 sets and the overall length reaches 40 miles. Among these tunnels, the Highway Tunnel of Lianhua Mountain, with the length of more than 5700m, has employed GPS system Positioning technology and smooth blasting technique of NATM (New Austrian Tunnelling Method), therefore, its accuracy of breaking through has achieved advanced world standard. The tunnel works currently under construction are Wuchiba Tunnel Works of Enshi Section of Hurongxi Expressway and Shipogou Tunnel Works of Lishi Section of Qingdao-Yinchuan Expressway. The overall length of the two reaches 7775m.

广东丰顺莲花山隧道
Tunnel of Lianhua Mountain in Fengshun, Guangdong

广州珠江隧道
Zhunjiang Tunnel in Guangzhou

湖北恩施隧道
Enshi Tunnel

海外工程
OVERSEAS PROJECT

积极开拓海外市场，先后在马尔他、孟加拉、苏丹、斯里兰卡、新加坡、安哥拉、肯尼亚等国家和香港、澳门承建了大量的工程项目，是中国开拓海外建筑市场的先锋。

CCCC4 devoted great efforts to develop overseas market in recent years, and has successively constructed a large number of projects in over 10 countries and regions, such as Malter, Bangladesh, Sudan, Sri Lanka, Singapore, Angola, Kenya, Hong Kong,Macau etc. CCCC 4 is a pioneer of China in developing overseas construction market.

Gwadar Port in Pakistan (Aerial Photography)

Mr. Wu Bang Guo, who was Deputy Prime Minister of China, attended the opening ceremony of Gwadar Port Project

新加坡布星岛工程7–8#泊位
Construction of Jetties (Jetty #7–8) at Pulau Busing, Singapore

斯里兰卡高尔港通用码头
General-purpose Terminal of Galle Port, Sri Lanka

墨西哥能源码头工程
Energy Terminal in Mexico

广东省基础工程公司

广东省基础工程公司企业简介

广东省基础工程公司（以下简称广东基础）成立于1960年，是具备房屋建筑工程施工总承包一级、市政公用工程施工总承包一级、地基与基础工程专业承包一级、公路路基工程专业承包一级、桥梁工程专业承包一级、水利水电工程施工总承包二级、港口与航道工程施工总承包二级、房地产开发二级、预拌商品混凝土专业贰级、混凝土预制构件专业企业二级等资质的具有专业特色的总承包企业。经过四十多年的发展，业已成为中国建筑施工综合实力百强企业之一、广州地区建筑业综合经济实力十强之一。

广东基础内强素质、外树形象，率先在同行中通过ISO9001：2000质量体系和OSHMS18001职业健康安全管理体系和ISO14001：1996环境管理体系的认证，工程质量确保优良，安全生产常抓不懈，文明施工富有特色，业绩辉煌。所施工工程先后荣获鲁班奖、国优银质奖、金匠奖、五羊杯奖等奖项，历年大批工程被评为省市优良样板工程、安全生产和文明施工样板工地，多个QC小组成果获得省级和国家级QC成果奖。

近年来，广东基础以超前的思路、全新的战略，秉承“更强、更快、更让人信赖”的企业精神，坚持“干一个工程，树一个样板，交一帮朋友，培养一批人才，拓展一方市场”的经营理念，以房建、市政、路桥为三大经营板块，辅以水利水电、港口与航道、商品混凝土生产、物业管理等相关业务，立足广州、深圳，辐射周边，走向全国，全力拓展市场，以其强劲的发展势头，连续5年年承接工作量超过10亿元，2005年承接工作量超20亿元，2006年承接工作量达14.5亿元，实现了跨越发展。

公司一贯坚持科学技术是第一生产力，重视科技进步、技术创新工作，科技成果显著，硕果累累。自2001年以来，公司共开展各类研究项目72项，获得各级科技进步奖励58项，其中省级科技进步奖5项，获得国家级新技术应用示范工程1项，省级新技术应用示范工程1项，国家级工法2项，省级工法5项，省级科技成果推广项目1项，已授权的专利有4项，通过初步审查的专利1项等。其中超大面积底板施工技术、泥水盾构施工技术、顶管施工技术、斜拉桥施工技术等新技术、新工艺走在全国的前列，备受社会同行的瞩目。

领先的非开挖技术为公司带来新的发展空间，盾构和顶管双管齐下，在广东地区处于领先地位。在广州轨道交通三号线【沥滘～大石区间】盾构工程中，地质条件复杂，同一掘进断从柔弱的淤泥、富水的砂层到风化岩层交替变化，上软下硬，这种复杂的复合地层条件和周边环境条件是国内外泥水盾构施工中较少碰到的。公司通过大量的分析研究，制定了合理的盾构机选型原则，采用完善、先进的施工工艺，选择合适的掘进参数，盾构机成功穿越了地质断层破碎带，成功地两次穿越珠江，并有效地控制了江底和地面沉降，成功地在柔软土层中穿越只有浅基础的民用建筑群，安全、顺利、高效、高精度的完成了工程建设任务，取得了良好的效果。公司自行设计的拥有自主知识产权的传感器法江底沉降监测技术，以及自主创新的泥水处理技术和处理工艺，填补了国内在这些领域的技术空白。

最近完成的“泥水盾构施工技术在广州地区复杂地质条件下的应用”、“通用泥水平衡顶管掘进机的研制与应用”等课题经广东省建设厅、科技厅组织专家鉴定达到了国内领先水平。广东基础自2003年进入盾构施工领域，之后气势如虹，接连承接了6个盾构工程。公司先后于2005年和2007年又投入2亿多元新增4台盾构机，6台盾构机牢固奠定了我司在盾构施工领域的领先地位。

地址：广东省广州市天河路99号天涯楼19—20楼
电话：（020）38862317 38863323
传真：（020）38861367 邮编：510620
E-mail：cngdjc@cngdjc.com
http：//www.cngdjc.com

院长：曹华先

PROFILE
单位简介

广东省建筑科学研究院成立于1962年，主要从事建设工程领域科学技术研究，提供相关技术服务。科研范围覆盖地基基础、建筑材料、建筑结构、建筑设备、建筑防水、建筑物理、建筑风工程、建筑节能和建筑物诊治等专业领域，业务范围包括科研、咨询、检测、鉴定、设计、监理、专业施工和产品开发等业务，拥有检测鉴定、工程咨询、建筑设计、城市规划、水土保持、工程勘察、工程监理、招标代理、专业施工和产品生产销售等资质。实验室通过计量认证的检测项目达149项。院管理体系通过了ISO9001质量管理、ISO14001环境管理、OHS18001职业健康安全管理一体化认证。

我院现有职工400余人，其中专业技术人员300余人，中高级技术人员200余人（教授级高工10人，高级职称68人），硕士63人，博士5人，在站博士后2人，享受国务院津贴专家6人。院下设七个专业研究所、一个技术中心、一个工程质量检测中心和四个下属企业。依托我院建设的科研机构有：广东省亚热带建筑技术公共实验室、广东省建筑工程新技术研究重点实验室、企业博士后科研工作站和岩土工程硕士点。挂靠在我院的科研机构包括：广东省建设科技与标准化协会；全国建筑物鉴定与加固标准技术委员会广东分会；广东省土木建筑学会下属的建筑物理、工程检测、建筑物诊治、建筑防水和工程材料五个学术委员会。科技期刊《广东土木与建筑》由我院主办。

我院一贯以“创新发展，服务社会”为使命，科技工作得到稳步发展，在科研项目、科研成果、知识产权、科技人才、科技效益等方面都上了一个新台阶。改革开放以来，共完成近百项科研课题，取得50余项科研成果；近年来，获得省级以上科技进步奖10余项，专利权4项，软件著作权4项，主编、参编国家、行业及地方标准30余项。我院积极响应科技体制改革的号召，紧密结合市场需求，大力开展工程技术研究，积极推动科技成果转化。自科技体制改革以来，虽然事业经费减拨到位，但我院经济稳步发展，2006年产值突破2亿元。近年来，我院分别被授予“十五”全国建设科技进步先进集体、全国建设技术创新先进单位、全国工程建设标准定额工作先进集体、广东省文明单位和广东省省直系统连续五年文明单位等荣誉称号。

我院坚持“创新发展、服务社会”的管理理念和“优质、高效、团结、创新”的办院方针，愿与各界同仁携手共进、创造美好和谐的共赢美景。

SERVICE 技术服务

1、工程质量检测与监测：

地基基础、建筑结构、公路与桥梁、建筑材料、建筑幕墙与门窗、建筑物理与节能、建筑设备

2、结构安全鉴定：

既有建筑物质量安全鉴定、建筑工程事故检测与咨询

3、建筑设计(甲级)：

建筑设计、规划设计、市政设计、消防设计、室内装饰设计、环境设计、地质勘察、水土保持方案编制

4、工程监理(甲级)：

建设工程监理、工程招标代理、工程预结算编制和审核

5、工程咨询：

工程技术咨询、投资项目咨询、项目代理、建筑技术优化、土地开发咨询

6、专业施工：

房屋改造、结构加固、地基处理、房屋纠偏、建筑物和构筑物疑难杂症处理、建筑防水、预应力设计与施工

7、建筑风工程与建筑节能：

建筑风工程试验、节能设计、节能咨询、节能设计软件

8、建科产品：

建科龙系列防水材料、建筑龙系列混凝土外加剂

SERVICE 资质

- 通过广东省质量技术监督局计量认证(CMA)
- 建筑设计甲级
- 工程监理甲级
- 工程咨询甲级
- 水土保持方案编制甲级
- 城市规划编制乙级
- 工程招标代理甲级
- 市政设计乙级
- 地质勘察乙级
- 结构加固特种施工
- 预应力施工二级
- 建筑防水二级
- 通过 ISO9001 质理体系认证
- 通过 ISO14001 环境管理体系认证
- 通过职业健康体系认证

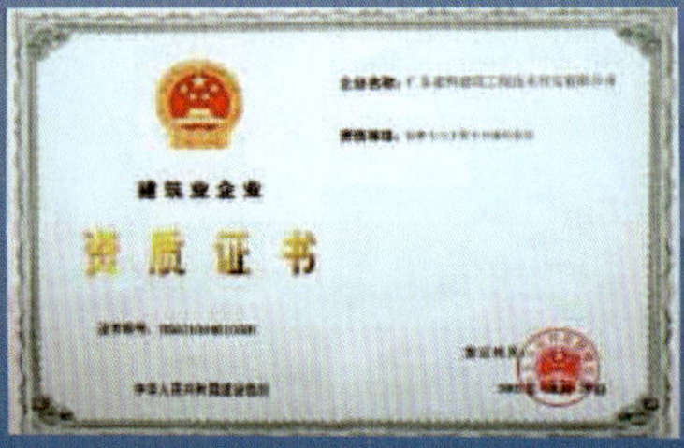

SCIENTIFIC ACHIEVI MENTS

科研成果

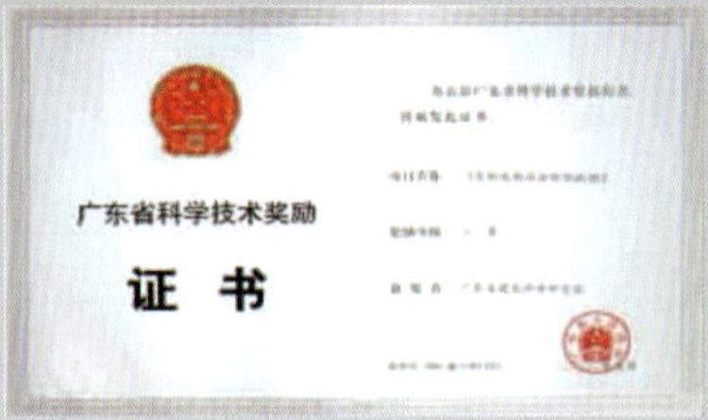

科技进步奖

建筑风洞设计建造及流场校测研究(1988 国家三等)
YG 系列预应力钢筋砼管桩研制与应用(1988 省二等)
打桩分析仪(PDA)开发应用研究(1991 省三等)
建筑外门窗物理性能检测设备研制(1992 省三等)
省标准《建筑地基基础施工及验收规程》(1992 省三等)
桩身完整性检测仪(PIT)开发应用研究(1995 省三等)
高频底座天平动态测力技术(1998 省二等)
大型建筑幕墙物理性能检测设备研制(2000 省三等)
清远市体育馆屋盖荷载试验研究(2000 省三等)
省标准《基桩应力波法检测规程》(2001 省三等)
建筑工程砼结构加固新技术与试验研究(2002 省三等)
复合注浆法在地基基础加固中的应用研究(2002 省三等)
建筑物诊治技术研究(2003 省三等)
省标准《铝合金门窗工程设计施工及验收规范》(2004 省三等)
建筑物结构安全性检测鉴定标准化研究(2004 省三等)

专利技术

用于建筑幕墙检测的机械式稳定周期波动风压系统 (实用新型 ZL02225190.1)
一种加固地基基础的复合注浆施工方法(发明 ZL03114239.7)
混凝土柱预应力包钢加固法(发明 CN1546823A)
《夏热冬暖地区居住建筑节能设计标准》节能设计综合评价软件 V1.0(软著登字第 028574 号)
《建筑玻璃光学热工性能计算及光谱数据库管理软件》V1.0(软著登字第 037230 号)

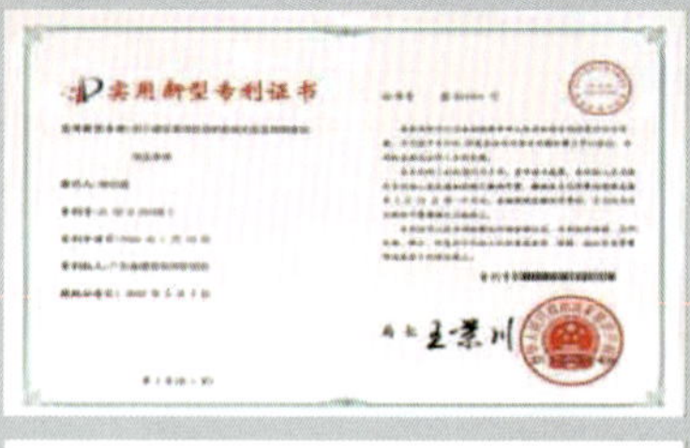

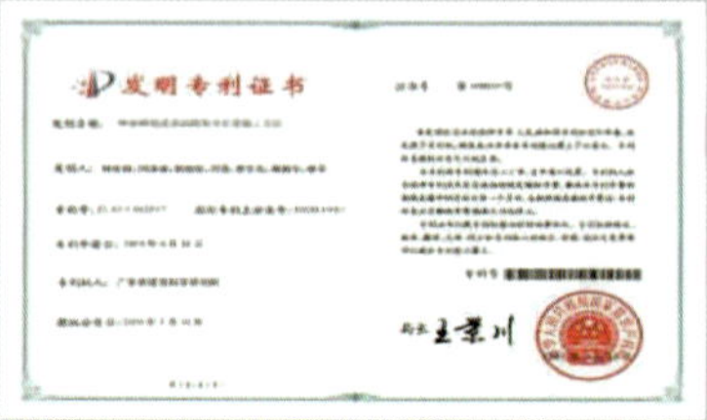

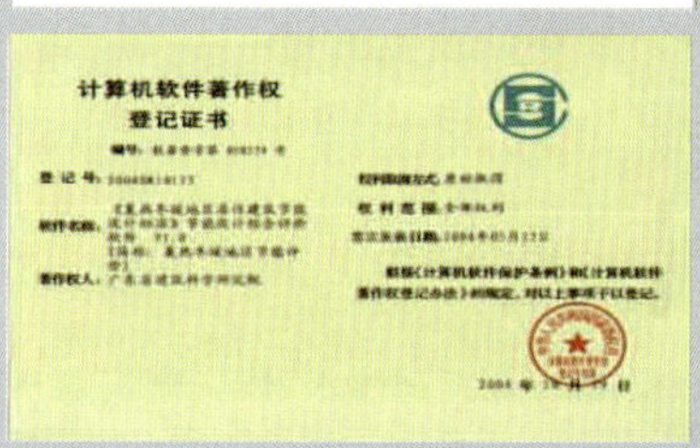

地基基础研究所

所长:陈久照　副所长:吴伟衡　总工:李广平

地基研究所是国内同类研究领域中实力雄厚的研究机构之一,针对广东省复杂地质条件,开展了一系列地基基础技术研究,相继完成了“打桩分析仪(PDA)开发应用研究”、“桩身完整性检测仪(PIT)开发应用研究”、“30000KN 桩静载试验装置的研制”等科研项目,其中 4 项成果获得广东省科技进步奖。至今,在地基基础专业测试技术方面已经开发并掌握了较全面的先进技术,静载试验能力居全国最强地位;该所开发试用的 200KN 重锤高应变基桩检测技术属全国首创。目前桩基光纤检测、地下空间施工等技术研究正在进行中。

该所下设研究一室、二室。

HONOUR 建科荣誉

1995 广东省十年科技体制改革取得显著成绩的十家科研单位
2000 全国建设技术创新先进单位
2002 广东省文明单位
2003 全国工程建设标准定额工作先进集体
2004 省直系统连续五年文明单位

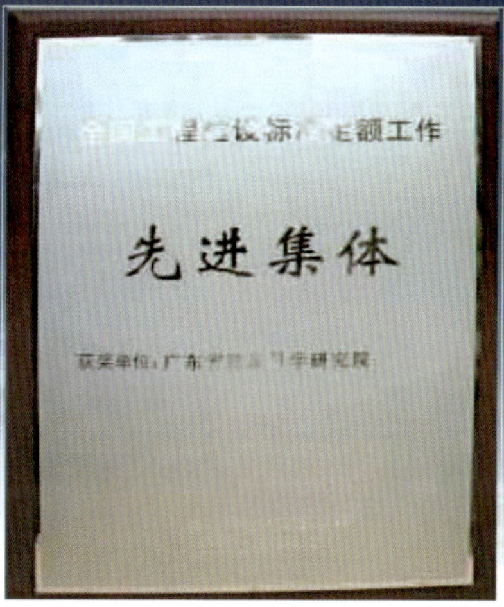

标准编制

1、主编

行标《夏热冬暖地区居住建筑节能设计标准》
行标《建筑门窗玻璃幕墙热工计算规程》
行标《人造板材幕墙工程技术规范》
行标《建筑幕墙用陶板》
省标《建筑地基基础施工及验收规程》
省标《基桩应力波反射法检测规程》
省标《广东省建筑气象参数标准》
省标《铝合金门窗工程设计、施工及验收规范》
省标《既有建筑物结构安全性检测鉴定标准》
省标《广东省居住建筑节能设计实施细则》
省标《广东省公共建筑节能设计实施细则》

2、参编

国标《住宅设计规范》
国标《建筑外窗物理性能分级及检测方法》
国标《建筑幕墙物理性能分级及检测方法》
国标《建筑幕窗》
国标《建筑节能工程施工验收规范》
国标《居住建筑节能设计规范》
行标《居住建筑节能检验标准》
行标《建筑基桩检测技术规范》
行标《建筑玻璃采光顶》
行标《铝合金门窗工程技术规范》
行标《玻璃幕墙工程质量检验标准》
行标《建筑门窗气密性、水密性、抗风压性能现场检测方法》
行标《即有建筑幕墙可靠性鉴定及加固规程》
行标《采光顶与金属屋面技术规程》
行标《普通混凝土配合比设计规程》
行标《建筑幕墙工程检测方法标准》
省标《基桩及地下连续墙钻芯检测技术规程》
省标《建筑结构荷载规定》

建筑结构研究所

所长:邓浩　副所长:盛国赛

结构研究所主要从事建筑结构检测、鉴定、监测及测试等技术研究工作,是省内最早开展既有建筑物检测鉴定、钢结构无损探伤检测业务的单位之一。长期的实践与研究造就了该所在结构检测、房屋鉴定及施工监测等方面的省内权威地位。该所先后承担了“建筑工程结构测试与加固新技术研究”、“既有建筑物诊治新技术研究”、“大型重要建筑健康安全监测技术研究”及“建筑物结构安全性检测鉴定标准化研究”等大量省重点攻关课题,解决了大批结构疑难杂症,其中“建筑工程结构测试与加固新技术研究”、“清远体育馆预应力组合扭壳屋盖荷载试验”等4项成果获得省科技进步三等奖。

该所下设研究一室、二室、路桥研究室。

建筑材料研究所

所长:张永健　总工:王新祥

建筑材料研究所下设材料力学、化学建材、混凝土材料及新型墙体材料等四个研究室和建筑工程室内环境检测中心,可承担各类建筑材料的质量检验和技术咨询工作,并可为大体积砼、防水砼、高强砼喷射砼及钢管砼等特殊要求的砼施工提供技术服务;成立了“建筑工程室内环境检测中心”,可以承担室内环境及建材有害物质方面的检测和咨询工作。

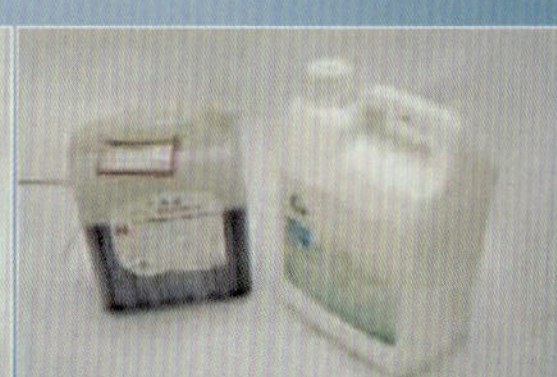

建筑物理研究所

广东省建筑幕墙质量检测中心

所长：谭上飞　　副所长：张士翔

建筑物理研究所是我国最早设立的开展建筑物理专业研究机构之一，拥有国内第一座大型建筑风洞，获得了国家科技进步三等奖，为国内多个知名建筑提供风洞试验服务。该所在建筑幕墙门窗和建筑节能方面同样处于国内领先地位，具有技术的权威性和全面性。由该所负责编制的门窗、幕墙、建筑节能等工程标准二十余项，承担多项省、部级科研攻关课题，获省级以上科技进步奖多项。该所同时是广东省建筑幕墙质量检测中心，是国家建设部审核认可的可跨地区开展建筑幕墙检测的全国五家检测机构之一，国家技术监督局和建设部指定的建筑幕墙门窗产品生产许可证检验单位。

建筑节能研究所

建筑节能研究所长期从事亚热带湿热地区的自然通风降温研究，积累了丰富的研究成果，主编或参编了多项国家、行业和地方建筑节能标准的编制。该所主要开展有关建筑节能的技术研究、节能咨询、节能设计、软件开发、节能培训等。主要研究的课题有：门窗节能性能标识、节能门窗的性能模拟计算、性能测试、中国建筑玻璃数据库建设、夏热冬暖地区民用建筑围护结构节能、建筑门窗节能技术推广应用等。

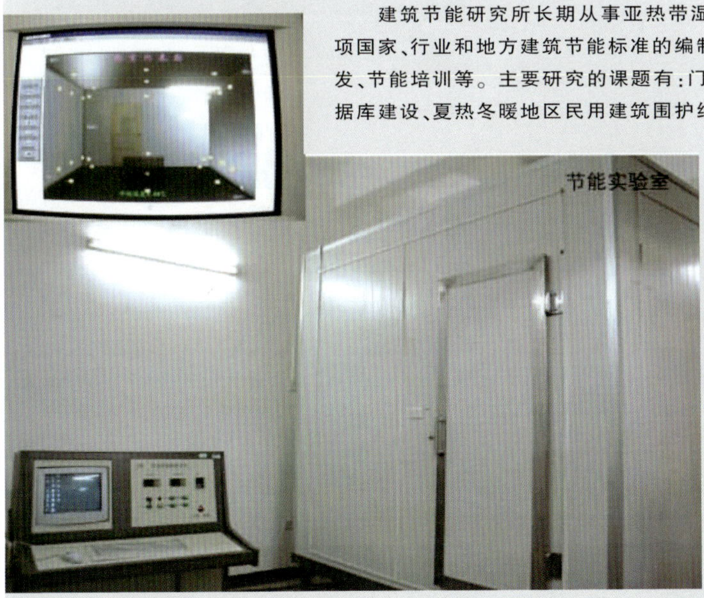
节能实验室

太古汇工程节能咨询由该所承担

广东省标准 GD
DBJ 15-51-2007
《公共建筑节能设计标准》
广东省实施细则
Design standard for energy efficiency of public buildings
2007-03-01 发布　　2007-04-15 实施
广东省建设厅　发布

建筑设备研究所

所长：张作萍

建筑设备研究所主要从事建筑设备工程和建筑施工起重机械的检测及研究、技术咨询，多年来，在建筑施工起重机械、电梯、建筑电气、智能建筑、通风与空调、建筑给水排水检测及研究、技术咨询方面积累了丰富的经验，取得了丰硕的成果，并有多个项目获科技进步奖。如：100t·m 塔式起重机获省科技进步一等奖；广东国际大厦快速提升自爬内井架获省建总科技进步二等奖等。

电梯检测

起重机具检测

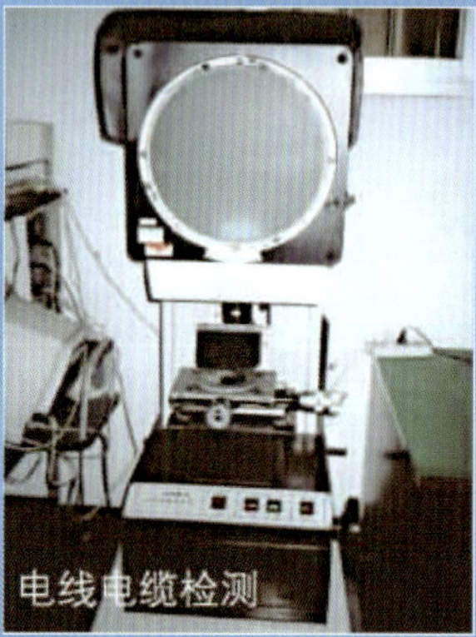
电线电缆检测

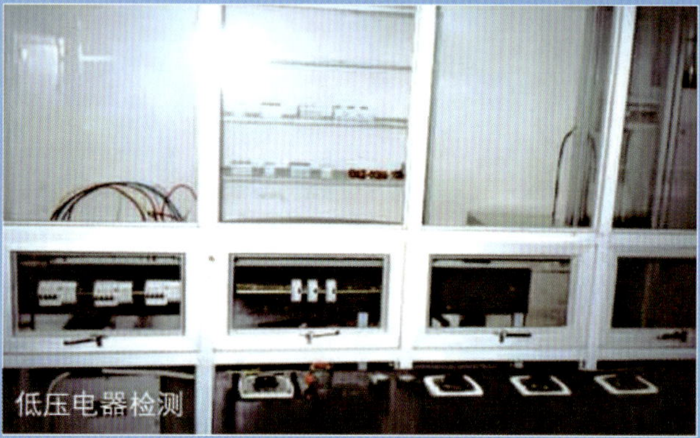
低压电器检测

广东省建科建筑设计院

院长：曹大燕　副院长：钟开健　庄平江

广东省建科建筑设计院是广东省建筑科学研究院下属法人单位。现已通过 ISO9001 质量管理体系，OSH18001 职业安全健康管理体系、ISO14001 环境管理体系认证，并拥有建设部批准的建筑设计综合甲级资质、城市规划编制乙级资质、工程勘察乙级资质、水土保持方案编制甲级资质。该院拥有一支技术素质高、专业配套齐全、经验丰富而精干的设计队伍，专业技术人员 100 余人，高级职称工程师 20 余人，一级注册建筑师 8 人，一级注册结构工程师 11 人。多年来设计了大量各种类型各具特色的多、高层建筑，完成了一批配套完善的小区规划及大中型建设项目。其中获得多项省、市级优秀设计奖。此外，还参与了多项国家级和部级的规范、标准图集的编制，是国家新版《住宅设计规范》的主要参编单位。

联系电话：020-87252520　传真：020-87250357

东国际展览中心

广东建科建设监理有限公司

经理：蒋徐进　　副经理：冯骆

广东建科建设监理有限公司是广东省建筑科学研究院下属的独立企业法人，具有甲级工程监理资质和甲级工程招标代理资质，可跨地区、跨行业承接各类工程监理和工程咨询业务，属于工程建设领域的高智能技术服务型企业。

公司拥有雄厚的技术实力和丰富的建设监理经验，于2002年率先通过了ISO9001质量管理体系、ISO14001环境管理体系以及OHS18001职业安全健康管理体系的三位一体认证，从而使公司的管理工作走上了规范化、科学化、标准化的轨道。现有各类专业技术人员110人，其中注册一级建筑师2名，注册一级结构师3名，注册监理工程师35名，注册造价工程师7名，专业配套齐全，技术力量雄厚。同时，公司还成立了由工程设计、施工和监理方面经验丰富、理论深厚的专家组成的专家组，能够及时解决工程建设各阶段中出理的重大技术问题。

公司自创建以来，承接了一批大中型监理业务，在监面积常年保持在100万平方米左右。在所完成的工程项目中，质量核定等级合格率为100%，等级优良的达到了90%，其中韶关市卫校综合楼、教学楼、学生公寓获得了2004年度广东省建设工程"金匠奖"，广州造船厂职工住宅获得了2004年度广州市建设工程质量"五羊杯"，8个项目获得了广东省优良样板工程和广东省安全生产文明施工优良样板工地，10个项目获得了广州市优良样板工程和广州市安全文明生产优良样板工地的荣誉。此外，公司的招标代理业务也在逢勃发展，近三年承接的招标代理项目总造价达10亿元。2005年，公司被评为"二○○四年度广东省先进工程监理企业"。

联系电话：020-87253248 87257569　　传真：020-87251313

广东建科建筑工程技术开发有限公司

总经理：陆瑞明　　副总经理：刘洪波

广东建科建筑工程技术开发有限公司拥有建设部颁发的特种专业工程专业承包资质(结构补强、纠偏、平移)、预应力专项和建筑防水工程二级施工工程资质、地基基础专业承包资质。公司各类相关专业人才配备齐全，拥有博士2人，硕士12人，高级职称人员8人，专业技术人员众多，是一支能"打硬仗"的高素质队伍。公司于2003年通过ISO9001:2000质量管理体系、ISO14001环境管理体系和OHSAS18001职业健康安全管理体系认证。

到目前为止，公司已开展了众多的结构加固与改造、预应力、地基处理及岩土、建筑防水等专项工程的设计与施工，运用先进技术手段处理了500多个有质量问题或安全危害的问题工程或事故工程。

联系电话：020-87252790、87250967、87251499

联系人：陆瑞明、刘洪波

广东省建筑设计研究院

The Architectural Design & Research Institute of Guangdong Province

广东省建筑设计研究院创建于1952年，是新中国最早成立的大型综合建筑勘察设计单位之一，具有工程勘察、建筑工程设计、市政公用工程设计、工程咨询、建筑装饰设计、建筑智能化系统工程设计、工程建设监理、建筑（含市政、装饰）工程施工图审查等甲级资质以及城市规划编制、地下铁道建筑设计资质。

半个多世纪以来，我院在工业与民用建筑设计、市政工程设计、城镇规划、工程勘察测量等领域奉献出众多在广东省乃至全国具有里程碑意义的杰出工程，为祖国的现代化建设与发展做出了积极的贡献。55年的和谐发展，使我院规模不断壮大，技术力量不断增强，生产效益不断提高，形成省院特有的经营风貌，呈现出以下特点：

一、团队规模大。拥有高素质人才队伍，包括工程院士、设计大师、教授级高工等专业人士在内的员工逾千人。

二、业务范围广。拓展多元化经营，为工业与民用建筑、城市规划、市政工程提供策划、咨询、工程勘察、工程设计、监理、代建等全方位、全过程服务。

三、技术力量强。集中技术优势，又好有快完成各项建设项目任务，尤其为投资规模大、建设周期短、质量要求高的大型项目提供高效快捷服务。

四、服务质量优。始终坚持全面质量管理，不断完善质量管理体系，提高顾客满意度并持续改进。

五、企业文化浓。团结和谐，自省自励，互助互爱，开拓创新，共创品牌，奉献社会。

2003-2007年，是我院成立以来生产发展最快、经济效益最好、综合实力最强的五年。五年来，我院始终坚持“发展是第一要务”，坚持以市场为导向，坚持“质量第一，服务第一，信誉第一”的理念，实现了又好又快地发展。

我院承接的工程勘察、设计、咨询等业务项目以珠三角地区为中心，拓展遍布全国，更先后在美国、加拿大、德国、日本等数十个国家及地区的政府部门或设计公司开展学术交流活动，与九个国家及港澳台地区的32间设计公司合作设计了36项大型建筑及市政工程项目，形成了立足广东、走向全国、面向世界的发展格局。

我院以建设现代工程勘察设计研究强院为总目标，实施科技兴院战略，不断推进自主创新，在建筑、结构、市政、勘测、智能化建筑、计算机软件等科研开发、设计研究领域取得较大突破和新的成就。2006年，我院更荣获建设部表彰为“十五全国建设科技进步先进集体”。

我院实行技术经营承包制，极大地增强了生产部门的经营意识和责任感，调动了广大职工的积极性。五年来，全院每年均能超额完成各项生产经营任务，创造了我院生产经营和经济效益连续5年大幅度增长的奇迹；全院完成财务收入由2002年的1.00亿元增至2006年的2.98亿元，年均增长31.39％；2007年预计可突破3亿元，再创历史新高；全院签订合同2392项，合同金额从2002年的1.22亿元增长到2006年的5.97亿元，年均增长48.73％；全院向国家上缴营业税及附加费和所得税从2002年的831万元增加到2006年的2336万元，年均增长率高达29.48％；全院资产总额从2002年的0.78亿元增长到2006年的1.52亿元，国有资产实现大幅度增长。

2003-2007年部分国家级获奖项目表

获奖项目	获奖名称
佛山市丽日豪庭小区	第三届詹天佑土木工程大奖
广州内环路主线桥梁工程	国家优秀工程设计银质奖
深圳天安数码时代大厦	第三届国家优秀建筑结构设计三等奖
广东龙岗国际自行车赛场	国家优秀工程设计铜质奖
广州白云国际机场迁建工程	2006年优秀工程勘察设计金质奖
广州名汇商业大厦结构设计	第四届国家优秀建筑结构设计一等奖
广州新白云国际机场航站楼结构设计	第四届国家优秀建筑结构设计二等奖
华润中心(一期)结构设计	第四届国家优秀建筑结构设计二等奖
广州中医药大学药科楼（3-13）	2006年国家优秀工程设计银质奖
广州万科四季花城住宅小区(一、二期)	第六届詹天佑土木工程大奖
广州.万科四季花城(一、二、三期)	2006年詹天佑大奖优秀住宅小区金奖
广州市兴丰生活垃圾卫生填埋场	2007年度国家优质工程金质奖
广州中医药大学	2007年度国家优质工程银质奖
广州新白云国际机场结构设计	2007年度华夏科技进步一等奖

2003-2007年部分部级获奖项目表

获奖项目	获奖名称
广州市公安局110社会联动指挥中心基坑支护	2003年度部级优秀勘察设计三等奖
广东龙岗国际自行车赛场	2003年度部级优秀勘察设计二等奖
广州铁路（集团）公司调度指挥楼	2003年度部级优秀勘察设计三等奖
中山大学肿瘤防治中心医疗科研楼	2003年度部级优秀勘察设计三等奖
广州市白云国际机场迁建工程	全国绿色建筑创新奖二等奖
广州新白云国际机场航站楼	2005年度部级优秀勘察设计二等奖
广州中医药大学教室楼	2005年部级优秀勘察设计三等奖
广州中医药大学药科楼	2005年度部级优秀勘察设计三等奖
深圳华润中心一期	2005年度部级优秀勘察设计二等奖
广州市大坦沙污水处理厂扩建(三期)工程污水处理厂工程	2005年度部级优秀勘察设计二等奖
广州市兴丰生活垃圾卫生填埋场(合作设计)	2005年度部级优秀勘察设计一等奖

镇安立交夜景

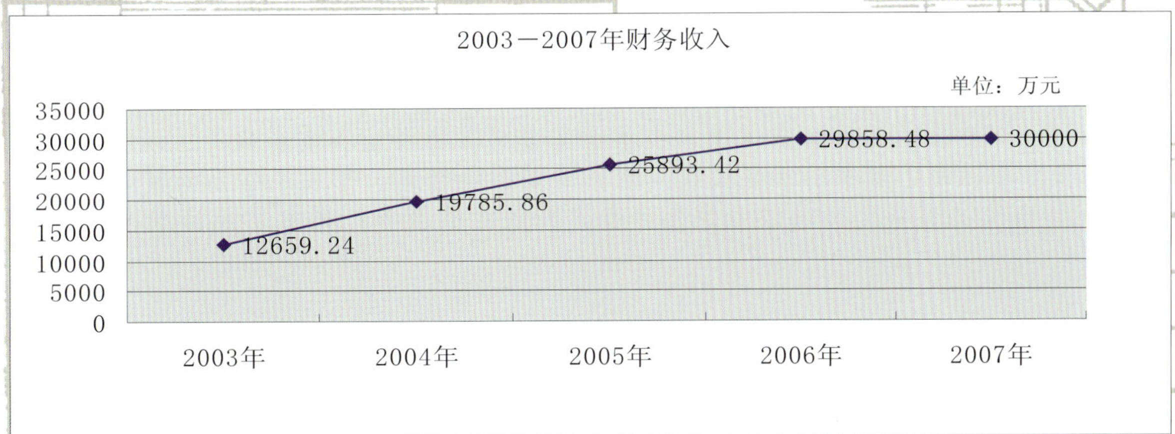
2003—2007年财务收入
单位：万元
35000
30000
25000
20000
15000
10000
5000
0
12659.24
19785.86
25893.42
29858.48
30000
2003年
2004年
2005年
2006年
2007年

广州市设计院

广州市设计院组建于1952年，是国内成立最早的甲级勘察设计单位之一，是国内建筑设计的一支重要队伍。如今全院员工五百多人，其中被授予“全国工程设计大师”称号一名，经国务院批准享受政府特殊津贴的专家十多名，持有国家注册师资格的一百多名，博士、硕士五十多名，各类高中级技术人才四百多名。

广州市设计院拥有工程勘察设计、工程设计咨询、城市规划、市政设计、工程总承包、工程监理、建筑智能化系统工程、消防、环保、施工图审查等多项资质，并已通过ISO 9001-2000质量体系认证。是全国勘察设计综合实力百强单位、国家计委确定的全国旅游旅馆设计四个指导性设计院之一，也是建设部批准的第一批建筑智能化系统工程设计甲级单位。已获国家授予直接对外经营权。在全国优秀设计院评比中，一直名列前茅。荣获“2006年中国十大建筑设计公司”的称号。

广州市设计院自20世纪50年代以来，尤为注重精品的设计及技术的创新，打造出了一批高质量、富有较强影响力的时代精品，如广州友谊剧院、广州宾馆、广州火车站、白天鹅宾馆、中国大酒店、广州天河体育中心、汕头国际金融大厦、广州市购书中心、广东美术馆、北京广州大厦、健力宝大厦、广州海洋馆、东山广场、广州体育馆、羊城晚报社印务中心、广州新殡仪馆、广州大学城中山大学、湖南省政府新机关院办公区、中山大学附属第一医院门诊急诊大楼、南沙大酒店、广州天河正佳商业广场、广州发展中心大厦、金海湾花园、广州合银广场、广州市新电视塔、湖南韶山毛泽东文物馆、山东烟台日报印刷工业园、山东临沂久隆国际城市广场、湖南省人民会堂等。

广州市设计院已有三百多项（次）工程勘察设计获国家、部、省、市级的奖励，其中国家级奖近二十项，部省级奖一百四十多项，市级奖近二百项。其中白天鹅宾馆获国家科技进步奖、全国优秀工程设计奖、全国第七次质量月奖；广州天河体育中心获国家科技进步奖、全国优秀工程设计奖、建设部优秀工程设计奖、国际建协IAKS奖；广东美术馆、汕头国际金融大厦、华夏大酒店、广州市购书中心、北京广州大厦等项目获全国优秀工程设计奖；广州新殡仪馆、羊城晚报社印务中心等项目获建设部优秀工程设计奖……

广州市设计院与国内外众多著名设计公司保持着良好的合作关系，如美国SOM、日本株式会社日建设计、德国GMP公司、美国ARQ公司、荷兰Information based architecture B.V、ARUP 奥雅纳工程顾问、美国TT结构顾问公司、香港迈进机电顾问公司等。

广州市设计院遵循“精心设计，顾客满意，科学管理，持续改进”的质量方针，坚持走管理创新、质量兴业、科技强院之路；充分发挥自己的品牌优势、人才优势、信誉优势，积极应对各种激烈的挑战；敢于竞争，善于竞争，在竞争中谋求更大更快的发展，提升综合竞争能力。

广州市设计院全体员工贯彻科学发展观，着力培育企业精神，形成了强劲的精神动力，是可持续发展的强大保证。全院员工将更加热诚地为社会各界提供优质服务，用智慧与汗水去浇铸一座座城市建设的不朽丰碑。

广州市设计院
广州天河体育东路体育东横街3号
邮政编码:510620
电话:0086 20 87518388
传真:0086 20 87544798
电邮:gzdi@gzdi.con.cn
网址:www.gzdi.con.

广州大学城中山大学

建成时间：2004年8月
总建筑面积：162842 ㎡

获奖情况：
2006年度第四届中国建筑学会建筑创作佳作奖
2005年度部级优秀勘察设计三等奖
2005年广东省第十二次优秀工程设计一等奖

以岭南生态校园环境和中大校园文化为创作主题，以自然环境的保护和利用为构思出发点，将主体构思贯穿于整体布局、单体及细部的系统设计中，创造出具有岭南特色的生态的校园环境。由图书馆、公共教学楼、南学院、北学院、传播学院、基础实验楼、工学院等组成。

广州市图书馆

建筑面积：98000㎡
建筑高度：50m
层数：地下二层，地上十层
合作单位：日本株式会社日建设计

喻意书籍层叠的外观造型，形成极具雕塑性的粗旷外表形象，并以倾斜的体量体现现代建筑的动感精神。

在地下层与地面层、地面层与上部各层之间，通过下沉式庭园、共享中庭等手法，形成流动一体的连续空间，充分体现华南地区传统建筑的开敞流通空间特质。

在入口广场设计并列有序的水景及绿化，体现南国建筑灿烂明媚特点，同时结合该景观序列，布置连续的雕塑群组，强调图书馆建筑的性格特征。

天河正佳商业广场

建成时间：2005年1月
总建筑面积：295,950m²
建筑高度：53.90m
合作单位：美国捷得建筑师事务所
获奖情况：广州市2006年度优秀工程勘察设计一等奖

本工程平面布局采用国际惯用的商业空间处理手法，充分考虑人流走向和紧急疏散的需求，百货区被不同的步行街围绕，极富老广州城的地方风情。

立面设计采用大量中国传统元素，体现其稳重和端庄的特点。

空间和平面布局的独特性体现出本工程在消防设计上的超前性：通过采用固定防火玻璃、分区独立排烟、回廊加密喷淋、中庭自然排烟、设置安全走道等性能化的设计手段，实现了消防安全。

广州新电视塔

总建筑面积：115079m²
建筑高度：610 m
层数：地上37层，地下3层

合作单位：
ARUP 奥雅纳工程顾问、荷兰Information based architecture B. V

毛泽东文物馆

总建筑面积：14758㎡
建筑高度：22.3 m
层数:2层

新馆的设计应充分体现毛泽东同志作为中国人民的伟大领袖的鲜明个人领导风格和人格魅力，所以文物馆的风格是中国传统建筑手法和现代建筑元素的一种揉合。

双坡屋顶、风火墙、吊脚楼……这些具有湖南民居建筑特色的建筑元素都被抽取出来，用现代建筑材料和手法加以演绎。用钢和玻璃搭建起来的小坡屋顶配合庭园空间，意在传统与现代之间建立一座桥梁，引起人们对毛泽东故居的熟悉感和认知感，营造出一系列亲切、肃穆的展示空间。

湖南省政府新机关院办公区

湖南省政府新机关院办公区主办公楼

总建筑面积：86，000㎡
建筑高度：34 m
层数：地上6层，地下1层

获奖情况：2005年度建设部优秀建筑设计三等奖
2005年广东省第十二次优秀工程设计一等奖
2004年广州市优秀工程设计一等奖

湖南省政府新机关院办公区是一个由一座主办公楼和四座附楼组成的建筑群，建筑群北靠山南面水，生态环境十分优越。办公区的各建筑单体沿着南面七万多平方米的“水广场”一字排开，两侧还预留了发展用地，整个建筑群连绵达500米，气势宏大，颇具个性。办公区建筑以方形为母题，采用“院落”的组织方式，由两层的连廊形成统一的界面，追求生态景观的渗透和“山”与“水”的对话，体现出强烈的生态办公的特点。

南沙大酒店

建成时间：　2004年12月
总建筑面积：53337 ㎡
建筑高度：　68.6 m
层数：地上15层，地下1层
获奖情况：广州市2006年度优秀工程勘察设计二等奖

酒店以“五星级标准”进行设计，主楼十五层，裙楼三层，车库一层，地下室一层，设有314间客房（其中商务套间6套）及美容、桑拿、健身、意大利餐厅、日式餐厅、宴会厅等配套设施，另设泳池、网球场、健身中心等运动设施。

珠江新城B2-7项目

总建筑面积：150000㎡
建筑高度：245m
层数：56层

本工程位于广州市珠江新城中轴线B2-7地块，基地西侧临珠江路，与城市中轴绿化带相邻。主体建筑不设裙房，独立塔楼形成挺拔俊朗的整体形象。

方形平面实用、高效、大气、结构合理，具有均好性、模数化、节能等优势。

山东临沂久隆国际城市广场

总建筑面积：443100㎡

本工程处于临沂市兰山区，总用地面积73001㎡，商场5层(25m)、写字楼36层(150m)、酒店式公寓30层（100m）和住宅约31层（95.2 m）。

设计原则：

1. 全方位引导商业人流，满足不同层次消费人群的需要，最大程度吸引周边人流；

2. 写字楼和公寓成组布置；

3. 封闭式居住小区——“运动就在家门口”；

4. 人性化车流导入设计。

中山图书馆

总建筑面积：100000㎡
建筑高度：33m
层数：11层

本工程为省立中山图书馆的改扩建工程，位于原广州越秀区的中心区，基地包含有国民党一大会址、孙中山文献馆等历史文物建筑，而且拥有老城区宝贵的绿化广场、大树。

本工程构思着眼于以下两个关键点：开放、生态。开放性的构思体现于方案中完全开放的革命广场，半开敞、视线可达的庭院，独立的、精谧的借阅空间。有绿化广场及多个庭院空间，充分体现出对自然的尊重和对人的沟通。

城市规划
测量与地理信息工程
建筑设计
岩土工程
市政规划与设计（包括道路、给水、园林绿化）
工程建设与管理

使命
传承文明、服务社会、共创美好生活

理念
创新求是、追求卓越

目标
打造一流规划勘测设计与工程咨询联合舰队

质量方针
服务至上，精心规划勘测设计；求实为本，持续改进创新发展

WISDOM BRINGS INFINITE LIFE

智慧创造无限

广州市城市规划勘测设计研究院(GZPI)创建于1953年，拥有员工1400余人，业务范围涵盖城市规划、土地规划、城市测量与地理信息系统工程、建筑设计、市政规划与设计、岩土工程、项目代建、工程咨询、工程监理、工程总承包等，持有城市规划、土地规划、工程设计综合、测绘、工程勘察、市政公用行业(包括道路、给水、园林绿化)、建筑智能化系统、工程监理、工程咨询、工程招标代理等10项甲级资质。借助高素质人才队伍和多专业资源整合，具备为城市规划建设和大型工程项目提供全过程一站式服务的雄厚实力。

在长期服务广州城市建设和发展的过程中，积累了丰富的经验。随着自身技术实力的增强，借助服务广州的经验，积极拓展国内业务，足迹遍及北京、上海、天津、重庆、浙江、四川、江西、贵州等全国各地，并已迈向国际市场。

GZPI实施生产全过程的全面质量控制与管理，确保成果质量和服务质量满足客户要求，是全国建设系统首家通过ISO9001认证的综合性设计研究院。注重产研结合，近年来获国家和部级奖50余项(含全国优秀工程勘察设计金质奖、詹天佑土木工程大奖)， 省级优秀奖100余项，市级奖近300项。

广州萝岗区综合医院建筑设计
hospital.
Plan & Design of Southern Base of CMCC
规划设计
移动基地
广东省演艺中心(含群众艺术馆
广州日报社印
星海
演艺中心建筑设计
Architecture Design of Xinghai Performing Arts Centre
广州信
广州南沙行政中心概念规划与主体建筑设计

广州市城市规划勘测设计研究院

GUANGZHOU URBAN PLANNING & DESIGN SURVEY RESEARCH INSTITUTE

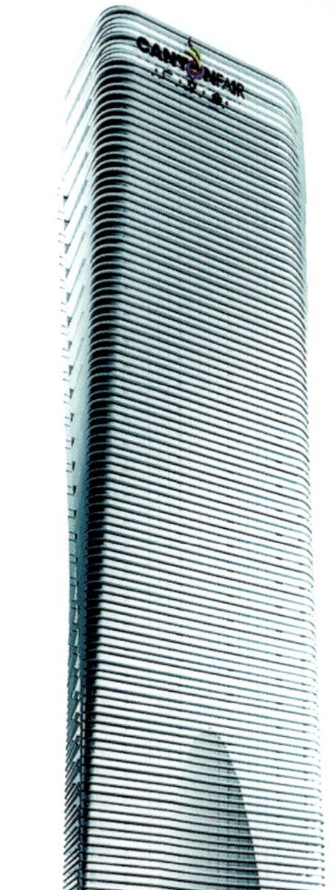

廣州瀚華建築設計有限公司

广州瀚华建筑设计有限公司，成立于1993年10月，原隶属于广州市勘察设计协会。1998年7月28日，经主管部门广州市勘察设计协会批准，由李少云博士对公司进行重组。在各级建设主管部门的指导下，于2000年10月18日完成了企业体制改革工作，由集体企业转制为有限责任公司。经建设部审定为建筑工程甲级设计单位（资质证书编号：190502-sj），成为广州市率先建立现代企业制度的建筑设计行业领跑者。经过短短几年的艰苦创业，逐步树立了良好的品牌形象，创作了诸如南国奥林匹克花园雅典组团、东山雅筑、时代玫瑰园、竹韵山庄、省中医院、广东省海上丝绸之路博物馆等众多优秀的建筑设计作品。

瀚华崇尚积极创新，在建筑创作与技术进步方面勇于走在时代潮流的前面。凭着不断创新设计理念和设计手法，在协助客户达到商业目标的同时，实现了自身在专业技术上的进步。先后有23个设计项目获得各种级别的奖项，并获选为“2004年度CIHAF中国建筑二十大品牌影响力规划建筑设计事务所（公司）”。

瀚华致力于精心管理，不断探索适应市场经济发展、与国际惯例接轨的建筑工程设计企业管理模式，吸引了包括11名高级工程师，8名一级注册建筑师，19名一级注册结构工程师，25名博士、硕士在内的众多高级技术管理人员加盟瀚华，形成了多达150人的共同协作、高质高效的专业团队。

瀚华追求完美服务，用心聆听客户的需求，顺应市场的变化，为客户提供全面准确的技术支持，与客户共同创造时代建筑的精品。包括中海、万科、新世界、合生创展、富力、保利、恒大、时代、凯德置地、三九等众多知名地产公司在内的客户名单，是市场对瀚华追求完美服务精神的最好肯定。

瀚华始终坚持“积极创新、精心管理、完美服务”的精神，全体同事正在共同为完成更多、更高水准的设计作品做出不懈的努力。

广州琶洲会展二期工程投标方案

广州“时代玫瑰园”一期

依云小镇

竹韵山庄

广州瀚华建筑设计有限公司
地址：广州市天河区龙口东路广东省农机物资公司综合楼4、6楼
邮编：510630
电话：020-38483988
传真：020-38481009
网址：WWW.HANHUA.CN

广东省第四建筑工程公司

本公司是国家建设部核定的房屋建筑工程施工总承包壹级企业，并具有建筑装修装饰工程专业承包壹级资质，机电设备安装工程专业承包壹级和市政公用工程总承包贰级、地基与基础工程专业承包叁级资质及预拌砼专业承包贰级资质。并具有大型建筑工程施工总承包的能力，是全面发展的大型建筑施工国有企业。

本公司始建于1950年，自改革开放以来，得到了迅猛发展，从一般的土建施工队伍，发展成为一个集工业与民用高层、超高层建筑施工、水电安装、高级装修、建筑设计、房地产综合开发、建筑技术开发等多种经营于一体的国有大型企业。公司下设17个分公司（厂），拥有各种先进大中型施工机械设备600多台（套），可同时进行30幢三十层以上高层，超高层建筑施工。

本公司一直高度重视质量管理工作，1997 年通过了ISO9002质量体系认证，2004 年通过了ISO9001：2000、ISO14001及OHSAS18001管理体系的认证，为公司稳步发展打下良好基础。施工工程质量逐年上升，并有多项工程获得鲁班奖、詹天佑奖、金匠奖、省优、市优等不同等级的奖项。公司本着“诚信经营、顾客第一”的经营理念，积极参与国内外市场竞争，足迹遍布国内十多个省、市、自治区，在国内建筑市场中享有良好的声誉。近年来，公司连续被授予“全国建设技术创新工作先进单位”、“工程建设科技创新示范单位”、“质量管理先进单位”、“安全生产先进单位”、“文明单位”、“全国重合同守信用企业”、“ AAA 级资信等级”等多项荣誉称号。

电话:-20-83832304
传真:-20-83838534
地址:广东省广州市白云路99号
邮编:510100

广东国际大厦

广东国际大厦场地面积近2万m^2，总建筑面积18万m^2，由63层主楼、30层及33层的两座副楼组成。主楼地面以上63层，高200.18m，地下4层，深14.3m，结构采用筒中筒体系，创省内预应力房建工程建筑高度最高记录。该工程《无粘结预应力楼盖设计与施工》及《垂直度控制及计算》分别获建设部科技进步二等奖及三等奖；《主楼结构施工技术》及《SP-70高效模板体系》分别获广东省科技进步一等奖及二等奖；该项目先后荣获省优良样板、鲁班奖及首届詹天佑土木工程大奖。

广东电信广场

占地面积8868.7m^2，总建筑面积147765m^2；地下6层，基坑深-22.2m；地上68层，高249.80m，是一幢集办公、商贸、餐饮、住宿、娱乐等于一体的超高层、多功能、智能型综合大厦；本工程是广东省首次在超高层建筑设计中采用圆形钢管混凝土柱为主要结构构件的钢管柱剪力墙—核心筒结构，是目前国内第二高的全钢管混凝土超高层建筑，创广东省内已建成大型单体建筑地下室层数最多记录。其《矿物减水理论与高性能掺合料和超高性能混凝土》获省科学技术奖二等奖，并荣获第六届詹天佑土木工程大奖。

广东星海音乐厅

广东星海音乐厅总用地面积11658m^2，建筑占地面积约4579m^2，总体工程由交响乐演奏大厅、室内乐演奏小厅以及音乐资料馆和室外音乐喷泉文化广场等组成。主体建筑大厅采用48m×48m双曲抛物面钢筋混凝土薄壳结构，其建筑规模首创亚洲混凝土壳体工程记录。该工程《预应力钢筋砼双曲抛物面薄壳施工技术》获广东省科技进步三等奖。

第一部分

文 献

一、重要讲话

深入贯彻落实科学发展观 开创我省建设事业新局面

——在2008年全省建设工作会议上的讲话

广东省建设厅厅长劳应勋

（2008年1月14日）

这次全省建设工作会议的主要任务是，以十七大精神为指导，认真学习贯彻省委十届二次全会和全国建设工作会议精神，总结2007年全省建设工作，研究部署今年工作任务。省政府高度重视这次会议，林木声副省长要作重要讲话，请大家认真贯彻落实。下面，我讲几点意见。

一、2007年全省建设工作的基本情况

2007年，全省建设系统在省委、省政府的正确领导下，坚持以科学发展观为统领，统筹谋划，扎实工作，开拓创新，取得了显著成绩。

（一）发挥城乡规划的调控和先导作用，城乡统筹发展和新农村建设取得新的成效

城乡规划制度建设得到加强。省政府成立了以黄华华省长为主任的省城乡规划委员会。全省21个地级以上市和不少县级市建立了规划委员会制度，使城乡规划的编制和实施进一步制度化。大力推行城乡规划公众参与和公示制度，全面推动"阳光规划"制度的建立。积极开展城乡规划效能监察活动，加大对规划实施和规划案件的查处力度，促进了城乡规划的落实。

城市规划编制工作成效显著。完成了肇庆等8个市市域城镇体系规划和江门、湛江等17个市总体规划的审查。修改、完善了《广东省城镇体系规划（2007-2020）》，并已上报国务院审批；"大珠三角城镇群协调发展规划研究"进展顺利，粤东城镇群协调发展规划编制工作正式启动。各市全面开展了控制性详细规划的编制工作，控制性详细规划在城乡建设管理中的作用全面凸显。

区域规划实施取得突破。珠江三角洲城镇群规划管理办公室正式运作。经省政府同意，印发了《〈广东省珠江三角洲城镇群协调发展规划实施条例〉实施意见》，建立了实施《珠三角城镇群规划》的协调会议和珠江三角洲城乡规划局长联席会议制度，《珠三角城镇群规划》进入了全面实施的新阶段。深圳市首创划定基本生态控制线，对生态资源实行"铁线"保护，为珠江三角洲一级空间管治区的划定工作提供了经验。

城镇化和中心镇建设扎实推进。去年，省财政安排了1300万元试点资金，在30多个中心镇开展了控制性详细规划编制工作试点；全省268个中心镇已有54个中心镇核定了用地规模。中心镇建设质量明显提高。按常住人口比例计算，全省城镇化水平达到了63%。

新农村建设已见成效。在湛江市召开了全省村庄整治现场会，总结推广了湛江市新农村建设的经验。省财政拨款1000万元支持村庄规划编制工作，在各级政府的重视下，全省完成了近3000个村庄规划编制，湛江、云浮等市和省规划院等规划设计单位积极开展"送规划下乡"活动，提高了村庄规划水平。全省各市都抓了一批社会主义新农村的试点，涌现了湛江遂溪县马六良村、肇庆德庆县武垄村等一批社会主义新农村建设的典型。

（二）加快构建住房保障体系和房地产监管平台，城镇居民住房条件得到改善

住房解困工作取得初步成效。召开了全省城市住房工作会议，省政府颁发了《关于切实解决城市低收入家庭住房困难的实施意见》。省财政安排了3000万元专项补助资金，用于支持欠发达地区住房解困工作。全省去年共落实廉租住房和经济适用住房建设用地分别为70万平方米和123万平方米，同比分别增长125%和250%。廉租住房新开工面积95万平方米，竣工面积56万平方米；经济适用住房新开工面积319万平方米，竣工面积70万平方米。各地级以上市基本建立了住房保障制度。

房地产市场专项整治成效显著。各地严肃查处房地产项目立项审批、土地取得、规划审批、预售许可、中介服务等环节中的违法违规行为，全省共有9321家房地产相关企业进行了自查自纠，各级房地产主管部门共查处房地产违法违规行为2098宗，房地产市场秩序进一步规范，较好地维护了购房业主的利益。

房地产管理信息化水平不断提高。全省地级以上市全部完成了房地产管理信息系统的建设并投入使用，广州、茂名、潮州等7个试点城市完成了住房公积金监管系统软件开发，广州、深圳开发的物业管理系统进入了试运行阶段，城镇房屋拆迁管理系统也正在佛山试运行。通过加快房地产管理信息化建设，进一步提高了管理和服务水平。

（三）以治污保洁为重点加强城市基础设施建设，城市人居环境质量继续提升

市政公用事业建设稳步推进。全省新增污水处理厂37座，新增污水处理规模201万立方米/日，已建成污水处理厂共127座，污水处理率达50%；新增垃圾无害化处理厂3座，已建成垃圾无害化处理场34座，垃圾无害化处理率达到了60%。组织对全省近660个供水厂进行了水质安全检查，着手编制了《广东省城市饮用水供水设施改造和建设

规划》。

园林绿化工作得到加强。全省城镇深入开展创建园林城市（县城）活动，广州、东莞、潮州、梅州等城市通过验收被命名为“省级园林城市”。

城市应急处置机制逐步建立。制订了我省处置地铁和城市供水、供气、桥梁重大事故应急预案，以及处置电网大面积停电时城市地铁、供水、照明系统的应急联动预案。

（四）强化建筑市场监管和信用体系建设，工程质量和安全生产水平继续提高

加强了工程勘察设计的监管。认真贯彻落实省人大颁布的《广东省建设工程勘察设计管理条例》，强化了勘察设计各方主体对工程质量的责任。开展了全省勘察设计市场大检查，加强了对勘察设计市场和施工图审查机构的监管。经省政府同意，发布了《关于加强农村民居地震安全工程建设的意见》，加强了农村民居抗震设防管理。

进一步规范了有形建筑市场秩序。召开了全省有形建筑市场监管工作会议，加大了对围标、串标违法行为的处罚力度，进一步规范了建设工程招标投标行为。健全了劳务分包制度，全省共有建筑劳务分包企业343家，深圳市已在政府投资项目中全面推行劳务分包制度，部分市、县已在本地区新开工项目全面推行劳务分包制度。

强化了工程质量各环节的监管。组织开展了全省建设工程质量监督执法检查，狠抓了工程建设标准强制性条文的落实。加强了对工程质量检测单位的管理，提高了检测水平。大力推广新技术，全面实行工程量清单记价。工程质量稳步提高。2007年，全省在建工程31013个，工程竣工验收合格率达99.93%，同比去年提高0.6%，其中获得中国建筑工程鲁班奖（国家优质工程）共5项，被评为省优良样板工程91项，被评为省优秀建筑装饰工程71项，建筑工程投诉大幅下降，全年没有发生严重工程质量事故；共有14项工程被列入省级新技术应用示范工程、62项施工工法列入省级工法；共推荐了7项工程参加全国新技术示范工程评选、9项施工工法参加国家级施工工法评选。

加强了建筑市场信用体系的建设。“广东省建筑业企业诚信基础数据库和信息管理系统”已试运行，强化了对勘察、设计、施工、监理、造价咨询、招标代理、工程质量检测等企业诚信行为的监管，为政府加强管理和社会公平竞争提供了良好平台。

安全生产形势进一步趋好。省建设厅成立了建筑施工安全管理处，加强了安全管理的力量，全省各级安全监管力量也不断得到充实。狠抓了安全生产责任制的落实，将建筑施工安全生产死亡人数控制指标逐级分解，强化了安全生产责任目标管理。继续推行建筑工人“平安卡”管理制度，加强对建筑工人安全教育和管理，全省已有46万农民工持“平安卡”上岗作业，广州市建筑工人实行“平安卡”率达到了80%。以安全生产许可制度和施工起重机械装拆、安全使用监管为重点，大力实行安全生产动态管理，组织开展施工安全专项整治，对一批违法企业、项目经理和“三类人员”依法进行了处罚，有效遏制了安全生产事故的发生。全年共发生建筑施工安全事故53起，死亡66人，与去年相比事故起数和死亡人数分别下降了10.2%和1.49%。

重点项目建设进展顺利。与省直有关部门一起组织了五次专项督查活动，制订了《广东省重点建设项目预防职务犯罪工作指引》，分别对部分铁路、文化、公路、核电等重点建设项目规划选址、执行基本建设程序、落实征地拆迁“三条红线”、工程进度、质量和安全、预防职务犯罪等工作情况进行了执法检查，有力地促进了省重点建设项目的依法建设、廉政建设和质量安全工作。各地规划、建设等部门积极会同有关部门大力支持省重点项目的建设工作，有力地推动全省重点项目的顺利实施。

（五）建筑节能工作扎实开展

加强了节能政策法规和标准的制定工作。完成了《广东省民用建筑节能管理办法》的起草，编印了省《“十一五”节能规划》、《落实节能减排综合意见》、《2007年节能减排工作要点》、《建筑节能和产品推广目录》，公布实施了《公共建筑节能设计标准广东省实施细则》等7项地方性标准规范，进一步规范了节能减排工作。

启动了既有建筑节能的改造工作。积极探索既有建筑“既节能又节支”的节能改造路子，加快对既有建筑的节能改造。如珠海市引入市场机制，对凯迪克酒店进行节能综合改造试点，收到节电45%的效果，为既有建筑节能改造起到了示范作用。

推动了新墙材和可再生能源的应用。一是新墙材发展迅速。全省新墙材生产企业已发展至400多家，珠江三角洲已成为全国新墙材和可再生能源开发的主要基地。广州、深圳、汕头、肇庆、东莞、惠州、清远等市应用新墙材比例已超过了80%。二是散装水泥在城市建设中得到大力推广。全省已建成混凝土搅拌站329个，去年新增51个，生产混凝土8160万立方米，全省生产供应散装水泥4000万吨，比2006年增长24.2%。三是可再生能源开发应用进展较快。我省太阳能产业已处国内领先水平，约有600万人使用太阳能热水器；今年有5个项目被评为可再生能源国家应用示范项目；深圳被确定为全国首批国家机关办公建筑和大型公建节能监测的3个示范城市之一。

（六）注重解决建设领域的民生问题，推进和谐建设取得成效

坚持以人为本，高度重视解决建设领域涉及民生的具体问题，取得了较大的成效。一是全省2003年底登记在册的18922户特困户住房问题已得到妥善解决。二是城镇房屋拆迁行为更加规范。严格履行拆迁程序，控制拆迁规模，落实拆迁补偿安置标准，加强监督检查，减少了矛盾纠纷。潮州市针对历史文化名城保护需要进行较大规模拆迁的实际，认真制订拆迁计划，严格规范拆迁程序，合理确定补偿标准，加强与被拆迁人的沟通，顺利地推进了拆迁工作，赢得了群众的好评。三是行政复议案件发挥了定纷止争的作用。厅机关全年受理行政复议案件17宗，比去年减少了59宗，坚持依法办案、协调解决、按时裁决，矛盾化解较好，申请人主动撤回复议申请的比例逐年提高，没有一宗因裁决不公引起上诉或引发新的矛盾纠纷，维护了社会稳定。

（七）大力推进法制建设和行政审批制度改革，依法行政水平和工作效率得到提高

继续推进立法进程。出台了《广东省建设工程勘察设计管理条例》，成为我省勘察设计行业的第一个地方性法规。完成了《广东省燃气管理条例》、《广东省散装水泥管理规定》的修订报送工作；完成了《广东省禁止建设工程串通招标投标违法行为管理办法》、《广东省工程建设项目招标代理管理规定》、《广东省建筑节能管理办法》等规章的起草。广州、深圳、珠海、汕头等有立法权的市，也相继出台了一批建设类地方性法规和规章，有力地加强了我省建设法制工作。

普法工作全面推进。全省建设系统认真编制了“五五”普法规划和年度计划，加强了法制机构和普法机构的建设，大力开展了普法培训工作，提高了建设系统广大干部职工的法律意识。

行政审批制度改革力度加大。制定了《广东省建设厅行政审批制度改革方案》，按照“减量、增效”的原则，已提请省政府将厅机关实施的8项行政许可事项依法委托给地级以上市建设行政主管部门实施。厅机关成立了行政服务中心，将20项行政许可项目从6个业务处划出，集中到行政服务中心统一办理。全省各地也积极开展了行政审批制度的改革，湛江市建设局实行“一站式”服务，将原来由11个科室承办的8项行政许可事项和39项非行政许可项目统一到市行政服务中心市建设局窗口办理，严格规范程序，加强监管，得到了当地政府和群众的充分肯定。加强信息

化建设，进一步推进网上办公，促进了政务公开，提高了工作效率。

党风廉政建设和精神文明建设取得新的成效。各地结合实际，组织广大党员干部认真学习贯彻《中国共产党党内监督条例》、《中国共产党纪律处分条例》，深入开展以纪律教育月活动等主题教育活动，不断夯实教育基础，筑牢拒腐防变的思想防线；并按照中央颁发的《建立健全教育、制度、监督并重的惩治和预防腐败体系实施纲要》和省委的《实施意见》，积极推进以建立健全房地产市场、市政公用事业和有形建筑市场的监管机制为主要内容的惩防体系建设，规范建设市场行为，完善建设市场的法律法规和工作制度；针对建设领域容易滋生腐败的重点部位和主要环节，加大了源头治腐力度和查办违法违规行为；全省建设系统治理商业贿赂专项工作稳步推进并取得了阶段性成果，纠正不正当交易行为的自查自纠工作已通过各级治理领导小组的评估验收；各级建设纪检监察部门，紧紧围绕中心工作，加大了对落实房地产市场宏观调控政策、建筑节能和降污减排等方面的监督力度，围绕群众利益问题，加大了对拖欠工程款、农民工工资、建筑工程质量、征地和房屋拆迁中损害群众利益等热点问题的监督力度，确保了中央重大决策部署的贯彻落实，有效地解决了损害群众利益的突击问题；全行业的纠风工作得到加强，尤其是各级建设行政机关的服务意识、办事效率等作风明显好转。广大党员干部更加注重自觉遵守廉洁自律有关规定，在全系统基本形成了以廉为荣、以贪为耻、勤政廉政、干净干事的良好氛围。

我省建设工作虽然取得了较大的成绩，但也仍然存在不少问题：一是村庄脏乱差现象依然比较突出。我省许多村庄没有编制村庄规划，建设无序，垃圾、污水乱排乱放，与社会主义新农村的要求还有较大差距。二是城镇低收入家庭住房困难问题依然比较突出。全省城镇住房保障体系不完善，住房结构不尽合理，保障性住房建设滞后，中低收入阶层住房困难问题仍比较突出。三是城市基础设施欠帐的问题依然比较突出。全省城市污水处理和垃圾无害化处理率仍然比较低，大中城市居民出行难问题依然存在，城市供水和桥梁安全隐患仍然不少，与人民群众的要求仍然有较大的差距。四是建筑节能工作总体水平依然落后。与兄弟省份相比，我省建筑节能工作起步较晚，建筑节能、节材、节水、节地和可再生能源利用水平有待进一步提高，与我省经济发展的状况十分不相应。五是建设立法和依法行政有待加强。建设法规体系尚不健全，物业管理、燃气、工程质量等法规需进一步修订完善，建筑节能、城市公共交通等领域法规明显滞后，建设行政综合执法体系尚未建立，与依法行政的要求还有较大差距。

二、2008年全省建设工作安排

最近省委召开了十届二次全会，总结了2007年全省工作，对2008年工作进行了全面部署。省委书记汪洋发表了“继续解放思想，坚持改革开放，努力争当实践科学发展观的排头兵”的重要讲话。全省建设系统广大干部职工要认真学习贯彻汪洋书记的重要讲话，克服自满思想，增强忧患意识；克服狭隘视野，树立世界眼光；克服“见物不见人”的观念，坚持以人为本。立足改革创新，锐意开拓，促进我省城乡建设事业的发展。

按照省委省政府的部署，2008年全省建设工作的总体要求是：认真贯彻省委十届二次全会和全国建设工作会议精神，继续解放思想，以科学发展观为统领，充分发挥城乡规划的调控作用，加强科技创新和政策支撑，继续加大工程质量安全管理和建筑节能的力度，扎实推进城镇住房保障体系建设、治污保洁工程建设和社会主义新农村建设，以更加务实的作风，切实改善民生，为人民群众营造良好的人居环境，进一步推进我省建设事业的发展。

各级建设部门要按照总体要求，切实抓好以下重点工作：

（一）以贯彻实施《城乡规划法》为契机，进一步统筹城乡和区域协调发展

抓好《城乡规划法》的学习、宣传和施行工作。抓紧制订《广东省实施<城乡规划法>办法》，出台《广东省城乡规划公众参与办法》、《广东省城乡规划公示制度》、《广东省城市控制性详细规划制定指引》、《广东省建制镇控制性详细规划制定指引》等规范性文件，规范城乡规划行政许可和行政执法行为。进一步完善城乡规划委员会工作制度。今年要建立珠江三角洲城镇规划督察员巡察制度，加强对城乡规划编制与实施的监督指导，充分发挥城乡规划作为公共政策的综合调控和先导、统筹作用。

抓好区域规划的编制和实施。抓紧完成《大珠江三角洲城镇群协调发展规划研究》，启动《粤东城镇群协调发展规划》编制工作，推进《广东省城镇体系规划（2007—2020）》的审批和实施工作，积极实施《珠江三角洲城镇群协调发展规划》，珠三角各地级以上市要全面开展区域绿地的划定工作，有条件的地方要抓紧开展区域性交通廊道的划定工作。加快建立珠三角区域性基础设施共建共享机制，促进珠三角城镇群整体协调发展。

继续推进社会主义新农村的建设。在粤东召开第三次全省村庄整治现场会。继续大规模培训村镇规划建设管理人员，并扩大至省级村庄规划、整治试点村庄的村干部，以更好地发挥村干部的带头人作用。争取由省人大颁布实施《广东省村庄规划建设管理条例》，以法规规范农村规划、建设和管理行为。加大力度推进以“五改”（改水、改厕、改路、改灶、改房）、“三清”（清理垃圾、清理河塘、清理乱堆放）、“五有”（有村庄规划、有文体活动场地、有成荫绿地、有垃圾收集池、有污水处理简易设施）为重点的村庄整治工作，扩大省级村庄规划试点至2000个试点村，抓好试点，以点带面，力争全省村庄整治覆盖率再提提高3个百分点左右。

（二）以构建住房保障体系为基础，进一步改善城镇居民住房条件

建立和完善多层次住房保障体系。贯彻落实全国城市住房工作会议精神，落实省政府《关于切实解决城市低收入家庭住房困难的实施意见》，推进以廉租房制度为重点的住房保障体系建设，必须确保所有城市和县城，在今年底前，对申请廉租住房和租赁补贴，符合住房困难规定条件的低保家庭要做到应保尽保，并且要将保障范围扩大到低收入住房困难家庭。落实住房保障资金、用地，通过政府新建、收购、改建以及社会捐赠等方式多渠道增加廉租住房房源，完善保障性住房配售、配租管理，确保完成解决城市低收入家庭住房困难各项工作任务。加大调整住房供应结构，切实增加中低价位、中小套型普通商品住房供应，增加住房有效供给，满足群众合理住房需求。

切实加强住房公积金管理。要理顺管理机构，完善管理制度，推动各市应用信息系统管理公积金业务，逐步实现省级公积金监管系统与全省各地级以上市对接，确保住房公积金的安全。

规范房地产市场管理。继续整顿房地产市场秩序，坚决打击房地产开发、物业管理、中介服务等环节的违法行为，规范市场运行。加快修订《广东省物业管理条例》，规范物业管理行为，建立健全城镇房屋拆迁的程序和补偿机制，妥善处理好城市拆迁和物业管理矛盾纠纷，维护广大群众的利益，为建设和谐社会作出贡献。

（三）以加强治污保洁工程建设和创建园林城市为重点，进一步优化城乡人居环境

继续推进治污保洁工程。完善污水、垃圾处理规划和技术标准，加大政策扶持，编制完成《珠江三角洲城镇污水治理规划》，以规划为指导，加快污水处理建设。继续开展垃圾处理的评估工作，对全省的垃圾填埋场进行等级评估或等级复核，对治污保洁专项资金的使用进行绩效评估，发挥财政资金的引导作用，确保如期完成省委、省政府提出的污水和垃圾处理目标。

进一步提高城市园林绿化和风景名胜区建设管理水平。以创建园林城市为抓手，推进城市园林绿化工作，提高城市的绿化、美化。加大对国家、省级风景名胜区的管理。

加强城市桥梁和供水等基础设施安全管理。建立城市桥梁信息管理系统，加大对城市桥梁的质量检测和安全检查力度，及时处理安全隐患，确保城市桥梁的安全。加快市域集中供水设施和管网的建设和改造，改进落后工艺和管网，提高供水水质，确保城市供水安全。抓紧修订《广东省燃气管理条例》，加强燃气管理，坚决打击违法燃气站点建设和违法销售行为，规范燃气市场，确保燃气的供应和使用安全。扩大数字化城管覆盖面，全面推进"12319"服务热线建设，提高城市管理水平。

（四）以提高工程质量和安全生产水平为目标，进一步规范建筑市场秩序

健全招标投标的各项规章制度。抓紧制订《广东省工程建设项目招标代理管理规定》、《广东省禁止建设工程串通招标投标违法行为管理办法》等规章，进一步规范建设工程招投标市场秩序，推进建筑市场信用体系建设，完善信用档案，建立社会监督和失信惩戒机制。严肃查处"围标"、"串标"、低价恶性竞争以及违法发包、分包和转包行为。

继续加强勘察设计管理。认真贯彻落实《广东省建设工程勘察设计管理条例》，加强对勘察设计活动的监管；强化对大中型建设工程项目初步设计、超限高层建筑抗震设防专项审查和重大市政基础设施工程项目施工图设计文件的审查管理，全面贯彻国家和省的各项工程设计规范和标准，落实建筑节能设计的各项要求。认真落实全省农村民居地震安全工作电视电话会议精神，进一步加强对村镇建设抗震设防工作的指导，提高村镇建设的质量安全。大力推行勘察设计责任保险制度，促进勘察设计行业的发展。

建立健全工程质量管理体系。抓紧修订《广东省建设工程质量管理条例》，完善工程质量检测、抽查、考核和验收制度，加强专项检查和施工过程监管，大力推广新技术、新工艺和新材料，加强作业人员培训，深入开展质量创优活动，全面提高工程质量。

全面推进安全生产管理。企业是安全生产的主体，必须强化企业的安全生产责任，规范企业安全生产管理行为。为此，要推进施工企业安全质量标准化工作。实施《广东省建筑施工安全生产动态管理办法》，要继续开展以预防高处坠落和建筑施工坍塌事故为重点的安全生产专项整治，全面推行建筑机械初始使用登记和安装使用登记制度，建立建筑施工起重特种作业人员培训考核制度。要进一步推进和完善"平安卡"管理制度，在工程造价和施工安全措施的定额预算中增加"平安卡"管理费率计取办法。

积极推进重点建设项目的依法建设，提高质量安全管理水平。认真贯彻落实《国务院办公厅关于加强和规范新开工项目管理的通知》和省政府办公厅颁发的《广东省加强建设工程项目开工管理的若干规定》，规范重点建设项目和大中型项目的开工行为，各级建设行政主管部门要会同有关部门做好新开工项目的管理工作，要严把施工许可关。进一步完善我省重点建设项目的质量安全管理机制，强化对重点项目的质量安全监管，深入开展优质安全、文明和谐创建活动。加强对重点项目建设过程的执法检查和指导，做好协调和服务，推动重点项目依法建设、优质安全建设和廉洁建设，促进重点建设项目的顺利实施。

（五）以政策扶持和科技创新为支撑，全面推进建筑节能工作

加强建筑节能法规和标准体系的建设。要加快制订《广东省建筑节能管理办法》，完善工程建设地方节能标准体系，为节能工作的开展提供保障。要设立墙材革新与建筑节能机构，按国家新的标准征收墙改基金，发挥墙改基金的引导和调控作用。在全省43个城市全面禁止使用实心粘土砖和大力推广使用预拌砂浆，加大推广使用散装水泥力度。

抓好建筑节能试点。以广州、深圳、东莞、佛山等珠三角城市为试点，抓好大型公建和政府办公建筑的节能改造。全省要抓好10个绿色建筑示范项目，启动5个可再生能源建筑应用示范项目，落实2–3家利用废建材产业示范企业。各地也要相应抓一批建筑节能示范项目，特别是要抓好既有建筑节能改造试点，以点带面，全面促进我省建筑节能工作。

加强建设工作各个环节的节能管理。要从规划、设计、施工、验收和使用等每一步骤都认真贯彻节能的要求，确实做好建筑节能工作，使节能工作取得成效。各级建设主管部门一定要统筹好建设工作的各个环节，环环相扣，环环体现节能的思想，要与城市的新区开发、旧城改造，以及社会主义新农村的建设结合起来，将建筑节能工作落到实处。

（六）以改进机关作风和职能转变为导向，全面推进依法行政和行政审批制度改革

完善建设法律法规体系。抓紧制订和修订《广东省村庄规划管理条例》、《广东省燃气管理条例》、《广东省建设工程质量管理条例》、《广东省物业管理条例》等地方性法规，以及《广东省禁止建设工程串通招标投标违法行为管理办法》、《广东省建设工程招标代理机构管理办法》和《广东省散装水泥管理规定》等政府规章，要结合《物权法》、《城乡规划法》的贯彻，制订相应的配套文件。有立法权的城市，也要结合实际，制订修订一批地方性法规规章，其他城市要制订相应的规范性文件，使我省建设法律法规体系逐步完善，为依法行政奠定基础。

全面推进依法行政。继续推进建设综合行政执法工作，加大对全省跨区域和重大建设项目的行政执法力度，推广韶关、江门等市城市管理综合执法的经验，以点带面，全面推进我省建设综合行政执法工作，提高执法水平。要依法规范行政决策、行政执行和行政监督行为，完善城乡建设和管理中的利益协调机制、诉求表达机制、矛盾调处机制、权益保障机制，增强建设部门的执行力和公信力。深入扎实推进"五五"普法工作，认真组织好普法培训和宣传，依靠检查调研、案例分析、培训讲座、媒体宣贯等活动，提高普法效果，切实提高建设系统广大干部职工的法律意识。

大力推进党风廉政建设。要充分认识反腐败斗争的长期性、艰巨性、复杂性，进一步强化抓党风廉政建设的责任意识，以完善惩治和预防腐败体系为主线，坚持标本兼治、综合治理、惩防并举、注重预防的方针，切实把党风廉政建设融入到各项业务工作中，确保党和国家各项法律法规和方针政策的贯彻执行，确保各级党委、政府的重大决策部署的贯彻落实。要高度重视抓好建设系统工作人员特别是领导干部的廉洁自律工作，深入开展理想信念和廉洁从政教育，认真落实廉洁自律有关规定，坚决查办违纪违法案件，为建设事业健康发展提供坚实的保证。

切实加强精神文明建设。坚持以建立社会主义核心价值体系为核心，以推进新一轮思想解放和加强思想道德建设为重点，重视抓好省委十届二次全会精神的学习和贯彻落实，组织好、开展好解放思想学习讨论活动。大力开展创建文明行业和文明窗口活动，推进学习型机关和服务型机关建设，加强建设系统人才队伍建设，树新风、育新人，增强主人翁精神和服务意识，改进机关作风，努力争当建设系统实践科学发展观的排头兵。

同志们，党的十七大已经为我们指明了方向，做好2008年的建设工作，任务艰苦，责任重大。我们一定要以党的十七大精神为指导，以科学发展观为统领，扎实工作，开拓进取，以新一轮思想大解放推动我省建设事业新一轮大发展！

加强领导 狠抓落实
全面推进我省墙材革新与建筑节能工作

——在2007年全省墙材革新与建筑节能工作情况通报会上的讲话

广东省建设厅党组书记 房庆方

（2007年12月6日）

同志们：

节约资源是我国的一项基本国策，开展墙材革新与建筑节能对于贯彻节约资源这一基本国策、建设节约型社会具有十分重要的意义。深入学习和贯彻落实党的十七大精神，严格按照国家和省委、省政府的部署，紧密结合广东省的实际，着力抓好建筑节能工作，是我们当前和今后一段时期的首要任务。省建设厅组织召开这次会议，通报全省墙材革新与建筑节能工作情况，推广建设行业科技成果，我认为非常及时，也十分重要。稍后新建同志将通报我省墙材革新与建筑节能工作情况，明天上午建设厅建管处梁志华处长、勘察设计处刘丽萍处长和科技教育处林兆雄处长将就部门管理作讲话。在此，我先谈三点意见：

一、加强学习，进一步提高对墙材革新与建筑节能工作重要性的认识

近年来，全省上下按照科学发展观的要求，全面实施建筑节能，取得了比较好的成绩：制定了建筑节能法规政策，建立并逐步完善技术标准，深入开展了墙材革新与建筑节能调研，太阳能等可再生能源的利用逐步加强，新型墙材生产能力大幅提升，新型墙材的使用率稳步提高，等等，各项工作都有了新的进展，有的工作取得了新的突破。但是，我省墙材革新与建筑节能工作距贯彻落实科学发展观、建设创新型国家和节约型社会的要求仍有较大的差距，与先进地区相比还有一定的距离，需进一步提高对做好墙材革新与建筑节能工作重要性和紧迫性的认识。

（一）推进建筑节能是贯彻落实科学发展观的重大举措。建设资源节约型、环境友好型社会是我国经济社会发展工作的立足点和落脚点。胡锦涛总书记在十六大报告中第一次提出了建立“节能省地型住宅”的要求，在今年十七大的报告中又第一次提出了要建设“生态文明”、“要把建设资源节约型、环境友好型社会放在工业化、现代化的突出位置”，把节约能源资源提升到一个前所未有的战略高度。建筑节能作为建设资源节约型、环境友好型社会的一个重要组成部分，其地位越来越重要，作用也越来越突出。推进建筑节能，促进资源能源节约，实现人与自然的和谐，实际上就是坚持以人为本，维护人的基本权利。因此，推进建筑节能是建设行业贯彻落实科学发展观的一项重要实践，是建设资源节约型、环境友好型社会的必然要求。我们一定要提高对建筑节能工作的认识，进一步增强推进建筑节能工作的责任感和紧迫感。当前，全省建设系统要把思想统一到全国和全省节能减排工作会议的精神上来，按照省委、省政府和建设部的统一部署，把建筑节能工作摆在更加突出的战略位置，采取有效措施，确保预期目标的实现。

（二）推进建筑节能是新形势下的迫切要求。近年来我省墙材革新与建筑节能工作取得了一定成效，但工作中仍存在不少问题，主要表现在：一是法律法规不健全，建筑节能工作缺乏规章制度。二是激励政策亟待进一步创建，建筑节能改造缺乏必要的财税政策支持。三是市场机制尚未形成，建设工程各方主体还缺乏实施建筑节能的原始动力。四是建筑能耗统计体制尚未建立，工程报建与节能管理工作脱节。五是未设立建筑节能专项基金，建筑节能科研投入不足。六是全省建筑节能工作发展很不平衡，个别地区建筑节能工作严重滞后。在新形势下，建筑节能工作任务十分艰巨而紧迫，国家提出在“十一五”期间，单位国内生产总值的能耗下降20%；省委省政府在第十次党代会上提出了“又快又好发展经济”的总体要求，明确我省“十一五”期间单位国内生产总值能耗降低16%的节能目标。一方面是任务重、要求高，而另一方面是我们的工作需要大步赶上。在这种情况下，近年来我对建筑节能工作督促得多，表扬得少；严格要求的多，讲好话的少，目的只有一个，就是要尽快把我省建筑节能工作推上一个新的发展水平，开创我省建筑节能工作新局面，请大家要谅解、理解。

（三）推进建筑节能是建设部门的重要职责。建设部门担负全省城乡规划建设管理的重要职能，推进建筑节能是全省建设系统义不容辞的职责。有资料显示，建筑所消耗的能源约占全社会总能耗的一半左右。其中建筑物在建造和使用过程中直接消耗的能源占全社会总能耗的 30%，使用的建筑材料生产能耗约占全社会总能耗的16%。在国务院确立的十大节能工程中建设口就有两项，建筑节能贡献率达40%。就我省而言，全省城乡既有建筑在10亿平方米以上，使用过程中消耗的能源约占全社会总能耗的20%，略高于全国的18.8%，已成为与工业和交通并列的能耗大户。这项工作由各级党委、政府牵头负责，但建设系统担负落实的重任。我们一定要加大工作力度，强化工作措施，确保工作实效。

二、狠抓落实，全面推进墙材革新与建筑节能工作

根据我省“十一五”国民经济和社会发展的总体目标以及国家对于墙材革新与建筑节能工作的要求，到2010年末，我省新建住宅建筑和公共建筑必须全部达到现行的节能设计标准；改造部分既有建筑为节能建筑；全省乡镇以上区域基本淘汰实心粘土砖；实现非粘土新型墙体材料占墙材生产与使用的主导地位。各地、各有关部门要紧紧围绕这些目标任务，以科学发展观为指导，以发展循环经济，建设资源节约型、环境友好型社会为宗旨，坚持以节能、节地、利废、保护环境和改善建筑功能为基本出发点，加大“禁实限粘”工作力度，做好墙材革新中长期发展规划，完善和研究长效的经济调控政策和机制，建立和完善新型墙材生产和应用标准化体系，加大资源节约和建筑节能宣传力度，推动墙材革新与建筑节能工作迈上新台

阶。关键是要做到“三个坚持”：

（一）坚持节能技术产品应用与施工过程相结合。要按照建筑节能的有关要求，强化建筑节能的生产环节，把形成产品的隔热保温技术、门窗节能技术等节能措施应用到建筑工程中去。这就要求建设科技创新要突出建筑节能的方向，大力培育和引导建筑节能技术开发企业和建筑节能材料生产企业，尤其要对那些技术较成熟、市场潜力大的技术，加大扶持和推广力度，对节能材料质量可靠、基础较好的生产企业，支持它们进一步做大做强，使其成为我省建筑节能技术开发和材料供应的主力军。

（二）坚持自主创新与强化建筑节能管理相促进。推进建筑节能是一项系统工程。一方面，推进建筑节能要依靠自主创新。自主创新是国家生存发展的根本动力，科技上如果不能自主创新，或者引进再创新，那么经济发展就不能持久。广东的建筑业和建筑节能工作要有特色、做出成绩，关键也在于自主创新。要重点加强建筑产业、原材料、施工技术、构件标准化等创新，大力提倡规模化、集约化生产，这样才能创造效益、树立品牌。由广东工业大学和广西大学联合研究开发成功的被誉为二十一世纪的“绿色空调技术”——地源热泵冷热联供节能环保系统、《〈夏热冬暖地区居住建筑节能设计标准〉节能设计综合评价》软件等都是技术创新的范例，要好好总结，认真推广。另一方面，推进建筑节能要依靠监督管理。主要是严把“四个关”：一是严把规划、设计关。这是最关键、最基础、最前沿的一道关。把好了这道关，就可以从源头上为推进建筑节能工作提供一个可靠的保证。二是严把材料的市场准入关。发证部门要切实把好关，逐步提高市场准入门槛。要加强检测部门建设，检测机构要做到公正、客观检测，防止弄虚作假。要对已经获得推广证的企业逐一核实。对于建筑节能产品的质量问题，相关管理部门要切实负起责来，加强管理，确保实效，今后哪个环节出了问题，就追究主要负责人的责任。三是严把施工的全过程管理关。《国务院关于印发节能减排综合性工作方案的通知》规定，对达不到建筑节能标准的建筑不得办理开工和竣工验收备案手续。现在有关建筑节能施工的技术标准已经出台，厅里也作了相应部署。其中很重要的一点，就是要实行见证取样制度，以前我们没有这样做，会议之后要认真开展起来，并作为验收的一项重要内容。省质监站等质监部门要积极主动介入，加强监督管理。同时要把好验收关，验收是对施工监管工作的裁决，必须把验收作为落实新规范的一项重要工作抓紧抓实抓好。四是严把房地产销售关。《中华人民共和国节约能源法》和《国务院关于加强节能工作的决定》明确规定，达不到建筑节能标准的建筑物不准开工建设和销售，开发的商品房要挂牌销售，房子采取了哪些节能措施，必须向老百姓公示。老百姓买了不节能的房子，可找建设单位退货，以此警告一些不良开发商，杜绝掺杂使假、擅自修改图纸现象，逐步建立起优质优价、优胜劣汰的机制。

（三）坚持速度与效益相统一。推进建筑节能是转变建设经济增长方式的重要途径。近两年，国家推行建筑节能的强制性标准动作快、力度大，值得欣慰。目前，我省推进建筑节能形势较好，深圳、广州、汕头新型墙材使用比例都已达到90%以上；东莞、惠州、清远也已达到 85%以上，但这项工作推进得还不平衡，今后我们要加快向其他14个地市推进。这里我要特别强调，在推进建筑节能的过程中，大家一定要既讲质量又讲安全，一定要在保证安全和质量的前提下，才能讲速度，务必做到速度与效益的统一，使我省建筑节能工作又好又快发展。

三、加强领导，努力营造有利于墙材革新与建筑节能工作的环境

各级政府、各有关部门一定要重视墙材革新与建筑节能工作，增强工作的责任感和紧迫感，明确工作目标，切实把这项利国利民的大事抓实做好。

（一）必须加强组织领导。按照《国务院关于印发节能减排综合性工作方案的通知》关于狠抓节能责任落实工作的要求，当务之急是要建立健全节能工作责任制和问责制。各地建设行政主管部门一把手要亲自抓，一级抓一级，层层抓落实，形成强有力的工作格局。目前，省建设厅成立了资源节约工作领导小组，工作机制基本形成。全省大部分地区成立了相应的领导机构，个别地区尚未成立的应抓紧成立。各地应将建筑节能工作纳入当地节能战略的组成部分，形成配合协调、运行顺畅的工作机制，明确各部门职责，落实责任，充分发挥建设部门的职能优势，确保建筑节能工作取得实实在在的效果。同时，要建立健全考核评价体系，省建设厅将定期把建筑节能工作的实施情况向各地市通报，并逐步将建筑节能目标及任务落实情况纳入工作绩效考核和任期考核的内容。

（二）必须加强协调配合。推进建筑节能是一项涉及方方面面的系统工程，必须加强各方面协调配合。其中，尤其要加强对生产过程和施工过程的监管。新建建筑建造的过程是建设主体将建筑材料或构配件运输、装配、集成到建筑物上的过程，这也就牵涉了建筑节能的材料及产品上下游产业链问题，需要同时把好生产和应用两道关。例如，要推进建筑节能材料的规模化、产业化，就不可忽视对生产企业的监管。因此，建设科技、设计、质监、监理等部门都要各就各位，形成联动机制，才能保证建筑节能工作顺利推进。

（三）必须加强引导和监管。建筑节能涉及很多新技术，加之现阶段我省建筑节能相关技术管理人员、专业工人比较缺乏，市场还不成熟，在这种情况下，尤其需要加强对市场和技术的监管。要完善对建筑节能设计、施工、监理等市场主体的监管制度，将执行建筑节能标准纳入建筑市场主体诚信行为记录，严肃查处不按照节能标准设计、施工、监理的企业。目前我厅已将建筑节能责任分解到建设系统的各个环节，包括从设计、产品准入到标准制定、施工验收把关等，这就需要一个权威协调机制，不断加大引导和监管的力度，保证我省建筑节能工作有序推进。

（四）必须努力营造社会氛围。一是要广泛普及墙材革新与建筑节能知识。推广新型墙材与建筑节能，关系千家万户的切身利益。要通过广播、电视、展览等多种形式，加强对墙材革新与建筑节能的宣传，普及相关知识，提高人民群众的节能意识，自觉维护自身的合法权益。推广墙材革新与建筑节能，重点、难点在广大农村地区。要组织有关工作队，深入乡村，深入农户，通过政策宣传、典型引路、科技服务、严格执法等多种形式和措施，教育农民转变传统观念，改变传统的砖瓦生产和建筑习惯，努力建设节能节地、生态环保的社会主义新农村。二是加强专业技术培训。要分期分批对生产企业、建筑设计、施工监理等单位的从业人员进行专业技术知识的培训，提高新型墙体材料与建筑节能运用水平。三是强化社会监督。要充分发挥舆论的导向与监督作用，鼓励新闻媒体对不符合国家节能政策规定、拒不执行节能标准、破坏耕地、浪费能源、严重污染环境等现象予以曝光，努力营造推进墙体材料革新和实施建筑节能的社会氛围。

同志们，墙材革新与建筑节能是一项功在当代、利在千秋的事业。希望大家以党的十七大精神为指导，贯彻落实科学发展观，进一步统一思想，开拓进取，求真务实，扎实工作，努力开创我省墙材革新与建筑节能工作新局面，为建设资源节约型、环境友好型社会做出新的更大的贡献。

广东省交通厅张远贻厅长
在全省高速公路建设现场会上的讲话

2007年06月22日

今天，省政府在四会市召开全省高速公路建设现场会，主题很明确，就是贯彻落实省十次党代会精神，总结高速公路建设经验，部署进一步加快建设，确保“十一五”建设任务的完成。现在，我就全省高速公路建设的情况作汇报。

一、“十五”期间我省高速公路建设成绩显著

“十五”期间，在省委、省政府的重视和关心下，在地方各级政府和省有关部门的大力支持下，我省高速公路建设取得了显著成绩。新建成高速公路里程近2000公里，是“九五”以前高速公路建设里程总和的1.6倍；至2006年底，全省高速公路通车里程达3340公里。高速公路建设实现“三年三大步”：2003年实现全省山区市通高速公路，2004年底实现地级以上市通高速公路，2005年实现与邻省区通高速公路的战略目标。全省高速公路实现分区域联网收费。至2006年底，高速公路联网收费里程超过3200公里。基本形成了高效、便捷高速公路网络，珠三角高速公路网不断完善，有力地促进区域经济协调发展，为我省经济社会又好又快发展发挥重要作用。

省委、省政府历来重视高速公路建设。本届政府集中力量抓的第一项工程就是高速公路工程。黄华华省长在2003年新年后第一件事就是到交通厅研究加快高速公路建设问题，并亲自到云浮市召开高速公路建设现场会，有力地促进了我省高速公路建设。前不久，省政府同意下发了《关于进一步加快我省高速公路建设有关问题的通知》，为今后一段时间高速公路建设明确目标、要求。今天，黄华华省长专门组织高高速公路建设现场会并做重要讲话，充分体现省委、省政府把高速公路建设当作“重中之重”来抓。体现省各部门对高速公路建设大力支持和关注。2006年省发改、国土、建设、监察等部门和我厅联合下发了关于加快高速公路重点项目建设的意见，加快了高速公路重点项目建设步伐；农业、水利、环保、文物等部门也积极配合做好高速公路项目的有关工作。地方各级政府全力做好征地拆迁等相关工作，为高速公路建设创造良好的建设环境。省委、省政府的高度重视和关怀、省各部门及地方各级政府的大力支持，为我省高速公路进一步加快建设提供充分的、强大的保障。

二、我省高速公路建设进展情况及存在主要问题

目前，我省高速公路建设情况与形势，概括起来为“慢中有快，忧中有喜”。

“慢”：受各种因素影响，我省高速公路建设整体上慢了下来，“十一五”规划建设目标滞后。2005、2006年计划开工的高速公路项目未能按计划开工，部分在建的项目也因征地拆迁工作难等原因进展缓慢。根据我省“十一五”公路水路发展规划，到2010年，我省高速公路里程将达到5000公里，现在距离目标还差1660公里。今年能够通车的项目预计只有100多公里，离省委省政府工作目标差距较大。目前在建的高速公路1149.2公里，其中包含先行工程开工的10项，建设里程692.4公里；计划今年和明年上半年新开工项目10项，建设里程651.4公里，在建和计划新开工项目总计里程1800.6公里，建设任务重，时间紧。

“快”：在目前这种情况下，我们创新工作方法和思路，采取措施加快建设步伐。

一是认真执行现行国土、环境、水利、安全等政策规定，加强用地预审、环境评价、水土保持、地质灾害评估、地震安全评价、文物勘查等专项工作，促进项目前期工作的加快。

二是创新设计理念，做实、做细设计工作和用地报告，为加快项目及用地审批创造条件。在工程设计中，贯彻设计新理念和资源节约原则，把是否节约耕地和尽量避免基本农田，作为确定技术方案的主要因素。加大路线设计方案研究深度和力度；灵活运用技术标准，宁可线形指标低一点，也要少占耕地和少拆连片民房。重视被征土地的地表土的保护和利用问题，避免损失了地表耕作层这一不可再生资源。这些措施落实，为推进用地手续、征地拆迁工作创造条件。

三是贯彻“三条红线”，创新工作方法，积极依靠地方政府，加快推进征地拆迁工作。按照去年省五部门下发的加快高速公路重点项目建设意见要求，认真落实“三条红线”要求，在建设过程中，积极依靠地方政府，全力协调各方推动征地拆迁工作；严格执行用地相关法律、法规的规定，确保被征地农民的合法利益，努力争取沿线农民的理解和支持。

“忧”：主要面临三方面制约素。

一是前期协调量大，审批周期长。2010年底前计划建成的高速公路项目基本属于国家高速公路网规划，需要国家有关部委批复或核准，审批周期长，使计划开工项目不能按期开工，也制约了先行开工的项目后续工作难以进展。如云浮至罗定（省界）、江肇、湛徐高速等项目不能按计划开工，佛开扩建等项目先行工程已经开工，但因审批工作滞后影响进展。

二是建设用地供求矛盾越来越突出。特别是珠三角地区的一些不得不占用部分基本农田的高速公路项目，因耕地占补平衡和基本农田问题严重阻滞征地拆迁工作及用地报批。如珠江三角洲环形高速公路南环项目，交通部已经完成设计审批，基建程序已完善，招投标工作已经开展，因为用地预审未批复，项目无法开工建设。

三是征地拆迁方面问题多，难度大。对高速公路建设的征地拆迁工作，各市、县政府一直都发挥着主导作用。近年来，有的高速公路项目征地工作，地方政府要求项目

业主和村委会签订合同，这使征地工作难度加大。如佛开扩建项目，合同谈判艰难；再如广珠西线高速公路顺德至中山项目，当地村委会因为历史遗留问题，影响高速公路征地工作，至今拖了一年半了仍陷于僵局。另外，一些项目征地前，农作物抢栽抢种及建筑物抢建现象比较严重。

“喜”：省委、省政府始终高度重视和支持高速公路的建设。

省政府最近下发的关于进一步加快我省高速公路建设有关问题的通知，提出三点意见，一是明确要求高速公路沿线各级政府进一步发挥主导作用，积极主动配合项目业主做好征地拆迁等相关工作；明确要求省有关部门在项目审批、用地审批、环保审批等各个环节加快工作进度，为项目开工建设创造必要条件。二是出台具体措施，切实解决高速公路建设用地问题。省政府同意对广州、佛山、东莞、中山等地确实没有适宜耕地按规定程序报批进行跨地级以上市补划基本农田；对珠江三角洲地区，地级以上市不能满足建设项目耕地占补平衡需要的，可易地（提前）开垦耕地作为占补平衡补充耕地指标。三是进一步明确了项目建设开工条件。省政府相关政策的出台，有利解决制约高速公路建设的难题，必将大大促进高速公路建设。

三、下一步主要工作措施和意见

各级交通主管部门要全面贯彻落实《通知》及黄华华省长重要讲话的精神，依法依规，创新方法，解决制约前期审批、建设用地和征地拆迁问题，创造条件尽快开工。主要在三个方面下功夫。

（一）统一思想，提高共识，加强协调，形成加快高速公路建设的强大合力

统一思想，提高共识。加快高速公路建设，是贯彻落实省第十次党代会精神的重要举措，是促进我省经济社会又好又快发展的有力支撑和保障。各级交通部门、高速公路业主单位要紧紧依靠省、市各级政府和各职能部门，研究解决高速公路建设过程中出现的困难和问题，确保建设任务的完成。

加强协调，形成合力。各级交通部门、各建设项目的业主单位要进一步加强与发改、国土、建设、水利、环保等省市有关部门沟通和协调，争取最大支持和指导，共同加快项目审批、用地预审、用地审批、环保评估等方面专项工作，跟踪落实专项工作审批（查），为项目开工创造条件。进一步加强与地市各级政府、部门的沟通和协调，充分发挥各级政府征地拆迁工作的主导作用，全力推进项目征地拆迁工作。特别是要加强与各级国土部门的配合协调，切实落实好基本农田补划和易地开垦方案，按规定做好用地材料上报工作。报送的用地资料要齐备，符合要求，项目业主要专人跟踪落实。

（二）依法规，求创新，做实群众工作，争取群众最广泛的支持，加快征地拆迁工作

征地拆迁工作要紧紧依靠地方各级政府，将群众工作做足做细，及时化解各种矛盾和纠纷，以获得最广泛的理解和支持。一要做好宣传、解释和说服工作，提高群众对高速公路建设的认识，算好“经济帐”、“发展帐”和“时间帐”，取得他们的理解和支持。二要充分考虑群众的实际问题，及时合理地做好经济损失补偿，尽量保护好沿线生产生活设施，切切实实维护好群众具体利益。三是要督促施工单位文明施工，并从工程设计上采取一些便民措施，减少工程建设对群众生活的干扰，努力营造和谐的建设环境。今天作交流的三个项目，都有好的经验。广梧高速公路项目业主与地方政府通力合作，协商确定合理的征地价，及时支付征地费用。业主还为群众修连接道路、整理宅基地；挨户走访做好被征地对象的沟通和安抚；对少数失地农民，业主还与地方政府共同协商解决其就业，维持他们的正常生活。通过这些措施，使项目交地顺利，没有因征地而引发群体性事件。广明高速公路高明段是由社会业主投资的总承包项目，他们贯彻和谐征地的理念，紧密依靠地方政府支持，采用直接补偿到户的模式，分阶段制定不同的征地拆迁策略和重点，灵活的处理群众提出的问题，用不到10个月的时间，完成了征地拆迁任务，涉及5个镇（街）95个自然村4823户农民，取得了较好效果。广贺高速公路怀集段计划利用施工便道在完工后铺设水泥路面，形成新的农村公路，促进农村发展。

（三）加强建设管理，真抓实干，推进我省高速公路建设又好又快发展

一要深化前期工作，加强设计管理，做到节约集约用地。落实好“最严格的耕地保护制度”，深化前期工作，进一步贯彻设计新理念，把握技术标准，灵活设计，厉行节约集约用地。加强技术方案论证和比选，尽可能采用满足使用功能而占地较少的技术方案，少占耕地，特别要尽量少占用基本农田。严格控制高速公路管理中心、服务区等设施的用地规模，充分利用荒山、荒坡地、废弃地和劣质地；因地制宜做好公路绿化。在用地矛盾突出的珠三角地区，要采取有效措施控制用地范围，综合减少用地数量；结合用地情况，切实减少枢纽互通立交的用地数量，积极与地方政府摸索桥梁路段和互通区域土地的使用功能。

二要加强项目建设管理，细化“十一五”建设项目建设计划。对列入我省高速公路“十一五”计划的高速公路项目，要将工程进度、质量、成本控制和科技创新、安全生产、廉政建设等六个方面的总目标，纵向倒排工作目标及计划安排，横向落实任务指标，每月检查落实，以月促季，以季保年。在保证工程质量和施工安全的前提下，调整施工工序，采用“倒计时”办法，合理安排分项工程工期。以安全、高效、有序，实现又好又快的发展。

三要加强行业监督管理，做好服务。全面落实设计、施工、监理和业主单位的质量责任制。分级管理，分级负责，对建设项目的每一项工程、每一个作业环节都要明确质量责任人，谁出了质量问题、质量事故，就追究谁的责任。健全质量保证体系，加强工程质量监督管理。建设过程中，要对施工承包人和监理工程师的资质管理和设备投入的进行全过程审查。推进建设信用体系建设，严禁企业不顾自身实际施工能力，盲目承接施工任务，造成技术和管理不到位，导致施工质量与安全事故的发生。加强对分包工程的管理，杜绝层层分包，以包代管，不严格履行合同的行为。切实加大对监理单位和监理人员执业行为的动态监管力度，重点查处和制止监理的挂靠、转包和违法分包。对由于监理工作不负责任造成质量缺陷和质量事故的，要认真追究监理单位和有关人员的相应责任。

进一步加强建设项目投资控制，强化造价管理，规范实施过程造价形成的管理。督促项目法人认真落实合同管理、造价管理规定，通过强化合同管理，建立分项工程量清单管理制度，加强工程变更造价管理，提高工程变更处理效率。

进一步加强高速建设中安全工作的监督检查，落实安全责任制，防止工程安全和质量事故的发生。

省十次党代会对我省交通工作提出了新的更高的要求。我们要抓住机遇，全力以赴，乘势而上，抓住重点，攻克难点，大力推进高速公路建设，全面掀起我省公路建设的新高潮，努力完成“十一五”建设任务。

广东省建设厅陈英松副厅长在2007年全省建筑施工安全生产工作暨第一季度防范重特大事故工作会议上的讲话

（2007年1月19日）

今天，省建设厅在深圳市召开2007年全省建筑施工安全生产工作会议暨第一季度防范重特大安全事故工作会议，这次会议的召开得到了深圳市政府的大力支持，吕锐锋副市长还在百忙中抽出时间到会指导我们的工作并作了热情洋溢的致辞，深圳市建设局、市安监局、施工安全监督站为这次会议的召开做了大量工作，提供了良好条件，对此，我代表省建设厅和与会的各位代表对深圳建设局等单位表示衷心感谢！会议的主要任务是：认真贯彻省政府去年12月18日召开的第四季度防范重特大事故工作会议精神以及建设部、省政府关于抓好今冬明春安全生产的工作部署，总结2006年全省建筑施工安

全生产工作，交流经验，并对2007年的安全生产工作和第一季度防范重特大事故工作作出部署。昨天下午，会议安排与会代表参观了深圳市两项在建工程的施工安全管理，对于防范重特大事故、消除安全隐患很有启发。今天上午，深圳市建设局作了发言，在总结过去一年施工安全工作的基础上，提出2007年是“质量安全年”的活动目标，深圳市历来都是我省创新经验的地方，省建设厅将给予大力支持，希望深圳市要狠抓“质量安全年”活动各项工作的落实，不断探索创新，为全省建筑安全管理提供更多更有效的经验。今天下午，广州市建委、珠海市施工安监站以及广州地下铁道总公司还将在会上发言，他们结合本地区、本部门、本单位的实际，积极探索，不断创新，分别从施工安全专项整治、对外来企业的监管、建筑工人安全教育培训、重大危险源监控等方面，介绍各自的做法和取得的经验，很有针对性，值得大家学习和借鉴。建管处梁志华处长通报去年全省建筑施工安全事故情况，总结分析去年全省建筑施工安全生产形势，提出了2007年全省施工安全工作思路，我都赞同。省安监局冯寿宗副局长向大家通报了去年以来全省安全生产形势讲了三点意见，充分肯定了去年我省建设系统安全生产监管工作所取得的成效，同时也指出了全省安全形势仍十分严峻，对做好下一步工作提出了四点建议，很有针对性，很切合建筑安全的实际，有很好的指导性。希望大家认真贯彻这次会议精神，切实采取有效措施，认真抓好2007年建筑施工安全生产的各项工作，推动我省建筑施工安全生产管理工作上新台阶。下面，我讲三点意见：

一、我省建筑施工安全生产工作取得明显成效

2006年，在省委、省政府的正确领导下，在省安监局的支持指导下，全省各级建设行政主管部门、施工安全监督机构和建设系统广大干部职工认真贯彻落实党中央、国务院和省委、省政府领导关于抓好安全生产工作的一系列指示精神，以及全国、全省和建设部等一系列安全生产工作会议的统一部署和工作要求，紧紧围绕安全生产管理目标，结合本地区本部门和本单位的实际，针对建筑施工安全突出问题、薄弱环节，采取最严格的管理、最强有力的措施，深化施工安全专项整治，狠抓安全生产各项工作的落实，有效遏制建筑施工重特大事故的突发和上升势头。经过全省建设系统广大干部职工的共同努力，我省建筑施工安全生产工作取得明显成效，据统计，去年全省共发生房屋建筑与市政基础设施工程施工安全事故59起，死亡67人，分别比上年度下降15.7%、21.2%，其中，全省发生一次死亡3人及以上的重大事故2起，死亡7人，分别比上年度下降50%和56.3%。较好地完成2006年省政府下达给建设系统安全生产控制指标，推动了全省建筑施工安全生产形势稳定好转，工作成效明显。我谨代表省建设厅向你们表示衷心感谢，并通过你们向全省建设系统一直奋战在施工安全岗位的广大干部职工表示感谢！去年的安全工作成效突出体现在以下四个方面：

（一）加强领导，全面落实各级安全生产责任制。一是强化各级建设行政主管部门的主要责任人是本地区建设安全工作的第一责任人，必须亲自抓，负总责，对本地区的安全生产指标控制负责。二是科学分解落实安全生产监管责任。年初，省建设厅与各地级以上市建设行政主管部门签订安全生产管理目标责任书，分解了省政府下达给全省建设系统安全生产控制指标，强化安全生产层级责任监管。三是坚持每季度召开全省建筑施工防范重特大事故工作会议，定期总结分析全省的施工安全生产形势，检查各地区安全生产指标控制和完成情况，并给予公布，同时，研究提出防范重特大事故的工作要求，推动各项制度和措施的贯彻落实，促进安全生产。

（二）进一步加大施工安全生产监督执法工作力度。全省各级建设行政主管部门认真履行安全生产监管职责，依法监管，以严格实施安全生产许可证制度为手段，加强执法。一是采取切实有效措施，禁止无安全生产许可证企业从事建筑施工活动，并以此为契机，强化对已取证企业的动态监管。并对发生事故或降低安全生产条件的42家本省建筑施工企业依法作出暂扣安全生产许可证的行政处罚，对9家在粤发生事故的外省和中央企业分别致函建议企业的安全生产许可证颁发机关对其依法作出扣证的行政处罚。同时果断将不具备安全生产条件的企业清除出建筑市场。二是加大检查、巡查力度，制定重点地区、企业的监控措施，督促企业落实安全生产主体责任，促使其加大安全生产投入，及时排查安全隐患，有效地遏制事故发生。

（三）全省施工安全专项整治成效显著。2006年，各地认真按照省建设厅制定的专项整治实施方案，成立了由分管安全的副局长（副主任）为组长的专项整治工作领导小组，切实加强领导，结合本地实际，针对性地制定了专项整治实施方案，积极组织开展以预防高处坠落、施工坍塌、施工起重机械事故等为重点的专项整治，有效遏制重特大事故的发生。各地区紧紧围绕安全生产管理目标，制定了切实可行的措施，有许多可圈可点的地方，应当很好地总结，加以推广，如广州市针对突出问题，印发了《关于深化建筑施工工地施工安全专项整治工作实施方案》、《关于公布危险性较大工程施工方案审查推荐专家名单的通知》等文件，开展了预防脚手架、模板支撑系统失稳坍塌等方面的重点整治工

作，同时还认真开展了安全生产达标活动等，事故下降趋势明显，工作成效显著。深圳市创新安全监管模式，构建对外来施工企业的全方位、全过程、网格化的管理体系，取得显著成效。佛山、东莞等市为加强对深基坑施工的监管，结合本地实际，分别制定了深基坑工程管理办法。江门市投入相当精力，编写了《江门市建筑行业安全监管标准》，提高安全管理绩效，提升建筑企业施工安全生产水平。惠州市制定了《惠州市建筑工程重大危险源施工安全监控管理规定》，加大对施工现场重大危险源监管力度，对事故进行预控。各市都加大了日常施工安全巡查、抽查的力度，珠海、汕头、肇庆、韶关、中山等市制定定期安全生产检查制度，强化对模板支撑、起重机械、外脚手架等方面的重点整治。据统计，2006年全省发生的高处坠落和施工坍塌事故数量下降趋势明显，高处坠落事故21起，死亡21人，事故起数和死亡人数都比去年下降36.4%；施工坍塌事故9起，死亡13人，事故起数和死亡人数分别比去年同期分别下降25%、48%。汕头、韶关、湛江、河源、肇庆、茂名、阳江、潮州、揭阳、云浮等10个市未发生死亡事故，全省施工安全专项整治工作成效显著。

（四）建筑施工安全生产管理法规、规章不断完善。各级建设行政主管部门、省直各有关部门认真贯彻执行《安全生产法》、《行政许可法》、《安全生产许可证条例》和《建设工程安全生产管理条例》及相关配套法规，同时对在实践中出现的新情况、新问题，不断加强制度创新，改进监管模式，加强安全生产管理。省建设厅颁发了《广东省建设厅建筑工程安全生产动态管理办法》，制定了《2006年广东省建筑施工安全专项整治实施方案》，起草了《广东省建筑施工起重机械安全使用管理暂行规定》、《广东省建设厅建筑工程安全防护、文明施工措施费用管理办法》等文件，在全省推行建筑工人安全教育“平安卡”管理制度，印发了《广东省建筑工人安全生产知识读本》和《广东省建筑工人安全生产维权手册》。同时通过不断地规范建筑市场行为，进一步促进施工现场安全生产，省建设厅制定实施了《广东省房屋建筑和市政基础设施最高报价值设立规定》、《关于规范建设工程施工招标最低投标价评标办法的意见》等，进一步规范了招标投标报价行为，有效遏制了恶性低价中标，促进企业的安全生产投入，各地区如广州、佛山等市也制定了相应的实施细则，对促进安全生产起到了很好的效果。

二、充分认识做好安全生产工作的重要意义，增强工作责任感、紧迫感

在看到全省建筑施工安全生产工作取得成绩的同时，我们必须要更加清醒地看到，我省建筑施工安全生产形势仍不容乐观，与全国其他兄弟省市相比，去年我省施工安全事故起数仍居高不下，施工事故死亡人数在全国各省市的排列中居第二位，与建设规模相近的北京、上海、浙江、山东等省市相比，仍有较大的差距，据统计，建筑施工事故死亡人数占全省工矿企业事故死亡总人数比例超过了10%，建筑施工安全生产形势仍然十分严峻。当前，我国、我省仍处于经济社会发展转型的特定历史时期，存在社会主义市场经济体制还不够完善，行政管理体制有待进一步加强，管理职能划分还不合理，行业交叉管理问题还没有完全理顺等诸多方面的原因，当前我省建筑施工安全生产监督和管理工作中仍存在不少突出问题：一是各地区安全生产工作不平衡问题仍十分突出，部分地区、部门和单位对狠抓安全生产工作重要性的认识不足，存在着安全生产责任不能真正落实下去，抓安全工作严不起来，安全措施落实不到位，一些地区的安全生产形势尚未真正稳定。二是企业安全生产主体责任不落实。部分企业存在着挂靠、转包、恶性低价中标、安全投入严重不足等问题突出，安全管理工作存在着不少造假现象，如假制度、假证书、假人员、假检查、假整改和假处罚等，要加大安全方面的执法检查和打假力度。部分外省及本省跨地区经营企业所承建工程的事故隐患大量存在，一些企业存在侥幸心理而不肯在安全生产上加大投入，农民工没有得到很好的操作技能和安全知识培训，施工现场安全保障体系没有真正建立起来。三是监理企业的安全监理责任不到位。对加强安全监理工作的重要性缺乏必要的认识，没有制定安全监理实施细则，项目总监、专业监理工程师缺位现象严重，监理从业人员素质不高。四是安全生产责任制落实不下去。有的地区虽然都签订的安全生产责任书，市、县、镇、区也层层分解了相应的安全生产责任目标，但仍有不少责任书只是写在纸上，没有真正落实到具体工作中，落实到具体单位、部门和个人上，存在着安全生产工作力度层层衰减现象。五是农民工有序流动、有效培训教育、规范管理还不能得到很好的解决。六是各级施工安监机构编制、人员、经费满足不了新形势的要求，安监队伍整体素质有待提高。

建筑施工安全直接影响每个从业人员的生命安全和财产安全，影响社会和谐稳定和经济持续健康发展，这些问题不利于建设行业改革发展和社会的和谐稳定，须引起高度重视并认真研究加以解决。抓好安全生产工作，事关建设行业改革发展和社会和谐稳定大局，意义十分重要。党中央、国务院和省委、省政府领导历来都高度重视安全生产工作，并对加强抓好安全生产工作作出了一系列重要指示，因此，全省各级建设行政主管部门、各有关单位一定要按照党中央、国务院和省委、省政府、建设部的部署要求，高度重视安全生产，充分认识进一步做好安全生产工作的重要意义，进一步把建筑施工安全生产工作抓紧抓好。总之，全省各级建设行政主管部门一定要从讲政治的高度出发，坚持抓安全，保稳定，促发展，努力构建和谐社会，切实增强做好安全生产工作的责任感和紧迫感，以改革创新和求真务实精神，坚持不懈地抓好安全生产工作，扎扎实实抓好各项工作的落实，努力创造广东的和谐建筑施工安全环境。

三、明确思路，创新机制，推动全省建筑施工安全生产工作上新台阶

2007年是我国、我省经济发展和改革十分关键的一年，也是党的十七大召开的重要一年，国家将今年确定为安全生产工作的“落实年”和“攻坚年”，为党的十七大召开创造一个安全稳定的环境，对做好新形势下的安全生产工作提出了新的要求，也为我们进一步做好安全生产工作指明方向。全省各级建设行政主管部门一定要按照党中央、省委、省政府和建设部关于做好安全生产工作作出的决策部署和提出的工作目标和要求，明确思路，立足以安全保稳定，以稳定促和谐的工作思路，着力于创新机制，着力于建立健全法律法规和相关配套规章制度，着力于改进安全生产行政监管模式，着力于落实安全生产责任制，强化企业安全生产主体责任，扎扎实实推动安全生产各项政策、法律法规和措施的有效实施，确保全省建筑施工安全生产控制指标继续下降，减少一般死亡事故，杜绝重特大事故发生，努力实现全省建筑施工安全生产工作再上新台阶。对于今年安全生产工作思路，主要是要理清思路，全面落实各级建设行政主管部门安全监管职责；突出重点，标本兼治，重在防范，狠抓落实，立足深入研究治本之策，狠抓各项工作的落实，深化施工安全专项整治，强化村镇建设工程质量安全监管责任，落实企业安全生产主体责任，强化基础管理，加强执法，强化农民工的安全教育培训，完善企业诚信体系建设，加强安全应急救援体系建设。刚才，梁志华处长已对今年的施工安全工作作了布置，我在这里再强调重点要抓好以下十个方面的工作：

（一）巩固成果，咬定目标，全面落实各级安全生产责任制。全面落实安全生产责任，加强监管，确保安全生产形势稳定，这是当前各级政府、部门的一项重要工作，也是“十一五”时期我省建筑业管理的一项重要任务。各地要紧紧围绕今年省政府下达给建设系统安全生产控制目标，狠抓安全，省建设厅将在1月30日召开的全省建设工作会议上与各地级以上市签订安全生产管理目标责任书，各地要抓紧认真分解落实。省建设厅将进一步完善安全生产控制指标考核体系，重点是抓好地级以上市和各部门单位等各层次以及各管理环节，认真履行安全生产管理职责，建立激励约束机制，切实把各级安全生产责任制落到实处。

（二）突出重点，狠抓落实，增强工作主动性。各地一定要抓好各项安全生产工作的落实，切实把安全工作放在各项工作的首位，真正将安全生产责任落实到每个地区、每个部门和每一个环节中去，关键是要紧紧盯住事故多发的重点地区、重点企业、重点部位和安全生产薄弱环节，尤其是去年已突破指标或已达到控制指标和已发生一次死亡3人及以上的地区和企业，要切实采取有效措施，坚决遏制事故多发态势。

（三）提高依法监管水平，加大安全执法力度。各地要认真贯彻落实《安全生产法》、《行政许可法》和《建设工程安全生产管理条例》、《安全生产许可证条例》以及建筑施工安全强制性标准等法律法规、技术规范，以加大安全执法力度为手段，提高建筑施工安全监管水平。一是要深刻认识到抓好安全生产工作是各级建设行政主管部门必须履行的法定职责，不履行或不认真履行就会被依法"问责"，我们必须树立起"责任政府"的理念。二是要继续认真做好"三类人员"安全生产考核和建筑施工企业安全生产许可证核准工作，严格程序，切实依法行政。各地要监督检查各类施工企业必须取得安全生产许可证后，方可从事建筑施工活动，施工企业的安全专职管理人员和特种作业人员必须持证上岗。三是要加大执法力度，严肃处理重大事故，强化责任。追究到人，并及时将事故情况登录在诚信网站上进行通报，制约责任单位和责任人的市场行为，让重大事故的责任人（项目经理）终身不得从事建筑施工活动。

（四）继续深化施工安全专项整治。今年，我厅将继续组织全省大力开展以预防高处坠落、施工坍塌为重点的施工安全专项整治工作，尽快出台《广东省建筑施工起重机械安全使用管理暂行规定》。各地要结合实际，认真制定操作性强的专项整治实施方案，狠抓落实，确保专项整治取得实效。

（五）坚持严格实施企业安全生产许可证制度，强化企业安全生产主体责任。建筑施工安全生产的责任主体是企业，改善施工安全条件是提高企业安全生产管理水平，确保长治久安的必由之路。各级建设行政主管部门一是要督促和引导施工企业制定和完善企业内部安全生产标准化规定，切实加强对从业人员安全教育培训，减少因缺乏安全知识而造成施工事故的发生。二是要督促企业建立和落实各级安全生产责任制度、专项施工方案论证审查制度、建筑意外伤害保险制度和建筑施工事故应急救援预案制度等。三是要按规定设置施工安全管理机构并配备专职安全管理人员，按规定提取安全生产、文明施工措施费用，确保安全投入，切实做好建筑施工安全的基础性工作。四是要严格市场准入，坚决果断将未取得安全生产许可证企业清除出建筑市场，同时要强化对已取证企业的安全生产动态监管，结合本地区实际积极探索试行动态监控办法。严格按规定对发生事故或降低安全生产条件的建筑施工企业依法暂扣直至吊销其安全生产许可证，这是事后监管的一项最有效和最及时的手段。各市要及时掌握本地区建筑施工企业安全生产许可证的取证情况，督促仍未取证企业尽快办理申请安全生产许可证的手续。

（六）坚持做好监督检查，及时消除事故隐患。坚持牢固树立"预防为主、安全第一、综合治理"的思想，加大监管力度，要做到警钟长鸣，常抓不懈，及时有效地发现和消除事故隐患，防患于未然。一是要加强日常建筑施工安全监督检查，坚决纠正各种违章指挥、违规作业、违规施工的现象，认真做到有章必循，违章必纠，强化监督检查，早发现，早消除。二是对辖区内的所有施工现场，要定期开展安全生产检查、巡查和重点抽查，在提前预防上下功夫，坚决把事故隐患消除在萌芽状态。三是要坚持抓好季节性施工安全生产工作，并认真做好安全生产技术措施和防范措施，堵塞漏洞，不留死角，杜绝隐患。

（七）坚持以人为本，强化教育培训。省建设厅将尽快完善建筑工人"平安卡"管理信息系统，突出抓好农民工的安全教育培训工作，逐步做到有序流动、培训到位和规范管理，大力发展和培育成建制劳务企业。各地要高度重视一线作业人员的基本操作技能和安全生产知识的培训教育，强化一线施工人员的管理，去年已确定的广州、深圳、东莞、江门、佛山等7个市要在今年一季度全面完成"平安卡"管理制度的试点工作，以点带面，在全省逐步推行该项制度。"平安卡"制度是一项维护建筑工人合法权益有效的管理制度，必须理直气壮的加快推行。

（八）坚持继续推进安全质量标准化活动。各地区要按照国务院《关于进一步加强安全生产工作的决定》和建设部的要求，通过扎扎实实地开展这项活动，夯实企业安全生产基础，推动企业加大安全生产投入，促进施工企业和施工现场安全生产管理上档次，上水平。各地区要制定推进这项活动的计划，首先是要狠抓特级、一级施工企业的达标率，采取有效措施，以点带面，逐步推行这项活动。

（九）坚持自主创新，不断探索安全监管方法手段，加强制度建设。当前，工程建设领域出现许多新特点，基本建设投资规模逐年增大，科技含量高、施工难度大的工程日益增多，工程技术风险日益突出，建设工程投资主体日趋多元化，工程建设生产方式也发生了根本性的变化。这些都给施工安全生产提出了新的课题和挑战。各级建设行政主管部门要不断研究建设领域安全生产工作的新形势、新特点，切实转变政府职能，积极探索和研究创新安全生产监管体制机制和方法手段，适应新时期安全生产的新形势，及时改进调整政府监管的机制和方法，进一步做好安全生产工作，减少和避免建筑施工安全事故的发生。一是要充分发挥企业资质核准、招标投标监管、施工许可、安全许可等各管理环节的整体效能，形成安全生产监管合力。二是要加强"市场"与"现场"联动管理，各地区要积极推行省建设厅已颁发的"两场联动的动态管理办法"，加强在施工企业资质环节和工程招标投标环节的动态管理，要切实实行安全生产一票否决权，严把建筑施工企业市场准入关。三是要调查研究，加强制度创新和有效实施，进一步建立健全安全巡查制度、建筑工程重大危险源公示和跟踪整改制度、建筑工程安全事故约谈制度、建筑工程安全生产预警提示制度、建筑工程安全生产监管责任层级监督与重点地区、重点企业监督检查制度等。四是要加强依法监管，对本辖区内所有在建工程和拆除工程都要纳入监管范围，建立起纵向到底、横向到边的安全监管体系，杜绝规避监督的工程项目。五是要继续开展加强村镇工程施工安全生产监管工作的调研，逐步将现有的施工安全监管体系延伸到村镇建设工程，强化对村镇工程施工的安全生产管理。六是充分发挥行业协会作用，加强行业自律，促进科技进步，充分发挥新闻舆论和社会群众的监督促进作用，加快完善企业安全生产诚信体系建设，建立企业和从业人员安全信用信息库和公示平台，增强做好建筑施工安全生产工作的合力，形成全社会齐抓共管的工作格局。

（十）认真做好今冬明春安全生产工作，确保安全生产。各地要高度重视，突出重点，切实做好今冬明春的施工安全生产工作，要清醒地认识到岁末年初、冬春季节历来都是建筑施工事故高发、易发时期所带来的安全生产工作的严峻性和艰巨性，国务院、建设部、省委、省政府已对做好今冬明春安全生产工作作出了部署，提出了要求，各地要认真贯彻落实，要在已有措施的基础上，进一步加大工作力度，各地区要在2月10日前认真组织开展一次事故隐患排查工作，堵塞漏洞，狠抓落实责任，强化监管，严防死守，坚决遏制重特大事故多发的态势，认真做好今冬明春安全生产工作，为广大人民群众创造一个安全、祥和的节日环境！

同志们，做好安全生产工作事关社会稳定和谐，意义十分重大，这是一项长期、艰巨的任务，全省各级建设行政主管部门、各有关单位一定要按照党中央、国务院、省委、省政府的部署和工作要求，坚持以科学发展观为指导，努力工作，再接再励，以防范重特大事故为中心，切实加强安全生产监管，狠抓各项安全生产工作和责任落实，为我省经济社会又好又快科学发展作出积极贡献。春节将至，借此机会感谢各位在过去一年对省建设厅工作的大力配合和支持，并先向大家拜年，祝大家在新的一年里，身体健康，家庭幸福，事业蒸蒸日上，工作、生活平平安安！

创新机制，求真务实
促进广东建筑业又好又快发展

——在2007年全省建设工程勘察设计与建筑管理工作会议上的讲话

广东省建设厅副厅长陈英松

（2007年2月8日）

这次全省建设工程勘察设计与建筑管理工作会议的主要任务是，以邓小平理论、“三个代表”重要思想和科学发展观为指导，认真贯彻全国、全省建设工作和全省有形建筑市场监督与管理工作等一系列会议精神，总结2006年全省建设工程勘察设计与建筑管理工作，研究部署2007年的工作。刚才，梁志华、刘丽萍、吴松、袁庆华等同志分别对去年各自负责的工作进行了简要的回顾总结，提出了今年的工作思路和确定了重点工作，我完全同意，希望各级主管部门要突出重点，抓好落实。下面，我讲几点意见。

一、2006年全省建设工程勘察设计与建筑管理工作回顾

2006年是十一五规划的重要一年，是全省各级建设行政主管部门、建设工程勘察设计主管部门和广大干部职工坚持以科学发展观为统领，认真贯彻执行国务院、建设部、省委、省政府的各项决策部署，统一思想认识，开拓创新，恪尽职守，竭力工作，勘察设计与建筑管理等各项工作取得新成绩的一年，为全省经济社会持续健康发展做出了新的贡献。

（一）清欠工作取得阶段性成果。2006年是清欠攻坚年，我省各级建设部门不辱使命，在前两年清欠工作的基础上，加强部门合作，充分发挥了清欠工作联动协调机制的作用，逐个项目抓落实，加强督办督查，较好地完成了国务院确定的“三年基本解决清理拖欠工程款和农民工工资工作目标”。截至2006年底，全省已清还拖欠工程款202.93亿元，总体清欠比例为99.73%，在全国排名第三位。

（二）安全生产形势继续好转。2006年，各级建设主管部门高度重视安全生产，把安全生产摆上重要议事日程，紧紧咬住年初制定的安全生产控制指标，全面落实安全生产责任制，强化监管，狠抓落实，全省建筑施工安全生产形势总体稳定，继续好转。一是开展了建筑施工作业人员安全教育培训，编制了《广东省建筑工人安全生产知识读本》、《建筑工人安全生产维权手册》，在全国率先开发了建筑工人“平安卡”管理系统，促进建筑施工企业劳务用工走向制度化管理，被省直工委树为全省“争当排头兵”实践活动先进典型。二是对施工、监理企业及工程项目管理人员实施了安全生产动态管理，建立了全省统一监管的信息平台，对违法违规行为实行量化扣分，加大了安全监管力度。三是积极组织开展“安全生产月”活动，强化了事故预警提示制度，严防“汛期”、“台风”期间重特大事故发生，狠抓建筑施工安全专项整治工作，把预防深基坑、高支模坍塌和建筑施工起重机械伤害作为专项整治重点，采取有力措施，专项整治工作成效显著，施工事故多发突发现象得到有效遏制，扎实推进了全省建筑施工安全形势稳定好转。2006年，深基坑、高支模坍塌和建筑施工起重机械伤害事故起数和死亡人数分别比2005年下降11%和15%。全省共发生四级以上建筑施工责任事故59起，死亡67人，同比分别下降了16.91%和21.18%，创五年来施工死亡人数的最低水平。四是加强调查研究，完善各项法制建设，出台了《广东省建设厅建筑工程施工安全生产动态管理办法》、《广东省建筑工程安全防护、文明施工措施费用管理办法》，起草了《广东省建筑起重设备管理暂行办法》、《广东省建设工程重大质量安全事故应急救援预案》等规范性文件。五是以严格实施安全生产许可证等两项行政许可制度为手段，加大依法查处力度。严肃查处无安全生产许可证的施工企业42家，依法对发生安全事故的施工企业作出暂扣安全生产许可证等行政 处罚。

（三）建筑工程质量得到稳步提高。进一步提高施工图审查质量，部分实现了施工图审查信息化、网络化管理，从源头上提高工程质量。开展了以施工图审查机构质量行为及审图质量、检测机构登记、工程项目监理机构人员到位及履行质量监理职责情况为重点的工程质量大检查，依法查处违法违规行为。建立了工程质量安全监理工作报告和巡查制度，规范了工程质量监理行为。认真贯彻落实《广东省住宅工程质量通病防治技术措施二十条》，树立了一批先进典型住宅工程，引导企业创建无质量通病住宅工程，普遍提高了施工、监理企业的质量意识和工艺水平。大力推广应用新技术工作，组织建筑企业申报QC活动成果25项，申报省级工法19项，确定省级新技术示范工程23项。完善了工程质量创优激励机制，积极引导和支持各地开展创优活动。2006年，我省共有7项工程获得国家鲁班奖，有117项工程获得省优良样板工程。我省纳入质量监督的工程一次验收合格率达到了99.8%，没有发生重大工程质量事故，质量投诉个案数量逐年减少。

四）整顿和规范建筑市场秩序取得明显进展。有形建筑市场制度进一步完善。从设立工程招投标最高报价值、减少最低价中标、规范工程施工合同范本、完善招标代理制度等多角度、多方面规范了建设工程招标投标行为。推广设计招标投标制度，逐步建立设计招标投标评标专家库。大力执行工程量清单计价规范，全省统一执行新的建设工程计价依据，积极推进工程造价数据标准化管理工作。建立和完善建筑市场和施工现场“两场”联动管理，积极推行“广东省建设工程项目招标中标后监督管理信息系统”，加强中标后监督管理，落实投标承诺、合同条款执行，严肃查处违法违规案件。加强建设领域诚信体系建设，通过“广东省建筑业企业诚信基础数据库和信息管理系统”，建立健全企业信用档案，为政府加强管理和社会公平竞争提供了有力的手段。规范了建筑劳务分包秩序，印发了《关于建立我省建筑劳务分包制度的指导意见》，促进建筑劳务分包企业的发展，目前，已核准新成立了建筑劳务分包企业49家。建筑市场的资质管理不断完善，2006年，共受理各类企业资质共1098件，对2家申报资质弄虚作假及伪造涂改证书企业进行通报批评，严格市场监管，取得了较好的行政审批绩效。

（五）组织力量，大力开展新农村建设。组织全省勘察设计单位开展了新农村住宅设计竞赛，评出优秀获奖方案62个，编制了《广东省新农村住宅建筑设计图集》，免费发放到全省各地，为农民建房提供选择参考。2006年夏天，我省部分地区遭受了超百年一遇的特大洪灾，很多村庄被成片冲毁。为全力支持村庄灾后重建工作，《图集》在第一时间运抵灾区，及时地帮助了受灾村庄加快灾后重建步伐。

（六）推广建筑节能技术，提高节能水平。建立了建筑

节能设计施工图审查制度，颁发《广东省民用建筑节能施工图设计和审查要点》，强化了对建筑节能的设计把关。组织了全省建筑节能大检查，举办了居住建筑、公共建筑节能设计标准和太阳能热水系统技术规程宣贯大会，对全省550名设计人员、施工图审查人员进行建筑节能技术培训，推广使用升级更新后的4个建筑节能设计软件，有效提高了建筑节能设计、审查水平。广州、汕头、佛山、东莞等市相继出台了建筑节能设计和审查的规范性文件，加强了指导和服务。截止2006年底，全省各地完成的民用建筑设计已进行节能设计和审查的项目占76.2%，比2005年提高56.2%；经抽查的125项节能设计、审查项目，完全符合节能设计标准的48项，基本符合节能设计标准77项，分别占38.4%和61.6%。

各级建设主管部门在加强建筑市场管理的同时，继续加大对建筑企业的扶持，推动建筑业持续健康发展。截止2006年，全省各类建筑施工企业共计5421家，各类勘察设计单位1596家。完成建筑业总产值2410亿元，同比增长约10%，约占全社会固定资产投资的30%。完成建筑业增加值840亿元，同比增长9.2%。全省房屋竣工面积9487万平方米，同比增长9%。大量投资通过建筑业的转化，形成了促进国民经济长期发展的固定资产和现实生产力，极大地改善了城乡面貌，提高了人民居住水平和生活水平，有效增加了农民收入，促进了城乡统筹发展。

回顾去年的工作，我感到主要有以下几点体会：

一是必须坚持科学发展。科学发展观是统领建设事业全面、协调、可持续发展的纲领和行动指南。建筑业作为国民经济的支柱产业之一，要实现又好又快发展的目标，就必须充分认识到建筑业在构建和谐社会中的重要性，就必须正确处理好发展与改革、发展与保护、发展与效益的关系，就必须着力促进社会发展和解决民生问题。2006年，我们在科学发展观的指引下，做了大量以人为本和促进可持续发展的工作。如以铁的手腕抓安全生产，实现了近五年来的最好成绩，保护了人民群众生命财产安全；扭转了清欠工作的被动局面，基本完成了清欠任务，排名全国第三位，维护了社会和谐稳定大局；从设计和产业化着手，落实建筑"四节一环保"，转变建筑业发展模式，促进了建筑业健康发展；以指导新农村住宅设计，加强服务为手段，推动社会主义新农村建设，为改变农民居住环境贡献了力量。

二是必须坚持法规制度建设。市场经济是法治经济，不是自由经济，必须狠抓法规制度建设，严格管理，才能出成效。2006年，我们加强调研，针对突出问题，深入分析研究，找出深层次原因和内在规律，提出对策，在加强法规制度建设方面做了大量工作。如：历经两年调研和立法准备组织制定的《广东省建设工程勘察设计管理条例》将于2007年上半年颁布实施，这将是我省勘察设计管理工作发展的一个重大里程碑。经省政府同意，我厅组织制定的《广东省建筑工程安全生产动态管理办法》和《广东省建设厅建筑工程防护、文明施工措施费用管理办法》已列为省政府部门规章，在广东省人民政府公报上公布施行，现正在抓紧制定《广东省建设工程串通招标投标认定及处罚办法》、《广东省工程建设项目招标代理管理规定》、《广东省建筑施工起重机械安全使用管理暂行规定》、《广东省建设工程质量安全诚信管理办法》等规范性文件。各地也结合实际，相应制定了各项规章制度和配套文件，齐抓共管，建筑管理工作呈现良好态势。法规制度建设进一步加强，使建筑管理工作逐步纳入制度化、规范化、法制化的轨道。

三是必须坚持改革创新。改革和创新是推动建筑业发展的不竭动力。2006年，全省各级建设主管部门从实际出发，积极探索，不断推进体制创新、管理创新、科技创新，既加强了管理，又提高了工作水平。如珠海市创新管理方式，实行建筑工人"平安卡"管理制度，提高了建筑工人的安全意识，规范了作业行为。深圳市正在酝酿第三次建设工程招标投标制度改革，从投标报名、资格预审、投标、评标定标等环节加强管理，有效地打击和遏制了围标串标等问题；深圳、东莞等市大力推行工程保证担保制度，有效地降低了建筑市场风险，防治工程款拖欠。实践证明，建筑管理工作必须坚持改革创新，才能不断提高工作水平。

四是必须坚持真抓实干。求真务实，真抓实干是我们做好一切工作的基础。在我省加速推进工业化、城镇化、农业产业化和社会主义新农村建设的重要历史时期，建设任务量大面广，工程技术质量要求越来越高，工程技术风险和责任也越来越大，这就要求管理者必须脚踏实地，真抓实干；加强调研自主创新；必须依法行政，改进作风；必须抓住关键，突出重点，狠抓各项工作落实。一年来，我们从落实安全生产许可制度入手，加强建筑管理基础工作，建立了安全生产责任制度、安全培训教育制度、安全生产动态管理制度等多项制度，抓基础，固根本，安全生产形势平稳，2006年创下了近五年来的最好成绩，这充分说明：只要我们真干、实干、懂干，就一定能做出成绩。

二、当前建设工程勘察设计与建筑管理工作面临的形势和存在问题

2007年是认真贯彻落实科学发展观，全面推进社会主义和谐社会建设的重要一年。全省各级建设行政主管部门要充分认识当前建设工程勘察设计与建筑管理工作面临的新形势和新问题，用改革和发展的思路切实履行好自身的监管职责。

（一）当前建设工程勘察设计与建筑管理工作面临的新形势

一是我省当前正处于建设高峰期，固定资产投资规模保持在较高水平。刚刚结束的省委九届十次全会和省十届人大五次会议已确定2007年全省固定资产投资将同比增长16%，达9400多亿元。因此，我省建筑业仍将面临很好的发展时期，同时也对各级建设行政主管部门加强监管、确保投资效益提出了更高的要求。二是我省建筑业企业多、从业人员多，队伍素质参差不齐，管理压力大。除本省企业外，大量省外队伍纷纷涌入抢占市场；我国加入WTO过渡期结束后，国外建筑业企业也将进入国内建筑市场。三是落实科学发展观、构建和谐社会、建设社会主义新农村、建设资源节约型、环境友好型社会的目标对监管和服务工作明确了新目标，提出了新要求。

（二）当前建设工程勘察设计与建筑管理工作存在的主要问题

一是全省建筑施工质量和安全生产水平仍然不高，各地区安全生产形势极不平衡，安全生产形势尚未真正稳定，安全监管机构、人员、经费严重不足，防范重特大事故压力仍然重大；二是建筑市场主体诚信度不高，建筑市场的监管手段有限，不能满足形势发展的需要，企业资质的动态监管有待加强；三是建筑节能工作整体发展不平衡，建筑节能工作推进困难，农村建设工程设计、施工管理和服务水平亟待改进和加强。

三、2007年全省建设工程勘察设计与建筑管理工作思路

2007年全省建设工程勘察设计与建筑管理工作总的要求是：以邓小平理论和"三个代表"重要思想为指导，认真贯彻全国、全省建设工作会议和全省有形建筑市场监督与管理工作会议等一系列会议精神，全面落实科学发展观和构建社会主义和谐社会重大战略部署，坚持以人为本，初步形成防止工程款拖欠和保障安全生产的法律制度；坚持以铁的手腕抓施工安全生产和工程质量，防范重特大事故；完善建筑市场监管，加强信用体系建设，规范建筑市场秩序；推进建筑业产业结构的优化和升级，促进建筑业由大向强转变；注重服务，加强管理，推进建筑节能和社会主义新农村建设开创我省建设工程勘察设计和建筑管理工作的新局面。

按照今年省建设厅的工作目标，2007年要重点抓好以下六项工作：

（一）坚持抓好安全管理，努力实现安全生产持续稳定。

咬定目标，切实落实安全生产责任制。要建立健全安全生产责任制，严格实施建筑施工企业安全生产许可证制度，全面推进安全质量标准化，进一步落实监理单位安全监理责任，确保安全生产控制指标继续下降，杜绝事故多发、突发，减少死亡事故的发生。认真做好2007年安全生产控制指标的层级分解和全面落实安全生产责任制，强化各级建设行政主管部门和有关企业的安全监管责任。各市建设行政主管部门要将已签定的安全控制指标层层分解落实到县（区），并做好跟踪检查工作。对去年已突破指标或已达到控制指标和已发生一次死亡3人及以上的地区和企业，要切实采取有效措施，坚决遏制事故多发态势。各地要从源头防范，从基层抓起，将防范重点放在事故多发的重点地区、重点企业、重点环节，做好“关口前移，重心下移”；要加强对各经济不发达地区、招商引资工程、村镇工程建设管理等薄弱环节的监督检查，要健全建筑施工重特大事故应急预案，并做好演练，杜绝三级以上重大安全事故，确保完成今年安全生产管理目标。

强化企业安全生产主体责任。继续以严格实施安全生产许可证为手段，强化施工企业切实落实是安全生产主体责任，督促建筑施工企业建立施工安全生产保障体系和落实各级安全生产责任、专项施工方案论证审查、建筑意外伤害保险和建筑施工事故应急救援预案等制度，保证安全生产、文明施工费用投入。认真落实工程监理报告和工程监理巡查两项制度，督促工程监理企业切实履行工程质量安全监理职责。严格施工企业安全生产许可证制度，坚决将未取得安全生产许可证企业清除出建筑市场，同时要强化对已取证企业的安全生产动态监管，严格按规定对发生事故或降低安全生产条件的建筑施工企业依法暂扣直至吊销其安全生产许可证。

全面推进安全质量标准化工作，构建和谐安全环境。各地建设行政主管部门要提高对做好安全质量标准化工作重要性的认识，全面落实《建筑法》、《安全生产法》、《安全生产许可证条例》等法律法规，以《建筑施工安全检查标准》、《建筑施工现场环境与卫生标准》等标准为基础，制定安全质量标准化活动工作方案和工作计划，制定符合本地区建筑安全实际情况的安全质量标准化实施办法，确定工作目标，建立包括有建设行政主管部门、协会、企业及相关媒体参加的工作小组，明确责任，落实任务，指导建筑企业及施工现场开展安全质量标准化活动。确定若干个安全质量标准化达标示范样板工地，并组织召开现场会，宣传报导，推广先进经验，以点带面全面推进。加强建筑安全质量标准化工作，构建和谐安全环境是一项长期任务，要切实加强组织领导，确保实现建筑施工安全质量标准化，规范化，促使建筑施工企业建立起自我约束，建立施工安全长效机制，杜绝各类事故发生，推动全省建筑安全状况根本好转。

深化安全生产专项整治。尽快出台《广东省建筑施工起重机械安全使用管理暂行规定》，加强施工起重机械安全使用管理。各级建设行政主管部门要继续组织开展以预防高处坠落、施工坍塌为重点的施工安全专项整治工作，结合实际，制定专项整治实施方案，狠抓落实，控制事故多发源头，继续确定若干地区和企业实施重点监控。

继续完善和改进安全生产监管方式。要继续执行安全生产例会、安全生产巡查、建筑工程重大危险源公示和跟踪整改、建筑工程安全事故约谈、建筑工程安全生产预警提示、建筑工程安全生产监管责任层级监督与重点地区、重点企业监督检查等行之有效的制度。并不断研究建设领域安全生产工作的新形势、新特点，及时改进监管的机制和方法。一是要全面实施《广东省建设厅建设工程安全生产动态管理办法》，抓住关键环节，加强对企业和责任人的动态管理，防范事故发生。二是要充分发挥企业资质核准、招标投标、施工许可、安全许可等各管理环节的整体效能，形成安全生产监管合力。三是要加强调研，创新监管模式，加强村镇工程施工安全生产监管工作，逐步将现有的施工安全监管体系延伸到村镇建设工程，强化对村镇工程施工的安全生产管理。四是要重点加大对省外进粤建筑施工企业和本省跨地区经营企业的监督管理，确保人员到位、制度落实、安全措施到位。五是要强化建筑工人的教育培训，抓好农民工的安全教育培训工作。要加快推行建筑工人“平安卡”管理制度步伐，广州、深圳等7个市要在今年一季度全面完成试点工作，以点带面，带动全省逐步推行。六是充分发挥行业协会的作用，充分发挥新闻监督和社会群众的监督的促进作用，努力在全社会营造“关爱生命、关注安全”的良好氛围。

继续抓好安全生产监管队伍建设。经省编办批准，省建设厅安全处已正式成立。各地要借此机会，向同级政府反映安全监督工作情况，争取政府支持，成立相应机构，落实编制、人员及经费，确保安全监督管理机构与当前的建设管理工作相适应。各地要继续加大安监站的建设，争取能将尚未独立设置为同级政府安监工作部门的95家安监站纳入政府编制预算，稳定队伍。各地要强化对执法监督人员安全生产法律法规和标准规范的培训，规范安全监管行为，依法行政，提高安全监管人员的执法水平。

（二）不断创新监管机制，进一步提高工程质量

加强工程质量管理。《广东省建设工程勘察设计管理条例》即将颁布实施，各地要积极组织开展学习和宣贯工作，研究制订初步设计审查和施工图设计文件审查的具体管理办法，明确审查的内容、程序，提高审查质量，从工程勘察设计的源头上保证工程质量。认真贯彻执行《广东省住宅工程质量通病防治技术措施二十条》，以创建无质量通病住宅和精品住宅工程活动为重点，推进工程质量的整体提高。继续鼓励、引导企业积极创建优良样板工程，完善奖优惩劣机制，在市场准入环节，对信誉好、实力强的企业要通过工程造价等管理手段给予鼓励；对劣质工程，要严肃处理，公开曝光，并通过扣分等管理手段加大其竞争难度，充分体现优质优价原则。研究制定我省住宅工程分户验收管理办法，逐步推行住宅工程分户验收制度。

创新质量监管机制。建立差别化的监管机制。要重点加强对村镇建设工程、住宅工程、大型公共建筑工程等与社会公共安全密切相关的工程项目质量的管理。要重点加强对信誉差、质量保证能力弱的企业进行重点质量监督，要改变每个项目都平均使用监督资源的常规做法，提高监管效能。严格工程质量检测机构资质审查，建立省外进粤和本省跨地区开展工程质量检测业务的检测机构记录备案制度，健全检测比对试验、检测监督抽查制度，规范强制性监督检测。

完善工程质量保险机制。贯彻落实建设部和保监会《关于推进建设工程质量保险工作的意见》精神，积极推行工程质量保证保险和执业资格人员责任保险，通过推进工程质量保险工作，提高市场约束力，并保护消费者合法权益。今年省建设厅将研究制定《广东省勘察设计责任保险实施办法》，具体明确勘察设计责任保险操作，开展设计保险试点。

（三）加强信用体系建设，进一步规范建筑市场准入

加快建筑市场信用体系建设。各地建设行政主管部门要认真贯彻落实好建设部《建筑市场诚信行为信息管理办法》和《建筑市场各方主体不良行为记录认定标准》，重点要认真学习掌握好《办法》和《标准》中明确的，涉及建筑市场各方责任主体的不良行为及175条具体认定标准，加快推进建筑市场信用体系建设。首先要积极建立全省范围内统一的建设工程勘察设计和建筑业企业诚信标准和信息平台，向全省开放，实现信息资源公开和共享，构建诚实、守信、公平竞争的市场环境。其次，要推进行业协会开展行业信用建设，要发挥协会直接接触会员的优势，按照社会主义荣辱观的要求，建立健全行业诚信体系，确立行为规范，完善制度和工作机制。第三，要确立试点城市，广州等部分基础条件较好的市要抓紧完善建筑市场综合监管平台，加大整合协调力度，提升建筑市场监管水平，为全省起到示范带动作用。第四，以严格执行广东省建筑施工合同示范文本为手段，强化合同履约过程的监管。严格市场和现场“两场”联动管理，

及时发现并严肃查处挂靠、转包、违法分包等问题。加大企业资质、安全许可、个人执业资格注册中弄虚作假、伪造证书、骗取证书等行为的处罚力度。认真贯彻落实勘察设计企业、建筑业企业、工程造价企业、工程监理企业以及招投标代理机构等资质管理规定。严格执行工程建设法定基本程序，强化建筑施工许可、安全许可等关键环节的监管。

加强建设工程招标投标管理。各级建设行政主管部门要认真落实今年1月17日召开的全省有形建筑市场监督与管理工作会议精神，立足为国民经济发展全局服务，创新体制机制，健全法规制度，努力创造公平竞争的招标投标市场环境。一是完善法规制度，省建设厅将尽快出台《广东省建设工程串通招标投标认定及处罚办法》、《广东省工程建设项目招标代理管理规定》、《广东省建设工程招标文件示范文本》等规范性文件，通过制度建设，着力解决围标、串通招标投标和招标代理机构不规范的问题。二是完善有形建筑市场运行机制，加快有形建筑市场的信息化建设步伐，构建“阳光作业”平台。三是加大建设工程招投标活动的监督执法力度，严肃查处泄露保密资料、串通招标投标、歧视和排斥投标等违法违规行为。四是加强工程项目招标中标后的监督检查，严肃查处转包、违法分包、管理人员不到位等行为。五是加强设计招投标管理，制定具体管理办法或实施细则，规范招投标的程序与运作，防止规避招标，遏制恶性低价竞争，抑制崇洋迷外、排斥国内大型设计单位投标等行为。

强化工程造价管理。一是要尽快完善工程计价体系和配套制度，组织力量完成建设部委托的全国劳动定额、城市轨道交通估价指标以及《广东省市政设施养护维修定额》、《广东省建设工程劳务分包定额》编制工作。二是利用制订《工程造价信息数据标准体系》的契机，大力整合我省工程造价信息资源，积极稳妥推进全省工程造价信息资源共享，提高工程造价资源的利用率，建立全省工程造价信息平台，进一步提高建设信息化水平。三是针对招标投标中的恶性低价中标等现象，开展《建设工程工程量清单计价规范》实施情况和最高报价值设定情况的专项检查；针对质量、安全管理中发现的突出问题，开展安全防护和文明施工措施费的计提、支付、使用情况检查；结合解决工程款支付、结算、拖欠等热点问题，加大中标后工程造价的监管力度。

（四）巩固清欠工作成果，健全长效机制

“防止工程款拖欠工作”被列为2007年建设部主要工作目标之一，也是我省建筑管理工作的核心目标之一。三年清欠工作虽已接近尾声，但维护和保障农民工权益是一项必须常抓不懈的工作，对农民工权益的保障也应向更深更广方面转移，必须建立长效机制，从根本上保障建筑业农民工的权益。一是要严格执行建设部等四部门《关于严禁政府投资项目使用带资承包方式进行建设的通知》，把好施工许可审查关，防止政府投资项目使用带资承包方式进行建设。二是加大《广东省建设工程施工合同范本》推广使用的工作力度，解决因合同条款的原因造成结算纠纷而导致工程款拖欠等问题。三是建立建筑施工企业工资支付保证金制度，为解决工资拖欠问题提供资金保障。建立最低工资标准的正常调整机制，逐步提高工资水平，以确保农民工工资也能“水涨船高”。四是总结推广深圳、东莞等地推行工程保证担保制度的经验，全面推进工程保证担保制度的实施，防止恶意拖欠工程款等问题。五是大力发展建筑劳务企业，健全建筑劳务分包制度。以政府投资项目为重点，积极促进施工总承包和专业承包企业使用有资质的建筑劳务分包企业，为建筑劳务分包企业快速发展创造有利条件。

（五）加强服务和管理，推动新农村建设

提高村庄建设水平。全省勘察设计单位要深入推动村庄规划和农房设计研究，提高村庄规划、农房设计水平。加强农民建房技术服务和管理，严格执行开工许可证制度，落实先设计后施工原则，切实加强对地震、台风多发地区农民住房设计安全审查。鼓励注册建筑师、注册结构工程师等具有工程建设执业资格的人员以个人身份从事农房设计，指导有条件的县（市、区）组建农村建设技术服务单位，多渠道增添农民住房设计与技术服务力量。鼓励和组织专家、技术人员深入乡村，讲授农房设计建造知识，解答农民建房问题，做好现场技术指导。推广应用《广东省新农村住宅建筑设计图集》，各地级以上市要集中抓一个村庄应用《图集》建设，提高农房建造质量，整体提升村容村貌。

推进村镇建设工程质量管理工作。以抓好农村基础设施、乡镇公共建筑、城中村改造三类工程质量的监管为重点，逐步将工程投资额在30万元以上或建筑面积在300平方米以上的村镇工程质量纳入到政府监管范围；三层（含三层）以上的农民住房建设管理要严格执行《建筑法》、《建筑工程质量管理条例》等法律法规和有关规定，为农民自建的低层住宅提供施工技术培训、法律咨询等服务。

（六）大力发展建筑节能，努力建设节约型社会

加强建筑节能标准化科学化管理。认真推行建筑节能标准化工作，组织编制建筑节能省级标准图集，修订现行居住建筑和公共建筑节能设计标准。省建设厅将于上半年编制完成《建筑节能构造图集》并印发全省，强化节能设计构造措施，简化节能设计计算工作量，提高建筑节能设计效率与质量。支持和推动新型墙材开发研究，鼓励有能力的设计单位开发节能新技术及综合利用太阳能设计研究。积极推广应用新型建筑节能技术与产品，要将建筑节能管理工作作为建筑市场和建设程序中一个重要环节，与施工图审查、质量监督和工程竣工验收备案等基本建设程序形成管理合力，使节能工作更好地落实。要将建筑节能情况作为工程设计评优、工程质量评优的重要内容，凡未执行节能强制性标准的工程项目、设计项目一律不得参加优秀工程设计、市优、省优和鲁班奖等奖项的评选。各级质监站要把建筑节能作为质量监督的一项重要内容，要加强对进入施工现场的节能材料合格验收、建筑节能重要部位（如幕墙、屋面、门窗等）的检查和建筑节能专项检查的执法力度，实施建筑节能验收备案，建筑节能项目监督范围逐步扩展到城镇工程项目。各地级以上市要突出抓好1-2个试点小区的建筑节能，以点带面，推进全省建筑节能工作落实到实处。

加大建筑节能监管力度。要强化源头监管，将建筑节能设计列入初步设计审查和施工图设计文件审查的重要内容，不符合节能设计标准的不予审批初步设计与施工图设计。要树立正确的设计指导思想，克服建筑设计上片面追求形式、标新立异，忽视建筑功能、技术风险以及与周围景观不协调等倾向，避免造成资源浪费、生态破坏和带来质量安全隐患。认真贯彻落实建设部《民用建筑工程节能质量监督管理办法》，将按建筑节能设计施工作为竣工验收和设计评优的主要指标，不按节能设计施工的不予验收和参加评优。开展建筑节能专项检查，对未全面开展节能设计审查的督促其全面实施，对已开展节能设计审查的促其提高设计审查质量，实现2007年全省地级以上市建筑节能设计与施工图审查率达100%，切实把好建筑节能审查质量关。

加强工程造价管理，为建筑节能提供技术保障。以制订《工程造价信息数据标准体系》为契机，整合资源，建立全省造价工程信息平台，提高工程造价资源的利用率。开展调查研究，配套制定定额子目、计量规则、计价办法等计价依据，为顺利推进建筑节能工作提供必要的技术保障。合理运用经济等手段，引导社会正确选用节能材料、节能设备，采用节能工艺、节能设计。组织开展建设工程优质优价调研，选定若干个工程项目作为优质优价试点，实现合格工程合理造价，省优工程省优造价，鲁班奖工程鲁班奖造价，使优质优价真正体现在工程定额造价上。

同志们，做好今年建设工程勘察设计与建筑管理工作任务艰巨，责任重大。我们一定要坚持以邓小平理论和“三个代表”重要思想为指导，全面落实科学发展观，把握形势，求真务实，开拓创新，不断把建设勘察设计与建筑管理工作推向前进，为我省经济社会又好又快发展作出更大的贡献。

科学发展 和谐建设
努力将现代化大都市建设推向新阶段
——广州市城市建设工作报告

陈如桂

（2007年1月18日）

在市委、市政府的正确领导下，经过建设系统和全市各有关部门的共同努力，我们较好地完成了2006年城市建设的各项工作任务。今天，召开全市建设工作会议，总结过去一年的工作，部署新一年的工作任务。

一、2006年城市建设管理工作回顾

去年，我们按照市委、市政府的工作部署和建设部、省建设厅的要求，认真落实科学发展观，“一手抓经济发展，一手抓环境建设”，统筹协调，团结协作，克服困难，全力以赴推进各项工作，城市建设管理呈现新的局面。我市如期实现综合治理珠江三年工作目标，再次荣获“中国人居环境范例奖”，被建设部授予“水环境治理优秀范例城市”称号，顺利通过“国家环保模范城市”考核验收。

（一）城市规划进一步完善。

建立和完善广州市城市规划委员会组织及城市规划审议制度，深入组织编制各个层次的城市规划，进一步完善了城市规划体系。展开了新一轮《广州市城市总体规划》的编制工作。组织编制了《广州市近期建设规划》、《广州市住房建设规划》、《广州市综合交通发展纲要》、《亚运会交通规划》、《污水治理工程总体规划》、《河涌水系规划》、《高压电网建设规划》、《沙面建筑群保护规划》、《珠江两岸地区光亮工程规划》等一批重要城市建设规划。完成了花东镇、中新镇等一批中心镇总体规划的编审工作，全面开展了17个中心镇发展启动区及重点中心村控制性详细规划编审工作。编制了14条新农村“文明示范村”规划。

（二）国土资源管理更加规范有序。

完成了《广州市土地利用总体规划》修编的前期工作；完成9个中心镇的建设用地规划，确定了用地规模。全力推进耕地补充和农用地开发复垦工作，确定农用土地开发整理复垦项目46宗，开发复垦土地面积33100多亩。积极做好建设用地预审报批工作，保障了重点项目建设的按期实施，供应各类建设用地2668.21公顷；公开出让建设用地36宗，面积234.44公顷。积极开展建设用地储备工作，落实新火车客运站周边、地铁沿线、金沙洲、琶洲、珠江新城、从化新温泉等重点区域的建设用地，完成储备地块征地541.6公顷。加快处理“烂尾地”和“烂尾楼”，全市141宗“烂尾地”，140宗已有明确的解决方案，其中63宗已落实处置方案，解决了10062户、2.8万人临迁户的补偿和安置问题；57宗“烂尾楼”，已有47宗得到盘活。收回闲置土地180宗，273公顷，追收拖欠的土地出让金25亿元，提高了土地资源的利用效率。全力做好征地补偿款清欠工作，共清理拖欠农民征地问题40宗，兑付拖欠款2.734亿元。强化土地执法监察，立案查处违法用地案606宗，涉及土地面积639.7公顷。

（三）城市基础设施建设成就显著。

2006年，我市市本级计划完成城建投资253.68亿元（含电力建设27亿元），全年实际完成工作量256.28亿元，超额完成了年度城建投资任务，先后建成一批重大基础设施和大型公共设施项目。

大型交通枢纽建设顺利推进。广州港南沙港区二期工程5号、6号深水泊位和沙仔岛多用途码头建成投入使用。南沙至珠江口航道拓宽二期工程竣工验收，满足5万吨级船舶双向乘潮通航南沙港区。南沙港区粮食码头的建设和30万吨油轮码头工程前期工作已全面展开。新白云国际机场二期、联邦快递亚太转运中心、新火车站及武广客运专线建设按计划稳步推进。

城市轨道交通线网基本形成。去年是我市城市轨道交通建设成就最辉煌的一年，共完成工程建设投资91.46亿元，展开了地铁3、4、5、6号线，2、8号线延长线，珠江新城旅客自动输送系统和广佛线等7条线路的建设，在建线路200多公里，建设工点200多个。各项工程顺利推进，其中3号线首期工程、4号线新造至黄阁段已建成开通试运营，使广州地铁运营线网总长度达到116公里。

城市道路交通网络日趋完善。西二环高速、新光快速路、机场高速公路北延线、北兴立交、南沙港快速路鱼黄支线、黄阁立交等高快速道路已建成；街北高速、增莞深高速、东二环、东新高速、龙穴大道、凫洲大桥等高快速道路建设顺利推进。科韵路、新滘南路、瑞康路、宝岗大道南、东晓南路放射线、五山路延长线、机场东西路、广清立交、白坭河大桥等一批重要道路工程已建成通车；新港东路二期、滨江东路延长线、广汕路延长线、猎德大桥系统工程、华南快速路三期等17项道路工程建设顺利推进。由高速路、快速路、城市主干道和次干道组成的层次分明、功能明确、高效便捷的城市道路网络体系日趋完善。

生态环境建设再创新绩。完成了为期三年的“青山绿地、蓝天碧水”一期工程，建成庄头公园等一批城市公园、绿化广场，道路绿化走廊和社区公共绿地，完成了613个采石、采泥场的整治复绿，城区补种路树6万多棵，中心

城区新增公共绿地36平方公里。2006年新增公园8个，扩建公园2个，全市建成区绿化覆盖率达到37.58%，人均公共绿地面积达到12.30平方米。城市生活污水处理设施建设稳步推进，猎德三期、大沙地一期、南沙一期生活污水处理工程已通水试运行；龙归、竹料、九佛污水处理厂厂区主体工程已基本完成；石井污水处理厂厂区建设已经展开。2006年底，广州市生活污水处理能力达到207.4万立方米/日，中心城区生活污水处理率达到81.9%。全力推进沙河涌、车陂涌、猎德涌等7条河涌的综合整治，完成了司马涌、墩和涌和庄头涌等一批河涌截污工程和污水管网改造工程。珠江综合整治成效显著，水环境功能区水质达标率达到100%，集中式饮用水源地水质达标率达到97.81%，成功组织了大型横渡珠江活动。环境空气质量优良天数达到334天，占全年91.5%，声环境质量继续保持良好水平。环卫基础设施建设顺利推进，李坑生活垃圾焚烧发电厂建成正式运营，完成了兴丰垃圾填埋场四区建设和大田山、李坑垃圾填埋场封场等重要工程；展开了兴丰垃圾填埋场配套工程、金沙洲居住新城生活垃圾真空管道收集系统等一批重要环卫基础设施的建设。新建和改造公厕47座，改造垃圾压缩站30座。

城市景观形成新的亮点。圆满完成瑞典仿古商船“哥德堡号”访穗活动停靠点洲头咀码头、黄埔古港、南海神庙及其周边环境整治工程；完成了珠江两岸新一轮夜景工程和中共“三大”旧址复建工程。展开了珠江新城中轴线、海心沙市民广场、白鹅潭两岸景观工程，以及港湾广场、孙中山大元帅府和临江大道绿化、城市主要道路进出口绿化等一批绿地景观工程建设。

城市公用事业稳步发展。城市供水工程顺利推进，自来水质量进一步提高，全市有60万人用上饮用净水。天然气利用一期工程顺利投产，广州大学城、海珠区3.9万户居民和224工商业户完成天然气使用置换，标志着广州迈进清洁能源新时代。电力基础设施建设稳步推进，共有1项500kV输变电工程、5项220kV输变电工程、17项110kV输变电工程建成投入使用，建成110kV以上架空线路116.38千米、电缆11.08千米，10KV线路488千米。城市公共交通事业稳步发展，完成了快速公交建设的前期研究工作，建成一批公交站场和港湾式停靠站。地铁列车运营里程达到3600万公里，安全运送乘客2.54亿人次，日均客运量76万人次，最高日客运量达到123万人次。

新城区建设全面提速。南沙地区的基础设施日趋完善，万环西路、亭角立交等道路交通工程已建成，汽车工业园、出口加工区、中船造船基地等重要基础设施工程建设已全面展开。广州科学城建设稳进推进，综合研发孵化区三个组团主体工程已完成。广州国际生物岛的建设取得实质性进展，征地拆迁工作已全面展开，过岛隧道工程已动工建设。广州大学城三期续建工程，8个校区体育馆、中心区体育场和文学创作中心等工程基本完成。珠江新城核心区市政交通项目建设已经展开，新电视塔、歌剧院、新图书馆、新博物馆等一批重点项目建设进展顺利。白云国际会议中心以及周边配套道路建设按计划完成，白云新城开发建设已展开。琶州会展中心二期工程及配套设施建设进展顺利。金沙洲新城、从化新温泉旅游度假区的开发建设已经启动。

旧城区改造取得新成效。2004年登记在册的91.1万平方米危破房已改造55.35万平方米，同时完成2005年新增的危破房改造面积1.92万平方米，使7416户、2.6万人的居住条件得到改善，实现了计划改造危破房60%的目标。综合整治旧城社区环境，完成了沙园、广氮、建设新村、信义小区等191个社区的综合整治，改善了社区环境，并引进现代物业管理，旧城社区环境面貌和秩序显著改善。系统改造旧城区的排水设施，64个问题突出的“水浸街”黑点得到了治理。

住房保障工作进一步加强。明确“十一五”时期我市政府保障型住房的建设目标和年度建设计划，将政府保障型住房建设量从目前占住宅市场的5%提高到17%；扩大住房保障范围，提高住房保障标准，将我市双特困户住房保障范围由人均7平方米扩大至人均10平方米。累计解决4883户双特困户住房问题。启动77万平方米新社区住宅建设，积极解决城镇双特困户、拆迁户和中低收入家庭的住房问题。

人防建设快速发展。结合城市建设重点工程，积极推进一批新的人防工程建设，站前路等一批人防工程建成投入使用，体育西路、江南西路等人防工程进展顺利。全年验收人防工程85.2万平方米，增长16.3%。全市人均人防工程面积从上年度的0.66平方米上升到本年度的0.76平方米。

村镇建设稳步发展。原定的15个中心镇已全部编制完成总体规划，其中12个中心镇的总体规划已公布实施。中心镇基础设施建设和新农村建设取得显著成效，村庄整治试点村面貌焕然一新，并已形成示范效应。“城中村”改造稳步推进，白云区槎龙新村、海珠区沥滘新村的建设已经启动；黄埔区文冲村、白云区三元里村的改造和环境整治工作顺利推进。制定了46条“城中村”的消防通道整治方案，部分“城中村”已清除路障，打通消防通道，逐步完善了消防设施。

（四）城市管理再上新水平。

继续开展“城市管理活动年”活动，以创建国家环保模范城、国家卫生城市和全国文明城市为契机，一手抓建设，一手抓管理，坚持长效管理和集中整治相结合，加大城市综合管理和环境整治的力度，城市环境面貌进一步改善。

查处违法建设取得新成效。采取强有力的措施治理违法建设，处理了龙洞村、龙怡苑、仕百格、金满家园、荔湾广场、黄金广场等大批违法建设大案，全市共制止新的违法建设100多万平方米，拆除违法建构筑物177.93万平方米。

【“六乱”现象进一步得到整治】综合整治交通主干道、大型客运站等重点地区、农贸市场及周边环境，“城中村”和城乡结合部等地区的占道经营和夜间烧烤档，并长期保持高压监控态势，取缔乱摆卖41万多宗，整治占道经营17万多宗，查处乱张贴1.5万多宗，市容环境得到根本改善。加强对城市道路开挖的监管，遏制无序开挖行为，切实降低了开挖施工对交通出行的影响。成立城市管理监控指挥中心和市政应急指挥中心，完善快速反应机制，提高了对城市管理问题和市政公用设施抢险、维护的处理效率。12319城管投诉服务专线共受理各类案件131806宗，日均受理361宗，共办结131135宗，总办结率达到99.57%。“12319”已成为解民忧、纾民困、暖民心、得民意的城管服务专线。

【市容环境面貌进一步改观】加强对城市主干道和公共场所的保洁，全市城区道路清扫保洁面积达到5200多万平方米，道路机械清扫率达75%以上。珠江广州河段水域和市内河涌水面卫生继续得到改善。完成了43座垃圾压缩站的收运方式改革，全年无害化处理垃圾255万吨。“城中村”环卫保洁逐步纳入城市管理体系，保洁时间提高到12小时。综合整治城市道路进出口，对机场高速、广深高速、北二环高速、华南快速干线、南沙港快速路、新光快速路以及城市快捷路沿线环境高标准整治，全面清拆沿线违法建设，城市道路进出口的绿化景观和环境面貌显著改善。加强对户外广告的整治和管理，依法清拆农林下路等29条城市道路两侧违法设置的各类户外商业广告招牌；并积极改革户外广告管理机制，逐步规范了户外广告设置和管理。全面展开新型行人标识系统建设，为行人提供了更加准确规范的城市方位标识。

（五）建设行业管理进一步加强。

1、建筑业管理。通过完善和落实各项管理制度，全面加强监管，有形建筑市场建设、质量安全管理、清理拖欠工程款和农民工工资等工作得到进一步加强，我市建筑业继续保持良好的发展态势。全市建筑业总产值达到680亿元，同比增长7.4%。

有形建筑市场进一步规范。建立完善招投标信息公开制度，强化招投标的事前监督和过程监管，严肃查处投标人围标、串标等违法违规行为，尤其是防范财政投资建设项目的腐败行为。先后对7宗串通投标案涉及的18个单位和2宗弄虚作假投标案依法作出了处罚；对30家伪造项目经理证件的企业通报批评，并暂停了企业备案资格，为建筑市场创造了公平的竞争环境。建设工程交易中心共完成招标项目2600多项，总交易额达到800多亿元，同比增长33.85%。中标价比最高限价平均下降6.25%，节省工程投资约24.23亿元。

建筑质量管理水平进一步提高。强化项目建设质量管理，完善质量监督体系，严把工程验收关，进一步提高了工程建设质量。2006年广州地区共有168项工程被评为市优良样板工程，16项工程被评为市工程质量五羊杯工程，37项工程被评为省优良样板工程，4项工程获得“国家优质工程奖”，4项工程获得“詹天佑大奖”，中山大学图书馆和地铁3号线广州东站2项工程获得“鲁班奖”。丫髻沙大桥被评为首届“中国十佳桥梁”。

安全生产管理进一步加强。以防范重大特大事故为重点，健全落实安全生产责任制和各种管理制度，积极对深基坑、高支模、起重设备、人工挖孔桩等施工环节开展专项治理，强化安全生产检查督察，运用信息化手段加强施工安全动态监控，加强对一线施工人员的安全知识和技能培训，对建筑工人实行“平安IC”卡信息化管理，有力地提高了建筑施工安全生产水平。2006年纳入市政府监管的施工项目共发生安全生产事故9宗，死亡13人。事故宗数和死亡人数分别同比下降52.63%和58.06%。严格落实建设工地文明施工管理制度，控制夜间施工和噪音扰民现象；专项整治泥头车，落实建设工地降尘措施，努力从源头上遏制了余泥撒漏、粉尘污染等问题对城市环境的影响。

建筑节能取得显著成效。我市顺利完成建设部“建筑节能试点城市”工作任务，新建项目节能审查备案率达到100%，建筑设计实现节能50%的目标。墙材改革稳步推进，新墙材应用率达到92%，相当于节约土地2270多亩、标煤8.53万吨。散装水泥供应率和使用率进一步提高。

清理拖欠工程款任务全面完成。我市纳入中国工程建设信息网统计的拖欠工程款共1441项，共56.91亿元，其中财政性投资项目550项，合计18.63亿元，在强有力的协调督办下，提前三个月全部完成清欠任务。对拖欠农民工工资问题，做到发现一宗，解决一宗。健全长效监管机制，建立企业信用制度体系，有效地遏制了新的拖欠行为。加强对施工企业劳动保险金的调剂和管理，比较好地保障了建筑企业离退休职工的生活。

2、房地产开发管理。以国务院的一系列房地产调控政策为指导，加强房地产市场监管，落实“双限双竞”等调控措施，合理调整住宅建设用地开发规模和住房供应结构，整顿房地产市场秩序，规范房地产开发经营行为，确保了我市房地产业的健康、稳定发展。房地产投资开发规模稳定增长，房地产投资总额达到556.79亿元，同比增长9.6%。房屋施工面积6831.37万平方米，同比下降4.7%，房屋竣工面积1513.65万平方米，同比下降37.1%。商品房销售面积1316.88万平方米，同比增长3.5%，其中现房销售497.59万平方米，同比下降4.8%，期房销售819.29万平方米，同比增长9.3%。商品房销售合同金额861.95亿元，同比增长26.3%，其中，现房销售310.47亿元，同比增长15%，期房销售551.48亿元，同比增长33.6%。10区新建商品房成交均价6806元/平方米，其中商品住宅成交均价6315元/平方米。

3、勘察设计管理。严格执行国家强制性技术标准，落实节能和环保措施；以设计创新为突破口，加强工程设计研究和方案优化，努力促进科技成果转化为生产力；积极推动设计创优，提高了勘察设计质量水平，形成大批勘察设计精品。获得国家级优秀工程勘察设计奖4项，建设部优秀工程勘察设计奖29项，广东省优秀工程勘察设计奖55项。认真实施大中型建设工程初步设计审查、超限高层抗震专项审查和施工图审查备案制度，严把勘察设计质量关。

在充分肯定工作成绩的同时，我们也清醒地认识到，我市城市建设管理工作还存在不少问题和薄弱环节：比如，部分市政和环境工程项目受征地拆迁等前期工作滞后的制约，推进速度不够理想；一些公建配套项目，如公共停车场、消防站、变电站、垃圾压缩站等建设任务完成得不够好；不少工程项目竣工决算工作严重滞后，影响正常的移交管理和维护服务；村镇建设，特别是“城中村”改造的力度有待加大；旧城综合改造步伐有待加快；关系群众切身利益的拆迁安置遗留问题尚未得到全面解决；一些区域，特别是城乡结合部的“脏、乱、差”问题还需要下大气力整治；建设市场管理中的围标串标现象不容轻视，施工管理中的泥头车违规运输排放等问题还比较突出等等。对这些问题，我们必须高度重视，采取更加有力的措施认真加以解决。

二、2006年我市城市建设管理工作的主要经验

在过去的一年中，我们坚持以科学发展观统领城市规划建设管理工作全局，按照市委、市政府的战略决策，积极探索，改革创新，以新的工作思路科学高效地组织推进城市规划建设管理，在推动城市建设快速发展的过程中创造了新的工作经验。

（一）坚持从建设现代化大都市的高度规划建设城市。我们始终坚持站在“打造经济中心、文化名城、山水之都，建设带动全省、辐射华南、影响东南亚的现代化大都市”的高度规划建设城市，优化城市空间结构布局，构建城市基础设施体系。结合举办中国城市规划学会50周年庆典，分析总结《广州城市建设总体战略规划纲要》的实施情况，重点完善“广州城市交通发展战略”，以交通基础设施为先导，拉开城市发展结构，构建多中心、组团式、网络型的城市空间结构，调整城市功能布局，完善各个新城区的配套设施和城市服务功能，稳步合理扩展新城区，调整优化旧城区的空间环境，城市整体结构布局进一步得到改善。组织开展城市公共艺术论坛和评选优秀城市雕塑活动，提升了城市艺术品位。编制完善了“十一五”建设事业发展规划等一系列城市建设重要发展规划，系统地对城市建设管理发展作出了安排和部署。

（二）坚持以营造“两个适宜”的城市环境为根本目标规划建设城市。我们始终将营造“两个适宜”的城市环境贯穿于城市建设管理工作的全过程，一方面加快完善城市基础设施和服务功能，全力抓好新机场、新港口、新火车站、会展中心、珠江新城中央商务区、科学城、城市轨道交通、城市高快速路网等对广州的长远发展具有重大意义的重点工程项目建设，改善城市交通，增强经济社会发展的承载力；另一方面科学规划城市发展，合理确定城市发展规模和环境容量，高度重视土地和水等重要资源

的合理开发利用，以“山、水、城、田、海”的自然格局为基础，构建资源节约型和环境友好型的生态城市结构，努力保持资源环境与经济社会的协调发展。我们综合治理城市环境，实施“青山绿地和蓝天碧水”工程，构建“绿网”，改善“水网”，完善环保基础设施，加大控制污染力度，城市环境质量持续改善。

（三）坚持按照构建和谐社会的要求建设管理城市。我们按照执政为民和构建和谐社会的要求，从维护人民群众根本利益、提高居住生活质量的高度出发，着眼于建设和谐广州，正确处理加快城市发展与保持社会稳定的关系，以人为本推进城市建设管理工作，实施民心工程。积极处理城市规划、征地拆迁、公建配套、危房改造、环保环卫、社区建设、物业管理、“城中村”改造、建设质量安全、建设市场监管、文明施工、清还工程款和农民工工资、公用事业收费、中低收入家庭住房保障、应急抢险、治理“水浸街”、城管执法和城建公共服务等等事关人民群众切身利益的重要问题，加强城市规划、建设和管理效能监察。高度重视抓好歌剧院、博物馆、少年宫、电视塔等文化设施和医院、学校、农贸市场等公建设施的建设，完善公共停车场、人行过街、环境卫生、路灯照明和城市消防等城市配套设施，以人为本完善城市服务功能。

（四）坚持统筹协调建管并重建设管理城市。协调推进城乡建设，加快中心镇、中心村的规划建设，因地制宜综合整治村庄环境，全力推进城乡一体化。协调推进城市建设与城市综合管理，坚持建设与管理并重，在加快城市基础设施建设的同时，努力完善城市综合管理长效机制，从源头上监控违法建设和“六乱”现象，强化公共安全监管，提高了城市综合管理水平。协调推进新城区建设与旧城区改造，一方面按照城市总体规划布局加快南沙、萝岗、珠江新城等新城区的建设，完善交通和服务设施，尽快完善新的城市结构体系；另一方面加快旧城区的优化改造，推进“退二进三”工程，系统整治旧社区环境，稳步改造危破房，拆危建绿、拆违复绿，高标准改善了城市环境面貌。

（五）坚持创新高效持续发展建设管理城市。我们按照建设创新型城市的要求，创新城市建设管理体制和机制，全面提高城市建设管理工作的整体水平。创新城市建设管理观念，将城市建设管理摆到经济社会发展总体布局中统筹谋划，适应经济社会的发展确定城市建设管理的目标和任务，着力解决城市交通和生态环境问题，全力为经济社会发展打造承载基础；注重城市建设质量，将高标准的质量要求贯穿于规划布局、方案设计、项目建设的全过程，又好又快地建设城市。注重提高城市建设投资效益，通过加强造价管理、优化设计方案，公开招投标和严格预决算审核，大量节约了投资成本。创新城建工作组织协调机制，加强对各有关部门工作的统筹协调，从征地拆迁、规划设计、项目实施、环境整治、市政维护、综合管理等方面健全组织协调机制和效能监察机制，明确各项工作的责任主体，实现各个部门工作的高效衔接，提高城建工作的整体效能。完善重点项目建设“行政审批绿色通道”，为重点工程项目的顺利推进赢得了宝贵时间。创新建设事业增长方式，按照建设资源节约型和环境友好型社会的要求，创新建设科技，增强建设领域自主创新和集成创新能力，通过组织科技攻关，积极抢占建设科技前沿的制高点，完善技术标准体系，在城市轨道交通、标志性建筑、大型桥梁建设、智能交通信息管理、城市生态群落设计、生活污水处理、建筑节能等等方面取得一系列重大科技成果。尤其是在地铁建设中采用了系统减震、直线电机、架空刚性悬挂接触网和站台屏蔽门等多项新技术，建成了世界先进水平的轨道交通，创造了巨大的经济效益和社会效益。全市共有22个工程项目和54项科研成果申报国家、省、市科学技术进步奖和华夏建设科技奖。地铁2号线被评为“国家环境友好工程”。全面开展节地、节能、节水、节材等资源节约利用工作，集约利用土地资源，科学利用水资源，在城市建设中逐步形成低投入、低消耗、低排放和高效率的集约发展模式，有效地保护了城市环境。创新城市综合管理机制，以建立经常性和长效化管理制度为核心，以城市环境综合治理为基础，以制度化督查考评为手段，创新工作方法，形成新的城市管理机制，从依靠短期突击整治转变到坚持制度化管理，对城市管理存在的突出问题，实现了标本兼治。创新城市建设管理手段，全面推进建设领域的信息化建设，逐步建立完善城市规划、建设、市政、城市综合管理各种信息化数字管理平台，整合和合理开发利用各种信息资源，在城市建设管理中逐步实现信息资源共享，快速、准确地相互沟通交流信息，从根本上提高了城市建设管理工作的整体效能和水平。

（六）坚持巩固和发展先进性教育成果去建设管理城市。将加强党的建设，充分发挥各级党组织的作用，作为全面完成城建工作任务的一项重要保证措施，认真抓好中心组学习，健全党内监督制度，落实先进性教育整改措施，开展“三个走在前面”活动，健全基层党组织，进一步加强各级党组织和党员队伍建设，增强各级党组织的凝聚力和战斗力，提高了党组织领导城市建设和管理工作的能力和水平。各级领导班子讲政治、顾大局，廉洁高效、团结务实；党员干部在城市建设管理中充分发挥先锋模范带头作用。坚持党管干部、党管人才原则，从建立和完善干部人才工作机制入手，营造人才健康成长和发挥作用的优良环境，大胆使用各种优秀人才，建设了一支政治坚定、作风优良、技术精湛、敢打硬仗和善打胜仗的城市建设管理队伍。狠抓党风廉政建设，坚持将反腐败工作贯穿于城市建设管理工作的全过程，按照责任制抓好各项管理和监督制度的落实，重点治理建筑市场商业贿赂，确保了各级领导和建设队伍的清正廉洁，营造了高效推进城市建设管理工作的良好环境。

三、2007年城市建设管理工作的主要任务

当前，广州现代化大都市建设进入了关键时期，城市建设管理面临很多机遇和挑战。我们要认真贯彻落实中共广州市第九次代表大会精神，认清形势，抓住机遇，围绕着力提升城市综合竞争力、着力提升城乡居民生活水平和生活质量、着力提升城市可持续发展能力、着力提升城市发展国际化水平四个战略性着力点，按照市委、市政府的部署，为实现城市建设管理“到2010年一大变”和举办亚运会，全面推进城市建设管理各项工作。2007年我市城建工作的总体要求是：坚持以科学发展观统领城市建设管理工作全局，围绕富民强市和构建和谐社会的发展目标，进一步构建空间布局合理，基础设施完善，生态环境良好的现代化大都市新格局。积极实施民心工程，以道路交通和环境治理为重点，又好又快地协调推进城市建设和管理，营造绿色生态的宜居城市环境，增强区域中心城市的辐射带动力。创新管理机制和管理模式，强化城市综合管理和建设行业管理，努力提高公共管理和服务水平，推动广州城市建设和管理再上新台阶。

（一）编制完善城市规划。

坚持规划先行，充分发挥规划的龙头作用。进一步完善城市规划委员会制度，按照城市总体规划和土地利用总体规划，抓住城市化快速发展和经济高速增长的机遇，开展城市规划研究，完善城市总体发展战略规划，深入实施“南拓、北优、东进、西联、中调”的城市空间发展战

略，科学划分调整优化区域、重点开发区域、适度开发区域和严格控制区域，促进城市建设可持续发展。加快构建完善由中心主城区，南沙副城区、萝岗副城区、花都副城区以及荔城、街口组团构成的“一主三副两组团”的城市空间结构。按照“中调”战略调整优化老城区，朝着中心城区产业结构更优、人居环境更好、公共服务更佳、城市管理更强的目标，“调优、调高、调强、调活”，疏解人口和交通，完善配套设施，改造危破房，挖掘整理历史文化资源，提高城市文化品位，实现城市资源的合理配置和高效利用。展开新一轮总体规划的编制工作，滚动编制广州市近期建设规划，完善分区规划及控规导则。进一步开展重点地区控制性详细规划及修建性规划的编制工作。推进交通及市政设施建设规划，制定完成综合交通发展纲要，编制综合交通规划和近期交通建设规划。继续完善亚运会场馆交通设施规划；编制珠三角铁路枢纽总体布局及广佛都市圈路网衔接规划。继续编制完善中心镇及重点中心村规划。抓好重大规划建设项目设计咨询和招标工作，进一步提高规划设计水平。

（二）加强土地资源利用管理。

按照建设资源节约型和环境友好型社会的要求，全力推进土地利用规划修编工作，力争年内完成广州市及各级土地利用总体规划修编大纲的编制工作。严格按照国务院的要求，实施广州市住房建设规划，按照节约、集约、高效利用土地资源的原则，重点保障中小户型、中低价位普通商品住房和政府保障型住房的用地供应。继续完善农用土地开发复垦管理制度，做好耕地特别是基本农田保护工作。依法做好建设用地供应工作，保障经济发展，切实抓好重点建设项目用地审批工作的落实。深入开展土地储备和前期研究工作，加大番禺、花都、白云等郊区周边的用地供应，做好大型储备地块的立项和开发工作。继续清理闲置土地和已前置审批的土地，增强市场调控能力。继续加大土地执法的力度，严格依法查处违法用地问题。进一步做好采石采泥场的整治复绿工作，改善生态环境。

（三）加快构建城市基础设施体系。

2007年我市市本级城市建设计划投资239.76亿元，重点推进区域性交通枢纽设施、城市轨道交通、城市道路交通主骨架、生态环境工程建设。加快构建城市轨道网、道路网、水网和绿网，大力实施民心工程。主要完成以下任务：

推进对外交通枢纽建设。完善陆海空对外交通枢纽以及公路客货运主枢纽体系。按计划完成新白云国际机场二期工程和联邦快递亚太转运中心，逐步把白云国际机场建设成为亚太地区综合性航空中枢。完成广州港南沙港区二期工程和沙仔岛多用码头工程，以及广州港出海航道浚深工程，进一步完善主枢纽港的功能。基本完成新铁路客运站及武广客运专线广州段等重要工程的建设；积极推进城际轨道交通建设，加快广佛线、穗深港客运专线广州段的建设，为珠江三角洲和华南地区人流、物流的快速集散提供高效的交通平台，增强广州的中心城市辐射、带动功能。

推进城市轨道交通建设。加快推进地铁3号线北延线，4号线黄阁至金洲、万胜围至黄村段，5号线，6号线，2、8号延长线，珠江新城旅客自动输送系统及广佛线建设。加快地铁站服务设施配套建设，重点完善换乘设施和交通接驳服务系统，为市民提供大容量的快速轨道公共交通，并实现各种交通工具的快捷换乘。

推进城市道路交通建设。加快推进市域高快速道路和中心城区交通主骨架的建设，重点推进京珠高速广州段、广明高速、广河高速、平南高速、沙湾干线、汉溪大道、猎德大桥系统、云溪路、洲头咀隧道系统、生物岛隧道等在建的重点道路交通工程建设；新开工建设康王路下穿流花湖隧道、护林路三期、东沙大道、车陂路南延线、黄埔大道支线、白云一线延长线、革新路改造、龙溪路改造、芳村大道改造等重要道路交通工程；完成华南路三期、联邦快递配套市政路、广汕路延长线、滨江路延长线二期、机场东西路系统、迎宾路延长线二期、珠吉路延长线、凫洲大桥、龙穴大道、金沙路北延线、蒲洲大道等重要道路工程的建设，进一步完善交通路网。推进中心城区交通路网改造，逐步理顺过境交通，提高路网的交通容量。

综合整治城市交通。系统解决中心城区交通阻塞问题，打通交通节点，优化交通组织，改善城市交通微循环系统，完善智能交通管理系统，实施动态管理，提高道路通行能力。年内重点改造广州大道系统、大金钟路、笔村立交等19个主要交通节点。完善智能化交通管理系统和道路交通标志，完善高等级路网、轨道交通和公共交通等各种交通方式的有机衔接，建设滘口、西朗、长隆等一批大型综合换乘枢纽，实现高效转换，进一步提升城市交通现代化管理水平。在东风路、环市路、中山路、解放路、沿江路等23条交通主干道设置新型行人标识系统。

发展城市公用事业。按照“公交优先”的原则，确定快速公交发展战略和快速公交系统模式，修编城市公交线网规划，设置快速公交通道，全力推进大容量快速公交建设。力争年内试行将中山大道改造成为BRT快速公交线路，以东风路、黄埔大道、环市路、机场路和解放路等交通主干道为骨架，逐步构建快速公交线网。加快推进员村、中山路立交、天河客运站等一批公交站场及港湾式停靠站建设。加强出租汽车行业管理，优化运营环境。抓好地铁运营，努力使广州的道路快速公交和城市轨道交通成为最现代化、人性化，最舒适的公共交通工具。以保障供水安全、全面提高供水质量为重点，全面推进饮用净水工程，扩大净水供应范围，加快供水技术改造步伐，推进供水事业发展；以发展天然气为重点加快发展燃气事业，全力推进天然气利用二期工程。继续抓好电力基础设施建设，进一步完善城区变电站和输电线网等城市电力基础设施。

加快人防工程建设。坚持人防建设与城市地下空间开发利用相结合的原则，积极发挥人防事业对提高城市地下空间综合开发效益、改善城市环境的重要作用，加快推进珠江新城等大型地下空间综合利用开发，完成体育西路、江南西路等人防工程建设，进一步提高城市综合防护能力。

推进亚运会工程建设。按照亚运会规划建设纲要，高标准、高质量完成交通基础设施、城市服务设施和生态环境系统等配套设施建设，完善亚运会场馆与亚运村的道路交通和转换系统。全面启动亚运村和新场馆工程项目建设；抓好现有场馆的改造和周边配套设施的完善。努力为2010年的亚运会提供完善的比赛场馆和优质城市服务设施。

全力推进新城区建设。加快完善南沙地区的道路交通、生活服务和环保设施体系，完成壳牌、中船和龙穴岛物流基地等重点项目的基础设施配套建设；展开凤凰大桥、蕉门大桥等重要工程建设的前期工作。加快推进广州科学城综合研发孵化区和生物岛的建设，完善区内基础设施及外部交通的衔接。加快推进珠江新城的建设，展开临江大道东延线、猎德大桥系统等重要市政交通设施的建设，完善区内交通路网。全力推进新中轴线城市广场和地下空间开发利用项目建设，启动海心沙市民广场的建设，加快建设核心区包括超高层西塔大厦、新电视观光塔、新电视中心等重点项目。统筹协调核心区内39个重点项目的实施，以一流的交通组织，先进的集中供冷、垃圾收运、节能技术和智能化管理服务系统，结合生态休闲景观，打造广州新的城市名片。加快白云国际会议中心服务配套工程和市政基础设施建设，统筹规划白云新城公共设施和周边"城中村"改造，全力推进白云新城的开发建设。按计划高标准推进大学城二期、琶洲、金沙洲、广州新城、从化新温泉、新机场和新火车客运站周边地区等新城区的开发建设。

保护历史文化遗产。加强对旧城区历史文化资源的整理和利用，妥善保护和利用荔湾区西关大屋、东山新河浦洋房、沙面欧陆风情建筑等历史建筑群；保护北京路等历史文化街区和旧城市中轴线的文化古迹、历史地貌、历史建筑。重点推进万木草堂、大佛寺、陈家祠、太古仓、大板仓、孙中山大元帅府、南越王墓、南越王宫署等历史文化古迹的周边环境整治和配套设施建设。按照修旧如旧的原则，精心修复历史文物古建筑，保持历史建筑原貌，注入文化元素，提升旧城区建设和改造的文化品位。

（四）协调推进村镇建设。

按照城乡协调发展的要求，统筹安排农村地区的基础设施建设，加快完善农村地区的供电、供水、供气等基础设施，加快公共交通网和信息网向农村地区的延伸，逐步将中心镇建设成为设施完善、管理高效、环境优美、经济繁荣、适宜创业发展和生活居住的现代化新型城区。

推进中心镇建设。按照"卫星城"的标准，分层次、有重点地推进17个中心镇的建设，抓住中心城区功能重组，产业布局调整，基础设施建设加快的良好机遇，加快完善中心镇的基础设施。优先安排一批中心镇重点建设项目，积极引导各种资金参与中心镇的基础设施建设。

推进新农村建设。按照社会主义新农村建设的要求，进一步完善"五通"工程，立足现有条件，以完善新农村规划和旧村整治规划为突破口，组织和引导农民因地制宜抓好村镇环境的综合整治，绿化美化农村，建设生态文明新农村。进一步强化对村镇项目建设和农民建房的引导和管理。积极做好村镇建设指导和服务，切实解决农民建房报建难问题。

推进"城中村"改造。坚持从实际出发，采用市政基础设施建设带动、整体搬迁改造、周转地块启动改造和滚动开发改造等多种模式，稳步推进"城中村"改造。加快编制完善中心城区33条"城中村"的改造规划方案，结合河涌综合治理，重点推进康乐村、杨箕村等"城中村"的改造；在继续推进"城中村"改造试点的基础上，集中力量，全面启动珠江新城猎德、谭村、冼村3条"城中村"的改造，并逐步对中心城区具备条件的其它"城中村"实施改造。进一步完善"城中村"的消防、环卫等基础设施，打通46条重点整治"城中村"的消防通道。全面整治"城中村"的治安和环境卫生，以消防和治安为重点，切实解决消防安全隐患、违法建设等问题，按照城市管理的要求规范"城中村"的管理。

（五）积极实施"中调"战略。

综合改造旧城区。结合新城区建设调整旧城区的产业布局，继续实施"退二进三"策略，加快对内环路以内大型企业和大型交通站场的搬迁改造。坚持由政府主导，充分利用各种资源，采取成片改造与零散改造相结合的办法，按计划稳步推进旧城区的成片改造和危破房改造。积极引导业主通过法律和市场等途径，加快处理"烂尾地"、"烂尾楼"。依法落实拆迁补偿，妥善安置好被拆迁户。综合整治社区环境，开展创建环境达标示范小区工作，对旧城区目前尚需综合整治的400多个社区逐步完成整治，清违复绿，完善公共服务设施，构建和谐社区环境。全面启动越秀区新河浦社区、东濠涌地块，荔湾区多宝路、恩宁路地块，海珠区南华西地块的成片综合改造。同时结合河涌整治，对河涌两岸周边的危破房和城市环境进行全面改造和整治。

完善市政和电力基础设施。结合城市水利防洪设施建设，加强对市政排水设施的维护和改造，及时解决部分地区"水浸街"问题，重点实施天河立交桥等15个"水浸街"问题比较突出的排水改造项目。改造地下管网和地面"三线"，改造排水设施，逐步实现雨污分流，取消化粪池。加快推进社会停车场建设，完善机动车辆停车设施体系。按照人性化要求，进一步完善人行道、人行天桥和过街隧道等人行过街设施。进一步完善公共消防设施，配套消防站、消防栓，确保人民群众的生命财产安全。继续实施光亮工程，对旧城区的路灯设施进行改造，扩大路灯覆盖范围，提高照明亮度。计划投入25.4亿元，建设石井、昌岗等5座220KV变电站，骏景、猎德等17座110KV变电站，进一步完善电网，满足用电增长需求。

积极实施民心工程。完善住房保障体系，抓好新社区、经济适用房、廉租房建设，切实解决低收入家庭的住房问题。力争2007年建设262万平方米政府保障型住房，全部解决人均居住面积10平方米以下的5643户双特困户住房问题，逐步解决被拆迁户和中低收入家庭的住房问题。坚持对城市规划和重大项目建设实行公示制度，广泛听取市民对道路、环卫、消防、电力等基础设施建设的选址意见，以人为本编制规划，优化设计方案，减少城市建设过程对城市环境和市民生活的影响。认真做好征地拆迁补偿和安置工作，做到依法拆迁、文明拆迁，切实保护被拆迁户的合法权益，维护社会稳定。编制完善重大特大事故应急预案，及时处置危及人民群众生命财产安全的重大事件。进一步改革公共事业管理体制，提高公共服务水平。

（六）全力推进生态环境建设。

继续实施"青山绿地、蓝天碧水"工程，全面开展治理污水、整治河涌、引水挖湖、保护水源、治理固体废物污染、治理工地扬尘、环卫保洁、控制噪声等城市环境综合治理"十大行动"。加快城市园林绿化建设，完善"绿网"，构建绿地生态体系；综合治理水环境，改善"水网"，恢复城乡水自然生态；加强污染控制和环境保护；努力构建多层次、多功能、立体化、网络式的生态结构体系，努力保持人与自然的和谐。

推进城市绿化工程。按照"一环、两带、三网、四片、五组团、六新城"的建设思路，重点抓好环城高速公路，新城市中轴带、城市发展带，水网、路网、社区网，中心片区、北片区、东片区、南片区，新机场组团、新火车站组团、奥体新城组团、金沙洲组团、花地湾组团，珠江新城、白云新城、大学城、广州科学城、广州新城、南沙新城的绿化建设。抓好白云山、帽峰山、海珠区万亩果园的建设和保护。全面完成采石、采泥场和闲置工地的整治复绿。完成新光大桥桥头公园、琶洲塔公园、东山大街绿化广场、海珠区珠江滨水绿化景观、花地河沿岸绿化景观带、二沙岛中心公园、赤岗塔公园、龙洞公园、增槎公园、辛亥革命纪念公园等重要绿化工程。

推进水系治理工程。按计划推进城市生活污水处理基础设施建设，全面推进猎德、沥滘、西朗、大沙地、江高和石井、龙归、竹料、九佛等污水处理系统的建设，完善四大污水分区管网系统。综合治理市内河涌，按照"河涌截污、堤岸建设、清淤补水、市政配套、绿化美化"五结合的要求，加快对市内河涌的整治，重点推进沙河涌、猎德涌、黄埔涌、乌涌、车陂涌、花地河、大沙河等10条主要河涌的综合治理。加快推进西航道引水补水工程和白云湖工程建设，从北江引水、蓄水给下游河涌补水，确保中心城区河涌水满、水动、水清、岸绿，改善水生态环境。

推进环卫基础设施建设。动工建设李坑第二生活垃圾焚烧发电厂，抓好餐厨垃圾资源化处理厂、兴丰生活垃圾填埋二场、第三生活垃圾焚烧发电厂和建筑垃圾处置场等环卫基础设施建设的前期工作。推进李坑生活垃圾综合处理厂、金沙洲真空管道垃圾收运系统、垃圾压缩站等环卫设施建设。全面启动珠江新城、白云新城等新城区配套的垃圾收运和公厕等环卫设施建设。

积极保护生态环境资源。以提高能源利用为核心，将节能、节水、节地、节材，能源资源综合利用和发展循环经济摆到城市建设的突出位置，贯穿于城市建设全过程，大力发展绿色建筑事业，重点抓好建设用地的集约节约利用，实现城市建设与人口、资源、环境的和谐协调发展。采取有力措施降低生产能耗指标，控制主要污染物排放总量。推广使用新墙材和太阳能、风能、热能等能源，合理利用资源，保护生态环境。以大型公共建筑为重点，全力抓好既有建筑的节能改造；对新建项目全面实施建筑节能设计标准。积极推广太阳能节能路灯建设和路灯节能改造。

（七）加强城市综合管理。

以营造“两个适宜”的城市环境为目标，按照“城市管理活动年”总体要求，结合开展创建国家卫生城市和全国文明城市活动，进一步推进城市管理向纵深发展，重点抓好交通和市容综合整治，巩固“创模”成果，提高城市环境质量。

进一步健全城市管理长效机制。落实“属地管理、守土有责、重心下移”原则，有效整合城市管理资源，探索符合广州实际的城市管理模式和管理机制，完善整治“六乱”现象的联动机制。大力推进城市管理制度化、规范化、长效化。推进城管信息系统的建设，提高城管信息化水平；健全城市管理综合协调、督办、检查考评等制度；推动城市管理立法，完善城市管理法规规章；加强城市管理队伍建设，强化综合执法；健全城市管理指挥调度机制，充分发挥12319投诉服务中心的作用，建立健全市政园林、环卫保洁和整治“六乱”三支专业队伍，及时抢险和处理脏乱差问题，提高城市综合管理效能。运用电子眼监控、GPS全球卫星定位系统、城管互联网站和个人手持PDI系统组成的“四位一体”现代化管理指挥系统，全面提高城市管理及综合执法效能。

深入开展城市环境综合整治。结合“创卫”，加强对违法建设行为的监控和处理，年内计划清拆违法建设120万平方米，并遏制新的违法建设行为。深入整治“六乱”，改革管理和执法方式，各个部门形成工作合力，建管并重、管理执法并举，全力整治交通主干道、重点地区、内街内巷、“城中村”、城乡结合部和农村地区的“六乱”现象，重点整治城市快捷路、华南快速路、新光快速路、广深高速公路沿线的环境，改善市容景观。继续推进旧城社区环境综合治理，全面整治新河浦、丛桂、芳草围、黄船等159个旧城社区的环境，创建文明新社区。运用“一年一小变、三年一中变”的成功经验，整治和美化重点地区、重点路段的建构筑物，规范工商广告招牌设置，稳步推进户外商业广告位置使用权拍卖工作。

加强对市政设施维护和市容环卫管理。强化过街隧道、人行天桥、路灯、路面沙井盖等市政公用设施和园林绿地的管理维护，使之长期保持完好状态。配合“城中村”改造，逐步将“城中村”的市政设施的配套建设和管理纳入市政维护管理范围。加强对环卫工作的分类指导，努力使中心城区、主次干道、重点地区、道路节点周边环境长期处于整洁有序的达标状态；加快推进垃圾分类收集工作，突出抓好“城中村”、内街内巷和城乡结合部的环卫管理，加强珠江和河涌水面保洁，通过创新管理，逐步将市政设施维护、园林绿化管养、环卫保洁和治安秩序等打包，实行市场化服务管理，进一步提高市政设施维护和环卫保洁水平。

（八）强化建设行业管理。

加强建筑行业管理。将质量安全管理摆到建筑行业管理的首位，建立健全质量安全长效监管机制和工作责任制，坚持对建筑行业的质量安全实行动态管理，提高市政工程、房屋工程、大型公共建筑的整体质量水平。用铁的手腕加强城市建设安全生产监管，对建筑工人全面实行“平安”卡管理，加强对一线建筑工人的劳动技能和安全知识培训，继续抓好深基坑、起重设备、高支模、建筑机械等专项治理，及时消除安全隐患，杜绝群死群伤等重大安全事故的发生，确保施工安全，力争实现工程施工群死群伤零事故目标。强化工地文明施工管理，重点解决泥头车违规运输、余泥渣土撒漏、夜间施工噪声扰民和工地扬尘污染环境等问题。强化有形建筑市场管理，进一步规范招投标行为，遏制围标串标现象，营造公开、公平、公正的有形建筑市场秩序。

创新建设科技和加强勘察设计行业管理。组织开展一批重大建设科技项目研究。在交通工程、大型建筑、环境工程、地下空间开发、建筑节能、建筑文化、城市绿化、水资源利用和保护、“数字城建”等方面，广泛应用新技术。推动勘察设计创优，创造更多的勘察设计精品。加强设计市场管理，进一步规范勘察设计招投标行为。抓好施工图设计文件审查，确保建筑设计质量。

加强房地产开发建设管理。按照国家的宏观调控政策，完善住房供应体系，以调整供应结构为重点，合理调整房地产用地的出让供给，加大中低价位、中小型普通住宅建设的土地供应量，对部分新社区住宅用地实行“限套型、限房价、限销售对象”政策，平抑楼价。进一步清理闲置土地，盘活存量土地。继续整顿和规范房地产市场秩序，完善土地使用权一、二级市场管理法规和房地产信息披露制度，强化房地产开发过程和销售市场的监管，建立房地产预警系统，确保房地产业的持续稳定发展。

（九）加强和改善党的领导。

围绕全面完成城市建设管理工作任务，加强各级党组织和党员队伍的思想政治建设，增强党组织在城市建设管理工作中的核心领导作用和战斗堡垒作用。创新党建工作的方式方法，进一步增强各级党组织的活力，充分发挥党员干部队伍在城市建设管理中的先锋模范作用。充分认识党员干部作风建设的极端重要性，将党员干部作风建设摆到更加突出的位置，进一步加强党风廉政建设，按照责任制抓好党风廉政建设和反腐败工作的落实。深入治理建设领域商业贿赂，完善各项管理制度，堵塞监管漏洞，增强反腐倡廉效能。进一步加强城市建设人才队伍建设，优化人才队伍结构，提高城市建设人才队伍整体素质。

同志们，新一年城市建设的序幕已经拉开，我们一定要以新的精神面貌和工作姿态，按照市委、市政府的部署和要求，全面落实科学发展观，团结协作，全力以赴，积极作为，以新的城市建设和管理业绩，为富民强市、构建和谐广州，建设现代化大都市作出新的贡献！

广州市建设工委书记、市建委主任简文豪在市建筑工地农民工业余学校创建工作会议上的讲话

（2007年7月19日）

根据省、市领导对我市农民工业余学校创建工作的指示精神，今天由市建委召开有各区建设局、各施工企业、各开发企业、各培训学校等参加的建筑工地农民工业余学校创建工作会议，这是继12日揭牌仪式和观摩会以后的又一次重要会议，相信通过这次会议，全面铺开农民工学校的创建工作将会提高到一个新的水平。在我讲话之前，首先对各区、各企业、各单位对这项工作的大力支持、重视表示衷心的感谢！现在我讲两点意见。

一、进一步提高对创建农民工学校的重要意义的认识

我主要讲三点意义：

（一）创建农民工学校是建设和谐行业、和谐社会的需要。

创建农民工业余学校，是建筑业贯彻落实党中央、国务院关于构建和谐社会和解决农民工问题的大政方针的一项重要举措。我市有建筑业农民工40多万人，这个特殊的群体为我市城市建设做出了杰出的贡献，怎样解决他们最关心、最直接、最现实的问题，使他们在为广州城市建设做出贡献的同时，共享我市改革开放的成果，是建筑业构建和谐社会不能忽视的大问题，也是我市创建文明城市过程中必须要解决的一个大问题。通过三个月试点阶段的实践，我们认为，要解决这个问题，首先就必须要建立一个为农民工服务的平台，使党和政府关爱农民工的方针政策通过这个平台向农民工宣传，使教育、文化、卫生、社会保障、权益保护、安全生产等各项社会管理和服务通过这个平台落实到每一位农民工的身上。建筑工地农民工业余学校就是在新形势下提高农民工素质，维护农民工合法权益，促进农民工共同参与构建和谐社会、创建文明城市的有效途径。

（二）创建农民工业余学校，是坚持以人为本，关注安全，关爱生命的具体体现

创建农民工业余学校，归根结底就是为了满足农民工在物质、文化、政治和维权等各方面的需求，使农民工的各种利益和需求得到充分的满足。试点时，我们通过农民工业余学校这个平台，组织他们参加文化学习，广泛开展积极、健康的业余文化活动，丰富他们的文化生活。教给他们维权的知识、教给他们安全生产的知识，使他们学会了如何保护自己，同时，开展了党团工会等各项活动，使他们对我们这座城市有了归属感，认同了我们这座城市。因此，创建农民工业余学校，是体现以人为本、关爱生命的很好措施。

（三）创建建筑工地农民工业余学校是提高建设队伍职工素质、促进建筑业又好又快发展的重要措施。

农民工学校的主干课程是技能培训、安全教育、卫生知识、爱滋病防治知识、文明礼仪教育等课程，这些课程的开设，有利于建设一支较好素质的农民工队伍，有利于促进建筑工地综合治理和现场管理，有利于提高建设工程质量、安全生产和文明施工水平。我们一定要建设好农民工学校这个平台，利用好这个平台，来保证建筑工程质量和安全，保证建筑业又好又快发展。

二、总结前段工作经验、采取更加有力的措施，更扎实地全面铺开创建工作

这几个月的试点阶段的特点是：各级领导重视，各部门通力合作；不断创新工作方法，改进工作内容，亮点不断出现；在各级宣传阵地上的宣传也十分到位；在经费上采取群策群力的办法，调动了各方积极性，充分利用了社会资金。

在各级领导的关怀和重视下，农民工学校创建工作目前已经有了一个良好的开端。我们要善于总结经验，要善于采取有效措施，要突出一个“实”字。为更好地做好下一阶段的工作，我讲

四条措施：

（一）合理安排培训内容，使农民工学校培训收到实实在在的成效。

苏市长在揭牌仪式上指出：农民工学校的主干课程是技能培训，安全教育，他在一份报告上批示：要通过农民工学校这个平台，使安全生产和建筑质量有一个提高。我们要坚决执行领导的指示，不折不扣地做好工作。同时，我们也要遵循“提高素质、服务工程、结合实际、务求实效”的原则。综合性地开展各项培训工作，在当前要开展创建国家卫生城市的宣传培训，要根据部里的部署，开展爱滋病防治的培训，继续开展维权知识培训、文明礼仪知识培训，在培训过程中，要注意因材施教，注

重实效。要在前段时间培训800名师资的基础上，继续加大师资培训的力度。各区、各部门也要仿照市的做法，培训好自己的师资队伍，以这些师资为骨干去带动农民工学校的扎实开展。

（二）组织力量编写教材，建章立制，既全面又扎实地使农民工学校的的数量和质量有一个新的提高。

目前，农民工学校的教材已经有了一个基础，我们编写的技能培训八大工种的教材很切合实际，部里面已经以我们这套教材为蓝本推荐给其它城市参考，这可以继续使用。安全培训已经出版了一本图文并茂的读本，并配有光碟，也可继续使用。目前最要紧的是编写一套朗朗上口，类似三字经一样的读本，使农民工兄弟能够学得进，用得着，起到实实在在的作用。我设想这套教材可以分成一个系列来安排。第一本的内容是如何做好一个好民工。把各种常识性的东西用简明扼要的语言教会民工，特别是安全、质量、技能等方面的知识；第二本内容是如何做一个好市民，包括如何遵守交通规则，遵守城市市民守则，融入城市文明生活。第三本内容是如何做一个好公民，包括了"爱国、守法、诚信、明礼"的公民道德意识。我想，这应该成为我市农民工学校的一个新亮点。

在试点阶段，我们探性地建立了各项制度，特别是我们出台了一套《农民工学校办学指南》，这套指南很好，现在部里面已要求我们做好完善之后，提供给部里做为其它地方的参考范本，这对我们既是鼓励，又是压力，各相关部门一定要创造更好的经验，完善好制度。更重要的是，我们本身要按照这套指南抓好落实，不能含糊。

目前，最重要的工作是按照9个部门会签出来的文件，该建立学校的抓紧建立，该挂牌的挂牌，各区、各单位可仿照市的做法，搞一个挂牌仪式，请各级领导参加，创造一个良好的氛围。在这里，我特别要表扬的是从化市，他们克服各种困难，12日上午与市里同步搞了一个挂牌仪式，形成了一种相互呼应的良好格局。各单位挂牌仪式后，全面铺开此项工作。市里在适当时候组织交叉检查。

（三）在扎实开展工作的基础上，不断创造亮点，办出我市自己的特色，办出各区自己的特色，办出各企业自己的特色

农民工学校的生命力，一方面在于扎实工作，另一方面又要不断创造出自己的特色，才能常创常新。前段时间，建总创造了自己的模式，荔湾区模索了在工程报建阶段如何通过业主创建学校的模式，他们还选定了两个大工地，引入社会力量，准备建设两所新的农民工学校，综合性地解决农民工住宿、学习、工作的矛盾关系。希望荔湾区建设局抓紧实施，为其它区做样子。同时，该区还准备建立荔湾区在建工地农民工联合工会，各大工地建立分会，通过这些措施来确保农民工权益，这很好。天河区有关部门在珠江新城工地广州歌剧院等6个工地的农民工学校，通过上劳动权益课之后，集体签订劳动合同。番禺区已经装修好了一所有几层楼的区的农民工学校总校，近日挂牌工作，这些都是亮点，说实在的，这些亮点在全国都是叫得响的。我希望通过今天这次会议后，各区、各企业好好地思考一下，创造自己的特点来。

（四）齐抓共管、通力合作，采取措施，不断开创新局面

一是建委各处首先要形成合力。宣教育处作为主办处，要指导好面上工作，不断提出新思路，狠抓落实。做好与部及上级单位的联络工作，及时解决存在问题。城建党校作为农民工业余学校管理办公室，要负责起日常工作，积极地配合宣教处的工作。建筑业管理处和安检站要协助做创建工作和检查，要按照苏市长讲的"通过建立激励和监督措施，将农民工业余学校的工作作为企业升级、优质工程评选、文明单位评比达标，安全生产考评的参考指标进一步推进广州市建筑工地农民工业余学校创建工作的深入开展。"，办公室和资金计划处要积极做好后勤服务，争取经费支持。其它处室也要积极为创建工作贡献力量。

二是各区建设局要主动开展工作，主动与区的其它8个部门联系，做出方案，成立机构。加强辖区内农民工学校创建工作的指导和落实工作。主动与区领导汇报工作，争取支持，共同把这项工作落到实处。

三是希望各建筑施工总承包企业和在建工地，包括今天特地请来的中央、部属企业、特别是市政工程项目要加大对创建农民工业余学校工作的力度，在教学场地、设施、师资、教材等方面提供保证，并实实在在、一丝不苟地开展教学活动，加强用工管理，将农民工学校的工作落到实处。要切实中按照文件的要求发挥主体作用。市里面也将重点检查这方面的工作。

四是各开发企业也要主动、积极地支持创建工作，今天的开发企业，是我特地请来的，希望你们对照市里面的文件，做出一个业主如何督促支持中标企业建立农民工学校方案后狠抓落实，开发处和宣教处也将督办各开发企业落实好各项措施。

五是要加强宣传工作和资料的积累工作。各单位、各部门在创建的同时，要注意做好宣传工作，主动与新闻单位、《穗府信息》、《每天快报》取得联系，取得他们的支持，共同创造一个良好的工作氛围，我想，今后各单位宣传报道的成绩也纳入检查考核的范围。农民工学校创建简报也要继续办好。同时，各单位在创建过程中的图片、经验材料要注意收集整理、汇编。

要特别注意的是，各单位要注意在全面铺开的基础上，抓紧培育一至两个有特色的民工学校，以供各单位交流学习提高提供典型示范，促进各项工作上水平！

同志们：创建农民工学校是时代的要求，是一项为农民工办实事的重要措施。让我们共同来关爱这个群体、善待这个群体。为做好农民工业余学校的工作、为提高广大农民工朋友的素质贡献我们的一份力量！

进一步解放思想 大力发展绿色建筑 推动我市建设事业新一轮大发展

——在全局系统年终总结大会上的讲话

深圳市建设局局长 李荣强

（2008年1月25日）

同志们：

这次会议的主题是，贯彻落实省委十届二次全会、市委四届八次全会以及市政府四届七次全体（扩大）会议精神，总结2007年工作，全面部署2008年工作。

一、2007年工作回顾

2007年是我局的“质量安全年”，也是推进“建设支柱产业、打造建筑之都”的关键一年。一年来，在市委、市政府的正确领导下，在省建设厅的有力指导下，我局按照建设“和谐深圳效益深圳和国际化城市、国家创新型城市”的战略部署，全面贯彻落实科学发展观，以质量安全为主线，求真务实，开拓创新，“建柱造都”和八大工程顺利推进，十件大事和129项重点工作基本完成，建筑业、燃气业、建设科技、建筑节能和预拌混凝土等5个“十一五”发展规划已发布实施，我局的职能作用和优势进一步得到发挥，工程质量安全形势明显好转，节能减排工作继续领先全国，建筑市场竞争逐步趋于理性，建筑业总产值稳步提升，干部队伍精神面貌焕然一新。全年建筑业总产值776.49亿元，比去年同期增长8.96%（增加值174.69亿元，比去年同期增长7.23%）；建筑施工面积6578.47万平方米，比去年同期增长27.4%，其中本年新开工面积2413.62万平方米，竣工面积1450.66万平方米；全员人均劳动生产率17.76万元。

（一）狠抓工程质量安全，打造平安精品工程。

2007年，我局按照“质量安全年”实施方案的要求，重拳出击，严抓严管，狠抓狠管，工程质量安全处于严控状态。2项工程获国家鲁班奖，3项工程获国家优质工程奖，16项工程获省优良样板工程，10项工程获金牛奖，42项工程获市优质工程奖，25项工程通过了省安全与文明施工“双优”样板工地检查，63项工程获得了市安全与文明施工“双优”样板工程称号。

工程质量安全监管力度进一步增强。一是组织开展全市季度结构工程检查和其它专项质量检查活动，实施商品住宅建筑逐套检验制度，开展住宅质量通病整治工作。全市结构工程合格率达到100%，政府工程竣工验收一次通过率达到100%，质量投诉下降14%。二是加强检测工作，检测中心全年完成建筑材料检验11.4万组，基桩检测2.3万根，工程结构检测258项，工程质量鉴定（含司法鉴定）205项，完成监督抽检6384样次，同比增长近一倍，并对全市26家检测机构进行了专项检查。三是与各区建设局、市安监站签订安全生产责任状，深入开展安全生产大检查和各类专项检查活动，对重点工程、地下工程、低价中标工程，以及其他危险性较大的工程，实施重点监督。全年共发生伤亡事故11宗，死亡14人，事故宗数下降35.2%，人数下降22.2%，控制在省建设厅和市安委会下达的指标之内。四是开展全市范围的建筑工地文明施工大检查，共检查建筑工地799项，发出14份停工通知书，64份整改通知书。五是加大处罚力度，公布施工安全检查结果排序，按照《深圳市建筑市场严重违法行为特别处理规定》，对发生质量安全事故，或存在重大质量安全隐患拒不整改的企业，依法给予停止承接工程的处罚。在碧水龙庭二期工程“11•3”事故中，对涉嫌犯罪的5名嫌疑人，移交司法机关依法处理。

工程质量安全管理体系进一步完善。完成《既有大型公共建筑质量安全管理办法》、《房屋鉴定管理办法》送审稿，探索建立全过程全寿命周期的质量安全管理体系。建设工程质量评价体系初步建立，并推进了项目、企业、行业三个层次的建筑安全评价体系建设。3项工程被评为安全质量标准化示范工程。发布《深圳市建设工程应急预案》等三个应急预案，并开展了应急演练。

工程质量安全管理理念进一步提升。成功举办第二届中国建设工程质量论坛，得到了建设部的高度评价，并决定今后将论坛固定在深圳举办。深入学习岭澳核电项目质量安全管理先进经验，并向全市建设行业大力推广。召开全市振兴建设工程质量暨优质工程表彰大会，制定发布《关于进一步解放思想全面提升建设工程质量水平的指导意见》，提出了提高质量水平的40条创新意见。

（二）推进重大项目建设，创新项目管理模式。

积极推进重大项目建设管理。开展轨道交通5号线BT建设模式调研，得到市领导和有关部门的充分肯定；开展政府工程项目管理模式研究，探索代建制、BOT等多种项目建设管理模式；继续探索重大项目审批制度改革，提出了减少审批环节、缩短审批时限、优化审批流程等建设性意见；开展大运会场馆和BRT项目建设调研，所提意义和建议被市政府采纳。积极参与轨道交通初步设计审查等前期工作，充分发挥了建设主管部门的职能作用和优势。

顺利开展地铁5号线BT模式建设。市政府成立了地铁5号线建设管理领导小组，并将管理办公室设在我局。5号办成立以来，开展了5号线发包方式研究，积极主导了BT模式建设合同的谈判进程，参与了初步设计审查工作，制定了《5号线建设管理办法》，基本完成了地铁5号线BT模式建设的承发包与合同谈判工作。积极探索设计施工一体化，起草了《关于我市轨道交通工程实施设计施工总承包模式改革的试点方案》。

（三）深入开展建筑节能减排工作，全力推进绿色建筑项目示范。

加强建筑节能全过程监管。组织在建项目建筑节能大检查，共检查民用建筑在建项目429项，并在媒体公布检查结果，对执行建筑节能标准较好的45个项目进行了表扬，对较差的93个项目进行了批评；开展建筑节能施工图设计文件抽查，全年抽查40项工程，其中39项被责令整改；对241个项目进行建筑节能专项验收，初步建立深圳市建筑节能专项验收监管体系；组织全市公共建筑空调温度控制标准执行情况检查，被抽查的153栋公共建筑的空调温度达标率为88%。在全国建设领域节能减排工作检查中，我市建筑节能和绿色建筑工作处于领先地位。

全力抓好建筑节能和绿色建筑试点。组织落实32个建筑节能和绿色建筑示范项目，总建筑面积达430万平方米，投资额130亿元，其中国家级示范有11个，涉及总建筑面积97万平方米。我市和北京市、天津市一起被建设部、财政部确定为全国首批国家机关办公建筑和大型公共建筑节能监测示范城市，并完成了1139栋公共建筑的基本信息统计，开展30栋公共建筑的能耗统计并进行了公示。中央电视台、美国新闻周刊等媒体对我市大力发展绿色建筑的做法进行了报道并给予高度评价。

积极开展建筑垃圾综合利用和推广预拌砂浆工作。组织制定《深圳市建筑垃圾综合利用管理规定》。积极开展塘朗山填埋场、深惠路、地铁3号线建筑垃圾综合利用试点工作。目前塘朗山建筑垃圾综合利用项目已投入建设，今年春节前将可投入使用。逐步在全市建设工程中禁止施工现场搅拌砂浆，并按规定使用预拌砂浆，启动了8个示范项目，初步建立推广预拌砂浆的政策、技术、标准和市场体系。

广泛开展国内外交流与合作。组团参加第三届北京国际绿色建筑大会，并获大会优秀组织奖。组织赴新加坡考察绿色建筑发展情况，撰写的《新加坡绿色建筑考察报告》受到了市领导的表扬。举办中法、中德建筑节能研讨会。建设部与联合国开发署、美国能源基金会以及荷兰等国家和组织在深圳实施的三个国际合作项目进展顺利。此外，通过举办绿色建筑示范项目现场会等形式，提高了广大从业人员和市民建筑节能环保意识。

（四）加强建设科技教育工作，推进建设领域自主创新。

加强标准化体系建设。全面推进地方标准编制工作，加快重大关键问题标准的编制，指导企业标准的制定，加强企业QC小组和新“工法”标准的制定和推广工作。组织编制和修订《建筑基桩检测规程》等13个涉及建筑节能、节水、节材和保障工程质量的地方技术规范，基本形成了适合我市需要的建设技术标准体系。

加强科研和“四新”技术推广。筹备成立建设科技委员会。完成《深圳市建设科技促进办法》的起草。发布《深圳市建筑节能产品目录》。组织申报建设部“十一五”可再生能源建筑应用技术9项、广东省建设厅成果推广项目1项，办理科技成果出深推广转化24项，发布2007年全市建设科技立项及成果推广转化指南项目31项，组织申报建设部“双百”工程4项。

加快推进信息化建设。推进我市建设系统“金建工程”建设和立项申报工作，研究探索数字化工地建设，开展燃气数字化管理，目前已通过项目建议书的评审，即将批准立项。

推行“平安卡”试点工作。发布《关于加强建筑工人安全教育推行“平安卡”管理制度的通知》，并在宝安区和大型政府工程中开展“平安卡”试点工作。全年完成劳务工安全培训7万多人次，录入劳务工安全教育信息7万条，发放平安卡2万多张。

五）深化招标投标改革，完善有形建筑市场阳光创优机制。

遏制恶性低价竞争和围标串标。完成市政府67号文的修订，并加快制定各项配套措施，编制资格后审程序及规则、商务标清标相关规则，修订监理招标文件文本和监理合同示范文本，调整监理招标投标办法，制定重大项目招标投标政策。改进评标方法，全年进场交易项目中标价与标底价相比平均下浮16.53%，较往年有较大幅度提升，逐步接近合理造价范围。市场集中度逐步提高，中标项目数量前10名的企业占26%、前30名占51%、前50名占64%。严肃查处深圳机场飞行区扩建工程等典型招标投标违规案件，保障了建筑市场的公平与正义。

进一步优化评标专家结构和评标规则。引进91位香港专家进入我市评标专家库，建立了资深专家库和应急专家库。编制针对不同工程的招标投标技术指导规则，规范专家评标标准，进一步提高了评标质量。

不断拓展交易中心服务功能。交易中心的服务功能不断拓展，地质灾害整治、环境评估等多类特殊工程主动进场交易；工程交易范围逐步从政府工程拓展到社会工程，从本市扩展到其它区域。全年共完成施工招标项目1205项，中标价339.57亿元，非强制进场交易项目359项，中标价总计43.3亿元，其中非强制进场交易项目数和中标价均比去年同期翻了一番。

强化工程造价管理。组织起草《深圳市建设工料测量条例》，出台《关于建筑材料价格波动时调整工程造价的意见》，修编《深圳市人工费计价标准》。发布近300条绿色建筑相关产品材料价格信息，对全市106家造价咨询企业成果文件进行抽查。全年完成审计工程项目61项，造价金额25亿元，核减工程造价0.54亿元，核减率为2.17%。

（六）规范建筑行业管理，努力促进行业和谐

进一步加强建筑队伍管理。发布了2007年度政府工程监理和第二批施工企业预选承包商名录，共有477家施工企业、75家监理企业入选。发展劳务分包，将实施劳务分包的工程范围扩大到所有政府投资工程，市属建筑劳务企业发展到45家，是全省劳务企业数量最多的城市。实行企业IC卡管理，对全市500多家外驻企业进行专项执法检查。

努力建设和谐行业。继续开展清理拖欠工程款及建筑工人工资工作，共受理拖欠工程款案件297宗，清还工程款6.74亿元，受理欠薪案件683宗，清还建筑工人工资500多万元，涉及6300多人。加强制度建设，制定《深圳市建筑市场主体信用管理办法》，起草《深圳市建设工程质量投诉处理办法》。完成44件人大建议、政协提案办理工作，协调处理各类来信来访，参加两期“民心桥”节目，着力解决民生问题。

此外，召开了全市建设统计工作会议，制定建筑行业统计报表制度和统计管理办法，行业统计工作逐步规范和加强。

（七）加强燃气行业监管，全力保障燃气安全。

强化燃气安全管理。贯彻落实《深圳市燃气条例》和深圳市燃气行业发展规划，发布实施《深圳市燃气管道及设施安全保护办法》，强化燃气管道及设施的安全保护力度。开展燃气安全检查，对施工破坏燃气管道的企业依法处罚，对燃气用户的入户检查率达到90%以上，杜绝了重特大燃气安全事故。广泛开展安全用气宣传，发放宣传资料近200万份，投入宣传经费120万元，用户燃气火灾爆炸事故和一氧化碳中毒事故同比分别下降32%和45%。

加快天然气转换进程。全年完成46万户居民用户天然气转换任务，比原计划提高了25%。目前，全市已有58万

户市民用上了天然气，占全市管道气用户的72.5%。预计2008年上半年将全面完成天然气转换工作。

（八）完善建设法规体系，进一步强化执法力度。

加快立法进程。出台《深圳市建筑市场严重违法行为特别处理规定》，制定5个《深圳经济特区建筑节能条例》配套规定和6个《深圳市燃气条例》配套文件。起草修订法规、规范性文件36项。开展行政法规规章清理，基本完成规范性文件清理工作。开展非行政许可审批和登记事项的清理，保留非行政许可审批和登记事项5项，取消9项，作一般管理事务5项。

加强行政执法。实施《深圳市建设局行政执法规程（试行）》，促进依法行政。全年共发出《行政处罚决定书》58份，对5家企业暂停在本市承接工程。共记录建筑市场主体不良行为为2245条，并先后两次在全市各大媒体，对受到红色和黄色警示的企业和个人进行公示，共有28家企业和13名个人受到红色警示，其中25家企业和10名个人被停止在本市承接工程或执业三个月。组织应对5宗诉讼案，除2宗仍在审理外，其余3件案件均判决我局胜诉。进一步强化对各区建设局的层级监督，同时加强了对光明新区、市地铁公司等委托执法单位的监督指导。

（九）加强党风和机关作风建设，提高行政管理效能。

深入推进“特区干部好作风”建设，干部作风、政风进一步改观。交流、提拔46名处级、科级干部，全局精神面貌、工作状态焕然一新。深化事业单位人事制度改革，对事业单位职工按规定全部实行了聘用制。继续推进治理商业贿赂工作，通过了市治贿办的检查评估。建立局内部情况通报会和办文质效统计、约谈、通报制度。初步建立政府绩效评估体系，在全市16个试点单位政府绩效评估中，我局排名位居前列；在行政许可电子监察绩效测评中，我局业务办理中心成绩保持全市先进水平，并在重大投资项目绩效测评中连续17个月全市排名第一，获得了市行政服务大厅2007年度“先进窗口单位”称号。工会工作获得2007年度“工会先进单位”和“深圳市群众体育先进单位”称号，通过了计划生育兼职单位的达标考核。建设行业各协会强化行业自律，提高服务水平，较好地发挥了政府与企业的桥梁、纽带作用。

一年来，各区建设局坚持改革创新，狠抓落实，取得了显著成效。罗湖区建设局积极打造精品工程、平安工程，实现了建筑工地零死亡、零重伤。盐田区建设局创新工程质量监管手段，实行问题工程约谈等制度，使工程问题不留盲点。龙岗区建设局深入推进工程质量监督改革，实施“加强交底、强化验收、完善手段、过程控制”的监管模式。南山区建设局强化全寿命周期建设管理，加强建设项目勘察设计管理工作，实现设计与施工无缝链接，顺利完成了F1摩托艇赛场等工程项目的建设。福田区建设局稳步推进旧城改造和城中村综合整治工作，努力实现城市功能更新升级。宝安区建设局推行建设工程项目量化考核，进一步完善了建筑市场信用体系。

在肯定成绩的同时，也要清醒地认识到，我们的工作还存在不少问题和困难，主要表现在：一是建设领域高耗能的状况尚未得到根本改变，与世界一流城市相比，我市绿色建筑产品不多，建筑的标准化、工业化、信息化、智能化水平不高。二是工程质量安全、文明施工的科学管理与自我约束机制亟需建立和完善，提高质量安全及文明施工水平，仍是今后一段时期的重点任务。三是建筑产业结构亟须优化，缺乏具有国际、国内竞争优势的现代化大型企业。四是市场秩序有待规范，招标投标制度有待完善。五是建设管理体制亟待理顺，制约了我市城市建设的发展。

二、2008年工作思路

党的十七大明确提出，要继续解放思想，坚持改革开放，推动科学发展，促进社会和谐。省委十届二次全会吹响了思想大解放的号角，市委四届八次全会进一步提出，深圳必须扛起解放思想的大旗，争当解放思想的先锋，以新一轮思想解放推动新一轮发展跨越。思想就是生产力，解放思想就是解放生产力。解放思想要有胆有识，敢于解放、善于解放、真解真放。对于建设领域长期存在的深层次问题，必须坚持不唯书、不唯上、只唯实的改革精神，穷尽思路、穷尽政策、穷尽法律，创造性地加以解决。当前，我市建设领域在土地、资源、能源和环境等方面的紧约束已经迫在眉睫，迫切需要树立科学发展的理念，转变粗放型的发展模式，走资源节约、环境友好的可持续发展道路。在今后一个时期，要着力推动以下十个方面的工作创新：

——切实转变发展模式，大力发展绿色建筑，坚持以人为本，改善人居环境，建设生态文明，全面提升城市建设的品位和内涵，把深圳打造成“绿色建筑之都”。

——以世界一流城市为标杆，向世界一流城市“叫板”，建立符合深圳实际和发展要求的城市建设指标体系，分步推进，步步逼近。

——全面更新质量安全理念，树立紧约束条件下的工程质量安全观，丰富和提升工程质量安全的内涵，完善工程质量安全标准体系、评价体系和监管体系。

——实施“强企战略”，大力扶持优势企业占领国际高端市场，率先赶超世界一流水平；发展总部经济，培育深圳本土的世界500强建筑企业；推动产业结构优化升级，构建具有国际竞争力的建筑产业体系。

——加强建设领域的社会建设，实施建筑工人关爱行动，培育和谐、务实、创新的建设文化，形成“建设者自豪、劳动者光荣”的社会氛围，全面提升建筑行业的社会地位和形象。

——实施自主创新战略，重点推进建筑标准化、工业化、信息化、智能化，以标准化带动工业化，以工业化推动现代化，以信息化促进智能化。

——树立全局意识，勇挑重担，积极进取，更好地发挥建设主管部门的职能作用和优势，全力推进重大项目建设，积极投身工程建设主战场，加强区域统筹协调能力，为社会提供更多更好的公共产品和服务，维护公共利益，保障公共安全，当好市委市政府在城市建设方面的重要参谋助手。

——破除条块分割的体制机制障碍，建立全寿命周期建设管理体系，统筹兼顾工程建设各阶段、各环节，实施工程质量、安全、造价的全过程控制，实现工程效益的最大化。

——以工程质量和效益为核心，调整和完善工程招投标政策机制，全面体现公平与择优原则，构建健康有序、良性发展的建筑市场。

——勇于突破现行体制机制障碍，在设计施工一体化、资质资格管理、项目管理模式、工程监管体系等方面，先行先试，大胆创新，进一步解放生产力、发展生产力。

根据以上工作新思路，局党组决定把2008年确立为全市建设系统的“绿色建筑年”，着重要抓好以下几项工作：

（一）发展绿色建筑，打造“绿色建筑之都”。

一是策划开展“绿色建筑年”系列活动。以市政府名义发布实施《关于打造“绿色建筑之都”的实施方案》，同时制定“绿色建筑年”活动实施方案，全面开展绿色设计、绿色施工，建设绿色机关、绿色小区、绿色城区，发展绿色建材、绿色科技、绿色行业，将发展绿色建筑贯穿于建设工作的各个领域和环节。积极组团参加第四届北京国际绿色建筑大会，争取绿色建筑展进入高交会，或策划在深圳举办建设科技与绿色建筑国际博览会（绿博会）。深入考察世界一流城市发展绿色建筑情况，加强国际交流与合作。以光明新区建设“绿色新城”为契机，全面实施绿色建筑框架合作协议，努力将光明新区建设成为全国绿色建筑示范城区。筹办深圳绿色建筑展览馆，建立绿色建筑示范教育基地，加强绿色建筑的宣传教育，编制绿色建筑宣传手册和公益广告，开展“市民看绿色建筑”活动，使绿色建筑理念深入人心。

二是开展绿色建筑认证和示范项目建设。以“四节二环保”为核心，制定绿色建筑评价标准体系，推出绿色建筑“深圳认证”。继续推进32项建筑节能与绿色建筑示范项目的建设。积极推动建筑垃圾资源化利用示范项目建设，并给予一定的财政支持。

三是严格执行新建建筑节能标准。严格执行《中华人民共和国节约能源法》和《深圳经济特区建筑节能条例》，进一步强化建设主管部门在建筑节能方面的管理职能，在立项审批、设计审查、施工许可、施工监督、竣工验收等环节层层把关，建立全过程全寿命周期的动态监管体系。开展全市在建工程建筑节能大检查，确保所有新建建筑执行节能50%的标准。

四是积极推进既有建筑节能监测与改造。以创建“国家机关办公建筑和大型公共建筑监管体系建设示范城市”为契机，建立和完善建筑能耗统计、能源审计、能效公示、能耗标识、能耗定额和超定额加价等制度。将节能监测平台建设纳入政府年度基本建设投资计划，2008年要完成360栋重点建筑的用电分项计量装置的安装。在旧工业区和城中村改造中同步开展节能改造。引入能源合同管理模式，培育社会中介服务机构，加快推进既有建筑节能改造。进一步完善合理用能检查制度，加强对公共建筑执行26度空调制度情况的检查，并将检查结果予以公示。

五是推进太阳能在建筑中的规模化应用。根据《深圳经济特区建筑节能条例》的要求，配置太阳能热水系统，安装空调余热回收装置，鼓励在高层建筑中推广应用可再生能源。组织编制《太阳能光热与建筑一体化设计施工验收规范》，给予太阳能产业示范基地一定的财政补贴，全面实施太阳能应用示范的各项任务。

（二）更新质量安全理念，创新质量安全管理模式。

一是完善大质量大安全的管理体系。开展大质量大安全管理体系研究，打破部门和行业界限。一方面要纵向整合工程建设各个阶段的质量安全管理工作，将质量安全管理贯穿于工程建设的始终，另一方面要横向整合工程建设质量安全管理职能，形成各专业部门分工负责，建设主管部门归口管理、统一把关，全过程一体化、系统化、专业化的建设工程质量安全行政监管体系。此外，还要以“四节二环保”为核心，拓展和丰富工程质量安全的内涵，进一步将工程建设全寿命周期的消耗、产出以及对环境和资源的影响，纳入到新的质量安全体系中来。

二是激发企业质量安全管理的源动力。转变监管的重心和方向，推动建立以建设单位为核心，以勘察设计单位、施工单位、材料供应商、监理单位为主体的完整的责任链条，发掘企业提高质量安全水平的内在动力。以3-5个企业为样板，推动企业建立完善的质量保证和验证体系，完善内部激励机制，培育重视质量安全的企业文化。政府通过优质优价、市场准入、诚信管理、违法惩处等方面加以引导和规范。

三是强化质量安全监管。加强对创建优质精品工程、“双优”工地等质量安全评优工作的全过程服务、指导和监督。做到结构工程质量合格率达到100%，燃气安装工程压力试验合格率达到100%，质量投诉率下降10%，创建3～5个优质精品工程，培育1～2个鲁班奖或国优工程。着力构建责任、制度、监督、教育、预防“五位一体”的安全生产监管体系，全面推行“平安卡”，完成“平安卡”安全教育培训约30万人次。杜绝较大以上安全事故，安全事故死亡人数进一步下降，百亿产值死亡率低于全国平均水平，创建省级安全文明“双优”工地15个。

四是强化对区级主管部门和委托执法部门的督查力度。加强对区级建设主管部门和委托执法部门的监督、指导和考核，建立有效的督查制度，严格追究失职责任。被督查单位应加强对员工业务培训和教育，强化责任意识，完善内部管理制度，建立量化的考核、考评机制，建立监督档案和台帐，采取日常检查、交叉检查、巡查和督查等多种监管方式，提高监督工作的效能。建立重点项目联席会议制度、联合检查制度、定期通报制度等，完善内部沟通机制。

五是完善质量安全管理制度。启动《深圳市建设工程质量管理条例》和《深圳经济特区施工安全条例》的修订工作，突出建设单位第一责任人的法律责任，进一步明确监理单位的监管责任。制订《房屋安全使用管理办法》、《深基坑工程管理办法》、《地下暗挖工程管理办法》、《地质灾害工程施工及验收监督办法》、《塔吊安全管理办法》，探索建立质量保险、工伤保险、意外伤害保险等方面的管理制度。

六是完善质量安全检测体系。规范检测队伍的资质和从业人员的资格，严格检测市场准入。检测机构要强化质量保证体系，建立质量验证体系，建立健全不合格原材料及不合格施工安全机械公示制度。加强对检测数据的统计分析和趋势分析，建立信息通报制度和定期报告制度，并跟踪落实整改情况，形成完整封闭的管理链条。

七是推进绿色施工。在保证质量安全的前提下，按照“四节二环保”的要求，研究建立绿色施工指标体系，制定绿色施工评价标准及评价管理办法，着力研究解决影响环境的施工扬尘、施工噪音、建筑垃圾等问题。培育10个绿色施工示范工程。特区内施工现场周转活动板房使用率达80%，可重复使用率达70%以上，装配式房屋设施使用率达60%，可重复使用率达50%以上。

（三）发挥职能优势，全力推进重大项目建设。

一是提高重大项目前期决策的科学性合理性。建立和完善重大项目建设管理办法，在建设标准适用、管理模式选择、工艺技术选用、投资估算编制、绿色节能理念贯彻等方面，给予有针对性的规范和指导，提出建设性的意见和建议，提高投资决策的科学性、合理性。

二是加强重大项目建设全过程的统筹协调。积极履行建设主管部门职责，充分发挥职能优势和统筹协调作用，在初步设计审查、设计施工招标、合同谈判与签订、施工现场监督检测、竣工验收及移交等建设全过程，强化质量安全监管，严格工程造价控制，合理安排建设进度，确保建设各环节相互衔接、建设各要素相互协调，保障重大项目建设的顺利实施。加强对5号办工作的组织领导，进一步创新监管机制，提高服务水平，保障地铁5号线全面开工并顺利推进。同时，积极推进大运工程、港口工程、轨道交通工程、机场工程等重大项目的建设。

三是以轨道交通建设为契机推进重大项目管理创新。借鉴国内外先进经验和做法，开展设计施工一体化试点，积极探索代建制、BT、BOT、EPC等各种先进的项目管理模式，促进我市政府投资项目管理模式的市场化、多元化。加强城市化过程中的有关建设问题研究，研究解决以大规模城市基础设施建设带动区域节点改造升级、城中村和老工业区改造升级以及地下空间开发利用等问题，促进城市功能更新换代。推动开展第三轮重大项目审批制度改革，建立联合会审制度，前置审批环节，进一步优化审批流程，提高审批效率。

（四）优化产业结构，做强做大做专建筑业。

一是实施大企业战略。建立大型企业认证评价体系，设立大企业“绿色通道”，建立企业与政府定期沟通机制，积极扶持大企业发展，提高产业集中度。组织开展国内外大型建筑企业集团重组兼并的实例研究，引导有实力的企业通过兼并、联合等方式，形成1-2家具有科研、设计、采购、施工管理和融资能力的“龙头”企业。引导企业横向拓展，延伸产业链条，支持企业在创业版上市。发展建筑业总部经济，鼓励大型建筑企业集团在深圳设立总部基地。

二是扶持优势企业。政府通过政策倾斜，鼓励和支持企业引进优秀人才、提高原创设计能力，扶持建筑装饰、玻璃幕墙、智能化、钢结构等优势企业的发展，逐步扩大我市装饰企业在全国百强中的比例，并率先在这些领域赶上香港和新加坡。发展新兴优势产业，2008年新批环保和智能化工程企业5-10家；通过推进节能改造，培育节能服务企业；通过市场准入、市场开拓、联合经营和资质升级方面的扶持政策，鼓励港口、航道等紧缺行业的发展。

四是实施品牌战略。研究制定我市建筑业的实施品牌战略规划，逐步建立和完善建筑行业的品牌评价体系、品牌推广体系、品牌知识产权保护体系等制度，打造我市建筑业的知名品牌形象，提升建筑业企业的核心竞争力。

五是实施“走出去”战略。认真分析国内国际两个市场需求、两种资源状况，制定建筑业企业实施“走出去”战略规划，加强与港澳地区的合作，培育跨国企业。钢结构、玻璃幕墙、建筑装饰等优势行业要继续扩大国内外市场份额。探索走出去企业服务机制，建立“走出去型企业服务名录”。

六是完善建筑劳务分包制度。出台《深圳市劳务分包管理办法》，给予劳务企业相关优惠政策，优化劳务企业发展环境。充分运用劳务资质审批权，发展20-25家劳务企业。推行劳务分包合同备案制度，启动建筑劳务交易市场建设，规范劳务分包行为。完善建筑就业培训和服务体系，严格实行持证上岗制度，提高劳务工生产操作技能。

七是完善预选承包商制度。尽快将政府投资工程预选承包商的范围覆盖到所有专业类别，并建立工程总承包、项目管理等新的预选承包商名录。进一步创新预选承包商制度，研究将预选承包商名录由企业进一步延伸到个人；研究建立优秀企业免检制度，对于实力强、业绩好、信誉佳的企业，实行一定时限的预选承包商免检。进一步完善预选承包商准入与清出机制，并将建筑节能和发展绿色建筑作为预选承包商的遴选指标。

（五）深化招标投标改革，构建健康有序的建筑市场环境。

一是与国际惯例接轨继续深化招标投标改革。贯彻落实市政府67号文件修订版，借鉴国际工程招标投标惯例和经验，进一步完善合理低价中标原则，确保“三公”与择优的统一。全面推行资格后审制度等举措，实施优质优价、鼓励创优等政策，强化招标工程的后续监管，继续打击围标串标等违法违规行为。完善建筑产品的价格形成机制，将中标价控制在合理水平。通过相应的招标投标政策，进一步提高中标集中度，引导企业加大科技投入，发展绿色建筑，实施长期的质量发展战略，实现良性发展。

二是完善招标投标程序。改进计算机辅助评标系统，基本实现商务标和信誉标的客观化评审，最大限度地减少评标专家的主观随意性。简化技术标书的编制，在建立企业标准的前提下，试行标准卷和专业卷的投标方式，降低投标成本。进一步完善重大项目、大企业“绿色通道”服务措施，提高招标投标效率。加快制定承包商履约评价制度和评标质量反馈制度，给予招标人在承包商履约评价、评标方法选择等方面充分的主导权。

三是强化评标专家管理。在继续扩充专家库的专业和数量基础上，加大力度查处不规范的评标行为。建立资深专家库，发挥资深专家的权威和导向作用。建立对评标专家的长期培训制度和考核系统。

四是建立完善各类交易品种。编制和完善各类专业项目的招标文件示范文本，特别要研究勘察设计、设备采购、咨询服务、总承包、项目管理等招标的评标方法，以适应扩大交易功能的需要。加强对交易中心行政效能的督查，增强服务意识，提高服务质量。进一步规范管理，有效降低招标投标投诉。

五是推行全寿命周期成本控制。树立全寿命周期造价管理理念，抓紧编制适用于前期工程估算、概算计价和适用于使用维护期和拆除回收期的计价标准及相关指标。抓紧出台轨道交通工程估算概算编制办法及相应指标。建立适合于市场需要的信息发布体系，及时、准确发布造价信息。将节能环保纳入项目成本效益分析的范围，尽快编制建筑节能、绿色建筑、绿色施工、建筑垃圾排放等工程造价标准。

六是加强工程造价的全过程跟踪管理。完善商务标清标制度，加强对低价中标项目的监管，确保市场与现场“两场联动”。建立标底审查阳光作业机制，加强对标底和结算工程量的核查工作，防止故意虚增标底，抬高造价。加强合同管理，完善合同备案制度，强化对合同工期、价格等的审查，杜绝“霸王条款”和“阴阳”合同。进一步加强现场跟踪管理，强化对重大设计变更的监管，完善结算审查制度，对低中标高结算的工程进行曝光。借鉴香港、新加坡建设工料测量管理经验，创新现行工程造价管理模式。

七是建立和完善建筑市场诚信体系。推行企业诚信手册，建立企业信用档案，多方面采集信用信息，构建统一诚信网络平台、统一诚信评价标准，统一诚信奖惩机制的市场诚信体系，形成守信者荣、失信者耻的市场氛围。

八是加强建筑市场动态监管。认真执行《建筑业企业资质管理规定》，加强对建筑业企业资质的监督管理，严把市场准入关。严格执行《深圳市建筑市场严重违法行为特别处理规定》，对违反建筑市场秩序的市场主体及其执业人员，依法暂扣资质证书、执业资格证书或岗位证书。

（六）加强建设科技创新，推进建设标准化、工业化和信息化。

一是全面实施建设科技“十一五”规划。成立全市建设科技委员会，整合各方面资源，发挥好参谋智囊作用。建立健全科研成果转化和新技术产品推广应用机制，提高建筑产品的建筑含量。加强与科技、环保部门的协调、沟通，探索和建立建设领域科技创新体系，重点研究建筑节能与绿色建筑方面的技术，为发展绿色建筑提供技术支撑。

二是实施建设标准化发展战略。以世界一流城市为目标，提高我市建设行业标准化水平。鼓励企业加强技术积累与总结，积极制定企业标准。继续完善技术标准与规范，弥补国家和行业标准的不足。对促进行业进步显著的重要技术，通过试点示范和专家论证，编制推荐性的技术规程。加快技术立法，逐步推进工程建设标准向技术法规发展。

三是推进建筑工业化进程。加强万科建筑工业化示范基地建设，开展建筑工业化系统调研，引进、消化、吸收世界一流城市的建筑工业化技术和标准体系，提高建筑构配件的标准化、系列化、定型化程度。全面推进预拌砂浆工作，禁止现场搅拌砂浆。

四是推进建设信息化工程。加快推进“金建工程”，建立覆盖全市建设系统的信息化管理网络。2008年将在地铁5号线等重大项目上开展数字化工地试点。鼓励企业提高信息化管理水平。

（七）坚持以人为本，建设和谐行业。

一是建设和谐工地。鼓励企业推行健康、安全、环境认证，努力改善建筑工人生产、生活条件。推进建设工地配备一个大食堂、一个医疗室、一个洗浴室、一个阅览室、一个娱乐室等“五个一工程”，评选10个和谐示范工地。抓紧推进建工村生产、生活基地建设，为建筑企业和工人解决后顾之忧。

二是培育建设文化。组织全行业专项劳动技能竞赛，开展文艺汇演和运动会，加强职业道德建设，弘扬中华传统文化，树立社会主义核心价值观，在全行业积极培育“和谐、务实、创新”的建设文化，形成建设者自豪、建设者光荣的社会舆论氛围。

三是加强维稳工作。加强维稳工作的组织领导，优化整合建设系统维稳、清欠、应急、信访、综治等机构，实现资源统一调配。在施工许可环节，全面推行建设各方主体维护社会稳定责任书制度，并将企业履行社会责任和维护社会稳定表现，作为预选承包商入选条件之一。加大“清欠”工作力度，并建立长效机制，保护劳动者合法权益。认真贯彻《劳动合同法》，配合劳动保障部门建立和谐的劳资关系。

（八）加强城市燃气管理，确保供应与使用安全。

一是加强燃气行业管理。认真执行《深圳市燃气条例》，严格燃气经营活动的市场准入和后续监管。强化层级监督，加强对燃气站点网络的管理。完善管道气特许经营的监管模式，提高燃气行业的服务水平。探索建立全市管网统一经营管理的模式，确保全市管网建设“一盘棋”。

二是加强燃气供应与使用安全管理。建立燃气储备制度，有效保障燃气供应安全。编制燃气安全管理手册，将安全管理贯穿于燃气供应、储存、运输、使用和应急处理的全过程，加强燃气事故抢险应急演练。建立燃气监管信息系统。积极推广使用节能减排燃气燃烧器具。以地下燃气管网保护为重点，加强对燃气安全使用的宣传教育，避免燃气安全事故的发生。

三是推进天然气转换工作。抓好天然气转换工程协调管理，确保转换任务于2008年上半年全面完成。对燃气汽车、分布式能源、油改气、LNG的冷能利用等项目给予重点支持，扩展天然气的应用范围。

（九）健全法规标准体系，推进制度创新。

一是加强建设立法工作。完成《建筑垃圾回收利用条例》的制定，积极开展《建设工料测量条例》、《既有建筑安全使用管理规定》、《既有建筑节能改造》等涉及循环经济、民生方面的立法调研。加紧编制《绿色建筑评价标准》等在内的技术标准和规范，形成完善的绿色建筑标准体系。

二是加强委托执法监督与指导。以强化执行力建设为核心，分解落实执法责任，全面加强执法监督工作，实施委托执法情况月报制度。全面加强对执法人员的普法教育，提高执法水平。加强对各区建设局以及保税区、大工业区、光明新区建设工作的支持、指导和服务，进一步提高区域统筹协调能力。

（十）建立创新激励机制，造就一支敢干会干的干部队伍

一是营造敢闯敢试、勇于创新、干事创业的良好氛围。以新一轮思想解放大学习大讨论为契机，在全局系统上下营造有胆有识、敢闯敢试的氛围，积极探索新思路、新举措，坚决破除墨守成规、瞻前顾后、畏首畏尾的工作作风。要将解放思想、改革创新作为选拔任用干部的重要条件之一。不解放思想、无创新思路、缺敢闯精神的领导干部，就不是一个合格的领导干部。对大胆解放思想的同志要加强激励，宽容失误，注重保护，甚至委以重任。对全年各项工作，要分解责任、强化执行、狠抓落实，对完不成工作目标的干部，必须进行问责。

二是建立科学的干部考核制度促进优秀人才脱颖而出。加强对全局系统人才状况的研究，实施人才战略。加强教育培训，推进素质工程。建立健全科学评估指标体系，推进绩效工程，切实解决干部队伍中存在的不想干、不敢干、不会干的问题，形成优秀人才脱颖而出的良性发展机制。探索评估主体多元化的开放式评估新机制。以建设学习型、创新型、效能型、示范型服务窗口为目标，完善业务办理规程，健全规章制度，提高内部管理能力，继续保持我局绩效考核及重大项目考核的“排头兵”地位。

三是完善党风廉政建设责任制形成清廉政风。狠抓反腐保廉教育，开展“特区干部好作风”等活动，进一步引导干部群众树立正确的价值观、人生观，增强党员、干部的反腐倡廉意识。继续完善党风廉政制度建设，深入推进治理商业贿赂工作，建立起覆盖人、财、物管理、机关作风建设、岗位责任制、行政过错责任追究和政务公开等多方面的党风廉政责任体系。

四是稳步推进事业单位改革提高公共服务能力。认真落实市委市政府关于推进事业单位改革的决定，加紧研究新形势下事业单位的法定职能和地位，做好局属事业单位改革试点工作。加强与行业协会的联系与合作，充分发挥它们的桥梁、纽带和参谋助手作用。建立健全工、青、妇组织机构，创新机关文化，活跃机关氛围，创造健康和谐的工作环境。

（十一）办好十件实事，开展十大创新课题研究。

2008年，要围绕“绿色建筑年”活动，办好十件实事：

一是建立国家机关办公建筑和大型公共建筑节能监测平台；二是筹划建设绿色建筑展览馆；三是创建“十大绿色工地”；四是推进“五个一工程”，建设“十大和谐工地”；五是启动建工村生产、生活基地改造工程；六是全面完成电子辅助评标系统的建设；七是全面推广“平安卡”；八是全面完成天然气改造任务；九是全面启动“金建工程”；十是建立科学的干部队伍绩效考核制度。

开展新一轮的大规模课题调研：一是以香港、新加坡等世界一流城市为标杆，针对当前我市建设事业存在的重点关键问题，系统提出解决问题的对策和思路，建立我市城市建设发展的科学指标体系；二是开展绿色建筑与建筑节能研究；三是开展建设领域新一轮行政体制改革的探索与研究；四是开展建设工程全寿命周期质量、安全、造价管理体系研究；五是开展建筑标准化和工业化研究；六是开展建筑业产业结构优化与重组研究；七是开展设计施工一体化试点及建设工程项目管理模式研究；八是推进建设领域深港合作；九是开展建设信息化研究；十是研究建立“大燃气”行业管理体系。

同志们，2008年，我们将迎来北京奥运和改革开放三十周年。让我们高举中国特色社会主义伟大旗帜，认真贯彻落实科学发展观，进一步解放思想，振奋精神，开拓创新，大力发展绿色建筑，努力建设生态文明，实现我市建设事业新一轮跨越式发展！

二、经验交流

[2008]全省建设工作会议交流材料之一

科学构建多层次住房供应和消费体系 不断满足群众日益增长的住房需求

广州市国土房管局

住房问题是基本民生问题，是当前人民群众普遍关心的民生热点和焦点问题之一。2006年底市第九次党代会以来，市委、市政府坚持“民生为重、富民优先”的原则，采取了一系列切实有效的措施，积极落实国家房地产宏观调控政策，致力于通过科学构建与经济社会发展水平和不同收入层次相适应的住房梯级供应和消费模式，来抑制房价过快增长，妥善解决住房问题，以实际行动贯彻落实党的十七大精神。

一、正确把握住房问题的本质，运用科学发展观明确解决住房问题的根本思路

2006年12月，广州市第九次党代会确立了以改善民生为重点的执政方向，妥善解决住房问题被确定为重点民生工作之一。省委常委、市委书记朱小丹同志将加强广州住房保障工作作为其牵头主抓的调研课题，并多次做出具体指示。2007年年初，张广宁市长在全国两会期间代表广州市委、市政府，郑重提出要切实稳定广州的住房价格，尤其是要稳定住90平方米以下中小户型、中低价位普通商品住房的价格。3月和5月，市委、市政府在总结广州2005年以来落实国家宏观调控政策取得经验的基础上，出台了《广州市关于加快住房和土地供应加强住房管理抑制房价过快增长若干问题的意见》（简称“穗7条”）和《中共广州市委、广州市人民政府关于切实解决涉及人民群众切身利益若干问题的决定》（简称“惠民66条”），把住房工作当作最重要的民生工作和中心工作来抓。一是坚持以人为本和政府主导，加强和改进住房保障建设，解决城市低收入家庭的基本居住问题；二是坚持可持续发展，采取适度的宏观调控措施，优先发展符合基本国情的中小户型、中低价位限价商品住房，引导树立经济、节约的住房消费理念，满足城市中等收入家庭的自住型住房需求；三是坚持全面协调发展，着力改善住房市场供应结构和供求关系，规范房地产业发展，通过市场竞争机制满足中高收入阶层改善型的住房需求。

二、坚持“公平共享、解困扶弱”的原则，不断扩大廉租住房保障范围，实现对城市最低收入住房困难家庭“应保尽保”

1998年，广州在全国率先启动了廉租住房保障制度，将保障范围进一步扩大到人均居住面积7平方米。至2005年，广州已通过廉租住房保障制度，实现了对人均居住面积不足7平方米的城市最低收入家庭的“应保尽保”，在广东省排名第一。2006年，广州根据自身经济实力和居民的住房需求，将廉租住房保障范围在此提高到人均居住面积10平方米（建筑面积约15平方米）以下的最低收入家庭，廉租住房租赁补贴保障标准从每人每月230元提高到322元，廉租住房实物安置的租金标准为每月每平方米1元。广州是全国目前廉租住房保障范围和标准最高的城市之一。由于保障范围扩大而新纳入廉租住房保障范围的5643个家庭的住房问题在2007年11月得到全部解决。5643户双特困户住房问题的解决标志着广州城市最低收入家庭住房困难问题实现了较高保障水平的“应保尽保”，2008年以后新增的双特困户将实现当年发现，当年解决住房困难。从1986年至今，双特困户住房保障水平随着经济社会的发展实现了四次跨越和提高，以实际行动落实了“发展成果与人民共享”。

2007年8月7日，国务院出台了《关于解决城市低收入家庭住房困难的若干意见》（国发[2007]24号，下称24号文）。24号文出台后，广州立即行动起来，根据24号文精神，结合广州实际，起草了《广州市城市廉租住房保障制度实施办法（试行）》，近期将正式印发执行，在结合实际贯彻落实国家住房保障政策方面先行一步。《办法》进一步完善了广州廉租住房保障政策，建立起以廉租住房为主要制度的住房保障机制。一是大幅提高了廉租住房保障范围，收入保障线从以往的人均年收入4680元提高到7680元；二是简化、优化资格审核程序，从原来的四级审核、三级公示改为两级审核、两级公示，在确保廉租住房公平分配的基础上尽可能亲民、便民和利民；三是进一步完善了廉租住房“准入”条件，保障对象更加科学合理；四是根据保障对象的困难程度分层次适度给予保障，建立评分轮候制度，实行精细化、科学化管理；五是完善了廉租住房动态审核退出机制，通过人性化的退出机制保证廉租住房资源的公平分配和有效周转；六是建立了廉租住房资金保障机制，促进廉租住房建设更加制度化和规范化。

三、加大经济适用住房等保障型住房建设规范和改进管理，加快解决城市低收入家庭的住房困难

“十一五”期间，广州将着力加大、加快政府保障型住房建设，规划建设900万平方米、11.43万套的保障型住房，占全社会住房供应总量的17%，是“十五”期间的4倍。按照这一规划，到2010年，广州户籍人口中的低收入家庭的住房困难问题将基本得到解决。目前，2006年和2007年的建设计划进展顺利，其中，2006年开工建设的65.4万平方米、7616套住宅的建设项目已完成了工程总量的90%，今年底将竣工交付使用；2007年已供应政府保障型住房用地0.72平方公里，安排开工建设14个项目，建筑面积194.1万平方米。计划开工建设的规模同比2006年增加了197%，同比“十五”期间的平均水平增长331%。14个项目目前已开工10个，建筑面积125.3万平方米，剩余4个项目也将在年底开工。2007年的开工建设的项目将在2008和2009年竣工。2006年，广州在住房保障方面的财

政投入超过18亿元，约占当年土地出让净收益的25%。

24号文出台后，广州根据国家新精神和新要求，与前述的廉租住房实施办法一起，着手起草《广州市经济适用住房制度实施办法（试行）》，进一步规范和改进经济适用住房的管理。一是按照保障基本居住需求的原则，将经济适用住房套型建筑面积确定为60平方米左右。二是与廉租住房实施办法相对应，简化、优化了资格审核程序，完善了动态审核退出机制；三是更加科学、合理地确定保障对象，并根据困难程度分层次适度给予保障，建立了评分轮候制度；四是更加严格限制经济适用住房上市流转，上市年限从现行的2年提高到5年，并且上市交易时必须全额补缴市场差价；五是将广州一直坚持的限制单位经济适用住房建设范围，对单位经济适用住房实行政府计划管理、统筹分配等被24号文肯定的做法，以成文形式写进了《实施办法》。

四、发展中小户型、中低价位限价商品住房，满足中等收入家庭的首次置业需求，以解决“夹心层”群众的住房问题

2005年起，广州商品住宅价格一改多年持续稳定的局面，开始出现较快增长的情况，房价增幅超过居民收入增幅，导致中等收入家庭解决自住型住房需求的压力不断增大，出现了一批既不符合经济适用住房购买条件又无力承担商品住宅价格的“夹心”阶层，作为经济社会中坚力量的中等收入家庭的住房问题日益突出。针对中等收入阶层的住房问题，广州的做法是采取“限户型、限房价、竞房价、竞地价”的办法，优先供应中小户型、中低价位限价商品住宅。2006年8月至今，共公开出让14宗限价房用地，用地面积132.8万平方米，规划建筑面积277.5万平方米，可供应限价房3万多套。目前，2006年公开出让的限价房项目中，已有部分项目工程建设进度接近预售条件，2007年年底广州市首批限价房正式面市。

为规范限价商品住宅的销售管理，进一步建立健全我市住房梯级供应和消费的政策体系，2007年，广州制定了《广州市限价商品住宅销售管理办法》。《办法》按照满足中等收入群体首次置业需求、解决“夹心层”群众住房问题为原则，确定了限价房的销售对象；销售价格定位在公开出让时同区域、同类型商品住宅价格的70%左右；户型严格控制在套型建筑面积90平方米以下；参照经济适用住房上市流转规定对限价房上市进行了限制，如5年不准上市和出租，5年后上市要全额补缴土地出让金；已购限价房5年内再次置业的由政府原价回购等。此外，《办法》还对销售程序、退出机制等方面进行了规定。《办法》是目前全国制定最早、制度设计相对系统、完善的限价房管理政策，2007年11月8日全国限价商品住宅工作会议上，广州作为全国4个限价房工作先进城市之一，向大会介绍了工作经验和《办法》的主要内容。《办法》得到建设部、广东省建设厅和与会城市普遍认可，认为广州将限价房销售对象确定为中等收入首次置业家庭的做法，准确地把握了限价房政策的本质属性、现实意义和发展方向。

五、加大经营性商品住宅供应，满足中高收入阶层改善型住房需求

对于中高收入阶层改善型的住房需求，广州坚持以市场调节机制为主导，通过加大商品住宅用地供应，改善供求矛盾，满足中高收入阶层改善型住房需求。

2007年，全市十区已公开出让商品住宅用地58宗、用地面积3.11平方公里；正在公告出让的11宗，用地面积1.58平方公里；合计供应商品住宅用地4.69平方公里，是去年出让总规模的2.56倍；加上已经供应的0.72平方公里政府保障型住房建设用地，2007年供应居住用地5.41平方公里，超额完成“穗7条”确定的今年供应5.07平方公里居住用地的工作任务。需要特别指出的是，广州注重通过盘活存量土地的方式来满足民生用地的增长需求。58宗已出让的用地中有27宗是盘活再利用已收回的闲置土地和烂尾地，较好地解决了增加用地供应与严控新增建设用地规模、可持续利用土地资源的关系。

六、以构建和谐、可持续发展的多层次住房体系为导向，不断满足群众日益增长的住房需求

虽然，广州在住房市场宏观调控，妥善解决城市中低收入家庭住房问题方面取得了一定的成绩，但距离“住有所居”的目标仍有不小差距。一是住房现状的家庭还没有完全掌握；二是城市低收入家庭的住房困难问题尚未彻底解决；三是住房资源分配上还存在不和谐、不公平的情况；四是房地产市场风险依然存在，宏观调控仍不能掉以轻心。下一步，广州将继续坚持以科学发展观为统领，在抓紧完成全市居民住房现状普查工作的基础上，按照扩大公众参与、科学、民主决策的原则进一步完善分类、分层的住房保障和调控政策，厘清在市场经济条件下政府调控与市场调节的界限，切实履行保障城市低收入家庭基本居住需求的职责，建立健全区分首次置业和多次置业的住房消费政策，彰显住房市场民生属性，合理确定限价房供应规模，努力实现人民群众安居乐业和房地产市场持续健康稳定发展。

[2008]全省建设工作会议交流材料之二

规划统筹，强力引导土地资源节约集约利用

深圳市规划局

近年来，面对“四个难以为继”的严峻现实，我局以科学发展观为统领，切实发挥城市规划的先导、主导和统筹作用，严格落实《国务院关于深化改革严格土地管理的决定》、“1+7”文件等政策精神和要求，积极深化城市规划体制改革，努力创新城市规划实施机制，不断加大对建设用地的调控力度，大力推进城市更新与再生，在引导土地资源节约集约利用方面，探索了一条紧约束条件下协调发展的新路。

一、建立城市规划主导的建设用地管理新模式，实现“量布裁衣”

规划国土分设确定了城市规划主导的建设用地管理新模式。2004年的规划国土分设改变了以土地开发为导向、土地牵着规划走的传统局面，建立了城市规划主导的建设用地管理新模式，以应对我市土地资源日益紧缺带来的发展压力。这次改革在行政体制上为紧约束条件下深圳城市转型提供了有力的支撑和保障，一方面通过强化规划的决策角色来促进城市规划的科学编制，通过强化规划对土地空间的控制能力和配置权来确保规划的顺利实施；另一方面通过加快城市化转地、加强土地清理和土地整备、严肃查处违法用地等工作，为集约、节约、高效利用土地打下基础，为规划编制和实施提供服务、支持和保障。这次改革通过强化决策权来加强执行力，为改变我市二十多年来形成的自下而上的粗放式发展模式，为落实“产业第一”和发展四大支柱产业，为实现特区内外城市一体化提供了制度保障。

为了明确规划主导的建设用地管理模式，市政府颁布了《深圳市建设用地审批工作规则》，确定了我市建设用地管理的主管部门、审批程序和内容。在随后召开的全市规划工作会议和土地管理工作会议上，又下发了《中共深圳市委深圳市人民政府关于进一步加强城市规划工作的决定》（以下简称《决定》）和《深圳市人民政府关于进一步加强土地管理推进节约集约用地的意见》两个文件，进一步阐明和强化了城市规划主导的建设用地管理模式，并强调要通过加强城市近期建设规划与国民经济和社会发展五年规划的衔接、建立城市近期建设规划年度实施计划制度、坚持城市总体规划与土地利用总体规划的高度协调和统一来创新规划实施机制，确保城市规划主导的建设用地管理模式能够顺利推进。

实现全面城市化和基本完成转地工作，为落实城市规划主导的建设用地管理模式创造了条件。深圳全面城市化是中国城市化进程中的一个创举和特例，是深圳城市建设的新起点，也是城市规划工作的新起点，给全市城市规划工作创造了前所未有的好形势和好环境。在这以前，由于政府没有绝对掌控土地一级出让权，以及土地开发主导着规划管理，规划编制协调难度大，规划实施面临重重阻力，导致特区外的规划管理缺乏统筹，处于有点无面、有建无管的状况，违法用地现象普遍，用地结构严重失调，市政公共配套设施标准低数量少，城不城，乡不乡。全面城市化和转地工作的完成，使我市成为全国第一个没有农村行政建制和没有农村集体土地的城市，更有条件强化空间资源的统一配置，从根本制度上解决了特区内外规划管理和城乡规划管理的二元化问题以及多头供地带来的倒逼机制，有助于深圳走出低水平投入——低标准建设——低质量空间——低层次产业和低素质人口——低效利用资源的恶性循环，走出被动约束困境，建立主动约束无序开发行为的机制，为建立全市统一的规划主导的建设用地管理模式创造了条件，为实现特区内外城市建设和规划管理一体化全面统筹创造了条件。近年来，我市规划管理工作取得了长足进展，生态控制线严格执行、法定图则编制全面铺开、组团规划和新城规划顺利完成、城市总体规划修编如期进行，这些都与全面城市化和转地工作的完成是分不开的。

城市规划主导的建设用地管理模式是落实规划龙头地位、发挥规划“先”和“关”作用、实现“量布裁衣”的关键，规划管地才能落实规划决策和保障规划实施。从实施情况来看，在相关职能部门、各区政府的大力支持和积极配合下，城市规划主导的建设用地管理模式取得了巨大的成绩：一方面，建设用地供应总量控制得到了强化，用地选址更为科学，用地效益不断提高，保障了社会经济的迅速发展；另一方面，违法建设用地现象得到了及时发现和处理，遏制了多年来普遍存在的基层盲目冲动的土地开发现象。

二、确立近期建设规划年度实施计划制度，形成建设用地管理的有力抓手

全市规划工作会议确立年度实施计划制度以来，我市已连续两年编制和实施了该项计划，初步实现了“规划管空间，发改管内容”的双平台机制。经过两年的实践，近期建设规划年度实施计划作为我市建设用地管理的主要抓手，已经形成了一套相对完备的编制、管理和实施机制，并得到了建设部、国土资源部的充分肯定，也得到了市内各相关职能部门、各区政府的认可和支持，已经成为我市实现空间统筹的主要平台和工具。从实施效果来看，该计划通过对建设用地供应规模、布局和时序的调控，强化了城市规划的实施机制，引导了城市建设用地资源的高效配置。首先，该计划的实施使多年来一直难以解决的超计划批地问题得到根本扭转。2006年计划提出年度供应土地量为21.75平方公里，实际供应量为20.32平方公里，就产业项目用地供应而言，计划供地7.59平方公里，实际供应产业用地面积为8.21平方公里。

2007年计划供应建设用地18平方公里，截至目前已累计完成建设用地计划18.56平方公里，完成年度实施计划的103.1%，上报市政府审批建设用地面积符合年度实施计划率达到95%以上。新增建设用地和工业用地得到有效控制，空间集聚进一步加强。其次，坚决贯彻了市委、市政府的政策意图，有力推动了政府投资项目（公共配套、市政交通、固本强基项目）的用地落实和建设，保障了“基层基础年”等全市重点工作的开展。第三，落实建设用地审批管理要求，强化建设用地的计划管理。近期建设规划年度实施计划是市政府常务会批地的依据性文件，2006年上会项目七成以上均符合年度计划，重大项目上会率更是接近100%。

三、制定各类产业的用地标准和发展专项规划，促进高效利用土地

在市委、市政府的大力支持下，城市规划主导的建设用地管理模式在扭转传统粗放用地、用地管理建章立制以及提高科学利用土地水平等方面取得了很大成绩。

为了摸清家底，规划部门从2004年开始对全市建设用地进行清查。2005底，我市的实际城市建设用地达到703平方公里，远远超过以前认定的400多平方公里的概数，在促成市委、市政府提出“效益深圳、和谐深圳”发展战略过程中发挥了积极的作用。另外，按照市政府部署，我局会同市发改、贸工、国土等部门，对2003年至2005年宝安龙岗两区政府审批的369个建设项目用地进行了清理，并提出了分类处理原则及下一步落实到每宗用地的处理工作方案，涉及用地面积996公顷。通过加强整合，有力引导了资源向符合城市发展需要、符合产业发展策略的区域集聚。2006年，为了集约利用非农建设用地，我局确定了“先已建，后未建”、“先成片，后零星”的原则，划定宝安、龙岗两区非农建设用地，总面积为22.74平方公里，其中：在建成区划定18.36平方公里，在空地中划定4.38平方公里（含未建房户统建居住用地1.69平方公里）。

在建设用地清查的基础上，我市制定了产业规划和用地标准，为建设用地管理提供依据。近年来，我市先后完成了工业、物流、金融、文化等四大产业的空间规划，弥补了产业发展专项规划的空白。同时，还制定了四大产业项目用地标准，严格控制项目用地规模，防止以各种名义变相圈地，优先保证支柱产业、适度重型化产业以及重大城市基础设施的用地需求，并通过提高建设项目用地门槛，有效改善用地效益。同时，抓住特区外城市化的历史机遇，控制好土地资源以成片集约化开发，提高土地效益。据统计，在2006年已安排的产业项目用地中，平均容积率达1.97（现状平均容积率为1.4），平均投资强度达6339元/平方米，均超过了控制标准，仅通过提高容积率标准就相当于节约用地近2平方公里。亿元GDP消耗建设用地量从2005年的0.142平方公里下降到0.128平方公里，下降幅度为9.86%，基本达到效益深圳指标体系中的指标要求。

四、推动城市更新改造，盘活和挖潜存量土地资源

城市更新改造工作稳步推进。首先，我局着力做好制度建设和规划编制工作：出台了城中村（旧村）改造总体规划纲要、城中村（旧村）改造暂行规定及其实施意见。起草了专项规划编制技术规定和改造资金管理办法等配套政策。完成城中村改造中长期计划，明确五年内指导我市开展城中村改造工作的基本依据。制定了全市城中村（旧村）改造年度计划。制订城中村改造专项规划指引。起草城中村改造公共租赁房政策报告以及城中村改造项目分期实施意见等操作性文件。开展旧工业区改造策略研究。组织起草关于工业区升级改造的若干意见实施细则。编制工业区升级改造总体规划纲要。完成城市更新与旧区改造策略研究。这些都为推进城市更新改造工作开展提供了比较完整的制度规范和技术保障。其次，从实施情况来看，自2005以来，我市城中村（旧村）改造历年年度计划共列入全面改造项目100项，其中已批准改造专项规划24项，已编制完成正在批准改造专项规划5项；特区外改造项目已批准改造范围59项，部分改造专项规划正在组织审批。综合整治项目共列入167项，已有70项基本完成。工业区升级改造工作也已正式启动。城中村（旧村）改造以及工业区升级改造工作的开展，大大有利于存量土地资源的盘活和挖潜，进一步促进了土地资源的集约节约利用。

[2008]全省建设工作会议交流材料之三

构建预防新机制，促进重点项目廉洁建设

——广佛轨道交通建设工程（佛山段）介绍

佛山市建设局

近年来，我市在重点工程项目中开展预防职务犯罪工作取得一定的成效，有效地遏制了职务犯罪行为的发生，使重点项目的建设秩序进一步规范，建设效率进一步提高，如佛山一环建设、省运会场馆建设、佛山公园、建红街改造项目等，为佛山社会、经济发展夯实基础。去年，按照省市政府部署，加快了重点项目建设的步伐，积极推进广佛交通工程项目建设。广佛轨道交通工程是省、市两级政府构建广佛经济圈，推动区域经济发展，提高群众生活水平的重要建设项目，是国内第一条城际快速轨道交通路网，也是佛山目前最大的建设项目，总投资达146.7亿多元，全长32.16公里，其中佛山段里程长14.8公里，在2007年6月28日全面开工，现各项工作进展顺利，工程建设进入全面实施阶段，计划在2010年开通。为贯彻落实中共中央关于《建立健全教育、制度监督并重的惩治和预防腐败体系实施纲要》、五部委《关于在工程建设领域共同开展预防职务犯罪工作中加强联系的通知》和省检察院、省建设厅《关于在重点项目中同步开展预防职务犯罪工作的通知》精神，进一步建立健全我市重点建设项目依法建设和廉洁建设，我们选定市重点建设项目"广佛轨道交通建设工程（佛山段）作为同步开展预防职务犯罪工作点，推进预防工作。现将我们的做法汇报如下：

一、建立专项预防机构，加强预防职务犯罪工作的领导

建立专项预防工作机构，由市预防职务犯罪工作领导小组办公室和市轨道交通工程建设领导小组办公室联合成立佛山市轨道交通建设工程专项预防职务犯罪工作组。工作组由市预防办、市检察院、市建设局、市轨道交通工程建设领导小组办公室、市轨道交通发展有限公司人员组成。专项小组主要职责是组织开展各项预防活动，督促检察建议、预防建议的落实；督促建设单位牵头会同参与部门组织开展"工程优质、干部优秀"争创活动；定期研究、分析预防工作开展情况；定期向市预防领导小组机构报告预防工作；受理有关违纪违法犯罪举报等。

二、制定工作方案，实施预防工作

制定工作方案，由市预防职务犯罪领导小组办公室、市轨道交通工程建设领导小组办公室联合发文《广佛轨道交通建设工程（佛山段）预防职务犯罪工作方案》（佛预办[2007]1号），方案主要有基本目标、预防工作重点部门与重点环节、基本要求、重要措施和加强信息交流、形成预防职务犯罪工作合力等。方案发到建设行政主管部门、轨道交通领导小组办公室、佛山业主、佛山段施工单位、监理单位等。市建设行政主管部门和业主单位分别制定了落实方案的具体措施，建立健全相关制度，抓好落实，确保工程上马、干部不下马。

三、明确预防工作的指导思想

在广佛轨道交通建设项目预防职务犯罪工作，是以邓小平理论、"三个代表"重要思想和科学发展观为指导，按照"坚持标本兼治、综合治理、惩防并举、注重预防的方针，扎实推进惩治和预防腐败体系建设，在坚决惩治腐败的同时，更加注重治本、更加注重预防、更加注重制度建设，拓展从源头上预防腐败工作领域"的要求，以促进建立和完善现代建设市场体系，促进党风廉政建设和构建社会主义和谐社会为目标，针对广佛轨道交通建设（佛山段）建设项目易发多发职务犯罪的部位和环节，发挥检察机关的惩治、预防职务犯罪职能作用，发挥建设行政主管等部门的市场监管、行业管理职能作用，采取教育、制度、监督相结合的办法，以"工程优质、干部优秀"争创活动为载体，积极开展形式多样的预防活动，努力遏制职务违纪违法行为的发生，推动重点建设项目廉政建设。

四、预防工作重点部门与重点环节

（一）重点部门：1、组织协调部门；2、项目法人单位；3、建设单位；4、施工单位、监理单位、招标代理单位；5、材料采购及供货单位；6、有关行政管理监督单位和参与单位。

（二）重点环节：1、工程招标、投标；2、征地拆迁；3、工程项目设计、造价变更管理；4、工程资金管理；5、工程材料采购供应管理；6、工程质量、安全检查、验收；7、工程预结算；8、工程项目标后管理。

五、开展预防职务犯罪工作的基本要求

开展预防职务犯罪重点是对"两种权力，两条主线"的预防。"两种权力"是指工程建设项目的行政审批权和工程建设项目管理权；"两条主线"是指征地拆迁和工程建设两条主线。主要做法：

一是工程招标、投标管理。要求建设单位按照市委书记林元和提出的"六个管住"中的"管住招投标"要求，在工程项目招投标工作中，必须坚持公平、公正、公开和诚信原则，严格执行《招投标法》及有关行政法规、规章的规定和办事程序，所有分项工程必须公开招标，严格执行准入制，以保证工程质量。各级监督部门要全程介入，加强监督，确保招标投标公平、公正和公开。

二是征地拆迁资金管理。要求建设单位严格按照《城市房屋拆迁管理条例》和其他行政法规要求，防止征地拆迁中的虚报、瞒报、内外勾结相互串通骗取补偿资金等行为，严格管理征地拆迁资金，确保补偿资金如期如数发放到位，杜绝贪污、挪用等犯罪行为的发生。

三是加强工程项目设计、造价变更管理。建设、监理、施工单位要认真执行建设部、省建设厅关于工程项目设计、造价变更管理规定，严格项目设计、造价变更审批权限和程序，严格报批手续，不得随意变更。行政管理部门要加强监督管理，发现违规行为要及时纠正，保证设计、造价变更合理、合法。

四是加强工程项目资金管理。要求建设单位建立健全财务管理制度，规范财务管理秩序，强化资金监管力度，定期或不定期地进行财务检查和专项审计，发现问题及时纠正，切实防止发生贪污、挪用、挤占工程建设资金和不按照资金管理程序及工程进度拨付资金的问题。

五是加强工程材料采购供应管理。建设单位、施工单位材料采购必须按照招标投标和政府采购有关规定进行采购，预防材料采购供应中出现违规、违法现象。行政管理部门和监督部门要做到"五个不准"即①不准为建材采购招投标说情；②不准为施工单位介绍材料；③不准干预建材采购过程中的正常监督；④不准插手计量支付和采购后验收；⑤不准与采购供应单

位乱拉关系。

六是严格工程质量、安全检查、验收。要求行政主管部门和质量监督部门及人员必须认真履行职责，坚持“一岗双责”，即抓管理必须同时抓廉洁自律。自觉遵守廉洁自律“十不准”，即①不准参加可能影响公正执行任务的宴请和任何形式的健身娱乐活动；②不准接受管理、服务对象以任何名义、任何形式赠送的礼金、代币购物券（卡）有价证券和支付凭证；③不准利用工作之便向管理或服务对象索取财物，或者要管理、服务对象为其报销应由个人支付的各种费用；④不准违反规定，干预或插手工程招投标、承包以及与此有关事项；⑤不准利用工作之便，参与推荐勘察、设计、中介、监理和施工单位、生产厂家或产品等活动；⑥不准违反规定，从事与本行业有关的有偿中介活动；⑦不准利用工作之便，向管理、服务对象披露有关影响公平竞争的信息和属于保密的信息或资料；⑧不准以任何理由、任何方式推诿、拖延办理管理、服务对象申办的有关事项；⑨不准介绍或帮助配偶、子女、亲属分包工程合同有关设备、材料、工程分包、业务活动；⑩不准与施工、监理、招标代理等单位串通虚报工程造价骗取国家建设资金。

严格执行责任追究制度。要求行政管理、监督部门加强对施工单位的监督，施工单位必须完善自检体系，严格质量、安全关，发现工程质量、安全问题要及时整改，并视情节追究有关人员的责任。要加强对监理单位的监督，监理单位必须履行职责，及时发现和纠正质量、安全问题，对因监理失职和不力造成严重后果的，要严肃查处有关责任人。

七是加强工程预结算管理。要求建设单位必须按照财政部门和工程造价管理部门的规定进行工程项目预结算。工程造价管理部门必须全程介入、参与工程项目造价管理，发现问题及时报告行政管理部门和专项预防工作组。

八是加强工程的标后管理。要求行政管理和监督部门要加强对工程项目的标后管理，要按照招标文件要求和投标文件的承诺认真检查、核对项目经理和项目监理及班子人员、设备到位情况；认真检查工程质量，检查工程进度款支付情况和是否有拖欠工程款和拖欠工人工资情况，发现问题要及时纠正，限时整改，有违法违纪行为及时报告专项预防工作组。检查及纠正情况应建档备查。

六、专项预防主要措施

开展预防工作是以开展“双优”（工程优质、干部优秀）争创活动为载体，以建立健全教育、制度、监督检查为手段，结合工程建设特点，创造性地开展相关工作。

1、要求工程建设管理部门以及各参建单位，要采取多种形式广泛开展预防教育和法制教育，增强廉洁自律意识，提高干部、职工遵纪守法的自觉性。要求实行“双签”，即签定工程合同的同时签定“廉政合同”并报职能部门备案，预防工作开展情况要及时向专项预防工作组报告。

2、要求预防工作组通过检查和调查研究，要有针对性地加强对关键部门、关键岗位、关键环节、关键人员的管理和监督：一是建立廉政信息档案，掌握预防工作重点部门人员信息资料；二是主动地为工程建设单位提供预防咨询；三是对有关工程项目的监管、参建单位人员进行警示谈话；四是聘请工程技术人员组成专家组，深入实地协助预防工作组检查；五是对发现的苗头性、倾向性问题及管理、制度上存在漏洞等及时提出有针对性预防职务犯罪检察建议。

3、密切配合，认真查处职务犯罪案件。要求专项预防工作组发现和接到举报职务犯罪线索，要及时移交市检察机关，检察机关经查证不构成犯罪但是违反行业管理规定或党纪政纪的，要及时移交行业主管部门或纪检监察机关处理。行政主管部门对广佛轨道交通工程项目相关单位和人员作出的行政处罚决定要建立廉政诚信档案制度，处罚决定抄送专项预防工作组。

要求建设单位在广佛轨道交通工程佛山段各施工段显要位置设立“违法犯罪举报箱”，并公开举报电话。

4、专项预防工作组要定期或不定期深入工程建设相关部门、建设单位以及建设工地，召开预防情况分析会议，实地检查指导，通报情况，交流信息。对发现的违规违法或可能诱发职务犯罪等倾向性问题，及时制订预防措施，防止违法犯罪问题发生。

5、加强与广佛轨道交通工程项目广州段主管部门及检察机关、纪检监察部门联系，互相通报情况，交流预防工作经验，资源共享，优势互补，形成预防职务犯罪工作合力。

以上是我市对重点建设项目“广佛轨道交通建设工程（佛山段）同步开展预防职务犯罪工作”的一些做法。因这项工作正在开展当中，我们将认真落实方案要求，使广佛轨道交通建设项目又好又快又廉洁地开展。

[2008]全省建设工作会议交流材料之四

以人为本　实惠百姓
积极开创城市公厕建设新模式

梅州市环境卫生管理局

近年来，我们紧紧围绕梅州市委、市政府实施“四个梅州”发展战略的部署，坚持以人为本、实惠百姓的原则，大胆革新，成功开创了城市公厕建设的新模式，成为提升梅州城区城市品位的新亮点。2005年下半年以来，全球20多个国家、全国130多个地级以上市的环卫同行，先后来我市参观考察，对我们在公厕建设管理方面取得的成绩给予了充分的肯定。

一、创新公厕建设模式

长期以来，“脏”、“乱”、“臭”是公厕的代名词。城市的许多市民，一方面希望有方便的公厕，另一方面又不希望把公厕建在自家附近。政府为市民做好事建公厕，却又普遍遭到市民的反对，建公厕成了“吃力不讨好”的城市基础设施建设难点。如何破解这一难题？在市委、市政府领导的重视支持和规划城建等职能部门的积极配合下，我们采用逆向思维方式，整合资源，从规划、设计、建设、管理“四管齐下”，把公厕与店铺、饭店、办公楼、垃圾中转站、老人活动室等设施有机巧妙地结合起来，建成以公厕为主体的综合性设施，走出了一条城市公厕可持续发展的新路子，主要有如下五种模式：

一是采取“公厕+店铺”模式。在新建或改造公厕时，临街有条件建店面的公厕，均建起了一间店面，门店租金抵减公厕管理费用。像这样带有店面的公厕主要设置在人流量较大的繁华地段，如火车站广场公厕、丽都西路公厕、华南大道公厕等。

二是采取“公厕+饭店”模式。我们大胆地提出了把公厕与饭店建在一起，两者融为一体的建设管理理念，并付诸实践。如在市中心的文化路公厕与饭店建在一起，敞开对外，市民与顾客兼用，资源共享。

三是采取“公厕+办公楼”模式。这种模式集公厕、办公楼于一体，如虹桥头公厕、强民路公厕、新江西路公厕等。底层是公厕，楼上是办公房。

四是采取“公厕+中转站”模式。这种模式因地制宜把公厕与垃圾中转站合二为一，底层建中转站，二层建公厕，像这样的综合设施有百花洲公厕、东山桥南端公厕等。

五是采取“公厕+老人活动室”模式。拓宽建设思路，利用社会力量，多元化建设，实现双赢。由社区无偿出土地，环卫部门出资建设。底层建公厕，二层建老人活动室。

在我们梅州建设这种公厕，每座约需花费40万元人民币。实践证明，采取以上模式建起的环卫公共设施，既节约土地，降低了建筑和管理成本，又方便管理，资源共享，优势互补，互相促进，更主要的是解决或减少了公厕与周边群众的对立矛盾，塑造了环卫新形象，提升了城市品位。

二、创新公厕服务理念

我们坚持以人为本，实惠百姓的原则，不断创新服务理念，提高服务质量，让广大市民感到卫生、方便、舒适和满意。

一是科学布点。紧紧把握城市商业、小区、休闲等城市人居环境特点，因地制宜，合理布点。

二是实行“零收费”。从2005年上半年起，我们将梅州城区全部公厕免费向市民和游客开放。

三是转变角色，强化服务。通过免费开放公厕，制定保洁质量标准，加强监管，使公厕管理保洁人员从过去收费员的角色向现在保洁服务员转变，保证保洁质量和服务水平。

四是体现人文关怀。我们从实际出发，积极打造厕所文化。公厕保持整洁的地板、清新的空气，设置标准醒目的指示牌，在厕所内墙挂上名言警句，修建残疾人专用通道，让市民充分享受到城市文明进步的成果。

三、创新公厕管理机制

实行公厕卫生保洁与卫生监督分离，把公厕卫生保洁推向市场的同时，不断强化监管手段，制订实施了《梅州市环卫局公厕管理量化考核评分标准》，确保管理规范化、制度化。

一是实行市场化运作。通过市场竞标，把公厕卫生保洁业务推向市场，以保洁维护一间公厕每年2万元的价格，将梅州城区环卫部门管理的公厕保洁维护责任交由私营企业——梅州市宏信环卫有限公司承包经营，实行专人专职保洁维护，使公厕全天候保持洁净，彻底改变了过去“卫生间不卫生”的状况。

二是明确考核内容。对公厕的保洁管理进行量化考核，包括正常开放的时间、保洁质量要求、设施设备维护等9项，总分值为100分。

三是明确处罚标准。规定95分至100分评定为“好”；80分至94分评定为“中”；80分以下评定为“差”。对每间公厕考核达95分以上不处罚，95分以下，每扣1分处罚100元。因工作没有做好，被新闻媒体曝光的，每次扣10分，罚1000元；被群众投诉调查属实的，每次扣5分，罚500元。

四是明确考核办法。实行明查与暗访相结合、专项检查与综合检查相结合、市环卫局检查与分局检查相结合。市环卫局检查每月不少于2次，分局检查每周1次。

五是实行社会监督。常年在《梅州日报》上公布投诉热线电话，接受全社会的监督投诉。2004年下半年以来的近三年时间里，我局监管的公厕投诉率为“零”。

总结我市公厕建设管理取得成功的经验，我们认为关键在于：以人为本，创新思维，整合资源，务实求变，合力共创。市有关职能部门规划、建设、财政等单位通力合作，变环卫单干为合干，形成了前所未有的齐抓共管的喜人局面。通过改变公厕的现状，让群众得实惠，改变市民对公厕的传统观念，获得群众的理解和支持，变群众反对为拥护。使群众的观念从“不让建”变为“欢迎建”，形成良好的社会氛围，实现了环卫和谐。

梅州城区公厕建设管理模式得到了原全国政协副主席叶选平的充分肯定和广大市民的普遍赞誉。2005年7月，“中国优秀旅游城市”国检验收组专家在验收我市创建“中国优秀旅游城市”工作时指出，“梅州模式”的公厕建设管理标准高、造价低、管理好，实惠百姓，特别是管理模式值得推广。11月联合国国际能源与环境考察团到梅州考察城区公厕后大加赞誉，认为这是“城市公厕可持续发展的解决方案”。

[2008]全省建设工作会议交流材料之五

激励工程质量创优的经验和做法

东莞市建设局

近年来，市建设局按照市委、市政府提出的“加快经济社会双转型，建设富强和谐新东莞”的工作要求，坚持科学发展、科学管理，提出了“创新管理机制、打造建设管理三大工程（即精品工程、平安工程、阳光工程）”的工作思路，高度重视建筑工程质量，狠抓建筑工程施工管理，制定和落实一系列管理措施，激励工程创优，着力打造“精品工程”，取得了一定工作成效，从2002年至2006年共创出中国建筑工程鲁班奖2项、省金匠奖10项，省优良样板工程50项，市优良样板工程200项。现将有关情况介绍如下：

一、领导高度重视，不断加大工程质量管理力度

优质工程是对建筑工程质量实施有效管理的结果。建筑工程质量管理作为建设管理的中心工作，我局始终坚持以责任、技术、监管作保证，把对质量的要求和目标落到实处，始终将建筑工程质量管理作为日常管理工作的“重中之重”。在每周召开的局长办公会上，经常研究工程质量的管理工作，保证使工程质量管理工作得到很好的落实，在全市建设管理工作会议上也多次强调工程质量管理工作，提出每一阶段工作的重点。局领导也经常到施工现场检查和了解有关情况，掌握现场第一手材料，研究部署有关工作。

二、加强建章立制，不断健全工程质量管理和创优的

长效机制

近年来，我局结合我市的实际情况，制定了很多行之有效的规章制度，进一步规范了我市工程质量管理和创优工作。

（一）严格实行四项质量管理制度

一是实行地基基础检测制度。纳入质量监督的工程必须在地基基础工程检测合格后才能进行上部结构施工，确保建筑地基基础质量。

二是实行混凝土结构抽芯制度。纳入质量监督的工程必须进行结构实体混凝土抽检，检测合格后才能进行主体结构验收，确保建筑结构质量。

三是实行材料送检及监督抽检制度。严格控制进入施工现场的建筑材料质量，除要求按有关规范、标准进行送检外，质量监督站还对进场材料进行监督抽检，确保只有合格材料才能使用到建筑上。

四是在全市实行应用商品混凝土制度。我局在2005年已发出《关于进一步落实建设工程禁止施工现场搅拌混凝土的通知》，全面推广应用预拌混凝土，禁止现场搅拌混凝土。目前，我市已建成投产的混凝土搅拌站有35家，年生产能力超过2000万立方米，输送范围覆盖全市。

（二）建立工程创优激励机制

一是实行创优奖励制度。对获得市优工程的施工企业，可获得5次直接进入商务标的资格；省优工程可获得10次；国家优质奖（鲁班奖）可获得30次。

二是实行创优目标责任制。各镇（街）每年至少要创出一项优质工程，创优的成绩作为年终评先的重要指标。施工企业按质资等级明确目标，创优成绩亦作为年终评先的重要指标。

三、大力推进工程质量创优活动，不断提高创优工作水平

（一）实行“政府搭台，企业唱戏”，全面统筹全市的创优活动

创优工程需要较长时间，并涉及大量的人力、物力，因此我局根据东莞市的实际情况，经过调查摸底，从年头开始就认真制定了全市的创优计划，确定创优项目，做到分期实施，近期目标与远期目标相结合。

为统筹协调全市的创优活动，市建设局成立全市创优领导小组，由分管副局长担任组长，下设办公室负责全市创优活动的日常工作，办公室成员从质安科、市质监站、市建筑业协会的技术骨干中抽调组成，并充分发挥协会的行业管理作用，具体由协会负责组织。各镇区、各施工企业亦相应成立由单位领导任组长的工程创优小组，制定本单位的创优计划，在2007年共有150多项工程申报了创优计划。

（二）实行全面的工程质量通病防治工作，夯实创优工作基础

省住宅工程质量通病防治技术措施二十条的颁布对提高我省住宅质量，减少住宅普遍存在的通病具有重大的意义。

1、在全市以建设局文件转发全文，并由市质监站将《二十条》具体内容印成小册子，免费发放到工地。

2、明确要求建设单位应将质量通病防治技术措施列入工程检查和验收内容，工程竣工验收报告应说明质量通病防治技术措施实施情况，由并市质监站监督落实。

3、明确要求勘察设计单位在住宅工程设计中应将本工程质量通病防治技术措施有关设计的内容在施工图设计文件中体现，并向施工等相关单位进行设计交底。施工图审查机构应将质量通病防治措施列入重点审查内容，审查报告应说明质量通病防治技术措施符合情况。

4、明确要求施工单位应编写《住宅工程质量通病防治方案和施工措施》，经监理单位审查后实施，并严格落实质量通病防治技术措施；在工程竣工报告中应重点说明质量通病防治技术措施落实情况。监理单位应审查施工单位提交的《住宅工程质量通病防治方案和施工措施》，提出具体要求和监控措施，并列入《监理细则》作为重点监理内容；在分项和分部工程验收时应重点对质量通病防治措施进行核查，评估报告应对质量通病防治措施落实情况进行评估。

5、质量监督站将通病防治列入日常监督检查重点，在工程质量监督报告中说明对质量通病防治的监督情况。在我市一年四次的全市工程质量季度检中将落实《二十条》情况作为重点检查内容。

通过采取以上措施，我市住宅工程的质量通病比以往大为减少，工程质量逐步提高。

（三）实行创优激励机制，全市创优工作形成良性循环

为建立良性循环的创优机制，我局先后印发了《关于开展全市施工企业创优质工程活动的通知》、《关于申报创“鲁班奖”工程项目的通知》、《东莞市建筑工程创优管理暂行规定》、《东莞市优良样板工程评选办法》等一系列有关创优、鼓励创优的文件。通过制定一系列创优实施办法，逐步在全市形成了良性循环的创优机制，为创优活动打下坚实的基础。

（四）实行攻坚克难，认真克服创优薄弱环节

工程质量档案资料整理是我市施工企业的薄弱环节，但又是工程创优的关键环节，为提高施工企业的档案资料整理水平，我局采取了如下措施：

1、举办资料培训班对施工企业的资料员进行培训，通过培训提高资料员的业务水平。

2、以水平较高的工程档案资料作为学习的样板，带动起资料整理水平较差的工程项目。

3、请来专家审阅有关施工企业的工程质量档案资料，并进行一对一的辅导。

（五）实行“层层把关，优中选优”，确保创优工作质量

我市在评选市优工程中，由市建设局委托市建筑业协会组织土建、设备专家组成评选小组，对各施工企业报送的工程项目进行严格审查。早在2003年，我市就制定了《东莞市优良样板工程评选办法》，使评选市优良样板工程有据可依。在评选过程中，重点查核法定建设程序和执行工程强制性标准，要求有关工程在细部施工、应用新材料、新技术以及建筑设计有一定亮点，体现一定的施工工艺水平，法定建设程序不全的工程项目一律不予评优。在评选出的市优工程的基础上，市建设局由主管副局长带队，组织有关专家，层层筛选，向省建筑业协会推荐申报省优良样板工程，实行优中选优，并组织参评施工企业参观学习样板工程，要求各参评企业组织创省优小组，由主要领导任组长，重新进行资料整理，完善工程细部，做好工程总结和新材料、新技术总结，按有关文件要求做好申报工作。

由于领导的重视，企业积极参与，我市创优工作抓得早、抓得实，通过落实创优计划，建立创优机制，各项措施得力，我市工程创优活动得以全面深入开展，创优工作取得了一些成效，其中2007年我市共评出了40项市优良样板工程，在此基础上，我们推荐了17项工程参加省优良样板工程评选，不论在数量上还是质量上都较往年有所提高。

[2008]全省建设工作会议交流材料之六

全民动员，全力整治 扎实推进城乡清洁工程

湛江市建设局

2007年5月以来，在省委、省政府及省建设厅、省有关部门的大力支持和指导下，我市先后投入1.27亿元，整治卫生死角2.78万个，清理垃圾和淤泥14.2万吨，新增绿化面积60多万平方米，出动联合执法人员66.2万人次，拆除违章建筑131万平方米，取缔占道经营等违章行为31多万次。经过集中整治，初步革除了城乡环境卫生中的“顽疾”，市区和县城基本达到了“五净”标准，城乡环境面貌明显改观。我们的主要做法是：

一、加强领导，形成合力

一是召开动员大会，迅速掀起城乡清洁工程热潮。市委书记徐少华、市长陈耀光在全市实施城乡清洁工程电视电话动员大会上分别作了讲话，强调实施城乡清洁工程的极端重要性，要求各县（市、区）、各部门、各单位提高思想认识，按照市里统一部署和具体要求，迅速开展整治行动。二是建立机构，为城乡清洁工程提供组织保障。建立城乡清洁工程联席会议制度，由陈耀光市长任召集人，潘那生常务副市长为副召集人，市监察局、建设局、市政园林局、城市管理行政执法局等单位主要负责人及各县（市、区）政府主要领导为成员。联席会议下设办公室及三个工作协调组，具体负责城乡清洁工程日常工作。三是明确主要领导为第一责任人，认真负起总责。这次活动实行“以块为主、条块结合、上下协调、齐抓共管”的机制，各县（市、区）、镇（街）党政一把手、市直职能部门主要负责人是城乡清洁工程的第一责任人，形成抓领导、领导抓、一级抓一级、层层抓落实、各方齐抓共管的工作局面。

二、抓好重点，以点带面

我市实施城乡清洁工程，从革除环卫“顽疾”、整治卫生死角切入，按照“五个结合”（治乱、拆除违章建筑、绿化、安民、问责）的要求，点上抓示范，面上抓整治，点面结合，使城乡清洁工程重点突出、整体推进。我们主要抓了八大重点：一是城中村、城乡结合部的卫生死角；二是城镇小街小巷的环境卫生；三是国道、省道两旁的垃圾；四是市区和县城道路的“六乱”（乱摆卖、乱停放、乱丢倒、乱搭建、乱张贴、乱涂写）；五是农贸市场的卫生保洁；六是施工工地与运输环节管理；七是违法违章建筑的治理；八是村庄环境卫生综合整治。城乡清洁工程开展以来，全市分期分批公布了350多个卫生死角，均按期完成整治并通过验收，通过对重点卫生死角的整治，带动了城乡清洁工程的全面开展。

三、创建样板，全面推进　　在实施城乡清洁工程过程中，我市积极推进创建样板工程工作，积极发挥样板的示范带动作用，促使城乡清洁工程全面推进。样板由各县（市）推荐，市城乡清洁工程联席会议办公室组织有关单位进行验收，并根据验收的结果对被评为样板的给予通报表扬，同时，号召各县、各镇向样板学习，全面做好城乡清洁工作。

四、健全机制，长效管理

城乡清洁工程是一项长期的系统工程，我市在实施过程中，注重正确处理集中整治和长远建设管理的关系，一手抓整治，一手抓制度建设。先后制定了《湛江市县（市）城乡清洁工程长效机制实施方案》、《湛江市县（市）城乡清洁工程门前“三包”检查内容及处罚依据》、《湛江市县（市）城乡清洁工程工作检查办法》、《湛江市市区城乡清洁工程“门前三包”实施方案》、《湛江市实施城乡清洁工程问责暂行办法》等10多项方案和规章制度，使城乡环境卫生管理步入制度化、规范化、法制化轨道，达到标本兼治的目的。

五、加大投入，完善设施

一是加大环卫经费投入。不断健全各级财政增加城乡环境卫生投入机制，根据清洁作业面积的增加，环卫经费投入也逐步相应增加。二是加强清扫保洁队伍建设。全市各县（市、区）以及乡镇都相应增加了环卫第一线清扫保洁工人数量，如赤坎区招聘60名环卫工人和40名监督员，年增加支出近100万元。三是加快环卫设施建设。通过加大财政投入和引导社会资金投入，增购了一批垃圾运输压缩车、清扫车、农用自卸车、环卫监察车、抽粪车、洒水车、垃圾桶等。目前，市区正抓紧建设霞山污水处理厂厂外管网、赤坎水质净化厂厂外管网二期、霞湖片区截污渠道以及达标的城镇污水处理、生活垃圾综合处理设施和建筑垃圾处置场地等工程；各县（市）城区也正在筹划污水处理厂和生活垃圾无害化处理场建设；中心镇也在抓紧筹划建设垃圾无害化处理场。

六、加强督促，严格问责

为确保城乡清洁工程的实施，我市建立了市容环境卫生问责机制，对责任单位党政主要领导、分管领导和配合单位主要领导实行考核问责，考核问责的结果与单位主要领导的评优评先和政绩考核挂钩。邀请人大代表、政协委员及社会各界热心人士进行监督；广泛利用投诉电话、电子信箱、举报箱、便民服务热线等形式，发动和鼓励群众进行检举。从市监察、建设、爱卫办等部门抽调人员组成督导组，深入全市范围进行巡查，并对群众反映的问题进行核实，向相关责任单位发出整改通知书，责令限期整改，对两次整改不到位、不合格的提请市纪委监察局对责任单位和直接责任人进行诫勉谈话；对少数不履行、不正确履行职责或履行职责不力，造成不良影响和后果的，严肃追究责任。到目前为止全市共问责99人，调离工作岗位3人。

七、广泛发动，全民参与

城乡环境卫生水平的提升有赖于城乡群众文明素质的提高，全市通过扎实有效的宣传动员工作，让群众感知城乡卫生整治和管理的重要性 ，使城乡清洁工程变为广大群众的自觉行动。该工程实施以来，先后在湛江电视台滚动播放环境卫生公益广告，在《湛江日报》、《湛江晚报》开辟专题专栏，及时宣传典型，推广经验，曝光问题，鞭策后进。通过广泛深入的宣传发动，广大干部群众纷纷自觉投入城乡清洁工程，踊跃投资、投工、投劳，形成“众人拾柴火焰高”的局面。通过实施城乡清洁工程，人与自然和谐、经济发展和环境卫生双赢的理念逐步深入人心，形成了讲文明、讲卫生、讲科学、树新风的良好风尚，广大市民卫生意识和责任意识明显增强，崇尚科学文明健康的生活方式，争当文明市民渐成风气。

下一步，我市将着重在“五个进一步”（宣传教育、城镇治乱、长效机制、基础设施、规划管理）上下功夫，确保城乡清洁工程全面深入持久地推进，并取得更大实效。

[2008]全省建设工作会议交流材料之七

关爱建筑业农民工，建设文明和谐新广州

广州市建设委员会

我市建设系统有农民工近40万人，如何帮助他们保护自身安全、维护自身权益、提升自身素质、融入城市文明生活、共享改革开放成果，是建设和谐广州所要解决的紧迫课题之一。为此，我们在全市建筑工地开展了创建农民工业余学校和建立工地农民工工会工作。目前，全市已创建农民工业余学校近700所，有3万人通过业余学校的培训并拿到了职业资格证书，38万人拿到了“平安卡”。通过创建工作，建立工地工会组织100多个。受到了省、市领导的肯定，在社会上得到很好评价。

我们的做法和体会是：

一、以农民工业余学校为平台，把党和政府的关爱送给农民工

建筑业农民工为城市建设做出了重要贡献，同时又成为城市中一个特殊的弱势群体。在建筑工地创建农民工业余学校是关爱农民工的一个平台，我们将党和政府的关爱送给农民工作为办学理念，把培养“懂技术、出业绩、知荣辱、讲文明，守纪律、有理想”的新一代农民工作为办学目标，把“政治上引导、技术上帮带、文化上提高、生活上关心”作为办学的具体指导方针。

（一）以建立健全工地党组织为切入点，使流动党团员找到新家。在创建农民工业余学校过程中，我们以开展“建筑工地党旗红”活动为切入点，建立健全工地党的基层组织，开展丰富多彩的党建活动，激发民工党员劳动热情，通过工地党组织建设，增强了凝聚力，扩大了党的群众基础，吸引了优秀农民工加入党组织，使工地各项工作落实有一个强力的组织保证。

例如，珠江新城“地下空间”工地农民工业余学校通过建立联合党支部，组织农民工支部党员参观“三大”会址、迎接“十七大”和开展“我为农民工捐本书”以及各项文体活动；联合党支部还适时吸收3位条件成熟的农民工入党。农民工党员找到“新家”，党员蕴含的热情被调动起来了，也影响到周围的同伴，在一起劳动和学习过程中，逐渐养成积极、健康的生活方式。

（二）从细微处入手，注重从心灵上引导农民工融入城市文明。针对农民工的孤独、寂寞感，对城市的漠然和疏离感，以及对人际关系的封闭与拒绝心理，我们以《广州市市民文明礼仪手册》等为教材，开设礼仪常识课和“城市向我微笑”心理课，引导农民工改变生活陋习和有违社会公德的行为。在高温酷暑的日子里，“四季花园”工地农民工业余学校在空调课室里，举办了“高温作业与防止中暑”讲座。“世界人口日”这天，市计生局副局长亲自到电视塔工地农民工业余学校主持了“生殖与卫生”讲座，并向农民工现场发放计生用品。珠江新城核心区项目工地开工前夕，在该工地农民工业余学校举办了“地下空间开挖与安全生产”讲座。空军广州医院也参与农民工业余学校共建工作，免费为工地农民工上医疗卫生课并提供医疗服务。通过与自身相关具体问题的探讨和学习，引起农民工的重视，引发文明意识，对现代文明和城市文明有了亲近感。在此基础上，就容易产生对自身价值的认识，提高自信，并拉近与社会的距离。

（三）举办各种有益的业余文化活动，满足农民工身心健康的需求。我们在课室配置电视机、DVD播放机、书报架，给各学校赠送各种书籍，设立流动图书馆。学校在教给他们维权和安全生产、操作技能等知识之余，还在工地放映露天电影、组织各种球类比赛等文化体育活动。国庆前夕，我委和市总工会联合举办广州市职工关爱工地农民工捐书转赠仪式暨迎国庆游园活动， 200多名建筑工地农民工代表观看了文艺演出、猜谜、篮球比赛、观看电影等各类活动。

二、大力推进建筑工地的工会组建工作，维护农民工基本权益

关爱农民工，要从维护合法权益开始，而合法权益的维护，重要的是要使他们有自己的合法组织。因此，建立农民工工会组织要与农民工业余学校的创建同步进行。

（一）以农民工业余学校为平台，大力推进农民工工会组建工作。为获得建筑工地组建工会的经验和效果，我们选择了荔湾区作为前期试点。2007年7月23日，我市第一家建筑工地工会—“盛大蓝庭”工地工会成立。8月9日，荔湾区建筑工地工会联合会成立。建筑工地工会和工会联合会成立后，有效开展工作，为农民工贴身服务，受到农民工的欢迎，试点取得成功。10月16日，广州市建筑工地工会工作委员会成立。目前，全市的建筑工地组建工会工作已全面开展，12个区、县级市中已经建立起3个建筑工地工会联合会，有近100个建筑工地建立起工会组织。

在组建形式上，我们制定了三级组织架构方案，即：各区、县级市在组建建筑工地工会的基础上，依托各个区（县级市）的农民工业余学校总校成立区域性的建筑工地工会联合会，建筑工地工会联合会归属区总工会管理。在市一级层面上，成立广州市建筑工地工会工作委员会，对建筑工地工会联合会的工作进行指导。

在管理上，我们坚持属地管理原则，即：省、市或者其他不同归属单位的建筑工地，在组建工会的问题上，都依法坚持属地管理的原则；建筑工地建立工会按照《工会法》的规定报上级工会批准；与建筑施工单位进行劳务合作的劳务公司也应该建立工会组织，发展农民工加入工会并发放工会会员证，当农民工进入工地工作时，要把会员关系转到工地的工会组织，各建筑工地工会和建筑工地工会联合会要在醒目的地方挂起工会的牌子。

为保证切实发挥作用，我们明确了各级工会及相关单位职责，包括：广州市建筑工地工会工作委员会职责；各区、县级市总工会职责；区建设部门职责；工程总承包企业职责；街道、镇总工会职责；建筑工地工会联合会的职责；建筑工地工会职责。这一系列制度为保证各级建筑工地工会切实履行职责打好了基础。

（二）发挥工地工会组织的作用，努力建立和谐劳动关系。把工会建立在工地，农民工通过自己投票选出了心目中的工会主席，农民工们感到工会不是高高在上，

而是自己身边的组织，他们用通俗的语言说工地也“有了自己的家了”。工地工会和工地工会联合会积极向新入会的农民工宣传《工会法》及有关劳动法律法规，把《工会法》、《劳动法》、《劳动合同法辅导》、《职工权益速查手册》等有关小册子送到农民工手中。把建筑工地工联会办公电话以及工会主席的手机号码向工地农民工公开，并将此设为工会热线。

各级工会都加大了对建筑工地农民工关心力度，如市建筑工地工会组织了3000多名工地农民工到番禺长隆欢乐世界参加《G4嘉年华欢乐的一天》活动，并多次组织到建筑工地进行慰问、送电影、送医疗体检等活动，增强了工会的凝聚力和向心力。今年中秋节，荔湾区建筑工地工会联合会组织了工地农民大型“和谐工地中秋欢乐活动”，扩大了工联会的影响力。“盛大蓝庭”工地建立工会组织后，该会主席代表农民工与管理层沟通协商，解决了工地工人上班避开高温时段、为农民工提供消暑凉茶防暑降温、改善工地饭堂和工人宿舍的环境卫生管理工作、预防疾病、免费为女会员进行体检，赢得了工地农民工广泛好评，建筑工地劳动关系更加和谐。

目前我市建筑工地农民工工会组建工作全面铺开。近期，我们拟与市总工会联合下发《关于以农民工业余学校创建为契机，加强建筑工地组建工会，大力发展农民工加入工会的工作意见》的文件，进一步促进这项工作的开展，广州市建筑工地工会工作委员会争取于今年年底，使全市建筑工地农民工工会入会率超过80%。

三、创新教学内容和机制，办出农民工学校特色

农民工业余学校创建以来，我们注意从内容、机制等方面进行探索创新，使学校保持向上发展的好势头。

（一）紧扣“安全、质量、道德”三大主题，创出具有广州特色的教材体系。目前我市农民工业余学校的教材已经有比较好的基础。我们在课程上设置了三个层次内容，一是“心灵哲学”——着重心理疏导；二是“城市向我微笑”——引导农民工学做“城市人”、融入城市生活；三是“我是城市一员”——提高农民工生存技能。

在安全教育方面，编写了一套连环画形式的通俗易懂的《建筑工人安全知识教育》，并配有光碟，已向农民工发放了30多万册。针对农民工文化素质比较低的特点，按照“易懂、易记、入耳、入脑、会做、实用”的要求，编写《混凝土工》等八大工种技能培训教材共24册，还编印《农民工务工知识手册》。目前，正在抓紧编写一套朗朗上口、通俗易懂、类似“三字经”式的“易读本”。这套启蒙教材将分成三个层次：第一个层次引导农民工如何做一个合格的建筑业农民工，第二个层次引导农民工如何做一个好市民，第三个层次引导农民工如何做一个好公民。

（二）建立条块结合，纵横交错的“网格化”机制来保证创建工作的顺利进行。我们紧密联系市文明办、总工会、团市委、市教育局、市劳动局、市文化局、市卫生局、市计生局等其它8个部门，组建广州市建筑工地农民工业余学校管理工作领导小组及其办公室，负责对全市建设工地农民工业余学校工作的宏观指导和督查。各区则由建设局牵头，成立相应的管理机构，负责对各区建设工地农民工业余学校的管理。各大总承包集团、各开发公司、地铁总公司、建筑、市政集团也成立相应机构开展工作。通过领导小组召开的联席会议，建立工作沟通机制，加强协调，密切配合，形成了工作合力，落实了工作责任。

我们还通过纵向联系，采取“谁家孩子谁家抱”的办法，紧紧抓住建筑行业各集团公司，由其将分散在全市的施工项目统管起来建立农民工业余学校总校。又通过横向机制，要求各区将辖区内的工地统管起来建立农民工学校。这种纵向和横向交叉形成的“网格”机制，覆盖了全市所有工地。

（三）舆论与创建同步，通过舆论营造良好的创建环境。从创建工作伊始，我们即十分注重借助舆论创造工作氛围，引起社会关注。数十家各级媒体对创建活动的每个环节和活动做了二百多条报道。同时以广州市人民政府的名义举办新闻发布会，向各新闻媒体介绍广州市建筑工地农民工业余学校创建工作情况。由于创建与舆论同行、同步，创建工作得到了领导的肯定和鼓励，引起了社会的关注，促进了创建工作顺利开展。

四、着眼巩固提高，为办好农民工业余学校创造条件

我们遵循“提高素质、服务工程、结合实际、务求实效”的办学原则，突出“实”字。通过培训师资，规范教学管理，因地制宜建设场地等措施，使农民工业余学校的办学条件逐步得到改善，为农民工业余学校的巩固提高打下了良好的基础。

（一）把师资培训放在首位，为农民工业余学校的持续发展打好基础。我们分四级建立师资队伍：一是由企业负责人、项目经理、技术骨干等组建兼职师资队伍；二是由建设、教育、劳动保障、工会、共青团、文化、卫生、计生等行政主管部门和单位的有关管理人员组建兼职师资队伍；三是由各大中专学校老师、大专院校青年志愿者、社会相关服务人员（含社区管理人员）组建兼职师资队伍；四是由建筑类或开设建筑类专业的职业院校、社区教育机构组建相对固定的师资队伍。我们已免费培训师资800人，并将继续壮大师资队伍，完成教学任务。

（二）通过建章立制，为农民工学校的持续发展提供制度保障。为了保证农民工业余学校创建工作有序开展，我们出台了有关创建工作的文件和相关管理制度。将农民工业余学校的创建工作纳入工程项目安全施工报建方案，作为办理施工许可前期安全查勘的条件之一。纳入工程项目检查、评优工作和社会治安综合治理工作范围，对于未按规定建立农民工业余学校，或虽然建立了农民工业余学校但培训工作未落实的建筑企业，规定其所有工程项目全年不得申报评优，情况严重的予以停工整顿。我们在建章立制的同时也加大对创建农民工业余学校工作的管理力度，多次召开创建建筑工地农民工业余学校工作会议，由创建工作开展较好的单位介绍经验，通过交流以点带面，以先进促后进。市创建建筑工地农民工业余学校工作领导小组办公室分阶段分小组下到各区县企业，对农民工业余学校创建工作进行指导和检查并进行通报。通过各种有效监管机制，全面地推动我市农民工业余学校创建工作开展。

（三）在实施方式和硬件要求上，因地制宜，因陋就简，为农民工学校持续发展提供条件。一是采取试点先行，以点带面来推进创建工作。在试点阶段，采取市区同步建设的方式：市级方面，由市建委牵头，在市属一级以上企业建立试点农民工业余学校；区级方面，要求符合规模的在建工地至少设立一所农民工业余学校，有条件的区则设立农民工业余学校总校，以指导本辖区农民工业余学校的创建工作。二是在建校要求上，分三个层次创建学校：首先依托在建工地，由施工项目总承包单位创建农民工业余学校。按照工程项目“谁组建谁负责”的原则，由工程符合规模要求的总承包企业负责农民工业余学校的组建和管理工作；其次，由各区政府或者建筑集团企业建立一个农民工业余总校，把零散的农民工组织起来，相对集中进行培训；再次，探索引进社会公益力量创建农民工业余学校。

建筑业农民工为广州的城市建设做出了重大贡献。他们长期远离家乡和亲人，这个特殊群体的生存状态将直接影响建设行业发展的质量和社会和谐稳定，我们有责任关爱他们、善待他们，使他们成为我市文明城市建设以及和谐社会建设的一支生力军。

[2008]全省建设工作会议交流材料之八

加强规划衔接，促进两市协调发展

——广佛两市城市规划协调机制的构筑及实践

广州市规划局　佛山市规划局

珠江三角洲是我国当前最重要、最具有活力、最有发展潜质的经济区之一，也是亚太乃至全球经济发展最快、现代制造业竞争力最强的地区之一，其中广佛都市圈是珠三角辐射能力最强的综合服务中心和扩散带动能力最强的产业中心。从地理位置来看，广州、佛山两市同属珠江下游的珠三角河网区，自然地域连为一体；从历史来看，广州与佛山有深厚的历史渊源，城镇互相交织，难分彼此。随着城市化进程的推进，两市社会经济互动频繁、相互依存，城市基础设施逐步对接成网，城市空间连绵成片的趋势日益显现，学术界及有关方面关于构建广佛都市圈的讨论不断深入，加强两市城市规划衔接，促进两市协调发展势在必行。

在两市城市规划衔接方面，广佛两市政府积极推动，共同先期开展了广佛两市道路系统衔接规划。《珠江三角洲城镇群协调发展规划》批准实施后，城市环境保护、市政设施、土地利用，尤其是城际地区规划建设等方面的协调得到进一步重视，并逐步推进。广佛两市由点及面、由部门到全局有序推进两市协调发展机制的建立，积极推进两市相关建设项目的实施，为促进区域协调发展进行了有益的探索。

一、城市规划建设协调机制的构建

（一）协调机制的基本架构

1、协调机构——广佛城市建设和管理工作协调小组

在广佛两市领导的大力推动下，2007年7月份，在原2006年8月成立的广佛两市道路交通规划建设衔接工作协调领导小组的基础上，新成立了广佛城市建设和管理工作协调小组，由两市的常务副市长任组长，成员包括相关职能部门的领导，协调小组下设办公室，广州市将办公室设于市建委，佛山市将办公室设于市规划局，两市的办公室各负责本市需协调事项的具体联系，组织和协调意见的整理与落实督办。办公室领导及人员由各市的建设、规划、国土、市政等部门相关负责人兼任。

2、协调制度——建立了长期的例会制度

协调小组以"通报情况、协调矛盾、交流经验、商定方案"为主要职能，每半年由两市轮流举办工作例会，协商城市建设和管理中涉及到的重大衔接问题，如战略通道、环境保护、土地利用或对两市的规划产生重大影响的项目等。协调小组办公室根据两市有关部门的实际工作需要不定期召开协调会议，由两市的规划、建设、交通、环保、水利等主管部门参加，对一般问题进行协商，协商不成的，再报请协调小组决定。

（二）协调机制的构筑过程

广佛两市城市规划建设和管理协调机制的构筑源于两市道路交通规划的衔接。2004年7月开始，广佛两市城市规划部门开始着手编制两市路网衔接规划，并成立了沟通协调小组。在规划编制过程中，城市规划部门和指定的具体工作单位采用经常性交流合作的工作机制，在"先规划技术研究后行政协调沟通"的原则指导下成效显著。为确保两市道路交通规划的顺利进行，2006年8月，两市政府明确提出成立广佛道路交通规划建设衔接工作协调领导小组，领导小组下设办公室，办公室设规划协调组和建设协调组（穗府函[2006]85号）。在领导小组的领导下，两市城市规划部门除了不定期举办协调会议之外，专门指定了相应的规划研究机构（广州交通规划研究所、规划院、佛山规划院），直接合作完成了《广佛两市道路系统衔接规划》。

两市道路系统衔接规划的成功实践使双方都深刻体会到建立协调机制的必要性和重要性。2007年7月，广佛两市政府召开会议，决定将广佛道路交通规划建设衔接工作协调领导小组更名为广佛城市建设和管理工作协调小组，将两市间的协调工作扩大到包括环保、环卫、水利、国土等城市建设和管理的各个方面。

二、协调工作的主要成绩

广佛两市城市规划建设的协调工作主要体现在城市规划、道路交通、水利建设、河涌整治和土地纠纷等方面协调，主要成绩有：

（一）城市战略规划方面

广佛两市领导大力推动广州和佛山的规划衔接：广州和佛山在2000和2002年分别进行了城市发展战略（概念）规划的咨询活动，在发展目标、空间结构方面相互呼应，分别提出"西联"（广州）和"东联"（佛山）发展战略，组团发展相互衔接；之后，广州积极参加《珠江三角洲城镇群协调发展规划》的编制工作；主动开展《广州市与周边地区协调发展规划研究》、《广佛都市圈协调发展规划研究》的编制研究；推进了重点区域新客运站、金沙洲等地区的前期研究与规划编制；在《广州市城市总体规划（2010—2020）》编制过程中再次强调区域协调，共建广佛都市圈的思路，在土地利用、区域绿地、水源保护等方面制定相关发展战略。

（二）交通规划建设方面

一是进一步明确了广佛两市的战略通道和骨架路网。明确了对广佛都市圈区域发展具有长远和全局意义的、关系城市综合竞争力提升的战略交通走廊，主要有珠三环高速公路、珠二环高速公路等15条战略通道，并重点协调解决了广三高速延长线、广明高速、佛山一环南路—广州沙湾干线等战略通道衔接上存在的分歧。对广佛两市的主骨架路网进行整合，形成以广州、佛山中心城区为核心，以"双核两环二十一射"的环形放射状路

网为骨架，以“五横六纵”方格网状路网为补充的环形放射状+方格网状骨架路网格局。

二是完成了新客站等多个重要交通设施及交通走廊的衔接控制。新客站的选址正是考虑了广佛两市的直接共享，位于两市的几何中心位置，通过多次沟通、协调，共完成了新客站周边四条高速公路、多条轨道交通线和多条地方道路的规划对接，在新客站配套引入佛山公交车辆；协调落实了武广客运专线走廊、贵广铁路、南广铁路走廊的通道红线，同时还共同协调研究了广东省部分高速公路网在广佛两市范围的控制方案。包括广明高速、佛清高速、红棉大道、广州至肇庆高速通道、广州至江门快速通道等，加强了广佛两市与周边城市的协调衔接，促进了广东省高速公路网的建设进程。

三是完成了55处规划道路的衔接。通过多次沟通、协调，并结合现状情况、两市的土地利用规划和交通规划情况，共完成了55处衔接点的规划对接，其中高等级道路18处，主干道25处，次干道及支路12处。通过对广佛两市的规划道路系统进行调整、衔接，广佛之间对接或连通的车道数将由164条增加至306条，通行能力提高59%，广佛两市之间的交通网络真正形成一个有机的整体，加强了两市以及与珠三角区域、广东省的交通联系，强化了广佛都市圈的交通枢纽地位。

四是提出了两市衔接道路的近期实施计划。本着对两市之间重要的战略通道及重点区域边界处的道路应加快实施的原则，近期实施计划提出2010年前广佛两市应完成29条道路的衔接。2008年广佛两市的道路建设计划已经在各自城市的区和部门间征求意见，并及时通气，目前近期实施计划已经逐步细化成年度计划。

五是明确了两市共同开展地形图测量和坐标联测。由于两市规划部门采用的坐标系统不同，领导小组明确要求两市共同开展边界处的地形图测量和坐标系统转换的联测，为两市的规划道路红线准确对接提供良好的技术支撑。目前广佛两市边界地区地形图测量以及坐标系统转换的工作已经完成。

（三）环保等其他方面

一是两市环保部门同意同步推进花地河与佛山水道的整治工作；同意就广州TIT纺织产业基地项目环境文件审批进行充分的沟通和协调；同意由相关部门就两市相关河涌的日常保洁管理、污水厂建设和截污工程、水厂取水口水源地保护等方面问题进行充分沟通和协调。

二是两市水利部门就河段堤防的建设和管理问题、芦苞涌河段跨境非法采砂问题形成共识，并具体落实。

三是在土地管理方面，经两市土地部门协商后，建议分别由两市指导有关当事人尽快就广佛两市存在的7宗土地权属纠纷向省政府调处土地纠纷办公室申请调处。

四是在城市供水方面，两市有关部门协商了广州市在佛山市境内的西江河段引水工程问题，议定由广州市相关部门制定具体工程方案，按照相关程序协商一致后由两市相关部门配合办理。

三、协调工作的主要体会

1、推进广佛两市道路衔接是形势发展的需要

广佛两市道路衔接一直是两市城市规划部门经常性工作之一，但一直没有形成规范化的协调工作机制。随着形势发展，两市城市规划建设高速发展，区域交通问题成为解决城市交通的突出矛盾，系统地进行道路交通规划、从区域的角度整体解决城市交通问题成为两市政府和有关部门的共识，推进两市道路衔接，促进两市协调发展成为两市政府和有关部门的自觉行动。因此可以说，推进广佛两市道路衔接是适应广佛两市社会经济和城市规划建设形势发展的需要。

2、协作共赢是推进区域协调发展的根本保障

从广佛两市交通规划建设衔接工作的顺利推进，在到协调领域的逐步扩大，进而构筑了长期协商合作的平台。一个重要的原因是两市政府和有关部门不但认识到只有通过区域交通才能从根本上解决城市交通问题，更重要的是还认识到通过区域协作就能实现两市共赢，双方得益，并能实现区域利益的最大化，而不协作、“关起门来搞建设”，就容易造成以邻为壑，最终导致两败俱伤。因此，共识和共同的利益是双方合作的基础，协作共赢是推进区域协调发展的根本保障。

3、先易后难，先部门后全局，逐步推进

从广佛两市协调机制的构筑和广佛城市建设和管理工作协调小组的形成过程不难看出，广佛两市协调机制的构筑是先易后难，先部门后全局，逐步推进的。

首先是在道路交通规划建设方面的协调取得成效。由于在道路交通规划建设方面的协调工作涉及到的更多是对双方都是有利的技术和物质规划层面的问题，而且未涉及有如利益分享、有关补偿政策和机制等方面的问题，因此，在协调方面较为容易和顺利，由两市城市规划部门的协调开始，逐步发展成为成立由主管副市长牵头，两市政府相关职能部门参加的广佛两市道路交通规划建设衔接领导小组。通过领导小组的领导和推动，将两市城市规划的协调工作极大地向前推进了一大步，并建立起规范运作的协调制度。

随着协调机制的逐步建立和协调工作的逐步深入，涉及协调的领域和部门的扩大，如扩大到两市之间的环境保护、水资源利用、国土管理和水利等方面，原构筑的广佛交通规划建设协调领导小组的协商平台再也不能适应，由此，在两市政府的重视和积极推动下，建立起新的全方位协调城市规划建设管理方面问题的协调机构——广佛城市建设和管理工作协调小组，广佛两市城市建设和管理方面的协调工作进入了新的发展阶段。

四、下一步工作设想

党的十七大提出了“推动区域协调发展，优化国土开发格局”的要求，省委十届二次全会要求我们继续解放思想，坚持改革开放，努力争当实践科学发展观的排头兵，要求珠江三角洲要“继续优化发展”，促进全省又好又快的发展。因此，广佛两市的协调发展要贯彻落实党的十七大和省委十届二次全会精神，以《珠江三角洲城镇群协调发展规划》和《珠江三角洲城镇群协调发展规划实施条例》为依据，以已建立起来的协调机制为手段，在广佛两市建设和管理工作协调领导小组的组织协调下，重点加强以下几方面工作。

一是继续发挥广佛城市建设和管理工作协调小组的作用，积极参与省政府实施《珠江三角洲城镇群协调发展规划》的协调会议，利用省政府协调会议的大平台研究解决广佛城市规划建设与珠江三角洲城镇群协调发展的重大问题。

二是加强区域协作机制的研究，进一步健全城市规划建设和管理的协调制度，稳定广佛两市的沟通协作机制。同时，总结广佛城市规划建设和管理协调机制的经验，进一步完善广佛与东莞、中山、江门、肇庆、清远等其他周边城市与地区的协调机制。

三是充分发挥珠江三角洲城乡规划局长联席会议的作用，按照《珠江三角洲城乡规划局长联席会议章程》的要求，将两市城市规划建设和管理的一般协调事项纳入珠江三角洲城乡规划局长联席会议，进一步规范协调会议的运作。

[2008]全省建设工作会议交流材料之九

坚持办事公开　打造阳光市政

广州市市政园林局

广州市市政园林局承担着广州市市政路桥管养、污水治理、园林绿化、供水、燃气、市政设施建设管理等六大行业的建设管理任务，每年完成城建固定资产投入数十亿元。近年来，我局以打造责任型、服务型、阳光型市政为目标，以坚持不懈推进办事公开为着力点，努力解决好人民群众最关心、最直接、最现实的利益问题，取得了显著的成绩。我市荣获“中国人居环境奖（水环境治理优秀范例城市）”称号，数字市政建设荣获全国“政府信息化管理创新奖”，我局为全市唯一一家省级政务公开示范点，被市确定为首批机关效能建设试点单位，政务网站被市评为2004、2006年度“广州市优秀网站”，2005、2006、2007年信息工作在全市名列第一，2007年，经广州市社情民意测验中心调查，我局政务公开渠道获得了群众100%的满意度评价。

一、统一认识、加强领导

局领导班子认清形势，统一认识，确立“打开市政的门，办好百姓的事”的服务宗旨，以“群众满意不满意”为工作标准，把政务服务、办事公开和窗口建设摆到突出的位置。局成立了由局主要领导和职能处室组成的政务公开领导小组，各行业管理部门认真履行职能，局监察室、服务监督处切实履行监督职能，保证了各项工作的落实。

二、建章立制，规范行为

在推进政务服务工作中，我局注重抓好制度建设，从制度和机制上铸造政务服务的效率链。先后制定了《服务承诺制度》、《首问责任制度》、《首办责任制度》、《一次性告知制度》、《限时办结制度》、《行政许可层级审批制度》、《局窗口文明礼仪服务规范》、《受理网上申请政府信息公开工作制度》、《预公开制度》、《依申请公开制度》、《行政执法手册》、《行政许可责任追究制度》、《广州市市政园林局突发事件应急预案》、《局领导接访日工作制度》、《局落实领导交办事项管理办法》、《局重大紧急信访信息报送办法》、《局总调度监督管理制度》等政务办事制度。通过制度、服务规范的标准化管理，促使工作人员强化服务意识，牢固树立良好的形象。

三、拓宽渠道，全面公开

我局制定了《关于全面推行办事公开制度的意见》，确立了凡是能够向市民公开的信息都全面向市民公开的理念，保障群众的知情权、参与权、表达权和监督权。充分发挥局网站公开主渠道作用，设立“政务公开”、“网上政务”、“政民互动”、“政策法规”等栏目，将各项办事的依据，内容，服务承诺，收费项目、依据、标准等内容公开，设立“办事程序”专栏和提供表格下载。网站自2004年开通以来，浏览点击量达111万人次，日最高点击量达2000多人次。此外，通过电视、电台、报刊、内部信息、设置电子显示屏、公开栏、电子滚动显示屏等多种形式进行公开。重大问题决策前，如“立体式通过人行过街设施”、“路树补植工程”、“新型行人指示标识系统”等通过局网站向社会实行预公开，广泛征集各方意见。通过向社会公选的形式，选拔副处级领导干部14人；招聘、引进一大批高素质人才，完善了干部队伍的结构。煤气公司将管道气29项气费及服务项目收费标准，15项材料收费标准制作成公示牌，向群众公示，并增加了中英文对照。自来水公司着力打造营业大厅、企业报刊及网站、供水热线、媒体宣传和居民小区等5个平台，将办事公开渗透到服务的全过程。市政设施收费处、广园公司实行收费标准、收费许可证等内容“七公开”，在广州市路桥收费行业中率先增加中英文对照收费牌。白云山风景区、各公园通道设立电子显示屏、办事公开栏、中英文对照收费牌等形式进行公开。

四、“数字市政”，科学管理

2004年，我局在全国率先启动了“数字市政”项目建设：一是建立了基础地理信息平台。录入了市政基础设施等城市元素300多万个、管线超过1万公里数据及其建设和管养信息，提供养护管理、预警分析、冲突分析、辅助决策等功能，对实现市政设施的有序和精细化管理发挥了巨大作用。二是建立了综合业务管理平台。采用图文一体化的工作模式，建设了专业的电子报批工具，把传统市政设施建设审批过程中采用的纸介质图件转变为标准化的电子图件，能方便快捷随时查阅和管理各类档案资料。2007年1至11月份，我局政务窗口共接待行政业务办理人员14265人次，其中受理案件5871宗，当面咨询5161人次，电话咨询3232人次，通过邮政速递寄出行政许可结果787件。三是建立了8383服务调度系统为核心的对外公共服务平台。专门组建的8383市政巡查队，实行GPS定位的“市政通”PDA网格化巡查，采用网格化的责任制和城市基础设施部件化的管理模式，结合83830000服务热线、局长信箱、从新闻媒体发掘等各个角度，运用总调度“信息收集—分析—转办—督办—回访”的工作机制，快速主动发现和解决有关市政设施存在的问题，并将处理结果及时反馈市民。2007年1至11月份，我局共受理来电、来邮、来信、来访、媒体案件18402宗，案件回复率100%，受到市民好评。

五、狠抓作风，促进廉政

一是注重听取群众意见，与群众联系更加密切。通过开展问卷调查；举办与市民面对面征询意见会；召开征求意见会；设立局长信箱、局长接待日接受投诉咨询；建立机关处级干部热线值班制度，找准作风存在的薄弱环节，取得了良好效果。二是加强机关效能建设，提高机关办事效率。进一步梳理各项行政审批制度，严格规范行政审批程序；开展行政审批电子监察系统建设，实现行政审批实时在线监控；不断完善问责机制，提高了机关公务员服务意识、效率意识，切实推进党的建设和各项工作。三是注重从源头治腐，有效促进廉政建设。建立《广州市市政园林局招标代理管理规定》和《公园经营项目招标文件范本》等制度和监管机制，下放招标权，形成招标各环节权力制衡；建立健全项目业主负责制，全面推行“代建制”模式，将局属单位外联经营性项目面向社会公开招标，将市政设施的管养社会化；在重点工程建设中采取了项目招标预公开、资格资质预审先公开、征地拆迁对象和补偿费用公开、监督渠道公开、廉政协议公开、同步预防工作制度和措施公开等办事“六公开”。近两年来，在投资量大、工作任务艰巨的情况下，我局系统没有发现违法违纪案件。

六、强化监督，推进工作

一方面强化内部监督。相应建立和完善《局服务质量考核评比活动方案》、《行政执法部门依法行政评议考核方案》，采取一周一小结、一月一通报、一年一总结的办法，将业务处室办理情况列入考核评比内容，将考评结果与评先、评优结合，有效增强考评的刚性约束。另一方面强化外部监督。局建立社会监督员制度，聘请了120名社会监督员，及时监督市政园林行业服务质量。此外，通过新闻媒体、社会满意度调查、服务回访、座谈会等多种形式广泛收集意见，不断改进服务工作，促进我局服务工作不断迈上新的台阶。

[2008]全省建设工作会议交流材料之十

加强管理，确保安全 努力提升城市桥梁管理水平

深圳市城市管理局

桥梁安全问题是关系到社会稳定、经济发展和人民群众生命财产安全的重大问题，一直受到党中央、国务院和各级政府的高度重视。近年来，我局在深圳市委市政府的高度重视和正确领导下，切实开展城市桥梁检测和病害整治工作，将事故隐患消灭在萌芽状态，确保桥梁安全运营。

一、领导重视，为抓好城市桥梁管理工作提供有力保障

我局各级领导从思想上高度重视桥梁安全管理工作，逢会必谈桥梁安全，下基层必问桥梁安全，通过经常性组织培训、宣传教育活动等多种方式对工作人员进行思想教育，真正做到了桥梁安全管理年年讲、月月讲、天天讲，让“安全第一”的观念深深烙在全体桥梁管理从业人员脑海中。各级领导对桥梁管理工作的高度重视，为管理部门抓好城市桥梁管理工作提供了有力的保障。一是组织机构保障。在市政府的大力支持下，2005年市道桥管理处专门设立了桥梁管理部、配备领导职数和编制，目前已拥有具有硕士、博士学历以及中高级技术职称的一批专业人才，给深圳市桥梁管理工作注入了新的生机与活力。二是资金保障。我市的桥梁管理工作做到了主要领导亲自抓，分管领导具体抓，确保了检测和病害整治经费到位。1998年至今，我市投入桥梁检查检测和病害整治各项费用累计已超1亿元，充足的财政投入为确保我市桥梁安全运营提供了有力的保障。

二、完善制度，使桥梁管理步入法制化、制度化、规范化和常态化管理轨道

根据国家和省里的有关法规规章，结合我市实际，先后出台了《深圳市城市道路管理办法》、《深圳市城市桥梁检测和养护维修检查办法》、《深圳市城市桥梁养护中长期规划（2006—2015年）》、《深圳市城市桥梁安全应急预案》等政府规章和规范性文件，并制定了《桥梁日常巡查手册》、《桥梁经常性检查实施方案》、《桥梁定期检测工作制度》、《地下通道管理办法》等一系列规章制度，近期还将出台《深圳市道桥设施管理监管办法》。通过逐步完善我市桥梁管理方面的法规规章和制度，使我市桥梁管理工作有法可依，有章可循，进一步推进桥梁管理的法制化、制度化、规范化和常态化进程。

三、防患未然，积极开展桥梁检查检测工作

一直以来，我局高度重视桥梁检查检测工作，做到未雨绸缪，防患未然。早在1998年我市就启动了桥梁检测工作，近几年每年用于桥梁检查和检测的费用均在百万以上。主要采取经常性检查、定期检测、特殊检测等方法，对所管辖桥梁进行维护管理。一是经常性检查。制订了桥梁经常性检查制度，委托专业单位负责具体实施，将检查内容和时间作为一个硬性的要求加以落实。检查时做好病害记录，发现重大问题及时向有关领导汇报。二是定期检测。主要检测桥梁各部件功能是否完善、构造是否合理耐用，发现需要大、中修或限制交通的桥梁缺损状况，为评定桥梁使用功能、制定养护计划提供依据。三是特殊检测。结合日常检查结果并考虑交通影响等外界因素，对可能存在安全隐患的桥梁分批开展特殊检测。每年编制检测计划，通过招标等形式委托有资质的桥梁专业检测单位执行。

四、有的放矢，认真处理各种桥梁病害问题

通过对桥梁的检查与检测，我市主要发现了以下几类桥梁病害：一是以黄木岗立交桥为典型的独墩单支座曲线梁桥的系列结构病害；二是受使用环境影响以及建造质量等原因形成的混凝土桥梁钢筋锈蚀及结构开裂等病害；三是受不良地基影响形成的挡土墙外倾病害；四是人行天桥振动过大的病害问题；五是个别人行天桥牛腿、主梁等构件承载能力不足的问题。这些大大小小的桥梁病害，有的已直接构成严重的安全隐患，危及桥梁的安全；有的虽不明显，但发展趋势不容乐观。针对不同情况，我局有的放矢，分轻重缓急采取了相应的处理措施，使所发现的桥梁病害基本上得以根治，切实消除了事故隐患。近年来，我市共投入数千万元，对黄木岗立交桥、滨河金田立交2号桥、滨河益田立交桥等存在病害和安全隐患的桥梁进行了加固和病害处理，并对落马洲大桥和滨海沙河立交等超载桥梁进行了加固处理，确保这些桥梁的安全运营。

五、科技领先，努力提升桥梁管理的科技含量

桥梁管理的核心竞争力集中体现在科技与管理两个方面，随着现代桥梁建设科技含量的增加，我们也愈加重视管理手段的革新，努力提升桥梁管理的科技含量。一是开发桥梁信息管理系统。2005年至2006年我们开发了深圳市桥梁信息管理系统，该系统立足于日常桥梁管理工作，以经济实用为原则，以深圳市的数字地图为管理界面，将每座桥梁按地理位置标示于图上，只要鼠标轻点，屏幕上立刻显示出每座桥梁的详细档案和基本“健康”状况等信息。同时，系统具有分析数据评定完好状态等级（BCI）等功能。二是充分利用数字化城市管理系统管理桥梁。我市于2006年建立了数字化城市管理系统。我们充分利用这一平台，认真、及时处理数字城管信息系统反映的各种桥梁问题；此外，为更加方便群众投诉、便于快速处理，达到社会高效参与、有效监督以及全面提高管理水平的目标，我局将在各类桥梁、通道设施上设置统一、规范的设施标示牌。三是开展前瞻性课题研究。四川綦江虹桥等同类型拱桥发生多起垮塌事故引起我们高度警觉。我市的彩虹大桥、芙蓉大桥也属于吊杆体系拱桥，而国内对此类桥梁还没有系统、成熟的检测维护技术。为此，我们在2005年开展了《深圳市大跨度柔性吊杆体系杆拱桥管理养护》课题开发，根据研究成果编制了养护手册，系统地阐述了该类桥梁的日常管理与养护方法，为吊杆体系拱桥带来前所未有的安全保障，也使我市对同类桥梁的维护技术领先于全国同行。

六、加强宏观管理，积极发挥桥梁行业主管部门作用

在宏观管理方面，我局始终坚持“全市一盘棋”的工作思路，对非直接管理的城市桥梁，充分发挥行业主管部门作用，指导、督促区城管局和相关单位认真履行职责，努力提升全市桥梁管理整体水平。一是多次举办面向全市六个区桥梁管理从业人员的桥梁安全管理专题培训班。由桥梁专家分专题详细讲解桥梁管理法规、规范主要内容，介绍如何建立、健全城市桥梁检测评估制度、组织实施对城市桥梁的检测评估、以及根据检测评估结果及评定的技术等级及时开展养护维修。二是检查督促各区桥梁管理工作。根据《深圳市城市桥梁检测和养护维修检查办法》，我局对各区桥梁检测和养护维修情况每年组织两次检查。三是加强行业监管。正在制定《深圳市道桥设施管理监管办法》，拟在近期颁布实施。

城市桥梁管理非一朝一夕之功，需要从上至下，从政府到部门，从领导到具体工作人员坚持不懈地长期努力才能达成。十年我们一步一个脚印地走了过来，但是需要改进的地方还很多，我们决心不断开拓思想、扎实工作，努力促进我市桥梁管理工作再上新台阶。

[2008]全省建设工作会议交流材料之十一

积极推动服务创新，全面提高行政效能

韶关市建设局

近两年来，在省建设厅、韶关市委市政府的正确领导和大力支持下，我局坚持以科学发展观为指导，以提高工作效率和服务质量为目标，不断创新服务观念，完善服务体制，改进服务方式，增强服务功能，优化了行为规范、运转协调、公开透明、廉洁高效的政务环境，提高了行政效能，有效地推动了我局工作的全面进步和全市建设事业的健康发展。

一、推动观念创新，树立服务新形象。观念创新是服务创新的源泉。结合今年韶关市市直机关"效率年"活动，我局以服务基层、服务群众、服务大局为基本宗旨，以改进作风、促进发展为主要内容，通过开展讲座、读书、座谈、办班等形式多样、内容丰富的学习教育活动，深化执政为民、心系群众的服务理念，在社会上树立了"务实高效、勤政为民"的良好形象。

二、推动制度创新，健全管理机制。我局注重制度创新，先后建立了《韶关市建设局机关工作规则》、《韶关市建设局机关效能监察十项制度》、岗位责任制度、政务公开制度、监督检查制度、行政过错责任追究制度等。大力推行首问责任制、一次性告知制、限时办结制、服务满意度反馈制。制定了服务承诺的工作标准和《机关工作人员十不准》。通过制度创新，规范了服务行为，形成了以制度约束人、激励人的长效管理机制。

三、推动形式创新，完善服务手段。本着便民利民的原则，重点加强了窗口服务体系建设，将所有行政许可、审批（核准、备案）和便民事项集中到窗口办理。整合资源，简化程序，规范管理，科学设计流程，缩短审批时限，为企业、群众提供优质高效的服务。

一站式服务。按照"一个窗口收件，一站式办公，一条龙服务"的统一、规范要求，落实"充分授权"，窗口工作小组组长"一支笔"审核。同时实行局领导及科室负责人轮值制，大大提高了办事效率，便民事项即时办结，审批事项提速完成，5项审批事项和13项便民事项办结时间从原来规定的189天缩短为25天，节约时间164天。

全程式服务。落实联办、代办制度，从快办理重大建设项目和涉及群众利益的重要事项。推行导批制，实行"早告知、早介入"的服务方式，事先沟通，提前服务；提早介入，主动服务；全程跟踪，贴身服务。由被动变为主动，为办事者提供全程服务。

预约式服务。对因特殊原因，急需办理的投资项目或其他事项，通过登记、电话等方式提前预约，提供在非国家法定工作日办理行政审批、核准、备案等服务。

四、推动电子政务建设，增强服务功能。加快电子政务建设，实现服务信息化，有效提高了行政效能和服务水平。一是网上办事。建成房地产管理和建筑工程管理信息系统、建筑工程质量安全监督平台，在我局电子政务网站增加网上办事、咨询功能，涉及我局行政许可事项可在网上完成申请、审批，并可查询办理结果。二是网上发文。为直属单位和相关企业设置了电子邮箱，以电子邮件和网上公布的形式发文。三是短信服务。在省建设信息中心的支持下，将短信使用范围由机关内部使用扩大到所有服务对象，及时将办理事项结果、有关文件精神及各类通知等以短信形式告知各相关单位和服务对象。从2007年7月至12月，共为相关单位及服务对象发送短信近万条。四是网上透明售房。高标准改造和建设了房管信息系统，进一步完善系统功能，实现网上签定《商品房购房合同》，适时办理登记备案手续。确保市民随时在互联网查询到韶关市区所有商品房楼盘的最新信息。五是电子办公。率先推广使用电子政务系统，实现政务管理电子化，受到市政府的表扬。今年，作为我市应用电子政务系统的先进单位，还在全市有关会议上作了经验介绍。

五、推动政务公开，实行阳光服务。为了进一步落实政务公开，我局通过建立网站、开设政务公开栏、在办事大厅设立电子触摸屏和显示屏幕，印发《办事指南》、办事卡片，设立告知牌、投诉电话、投诉箱、监督卡，工作人员佩证、置牌上岗等多种方式，突出公开群众反映最强烈、最关心的建筑管理、房地产管理、工程招投标等信息;突出公开行政审批事项的办事依据、程序、时限、联系电话及办理结果等内容，为群众提供高效便利、阳光透明的服务。

六、推动绩效考评，创建高效机关。建立了"内容量化、标准细化、监控强化、手段硬化"的绩效考评体系，实施考核奖惩机制，以目标考核促进效能提高。一是健全层级工作责任制。将市政府分配的及我局确定的年度重点工作分解若干大类、大项和小项，落实到每一位局领导、每一个科室和每一位公务员身上。二是推行跟踪落实制。实行重点工作一月一报告，一月一公布制度。三是强化效能监察。由局监察室牵头建立督察组，督办各项主要工作进展情况，定期对各科（室）及窗口工作进行检查，加强对群众投诉的查办、督办。在全市公众评议活动中，群众满意度均达100%。

七、推动服务创新，促进事业发展。推动服务创新，转变了机关作风，促进了依法行政，提高了行政效能，有力地推动了各项事业的发展。建设工程质量、安全生产管理水平稳步提升，建筑市场进一步规范，房地产业快速健康发展，住房保障工作成效显著。今年超额完成了2.5万平方米危旧公房改造任务，兑现了市政府为民办实事的诺言。提前完成了市区有史以来面积最大的旧城改造拆迁任务，受到了市委、市政府的表扬。燃气管理和墙材革新与建筑节能有序推进。2006年，我局被建设部评为"全国房改和房地产管理先进单位"，取得2006年度韶关市市直机关绩效考评第一名。今年又被省建设厅推荐为全国建设系统先进集体。

[2008]全省建设工作会议交流材料之十二

突出生态文明村规划 推进社会主义新农村建设

韶关市始兴县建设局

建设社会主义新农村是党中央提出的重大历史任务，是改善农民生产生活条件的重大战略决策。始兴县在开展社会主义新农村建设中，以创建生态文明村作为新农村建设的突破口，坚持政府为主导，群众为主体，规划为龙头，扎实开展了村庄规划、建设和管理工作。通过各级干部和群众的共同努力，已打造出一批省、市、县级的生态文明村。2006年3月，始兴县被命名为广东省山区县首个“国家级生态示范区”，2007年9月，又被批准为全省首个“国家农村小康环保行动计划试点县”，10月25日，韶关市社会主义新农村建设现场会在始兴召开，推广了始兴开展创建生态文明村的经验。

一、主要做法

创建生态文明村是社会主义新农村建设的一项重要内容，是现代生态县建设的“细胞”工程。为了改善始兴县农村广大干部群众的生产生活条件，县委、县政府采取多种措施，开展了一系列的创建工作。

（一）加强领导，完善机制

始兴县成立了由县委书记、县长等县四套班子主要领导任正副组长的“生态县建设领导小组”，设立了专门的“办公室”，负责组织、指导、监督、协调全县生态建设工作和开展生态知识宣传。同时，各乡镇党委、政府也相应成立了生态建设领导机构，配备了专职人员。在组织上提供了有力的组织保障。同时，凡列入创建生态文明村示范点的村庄也均完善了村民理事会的运作机制，充分调动了农民开展村庄整治的积极性。

县委、县政府还出台了《始兴县村庄整治实施方案》和《始兴县创建生态文明村试行标准》（“十化”标准：村道硬底化、住宅楼房化、经济产业化、能源沼气化、村边林果化、家用电气化、饮水洁净化、村务制度化、计生普及化和生活现代化），明确了村庄整治的指导思想、目标任务、内容与要求、步骤与措施。强调村庄整治首先就是要结合建设生态文明村的“十化”标准，以治乱、治脏、治污为重点，开展以“布局优化、道路硬化、水体净化、村庄绿化、卫生洁化、能源沼气化”等“六化”为主要内容的整治工程。并制定了试点示范村的补助标准。

（二）高起点规划，分步骤实施

在创建生态文明村的过程中，始兴县首先以村庄整治作为载体，十分重视规划，全部新村建设点均由县建设部门进行规划，选点好，标准高。如太平镇的总甫新村、沙帽岗新村村中道路宽敞，预留了绿化空间和沼气池的建设空间。每套房子都有院子，避免住户在室外乱堆乱放农具等杂物。在村庄规划中，尽可能不占用农田建房。如隘子镇建国新村、司前镇的大枧水村、罗坝镇铁寮坑、澄江镇的高浑头新村都是拆除旧村庄建设新村庄。太平镇的总甫新村等5个村都是在荒坡地上建新房。

同时，我们十分重视因地制宜，分类指导，将农村的村庄整治分四个步骤进行实施。一是对过去规划较好的泥砖瓦房的旧村庄，村民近期不打算建新房，又愿意改变村庄脏乱差面貌的，政府支持他们进行旧村整治；二是村民愿拆旧建新或在山坡、荒坝建新村庄的，政府免费帮助他们进行统一规划，对符合条件的，在扶贫补助款中给予建房补助；三是对建好新房，但没有完善公共设施的，村民又有积极性的，政府支持他们进行新村整治；四是基本符合生态示范村标准的，政府进一步进行指导和帮助，把他们打造成省市级的生态示范村。据统计，仅去年以来，全县就规划了37个新村建设点，规划新建住户1249户。目前，大部分新村规划点已经动工兴建。同时，完成旧村改造点14个，完成新村整治点10个，还完善20个村的体育设施建设。截止2007年底，我县已被命名的省级生态示范村6个，市级生态示范村20个，县级生态示范村一大批。

（三）实行“四轮齐转”，多渠道筹集资金

生态文明村创建活动，资金投入是关键。始兴县采取“四个一点”，多渠道筹集资金。一是政府支持一点。在县财政困难的情况下仍安排一定资金支持农村道路改造、改水、改厕以及各项文化设施建设，仅村庄整治一项就安排了100万元资金。二是社会各界捐一点。几年来，创建生态文明村活动得到了社会各界的积极响应和支持。三是村集体投一点。积极引导各村大力发展集体经济，增加收入，并将资金重点投向生态文明村建设。四是村民筹一点。坚持群众自愿的原则，通过“一事一议”，引导群众出钱出力建设生态文明村。在村庄整治村民理事会的引导下,农民自我管理、自我筹集资金、自我建设，减少了在土地补偿上群众要价过高、建设资金缺口大、群众“等、靠、要”严重等方面的问题，从“要我干”变为“我要干”。如司前镇温下中洞村，过去也想对该村进行改造，由于群众的积极性没有充分调动起来，一直是小打小闹，在这次旧村改造中，通过反复做工作，群众的积极性调动起来了，成立了村庄整治理事会，采取人人集资、村中大户捐资、村集体收入投资和争取上级支持等多种办法，全村筹集改造资金20多万元，把过去“脏、乱、差”严重的旧村庄，建设成为“村前是桑园（菜园），村口是花园，村里是家园，村后是果园（林园）”的人与自然和谐发展的社会主义新农村。

与此同时，我们也认真用好省市县财政拨付的村庄整治专项资金。坚持做到“两公开三监督”，即村庄整治点公开，补助标准公开，乡镇、县新农办和县财政部门共同监督。所有款项由县财政直接支付到厂（水泥厂）到村。使财政每拨出1元，群众就会配套2至3元，最大程度地提高了财政专项资金的使用效益。

（四）做好协调，加强服务

村庄整治工作涉及多个部门，为了做好村庄整治工作，县委、县政府要求各部门要紧密配合，切实做好服务工作。如为了做好农村安居工程建设的服务工作，2007年6月，由县政府组织了县建设局、县国土资源局、县财政局和县扶贫办的有关人员，对各乡镇申报的新村建设点进行实地查看，确定出了符合条件的村庄整治点。为了确保今年确定的新村建设点能在今冬全部如期动工，2007年7月，县建设、国土部门的规划设计人员，顶着炎炎夏日，深入到各新村建设点进行实地测量，并根据测量资料，组织规划设计人员进行规划，使全县23个新村建设点，在短短两三个月的时间全部完成测量规划任务，并对新村规划图进行公示，征求群众的意见，为今年新建住房的村民办理报建手续并如期动工奠定了良好的基础。其它部门也非常重视村庄整治工作，如农业部门除扶贫办直接参与新村建设外，还对村庄整治点加大沼气池建设的扶持指导力度；县供电部门主动与新农办联系，对新村建设点按农网改造的标准，优先给予安排通电。

如何引导农户新建的农村住宅造型新颖、美观和体现地方特色，始兴县出台了《始兴县农村宅基地管理暂行规定》，还从省、市有关农村住宅建筑设计图中优选了12个设计方案（其中宽裕型方案6个，经济型方案6个），与《始兴县农村宅基地申请审批程序》等文件编辑成《始兴县农村住宅建筑设计图集》，免费发放给新村建设村民理事会选用，使有条件的新村建设点达到统一规划、统一图纸、统一施工、统一外墙装修，以便让更多的村民住进有特色的新民居中。

二、几点体会

经过近几年的努力，我县创建生态文明村取得了一定成绩，为推进社会主义新农村建设打下了良好基础，也积累了一些行之有效的经验。

（一）领导重视、上级支持是成功创建生态文明村的重要举措

由于始兴县把创建生态文明村这项工作摆上了县委、县政府重要议事日程，纳入全县经济社会发展规划和乡镇领导岗位责任制考核。县委、县政府每年对这项工作都要进行专题研究，召开现场会等多种形式的会议，进行动员部署、总结推广。人大和政协对这项工作每年要进行视察或听取专题汇报，从而保证各级各部门高度重视生态文明村的创建工作，形成齐抓共管的良好局面。

同时，创建生态文明村，建设社会主义新农村工作也得到了上级的大力支持。省建设厅近两年下拨12万元经费，共完成了37个村庄建设规划；韶关市城乡规划局高度重视村庄建设规划，从业务上给予指导和帮助，两年来，共组织了五期基层村镇建设管理人员培训班，我县参加培训人员23人。

（二）科学规划是成功创建生态文明村的前提

始兴县建设局作为村庄规划的职能部门，十分重视根据各村的实际，高标准地对民居改造、道路建设、文娱设施、生态环境等进行比较合理的规划。实践证明，实行统一规划、统一建设、统一管理，有计划地加快村庄建设规划编制和道路交通、供排水、垃圾处理和绿化美化等基础设施建设，从根本上改变了村民无序建房、农村无序发展的问题。

（三）促进农民增收是成功创建生态文明村的基础

没有经济的发展，就没有农民的生活宽裕，就没有真正意义的新农村，创建生态文明村也只能是一句空话。在创建生态文明村过程中，我们牢牢地抓住经济建设这个中心，充分发挥优势，积极开展“一村一品”富民工程，大力发展农业农村经济，不断壮大农村集体经济，努力增加农民收入，进一步夯实了生态文明村的基础。

（四）加大投入是成功创建生态文明村的关键

资金的投入是保证各项生态工程建设的前提。我县是经济欠发达地区，这几年全县每年本级财政收入才五、六千万元，在如此困难的情况下，县政府仍然拿出占本级财政收入10%以上的资金作为生态建设的专项资金，用于植树造林、生态镇村建设的补助、农户沼气池建设的补助、绿色城镇建设的补助、绿色通道建设的补助和生态知识的宣传经费，从而加快了生态文明村的建设步伐。

（五）加强宣传是成功创建生态文明村的重要环节

始兴县首先从提高全县人民的生态意识，加强对保护环境、发展生态经济的认识入手，重视抓好生态知识的宣传教育，开展了立体式的生态知识宣传活动。

对中小学生，组织人力编写了具有乡土特色又符合中小学生年龄阶段特征的四册生态教材，在全县中小学开设了生态课程，把生态知识教育纳入国民教育之中。

对县乡村干部，创办了反映始兴生态建设新成就、新业绩，新知识的《生态建设》杂志，免费赠送给各级干部，使他们在潜移默化中受教育。

对广大干部群众，通过演讲、征文、标语等进行宣传，编辑了十多万字的生态环境知识普及读本——《环境与人类》和三十多万字的反映我县生态建设实践与探索的文集——《绿色行动》，免费送给农村干部群众学习，编辑了《绿色始兴》画册和拍摄了《绿色始兴》电视专题片。

通过广泛宣传，使广大干部和社会各界都进一步增强了创建生态文明村的信心和决心。

（六）找准突破口是成功创建生态文明村的有效途径

在创建生态文明村过程中，我县以村庄整治作为突破口，按照省建设厅《关于开展村庄整治工作的实施意见》，积极开展“五改”（改路、改水、改房、改厕、改灶）、“三清”（清理垃圾、清理河塘、清理乱堆放）、“五有”（有村庄规划、有文体活动场地、有一片成荫绿地、有垃圾收集池、有污水处理简易设施）的工程建设。实践证明，“五改三清五有”符合始兴建设新农村的实际，能有效解决农村“脏、乱、差”的问题，能得到广大群众的拥护和支持。

始兴县成功创建国家级生态示范区，建起了一批生态文明示范村，只是始兴改善生态环境建设的第一步。我们将积极学习先进地区的经验，进一步巩固创建成果，以更大的力度、更高的效率，并结合实施“国家农村小康环保行动计划”，继续探索欠发达地区开展创建生态文明村的路子，逐步把始兴农村建成生态环境优美、城乡结构合理、经济实力增强、人民富裕安康、社会全面进步的社会主义新农村。

[2008]全省建设工作会议交流材料之十三

以科技为龙头，建设政府主导企业唱戏的建筑节能大平台

东莞市建设局

近年来，在建设部和广东省建设厅的有力指导下，我市不断加强技术创新，牢牢抓住科技这个龙头，强化政府主导职能，推动企业成为建筑节能主体，使我市建筑节能工作取得成效。下面简单介绍我市的基本做法，供大家参考。

一、完善配套政策，保证建筑节能又好又快发展

随着我市城市化进程的加快，东莞全面推进城市升级，建设宜居生态城市、和谐幸福家园发展战略的实施。为此，东莞将建筑节能工作作为落实这一发展战略，作为改善人民生活质量、提高人民生活水平，节约能源、保护环境的重要举措。为充分发挥政府在建筑节能中的主导作用，真正使新建建筑完全按建筑节能标准进行设计、建设。我市制定由市政府颁布实施的《东莞市建筑节能实施细则》，编制地方建筑节能发展规划《东莞市新型墙体材料五年发展规划》、《东莞市建筑节能工作“十一五”规划纲要》对可再生能源在建筑中的应用及新型墙体材料的推广应用都制定了明确的目标，并严格制定了建筑节能政策法规和技术标准体系；不断构建技术支撑和服务体系；完善政府、市场监管体系；完善激励约束机制。充分发挥政策法规的引导、约束和调控作用，确保我市建筑节能工作沿着法制轨道健康、持续发展。

二、加大研发力度，完善建筑节能应用体系

建筑节能是一项综合性的系统工程，也是一项技术性很强的工程。开展节能技术研究，积极推动环保节能科研成果

向应用技术转化，必将会进一步推进建筑节能工作又好又快发展。

（一）开展墙材与节能应用研究，为推进建筑节能提供支撑。东莞市从2003年起成立了新墙材与建筑节能专门机构大力开展新墙材与建筑节能科学技术的研究工作。06、07年从建筑材料生产技术、质量调查分析、施工应用技术指引、节能产品开发、节能能耗监测技术等方面开展课题研究工作20项。根据近年来的研究成果，先后组织编写了广东省地方标准《混凝土空心砖》；《东莞市建筑节能设计指引》、《干法施工应用技术指引》、《东莞市新型砌块（砖）施工应用技术指引》、《东莞市轻质内隔墙条板施工应用技术指引》、《新型墙体材料及其应用（砌块类、砖类）》、《新型墙体材料标准汇编》、《东莞市常用新型墙体材料应用技术指引》等技术指引。为提高我市建筑节能应用水平进行节能设计和施工的指引，建立健全建筑节能技术标准体系。

（二）推广应用节能技术和产品，发布推广目录。我市自2005年开始发布节能推广目录。先后公布了《关于推荐使用、限制使用及禁止使用的墙体材料品种目录》、《关于组织开展东莞市建筑节能技术（产品）申报工作的通知》、《关于公布东莞市建筑节能技术（产品）推广应用目录（第一批）的通知》等政策文件。

三、开展设计、施工图审查，全面实施建筑节能专项设计

加强对节能标准实施的监督管理，通过有效的行政监管，真正使新建建筑的勘察、设计、施工、监理、竣工验收等各环节按建筑节能标准进行。

东莞市分别在2005年全面实施建筑节能施工图审查，2006年实施民用建筑节能设计审查备案和验收备案，2007年实施建筑节能工程施工验收。对新建的居住建筑和公共建筑，施工图审查机构必须严格按照有关建筑节能设计标准和节能要求进行审查，对不符合建筑节能强制性标准的施工图，不得签发施工图审查合格书。竣工验收前按建筑节能验收标准进行专项验收，对未进行建筑节能专项验收或达不到建筑节能专项验收标准的，不得进行建筑工程的竣工验收，不给竣工备案及交付使用。

四、坚持示范带动，不断提高建筑节能技术水平

建筑节能是一项崭新的工作，东莞市以建设节能建筑示范工程作为突破口，以点带面，推广建筑节能。东莞市建筑节能示范工程建设项目主要包括东莞市市委新党校建筑节能示范工程、十大可再生能源工程示范工程、节能示范小区等。

1、东莞市市委新党校建筑节能示范工程。东莞市从2006年2月13日开始组织实施"东莞市市委新党校"建筑节能示范工程。该建筑群包括公用建筑，居住建筑，是一个很有代表性的多类型建筑集合体，作为建筑节能示范工程，具有典型的代表意义。

示范工程在建筑设计上主要通过外廊、水平阳台、外飘结构等建筑外部构件形成遮阳和通风。在建筑围护结构中，墙体、屋面、地面和门窗是建筑能耗的四大部位，外墙采用蒸压加气混凝土砌块。在玻璃幕墙上采用低辐射LOW－E玻璃幕墙。在屋面上，通过绿化种植屋面来增加隔热效果。在热水系统上使用了太阳能热水器为主热源，热泵型热水器为辅助热源的一体化运行方案，节能率在60%以上。

采用节能方案后使空调冷负荷降低约40%；初投资每平方米大约多134.40元/m2，空调的运行费用大大降低，单位建筑面积每年节约电费27.69元/ m2，回收期为4.8年左右。室内照明系统采用节能措施后，增加初投资回收期为5年左右，采用太阳能路灯照明，增加初投资回收期约为6年。

2、2006年十大可再生能源示范工程。2006年8月组织实施了黄江实验小学二期教学楼、东莞市麻涌镇法院办公楼、东莞市志兴商务大厦等10项可再生能源应用示范工程，本次示范工程项目主要采用的节能方案是：太阳能草坪灯、太阳能庭院灯、太阳能路灯等太阳能半导体照明技术，太阳能与热泵热水器联合运行的热水系统

3、2007年节能示范小区建设。通过申报、评审、公布征求意见等程序，最后确定了东莞市2007年建筑节能示范小区为新世纪亦居、尚居工程和时富花园三期（丰泰城二期）工程。

五、开展专项检查，加强建筑节能监督管理

首先组织自查，2006年2月、10月、11月我局有关主管领导和建筑节能专家组成检查小组三次对本市从业的设计单位和施工图审查机构完成的建筑节能施工图设计文件进行建筑节能专项检查，共抽查建筑工程项目178项，其中公共建筑72项；居住建筑106项。其次，2006年11月省建设厅检查组来莞检查建筑节能开展情况，共抽查公共建筑2项、居住建筑6项。再次，国家建设部建筑节能专项检查于2006年12月抵莞，对我市建筑节能工作开展情况进行了专项检查。

在2006年的建筑节能专项检查工作中，省厅和建设部均对我市建筑节能工作予以了充分肯定。多次的专项检查表明，我市房屋建设工程建筑节能施工图审查工作总体情况良好，大部分勘察设计单位和施工图审查机构能够严格执行法律、法规、规章和工程建设强制性标准。但应该指出，部分建筑节能设计文件仍然存在违反强制性条文的内容；节能专篇与总说明不一致；外墙、屋面等部位的隔热材料的导热系数、蓄热系数和传热系数的取值或计算存在较大的错误等必需纠正的技术问题。为此，我局就如何更好地开展节能审查和全面推进我市节能工作以及相关技术疑难问题进行了深入的探讨，并提出改进提高要求。

六、创新机制，完善建筑节能管理方式

（一）大力开展建筑节能调查，摸清基本情况及存在问题。一是建筑节能现状调查：积极配合省建设厅组织的"广东省建筑节能现状调查"，由市墙改节能办专门成立了课题组，对东莞市建筑节能的现状进行了广泛、认真的调查，通过现状调查收集的数据资料，摸清我市建筑节能的现状及潜力。二是政府办公建筑和大型公共建筑节能运行管理调查：市建设局委托东莞市建设科技促进中心于进行了建筑能耗调查，调查的建筑有大型酒店、工程、办公楼、医院、学校和居住建筑。调查发现酒店类建筑采取的节能措施相对较多，能耗水平主要取决于其营业状况和管理水平，管理先进的酒店能耗水平较低；办公楼人均能耗水平高；学校人均能耗水平较低；各医院的单位建筑面积耗电量相差不大。根据调研结果，分析总结目前我市政府办公建筑和大型公共建筑的节能管理存在的问题，对节能运行监管体系的创新性进行了探讨，为建筑节能政策制定发挥重要作用。

（二）开展宣传培训，营造良好氛围。要做好建筑节能，必须加强管理，在全社会营造建筑节能的良好氛围。一是严格从建筑节能设计、建筑节能审查、建筑节能备案、建筑节能专项验收等各个环节对建设工程实行全面监督管理，把好节能关。二是大力开展节能技术培训。2006年以来我市先后召开节能标准、规范宣贯会五次，邀请国家级院士、省建筑节能专家主持技术培训及知识普及会六次，从政策法规和专业技术上进行指导，仅建筑设计、施工、监理和房地产开发单位就有1000多名技术人员参加培训，培养了一大批设计、施工建筑节能专业人才；三是通过《东莞日报》、《东莞建设科技》、东莞电视台等媒体进行广泛介绍。组织大型宣传和义务咨询活动，发放《建筑节能知识汇编》、《建筑节能话你知》等科普宣传资料几万册；委托东莞市电视台制作建筑节能公益广告，连续在东莞市电视台黄金时间播出。

（三）加强引导调控，积极培育市场。建筑节能工作的跨越式发展，必将带动建筑节能产业化的发展。针对目前建筑节能产业存在小型分散、技术落后等问题，鼓励企业加大对建筑节能、节能设备生产项目的投入，生产符合建筑节能要求的产品，提高建筑节能产品生产行业的总体水平。发布推荐、限制和淘汰类的建筑技术、材料、设备目录，引导生产企业和科研单位，研究开发建筑节能新产品、新技术，满足建筑节能市场的需要。开发建造符合节能标准、适应市场需要的节能建筑，推动规范化建筑节能市场的形成，促进建筑行业健康发展。

今后东莞市将紧密结合本地区实际，进一步采取有效措施，努力将建筑节能工作推向更好水平。

[2008]全省建设工作会议交流材料之十四

严抓狠管，切实做好建筑施工起重机械安全监督管理工作

中山市建设局

在省建设厅的正确领导和大力支持下，近年来我市在建筑施工机械安全监督管理方面做了一些工作。现简要报告如下。

一、我市建筑施工起重机械监督管理基本情况

经局办公会议研究，从03年下半年开始，我市建筑施工起重机械由市安全监督站负责监督管理，全市起重机械从安装到拆卸实行全过程监督管理。据统计，目前有588台塔吊、42台施工升降机、1020台物料提升机在我市安监站注册备案；从03年6月至今，市安监站对1978台（次）塔吊、施工升降机，1380台次物料提升机的安装拆卸作业进行了登记备案。目前，在我市从事塔吊、施工升降机租赁业务的单位有15家，从事塔吊、施工升降机安装业务的施工企业有8家，从事物料提升机租赁业务的单位有20家。

二、我市建筑施工起重机械监督管理的一些做法

（一）高度重视监督管理工作。我局一直高度重视建筑工地起重机械的监管工作，特别是在国家出台了一系列有关建设工程安全生产管理的法律法规等文件实施后，进一步明确了房屋、市政工程使用的起重机械管理职责，经局办公会议慎重研究，将全市起重设备日常监管工作委托市安监站负责。局分管领导和建管科、安全科负责同志针对监管过程发现的问题，经常到基层调研，研究制定起重设备安全监管对策，认真总结我市安监站自1995年成立以来与市劳动局、技术监督局和和生产监督局对我市超重设备的监管和检测工作中的经验及教训，结合当时国家和建设部颁发的有关安全生产管理规定，及时印发《关于加强施工现场塔式起重机等机械设备安全管理的通知》，要求凡在中山市进行建设工程的企业，应按规定从2003年6月开始，建筑施工现场使用的起重设备必须实行先告知备案、后进场安装的监管措施。通过“先备案后装拆”的管理工作，最大程度地杜绝了非法分包（即俗称的“挂靠”）及由“游击队”队伍进场作业的违法行为，使我市起重机械的监管工作得以有序地顺利开展。

自2004年2月1日，中华人民共和国国务院令（第393号）《建设工程安全生产管理条例》施行后，为进一步贯彻落实《安全生产法》、《建设工程安全生产管理条例》等法律法规，市建设局结合我市建设工程发展的需要，在2004年3月和6月分别发出了两个建设工程安全生产有关的文件：《关于实行建设工程前期核查等安全生产管理措施的通知》（中建[2004]5号文）和《中山市建设工程施工现场管理办法》（中建[2004]20号文），这两个文件以国家法律法规为准绳，更具体地结合人市建设工程的施工实际，进一步强调了起重设备在报安监时资料必须有起重设备的装拆方案，且该类方案必须按规定专门编制，同时起重设备必须按规定先检测合格后才可投入施工生产，若有违反规定的，建管部门不予发施工许可，市安监站有权责令工程项目停工整改。有了这一系列具体文件的要求作指引，市安监站根据建设局的工作部署，建立健全起重机械管理制度，在人员非常紧张的条件下，专门安排两位同志全面负责起重机械的注册备案及装拆备案工作，监督人员依法开展对建筑施工起重机械的备案登记及施工过程的监督执法。通过多年来监督实践，我市未发生一起对起重机械监管工作的投诉事件。实行置前严格把关，限制了一些资料不全、存在安全隐患的起重机械进入施工现场或安装使用，并将部分资质条件不符的安装企业拒之门外。对安装单位、出租单位未经办理告知备案手续就进场施工、安装存在较大安全隐患的起重机械或将未经检测合格的起重机械投入使用的，我们均予以严肃查处。2003年6月至今，已对20家安装使用塔吊、施工升降机的单位予以警告处理，对2家安装企业作出书面严重警告处理，并对一台已经安装使用的存在较大安全隐患但不能在现场得以解决的塔吊作出清出施工现场的处理。

（三）积极开展起重设备专项整治。近年来，我局为切实加强对起重机械的监管，每年组织全市性的起重设备安全专项检查不少于4次，仅今年上半年，我市就对存在隐患的塔吊、施工升降机及物料提升机共发出整改意见226份，局部停工限期整改通知书85份。通过专项整治和加大检查频率，及时排查一批重大安全隐患，有效地防止生产安全事故发生，使得我市建筑施工起重机械的安全使用状况踏上了一个新的台阶。

（四）强化安监队伍建设，提高监督工作效能。为了更进一步了解、学习国家相关法律规范与标准，市建设局每年组织相关人员到外地交流学习，吸收外省（市）先进管理经验与监管手段，并定期组织开展起重机械知识的培训学习，不断提高本地区施工安全监督人员对建筑施工起重机械的技术认知与监管水平，提高监督工作效能。

（五）强化对起重机械施工企业和检测机构的监管。一是定期召集起重机械装拆、维修、租赁与生产单位负责人召开安全生产通报会，将我市安全生产状况及市安全监督站、检验检测机构在日常监督、检验过程中发现的起重机械隐患及时向相关单位作出通报。二是定期召集检验检测机构开展沟通交流工作。通过与检验机构的沟通与交流，掌握我市建筑施工起重机械的技术状况，对检验过程中发现的问题提出及时有效的解决办法。

（六）认真开展特种作业人员操作技能培训。市建设局委托中山市建筑业协会开展物料提升机操作人员的培训工作。在中山市建设工程安全监督站与市建筑业协会的努力工作下，自2004年年底至今已完成对1800多人进行物料提升机操作的培训、发证工作。下阶段，我市将按照建设厅的统一部署，切实有效地开展对塔吊、施工升降机司机、指挥、司索、安装拆卸工等特种作业人员的继续教育工作。

由于建筑市场竞争激烈、特种设备安装拆卸队伍良莠不齐、特种作业人员素质偏低等原因，我市起重机械安全监管工作所面临的压力非常大，任重而道远。我们将在省建设厅的领导下，认真贯彻省厅《关于建立全省建筑施工起重机械登记管理制度的通知》（粤建安字[2007]88号文）的要求，结合我市《关于进一步加强我市建筑施工起重机械安全管理的通知》（中建通[2007]53号文）的具体要求，努力学习兄弟市的先进经验，不断总结起重设备安全管理工作的经验和教训，提高自身管理水平，严防和杜绝起重机械事故发生，为构建和谐中山做出贡献。

[2008]全省建设工作会议交流材料之十五

狠抓创“双优”样板工地 有效促进我市建筑工程施工安全生产的健康发展

肇庆市建设局

2007年，我局采取多种形式加大对建筑工程施工安全的管理力度，勇于创新，敢于尝试，不断完善建筑工程施工安全工作管理机制，尤其切实抓好创“双优”样板工地工作的开展，做到以点带面，有效促进了我市建筑工程施工安全生产的健康发展，全市建筑工地没有发生伤亡事故。2007年，全市申报市“双优”样板工地共46项，为历年之最，其中申报广东省“双优”样板工地12项，获得了检评组的充分肯定。

我们的主要做法是：

一、明确创优目标，落实工作责任制。我市对创优工作一直以来高度重视，尤其自2004年以来，我市把创优工作从招投标开始纳入计划，一些规模较大的工程，都从招投标的准入及直接与经济挂钩，体现开展创优的重要性。今年以来，市建设局结合本市建设工程实际和企业的创优计划情况，对照创省、市优的条件，确定了创优工作计划。为把创优目标落到实处，我们成立了创优工作机构，市建设局孟广生局长亲自任组长，分管质安工作的副局长梁伟雄和助理调研员贾粤华任副组长，在建管科、安监站、建筑业协会抽调人员落实具体抓，如市直城区，成立了以安监站站长为组长的创优领导小组，安排专人跟踪落实，对创优项目实施重点监督，认真配合企业开展创优工作，做到“监、帮、带”，努力为创优工作提供优良服务。在此基础上，我局更多次主动与各县（市）区政府沟通联系，争取当地政府对建管工作的支持，今年我市的鼎湖区、高新区都有项目申报省“双优”工地项目。

二、健全制度，加强检查，落实整改。我局认真抓好《广东省建设厅建筑工程安全生产动态管理办法》和我市制订的《肇庆市建设工程项目管理手册》的落实，着重抓好项目管理关和人员管理关，做到双管齐下，严格管理，并在每月的15日召开的质安工作例会上通报相关安全生产工作情况，形成制度。同时，我局还认真抓好建筑工程施工安全检查，除市安监站正常安全检查、抽查外，全市共开展建筑施工安全检查达7次，检查工程项目475项，发出整改通知书147份，其中停工通知书25份，暂时停止施工通知书45份。我们实行全面监督，重点跟踪，消除工程安全隐患。如在今年我市组织的全市安全生产工作季度大检查中，抽调了县（市）区安监站及企业多名专家参加检查，以城区在建工程作为安全生产评价示范工程，对我市城区在建工程进行了大检查，对存在隐患的工程限期整改，对安全隐患较为严重的工程项目一律作出停工处理，并对停工处理的工程实行重点跟踪，由市检查组复检合格后才能复工。通过严把跟踪落实关，使我市的安全生产检查避免了走过场的形式，整改的问题得以及时解决，全市的安全生产水平普遍提高。

三、明确工作要求，严格执行程序，落实企业创优工作责任感。在开展创优工作中，我们把建设工程创优工作自始至终贯穿于工程施工全过程中，明确规定各施工企业年度的安全评价100%合格，按不同的施工企业资质等级订出不同的创优工程优良率，并由建设单位对“双优”工程进行适当的奖励。各项创优工程要在施工组织设计方案中有明确的目标和措施，并结合本工程的特点和要求提出施工过程中严格程序与工序的把关工作。我市明确项目经理是工程创优工作的直接责任人，项目经理部要精心布置各项施工技术，对施工中或施工完成的各分项工作加强自查，发现问题及时纠正。监理人员要对各工序的完成情况进行检查和严格把关。

四、建立消除施工安全隐患措施，把好工前控制关。在开展创优工作中，我市要求各施工企业及监理单位要结合不同工程特点制订出相应消除施工过程中出现的安全隐患，并建立重大危险源公示制度，切实加大检查频率和次数。对施工方案和施工组织设计进行认真审查，对治理安全隐患落实具体措施和预控方案，以达到有效地消除安全隐患的目的。与此同时，我们发挥工程安全监督部门对工程的监督作用，建立对工程安全生产的双控把关。我市各级安监部门设立督查组，对创优工程项目实施督查，除对工程进行督查外，同时对安监人员的到位情况、工作效率进行督查，对创优项目督查每月不少于一次，有效加强监管。施工单位对工程安全进行自检自评及评定，安监站（安监员）与监理单位对工程施工安全进行全面评价。

五、加强沟通联系，努力提高安全生产管理水平。今年，我市除抽调建设行政部门、安监站和施工企业专家参与检查，增强沟通交流外，更结合每月质安例会，积极开展现场会，加强企业间的沟通联系。选定了景德雅苑为创优及平安卡推广示范工程， 全市300多人参加了会议。期间，由安监站与施工企业进行了详细的讲解，交流了创优经验。为了更好地在我市实施“平安卡”管理制度，我市还组织相关人员到珠海学习经验，并及时制定我市实施计划，落实管理制度，并计划将工程项目“平安卡”实施情况作为明年市“双优”工地申报条件之一。一年来，全市共有80多个工程项目办理了“平安卡”管理系统，开办“平安卡”培训教育86个班次，有86个工地管理和施工人员接受现场安全培训，共有6038人接受“平安卡”技术培训，并发放“平安卡”2052张。

[2008]全省建设工作会议交流材料之十六

多管齐下解决城镇特困户住房难

连州市房地产管理局

近年来，我市采取灵活有效措施，精心组织，积极稳妥地推进住房保障工作。2002年至2007年，全市共投入资金617.65万元，为113户城镇特困户解决了住房难问题，住房保障工作取得了阶段性成效。

在解决城镇特困户住房难问题的过程中，“三心”“二意”是取得成效的关键：

一、政府关心，制定方案，是解决特困户住房难的组织基础和制度保证。解决特困户住房难，关心帮助弱势群体，是巩固改革成果，维护社会稳定，构建和谐社会的重要举措，为解决我市城镇最低生活保障线的特困户住房难问题，市政府将这项工作列为十项民心工程之一，成立了由主管副市长任组长，市房管局、民政局、建设局、国土资源局、劳动和社会保障局、总工会等部门负责人为成员的“解决城镇最低生活保障线特困户住房难工作领导小组”，由房管局负责具体工作，并制定了《连州市解决城镇特困户住房问题实施方案》，为解决特困户住房难提供了组织和制度保证。

二、部门齐心，密切配合，是解决特困户住房难的有利条件和积极因素。为深入贯彻落实省建设厅《关于解决城镇特困户住房问题的实施意见》、连州市委、市政府《关于实施十项民心工程工作方案》和《连州市解决城镇特困户住房问题实施方案》等文件精神，在实施住房保障过程中，建设、国土、供电、供水等职能部门都尽可能在政策上给予优惠，鼓励、扶助公房维修和新建廉租房，充分调动了群众参与解决特困户住房难的积极性和主动性。房管、民政、建设、总工会、国土、劳动和社会保障局，连州镇政府等部门和单位，齐心协力，密切配合，迅速行动起来，对我市城镇人均月收入182元（2003年我市城镇居民最低生活保障线）以下的居民家庭住房情况进行了调查摸底，并进行了造册登记，为选准扶持对象奠定基础。

三、社会热心，捐款出力，是解决特困户住房难的有效方式。广辟筹资渠道，发动单位、社会各界热心人士为特困家庭排扰解难，建立“结对帮扶”的救助机制，有钱出钱，有力出力，献爱心，做实事、办好事，广泛发动社会力量参与住房保障，解决公房维修和新建廉租房资金，形成了全社会参与解决特困户住房难的良好氛围。同时，充分整合和利用有限的资金，全力扶持解决城镇特困户住房难问题。近年来，共收到社会各界募捐的善款28万元，有效缓解了解决特困户住房难问题的资金不足。

四、市政协关注民生的责任意识推进了特困户住房难问题的加速解决。2004年6月至8月，我市政协根据市委、市政府《关于实施十项民心工程工作方案》有关精神，派出2个调查组，走访十多个部门，从各单位和社区上报的359户困难户中排查筛选出207户作为重点调查对象，经过逐户上门走访调查和综合对比，最后确定急于解决住房的困难户56户183人，并形成了《连州市城镇特困户家庭社会救助调查报告》的提案，提交市“两会”讨论，建议加快解决上述56户特困户的住房难问题。市政协关于解决城镇特困户住房难的提案得到“两会”的高度重视，为加速问题的解决创造了条件。

五、职能部门为民解困的宗旨意识促进了特困户住房难问题的深入解决。在职能部门的大力支持和配合下，领导小组召开了专题研究会，充分发挥各方的聪明才智，群策群力，凝心聚力，形成合力。经过充分讨论，最后明确了解决城镇特困户住房难问题的资金来源、配租办法、补贴标准、申请条件及审核程序等。一是在租金交付方面，对特困户实行“免五减三”政策。即前五年实行免租使用，第六年起三年内房租按同期房租标准的50%计收。同时，对部份已入住公房的特困户实行核减租金的方式进行解决。二是在房源组织方面，充分利用再生资源。在资金短缺的情况下，想方设法组织房源，充分利用闲置公房维修改造后进行配租：1、市政府在市区水塔背调剂划拨了原计委宿舍9套和市房管局先后在市区水塔背、中山南路、城隍街等调剂了直管公房64套（间）投入资金92.65万元进行了维修和改造以及水电设施安装；2、在市区竹园路利用原有闲置的土地，投入120万元新建了三幢（30套）63平方米/套的廉租房；3、市政府今年把价值350万元、建筑面积达5000平方米的一幢综合大楼无偿划拨给市房管局作为住房保障备用房，为今后用于解决城镇特困户住房难问题预留了空间，现已调剂安排城镇特困户入住10户。三是在扶持对象申请方面，实行公开监督。按照一户一策、公平公正的原则，选准扶持对象，严格申报、审核、张榜公布等工作手续，完善卡表册，切实做到一户一卡，确保底子清、情况明。四是资金使用方面，实行严格督查。市政府督查组不定期地对住房保障工作进展、责任落实、资金到位、工程质量等方面进行督查，推动住房保障工作的落实；纪检、监察和审计部门加强住房保障专项资金的监督检查，确保把每一分钱都用到解决城镇特困户住房难问题上。

[2008]全省建设工作会议交流材料之十七

城市房屋拆迁全程管理介入

潮州市房地产管理局

近年来，我市高度重视做好房屋拆迁工作，从落实科学发展观和构建和谐社会的高度，积极探索房屋拆迁全程介入管理模式，有效地防范和化解拆迁过程中的各种矛盾和纠纷。全市房屋拆迁工作基本做到没有侵害群众利益、没有出现暴力拆迁和群体性上访事件，拆迁工作保持了依法、平稳、有序地进行。

在城市房屋拆迁管理工作中，为了更好地预防和及时化解拆迁当事人的矛盾，防止出现管理不到位、监管不力的现象，我们在实践中提出了房屋拆迁全程介入管理模式。即对重点拆迁项目，从法律法规的宣传、拆迁通告、拆迁单位的审查、核发拆迁许可证，到实施过程中的评估丈量、补偿标准、理赔安置，以及纠纷的裁决和信访等全过程实施全方位的监管。通过拆迁管理人员跟踪介入拆迁全过程的监管，及时掌握拆迁活动的第一手资料和整个过程的每个环节动态，掌握了解拆迁纠纷产生的前因后果，化解矛盾，解决各种具体问题，把可能发生的不良事件消灭在萌芽之中。

房屋拆迁全程介入管理模式，应特别注意房屋拆迁管理部门的定位，牢牢把握好监管的尺度。房屋拆迁管理人员作为拆迁全程介入管理的主体，并不是直接参与拆迁当事人的补偿安置协商，也不是直接参与评估机构的估价活动，而是作为“裁判员”对整个拆迁活动进行监督管理。具体做到如下几方面：

一、加强拆迁法律法规的宣传

许多拆迁纠纷案件的发生都是因为拆迁当事人不懂法律法规引起的。让被拆迁人了解拆迁的法律法规，是做好拆迁管理工作的重点。对拆迁过程的介入管理，就是要求拆迁管理人员与被拆迁人进行交流，耐心细致地讲解有关的法律法规，详细解答他们提出的问题。让被拆迁人了解拆迁补偿安置的程序、方式，明确自身的权利和义务等。

二、严格核发《城市房屋拆迁许可证》

实行房屋拆迁许可证审批制度是加强房屋拆迁行政管理的重要措施。我市房屋拆迁管理部门从核发《城市房屋拆迁许可证》的管理入手，对建设项目批准文件的有效性、建设用地规划许可证的时效性、国有土地使用权批准文件的合法性、拆迁计划和拆迁方案的可行性、拆迁补偿安置资金的到位情况等前置条件进行认真审核和严格把关，对不符合条件的一律不予拆迁许可。对于拆迁人自行拆迁的，审核其是否具备实施自行拆迁所需的专业人员，并加强指导和监督；对于拆迁人委托拆迁的，严格审核受委托单位的拆迁资格。通过严格把关，确保拆迁行为的合法性，使拆迁计划和拆迁方案更加合理可行，防止拆迁单位抽逃补偿安置资金，造成被拆迁人补偿不到位或安置用房不落实的现象，切实维护被拆迁人的合法权益。

三、加强对房屋的确权和丈量的监管

房屋的拆迁补偿需要对被拆迁房屋的权属、性质和面积进行确认。针对我市是历史悠久的文化名城，私房多，继承人多，产权复杂等情况，只有详细查阅产权产籍档案，才能帮助被拆迁人进行分家析产、明确产权。有的房屋尚未办理《房地产权证》，如果不属违章建筑，则需要进行面积丈量，绘制房屋平面图，计算建筑面积和用地面积。这些工作都需要具有丰富产权经验和测绘资格的专业人员才能完成。如果被拆迁人有疑问的，还需及时给予解释。

四、加强对拆迁人补偿安置的监管

拆迁补偿安置是拆迁过程的重要环节，也是拆迁当事人最敏感的问题。拆迁人应当与被拆迁人签订拆迁补偿安置协议，确保先签协议后拆迁，不能先拆后签或者不签就拆。严禁拆迁人采取停水、停电等手段强迫被拆迁人搬迁。其次，必须严格执行拆迁补偿资金监管制度。拆迁补偿安置资金应当全部用于房屋拆迁的补偿安置，不得挪作他用，拆迁人应该将拆迁补偿资金按协议及时足额支付给被拆迁人。此外，还必须对拆迁人提供的回迁用房或异地安置用房的质量实行监督，保证房屋符合国家有关的质量安全标准。

五、加强对评估机构的评估活动的监管

房屋拆迁补偿的核心是对被拆迁房屋的价值进行评估，评估结果公正与否直接影响着拆迁当事人的合法权益，因此拆迁估价应当做到公开、公平、公正。在拆迁管理中，要监督估价机构严格按照建设部制定的《城市房屋拆迁估价指导意见》进行评估，防止拆迁人与评估机构串通，故意压低被拆迁房屋的补偿价格，损害被拆迁人的利益。房屋拆迁估价应该体现“等价有偿”原则，根据被拆迁房屋的区位、用途、建筑面积等因素，对其房地产市场价格进行评估。评估结果实行公示制度，估价机构应当将分户的初步估价结果向被拆迁人公示，并进行现场说明，听取有关意见。

六、依法做好房屋拆迁裁决工作

我市房屋拆迁管理部门注重做好房屋拆迁裁决工作。在工作中注意以事实为依据、以法律为准绳，坚持公平、公正、及时的原则，充分听取拆迁当事人的意见，对当事人提出的事实、理由和证据进行复核。针对纠纷的焦点，摆事实、讲道理，协助当事人找出双方都能接受的方案，达成一致意见，圆满解决问题。对于拆迁当事人拒绝调解的，则按照《城市房屋拆迁行政裁决工作规程》，严格执行听证、行政裁决、证据保全等程序，依法作出行政裁决。

七、切实做好拆迁信访工作

认真做好群众的信访工作，是政府了解民意、化解拆迁矛盾的重要方式，也是维护拆迁当事人合法权益的重要环节。我市通过建立健全拆迁信访工作责任制，严格要求工作人员依法行政、秉公办事。对信访工作中的失职、渎职行为，严格依照有关法律法规的规定，追究有关责任人员的责任。此外，还要求提高信访事项的处理效率，对群众反映的困难和合理要求及时给予解决，对按政策规定不应解决的，做好耐心细致的思想政治工作，宣传有关法律、法规、政策，使上访群众明白不能解决的理由和道理，有效地防止群众集体越级上访及恶性事件的发生。

我们对重点拆迁项目采取房屋拆迁全程介入管理模式，取得了满意的效果：一是市政府满意。通过这几年的严格管理，使市政府几个重点工程，如滨江长廊、开元广场、韩文公祠、金山大桥、桥东水厂、金山中学、高级中学和饶宗颐学术馆的拆迁工作全部保质保量地完成。二是群众满意。被拆迁人的合法权益受到了保护，对符合“双困”条件的贫困户，还解决了租住廉租房或给予租金补贴，得到群众的普遍好评。三是拆迁单位满意。由于及时掌握拆迁的动态和被拆迁户的情况，及时发现问题，把矛盾解决在萌芽之中，几年来，没有出现暴力拆迁、野蛮拆迁的恶劣行为，为我市社会的稳定和构建和谐潮州做出应有的贡献。

三、法律法规

中华人民共和国城乡规划法

（2007年10月28日中华人民共和国主席令第74号公布）

目　录

第一章　总　　则
第二章　城乡规划的制定
第三章　城乡规划的实施
第四章　城乡规划的修改
第五章　监督检查
第六章　法律责任
第七章　附　　则

第一章 总 则

第一条　为了加强城乡规划管理，协调城乡空间布局，改善人居环境，促进城乡经济社会全面协调可持续发展，制定本法。

第二条　制定和实施城乡规划，在规划区内进行建设活动，必须遵守本法。

本法所称城乡规划，包括城镇体系规划、城市规划、镇规划、乡规划和村庄规划。城市规划、镇规划分为总体规划和详细规划。详细规划分为控制性详细规划和修建性详细规划。

本法所称规划区，是指城市、镇和村庄的建成区以及因城乡建设和发展需要，必须实行规划控制的区域。规划区的具体范围由有关人民政府在组织编制的城市总体规划、镇总体规划、乡规划和村庄规划中，根据城乡经济社会发展水平和统筹城乡发展的需要划定。

第三条　城市和镇应当依照本法制定城市规划和镇规划。城市、镇规划区内的建设活动应当符合规划要求。

县级以上地方人民政府根据本地农村经济社会发展水平，按照因地制宜、切实可行的原则，确定应当制定乡规划、村庄规划的区域。在确定区域内的乡、村庄，应当依照本法制定规划，规划区内的乡、村庄建设应当符合规划要求。

县级以上地方人民政府鼓励、指导前款规定以外的区域的乡、村庄制定和实施乡规划、村庄规划。

第四条　制定和实施城乡规划，应当遵循城乡统筹、合理布局、节约土地、集约发展和先规划后建设的原则，改善生态环境，促进资源、能源节约和综合利用，保护耕地等自然资源和历史文化遗产，保持地方特色、民族特色和传统风貌，防止污染和其他公害，并符合区域人口发展、国防建设、防灾减灾和公共卫生、公共安全的需要。

在规划区内进行建设活动，应当遵守土地管理、自然资源和环境保护等法律、法规的规定。

县级以上地方人民政府应当根据当地经济社会发展的实际，在城市总体规划、镇总体规划中合理确定城市、镇的发展规模、步骤和建设标准。

第五条　城市总体规划、镇总体规划以及乡规划和村庄规划的编制，应当依据国民经济和社会发展规划，并与土地利用总体规划相衔接。

第六条　各级人民政府应当将城乡规划的编制和管理经费纳入本级财政预算。

第七条　经依法批准的城乡规划，是城乡建设和规划管理的依据，未经法定程序不得修改。

第八条　城乡规划组织编制机关应当及时公布经依法批准的城乡规划。但是，法律、行政法规规定不得公开的内容除外。

第九条　任何单位和个人都应当遵守经依法批准并公布的城乡规划，服从规划管理，并有权就涉及其利害关系的建设活动是否符合规划的要求向城乡规划主管部门查询。

任何单位和个人都有权向城乡规划主管部门或者其他有关部门举报或者控告违反城乡规划的行为。城乡规划主管部门或者其他有关部门对举报或者控告，应当及时受理并组织核查、处理。

第十条　国家鼓励采用先进的科学技术，增强城乡规划的科学性，提高城乡规划实施及监督管理的效能。

第十一条　国务院城乡规划主管部门负责全国的城乡规划管理工作。

县级以上地方人民政府城乡规划主管部门负责木行政区域内的城乡规划管理工作。

第二章 城乡规划的制定

第十二条　国务院城乡规划主管部门会同国务院有关部门组织编制全国城镇体系规划，用于指导省域城镇体系规划、城市总体规划的编制。

全国城镇体系规划由国务院城乡规划主管部门报国务院审批。

第十三条　省、自治区人民政府组织编制省域城镇体系规划，报国务院审批。

省域城镇体系规划的内容应当包括：城镇空间布局和规模控制，重大基础设施的布局，为保护生态环境、资源等需要严格控制的区域。

第十四条　城市人民政府组织编制城市总体规划。

直辖市的城市总体规划由直辖市人民政府报国务院审批。省、自治区人民政府所在地的城市以及国务院确定的城市的总体规划，由省、自治区人民政府审查同意后，报国务院审批。其他城市的总体规划，由城市人民政府报省、自治区人民政府审批。

第十五条　县人民政府组织编制县人民政府所在地镇的

总体规划，报上一级人民政府审批。其他镇的总体规划由镇人民政府组织编制，报上一级人民政府审批。

第十六条　省、自治区人民政府组织编制的省域城镇体系规划，城市、县人民政府组织编制的总体规划，在报上一级人民政府审批前，应当先经本级人民代表大会常务委员会审议，常务委员会组成人员的审议意见交由本级人民政府研究处理。

镇人民政府组织编制的镇总体规划，在报上一级人民政府审批前，应当先经镇人民代表大会审议，代表的审议意见交由本级人民政府研究处理。

规划的组织编制机关报送审批省域城镇体系规划、城市总体规划或者镇总体规划，应当将本级人民代表大会常务委员会组成人员或者镇人民代表大会代表的审议意见和根据审议意见修改规划的情况一并报送。

第十七条　城市总体规划、镇总体规划的内容应当包括：城市、镇的发展布局，功能分区，用地布局，综合交通体系，禁止、限制和适宜建设的地域范围，各类专项规划等。

规划区范围、规划区内建设用地规模、基础设施和公共服务设施用地、水源地和水系、基本农田和绿化用地、环境保护、自然与历史文化遗产保护以及防灾减灾等内容，应当作为城市总体规划、镇总体规划的强制性内容。

城市总体规划、镇总体规划的规划期限一般为二十年。城市总体规划还应当对城市更长远的发展作出预测性安排。

第十八条　乡规划、村庄规划应当从农村实际出发，尊重村民意愿，体现地方和农村特色。

乡规划、村庄规划的内容应当包括：规划区范围，住宅、道路、供水、排水、供电、垃圾收集、畜禽养殖场所等农村生产、生活服务设施、公益事业等各项建设的用地布局、建设要求，以及对耕地等自然资源和历史文化遗产保护、防灾减灾等的具体安排。乡规划还应当包括本行政区域内的村庄发展布局。

第十九条　城市人民政府城乡规划主管部门根据城市总体规划的要求，组织编制城市的控制性详细规划，经本级人民政府批准后，报本级人民代表大会常务委员会和上一级人民政府备案。

第二十条　镇人民政府根据镇总体规划的要求，组织编制镇的控制性详细规划，报上一级人民政府审批。县人民政府所在地镇的控制性详细规划，由县人民政府城乡规划主管部门根据镇总体规划的要求组织编制，经县人民政府批准后，报本级人民代表大会常务委员会和上一级人民政府备案。

第二十一条　城市、县人民政府城乡规划主管部门和镇人民政府可以组织编制重要地块的修建性详细规划。修建性详细规划应当符合控制性详细规划。

第二十二条　乡、镇人民政府组织编制乡规划、村庄规划，报上一级人民政府审批。村庄规划在报送审批前，应当经村民会议或者村民代表会议讨论同意。

第二十三条　首都的总体规划、详细规划应当统筹考虑中央国家机关用地布局和空间安排的需要。

第二十四条　城乡规划组织编制机关应当委托具有相应资质等级的单位承担城乡规划的具体编制工作。

从事城乡规划编制工作应当具备下列条件，并经国务院城乡规划主管部门或者省、自治区、直辖市人民政府城乡规划主管部门依法审查合格，取得相应等级的资质证书后，方可在资质等级许可的范围内从事城乡规划编制工作：

（一）有法人资格；

（二）有规定数量的经国务院城乡规划主管部门注册的规划师；

（三）有规定数量的相关专业技术人员；

（四）有相应的技术装备；

（五）有健全的技术、质量、财务管理制度。

规划师执业资格管理办法，由国务院城乡规划主管部门会同国务院人事行政部门制定。

编制城乡规划必须遵守国家有关标准。

第二十五条　编制城乡规划，应当具备国家规定的勘察、测绘、气象、地震、水文、环境等基础资料。

县级以上地方人民政府有关主管部门应当根据编制城乡规划的需要，及时提供有关基础资料。

第二十六条　城乡规划报送审批前，组织编制机关应当依法将城乡规划草案予以公告，并采取论证会、听证会或者其他方式征求专家和公众的意见。公告的时间不得少于三十日。

组织编制机关应当充分考虑专家和公众的意见，并在报送审批的材料中附具意见采纳情况及理由。

第二十七条　省域城镇体系规划、城市总体规划、镇总体规划批准前，审批机关应当组织专家和有关部门进行审查。

第三章　城乡规划的实施

第二十八条　地方各级人民政府应当根据当地经济社会发展水平，量力而行，尊重群众意愿，有计划、分步骤地组织实施城乡规划。

第二十九条　城市的建设和发展，应当优先安排基础设施以及公共服务设施的建设，妥善处理新区开发与旧区改建的关系，统筹兼顾进城务工人员生活和周边农村经济社会发展、村民生产与生活的需要。

镇的建设和发展，应当结合农村经济社会发展和产业结构调整，优先安排供水、排水、供电、供气、道路、通信、广播电视等基础设施和学校、卫生院、文化站、幼儿园、福利院等公共服务设施的建设，为周边农村提供服务。

乡、村庄的建设和发展，应当因地制宜、节约用地，发挥村民自治组织的作用，引导村民合理进行建设，改善农村生产、生活条件。

第三十条　城市新区的开发和建设，应当合理确定建设规模和时序，充分利用现有市政基础设施和公共服务设施，严格保护自然资源和生态环境，体现地方特色。

在城市总体规划、镇总体规划确定的建设用地范围以外，不得设立各类开发区和城市新区。

第三十一条　旧城区的改建，应当保护历史文化遗产和传统风貌，合理确定拆迁和建设规模，有计划地对危房集中、基础设施落后等地段进行改建。

历史文化名城、名镇、名村的保护以及受保护建筑物的维护和使用，应当遵守有关法律、行政法规和国务院的规定。

第三十二条　城乡建设和发展，应当依法保护和合理利用风景名胜资源，统筹安排风景名胜区及周边乡、镇、村庄的建设。

风景名胜区的规划、建设和管理，应当遵守有关法律、行政法规和国务院的规定。

第三十三条　城市地下空间的开发和利用，应当与经济和技术发展水平相适应，遵循统筹安排、综合开发、合理利用的原则，充分考虑防灾减灾、人民防空和通信等需要，并符合城市规划，履行规划审批手续。

第三十四条　城市、县、镇人民政府应当根据城市总体规划、镇总体规划、土地利用总体规划和年度计划以及国民经济和社会发展规划，制定近期建设规划，报总体规划审批机关备案。

近期建设规划应当以重要基础设施、公共服务设施和中低收入居民住房建设以及生态环境保护为重点内容，明确近期建设的时序、发展方向和空间布局。近期建设规划的规划期限为五年。

第三十五条　城乡规划确定的铁路、公路、港口、机场、道路、绿地、输配电设施及输电线路走廊、通信设施、广播电视设施、管道设施、河道、水库、水源地、自然保护区、防汛通道、消防通道、核电站、垃圾填埋场及焚烧厂、污水处理厂和公共服务设施的用地以及其他需要依法保护的用地，禁止擅自改变用途。

第三十六条　按照国家规定需要有关部门批准或者核准的建设项目，以划拨方式提供国有土地使用权的，建设单位在报送有关部门批准或者核准前，应当向城乡规划主管部门申请核发选址意见书。

前款规定以外的建设项目不需要申请选址意见书。

第三十七条　在城市、镇规划区内以划拨方式提供国有土地使用权的建设项目，经有关部门批准、核准、备案后，建设单位应当向城市、县人民政府城乡规划主管部门提出建设用地规划许可申请，由城市、县人民政府城乡规划主管部门依据控制性详细规划核定建设用地的位置、面积、允许建设的范围，核发建设用地规划许可证。

建设单位在取得建设用地规划许可证后，方可向县级以上地方人民政府土地主管部门申请用地，经县级以上人民政府审批后，由土地主管部门划拨土地。

第三十八条　在城市、镇规划区内以出让方式提供国有土地使用权的，在国有土地使用权出让前，城市、县人民政府城乡规划主管部门应当依据控制性详细规划，提出出让地块的位置、使用性质、开发强度等规划条件，作为国有土地使用权出让合同的组成部分。未确定规划条件的地块，不得出让国有土地使用权。

以出让方式取得国有土地使用权的建设项目，在签订国有土地使用权出让合同后，建设单位应当持建设项目的批准、核准、备案文件和国有土地使用权出让合同，向城市、县人民政府城乡规划主管部门领取建设用地规划许可证。

城市、县人民政府城乡规划主管部门不得在建设用地规划许可证中，擅自改变作为国有土地使用权出让合同组成部分的规划条件。

第三十九条　规划条件未纳入国有土地使用权出让合同的，该国有土地使用权出让合同无效；对未取得建设用地规划许可证的建设单位批准用地的，由县级以上人民政府撤销有关批准文件；占用土地的，应当及时退回；给当事人造成损失的，应当依法给予赔偿。

第四十条　在城市、镇规划区内进行建筑物、构筑物、道路、管线和其他工程建设的，建设单位或者个人应当向城市、县人民政府城乡规划主管部门或者省、自治区、直辖市人民政府确定的镇人民政府申请办理建设工程规划许可证。

申请办理建设工程规划许可证，应当提交使用土地的有关证明文件、建设工程设计方案等材料。需要建设单位编制修建性详细规划的建设项目，还应当提交修建性详细规划。对符合控制性详细规划和规划条件的，由城市、县人民政府城乡规划主管部门或者省、自治区、直辖市人民政府确定的镇人民政府核发建设工程规划许可证。

城市、县人民政府城乡规划主管部门或者省、自治区、直辖市人民政府确定的镇人民政府应当依法将经审定的修建性详细规划、建设工程设计方案的总平面图予以公布。

第四十一条　在乡、村庄规划区内进行乡镇企业、乡村公共设施和公益事业建设的，建设单位或者个人应当向乡、镇人民政府提出申请，由乡、镇人民政府报城市、县人民政府城乡规划主管部门核发乡村建设规划许可证。

在乡、村庄规划区内使用原有宅基地进行农村村民住宅建设的规划管理办法，由省、自治区、直辖市制定。

在乡、村庄规划区内进行乡镇企业、乡村公共设施和公益事业建设以及农村村民住宅建设，不得占用农用地；确需占用农用地的，应当依照《中华人民共和国土地管理法》有关规定办理农用地转用审批手续后，由城市、县人民政府城乡规划主管部门核发乡村建设规划许可证。

建设单位或者个人在取得乡村建设规划许可证后，方可办理用地审批手续。

第四十二条　城乡规划主管部门不得在城乡规划确定的建设用地范围以外作出规划许可。

第四十三条　建设单位应当按照规划条件进行建设；确需变更的，必须向城市、县人民政府城乡规划主管部门提出申请。变更内容不符合控制性详细规划的，城乡规划主管部门不得批准。城市、县人民政府城乡规划主管部门应当及时将依法变更后的规划条件通报同级土地主管部门并公示。

建设单位应当及时将依法变更后的规划条件报有关人民政府土地主管部门备案。

第四十四条　在城市、镇规划区内进行临时建设的，应当经城市、县人民政府城乡规划主管部门批准。临时建设影响近期建设规划或者控制性详细规划的实施以及交通、市容、安全等的，不得批准。

临时建设应当在批准的使用期限内自行拆除。

临时建设和临时用地规划管理的具体办法，由省、自治区、直辖市人民政府制定。

第四十五条　县级以上地方人民政府城乡规划主管部门按照国务院规定对建设工程是否符合规划条件予以核实。未经核实或者经核实不符合规划条件的，建设单位不得组织竣工验收。

建设单位应当在竣工验收后六个月内向城乡规划主管部门报送有关竣工验收资料。

第四章　城乡规划的修改

第四十六条　省域城镇体系规划、城市总体规划、镇总体规划的组织编制机关，应当组织有关部门和专家定期对规划实施情况进行评估，并采取论证会、听证会或者其他方式征求公众意见。组织编制机关应当向本级人民代表大会常务委员会、镇人民代表大会和原审批机关提出评估报告并附具征求意见的情况。

第四十七条　有下列情形之一的，组织编制机关方可按照规定的权限和程序修改省域城镇体系规划、城市总体规划、镇总体规划：

（一）上级人民政府制定的城乡规划发生变更，提出修改规划要求的；

（二）行政区划调整确需修改规划的；

（三）因国务院批准重大建设工程确需修改规划的；

（四）经评估确需修改规划的；

（五）城乡规划的审批机关认为应当修改规划的其他情形。

修改省域城镇体系规划、城市总体规划、镇总体规划前，组织编制机关应当对原规划的实施情况进行总结，并向原审批机关报告；修改涉及城市总体规划、镇总体规划强制性内容的，应当先向原审批机关提出专题报告，经同意后，方可编制修改方案。

修改后的省域城镇体系规划、城市总体规划、镇总体规划，应当依照本法第十三条、第十四条、第十五条和第十六条规定的审批程序报批。

第四十八条　修改控制性详细规划的，组织编制机关应当对修改的必要性进行论证，征求规划地段内利害关系人的意见，并向原审批机关提出专题报告，经原审批机关同意后，方可编制修改方案。修改后的控制性详细规划，应当依照本法第十九条、第二十条规定的审批程序报批。控制性详细规划修改涉及城市总体规划、镇总体规划的强制性内容的，应当先修改总体规划。

修改乡规划、村庄规划的，应当依照本法第二十二条规定的审批程序报批。

第四十九条　城市、县、镇人民政府修改近期建设规划的，应当将修改后的近期建设规划报总体规划审批机关备案。

第五十条　在选址意见书、建设用地规划许可证、建设工程规划许可证或者乡村建设规划许可证发放后，因依法修改城乡规划给被许可人合法权益造成损失的，应当依法给予补偿。

经依法审定的修建性详细规划、建设工程设计方案的总平面图不得随意修改；确需修改的，城乡规划主管部门应当采取听证会等形式，听取利害关系人的意见；因修改给利害关系人合法权益造成损失的，应当依法给予补偿。

第五章 监督检查

第五十一条 县级以上人民政府及其城乡规划主管部门应当加强对城乡规划编制、审批、实施、修改的监督检查。

第五十二条 地方各级人民政府应当向本级人民代表大会常务委员会或者乡、镇人民代表大会报告城乡规划的实施情况，并接受监督。

第五十三条 县级以上人民政府城乡规划主管部门对城乡规划的实施情况进行监督检查，有权采取以下措施：

（一）要求有关单位和人员提供与监督事项有关的文件、资料，并进行复制；

（二）要求有关单位和人员就监督事项涉及的问题作出解释和说明，并根据需要进入现场进行勘测；

（三）责令有关单位和人员停止违反有关城乡规划的法律、法规的行为。

城乡规划主管部门的工作人员履行前款规定的监督检查职责，应当出示执法证件。被监督检查的单位和人员应当予以配合，不得妨碍和阻挠依法进行的监督检查活动。

第五十四条 监督检查情况和处理结果应当依法公开，供公众查阅和监督。

第五十五条 城乡规划主管部门在查处违反本法规定的行为时，发现国家机关工作人员依法应当给予行政处分的，应当向其任免机关或者监察机关提出处分建议。

第五十六条 依照本法规定应当给予行政处罚，而有关城乡规划主管部门不给予行政处罚的，上级人民政府城乡规划主管部门有权责令其作出行政处罚决定或者建议有关人民政府责令其给予行政处罚。

第五十七条 城乡规划主管部门违反本法规定作出行政许可的，上级人民政府城乡规划主管部门有权责令其撤销或者直接撤销该行政许可。因撤销行政许可给当事人合法权益造成损失的，应当依法给予赔偿。

第六章 法律责任

第五十八条 对依法应当编制城乡规划而未组织编制，或者未按法定程序编制、审批、修改城乡规划的，由上级人民政府责令改正，通报批评；对有关人民政府负责人和其他直接责任人员依法给予处分。

第五十九条 城乡规划组织编制机关委托不具有相应资质等级的单位编制城乡规划的，由上级人民政府责令改正，通报批评；对有关人民政府负责人和其他直接责任人员依法给予处分。

第六十条 镇人民政府或者县级以上人民政府城乡规划主管部门有下列行为之一的，由本级人民政府、上级人民政府城乡规划主管部门或者监察机关依据职权责令改正，通报批评；对直接负责的主管人员和其他直接责任人员依法给予处分：

（一）未依法组织编制城市的控制性详细规划、县人民政府所在地镇的控制性详细规划的；

（二）超越职权或者对不符合法定条件的申请人核发选址意见书、建设用地规划许可证、建设工程规划许可证、乡村建设规划许可证的；

（三）对符合法定条件的申请人未在法定期限内核发选址意见书、建设用地规划许可证、建设工程规划许可证、乡村建设规划许可证的；

（四）未依法对经审定的修建性详细规划、建设工程设计方案的总平面图予以公布的；

（五）同意修改修建性详细规划、建设工程设计方案的总平面图前未采取听证会等形式听取利害关系人的意见的；

（六）发现未依法取得规划许可或者违反规划许可的规定在规划区内进行建设的行为，而不予查处或者接到举报后不依法处理的。

第六十一条 县级以上人民政府有关部门有下列行为之一的，由本级人民政府或者上级人民政府有关部门责令改正，通报批评；对直接负责的主管人员和其他直接责任人员依法给予处分：

（一）对未依法取得选址意见书的建设项目核发建设项目批准文件的；

（二）未依法在国有土地使用权出让合同中确定规划条件或者改变国有土地使用权出让合同中依法确定的规划条件的；

（三）对未依法取得建设用地规划许可证的建设单位划拨国有土地使用权的。

第六十二条 城乡规划编制单位有下列行为之一的，由所在地城市、县人民政府城乡规划主管部门责令限期改正，处合同约定的规划编制费一倍以上二倍以下的罚款；情节严重的，责令停业整顿，由原发证机关降低资质等级或者吊销资质证书；造成损失的，依法承担赔偿责任：

（一）超越资质等级许可的范围承揽城乡规划编制工作的；

（二）违反国家有关标准编制城乡规划的。

未依法取得资质证书承揽城乡规划编制工作的，由县级以上地方人民政府城乡规划主管部门责令停止违法行为，依照前款规定处以罚款；造成损失的，依法承担赔偿责任。

以欺骗手段取得资质证书承揽城乡规划编制工作的，由原发证机关吊销资质证书，依照本条第一款规定处以罚款；造成损失的，依法承担赔偿责任。

第六十三条 城乡规划编制单位取得资质证书后，不再符合相应的资质条件的，由原发证机关责令限期改正；逾期不改正的，降低资质等级或者吊销资质证书。

第六十四条 未取得建设工程规划许可证或者未按照建设工程规划许可证的规定进行建设的，由县级以上地方人民政府城乡规划主管部门责令停止建设；尚可采取改正措施消除对规划实施的影响的，限期改正，处建设工程造价百分之五以上百分之十以下的罚款；无法采取改正措施消除影响的，限期拆除，不能拆除的，没收实物或者违法收入，可以并处建设工程造价百分之十以下的罚款。

第六十五条 在乡、村庄规划区内未依法取得乡村建设规划许可证或者未按照乡村建设规划许可证的规定进行建设的，由乡、镇人民政府责令停止建设、限期改正；逾期不改正的，可以拆除。

第六十六条 建设单位或者个人有下列行为之一的，由所在地城市、县人民政府城乡规划主管部门责令限期拆除，可以并处临时建设工程造价一倍以下的罚款：

（一）未经批准进行临时建设的；

（二）未按照批准内容进行临时建设的；

（三）临时建筑物、构筑物超过批准期限不拆除的。

第六十七条 建设单位未在建设工程竣工验收后六个月内向城乡规划主管部门报送有关竣工验收资料的，由所在地城市、县人民政府城乡规划主管部门责令限期补报；逾期不补报的，处一万元以上五万元以下的罚款。

第六十八条 城乡规划主管部门作出责令停止建设或者限期拆除的决定后，当事人不停止建设或者逾期不拆除的，建设工程所在地县级以上地方人民政府可以责成有关部门采取查封施工现场、强制拆除等措施。

第六十九条 违反本法规定，构成犯罪的，依法追究刑事责任。

第七章 附 则

第七十条 本法自2008年1月1日起施行。《中华人民共和国城市规划法》同时废止。

（2007年10月28日第十届全国人民代表大会常务委员会第三十次会议通过）

中华人民共和国节约能源法

（2007年10月28日中华人民共和国主席令第77号公布）

目　录

第一章　总则
第二章　节能管理
第三章　合理使用与节约能源
第一节　一般规定
第二节　工业节能
第三节　建筑节能
第四节　交通运输节能
第五节　公共机构节能
第六节　重点用能单位节能
第四章　节能技术进步
第五章　激励措施
第六章　法律责任
第七章　附则

第一章　总则

第一条　为了推动全社会节约能源，提高能源利用效率，保护和改善环境，促进经济社会全面协调可持续发展，制定本法。

第二条　本法所称能源，是指煤炭、石油、天然气、生物质能和电力、热力以及其他直接或者通过加工、转换而取得有用能的各种资源。

第三条　本法所称节约能源（以下简称节能），是指加强用能管理，采取技术上可行、经济上合理以及环境和社会可以承受的措施，从能源生产到消费的各个环节，降低消耗、减少损失和污染物排放、制止浪费，有效、合理地利用能源。

第四条　节约资源是我国的基本国策。国家实施节约与开发并举、把节约放在首位的能源发展战略。

第五条　国务院和县级以上地方各级人民政府应当将节能工作纳入国民经济和社会发展规划、年度计划，并组织编制和实施节能中长期专项规划、年度节能计划。

国务院和县级以上地方各级人民政府每年向本级人民代表大会或者其常务委员会报告节能工作。

第六条　国家实行节能目标责任制和节能考核评价制度，将节能目标完成情况作为对地方人民政府及其负责人考核评价的内容。

省、自治区、直辖市人民政府每年向国务院报告节能目标责任的履行情况。

第七条　国家实行有利于节能和环境保护的产业政策，限制发展高耗能、高污染行业，发展节能环保型产业。

国务院和省、自治区、直辖市人民政府应当加强节能工作，合理调整产业结构、企业结构、产品结构和能源消费结构，推动企业降低单位产值能耗和单位产品能耗，淘汰落后的生产能力，改进能源的开发、加工、转换、输送、储存和供应，提高能源利用效率。

国家鼓励、支持开发和利用新能源、可再生能源。

第八条　国家鼓励、支持节能科学技术的研究、开发、示范和推广，促进节能技术创新与进步。

国家开展节能宣传和教育，将节能知识纳入国民教育和培训体系，普及节能科学知识，增强全民的节能意识，提倡节约型的消费方式。

第九条　任何单位和个人都应当依法履行节能义务，有权检举浪费能源的行为。

新闻媒体应当宣传节能法律、法规和政策，发挥舆论监督作用。

第十条　国务院管理节能工作的部门主管全国的节能监督管理工作。国务院有关部门在各自的职责范围内负责节能监督管理工作，并接受国务院管理节能工作的部门的指导。

县级以上地方各级人民政府管理节能工作的部门负责本行政区域内的节能监督管理工作。县级以上地方各级人民政府有关部门在各自的职责范围内负责节能监督管理工作，并接受同级管理节能工作的部门的指导。

第二章　节能管理

第十一条　国务院和县级以上地方各级人民政府应当加强对节能工作的领导，部署、协调、监督、检查、推动节能工作。

第十二条　县级以上人民政府管理节能工作的部门和有关部门应当在各自的职责范围内，加强对节能法律、法规和节能标准执行情况的监督检查，依法查处违法用能行为。

履行节能监督管理职责不得向监督管理对象收取费用。

第十三条　国务院标准化主管部门和国务院有关部门依法组织制定并适时修订有关节能的国家标准、行业标准，建立健全节能标准体系。

国务院标准化主管部门会同国务院管理节能工作的部门和国务院有关部门制定强制性的用能产品、设备能源效率标准和生产过程中耗能高的产品的单位产品能耗限额标准。

国家鼓励企业制定严于国家标准、行业标准的企业节能标准。

省、自治区、直辖市制定严于强制性国家标准、行业标准的地方节能标准，由省、自治区、直辖市人民政府报经国务院批准；本法另有规定的除外。

第十四条　建筑节能的国家标准、行业标准由国务院建设主管部门组织制定，并依照法定程序发布。

省、自治区、直辖市人民政府建设主管部门可以根据本地实际情况，制定严于国家标准或者行业标准的地方建筑节能标准，并报国务院标准化主管部门和国务院建设主管部门备案。

第十五条　国家实行固定资产投资项目节能评估和审查制度。不符合强制性节能标准的项目，依法负责项目审批或者核准的机关不得批准或者核准建设；建设单位不得开工建设；已经建成的，不得投入生产、使用。具体办法由国务院管理节能工作的部门会同国务院有关部门制定。

第十六条　国家对落后的耗能过高的用能产品、设备和生产工艺实行淘汰制度。淘汰的用能产品、设备、生产工艺的目录和实施办法，由国务院管理节能工作的部门会同国务院有关部门制定并公布。

生产过程中耗能高的产品的生产单位，应当执行单位产品能耗限额标准。对超过单位产品能耗限额标准用能的生产单位，由管理节能工作的部门按照国务院规定的权限责令限期治理。

对高耗能的特种设备，按照国务院的规定实行节能审查和监管。

第十七条　禁止生产、进口、销售国家明令淘汰或者不符合强制性能源效率标准的用能产品、设备；禁止使用国家明令淘汰的用能设备、生产工艺。

第十八条　国家对家用电器等使用面广、耗能量大的用能产品，实行能源效率标识管理。实行能源效率标识管理的产品目录和实施办法，由国务院管理节能工作的部门会同国务院产品质量监督部门制定并公布。

第十九条　生产者和进口商应当对列入国家能源效率标识管理产品目录的用能产品标注能源效率标识，在产品包装物上或者说明书中予以说明，并按照规定报国务院产品质量监督部门和国务院管理节能工作的部门共同授权的机构备案。

生产者和进口商应当对其标注的能源效率标识及相关信息的准确性负责。禁止销售应当标注而未标注能源效率标识的产品。

禁止伪造、冒用能源效率标识或者利用能源效率标识进行虚假宣传。

第二十条　用能产品的生产者、销售者，可以根据自愿原则，按照国家有关节能产品认证的规定，向经国务院认证认可监督管理部门认可的从事节能产品认证的机构提出节能产品认证申请；经认证合格后，取得节能产品认证证书，可以在用能产品或者其包装物上使用节能产品认证标志。

禁止使用伪造的节能产品认证标志或者冒用节能产品认证标志。

第二十一条　县级以上各级人民政府统计部门应当会同同级有关部门，建立健全能源统计制度，完善能源统计指标体系，改进和规范能源统计方法，确保能源统计数据真实、完整。

国务院统计部门会同国务院管理节能工作的部门，定期向社会公布各省、自治区、直辖市以及主要耗能行业的能源消费和节能情况等信息。

第二十二条　国家鼓励节能服务机构的发展，支持节能服务机构开展节能咨询、设计、评估、检测、审计、认证等服务。

国家支持节能服务机构开展节能知识宣传和节能技术培训，提供节能信息、节能示范和其他公益性节能服务。

第二十三条　国家鼓励行业协会在行业节能规划、节能标准的制定和实施、节能技术推广、能源消费统计、节能宣传培训和信息咨询等方面发挥作用。

第三章　合理使用与节约能源

第一节　一般规定

第二十四条　用能单位应当按照合理用能的原则，加强节能管理，制定并实施节能计划和节能技术措施，降低能源消耗。

第二十五条　用能单位应当建立节能目标责任制，对节能工作取得成绩的集体、个人给予奖励。

第二十六条　用能单位应当定期开展节能教育和岗位节能培训。

第二十七条　用能单位应当加强能源计量管理，按照规定配备和使用经依法检定合格的能源计量器具。

用能单位应当建立能源消费统计和能源利用状况分析制度，对各类能源的消费实行分类计量和统计，并确保能源消费统计数据真实、完整。

第二十八条　能源生产经营单位不得向本单位职工无偿提供能源。任何单位不得对能源消费实行包费制。

第二节　工业节能

第二十九条　国务院和省、自治区、直辖市人民政府推进能源资源优化开发利用和合理配置，推进有利于节能的行业结构调整，优化用能结构和企业布局。

第三十条　国务院管理节能工作的部门会同国务院有关部门制定电力、钢铁、有色金属、建材、石油加工、化工、煤炭等主要耗能行业的节能技术政策，推动企业节能技术改造。

第三十一条　国家鼓励工业企业采用高效、节能的电动机、锅炉、窑炉、风机、泵类等设备，采用热电联产、余热余压利用、洁净煤以及先进的用能监测和控制等技术。

第三十二条　电网企业应当按照国务院有关部门制定的节能发电调度管理的规定，安排清洁、高效和符合规定的热电联产、利用余热余压发电的机组以及其他符合资源综合利用规定的发电机组与电网并网运行，上网电价执行国家有关规定。

第三十三条　禁止新建不符合国家规定的燃煤发电机组、燃油发电机组和燃煤热电机组。

第三节　建筑节能

第三十四条　国务院建设主管部门负责全国建筑节能的监督管理工作。

县级以上地方各级人民政府建设主管部门负责本行政区域内建筑节能的监督管理工作。

县级以上地方各级人民政府建设主管部门会同同级管理节能工作的部门编制本行政区域内的建筑节能规划。建筑节能规划应当包括既有建筑节能改造计划。

第三十五条　建筑工程的建设、设计、施工和监理单位应当遵守建筑节能标准。

不符合建筑节能标准的建筑工程，建设主管部门不得批准开工建设；已经开工建设的，应当责令停止施工、限期改正；已经建成的，不得销售或者使用。

建设主管部门应当加强对在建建筑工程执行建筑节能标准情况的监督检查。

第三十六条　房地产开发企业在销售房屋时，应当向购买人明示所售房屋的节能措施、保温工程保修期等信息，在房屋买卖合同、质量保证书和使用说明书中载明，并对其真实性、准确性负责。

第三十七条　使用空调采暖、制冷的公共建筑应当实行室内温度控制制度。具体办法由国务院建设主管部门制定。

第三十八条　国家采取措施，对实行集中供热的建筑分步骤实行供热分户计量、按照用热量收费的制度。新建建筑或者对既有建筑进行节能改造，应当按照规定安装用热计量装置、室内温度调控装置和供热系统调控装置。具体办法由国务院建设主管部门会同国务院有关部门制定。

第三十九条　县级以上地方各级人民政府有关部门应当加强城市节约用电管理，严格控制公用设施和大型建筑物装饰性景观照明的能耗。

第四十条　国家鼓励在新建建筑和既有建筑节能改造中使用新型墙体材料等节能建筑材料和节能设备，安装和使用太阳能等可再生能源利用系统。

第四节　交通运输节能

第四十一条　国务院有关交通运输主管部门按照各自的职责负责全国交通运输相关领域的节能监督管理工作。

国务院有关交通运输主管部门会同国务院管理节能工作的部门分别制定相关领域的节能规划。

第四十二条　国务院及其有关部门指导、促进各种交通运输方式协调发展和有效衔接，优化交通运输结构，建设节能型综合交通运输体系。

第四十三条　县级以上地方各级人民政府应当优先发展公共交通，加大对公共交通的投入，完善公共交通服务体系，鼓励利用公共交通工具出行；鼓励使用非机动交通工具出行。

第四十四条　国务院有关交通运输主管部门应当加强交通运输组织管理，引导道路、水路、航空运输企业提高运输组织化程度和集约化水平，提高能源利用效率。

第四十五条　国家鼓励开发、生产、使用节能环保型汽车、摩托车、铁路机车车辆、船舶和其他交通运输工具，实行老旧交通运输工具的报废、更新制度。

国家鼓励开发和推广应用交通运输工具使用的清洁燃料、石油替代燃料。

第四十六条　国务院有关部门制定交通运输营运车船的燃料消耗量限值标准；不符合标准的，不得用于营运。

国务院有关交通运输主管部门应当加强对交通运输营运车船燃料消耗检测的监督管理。

第五节　公共机构节能

第四十七条　公共机构应当厉行节约，杜绝浪费，带头使用节能产品、设备，提高能源利用效率。

本法所称公共机构，是指全部或者部分使用财政性资金的国家机关、事业单位和团体组织。

第四十八条　国务院和县级以上地方各级人民政府管理机关事务工作的机构会同同级有关部门制定和组织实施本级公共机构节能规划。公共机构节能规划应当包括公共机构既有建筑节能改造计划。

第四十九条　公共机构应当制定年度节能目标和实施方案，加强能源消费计量和监测管理，向本级人民政府管理机关事务工作的机构报送上年度的能源消费状况报告。

国务院和县级以上地方各级人民政府管理机关事务工作的机构会同同级有关部门按照管理权限，制定本级公共机构的能源消耗定额，财政部门根据该定额制定能源消耗支出标准。

第五十条　公共机构应当加强本单位用能系统管理，保证用能系统的运行符合国家相关标准。

公共机构应当按照规定进行能源审计，并根据能源审计结果采取提高能源利用效率的措施。

第五十一条　公共机构采购用能产品、设备，应当优先采购列入节能产品、设备政府采购名录中的产品、设备。禁止采购国家明令淘汰的用能产品、设备。

节能产品、设备政府采购名录由省级以上人民政府的政府采购监督管理部门会同同级有关部门制定并公布。

第六节　重点用能单位节能

第五十二条　国家加强对重点用能单位的节能管理。

下列用能单位为重点用能单位：

（一）年综合能源消费总量一万吨标准煤以上的用能单位；

（二）国务院有关部门或者省、自治区、直辖市人民政府管理节能工作的部门指定的年综合能源消费总量五千吨以上不满一万吨标准煤的用能单位。

重点用能单位节能管理办法，由国务院管理节能工作的部门会同国务院有关部门制定。

第五十三条　重点用能单位应当每年向管理节能工作的部门报送上年度的能源利用状况报告。能源利用状况包括能源消费情况、能源利用效率、节能目标完成情况和节能效益分析、节能措施等内容。

第五十四条　管理节能工作的部门应当对重点用能单位报送的能源利用状况报告进行审查。对节能管理制度不健全、节能措施不落实、能源利用效率低的重点用能单位，管理节能工作的部门应当开展现场调查，组织实施用能设备能源效率检测，责令实施能源审计，并提出书面整改要求，限期整改。

第五十五条　重点用能单位应当设立能源管理岗位，在具有节能专业知识、实际经验以及中级以上技术职称的人员中聘任能源管理负责人，并报管理节能工作的部门和有关部门备案。

能源管理负责人负责组织对本单位用能状况进行分析、评价，组织编写本单位能源利用状况报告，提出本单位节能工作的改进措施并组织实施。

能源管理负责人应当接受节能培训。

第四章　节能技术进步

第五十六条　国务院管理节能工作的部门会同国务院科技主管部门发布节能技术政策大纲，指导节能技术研究、开发和推广应用。

第五十七条　县级以上各级人民政府应当把节能技术研究开发作为政府科技投入的重点领域，支持科研单位和企业开展节能技术应用研究，制定节能标准，开发节能共性和关键技术，促进节能技术创新与成果转化。

第五十八条　国务院管理节能工作的部门会同国务院有关部门制定并公布节能技术、节能产品的推广目录，引导用能单位和个人使用先进的节能技术、节能产品。

国务院管理节能工作的部门会同国务院有关部门组织实施重大节能科研项目、节能示范项目、重点节能工程。

第五十九条　县级以上各级人民政府应当按照因地制宜、多能互补、综合利用、讲求效益的原则，加强农业和农村节能工作，增加对农业和农村节能技术、节能产品推广应用的资金投入。

农业、科技等有关主管部门应当支持、推广在农业生产、农产品加工储运等方面应用节能技术和节能产品，鼓励更新和淘汰高耗能的农业机械和渔业船舶。

国家鼓励、支持在农村大力发展沼气，推广生物质能、太阳能和风能等可再生能源利用技术，按照科学规划、有序开发的原则发展小型水力发电，推广节能型的农村住宅和炉灶等，鼓励利用非耕地种植能源植物，大力发展薪炭林等能源林。

第五章　激励措施

第六十条　中央财政和省级地方财政安排节能专项资金，支持节能技术研究开发、节能技术和产品的示范与推广、重点节能工程的实施、节能宣传培训、信息服务和表彰奖励等。

第六十一条　国家对生产、使用列入本法第五十八条规定的推广目录的需要支持的节能技术、节能产品，实行税收优惠等扶持政策。

国家通过财政补贴支持节能照明器具等节能产品的推广和使用。

第六十二条　国家实行有利于节约能源资源的税收政策，健全能源矿产资源有偿使用制度，促进能源资源的节约及其开采利用水平的提高。

第六十三条　国家运用税收等政策，鼓励先进节能技术、设备的进口，控制在生产过程中耗能高、污染重的产品的出口。

第六十四条　政府采购监督管理部门会同有关部门制

定节能产品、设备政府采购名录，应当优先列入取得节能产品认证证书的产品、设备。

第六十五条　国家引导金融机构增加对节能项目的信贷支持，为符合条件的节能技术研究开发、节能产品生产以及节能技术改造等项目提供优惠贷款。

国家推动和引导社会有关方面加大对节能的资金投入，加快节能技术改造。

第六十六条　国家实行有利于节能的价格政策，引导用能单位和个人节能。

国家运用财税、价格等政策，支持推广电力需求侧管理、合同能源管理、节能自愿协议等节能办法。

国家实行峰谷分时电价、季节性电价、可中断负荷电价制度，鼓励电力用户合理调整用电负荷；对钢铁、有色金属、建材、化工和其他主要耗能行业的企业，分淘汰、限制、允许和鼓励类实行差别电价政策。

第六十七条　各级人民政府对在节能管理、节能科学技术研究和推广应用中有显著成绩以及检举严重浪费能源行为的单位和个人，给予表彰和奖励。

第六章　法律责任

第六十八条　负责审批或者核准固定资产投资项目的机关违反本法规定，对不符合强制性节能标准的项目予以批准或者核准建设的，对直接负责的主管人员和其他直接责任人员依法给予处分。

固定资产投资项目建设单位开工建设不符合强制性节能标准的项目或者将该项目投入生产、使用的，由管理节能工作的部门责令停止建设或者停止生产、使用，限期改造；不能改造或者逾期不改造的生产性项目，由管理节能工作的部门报请本级人民政府按照国务院规定的权限责令关闭。

第六十九条　生产、进口、销售国家明令淘汰的用能产品、设备的，使用伪造的节能产品认证标志或者冒用节能产品认证标志的，依照《中华人民共和国产品质量法》的规定处罚。

第七十条　生产、进口、销售不符合强制性能源效率标准的用能产品、设备的，由产品质量监督部门责令停止生产、进口、销售，没收违法生产、进口、销售的用能产品、设备和违法所得，并处违法所得一倍以上五倍以下罚款；情节严重的，由工商行政管理部门吊销营业执照。

第七十一条　使用国家明令淘汰的用能设备或者生产工艺的，由管理节能工作的部门责令停止使用，没收国家明令淘汰的用能设备；情节严重的，可以由管理节能工作的部门提出意见，报请本级人民政府按照国务院规定的权限责令停业整顿或者关闭。

第七十二条　生产单位超过单位产品能耗限额标准用能，情节严重，经限期治理逾期不治理或者没有达到治理要求的，可以由管理节能工作的部门提出意见，报请本级人民政府按照国务院规定的权限责令停业整顿或者关闭。

第七十三条　违反本法规定，应当标注能源效率标识而未标注的，由产品质量监督部门责令改正，处三万元以上五万元以下罚款。

违反本法规定，未办理能源效率标识备案，或者使用的能源效率标识不符合规定的，由产品质量监督部门责令限期改正；逾期不改正的，处一万元以上三万元以下罚款。

伪造、冒用能源效率标识或者利用能源效率标识进行虚假宣传的，由产品质量监督部门责令改正，处五万元以上十万元以下罚款；情节严重的，由工商行政管理部门吊销营业执照。

第七十四条　用能单位未按照规定配备、使用能源计量器具的，由产品质量监督部门责令限期改正；逾期不改正的，处一万元以上五万元以下罚款。

第七十五条　瞒报、伪造、篡改能源统计资料或者编造虚假能源统计数据的，依照《中华人民共和国统计法》的规定处罚。

第七十六条　从事节能咨询、设计、评估、检测、审计、认证等服务的机构提供虚假信息的，由管理节能工作的部门责令改正，没收违法所得，并处五万元以上十万元以下罚款。

第七十七条　违反本法规定，无偿向本单位职工提供能源或者对能源消费实行包费制的，由管理节能工作的部门责令限期改正；逾期不改正的，处五万元以上二十万元以下罚款。

第七十八条　电网企业未按照本法规定安排符合规定的热电联产和利用余热余压发电的机组与电网并网运行，或者未执行国家有关上网电价规定的，由国家电力监管机构责令改正；造成发电企业经济损失的，依法承担赔偿责任。

第七十九条　建设单位违反建筑节能标准的，由建设主管部门责令改正，处二十万元以上五十万元以下罚款。

设计单位、施工单位、监理单位违反建筑节能标准的，由建设主管部门责令改正，处十万元以上五十万元以下罚款；情节严重的，由颁发资质证书的部门降低资质等级或者吊销资质证书；造成损失的，依法承担赔偿责任。

第八十条　房地产开发企业违反本法规定，在销售房屋时未向购买人明示所售房屋的节能措施、保温工程保修期等信息的，由建设主管部门责令限期改正，逾期不改正的，处三万元以上五万元以下罚款；对以上信息作虚假宣传的，由建设主管部门责令改正，处五万元以上二十万元以下罚款。

第八十一条　公共机构采购用能产品、设备，未优先采购列入节能产品、设备政府采购名录中的产品、设备，或者采购国家明令淘汰的用能产品、设备的，由政府采购监督管理部门给予警告，可以并处罚款；对直接负责的主管人员和其他直接责任人员依法给予处分，并予通报。

第八十二条　重点用能单位未按照本法规定报送能源利用状况报告或者报告内容不实的，由管理节能工作的部门责令限期改正；逾期不改正的，处一万元以上五万元以下罚款。

第八十三条　重点用能单位无正当理由拒不落实本法第五十四条规定的整改要求或者整改没有达到要求的，由管理节能工作的部门处十万元以上三十万元以下罚款。

第八十四条　重点用能单位未按照本法规定设立能源管理岗位，聘任能源管理负责人，并报管理节能工作的部门和有关部门备案的，由管理节能工作的部门责令改正；拒不改正的，处一万元以上三万元以下罚款。

第八十五条　违反本法规定，构成犯罪的，依法追究刑事责任。

第八十六条　国家工作人员在节能管理工作中滥用职权、玩忽职守、徇私舞弊，构成犯罪的，依法追究刑事责任；尚不构成犯罪的，依法给予处分。

第七章　附则

第八十七条　本法自2008年4月1日起施行。

中华人民共和国物权法

（2007年3月16日中华人民共和国主席令第62号公布）

目　录

第一编 总 则
第一章 基本原则
第二章 物权的设立、变更、转让和消灭
第一节 不动产登记
第二节 动产交付
第三节 其他规定
第三章 物权的保护

第二编 所有权
第四章 一般规定
第五章 国家所有权和集体所有权、私人所有权
第六章 业主的建筑物区分所有权
第七章 相邻关系
第八章 共有
第九章 所有权取得的特别规定

第三编 用益物权
第十章 一般规定
第十一章 土地承包经营权
第十二章 建设用地使用权
第十三章 宅基地使用权
第十四章 地役权

第四编 担保物权
第十五章 一般规定
第十六章 抵押权
第一节 一般抵押权
第二节 最高额抵押权
第十七章 质权
第一节 动产质权
第二节 权利质权
第十八章 留置权

第五编 占有
第十九章 占有
附 则

第一编 总 则

第一章 基本原则

第一条 为了维护国家基本经济制度，维护社会主义市场经济秩序，明确物的归属，发挥物的效用，保护权利人的物权，根据宪法，制定本法。

第二条 因物的归属和利用而产生的民事关系，适用本法。

本法所称物，包括不动产和动产。法律规定权利作为物权客体的，依照其规定。

本法所称物权，是指权利人依法对特定的物享有直接支配和排他的权利，包括所有权、用益物权和担保物权。

第三条 国家在社会主义初级阶段，坚持公有制为主体、多种所有制经济共同发展的基本经济制度。

国家巩固和发展公有制经济，鼓励、支持和引导非公有制经济的发展。

国家实行社会主义市场经济，保障一切市场主体的平等法律地位和发展权利。

第四条 国家、集体、私人的物权和其他权利人的物权受法律保护，任何单位和个人不得侵犯。

第五条 物权的种类和内容，由法律规定。

第六条 不动产物权的设立、变更、转让和消灭，应当依照法律规定登记。动产物权的设立和转让，应当依照法律规定交付。

第七条 物权的取得和行使，应当遵守法律，尊重社会公德，不得损害公共利益和他人合法权益。

第八条 其他相关法律对物权另有特别规定的，依照其规定。

第二章 物权的设立、变更、转让和消灭

第一节 不动产登记

第九条 不动产物权的设立、变更、转让和消灭，经依法登记，发生效力；未经登记，不发生效力，但法律另有规定的除外。

依法属于国家所有的自然资源，所有权可以不登记。

第十条 不动产登记，由不动产所在地的登记机构办理。

国家对不动产实行统一登记制度。统一登记的范围、登记机构和登记办法，由法律、行政法规规定。

第十一条 当事人申请登记，应当根据不同登记事项提供权属证明和不动产界址、面积等必要材料。

第十二条 登记机构应当履行下列职责：

（一）查验申请人提供的权属证明和其他必要材料；

（二）就有关登记事项询问申请人；

（三）如实、及时登记有关事项；

（四）法律、行政法规规定的其他职责。

申请登记的不动产的有关情况需要进一步证明的，登记机构可以要求申请人补充材料，必要时可以实地查看。

第十三条 登记机构不得有下列行为：

（一）要求对不动产进行评估；

（二）以年检等名义进行重复登记；

（三）超出登记职责范围的其他行为。

第十四条 不动产物权的设立、变更、转让和消灭，依照法律规定应当登记的，自记载于不动产登记簿时发生效力。

第十五条 当事人之间订立有关设立、变更、转让和消灭不动产物权的合同，除法律另有规定或者合同另有约定外，自合同成立时生效；未办理物权登记的，不影响合同效力。

第十六条 不动产登记簿是物权归属和内容的根据。不动产登记簿由登记机构管理。

第十七条 不动产权属证书是权利人享有该不动产物

权的证明。不动产权属证书记载的事项，应当与不动产登记簿一致；记载不一致的，除有证据证明不动产登记簿确有错误外，以不动产登记簿为准。

第十八条 权利人、利害关系人可以申请查询、复制登记资料，登记机构应当提供。

第十九条 权利人、利害关系人认为不动产登记簿记载的事项错误的，可以申请更正登记。不动产登记簿记载的权利人书面同意更正或者有证据证明登记确有错误的，登记机构应当予以更正。

不动产登记簿记载的权利人不同意更正的，利害关系人可以申请异议登记。登记机构予以异议登记的，申请人在异议登记之日起十五日内不起诉，异议登记失效。异议登记不当，造成权利人损害的，权利人可以向申请人请求损害赔偿。

第二十条 当事人签订买卖房屋或者其他不动产物权的协议，为保障将来实现物权，按照约定可以向登记机构申请预告登记。预告登记后，未经预告登记的权利人同意，处分该不动产的，不发生物权效力。

预告登记后，债权消灭或者自能够进行不动产登记之日起三个月内未申请登记的，预告登记失效。

第二十一条 当事人提供虚假材料申请登记，给他人造成损害的，应当承担赔偿责任。

因登记错误，给他人造成损害的，登记机构应当承担赔偿责任。登记机构赔偿后，可以向造成登记错误的人追偿。

第二十二条 不动产登记费按件收取，不得按照不动产的面积、体积或者价款的比例收取。具体收费标准由国务院有关部门会同价格主管部门规定。

第二节 动产交付

第二十三条 动产物权的设立和转让，自交付时发生效力，但法律另有规定的除外。

第二十四条 船舶、航空器和机动车等物权的设立、变更、转让和消灭，未经登记，不得对抗善意第三人。

第二十五条 动产物权设立和转让前，权利人已经依法占有该动产的，物权自法律行为生效时发生效力。

第二十六条 动产物权设立和转让前，第三人依法占有该动产的，负有交付义务的人可以通过转让请求第三人返还原物的权利代替交付。

第二十七条 动产物权转让时，双方又约定由出让人继续占有该动产的，物权自该约定生效时发生效力。

第三节 其他规定

第二十八条 因人民法院、仲裁委员会的法律文书或者人民政府的征收决定等，导致物权设立、变更、转让或者消灭的，自法律文书或者人民政府的征收决定等生效时发生效力。

第二十九条 因继承或者受遗赠取得物权的，自继承或者受遗赠开始时发生效力。

第三十条 因合法建造、拆除房屋等事实行为设立或者消灭物权的，自事实行为成就时发生效力。

第三十一条 依照本法第二十八条至第三十条规定享有不动产物权的，处分该物权时，依照法律规定需要办理登记的，未经登记，不发生物权效力。

第三章 物权的保护

第三十二条 物权受到侵害的，权利人可以通过和解、调解、仲裁、诉讼等途径解决。

第三十三条 因物权的归属、内容发生争议的，利害关系人可以请求确认权利。

第三十四条 无权占有不动产或者动产的，权利人可以请求返还原物。

第三十五条 妨害物权或者可能妨害物权的，权利人可以请求排除妨害或者消除危险。

第三十六条 造成不动产或者动产毁损的，权利人可以请求修理、重作、更换或者恢复原状。

第三十七条 侵害物权，造成权利人损害的，权利人可以请求损害赔偿，也可以请求承担其他民事责任。

第三十八条 本章规定的物权保护方式，可以单独适用，也可以根据权利被侵害的情形合并适用。

侵害物权，除承担民事责任外，违反行政管理规定的，依法承担行政责任；构成犯罪的，依法追究刑事责任。

第二编 所有权

第四章 一般规定

第三十九条 所有权人对自己的不动产或者动产，依法享有占有、使用、收益和处分的权利。

第四十条 所有权人有权在自己的不动产或者动产上设立用益物权和担保物权。用益物权人、担保物权人行使权利，不得损害所有权人的权益。

第四十一条 法律规定专属于国家所有的不动产和动产，任何单位和个人不能取得所有权。

第四十二条 为了公共利益的需要，依照法律规定的权限和程序可以征收集体所有的土地和单位、个人的房屋及其他不动产。

征收集体所有的土地，应当依法足额支付土地补偿费、安置补助费、地上附着物和青苗的补偿费等费用，安排被征地农民的社会保障费用，保障被征地农民的生活，维护被征地农民的合法权益。

征收单位、个人的房屋及其他不动产，应当依法给予拆迁补偿，维护被征收人的合法权益；征收个人住宅的，还应当保障被征收人的居住条件。

任何单位和个人不得贪污、挪用、私分、截留、拖欠征收补偿费等费用。

第四十三条 国家对耕地实行特殊保护，严格限制农用地转为建设用地，控制建设用地总量。不得违反法律规定的权限和程序征收集体所有的土地。

第四十四条 因抢险、救灾等紧急需要，依照法律规定的权限和程序可以征用单位、个人的不动产或者动产。被征用的不动产或者动产使用后，应当返还被征用人。单位、个人的不动产或者动产被征用或者征用后毁损、灭失的，应当给予补偿。

第五章 国家所有权和集体所有权、私人所有权

第四十五条 法律规定属于国家所有的财产，属于国家所有即全民所有。

国有财产由国务院代表国家行使所有权；法律另有规定的，依照其规定。

第四十六条 矿藏、水流、海域属于国家所有。

第四十七条 城市的土地，属于国家所有。法律规定属于国家所有的农村和城市郊区的土地，属于国家所有。

第四十八条 森林、山岭、草原、荒地、滩涂等自然资源，属于国家所有，但法律规定属于集体所有的除外。

第四十九条 法律规定属于国家所有的野生动植物资源，属于国家所有。

第五十条 无线电频谱资源属于国家所有。

第五十一条 法律规定属于国家所有的文物，属于国家所有。

第五十二条 国防资产属于国家所有。

铁路、公路、电力设施、电信设施和油气管道等基础设施，依照法律规定为国家所有的，属于国家所有。

第五十三条 国家机关对其直接支配的不动产和动产，享有占有、使用以及依照法律和国务院的有关规定处分的

权利。

第五十四条 国家举办的事业单位对其直接支配的不动产和动产，享有占有、使用以及依照法律和国务院的有关规定收益、处分的权利。

第五十五条 国家出资的企业，由国务院、地方人民政府依照法律、行政法规规定分别代表国家履行出资人职责，享有出资人权益。

第五十六条 国家所有的财产受法律保护，禁止任何单位和个人侵占、哄抢、私分、截留、破坏。

第五十七条 履行国有财产管理、监督职责的机构及其工作人员，应当依法加强对国有财产的管理、监督，促进国有财产保值增值，防止国有财产损失；滥用职权，玩忽职守，造成国有财产损失的，应当依法承担法律责任。

违反国有财产管理规定，在企业改制、合并分立、关联交易等过程中，低价转让、合谋私分、擅自担保或者以其他方式造成国有财产损失的，应当依法承担法律责任。

第五十八条 集体所有的不动产和动产包括：

（一）法律规定属于集体所有的土地和森林、山岭、草原、荒地、滩涂；

（二）集体所有的建筑物、生产设施、农田水利设施；

（三）集体所有的教育、科学、文化、卫生、体育等设施；

（四）集体所有的其他不动产和动产。

第五十九条 农民集体所有的不动产和动产，属于本集体成员集体所有。

下列事项应当依照法定程序经本集体成员决定：

（一）土地承包方案以及将土地发包给本集体以外的单位或者个人承包；

（二）个别土地承包经营权人之间承包地的调整；

（三）土地补偿费等费用的使用、分配办法；

（四）集体出资的企业的所有权变动等事项；

（五）法律规定的其他事项。

第六十条 对于集体所有的土地和森林、山岭、草原、荒地、滩涂等，依照下列规定行使所有权：

（一）属于村农民集体所有的，由村集体经济组织或者村民委员会代表集体行使所有权；

（二）分别属于村内两个以上农民集体所有的，由村内各该集体经济组织或者村民小组代表集体行使所有权；

（三）属于乡镇农民集体所有的，由乡镇集体经济组织代表集体行使所有权。

第六十一条 城镇集体所有的不动产和动产，依照法律、行政法规的规定由本集体享有占有、使用、收益和处分的权利。

第六十二条 集体经济组织或者村民委员会、村民小组应当依照法律、行政法规以及章程、村规民约向本集体成员公布集体财产的状况。

第六十三条 集体所有的财产受法律保护，禁止任何单位和个人侵占、哄抢、私分、破坏。

集体经济组织、村民委员会或者其负责人作出的决定侵害集体成员合法权益的，受侵害的集体成员可以请求人民法院予以撤销。

第六十四条 私人对其合法的收入、房屋、生活用品、生产工具、原材料等不动产和动产享有所有权。

第六十五条 私人合法的储蓄、投资及其收益受法律保护。

国家依照法律规定保护私人的继承权及其他合法权益。

第六十六条 私人的合法财产受法律保护，禁止任何单位和个人侵占、哄抢、破坏。

第六十七条 国家、集体和私人依法可以出资设立有限责任公司、股份有限公司或者其他企业。国家、集体和私人所有的不动产或者动产，投到企业的，由出资人按照约定或者出资比例享有资产收益、重大决策以及选择经营管理者等权利并履行义务。

第六十八条 企业法人对其不动产和动产依照法律、行政法规以及章程享有占有、使用、收益和处分的权利。

企业法人以外的法人，对其不动产和动产的权利，适用有关法律、行政法规以及章程的规定。

第六十九条 社会团体依法所有的不动产和动产，受法律保护。

第六章 业主的建筑物区分所有权

第七十条 业主对建筑物内的住宅、经营性用房等专有部分享有所有权，对专有部分以外的共有部分享有共有和共同管理的权利。

第七十一条 业主对其建筑物专有部分享有占有、使用、收益和处分的权利。业主行使权利不得危及建筑物的安全，不得损害其他业主的合法权益。

第七十二条 业主对建筑物专有部分以外的共有部分，享有权利，承担义务；不得以放弃权利不履行义务。

业主转让建筑物内的住宅、经营性用房，其对共有部分享有的共有和共同管理的权利一并转让。

第七十三条 建筑区划内的道路，属于业主共有，但属于城镇公共道路的除外。建筑区划内的绿地，属于业主共有，但属于城镇公共绿地或者明示属于个人的除外。建筑区划内的其他公共场所、公用设施和物业服务用房，属于业主共有。

第七十四条 建筑区划内，规划用于停放汽车的车位、车库应当首先满足业主的需要。

建筑区划内，规划用于停放汽车的车位、车库的归属，由当事人通过出售、附赠或者出租等方式约定。

占用业主共有的道路或者其他场地用于停放汽车的车位，属于业主共有。

第七十五条 业主可以设立业主大会，选举业主委员会。

地方人民政府有关部门应当对设立业主大会和选举业主委员会给予指导和协助。

第七十六条 下列事项由业主共同决定：

（一）制定和修改业主大会议事规则；

（二）制定和修改建筑物及其附属设施的管理规约；

（三）选举业主委员会或者更换业主委员会成员；

（四）选聘和解聘物业服务企业或者其他管理人；

（五）筹集和使用建筑物及其附属设施的维修资金；

（六）改建、重建建筑物及其附属设施；

（七）有关共有和共同管理权利的其他重大事项。

决定前款第五项和第六项规定的事项，应当经专有部分占建筑物总面积三分之二以上的业主且占总人数三分之二以上的业主同意。决定前款其他事项，应当经专有部分占建筑物总面积过半数的业主且占总人数过半数的业主同意。

第七十七条 业主不得违反法律、法规以及管理规约，将住宅改变为经营性用房。业主将住宅改变为经营性用房的，除遵守法律、法规以及管理规约外，应当经有利害关系的业主同意。

第七十八条 业主大会或者业主委员会的决定，对业主具有约束力。

业主大会或者业主委员会作出的决定侵害业主合法权益的，受侵害的业主可以请求人民法院予以撤销。

第七十九条 建筑物及其附属设施的维修资金，属于业主共有。经业主共同决定，可以用于电梯、水箱等共有部分的维修。维修资金的筹集、使用情况应当公布。

第八十条　建筑物及其附属设施的费用分摊、收益分配等事项，有约定的，按照约定；没有约定或者约定不明确的，按照业主专有部分占建筑物总面积的比例确定。

第八十一条　业主可以自行管理建筑物及其附属设施，也可以委托物业服务企业或者其他管理人管理。

对建设单位聘请的物业服务企业或者其他管理人，业主有权依法更换。

第八十二条　物业服务企业或者其他管理人根据业主的委托管理建筑区划内的建筑物及其附属设施，并接受业主的监督。

第八十三条　业主应当遵守法律、法规以及管理规约。

业主大会和业主委员会，对任意弃置垃圾、排放污染物或者噪声、违反规定饲养动物、违章搭建、侵占通道、拒付物业费等损害他人合法权益的行为，有权依照法律、法规以及管理规约，要求行为人停止侵害、消除危险、排除妨害、赔偿损失。业主对侵害自己合法权益的行为，可以依法向人民法院提起诉讼。

第七章 相邻关系

第八十四条　不动产的相邻权利人应当按照有利生产、方便生活、团结互助、公平合理的原则，正确处理相邻关系。

第八十五条　法律、法规对处理相邻关系有规定的，依照其规定；法律、法规没有规定的，可以按照当地习惯。

第八十六条　不动产权利人应当为相邻权利人用水、排水提供必要的便利。

对自然流水的利用，应当在不动产的相邻权利人之间合理分配。对自然流水的排放，应当尊重自然流向。

第八十七条　不动产权利人对相邻权利人因通行等必须利用其土地的，应当提供必要的便利。

第八十八条　不动产权利人因建造、修缮建筑物以及铺设电线、电缆、水管、暖气和燃气管线等必须利用相邻土地、建筑物的，该土地、建筑物的权利人应当提供必要的便利。

第八十九条　建造建筑物，不得违反国家有关工程建设标准，妨碍相邻建筑物的通风、采光和日照。

第九十条　不动产权利人不得违反国家规定弃置固体废物，排放大气污染物、水污染物、噪声、光、电磁波辐射等有害物质。

第九十一条　不动产权利人挖掘土地、建造建筑物、铺设管线以及安装设备等，不得危及相邻不动产的安全。

第九十二条　不动产权利人因用水、排水、通行、铺设管线等利用相邻不动产的，应当尽量避免对相邻的不动产权利人造成损害；造成损害的，应当给予赔偿。

第八章 共有

第九十三条　不动产或者动产可以由两个以上单位、个人共有。共有包括按份共有和共同共有。

第九十四条　按份共有人对共有的不动产或者动产按照其份额享有所有权。

第九十五条　共同共有人对共有的不动产或者动产共同享有所有权。

第九十六条　共有人按照约定管理共有的不动产或者动产；没有约定或者约定不明确的，各共有人都有管理的权利和义务。

第九十七条　处分共有的不动产或者动产以及对共有的不动产或者动产作重大修缮的，应当经占份额三分之二以上的按份共有人或者全体共同共有人同意，但共有人之间另有约定的除外。

第九十八条　对共有物的管理费用以及其他负担，有约定的，按照约定；没有约定或者约定不明确的，按份共有人按照其份额负担，共同共有人共同负担。

第九十九条　共有人约定不得分割共有的不动产或者动产，以维持共有关系的，应当按照约定，但共有人有重大理由需要分割的，可以请求分割；没有约定或者约定不明确的，按份共有人可以随时请求分割，共同共有人在共有的基础丧失或者有重大理由需要分割时可以请求分割。因分割对其他共有人造成损害的，应当给予赔偿。

第一百条　共有人可以协商确定分割方式。达不成协议，共有的不动产或者动产可以分割并且不会因分割减损价值的，应当对实物予以分割；难以分割或者因分割会减损价值的，应当对折价或者拍卖、变卖取得的价款予以分割。

共有人分割所得的不动产或者动产有瑕疵的，其他共有人应当分担损失。

第一百零一条　按份共有人可以转让其享有的共有的不动产或者动产份额。其他共有人在同等条件下享有优先购买的权利。

第一百零二条　因共有的不动产或者动产产生的债权债务，在对外关系上，共有人享有连带债权、承担连带债务，但法律另有规定或者第三人知道共有人不具有连带债权债务关系的除外；在共有人内部关系上，除共有人另有约定外，按份共有人按照份额享有债权、承担债务，共同共有人共同享有债权、承担债务。偿还债务超过自己应当承担份额的按份共有人，有权向其他共有人追偿。

第一百零三条　共有人对共有的不动产或者动产没有约定为按份共有或者共同共有，或者约定不明确的，除共有人具有家庭关系等外，视为按份共有。

第一百零四条　按份共有人对共有的不动产或者动产享有的份额，没有约定或者约定不明确的，按照出资额确定；不能确定出资额的，视为等额享有。

第一百零五条　两个以上单位、个人共同享有用益物权、担保物权的，参照本章规定。

第九章 所有权取得的特别规定

第一百零六条　无处分权人将不动产或者动产转让给受让人的，所有权人有权追回；除法律另有规定外，符合下列情形的，受让人取得该不动产或者动产的所有权：

（一）受让人受让该不动产或者动产时是善意的；

（二）以合理的价格转让；

（三）转让的不动产或者动产依照法律规定应当登记的已经登记，不需要登记的已经交付给受让人。

受让人依照前款规定取得不动产或者动产的所有权的，原所有权人有权向无处分权人请求赔偿损失。

当事人善意取得其他物权的，参照前两款规定。

第一百零七条　所有权人或者其他权利人有权追回遗失物。该遗失物通过转让被他人占有的，权利人有权向无处分权人请求损害赔偿，或者自知道或者应当知道受让人之日起二年内向受让人请求返还原物，但受让人通过拍卖或者向具有经营资格的经营者购得该遗失物的，权利人请求返还原物时应当支付受让人所付的费用。权利人向受让人支付所付费用后，有权向无处分权人追偿。

第一百零八条　善意受让人取得动产后，该动产上的原有权利消灭，但善意受让人在受让时知道或者应当知道该权利的除外。

第一百零九条　拾得遗失物，应当返还权利人。拾得人应当及时通知权利人领取，或者送交公安等有关部门。

第一百一十条　有关部门收到遗失物，知道权利人的，应当及时通知其领取；不知道的，应当及时发布招领公告。

第一百一十一条　拾得人在遗失物送交有关部门前，有关部门在遗失物被领取前，应当妥善保管遗失物。因故意或者重大过失致使遗失物毁损、灭失的，应当承担民事责任。

第一百一十二条 权利人领取遗失物时，应当向拾得人或者有关部门支付保管遗失物等支出的必要费用。

权利人悬赏寻找遗失物的，领取遗失物时应当按照承诺履行义务。

拾得人侵占遗失物的，无权请求保管遗失物等支出的费用，也无权请求权利人按照承诺履行义务。

第一百一十三条 遗失物自发布招领公告之日起六个月内无人认领的，归国家所有。

第一百一十四条 拾得漂流物、发现埋藏物或者隐藏物的，参照拾得遗失物的有关规定。文物保护法等法律另有规定的，依照其规定。

第一百一十五条 主物转让的，从物随主物转让，但当事人另有约定的除外。

第一百一十六条 天然孳息，由所有权人取得；既有所有权人又有用益物权人的，由用益物权人取得。当事人另有约定的，按照约定。

法定孳息，当事人有约定的，按照约定取得；没有约定或者约定不明确的，按照交易习惯取得。

第三编 用益物权

第十章 一般规定

第一百一十七条 用益物权人对他人所有的不动产或者动产，依法享有占有、使用和收益的权利。

第一百一十八条 国家所有或者国家所有由集体使用以及法律规定属于集体所有的自然资源，单位、个人依法可以占有、使用和收益。

第一百一十九条 国家实行自然资源有偿使用制度，但法律另有规定的除外。

第一百二十条 用益物权人行使权利，应当遵守法律有关保护和合理开发利用资源的规定。所有权人不得干涉用益物权人行使权利。

第一百二十一条 因不动产或者动产被征收、征用致使用益物权消灭或者影响用益物权行使的，用益物权人有权依照本法第四十二条、第四十四条的规定获得相应补偿。

第一百二十二条 依法取得的海域使用权受法律保护。

第一百二十三条 依法取得的探矿权、采矿权、取水权和使用水域、滩涂从事养殖、捕捞的权利受法律保护。

第十一章 土地承包经营权

第一百二十四条 农村集体经济组织实行家庭承包经营为基础、统分结合的双层经营体制。

农民集体所有和国家所有由农民集体使用的耕地、林地、草地以及其他用于农业的土地，依法实行土地承包经营制度。

第一百二十五条 土地承包经营权人依法对其承包经营的耕地、林地、草地等享有占有、使用和收益的权利，有权从事种植业、林业、畜牧业等农业生产。

第一百二十六条 耕地的承包期为三十年。草地的承包期为三十年至五十年。林地的承包期为三十年至七十年；特殊林木的林地承包期，经国务院林业行政主管部门批准可以延长。

前款规定的承包期届满，由土地承包经营权人按照国家有关规定继续承包。

第一百二十七条 土地承包经营权自土地承包经营权合同生效时设立。

县级以上地方人民政府应当向土地承包经营权人发放土地承包经营权证、林权证、草原使用权证，并登记造册，确认土地承包经营权。

第一百二十八条 土地承包经营权人依照农村土地承包法的规定，有权将土地承包经营权采取转包、互换、转让等方式流转。流转的期限不得超过承包期的剩余期限。未经依法批准，不得将承包地用于非农建设。

第一百二十九条 土地承包经营权人将土地承包经营权互换、转让，当事人要求登记的，应当向县级以上地方人民政府申请土地承包经营权变更登记；未经登记，不得对抗善意第三人。

第一百三十条 承包期内发包人不得调整承包地。

因自然灾害严重毁损承包地等特殊情形，需要适当调整承包的耕地和草地的，应当依照农村土地承包法等法律规定办理。

第一百三十一条 承包期内发包人不得收回承包地。农村土地承包法等法律另有规定的，依照其规定。

第一百三十二条 承包地被征收的，土地承包经营权人有权依照本法第四十二条第二款的规定获得相应补偿。

第一百三十三条 通过招标、拍卖、公开协商等方式承包荒地等农村土地，依照农村土地承包法等法律和国务院的有关规定，其土地承包经营权可以转让、入股、抵押或者以其他方式流转。

第一百三十四条 国家所有的农用地实行承包经营的，参照本法的有关规定。

第十二章 建设用地使用权

第一百三十五条 建设用地使用权人依法对国家所有的土地享有占有、使用和收益的权利，有权利用该土地建造建筑物、构筑物及其附属设施。

第一百三十六条 建设用地使用权可以在土地的地表、地上或者地下分别设立。新设立的建设用地使用权，不得损害已设立的用益物权。

第一百三十七条 设立建设用地使用权，可以采取出让或者划拨等方式。

工业、商业、旅游、娱乐和商品住宅等经营性用地以及同一土地有两个以上意向用地者的，应当采取招标、拍卖等公开竞价的方式出让。

严格限制以划拨方式设立建设用地使用权。采取划拨方式的，应当遵守法律、行政法规关于土地用途的规定。

第一百三十八条 采取招标、拍卖、协议等出让方式设立建设用地使用权的，当事人应当采取书面形式订立建设用地使用权出让合同。

建设用地使用权出让合同一般包括下列条款：

（一）当事人的名称和住所；

（二）土地界址、面积等；

（三）建筑物、构筑物及其附属设施占用的空间；

（四）土地用途；

（五）使用期限；

（六）出让金等费用及其支付方式；

（七）解决争议的方法。

第一百三十九条 设立建设用地使用权的，应当向登记机构申请建设用地使用权登记。建设用地使用权自登记时设立。登记机构应当向建设用地使用权人发放建设用地使用权证书。

第一百四十条 建设用地使用权人应当合理利用土地，不得改变土地用途；需要改变土地用途的，应当依法经有关行政主管部门批准。

第一百四十一条 建设用地使用权人应当依照法律规定以及合同约定支付出让金等费用。

第一百四十二条 建设用地使用权人建造的建筑物、构筑物及其附属设施的所有权属于建设用地使用权人，但有相反证据证明的除外。

第一百四十三条 建设用地使用权人有权将建设用地

使用权转让、互换、出资、赠与或者抵押，但法律另有规定的除外。

第一百四十四条　建设用地使用权转让、互换、出资、赠与或者抵押的，当事人应当采取书面形式订立相应的合同。使用期限由当事人约定，但不得超过建设用地使用权的剩余期限。

第一百四十五条　建设用地使用权转让、互换、出资或者赠与的，应当向登记机构申请变更登记。

第一百四十六条　建设用地使用权转让、互换、出资或者赠与的，附着于该土地上的建筑物、构筑物及其附属设施一并处分。

第一百四十七条　建筑物、构筑物及其附属设施转让、互换、出资或者赠与的，该建筑物、构筑物及其附属设施占用范围内的建设用地使用权一并处分。

第一百四十八条　建设用地使用权期间届满前，因公共利益需要提前收回该土地的，应当依照本法第四十二条的规定对该土地上的房屋及其他不动产给予补偿，并退还相应的出让金。

第一百四十九条　住宅建设用地使用权期间届满的，自动续期。

非住宅建设用地使用权期间届满后的续期，依照法律规定办理。该土地上的房屋及其他不动产的归属，有约定的，按照约定；没有约定或者约定不明确的，依照法律、行政法规的规定办理。

第一百五十条　建设用地使用权消灭的，出让人应当及时办理注销登记。登记机构应当收回建设用地使用权证书。

第一百五十一条　集体所有的土地作为建设用地的，应当依照土地管理法等法律规定办理。

第十三章　宅基地使用权

第一百五十二条　宅基地使用权人依法对集体所有的土地享有占有和使用的权利，有权依法利用该土地建造住宅及其附属设施。

第一百五十三条　宅基地使用权的取得、行使和转让，适用土地管理法等法律和国家有关规定。

第一百五十四条　宅基地因自然灾害等原因灭失的，宅基地使用权消灭。对失去宅基地的村民，应当重新分配宅基地。

第一百五十五条　已经登记的宅基地使用权转让或者消灭的，应当及时办理变更登记或者注销登记。

第十四章　地役权

第一百五十六条　地役权人有权按照合同约定，利用他人的不动产，以提高自己的不动产的效益。

前款所称他人的不动产为供役地，自己的不动产为需役地。

第一百五十七条　设立地役权，当事人应当采取书面形式订立地役权合同。

地役权合同一般包括下列条款：

（一）当事人的姓名或者名称和住所；

（二）供役地和需役地的位置；

（三）利用目的和方法；

（四）利用期限；

（五）费用及其支付方式；

（六）解决争议的方法。

第一百五十八条　地役权自地役权合同生效时设立。当事人要求登记的，可以向登记机构申请地役权登记；未经登记，不得对抗善意第三人。

第一百五十九条　供役地权利人应当按照合同约定，允许地役权人利用其土地，不得妨害地役权人行使权利。

第一百六十条　地役权人应当按照合同约定的利用目的和方法利用供役地，尽量减少对供役地权利人物权的限制。

第一百六十一条　地役权的期限由当事人约定，但不得超过土地承包经营权、建设用地使用权等用益物权的剩余期限。

第一百六十二条　土地所有权人享有地役权或者负担地役权的，设立土地承包经营权、宅基地使用权时，该土地承包经营权人、宅基地使用权人继续享有或者负担已设立的地役权。

第一百六十三条　土地上已设立土地承包经营权、建设用地使用权、宅基地使用权等权利的，未经用益物权人同意，土地所有权人不得设立地役权。

第一百六十四条　地役权不得单独转让。土地承包经营权、建设用地使用权等转让的，地役权一并转让，但合同另有约定的除外。

第一百六十五条　地役权不得单独抵押。土地承包经营权、建设用地使用权等抵押的，在实现抵押权时，地役权一并转让。

第一百六十六条　需役地以及需役地上的土地承包经营权、建设用地使用权部分转让时，转让部分涉及地役权的，受让人同时享有地役权。

第一百六十七条　供役地以及供役地上的土地承包经营权、建设用地使用权部分转让时，转让部分涉及地役权的，地役权对受让人具有约束力。

第一百六十八条　地役权人有下列情形之一的，供役地权利人有权解除地役权合同，地役权消灭：

（一）违反法律规定或者合同约定，滥用地役权；

（二）有偿利用供役地，约定的付款期间届满后在合理期限内经两次催告未支付费用。

第一百六十九条　已经登记的地役权变更、转让或者消灭的，应当及时办理变更登记或者注销登记。

第四编　担保物权

第十五章　一般规定

第一百七十条　担保物权人在债务人不履行到期债务或者发生当事人约定的实现担保物权的情形，依法享有就担保财产优先受偿的权利，但法律另有规定的除外。

第一百七十一条　债权人在借贷、买卖等民事活动中，为保障实现其债权，需要担保的，可以依照本法和其他法律的规定设立担保物权。

第三人为债务人向债权人提供担保的，可以要求债务人提供反担保。反担保适用本法和其他法律的规定。

第一百七十二条　设立担保物权，应当依照本法和其他法律的规定订立担保合同。担保合同是主债权债务合同的从合同。主债权债务合同无效，担保合同无效，但法律另有规定的除外。

担保合同被确认无效后，债务人、担保人、债权人有过错的，应当根据其过错各自承担相应的民事责任。

第一百七十三条　担保物权的担保范围包括主债权及其利息、违约金、损害赔偿金、保管担保财产和实现担保物权的费用。当事人另有约定的，按照约定。

第一百七十四条　担保期间，担保财产毁损、灭失或者被征收等，担保物权人可以就获得的保险金、赔偿金或者补偿金等优先受偿。被担保债权的履行期未届满的，也可以提存该保险金、赔偿金或者补偿金等。

第一百七十五条　第三人提供担保，未经其书面同意，债权人允许债务人转移全部或者部分债务的，担保人不再承担相应的担保责任。

第一百七十六条　被担保的债权既有物的担保又有人的担保的，债务人不履行到期债务或者发生当事人约定的实现担保物权的情形，债权人应当按照约定实现债权；没有约定或者约定不明确，债务人自己提供物的担保的，债权人应当先就该物的担保实现债权；第三人提供物的担保的，债权人可以就物的担保实现债权，也可以要求保证人承担保证责任。提供担保的第三人承担担保责任后，有权向债务人追偿。

第一百七十七条　有下列情形之一的，担保物权消灭：

（一）主债权消灭；

（二）担保物权实现；

（三）债权人放弃担保物权；

（四）法律规定担保物权消灭的其他情形。

第一百七十八条　担保法与本法的规定不一致的，适用本法。

第十六章 抵押权

第一节 一般抵押权

第一百七十九条　为担保债务的履行，债务人或者第三人不转移财产的占有，将该财产抵押给债权人的，债务人不履行到期债务或者发生当事人约定的实现抵押权的情形，债权人有权就该财产优先受偿。

前款规定的债务人或者第三人为抵押人，债权人为抵押权人，提供担保的财产为抵押财产。

第一百八十条　债务人或者第三人有权处分的下列财产可以抵押：

（一）建筑物和其他土地附着物；

（二）建设用地使用权；

（三）以招标、拍卖、公开协商等方式取得的荒地等土地承包经营权；

（四）生产设备、原材料、半成品、产品；

（五）正在建造的建筑物、船舶、航空器；

（六）交通运输工具；

（七）法律、行政法规未禁止抵押的其他财产。

抵押人可以将前款所列财产一并抵押。

第一百八十一条　经当事人书面协议，企业、个体工商户、农业生产经营者可以将现有的以及将有的生产设备、原材料、半成品、产品抵押，债务人不履行到期债务或者发生当事人约定的实现抵押权的情形，债权人有权就实现抵押权时的动产优先受偿。

第一百八十二条　以建筑物抵押的，该建筑物占用范围内的建设用地使用权一并抵押。以建设用地使用权抵押的，该土地上的建筑物一并抵押。

抵押人未依照前款规定一并抵押的，未抵押的财产视为一并抵押。

第一百八十三条　乡镇、村企业的建设用地使用权不得单独抵押。以乡镇、村企业的厂房等建筑物抵押的，其占用范围内的建设用地使用权一并抵押。

第一百八十四条　下列财产不得抵押：

（一）土地所有权；

（二）耕地、宅基地、自留地、自留山等集体所有的土地使用权，但法律规定可以抵押的除外；

（三）学校、幼儿园、医院等以公益为目的的事业单位、社会团体的教育设施、医疗卫生设施和其他社会公益设施；

（四）所有权、使用权不明或者有争议的财产；

（五）依法被查封、扣押、监管的财产；

（六）法律、行政法规规定不得抵押的其他财产。

第一百八十五条　设立抵押权，当事人应当采取书面形式订立抵押合同。

抵押合同一般包括下列条款：

（一）被担保债权的种类和数额；

（二）债务人履行债务的期限；

（三）抵押财产的名称、数量、质量、状况、所在地、所有权归属或者使用权归属；

（四）担保的范围。

第一百八十六条　抵押权人在债务履行期届满前，不得与抵押人约定债务人不履行到期债务时抵押财产归债权人所有。

第一百八十七条　以本法第一百八十条第一款第一项至第三项规定的财产或者第五项规定的正在建造的建筑物抵押的，应当办理抵押登记。抵押权自登记时设立。

第一百八十八条　以本法第一百八十条第一款第四项、第六项规定的财产或者第五项规定的正在建造的船舶、航空器抵押的，抵押权自抵押合同生效时设立；未经登记，不得对抗善意第三人。

第一百八十九条　企业、个体工商户、农业生产经营者以本法第一百八十一条规定的动产抵押的，应当向抵押人住所地的工商行政管理部门办理登记。抵押权自抵押合同生效时设立；未经登记，不得对抗善意第三人。

依照本法第一百八十一条规定抵押的，不得对抗正常经营活动中已支付合理价款并取得抵押财产的买受人。

第一百九十条　订立抵押合同前抵押财产已出租的，原租赁关系不受该抵押权的影响。抵押权设立后抵押财产出租的，该租赁关系不得对抗已登记的抵押权。

第一百九十一条　抵押期间，抵押人经抵押权人同意转让抵押财产的，应当将转让所得的价款向抵押权人提前清偿债务或者提存。转让的价款超过债权数额的部分归抵押人所有，不足部分由债务人清偿。

抵押期间，抵押人未经抵押权人同意，不得转让抵押财产，但受让人代为清偿债务消灭抵押权的除外。

第一百九十二条　抵押权不得与债权分离而单独转让或者作为其他债权的担保。债权转让的，担保该债权的抵押权一并转让，但法律另有规定或者当事人另有约定的除外。

第一百九十三条　抵押人的行为足以使抵押财产价值减少的，抵押权人有权要求抵押人停止其行为。抵押财产价值减少的，抵押权人有权要求恢复抵押财产的价值，或者提供与减少的价值相应的担保。抵押人不恢复抵押财产的价值也不提供担保的，抵押权人有权要求债务人提前清偿债务。

第一百九十四条　抵押权人可以放弃抵押权或者抵押权的顺位。抵押权人与抵押人可以协议变更抵押权顺位以及被担保的债权数额等内容，但抵押权的变更，未经其他抵押权人书面同意，不得对其他抵押权人产生不利影响。

债务人以自己的财产设定抵押，抵押权人放弃该抵押权、抵押权顺位或者变更抵押权的，其他担保人在抵押权人丧失优先受偿权益的范围内免除担保责任，但其他担保人承诺仍然提供担保的除外。

第一百九十五条　债务人不履行到期债务或者发生当事人约定的实现抵押权的情形，抵押权人可以与抵押人协议以抵押财产折价或者以拍卖、变卖该抵押财产所得的价款优先受偿。协议损害其他债权人利益的，其他债权人可以在知道或者应当知道撤销事由之日起一年内请求人民法院撤销该协议。

抵押权人与抵押人未就抵押权实现方式达成协议的，抵押权人可以请求人民法院拍卖、变卖抵押财产。

抵押财产折价或者变卖的，应当参照市场价格。

第一百九十六条　依照本法第一百八十一条规定设定抵押的，抵押财产自下列情形之一发生时确定：

（一）债务履行期届满，债权未实现；
（二）抵押人被宣告破产或者被撤销；
（三）当事人约定的实现抵押权的情形；
（四）严重影响债权实现的其他情形。

第一百九十七条　债务人不履行到期债务或者发生当事人约定的实现抵押权的情形，致使抵押财产被人民法院依法扣押的，自扣押之日起抵押权人有权收取该抵押财产的天然孳息或者法定孳息，但抵押权人未通知应当清偿法定孳息的义务人的除外。

前款规定的孳息应当先充抵收取孳息的费用。

第一百九十八条　抵押财产折价或者拍卖、变卖后，其价款超过债权数额的部分归抵押人所有，不足部分由债务人清偿。

第一百九十九条　同一财产向两个以上债权人抵押的，拍卖、变卖抵押财产所得的价款依照下列规定清偿：

（一）抵押权已登记的，按照登记的先后顺序清偿；顺序相同的，按照债权比例清偿；
（二）抵押权已登记的先于未登记的受偿；
（三）抵押权未登记的，按照债权比例清偿。

第二百条　建设用地使用权抵押后，该土地上新增的建筑物不属于抵押财产。该建设用地使用权实现抵押权时，应当将该土地上新增的建筑物与建设用地使用权一并处分，但新增建筑物所得的价款，抵押权人无权优先受偿。

第二百零一条　依照本法第一百八十条第一款第三项规定的土地承包经营权抵押的，或者依照本法第一百八十三条规定以乡镇、村企业的厂房等建筑物占用范围内的建设用地使用权一并抵押的，实现抵押权后，未经法定程序，不得改变土地所有权的性质和土地用途。

第二百零二条　抵押权人应当在主债权诉讼时效期间行使抵押权；未行使的，人民法院不予保护。

第二节　最高额抵押权

第二百零三条　为担保债务的履行，债务人或者第三人对一定期间内将要连续发生的债权提供担保财产的，债务人不履行到期债务或者发生当事人约定的实现抵押权的情形，抵押权人有权在最高债权额限度内就该担保财产优先受偿。

最高额抵押权设立前已经存在的债权，经当事人同意，可以转入最高额抵押担保的债权范围。

第二百零四条　最高额抵押担保的债权确定前，部分债权转让的，最高额抵押权不得转让，但当事人另有约定的除外。

第二百零五条　最高额抵押担保的债权确定前，抵押权人与抵押人可以通过协议变更债权确定的期间、债权范围以及最高债权额，但变更的内容不得对其他抵押权人产生不利影响。

第二百零六条　有下列情形之一的，抵押权人的债权确定：

（一）约定的债权确定期间届满；
（二）没有约定债权确定期间或者约定不明确，抵押权人或者抵押人自最高额抵押权设立之日起满二年后请求确定债权；
（三）新的债权不可能发生；
（四）抵押财产被查封、扣押；
（五）债务人、抵押人被宣告破产或者被撤销；
（六）法律规定债权确定的其他情形。

第二百零七条　最高额抵押权除适用本节规定外，适用本章第一节一般抵押权的规定。

第十七章　质权

第一节　动产质权

第二百零八条　为担保债务的履行，债务人或者第三人将其动产出质给债权人占有的，债务人不履行到期债务或者发生当事人约定的实现质权的情形，债权人有权就该动产优先受偿。

前款规定的债务人或者第三人为出质人，债权人为质权人，交付的动产为质押财产。

第二百零九条　法律、行政法规禁止转让的动产不得出质。

第二百一十条　设立质权，当事人应当采取书面形式订立质权合同。

质权合同一般包括下列条款：

（一）被担保债权的种类和数额；
（二）债务人履行债务的期限；
（三）质押财产的名称、数量、质量、状况；
（四）担保的范围；
（五）质押财产交付的时间。

第二百一十一条　质权人在债务履行期届满前，不得与出质人约定债务人不履行到期债务时质押财产归债权人所有。

第二百一十二条　质权自出质人交付质押财产时设立。

第二百一十三条　质权人有权收取质押财产的孳息，但合同另有约定的除外。

前款规定的孳息应当先充抵收取孳息的费用。

第二百一十四条　质权人在质权存续期间，未经出质人同意，擅自使用、处分质押财产，给出质人造成损害的，应当承担赔偿责任。

第二百一十五条　质权人负有妥善保管质押财产的义务；因保管不善致使质押财产毁损、灭失的，应当承担赔偿责任。

质权人的行为可能使质押财产毁损、灭失的，出质人可以要求质权人将质押财产提存，或者要求提前清偿债务并返还质押财产。

第二百一十六条　因不能归责于质权人的事由可能使质押财产毁损或者价值明显减少，足以危害质权人权利的，质权人有权要求出质人提供相应的担保；出质人不提供的，质权人可以拍卖、变卖质押财产，并与出质人通过协议将拍卖、变卖所得的价款提前清偿债务或者提存。

第二百一十七条　质权人在质权存续期间，未经出质人同意转质，造成质押财产毁损、灭失的，应当向出质人承担赔偿责任。

第二百一十八条　质权人可以放弃质权。债务人以自己的财产出质，质权人放弃该质权的，其他担保人在质权人丧失优先受偿权益的范围内免除担保责任，但其他担保人承诺仍然提供担保的除外。

第二百一十九条　债务人履行债务或者出质人提前清偿所担保的债权的，质权人应当返还质押财产。

债务人不履行到期债务或者发生当事人约定的实现质权的情形，质权人可以与出质人协议以质押财产折价，也可以就拍卖、变卖质押财产所得的价款优先受偿。

质押财产折价或者变卖的，应当参照市场价格。

第二百二十条　出质人可以请求质权人在债务履行期届满后及时行使质权；质权人不行使的，出质人可以请求人民法院拍卖、变卖质押财产。

出质人请求质权人及时行使质权，因质权人怠于行使权利造成损害的，由质权人承担赔偿责任。

第二百二十一条　质押财产折价或者拍卖、变卖后，其价款超过债权数额的部分归出质人所有，不足部分由债务人清偿。

第二百二十二条　出质人与质权人可以协议设立最高额质权。

最高额质权除适用本节有关规定外，参照本法第十六章第二节最高额抵押权的规定。

第二节　权利质权

第二百二十三条　债务人或者第三人有权处分的下列权利可以出质：

（一）汇票、支票、本票；

（二）债券、存款单；

（三）仓单、提单；

（四）可以转让的基金份额、股权；

（五）可以转让的注册商标专用权、专利权、著作权等知识产权中的财产权；

（六）应收账款；

（七）法律、行政法规规定可以出质的其他财产权利。

第二百二十四条　以汇票、支票、本票、债券、存款单、仓单、提单出质的，当事人应当订立书面合同。质权自权利凭证交付质权人时设立；没有权利凭证的，质权自有关部门办理出质登记时设立。

第二百二十五条　汇票、支票、本票、债券、存款单、仓单、提单的兑现日期或者提货日期先于主债权到期的，质权人可以兑现或者提货，并与出质人协议将兑现的价款或者提取的货物提前清偿债务或者提存。

第二百二十六条　以基金份额、股权出质的，当事人应当订立书面合同。以基金份额、证券登记结算机构登记的股权出质的，质权自证券登记结算机构办理出质登记时设立；以其他股权出质的，质权自工商行政管理部门办理出质登记时设立。

基金份额、股权出质后，不得转让，但经出质人与质权人协商同意的除外。出质人转让基金份额、股权所得的价款，应当向质权人提前清偿债务或者提存。

第二百二十七条　以注册商标专用权、专利权、著作权等知识产权中的财产权出质的，当事人应当订立书面合同。质权自有关主管部门办理出质登记时设立。

知识产权中的财产权出质后，出质人不得转让或者许可他人使用，但经出质人与质权人协商同意的除外。出质人转让或者许可他人使用出质的知识产权中的财产权所得的价款，应当向质权人提前清偿债务或者提存。

第二百二十八条　以应收账款出质的，当事人应当订立书面合同。质权自信贷征信机构办理出质登记时设立。

应收账款出质后，不得转让，但经出质人与质权人协商同意的除外。出质人转让应收账款所得的价款，应当向质权人提前清偿债务或者提存。

第二百二十九条　权利质权除适用本节规定外，适用本章第一节动产质权的规定。

第十八章　留置权

第二百三十条　债务人不履行到期债务，债权人可以留置已经合法占有的债务人的动产，并有权就该动产优先受偿。

前款规定的债权人为留置权人，占有的动产为留置财产。

第二百三十一条　债权人留置的动产，应当与债权属于同一法律关系，但企业之间留置的除外。

第二百三十二条　法律规定或者当事人约定不得留置的动产，不得留置。

第二百三十三条　留置财产为可分物的，留置财产的价值应当相当于债务的金额。

第二百三十四条　留置权人负有妥善保管留置财产的义务；因保管不善致使留置财产毁损、灭失的，应当承担赔偿责任。

第二百三十五条　留置权人有权收取留置财产的孳息。

前款规定的孳息应当先充抵收取孳息的费用。

第二百三十六条　留置权人与债务人应当约定留置财产后的债务履行期间；没有约定或者约定不明确的，留置权人应当给债务人两个月以上履行债务的期间，但鲜活易腐等不易保管的动产除外。债务人逾期未履行的，留置权人可以与债务人协议以留置财产折价，也可以就拍卖、变卖留置财产所得的价款优先受偿。

留置财产折价或者变卖的，应当参照市场价格。

第二百三十七条　债务人可以请求留置权人在债务履行期届满后行使留置权；留置权人不行使的，债务人可以请求人民法院拍卖、变卖留置财产。

第二百三十八条　留置财产折价或者拍卖、变卖后，其价款超过债权数额的部分归债务人所有，不足部分由债务人清偿。

第二百三十九条　同一动产上已设立抵押权或者质权，该动产又被留置的，留置权人优先受偿。

第二百四十条　留置权人对留置财产丧失占有或者留置权人接受债务人另行提供担保的，留置权消灭。

第五编　占有

第十九章　占有

第二百四十一条　基于合同关系等产生的占有，有关不动产或者动产的使用、收益、违约责任等，按照合同约定；合同没有约定或者约定不明确的，依照有关法律规定。

第二百四十二条　占有人因使用占有的不动产或者动产，致使该不动产或者动产受到损害的，恶意占有人应当承担赔偿责任。

第二百四十三条　不动产或者动产被占有人占有的，权利人可以请求返还原物及其孳息，但应当支付善意占有人因维护该不动产或者动产支出的必要费用。

第二百四十四条　占有的不动产或者动产毁损、灭失，该不动产或者动产的权利人请求赔偿的，占有人应当将因毁损、灭失取得的保险金、赔偿金或者补偿金等返还给权利人；权利人的损害未得到足够弥补的，恶意占有人还应当赔偿损失。

第二百四十五条　占有的不动产或者动产被侵占的，占有人有权请求返还原物；对妨害占有的行为，占有人有权请求排除妨害或者消除危险；因侵占或者妨害造成损害的，占有人有权请求损害赔偿。

占有人返还原物的请求权，自侵占发生之日起一年内未行使的，该请求权消灭。

附　则

第二百四十六条　法律、行政法规对不动产统一登记的范围、登记机构和登记办法作出规定前，地方性法规可以依照本法有关规定作出规定。

第二百四十七条　本法自2007年10月1日起施行。

中华人民共和国城市房地产管理法

（中华人民共和国主席令第72号公布）

《全国人民代表大会常务委员会关于修改〈中华人民共和国城市房地产管理法〉的决定》已由中华人民共和国第十届全国人民代表大会常务委员会第二十九次会议于2007年8月30日通过，现予公布，自公布之日起施行。

中华人民共和国主席 胡锦涛

2007年8月30日

目 录

第一章 总则
第二章 房地产开发用地
第一节 土地使用权出让
第二节 土地使用权划拨
第三章 房地产开发
第四章 房地产交易
第一节 一般规定
第二节 房地产转让
第三节 房地产抵押
第四节 房屋租赁
第五节 中介服务机构
第五章 房地产权属登记管理
第六章 法律责任
第七章 附则

第一章 总则

第一条 为了加强对城市房地产的管理，维护房地产市场秩序，保障房地产权利人的合法权益，促进房地产业的健康发展，制定本法。

第二条 在中华人民共和国城市规划区国有土地（以下简称国有土地）范围内取得房地产开发用地的土地使用权，从事房地产开发、房地产交易，实施房地产管理，应当遵守本法。

本法所称房屋，是指土地上的房屋等建筑物及构筑物。

本法所称房地产开发，是指在依据本法取得国有土地使用权的土地上进行基础设施、房屋建设的行为。

本法所称房地产交易，包括房地产转让、房地产抵押和房屋租赁。

第三条 国家依法实行国有土地有偿、有限期使用制度。但是，国家在本法规定的范围内划拨国有土地使用权的除外。

第四条 国家根据社会、经济发展水平，扶持发展居民住宅建设，逐步改善居民的居住条件。

第五条 房地产权利人应当遵守法律和行政法规，依法纳税。房地产权利人的合法权益受法律保护，任何单位和个人不得侵犯。

第六条 为了公共利益的需要，国家可以征收国有土地上单位和个人的房屋，并依法给予拆迁补偿，维护被征收人的合法权益；征收个人住宅的，还应当保障被征收人的居住条件。具体办法由国务院规定。

第七条 国务院建设行政主管部门、土地管理部门依照国务院规定的职权划分，各司其职，密切配合，管理全国房地产工作。

县级以上地方人民政府房产管理、土地管理部门的机构设置及其职权由省、自治区、直辖市人民政府确定。

第二章 房地产开发用地

第一节 土地使用权出让

第八条 土地使用权出让，是指国家将国有土地使用权（以下简称土地使用权）在一定年限内出让给土地使用者，由土地使用者向国家支付土地使用权出让金的行为。

第九条 城市规划区内的集体所有的土地，经依法征用转为国有土地后，该幅国有土地的使用权方可有偿出让。

第十条 土地使用权出让，必须符合土地利用总体规划、城市规划和年度建设用地计划。

第十一条 县级以上地方人民政府出让土地使用权用于房地产开发的，须根据省级以上人民政府下达的控制指标拟订年度出让土地使用权总面积方案，按照国务院规定，报国务院或者省级人民政府批准。

第十二条 土地使用权出让，由市、县人民政府有计划、有步骤地进行。出让的每幅地块、用途、年限和其他条件，由市、县人民政府土地管理部门会同城市规划、建设、房产管理部门共同拟定方案，按照国务院规定，报经有批准权的人民政府批准后，由市、县人民政府土地管理部门实施。

直辖市的县人民政府及其有关部门行使前款规定的权限，由直辖市人民政府规定。

第十三条 土地使用权出让，可以采取拍卖、招标或者双方协议的方式。

商业、旅游、娱乐和豪华住宅用地，有条件的，必须采取拍卖、招标方式；没有条件，不能采取拍卖、招标方式的，可以采取双方协议的方式。

采取双方协议方式出让土地使用权的出让金不得低于按国家规定所确定的最低价。

第十四条 土地使用权出让最高年限由国务院规定。

第十五条 土地使用权出让，应当签订书面出让合同。

土地使用权出让合同由市、县人民政府土地管理部门与土地使用者签订。

第十六条 土地使用者必须按照出让合同约定，支付土地使用权出让金；未按照出让合同约定支付土地使用权出让金的，土地管理部门有权解除合同，并可以请求违约赔偿。

第十七条 土地使用者按照出让合同约定支付土地使用权出让金的，市、县人民政府土地管理部门必须按照出让合同约定，提供出让的土地；未按照出让合同约定提供出让的土地的，土地使用者有权解除合同，由土地管理部门返还土地使用权出让金，土地使用者并可以请求违约赔偿。

第十八条 土地使用者需要改变土地使用权出让合同约定的土地用途的，必须取得出让方和市、县人民政府城市规划行政主管部门的同意，签订土地使用权出让合同变更协议或者重新签订土地使用权出让合同，相应调整土地使用权出让金。

第十九条 土地使用权出让金应当全部上缴财政，列入预算，用于城市基础设施建设和土地开发。土地使用权出让金上缴和使用的具体办法由国务院规定。

第二十条　国家对土地使用者依法取得的土地使用权，在出让合同约定的使用年限届满前不收回；在特殊情况下，根据社会公共利益的需要，可以依照法律程序提前收回，并根据土地使用者使用土地的实际年限和开发土地的实际情况给予相应的补偿。

第二十一条　土地使用权因土地灭失而终止。

第二十二条　土地使用权出让合同约定的使用年限届满，土地使用者需要继续使用土地的，应当至迟于届满前一年申请续期，除根据社会公共利益需要收回该幅土地的，应当予以批准。经批准准予续期的，应当重新签订土地使用权出让合同，依照规定支付土地使用权出让金。

土地使用权出让合同约定的使用年限届满，土地使用者未申请续期或者虽申请续期但依照前款规定未获批准的，土地使用权由国家无偿收回。

第二节　土地使用权划拨

第二十三条　土地使用权划拨，是指县级以上人民政府依法批准，在土地使用者缴纳补偿、安置等费用后将该幅土地交付其使用，或者将土地使用权无偿交付给土地使用者使用的行为。

依照本法规定以划拨方式取得土地使用权的，除法律、行政法规另有规定外，没有使用期限的限制。

第二十四条　下列建设用地的土地使用权，确属必需的，可以由县级以上人民政府依法批准划拨：

（一）国家机关用地和军事用地；

（二）城市基础设施用地和公益事业用地；

（三）国家重点扶持的能源、交通、水利等项目用地；

（四）法律、行政法规规定的其他用地。

第三章　房地产开发

第二十五条　房地产开发必须严格执行城市规划，按照经济效益、社会效益、环境效益相统一的原则，实行全面规划、合理布局、综合开发、配套建设。

第二十六条　以出让方式取得土地使用权进行房地产开发的，必须按照土地使用权出让合同约定的土地用途、动工开发期限开发土地。超过出让合同约定的动工开发日期满一年未动工开发的，可以征收相当于土地使用权出让金百分之二十以下的土地闲置费；满二年未动工开发的，可以无偿收回土地使用权；但是，因不可抗力或者政府、政府有关部门的行为或者动工开发必需的前期工作造成动工开发迟延的除外。

第二十七条　房地产开发项目的设计、施工，必须符合国家的有关标准和规范。

房地产开发项目竣工，经验收合格后，方可交付使用。

第二十八条　依法取得的土地使用权，可以依照本法和有关法律、行政法规的规定，作价入股，合资、合作开发经营房地产。

第二十九条　国家采取税收等方面的优惠措施鼓励和扶持房地产开发企业开发建设居民住宅。

第三十条　房地产开发企业是以营利为目的，从事房地产开发和经营的企业。设立房地产开发企业，应当具备下列条件：

（一）有自己的名称和组织机构；

（二）有固定的经营场所；

（三）有符合国务院规定的注册资本；

（四）有足够的专业技术人员；

（五）法律、行政法规规定的其他条件。

设立房地产开发企业，应当向工商行政管理部门申请设立登记。工商行政管理部门对符合本法规定条件的，应当予以登记，发给营业执照；对不符合本法规定条件的，不予登记。

设立有限责任公司、股份有限公司，从事房地产开发经营的，还应当执行公司法的有关规定。

房地产开发企业在领取营业执照后的一个月内，应当到登记机关所在地的县级以上地方人民政府规定的部门备案。

第三十一条　房地产开发企业的注册资本与投资总额的比例应当符合国家有关规定。

房地产开发企业分期开发房地产的，分期投资额应当与项目规模相适应，并按照土地使用权出让合同的约定，按期投入资金，用于项目建设。

第四章　房地产交易

第一节　一般规定

第三十二条　房地产转让、抵押时，房屋的所有权和该房屋占用范围内的土地使用权同时转让、抵押。

第三十三条　基准地价、标定地价和各类房屋的重置价格应当定期确定并公布。具体办法由国务院规定。

第三十四条　国家实行房地产价格评估制度。

房地产价格评估，应当遵循公正、公平、公开的原则，按照国家规定的技术标准和评估程序，以基准地价、标定地价和各类房屋的重置价格为基础，参照当地的市场价格进行评估。

第三十五条　国家实行房地产成交价格申报制度。

房地产权利人转让房地产，应当向县级以上地方人民政府规定的部门如实申报成交价，不得瞒报或者作不实的申报。

第三十六条　房地产转让、抵押，当事人应当依照本法第五章的规定办理权属登记。

第二节　房地产转让

第三十七条　房地产转让，是指房地产权利人通过买卖、赠与或者其他合法方式将其房地产转移给他人的行为。

第三十八条　下列房地产，不得转让：

（一）以出让方式取得土地使用权的，不符合本法第三十九条规定的条件的；

（二）司法机关和行政机关依法裁定、决定查封或者以其他形式限制房地产权利的；

（三）依法收回土地使用权的；

（四）共有房地产，未经其他共有人书面同意的；

（五）权属有争议的；

（六）未依法登记领取权属证书的；

（七）法律、行政法规规定禁止转让的其他情形。

第三十九条　以出让方式取得土地使用权的，转让房地产时，应当符合下列条件：

（一）按照出让合同约定已经支付全部土地使用权出让金，并取得土地使用权证书；

（二）按照出让合同约定进行投资开发，属于房屋建设工程的，完成开发投资总额的百分之二十五以上，属于成片开发土地的，形成工业用地或者其他建设用地条件。

转让房地产时房屋已经建成的，还应当持有房屋所有权证书。

第四十条　以划拨方式取得土地使用权的，转让房地产时，应当按照国务院规定，报有批准权的人民政府审批。有批准权的人民政府准予转让的，应当由受让方办理土地使用权出让手续，并依照国家有关规定缴纳土地使用权出让金。

以划拨方式取得土地使用权的，转让房地产报批时，有批准权的人民政府按照国务院规定决定可以不办理土地使用权出让手续的，转让方应当按照国务院规定将转让房地产所获收益中的土地收益上缴国家或者作其他处理。

第四十一条　房地产转让，应当签订书面转让合同，合同中应当载明土地使用权取得的方式。

第四十二条　房地产转让时，土地使用权出让合同载明的权利、义务随之转移。

第四十三条　以出让方式取得土地使用权的，转让房地产后，其土地使用权的使用年限为原土地使用权出让合同约定的使用年限减去原土地使用者已经使用年限后的剩余年限。

第四十四条　以出让方式取得土地使用权的，转让房地产后，受让人改变原土地使用权出让合同约定的土地用途的，必须取得原出让方和市、县人民政府城市规划行政主管部门的同意，签订土地使用权出让合同变更协议或者重新签订土地使用权出让合同，相应调整土地使用权出让金。

第四十五条　商品房预售，应当符合下列条件：

（一）已交付全部土地使用权出让金，取得土地使用权证书；

（二）持有建设工程规划许可证；

（三）按提供预售的商品房计算，投入开发建设的资金达到工程建设总投资的百分之二十五以上，并已经确定施工进度和竣工交付日期；

（四）向县级以上人民政府房产管理部门办理预售登记，取得商品房预售许可证明。

商品房预售人应当按照国家有关规定将预售合同报县级以上人民政府房产管理部门和土地管理部门登记备案。

商品房预售所得款项，必须用于有关的工程建设。

第四十六条　商品房预售的，商品房预购人将购买的未竣工的预售商品房再行转让的问题，由国务院规定。

第三节　房地产抵押

第四十七条　房地产抵押，是指抵押人以其合法的房地产以不转移占有的方式向抵押权人提供债务履行担保的行为。债务人不履行债务时，抵押权人有权依法以抵押的房地产拍卖所得的价款优先受偿。

第四十八条　依法取得的房屋所有权连同该房屋占用范围内的土地使用权，可以设定抵押权。

以出让方式取得的土地使用权，可以设定抵押权。

第四十九条　房地产抵押，应当凭土地使用权证书、房屋所有权证书办理。

第五十条　房地产抵押，抵押人和抵押权人应当签订书面抵押合同。

第五十一条　设定房地产抵押权的土地使用权是以划拨方式取得的，依法拍卖该房地产后，应当从拍卖所得的价款中缴纳相当于应缴纳的土地使用权出让金的款额后，抵押权人方可优先受偿。

第五十二条　房地产抵押合同签订后，土地上新增的房屋不属于抵押财产。需要拍卖该抵押的房地产时，可以依法将土地上新增的房屋与抵押财产一同拍卖，但对拍卖新增房屋所得，抵押权人无权优先受偿。

第四节　房屋租赁

第五十三条　房屋租赁，是指房屋所有权人作为出租人将其房屋出租给承租人使用，由承租人向出租人支付租金的行为。

第五十四条　房屋租赁，出租人和承租人应当签订书面租赁合同，约定租赁期限、租赁用途、租赁价格、修缮责任等条款，以及双方的其他权利和义务，并向房产管理部门登记备案。

第五十五条　住宅用房的租赁，应当执行国家和房屋所在城市人民政府规定的租赁政策。租用房屋从事生产、经营活动的，由租赁双方协商议定租金和其他租赁条款。

第五十六条　以营利为目的，房屋所有权人将以划拨方式取得使用权的国有土地上建成的房屋出租的，应当将租金中所含土地收益上缴国家。具体办法由国务院规定。

第五节　中介服务机构

第五十七条　房地产中介服务机构包括房地产咨询机构、房地产价格评估机构、房地产经纪机构等。

第五十八条　房地产中介服务机构应当具备下列条件：

（一）有自己的名称和组织机构；

（二）有固定的服务场所；

（三）有必要的财产和经费；

（四）有足够数量的专业人员；

（五）法律、行政法规规定的其他条件。

设立房地产中介服务机构，应当向工商行政管理部门申请设立登记，领取营业执照后，方可开业。

第五十九条　国家实行房地产价格评估人员资格认证制度。

第五章　房地产权属登记管理

第六十条　国家实行土地使用权和房屋所有权登记发证制度。

第六十一条　以出让或者划拨方式取得土地使用权，应当向县级以上地方人民政府土地管理部门申请登记，经县级以上地方人民政府土地管理部门核实，由同级人民政府颁发土地使用权证书。

在依法取得的房地产开发用地上建成房屋的，应当凭土地使用权证书向县级以上地方人民政府房产管理部门申请登记，由县级以上地方人民政府房产管理部门核实并颁发房屋所有权证书。

房地产转让或者变更时，应当向县级以上地方人民政府房产管理部门申请房产变更登记，并凭变更后的房屋所有权证书向同级人民政府土地管理部门申请土地使用权变更登记，经同级人民政府土地管理部门核实，由同级人民政府更换或者更改土地使用权证书。

法律另有规定的，依照有关法律的规定办理。

第六十二条　房地产抵押时，应当向县级以上地方人民政府规定的部门办理抵押登记。

因处分抵押房地产而取得土地使用权和房屋所有权的，应当依照本章规定办理过户登记。

第六十三条　经省、自治区、直辖市人民政府确定，县级以上地方人民政府由一个部门统一负责房产管理和土地管理工作的，可以制作、颁发统一的房地产权证书，依照本法第六十一条的规定，将房屋的所有权和该房屋占用范围内的土地使用权的确认和变更，分别载入房地产权证书。

第六章　法律责任

第六十四条　违反本法第十一条、第十二条的规定，擅自批准出让或者擅自出让土地使用权用于房地产开发的，由上级机关或者所在单位给予有关责任人员行政处分。

第六十五条　违反本法第三十条的规定，未取得营业执照擅自从事房地产开发业务的，由县级以上人民政府工商行政管理部门责令停止房地产开发业务活动，没收违法所得，可以并处罚款。

第六十六条　违反本法第三十九条第一款的规定转让土地使用权的，由县级以上人民政府土地管理部门没收违法所得，可以并处罚款。

第六十七条　违反本法第四十条第一款的规定转让房地产的，由县级以上人民政府土地管理部门责令缴纳土地使用权出让金，没收违法所得，可以并处罚款。

第六十八条　违反本法第四十五条第一款的规定预售商品房的，由县级以上人民政府房产管理部门责令停止预售活动，没收违法所得，可以并处罚款。

第六十九条　违反本法第五十八条的规定，未取得营业执照擅自从事房地产中介服务业务的，由县级以上人民政府工商行政管理部门责令停止房地产中介服务业务活动，没收违法所得，可以并处罚款。

第七十条　没有法律、法规的依据，向房地产开发企业收费的，上级机关应当责令退回所收取的钱款；情节严重的，由上级机关或者所在单位给予直接责任人员行政处分。

第七十一条　房产管理部门、土地管理部门工作人员玩忽职守、滥用职权，构成犯罪的，依法追究刑事责任；不构成犯罪的，给予行政处分。

房产管理部门、土地管理部门工作人员利用职务上的便利，索取他人财物，或者非法收受他人财物为他人谋取利益，构成犯罪的，依照惩治贪污罪贿赂罪的补充规定追究刑事责任；不构成犯罪的，给予行政处分。

第七章　附则

第七十二条　在城市规划区外的国有土地范围内取得房地产开发用地的土地使用权，从事房地产开发、交易活动以及实施房地产管理，参照本法执行。

第七十三条　本法自1995年1月1日起施行。

中华人民共和国突发事件应对法

（2007年8月30日中华人民共和国主席令第69号公布）

第一章 总则

第一条为了预防和减少突发事件的发生，控制、减轻和消除突发事件引起的严重社会危害，规范突发事件应对活动，保护人民生命财产安全，维护国家安全、公共安全、环境安全和社会秩序，制定本法。

第二条突发事件的预防与应急准备、监测与预警、应急处置与救援、事后恢复与重建等应对活动，适用本法。

第三条本法所称突发事件，是指突然发生，造成或者可能造成严重社会危害，需要采取应急处置措施予以应对的自然灾害、事故灾难、公共卫生事件和社会安全事件。

按照社会危害程度、影响范围等因素，自然灾害、事故灾难、公共卫生事件分为特别重大、重大、较大和一般四级。法律、行政法规或者国务院另有规定的，从其规定。

突发事件的分级标准由国务院或者国务院确定的部门制定。

第四条国家建立统一领导、综合协调、分类管理、分级负责、属地管理为主的应急管理体制。

第五条突发事件应对工作实行预防为主、预防与应急相结合的原则。国家建立重大突发事件风险评估体系，对可能发生的突发事件进行综合性评估，减少重大突发事件的发生，最大限度地减轻重大突发事件的影响。

第六条国家建立有效的社会动员机制，增强全民的公共安全和防范风险的意识，提高全社会的避险救助能力。

第七条县级人民政府对本行政区域内突发事件的应对工作负责；涉及两个以上行政区域的，由有关行政区域共同的上一级人民政府负责，或者由各有关行政区域的上一级人民政府共同负责。

突发事件发生后，发生地县级人民政府应当立即采取措施控制事态发展，组织开展应急救援和处置工作，并立即向上一级人民政府报告，必要时可以越级上报。

突发事件发生地县级人民政府不能消除或者不能有效控制突发事件引起的严重社会危害的，应当及时向上级人民政府报告。上级人民政府应当及时采取措施，统一领导应急处置工作。

法律、行政法规规定由国务院有关部门对突发事件的应对工作负责的，从其规定；地方人民政府应当积极配合并提供必要的支持。

第八条国务院在总理领导下研究、决定和部署特别重大突发事件的应对工作；根据实际需要，设立国家突发事件应急指挥机构，负责突发事件应对工作；必要时，国务院可以派出工作组指导有关工作。

县级以上地方各级人民政府设立由本级人民政府主要负责人、相关部门负责人、驻当地中国人民解放军和中国人民武装警察部队有关负责人组成的突发事件应急指挥机构，统一领导、协调本级人民政府各有关部门和下级人民政府开展突发事件应对工作；根据实际需要，设立相关类别突发事件应急指挥机构，组织、协调、指挥突发事件应对工作。

上级人民政府主管部门应当在各自职责范围内，指导、协助下级人民政府及其相应部门做好有关突发事件的应对工作。

第九条国务院和县级以上地方各级人民政府是突发事件应对工作的行政领导机关，其办事机构及具体职责由国务院规定。

第十条有关人民政府及其部门作出的应对突发事件的决定、命令，应当及时公布。

第十一条有关人民政府及其部门采取的应对突发事件的措施，应当与突发事件可能造成的社会危害的性质、程度和范围相适应；有多种措施可供选择的，应当选择有利于最大程度地保护公民、法人和其他组织权益的措施。

公民、法人和其他组织有义务参与突发事件应对工作。

第十二条有关人民政府及其部门为应对突发事件，可以征用单位和个人的财产。被征用的财产在使用完毕或者突发事件应急处置工作结束后，应当及时返还。财产被征用或者征用后毁损、灭失的，应当给予补偿。

第十三条因采取突发事件应对措施，诉讼、行政复议、仲裁活动不能正常进行的，适用有关时效中止和程序中止的规定，但法律另有规定的除外。

第十四条中国人民解放军、中国人民武装警察部队和民兵组织依照本法和其他有关法律、行政法规、军事法规的规定以及国务院、中央军事委员会的命令，参加突发事件的应急救援和处置工作。

第十五条中华人民共和国政府在突发事件的预防、监测与预警、应急处置与救援、事后恢复与重建等方面，同外国政府和有关国际组织开展合作与交流。

第十六条县级以上人民政府作出应对突发事件的决定、命令，应当报本级人民代表大会常务委员会备案；突发事件应急处置工作结束后，应当向本级人民代表大会常务委员会作出专项工作报告。

第二章 预防与应急准备

第十七条国家建立健全突发事件应急预案体系。

国务院制定国家突发事件总体应急预案，组织制定国家突发事件专项应急预案；国务院有关部门根据各自的职责和国务院相关应急预案，制定国家突发事件部门应急预案。

地方各级人民政府和县级以上地方各级人民政府有关部门根据有关法律、法规、规章、上级人民政府及其有关部门的应急预案以及本地区的实际情况，制定相应的突发事件应急预案。

应急预案制定机关应当根据实际需要和情势变化，适时修订应急预案。应急预案的制定、修订程序由国务院规定。

第十八条应急预案应当根据本法和其他有关法律、法规的规定，针对突发事件的性质、特点和可能造成的社会危害，具体规定突发事件应急管理工作的组织指挥体系与职责和突发事件的预防与预警机制、处置程序、应急保障措施以及事后恢复与重建措施等内容。

第十九条城乡规划应当符合预防、处置突发事件的需要，统筹安排应对突发事件所必需的设备和基础设施建设，合理确定应急避难场所。

第二十条县级人民政府应当对本行政区域内容易引发自然灾害、事故灾难和公共卫生事件的危险源、危险区域进行调查、登记、风险评估，定期进行检查、监控，并责令有关单位采取安全防范措施。

省级和设区的市级人民政府应当对本行政区域内容易引

发特别重大、重大突发事件的危险源、危险区域进行调查、登记、风险评估，组织进行检查、监控，并责令有关单位采取安全防范措施。

县级以上地方各级人民政府按照本法规定登记的危险源、危险区域，应当按照国家规定及时向社会公布。

第二十一条县级人民政府及其有关部门、乡级人民政府、街道办事处、居民委员会、村民委员会应当及时调解处理可能引发社会安全事件的矛盾纠纷。

第二十二条所有单位应当建立健全安全管理制度，定期检查本单位各项安全防范措施的落实情况，及时消除事故隐患；掌握并及时处理本单位存在的可能引发社会安全事件的问题，防止矛盾激化和事态扩大；对本单位可能发生的突发事件和采取安全防范措施的情况，应当按照规定及时向所在地人民政府或者人民政府有关部门报告。

第二十三条矿山、建筑施工单位和易燃易爆物品、危险化学品、放射性物品等危险物品的生产、经营、储运、使用单位，应当制定具体应急预案，并对生产经营场所、有危险物品的建筑物、构筑物及周边环境开展隐患排查，及时采取措施消除隐患，防止发生突发事件。

第二十四条公共交通工具、公共场所和其他人员密集场所的经营单位或者管理单位应当制定具体应急预案，为交通工具和有关场所配备报警装置和必要的应急救援设备、设施，注明其使用方法，并显著标明安全撤离的通道、路线，保证安全通道、出口的畅通。

有关单位应当定期检测、维护其报警装置和应急救援设备、设施，使其处于良好状态，确保正常使用。

第二十五条县级以上人民政府应当建立健全突发事件应急管理培训制度，对人民政府及其有关部门负有处置突发事件职责的工作人员定期进行培训。

第二十六条县级以上人民政府应当整合应急资源，建立或者确定综合性应急救援队伍。人民政府有关部门可以根据实际需要设立专业应急救援队伍。

县级以上人民政府及其有关部门可以建立由成年志愿者组成的应急救援队伍。单位应当建立由本单位职工组成的专职或者兼职应急救援队伍。

县级以上人民政府应当加强专业应急救援队伍与非专业应急救援队伍的合作，联合培训、联合演练，提高合成应急、协同应急的能力。

第二十七条国务院有关部门、县级以上地方各级人民政府及其有关部门、有关单位应当为专业应急救援人员购买人身意外伤害保险，配备必要的防护装备和器材，减少应急救援人员的人身风险。

第二十八条中国人民解放军、中国人民武装警察部队和民兵组织应当有计划地组织开展应急救援的专门训练。

第二十九条县级人民政府及其有关部门、乡级人民政府、街道办事处应当组织开展应急知识的宣传普及活动和必要的应急演练。

居民委员会、村民委员会、企业事业单位应当根据所在地人民政府的要求，结合各自的实际情况，开展有关突发事件应急知识的宣传普及活动和必要的应急演练。

新闻媒体应当无偿开展突发事件预防与应急、自救与互救知识的公益宣传。

第三十条各级各类学校应当把应急知识教育纳入教学内容，对学生进行应急知识教育，培养学生的安全意识和自救与互救能力。

教育主管部门应当对学校开展应急知识教育进行指导和监督。

第三十一条国务院和县级以上地方各级人民政府应当采取财政措施，保障突发事件应对工作所需经费。

第三十二条国家建立健全应急物资储备保障制度，完善重要应急物资的监管、生产、储备、调拨和紧急配送体系。

设区的市级以上人民政府和突发事件易发、多发地区的县级人民政府应当建立应急救援物资、生活必需品和应急处置装备的储备制度。

县级以上地方各级人民政府应当根据本地区的实际情况，与有关企业签订协议，保障应急救援物资、生活必需品和应急处置装备的生产、供给。

第三十三条国家建立健全应急通信保障体系，完善公用通信网，建立有线与无线相结合、基础电信网络与机动通信系统相配套的应急通信系统，确保突发事件应对工作的通信畅通。

第三十四条国家鼓励公民、法人和其他组织为人民政府应对突发事件工作提供物资、资金、技术支持和捐赠。

第三十五条国家发展保险事业，建立国家财政支持的巨灾风险保险体系，并鼓励单位和公民参加保险。

第三十六条国家鼓励、扶持具备相应条件的教学科研机构培养应急管理专门人才，鼓励、扶持教学科研机构和有关企业研究开发用于突发事件预防、监测、预警、应急处置与救援的新技术、新设备和新工具。

第三章 监测与预警

第三十七条国务院建立全国统一的突发事件信息系统。

县级以上地方各级人民政府应当建立或者确定本地区统一的突发事件信息系统，汇集、储存、分析、传输有关突发事件的信息，并与上级人民政府及其有关部门、下级人民政府及其有关部门、专业机构和监测网点的突发事件信息系统实现互联互通，加强跨部门、跨地区的信息交流与情报合作。

第三十八条县级以上人民政府及其有关部门、专业机构应当通过多种途径收集突发事件信息。

县级人民政府应当在居民委员会、村民委员会和有关单位建立专职或者兼职信息报告员制度。

获悉突发事件信息的公民、法人或者其他组织，应当立即向所在地人民政府、有关主管部门或者指定的专业机构报告。

第三十九条地方各级人民政府应当按照国家有关规定向上级人民政府报送突发事件信息。县级以上人民政府有关主管部门应当向本级人民政府相关部门通报突发事件信息。专业机构、监测网点和信息报告员应当及时向所在地人民政府及其有关主管部门报告突发事件信息。

有关单位和人员报送、报告突发事件信息，应当做到及时、客观、真实，不得迟报、谎报、瞒报、漏报。

第四十条县级以上地方各级人民政府应当及时汇总分析突发事件隐患和预警信息，必要时组织相关部门、专业技术人员、专家学者进行会商，对发生突发事件的可能性及其可能造成的影响进行评估；认为可能发生重大或者特别重大突发事件的，应当立即向上级人民政府报告，并向上级人民政府有关部门、当地驻军和可能受到危害的毗邻或者相关地区的人民政府通报。

第四十一条国家建立健全突发事件监测制度。

县级以上人民政府及其有关部门应当根据自然灾害、事故灾难和公共卫生事件的种类和特点，建立健全基础信息数据库，完善监测网络，划分监测区域，确定监测点，明确监测项目，提供必要的设备、设施，配备专职或者兼职人员，对可能发生的突发事件进行监测。

第四十二条国家建立健全突发事件预警制度。

可以预警的自然灾害、事故灾难和公共卫生事件的预警级别，按照突发事件发生的紧急程度、发展势态和可能造成的危害程度分为一级、二级、三级和四级，分别用红色、橙色、黄色和蓝色标示，一级为最高级别。

预警级别的划分标准由国务院或者国务院确定的部门制定。

第四十三条可以预警的自然灾害、事故灾难或者公共卫生事件即将发生或者发生的可能性增大时，县级以上地方各级人民政府应当根据有关法律、行政法规和国务院规定的权限和程序，发布相应级别的警报，决定并宣布有关地区进入预警期，同时向上一级人民政府报告，必要时可以越级上报，并向当地驻军和可能受到危害的毗邻或者相关地区的人民政府通报。

第四十四条发布三级、四级警报，宣布进入预警期后，县级以上地方各级人民政府应当根据即将发生的突发事件的特点和可能造成的危害，采取下列措施：

（一）启动应急预案；

（二）责令有关部门、专业机构、监测网点和负有特定职责的人员及时收集、报告有关信息，向社会公布反映突发事件信息的渠道，加强对突发事件发生、发展情况的监测、预报和预警工作；

（三）组织有关部门和机构、专业技术人员、有关专家学者，随时对突发事件信息进行分析评估，预测发生突发事件可能性的大小、影响范围和强度以及可能发生的突发事件的级别；

（四）定时向社会发布与公众有关的突发事件预测信息和分析评估结果，并对相关信息的报道工作进行管理；

（五）及时按照有关规定向社会发布可能受到突发事件危害的警告，宣传避免、减轻危害的常识，公布咨询电话。

第四十五条发布一级、二级警报，宣布进入预警期后，县级以上地方各级人民政府除采取本法第四十四条规定的措施外，还应当针对即将发生的突发事件的特点和可能造成的危害，采取下列一项或者多项措施：

（一）责令应急救援队伍、负有特定职责的人员进入待命状态，并动员后备人员做好参加应急救援和处置工作的准备；

（二）调集应急救援所需物资、设备、工具，准备应急设施和避难场所，并确保其处于良好状态、随时可以投入正常使用；

（三）加强对重点单位、重要部位和重要基础设施的安全保卫，维护社会治安秩序；

（四）采取必要措施，确保交通、通信、供水、排水、供电、供气、供热等公共设施的安全和正常运行；

（五）及时向社会发布有关采取特定措施避免或者减轻危害的建议、劝告；

（六）转移、疏散或者撤离易受突发事件危害的人员并予以妥善安置，转移重要财产；

（七）关闭或者限制使用易受突发事件危害的场所，控制或者限制容易导致危害扩大的公共场所的活动；

（八）法律、法规、规章规定的其他必要的防范性、保护性措施。

第四十六条对即将发生或者已经发生的社会安全事件，县级以上地方各级人民政府及其有关主管部门应当按照规定向上一级人民政府及其有关主管部门报告，必要时可以越级上报。

第四十七条发布突发事件警报的人民政府应当根据事态的发展，按照有关规定适时调整预警级别并重新发布。

有事实证明不可能发生突发事件或者危险已经解除的，发布警报的人民政府应当立即宣布解除警报，终止预警期，并解除已经采取的有关措施。

第四章 应急处置与救援

第四十八条突发事件发生后，履行统一领导职责或者组织处置突发事件的人民政府应当针对其性质、特点和危害程度，立即组织有关部门，调动应急救援队伍和社会力量，依照本章的规定和有关法律、法规、规章的规定采取应急处置措施。

第四十九条自然灾害、事故灾难或者公共卫生事件发生后，履行统一领导职责的人民政府可以采取下列一项或者多项应急处置措施：

（一）组织营救和救治受害人员，疏散、撤离并妥善安置受到威胁的人员以及采取其他救助措施；

（二）迅速控制危险源，标明危险区域，封锁危险场所，划定警戒区，实行交通管制以及其他控制措施；

（三）立即抢修被损坏的交通、通信、供水、排水、供电、供气、供热等公共设施，向受到危害的人员提供避难场所和生活必需品，实施医疗救护和卫生防疫以及其他保障措施；

（四）禁止或者限制使用有关设备、设施，关闭或者限制使用有关场所，中止人员密集的活动或者可能导致危害扩大的生产经营活动以及采取其他保护措施；

（五）启用本级人民政府设置的财政预备费和储备的应急救援物资，必要时调用其他急需物资、设备、设施、工具；

（六）组织公民参加应急救援和处置工作，要求具有特定专长的人员提供服务；

（七）保障食品、饮用水、燃料等基本生活必需品的供应；

（八）依法从严惩处囤积居奇、哄抬物价、制假售假等扰乱市场秩序的行为，稳定市场价格，维护市场秩序；

（九）依法从严惩处哄抢财物、干扰破坏应急处置工作等扰乱社会秩序的行为，维护社会治安；

（十）采取防止发生次生、衍生事件的必要措施。

第五十条社会安全事件发生后，组织处置工作的人民政府应当立即组织有关部门并由公安机关针对事件的性质和特点，依照有关法律、行政法规和国家其他有关规定，采取下列一项或者多项应急处置措施：

（一）强制隔离使用器械相互对抗或者以暴力行为参与冲突的当事人，妥善解决现场纠纷和争端，控制事态发展；

（二）对特定区域内的建筑物、交通工具、设备、设施以及燃料、燃气、电力、水的供应进行控制；

（三）封锁有关场所、道路，查验现场人员的身份证件，限制有关公共场所内的活动；

（四）加强对易受冲击的核心机关和单位的警卫，在国家机关、军事机关、国家通讯社、广播电台、电视台、外国驻华使领馆等单位附近设置临时警戒线；

（五）法律、行政法规和国务院规定的其他必要措施。

严重危害社会治安秩序的事件发生时，公安机关应当立即依法出动警力，根据现场情况依法采取相应的强制性措施，尽快使社会秩序恢复正常。

第五十一条发生突发事件，严重影响国民经济正常运行时，国务院或者国务院授权的有关主管部门可以采取保障、控制等必要的应急措施，保障人民群众的基本生活需要，最大限度地减轻突发事件的影响。

第五十二条履行统一领导职责或者组织处置突发事件的人民政府，必要时可以向单位和个人征用应急救援所需设备、设施、场地、交通工具和其他物资，请求其他地方人民政府提供人力、物力、财力或者技术支援，要求生产、供应生活必需品和应急救援物资的企业组织生产、保证供给，要求提供医疗、交通等公共服务的组织提供相应的服务。

履行统一领导职责或者组织处置突发事件的人民政府，应当组织协调运输经营单位，优先运送处置突发事件所需物资、设备、工具、应急救援人员和受到突发事件危害的人员。

第五十三条履行统一领导职责或者组织处置突发事件的人民政府，应当按照有关规定统一、准确、及时发布有关突发事件事态发展和应急处置工作的信息。

第五十四条任何单位和个人不得编造、传播有关突发事件事态发展或者应急处置工作的虚假信息。

第五十五条突发事件发生地的居民委员会、村民委员会和其他组织应当按照当地人民政府的决定、命令，进行宣传动员，组织群众开展自救和互救，协助维护社会秩序。

第五十六条受到自然灾害危害或者发生事故灾难、公共卫生事件的单位，应当立即组织本单位应急救援队伍和工作人员营救受害人员，疏散、撤离、安置受到威胁的人员，控制危险源，标明危险区域，封锁危险场所，并采取其他防止危害扩大的必要措施，同时向所在地县级人民政府报告；对因本单位的问题引发的或者主体是本单位人员的社会安全事件，有关单位应当按照规定上报情况，并迅速派出负责人赶赴现场开展劝解、疏导工作。

突发事件发生地的其他单位应当服从人民政府发布的决定、命令，配合人民政府采取的应急处置措施，做好本单位的应急救援工作，并积极组织人员参加所在地的应急救援和处置工作。

第五十七条突发事件发生地的公民应当服从人民政府、居民委员会、村民委员会或者所属单位的指挥和安排，配合人民政府采取的应急处置措施，积极参加应急救援工作，协助维护社会秩序。

第五章 事后恢复与重建

第五十八条突发事件的威胁和危害得到控制或者消除后，履行统一领导职责或者组织处置突发事件的人民政府应当停止执行依照本法规定采取的应急处置措施，同时采取或者继续实施必要措施，防止发生自然灾害、事故灾难、公共卫生事件的次生、衍生事件或者重新引发社会安全事件。

第五十九条突发事件应急处置工作结束后，履行统一领导职责的人民政府应当立即组织对突发事件造成的损失进行评估，组织受影响地区尽快恢复生产、生活、工作和社会秩序，制定恢复重建计划，并向上一级人民政府报告。

受突发事件影响地区的人民政府应当及时组织和协调公安、交通、铁路、民航、邮电、建设等有关部门恢复社会治安秩序，尽快修复被损坏的交通、通信、供水、排水、供电、供气、供热等公共设施。

第六十条受突发事件影响地区的人民政府开展恢复重建工作需要上一级人民政府支持的，可以向上一级人民政府提出请求。上一级人民政府应当根据受影响地区遭受的损失和实际情况，提供资金、物资支持和技术指导，组织其他地区提供资金、物资和人力支援。

第六十一条国务院根据受突发事件影响地区遭受损失的情况，制定扶持该地区有关行业发展的优惠政策。

受突发事件影响地区的人民政府应当根据本地区遭受损失的情况，制定救助、补偿、抚慰、抚恤、安置等善后工作计划并组织实施，妥善解决因处置突发事件引发的矛盾和纠纷。

公民参加应急救援工作或者协助维护社会秩序期间，其在本单位的工资待遇和福利不变；表现突出、成绩显著的，由县级以上人民政府给予表彰或者奖励。

县级以上人民政府对在应急救援工作中伤亡的人员依法给予抚恤。

第六十二条履行统一领导职责的人民政府应当及时查明突发事件的发生经过和原因，总结突发事件应急处置工作的经验教训，制定改进措施，并向上一级人民政府提出报告。

第六章 法律责任

第六十三条地方各级人民政府和县级以上各级人民政府有关部门违反本法规定，不履行法定职责的，由其上级行政机关或者监察机关责令改正；有下列情形之一的，根据情节对直接负责的主管人员和其他直接责任人员依法给予处分：

（一）未按规定采取预防措施，导致发生突发事件，或者未采取必要的防范措施，导致发生次生、衍生事件的；

（二）迟报、谎报、瞒报、漏报有关突发事件的信息，或者通报、报送、公布虚假信息，造成后果的；

（三）未按规定及时发布突发事件警报、采取预警期的措施，导致损害发生的；

（四）未按规定及时采取措施处置突发事件或者处置不当，造成后果的；

（五）不服从上级人民政府对突发事件应急处置工作的统一领导、指挥和协调的；

（六）未及时组织开展生产自救、恢复重建等善后工作的；

（七）截留、挪用、私分或者变相私分应急救援资金、物资的；

（八）不及时归还征用的单位和个人的财产，或者对被征用财产的单位和个人不按规定给予补偿的。

第六十四条有关单位有下列情形之一的，由所在地履行统一领导职责的人民政府责令停产停业，暂扣或者吊销许可证或者营业执照，并处五万元以上二十万元以下的罚款；构成违反治安管理行为的，由公安机关依法给予处罚：

（一）未按规定采取预防措施，导致发生严重突发事件的；

（二）未及时消除已发现的可能引发突发事件的隐患，导致发生严重突发事件的；

（三）未做好应急设备、设施日常维护、检测工作，导致发生严重突发事件或者突发事件危害扩大的；

（四）突发事件发生后，不及时组织开展应急救援工作，造成严重后果的。

前款规定的行为，其他法律、行政法规规定由人民政府有关部门依法决定处罚的，从其规定。

第六十五条违反本法规定，编造并传播有关突发事件事态发展或者应急处置工作的虚假信息，或者明知是有关突发事件事态发展或者应急处置工作的虚假信息而进行传播的，责令改正，给予警告；造成严重后果的，依法暂停其业务活动或者吊销其执业许可证；负有直接责任的人员是国家工作人员的，还应当对其依法给予处分；构成违反治安管理行为的，由公安机关依法给予处罚。

第六十六条单位或者个人违反本法规定，不服从所在地人民政府及其有关部门发布的决定、命令或者不配合其依法采取的措施，构成违反治安管理行为的，由公安机关依法给予处罚。

第六十七条单位或者个人违反本法规定，导致突发事件发生或者危害扩大，给他人人身、财产造成损害的，应当依法承担民事责任。

第六十八条违反本法规定，构成犯罪的，依法追究刑事责任。

第七章 附则

第六十九条发生特别重大突发事件，对人民生命财产安全、国家安全、公共安全、环境安全或者社会秩序构成重大威胁，采取本法和其他有关法律、法规、规章规定的应急处置措施不能消除或者有效控制、减轻其严重社会危害，需要进入紧急状态的，由全国人民代表大会常务委员会或者国务院依照宪法和其他有关法律规定的权限和程序决定。

紧急状态期间采取的非常措施，依照有关法律规定执行或者由全国人民代表大会常务委员会另行规定。

第七十条本法自2007年11月1日起施行。

中华人民共和国科学技术进步法

（2007年12月29日中华人民共和国主席令第82号公布）

第一章 总 则

第一条 为了促进科学技术进步，发挥科学技术第一生产力的作用，促进科学技术成果向现实生产力转化，推动科学技术为经济建设和社会发展服务，根据宪法，制定本法。

第二条 国家坚持科学发展观，实施科教兴国战略，实行自主创新、重点跨越、支撑发展、引领未来的科学技术工作指导方针，构建国家创新体系，建设创新型国家。

第三条 国家保障科学技术研究开发的自由，鼓励科学探索和技术创新，保护科学技术人员的合法权益。

全社会都应当尊重劳动、尊重知识、尊重人才、尊重创造。

学校及其他教育机构应当坚持理论联系实际，注重培养受教育者的独立思考能力、实践能力、创新能力，以及追求真理、崇尚创新、实事求是的科学精神。

第四条 经济建设和社会发展应当依靠科学技术，科学技术进步工作应当为经济建设和社会发展服务。

国家鼓励科学技术研究开发，推动应用科学技术改造传统产业、发展高新技术产业和社会事业。

第五条 国家发展科学技术普及事业，普及科学技术知识，提高全体公民的科学文化素质。

国家鼓励机关、企业事业组织、社会团体和公民参与和支持科学技术进步活动。

第六条 国家鼓励科学技术研究开发与高等教育、产业发展相结合，鼓励自然科学与人文社会科学交叉融合和相互促进。

国家加强跨地区、跨行业和跨领域的科学技术合作，扶持民族地区、边远地区、贫困地区的科学技术进步。

国家加强军用与民用科学技术计划的衔接与协调，促进军用与民用科学技术资源、技术开发需求的互通交流和技术双向转移，发展军民两用技术。

第七条 国家制定和实施知识产权战略，建立和完善知识产权制度，营造尊重知识产权的社会环境，依法保护知识产权，激励自主创新。

企业事业组织和科学技术人员应当增强知识产权意识，增强自主创新能力，提高运用、保护和管理知识产权的能力。

第八条 国家建立和完善有利于自主创新的科学技术评价制度。

科学技术评价制度应当根据不同科学技术活动的特点，按照公平、公正、公开的原则，实行分类评价。

第九条 国家加大财政性资金投入，并制定产业、税收、金融、政府采购等政策，鼓励、引导社会资金投入，推动全社会科学技术研究开发经费持续稳定增长。

第十条 国务院领导全国科学技术进步工作，制定科学技术发展规划，确定国家科学技术重大项目、与科学技术密切相关的重大项目，保障科学技术进步与经济建设和社会发展相协调。

地方各级人民政府应当采取有效措施，推进科学技术进步。

第十一条 国务院科学技术行政部门负责全国科学技术进步工作的宏观管理和统筹协调；国务院其他有关部门在各自的职责范围内，负责有关的科学技术进步工作。

县级以上地方人民政府科学技术行政部门负责本行政区域的科学技术进步工作；县级以上地方人民政府其他有关部门在各自的职责范围内，负责有关的科学技术进步工作。

第十二条 国家建立科学技术进步工作协调机制，研究科学技术进步工作中的重大问题，协调国家科学技术基金和国家科学技术计划项目的设立及相互衔接，协调军用与民用科学技术资源配置、科学技术研究开发机构的整合以及科学技术研究开发与高等教育、产业发展相结合等重大事项。

第十三条 国家完善科学技术决策的规则和程序，建立规范的咨询和决策机制，推进决策的科学化、民主化。

制定科学技术发展规划和重大政策，确定科学技术的重大项目、与科学技术密切相关的重大项目，应当充分听取科学技术人员的意见，实行科学决策。

第十四条 中华人民共和国政府发展同外国政府、国际组织之间的科学技术合作与交流，鼓励科学技术研究开发机构、高等学校、科学技术人员、科学技术社会团体和企业事业组织依法开展国际科学技术合作与交流。

第十五条 国家建立科学技术奖励制度，对在科学技术进步活动中做出重要贡献的组织和个人给予奖励。具体办法由国务院规定。

国家鼓励国内外的组织或者个人设立科学技术奖项，对科学技术进步给予奖励。

第二章 科学研究、技术开发与科学技术应用

第十六条 国家设立自然科学基金，资助基础研究和科学前沿探索，培养科学技术人才。

国家设立科技型中小企业创新基金，资助中小企业开展技术创新。

国家在必要时可以设立其他基金，资助科学技术进步活动。

第十七条 从事下列活动的，按照国家有关规定享受税收优惠：

（一）从事技术开发、技术转让、技术咨询、技术服务；

（二）进口国内不能生产或者性能不能满足需要的科学研究或者技术开发用品；

（三）为实施国家重大科学技术专项、国家科学技术计划重大项目，进口国内不能生产的关键设备、原材料或者零部件；

（四）法律、国家有关规定规定的其他科学研究、技术开发与科学技术应用活动。

第十八条　国家鼓励金融机构开展知识产权质押业务，鼓励和引导金融机构在信贷等方面支持科学技术应用和高新技术产业发展，鼓励保险机构根据高新技术产业发展的需要开发保险品种。

政策性金融机构应当在其业务范围内，为科学技术应用和高新技术产业发展优先提供金融服务。

第十九条　国家遵循科学技术活动服务国家目标与鼓励自由探索相结合的原则，超前部署和发展基础研究、前沿技术研究和社会公益性技术研究，支持基础研究、前沿技术研究和社会公益性技术研究持续、稳定发展。

科学技术研究开发机构、高等学校、企业事业组织和公民有权依法自主选择课题，从事基础研究、前沿技术研究和社会公益性技术研究。

第二十条　利用财政性资金设立的科学技术基金项目或者科学技术计划项目所形成的发明专利权、计算机软件著作权、集成电路布图设计专有权和植物新品种权，除涉及国家安全、国家利益和重大社会公共利益的外，授权项目承担者依法取得。

项目承担者应当依法实施前款规定的知识产权，同时采取保护措施，并就实施和保护情况向项目管理机构提交年度报告；在合理期限内没有实施的，国家可以无偿实施，也可以许可他人有偿实施或者无偿实施。

项目承担者依法取得的本条第一款规定的知识产权，国家为了国家安全、国家利益和重大社会公共利益的需要，可以无偿实施，也可以许可他人有偿实施或者无偿实施。

项目承担者因实施本条第一款规定的知识产权所产生的利益分配，依照有关法律、行政法规的规定执行；法律、行政法规没有规定的，按照约定执行。

第二十一条　国家鼓励利用财政性资金设立的科学技术基金项目或者科学技术计划项目所形成的知识产权首先在境内使用。

前款规定的知识产权向境外的组织或者个人转让或者许可境外的组织或者个人独占实施的，应当经项目管理机构批准；法律、行政法规对批准机构另有规定的，依照其规定。

第二十二条　国家鼓励根据国家的产业政策和技术政策引进国外先进技术、装备。

利用财政性资金和国有资本引进重大技术、装备的，应当进行技术消化、吸收和再创新。

第二十三条　国家鼓励和支持农业科学技术的基础研究和应用研究，传播和普及农业科学技术知识，加快农业科学技术成果转化和产业化，促进农业科学技术进步。

县级以上人民政府应当采取措施，支持公益性农业科学技术研究开发机构和农业技术推广机构进行农业新品种、新技术的研究开发和应用。

地方各级人民政府应当鼓励和引导农村群众性科学技术组织为种植业、林业、畜牧业、渔业等的发展提供科学技术服务，对农民进行科学技术培训。

第二十四条　国务院可以根据需要批准建立国家高新技术产业开发区，并对国家高新技术产业开发区的建设、发展给予引导和扶持，使其形成特色和优势，发挥集聚效应。

第二十五条　对境内公民、法人或者其他组织自主创新的产品、服务或者国家需要重点扶持的产品、服务，在性能、技术等指标能够满足政府采购需求的条件下，政府采购应当购买；首次投放市场的，政府采购应当率先购买。

政府采购的产品尚待研究开发的，采购人应当运用招标方式确定科学技术研究开发机构、高等学校或者企业进行研究开发，并予以订购。

第二十六条　国家推动科学技术研究开发与产品、服务标准制定相结合，科学技术研究开发与产品设计、制造相结合；引导科学技术研究开发机构、高等学校、企业共同推进国家重大技术创新产品、服务标准的研究、制定和依法采用。

第二十七条　国家培育和发展技术市场，鼓励创办从事技术评估、技术经纪等活动的中介服务机构，引导建立社会化、专业化和网络化的技术交易服务体系，推动科学技术成果的推广和应用。

技术交易活动应当遵循自愿、平等、互利有偿和诚实信用的原则。

第二十八条　国家实行科学技术保密制度，保护涉及国家安全和利益的科学技术秘密。

国家实行珍贵、稀有、濒危的生物种质资源、遗传资源等科学技术资源出境管理制度。

第二十九条　国家禁止危害国家安全、损害社会公共利益、危害人体健康、违反伦理道德的科学技术研究开发活动。

第三章　企业技术进步

第三十条　国家建立以企业为主体，以市场为导向，企业同科学技术研究开发机构、高等学校相结合的技术创新体系，引导和扶持企业技术创新活动，发挥企业在技术创新中的主体作用。

第三十一条　县级以上人民政府及其有关部门制定的与产业发展相关的科学技术计划，应当体现产业发展的需求。

县级以上人民政府及其有关部门确定科学技术计划项目，应当鼓励企业参与实施和平等竞争；对具有明确市场应用前景的项目，应当鼓励企业联合科学技术研究开发机构、高等学校共同实施。

第三十二条　国家鼓励企业开展下列活动：

（一）设立内部科学技术研究开发机构；

（二）同其他企业或者科学技术研究开发机构、高等学校联合建立科学技术研究开发机构，或者以委托等方式开展科学技术研究开发；

（三）培养、吸引和使用科学技术人员；

（四）同科学技术研究开发机构、高等学校、职业院校或者培训机构联合培养专业技术人才和高技能人才，吸引高等学校毕业生到企业工作；

（五）依法设立博士后工作站；

（六）结合技术创新和职工技能培训，开展科学技术普及活动，设立向公众开放的普及科学技术的场馆或者设施。

第三十三条　国家鼓励企业增加研究开发和技术创新的投入，自主确立研究开发课题，开展技术创新活动。

国家鼓励企业对引进技术进行消化、吸收和再创新。

企业开发新技术、新产品、新工艺发生的研究开发费用可以按照国家有关规定，税前列支并加计扣除，企业科学技术研究开发仪器、设备可以加速折旧。

第三十四条　国家利用财政性资金设立基金，为企业自主创新与成果产业化贷款提供贴息、担保。

政策性金融机构应当在其业务范围内对国家鼓励的企业自主创新项目给予重点支持。

第三十五条　国家完善资本市场，建立健全促进自主创新的机制，支持符合条件的高新技术企业利用资本市场推动自身发展。

国家鼓励设立创业投资引导基金，引导社会资金流向创业投资企业，对企业的创业发展给予支持。

第三十六条　下列企业按照国家有关规定享受税收优惠：

（一）从事高新技术产品研究开发、生产的企业；

（二）投资于中小型高新技术企业的创业投资企业；

（三）法律、行政法规规定的与科学技术进步有关的其他企业。

第三十七条　国家对公共研究开发平台和科学技术中介服务机构的建设给予支持。

公共研究开发平台和科学技术中介服务机构应当为中小企业的技术创新提供服务。

第三十八条　国家依法保护企业研究开发所取得的知识产权。

企业应当不断提高运用、保护和管理知识产权的能力，增强自主创新能力和市场竞争能力。

第三十九条　国有企业应当建立健全有利于技术创新的分配制度，完善激励约束机制。

国有企业负责人对企业的技术进步负责。对国有企业负责人的业绩考核，应当将企业的创新投入、创新能力建设、创新成效等情况纳入考核的范围。

第四十条　县级以上地方人民政府及其有关部门应当创造公平竞争的市场环境，推动企业技术进步。

国务院有关部门和省、自治区、直辖市人民政府应当通过制定产业、财政、能源、环境保护等政策，引导、促使企业研究开发新技术、新产品、新工艺，进行技术改造和设备更新，淘汰技术落后的设备、工艺，停止生产技术落后的产品。

第四章　科学技术研究开发机构

第四十一条　国家统筹规划科学技术研究开发机构的布局，建立和完善科学技术研究开发体系。

第四十二条　公民、法人或者其他组织有权依法设立科学技术研究开发机构。国外的组织或者个人可以在中国境内依法独立设立科学技术研究开发机构，也可以与中国境内的组织或者个人依法联合设立科学技术研究开发机构。

从事基础研究、前沿技术研究、社会公益性技术研究的科学技术研究开发机构，可以利用财政性资金设立。利用财政性资金设立科学技术研究开发机构，应当优化配置，防止重复设置；对重复设置的科学技术研究开发机构，应当予以整合。

科学技术研究开发机构、高等学校可以依法设立博士后工作站。科学技术研究开发机构可以依法在国外设立分支机构。

第四十三条　科学技术研究开发机构享有下列权利：

（一）依法组织或者参加学术活动；

（二）按照国家有关规定，自主确定科学技术研究开发方向和项目，自主决定经费使用、机构设置和人员聘用及合理流动等内部管理事务；

（三）与其他科学技术研究开发机构、高等学校和企业联合开展科学技术研究开发；

（四）获得社会捐赠和资助；

（五）法律、行政法规规定的其他权利。

第四十四条　科学技术研究开发机构应当按照章程的规定开展科学技术研究开发活动；不得在科学技术活动中弄虚作假，不得参加、支持迷信活动。

利用财政性资金设立的科学技术研究开发机构开展科学技术研究开发活动，应当为国家目标和社会公共利益服务；有条件的，应当向公众开放普及科学技术的场馆或者设施，开展科学技术普及活动。

第四十五条　利用财政性资金设立的科学技术研究开发机构应当建立职责明确、评价科学、开放有序、管理规范的现代院所制度，实行院长或者所长负责制，建立科学技术委员会咨询制和职工代表大会监督制等制度，并吸收外部专家参与管理、接受社会监督；院长或者所长的聘用引入竞争机制。

第四十六条　利用财政性资金设立的科学技术研究开发机构，应当建立有利于科学技术资源共享的机制，促进科学技术资源的有效利用。

第四十七条　国家鼓励社会力量自行创办科学技术研究开发机构，保障其合法权益不受侵犯。

社会力量设立的科学技术研究开发机构有权按照国家有关规定，参与实施和平等竞争利用财政性资金设立的科学技术基金项目、科学技术计划项目。

社会力量设立的非营利性科学技术研究开发机构按照国家有关规定享受税收优惠。

第五章　科学技术人员

第四十八条　科学技术人员是社会主义现代化建设事业的重要力量。国家采取各种措施，提高科学技术人员的社会地位，通过各种途径，培养和造就各种专门的科学技术人才，创造有利的环境和条件，充分发挥科学技术人员的作用。

第四十九条　各级人民政府和企业事业组织应当采取措施，提高科学技术人员的工资和福利待遇；对有突出贡献的科学技术人员给予优厚待遇。

第五十条　各级人民政府和企业事业组织应当保障科学技术人员接受继续教育的权利，并为科学技术人员的合理流动创造环境和条件，发挥其专长。

第五十一条　科学技术人员可以根据其学术水平和业务能力依法选择工作单位、竞聘相应的岗位，取得相应的职务或者职称。

第五十二条　科学技术人员在艰苦、边远地区或者恶劣、危险环境中工作，所在单位应当按照国家规定给予补贴，提供其岗位或者工作场所应有的职业健康卫生保护。

第五十三条　青年科学技术人员、少数民族科学技术人员、女性科学技术人员等在竞聘专业技术职务、参与科学技术评价、承担科学技术研究开发项目、接受继续教育等方面享有平等权利。

发现、培养和使用青年科学技术人员的情况，应当作为评价科学技术进步工作的重要内容。

第五十四条　国家鼓励在国外工作的科学技术人员回国从事科学技术研究开发工作。利用财政性资金设立的科学技术研究开发机构、高等学校聘用在国外工作的杰出科学技术人员回国从事科学技术研究开发工作的，应当为其工作和生活提供方便。

外国的杰出科学技术人员到中国从事科学技术研究开发工作的，按照国家有关规定，可以依法优先获得在华永久居留权。

第五十五条　科学技术人员应当弘扬科学精神，遵守学术规范，恪守职业道德，诚实守信；不得在科学技术活动中弄虚作假，不得参加、支持迷信活动。

第五十六条　国家鼓励科学技术人员自由探索、勇于承担风险。原始记录能够证明承担探索性强、风险高的科学技术研究开发项目的科学技术人员已经履行了勤勉尽责义务仍不能完成该项目的，给予宽容。

第五十七条 利用财政性资金设立的科学技术基金项目、科学技术计划项目的管理机构，应当为参与项目的科学技术人员建立学术诚信档案，作为对科学技术人员聘任专业技术职务或者职称、审批科学技术人员申请科学技术研究开发项目等的依据。

第五十八条 科学技术人员有依法创办或者参加科学技术社会团体的权利。

科学技术协会和其他科学技术社会团体按照章程在促进学术交流、推进学科建设、发展科学技术普及事业、培养专门人才、开展咨询服务、加强科学技术人员自律和维护科学技术人员合法权益等方面发挥作用。

科学技术协会和其他科学技术社会团体的合法权益受法律保护。

第六章 保障措施

第五十九条 国家逐步提高科学技术经费投入的总体水平；国家财政用于科学技术经费的增长幅度，应当高于国家财政经常性收入的增长幅度。全社会科学技术研究开发经费应当占国内生产总值适当的比例，并逐步提高。

第六十条 财政性科学技术资金应当主要用于下列事项的投入：

（一）科学技术基础条件与设施建设；

（二）基础研究；

（三）对经济建设和社会发展具有战略性、基础性、前瞻性作用的前沿技术研究、社会公益性技术研究和重大共性关键技术研究；

（四）重大共性关键技术应用和高新技术产业化示范；

（五）农业新品种、新技术的研究开发和农业科学技术成果的应用、推广；

（六）科学技术普及。

对利用财政性资金设立的科学技术研究开发机构，国家在经费、实验手段等方面给予支持。

第六十一条 审计机关、财政部门应当依法对财政性科学技术资金的管理和使用情况进行监督检查。

任何组织或者个人不得虚报、冒领、贪污、挪用、截留财政性科学技术资金。

第六十二条 确定利用财政性资金设立的科学技术基金项目，应当坚持宏观引导、自主申请、平等竞争、同行评审、择优支持的原则；确定利用财政性资金设立的科学技术计划项目的项目承担者，应当按照国家有关规定择优确定。

利用财政性资金设立的科学技术基金项目、科学技术计划项目的管理机构，应当建立评审专家库，建立健全科学技术基金项目、科学技术计划项目的专家评审制度和评审专家的遴选、回避、问责制度。

第六十三条 国家遵循统筹规划、优化配置的原则，整合和设置国家科学技术研究实验基地。

国家鼓励设置综合性科学技术实验服务单位，为科学技术研究开发机构、高等学校、企业和科学技术人员提供或者委托他人提供科学技术实验服务。

第六十四条 国家根据科学技术进步的需要，按照统筹规划、突出共享、优化配置、综合集成、政府主导、多方共建的原则，制定购置大型科学仪器、设备的规划，并开展对以财政性资金为主购置的大型科学仪器、设备的联合评议工作。

第六十五条 国务院科学技术行政部门应当会同国务院有关主管部门，建立科学技术研究基地、科学仪器设备和科学技术文献、科学技术数据、科学技术自然资源、科学技术普及资源等科学技术资源的信息系统，及时向社会公布科学技术资源的分布、使用情况。

科学技术资源的管理单位应当向社会公布所管理的科学技术资源的共享使用制度和使用情况，并根据使用制度安排使用；但是，法律、行政法规规定应当保密的，依照其规定。

科学技术资源的管理单位不得侵犯科学技术资源使用者的知识产权，并应当按照国家有关规定确定收费标准。管理单位和使用者之间的其他权利义务关系由双方约定。

第六十六条 国家鼓励国内外的组织或者个人捐赠财产、设立科学技术基金，资助科学技术研究开发和科学技术普及。

第七章 法律责任

第六十七条 违反本法规定，虚报、冒领、贪污、挪用、截留用于科学技术进步的财政性资金，依照有关财政违法行为处罚处分的规定责令改正，追回有关财政性资金和违法所得，依法给予行政处罚；对直接负责的主管人员和其他直接责任人员依法给予处分。

第六十八条 违反本法规定，利用财政性资金和国有资本购置大型科学仪器、设备后，不履行大型科学仪器、设备等科学技术资源共享使用义务的，由有关主管部门责令改正，对直接负责的主管人员和其他直接责任人员依法给予处分。

第六十九条 违反本法规定，滥用职权，限制、压制科学技术研究开发活动的，对直接负责的主管人员和其他直接责任人员依法给予处分。

第七十条 违反本法规定，抄袭、剽窃他人科学技术成果，或者在科学技术活动中弄虚作假的，由科学技术人员所在单位或者单位主管机关责令改正，对直接负责的主管人员和其他直接责任人员依法给予处分；获得用于科学技术进步的财政性资金或者有违法所得的，由有关主管部门追回财政性资金和违法所得；情节严重的，由所在单位或者单位主管机关向社会公布其违法行为，禁止其在一定期限内申请国家科学技术基金项目和国家科学技术计划项目。

第七十一条 违反本法规定，骗取国家科学技术奖励的，由主管部门依法撤销奖励，追回奖金，并依法给予处分。

违反本法规定，推荐的单位或者个人提供虚假数据、材料，协助他人骗取国家科学技术奖励的，由主管部门给予通报批评；情节严重的，暂停或者取消其推荐资格，并依法给予处分。

第七十二条 违反本法规定，科学技术行政等有关部门及其工作人员滥用职权、玩忽职守、徇私舞弊的，对直接负责的主管人员和其他直接责任人员依法给予处分。

第七十三条 违反本法规定，其他法律、法规规定行政处罚的，依照其规定；造成财产损失或者其他损害的，依法承担民事责任；构成犯罪的，依法追究刑事责任。

第八章 附 则

第七十四条 涉及国防科学技术的其他有关事项，由国务院、中央军事委员会规定。

第七十五条 本法自2008年7月1日起施行。

中华人民共和国道路交通安全法

（中华人民共和国主席令第81号）

《全国人民代表大会常务委员会关于修改<中华人民共和国道路交通安全法>的决定》已由中华人民共和国第十届全国人民代表大会常务委员会第三十一次会议于2007年12月29日通过，现予公布，自2008年5月1日起施行。

中华人民共和国主席 胡锦涛

2007年12月29日

第一章 总则

第一条为了维护道路交通秩序，预防和减少交通事故，保护人身安全，保护公民、法人和其他组织的财产安全及其他合法权益，提高通行效率，制定本法。

第二条中华人民共和国境内的车辆驾驶人、行人、乘车人以及与道路交通活动有关的单位和个人，都应当遵守本法。

第三条道路交通安全工作，应当遵循依法管理、方便群众的原则，保障道路交通有序、安全、畅通。

第四条各级人民政府应当保障道路交通安全管理工作与经济建设和社会发展相适应。

县级以上地方各级人民政府应当适应道路交通发展的需要，依据道路交通安全法律、法规和国家有关政策，制定道路交通安全管理规划，并组织实施。

第五条国务院公安部门负责全国道路交通安全管理工作。县级以上地方各级人民政府公安机关交通管理部门负责本行政区域内的道路交通安全管理工作。

县级以上各级人民政府交通、建设管理部门依据各自职责，负责有关的道路交通工作。

第六条各级人民政府应当经常进行道路交通安全教育，提高公民的道路交通安全意识。

公安机关交通管理部门及其交通警察执行职务时，应当加强道路交通安全法律、法规的宣传，并模范遵守道路交通安全法律、法规。

机关、部队、企业事业单位、社会团体以及其他组织，应当对本单位的人员进行道路交通安全教育。

教育行政部门、学校应当将道路交通安全教育纳入法制教育的内容。

新闻、出版、广播、电视等有关单位，有进行道路交通安全教育的义务。

第七条对道路交通安全管理工作，应当加强科学研究，推广、使用先进的管理方法、技术、设备。

第二章 车辆和驾驶人

第一节 机动车、非机动车

第八条国家对机动车实行登记制度。机动车经公安机关交通管理部门登记后，方可上道路行驶。尚未登记的机动车，需要临时上道路行驶的，应当取得临时通行牌证。

第九条申请机动车登记，应当提交以下证明、凭证：

（一）机动车所有人的身份证明；

（二）机动车来历证明；

（三）机动车整车出厂合格证明或者进口机动车进口凭证；

（四）车辆购置税的完税证明或者免税凭证；

（五）法律、行政法规规定应当在机动车登记时提交的其他证明、凭证。

公安机关交通管理部门应当自受理申请之日起五个工作日内完成机动车登记审查工作，对符合前款规定条件的，应当发放机动车登记证书、号牌和行驶证；对不符合前款规定条件的，应当向申请人说明不予登记的理由。

公安机关交通管理部门以外的任何单位或者个人不得发放机动车号牌或者要求机动车悬挂其他号牌，本法另有规定的除外。

机动车登记证书、号牌、行驶证的式样由国务院公安部门规定并监制。

第十条准予登记的机动车应当符合机动车国家安全技术标准。申请机动车登记时，应当接受对该机动车的安全技术检验。但是，经国家机动车产品主管部门依据机动车国家安全技术标准认定的企业生产的机动车型，该车型的新车在出厂时经检验符合机动车国家安全技术标准，获得检验合格证的，免予安全技术检验。

第十一条驾驶机动车上道路行驶，应当悬挂机动车号牌，放置检验合格标志、保险标志，并随车携带机动车行驶证。

机动车号牌应当按照规定悬挂并保持清晰、完整，不得故意遮挡、污损。

任何单位和个人不得收缴、扣留机动车号牌。

第十二条有下列情形之一的，应当办理相应的登记：

（一）机动车所有权发生转移的；

（二）机动车登记内容变更的；

（三）机动车用作抵押的；

（四）机动车报废的。

第十三条对登记后上道路行驶的机动车，应当依照法律、行政法规的规定，根据车辆用途、载客载货数量、使用年限等不同情况，定期进行安全技术检验。对提供机动车行驶证和机动车第三者责任强制保险单的，机动车安全技术检验机构应当予以检验，任何单位不得附加其他条件。对符合机动车国家安全技术标准的，公安机关交通管理部门应当发给检验合格标志。

对机动车的安全技术检验实行社会化。具体办法由国务院规定。

机动车安全技术检验实行社会化的地方，任何单位不得要求机动车到指定的场所进行检验。

公安机关交通管理部门、机动车安全技术检验机构不得要求机动车到指定的场所进行维修、保养。

机动车安全技术检验机构对机动车检验收取费用，应当严格执行国务院价格主管部门核定的收费标准。

第十四条国家实行机动车强制报废制度，根据机动车的安全技术状况和不同用途，规定不同的报废标准。

应当报废的机动车必须及时办理注销登记。

达到报废标准的机动车不得上道路行驶。报废的大型客、货车及其他营运车辆应当在公安机关交通管理部门的监督下解体。

第十五条警车、消防车、救护车、工程救险车应当按照规定喷涂标志图案，安装警报器、标志灯具。其他机动车不得喷涂、安装、使用上述车辆专用的或者与其相类似的标志图案、警报器或者标志灯具。

警车、消防车、救护车、工程救险车应当严格按照规定的用途和条件使用。

公路监督检查的专用车辆，应当依照公路法的规定，设置统一的标志和示警灯。

第十六条任何单位或者个人不得有下列行为：

（一）拼装机动车或者擅自改变机动车已登记的结构、构造或者特征；

（二）改变机动车型号、发动机号、车架号或者车辆识别代号；

（三）伪造、变造或者使用伪造、变造的机动车登记证书、号牌、行驶证、检验合格标志、保险标志；

（四）使用其他机动车的登记证书、号牌、行驶证、检验合格标志、保险标志。

第十七条国家实行机动车第三者责任强制保险制度，设立道路交通事故社会救助基金。具体办法由国务院规定。

第十八条依法应当登记的非机动车，经公安机关交通管理部门登记后，方可上道路行驶。

依法应当登记的非机动车的种类，由省、自治区、直辖市人民政府根据当地实际情况规定。

非机动车的外形尺寸、质量、制动器、车铃和夜间反光装置，应当符合非机动车安全技术标准。

第二节 机动车驾驶人

第十九条驾驶机动车，应当依法取得机动车驾驶证。

申请机动车驾驶证，应当符合国务院公安部门规定的驾驶许可条件；经考试合格后，由公安机关交通管理部门发给相应类别的机动车驾驶证。

持有境外机动车驾驶证的人，符合国务院公安部门规定的驾驶许可条件，经公安机关交通管理部门考核合格的，可以发给中国的机动车驾驶证。

驾人应当按照驾驶证载明的准驾车型驾驶机动车；驾驶机动车时，应当随身携带机动车驾驶证。

公安机关交通管理部门以外的任何单位或者个人，不得收缴、扣留机动车驾驶证。

第二十条机动车的驾驶培训实行社会化，由交通主管部门对驾驶培训学校、驾驶培训班实行资格管理，其中专门的拖拉机驾驶培训学校、驾驶培训班由农业（农业机械）主管部门实行资格管理。

驾驶培训学校、驾驶培训班应当严格按照国家有关规定，对学员进行道路交通安全法律、法规、驾驶技能的培训，确保培训质量。

任何国家机关以及驾驶培训和考试主管部门不得举办或者参与举办驾驶培训学校、驾驶培训班。

第二十一条驾驶人驾驶机动车上道路行驶前，应当对机动车的安全技术性能进行认真检查；不得驾驶安全设施不全或者机件不符合技术标准等具有安全隐患的机动车。

第二十二条机动车驾驶人应当遵守道路交通安全法律、法规的规定，按照操作规范安全驾驶、文明驾驶。

饮酒、服用国家管制的精神药品或者麻醉药品，或者患有妨碍安全驾驶机动车的疾病，或者过度疲劳影响安全驾驶的，不得驾驶机动车。

任何人不得强迫、指使、纵容驾驶人违反道路交通安全法律、法规和机动车安全驾驶要求驾驶机动车。

第二十三条公安机关交通管理部门依照法律、行政法规的规定，定期对机动车驾驶证实施审验。

第二十四条公安机关交通管理部门对机动车驾驶人违反道路交通安全法律、法规的行为，除依法给予行政处罚外，实行累积记分制度。公安机关交通管理部门对累积记分达到规定分值的机动车驾驶人，扣留机动车驾驶证，对其进行道路交通安全法律、法规教育，重新考试；考试合格的，发还其机动车驾驶证。

对遵守道路交通安全法律、法规，在一年内无累积记分的机动车驾驶人，可以延长机动车驾驶证的审验期。具体办法由国务院公安部门规定。

第三章 道路通行条件

第二十五条全国实行统一的道路交通信号。

交通信号包括交通信号灯、交通标志、交通标线和交通警察的指挥。

交通信号灯、交通标志、交通标线的设置应当符合道路交通安全、畅通的要求和国家标准，并保持清晰、醒目、准确、完好。

根据通行需要，应当及时增设、调换、更新道路交通信号。增设、调换、更新限制性的道路交通信号，应当提前向社会公告，广泛进行宣传。

第二十六条交通信号灯由红灯、绿灯、黄灯组成。红灯表示禁止通行，绿灯表示准许通行，黄灯表示警示。

第二十七条铁路与道路平面交叉的道口，应当设置警示灯、警示标志或者安全防护设施。无人看守的铁路道口，应当在距道口一定距离处设置警示标志。

第二十八条任何单位和个人不得擅自设置、移动、占用、损毁交通信号灯、交通标志、交通标线。

道路两侧及隔离带上种植的树木或者其他植物，设置的广告牌、管线等，应当与交通设施保持必要的距离，不得遮挡路灯、交通信号灯、交通标志，不得妨碍安全视距，不得影响通行。

第二十九条道路、停车场和道路配套设施的规划、设计、建设，应当符合道路交通安全、畅通的要求，并根据交通需求及时调整。

公安机关交通管理部门发现已经投入使用的道路存在交通事故频发路段，或者停车场、道路配套设施存在交通安全严重隐患的，应当及时向当地人民政府报告，并提出防范交通事故、消除隐患的建议，当地人民政府应当及时作出处理决定。

第三十条道路出现坍塌、坑漕、水毁、隆起等损毁或者交通信号灯、交通标志、交通标线等交通设施损毁、灭失的，道路、交通设施的养护部门或者管理部门应当设置警示标志并及时修复。

公安机关交通管理部门发现前款情形，危及交通安全，尚未设置警示标志的，应当及时采取安全措施，疏导交通，并通知道路、交通设施的养护部门或者管理部门。

第三十一条未经许可，任何单位和个人不得占用道路从事非交通活动。

第三十二条因工程建设需要占用、挖掘道路，或者跨越、穿越道路架设、增设管线设施，应当事先征得道路主管部门的同意；影响交通安全的，还应当征得公安机关交通管理部门的同意。

施工作业单位应当在经批准的路段和时间内施工作业，并在距离施工作业地点来车方向安全距离处设置明显的安全警示标志，采取防护措施；施工作业完毕，应当迅速清除道路上的障碍物，消除安全隐患，经道路主管部门和公安机关交通管理部门验收合格，符合通行要求后，方可恢复通行。

对未中断交通的施工作业道路，公安机关交通管理部门应当加强交通安全监督检查，维护道路交通秩序。

第三十三条新建、改建、扩建的公共建筑、商业街区、居住区、大（中）型建筑等，应当配建、增建停车场；停车泊位不足的，应当及时改建或者扩建；投入使用的停车场不得擅自停止使用或者改作他用。

在城市道路范围内，在不影响行人、车辆通行的情况下，政府有关部门可以施划停车泊位。

第三十四条学校、幼儿园、医院、养老院门前的道路没有行人过街设施的，应当施划人行横道线，设置提示标志。

城市主要道路的人行道，应当按照规划设置盲道。盲道的设置应当符合国家标准。

第四章 道路通行规定

第一节 一般规定

第三十五条机动车、非机动车实行右侧通行。

第三十六条根据道路条件和通行需要，道路划分为机动车道、非机动车道和人行道的，机动车、非机动车、行人实行分道通行。没有划分机动车道、非机动车道和人行道的，机动车在道路中间通行，非机动车和行人在道路两侧通行。

第三十七条道路划设专用车道的，在专用车道内，只准许规定的车辆通行，其他车辆不得进入专用车道内行驶。

第三十八条车辆、行人应当按照交通信号通行；遇有交通警察现场指挥时，应当按照交通警察的指挥通行；在没有交通信号的道路上，应当在确保安全、畅通的原则下通行。

第三十九条公安机关交通管理部门根据道路和交通流量的具体情况，可以对机动车、非机动车、行人采取疏导、限制通行、禁止通行等措施。遇有大型群众性活动、大范围施工等情况，需要采取限制交通的措施，或者作出与公众的道路交通活动直接有关的决定，应当提前向社会公告。

第四十条遇有自然灾害、恶劣气象条件或者重大交通事故等严重影响交通安全的情形，采取其他措施难以保证交通安全时，公安机关交通管理部门可以实行交通管制。

第四十一条有关道路通行的其他具体规定，由国务院规定。

第二节 机动车通行规定

第四十二条机动车上道路行驶，不得超过限速标志标明的最高时速。在没有限速标志的路段，应当保持安全车速。

夜间行驶或者在容易发生危险的路段行驶，以及遇有沙尘、冰雹、雨、雪、雾、结冰等气象条件时，应当降低行驶速度。

第四十三条同车道行驶的机动车，后车应当与前车保持足以采取紧急制动措施的安全距离。有下列情形之一的，不得超车：

（一）前车正在左转弯、掉头、超车的；

（二）与对面来车有会车可能的；

（三）前车为执行紧急任务的警车、消防车、救护车、工程救险车的；

（四）行经铁路道口、交叉路口、窄桥、弯道、陡坡、隧道、人行横道、市区交通流量大的路段等没有超车条件的。

第四十四条机动车通过交叉路口，应当按照交通信号灯、交通标志、交通标线或者交通警察的指挥通过；通过没有交通信号灯、交通标志、交通标线或者交通警察指挥的交叉路口时，应当减速慢行，并让行人和优先通行的车辆先行。

第四十五条机动车遇有前方车辆停车排队等候或者缓慢行驶时，不得借道超车或者占用对面车道，不得穿插等候的车辆。

在车道减少的路段、路口，或者在没有交通信号灯、交通标志、交通标线或者交通警察指挥的交叉路口遇到停车排队等候或者缓慢行驶时，机动车应当依次交替通行。

第四十六条机动车通过铁路道口时，应当按照交通信号或者管理人员的指挥通行；没有交通信号或者管理人员的，应当减速或者停车，在确认安全后通过。

第四十七条机动车行经人行横道时，应当减速行驶；遇行人正在通过人行横道，应当停车让行。

机动车行经没有交通信号的道路时，遇行人横过道路，应当避让。

第四十八条机动车载物应当符合核定的载质量，严禁超载；载物的长、宽、高不得违反装载要求，不得遗洒、飘散载运物。

机动车运载超限的不可解体的物品，影响交通安全的，应当按照公安机关交通管理部门指定的时间、路线、速度行驶，悬挂明显标志。在公路上运载超限的不可解体的物品，并应当依照公路法的规定执行。

机动车载运爆炸物品、易燃易爆化学物品以及剧毒、放射性等危险物品，应当经公安机关批准后，按指定的时间、路线、速度行驶，悬挂警示标志并采取必要的安全措施。

第四十九条机动车载人不得超过核定的人数，客运机动车不得违反规定载货。

第五十条禁止货运机动车载客。

货运机动车需要附载作业人员的，应当设置保护作业人员的安全措施。

第五十一条机动车行驶时，驾驶人、乘坐人员应当按规定使用安全带，摩托车驾驶人及乘坐人员应当按规定戴安全头盔。

第五十二条机动车在道路上发生故障，需要停车排除故障时，驾驶人应当立即开启危险报警闪光灯，将机动车移至不妨碍交通的地方停放；难以移动的，应当持续开启危险报警闪光灯，并在来车方向设置警告标志等措施扩大示警距离，必要时迅速报警。

第五十三条警车、消防车、救护车、工程救险车执行紧急任务时，可以使用警报器、标志灯具；在确保安全的前提下，不受行驶路线、行驶方向、行驶速度和信号灯的限制，其他车辆和行人应当让行。

警车、消防车、救护车、工程救险车非执行紧急任务时，不得使用警报器、标志灯具，不享有前款规定的道路优先通行权。

第五十四条道路养护车辆、工程作业车进行作业时，在不影响过往车辆通行的前提下，其行驶路线和方向不受交通标志、标线限制，过往车辆和人员应当注意避让。

洒水车、清扫车等机动车应当按照安全作业标准作业；在不影响其他车辆通行的情况下，可以不受车辆分道行驶的限制，但是不得逆向行驶。

第五十五条高速公路、大中城市中心城区内的道路，禁止拖拉机通行。其他禁止拖拉机通行的道路，由省、自治区、直辖市人民政府根据当地实际情况规定。

在允许拖拉机通行的道路上，拖拉机可以从事货运，但是不得用于载人。

第五十六条机动车应当在规定地点停放。禁止在人行道上停放机动车；但是，依照本法第三十三条规定施划的停车泊位除外。

在道路上临时停车的，不得妨碍其他车辆和行人通行。

第三节 非机动车通行规定

第五十七条驾驶非机动车在道路上行驶应当遵守有关交通安全的规定。非机动车应当在非机动车道内行驶；在没有非机动车道的道路上，应当靠车行道的右侧行驶。

第五十八条残疾人机动轮椅车、电动自行车在非机动车道内行驶时，最高时速不得超过十五公里。

第五十九条非机动车应当在规定地点停放。未设停放地点的，非机动车停放不得妨碍其他车辆和行人通行。

第六十条驾驭畜力车，应当使用驯服的牲畜；驾驭畜力车横过道路时，驾驭人应当下车牵引牲畜；驾驭人离开车辆时，应当拴系牲畜。

第四节 行人和乘车人通行规定

第六十一条行人应当在人行道内行走，没有人行道的靠路边行走。

第六十二条行人通过路口或者横过道路，应当走人行横道或者过街设施；通过有交通信号灯的人行横道，应当按照交通信号灯指示通行；通过没有交通信号灯、人行横道的路口，或者在没有过街设施的路段横过道路，应当在确认安全后通过。

第六十三条行人不得跨越、倚坐道路隔离设施，不得扒车、强行拦车或者实施妨碍道路交通安全的其他行为。

第六十四条学龄前儿童以及不能辨认或者不能控制自己行为的精神疾病患者、智力障碍者在道路上通行，应当由其监护人、监护人委托的人或者对其负有管理、保护职责的人带领。

盲人在道路上通行，应当使用盲杖或者采取其他导盲手段，车辆应当避让盲人。

第六十五条行人通过铁路道口时，应当按照交通信号或者管理人员的指挥通行；没有交通信号和管理人员的，应当在确认无火车驶临后，迅速通过。

第六十六条乘车人不得携带易燃易爆等危险物品，不得向车外抛洒物品，不得有影响驾驶人安全驾驶的行为。

第五节 高速公路的特别规定

第六十七条行人、非机动车、拖拉机、轮式专用机械车、铰接式客车、全挂拖斗车以及其他设计最高时速低于七十公里的机动车，不得进入高速公路。高速公路限速标志标明的最高时速不得超过一百二十公里。

第六十八条机动车在高速公路上发生故障时，应当依照本法第五十二条的有关规定办理；但是，警告标志应当设置在故障车来车方向一百五十米以外，车上人员应当迅速转移到右侧路肩上或者应急车道内，并且迅速报警。

机动车在高速公路上发生故障或者交通事故，无法正常行驶的，应当由救援车、清障车拖曳、牵引。

第六十九条任何单位、个人不得在高速公路上拦截检查行驶的车辆，公安机关的人民警察依法执行紧急公务除外。

第五章 交通事故处理

第七十条在道路上发生交通事故，车辆驾驶人应当立即停车，保护现场；造成人身伤亡的，车辆驾驶人应当立即抢救受伤人员，并迅速报告执勤的交通警察或者公安机关交通管理部门。因抢救受伤人员变动现场的，应当标明位置。乘车人、过往车辆驾驶人、过往行人应当予以协助。

在道路上发生交通事故，未造成人身伤亡，当事人对事实及成因无争议的，可以即行撤离现场，恢复交通，自行协商处理损害赔偿事宜；不即行撤离现场的，应当迅速报告执勤的交通警察或者公安机关交通管理部门。

在道路上发生交通事故，仅造成轻微财产损失，并且基本事实清楚的，当事人应当先撤离现场再进行协商处理。

第七十一条车辆发生交通事故后逃逸的，事故现场目击人员和其他知情人员应当向公安机关交通管理部门或者交通警察举报。举报属实的，公安机关交通管理部门应当给予奖励。

第七十二条公安机关交通管理部门接到交通事故报警后，应当立即派交通警察赶赴现场，先组织抢救受伤人员，并采取措施，尽快恢复交通。

交通警察应当对交通事故现场进行勘验、检查，收集证据；因收集证据的需要，可以扣留事故车辆，但是应当妥善保管，以备核查。

对当事人的生理、精神状况等专业性较强的检验，公安机关交通管理部门应当委托专门机构进行鉴定。鉴定结论应当由鉴定人签名。

第七十三条公安机关交通管理部门应当根据交通事故现场勘验、检查、调查情况和有关的检验、鉴定结论，及时制作交通事故认定书，作为处理交通事故的证据。交通事故认定书应当载明交通事故的基本事实、成因和当事人的责任，并送达当事人。

第七十四条对交通事故损害赔偿的争议，当事人可以请求公安机关交通管理部门调解，也可以直接向人民法院提起民事诉讼。

经公安机关交通管理部门调解，当事人未达成协议或者调解书生效后不履行的，当事人可以向人民法院提起民事诉讼。

第七十五条医疗机构对交通事故中的受伤人员应当及时抢救，不得因抢救费用未及时支付而拖延救治。肇事车辆参加机动车第三者责任强制保险的，由保险公司在责任限额范围内支付抢救费用；抢救费用超过责任限额的，未参加机动车第三者责任强制保险或者肇事后逃逸的，由道路交通事故社会救助基金先行垫付部分或者全部抢救费用，道路交通事故社会救助基金管理机构有权向交通事故责任人追偿。

第七十六条机动车发生交通事故造成人身伤亡、财产损失的，由保险公司在机动车第三者责任强制保险责任限额范围内予以赔偿；不足的部分，按照下列规定承担赔偿责任：

（一）机动车之间发生交通事故的，由有过错的一方承担赔偿责任；双方都有过错的，按照各自过错的比例分担责任。

（二）机动车与非机动车驾驶人、行人之间发生交通事故，非机动车驾驶人、行人没有过错的，由机动车一方承担赔偿责任；有证据证明非机动车驾驶人、行人有过错的，根据过错程度适当减轻机动车一方的赔偿责任；机动车一方没有过错的，承担不超过百分之十的赔偿责任。

交通事故的损失是由非机动车驾驶人、行人故意碰撞机动车造成的，机动车一方不承担赔偿责任。

第七十七条车辆在道路以外通行时发生的事故，公安机关交通管理部门接到报案的，参照本法有关规定办理。

第六章 执法监督

第七十八条公安机关交通管理部门应当加强对交通警察的管理，提高交通警察的素质和管理道路交通的水平。

公安机关交通管理部门应当对交通警察进行法制和交通安全管理业务培训、考核。交通警察经考核不合格的，不得上岗执行职务。

第七十九条公安机关交通管理部门及其交通警察实施道路交通安全管理，应当依据法定的职权和程序，简化办事手续，做到公正、严格、文明、高效。

第八十条交通警察执行职务时，应当按照规定着装，佩带人民警察标志，持有人民警察证件，保持警容严整，举止端庄，指挥规范。

第八十一条依照本法发放牌证等收取工本费，应当严格执行国务院价格主管部门核定的收费标准，并全部上缴国库。

第八十二条公安机关交通管理部门依法实施罚款的行政处罚，应当依照有关法律、行政法规的规定，实施罚款决定与罚款收缴分离；收缴的罚款以及依法没收的违法所得，应当全部上缴国库。

第八十三条交通警察调查处理道路交通安全违法行为和交通事故，有下列情形之一的，应当回避：

（一）是本案的当事人或者当事人的近亲属；

（二）本人或者其近亲属与本案有利害关系；

（三）与本案当事人有其他关系，可能影响案件的公正处理。

第八十四条公安机关交通管理部门及其交通警察的行政执法活动，应当接受行政监察机关依法实施的监督。

公安机关督察部门应当对公安机关交通管理部门及其交通警察执行法律、法规和遵守纪律的情况依法进行监督。

上级公安机关交通管理部门应当对下级公安机关交通管理部门的执法活动进行监督。

第八十五条公安机关交通管理部门及其交通警察执行职务，应当自觉接受社会和公民的监督。

任何单位和个人都有权对公安机关交通管理部门及其交通警察不严格执法以及违法违纪行为进行检举、控告。收到检举、控告的机关，应当依据职责及时查处。

第八十六条任何单位不得给公安机关交通管理部门下达或者变相下达罚款指标；公安机关交通管理部门不得以罚款数额作为考核交通警察的标准。

公安机关交通管理部门及其交通警察对超越法律、法规规定的指令，有权拒绝执行，并同时向上级机关报告。

第七章 法律责任

第八十七条公安机关交通管理部门及其交通警察对道路交通安全违法行为，应当及时纠正。

公安机关交通管理部门及其交通警察应当依据事实和本法的有关规定对道路交通安全违法行为予以处罚。对于情节轻微，未影响道路通行的，指出违法行为，给予口头警告后放行。

第八十八条对道路交通安全违法行为的处罚种类包括：警告、罚款、暂扣或者吊销机动车驾驶证、拘留。

第八十九条行人、乘车人、非机动车驾驶人违反道路交通安全法律、法规关于道路通行规定的，处警告或者五元以上五十元以下罚款；非机动车驾驶人拒绝接受罚款处罚的，可以扣留其非机动车。

第九十条机动车驾驶人违反道路交通安全法律、法规关于道路通行规定的，处警告或者二十元以上二百元以下罚款。本法另有规定的，依照规定处罚。

第九十一条饮酒后驾驶机动车的，处暂扣一个月以上三个月以下机动车驾驶证，并处二百元以上五百元以下罚款；醉酒后驾驶机动车的，由公安机关交通管理部门约束至酒醒，处十五日以下拘留和暂扣三个月以上六个月以下机动车驾驶证，并处五百元以上二千元以下罚款。

饮酒后驾驶营运机动车的，处暂扣三个月机动车驾驶证，并处五百元罚款；醉酒后驾驶营运机动车的，由公安机关交通管理部门约束至酒醒，处十五日以下拘留和暂扣六个月机动车驾驶证，并处二千元罚款。

一年内有前两款规定醉酒后驾驶机动车的行为，被处罚两次以上的，吊销机动车驾驶证，五年内不得驾驶营运机动车。

第九十二条公路客运车辆载客超过额定乘员的，处二百元以上五百元以下罚款；超过额定乘员百分之二十或者违反规定载货的，处五百元以上二千元以下罚款。

货运机动车超过核定载质量的，处二百元以上五百元以下罚款；超过核定载质量百分之三十或者违反规定载客的，处五百元以上二千元以下罚款。

有前两款行为的，由公安机关交通管理部门扣留机动车至违法状态消除。

运输单位的车辆有本条第一款、第二款规定的情形，经处罚不改的，对直接负责的主管人员处二千元以上五千元以下罚款。

第九十三条对违反道路交通安全法律、法规关于机动车停放、临时停车规定的，可以指出违法行为，并予以口头警告，令其立即驶离。

机动车驾驶人不在现场或者虽在现场但拒绝立即驶离，妨碍其他车辆、行人通行的，处二十元以上二百元以下罚款，并可以将该机动车拖移至不妨碍交通的地点或者公安机关交通管理部门指定的地点停放。公安机关交通管理部门拖车不得向当事人收取费用，并应当及时告知当事人停放地点。

因采取不正确的方法拖车造成机动车损坏的，应当依法承担补偿责任。

第九十四条机动车安全技术检验机构实施机动车安全技术检验超过国务院价格主管部门核定的收费标准收取费用的，退还多收取的费用，并由价格主管部门依照《中华人民共和国价格法》的有关规定给予处罚。

机动车安全技术检验机构不按照机动车国家安全技术标准进行检验，出具虚假检验结果的，由公安机关交通管理部门处所收检验费用五倍以上十倍以下罚款，并依法撤销其检验资格；构成犯罪的，依法追究刑事责任。

第九十五条上道路行驶的机动车未悬挂机动车号牌，未放置检验合格标志、保险标志，或者未随车携带行驶证、驾驶证的，公安机关交通管理部门应当扣留机动车，通知当事人提供相应的牌证、标志或者补办相应手续，并可以依照本法第九十条的规定予以处罚。当事人提供相应的牌证、标志或者补办相应手续的，应当及时退还机动车。

故意遮挡、污损或者不按规定安装机动车号牌的，依照本法第九十条的规定予以处罚。

第九十六条伪造、变造或者使用伪造、变造的机动车登记证书、号牌、行驶证、检验合格标志、保险标志、驾驶证或者使用其他车辆的机动车登记证书、号牌、行驶证、检验合格标志、保险标志的，由公安机关交通管理部门予以收缴，扣留该机动车，并处二百元以上二千元以下罚款；构成犯罪的，依法追究刑事责任。

当事人提供相应的合法证明或者补办相应手续的，应当及时退还机动车。

第九十七条非法安装警报器、标志灯具的，由公安机关交通管理部门强制拆除，予以收缴，并处二百元以上二千元以下罚款。

第九十八条机动车所有人、管理人未按照国家规定投保机动车第三者责任强制保险的，由公安机关交通管理部门扣留车辆至依照规定投保后，并处依照规定投保最低责任限额应缴纳的保险费的二倍罚款。

依照前款缴纳的罚款全部纳入道路交通事故社会救助基金。具体办法由国务院规定。

第九十九条有下列行为之一的，由公安机关交通管理部门处二百元以上二千元以下罚款：

（一）未取得机动车驾驶证、机动车驾驶证被吊销或者机动车驾驶证被暂扣期间驾驶机动车的；

（二）将机动车交由未取得机动车驾驶证或者机动车驾驶证被吊销、暂扣的人驾驶的；

（三）造成交通事故后逃逸，尚不构成犯罪的；

（四）机动车行驶超过规定时速百分之五十的；

（五）强迫机动车驾驶人违反道路交通安全法律、法规和机动车安全驾驶要求驾驶机动车，造成交通事故，尚不构成犯罪的；

（六）违反交通管制的规定强行通行，不听劝阻的；

（七）故意损毁、移动、涂改交通设施，造成危害后果，尚不构成犯罪的；

（八）非法拦截、扣留机动车辆，不听劝阻，造成交通严重阻塞或者较大财产损失的。

行为人有前款第二项、第四项情形之一的，可以并处吊销机动车驾驶证；有第一项、第三项、第五项至第八项情形之一的，可以并处十五日以下拘留。

第一百条驾驶拼装的机动车或者已达到报废标准的机动车上道路行驶的，公安机关交通管理部门应当予以收缴，强制报废。

对驾驶前款所列机动车上道路行驶的驾驶人，处二百元以上二千元以下罚款，并吊销机动车驾驶证。

出售已达到报废标准的机动车的，没收违法所得，处销售金额等额的罚款，对该机动车依照本条第一款的规定处理。

第一百零一条违反道路交通安全法律、法规的规定，发生重大交通事故，构成犯罪的，依法追究刑事责任，并由公安机关交通管理部门吊销机动车驾驶证。

造成交通事故后逃逸的，由公安机关交通管理部门吊销机动车驾驶证，且终生不得重新取得机动车驾驶证。

第一百零二条对六个月内发生二次以上特大交通事故负有主要责任或者全部责任的专业运输单位，由公安机关交通管理部门责令消除安全隐患，未消除安全隐患的机动车，禁止上道路行驶。

第一百零三条国家机动车产品主管部门未按照机动车国家安全技术标准严格审查，许可不合格机动车型投入生产的，对负有责任的主管人员和其他直接责任人员给予降级或者撤职的行政处分。

机动车生产企业经国家机动车产品主管部门许可生产的机动车型，不执行机动车国家安全技术标准或者不严格进行机动车成品质量检验，致使质量不合格的机动车出厂销售的，由质量技术监督部门依照《中华人民共和国产品质量法》的有关规定给予处罚。

擅自生产、销售未经国家机动车产品主管部门许可生产的机动车型的，没收非法生产、销售的机动车成品及配件，可以并处非法产品价值三倍以上五倍以下罚款；有营业执照的，由工商行政管理部门吊销营业执照，没有营业执照的，予以查封。

生产、销售拼装的机动车或者生产、销售擅自改装的机动车的，依照本条第三款的规定处罚。

有本条第二款、第三款、第四款所列违法行为，生产或者销售不符合机动车国家安全技术标准的机动车，构成犯罪的，依法追究刑事责任。

第一百零四条未经批准，擅自挖掘道路、占用道路施工或者从事其他影响道路交通安全活动的，由道路主管部门责令停止违法行为，并恢复原状，可以依法给予罚款；致使通行的人员、车辆及其他财产遭受损失的，依法承担赔偿责任。

有前款行为，影响道路交通安全活动的，公安机关交通管理部门可以责令停止违法行为，迅速恢复交通。

第一百零五条道路施工作业或者道路出现损毁，未及时设置警示标志、未采取防护措施，或者应当设置交通信号灯、交通标志、交通标线而没有设置或者应当及时变更交通信号灯、交通标志、交通标线而没有及时变更，致使通行的人员、车辆及其他财产遭受损失的，负有相关职责的单位应当依法承担赔偿责任。

第一百零六条在道路两侧及隔离带上种植树木、其他植物或者设置广告牌、管线等，遮挡路灯、交通信号灯、交通标志，妨碍安全视距的，由公安机关交通管理部门责令行为人排除妨碍；拒不执行的，处二百元以上二千元以下罚款，并强制排除妨碍，所需费用由行为人负担。

第一百零七条对道路交通违法行为人予以警告、二百元以下罚款，交通警察可以当场作出行政处罚决定，并出具行政处罚决定书。

行政处罚决定书应当载明当事人的违法事实、行政处罚的依据、处罚内容、时间、地点以及处罚机关名称，并由执法人员签名或者盖章。

第一百零八条当事人应当自收到罚款的行政处罚决定书之日起十五日内，到指定的银行缴纳罚款。

对行人、乘车人和非机动车驾驶人的罚款，当事人无异议的，可以当场予以收缴罚款。

罚款应当开具省、自治区、直辖市财政部门统一制发的罚款收据；不出具财政部门统一制发的罚款收据的，当事人有权拒绝缴纳罚款。

第一百零九条当事人逾期不履行行政处罚决定的，作出行政处罚决定的行政机关可以采取下列措施：

（一）到期不缴纳罚款的，每日按罚款数额的百分之三加处罚款；

（二）申请人民法院强制执行。

第一百一十条执行职务的交通警察认为应当对道路交通违法行为人给予暂扣或者吊销机动车驾驶证处罚的，可以先予扣留机动车驾驶证，并在二十四小时内将案件移交公安机关交通管理部门处理。

道路交通违法行为人应当在十五日内到公安机关交通管理部门接受处理。无正当理由逾期未接受处理的，吊销机动车驾驶证。

公安机关交通管理部门暂扣或者吊销机动车驾驶证的，应当出具行政处罚决定书。

第一百一十一条对违反本法规定予以拘留的行政处罚，由县、市公安局、公安分局或者相当于县一级的公安机关裁决。

第一百一十二条公安机关交通管理部门扣留机动车、非机动车，应当当场出具凭证，并告知当事人在规定期限内到公安机关交通管理部门接受处理。

公安机关交通管理部门对被扣留的车辆应当妥善保管，不得使用。

逾期不来接受处理，并且经公告三个月仍不来接受处理的，对扣留的车辆依法处理。

第一百一十三条暂扣机动车驾驶证的期限从处罚决定生效之日起计算；处罚决定生效前先予扣留机动车驾驶证的，扣留一日折抵暂扣期限一日。

吊销机动车驾驶证后重新申请领取机动车驾驶证的期限，按照机动车驾驶证管理规定办理。

第一百一十四条公安机关交通管理部门根据交通技术监控记录资料，可以对违法的机动车所有人或者管理人依法予以处罚。对能够确定驾驶人的，可以依照本法的规定依法予以处罚。

第一百一十五条交通警察有下列行为之一的，依法给予行政处分：

（一）为不符合法定条件的机动车发放机动车登记证书、号牌、行驶证、检验合格标志的；

（二）批准不符合法定条件的机动车安装、使用警车、消防车、救护车、工程救险车的警报器、标志灯具，喷涂标志图案的；

（三）为不符合驾驶许可条件、未经考试或者考试不合格人员发放机动车驾驶证的；

（四）不执行罚款决定与罚款收缴分离制度或者不按规定将依法收取的费用、收缴的罚款及没收的违法所得全部上缴国库的；

（五）举办或者参与举办驾驶学校或者驾驶培训班、机动车修理厂或者收费停车场等经营活动的；

（六）利用职务上的便利收受他人财物或者谋取其他利益的；

（七）违法扣留车辆、机动车行驶证、驾驶证、车辆号牌的；

（八）使用依法扣留的车辆的；

（九）当场收取罚款不开具罚款收据或者不如实填写罚款额的；

（十）徇私舞弊，不公正处理交通事故的；

（十一）故意刁难，拖延办理机动车牌证的；

（十二）非执行紧急任务时使用警报器、标志灯具的；

（十三）违反规定拦截、检查正常行驶的车辆的；

（十四）非执行紧急公务时拦截搭乘机动车的；

（十五）不履行法定职责的。

公安机关交通管理部门有前款所列行为之一的，对直接负责的主管人员和其他直接责任人员给予相应的行政处分。

第一百一十六条依照本法第一百一十五条的规定，给予交通警察行政处分的，在作出行政处分决定前，可以停止其执行职务；必要时，可以予以禁闭。

依照本法第一百一十五条的规定，交通警察受到降级或者撤职行政处分的，可以予以辞退。

交通警察受到开除处分或者被辞退的，应当取消警衔；受到撤职以下行政处分的交通警察，应当降低警衔。

第一百一十七条交通警察利用职权非法占有公共财物，索取、收受贿赂，或者滥用职权、玩忽职守，构成犯罪的，依法追究刑事责任。

第一百一十八条公安机关交通管理部门及其交通警察有本法第一百一十五条所列行为之一，给当事人造成损失的，应当依法承担赔偿责任。

第八章 附则

第一百一十九条本法中下列用语的含义：

（一）“道路”，是指公路、城市道路和虽在单位管辖范围但允许社会机动车通行的地方，包括广场、公共停车场等用于公众通行的场所。

（二）“车辆”，是指机动车和非机动车。

（三）“机动车”，是指以动力装置驱动或者牵引，上道路行驶的供人员乘用或者用于运送物品以及进行工程专项作业的轮式车辆。

（四）“非机动车”，是指以人力或者畜力驱动，上道路行驶的交通工具，以及虽有动力装置驱动但设计最高时速、空车质量、外形尺寸符合有关国家标准的残疾人机动轮椅车、电动自行车等交通工具。

（五）“交通事故”，是指车辆在道路上因过错或者意外造成的人身伤亡或者财产损失的事件。

第一百二十条中国人民解放军和中国人民武装警察部队在编机动车牌证、在编机动车检验以及机动车驾驶人考核工作，由中国人民解放军、中国人民武装警察部队有关部门负责。

第一百二十一条对上道路行驶的拖拉机，由农业（农业机械）主管部门行使本法第八条、第九条、第十三条、第十九条、第二十三条规定的公安机关交通管理部门的管理职权。

农业（农业机械）主管部门依照前款规定行使职权，应当遵守本法有关规定，并接受公安机关交通管理部门的监督；对违反规定的，依照本法有关规定追究法律责任。

本法施行前由农业（农业机械）主管部门发放的机动车牌证，在本法施行后继续有效。

第一百二十二条国家对入境的境外机动车的道路交通安全实施统一管理。

第一百二十三条省、自治区、直辖市人民代表大会常务委员会可以根据本地区的实际情况，在本法规定的罚款幅度内，规定具体的执行标准。

第一百二十四条本法自2004年5月1日起施行。

中华人民共和国水文条例

（2007年4月25日中华人民共和国国务院令第496号公布）

第一章 总则

第一条为了加强水文管理，规范水文工作，为开发、利用、节约、保护水资源和防灾减灾服务，促进经济社会的可持续发展，根据《中华人民共和国水法》和《中华人民共和国防洪法》，制定本条例。

第二条在中华人民共和国领域内从事水文站网规划与建设，水文监测与预报，水资源调查评价，水文监测资料汇交、保管与使用，水文设施与水文监测环境的保护等活动，应当遵守本条例。

第三条水文事业是国民经济和社会发展的基础性公益事业。县级以上人民政府应当将水文事业纳入本级国民经济和社会发展规划，所需经费纳入本级财政预算，保障水文监测工作的正常开展，充分发挥水文工作在政府决策、经济社会发展和社会公众服务中的作用。

县级以上人民政府应当关心和支持少数民族地区、边远贫困地区和艰苦地区水文基础设施的建设和运行。

第四条国务院水行政主管部门主管全国的水文工作，其直属的水文机构具体负责组织实施管理工作。

国务院水行政主管部门在国家确定的重要江河、湖泊设立的流域管理机构（以下简称流域管理机构），在所管辖范围内按照法律、本条例规定和国务院水行政主管部门规定的权限，组织实施管理有关水文工作。

省、自治区、直辖市人民政府水行政主管部门主管本行政区域内的水文工作，其直属的水文机构接受上级业务主管部门的指导，并在当地人民政府的领导下具体负责组织实施管理工作。

第五条国家鼓励和支持水文科学技术的研究、推广和应用，保护水文科技成果，培养水文科技人才，加强水文国际合作与交流。

第六条县级以上人民政府对在水文工作中做出突出贡献的单位和个人，按照国家有关规定给予表彰和奖励。

第七条外国组织或者个人在中华人民共和国领域内从事水文活动的，应当经国务院水行政主管部门会同有关部门批准，并遵守中华人民共和国的法律、法规；在中华人民共和国与邻国交界的跨界河流上从事水文活动的，应当遵守中华人民共和国与相关国家缔结的有关条约、协定。

第二章 规划与建设

第八条国务院水行政主管部门负责编制全国水文事业发展规划，在征求国务院有关部门意见后，报国务院或者其授权的部门批准实施。

流域管理机构根据全国水文事业发展规划编制流域水文事业发展规划，报国务院水行政主管部门批准实施。

省、自治区、直辖市人民政府水行政主管部门根据全国水文事业发展规划和流域水文事业发展规划编制本行政区域的水文事业发展规划，报本级人民政府批准实施，并报国务院水行政主管部门备案。

第九条水文事业发展规划是开展水文工作的依据。修改水文事业发展规划，应当按照规划编制程序经原批准机关批准。

第十条水文事业发展规划主要包括水文事业发展目标、水文站网建设、水文监测和情报预报设施建设、水文信息网络和业务系统建设以及保障措施等内容。

第十一条国家对水文站网建设实行统一规划。水文站网建设应当坚持流域与区域相结合、区域服从流域，布局合理、防止重复，兼顾当前和长远需要的原则。

第十二条水文站网的建设应当依据水文事业发展规划，按照国家固定资产投资项目建设程序组织实施。

为国家水利、水电等基础工程设施提供服务的水文站网的建设和运行管理经费，应当分别纳入工程建设概算和运行管理经费。

本条例所称水文站网，是指在流域或者区域内，由适当数量的各类水文测站构成的水文监测资料收集系统。

第十三条国家对水文测站实行分类分级管理。

水文测站分为国家基本水文测站和专用水文测站。国家基本水文测站分为国家重要水文测站和一般水文测站。

第十四条国家重要水文测站和流域管理机构管理的一般水文测站的设立和调整，由省、自治区、直辖市人民政府水行政主管部门或者流域管理机构报国务院水行政主管部门直属水文机构批准。其他一般水文测站的设立和调整，由省、自治区、直辖市人民政府水行政主管部门批准，报国务院水行政主管部门直属水文机构备案。

第十五条设立专用水文测站，不得与国家基本水文测站重复；在国家基本水文测站覆盖的区域，确需设立专用水文测站的，应当按照管理权限报流域管理机构或者省、自治区、直辖市人民政府水行政主管部门直属水文机构批准。其中，因交通、航运、环境保护等需要设立专用水文测站的，有关主管部门批准前，应当征求流域管理机构或者省、自治区、直辖市人民政府水行政主管部门直属水文机构的意见。

撤销专用水文测站，应当报原批准机关批准。

第十六条专用水文测站和从事水文活动的其他单位，应当接受水行政主管部门直属水文机构的行业管理。

第十七条省、自治区、直辖市人民政府水行政主管部门管理的水文测站，对流域水资源管理和防灾减灾有重大作用的，业务上应当同时接受流域管理机构的指导和监督。

第三章 监测与预报

第十八条从事水文监测活动应当遵守国家水文技术标准、规范和规程，保证监测质量。未经批准，不得中止水文监测。

国家水文技术标准、规范和规程，由国务院水行政主管部门会同国务院标准化行政主管部门制定。

第十九条水文监测所使用的专用技术装备应当符合国务院水行政主管部门规定的技术要求。

水文监测所使用的计量器具应当依法经检定合格。水文监测所使用的计量器具的检定规程，由国务院水行政主管部门制定，报国务院计量行政主管部门备案。

第二十条水文机构应当加强水资源的动态监测工作，发现被监测水体的水量、水质等情况发生变化可能危及用水安全的，应当加强跟踪监测和调查，及时将监测、调查情况和处理建议报所在地人民政府及其水行政主管部门；发现水质变化，可能发生突发性水体污染事件的，应当及时将监测、调查情况报所在地人民政府水行政主管部门和环境保护行政主管部门。

有关单位和个人对水资源动态监测工作应当予以配合。

第二十一条承担水文情报预报任务的水文测站，应当及时、准确地向县级以上人民政府防汛抗旱指挥机构和水行政主管部门报告有关水文情报预报。

第二十二条水文情报预报由县级以上人民政府防汛抗旱指挥机构、水行政主管部门或者水文机构按照规定权限向社会统一发布。禁止任何其他单位和个人向社会发布水文情报预报。

广播、电视、报纸和网络等新闻媒体，应当按照国家有关规定和防汛抗旱要求，及时播发、刊登水文情报预报，并标明发布机构和发布时间。

第二十三条信息产业部门应当根据水文工作的需要，按照国家有关规定提供通信保障。

第二十四条县级以上人民政府水行政主管部门应当根据经济社会的发展要求，会同有关部门组织相关单位开展水资源调查评价工作。从事水文、水资源调查评价的单位，应当具备下列条件，并取得国务院水行政主管部门或者省、自治区、直辖市人民政府水行政主管部门颁发的资质证书：

（一）具有法人资格和固定的工作场所；

（二）具有与所从事水文活动相适应并经考试合格的专业技术人员；

（三）具有与所从事水文活动相适应的专业技术装备；

（四）具有健全的管理制度；

（五）符合国务院水行政主管部门规定的其他条件。

第四章 资料的汇交保管与使用

第二十五条国家对水文监测资料实行统一汇交制度。从事地表水和地下水资源、水量、水质监测的单位以及其他从事水文监测的单位，应当按照资料管理权限向有关水文机构汇交监测资料。

重要地下水源地、超采区的地下水资源监测资料和重要引（退）水口、在江河和湖泊设置的排污口、重要断面的监测资料，由从事水文监测的单位向流域管理机构或者省、自治区、直辖市人民政府水行政主管部门直属水文机构汇交。

取用水工程的取（退）水、蓄（泄）水资料，由取用水工程管理单位向工程所在地水文机构汇交。

第二十六条国家建立水文监测资料共享制度。水文机构应当妥善存储和保管水文监测资料，根据国民经济建设和社会发展需要对水文监测资料进行加工整理形成水文监测成果，予以刊印。国务院水行政主管部门直属的水文机构应当建立国家水文数据库。

基本水文监测资料应当依法公开，水文监测资料属于国家秘密的，对其密级的确定、变更、解密以及对资料的使用、管理，依照国家有关规定执行。

第二十七条编制重要规划、进行重点项目建设和水资源管理等使用的水文监测资料，应当经国务院水行政主管部门直属水文机构、流域管理机构或者省、自治区、直辖市人民政府水行政主管部门直属水文机构审查，确保其完整、可靠、一致。

第二十八条国家机关决策和防灾减灾、国防建设、公共安全、环境保护等公益事业需要使用水文监测资料和成果的，应当无偿提供。

除前款规定的情形外，需要使用水文监测资料和成果的，按照国家有关规定收取费用，并实行收支两条线管理。

因经营性活动需要提供水文专项咨询服务的，当事人双方应当签订有偿服务合同，明确双方的权利和义务。

第五章 设施与监测环境保护

第二十九条国家依法保护水文监测设施。任何单位和个人不得侵占、毁坏、擅自移动或者擅自使用水文监测设施，不得干扰水文监测。

国家基本水文测站因不可抗力遭受破坏的，所在地人民政府和有关水行政主管部门应当采取措施，组织力量修复，确保其正常运行。

第三十条未经批准，任何单位和个人不得迁移国家基本水文测站；因重大工程建设确需迁移的，建设单位应当在建设项目立项前，报请对该站有管理权限的水行政主管部门批准，所需费用由建设单位承担。

第三十一条国家依法保护水文监测环境。县级人民政府应当按照国务院水行政主管部门确定的标准划定水文监测环境保护范围，并在保护范围边界设立地面标志。

任何单位和个人都有保护水文监测环境的义务。

第三十二条禁止在水文监测环境保护范围内从事下列活动：

（一）种植高秆作物、堆放物料、修建建筑物、停靠船只；

（二）取土、挖砂、采石、淘金、爆破和倾倒废弃物；

（三）在监测断面取水、排污或者在过河设备、气象观测场、监测断面的上空架设线路；

（四）其他对水文监测有影响的活动。

第三十三条在国家基本水文测站上下游建设影响水文监测的工程，建设单位应当采取相应措施，在征得对该站有管理权限的水行政主管部门同意后方可建设。因工程建设致使水文测站改建的，所需费用由建设单位承担。

第三十四条在通航河道中或者桥上进行水文监测作业时，应当依法设置警示标志。

第三十五条水文机构依法取得的无线电频率使用权和通信线路使用权受国家保护。任何单位和个人不得挤占、干扰水文机构使用的无线电频率，不得破坏水文机构使用的通信线路。

第六章 法律责任

第三十六条违反本条例规定，有下列行为之一的，对直接负责的主管人员和其他直接责任人员依法给予处分；构成犯罪的，依法追究刑事责任：

（一）错报水文监测信息造成严重经济损失的；

（二）汛期漏报、迟报水文监测信息的；

（三）擅自发布水文情报预报的；

（四）丢失、毁坏、伪造水文监测资料的；

（五）擅自转让、转借水文监测资料的；

（六）不依法履行职责的其他行为。

第三十七条未经批准擅自设立水文测站或者未经同意擅自在国家基本水文测站上下游建设影响水文监测的工程的，责令停止违法行为，限期采取补救措施，补办有关手续；无法采取补救措施、逾期不补办或者补办未被批准的，责令限期拆除违法建筑物；逾期不拆除的，强行拆除，所需费用由违法单位或者个人承担。

第三十八条违反本条例规定，未取得水文、水资源调查评价资质证书从事水文活动的，责令停止违法行为，没收违法所得，并处5万元以上10万元以下罚款。

第三十九条违反本条例规定，超出水文、水资源调查评价资质证书确定的范围从事水文活动的，责令停止违法行为，没收违法所得，并处3万元以上5万元以下罚款；情节严重的，由发证机关吊销资质证书。

第四十条违反本条例规定，使用不符合规定的水文专用技术装备和水文计量器具的，责令限期改正。

第四十一条违反本条例规定，有下列行为之一的，责令停止违法行为，处1万元以上5万元以下罚款：

（一）拒不汇交水文监测资料的；

（二）使用未经审定的水文监测资料的；

（三）非法向社会传播水文情报预报，造成严重经济损失和不良影响的。

第四十二条违反本条例规定，侵占、毁坏水文监测设施或者未经批准擅自移动、擅自使用水文监测设施的，责令停止违法行为，限期恢复原状或者采取其他补救措施，可以处5万元以下罚款；构成违反治安管理行为的，依法给予治安管理处罚；构成犯罪的，依法追究刑事责任。

第四十三条违反本条例规定，从事本条例第三十二条所列活动的，责令停止违法行为，限期恢复原状或者采取其他补救措施，可以处1万元以下罚款；构成违反治安管理行为的，依法给予治安管理处罚；构成犯罪的，依法追究刑事责任。

第四十四条本条例规定的行政处罚，由县级以上人民政府水行政主管部门或者流域管理机构依据职权决定。

第七章 附则

第四十五条本条例中下列用语的含义是：

水文监测，是指通过水文站网对江河、湖泊、渠道、水库的水位、流量、水质、水温、泥沙、冰情、水下地形和地下水资源，以及降水量、蒸发量、墒情、风暴潮等实施监测，并进行分析和计算的活动。

水文测站，是指为收集水文监测资料在江河、湖泊、渠道、水库和流域内设立的各种水文观测场所的总称。

国家基本水文测站，是指为公益目的统一规划设立的对江河、湖泊、渠道、水库和流域基本水文要素进行长期连续观测的水文测站。

国家重要水文测站，是指对防灾减灾或者对流域和区域水资源管理等有重要作用的基本水文测站。

专用水文测站，是指为特定目的设立的水文测站。

基本水文监测资料，是指由国家基本水文测站监测并经过整编后的资料。水文情报预报，是指对江河、湖泊、渠道、水库和其他水体的水文要素实时情况的报告和未来情况的预告。

水文监测设施，是指水文站房、水文缆道、测船、测船码头、监测场地、监测井、监测标志、专用道路、仪器设备、水文通信设施以及附属设施等。

水文监测环境，是指为确保监测到准确水文信息所必需的区域构成的立体空间。

第四十六条中国人民解放军的水文工作，按照中央军事委员会的规定执行。

第四十七条本条例自2007年6月1日起施行。

国务院关于修改《物业管理条例》的决定

（2007年8月26日中华人民共和国国务院令第504号公布）

根据《中华人民共和国物权法》的有关规定，国务院决定对《物业管理条例》作如下修改：

一、将第十条第一款修改为："同一个物业管理区域内的业主，应当在物业所在地的区、县人民政府房地产行政主管部门或者街道办事处、乡镇人民政府的指导下成立业主大会，并选举产生业主委员会。但是，只有一个业主的，或者业主人数较少且经全体业主一致同意，决定不成立业主大会的，由业主共同履行业主大会、业主委员会职责。"

删除第十条第二款。

二、将第十一条修改为："下列事项由业主共同决定：

"（一）制定和修改业主大会议事规则；

"（二）制定和修改管理规约；

"（三）选举业主委员会或者更换业主委员会成员；

"（四）选聘和解聘物业服务企业；

"（五）筹集和使用专项维修资金；

"（六）改建、重建建筑物及其附属设施；

"（七）有关共有和共同管理权利的其他重大事项。"

三、将第十二条修改为："业主大会会议可以采用集体讨论的形式，也可以采用书面征求意见的形式；但是，应当有物业管理区域内专有部分占建筑物总面积过半数的业主且占总人数过半数的业主参加。

"业主可以委托代理人参加业主大会会议。

"业主大会决定本条例第十一条第（五）项和第（六）项规定的事项，应当经专有部分占建筑物总面积2/3以上的业主且占总人数2/3以上的业主同意；决定本条例第十一条规定的其他事项，应当经专有部分占建筑物总面积过半数的业主且占总人数过半数的业主同意。

"业主大会或者业主委员会的决定，对业主具有约束力。

"业主大会或者业主委员会作出的决定侵害业主合法权益的，受侵害的业主可以请求人民法院予以撤销。"

四、将第十九条第二款修改为："业主大会、业主委员会作出的决定违反法律、法规的，物业所在地的区、县人民政府房地产行政主管部门或者街道办事处、乡镇人民政府，应当责令限期改正或者撤销其决定，并通告全体业主。"

此外，根据《中华人民共和国物权法》的有关规定，将"物业管理企业"修改为"物业服务企业"，将"业主公约"修改为"管理规约"，将"业主临时公约"修改为"临时管理规约"，并对个别条文的文字作了修改。

本决定自2007年10月1日起施行。

《物业管理条例》根据本决定作相应的修订，重新公布。

物业管理条例

（2003年6月8日中华人民共和国国务院令第379号公布　根据2007年8月26日《国务院关于修改〈物业管理条例〉的决定》修订）

第一章　总　　则

第一条　为了规范物业管理活动，维护业主和物业服务企业的合法权益，改善人民群众的生活和工作环境，制定本条例。

第二条　本条例所称物业管理，是指业主通过选聘物业服务企业，由业主和物业服务企业按照物业服务合同约定，对房屋及配套的设施设备和相关场地进行维修、养护、管理，维护物业管理区域内的环境卫生和相关秩序的活动。

第三条　国家提倡业主通过公开、公平、公正的市场竞争机制选择物业服务企业。

第四条　国家鼓励采用新技术、新方法，依靠科技进步提高物业管理和服务水平。

第五条　国务院建设行政主管部门负责全国物业管理活动的监督管理工作。

县级以上地方人民政府房地产行政主管部门负责本行政区域内物业管理活动的监督管理工作。

第二章　业主及业主大会

第六条　房屋的所有权人为业主。

业主在物业管理活动中，享有下列权利：

（一）按照物业服务合同的约定，接受物业服务企业提供的服务；

（二）提议召开业主大会会议，并就物业管理的有关事项提出建议；

（三）提出制定和修改管理规约、业主大会议事规则的建议；

（四）参加业主大会会议，行使投票权；

（五）选举业主委员会成员，并享有被选举权；

（六）监督业主委员会的工作；

（七）监督物业服务企业履行物业服务合同；

（八）对物业共用部位、共用设施设备和相关场地使用情况享有知情权和监督权；

（九）监督物业共用部位、共用设施设备专项维修资金（以下简称专项维修资金）的管理和使用；

（十）法律、法规规定的其他权利。

第七条　业主在物业管理活动中，履行下列义务：

（一）遵守管理规约、业主大会议事规则；

（二）遵守物业管理区域内物业共用部位和共用设施设备的使用、公共秩序和环境卫生的维护等方面的规章制度；

（三）执行业主大会的决定和业主大会授权业主委员会作出的决定；

（四）按照国家有关规定交纳专项维修资金；

（五）按时交纳物业服务费用；

（六）法律、法规规定的其他义务。

第八条　物业管理区域内全体业主组成业主大会。

业主大会应当代表和维护物业管理区域内全体业主在物业管理活动中的合法权益。

第九条　一个物业管理区域成立一个业主大会。

物业管理区域的划分应当考虑物业的共用设施设备、建筑物规模、社区建设等因素。具体办法由省、自治区、直辖市制定。

第十条　同一个物业管理区域内的业主，应当在物业所在地的区、县人民政府房地产行政主管部门或者街道办事处、乡镇人民政府的指导下成立业主大会，并选举产生业主委员会。但是，只有一个业主的，或者业主人数较少且经全体业主一致同意，决定不成立业主大会的，由业主共同履行业主大会、业主委员会职责。

第十一条　下列事项由业主共同决定：

（一）制定和修改业主大会议事规则；

（二）制定和修改管理规约；

（三）选举业主委员会或者更换业主委员会成员；

（四）选聘和解聘物业服务企业；

（五）筹集和使用专项维修资金；

（六）改建、重建建筑物及其附属设施；

（七）有关共有和共同管理权利的其他重大事项。

第十二条　业主大会会议可以采用集体讨论的形式，也可以采用书面征求意见的形式；但是，应当有物业管理区域内专有部分占建筑物总面积过半数的业主且占总人数过半数的业主参加。

业主可以委托代理人参加业主大会会议。

业主大会决定本条例第十一条第（五）项和第（六）项规定的事项，应当经专有部分占建筑物总面积2/3以上的业主且占总人数2/3以上的业主同意；决定本条例第十一条规定的其他事项，应当经专有部分占建筑物总面积过半数的业主且占总人数过半数的业主同意。

业主大会或者业主委员会的决定，对业主具有约束力。

业主大会或者业主委员会作出的决定侵害业主合法权益的，受侵害的业主可以请求人民法院予以撤销。

第十三条　业主大会会议分为定期会议和临时会议。

业主大会定期会议应当按照业主大会议事规则的规定召开。经20%以上的业主提议，业主委员会应当组织召开业主大会临时会议。

第十四条　召开业主大会会议，应当于会议召开15日以前通知全体业主。

住宅小区的业主大会会议，应当同时告知相关的居民委员会。

业主委员会应当做好业主大会会议记录。

第十五条　业主委员会执行业主大会的决定事项，履行下列职责：

（一）召集业主大会会议，报告物业管理的实施情况；

（二）代表业主与业主大会选聘的物业服务企业签订物业服务合同；

（三）及时了解业主、物业使用人的意见和建议，监督和协助物业服务企业履行物业服务合同；

（四）监督管理规约的实施；

（五）业主大会赋予的其他职责。

第十六条　业主委员会应当自选举产生之日起30日内，向物业所在地的区、县人民政府房地产行政主管部门和街道办事处、乡镇人民政府备案。

业主委员会委员应当由热心公益事业、责任心强、具有一定组织能力的业主担任。

业主委员会主任、副主任在业主委员会成员中推选产生。

第十七条　管理规约应当对有关物业的使用、维护、管理，业主的共同利益，业主应当履行的义务，违反管理规约应当承担的责任等事项依法作出约定。

管理规约应当尊重社会公德，不得违反法律、法规或者损害社会公共利益。

管理规约对全体业主具有约束力。

第十八条　业主大会议事规则应当就业主大会的议事方式、表决程序、业主委员会的组成和成员任期等事项作出约定。

第十九条　业主大会、业主委员会应当依法履行职责，不得作出与物业管理无关的决定，不得从事与物业管理无关的活动。

业主大会、业主委员会作出的决定违反法律、法规的，物业所在地的区、县人民政府房地产行政主管部门或者街道办事处、乡镇人民政府，应当责令限期改正或者撤销其决定，并通告全体业主。

第二十条　业主大会、业主委员会应当配合公安机关，与居民委员会相互协作，共同做好维护物业管理区域内的社会治安等相关工作。

在物业管理区域内，业主大会、业主委员会应当积极配合相关居民委员会依法履行自治管理职责，支持居民委员会开展工作，并接受其指导和监督。

住宅小区的业主大会、业主委员会作出的决定，应当告知相关的居民委员会，并认真听取居民委员会的建议。

第三章　前期物业管理

第二十一条　在业主、业主大会选聘物业服务企业之前，建设单位选聘物业服务企业的，应当签订书面的前期物业服务合同。

第二十二条　建设单位应当在销售物业之前，制定临时管理规约，对有关物业的使用、维护、管理，业主的共同利益，业主应当履行的义务，违反临时管理规约应当承担的责任等事项依法作出约定。

建设单位制定的临时管理规约，不得侵害物业买受人的合法权益。

第二十三条　建设单位应当在物业销售前将临时管理规约向物业买受人明示，并予以说明。

物业买受人在与建设单位签订物业买卖合同时，应当对遵守临时管理规约予以书面承诺。

第二十四条　国家提倡建设单位按照房地产开发与物业管理相分离的原则，通过招投标的方式选聘具有相应资质的物业服务企业。

住宅物业的建设单位，应当通过招投标的方式选聘具有相应资质的物业服务企业；投标人少于3个或者住宅规模较小的，经物业所在地的区、县人民政府房地产行政主管部门批准，可以采用协议方式选聘具有相应资质的物业服务企业。

第二十五条　建设单位与物业买受人签订的买卖合同应当包含前期物业服务合同约定的内容。

第二十六条　前期物业服务合同可以约定期限；但是，期限未满、业主委员会与物业服务企业签订的物业服务合同生效的，前期物业服务合同终止。

第二十七条　业主依法享有的物业共用部位、共用设施设备的所有权或者使用权，建设单位不得擅自处分。

第二十八条　物业服务企业承接物业时，应当对物业共用部位、共用设施设备进行查验。

第二十九条　在办理物业承接验收手续时，建设单位应当向物业服务企业移交下列资料：

（一）竣工总平面图，单体建筑、结构、设备竣工图，配套设施、地下管网工程竣工图等竣工验收资料；

（二）设施设备的安装、使用和维护保养等技术资料；

（三）物业质量保修文件和物业使用说明文件；

（四）物业管理所必需的其他资料。

物业服务企业应当在前期物业服务合同终止时将上述资料移交给业主委员会。

第三十条　建设单位应当按照规定在物业管理区域内配置必要的物业管理用房。

第三十一条　建设单位应当按照国家规定的保修期限和保修范围，承担物业的保修责任。

第四章　物业管理服务

第三十二条　从事物业管理活动的企业应当具有独立的法人资格。

国家对从事物业管理活动的企业实行资质管理制度。具体办法由国务院建设行政主管部门制定。

第三十三条　从事物业管理的人员应当按照国家有关规定，取得职业资格证书。

第三十四条　一个物业管理区域由一个物业服务企业实施物业管理。

第三十五条　业主委员会应当与业主大会选聘的物业服务企业订立书面的物业服务合同。

物业服务合同应当对物业管理事项、服务质量、服务费用、双方的权利义务、专项维修资金的管理与使用、物业管理用房、合同期限、违约责任等内容进行约定。

第三十六条　物业服务企业应当按照物业服务合同的约定，提供相应的服务。

物业服务企业未能履行物业服务合同的约定，导致业主人身、财产安全受到损害的，应当依法承担相应的法律责任。

第三十七条　物业服务企业承接物业时，应当与业主委员会办理物业验收手续。

业主委员会应当向物业服务企业移交本条例第二十九条第一款规定的资料。

第三十八条　物业管理用房的所有权依法属于业主。未经业主大会同意，物业服务企业不得改变物业管理用房的用途。

第三十九条　物业服务合同终止时，物业服务企业应当将物业管理用房和本条例第二十九条第一款规定的资料交还给业主委员会。

物业服务合同终止时，业主大会选聘了新的物业服务企业的，物业服务企业之间应当做好交接工作。

第四十条　物业服务企业可以将物业管理区域内的专项服务业务委托给专业性服务企业，但不得将该区域内的全部物业管理一并委托给他人。

第四十一条　物业服务收费应当遵循合理、公开以及费用与服务水平相适应的原则，区别不同物业的性质和特点，由业主和物业服务企业按照国务院价格主管部门会同国务院建设行政主管部门制定的物业服务收费办法，在物业服务合同中约定。

第四十二条　业主应当根据物业服务合同的约定交纳物业服务费用。业主与物业使用人约定由物业使用人交纳物业服务费用的，从其约定，业主负连带交纳责任。

已竣工但尚未出售或者尚未交给物业买受人的物业，物业服务费用由建设单位交纳。

第四十三条　县级以上人民政府价格主管部门会同同级房地产行政主管部门，应当加强对物业服务收费的监督。

第四十四条　物业服务企业可以根据业主的委托提供物业服务合同约定以外的服务项目，服务报酬由双方约定。

第四十五条　物业管理区域内，供水、供电、供气、供热、通信、有线电视等单位应当向最终用户收取有关费用。

物业服务企业接受委托代收前款费用的，不得向业主收取手续费等额外费用。

第四十六条　对物业管理区域内违反有关治安、环保、物业装饰装修和使用等方面法律、法规规定的行为，物业服务企业应当制止，并及时向有关行政管理部门报告。

有关行政管理部门在接到物业服务企业的报告后，应当依法对违法行为予以制止或者依法处理。

第四十七条　物业服务企业应当协助做好物业管理区域内的安全防范工作。发生安全事故时，物业服务企业在采取应急措施的同时，应当及时向有关行政管理部门报告，协助做好救助工作。

物业服务企业雇请保安人员的，应当遵守国家有关规定。保安人员在维护物业管理区域内的公共秩序时，应当履行职责，不得侵害公民的合法权益。

第四十八条　物业使用人在物业管理活动中的权利义务由业主和物业使用人约定，但不得违反法律、法规和管理规约的有关规定。

物业使用人违反本条例和管理规约的规定，有关业主应当承担连带责任。

第四十九条　县级以上地方人民政府房地产行政主管部门应当及时处理业主、业主委员会、物业使用人和物业服务企业在物业管理活动中的投诉。

第五章　物业的使用与维护

第五十条　物业管理区域内按照规划建设的公共建筑和共用设施，不得改变用途。

业主依法确需改变公共建筑和共用设施用途的，应当在依法办理有关手续后告知物业服务企业；物业服务企业确需改变公共建筑和共用设施用途的，应当提请业主大会讨论决定同意后，由业主依法办理有关手续。

第五十一条　业主、物业服务企业不得擅自占用、挖掘物业管理区域内的道路、场地，损害业主的共同利益。

因维修物业或者公共利益，业主确需临时占用、挖掘道路、场地的，应当征得业主委员会和物业服务企业的同意；物业服务企业确需临时占用、挖掘道路、场地的，应当征得业主委员会的同意。

业主、物业服务企业应当将临时占用、挖掘的道路、场地，在约定期限内恢复原状。

第五十二条　供水、供电、供气、供热、通信、有线电视等单位，应当依法承担物业管理区域内相关管线和设施设备维修、养护的责任。

前款规定的单位因维修、养护等需要，临时占用、挖掘道路、场地的，应当及时恢复原状。

第五十三条　业主需要装饰装修房屋的，应当事先告知物业服务企业。

物业服务企业应当将房屋装饰装修中的禁止行为和注意事项告知业主。

第五十四条　住宅物业、住宅小区内的非住宅物业或者与单幢住宅楼结构相连的非住宅物业的业主，应当按照国家有关规定交纳专项维修资金。

专项维修资金属于业主所有，专项用于物业保修期满后物业共用部位、共用设施设备的维修和更新、改造，不得挪作他用。

专项维修资金收取、使用、管理的办法由国务院建设行政主管部门会同国务院财政部门制定。

第五十五条　利用物业共用部位、共用设施设备进行经营的，应当在征得相关业主、业主大会、物业服务企业的同意后，按照规定办理有关手续。业主所得收益应当主要用于补充专项维修资金，也可以按照业主大会的决定使用。

第五十六条　物业存在安全隐患，危及公共利益及他人合法权益时，责任人应当及时维修养护，有关业主应当给予配合。

责任人不履行维修养护义务的，经业主大会同意，可以由物业服务企业维修养护，费用由责任人承担。

第六章　法律责任

第五十七条　违反本条例的规定，住宅物业的建设单位未通过招投标的方式选聘物业服务企业或者未经批准，擅自采用协议方式选聘物业服务企业的，由县级以上地方人民政府房地产行政主管部门责令限期改正，给予警告，可以并处10万元以下的罚款。

第五十八条　违反本条例的规定，建设单位擅自处分属于业主的物业共用部位、共用设施设备的所有权或者使用权的，由县级以上地方人民政府房地产行政主管部门处5万元以上20万元以下的罚款；给业主造成损失的，依法承担赔偿责任。

第五十九条　违反本条例的规定，不移交有关资料的，由县级以上地方人民政府房地产行政主管部门责令限期改正；逾期仍不移交有关资料的，对建设单位、物业服务企业予以通报，处1万元以上10万元以下的罚款。

第六十条　违反本条例的规定，未取得资质证书从事物业管理的，由县级以上地方人民政府房地产行政主管部门没收违法所得，并处5万元以上20万元以下的罚款；给业主造成损失的，依法承担赔偿责任。

以欺骗手段取得资质证书的，依照本条第一款规定处罚，并由颁发资质证书的部门吊销资质证书。

第六十一条　违反本条例的规定，物业服务企业聘用未取得物业管理职业资格证书的人员从事物业管理活动的，由县级以上地方人民政府房地产行政主管部门责令停止违法行为，处5万元以上20万元以下的罚款；给业主造成损失的，依法承担赔偿责任。

第六十二条　违反本条例的规定，物业服务企业将一个物业管理区域内的全部物业管理一并委托给他人的，由县级以上地方人民政府房地产行政主管部门责令限期改正，处委托合同价款30%以上50%以下的罚款；情节严重的，由颁发资质证书的部门吊销资质证书。委托所得收益，用于物业管理区域内物业共用部位、共用设施设备的维修、养护，剩余部分按照业主大会的决定使用；给业主造成损失的，依法承担赔偿责任。

第六十三条　违反本条例的规定，挪用专项维修资金的，由县级以上地方人民政府房地产行政主管部门追回挪用的专项维修资金，给予警告，没收违法所得，可以并处挪用数额2倍以下的罚款；物业服务企业挪用专项维修资金，情节严重的，并由颁发资质证书的部门吊销资质证书；构成犯罪的，依法追究直接负责的主管人员和其他直接责任人员的刑事责任。

第六十四条　违反本条例的规定，建设单位在物业管理区域内不按照规定配置必要的物业管理用房的，由县级以上地方人民政府房地产行政主管部门责令限期改正，给予警告，没收违法所得，并处10万元以上50万元以下的罚款。

第六十五条　违反本条例的规定，未经业主大会同意，物业服务企业擅自改变物业管理用房的用途的，由县级以上地方人民政府房地产行政主管部门责令限期改正，给予警告，并处1万元以上10万元以下的罚款；有收益的，所得收益用于物业管理区域内物业共用部位、共用设施设备的维修、养护，剩余部分按照业主大会的决定使用。

第六十六条　违反本条例的规定，有下列行为之一的，由县级以上地方人民政府房地产行政主管部门责令限期改正，给予警告，并按照本条第二款的规定处以罚款；所得收益，用于物业管理区域内物业共用部位、共用设施设备的维修、养护，剩余部分按照业主大会的决定使用：

（一）擅自改变物业管理区域内按照规划建设的公共建筑和共用设施用途的；

（二）擅自占用、挖掘物业管理区域内道路、场地，损害业主共同利益的；

（三）擅自利用物业共用部位、共用设施设备进行经营的。

个人有前款规定行为之一的，处1000元以上1万元以下的罚款；单位有前款规定行为之一的，处5万元以上20万元以下的罚款。

第六十七条　违反物业服务合同约定，业主逾期不交纳物业服务费用的，业主委员会应当督促其限期交纳；逾期仍不交纳的，物业服务企业可以向人民法院起诉。

第六十八条　业主以业主大会或者业主委员会的名义，从事违反法律、法规的活动，构成犯罪的，依法追究刑事责任；尚不构成犯罪的，依法给予治安管理处罚。

第六十九条　违反本条例的规定，国务院建设行政主管部门、县级以上地方人民政府房地产行政主管部门或者其他有关行政管理部门的工作人员利用职务上的便利，收受他人财物或者其他好处，不依法履行监督管理职责，或者发现违法行为不予查处，构成犯罪的，依法追究刑事责任；尚不构成犯罪的，依法给予行政处分。

第七章　附　　则

第七十条　本条例自2003年9月1日起施行。

四、部门规章、重要文件

外商投资建设工程服务企业管理规定

（2007年1月22日中华人民共和国建设部、中华人民共和国商务部令第155号发布）

第一条　为进一步扩大对外开放，规范对外商投资建设工程服务企业的管理，根据《中华人民共和国建筑法》、《中华人民共和国招标投标法》、《中华人民共和国中外合资经营企业法》、《中华人民共和国中外合作经营企业法》、《中华人民共和国外资企业法》、《建设工程质量管理条例》等法律、行政法规，制定本规定。

第二条　在中华人民共和国境内设立外商投资建设工程服务企业，申请外商投资建设工程服务企业资质，实施对外商投资建设工程服务企业的监督管理，适用本规定。

第三条　本规定所称外商投资建设工程服务企业，是指在中华人民共和国境内依法设立，并取得相应资质的中外合资经营建设工程服务企业、中外合作经营建设工程服务企业和外资建设工程服务企业。

本规定所称建设工程服务，包括建设工程监理、工程招标代理和工程造价咨询。

第四条　外国投资者在中华人民共和国境内设立外商投资建设工程服务企业，从事建设工程服务活动，应当依法取得商务主管部门颁发的外商投资企业批准证书，经工商行政管理部门注册登记，并取得建设主管部门颁发的相应建设工程服务企业资质证书。

第五条　外商投资建设工程服务企业从事建设工程服务活动，应当遵守中华人民共和国法律、法规、规章。

外商投资建设工程服务企业在中华人民共和国境内的合法经营活动及合法权益受中华人民共和国法律、法规、规章的保护。

第六条　国务院商务主管部门及其依法授权的省、自治区、直辖市人民政府商务主管部门负责外商投资建设工程服务企业设立的管理工作。

国务院建设主管部门负责外商投资建设工程服务企业资质的管理工作；省、自治区、直辖市人民政府建设主管部门按照本规定负责本行政区域内外商投资建设工程服务企业资质的管理工作。

第七条　外商投资建设工程服务企业的设立由国务院商务主管部门授权的省、自治区、直辖市人民政府商务主管部门审批。

申请外商投资建设工程服务企业甲资质的，由国务院建设主管部门审批；申请外商投资建设工程服务企业乙级或者乙级以下资质的，由省、自治区、直辖市人民政府建设主管部门审批。

第八条　设立外商投资建设工程服务企业，申请外商投资建设工程服务企业资质的程序：

（一）申请者向拟设立企业所在地的省、自治区、直辖市人民政府商务主管部门提出设立申请。

（二）省、自治区、直辖市人民政府商务主管部门在受理申请之日起5日内将申请材料送省、自治区、直辖市人民政府建设主管部门征求意见。

（三）省、自治区、直辖市人民政府建设主管部门在收到征求意见函之日起10日内提出书面意见。省、自治区、直辖市人民政府商务主管部门在收到建设主管部门书面意见之日起30日内作出批准或者不予批准的书面决定。予以批准的，发给外商投资企业批准证书；不予批准的，书面说明理由。

（四）取得外商投资企业批准证书的，应当在30日内到登记主管机关办理企业登记注册。

（五）取得企业法人营业执照后，申请外商投资建设工程服务企业资质的，按照有关资质管理规定办理。

第九条　省、自治区、直辖市人民政府建设主管部门审批的外商投资建设工程服务企业资质，应当在批准之日起30日内报国务院建设主管部门备案。

第十条　申请设立外商投资建设工程服务企业应当向省、自治区、直辖市人民政府商务主管部门提交以下资料：

（一）外商投资建设工程服务企业设立申请书；

（二）外商投资建设工程服务企业合同和章程（中，设立外资建设工程服务企业的只提供章程）；

（三）企业名称预先核准通知书；

（四）投资方注册（登记）证明、投资方银行资信证明；

（五）投资方拟派出的董事长、董事会成员、经理、工程技术负责人等任职文件及证明文件；

（六）经注册会计师审计或者会计事务所审计的投资方最近三年的资产负债表和损益表，投资方成立不满三年的，按照其实际成立年份提供相应的资产负债表和损益表。

第十一条　申请外商投资建设工程服务企业资质，应当向建设主管部门提交以下资料：

（一）外商投资建设工程服务企业资质申请表；

（二）外商投资企业批准证书；

（三）企业法人营业执照；

（四）投资方在其所在国或者地区的注册（登记）证明、相关业绩证明、银行资信证明；

（五）经注册会计师或者会计师事务所审计的投资方最近三年的资产负债表和损益表，投资方成立不满三年的，按照其成立年限提供相应的资产负债表和损益表；

（六）建设工程监理、工程招标代理或工程造价咨询企业资质管理规定要求提交的其他资料。

第十二条　本规定要求申请者提交的主要资料应当使用中文，证明文件原件是外文的，应当提供中文译本。

第十三条　申请设立外商投资建设工程服务企业的外方投资者，应当是在其所在国从事相应工程服务的企业、其他经济组织或者注册专业技术人员。

第十四条　申请外商投资建设工程服务企业资质，应当符合相应的建设工程监理、工程招标代理和工程造价咨询企业资质标准要求的条件。

第十五条　外商投资建设工程服务企业申请晋升资质等级或者申请增加其他建设工程服务企业资质，应当依照有关规定到建设主管部门办理相关手续。

第十六条　外商投资建设工程服务企业变更合同、章程条款的，应当到省、自治区、直辖市人民政府商务主管部门办理相关手续。

第十七条　外商投资建设工程服务企业在中华人民共和国境内从事建设工程服务活动，违反《中华人民共和国建筑法》、《中华人民共和国招标投标法》、《建设工程质量管理条例》等有关法律、法规和相关资质管理规定的，依照有关规定进行处罚。

第十八条　香港特别行政区、澳门特别行政区和台湾地区的投资者在其他省、自治区、直辖市内投资设立建设工程服务企业，从事建设工程服务活动，参照本规定执行，法律、法规、国务院另有规定的除外。

第十九条　本规定由国务院建设主管部门和国务院商务主管部门负责解释。

第二十条　本规定自2007年3月26日起施行。

建筑业企业资质管理规定

（2007年6月26日中华人民共和国建设部部令第159号发布）

第一章 总 则

第一条 为了加强对建筑活动的监督管理，维护公共利益和建筑市场秩序，保证建设工程质量安全，根据《中华人民共和国建筑法》、《中华人民共和国行政许可法》、《建设工程质量管理条例》、《建设工程安全生产管理条例》等法律、行政法规，制定本规定。

第二条 在中华人民共和国境内申请建筑业企业资质，实施对建筑业企业资质监督管理，适用本规定。

本规定所称建筑业企业，是指从事土木工程、建筑工程、线路管道设备安装工程、装修工程的新建、扩建、改建等活动的企业。

第三条 建筑业企业应当按照其拥有的注册资本、专业技术人员、技术装备和已完成的建筑工程业绩等条件申请资质，经审查合格，取得建筑业企业资质证书后，方可在资质许可的范围内从事建筑施工活动。

第四条 国务院建设主管部门负责全国建筑业企业资质的统一监督管理。国务院铁路、交通、水利、信息产业、民航等有关部门配合国务院建设主管部门实施相关资质类别建筑业企业资质的管理工作。

省、自治区、直辖市人民政府建设主管部门负责本行政区域内建筑业企业资质的统一监督管理。省、自治区、直辖市人民政府交通、水利、信息产业等有关部门配合同级建设主管部门实施本行政区域内相关资质类别建筑业企业资质的管理工作。

第二章 资质序列、类别和等级

第五条 建筑业企业资质分为施工总承包、专业承包和劳务分包三个序列。

第六条 取得施工总承包资质的企业（以下简称施工总承包企业），可以承接施工总承包工程。施工总承包企业可以对所承接的施工总承包工程内各专业工程全部自行施工，也可以将专业工程或劳务作业依法分包给具有相应资质的专业承包企业或劳务分包企业。

取得专业承包资质的企业（以下简称专业承包企业），可以承接施工总承包企业分包的专业工程和建设单位依法发包的专业工程。专业承包企业可以对所承接的专业工程全部自行施工，也可以将劳务作业依法分包给具有相应资质的劳务分包企业。

取得劳务分包资质的企业（以下简称劳务分包企业），可以承接施工总承包企业或专业承包企业分包的劳务作业。

第七条 施工总承包资质、专业承包资质、劳务分包资质序列按照工程性质和技术特点分别划分为若干资质类别。各资质类别按照规定的条件划分为若干资质等级。

第八条 建筑业企业资质等级标准和各类别等级资质企业承担工程的具体范围，由国务院建设主管部门会同国务院有关部门制定。

第三章 资质许可

第九条 下列建筑业企业资质的许可，由国务院建设主管部门实施：

（一）施工总承包序列特级资质、一级资质；

（二）国务院国有资产管理部门直接监管的企业及其下属一层级的企业的施工总承包二级资质、三级资质；

（三）水利、交通、信息产业方面的专业承包序列一级资质；

（四）铁路、民航方面的专业承包序列一级、二级资质；

（五）公路交通工程专业承包不分等级资质、城市轨道交通专业承包不分等级资质。

申请前款所列资质的，应当向企业工商注册所在地省、自治区、直辖市人民政府建设主管部门提出申请。其中，国务院国有资产管理部门直接监管的企业及其下属一层级的企业，应当由国务院国有资产管理部门直接监管的企业向国务院建设主管部门提出申请。

省、自治区、直辖市人民政府建设主管部门应当自受理申请之日起20日内初审完毕并将初审意见和申请材料报国务院建设主管部门。

国务院建设主管部门应当自省、自治区、直辖市人民政府建设主管部门受理申请材料之日起60日内完成审查，公示审查意见，公示时间为10日。其中，涉及铁路、交通、水利、信息产业、民航等方面的建筑业企业资质，由国务院建设主管部门送国务院有关部门审核，国务院有关部门在20日内审核完毕，并将审核意见送国务院建设主管部门。

第十条 下列建筑业企业资质许可，由企业工商注册所在地省、自治区、直辖市人民政府建设主管部门实施：

（一）施工总承包序列二级资质（不含国务院国有资产管理部门直接监管的企业及其下属一层级的企业的施工总承包序列二级资质）；

（二）专业承包序列一级资质（不含铁路、交通、水利、信息产业、民航方面的专业承包序列一级资质）；

（三）专业承包序列二级资质（不含民航、铁路方面的专业承包序列二级资质）；

（四）专业承包序列不分等级资质（不含公路交通工程专业承包序列和城市轨道交通专业承包序列的不分等级资质）。

前款规定的建筑业企业资质许可的实施程序由省、自治区、直辖市人民政府建设主管部门依法确定。

省、自治区、直辖市人民政府建设主管部门应当自作出决定之日起30日内，将准予资质许可的决定报国务院建设主管部门备案。

第十一条 下列建筑业企业资质许可，由企业工商注册所在地设区的市人民政府建设主管部门实施：

（一）施工总承包序列三级资质（不含国务院国有资产管理部门直接监管的企业及其下属一层级的企业的施工总承包三级资质）；

（二）专业承包序列三级资质；

（三）劳务分包序列资质；

（四）燃气燃烧器具安装、维修企业资质。

前款规定的建筑业企业资质许可的实施程序由省、自治区、直辖市人民政府建设主管部门依法确定。

企业工商注册所在地设区的市人民政府建设主管部门应当自作出决定之日起30日内，将准予资质许可的决定通过省、自治区、直辖市人民政府建设主管部门，报国务院建设主管部门备案。

第十二条　建筑业企业资质证书分为正本和副本，正本一份，副本若干份，由国务院建设主管部门统一印制，正、副本具备同等法律效力。资质证书有效期为5年。

第十三条　建筑业企业可以申请一项或多项建筑业企业资质；申请多项建筑业企业资质的，应当选择等级最高的一项资质为企业主项资质。

第十四条　首次申请或者增项申请建筑业企业资质，应当提交以下材料：

（一）建筑业企业资质申请表及相应的电子文档；

（二）企业法人营业执照副本；

（三）企业章程；

（四）企业负责人和技术、财务负责人的身份证明、职称证书、任职文件及相关资质标准要求提供的材料；

（五）建筑业企业资质申请表中所列注册执业人员的身份证明、注册执业证书；

（六）建筑业企业资质标准要求的非注册的专业技术人员的职称证书、身份证明及养老保险凭证；

（七）部分资质标准要求企业必须具备的特殊专业技术人员的职称证书、身份证明及养老保险凭证；

（八）建筑业企业资质标准要求的企业设备、厂房的相应证明；

（九）建筑业企业安全生产条件有关材料；

（十）资质标准要求的其他有关材料。

第十五条　建筑业企业申请资质升级的，应当提交以下材料：

（一）本规定第十四条第（一）、（二）、（四）、（五）、（六）、（八）、（十）项所列资料；

（二）企业原资质证书副本复印件；

（三）企业年度财务、统计报表；

（四）企业安全生产许可证副本；

（五）满足资质标准要求的企业工程业绩的相关证明材料。

第十六条　资质有效期届满，企业需要延续资质证书有效期的，应当在资质证书有效期届满60日前，申请办理资质延续手续。

对在资质有效期内遵守有关法律、法规、规章、技术标准，信用档案中无不良行为记录，且注册资本、专业技术人员满足资质标准要求的企业，经资质许可机关同意，有效期延续5年。

第十七条　建筑业企业在资质证书有效期内名称、地址、注册资本、法定代表人等发生变更的，应当在工商部门办理变更手续后30日内办理资质证书变更手续。

由国务院建设主管部门颁发的建筑业企业资质证书，涉及企业名称变更的，应当向企业工商注册所在地省、自治区、直辖市人民政府建设主管部门提出变更申请，省、自治区、直辖市人民政府建设主管部门应当自受理申请之日起2日内将有关变更证明材料报国务院建设主管部门，由国务院建设主管部门在2日内办理变更手续。

前款规定以外的资质证书变更手续，由企业工商注册所在地的省、自治区、直辖市人民政府建设主管部门或者设区的市人民政府建设主管部门负责办理。省、自治区、直辖市人民政府建设主管部门或者设区的市人民政府建设主管部门应当自受理申请之日起2日内办理变更手续，并在办理资质证书变更手续后15日内将变更结果报国务院建设主管部门备案。

涉及铁路、交通、水利、信息产业、民航等方面的建筑业企业资质证书的变更，办理变更手续的建设主管部门应当将企业资质变更情况告知同级有关部门。

第十八条　申请资质证书变更，应当提交以下材料：

（一）资质证书变更申请；

（二）企业法人营业执照复印件；

（三）建筑业企业资质证书正、副本原件；

（四）与资质变更事项有关的证明材料。

企业改制的，除提供前款规定资料外，还应当提供改制重组方案、上级资产管理部门或者股东大会的批准决定、企业职工代表大会同意改制重组的决议。

第十九条　企业首次申请、增项申请建筑业企业资质，不考核企业工程业绩，其资质等级按照最低资质等级核定。

已取得工程设计资质的企业首次申请同类别或相近类别的建筑业企业资质的，可以将相应规模的工程总承包业绩作为工程业绩予以申报，但申请资质等级最高不超过其现有工程设计资质等级。

第二十条　企业合并的，合并后存续或者新设立的建筑业企业可以承继合并前各方中较高的资质等级，但应当符合相应的资质等级条件。

企业分立的，分立后企业的资质等级，根据实际达到的资质条件，按照本规定的审批程序核定。

企业改制的，改制后不再符合资质标准的，应按其实际达到的资质标准及本规定申请重新核定；资质条件不发生变化的，按本规定第十八条办理。

第二十一条　取得建筑业企业资质的企业，申请资质升级、资质增项，在申请之日起前一年内有下列情形之一的，资质许可机关不予批准企业的资质升级申请和增项申请：

（一）超越本企业资质等级或以其他企业的名义承揽工程，或允许其他企业或个人以本企业的名义承揽工程的；

（二）与建设单位或企业之间相互串通投标，或以行贿等不正当手段谋取中标的；

（三）未取得施工许可证擅自施工的；

（四）将承包的工程转包或违法分包的；

（五）违反国家工程建设强制性标准的；

（六）发生过较大生产安全事故或者发生过两起以上一般生产安全事故；

（七）恶意拖欠分包企业工程款或者农民工工资的；

（八）隐瞒或谎报、拖延报告工程质量安全事故或破坏事故现场、阻碍对事故调查的；

（九）按照国家法律、法规和标准规定需要持证上岗的技术工种的作业人员未取得证书上岗，情节严重的；

（十）未依法履行工程质量保修义务或拖延履行保修义务，造成严重后果的；

（十一）涂改、倒卖、出租、出借或者以其他形式非法转让建筑业企业资质证书；

（十二）其它违反法律、法规的行为。

第二十二条　企业领取新的建筑业企业资质证书时，应当将原资质证书交回原发证机关予以注销。

企业需增补（含增加、更换、遗失补办）建筑业企业资质证书的，应当持资质证书增补申请等材料向资质许可机关申请办理。遗失资质证书的，在申请补办前应当在公众媒体上刊登遗失声明。资质许可机关应当在2日内办理完毕。

第四章 监督管理

第二十三条 县级以上人民政府建设主管部门和其他有关部门应当依照有关法律、法规和本规定，加强对建筑业企业资质的监督管理。

上级建设主管部门应当加强对下级建设主管部门资质管理工作的监督检查，及时纠正资质管理中的违法行为。

第二十四条 建设主管部门、其他有关部门履行监督检查职责时，有权采取下列措施：

（一）要求被检查单位提供建筑业企业资质证书、注册执业人员的注册执业证书，有关施工业务的文档，有关质量管理、安全生产管理、档案管理、财务管理等企业内部管理制度的文件；

（二）进入被检查单位进行检查，查阅相关资料；

（三）纠正违反有关法律、法规和本规定及有关规范和标准的行为。

建设主管部门、其他有关部门依法对企业从事行政许可事项的活动进行监督检查时，应当将监督检查情况和处理结果予以记录，由监督检查人员签字后归档。

第二十五条 建设主管部门、其他有关部门在实施监督检查时，应当有两名以上监督检查人员参加，并出示执法证件，不得妨碍企业正常的生产经营活动，不得索取或者收受企业的财物，不得谋取其他利益。

有关单位和个人对依法进行的监督检查应当协助与配合，不得拒绝或者阻挠。

监督检查机关应当将监督检查的处理结果向社会公布。

第二十六条 建筑业企业违法从事建筑活动的，违法行为发生地的县级以上地方人民政府建设主管部门或者其他有关部门应当依法查处，并将违法事实、处理结果或处理建议及时告知该建筑业企业的资质许可机关。

第二十七条 企业取得建筑业企业资质后不再符合相应资质条件的，建设主管部门、其他有关部门根据利害关系人的请求或者依据职权，可以责令其限期改正；逾期不改的，资质许可机关可以撤回其资质。被撤回建筑业企业资质的企业，可以申请资质许可机关按照其实际达到的资质标准，重新核定资质。

第二十八条 有下列情形之一的，资质许可机关或者其上级机关，根据利害关系人的请求或者依据职权，可以撤销建筑业企业资质：

（一）资质许可机关工作人员滥用职权、玩忽职守作出准予建筑业企业资质许可的；

（二）超越法定职权作出准予建筑业企业资质许可的；

（三）违反法定程序作出准予建筑业企业资质许可的；

（四）对不符合许可条件的申请人作出准予建筑业企业资质许可的；

（五）依法可以撤销资质证书的其他情形。

以欺骗、贿赂等不正当手段取得建筑业企业资质证书的，应当予以撤销。

第二十九条 有下列情形之一的，资质许可机关应当依法注销建筑业企业资质，并公告其资质证书作废，建筑业企业应当及时将资质证书交回资质许可机关：

（一）资质证书有效期届满，未依法申请延续的；

（二）建筑业企业依法终止的；

（三）建筑业企业资质依法被撤销、撤回或吊销的；

（四）法律、法规规定的应当注销资质的其他情形。

第三十条 有关部门应当将监督检查情况和处理意见及时告知资质许可机关。资质许可机关应当将涉及有关铁路、交通、水利、信息产业、民航等方面的建筑业企业资质被撤回、撤销和注销的情况告知同级有关部门。

第三十一条 企业应当按照有关规定，向资质许可机关提供真实、准确、完整的企业信用档案信息。

企业的信用档案应当包括企业基本情况、业绩、工程质量和安全、合同履约等情况。被投诉举报和处理、行政处罚等情况应当作为不良行为记入其信用档案。

企业的信用档案信息按照有关规定向社会公示。

第五章 法律责任

第三十二条 申请人隐瞒有关情况或者提供虚假材料申请建筑业企业资质的，不予受理或者不予行政许可，并给予警告，申请人在1年内不得再次申请建筑业企业资质。

第三十三条 以欺骗、贿赂等不正当手段取得建筑业企业资质证书的，由县级以上地方人民政府建设主管部门或者有关部门给予警告，并依法处以罚款，申请人3年内不得再次申请建筑业企业资质。

第三十四条 建筑业企业有本规定第二十一条行为之一，《中华人民共和国建筑法》、《建设工程质量管理条例》和其他有关法律、法规对处罚机关和处罚方式有规定的，依照法律、法规的规定执行；法律、法规未作规定的，由县级以上地方人民政府建设主管部门或者其他有关部门给予警告，责令改正，并处1万元以上3万元以下的罚款。

第三十五条 建筑业企业未按照本规定及时办理资质证书变更手续的，由县级以上地方人民政府建设主管部门责令限期办理；逾期不办理的，可处以1000元以上1万元以下的罚款。

第三十六条 建筑业企业未按照本规定要求提供建筑业企业信用档案信息的，由县级以上地方人民政府建设主管部门或者其他有关部 门给予警告，责令限期改正；逾期未改正的，可处以1000元以上1万元以下的罚款。

第三十七条 县级以上地方人民政府建设主管部门依法给予建筑业企业行政处罚的，应当将行政处罚决定以及给予行政处罚的事实、理由和依据，报国务院建设主管部门备案。

第三十八条 建设主管部门及其工作人员，违反本规定，有下列情形之一的，由其上级行政机关或者监察机关责令改正；情节严重的，对直接负责的主管人员和其他直接责任人员，依法给予行政处分：

（一）对不符合条件的申请人准予建筑业企业资质许可的；

（二）对符合条件的申请人不予建筑业企业资质许可或者不在法定期限内作出准予许可决定的；

（三）对符合条件的申请不予受理或者未在法定期限内初审完毕的；

（四）利用职务上的便利，收受他人财物或者其他好处的；

（五）不依法履行监督管理职责或者监督不力，造成严重后果的。

第六章 附 则

第三十九条 取得建筑业企业资质证书的企业，可以从事资质许可范围相应等级的建设工程总承包业务，可以从事项目管理和相关的技术与管理服务。

第四十条 本规定自2007年9月1日起施行。2001年4月18日建设部颁布的《建筑业企业资质管理规定》（建设部令第87号）同时废止。

关于印发《施工总承包企业特级资质标准》的通知

建市[2007]72号

各省、自治区建设厅，直辖市建委，山东、江苏省建管局，国务院有关部门建设司，总后营房部工程局，新疆生产建设兵团建设局：

为规范对施工总承包特级企业的资质管理，引导企业成为技术含量高，融资能力强，管理水平高的龙头企业，促进建筑业企业向工程总承包发展，我们组织对《建筑业企业资质等级标准》（建建[2001]82号）中施工总承包特级资质标准进行了修订。现将修订后的《施工总承包企业特级资质标准》印发给你们，请遵照执行。

本标准自颁布之日起施行，原《建筑业企业资质等级标准》（建建[2001]82号）中施工总承包特级资质标准同时废止。

中华人民共和国建设部
二〇〇七年三月十三日

施工总承包企业特级资质标准

申请特级资质，必须具备以下条件：

一、企业资信能力

1、企业注册资本金3亿元以上。

2、企业净资产3.6亿元以上。

3、企业近三年上缴建筑业营业税均在5000万元以上。

4、企业银行授信额度近三年均在5亿元以上。

二、企业主要管理人员和专业技术人员要求

1、企业经理具有10年以上从事工程管理工作经历。

2、技术负责人具有15年以上从事工程技术管理工作经历，且具有工程序列高级职称及一级注册建造师或注册工程师执业资格；主持完成过两项及以上施工总承包一级资质要求的代表工程的技术工作或甲级设计资质要求的代表工程或合同额2亿元以上的工程总承包项目。

3、财务负责人具有高级会计师职称及注册会计师资格。

4、企业具有注册一级建造师（一级项目经理）50人以上。

5、企业具有本类别相关的行业工程设计甲级资质标准要求的专业技术人员。

三、科技进步水平

1、企业具有省部级（或相当于省部级水平）及以上的企业技术中心。

2、企业近三年科技活动经费支出平均达到营业额的0.5%以上。

3、企业具有国家级工法3项以上；近五年具有与工程建设相关的，能够推动企业技术进步的专利3项以上，累计有效专利8项以上，其中至少有一项发明专利。

4、企业近十年获得过国家级科技进步奖项或主编过工程建设国家或行业标准。

5、企业已建立内部局域网或管理信息平台，实现了内部办公、信息发布、数据交换的网络化；已建立并开通了企业外部网站；使用了综合项目管理信息系统和人事管理系统、工程设计相关软件，实现了档案管理和设计文档管理。

四、代表工程业绩（见附件1）

（一）房屋建筑工程（附 1-1）

（二）公路工程（附 1-2）

（三）铁路工程（附 1-3）

（四）港口与航道工程（附 1-4）

（五）水利水电工程（附 1-5）

（六）电力工程（附 1-6）

（七）矿山工程（附 1-7）

（八）冶炼工程（附 1-8）

（九）石油化工工程（附 1-9）

（十）市政公用工程（附 1-10）

承包范围

1、取得施工总承包特级资质的企业可承担本类别各等级工程施工总承包、设计及开展工程总承包和项目管理业务；

2、取得房屋建筑、公路、铁路、市政公用、港口与航道、水利水电等专业中任意1项施工总承包特级资质和其中2项施工总承包一级资质，即可承接上述各专业工程的施工总承包、工程总承包和项目管理业务，及开展相应设计主导专业人员齐备的施工图设计业务。

3、取得房屋建筑、矿山、冶炼、石油化工、电力等专业中任意1项施工总承包特级资质和其中2项施工总承包一级资质，即可承接上述各专业工程的施工总承包、工程总承包和项目管理业务，及开展相应设计主导专业人员齐备的施工图设计业务。

4、特级资质的企业，限承担施工单项合同额3000万元以上的房屋建筑工程。

附件 1-1

房屋建筑工程施工总承包企业特级资质标准

代表工程业绩

近5年承担过下列5项工程总承包或施工总承包项目中的3项，工程质量合格。

1、高度100米以上的建筑物；

2、28层以上的房屋建筑工程；

3、单体建筑面积5万平方米以上房屋建筑工程；

4、钢筋混凝土结构单跨30米以上的建筑工程或钢结构单跨36米以上房屋建筑工程；

5、单项建安合同额2亿元以上的房屋建筑工程。

附件 1-2

公路工程施工总承包企业特级资质标准

代表工程业绩

近10年承担过下列4项中的3项以上工程的工程总承包、施工总承包或主体工程承包，工程质量合格。

1、累计修建一级以上公路路基100公里以上；

2、累计修建高级路面400万平方米以上；

3、累计修建单座桥长≥500米或单跨跨度≥100米的公路特大桥6座以上；

4、单项合同额2亿元以上的公路工程3个以上。

附件 1-3

铁路工程施工总承包企业特级资质标准

代表工程业绩

近10年承担一级铁路干线综合工程300公里以上或铁路客运专线综合工程100公里以上，并承担下列4项中的2项以上工程的工程总承包、施工总承包或主体工程承包，工程质量合格。

1、长度3000米以上隧道2座；

2、长度500米以上特大桥3座，或长度1000米以上特大桥1座；

3、编组站1个；

4、单项合同额5亿元以上铁路工程2个。

附件 1-4

港口与航道工程施工总承包企业特级资质标准

代表工程业绩

近5年承担过下列11项中的6项以上工程的工程总承包、施工总承包或主体工程承包，工程质量合格。

1、沿海3万吨或内河5000吨级以上码头；

2、5万吨级以上船坞；

3、水深〉5米的防波堤600米以上；

4、沿海5万吨或内河1000吨级以上航道工程；

5、1000吨级以上船闸或300吨级以上升船机；

6、500万立方米以上疏浚工程；

7、400万立方米以上吹填造地工程；

8、15万平方米以上港区堆场工程；

9、1000米以上围堤护岸工程；

10、3万立方米以上水下炸礁、清礁工程；

11、单项合同额沿海2亿元以上或内河8000万元以上的港口与航道工程。

附件 1-5

水利水电工程施工总承包企业特级资质标准

代表工程业绩

近10年承担过下列6项中的3项以上工程的工程总承包、施工总承包或主体工程承包，其中至少有1项是1、2中的工程，工程质量合格。

1、库容10亿立方米以上或坝高80米以上大坝1座，或库容1亿立方米以上或坝高60米以上大坝2座；

2、过闸流量〉3000立方米/秒的拦河闸1座，或过闸流量〉1000立方米/米的拦河闸2座；

3、总装机容量300MW以上水电站1座，或总装机容量100MW以上水电站2座；

4、总装机容量10MW以上灌溉、排水泵站1座，或总装机容量5MW瓦以上灌溉、排水泵站2座；

5、洞径〉8米、长度〉3000米的水工隧洞1个，或洞径〉6米、长度〉2000米的水工隧洞2个；

6、年完成水工混凝土浇筑50万立方米以上或坝体土石方填筑120万立方米以上或岩基灌浆12万米以上或防渗墙成墙8万平方米以上。

附件 1-6

电力工程施工总承包企业特级资质标准

代表工程业绩

近5年承担过下列5项中的2项以上工程的工程总承包、施工总承包或主体工程承包，工程质量合格。

1、累计电站装机容量500万千瓦以上；

2、单机容量60万千瓦机组，或2台单机容量30万千瓦机组，或4台单机容量20万千瓦机组整体工程；

3、单机容量90万千瓦以上核电站核岛或常规岛整体工程；

4、330千伏以上送电线路500公里；

5、330千伏以上电压等级变电站4座。

附件 1-7

矿山工程施工总承包企业特级资质标准

代表工程业绩

近10年承担过下列7项中的3项以上或1-5项中某一项的3倍以上规模工程的工程总承包、施工总承包或主体工程承包，工程质量合格。

1、100万吨/年以上铁矿采、选工程；

2、100万吨/年以上有色砂矿或60万吨/年以上有色脉矿采、选工程；

3、120万吨/年以上煤矿或300万吨/年以上洗煤工程；

4、60万吨/年以上磷矿、硫铁矿或30万吨/年以上铀矿工程；

5、20万吨/年以上石膏矿、石英矿或70万吨/年以上石灰石矿等建材矿山工程；

6、10000米以上巷道工程及100万吨以上尾矿库工程；

7、单项合同额3000万元以上矿山主体工程。

附件 1-8

冶炼工程施工总承包企业特级资质标准

代表工程业绩

近10年承担过下列11项中的4项以上工程的工程总承包、施工总承包或主体工程承包，工程质量合格。

1、年产100万吨以上炼钢或连铸工程（或单座容量120吨以上转炉，90吨以上电炉）；

2、年产80万吨以上轧钢工程；

3、年产100万吨以上炼铁工程（或单座容积1200立方米以上高炉）或烧结机使用面积180平方米以上烧结工程；

4、年产90万吨以上炼焦工程（炭化室高度6米以上焦炉）；

5、小时制氧10000立方米以上制氧工程；

6、年产30万吨以上氧化铝加工工程；

7、年产20万吨以上铜、铝或10万吨以上铅、锌、镍等有色金属冶炼、电解工程；

8、年产5万吨以上有色金属加工工程或生产5000吨以上金属箔材工程；

9、日产2000吨以上窑外分解水泥工程；

10、日产2000吨以上预热器系统或水泥烧成系统工程；

11、日熔量400吨以上浮法玻璃工程。

附件 1-9

石油化工工程施工总承包企业特级资质标准

代表工程业绩

近5年承担过3项以上大型石油化工工程的工程总承包、施工总承包或主体工程承包，工程质量合格。

附件 1-10

市政公用工程施工总承包企业特级资质标准

代表工程业绩

近十年承担过下列7项中的4项市政公用工程的施工总承包或主体工程承包，工程质量合格。

1、累计修建城市道路（含城市主干道、城市快速路、城市环路，不含城际间公路）长度30公里以上；或累计修建城市道路面积200万平方米以上；

2、累计修建直径1米以上的供、排、中水管道（含净宽1米以上方沟）工程30公里以上，或累计修建直径0.3米以上的中、高压燃气管道30公里以上，或累计修建直径0.5米以上的热力管道工程30公里以上；

3、累计修建内径5米以上地铁隧道工程5公里以上，或累计修建地下交通工程3万平米以上，或修建合同额6000万元以上的地铁车站工程3项以上；

4、累计修建城市桥梁工程的桥梁面积15万平方米以上；或累计修建单跨40米以上的城市桥梁5座以上；

5、修建日处理30万吨以上的污水处理厂工程3座以上，或日供水50万吨以上的供水厂工程2座以上；

6、修建合同额5000万元以上的城市生活垃圾处理工程3项以上；

7、合同额8000万元以上的市政综合工程（含城市道路、桥梁、及供水、排水、中水、燃气、热力、电力、通信等管线）总承包项目5项以上，或合同额为2000万美元以上的国（境）外市政公用工程项目1项以上。

关于印发《建设工程勘察设计资质管理规定实施意见》通知

建市[2007]202号

各省、自治区建设厅，直辖市建委，北京市规划委，新疆生产建设兵团建设局，国务院各有关部门建设司，总后基建营房部工程局，国资委管理的有关企业，有关行业协会：

根据《建设工程勘察设计资质管理规定》（建设部令第160号）和《工程设计资质标准》（建市[2007]86号），我部组织制定了《建设工程勘察设计资质管理规定实施意见》，现印发给你们，请遵照执行。执行中有何问题，请与我部建筑市场管理司联系

中华人民共和国建设部
二00七年八月二十一日

建设工程勘察设计资质管理规定实施意见

为实施《建设工程勘察设计资质管理规定》（建设部令第160号）（以下简称新《规定》）和《工程设计资质标准》（建市[2007]86号）（以下简称新《标准》），制定本实施意见。

一、资质申请条件

（一）凡在中华人民共和国境内，依法取得工商行政管理部门颁发的企业法人营业执照的企业，均可申请建设工程勘察、工程设计资质。依法取得合伙企业营业执照的企业，只可申请建筑工程设计事务所资质。

（二）因建设工程勘察未对外开放，资质审批部门不受理外商投资企业（含新成立、改制、重组、合并、并购等）申请建设工程勘察资质。

（三）工程设计综合资质涵盖所有工程设计行业、专业和专项资质。凡具有工程设计综合资质的企业不需单独申请工程设计行业、专业或专项资质证书。

工程设计行业资质涵盖该行业资质标准中的全部设计类型的设计资质。凡具有工程设计某行业资质的企业不需单独申请该行业内的各专业资质证书。

（四）具备建筑工程行业或专业设计资质的企业，可承担相应范围相应等级的建筑装饰工程设计、建筑幕墙工程设计、轻型钢结构工程设计、建筑智能化系统设计、照明工程设计和消防设施工程设计等专项工程设计业务，不需单独申请以上专项工程设计资质。

（五）有下列资质情形之一的，资质审批部门按照升级申请办理：

1．具有工程设计行业、专业、专项乙级资质的企业，申请与其行业、专业、专项资质对应的甲级资质的；

2．具有工程设计行业乙级资质或专业乙级资质的企业，申请现有资质范围内的一个或多个专业甲级资质的；

3．具有工程设计某行业或专业甲、乙级资质的企业，其本行业和本专业工程设计内容中包含了某专项工程设计内容，申请相应的专项甲级资质的；

4．具有丙级、丁级资质的企业，直接申请乙级资质的。

（六）新设置的分级别的工程勘察设计资质，自正式设置起，设立两年过渡期。在过渡期内，允许企业根据实际达到的条件申请资质等级，不受最高不超过乙级申请的限制，且申报材料不需提供企业业绩。

（七）具有一级及以上施工总承包资质的企业可直接申请同类别或相近类别的工程设计甲级资质。具有一级及以上施工总承包资质的企业申请不同类别的工程设计资质的，应从乙级资质开始申请（不设乙级的除外）。

（八）企业的专业技术人员、工程业绩、技术装备等资质条件，均是以独立企业法人为审核单位。企业（集团）的母、子公司在申请资质时，各项指标不得重复计算。

（九）允许每个大专院校有一家所属勘察设计企业可以聘请本校在职教师和科研人员作为企业的主要专业技术人员，但是其人数不得大于资质标准中要求的专业技术人员总数的三分之一，且聘期不得少于2年。在职教师和科研人员作为非注册人员考核时，其职称应满足讲师/助理研究员及以上要求，从事相应专业的教学、科研和设计时间10年及以上。

二、申报材料

（十）因《工程勘察资质标准》未修订，除本实施意见另有规定外，工程勘察资质的有关申报材料要求仍按建办市函[2006]274号文办理。

（十一）首次申请工程设计资质，需提交以下材料：

1．工程设计资质申请表及电子文档（见附件1）；

2．企业法人、合伙企业营业执照副本复印件；

3．企业章程或合伙人协议文本复印件；

4．企业法定代表人、合伙人的身份证明复印件；

5．企业负责人、主要技术负责人或总工程师的身份证明、任职文件、毕业证书、职称证书等复印件，主要技术负责人或总工程师提供“专业技术人员基本情况及业绩表”；

6．工程设计资质申请表中所列注册执业人员的身份证明复印件、企业注册所在地省级注册管理部门盖章的注册变更表或初始注册表；

7．工程设计资质标准要求的非注册专业技术人员的身份证明、职称证书、毕业证书等复印件，主导专业的非注册人员还需提供“专业技术人员基本情况及业绩表”；

8．工程设计资质标准要求的主要专业技术人员（注册、非注册）与企业依法签订的劳动合同主要页（包括合同双方名称、聘用起止时间、签字盖章、生效日期）、与原聘用单位解除聘用劳动合同的证明或近一个月的社保证明复印件；其中，对军队或高校从事工程设计的事业编制的主要专业技术人员不需提供社保证明，但需提供所在单位上级人事主管部门的人事证明材料；

9．办公场所证明，属于自有产权的出具产权证复印

件；属于租用或借用的，出具出租（借）方产权证和双方租赁合同或借用协议的复印件。

（十二）申请工程设计资质升级，需提交以下材料：

1. 工程设计资质申请表及电子文档（见附件1）；

2. 企业法人、合伙企业营业执照副本复印件；

3. 原工程设计资质证书副本复印件；

4. 企业负责人、主要技术负责人或总工程师的身份证明、任职文件、毕业证书、职称证书等复印件，主要技术负责人或总工程师提供"专业技术人员基本情况及业绩表"；

5. 工程设计资质申请表中所列注册执业人员的身份证明复印件、加盖执业印章的注册证书复印件；

6. 工程设计资质标准要求的非注册专业技术人员的身份证明、职称证书、毕业证书等复印件，主导专业的非注册人员还需提供"专业技术人员基本情况及业绩表"；

7. 工程设计资质标准要求的非注册专业技术人员与企业依法签订的劳动合同主要页（包括合同双方名称、聘用起止时间、签字盖章、生效日期）及近一个月的社保证明复印件；其中，对军队或高校从事工程设计的事业编制的非注册专业技术人员不需提供社保证明，但需提供所在单位上级人事主管部门的人事证明材料；

8. 满足工程设计资质标准要求的企业业绩证明材料，包括：工程设计合同主要页的复印件；建设单位（业主）出具的工程竣工、移交、试运行证明文件，或工程竣工验收文件的复印件。

（十三）申请工程设计资质增项，需提交以下材料：

1. 工程设计资质申请表及电子文档（见附件1）；

2. 企业法人、合伙企业营业执照副本复印件；

3. 原工程设计资质证书副本复印件；

4. 企业负责人、主要技术负责人或总工程师的身份证明、任职文件、毕业证书、职称证书等复印件，主要技术负责人或总工程师提供"专业技术人员基本情况及业绩表"；

5. 工程设计资质申请表中所列注册执业人员的身份证明复印件、加盖执业印章的注册证书复印件；

6. 工程设计资质标准要求的非注册专业技术人员的身份证明、职称证书、毕业证书等复印件，主导专业的非注册人员还需提供"专业技术人员基本情况及业绩表"；

7. 工程设计资质标准要求的非注册专业技术人员与企业依法签订的劳动合同主要页（包括合同双方名称、聘用起止时间、签字盖章、生效日期）及近一个月的社保证明复印件；其中，对军队或高校从事工程设计的事业编制的非注册专业技术人员不需提供社保证明，但需提供所在单位上级主管部门人事部门的人事证明材料。

（十四）申请设计综合资质的，需提交以下材料：

1. 工程设计资质申请表及电子文档（见附件1）；

2. 企业法人营业执照副本复印件；

3. 企业法定代表人基本情况表、任职文件、身份证明复印件；

4. 企业主要技术负责人或总工程师的任职文件、毕业证书、职称证书或注册执业证书、身份证明等复印件及"专业技术人员基本情况及业绩表"；

5. 甲级工程设计资质证书正、副本复印件；

6. 大型建设项目工程设计合同，试运行或竣工验收证明复印件；

7. 企业相应年度财务报表（资产负债表、损益表）、年度审计报告复印件；

8. 注册执业人员的注册执业证书（加盖执业印章）、身份证明复印件；

9. 专业技术人员初级以上职称证书、身份证明复印件；

10. 工程勘察、工程设计、科技进步奖证书复印件；

11. 国家、行业工程建设标准、规范发布批准文件及出版物主要页（包括出版物名称、批准部门、主编或参编单位名称、出版社名称）复印件；

12. 专利证书、专有技术发布（批准）文件或工艺包认可、认定、鉴定证书复印件；

13. ISO9001标准质量体系认证证书复印件；

14. 办公场所证明，属于自有产权的出具产权证复印件；属于租用或借用的，出具出租（借）方产权证和双方租赁合同或借用协议的复印件。

（十五）延续工程设计资质，需提交以下材料：

1. 工程设计资质申请表及电子文档（见附件1）；

2. 企业法人、合伙企业营业执照副本复印件；

3. 原工程设计资质证书副本复印件；

4. 工程设计资质申请表中所列注册执业人员的身份证明复印件、加盖执业印章的注册证书复印件；

5. 工程设计资质标准要求的非注册专业技术人员的身份证明、职称证书、毕业证书等复印件，主导专业的非注册人员还需提供"专业技术人员基本情况及业绩表"；

6. 工程设计资质标准要求的非注册专业技术人员近一个月的社保证明复印件；其中，对军队或高校从事工程设计的事业编制的非注册专业技术人员不需提供社保证明，但需提供所在单位上级主管部门人事部门的人事证明材料。

（ 企业按新《标准》申请资质转正所需提交的申报材料，按本实施意见第（十二）条申请资质升级所应提交的申报材料要求办理。企业按原《标准》申请资质转正所需提交的申报材料，仍按建办市函〔2006〕274号文相应要求办理。（十二）申请工程设计资质升级，需提交以下材料：P3）

（十六）已具备施工资质的企业首次申请同类别或相近类别的工程勘察、工程设计资质的，其申报材料除应提供首次申请所列全部材料外，申请甲级勘察设计资质的，还应提供相应规模的工程勘察、设计业绩或工程总承包业绩证明材料，包括：工程勘察、工程设计或工程总承包合同主要页的复印件；建设单位（业主）出具的工程竣工、移交、试运行证明文件，或工程竣工验收文件的复印件。

（十七）企业因注册名称、注册资本、法定代表人或执行合伙企业事务的合伙人、注册地址等发生变化需变更资质证书内容的，由企业提出变更理由及变更事项，并提交以下材料：

1. 企业出具由法定代表人、执行合伙企业事务的合伙人签署的资质证书变更申请；

2. 企业法人、合伙企业营业执照副本复印件；

3. 资质证书正、副本原件；

4. 建设工程企业资质证书变更审核表；

5. 与资质变更事项有关的证明材料：

（1）企业名称、注册资本变更的，提供变更后的工商营业执照副本复印件；

（2）法定代表人或执行合伙企业事务的合伙人变更的，提供企业法定代表人或执行合伙企业事务的合伙人的身份证明；

（3）地址变更的提交新的办公场地的自有产权证明或租赁（借）合同和所租（借）场地的产权证明。

具有工程勘察甲级、工程设计甲级以及涉及铁路、交通、水利、信息产业、民航等方面的工程设计乙级资质的企业变更注册名称的，企业应向工商注册所在地的省级人民政府建设主管部门提出申请，由建设部负责办理。其它所有资质变更手续由企业工商注册所在地省级建设主管部门负责办理。但其中涉及企业资质证书编号发生变化的，省级人民政府建设主管部门需报建设部核准后，方可办理。

（十八）企业合并、分立、改制、重组后，需重新核定资质的，应提交下列材料：

1．企业合并、分立、改制情况报告，包括新企业与原企业的产权关系、资本构成及资产负债情况，人员、内部组织机构的分立与合并、工程勘察设计业绩的分割、合并等情况；

2．本实施意见第（十一）条所列的全部材料；

3．原资质证书正、副本复印件；

4．改制（重组）方案，上级行政主管部门及国有资产管理部门的批复文件，企业职工代表大会的决议；或股东（代表）大会、董事会的决议。

（十九）具有工程勘察甲级、工程设计甲级以及涉及铁路、交通、水利、信息产业、民航等方面的工程设计乙级资质的企业申请工商注册地跨省、自治区、直辖市变更，除提供本实施意见第（十一）条所列材料外，还应提交下列材料：

1．企业原工商注册所在地省级建设主管部门同意资质变更的书面意见；

2．资质变更前原企业工商注册登记注销证明及资质变更后新企业法人营业执照正本、副本复印件。

其中涉及到资质证书中企业名称变更的，省级人民政府建设主管部门应将受理的申请材料报建设部办理。

乙级及以下资质（涉及铁路、交通、水利、信息产业、民航等方面的工程设计乙级资质除外）的工程勘察设计企业申请工商注册地跨省、自治区、直辖市变更，由各省级人民政府建设主管部门参照上述程序依法制定。

（二十）材料要求

1．申请设计综合资质的，申请表一式二份，附件材料一份；申请一个行业的设计资质，申请表一式二份，附件材料一份，每增加一个行业的设计资质，增加一份申请表和一份附件材料；涉及铁道、交通、水利、信息产业、民航等行业的，需另增加一份申请表和一份附件材料。专项设计资质申请表及附件材料份数要求同上。

2．附件材料采用A4纸装订成册，并有目录和分类编号；技术人员证明材料应按人整理并依照申请表所列技术人员顺序装订。需要核实原件的，由资质受理部门进行审查核实，并在初审部门审查意见表中由核验人签字。其中资质证书正、副本须全部复印，不得有缺页。复印件应加盖企业公章，注册执业人员应加盖个人执业印章（非注册人员除外）。材料中要求加盖公章或印鉴的，复印无效。

3．企业申请工程勘察设计资质要如实填报《工程勘察、工程设计资质申请表》，企业法定代表人须在申请表上签名，对其真实性负责。申报材料要清楚、齐全，出现数据不全、字迹潦草、印鉴不清、难以辨认的，资质受理部门可不予受理。

三、资质受理审查程序

（二十一）资质受理部门应在规定时限内对工程勘察、工程设计提出的资质申请做出是否受理的决定。

（二十二）依据新《规定》第八条，各有关资质初审部门应当对申请甲级资质以及涉及铁路、交通、水利、信息产业、民航等方面的工程设计乙级资质企业所提交的材料是否齐全、是否与原件相符、是否具有不良行为记录以及个人业绩材料等进行核查，提出初审意见，并填写初审部门审查意见表。各有关资质初审部门应在规定初审时限内，将初审部门审查意见表、《工程勘察、工程设计资质申请表》、附件材料和报送公函一并报国务院建设主管部门。

对具有下列情况的申请人，不予受理资质申请材料：

1．材料不齐全，或不符合法定形式的；

2．按照新《规定》第十九条、第三十条、第三十一条规定，不予受理的。

国务院建设主管部门对收到各有关资质初审部门的初审材料、直接受理的企业资质申请材料组织审查或转国务院有关部门审核，并将审核意见予以公示。对于准予建设工程勘察、设计资质许可的申请，在建设部网站发布公告，并颁发资质证书。

（二十三）工程勘察设计企业应于资质证书有效期届满60日前，向原资质许可机关提出资质延续申请。逾期不申请资质延续的，有效期届满后，其资质证书自动失效。如需开展工程勘察设计业务，应按首次申请办理。

（二十四）对企业改制、分立、重组、合并设立的工程勘察设计企业，资质审批程序按以下规定执行：

1．整体改制的企业，按本实施意见第（十七）条资质变更程序办理；

2．重组、合并后的工程勘察设计企业可以承继重组、合并前各方中较高资质等级和范围。重组、合并后不涉及资质升级和增项的，按本实施意见第（十七）条资质变更程序办理；涉及资质升级或增项的，按照160号部令中的审批程序核定。

3． 企业分立成两个以上工程勘察设计企业时，分立后的企业应分别按其实际达到的资质条件重新核定资质。

（二十五）省级人民政府建设主管部门对负责实施审批的建设工程勘察、工程设计资质许可，其资质受理审批程序由各省级人民政府建设主管部门研究确定。

省级人民政府建设主管部门应当自决定之日起30日内，将准予资质许可的决定报国务院建设主管部门备案，备案材料包括：准予资质许可的批准文件，批准企业的工程勘察、工程设计资质基本信息的电子文档。

（二十六）国务院国资委管理的企业及其下属一层级的企业申请工程勘察甲级资质、工程设计甲级资质，以及涉及铁路、交通、水利、信息产业、民航等方面的工程设计乙级资质的，应向国务院建设主管部门提出申请。国务院国资委管理的企业及其下属一层级的企业按规定程序申请获得甲级资质或涉及铁路、交通、水利、信息产业、民航等方面的工程设计乙级资质证书后30日内应将准予许可的公告、资质证书正副本复印件及工程勘察、工程设计资质基本信息的电子文档，向其工商注册所在地省级人民政府建设主管部门告知性备案。

教育部直属高校所属勘察设计企业参考上述规定办理。

四、资质证书

（二十七）建设工程勘察、工程设计资质证书由国务院建设主管部门统一印制，统一管理，由审批部门负责颁发，并加盖审批部门公章。

国务院建设主管部门统一制定资质证书编号规则。

（二十八）各序列、各级别建设工程勘察、工程设计资质证书全国通用，各地不得以任何名义设置审批性准入条件、收取费用。

（二十九）建设工程勘察、工程设计资质证书有效期为五年。建设工程勘察、工程设计资质证书分为正本和副本。

（三十）企业需遗失补办工程勘察、工程设计资质证书的，应当持下列材料，经其资质初审机关签署意见，报资质许可机关办理。企业在申请补办前应在全国性建筑行业报刊或省级以上（含省级）综合类报刊上刊登遗失作废的声明。资质许可机关应当在2日内办理完毕。

1．由企业法定代表人、执行合伙企业事务的合伙人签署的申请补办证书的申请；

2．《建设工程企业资质证书变更审核表》及电子文档；

3．全国性建筑行业报刊或省级以上（含省级）综合类报刊上刊登遗失作废的声明。

五、监督管理

（三十一）地方各级建设主管部门和有关部门对本辖区内从事工程勘察、工程设计的企业资质实施动态监督管理。按照新《规定》对企业的市场行为以及满足相应资质标准条件等方面加强检查，并将检查和处理结果记入企业信用档案。

具体抽查企业的数量和比例由各级建设主管部门和有关部门根据实际情况研究决定。

监督检查可以采取下列形式：

1．集中监督检查。由建设主管部门或有关部门统一部署的监督检查；

2．抽查和巡查。各级建设主管部门或有关部门随机进行的监督检查。

（三十二）实施监督检查时应当按以下程序进行：

1．制定监督检查方案，其中集中监督检查方案应予以公布；

2．检查应出具相应的检查文件或证件；

3．上级部门的监督检查时，当地建设主管部门和有关部门应当配合；

4．实施检查时，应首先明确监督检查内容，被检单位应如实提供相关文件资料；对弄虚作假的，予以通报，并对其工程勘察设计资质重新核定，不符合相应资质标准要求的，资质许可机关可以撤回其工程勘察设计资质；对拒不提供被检资料的，予以通报，并责令其限期提供被检资料。

5．检查人员应当将检查情况予以记录，并由被检单位负责人和检查人员签字确认；

6．在监督检查中发现被检单位专业技术人员达不到资质标准要求或者发现其他违法行为和重大质量安全问题的，应当进行核实，依法提出行政处理或者行政处罚的建议。

7．检查人员应当将检查情况汇总，连同有关行政处理或者行政处罚建议，向派出机关报告，并书面告知当地建设行政主管部门。

（三十三）企业违法从事工程勘察、工程设计活动的，其违法行为发生地的建设主管部门应当依法将企业的违法事实、处理结果或处理建议告知该企业的资质许可机关，同时告知企业工商注册所在地建设主管部门。

六、关于《工程设计资质标准》的有关说明

（三十四）资历和信誉

1．企业排名

综合资质中工程勘察设计营业收入、企业营业税金及附加排名，是指经建设部业务主管部门依据企业年度报表，对各申报企业同期的年度工程勘察设计营业收入或企业营业税金及附加额从大到小的顺序排名；年度勘察设计营业收入、企业营业税金及附加，其数额以财政主管部门认可的审计机构出具的申报企业同期年度审计报告为准。

2．注册资本

新《标准》中的注册资本，是指企业办理工商注册登记时的实收资本。

（三十五）技术条件

1．企业主要技术负责人

新《标准》中所称企业主要技术负责人，是指企业中对所申请行业的工程设计在技术上负总责的人员。

2．专业技术负责人

新《标准》中所称专业技术负责人，是指企业中对某一设计类型中的某个专业工程设计负总责的人员。

3．非注册人员

新《标准》中所称非注册人员是指：

（1）经考核认定或考试取得了某个专业注册工程师资格证书，但还没有启动该专业注册的人员；

（2）在本标准“专业设置”范围内还没有建立对应专业的注册工程师执业资格制度的专业技术人员；

（3）在本标准“专业设置”范围内，某专业已经实施注册了，但该专业不需要配备具有注册执业资格的人员，只配备对应该专业的技术人员；或配备一部分注册执业资格人员，一部分对应该专业的技术人员（例如，某行业“专业设置”中“建筑”专业的技术岗位设置了二列，其中“注册专业”为“建筑”的一列是对注册人员数量的考核，“注册专业”为空白的一列则是对“建筑”专业非注册技术人员数量的考核。）。

4．专业技术职称

新《标准》中所称专业技术职称，是指经国务院人事主管部门授权的部门、行业或中央企业、省级专业技术职称评审机构评审的工程系列专业技术职称。

具有教学、研究系列职称的人员从事工程设计时，讲师、助理研究员可等同于工程系列的中级职称；副教授、副研究员可等同于工程系列的高级职称；教授、研究员可等同于工程系列的正高级职称。

5．专业设置

新《标准》“各行业工程设计主要专业技术人员配备表”专业设置栏目中的专业，是指为完成某工程设计所设置的专业技术岗位（以下简称岗位），其称谓即为岗位的称谓。

在新《标准》中，将高等教育所学的且能够直接胜任岗位工程设计的学历专业称为本专业，与本专业同属于一个高等教育工学学科（如地矿类、土建类、电气信息类、机械类等工学学科）中的某些专业称为相近专业。本专业、相近专业的具体范围另行规定。岗位对人员所学专业和技术职称的考核要求为：学历专业为本专业，职称证书专业范围与岗位称谓相符。

在确定主要专业技术人员为有效专业人员时，除具备有效劳动关系以外，主要专业技术人员中的非注册人员学历专业、职称证书的专业范围，应与岗位要求的本专业和称谓一致和相符。符合下列条件之一的，也可作为有效专业人员认定：

（1）学历专业与岗位要求的本专业不一致，职称证书专业范围与岗位称谓相符，个人资历和业绩符合资质标准对主导专业非注册人员的资历和业绩要求的；

（2）学历专业与岗位要求的本专业一致，职称证书专业范围空缺或与岗位称谓不相符，个人资历和业绩符合资质标准对主导专业非注册人员的资历和业绩要求的；

（3）学历专业为相近专业，职称证书专业范围与岗位称谓相近，个人资历和业绩符合资质标准对主导专业非注册人员的资历和业绩要求的；

（4）学历专业、职称证书专业范围均与岗位要求的不一致，但取得高等院校一年以上本专业学习结业证书，从事工程设计10年及以上，个人资历和业绩符合资质标准对主导专业非注册人员的资历和业绩要求的。

6．个人业绩

企业主要技术负责人或总工程师的个人业绩是指，作为所申请行业某一个大型项目的工程设计的项目技术总负责人（设总）所完成的项目业绩；主导专业的非注册人员的个人业绩是指，作为所申请行业某个大、中型项目工程设计中某个专业的技术负责人所完成的业绩。

建筑、结构专业的非注册人员业绩，也可是作为所申请行业某个大、中型项目工程设计中建筑、结构专业的主要设计人所完成的业绩。

工程设计专项资质标准中的非注册人员，均须按新《标准》规定的对主导专业的非注册人员需考核业绩的要求，按相应专项资质标准对个人业绩规定的考核条件考核个人业绩。

7．企业业绩

（1）申请乙级、丙级资质的，不考核企业的业绩；

（2）申请乙级升甲级资质的，企业业绩应为其取得相应乙级资质后所完成的中型项目的业绩，其数量以甲级资质标准中中型项目考核指标为准；

（3）除综合资质外，只设甲级资质的，企业申请该资质时不考核企业业绩；

（4）以工程总承包业绩为企业业绩申请设计资质的，企业的有效业绩为工程总承包业绩中的工程设计业绩；

（5）申请专项资质的，企业业绩应是独立签定专项工程设计合同的业绩。行业配套工程中符合专项工程设计规模标准，但未独立签定专项工程设计合同的业绩，不作为申请专项资质时的有效专项工程设计业绩。

8．专有技术、工艺包（软件包）

本标准中的专有技术是指企业自主开发、申报，经所在行业的业务主管部门或所在行业的全国性专业社团组织等认定并对外发布的某项技术。本标准中的工艺包是指企业引进或自主开发的，用于工程设计关键技术或核心技术，经所在行业的业务主管部门或所在行业的全国性专业社团组织等认可的工艺包（软件包）。

9．承担业务范围

取得工程设计综合资质的企业可以承担各行业的工程项目设计、工程项目管理和相关的技术、咨询与管理服务业务；其同时具有一级施工总承包（施工专业承包）资质的，可以自行承担相应类别工程项目的工程总承包业务（包括设计和施工）及相应的工程施工总承包（施工专业承包）业务；其不具有一级施工总承包（施工专业承包）资质的企业，可以承担该项目的工程总承包业务，但应将施工业务分包给具有相应施工资质的企业。

取得工程设计行业、专业、专项资质的企业可以承担资质证书许可范围内的工程项目设计、工程总承包、工程项目管理和相关的技术、咨询与管理业务。承担工程总承包业务时，应将工程施工业务分包给具有工程施工资质的企业。

（三十六）对于申请工程设计综合资质的，在已启动的工程勘察设计系列（造价系列）的注册专业数量未达到五个专业前，已启动注册工程师考试但未启动注册的专业可视为有效注册专业，已取得该专业执业资格证书的人员可视为有效注册人员。在申请资质时需提供这些人员的注册申请表或本人同意在该企业注册的声明、执业资格证书、劳动合同及身份证明复印件。

工程勘察设计系列（造价系列）的注册专业数量达到或超过五个专业后，申请工程设计综合资质时，需提供注册人员的注册执业证书、执业印章印鉴、身份证明复印件。

（三十七）工程设计综合资质标准中所称具有初级以上专业技术职称且从事工程设计的人员；行业、专业、专项资质标准中所称企业主要技术负责人或总工程师以及结构设计、机电设计事务所资质标准中的合伙人，年龄限制在60周岁及以下。

（三十八）新《标准》中的注册人员具有二个及以上注册执业资格，作为注册人员考核时只认定其一个专业的注册执业资格，其他注册执业资格不再作为相关专业的注册人员予以认定。

（三十九）持原《工程设计资质证书》的，其承接业务范围，以原《工程设计资质分级标准》（建设[2001]22号，以下简称原《标准》）规定的承接业务范围为准。持新《工程设计资质证书》的，其承接业务范围，以新《标准》规定的承接业务范围为准。

（四十）申请各专项资质的，企业主要技术负责人或总设计师、总工程师，以及主要专业技术人员中的非注册人员的资格条件以相应专项资质标准规定的考核条件为准。其中企业主要专业技术人员中的非注册人员的学历、职称条件在专项资质标准未作规定的，按大专以上学历、中级以上专业技术职称确定。

申请建筑工程设计丁级的，专业技术人员的学历和从业年限以建筑工程设计专业丁级资质标准规定的考核条件为准。

（四十一）对于新《标准》新设置的军工（地面设备工程、运载火箭制造工程、地面制导弹工程）、机械（金属制品业工程、热加工、表面处理、检测、物料搬运及仓储）、铁道（轨道）、水运（港口装卸工艺）、民航（供油工程）、水利（水土保持、水文设施）、农林（种植业工程）等工程设计专业资质和照明工程设计专项资质，在2009年3月31日以前，企业可根据实际达到的资质条件申请不同级别的资质。2009年4月1日以后，企业新申请以上类别工程设计专业或专项资质的最高等级为乙级（不设乙级的除外）。

七、过渡期有关规定

（四十二）自新《标准》发布之日起，新申请资质、申请增项资质、申请资质升级的企业应按新《标准》提出申请。各地区、各部门按原《标准》已经受理的申请材料报送国家建设主管部门的截止日期为2007年8月31日。

（四十三）为确保新旧资质证书的平稳过渡，按照“简单、便捷、高效”的原则，对已经取得行业设计资质、行业部分设计资质、专业事务所资质（暂定级除外）的企业，在2010年3月31日以前，在满足原《标准》的条件下，其资质证书继续有效。2010年3月31日以前，企业只需满足新《标准》中主要专业技术人员等基本标准条件，即可按照新旧设计类型对照关系换领有效期为5年的新资质证书，具体换领工作安排另行通知。自2010年4月1日起，原资质证书作废。

已经取得工程设计专项资质（暂定级除外）的企业，应在2008年3月31日前达到新《标准》规定的相应资质标准条件，从2008年4月1日起，我部将按照新《标准》开展换证工作，具体换证工作安排另行通知。

已经取得主导工艺设计资质、综合事务所资质的企业，应在2010年1月31日前按照新《标准》提出资质重新核定申请，并换发新资质证书，核定后证书有效期为5年。其现有资质证书有效期至2010年3月31日，过期作废。

（四十四）按原《标准》取得暂定级设计资质证书的企业，应在其暂定级届满前60日提出转正申请，对符合新《标准》的，给予转正，证书有效期为5年；对符合原《标准》的，给予转正，证书有效期至2010年3月31日，证书到期后需按新《标准》重新核定，核定后证书有效期为5年；对既不符合新《标准》也不符合原《标准》的，按新《标准》重新核定，核定后证书有效期为5年。

企业按新《标准》申请资质转正所需提交的申报材料，按本实施意见第（十二）条申请资质升级所应提交的申报材料要求办理。企业按原《标准》申请资质转正所需提交的申报材料，仍按建办市函〔2006〕274号文相应要求办理。

（四十五）企业如因证书变更等换领证书（专项资质除外）的，符合新《标准》设置要求的，且满足新《标准》中主要专业技术人员等基本标准条件，即可按照新旧设计类型对照关系换领有效期为5年的新资质证书。不符合新《标准》设置要求或不满足新《标准》中主要专业技术人员等基本标准条件的，换领有效期至2010年3月31日的资质证书。

（四十六）原已取得市政行业风景园林专业资质的企业，可直接换领新标准中相应等级的风景园林专项资质。

附件1：工程勘察、工程设计资质申请表(略)

附件2：《工程勘察、工程设计资质申请表》填表说明（略）

《生产安全事故报告和调查处理条例》罚款处罚暂行规定

（国家安全生产监督管理总局令[2007]第13号）

第一条　为防止和减少生产安全事故，严格追究生产安全事故发生单位及其有关责任人员的法律责任，正确适用事故罚款的行政处罚，依照《生产安全事故报告和调查处理条例》（以下简称《条例》）的规定，制定本规定。

第二条　安全生产监督管理部门和煤矿安全监察机构对生产安全事故发生单位（以下简称事故发生单位）及其主要负责人、直接负责的主管人员和其他责任人员等有关责任人员实施罚款的行政处罚，适用本规定。

法律、行政法规对行政处罚的种类、幅度和决定机关另有规定的，依照其规定。

第三条　本规定所称事故发生单位是指对事故发生负有责任的生产经营单位。

本规定所称主要负责人是指有限责任公司、股份有限公司的董事长或者总经理或者个人经营的投资人，其他生产经营单位的厂长、经理、局长、矿长（含实际控制人、投资人）等人员。

第四条　本规定所称事故发生单位主要负责人、直接负责的主管人员和其他直接责任人员的上一年年收入，属于国有生产经营单位的，是指该单位上级主管部门所确定的上一年年收入总额；属于非国有生产经营单位的，是指经财务、税务部门核定的上一年年收入总额。

第五条　《条例》所称的迟报、漏报、谎报和瞒报，依照下列情形认定：

（一）报告事故的时间超过规定时限的，属于迟报；

（二）因过失对应当上报的事故或者事故发生的时间、地点、类别、伤亡人数、直接经济损失等内容遗漏未报的，属于漏报；

（三）故意不如实报告事故发生的时间、地点、类别、伤亡人数、直接经济损失等有关内容的，属于谎报；

（四）故意隐瞒已经发生的事故，并经有关部门查证属实的，属于瞒报。

第六条　对事故发生单位及其有关责任人员处以罚款的行政处罚，依照下列规定决定：

（一）对发生特别重大事故的单位及其有关责任人员罚款的行政处罚，由国家安全生产监督管理总局决定；

（二）对发生重大事故的单位及其有关责任人员罚款的行政处罚，由省级人民政府安全生产监督管理部门决定；

（三）对发生较大事故的单位及其有关责任人员罚款的行政处罚，由设区的市级人民政府安全生产监督管理部门决定；

（四）对发生一般事故的单位及其有关责任人员罚款的行政处罚，由县级人民政府安全生产监督管理部门决定。

上级安全生产监督管理部门可以指定下一级安全生产监督管理部门对事故发生单位及其有关责任人员实施行政处罚。

第七条　对煤矿事故发生单位及其有关责任人员处以罚款的行政处罚，依照下列规定执行：

（一）对发生特别重大事故的煤矿及其有关责任人员罚款的行政处罚，由国家煤矿安全监察局决定；

（二）对发生重大事故和较大事故的煤矿及其有关责任人员罚款的行政处罚，由省级煤矿安全监察机构决定；

（三）对发生一般事故的煤矿及其有关责任人员罚款的行政处罚，由省级煤矿安全监察机构所属分局决定。

上级煤矿安全监察机构可以指定下一级煤矿安全监察机构对事故发生单位及其有关责任人员实施行政处罚。

第八条　特别重大事故以下等级事故，事故发生地与事故发生单位所在地不在同一个县级以上行政区域的，由事故发生地的安全生产监督管理部门或者煤矿安全监察机构依照本规定第六条或者第七条规定的权限实施行政处罚。

第九条　安全生产监督管理部门和煤矿安全监察机构对事故发生单位及其有关责任人员实施罚款的行政处罚，依照《安全生产违法行为行政处罚办法》规定的程序执行。

第十条　事故发生单位及其有关责任人员对安全生产监督管理部门和煤矿安全监察机构给予的行政处罚，享有陈述、申辩的权利；对行政处罚不服的，有权依法申请行政复议或者提起行政诉讼。

第十一条　事故发生单位主要负责人有《条例》第三十五条规定的行为之一的，依照下列规定处以罚款：

（一）事故发生单位主要负责人在事故发生后不立即组织事故抢救的，处上一年年收入80%的罚款；

（二）事故发生单位主要负责人迟报或者漏报事故的，处上一年年收入40%至60%的罚款；

（三）事故发生单位主要负责人在事故调查处理期间擅离职守的，处上一年年收入60%至80%的罚款。

第十二条　事故发生单位有《条例》第三十六条规定的行为之一的，依照下列规定处以罚款：

（一）没有贻误事故抢救的，处100万元以上200万元以下的罚款；

（二）贻误事故抢救或者造成事故扩大或者影响事故调查的，处200万元以上300万元以下的罚款；

（三）贻误事故抢救或者造成事故扩大或者影响事故调查，手段恶劣，情节严重的，处300万元以上500万元以下的罚款。

第十三条　事故发生单位的主要负责人、直接负责的主管人员和其他直接责任人员有《条例》第三十六条规定的行为之一的，依照下列规定处以罚款：

（一）谎报、瞒报事故的，处上一年年收入60%至80%的罚款；

（二）伪造、故意破坏事故现场，或者转移、隐匿资金、财产、销毁有关证据、资料，或者拒绝接受调查，或者拒绝提供有关情况和资料，或者在事故调查中作伪证，或者指使他人作伪证的，处上一年年收入80%至90%的罚款；

（三）事故发生后逃匿的，处上一年年收入100%的罚款。

第十四条　事故发生单位对造成3人以下死亡，或者3

人以上10人以下重伤（包括急性工业中毒），或者300万元以上1000万元以下直接经济损失的事故负有责任的，处10万元以上20万元以下的罚款。

第十五条　事故发生单位对较大事故发生负有责任的，依照下列规定处以罚款：

（一）造成3人以上6人以下死亡，或者10人以上30人以下重伤（包括急性工业中毒），或者1000万元以上3000万元以下直接经济损失的，处20万元以上30万元以下的罚款；

（二）造成6人以上10人以下死亡，或者30人以上50人以下重伤（包括急性工业中毒），或者3000万元以上5000万元以下直接经济损失的，处30万元以上50万元以下的罚款。

第十六条　事故发生单位对重大事故发生负有责任的，依照下列规定处以罚款：

（一）造成10人以上15人以下死亡，或者50人以上70人以下重伤（包括急性工业中毒），或者5000万元以上7000万元以下直接经济损失的，处50万元以上100万元以下的罚款；

（二）造成15人以上30人以下死亡，或者70人以上100人以下重伤（包括急性工业中毒），或者7000万元以上1亿元以下直接经济损失的，处100万元以上200万元以下的罚款。

第十七条　事故发生单位对特别重大事故发生负有责任的，处200万元以上500万元以下的罚款。

第十八条　事故发生单位主要负责人未依法履行安全生产管理职责，导致事故发生的，依照下列规定处以罚款：

（一）发生一般事故的，处上一年年收入30%的罚款；

（二）发生较大事故的，处上一年年收入40%的罚款；

（三）发生重大事故的，处上一年年收入60%的罚款；

（四）发生特别重大事故的，处上一年年收入80%的罚款。

第十九条　法律、行政法规对发生事故的单位及其有关责任人员规定的罚款幅度与本规定不同的，按照较高的幅度处以罚款，但对同一违法行为不得重复罚款。

第二十条　违反《条例》和本规定，事故发生单位及其有关责任人员有两种以上应当处以罚款的行为的，安全生产监督管理部门或者煤矿安全监察机构应当分别裁量，合并作出处罚决定。

第二十一条　对事故发生负有责任的其他单位及其有关责任人员处以罚款的行政处罚，依照相关法律、法规和规章的规定实施。

第二十二条　本规定所称的“以上”包括本数，所称的“以下”不包括本数。

第二十三条　本规定自公布之日起施行。

关于建筑工程建筑面积计算问题的通知

粤建造函[2007]047号

各有关单位：

近年来，由于建筑设计多样化，建筑物的入户花园及建筑物首层没有围护结构的建筑面积计算没有明确规定,现我省结合实际情况对上述问题作出如下规定，请贯彻执行。

一、设计图示标注的入户花园，2005年7月1日前按其水平投影面积1/2计算建筑面积；7月1日后，按其底板结构外边线1.5米以内部位的1/2面积计算建筑面积，超过1.5米部位按全面积计算建筑面积。

二、建筑物的底层设架空层，若用作通道、绿化不计算面积，用作停车、居民设施等，2005年7月1日前按柱外围水平面积计算建筑面积；2005年7月1日后按永久性顶盖水平投影面积的1/2计算建筑面积。

广东省建设工程造价管理总站

二00七年四月五日

建设工程勘察设计资质管理规定

（中华人民共和国建设部令[2007]第160号）

第一章 总 则

第一条 为了加强对建设工程勘察、设计活动的监督管理，保证建设工程勘察、设计质量，根据《中华人民共和国行政许可法》、《中华人民共和国建筑法》、《建设工程质量管理条例》和《建设工程勘察设计管理条例》等法律、行政法规，制定本规定。

第二条 在中华人民共和国境内申请建设工程勘察、工程设计资质，实施对建设工程勘察、工程设计资质的监督管理，适用本规定。

第三条 从事建设工程勘察、工程设计活动的企业，应当按照其拥有的注册资本、专业技术人员、技术装备和勘察设计业绩等条件申请资质，经审查合格，取得建设工程勘察、工程设计资质证书后，方可在资质许可的范围内从事建设工程勘察、工程设计活动。

第四条 国务院建设主管部门负责全国建设工程勘察、工程设计资质的统一监督管理。国务院铁路、交通、水利、信息产业、民航等有关部门配合国务院建设主管部门实施相应行业的建设工程勘察、工程设计资质管理工作。

省、自治区、直辖市人民政府建设主管部门负责本行政区域内建设工程勘察、工程设计资质的统一监督管理。省、自治区、直辖市人民政府交通、水利、信息产业等有关部门配合同级建设主管部门实施本行政区域内相应行业的建设工程勘察、工程设计资质管理工作。

第二章 资质分类和分级

第五条 工程勘察资质分为工程勘察综合资质、工程勘察专业资质、工程勘察劳务资质。

工程勘察综合资质只设甲级；工程勘察专业资质设甲级、乙级，根据工程性质和技术特点，部分专业可以设丙级；工程勘察劳务资质不分等级。

取得工程勘察综合资质的企业，可以承接各专业（海洋工程勘察除外）、各等级工程勘察业务；取得工程勘察专业资质的企业，可以承接相应等级相应专业的工程勘察业务；取得工程勘察劳务资质的企业，可以承接岩土工程治理、工程钻探、凿井等工程勘察劳务业务。

第六条 工程设计资质分为工程设计综合资质、工程设计行业资质、工程设计专业资质和工程设计专项资质。

工程设计综合资质只设甲级；工程设计行业资质、工程设计专业资质、工程设计专项资质设甲级、乙级。

根据工程性质和技术特点，个别行业、专业、专项资质可以设丙级，建筑工程专业资质可以设丁级。

取得工程设计综合资质的企业，可以承接各行业、各等级的建设工程设计业务；取得工程设计行业资质的企业，可以承接相应行业相应等级的工程设计业务及本行业范围内同级别的相应专业、专项（设计施工一体化资质除外）工程设计业务；取得工程设计专业资质的企业，可以承接本专业相应等级的专业工程设计业务及同级别的相应专项工程设计业务（设计施工一体化资质除外）；取得工程设计专项资质的企业，可以承接本专项相应等级的专项工程设计业务。

第七条 建设工程勘察、工程设计资质标准和各资质类别、级别企业承担工程的具体范围由国务院建设主管部门商国务院有关部门制定。

第三章 资质申请和审批

第八条 申请工程勘察甲级资质、工程设计甲级资质，以及涉及铁路、交通、水利、信息产业、民航等方面的工程设计乙级资质的，应当向企业工商注册所在地的省、自治区、直辖市人民政府建设主管部门提出申请。其中，国务院国资委管理的企业应当向国务院建设主管部门提出申请；国务院国资委管理的企业下属一层级的企业申请资质，应当由国务院国资委管理的企业向国务院建设主管部门提出申请。

省、自治区、直辖市人民政府建设主管部门应当自受理申请之日起20日内初审完毕，并将初审意见和申请材料报国务院建设主管部门。

国务院建设主管部门应当自省、自治区、直辖市人民政府建设主管部门受理申请材料之日起60日内完成审查，公示审查意见，公示时间为10日。其中，涉及铁路、交通、水利、信息产业、民航等方面的工程设计资质，由国务院建设主管部门送国务院有关部门审核，国务院有关部门在20日内审核完毕，并将审核意见送国务院建设主管部门。

第九条 工程勘察乙级及以下资质、劳务资质、工程设计乙级（涉及铁路、交通、水利、信息产业、民航等方面的工程设计乙级资质除外）及以下资质许可由省、自治区、直辖市人民政府建设主管部门实施。具体实施程序由省、自治区、直辖市人民政府建设主管部门依法确定。

省、自治区、直辖市人民政府建设主管部门应当自作出决定之日起30日内，将准予资质许可的决定报国务院建设主管部门备案。

第十条 工程勘察、工程设计资质证书分为正本和副本，正本一份，副本六份，由国务院建设主管部门统一印制，正、副本具备同等法律效力。资质证书有效期为5年。

第十一条 企业首次申请工程勘察、工程设计资质，应当提供以下材料：

(一)工程勘察、工程设计资质申请表；

(二)企业法人、合伙企业营业执照副本复印件；

(三)企业章程或合伙人协议；

(四)企业法定代表人、合伙人的身份证明；

(五)企业负责人、技术负责人的身份证明、任职文件、毕业证书、职称证书及相关资质标准要求提供的材料；

（六）工程勘察、工程设计资质申请表中所列注册执业人员的身份证明、注册执业证书；

（七）工程勘察、工程设计资质标准要求的非注册专业技术人员的职称证书、毕业证书、身份证明及个人业绩材料；

（八）工程勘察、工程设计资质标准要求的注册执业人员、其他专业技术人员与原聘用单位解除聘用劳动合同的证明及新单位的聘用劳动合同；

（九）资质标准要求的其他有关材料。

第十二条　企业申请资质升级应当提交以下材料：

（一）本规定第十一条第（一）、（二）、（五）、（六）、（七）、（九）项所列资料；

（二）工程勘察、工程设计资质标准要求的非注册专业技术人员与本单位签定的劳动合同及社保证明；

（三）原工程勘察、工程设计资质证书副本复印件；

（四）满足资质标准要求的企业工程业绩和个人工程业绩。

第十三条　企业增项申请工程勘察、工程设计资质，应当提交下列材料：

（一）本规定第十一条所列（一）、（二）、（五）、（六）、（七）、（九）的资料；

（二）工程勘察、工程设计资质标准要求的非注册专业技术人员与本单位签定的劳动合同及社保证明；

（三）原资质证书正、副本复印件；

（四）满足相应资质标准要求的个人工程业绩证明。

第十四条　资质有效期届满，企业需要延续资质证书有效期的，应当在资质证书有效期届满60日前，向原资质许可机关提出资质延续申请。

对在资质有效期内遵守有关法律、法规、规章、技术标准，信用档案中无不良行为记录，且专业技术人员满足资质标准要求的企业，经资质许可机关同意，有效期延续5年。

第十五条　企业在资质证书有效期内名称、地址、注册资本、法定代表人等发生变更的，应当在工商部门办理变更手续后30日内办理资质证书变更手续。

取得工程勘察甲级资质、工程设计甲级资质，以及涉及铁路、交通、水利、信息产业、民航等方面的工程设计乙级资质的企业，在资质证书有效期内发生企业名称变更的，应当向企业工商注册所在地省、自治区、直辖市人民政府建设主管部门提出变更申请，省、自治区、直辖市人民政府建设主管部门应当自受理申请之日起2日内将有关变更证明材料报国务院建设主管部门，由国务院建设主管部门在2日内办理变更手续。

前款规定以外的资质证书变更手续，由企业工商注册所在地的省、自治区、直辖市人民政府建设主管部门负责办理。省、自治区、直辖市人民政府建设主管部门应当自受理申请之日起2日内办理变更手续，并在办理资质证书变更手续后15日内将变更结果报国务院建设主管部门备案。

涉及铁路、交通、水利、信息产业、民航等方面的工程设计资质的变更，国务院建设主管部门应当将企业资质变更情况告知国务院有关部门。

第十六条　企业申请资质证书变更，应当提交以下材料：

（一）资质证书变更申请；

（二）企业法人、合伙企业营业执照副本复印件；

（三）资质证书正、副本原件；

（四）与资质变更事项有关的证明材料。

企业改制的，除提供前款规定资料外，还应当提供改制重组方案、上级资产管理部门或者股东大会的批准决定、企业职工代表大会同意改制重组的决议。

第十七条　企业首次申请、增项申请工程勘察、工程设计资质，其申请资质等级最高不超过乙级，且不考核企业工程勘察、工程设计业绩。

已具备施工资质的企业首次申请同类别或相近类别的工程勘察、工程设计资质的，可以将相应规模的工程总承包业绩作为工程业绩予以申报。其申请资质等级最高不超过其现有施工资质等级。

第十八条　企业合并的，合并后存续或者新设立的企业可以承继合并前各方中较高的资质等级，但应当符合相应的资质标准条件。

企业分立的，分立后企业的资质按照资质标准及本规定的审批程序核定。

企业改制的，改制后不再符合资质标准的，应按其实际达到的资质标准及本规定重新核定；资质条件不发生变化的，按本规定第十六条办理。

第十九条　从事建设工程勘察、设计活动的企业，申请资质升级、资质增项，在申请之日起前一年内有下列情形之一的，资质许可机关不予批准企业的资质升级申请和增项申请：

（一）企业相互串通投标或者与招标人串通投标承揽工程勘察、工程设计业务的；

（二）将承揽的工程勘察、工程设计业务转包或违法分包的；

（三）注册执业人员未按照规定在勘察设计文件上签字的；

（四）违反国家工程建设强制性标准的；

（五）因勘察设计原因造成过重大生产安全事故的；

（六）设计单位未根据勘察成果文件进行工程设计的；

（七）设计单位违反规定指定建筑材料、建筑构配件的生产厂、供应商的；

（八）无工程勘察、工程设计资质或者超越资质等级范围承揽工程勘察、工程设计业务的；

（九）涂改、倒卖、出租、出借或者以其他形式非法转让资质证书的；

（十）允许其他单位、个人以本单位名义承揽建设工程勘察、设计业务的；

（十一）其他违反法律、法规行为的。

第二十条　企业在领取新的工程勘察、工程设计资质证书的同时，应当将原资质证书交回原发证机关予以注销。

企业需增补（含增加、更换、遗失补办）工程勘察、工程设计资质证书的，应当持资质证书增补申请等材料向资质许可机关申请办理。遗失资质证书的，在申请补办前应当在公众媒体上刊登遗失声明。资质许可机关应当在2日内办理完毕。

第四章　监督与管理

第二十一条　国务院建设主管部门对全国的建设工程勘察、设计资质实施统一的监督管理。国务院铁路、交通、水利、信息产业、民航等有关部门配合国务院建设主管部门对相应的行业资质进行监督管理。

县级以上地方人民政府建设主管部门负责对本行政区域内的建设工程勘察、设计资质实施监督管理。县级以上人民政府交通、水利、信息产业等有关部门配合同级建设主管部门对相应的行业资质进行监督管理。

上级建设主管部门应当加强对下级建设主管部门资质管理工作的监督检查，及时纠正资质管理中的违法行为。

第二十二条　建设主管部门、有关部门履行监督检查职责时，有权采取下列措施：

（一）要求被检查单位提供工程勘察、设计资质证书、注册执业人员的注册执业证书，有关工程勘察、设计业务的文档，有关质量管理、安全生产管理、档案管理、财务管理等企业内部管理制度的文件；

（二）进入被检查单位进行检查，查阅相关资料；

（三）纠正违反有关法律、法规和本规定及有关规范和标准的行为。

建设主管部门、有关部门依法对企业从事行政许可事项的活动进行监督检查时，应当将监督检查情况和处理结果予以记录，由监督检查人员签字后归档。

第二十三条　建设主管部门、有关部门在实施监督检查时，应当有两名以上监督检查人员参加，并出示执法证件，不得妨碍企业正常的生产经营活动，不得索取或者收受企业的财物，不得谋取其他利益。

有关单位和个人对依法进行的监督检查应当协助与配合，不得拒绝或者阻挠。

监督检查机关应当将监督检查的处理结果向社会公布。

第二十四条　企业违法从事工程勘察、工程设计活动的，其违法行为发生地的建设主管部门应当依法将企业的违法事实、处理结果或处理建议告知该企业的资质许可机关。

第二十五条　企业取得工程勘察、设计资质后，不再符合相应资质条件的，建设主管部门、有关部门根据利害关系人的请求或者依据职权，可以责令其限期改正；逾期不改的，资质许可机关可以撤回其资质。

第二十六条　有下列情形之一的，资质许可机关或者其上级机关，根据利害关系人的请求或者依据职权，可以撤销工程勘察、工程设计资质：

（一）资质许可机关工作人员滥用职权、玩忽职守作出准予工程勘察、工程设计资质许可的；

（二）超越法定职权作出准予工程勘察、工程设计资质许可；

（三）违反资质审批程序作出准予工程勘察、工程设计资质许可的；

（四）对不符合许可条件的申请人作出工程勘察、工程设计资质许可的；

（五）依法可以撤销资质证书的其他情形。

以欺骗、贿赂等不正当手段取得工程勘察、工程设计资质证书的，应当予以撤销。

第二十七条　有下列情形之一的，企业应当及时向资质许可机关提出注销资质的申请，交回资质证书，资质许可机关应当办理注销手续，公告其资质证书作废：

（一）资质证书有效期届满未依法申请延续的；

（二）企业依法终止的；

（三）资质证书依法被撤销、撤回，或者吊销的；

（四）法律、法规规定的应当注销资质的其他情形。

第二十八条　有关部门应当将监督检查情况和处理意见及时告知建设主管部门。资质许可机关应当将涉及铁路、交通、水利、信息产业、民航等方面的资质被撤回、撤销和注销的情况及时告知有关部门。

第二十九条　企业应当按照有关规定，向资质许可机关提供真实、准确、完整的企业信用档案信息。

企业的信用档案应当包括企业基本情况、业绩、工程质量和安全、合同违约等情况。被投诉举报和处理、行政处罚等情况应当作为不良行为记入其信用档案。

企业的信用档案信息按照有关规定向社会公示。

第五章　法律责任

第三十条　企业隐瞒有关情况或者提供虚假材料申请资质的，资质许可机关不予受理或者不予行政许可，并给予警告，该企业在1年内不得再次申请该资质。

第三十一条　企业以欺骗、贿赂等不正当手段取得资质证书的，由县级以上地方人民政府建设主管部门或者有关部门给予警告，并依法处以罚款；该企业在3年内不得再次申请该资质。

第三十二条　企业不及时办理资质证书变更手续的，由资质许可机关责令限期办理；逾期不办理的，可处以1000元以上1万元以下的罚款。

第三十三条　企业未按照规定提供信用档案信息的，由县级以上地方人民政府建设主管部门给予警告，责令限期改正；逾期未改正的，可处以1000元以上1万元以下的罚款。

第三十四条　涂改、倒卖、出租、出借或者以其他形式非法转让资质证书的，由县级以上地方人民政府建设主管部门或者有关部门给予警告，责令改正，并处以1万元以上3万元以下的罚款；造成损失的，依法承担赔偿责任；构成犯罪的，依法追究刑事责任。

第三十五条　县级以上地方人民政府建设主管部门依法给予工程勘察、设计企业行政处罚的，应当将行政处罚决定以及给予行政处罚的事实、理由和依据，报国务院建设主管部门备案。

第三十六条　建设主管部门及其工作人员，违反本规定，有下列情形之一的，由其上级行政机关或者监察机关责令改正；情节严重的，对直接负责的主管人员和其他直接责任人员，依法给予行政处分：

（一）对不符合条件的申请人准予工程勘察、设计资质许可的；

（二）对符合条件的申请人不予工程勘察、设计资质许可或者未在法定期限内作出许可决定的；

（三）对符合条件的申请不予受理或者未在法定期限内初审完毕的；

（四）利用职务上的便利，收受他人财物或者其他好处的；

（五）不依法履行监督职责或者监督不力，造成严重后果的。

第六章　附则

第三十七条　本规定所称建设工程勘察包括建设工程项目的岩土工程、水文地质、工程测量、海洋工程勘察等。

第三十八条　本规定所称建设工程设计是指：

（一）建设工程项目的主体工程和配套工程（含厂（矿）区内的自备电站、道路、专用铁路、通信、各种管网管线和配套的建筑物等全部配套工程）以及与主体工程、配套工程相关的工艺、土木、建筑、环境保护、水土保持、消防、安全、卫生、节能、防雷、抗震、照明工程等的设计。

（二）建筑工程建设用地规划许可证范围内的室外工程设计、建筑物构筑物设计、民用建筑修建的地下工程设计及住宅小区、工厂厂前区、工厂生活区、小区规划设计及单体设计等，以及上述建筑工程所包含的相关专业的设计内容（包括总平面布置、竖向设计、各类管网管线设计、景观设计、室内外环境设计及建筑装饰、道路、消防、安保、通信、防雷、人防、供配电、照明、废水治理、空调设施、抗震加固等）。

第三十九条　取得工程勘察、工程设计资质证书的企业，可以从事资质证书许可范围内相应的建设工程总承包业务，可以从事工程项目管理和相关的技术与管理服务。

第四十条　本规定自2007年9月1日起实施。2001年7月25日建设部颁布的《建设工程勘察设计企业资质管理规定》（建设部令第93号）同时废止。

关于印发
《水利工程建设项目招标投标审计办法》的通知

部直属各单位，各省（自治区、直辖市）水利（水务）厅（局）、各计划单列市水利（水务）局，新疆生产建设兵团水利局：

现将《水利工程建设项目招标投标审计办法》印发给你们，请遵照执行。执行中如有问题请及时向部审计室反馈。

中华人民共和国水利部
二00七年十二月二十九日

水利工程建设项目招标投标审计办法

第一章 总则

第一条 为了加强对水利工程建设项目招标投标的审计监督，规范水利招标投标行为，提高投资效益，根据《中华人民共和国审计法》、《中华人民共和国招标投标法》、《中华人民共和国政府采购法》等法律、法规，结合水利工作实际，制定本办法。

第二条 各级水利审计部门（以下简称″审计部门）在本单位负责人领导下，依法对本单位及其所属单位水利工程建设项目的招标投标进行审计监督。

上级水利审计部门对下级单位的招标投标审计工作进行指导和监督。

第三条 本办法适用于《水利工程建设项目招标投标管理规定》所规定的水利工程建设项目的勘察设计、施工、监理以及与水利工程建设项目有关的重要设备、材料采购等的招标投标的审计监督。

第四条 审计部门根据工作需要，对水利工程建设项目的招标投标进行事前、事中、事后的审计监督，对重点水利建设项目的招标投标进行全过程跟踪审计，对有关招标投标的重要事项进行专项审计或审计调查。

第二章 审计职责

第五条 在招标投标审计中，审计部门具有以下职责：

（一）对招标人、招标代理机构及有关人员执行招标投标有关法律、法规和行业制度的情况进行审计监督；

（二）对招标项目评标委员会成员执行招标投标有关法律、法规和行业制度的情况进行审计监督；

（三）对属于审计监督对象的投标人及有关人员遵守招标投标有关法律、法规和行业制度的情况进行审计监督；

（四）对与招标投标项目有关的投资管理和资金运行情况进行审计监督；

（五）协同行政监督部门、行政监察部门查处招标投标中的违法违纪行为。

第三章 审计权限

第六条 在招标投标审计中，审计部门具有以下权限：

（一）有权参加招标人或其代理机构组织的开标、评标、定标等活动，招标人或其代理机构应当通知同级审计部门参加。

（二）有权要求招标人或其代理机构提供与招标投标活动有关的文件、资料，招标人或其代理机构应当按照审计部门的要求提供相关文件、资料；

（三）对招标人或其代理机构正在进行的违反国家法律、法规规定的招标投标行为，有权予以纠正或制止；

（四）有权向招标人、投标人、招标代理机构等调查了解与招标投标有关的情况；

（五）监督检查招标投标结果执行情况。

第四章 审计内容

第七条 审计部门对水利工程建设项目招标投标中的下列事项进行审计监督：

（一）招标项目前期工作是否符合水利工程建设项目管理规定，是否履行规定的审批程序；

（二）招标项目资金计划是否落实，资金来源是否符合规定；

（三）招标文件确定的水利工程建设项目的标准、建设内容和投资是否符合批准的设计文件；

（四）与招标投标有关的取费是否符合规定；

（五）招标人与中标人是否签订书面合同，所签合同是否真实、合法；

（六）与水利工程建设项目招标投标有关的其他经济事项。

第八条 审计部门会同行政监督部门、行政监察部门对招标投标中的下列事项进行审计监督：

（一）招标项目的招标方式、招标范围是否符合规定；

（二）招标人是否符合规定的招标条件，招标代理机构是否具有相应资质，招标代理合同是否真实、合法；

（三）招标项目的招标、投标、开标、评标和中标程序是否合法；

（四）招标项目评标委员会、评标专家的产生及人员组成、评标标准和评标方法是否符合规定；

（五）对招投标过程中泄露保密资料、泄露标底、串通招标、串通投标、规避招标、歧视排斥投标等违法行为进行审计监督；

（六）对勘察、设计、施工单位转包、违法分包和监理单位违法转让监理业务，以及无证或借用资质承接工程业务等违法违规行为进行审计监督。

第九条 审计部门和审计人员对招标投标工作中涉及保密的事项负有保密责任。

第五章 审计程序

第十条 招标人编制的年度招标工作计划，以及重大水利工程建设项目的招投标文件，应当报送同级审计部门备案。

第十一条 审计部门根据年度审计工作计划、招标人年度招标计划和招标项目具体情况，确定招标投标项目审计计划，经单位主管审计工作负责人批准后实施审计。

第十二条 审计部门根据审计项目计划确定的审计事项组成审计组，并应在实施审计三日前，向被审计单位送达审计通知书。

被审计单位以及与招标投标活动有关的单位、部门，应当配合审计部门的工作，并提供必要的工作条件。

第十三条 审计人员通过审查招标投标文件、合同、会计资料，以及向有关单位和个人进行调查等方式实施审计，并取得证明材料。

第十四条 审计组对招标投标事项实施审计后，应当向派出的审计部门提出审计报告。审计报告应当征求被审计单位的意见。被审计单位应当自接到审计报告之日起十日内，将其书面意见送交审计组或者审计部门。

第十五条 审计部门审定审计报告，对审计事项作出评价，出具审计意见书；对违反国家规定的招标投标行为，需要依法给予处理、处罚的，在职权范围内作出审计决定或者向有关主管部门提出处理、处罚意见。

被审计单位应当执行审计决定并将结果反馈审计部门；有关主管部门对审计部门提出的处理、处罚意见应及时进行研究，并将结果反馈审计部门。

第六章 罚则

第十六条 被审计单位违反本办法，拒绝或者拖延提供与审计事项有关的资料，或者拒绝、阻碍审计的，审计部门责令改正；拒不改正的，可以通报批评，对负有直接责任的主管人员和其他直接责任人员提出给予行政处分的建议，被审计单位或者其主管单位、监察部门应当及时作出处理，并将结果抄送审计部门。

第十七条 被审计单位拒不执行审计决定的，对负有直接责任的主管人员和其他直接责任人员提出给予行政处分的建议，被审计单位或者其主管单位、监察部门应当及时作出处理，并将结果抄送审计部门。

第十八条 招标人、招标代理机构及其有关人员违反国家招标投标的法律、法规的，依照《中华人民共和国招标投标法》予以处理。

第十九条 审计人员滥用职权、徇私舞弊、玩忽职守，涉嫌犯罪的，依法移送司法机关处理；不构成犯罪的，给予行政处分。

第七章 附则

第二十条 各省、自治区、直辖市水行政主管部门、流域机构、新疆生产建设兵团，可以根据本办法制定实施细则并报部备案。

第二十一条 本办法由水利部负责解释。

第二十二条 本办法自2008年4月1日起执行。

工程监理企业资质管理规定

（中华人民共和国建设部令[2007]第158号）

第一章 总 则

第一条 为了加强工程监理企业资质管理，规范建设工程监理活动，维护建筑市场秩序，根据《中华人民共和国建筑法》、《中华人民共和国行政许可法》、《建设工程质量管理条例》等法律、行政法规，制定本规定。

第二条 在中华人民共和国境内从事建设工程监理活动，申请工程监理企业资质，实施对工程监理企业资质监督管理，适用本规定。

第三条 从事建设工程监理活动的企业，应当按照本规定取得工程监理企业资质，并在工程监理企业资质证书（以下简称资质证书）许可的范围内从事工程监理活动。

第四条 国务院建设主管部门负责全国工程监理企业资质的统一监督管理工作。国务院铁路、交通、水利、信息产业、民航等有关部门配合国务院建设主管部门实施相关资质类别工程监理企业资质的监督管理工作。

省、自治区、直辖市人民政府建设主管部门负责本行政区域内工程监理企业资质的统一监督管理工作。省、自治区、直辖市人民政府交通、水利、信息产业等有关部门配合同级建设主管部门实施相关资质类别工程监理企业资质的监督管理工作。

第五条 工程监理行业组织应当加强工程监理行业自律管理。

鼓励工程监理企业加入工程监理行业组织。

第二章 资质等级和业务范围

第六条 工程监理企业资质分为综合资质、专业资质和事务所资质。其中，专业资质按照工程性质和技术特点划分为若干工程类别。

综合资质、事务所资质不分级别。专业资质分为甲级、乙级；其中，房屋建筑、水利水电、公路和市政公用专业资质可设立丙级。

第七条 工程监理企业的资质等级标准如下：

（一）综合资质标准

1、具有独立法人资格且注册资本不少于600万元。

2、企业技术负责人应为注册监理工程师，并具有15年以上从事工程建设工作的经历或者具有工程类高级职称。

3、具有5个以上工程类别的专业甲级工程监理资质。

4、注册监理工程师不少于60人，注册造价工程师不少于5人，一级注册建造师、一级注册建筑师、一级注册结构工程师或者其它勘察设计注册工程师合计不少于15人次。

5、企业具有完善的组织结构和质量管理体系，有健全的技术、档案等管理制度。

6、企业具有必要的工程试验检测设备。

7、申请工程监理资质之日前一年内没有本规定第十六条禁止的行为。

8、申请工程监理资质之日前一年内没有因本企业监理责任造成重大质量事故。

9、申请工程监理资质之日前一年内没有因本企业监理责任发生三级以上工程建设重大安全事故或者发生两起以上四级工程建设安全事故。

（二）专业资质标准

1、甲级

（1）具有独立法人资格且注册资本不少于300万元。

（2）企业技术负责人应为注册监理工程师，并具有15年以上从事工程建设工作的经历或者具有工程类高级职称。

（3）注册监理工程师、注册造价工程师、一级注册建造师、一级注册建筑师、一级注册结构工程师或者其它勘察设计注册工程师合计不少于25人次；其中，相应专业注册监理工程师不少于《专业资质注册监理工程师人数配备表》（附表1）中要求配备的人数，注册造价工程师不少于2人。

（4）企业近2年内独立监理过3个以上相应专业的二级工程项目，但是，具有甲级设计资质或一级及以上施工总承包资质的企业申请本专业工程类别甲级资质的除外。

（5）企业具有完善的组织结构和质量管理体系，有健全的技术、档案等管理制度。

（6）企业具有必要的工程试验检测设备。

（7）申请工程监理资质之日前一年内没有本规定第十六条禁止的行为。

（8）申请工程监理资质之日前一年内没有因本企业监理责任造成重大质量事故。

（9）申请工程监理资质之日前一年内没有因本企业监理责任发生三级以上工程建设重大安全事故或者发生两起以上四级工程建设安全事故。

2、乙级

（1）具有独立法人资格且注册资本不少于100万元。

（2）企业技术负责人应为注册监理工程师，并具有10年以上从事工程建设工作的经历。

（3）注册监理工程师、注册造价工程师、一级注册建造师、一级注册建筑师、一级注册结构工程师或者其它勘察设计注册工程师合计不少于15人次。其中，相应专业注册监理工程师不少于《专业资质注册监理工程师人数配备表》（附表1）中要求配备的人数，注册造价工程师不少于1人。

（4）有较完善的组织结构和质量管理体系，有技术、档案等管理制度。

（5）有必要的工程试验检测设备。

（6）申请工程监理资质之日前一年内没有本规定第十六条禁止的行为。

（7）申请工程监理资质之日前一年内没有因本企业监理责任造成重大质量事故。

（8）申请工程监理资质之日前一年内没有因本企业监理责任发生三级以上工程建设重大安全事故或者发生两起以上四级工程建设安全事故。

3、丙级

（1）具有独立法人资格且注册资本不少于50万元。

（2）企业技术负责人应为注册监理工程师，并具有8年以上从事工程建设工作的经历。

（3）相应专业的注册监理工程师不少于《专业资质注册监理工程师人数配备表》（附表1）中要求配备的人数。

（4）有必要的质量管理体系和规章制度。

（5）有必要的工程试验检测设备。

（三）事务所资质标准

1、取得合伙企业营业执照，具有书面合作协议书。

2、合伙人中有3名以上注册监理工程师，合伙人均有5年以上从事建设工程监理的工作经历。

3、有固定的工作场所。

4、有必要的质量管理体系和规章制度。

5、有必要的工程试验检测设备。

第八条　工程监理企业资质相应许可的业务范围如下：

（一）综合资质

可以承担所有专业工程类别建设工程项目的工程监理业务。

（二）专业资质

1、专业甲级资质

可承担相应专业工程类别建设工程项目的工程监理业务（见附表2）。

2、专业乙级资质：

可承担相应专业工程类别二级以下（含二级）建设工程项目的工程监理业务（见附表2）。

3、专业丙级资质：

可承担相应专业工程类别三级建设工程项目的工程监理业务（见附表2）。

（三）事务所资质

可承担三级建设工程项目的工程监理业务（见附表2），但是，国家规定必须实行强制监理的工程除外。

工程监理企业可以开展相应类别建设工程的项目管理、技术咨询等业务。

第三章　资质申请和审批

第九条　申请综合资质、专业甲级资质的，应当向企业工商注册所在地的省、自治区、直辖市人民政府建设主管部门提出申请。

省、自治区、直辖市人民政府建设主管部门应当自受理申请之日起20日内初审完毕，并将初审意见和申请材料报国务院建设主管部门。

国务院建设主管部门应当自省、自治区、直辖市人民政府建设主管部门受理申请材料之日起60日内完成审查，公示审查意见，公示时间为10日。其中，涉及铁路、交通、水利、通信、民航等专业工程监理资质的，由国务院建设主管部门送国务院有关部门审核。国务院有关部门应当在20日内审核完毕，并将审核意见报国务院建设主管部门。国务院建设主管部门根据初审意见审批。

第十条　专业乙级、丙级资质和事务所资质由企业所在地省、自治区、直辖市人民政府建设主管部门审批。

专业乙级、丙级资质和事务所资质许可。延续的实施程序由省、自治区、直辖市人民政府建设主管部门依法确定。

省、自治区、直辖市人民政府建设主管部门应当自作出决定之日起10日内，将准予资质许可的决定报国务院建设主管部门备案。

第十一条　工程监理企业资质证书分为正本和副本，每套资质证书包括一本正本，四本副本。正、副本具有同等法律效力。

工程监理企业资质证书的有效期为5年。

工程监理企业资质证书由国务院建设主管部门统一印制并发放。

第十二条　申请工程监理企业资质，应当提交以下材料：

（一）工程监理企业资质申请表（一式三份）及相应电子文档；

（二）企业法人、合伙企业营业执照；

（三）企业章程或合伙人协议；

（四）企业法定代表人、企业负责人和技术负责人的身份证明、工作简历及任命（聘用）文件；

（五）工程监理企业资质申请表中所列注册监理工程师及其他注册执业人员的注册执业证书；

（六）有关企业质量管理体系、技术和档案等管理制度的证明材料；

（七）有关工程试验检测设备的证明材料。

取得专业资质的企业申请晋升专业资质等级或者取得专业甲级资质的企业申请综合资质的，除前款规定的材料外，还应当提交企业原工程监理企业资质证书正、副本复印件，企业《监理业务手册》及近两年已完成代表工程的监理合同、监理规划、工程竣工验收报告及监理工作总结。

第十三条　资质有效期届满，工程监理企业需要继续从事工程监理活动的，应当在资质证书有效期届满60日前，向原资质许可机关申请办理延续手续。

对在资质有效期内遵守有关法律、法规、规章、技术标准，信用档案中无不良记录，且专业技术人员满足资质标准要求的企业，经资质许可机关同意，有效期延续5年。

第十四条　工程监理企业在资质证书有效期内名称、地址、注册资本、法定代表人等发生变更的，应当在工商行政管理部门办理变更手续后30日内办理资质证书变更手续。

涉及综合资质、专业甲级资质证书中企业名称变更的，由国务院建设主管部门负责办理，并自受理申请之日起3日内办理变更手续。

前款规定以外的资质证书变更手续，由省、自治区、直辖市人民政府建设主管部门负责办理。省、自治区、直辖市人民政府建设主管部门应当自受理申请之日起3日内办理变更手续，并在办理资质证书变更手续后15日内将变更结果报国务院建设主管部门备案。

第十五条　申请资质证书变更，应当提交以下材料：

（一）资质证书变更的申请报告；

（二）企业法人营业执照副本原件；

（三）工程监理企业资质证书正、副本原件。

工程监理企业改制的，除前款规定材料外，还应当提交企业职工代表大会或股东大会关于企业改制或股权变更的决议、企业上级主管部门关于企业申请改制的批复文件。

第十六条　工程监理企业不得有下列行为：

（一）与建设单位串通投标或者与其他工程监理企业串通投标，以行贿手段谋取中标；

（二）与建设单位或者施工单位串通弄虚作假、降低工程质量；

（三）将不合格的建设工程、建筑材料、建筑构配件和设备按照合格签字；

（四）超越本企业资质等级或以其他企业名义承揽监理业务；

（五）允许其他单位或个人以本企业的名义承揽工程；

（六）将承揽的监理业务转包；

（七）在监理过程中实施商业贿赂；

（八）涂改、伪造、出借、转让工程监理企业资质证书；

（九）其他违反法律法规的行为。

第十七条　工程监理企业合并的，合并后存续或者新设立的工程监理企业可以承继合并前各方中较高的资质等级，但应当符合相应的资质等级条件。

工程监理企业分立的，分立后企业的资质等级，根据实际达到的资质条件，按照本规定的审批程序核定。

第十八条　企业需增补工程监理企业资质证书的（含增加、更换、遗失补办），应当持资质证书增补申请及电子文档等材料向资质许可机关申请办理。遗失资质证书的，在申请补办前应当在公众媒体刊登遗失声明。资质许可机关应当自受理申请之日起3日内予以办理。

第四章　监督管理

第十九条　县级以上人民政府建设主管部门和其他有关部门应当依照有关法律、法规和本规定，加强对工程监理企业资质的监督管理。

第二十条　建设主管部门履行监督检查职责时，有权采取下列措施：

（一）要求被检查单位提供工程监理企业资质证书、注册监理工程师注册执业证书，有关工程监理业务的文档，有关质量管理、安全生产管理、档案管理等企业内部管理制度的文件；

（二）进入被检查单位进行检查，查阅相关资料；

（三）纠正违反有关法律、法规和本规定及有关规范和标准的行为。

第二十一条　建设主管部门进行监督检查时，应当有两名以上监督检查人员参加，并出示执法证件，不得妨碍被检查单位的正常经营活动，不得索取或者收受财物、谋取其他利益。

有关单位和个人对依法进行的监督检查应当协助与配合，不得拒绝或者阻挠。

监督检查机关应当将监督检查的处理结果向社会公布。

第二十二条　工程监理企业违法从事工程监理活动的，违法行为发生地的县级以上地方人民政府建设主管部门应当依法查处，并将违法事实、处理结果或处理建议及时报告该工程监理企业资质的许可机关。

第二十三条　工程监理企业取得工程监理企业资质后不再符合相应资质条件的，资质许可机关根据利害关系人的请求或者依据职权，可以责令其限期改正；逾期不改的，可以撤回其资质。

第二十四条　有下列情形之一的，资质许可机关或者其上级机关，根据利害关系人的请求或者依据职权，可以撤销工程监理企业资质：

（一）资质许可机关工作人员滥用职权、玩忽职守作出准予工程监理企业资质许可的；

（二）超越法定职权作出准予工程监理企业资质许可的；

（三）违反资质审批程序作出准予工程监理企业资质许可的；

（四）对不符合许可条件的申请人作出准予工程监理企业资质许可的；

（五）依法可以撤销资质证书的其他情形。

以欺骗、贿赂等不正当手段取得工程监理企业资质证书的，应当予以撤销。

第二十五条　有下列情形之一的，工程监理企业应当及时向资质许可机关提出注销资质的申请，交回资质证书，国务院建设主管部门应当办理注销手续，公告其资质证书作废：

（一）资质证书有效期届满，未依法申请延续的；

（二）工程监理企业依法终止的；

（三）工程监理企业资质依法被撤销、撤回或吊销的；

（四）法律、法规规定的应当注销资质的其他情形。

第二十六条　工程监理企业应当按照有关规定，向资质许可机关提供真实、准确、完整的工程监理企业的信用档案信息。

工程监理企业的信用档案应当包括基本情况、业绩、工程质量和安全、合同违约等情况。被投诉举报和处理、行政处罚等情况应当作为不良行为记入其信用档案。

工程监理企业的信用档案信息按照有关规定向社会公示，公众有权查阅。

第五章　法律责任

第二十七条　申请人隐瞒有关情况或者提供虚假材料申请工程监理企业资质的，资质许可机关不予受理或者不予行政许可，并给予警告，申请人在1年内不得再次申请工程监理企业资质。

第二十八条　以欺骗、贿赂等不正当手段取得工程监理企业资质证书的，由县级以上地方人民政府建设主管部门或者有关部门给予警告，并处1万元以上2万元以下的罚款，申请人3年内不得再次申请工程监理企业资质。

第二十九条　工程监理企业有本规定第十六条第七项、第八项行为之一的，由县级以上地方人民政府建设主管部门或者有关部门予以警告，责令其改正，并处1万元以上3万元以下的罚款；造成损失的，依法承担赔偿责任；构成犯罪的，依法追究刑事责任。

第三十条　违反本规定，工程监理企业不及时办理资质证书变更手续的，由资质许可机关责令限期办理；逾期不办理的，可处以1千元以上1万元以下的罚款。

第三十一条　工程监理企业未按照本规定要求提供工程监理企业信用档案信息的，由县级以上地方人民政府建设主管部门予以警告，责令限期改正；逾期未改正的，可处以1千元以上1万元以下的罚款。

第三十二条　县级以上地方人民政府建设主管部门依法给予工程监理企业行政处罚的，应当将行政处罚决定以及给予行政处罚的事实、理由和依据，报国务院建设主管部门备案。

第三十三条　县级以上人民政府建设主管部门及有关部门有下列情形之一的，由其上级行政主管部门或者监察机关责令改正，对直接负责的主管人员和其他直接责任人员依法给予处分；构成犯罪的，依法追究刑事责任：

（一）对不符合本规定条件的申请人准予工程监理企业资质许可的；

（二）对符合本规定条件的申请人不予工程监理企业资质许可或者不在法定期限内作出准予许可决定的；

（三）对符合法定条件的申请不予受理或者未在法定期限内初审完毕的；

（四）利用职务上的便利，收受他人财物或者其他好处的；

（五）不依法履行监督管理职责或者监督不力，造成严重后果的。

第六章　附　则

第三十四条　本规定自2007年8月1日起施行。2001年8月29日建设部颁布的《工程监理企业资质管理规定》（建设部令第102号）同时废止。

附件：

1．专业资质注册监理工程师人数配备 表（略）

2．专业工程类别和等级表（略）

广东省建设厅印发2007年广东省建设工作要点的通知

粤建法字〔2007〕18号

广州市建委，各地级以上市建设局、规划局（规划国土局）、城建局（市政园林局、公用事业局、市容环卫局、城管局、水务局）、房管局（国土房产局）：

现将《2007年广东省建设工作要点》印发给你们，请结合本地区、本单位的实际，认真贯彻执行。

广东省建设厅
二00七年二月十五日

2007年广东省建设工作要点

2007年是深入贯彻落实科学发展观，积极推进社会主义和谐社会建设的重要一年。做好今年各项建设工作，实现城乡建设又好又快发展，对于迎接党的十七大胜利召开，具有十分重要的意义。

2007年全省建设工作的总体要求是，以邓小平理论和“三个代表”重要思想为指导，认真贯彻全国建设工作会议和省委九届十次全会精神，全面落实科学发展观和构建社会主义和谐社会重大战略部署，发挥城乡规划的统筹和先导作用，促进城镇化健康发展，深入贯彻房地产调控政策，完善住房保障体系，加大建筑节能和安全生产工作力度，完善市政公用服务设施，提高城乡人居环境水平，促进依法行政，加强党风廉政建设和精神文明建设，开创我省建设事业的新局面。

按照上述要求，2007年要重点抓好以下工作：

一、全面落实房地产市场调控政策，着力构建住房保障体系

1、切实调整住房供应结构。深入贯彻国家关于房地产的调控政策，适当加大土地供应量，落实年度住宅建设计划，使商品房供应量基本满足市场需求；运用规划等调节手段，调整住房供应结构，增加面向中低收入家庭的中低价位、中小套型普通商品住房供给，稳定市场供求关系，保持房地产业合理的发展规模和增长水平。

2、努力完善住房保障体系。一是强化政府解决低收入家庭住房问题的责任，确保将土地出让净收益不低于5%的比例用于廉租住房建设，实现“十一五”住房建设规划中政策性住房建设的目标，完善经济适用房和廉租房的租售管理，有步骤解决好低收入群众住房问题。二是加强对住房公共政策研究，提出符合我省实际的公共住房政策和规划，研究和实施公共租赁住房制度，促进住房保障向“租售并举”转变，有针对性地解决低收入群众住房问题。三是完善住房政策。在调查研究的基础上，提出完善我省住房货币分配等有关房改政策，经批准后逐步实施。

二、统筹城乡和区域协调发展，推进社会主义新农村建设

3、加强区域规划管理，促进区域协调发展。建立完善省城乡规划委员会制度，加强全省重要区域性空间规划的审查，统筹区域协调发展。认真实施《珠江三角洲城镇群协调发展规划》，建立珠江三角洲城镇群规划督察员制度和协调会议制度，促进区域开发、建设的有序开展。进一步规范珠三角具有区域性影响建设项目选址的协调工作，加强重要开发地区和城际发展协调区规划的指导和监控。开展《珠江三角洲城镇群协调发展规划》实施的监测评估体系研究和“大珠江三角洲城镇群协调发展规划研究”，引导大中小城市协调发展。

4、以提高城镇综合承载能力为核心推进城镇化。认真实施《广东省城镇化发展“十一五”规划》。开展全省城镇化质量评估，发布《广东省城镇化进程评估报告》，分析城镇化发展的前景和趋势，提出发展策略和建议。编制《推进城镇化的技术集成》，加强对全省城镇化工作的技术支持和指导。继续扶持中心镇的发展，开展控制性详细规划的试点工作，提高中心镇建设管理水平。加强对各类开发区的规划指导和管理监督，促进开发区集约、高效、有序发展。

5、认真抓好社会主义新农村的规划建设。加强村庄规划，按照《关于开展村庄整治工作的实施意见》、《广东省村庄整治规划编制指引（试行）》的要求，推进村庄整治规划编制工作，扭转农村规划严重滞后的现象。继续推进村庄整治，加强对农民建房的指导和服务，推广农民需要的住宅设计图样。开展历史文化名镇（村）评选活动，坚决防止农村建设中大拆大建对历史文化遗存造成破坏的现象。结合村庄整治试点工作，继续开展“生态文明村康居工程”试点工作。加强村庄规划的法制化建设，制定《广东省村庄规划建设管理条例》，规范村庄规划编制、审批、实施的程序，依法推进社会主义新农村的规划建设和管理。

三、大力发展建筑节能，推进建设领域资源节约工作

6、加大建设科研成果的推广应用力度。大力发展应用新型墙体材料，推广太阳能等可再生能源在建筑中应用。推动散装水泥的发展，抓好城区禁止现场搅拌混凝土和禁止使用实心粘土砖工作。加强建设科技创新，组织召开全省建设科技工作会议，积极开展科技攻关，强化科技成果转化，积极推广建筑业“十项”新技术，推进建筑节能新技术新成果的开发和应用。

7、加快建筑节能推进的步伐。各级建设部门要加强对本地区资源节约工作的指导、组织和协调，制定“四节”工作计划，明确目标和要求，深入开展“四节”工作的宣传教育，使“四节”成为全社会的自觉行动。认真贯彻执行建筑节能设计标准，继续开展对全省建筑节能设计人员的培训，提高建筑节能设计水平。完善建筑节能施工图审查备案制度，建立建筑节能施工监理、竣工验收备案和建筑能耗标识制度，把建筑节能工作落实到建设的全过程。认真抓好建筑节能示范工程，结合广东的气候特点，抓好建筑隔热、遮阳、组织自然通风和应用太阳能的住宅小区试点，每个城市选择一、二个住宅小区作为试点，并抓出成效；抓好既有建筑节能改造试点，每个城市选择一、二个公共建筑、办公楼进行节能改造。

四、加强城市基础设施建设，改善城市生态环境

8、继续推进治污保洁工程。编制“十一五”污水、垃圾处理规划。制定《广东省城市污水处理收费管理办法》，健

全污水和垃圾处理收费机制，加大污水和垃圾处理设施建设的投入，提高污水处理率和垃圾无害化处理率。

9、提高公用事业的服务水平。编制“十一五”城市供水规划，加强生活饮用水安全管理，严格贯彻执行国家《生活饮用水卫生标准》，开展水质检测工作，确保生活饮用水安全。制定《市政公用设施BOT、TOT管理办法》，完善投融资体制，加快市政公用事业的市场化、规模化和产业化步伐。完善公用事业监管机制，加强对公用事业产品和服务的监督检查，提高产品质量和服务水平。大力实施公共交通优先发展战略，抓好城市公共客运交通规划的编制工作，加大对城市公共交通的资金投入和政策扶持力度，加强公共交通设施建设，完善公共交通网络，改善市民出行结构，提高城市公共交通的服务水平。

10、促进绿色广东建设。认真贯彻《风景名胜区条例》，加强风景名胜区的规划管理和综合整治力度，坚决制止破坏风景名胜资源和侵占风景名胜区土地的违法行为，加强风景名胜资源的保护。以创建国家园林城市为抓手，开展“广东省园林城市、县城”活动，提高绿化水平，改善城市生态环境。

五、坚持不懈地抓好工程质量和安全生产管理，整顿和规范建筑市场秩序

11、加强质量管理，提高工程质量水平。进一步健全工程质量监督管理制度。完善工程质量检测的市场准入和监管机制，严格实施工程质量检测机构资质核准制度，开展工程质量检测活动专项检查。加强工程质量检测比对试验、工程质量巡查和企业质量信用档案制度建设，加大工程质量监管的力度。全面推进工程质量评价体系的应用和住宅工程分户验收制度实施。深入开展创建无质量通病住宅工程活动，加强对住宅工程质量通病防治的专项检查，全面落实《广东省住宅工程质量通病防治技术措施二十条》，提高住宅工程的质量。大力推广新技术、新工艺，提高建筑施工作业的科技水平。

12、强化安全生产管理，严防重特大安全事故发生。继续完善施工图审查和勘察设计责任保险、咨询制度，提高勘察设计水平，从源头上把好工程质量关，严防安全隐患。加强施工安全监督机构和队伍建设，改进监督管理方式，实施差别管理，提高巡查频率，加大处罚力度，及时发现和处理安全隐患。严格实施安全生产许可证制度，按照《广东省建设厅建筑施工安全动态管理办法》，加强安全生产动态管理，防止施工企业降低安全生产条件的现象，提高企业安全生产的水平。继续深入开展建筑施工安全生产专项整治工作，突出抓好高处坠落和坍塌的安全隐患专项整治。积极推行建筑工人“平安卡”管理制度，合理引导建筑工人的有序流动。完善“政府引导、企业自主、社会参与、管理规范”的农民工教育培训体系，积极推行职业资格证书制度，加强对一线作业人员和专业技术人员的安全教育培训，提高安全知识水平和整体素质。

13、整顿和规范建筑市场秩序。进一步强化有形建筑市场的管理。建立健全工程招标投标管理的配套制度，明确对围标串标等违法行为的认定标准，加大对工程招标投标违法行为的处罚力度。建立和完善对评标专家的培训教育、定期考核和准入清出制度，加强对评标专家和评标活动的管理，防止工程招标投标腐败现象的滋生。开展对工程监理的专项整治，严肃查处不按规定落实监理责任等违法违规的工程监理企业和监理人员。完善对跨地区建筑施工企业的管理，着力解决部分建筑施工企业管理松散、人员不到位、以包代管等突出问题。建立和完善建筑劳务分包制度，规范建筑劳务分包和用工管理行为。推进建筑市场信用体系建设，制定诚信评价标准，完善对建筑市场主体的行政处罚以及其他不良行为的档案和公示制度，构建诚信奖惩机制。

六、推动重点建设项目顺利进行

14、继续加强对重点建设项目的监督管理和协调。健全重点建设项目的施工许可管理制度，制定《广东省专业建设工程项目施工许可管理办法》、《广东省大型工程项目建设指引》，规范重点建设项目的建设程序。完善质量安全保证体系，强化对亚运会场馆、武广铁路等重点项目的质量安全监管，推动全省重点建设项目质量安全管理上新水平。

15、加强重点项目的廉政建设。继续开展重点建设项目专项执法检查和同步预防职务犯罪工作，以《广东省重点建设项目预防职务犯罪工作指引》为指导，选择若干项目作为重点联系点，加强指导，推动重点建设项目的依法建设、高质安全建设和廉洁建设。

七、着力解决民生问题，促进和谐社会建设

16、解决好群众关心的热点问题。加强对住房公积金的监管，对全省住房公积金归集和使用情况进行实时监控，坚决纠正公积金管理中存在的问题，进一步发挥住房公积金对解决职工住房的作用。规范城镇房屋拆迁工作，严格执行拆迁程序，坚决杜绝损害被拆迁人利益的行为，保障被拆迁人的合法权益。完善物业管理法规和规章，妥善处理物业管理的矛盾和纠纷，促进和谐社区建设。努力解决好烂尾楼、涉港问题楼盘、已售房屋产权证等历史遗留问题。

17、建立健全城乡建设的事故应急处理机制。制定城市供水、燃气、桥梁等重大事故应急预案，建立和完善市政公用行业应急管理机制，增强市政公用行业防灾减灾能力。

18、建立防止产生新的工程款和工人工资拖欠的长效机制。

八、继续推进信息化工作，提高政务公开水平

19、进一步提高信息化工作水平。建立“广东省城乡规划、珠江三角洲城镇群协调发展信息平台”，为城乡规划的管理和城镇群的协调发展提供动态监测和决策支持。加强房地产管理信息系统建设，建立统一的市场监测和分析报告发布制度，应用省房地产数据平台准确发布市场供求信息。加大住房公积金监管系统建设的力度，确保住房公积金安全。完善建筑业诚信基础数据库、数字化城市管理等信息系统，提高社会管理和公共服务水平。

20、提高政务公开水平。继续加强“窗口”办事制度和行政许可“一站式”办事系统建设，完善政务公开的各项制度，提高政务公开水平。

21、畅通群众反映问题的渠道。设立群众投诉电话专线和电子信箱，畅通群众投诉渠道，认真研究并切实解决群众反映的问题。

九、加强法制建设，提高依法行政水平

22、着力抓好立法工作。以提高勘察设计水平，促进工程质量和安全生产为目的，颁布《广东省勘察设计管理条例》。围绕社会主义新农村建设，抓紧起草《广东省村庄规划建设管理条例》。以解决人民群众热点难点问题为出发点，修订出台《广东省物业管理条例》、《广东省散装水泥管理规定》（修订）等地方性法规和规章，启动《广东省燃气管理条例》的修订工作，不断完善我省建设法规体系。

23、严格依法行政。完善行政许可、行政处罚、行政复议工作的配套制度，规范程序，加强监督检查，纠正违法违规行为，提高行政工作水平。继续推进全省建设综合行政执法试点工作，严格规范执法机构名称、归口管理、编制经费、执法证件和执法文书，认真落实行政执法责任制，加强行政执法队伍建设，提高行政执法水平。继续深入开展“五五”普法宣传教育活动，增强广大干部职工的法制观念和法治意识。

十、坚持不懈地抓好党风廉政建设和精神文明建设，塑造机关良好形象

24、加强党风廉政建设。继续深入贯彻中共中央发布的《建立健全教育、制度、监督并重的惩治和预防腐败体系实施纲要》，建立和健全工程建设招标投标制度、房地产市场监管制度、市政公用事业市场监管制度，建立与我省建设工作相适应的教育、制度、监督并重的惩治和预防腐败体系。认真贯彻落实中纪委、省纪委六次全会精神，坚持不懈地开展党风廉政建设和治理商业贿赂等反腐败斗争，不断改进廉政建设责任制考核办法，完善党风廉政建设责任制，继续抓好纪律教育月学习，维护党纪政纪，提高廉洁从政水平。

25、加强精神文明建设。深入开展“为基层服务，促进社会和谐”活动，围绕“三个走在前面”，推进学习型机关建设。加强精神文明建设和政风行风建设，做好先进典型的培育和宣传工作，推动全省建设系统精神文明建设。

广东省建设工程勘察设计管理条例

广东省第十届人民代表大会常务委员会公告第74号

《广东省建设工程勘察设计管理条例》已由广东省第十届人民代表大会常务委员会第三十次会议于2007年3月29日通过，现予公布，自2007年6月1日起施行。

广东省人民代表大会常务委员会
二〇〇七年三月二十九日

第一章　总则

第一条　为加强建设工程勘察、设计管理，保证建设工程勘察、设计质量，保护人民生命和财产安全，促进资源节约，根据《中华人民共和国建筑法》等法律法规，结合本省实际，制定本条例。

第二条　本省行政区域内从事建设工程勘察、设计活动适用本条例。

第三条　县级以上人民政府建设行政主管部门负责本行政区域内建设工程勘察、设计活动的监督管理。

县级以上人民政府交通、水利等行政主管部门按照各自职责，负责对有关专业建设工程勘察、设计活动的监督管理。

第四条　从事建设工程勘察、设计活动，应当坚持先勘察、后设计、再施工的原则。

建设工程勘察、设计必须严格执行工程建设强制性标准，符合安全实用、保护环境的要求，有利节约和综合利用土地、能源、水资源和材料，力求经济美观。鼓励采用先进技术、先进工艺、先进设备、新型材料和现代管理方法。

第五条　建设工程勘察、设计单位对建设工程勘察、设计的质量负责。

建设工程勘察、设计应当推行责任保险制度。

第六条　建设工程勘察、设计行业应当加强行业自律，规范行业行为，提高勘察、设计质量，促进行业健康发展。

第二章　勘察设计市场管理

第七条　建设单位应当将建设工程勘察、设计业务依法发包给具有相应勘察、设计资质等级和业务范围的建设工程勘察、设计单位。

建设单位必须向勘察、设计单位提供与建设工程有关的真实、准确、齐全的资料。

第八条　建设工程勘察、设计单位应当按照国家规定申领相应等级的资质证书，并在其资质等级和业务范围内从事建设工程勘察、设计活动。

第九条　建设工程勘察、设计单位不得有下列行为：

(一)超越资质等级许可范围承揽业务；

(二)伪造、买卖、出租或者以其他形式转让证书或者图章；

(三)以其他建设工程勘察、设计单位的名义承揽业务；

(四)允许其他单位或者个人以本单位名义从事勘察、设计活动；

(五)将所承揽的建设工程勘察、设计转包或者违法分包；

(六)选用国家明令禁止或者不符合质量标准的材料、构配件、设备，或者指定材料、构配件、设备的品牌、生产厂、供应商；

(七)违反合同擅自拖延勘察、设计周期；

(八)扣押注册执业人员的注册证书、执业印章等法定执业凭证。

第十条　建设工程勘察、设计单位应当严格执行工程立项批准的估算，不得擅自增加工程量和工程造价提高勘察费、设计费。

建设工程设计单位应当按照合同约定进行设计。未按合同约定设计，建设单位要求纠正的，设计单位应当及时修改，不得另行收取费用。

第十一条　建设工程勘察、设计单位跨地区承接勘察、设计业务的，应当告知项目所在地的地级以上市建设、交通、水利等相关行政主管部门。有关行政主管部门不得设置前置性审批条件或者其他形式的限制，不得收取任何费用。

第十二条　施工图审查单位应当按照国家规定申请认定，并按照认定的业务范围承揽施工图审查业务。

负责认定的行政主管部门应当将其认定的施工图审查单位及其业务范围向社会公示。

第十三条　施工图审查单位不得有下列行为：

(一)超越业务范围从事施工图设计文件审查；

(二)由不具备专业技术要求的人员进行审查；

(三)未按照规定的审查内容进行审查；

(四)未按照规定在审查合格书和施工图设计文件上签字盖章；

(五)出具虚假审查合格书。

第十四条　县级以上人民政府建设、交通、水利等行政主管部门应当建立勘察、设计单位和施工图审查单位的信用档案，供公众查询，逐步实现信息资源共享。

信用档案包括建设工程勘察、设计单位和施工图审查单位及其注册执业人员的基本情况、服务质量、不良行为等内容。

县级以上人民政府建设、交通、水利等行政主管部门应当定期将建设工程勘察、设计单位和施工图审查单位、注册执业人员的违法行为向社会公布。

第十五条　任何单位和个人对建设工程勘察、设计活动中的违法行为有权投诉、检举、控告。

建设、交通、水利等行政主管部门接到投诉后应当及时处理。

第三章　勘察设计文件编制

第十六条　建设工程勘察、设计文件编制应当符合城乡规划、抗震防灾要求，注重地下空间开发利用；遵守土地管理、水土保持、文物保护、消防安全等法律、法规的规定。

建设工程勘察、设计文件应当编制环境保护和节能设计专篇，满足环境保护和节能的要求，采用先进的设计理念和技术，提高环保水平，降低能源消耗和建设成本。

第十七条　建设工程勘察、设计文件应当按照以下要求编制：

（一）初步勘察文件应当满足建设工程项目的规划选址、可行性研究、初步设计文件编制的需要；

（二）详细勘察文件应当满足岩土治理、施工图设计文件编制和工程施工的需要；

（三）方案设计文件应当满足编制初步设计文件的需要；

（四）初步设计文件应当满足编制施工图设计文件和施工招标文件以及主要设备材料订货的需要；

（五）施工图设计文件应当满足设备材料采购、非标准设备制作、施工图预算编制和施工的需要，并注明建设工程合理使用年限。

第十八条　对于影响城市景观和公共利益的重要标志性建（构）筑物或者重大的基础设施工程的设计方案，建设单位应当向社会公示，征求公众意见。

第十九条　大中型建设工程项目初步设计文件编制完成后，建设单位应当按照项目隶属关系，向省或者地级以上市人民政府建设行政主管部门申请初步设计审查。

申请初步设计审查应当提交下列材料：

（一）建设单位的申请书；

（二）拟建设场地工程勘察报告；

（三）工程初步设计文件（说明书、图纸、设计概算）；

（四）项目立项批准文件；

（五）城乡规划、国土资源、环境保护、消防、安全生产、卫生等行政主管部门的批准文件；

（六）法律法规规定的其他文件。

省或者地级以上市人民政府建设行政主管部门应当自受理申请之日起二十日内审查批复。

交通、水利等专业建设工程项目的初步设计审查按照国家有关规定执行。

第二十条　建设工程项目施工图设计文件编制完成后，建设单位应当送施工图审查单位审查。施工图设计文件未经审查或者审查未通过，建设单位不得交付施工。

施工图审查单位应当在规定时限内对施工图设计文件中涉及公共安全、公共利益和工程建设强制性标准的内容进行审查。对审查合格的，出具审查合格书，并按照有关规定报建设工程项目所在地县级以上人民政府建设行政主管部门备案；对审查不合格的，应当提出书面审查意见。建设单位收到审查意见后应当要求原勘察设计单位进行修改，并将修改后的施工图设计文件送原审查机构审查。

交通、水利等专业建设工程项目的施工图设计文件审查按照国家有关规定执行。

第二十一条　经审查合格的施工图设计文件，任何单位和个人不得擅自修改；确需对涉及公共安全、公共利益和工程建设强制性标准的内容作修改的，建设单位应当将修改后的施工图设计文件送原审查单位重新审查。

第二十二条　施工图设计文件未经审查或者经审查不合格的建设工程项目，有关行政主管部门不得颁发施工许可。

第四章　勘察设计质量管理

第二十三条　县级以上人民政府建设、交通、水利等行政主管部门应当加强对建设工程勘察、设计质量的法律法规、强制性标准以及其他标准与规范执行情况的监督检查；建立健全勘察、设计质量管理体系和质量事故报告制度。

第二十四条　省人民政府建设、交通、水利等行政主管部门应当加强工程建设标准设计管理，组织制定省级工程建设标准设计，促进工程建设设计标准化、规范化。

工程建设标准设计是供设计单位免费使用的应用或通用设计文件，包括为工程建设构配件、建筑物、构筑物、工程设施和装置等编制的通用设计文件，为先进产品、先进技术、先进工艺和新型材料推广使用编制的应用设计文件。

建设工程设计单位应当优先采用标准设计，提高设计质量。

第二十五条　建设工程勘察、设计单位应当建立健全质量保证制度和责任追究制度。

建设工程勘察、设计单位的下列人员按照国家有关规定承担相应的终身质量责任：

（一）建设工程勘察、设计单位的法定代表人对本单位编制的勘察、设计文件全面负责；

（二）建设工程勘察、设计单位的项目负责人对其负责项目的勘察、设计文件负责；

（三）建设工程勘察、设计单位的技术负责人、项目审核人、项目审定人对其负责审核、审定的勘察、设计文件负责；

（四）建设工程勘察、设计的注册执业人员和专业技术人员对其负责编制的勘察、设计文件负责。

第二十六条　施工图审查机构对其审查质量负责，各专业的审查人员承担相应的审查责任。

第二十七条　建设单位在建设工程施工前，应当组织勘察、设计单位向施工单位和监理单位说明建设工程勘察、设计意图，解释建设工程勘察、设计文件。

建设工程勘察、设计单位应当向建设单位、施工单位和监理单位详细说明施工图设计文件，提供施工现场技术服务，按国家规定参加工程验收，配合有关部门调查建设工程质量事故。

第二十八条　施工、监理单位应当按照审查合格的施工图设计文件和施工技术标准进行施工、监理。在施工、监理过程中发现施工图设计文件有错漏的，应当及时向建设、设计单位提出。建设、设计单位应当及时处理。

第五章　法律责任

第二十九条　建设、交通、水利等行政主管部门有下列行为之一的，由其上级行政机关责令改正；造成损失的，依法承担赔偿责任。对直接负责的主管人员和其他直接责任人员依法给予处分；构成犯罪的，依法追究刑事责任：

（一）不按规定核发建设工程勘察、设计企业资质证，或者不按规定进行资质管理的；

（二）不按规定对施工图审查机构进行认定的；

（三）不按规定建立勘察、设计单位和施工图审查单位的信用档案的；

（四）不按规定进行初步设计审查的；

（五）对未经施工图设计文件审查或者经审查不合格的建设工程项目颁发施工许可证的；

（六）对跨地区承接勘察、设计业务的勘察、设计单位设置前置性审批条件或者其他形式的限制，或者收取费用的；

（七）不依法履行其他监督管理职责的。

第三十条　建设单位违反本条例规定，有下列行为之一的，责令改正，并根据情节轻重处以二十万元以上五十万元以下罚款：

(一)违反本条例第十九条规定，建设工程项目应当进行初步设计审查而未经审查的；

(二)违反本条例第二十条规定，施工图设计文件未经审查或者审查未通过擅自施工的；

(三)违反本条例第二十一条规定，修改审查合格的施工图设计文件中涉及公共安全、公共利益和工程建设强制性标准的内容，未送原审查单位重新审查的。

第三十一条　建设工程勘察、设计单位违反本条例第九条第(一)、(二)、(三)、(四)项规定的，责令改正，没收违法所得，并处违法所得一倍至两倍罚款；可以责令停业整顿，降低资质等级；情节严重的，吊销资质证书。

建设工程勘察、设计单位违反本条例第九条第(五)项规定的，责令改正，没收违法所得，并处违法所得百分之二十五以上百分之五十以下的罚款；可以责令停业整顿，降低资质等级；情节严重的，吊销资质证书。

建设工程勘察、设计单位未按照工程建设强制性标准进行勘察、设计，或者违反本条例第九条第(六)项规定的，处十万元以上三十万元以下罚款；造成工程质量事故的，责令停业整顿，降低资质等级；情节严重的，吊销资质证书。

建设工程勘察、设计单位违反本条例第九条规定，给他人造成损失的，依法承担赔偿责任。

第三十二条　建设工程勘察、设计单位违反本条例第十条规定的，责令改正；给建设单位造成损失的，依法承担赔偿责任。

第三十三条　施工图审查单位违反本条例第十三条第(一)、(二)、(三)、(四)项规定的，责令改正，没收违法所得，并处三万元以上十万元以下罚款；情节严重的，负责施工图审查单位认定的行政主管部门撤销对该审查单位的认定。

施工图审查单位违反本条例第十三条第(五)项规定的，没收违法所得，处五万元以上十万元以下罚款，负责施工图审查单位认定的行政主管部门撤销对该审查单位的认定。

施工图设计文件经审查出具合格书后仍有违反法律、法规和工程建设强制性标准的，没收施工图审查单位违法所得，处十万元以上三十万元以下罚款，负责施工图审查单位认定的行政主管部门撤销对该审查单位的认定；造成质量安全事故的，依法追究质量安全责任。

在本省承接审查业务的省外施工图审查单位违反本条例第十三条规定的，按照本条第一款、第二款、第三款的规定没收违法所得，处以罚款，并由建设行政主管部门将其违法情况告知负责该施工图审查单位认定的行政主管部门。

施工图审查单位违反本条例规定，给建设单位造成损失的，依法承担赔偿责任。

第三十四条　依照本条例规定给予单位罚款处罚的，对单位直接负责的主管人员和其他直接责任人员处单位罚款数额的百分之五以上百分之十以下的罚款。

第三十五条　勘察、设计和施工图设计文件审查的执业人员在建设工程勘察、设计文件的编制、审查以及质量事故调查中弄虚作假的，吊销资格证书，依法追究责任。

第六章　附则

第三十六条　军事建设工程、抢险救灾及其他临时性建筑和农民宅基地自建两层以下住宅的勘察、设计活动，不适用本条例。

第三十七条　本条例自2007年6月1日起施行。

广东省物价局关于印发《广东省物价局新建商品房交易价格行为规则》的通知

(粤价[2007]105号)

各地级以上市物价局：

1997年，经省人民政府同意，省物价局印发了《广东省城镇新建商品房交易价格行为规则》（粤价〔1997〕19号），对于规范我省房地产交易价格行为起到了积极的作用。近年来，房地产市场出现了一些新的情况，为适应房地产行业发展需要，我们对原来的规则进行了修订。现将修订后的《广东省物价局新建商品房交易价格行为规则》（以下简称《规则》）印发你们，原《广东省城镇新建商品房交易价格行为规则》经请示省人民政府同意，同时予以废止。现就贯彻实施《规则》提出以下意见，请一并贯彻执行。

一、各地物价部门要充分认识加强房地产市场价格监管，规范商品房交易价格行为，对于促进我省房地产业的健康发展和构建和谐广东的重要意义，把加强房地产市场价格监管作为今年的一项重要工作来抓，并结合当地实际情况，制定具体实施办法，认真组织贯彻实施。

二、各地要集中时间和力量，按属地管理的原则，结合当前开展的房地产价格诚信单位评选活动，组织开展对当地房地产开发企业和中介服务机构的负责人和营销人员的宣传教育和培训，指导房地产开发企业和中介服务机构建立健全包括物价责任人和物价员制度在内的各项价格管理制度，督促房地产开发企业加强价格自律，自觉贯彻执行《规则》。对房地产开发企业不符合《规则》的做法，要责令其限期整改。

三、各地物价部门要积极会同建设（房管）部门，结合当前国家统一部署的房地产市场专项整治行动，切实加强对房地产市场价格秩序的监督检查，对违法违规行为予以严肃查处。省物价局将在全省组织一次房地产价格专项检查，具体方案另行下达。

广东省物价局新建商品房交易价格行为规则

第一条　为规范我省新建商品房交易价格行为，维护房地产市场价格秩序，保护交易双方的合法权益，促进我省房地产市场的健康发展，根据《中华人民共和国价格法》和国家有关法规及规定，制定本规则。

第二条　本规则适用于本省境内实行市场调节价的新建商品房交易活动。

本规则所称的商品房交易，是指经营者向购房者出售新建商品房的行为。

本规则所称的经营者，是指房地产开发企业。

第三条　经营者销售商品房，应当遵循公平、合法和诚实信用的原则，遵守国家和省有关价格法律、法规、规章和政策。

第四条　实行市场调节的商品房销售价格，由经营者根据商品房的建设成本和市场供求状况等因素依法自主制定。

第五条　商品房销售价格构成包括合理的开发建设成本、费用、税金和利润等。与商品房配套建设的各项基础设施，包括供水、供电、供气、通讯、有线电视、安全监控系统、信报箱等建设费用，一律计入开发建设成本之中，不得在房价之外另行收取。

第六条　经营者销售商品房，必须严格执行明码标价制度，不得在明码标价之外加收任何未予标明的费用。

第七条　经营者在取得商品房预售许可证之前，不得以任何名目向购房者收取预订款性质的费用。

第八条　经营者应当在商品房公开销售24小时之前，在商品房交易场所醒目位置，对许可纳入当期交易的所有商品房做好明码标价工作。标示内容包括：

（一）商品房销售价格及基本状况，包括每个在售单元的楼层、房号、户型、建筑面积、套内建筑面积、公用分摊建筑面积、总售价、套内建筑面积销售单价、付款方式及优惠折扣等；

（二）商品房交易及产权转移等代收代付的具体收费项目、收费标准和收费依据；

（三）商品房项目的前期物业管理服务内容、服务标准及收费标准。

商品房交易的明码标价表（书、牌），由当地价格主管部门监制。

第九条　商品房销售过程中，经营者需调整商品房销售价格的，应当在执行调整销售价格的24小时之前按规定进行明码标价。

第十条　经营者取得预售许可之后与购房者签订认购书或收取定金，有约定销售价格的，应当按认购书约定的销售价格执行。

第十一条　由经营者经办房地产权属登记的，经营者必须在取得该商品房项目房地产权属证明书之后，方可向购房者代收相关费用。

第十二条　商品房交易及产权转移等过程中的中介服务，应当由购房者自愿选择，经营者不得强制服务、强制收费。凡属房地产开发企业自行委托的中介服务，所需费用全部由房地产开发企业负担，不得转嫁给购房者。

第十三条　经营者代收代付的收费项目属于政府定价或政府指导价的，必须严格按政府规定的相关价格政策执行。

第十四条　经营者必须兑现销售时的各项价格承诺。商品房买卖合同签署后，经营者不得自行决定增加新的收费项目或提高包括售房时公示或承诺的前期物业服务收费在内的收费标准。

第十五条　商品房交付使用的水、电、气等商品和服务价格，必须严格执行政府的相关规定，不得擅自加收费用。

第十六条　商品房交易和产权转移过程中，经营者不得有下列行为：

（一）不按规定明码标价；

（二）以高于明码标价所标示的价格销售或加收任何未予标明的费用；

（三）将应在商品房销售价格内包含的成本（费用）改为在价外另行收取；

（四）擅自提高属于政府定价或政府指导价的收费标准；

（五）在商品房交易及产权转移过程中，违反公平、公开和自愿选择原则，强制或串通其他部门、中介服务机构，变相强制收取服务费用；

（六）使用虚假、模糊的价格标示，误导购房者与其交易；

（七）通过捏造、散布虚假信息等各种不正当手段，哄抬价格；

（八）其他违反价格法律、法规、规章及政策的行为。

第十七条　经营者接受政府价格主管部门的监督检查时，应当如实提供价格监督检查所需的账簿、单据、凭证、文件以及其他资料。

第十八条　经营者违反价格法律、法规和本规则规定的价格行为的，由政府价格主管部门依据《中华人民共和国价格法》和《价格违法行为行政处罚规定》等有关法律法规予以查处。

第十九条　各地级以上市价格主管部门可根据本规则制定具体实施办法，并报省物价局备案。

第二十条　本规则由省物价局负责解释。

第二十一条　本规则自2007年7月1日起施行。原《广东省城镇新建商品房交易价格行为规则》（粤价〔1997〕19号）同时废止，凡此前规定与本规则相抵触的，以本规则为准。

广东省民政厅、广东省建设厅、广东省国土资源厅、广东省林业局、广东省物价局关于加强和规范公益性生态墓地建设和管理的意见

（粤民福〔2007〕34号）

各地级以上市民政局、规划局、建设局、国土资源局、林业局、物价局：

为贯彻落实省委、省政府建设“和谐广东”、“绿色广东”的战略部署，实现《广东省殡葬管理工作“十一五”规划》中“加快殡葬设施建设”的工作目标，进一步深化殡葬改革，加强和规范公益性生态墓地的建设和管理，促进我省公益性生态墓地发展，根据国家和省公墓管理的有关规定，结合实际，现提出以下意见：

一、明确公益性生态墓地管理职责

加强和规范公益性生态墓地建设和管理，是全面贯彻

落实科学发展观，构建资源节约型、环境友好型社会和建设社会主义新农村的客观要求。各地要高度重视公益性生态墓地建设工作，坚持因地制宜、分类指导，在山区农村大力推进公益性生态墓地建设，以确保如期实现《广东省殡葬管理工作“十一五”规划》提出的“2010年底前，全省各乡镇和有条件的村都应建立起公益性生态墓地”目标。各级民政部门作为公墓行政主管部门，要切实履行职责，认真做好公益性生态墓地建设的指导和管理。县级民政部门要积极争取本级政府的重视和支持，协调规划、建设、财政、国土、林业、物价等部门，制定全县（市、区）公益性生态墓地建设规划及相应配套政策，并将建设规划方 案上报地级以上市民政部门备案。县级民政部门要严格做好设立管理工作，加强对公益性生态墓地的建设指导和监督管理，促进公益性生态墓地的发展。

二、公益性生态墓地建设基本原则

（一）保护生态环境的原则。建立公益性生态墓地应当选用荒山瘠地，严禁使用生态公益林、自然保护区等林地。规划时要考虑所用场地和周边环境的影响，对环境进行有效的利用和保护，力求对原始生态植被、自然地貌的破坏和影响最小化，使墓地与环境融为一体。要注重墓区环境建设，做到绿化、美化、园林化，选用适宜本地生长、易于管理的植物，以常绿树种为主，使绿化覆盖率达到60%以上，实现生态环节的有效衔接。

（二）节约土地资源的原则。公益性生态墓地要按照节约用地的要求，最大限度地提高单位面积的安葬率。骨灰或遗体实行深埋安葬，做到地表无坟头。在遗体火化区，墓穴必须严格按照埋葬骨灰的单人、双人合葬墓占地面积不得超过1平方米的规定标准建造；在土葬改革区，墓穴必须严格按照埋葬遗体的单人墓占地面积不得超过4平方米、双人合葬墓不得超过6平方米的规定标准建造。提倡和鼓励以树代碑等安葬方式；保留墓碑的，应做到墓碑小型化、艺术化，墓碑高度最高不得超出地面30厘米。

（三）文明安全祭祀的原则。公益性生态墓地应坚持葬法改革与葬礼改革并重，积极倡导鲜花祭祀。要设立专门的祭奠区域，禁止在祭奠区域外焚烧祭奠物品、燃放烟花爆竹。并按照山林防火要求，建设配套的防火隔离带或消防设施，切实做好祭奠场所的防火工作。

（四）突出社会效益的原则。公益性生态墓地是为当地村民安葬、安放骨灰或者安葬遗体的农村基层殡葬公共服务设施。其选址应在不违反规划的前提下充分尊重群众意愿，运营时不以盈利为目的，不得向村民以外的其他人员提供墓葬用地。安葬墓位应严格按照“先来后到”的顺序进行安排，并向村民公开，禁止随意挑选。

三、做好公益性生态墓地规划

（一）各地应将公益性生态墓地建设纳入本级政府的城乡规划，县级民政部门应根据本行政区人口数量、分布和地理环境等实际情况，科学合理制定公益性生态墓地建设总体规划，做到既不滥又不缺。

（二）公益性生态墓地选址应符合土地利用总体规划和城乡规划，不得在“三道两区”（铁道、国道、省道及高速公路两侧及城市周边区域、风景名胜区）内建设，不得影响周边群众的生活。

（三）公益性生态墓地原则上以行政村为单位兴建，也可以乡镇为单位兴建或采用由若干相邻的行政村联办的方式。建设规模应根据服务区域内人口数量（可按当地近三年来的平均死亡率概算作参数），以20年为一个使用周期测算，并预留一定的发展空间。

（四）公益性生态墓地应先规划后建设。在最大限度保持和利用原有生态环境的前提下，合理规划好墓区道路、祭奠场所、排水（洪）系统、停车场等配套设施。墓位间距整齐规范，墓碑规格、式样、朝向统一。

四、严格农村公益性生态墓地建设审批管理

（一）为村民设置的公益性生态墓地，应由村民委员会提出项目申请，向镇（乡）级人民政府申报、经镇（乡）级人民政府审核同意后上报，并经县级规划、国土资源、林业等管理部门加具审查意见后，由县级民政部门审批。具体涉及规划、林业、用地、建设手续的，应向相关行政主管部门正式申报相关批准手续。

（二）申报设立公益性生态墓地应提交下列材料：

1、设立公益性生态墓地的申请报告；

2、国土资源、规划、林业等管理部门的审查意见；

3、设立公益性生态墓地的可行性报告；

4、其他相关材料。

（三）公益性生态墓地建设资金应争取当地政府的高度重视，采取多种办法予以解决。有的可以政府投入为主；有的可以镇、村自筹为主；也可充分利用社会力量捐资建设。

（四）各地可参照公益性生态墓地建设基本原则，对现有的公益性公墓进行生态化改造。

五、规范公益性生态墓地管理

（一）各级民政部门要按照属地管理原则，加强对公益性生态墓地的指导和管理，建立健全监督检查制度。并与相关职能部门密切配合，依据国务院《殡葬管理条例》和其他有关法律法规，对公益性生态墓地违规行为予以查处。

（二）各级民政部门要加强骨灰安放管理，加大对火化后骨灰去向的跟踪监督检查力度，不断提高公益性生态墓地入葬率。设置土葬改革区的市、县民政部门应严格管理监督，防止出现遗体乱埋乱葬、违规跨区域接运火葬区遗体的情况。要切实加强对殡葬改革政策的宣传力度，积极引导广大群众厚养薄葬、文明节俭办丧，大力倡导推广骨灰撒散、树葬等节约土地的丧葬方式。

（三）各地应建立公益性生态墓地年度检查制度，由当地民政部门牵头，规划、建设、国土、林业、物价等部门联合进行年检。对年检合格的，准予继续使用；对年检不合格的，要责令其限期整改。市、县级民政部门应将年检结果向社会公布，接受群众监督。

（四）公益性生态墓地应建立内部管理制度，指定专人负责，做好墓地日常事务管理、植物养护等各项工作。

（五）公益性生态墓地应凭火化、迁坟或死亡等有效证明为本地村民提供墓葬用地，除一方已入墓安葬的夫妻合葬墓外，不得预留墓穴。严禁对外销售经营或变相销售经营。对违规对外出售墓穴的公益性生态公墓，要责令其停止营销活动，出售墓穴按非法转让行为处理。

（六）在公益性生态墓地内，禁止修建封建迷信设施和从事封建迷信活动，禁止修建宗族墓地和修建活人墓。

（七）公益性生态墓地禁止违规接纳安葬遗体。

（八）公益性生态墓地的收费项目按照《广东省殡葬服务价格管理办法》（粤价〔2004〕303号）规定的《广东省公益性公墓服务收费项目》执行，收费标准由当地价格主管部门按合理补偿服务成本的原则制定。

广东省民政厅
广东省建设厅
广东省国土资源厅
广东省林业局
广东省物价局
二00七年八月三日

广东省企业信用信息公开条例

（2007年7月27日广东省第十届人民代表大会常务委员会第三十三次会议通过）

第一章 总则

第一条 为规范政府行政部门公开企业信用信息活动，推进企业信用建设，促进企业健康发展，保障公民、法人和其他组织依法获取企业信用信息，根据有关法律法规的规定，结合本省实际，制定本条例。

第二条 本省行政区域内政府行政部门公开企业信用信息、企业信用信息的使用及其监督管理，适用本条例。

第三条 本条例所称企业信用信息，是指各级人民政府行政管理部门和依法授权行使行政管理职能的组织（以下统称行政部门）依法履行职责中掌握的可用以了解、分析企业信用状况的信息。

第四条 企业信用信息公开活动应当遵循合法、公正、准确、及时的原则，依法维护国家利益、社会利益和企业合法权益，保守国家秘密，保护商业秘密和个人隐私。

第五条 县级以上人民政府应当加强对企业信用信息公开活动的领导。

县级以上人民政府有关部门应当在各自职责范围内做好企业信用信息公开工作。

县级以上人民政府信息化行政主管部门负责企业信用信息公开活动的指导、协调和监督。

县级以上人民政府监察机关应当对行政部门开展企业信用信息公开活动的情况进行监督检查。

第二章 公开

第六条 行政部门应当将依法履行职责中掌握的下列企业信用信息予以公开：

（一）企业的基本登记事项、组织机构代码；

（二）企业取得行政许可的情况；

（三）企业产品、服务、管理体系的认证情况和商标认定情况；

（四）企业产品质量的抽查、检验、检疫、检测情况；

（五）企业年度审计、审核情况和企业社会保险登记证年检情况；

（六）企业拖欠社会保险费和行政事业性费用的情况；

（七）企业拖欠、骗取、偷逃税款的情况；

（八）企业违法用工、拖欠员工工资等重大劳动保障违法行为的查处情况；

（九）企业重大质量、安全生产、环境污染等事故的责任追究情况；

（十）生效的行政处罚记录；

（十一）其他依法应当公开的企业信用信息。

法律法规对公开事项另有规定的，从其规定。

第七条 行政部门应当通过信息网络、新闻传媒、政务公开栏等方式，公开其掌握的本条例第六条规定的企业信用信息。

第八条 行政部门对企业信用信息数据库应当实行动态管理。

行政部门对本条例第六条规定公开的各项企业信用信息，应当自信息形成或者变更之日起十个工作日内予以公开。公开期限如下：

（一）第六条第（一）项公开至企业终止之日起三年止；

（二）第六条第（二）项、第（三）项公开至有效期届满止；

（三）第六条第（四）项至第（十）项公开的期限一般不超过三年。

企业信用信息公开期限届满的，应当终止公开发布，转为档案保存。

法律法规对企业信用信息公开期限另有规定的，从其规定。

第九条 行政部门公开企业信用信息应当符合法律法规规定，不得编造、篡改企业信用信息，不得收集、公开虚假信息。

第十条 行政部门应当依照《中华人民共和国保守国家秘密法》等法律法规和国家有关规定，对拟公开的企业信用信息及时进行审查，对涉及国家秘密、商业秘密、个人隐私以及法律法规规定不得公开的其他内容，应当采取保密措施，不得公开；行政部门不能确定是否可以公开的，应当报有关主管部门或者同级保密工作部门确定。

第十一条 行政部门之间公开的同一企业信用信息不一致的，有关行政部门应当自发现之日起十个工作日内共同核实，并予以公示。

有关行政部门之间对核实结果有争议的，由信息化行政主管部门协调处理。

第十二条 公民、法人和其他组织认为行政部门公布的企业信用信息有错误的，可以提出异议申请，并提供相关依据，有关行政部门应当受理，并自受理申请之日起十个工作日内核实，确有错误的予以更正并进行公示，核实无误的予以维持，并书面告知异议申请人。

行政部门受理异议申请期间认为需要停止公开该信息的，或者异议申请人申请停止公开，行政部门认为其要求合理的，可以暂停公开。

第十三条 省、地级以上市人民政府应当采取措施，实现行政部门之间的企业信用信息资源共享，并根据需要，可以指定或者委托有关单位或者部门建立企业信用信息发布系统，负责收集、整合并统一公开行政部门掌握的企业信用信息。具体规定由省人民政府制定。

第三章 使用

第十四条 行政部门公开和提供的企业信用信息，可以作为分析企业信用状况的参考。

第十五条 行政部门在有关核准登记、资质认定、年检年审、招标投标、政府采购，以及向社会委托、发包政府公共服务项目等事务中，可以根据需要使用企业信用信息。

公民、法人和其他组织在项目合作、商业投资、商务采购、经营决策等活动中可以使用企业信用信息。

任何单位和个人不得歪曲、篡改公开的企业信用信息，不得以欺诈、贿赂、侵入计算机网络等方式非法获取未公开的企业信用信息。

第十六条 公民、法人和其他组织可以通过登录网站或者提出申请等方式，查询本条例第六条规定的企业信用信息。企业或者经企业授权的单位和个人查询其企业自身信用信息的，行政部门可以提供本条例第六条规定以外的该企业信用信息。

行政部门对申请查询的企业信用信息能够当场提供或者答复的，应当当场提供或者答复；不能当场提供或者答复的，应当自受理之日起十个工作日内提供或者答复。

第十七条　行政部门依照本条例规定提供的企业信用信息，可以收取复制、邮寄等成本费用，不得收取其他费用。

行政部门收取复制、邮寄等成本费用的标准，由省人民政府价格行政主管部门会同财政部门制定。

第四章　监督

第十八条　各级人民政府应当定期对企业信用信息公开工作进行考核，并及时协调处理公开工作中的重大事项。

第十九条　信息化行政主管部门对企业信用信息公开工作应当进行指导和检查督促，并建立必要的制度，保障企业信用信息及时公开。

第二十条　监察机关对行政部门执行本条例的情况应当进行定期检查，及时查处违反本条例规定的行为。

第二十一条　行政部门应当加强对企业信用信息系统的建设和管理。

行政部门的企业信用信息系统发生重大运行故障或者事故、保密信用信息严重泄漏以及其他重大事件，应当立即处理，并向同级信息化行政主管部门报告。信息化行政主管部门接到报告后，应当及时研究，协调解决有关行政部门处理不当的事项；涉及保密事项的，应当会同保密工作部门进行处理。

第二十二条　公民、法人和其他组织发现行政部门及其工作人员在企业信用信息公开活动中不依法履行义务，或者在企业信用信息公开活动中侵犯其合法权益等违法行为，可以向监察机关、上一级行政部门投诉。监察机关、上一级行政部门收到投诉后，应当及时调查处理。

第五章　法律责任

第二十三条　行政部门违反本条例规定，有下列行为之一的，由监察机关、上一级行政主管部门责令改正；情节严重的，对该单位予以通报批评，并对直接负责的主管人员和直接责任人员依法给予处分：

（一）不按规定公开或者提供企业信用信息的；

（二）拒绝受理公民、法人和其他组织的异议申请或者查询申请的；

（三）编造、篡改企业信用信息的；

（四）违反规定收取费用的；

（五）企业信用信息系统发生重大事故和重大事件不及时报告的；

（六）违反法律法规有关规定的其他行为。

第二十四条　行政部门及其工作人员公布、提供虚假企业信用信息，或者公布的企业信用信息涉及国家秘密、商业秘密、个人隐私的，由监察机关、上一级行政主管部门责令改正，并对直接负责的主管人员和直接责任人员给予处分；侵犯公民、法人和其他组织的合法权益造成损害的，应当依法承担相关责任；构成犯罪的，依法追究刑事责任。

第六章　附则

第二十五条　国家税务、海关、检验检疫、证券、银行、保险、电力、电信、邮政等驻粤机构，参照本条例开展企业信用信息公开活动。

人民法院对企业拒不执行生效判决、裁定的信息，参照本条例的有关规定公开。

第二十六条　本条例自2007年10月1日起施行。

广东省物价局新建商品房销售明码标价规定

（粤价〔2007〕127号）

第一条　为规范新建商品房销售价格行为，维护房地产市场价格正常秩序，促进公平交易，制止价格欺诈，保障商品房购销双方的合法权益，根据《中华人民共和国价格法》、原国家发展计划委员会《关于商品和服务实行明码标价的规定》和《广东省物价局新建商品房交易价格行为规则》（粤价〔2007〕105号）等有关法规、规章、政策，制定本规定。

第二条　凡在广东省行政区域内销售新建商品房，均应执行本规定。

第三条　新建商品房销售明码标价应当遵循公平、合法和诚实信用的原则，遵守国家和省有关价格法律、法规、规章和政策。

第四条　新建商品房销售明码标价采用《商品房销售价目表》（附件1）和《商品房销售相关信息公示表》（附件2）的标价方式。标价方式由省人民政府价格主管部门规定，《商品房销售价目表》和《商品房销售相关信息公示表》由县级以上地方人民政府价格主管部门的价格监督检查机构负责监制。

第五条　经营者应当在商品房公开销售24小时之前，在商品房交易场所醒目位置，对许可纳入当期交易的所有商品房实行明码标价。标示内容包括：

（一）商品房销售价格及基本状况，包括每个在售单元的楼层、房号、户型、建筑面积、套内建筑面积、公用分摊建筑面积、总售价、套内建筑面积销售单价、付款方式及优惠折扣等。

（二）商品房交易及产权转移等代收代付的具体收费项目、收费标准和收费依据。

（三）商品房项目的前期物业服务内容、服务标准及收费标准。

第六条　经营者不得在标价之外加价销售商品房，不得收取任何未予标明的费用。

第七条　商品房销售明码标价应当做到价目齐全，标价准确，字迹清晰，标示醒目。如遇价格变动，应及时调整标价内容。

第八条　经营者应在商品房销售交易场所醒目位置，通过张贴、印制单张等方式公开《商品房销售价目表》、《商品房销售相关信息公示表》，任购房者索取。

第九条　经营者不得使用虚假或不规范的价格标示误导、蒙骗购房者，不得利用虚假或者使人误解的标价内容及标价方式进行价格欺诈。

第十条　经营者违反明码标价规定或进行价格欺诈的，由各级价格主管部门依据《中华人民共和国价格法》和《价格违法行为行政处罚规定》等有关法律、法规予以查处。

第十一条　本规定由广东省物价局负责解释。

第十二条　本规定自2007年8月1日起施行。原《广东省新建商品房销售明码标价管理规定》（粤价〔1999〕126号）同时废止。

广东省安全生产监督管理局非煤矿山建设项目安全设施设计审查和竣工验收工作程序规定

（粤安监〔2007〕382号）

为规范广东省非煤矿山新建、改建和扩建的工程项目（以下简称建设项目）安全设施设计审查与竣工验收工作，保障建设项目按照国家有关安全生产法律、法规和国家安全监管总局有关建设项目安全生产设施设计审查和竣工验收的规定进行设计、施工，竣工投产后达到国家规定的安全标准，特制定本规定。

一、适用范围

本规定适用于全省非煤矿山建设项目安全设施设计审查和竣工验收工作程序。

国家法律法规另有规定的从其规定。

二、监管原则

建设项目安全设施的设计审查和竣工验收，实行分级分类、属地监管的原则。

（一）除国家安全监管总局负责的建设项目外，省安全监管局负责下列建设项

1.地下矿山、尾矿库、灰渣库、地质勘探、采掘施工建设项目；

2.省国土资源厅颁发采矿许可证的建设项目（矿泉水、地热温泉、卤水、小型粘土除外）；

3.跨地级市行政区域的建设项目。

（二）除国家安全监管总局和省安全监管局负责的建设项目外，市、县（市、区）国土资源管理部门颁发采矿许可证的，分别由市、县（市、区）安全监管局负责该建设项目安全设施的设计审查和竣工验收工作。矿泉水、地热温泉、卤水、小型粘土建设项目安全设施的设计审查和竣工验收工作，由地级以上市安全生产监督管理部门按照分级分类管理的原则作出规定。

三、安全预评价

建设项目应当由具有资质的安全评价机构进行安全预评价，安全预评价报告实行备案制。省安全监管局委托广东省安全科学技术研究所（以下简称省安科所）开展全省非煤矿山建设项目安全预评价报告评审工作。程序如下：

（一）建设单位直接向省安科所提交申请审查安全预评价报告的公函和《非煤矿矿山建设项目安全预评价报告备案申请表》（见附件1），并附安全预评价报告。安全预评价报告应按照相应的安全评价导则要求编制。

（二）省安科所在接到建设单位的材料之日起15个工作日内，完成审查工作，根据专家的审查意见出具审查报告，连同专家审查意见复印件、安全预评价报告一并交还建设单位。

（三）建设单位应根据专家审查意见、审查报告，与评价单位共同修改安全预评价报告，并形成安全预评价报告备案稿，送交省安科所审核。

（四）省安科所接到建设单位安全预评价报告备案稿后5个工作日内，对安全预评价报告备案稿进行审核，提出书面评审结果意见。如果建设单位对评审意见有异议，可在评审意见上说明，并加盖印章。

（五）省安科所应将《非煤矿矿山建设项目安全预评价报告备案申请表》、安全预评价报告备案稿，按照分级监管权限，报送到省或市、县（市、区）安全监管局备案。建设单位对评审意见有异议的，可向负责备案的安全监管局作出书面说明。

（六）安全评价报告经二次审查仍不合格的，建设单位应请其他具备资质的安全评价中介机构重新编写安全预评价报告，并按以上工作程序进行审查。

（七）负责备案的安全监管部门应在收到材料后的10个工作日内办妥备案手续。（参考格式见附件5）。

四、设计审查

（一）建设单位完成初步设计后，按分级监管的权限，向相应的安全监管部门提出安全设施设计审查申请。申请材料包括：

1.安全设施设计审查申请报告及申请表（见附件2）；

2.立项和可行性研究报告批准文件（按《国务院关于投资体制改革的决定》执行）；

3.安全预评价报告书；

4.初步设计及安全专篇；

5.其他需要提交的材料。

（二）审查的主要内容：

1.设计单位的资质条件；

2.设计是否符合国家有关安全方面的法律法规；

3.对重大危险源和主要危险、危害因素的预防与控制措施的设计是否完善；

4.选用的安全设施、设备、器材是否符合国家或行业的有关标准；

5.对预评价报告提出问题的落实情况；

6.安全设施投资的概算情况；

7.初步设计的安全专篇；

8.其他需要审查的内容。

（三）有下列情形之一的，为设计审查不合格：

1.安全预评价报告由不具备相应资质的评价机构承担的；

2.安全设施设计由不具备相应资质的设计单位承担的；

3.主要灾害防治措施不符合规定的；

4.安全设施设计不符合工程建设强制性标准和行业技术规范的；

5.所确定的设施、设备、器材不符合国家标准和行业标准的；

6.不符合国务院安全生产监督管理部门规定的其他条件的。

（四）省安全生产监督管理协会为省安全监管局负责的建设项目安全设施设计审查提供技术咨询服务。市、县（市、区）安全监管部门可自行组织专家审查组或委托相关机构为各自负责的建设项目安全设施设计审查提供技术咨询服务。

（五）设计审查采取会审或函审两种方式进行。由各级安全监督管理部门根据建设项目规模、安全条件等具体情况选择会审或函审。审查后，专家审查组形成《安全设施设计审查意见》〔附专家名单（参考格式见附件6）〕，经审查组长签字，与建设单位交换审查意见。

（六）负责审查的安全监督管理部门应当自收到审查申请之日起30日内审查完毕。经审查同意的，以书面形式批复建设单位（参考格式见附件7）；不同意的，说明理由，并以书面形式答复建设单位。

五、竣工验收评价和竣工验收

（一）建设项目应当由具有资质的安全评价机构进行安全验收评价，安全验收评价报告实行备案制。安全验收评价报告的评审和备案工作，与安全设施竣工验收工作一并进行。负责评审、备案和竣工验收的安全生产监督管理部门组织相关专家组对申请资料、验收评价报告进行审查和现场验收。

（二）建设项目安全设施竣工并完成竣工验收评价后，建设单位向相应的安全监督管理部门提出安全验收评价报告评审备案和竣工验收申请，申请材料包括：

1.验收申请报告及申请表（见附件3）；

2.安全设施设计经审查合格及设计修改的有关文件、资料；

3.主要安全设施、特种设备检测检验报告；

4.施工单位资质证明材料；

5.施工期间生产安全事故及其他重大工程质量事故的有关资料；

6.矿长、安全生产管理人员及特种作业人员安全资格的有关资料；

7.安全验收评价报告书和评审备案申请表（见附件4）；

8.其他需要提交的材料。如，建设项目竣工报告、安全设施设计变更情况报告、安全设施施工情况报告、安全设施试运行情况报告等。

（三）验收程序：

1.验收组听取相关单位的《建设项目竣工报告》、《安全设施设计变更情况报告》、《安全设施施工情况报告》、《安全设施试运行情况报告》、《安全验收评价情况报告》以及法律法规要求的情况介绍。

2.验收组分若干个专业组对建设项目安全设施进行现场检查验收，检查的主要内容包括：

（1）施工单位的资质条件；

（2）安全设施是否符合设计要求；

（3）安全设施的施工质量；

（4）安全标志及设置；

（5）安全管理机构及安全管理制度；

（6）企业法人及安全管理人员的安全任职资格证书，特种作业人员操作资格证书；

（7）生产安全事故的预防措施及应急预案；

（8）验收评价报告提出问题的落实情况；

（9）安全资金的投入情况；

（10）其他需要验收审查的内容。

3.专家组对安全验收评价报告提出评审意见（参考格式见附件8）。

4.在现场检查、资料审查和对安全验收评价报告评审的基础上，验收组作出建设项目安全设施是否通过竣工验收的结论意见，形成《建设项目安全设施竣工验收意见》〔附专家名单（参考格式见附件10）〕，经组长签字，与建设单位交换验收意见。

（四）有下列情形之一的，为验收不合格：

1.安全设施和安全条件不符合设计要求的；

2.安全设施和安全条件不能满足正常生产和使用的；

3.未按规定建立安全生产管理部门和配备安全生产管理人员的；

4.矿长、安全生产管理人员和特种作业人员不具备相应资格的；

5.不符合国务院安全生产监督管理部门规定的其他条件的。

（五）省安全生产监督管理协会为省安全监管局负责的建设项目安全设施竣工验收和验收评价报告评审备案提供技术咨询服务。市、县（市、区）安全监管部门可自行组织专家审查组或委托相关机构为各自负责的建设项目安全设施竣工验收和验收评价报告评审备案提供技术咨询服务。

（六）各级安全监督管理部门应当自收到申请之日起30日内完成安全验收评价报告评审和竣工验收，对通过评审的安全验收评价报告办理备案手续（参考格式见附件9），经验收合格的，以书面形式批复建设单位（参考格式见附件11）；不同意的，说明理由，并以书面形式答复建设单位。

六、专家组、验收组组成原则

（一）承担安全设施设计评审、竣工验收等工作的专家组应选聘与该建设项目相关的各专业专家，审查、验收的专家组一般应由5名以上（含5人）专家组成，其中至少有3名高级工程师或注册安全工程师，每组设组长1人，副组长1-2人。

（二）安全设施竣工验收组组长由安全监管局业务部门工作人员担任，专家任副组长，下设的专业组，设组长1人，专家1-2人。

（三）承担安全设施设计评审、竣工验收的专家应当符合下列条件：

1.在相关行业设计、生产、建设、科研等专业岗位工作5年以上，熟悉安全生产工作；

2.具有相关专业中级以上专业技术职称；

3.年龄一般在65周岁以内，身体健康，能正常从事设计审查和竣工验收工作。

（四）审查、验收工作要坚持“科学、规范、客观、公正”的原则。

（五）建设项目安全生产设施设计审查和竣工验收工作实行回避制度，凡与建设项目法人和设计、施工、安全评价单位有隶属关系的专家，不得参加该项目的设计审查和竣工验收工作。

七、其它

（一）需要审查的安全设施设计、验收评价报告和竣工验收资料应提前5天送专家审查，专家提出书面审查意见；

（二）竣工验收审查会议前，应安排专家勘察现场（会议议程见附件12）；

（三）需要修改或补充说明的安全设施设计、验收评价报告，设计单位和安全评价机构应按照专家审查意见尽快修改完善，报送专家组组长，由专家组组长复审通过后签署复审意见报送到负责审查验收的安全监督管理部门。

广东省建设厅
关于2007年广东省建筑节能专项检查情况的通报

粤建科函[2007]474号

广州市建委，各地级以上市建设局：

现将《2007年广东省建筑节能专项检查情况通报》印发给你们，请认真学习，按要求进行整改，加大推进建筑节能工作的力度。

广东省建设厅

二〇〇七年十二月十八日

2007年广东省建筑节能专项检查情况通报

为贯彻落实省政府《关于进一步加强我省节能工作的意见》（粤府[2006]120号），进一步推进建筑节能工作，根据厅《2007年广东省建设领域资源节约工作计划》，今年10月10日～16日分七个小组，对全省21个地级以上市进行了建筑节能专项检查。本次检查受到广东建设报、广州电视台等多家新闻媒体的高度关注，检查情况得到及时报道。

本次检查的目的，一是提高全社会建筑节能的意识，增强对建筑节能重要性和紧迫性的认识；二是督促各地严格执行建筑节能强制性标准，落实国家、建设部和省里关于建筑节能的政策措施；三是总结各地建筑节能工作中的经验和做法，及时发现存在的问题并提出改进措施。检查的重点在于地级以上城市建设主管部门贯彻落实国家、建设部和省里的建筑节能有关政策法规、技术标准及结合本地实际推进建筑节能工作的情况，包括建筑节能机构的设置，建设、设计、施工、监理、图审、质监等相关责任主体贯彻执行建筑节能标准的情况。检查采用“听、问、看”相结合的方式，认真听取各地建设主管部门的汇报；详细询问有关建筑节能的进展情况和存在的各种问题；查阅相关的文件和资料；对抽查项目的设计图纸的节能设计进行仔细审查，并深入建筑工地，对施工现场实施建筑节能设计的情况进行核查。检查结束后，检查组及时向当地的有关部门和单位反馈了此次检查的结果。检查组还利用这次检查的机会，向各地通报国家以及广东省建筑节能的形势，宣传相关的法律法规及领导指示，指导建筑节能管理工作。根据七个检查组的检查情况，现将检查结果通报如下。

一、检查基本情况

从总体上来看，自2005年建设厅《转发建设部关于加强民用建筑工程项目建筑节能审查工作的通知》和《转发建设部关于新建居住建筑严格执行节能设计标准的通知》两个文件出台之后，全省建筑节能工作制度开始建立，措施基本落实，成效逐步显现。但是，全省各地市建筑节能工作开展极不平衡，大体上可分为三个层次：有的已发展到开始推行绿色建筑阶段，如深圳；有的达到建筑节能制度基本建立，措施逐步落实阶段，取得一定成效，如广州、东莞；有的处在起步阶段。本次共抽查84个项目，合格的有70个，要求整改的有14个。从本次检查的情况来看，广州、深圳、东莞、珠海等市建筑节能工作推进的力度较大、成效明显。

（一）建筑节能管理机构建设有所推进

建筑节能管理机构建设有所推进，其中广州、东莞、潮州设有独立的墙改节能办，珠海、惠州、韶关、肇庆、梅州、湛江、云浮、茂名、阳江等9市与散装水泥办公室合署办公，深圳、汕头、佛山、中山、江门、清远、河源、揭阳、汕尾等9市挂在建设局内部科室，广州、韶关、云浮、肇庆4市建立了由副市长任组长的墙材革新与建筑节能工作联席会议制度，对建筑节能工作的协调力度得到加大。多数建设局成立了以建设局一把手为组长的建筑节能领导小组。

（二）制定了建筑节能管理配套政策

全省大部分地市在贯彻落实国家、省节能政策方面，制订了配套政策，采取了有效的措施，使各项政策得以落实，取得了初步成效。一是全省各地市都建立和实施了建筑节能施工图审查制度，及时下发了相关政策文件。二是部分地市积极推动建筑节能立法工作。深圳市2006年7月出台了《深圳经济特区建筑节能条例》，广州、珠海、清远、韶关等市以政府令的形式出台了新型墙体材料应用管理办法。深圳和韶关在条例（办法）里面，规定建筑节能工程实施专项验收制度，对建设单位等相关责任主体起到强有力的约束作用。广州、珠海两市的建筑节能管理办法已纳入当地市政府规章计划。三是部分地市编制出台了建筑节能专项规划，如《佛山市建筑节能中长期专项规划》、《东莞市建筑节能工作“十一五”规划纲要》、汕头市《建筑节能“十一五”专项规划纲要》、《深圳市建筑节能“十一五”规划》，肇庆市初步拟定《肇庆市建筑节能发展规划》，惠州市也正着手编制《惠州市建筑节能“十一五”规划纲要》。汕头市还建立了建筑节能目标考核制度，下发了《关于印发〈建筑节能目标考核制度〉的通知》，对汕头市建筑节能的发展目标、职责分工、考核内容、考核程序、考核办法都作出了详细规定。

（三）推广应用新墙材和可再生能源取得新进展

推广应用新型墙材方面进展明显。截至2006年底全省共有新墙材生产企业近400家，比2005年增加21.3%左右。全省新型墙材生产率平均达到72.3%，其中广州、深圳、东莞、汕头、佛山、惠州、中山、梅州、清远等9个市已全面生产新型墙材。在新墙材应用方面，各市的情况为：广州、深圳、汕头、肇庆应用比例达90%以上，东莞、惠州、清远应用比例达80%以上，珠海、佛山、江门、中山、韶关、湛江等市的应用比例达到60%以上，其余各市的应用比例也在逐步提高；在墙改专项基金方面，截至2007年6月底，全省墙改专项基金征收结算专户预收总额为225,639.31万元，核退还建设单位资金总额73,815.05万元，累计支出专项基金9,556.04万元。目前全省还有佛山、潮州未征收墙改专项基金，阳江市今年8月1日开征，广州市今年10月1日恢复征收。征收标准除广州、惠州、深圳、清远四市根据本地情况有所不同以外，其余均按8元/平方米的标准征收。

推广以太阳能为主的可再生能源建筑应用。省建设厅今年7月下发了《印发建设部办公厅关于烟台市推行新建住宅采用太阳能热水器调研报告的通知》，今年8月又《转发建设部办公厅关于组织申报可再生能源建筑应用产业化基地的通知》等文件。各市也有了积极推进。深圳市今年有拓日工业园等五个项目申报并获得建设部批准为可再生能源应用示范项目，广州市申报了广东省立中山图书馆等三个项目，东莞市申报了“与建筑一体化的太阳能热水系统产业化生产基地”和“冷暖热三联供空气能源机组节能项目”两个建设部可再生能源建筑应用产业化基地项目。

惠州市新时代花园（二期）项目利用山地优势修建了新一代风能太阳能互补发电系统，共有15台风力发电机，每台1000瓦，并对每台风力发电机配备了一个太阳能发电补充电源，每个200瓦，合计发电量18千瓦/小时，该联合机组风力发电达50%的时率，太阳能发电达40%的时率，月发电量达6000度以上，可供600盏小区公用照明灯用电。河源市在部分乡镇实行政府扶持、公司让利，建立了一批太阳能应用示范村，如源城区丰源村规划1100户，目前已建645户，已安装太阳能483户，达到75%；河源高埔岗回迁点规划230户，已安装太阳能热水器115户，收到了良好的经济效益和社会效益。肇庆市德庆县将武垄镇武垄村等11条村的524户农户作为推广太阳能应用的试点。其他城市如中山、佛山、梅州、阳江等市对可再生能源的推广应用都作了有益的探索和实践，为推动我省可再生能源建筑应用工作贡献自己的一份力量。

（四）建筑节能技术研发取得新进展

开展建筑节能科研技术研发。省建筑科学研究院、省设计院与福建、广西、海南合作，编制南方四省建筑节能技术标准。广州开展了“新型节能保温砂浆外加剂的研制”、“夏热冬暖地区民用建筑节能研究”、“广州市节能建筑认证与标识体系的研究”等10多项课题研究，今年又有“太阳能与建筑一体化应用研究”、“广州地区浅层地能应用研究”等四个课题立项。东莞市2004年进行了《“混凝土空心砖”广东省地方标准的编制》等4项科研课题研究；2005年开展了《东莞市建筑节能对策研究》等6项科研课题研究；2006年开展了《东莞市建筑节能对建筑材料产业发展影响的研究》等9项课题研究；2007年开展《东莞市民用建筑节能及设备能耗现场监测技术研究》等10项课题研究；每年平均投入的研发经费达200多万元。中山开展了《关于推进建筑节能，加快建设节约型社会的研究》。各市对建筑节能科研技术的研发，为加快推进我省建筑节能工作发挥了积极的推动作用。

（五）深入广泛地开展建筑节能宣贯与培训活动

为提高社会各阶层对建筑节能的认识，各市采取了灵活多样的形式，不断加大对建筑节能工作的宣传力度。如广州组织了“建筑节能与城市建设可持续发展”的专题展览，明年还计划举办两个大型展览会。广州、深圳、韶关今年组织了庞大的代表团参加了第三届北京“绿博会”，和省建设厅一起受到建设部的表彰；深圳还在今年7月组织举办了中法建筑节能技术研讨会；东莞今年召开了全市建筑节能工作会议，在文化广场举办了两次大型建筑节能知识宣传咨询活动，制作了3个宣传建筑节能的公益广告，连续一年在东莞市电视台黄金时间播出；还举办了6位国内知名院士参加的“建筑节能”论坛以及多次大型的学术报告会。珠海举办了一次大型展览和一场建筑节能大型专题文艺晚会并在电视台直播，在我省乃至全国首次用大型文艺晚会的方式宣传建筑节能。佛山开展了“2007佛山建筑节能宣传周”活动，并通过《佛山日报》、佛山电视台、佛山电台等媒体进行宣传报道。惠州连续两年举办“惠州建筑节能论坛”，邀请省内著名建筑节能专家、教授进行演讲。河源市利用河源电视台推广了源城区丰源村、高埔岗回迁点安装太阳能的经验和做法。中山市邀请了建设部、中国土木工程学会的专家针对节能建筑监管工作进行专题讲座。通过上述形式多样的活动，使建筑节能的理念逐步深入普通民众的思想。各市同时也组织举办了多次技术标准培训班、宣贯大会，如广州今年培训了1000多人次；深圳今年举办了多期建筑节能法规、专项验收的培训班，参加人数达到1500多人次以上；韶关多次召开宣贯大会，每次有300多人参加；佛山组织召开的宣贯培训学习，共550多人才参加，为提高相关从业人员的技术水平发挥了积极作用。

（六）打造一批示范项目，取得了明显的示范效应

今年初，省建设厅下发了《2007年广东省建设领域资源节约工作计划》，明确“要求每个地级以上市抓好1至2个住宅小区建筑节能试点（建筑总面积不少于10万m2，结合广东气候特点，采取从隔热、遮阳、组织自然通风和使用太阳能全方位的建筑节能措施）。”各市都有了积极的响应。中山市申请了“市一中初中部”和“顺景新一居三期工程”为省建设厅的节能示范工程项目。8月15日，中山市建设局在“顺景新一居三期工程”现场召开现场观摩会，广东建设报、中山日报等新闻媒体进行了跟踪报道，该工程成为全省第一个由省建设厅发牌的节能示范小区。珠海市的凯迪克酒店节能综合改造试点采用了太阳能与空气源热泵联供、冰蓄冷等节能措施，收到综合节电45%的效果，为既有大型公共建筑的节能改造提供很好的借鉴经验。目前各市确定的示范项目情况如表1。

全省共计有53个示范项目。各市为了推广建筑节能技术，让节能示范工程发挥示范带动效应，通过组织参观、现场观摩宣讲、技术研讨、媒体报道等多种方式，让设计院、开发商、施工单位、及广大群众了解节能技术，支持并参

与建筑节能工作，起到很好的推广示范效应。

（七）认真开展建筑节能现状普查工作

省建设厅去年下发了《关于加快做好建筑节能现状调查工作的通知》，各市都能大力配合，完成普查工作。部分地市在通知下发之前已经开展了建筑能耗调查工作，如广州、深圳、东莞等。广州和深圳都专门委托了本市的建筑科研单位进行建筑能耗调查；东莞完成了5家酒店、6所医院、6所学校、7栋机关办公楼、35家企事业单位办公楼、8栋厂房的建筑能耗调查工作；珠海共抽查居住建筑60栋，公共建筑38栋，发放节能认知调查问卷400份；江门完成了146栋建筑能耗调查工作；韶关完成了69个居住项目、40个公共建筑的能耗调查工作；梅州完成了78个项目能耗调查工作，发放节能认知调查问卷200多份；肇庆市建设局落实25个人配合完成建筑能耗调查；惠州市联合经济社会调查队，开展了近半年的建筑能耗调查；湛江、清远等市也大力配合，为完成我省建筑节能现状调查科研课题付出了辛勤劳动。通过这次建筑节能现状调查，为我省下一步开展全部建筑物的能耗统计工作打下基础。

（八）认真开展建筑节能专项检查工作

根据建设部的要求，省建设厅今年7月下发了《关于开展建筑节能专项检查的通知》，要求各地认真开展建筑节能自查工作，加强对建筑节能设计、施工、监理及竣工验收的监督管理。通知下发后，大部分市开展了认真的自查工作。情况如表2。

通过建筑节能专项检查，引起了开发单位、设计、施工、监理、审图机构、质监部门等单位对建筑节能的高度重视，有效地推动了建筑节能工作。

二、存在问题

通过这次检查，基本摸清了全省各个地区建筑节能工作的进展情况。各市的建筑节能工作各具特点，不乏亮点，但是也存在一些问题亟待解决。

（一）部分单位对建筑节能的重要性、紧迫性缺乏认识，不够重视。这些部门，既有建设行政主管部门，也有建设单位、设计单位、审图机构、施工单位、监理单位和质监站。具体体现为建设行政主管部门对建筑节能工作有畏难情绪，不作为；建设单位为节约投资成本，不接受节能材料、技术；设计单位图纸未进行节能设计或马虎应付，深度不够；审图机构把关不严或为取得审图业务被迫降低审图标准；施工单位不按节能设计图纸施工，任意变更也不采取等效替代措施；监理单位和质监站疏于监管或默许施工单位的违规行为等等，都充分说明个别部门、单位对建筑节能工作了解不多，重视不够。因为重视不够，也导致各类单位的技术人员疏于进行建筑节能方面的学习和培训，其技术水平达不到要求。

（二）大部分地市机构不健全，人员配备不足，经费缺乏。全省只有三个市有独立的墙改节能机构，其余9个市与散装水泥办合署办公，9个市只是挂一个牌子在建设局内部科室，没有配备专职人员。此外，建筑节能是一项新开展的工作，大部分地市的工作经费、建筑节能技术的科研投入以及示范工程实施的资金支持等等都严重缺乏，加大了建筑节能工作推进的难度，这与当前要求大力推进建筑节能工作的形势以及众多的任务要求不相符，也直接导致一些需要立即开展的工作没有人手而无法开展，局面比较被动。

（三）配套的政策和技术标准还不够完善。首先是我省还没有建筑节能的地方法规，对相关责任主体不执行节能的行为约束力不强。其次是大部分地市未能及时制定相应的地方建筑节能发展规划，以指导本地区建筑节能工作的开展；未能及时建立建筑节能目标责任制和考核制度，并将任务分解落实。第三是可操作的规范性文件和细则也不齐全，如节能设计导则、材料的热工性能参数表、节能施工组织文件、节能工程监理大纲、节能工程验收文件等。

（四）建筑应用节能产品质量跟不上、品种少、价格偏高。除广州、深圳、东莞及珠三角部分城市外，其余各市都有反映。主要体现在新型墙体材料方面，如云浮、湛江、茂名、阳江、揭阳、潮州、清远、韶关等市，新型墙材厂家少、品种少、价格偏高，应用质量也难以保证，影响了各方采用的积极性，也阻碍了建筑节能工作的开展。

三、意见和建议

（一）提高认识，健全机构，明确任务，落实责任。各级建设行政主管部门要提高认识，切实加强对建筑节能工作的领导，将建筑节能工作纳入主要工作目标，健全机构，充实人员，明确任务，制定措施，落实责任。尽快制定出台我省建筑节能地方法规，尽快制定和完善建筑节能工程图审制度、备案制度、验收制度和定期检查制度，加快完善我省建筑节能技术标准体系。同时加强规划、建设、房管、市政等行政主管部门之间的联系与协调，形成各部门协调配合，齐抓共管的工作机制，全面推进我省建筑节能工作。

（二）加大宣传，扩大影响，加强培训，提高水平。充分发挥舆论的导向和监督作用，通过电视、电台、报刊、论坛、展览等多种形式，深入开展面向社会和群众的建筑节能宣传，不断提高社会各界，包括各级领导、广大市民和房产开发单位的建筑节能意识，为建筑节能工作营造一个良好的社会氛围。积极组织相关管理人员和专业技术人员培训，进一步提高他们法律法规、标准规范、政策措施的综合水平和能力。

（三）以抓施工图审查和验收备案为关键节点，加强监管。各级建设行政主管部门应加强建筑节能工作的监管力度，建立从项目立项、规划、设计、施工图审查、施工许可、质量安全监督到竣工验收等各个环节环环相扣的管理措施。特别在施工图审查和验收备案两个节点上，要严格把关，加大检查力度，把不达节能设计、验收标准的建筑卡在设计图纸阶段和施工建造阶段，不能进入使用阶段。

（四）以抓新墙材应用和可再生能源应用为突破点，加快推进建筑节能工作。我省地处夏热冬暖的南方地区，墙体自保温的节能措施既经济又安全可靠，非常适合我省，而大部分新型墙材能达到自保温的性能，适合推广应用。同时，推广应用新墙材也是完成我省禁实目标的必然要求，可谓一举两得。可再生能源是绿色能源，既节能又减排，大力推广可再生能源的应用是国家的政策，我省具有可再生能源应用的自然气候条件，且可再生能源应用也不存在什么技术瓶颈，没有理由不大力推广。抓好新型墙材应用和可再生能源应用工作，对我省建筑节能工作起到事半功倍的效果。

2007年建筑节能专项检查整改项目汇总表

序号	项目名称	所在地	设计单位	存在问题
1	海盈居	广州	华森建筑和工程设计顾问有限公司广州分公司	1.商铺与住宅部分未分开节能设计，审查无节能专项说明，施工图中无材料性能参数 2.审查表中保温材料厚度不一致 3.图纸墙材厚度与审查表不一致，无墙体内表面温度计算。 4.无外遮阳计算书 5.审查表中未注明窗可开启面积比
2	北京师范大学五期学生宿舍二号地	珠海	珠海市建筑设计院	1.窗墙比过小，外墙用灰砂砖，普通玻璃门窗，计算书有问题。 2.外窗可开启面积也达不到要求
3	珠江帝景湾凯旋庭A、B栋	江门	北京世纪地产设计策划有限公司	1.图纸屋面采用25mm厚聚苯板，计算书中当成30mm计算。 2.外窗可开启面积经核算只有41%，达不到规范要求的45%，计算书却当成53%。 3.图纸外墙采用190mm厚砼空心砖，现场为实心。 4.图纸外墙用30mm厚保温砂浆，现场没做。 5.图纸用镀膜玻璃，现场用普通玻璃
4	中国经贸大厦	深圳	深圳市粤鹏建筑设计有限公司	1.外窗的传热系数取值错误，单层窗k=4.33 2.无空调设计
5	汕尾碧桂园商品住宅一期	汕尾	深圳市建筑设计研究总院	1.外墙构造与计算书不符，外墙图纸与计算书不一致 2.能源与自熄开关未涉及
6	阳东碧桂园幼儿园	阳江	佛山市顺德区博意建筑设计院有限公司	未执行建筑照明标准
7	卓越大厦	东莞	广州珠江外贸建筑设计院	1.屋顶导热系数要求填写不正确 2.玻璃遮阳系数取值混乱，前后玻璃品种不一致 3.建筑照明，只列要求，未进行计算
8	榕城区劳动保障综合服务大楼	揭阳	汕头市第二建筑设计院	1.设计书中有墙体材料，但图中未有 2.采用电子镇流器，但未符合国家能效标准
9	腾瑞翡翠园小区	潮州	潮州市规划勘察设计院	设计漏项，监督整改
10	沃尔玛购物广场	韶关	广州智海建筑工程技术有限公司	1.计算书中保温材料厚度与图纸不一致；审查未提出意见，节能计标书内容不完善。 2.各朝向的平均k值没做统计，审查未提出意见。 3.计标书中无外窗sc值，裙楼多为玻璃幕墙，计标书中只有外窗，未对幕墙说明 4.采暖空调计算未做外墙平均k值统计 5.无空调系统设计资料，也未对空调设计进行专项节能检查
11	首创房地产有限公司商住楼c	中山	中山市第二建筑设计院	1.窗墙比计算过程不够详细，要求计算 2.屋顶、外墙传热系数计算过程不够详细，要求每一样计算 3.未有空调设计图纸
12	弘福花园（二期）5号楼	清远	清远市建筑勘察设计院有限公司	1.无节能专项说明，图纸中无材料性能参数，没有节能备案，节能审查表没有填写意见与签名 2.天窗参数偏小，与实际不符，没有热桥梁、柱的热工计算，平均k值没有统计
13	远扬商务中心	湛江	广州智海建筑工程技术有限公司	外墙传热系数设计文件与计算机不统一
14	茂名市天一房地产开发公司商品房	茂名	茂名市世源设计有限公司	图纸内容不符合要求

关于广东省城乡规划行业优秀工作者名单的公告

粤规协函[2008]06号

经广东省民间组织管理局批准，广东省城市规划协会在今年1月开展了评选广东省城乡规划行业优秀工作者的活动。通过各市规划协会、市规划行政主管部门的初步审查、推荐，以及广东省城市规划协会综合汇总（原则上尊重地方的意见），推选出曾峥等107人为广东省规划行业优秀工作者。现将广东省优秀规划工作者名单予以公布，希望获奖人员戒骄戒躁，再创佳绩，为广东省城市规划建设事业的发展作出更大的贡献。

特此公告。

广东省城市规划协会
二OO八年三月十三日

广东省城乡规划行业优秀工作者名单

省直（12人）：曾　峥、肖送文、罗　勇、罗小虹、熊晓冬、周　元、由　翌、龙国辉、陈升忠、赵红红、唐　勉、范钟铭
广州　（8人）：张椿梢、黄　劲、黎　云、贺崇明、李时锦、蔡云楠、孙　玥、陶晓辉
深圳　（7人）：邵亦飞、杜建华、黄伟文、刘义刚、黄　晧、朱旭辉、黄大田
珠海　（6人）：彭治权、王　辉、魏亚夫、王　淳、马德富、杨峥屏、
佛山　（8人）：陈穗嘉、罗晓萍、冯　萍、刘英权、刘生带、谢安华、刘　绮、陈智刚
江门　（5人）：刘建新、亢雁直、李红晖、江宁进、余剑锋
东莞　（5人）：卢沛超、刘建凤、肖　洪、吴敬军、温兆鸣
中山　（5人）：张　珂、杨霭林、陈西敏、杜启云、曾新民
惠州　（5人）：施为学、陈卫民、李中华、朱益明、陈　洁
肇庆　（5人）：刘　彦、黄　勇、邹健君、莫诗白、林仲贤
汕头　（4人）：朱家栋、黄锦林、沈陆澄、李　钊
汕尾　（3人）：余锡群、张育浩、李桂菊
潮州　（3人）：谢文龙、王顺卿、张永宁
揭阳　（3人）：黄林芝、孙燕君、郭炎光
湛江　（5人）：蔡　建、谢　洪、张湛鸿、席广会、陈重峰
茂名　（3人）：卢　勇、黎明亮、梁世廉
阳江　（5人）：张夏明、赵健玲、李宗庆、林　川、张奕忠
韶关　（3人）：梁韶灵、邓永坚、陈月明
河源　（3人）：黄福平、吴利民、李月平
梅州　（3人）：薛兴冰、谢新光、钟韶英
清远　（3人）：林祖军、丘城杰、胡崇勇
云浮　（3人）：郭惠华、肖志坚、范庆彤

专家感言

陈之泉，男，高级工程师、理事长，原广东省建设委员会主任，原广东省九届人大常委、广东省土木建筑学会理事长、广东省房地产业协会终身理事长、英国牛津布鲁克斯大学荣誉博士。

个人经历：

1937年出生于山西省闻喜县；1960年天津建筑工程学院土木工程系毕业；1960-1972年在建工部五局第三基础公司任技术员；1972-1982年广东省基础工程公司工作，曾任技术员、队长、经理、副总经理； 1983-1998年广东省建设委员会工作，曾任副主任、副书记、主任、书记；

1998-2003年广东省人大城乡建设环境与资源保护委员会主任委员；1991-2007任广东省房地产协会会长；1995年出版第一本业务专著《论生存空间》；1998年发表诗集《诗话人生》；2000年出版第二本业务专著《论城市空间》；2002年荣获中国人才研究会艺术家学部委员会委员（一级书法艺术委员）；2004年被授予英国牛津布鲁克斯大学终身荣誉博士；2004年任广东省土木建筑学会理事长；2005年出版第三本业务专著《循环经济》；2006年出版《陈之泉金奖书法艺术》。

气候变暖引发建筑业的思考

气候在变迁，地球在变暖，人类将遭难！

地球气候为什么会变暖？关键是二氧化碳（温室气体）的大量排放改变了大气的热平衡。二氧化碳增多的原因主要是现代化工业社会过多燃烧化石燃料（煤炭、石油和天然气）所致；另一个原因是人类大量砍伐森林、草原过度放牧，使地球表面的植被锐减，植物吸收二氧化碳的能力大大衰退。

石化燃料燃烧、地面植被破坏，冻地冰川解冻，海面标高提升，生物不断灭绝，生存环境渺茫。这是人类自身造成的恶果。与我们土木建筑行也不无关系。建筑物是矿藏资料的重新组合。建筑物“出生”的三步曲：一是由矿藏资料变成建筑材料，二是由建筑材料变为建筑物，三是再将建筑物投入使用，这三个环节都要消耗大量的化石能源；矿藏资源的挖掘、城市建设的发展，道路桥梁的修建，要消耗大量的石油、煤炭，同时又要破坏大量植被。这些都是造成二氧化碳增多的重要原因。二氧化碳的漫沿，如同给地球表面盖上了一层厚厚的棉被，使气候变暖、部分生物品种灭绝。

另外，大量资源的消耗，还会破坏已存在的有关设施。广东的建筑市场年耗砂量逾亿立方米，而广东的北江、西江、东江和韩江四条大江河，年来砂量仅1500立方米。这说明广东一年损失的河砂，靠自然补充需要若干年，资源透支情况可想而知。河沙过量的挖掘，造成桥墩冲刷线下移、河床加深、土坝开裂、堤岸滑坡。如某村三兄妹（儿童）到河边玩水，因失足被挖掘过深的河糟而丧命除气候变暖外，资源在透支，污染在加重，臭氧层在破坏，水质性缺水现象越来越严重，土壤污染问题也十分严峻，地球上人类的居住环境（生存环境）已受到严重的威胁。一个污水横流、烟尘飞扬的地区，经济发展再快，与和谐社会又如何相融？

地球上空的臭氧层已受到严重破坏。南极上空的臭氧洞的直径已达数千公里。臭氧洞形成之后，太阳的光辐射，就直接射到地球的表面上，包括强烈的紫外线。紫外光中有一部分的能量极高，如果到达地球表面，就可能破坏生物分子的蛋白质和基因物质，造成细胞的破坏和死亡。这是个十分严重的问题，不迅速采取措施是不行了。

地球变暖所带来的后果，不亚于人类制造的世界大战！

土木建筑行业是个资源、能源消耗大户。正因为如此，土木建筑行业的领军人物，要改变过去不全面的发展理念，树立科学发展观的指导思想，引导行业向着可持续发展的道路、循环经济的道路前进。

土木建筑行业，过去一谈起学术问题，大家首先考虑的是工程质量、先进工艺、新型材料、施工方法、安全技术等方面的问题。现在已进入21世纪，世界的经济、资源、环境等方面的形势都发生了空前的变化，我们土木建筑界的学术内容也不能只考虑上述几方面的问题了。土木建筑行业必须正视这一现状，并必须走可持续发展、循环经济之路，这是无容置疑的了，是我们目前必须思考和行动的问题。

“科学发展观”的核心是和谐发展，”即“全面、协调和可持续发展”。生物体中的恶性肿瘤在一定意义上也是快速发展，但它不是整体有机的和谐发展，结果导致长肿瘤的生物体迅速走向死亡。中国的经济发展是以过量的消耗和严重污染为代价的，因此不是整体有机谐调的、可持续的发展。如此下去，最终是要走入死胡同的。

土木建筑行业如何应对当前地球环境的形势？我们应意识到资源日以匮乏的现实，要运用可持续发展和循环经济的指导思想，从制度、体制、管理、文化等方面出发，改变和创新我们的生产和消费模式，指导我们的设计和施工。土木建筑工程师们（包括设计和施工），要努力通过设计和施工手段实施可持续发展、保护环境；要引导行业接受绿色设计理念，要把环境效益作为建筑成本效益分析的重要组成部分；要加强建筑物生命周期的管理和核算，强化建筑物在使用期间的维修保养，延长建筑物的生命；要鼓励客户采用新型环保技术，执行节能建筑设计标准，创建绿色住区、绿色建筑，改善生态环境，提升人们的生活质量；在设计、施工中要运用循环经济理念，采用可循环材料，使工程部件在使用寿命终结后可被回收利用；要争取大多数新建筑采用绿色智能工艺；要努力使新建筑提供的能源等于或大于它自身所消耗的能源；要加强施工管理，对建材要做到“吃干扎尽不浪费”；要树立建筑废弃物的回收利用观念，使其转化为可再生资源、再生产品；要最大限度地收集利用来自天上的雨水，以减少水资源的学杂费。等等。

郭成奎，男，1946年生，同济大学建筑机电系毕业，中共党员，高级工程师，广东省建设厅原副厅长，正厅级巡查员。现为省工程勘察设计行业协会会长、省土木建筑学会副理事长、中国建设监理协会副会长、中国勘察设计协会常务理事、中国土木工程学会常务理事、省建设监理协会名誉会长、省注册建筑师协会名誉会长。曾获省委、省政府荣记二等功、全国发展散装水泥先进工作者、中国勘察设计协会“杰出贡献”奖等称号。曾任广东省建筑工程技术第一交评委主任。

重管理，求创新，促进建设行业科学发展

改革开放以来，我国国民经济持续稳定快速发展，固定资产投资逐步增长，从发展速度和建设规模上看，我国已成为土木工程建设的大国。而广东省作为全国的排头兵，经济社会发展又好又快，开始转入科学发展轨道。2006年全省生产总值25968.55亿元，比上年增长14.1%，约占全国的1/8；全社会固定资产投资达8117亿元，比上年增长16.7%。这表明广东省已是土木工程建设大省。但是，我国工程建设技术无论在工程理论、工程实践，还是工程管理方面，与国际先进水平相比都有一定的差距。

工程建设是一个系统工程，从工程项目的可行性研究到勘察设计、施工、竣工验收等等，涉及很多方面，投资较多，工期较长，影响较大。而勘察设计是工程建设的先导，勘察是设计的先行，设计是工程的灵魂，方案是设计的核心。先进合理的勘察设计，对建设项目节约资源、保护环境、控制投资、缩短工期、提高经济效益、起着关键性的作用。勘察设计水平的高低直接关系到固定资产投资效益，关系到公众利益和人民生命财产安全。因此，无论是行政主管部门，或是行业协会，还是勘察设计企业，都必须十分重视并采取积极措施规范工程勘察设计市场秩序，保证工程勘察设计的质量和水平。

本人大学毕业近40年，先后在施工队基层、施工企业、管理部门、行业协会等单位工作，长期从事建筑工程技术工作和技术管理工作，分管建筑施工、勘察设计、重点工程建设等达十几年，深深体会到加强管理对推动和促进建设企业以及建设行业的进步和发展的重要性。

行业协会是我国经济体制改革中出现的新生事物，是市场经济中介于政府管理与企业经营之间的社团组织。市场经济的运行，由微观、中观、宏观三个层面构成。为了建立统一开放、竞争有序的市场体系，在微观、宏观这两个层面之间，需要有一个由行业协会等中介组织构成的中观协调层。这个协调层，既不从事企业经营，又不介入行政管理，而是把本行业企业组织起来，通过各种协调活动，促进企业正常经营，配合政府宏观调控。因此，行业协会必须始终坚持为行业发展服务这个根本宗旨。我个人认为，重点要做好以下几项工作：

一是努力推动行业贯彻落实科学发展观。要积极组织相关政策法规的宣贯，有关标准规范的讲座，新思想、新理念的研讨，新技术、新材料、新设备的推介，以及行业发展论坛等方面的活动，提高广大建设企业人员的理论水平和业务能力。

二是推动建设企业产权制度的改革。要总结和推广成功改制单位的经验，引导建立现代企业制度，建立健全法人治理结构，调动企业职工积极性。

三是推动建设企业功能的转变，提高从业人员素质。要以提高综合效益为目标，开展争先创优活动，鼓励技术创新，强调节能降耗，增强企业竞争实力。

四是加快建设企业信息化建设。要努力跟上世界信息化发展的步伐，建立以项目管理为核心的工程建设全过程和工程全寿命周期的信息管理系统。

五是抓紧推动行业诚信体系建设。要建立以职业道德为支撑、先进文化为准则、法律为保障、社会为监督并符合行业实际情况的诚信体系。

总之，行业协会要牢固树立和落实科学发展观，充分发挥协会的提供服务、反映诉求、规范行为、协调自律的作用，努力工作，锐意创新，为行业的发展作出贡献。

容柏生，男，1930年8月生，汉族，原籍广东珠海市，无党派人士，从事土木工程结构设计工作，教授级高级工程师，一级注册结构工程师，中国工程设计大师（1989授予），中国工程院院士（1995年当选），现任广东省建筑设计研究院荣誉总工程师、广州容柏生建筑工程设计事务所总裁。兼任国家超限高层建筑抗震设防审查委员会委员，广州市科学技术委员会副主任委员及其结构委员会主任、广东省土木建筑学会名誉董事长等职。

长期从事建筑结构设计和研究工作，承担过大量大型复杂工程的设计，设计中有创新精神并取得丰硕的科研成果，先后获得国家科技进步二等奖一项，省、部级科技进步二等奖三项，土木工程（詹天佑）大奖一项，优秀建筑结构设计奖四项。

同时承担了大量社会上的技术工作，诸如鉴定、论证、咨询、技术审查、超限审查、评定、讲学、重大工程的事故处理，大型建筑工程顾问等。参与了我国建筑工程方面多项国家和地方规范标准的制订或审查工作，对省以至我国建筑工程的质量保证、水平提高和人材的培养作出贡献。

我省建筑结构体系新发展

近年我省在文化建筑方面投资很大，广东省博物馆、歌剧院和图书馆等大型重点项目的建设；广州新电视塔（塔桅顶高610m）的建设；广州珠江新城西塔（432m高）的建设；40多层的住宅楼遍地开花的建设，项目之多不胜枚举。

可以看到的，不仅是建设数量大，印象更为深刻的倒是这些建筑的规模越来越大，体型越来越多样化。这种现象，在表面上看是给城市带来壮观和美丽，而在内涵上则体现了建筑工程技术的进步，包括建筑、结构、设备、材料、施工等，下面仅从建筑结构角度作简单的回顾。

由于这些建筑规模庞大，体型复杂，因而给结构带来了新的挑战：体型复杂、高度大的建筑，一般的结构体系已不足以应付相应的强大的重力和水平作用，需要对一般结构体系加以改进以提高其抗力，或者采用抗力更为强大的新形结构体系；要运用不同材料的力学特性来提高结构的能力；要研究并确定对结构的各种作用，如重力、风荷载、地震作用、温度变化影响等；还要进行详细的较为精密的结构计算，等等。建筑结构工作者，就必须面对这些挑战进行刻苦的工作，进行创造、研究、试验，计算分析等，这个过程造就了水平和能力的提高，而其成果应用到实际工程就体现了技术的进步。

分析我省在建的大型项目，在建筑结构方面，大致有如下几方面的进展：发展了一些新的结构体系。如珠江新城西塔采用钢管混凝土棱形网格外筒，这种结构充分发挥构件的高强抗压能力，由此构成的网格筒具有强大的抗侧力和抗扭能力；广州新电视塔也采用了类似的结构；采用强大的抗侧力结构。如广州珠江城，在平面长向两端采用覆盖整个侧面的交叉支撑桁架，广州天建酒店（连体建筑）也在两侧框架中间跨内设交叉支撑；普遍使用混合结构。主要是采用钢和钢筋（型钢）混凝土结构，比较多的是钢筋混凝土内筒和钢的外框架或框筒；较多使用组合构件。应用较多的是钢管混凝土和钢与混凝土组合梁及楼盖。

结构计算水平有较大的提高。能应用较知名的计算软件，不但作弹性的分析，而且作弹塑性分析，既作整体分析也作构件和节点的详细分析。在弹塑性分析方面，我们还研究并开发了能力比较强的软件。

我们虽然取得了可喜的进步，但还会有新的挑战等待着我们，作为结构工作者，要继续努力不断提高，迎接新的任务。

何镜堂，男。1938年4月出生于广东省东莞市，1965年研究生毕业于华南工学院。现任华南理工大学建筑学院院长兼建筑设计研究院院长、博士生导师、教授、总建筑师，第九及第十届全国政协委员，中国工程院院士，中国工程设计大师，国家特许一级注册建筑师，兼任国务院学位委员会专家评议组成员，广东省科学技术协会副主席，中国建筑学会副理事长，中国建筑学会教育建筑学术委员会主任，中国勘察设计协会高校分会会长，广东省土建学会环境艺术学术委员会主任等。

岭南新建筑的代表人物，形成了“两观三性”的建筑哲理和创作思想。出版《当代中国建筑师——何镜堂》等专著6部，在《建筑学报》等权威刊物发表一批有影响的学术论文，目前主持国家自然科学基金及“985工程”等重点科研项目7项。先后主持和负责设计的重大或复杂的工程有100多项，获国家、部委和省级以上优秀设计奖50多项，其中国家级金奖1项、银奖2项，铜奖2项，一等奖17项、二等奖16项。获首届梁思成建筑奖（中国建筑界最高奖），获“广东省劳动模范”、“全国模范教师”、“全国劳动模范”等。

建筑创作要体现
地域性、文化性、时代性

建筑设计是一项创新性的劳动，体现建筑师的理念和对建筑的理解。我常用“两观三性”来理解建筑创作，即建筑师要有“整体观”和“可持续发展观”，建筑创作要体现“地域性、文化性、时代性”。建筑设计是一项复杂的系统工程，要面对各种因素，分清主次、综合优选，使建筑、环境和人整体和谐，不但要满足现代人的活动要求，而且要有利于子孙后代的可持续发展。建筑创作要有特色，还要在地域性、文化性、时代性上下功夫。

建筑是地区的产物，世界上没有抽象的建筑，只有具体的、地区的建筑，它总是扎根于具体的环境之中，受到所在地区的地理气候条件的影响，受具体的自然条件以及地形、地貌和城市已有建筑地段环境所制约。这是影响和制约建筑空间和平剖面设计乃至建筑形式的一个重要因素。建筑的地域性还表现在地区的历史，人文环境中，这是一个民族一个地区人们长期生活积淀的历史文化传统，建筑师应在地区的传统中寻根、发掘有益的“基因”，与现代科技、文化结合，使现代建筑地域化，地区建筑现代化。

建筑具有双重性，它既是物质财富，又是精神产品，既是技术的产物，又是艺术的创作。建筑作为一种文化形态，它既是人类文化大体系的一个组成部分，又与社会经济、科技和政治思想息息相关，大凡精品，都能传译作品的精神内涵，体现很高的文化品味。在当今强调人与自然环境协调、科技与人文同步发展的知识经济时代，建筑文化将呈多元化发展，但这并非无章可循，抛弃地方特色，世界的建筑文化正是由各地各具特色的地方传统文化组成一个丰富的整体。好的城市是生长出来的，同样好的建筑也是生长出的，土生土长的文化是最具生命力的文化，在建筑创作中，建筑师应自觉地继承地方建筑文化传统，吸取精华，去其糟粕，就能创作出有地区文化特色的优秀作品来，而建筑师的文化素养和根基，在很大程度上决定了建筑师的创作思想和设计水平。

建筑是一个时代的写照，是社会经济、科技、文化的综合反映。当今科学技术日新月异，新材料、新结构、新技术、新工艺的应用，使建筑的空间跨度、高度和空间品质有了更大的灵活性，信息网络技术改变了人们的空间观念和工作模式，新功能孕育了新的建筑类型，科学技术带来的变化，使建筑创作进入了一个新的时代。现代建筑创作要适应当今时代的特点和要求，建筑要自己特殊的语言来表现所处的时代实质，表现这个日新月异的科技时代、观念、哲学思想和审美观，归根到底，是时代精神决定了建筑的主流风格，把握时代脉络，融汇优秀的地域文化精华，建筑就能创新和向前发展。创作有中国特色的现代建筑，关键是要处理好时代精神与弘扬传统建筑文化的关系。弘扬的目的是为了创新，而创新又必须在原有的文化根基上发展，继承传统并非在新建筑上拼贴传统符号或部分构件的复制，而是吸收整体文化的内涵。

建筑的地域性、文化性、时代性是一个整体的概念。地域是建筑赖以生存的根基，文化是建筑的内涵和品味，时代性体现建筑的精神和发展。三者又是相辅相成的，不可分割的，地域性本身就包括地区人文文化和地域时代特征，文化性是地区传统文化和时代特征的综合表现，时代性正是地域特征、传统文脉与现代科技和文化的综合和发展。建筑师应该很好地理解和综合运用建筑的“三性”，强调整体性和统一性，创作有特色的建筑。

赵资钦，男，1952年6月生，毕业于清华大学水工建筑专业，中共党员，教授级高级工程师，国务院政府特殊津贴专家，现任广东省建筑工程集团有限公司董事、副总经理。受聘为建设部建筑工程技术专家委员会委员、中国管理科学研究院学术委员会特约研究员、中国建筑学会地基基础专业委员会理事，广东省土木建筑学会常务副理事长、广东省安全生产监督管理协会副理事长、广东省安全生产专家、广东建设职业技术学院专业顾问委员会委员和客座教授、广州市建筑业联合会常务理事等；主持了广东奥林匹克体育场等众多大型重点工程项目，解决了大量的关键性技术难题，做了大量卓有成效的工作；主编出版《建筑工程施工实践与研究》、《房屋建筑工程施工技术指南》、《广东建设工程技术新发展》等学术论著3部，发表了"工程施工总承包的实践与研究"等论文15篇；荣获全国五一劳动奖章、国家优质工程鲁班奖、全国建筑业新技术应用金牌示范工程奖、广东省科技进步奖、全国建筑企业优秀项目经理奖、全国建筑业安全生产先进个人、全国工程建设质量管理先进工作者、全国工程建设质量管理活动优秀管理者、2003年以来的全国建筑施工安全文明工地之最项目经理、"十五"全国建设事业科技先进个人、省委省政府记一等功、省重大科学技术研究成果奖、省优秀成果奖、省级工法奖、省五一劳动奖章、省直属机关优秀共产党员、省国资委优秀共产党员、省优秀项目经理、省优秀质量管理工作者、省QC小组活动优秀领导者、省质量管理小组活动优秀领导者、省用户满意杰出管理者、广东企业创新记录特别贡献奖、广州市安全生产标兵等各种奖项80多项。

我省建筑业现状、前景及土木建筑学会作用的感悟

建筑业与整个国家经济的发展、人民生活水平的改善有着密切的关系。近几年来，我国不断加大固定资产投入，作为拉动经济增长的一项重要措施，基本建设、技术改造、房地产等固定资产的投资规模保持在一个较高的发展水平。城市化速度明显加快，城乡建设特别是中心镇的建设、沟通城乡的基础设施建设，为建筑业的发展开拓了新的空间；市政公用事业管理体制改革以及政府对治污保洁的投入逐步加大，为建筑业的发展提供了新的市场，建筑业正处在历史上最好的发展时期。我省"泛珠三角"发展战略的提出，全球经济温和增长，入世效应进一步释放，CEPA全面实施及投资环境进一步改善，为建筑业的发展提供了新的广阔领域。去年，我省建设规模和速度呈现出高速发展的势头，公共建筑、高速公路、铁路、桥梁、地铁、水利水电、港口等大型、重点、高、难、新、特工程项目发展迅猛，相应也带来了大量的技术难题和管理难题，广大技术干部、管理人员脚踏实地，吃苦耐劳，精益求精，勇于创新，取得了一系列重大科技成果，创造了巨大的经济效益和社会效益，为建设行业发展做了大量卓有成效的工作，为社会进步做出了突出贡献。

但与此同时，在未来一段时间，我国也将履行加入WTO的承诺，全面开放建筑市场，竞争将更加激烈；劳动力的结构性短缺状况将更加明显，特别是高级技术工人将更加缺乏；建筑业企业自主创新能力、品牌建设、诚信观念、管理水平、综合实力、市场竞争力仍然有待进一步提高，这些问题都将对建筑业的可持续发展产生直接的影响。因此，作为建设行业的重要主体之一的建筑企业，应该认清形势，顺势而上，提高素质，创新管理，开拓进取，努力拼搏，为促进经济发展、造福社会而努力。

省土木建筑学会作为行业一个重要的学术团体，集中了土木建筑界的院士、大师、专家、学者以及一大批建筑业技术、管理精英，一直以来团结和组织广大土木工程科技工作者，以经济建设为中心，为促进科学技术的繁荣和发展，促进科学技术的普及和推广，促进科技人才的成长和提高，促进科学技术与经济结合，推动我省建设科技的发展发挥了积极的作用。在新的历史机遇和条件下，我们要认真研究新情况，分析新问题，进一步团结广大建设科技工作者，充分发挥学会科技及管理人才密集的优势，增强土木建筑科技创新能力，大力推进科技进步和技术创新，努力实现土木工程建设领域生产力发展的跨越，为推动建筑企业和行业的发展再上新水平作出更大的贡献！

陈开庆

男，1931年生

华南理工大学教授

华南理工大学建筑设计研究院原院长

美术人员学习建筑大有作为

很久以来，我就有一种“期望”，期望美术人员学习建筑，期望美术人员参加建筑创作大军，期望美术人员能带给建筑创作一股新的活力。

建筑创作和美术创作虽有很多区别，但在需要形象思维这一点上却是共通的。中世纪来，西欧许多国家有不少美术大师创作了许多不朽的建筑作品，并最终成为建筑大师的事实，充分说明从美术走向建筑是完全可行的。因此长期来，许多国家的建筑学教育中，很重视从美术素质比较高的青年中选拔培养建筑人才，并授相应的建筑工程技术方面的知识和技术，这样就比较全面地体现了建筑具有艺术和技术双性的特点。

再看我们国家，建国以来培养建筑人才走的又是一条什么样的道路？

首先，选拔建筑学人才方面，完全是按照单一的工程技术要求标准进行统考，即按数、理、化的考试成绩，从高分到低分分段录取建筑学的大学生。当然，我们不排除这种考试方法也录取到一些形象思维力很强的人，从整体来说，他们的形象思维力都比较差；另一方面，许形象维力很优秀的学生，又因其数、理、化较差，不敢报考建筑学。因此，我国长期以来，选拔建筑学人才方面，失去建筑学的特点，走的是单一的理工科统考之路。

其次，很长一段时间里，我国实行的是计划经济体制，计划经济指导下，人才的培养和使用也是按计划经济的模式进行的。你一旦进入大学的某个专业后，你的终身就只能在这个专业范围内活动，别无其他选择，不想学这个专业的，走不了，想学这个专业的，进不来。

改革开放，上述现象开始有所转变。某些美术院校开始试办建筑学专业，而且其生源是按照美术院校招考学生的办法进行的。这从根本上保证建筑学生员的美术素质，保证学生的形象思维力。假如工科院校的建筑学系招生时，把美术也列为必考科目，则我国培养建筑学人才的这种双轨制必将是比较全面而完善的。

第三，改革开放，就业的选择性也灵活了。只要你对某个专业有兴趣爱好，你就跨专业考研究生，跨专业择业。王河就是在这种机遇下走建筑道路的。1986年王河从广州美术学院毕业，按照他个人的意愿走进建筑学专业，从此和建筑设计结下不解之缘。在广州珠江外资建筑设计院工作的十九年时间里，开始，老一辈建筑师的指导下和其他建筑师合作共同搞建筑创作，随着业务能力的提高，逐步由与人合作建筑创作，发展到领导和主持建筑创作，取得了非常可喜的成绩。据统计，截至目前为止，已建成获奖的项目有7项，特别是跨入21世纪来，建筑投标的中标率越来越高，从2000年开始计算，短短的五年时间里，王河投标有18个建筑方案中标，平均每年中标3个，非常难能可贵。

王河的中标率为什么这样高？是不是纯属偶然？我认为完全不是，其中肯定有某些规律性的东西值我们认真总结。我认为有两点必须肯定：一是充分掌握和利用美术人员非常活跃的形象思维能力。王河能考上广州美术学院，就说明他的美术功底好，艺术素质高，形象思维能力强，经过在美术学院四年时间的学习、熏陶，这方面的特长更加提高了，一旦把它用建筑创作，如虎添翼，势不可挡。

二是勤于学习和善于学习。光有艺术素质但不学习不行，即使学习，不勤于学习，不善于学习也不行。王河自从跨入建筑学的门槛之后，不仅从工作中学习，而且还抽出专门的时间系统地学习，先后在华南理工大学攻读建筑学的硕士和博士学位，并取得了良好的学习成绩。

上述两点经验对于美术人员学习建筑，我认为很有普遍意义。

作为一个美术出身的建筑师，王河在从事建筑创作事业上究竟有一些什么特点呢？

一是建筑造型丰富多变。做设计时，他往往喜欢从建筑造型开始着手，先画建筑鸟瞰图，分析地形与建筑体的关系以及建筑造型，所以建筑造型不拘一格，根据地形灵活布置。例如珠岛一号楼，在原有建筑中，找出一条居中为尊，呼应东西水平轴线的规律，确立了这良好的组团关系，同时又具有灵活多变的岭南建筑特色。再如在帽峰山设计帽峰沁苑酒店时，他能结合两山之间的地形，安排了一个客家围屋造型的中心楼，呼应帽峰山的"帽"字，两边的客房楼结合山势，随意灵活，很好地与山势混为一体。

二是建筑构思巧妙新颖。在建筑造型构思中，往往能出奇制胜，又善于表达，从仿古钱币造型的提炼到汕头中国进出口产品博览会投标方案，很好得体现了乘风破浪的现代建筑风格。做到建筑造型多样化，丰富化。在海南岛做三亚南田温泉度假区酒店时发现，人在太阳底下晒可能不超过5分钟就会晕到，但人在树荫底下就很凉快，呆多长时间都很舒服。于是，设计了一个50米×50米的酒店大堂，南北通风，清凉舒适，节省中央空调，同时又生态、又环保、又节能。

三是综合艺术运用自如。他在美术学院学习的专业是工艺美术装饰绘画专业。做设计时，他很自然地想为建筑提供更多的空间，留出更多的墙面，增加艺术表现的机会。往往在完成建筑方案以后，不甘心就此罢手，老喜欢在室内做些手脚，木雕、陶瓷、工艺、美术、书法、墙壁都用在建筑创作中，而且得心应手。他在做珠岛宾馆一号楼设计时，就做了几幅陶瓷装饰壁画，很好的体现了岭南殿堂式建筑特点。

这三个特点，正是一个美术专业人员成为一个建筑师之后所表现出来的。总之，也希望读者可以从设计中慢慢观察，体会出来。

（编者注：王河简介及部分作品选载在本年鉴『第三部分年鉴人物篇·中国酒店设计大师』栏目中。）

韩大建，女，1940年3月生。华南理工大学土木系教授、博士生导师、城市建设研究中心主任。曾任华南理工大学副校长。兼任中国建筑学会建筑结构分会计算机应用委员会委员、中国力学学会常务理事、广东省土木建筑学会副理事长等。1963 年毕业于北京大学固体力学专业；1980年至1984年赴美留学，获美国普度(Purdue)大学结构工程专业硕士和博士学位。早期在塑性力学和混凝土本构理论等基础研究领域作出了突出的成绩，其主笔与美国工程院院士W. F. Chen 合著的“Plasticity for Structural Engineers,”Springer-Verlag, New York, 1988（660页）一书在北美、欧洲、日本和台湾地区被用作研究生教材；2006年年9月又被美国的J. Ross Publishing, Inc. 再次重印。近二十年来，主要致力于大跨度空间结构和桥梁结构的抗风、抗震、施工控制和健康监测等研究，其所领导的学术团队完成了大跨度桥梁施工控制项目9个、桥梁和大跨度空间结构的检测和健康监测项目19个、桥梁管理系统的开发项目2个、空间膜结构研究项目4个、设计空间膜结构4万多平方米。已招收培养博士生34名（ 其中20名已获得博士学位 ）、硕士生55名（ 其中43名已获硕士学位 ）， 发表学术专著4部，约100多万字，在国内外学术期刊发表了学术论文120 篇。译著3部。获省（部）级科学技术奖励一等奖2项。其中《大跨度预应力混凝土斜拉桥高质量施工监控的理论与实践》获一等奖排名第一。

建筑行业计算机应用与信息化建设

作为广东省土木建筑学会计算机应用委员会委员以及两届主任委员，长期参加该委员会的活动，经历了本行业计算机应用的发展历程。远在上个世纪七十年代，是广东省最先推动在土木工程中应用计算机。当时华南理工大学罗松发教授带领一批学者和工程师开始了计算机编程进行结构分析，在全国有较大的影响力，这批学者和工程师就是广东省土木建筑学会计算机应用委员会委员的最早的成员。为了推进计算机应用，由罗松发教授倡导并组织了一个系列的全国性会议，名称是“全国工程建设计算机应用学术会议”，第一届会议于1982年在广州举行，此后，两年一届，轮流在北京、浙江和广州举行。本专业委员会主办了第1、4、7、10、13届会议。同时，罗松发教授又联系港澳学者，发起组织了一个国际会议系列，称为“EPMESC（International Conference on Education and Practice of Computational Methods in Engineering and Science）”，1985年在澳门举办第一次会议，然后两年一届，轮流在国内和澳门举行，到去年已经举办了11 届。该系列会议在广州的华南理工大学举办了两届（2、6两届）。

我本人从上个世纪七十年代开始致力于计算机应用的研究，并积极参与这两个系列会议的组织领导工作，曾主办过三次全国性会议和一次国际性会议。从1982年第一次学术会议到现在的第十三次会议，经历了25年的历程，本系列的学术会议伴随着计算机和信息技术的突飞猛进以及在建筑行业中的广泛应用，会议的内容不断更新，从单机的结构计算到今天各种适应行业需要的功能强大的计算机软件的发展，从工程设计方法和手段的现代化到全行业管理的信息化、系统化、网络化，应用的深度和广度在迅猛推进。

计算机软硬件技术的发展，大大提高了工程建设的水平和效率。新建体育场馆、会展中心、机场航站搂和城市高耸建筑等一大批重大工程的建设，对设计和施工中的计算机应用都是一个很大的挑战，这些大型项目的兴建和建成，标志着我国工程师的创造力和计算机应用的高水平。

信息技术的推广利用，将不断促进勘察设计企业和施工企业管理水平的提升。包括办公自动化、财务管理、人力资源管理、生产经营管理、技术质量管理、数字图书馆、企业网站等等方面，将进一步提高生产效率和技术水平。

本专委会将继续致力于推动工程建设的计算机应用和信息化建设，将秉承学会宗旨，努力提供一个良好的学术平台，让建设行业的学者、专家、工程师们进行学术交流、增进了解、共同提高，为我省建设行业的信息化建设作出应有的贡献。

郭明卓，男，1943年5月生于上海，1966年毕业于上海同济大学建筑学专业，国家特许一级注册建筑师，教授级高级建筑师，全国工程勘察设计大师，广州市设计院原副院长、总建筑师，现任广州市设计院顾问总建筑师。

1977年到广州市设计院工作至今，其作品多次荣获国家及省部级优秀设计奖。其中天河体育中心获建设部优秀设计一等奖，国家优秀设计银奖、国际建协IAKS奖银奖第一名、中国建筑学会优秀建筑创作奖（1953-1988年）、国家科技进步二等奖。广州购书中心获建设部优秀设计二等奖，国家优秀设计铜奖。羊城晚报印务中心获建设部优秀设计二等奖，广东省优秀设计一等奖。天河城广场、东莞常平文化中心获广东省优秀设计一等奖。广州大学城中山大学校区获建设部优秀设计三等奖、广东省优秀设计一等奖。近年主持设计的作品有：华农大科技交流中心、韶山毛泽东文物馆、烟台日报印务中心等。

郭明卓大师1989年获广东省首届丁颖科技奖，1992年起享受国务院特殊津贴，1994年被评为建设部劳动模范。1984年至今任中国建筑学会体育建筑专业委员会委员；中国建筑学会第8届、第11届理事会理事；广东省土木建筑学会理事会副理事长，建筑创作专业委员会主任委员，环境艺术专业委员会副主任委员，广东省注册建筑师协会会长。

学术观点建议

建筑师的工作与社会生活息息相关，每个建筑师既要有良好的职业道德和操守，又要有锲而不舍的勇敢探索精神，不断提高自己，才能取得社会的信任，以优秀作品对社会作出贡献。

建筑设计，贵在独创。建筑师要用自己掌握的建筑语言去讲自己的话，表达自己的思想。

建筑师在创作中表现的应是建筑的“个性”，而不是建筑师自己的“个性”。建筑师个人风格主要应表现在设计的思维习惯和处理矛盾的能力和方式，而不是他常用的手法和符号。

建筑不是雕塑，建筑的造型是为满足使用要求而创造和组织空间的结果，目前国内刮起的把建筑等同雕塑，以外形决定建筑的优劣和取舍的歪风，只能把建筑师引入歧途。

大多数的建筑都不是“标志性”建筑。建筑师要甘当配角，与其他建筑师携手，以实用、经济、美观的建筑，共同打造和谐、优美的城市景观。

潘忠诚，男，安徽桐城人，上海同济大学建筑学专业。1981年毕业后在国家建材局蚌埠玻璃工业设计研究院工作，1992年“破格”评聘为高级建筑师，任建筑工程设计所总工，深圳分院总工，1994年12月调入广州市城市规划勘测设计研究院，现任院总工程师。国家一级注册建筑师、国家注册城市规划师、教授级高级建筑师，全国标准设计建筑专家委员会委员，广东省注册建筑师协会常务理事，广州市建科委规划、建筑专业委员会副主任委员、广州市城规委发展策略委员会委员及建筑与环境艺术委员会委员、香港建筑师学会会员。

主要作品：广州日报印务中心（建设部三等奖、中国建筑学会第三届建筑创作佳作奖，省建筑创作奖）、广东省档案新馆（全国档案馆优秀设计综合奖第一名、詹天佑土木工程大奖，省一等奖，省建筑创作奖）、中海锦苑（省一等奖、建设部二等奖）；中国七•五城镇住宅方案设计竞赛（建设部优秀设计奖）、广州传统中轴线城市设计（省二等奖）东莞市清溪镇康怡花园（国家建材局一等奖）、孙逸仙医院南洲路门诊楼（4.2万平方米、12层）、方圆小区（省二等奖）、粤电大厦（4.8万平米、38层）、火车东站水景瀑布工程（羊城新八景之一、省二等奖）、广东省国际划船中心（省二等奖）、信合大厦（省二等奖、）、广州市财政大厦（钢结构高层，与安德鲁先生合作）、广州市新儿童公园、大学城广州大学（演艺中心、文科楼、艺术楼、社科实验楼、抗震中心、南北教学楼等近60万平方米，）生活及教学区（获国家优质工程银质奖，詹天佑土木工程大奖，省二等奖）、广交会三期展馆（国际投标中标工程）、广东省演艺中心，等。

在《建筑学报》、《城市规划学刊》、《档案学通讯》、《新建筑》、《华中建筑》等刊物发表有《博览开放式工业建筑的探索》、《美国国家档案馆建筑印象》、《“整体”与“延伸”的概念和实践广州市传统中轴线城市设计的思考》、《档案馆建筑设计新探索》、《档案库房墙体热工性能的研究与设计》、《让尘封的历史鲜活广东省档案馆开放空间的设计与研究新》、《我国档案建筑保密与开放功能的再认识》、《我国档案馆建筑发展趋势的探索》等10余篇论文；参编有《档案。文化。建设》一书；参加《民用建筑设计通则》国家规范及《广州市住宅设计标准》的修编等。

创作思想表白

建筑具有物质和精神二重性。其物质性是用现代技术和经济手段为人们抵御自然或外力侵害而营造的使用空间，它遵循的是适用、经济、安全的建筑方针，反映建筑的形体和空间；其精神性是通过建筑空间、形体及环境的营造，给人们带来心理上的愉悦、精神上的享受和快感，反映建筑独特的艺术性和文化性。建筑设计与创作，不仅要反映建筑的物质性，更要用建筑文化去解读建筑的现代功能、材料和技术；去解读建筑环境中的土、木、山、石、水等资源及建筑中的阳光和空气。还要用建筑的空间和语言去表达建筑的地域性、历史文化性及时代感，使之成为城市环境中的有机体，成为消化和吸引这些多元建筑文化的时代综合体。追求的是建筑的人本、文化、自然的属性。总之，建筑设计主要追求的是室内外的建筑空间和形体，一方面使之满足人们的物质需求，更重要的是给人们带来精神上的愉悦，使建筑空间和形体与所处地域环境的和谐。

张九学，男，1954年9月出生，分别在70和80年代就读于兰州铁道学院土木工程系和西北建筑工程学院建筑学系；从事专业：工程建设策划、建筑设计、建筑投资咨询。

现任：广东现代建筑设计与顾问有限公司总经理、总工程师；卫生部卫生工程建设专家委员会成员；广东省医院协会 医院建筑专业委员会主任委员；技术职务：高级工程师、高级策划师、研究员；一级注册建筑师；注册咨询（投资）工程师……。

发表论文40多篇，有影响的有：《"泰国酒店式医院"给我们的启示》；《德国、意大利医院建筑的考察与研究》；《医院建筑造型设计讨论》；《城市医院的规划建设与发展讨论》《重视医疗项目的建设管理，提高医疗建筑的水平》等。曾开展过相近的研究课题：1990年和王禄生先生起草卫生部《乡镇卫生院建设标准》；2005至2006年和王禄生先生合作主编《乡镇卫生院建筑设计》一书。多次参加评审《妇幼保健院建设标准》、《综合医院建设标准》、《防疫站建设标准》、《综合医院建筑设计规范》等等；多次参加东南亚、美国和欧洲国家的医疗建筑建设考察。

曾获奖项：省、部级设计奖和全国设计方案竞赛奖四十多项；撰写的《德国、意大利医院建筑的考察和研究》课题获得了"全国优秀科技成果工程技术类——特等奖"和中国管理科学研究院学术委员会的"优秀学术成果一等奖"。2006年由建设部和文化部联合举办的第二届中国国际建筑艺术双年展中，由其主持设计的多个医疗建筑作品获邀参展并赢得多项殊荣，张九学本人也获得了最具个人设计风格奖。

社会活动：经常在全国性的医院管理学习班、医院院长学习班举行"关于现代化医疗的建筑和发展"等二十多个课题讲座和参加国内医疗建设项目（包括十多个妇幼保健院建设项目）的评审论证；

在承担医疗项目的建设咨询策划、可行性研究、总体规划与建筑设计的项目更是举不胜举；在医疗建筑方面是颇具影响的建筑专家。

主持的主要设计项目：十年来，张九学已经主持承担过两百多家医院和妇幼保健院项目的规划、建筑设计和可行性研究。项目遍及江苏、福建、广西、青海、广东、江西、山东、湖南、云南、甘肃、天津、河北等十八个省市区。

对我国现代化医疗建筑的专业性和特殊性有较为全面的了解和研究，对医疗建筑设计这一复杂而特殊的建筑形式作了多方面的探索。做出过不少各种类型的优秀建筑作品，许多项目还成为了当地的标志性建筑。

建筑师与医院建筑设计

在2007年广州国际设计周的论坛会议上，我做过一个<医院建筑与空间设计>的讲座；一位日本建筑师曾问我：医院建筑的确很复杂，您是否觉得建筑师要更多地和医院的医护人员沟通，多听取他们的意见才能做好医院的设计呢？

我说："医护人员和建筑师"就好比"就餐的客人和厨师"。 医护人员需要适用的房子，客人需要好吃的菜。客人的任务主要是定餐厅和选菜肴；而"研究配菜和做菜"更多应该是厨师的事······。客人可能根据菜名知道口味和大概的做法，也可以不需要知道。建筑师做出适合每个医院的建设方案，应该比厨师做出适合每个人口味的饭菜更为容易些······。可能有些人并不赞同这个比喻，但我认为：医护人员对如何规划和建设他们的医院并不在行，他们可以参与意见，而侧重的应该是掌握如何选择方案；甚至，我们应该教他们如何选择，如何评价和衡量"好或差"的方法……。更多的工作，应该是由设计师为他们提供最为适宜而且优秀的设计方案，供他们参考、讨论和选择。

多年来，我参与了不少医院建设的论证和建筑设计的评审；也承担着大量的医院建筑设计和咨询指导工作；常常奔波于各地区、各医院的设计和建设现场。"忙中偷闲"写了一些关于医院建设管理和建筑设计方面的文章、考察研究报告、评价剖析意见、培训教材、建筑设计参考书等等。参与各省的医院建设论证会、研讨会也是经常的事；常常深夜两三点睡觉，节假日无休息……。我接触过很多的医院院长、医护人员，他们并不比我轻松多少，要是闹几次"非典"，他们肯定比我还忙。当然，我也接触过不少正在承担着医院设计的建筑师；我的感觉：懂建筑的多，了解医院的少。

绝大多数建筑师对所承担医院的定位（包括自身的市场定位），发展方向（包括未来发展的科室及医院的主攻领域），近远期的建设发展规划，建设可能的实施计划（近远期的建设规模），远期的经营模式等等都不清楚或者没有鉴别合理与否的能力；他们不能够为医院的现状经营、建设和未来的发展规划提出建设性的意见；一些建筑师在承接医院设计任务后，对医院现有的建筑状况也不做详细的研究。往往会按照医院的意见"就事论事，见缝插针"，这样的决策可能对，也可能完全错了。实际中，当我们面对一座座新造的医院、一栋栋新建或正在建设之中的门诊楼、住院楼、康复楼……；却不能不感到喜忧掺半。喜的是医疗单位一改过去的落后面貌，步上了一个新台阶；忧的是投入的资金和得到改善后的设施不相适应，在一些方面造成了新的落后和不合理，有的造成新的无法补救的缺陷。有些医院在建设中一面是资金紧缺，另一面又在大量浪费，有用无用的建筑攀比行为也象风一样到处刮……。许多短期行为带来的影响并未被今天的人们认知或惊觉，就像80～90年代所建的一些房子，现在已经成为制约医院发展的障碍和瓶颈，直到今天，我们才知道了这些教训。

近几年医院建设的高潮此起彼伏、持续不断。院长们忙管理、忙应诊；还要忙筹资、忙报批、忙建设……；如果说医院的管理可以"按步就班"，那么医院有工程建设项目时，所涉及的方方面面、变化莫测的事情可就太多了。工程建设方面的决策和管理既然不是医护人员的专长，如果再要求他们也 弄得明明白白、清清楚楚，可想象他们更不知忙成什么样子······。因此，承担医院设计的建筑师必须懂得一些医院的运作和管理，这样既可以做好医院的建筑设计，也能够帮助医护人员减轻负担，让他们把更多的精力投入到医疗服务当中去，可谓一举两得。

医院的建设是一个国家、一个地区社会基础建设和文明进步的重要标志之一。随着我国经济的快速发展，尤其是近些年来，现代化医院建设的步伐已经在逐步加大。有关专家预测，新的医院建设高潮已经到来并会持续较长的时间，许多乡镇医院，县级医院以及各地区的综合型医院，急待通过新一轮的扩建、改造，使其建筑水平、装修标准、医疗环境向着一个新的层次推进。即使是九十年代以来新建的一些大型综合医院也有不少已经日渐落后，与快速增长的医疗服务需求出现了不相适应的地方；医院管理者、医患双方对现代医疗设备的依赖以及对现代化医院的环境设施的变化苛求，已经使现代医院的建设变的越来越复杂。现代医院的建筑设计早已不是简单地画几栋楼、盖几幢房，而是要充分体现出医院的现代化功能、成为适应未来医院发展及多种变化的综合功能的产物。这也给现代医院的建筑和设施提出了许多新的课题。建筑师应该从多方面深入了解现代化医院的管理、服务和建设知识，掌握新的建设理念和思维，结合国内外现代医院的建设经验和教训，避免医院建设中的一些误区。并对医院建筑的相关设施设备诸如：空调（或采暖）、净化、供应、供氧、传呼、吸引、污（物）水处理、太阳能利用、节能、室内装修装饰以及人文环境景观设计等等有充分的认识，从本质上提高医院的设计水平，尤其要成为那些正在承担着医院设计的建筑师们的基本要求。

蒙炳权，男，1938年生。广东省建筑科学研究院高级顾问（原副院长）、高级工程师；广东省土木建筑学会理事、建筑防水专业委员会主任委员、建筑材料专业委员会名誉主任。先后在我国北京、成都和广州从事化学建材及应用工程技术研究、开化，至今。1967年首先研制成功氯丁橡胶沥青防水涂料，开拓了我国合成橡胶改性橡胶的研究途径。再生橡胶沥青防水涂料等三项成果获全国科学大会奖、省级重大科技成果奖。对数十种国内、外化学建材（含防水材料）主持技术鉴定、研讨和推广应用。园满完成广州国际大厦（63层）等近百项大型地下空间和屋面工程等的防水技术设计及指导施工。在国内和国外发表的主要论文、译作及著作三十余篇（部）。

建筑防水杂谈

——治乱路在何方？

这些年，建筑防水圈子里有个始终未冷的话题：乱。

十几年前就开始乱，所以才有1991年建设部颁布的《关于治理屋面渗漏的规定》，才有后来不断出台的各种《管理办法》、《制度》、《细则》，才有屡需修订的大量《规范》、《规程》……

十几年过去，还在乱，乱到有点使人麻木了。

其实，建筑防水圈子里，那些具体做事、具体干活的人，最关心的莫过于价格乱不乱。

价格是乱，一直在乱，而且乱得离谱。就拿聚氨酯涂膜防水来说，1980年代，用进口料的，每平米造价100元，国产料的五、六十元。尽管以后原材料等一系列成本显著攀升，但到了上世纪90年代后期，每平米造价却被压到十多元。直到现在，事态还未被遏止。

在非理性的价格战后面，那些做事、干活的人不再掩饰他们的“违心”；“逼良为娼”可能说得有点过份，但受损者始终是毫不知情的房屋购买人。

实际上，建筑防水圈子里还有更多值得探讨的东西。

我国行业标准里，聚氨酯防水涂料“合格品”指标，达不到日本《工业标准》同种产品的合格水平；我国一般住宅建筑都在大量应用的聚氨酯涂膜防水，在发达工业国家只用于有较高消费能力的大型特殊要求的工程，而曾被我国“淘汰”的沥青纸胎油毡（当然人家的质量是我们所无法比拟的）却仍被大量用于住房工程中。看来，在建筑防水里，我们存在与国际未接轨的东西。

说到接轨问题，有些事我一直纳闷：我国现在有“中国建筑防水工业协会”等四、五个国家级同属“建筑防水”的机构，可是找遍全球，适合同我们对话者，各国无不清一色为“屋面工程协会”。我国把“建筑防水”定为“行业”是否得当，我还不敢说，但修改某《规范》的“多道设防”规定势在必行，因为近来我国已与国际接轨，成立了“单层防水专业委员会”。

论及单层防水，自然要谈到美国以及欧洲各国的“单层防水协会”。外国光是单层防水就是一个行业。他们主要使用聚氯乙烯卷材（PVC）和三元乙丙橡胶卷材（EPDM）。在美国EPDM鼎盛时期，有200多间橡胶厂进行生产。显然，EPDM和PVC，是橡胶工业和塑料工业的事，不像我国统领于一个庞大的“防水材料工业协会”。事实上，由不熟悉橡胶工业的专家去评审EPDM生产许可证，其结果可想而知。还有，我们已习惯将外防水层施工定为“防水工程”，那么没设置外防水层的结构本体自防水又算是什么……

看来更高层次的东西也有点乱.

记得三年多前我在北京的一个国际研讨会说过：如不步出误区，光强调加大政府管理力度，乱的局面将难以改变。此话不幸被言中。不过，前途还是光明的。如果能找准“乱”在何处，还愁寻不到治“乱”路在何方吗？

2007年5月写于美国硅谷

林培源，男，1933年11月生，广东省怀集县人，1955年8月毕业于唐山铁道学院桥梁与隧道系，1956年入清华大学工程力学研究班固体力学专业学习，1959年毕业，曾任广州铁路（集团）公司科学技术研究所所长，现任广州市南岭岩土工程研究所所长，西南交通大学兼职教授，中国地质科学院岩溶地质研究所客座研究员，全国房屋增层改造技术研究会副会长，广东省土木建筑学会理事，兼地下工程专业委员会主任，兴趣广泛，对铁道线路、桥梁、隧道的设计与施工技术、土力学、工程地质与岩土工程都从事过较多的研究与实践，有丰富工程事故处理经验，曾主持过“隧道的山体压力与衬砌结构”、“铁道无缝线路的研究与运用”、“长大隧道的运营管理与维修方法”、“隧道岩溶灌浆”、“淮高速铁道线路的管理与方法”等国家级、部级重点的科研项目。亲自主持过衡阳蒸水河铁路大桥、广钢专用线花地河铁路桥、321国道北江马房公路大桥、广州钢铁厂第一、第二炼钢车间等大型无损检测试验。先后有“钢弦式土压力盒”、“钢弦式土压力盒接收器”、“无缝线路的研究与应用”，“地下结构物模型试验的模拟规律”、“锤击沉管灌注桩房屋基础的下沉处理与整体纠偏”等成果；获国家级科技进步一等奖一项、铁道部级科技进步特等奖一项，优秀论文奖一项、新产品奖二项，省级科技进步三等奖三项，优秀论文奖一项；铁路局、省级学会、全国性学术会议获1-2等奖十多项。著有“旋喷注浆加固地基技术”、“岩石力学在铁路工程中应用的若干问题”等专著（论文）100多部（篇），享受政府特殊津贴待遇。

广东地下工程感想

我省地下工程的建设，地下空间的开发和利用、地下工程和地基加固的施工技术，这几年都取得很大的进展。如省会广州市轨道交通三、四号线，全面建成投入使用，深圳市的轨道交通一、四号线部份建成，并投入使用。广州市站前路地下商场建成使用，江南西路地下街、体育西路地下街建设，进入工程收尾，准备投入使用。广州市新中轴线地下空间开发，从总体规划，进入到全面实施阶段。民用建筑的地下室基坑开挖深度愈来愈大，如广州珠江新城的烟草大厦基坑，开挖深度达29.2m ， 东莞市的国贸大厦基坑最大开挖深度也达21.5m 等等， 这些工程实践充分说明，我省地下空间的建设正步入到兴旺发达，全面铺开的时期，正得到各级领导的逐步重视，得到广大民众的逐步认同。

在技术层面上，一些新思路、新技术、新工艺，在试验、完善铺开，如在广州市北部修建地下工程，不少地区要遇到溶洞、土洞影响地基、基础的稳定。在这些地区修建地下铁道时，会遇到溶洞、土洞的复活、发生、发展，影响结构和运营安全并造成施工困难。为了克服这些难题，工程技术人员、在线型、平、纵断面和结构的处理方法上，提出了超浅埋；岩面灌浆隔断岩面和第四纪地层的地下水通路、阻止或减缓溶洞、土洞复活的施工技术；加强线路结构的纵向刚度、跨越溶洞、土洞松动区技术；土墩约束、土洞塌陷漏斗扩展半径技术；不入岩刚性桩墩技术；大面积基础使用CM高强复合地基保证基础安全技术等，在我省工程技术界都逐步形成共识，逐步得到推广使用。

在软土地基处理的领域：在原有堆载（超载）预压，真空或真空+堆载预压的基础上，在利用堆载或超载预压大面积地铁车辆段工程时，提出在预压地块周边利用深层搅拌桩先行加固，提高每级预压加载速度和高度（压重），缩短每级加载间歇时间，从而提高了堆载（超载）的加固效率，缩短加固时间，在实际工程应用中取得了明显的技术效益和经济效益。

在淤泥地层，搅拌桩成桩的工艺技术上，2006年也有所发现、有所进展，过去，总认为在含水量高，并存在腐植质的淤泥中做搅拌桩，难以、甚至不能成桩，2006年地铁五号线、鱼珠车辆段的高含水量的淤泥层，利用提高搅拌桩水泥掺含量，增加搅拌次数，使搅拌桩的桩身强度达到2000kpa ， 满足了设计要求。

在预应力锚索的工艺技术上，多种型号的可拆式锚索，正在我省进行实地试验，并开始得到较广泛的应用，仅JCE回收锚索，2006年就有四个工程进行使用。回收率100%。

张廷全，男，1941年10月出生。毕业于重庆建筑大学建筑系建筑物理专业。高级工程师。现为广东省建设工程标准化协会副理事长，广州市建设科学技术委员会建筑材料建筑节能专业委员会委员，广东省土木建筑学会理事、副秘书长、建筑物理专委会主任委员。

曾任广东省建筑科学研究所副所长、广东省建设委员会科教处处长、广东省墙体材料革新办公室副主任等职。在建筑隔热、建筑气候、冷藏库热湿传导等领域进行了十多个课题研究。有十多篇论文在国家级、省级刊物或全国性学术会议论文集上发表。《冷库阁楼屋盖热工规律》一文曾在巴黎第16届国际制冷大会上宣读。是国标“民用建筑热工设计规范GB50173-93”主要起草人之一；省标“建筑气象参数标准DBJ15-1-90”主编。所参加的项目“建筑外门窗物理性能检测装置研制”获得省建总公司一等奖、省科技进步三等奖。

环保节能任重道远

当今环保、节能极为重要，人类的活动无不围绕着环保节能展开。我国的地域宽广，地理、气候差异很大，建筑传热上北方和南方有所差异，对节能专业方面要求较高，但也预示建筑环保节能研究和建设大有可为和提高空间。我省经过政府主导的“墙体改革”、“太阳能推广”等节能行为，以及广大建筑工作者对建筑物隔热、采光、通风、隔声等方面的研究和推广，建筑环保节能方面一直在进步，广州、深圳的墙体改革成效也处于全国先进水平，但在全省范围来看，整体节能效果不能让人满意。太阳能推广、通风应用、采光照明、建筑隔热等方面，全省各城市与标准要求还有一段距离。即使在广州，住宅建筑和公用建筑还达不到节能50%和65%的标准。到目前，我省的建筑节能企业效益普遍不乐观，从侧面反映了建筑物的节能现状。建筑物理专业在我省不存在技术和理论方面的问题，推广普及不到位的主要原因还是监管的有效性、环保节能的观念，以及企业和个人对社会的责任感。

我省能源资源不丰富，缺口较大，建筑节能的相对永久性为节能提供了一条可观渠道。重视建筑节能，将为社会的未来发展提供最低的发展成本。

张润民，男，1937年10月出生。1964年清华大学土木建筑系工业与民用建筑专业六年制本科毕业。教授级高级工程师。现为广东省土木建筑学会常务理事、施工专业委员会主任、广州市老工程师协会科学技术委员、广州市建筑业联合会施工技术委员会顾问、广州市建设科学技术委员会技术专家、华南理工大学工程硕士研究生校外导师。

曾任广州工程总承包集团有限公司董事、副总经理兼总工程师，正佳广场工程指挥部副总指挥兼总工程师，中国建筑学会第六、七届建筑施工学术委员会委员，广州市建筑业联合会第三、四届常务理事，建筑施工技术委员会主任，曾组织、指挥建设的代表性工程有：广州油制汽、广州乙烯、珠江钢厂、广州市电视台、广州市人大常委会办公楼、坑口小区、汾水小区、正佳广场等工程，常参与重大工程的策划、施工组织设计评审，新技术、新工艺、新材料的评估、鉴定或论证，优良样板工程、新技术示范工程的评审与验收，华南理工大学硕士研究生学位论文的评阅与答辩等工作，是我省资深的建筑施工专家之一。

当前建筑施工技术的热点问题

广州市2010年亚运会的申办成功，广州将会先后建成一批体量庞大的新建筑，这是历史的机遇，她带给建筑行业的是一片发展生机，为建筑施工技术的发展创造了良好的前景。我想就当前建筑施工技术的热点问题，谈一下个人的看法：

深基坑支护技术

近10多年来，建筑物越建越高，地下室越挖越深，基坑四周距已建建筑物或重要的市政设施越离越近。南沙开发越往海边，地质条件会越来越差，基坑支问题已成为工程界倍加关注的问题。

高性能混凝土技术

自1824年有水泥以来，水泥的硬化理论没有变。近一、二十年混凝土技术的发展主要是工艺的提高、强度的提高、性能的提高，其归根到底就是外加剂的发展。高性能混凝土要求有较好的可泵性、自密性、体积稳定性、抗裂性等，但耐久性是主要的控制指标，当前混凝土的裂缝问题，从以前的特殊性转化为现在的普遍性，从可以控制发展为难以控制，因此研究混凝土的耐久性达到100年以上或更长时间的指标，是当前科技人员的重要任务。

大型构件的整体吊装及大型钢结构的安装技术随着建筑物的体量增大，单个构件会越来越重，以及钢结构的发展，单体建筑的用钢量越来越大，体型越变越复杂。因此构件吊装及钢结构安装技术也发展成为当前建筑施工技术的热点问题之一。

莫庭斌 男，1946年出生，1968年毕业于清华大学水利工程系，1982年华南工学院建筑工程系研究生毕业并取得工学硕士学位，获得国务院政府特殊津贴专家奖励。参加《砌体结构设计规范》GB388编写工作，主要论文有《开门洞墙梁的工作特性与强度》、《大直径嵌岩灌注桩得承载能力》、《地铁工程中地下结构防水问题的探讨》、《广州城区扩展进程中的几个岩土工程问题》等。现任广州市地下铁道总公司副总工程师。

城市轨道交通大发展的感想

广州建设地铁的构思始于上一世纪六十年代，九十年代初进入工程实施，1999年一号线18.5公里全线开通。随后,深圳、佛山、东莞等城市先后启动了城市轨道交通网的策划和建设，并于2004年12月深圳地铁开通了21公里线路。

城市轨道交通线是运量大、对环境不良影响小、高效率的公共交通系统，同时也是建设投资巨大、运行基本成本较高的项目。因此，城市的轨道交通网应当从规划阶段开始，对客流需求预测、路网布局、网型选择、路网支持系统（车辆段、停车场、主变电站等）、 设备制式选择等方面作系统慎重的深入研究，力求合理使用城市的有限资源，有效解决城市交通问题，支持城市的持续发展；并且从路网规划的高度指导每一条线路的规划、设计和建设。

由于城市轨道交通线路在城市内穿行,其中相当多地段是建筑密集区、居民点、商业区等地段。考虑到土地的使用、环境影响等多种因素，在这些地段一般采用敷设地下线路的方式，地下工程占较大的比例。地下工程是岩土工程和结构工程的结合，因此深入地研究工程地质条件、水文地质条件，成为工程可行性研究和设计的重要内容。城市工程地质图的编制已成为城市轨道交通网规划，以至于城市规划、城市建设的迫切需要，亟待政府主管部门主持组织推进这一工作。

在目前我国城市轨道交通大发展的阶段，如何处理科学地界定必要工期与保证工程质量，建设期投资与系统设计寿命周期使用成本，系统的可靠性与技术创新等方面的问题，均有待同行共同探讨。

肖大威，男，博士，教授，博士生导师。2002年秋季访问考察了美国芝加哥大学、哈佛等11所大学，作为国际观察员视察了美国拉格拉大学的城市规划专业评估活动。

现任华南理工大学建筑学院副院长，主管学科建设与研究生培养，为城市规划专业学科带头人，亚热带建筑科学国家重点实验室副主任。兼任建设部全国高等城市规划专业指导委员会委员、中国城市规划学会小城镇规划学术委员会委员、兼《华中建筑》编委、《城市与建筑》编委、受命出任新版《南方建筑》杂志社社长兼总编、广州市环境艺术委员会委员、广州市城市科学委员会副会长等。

主要研究方向有：城市与环境规划设计及其理论、建筑设计与理论、岭南建筑文化研究，提倡城市设计、景观园林与建筑设计多学科的交叉。主持了多项科研项目，包括两项国家自然基金课题、一项广东省自然科学基金重点项目，在全国性核心期刊上发表学术论文五十多篇，主编了《华南理工大学建筑学术丛书（10本）》，目前正在组织编写建筑设计教学丛书（5本）。主要参加的"广州市琶洲地区控制性详细规划"2001年获建设部优秀规划设计一等奖；主持的建筑设计项目"白云区政府办公楼"1997年获广东省优秀设计三等奖、"石家庄裕华区行政中心设计" 2005年获广东省优秀工程设计二等奖；主持的规划项目"中南民航空管局从化培训中心"2002年获广东省优秀规划设计二等奖，2003年与澳大利亚哲思设计公司合作获得"佛山市新城市中心组团（43平方公里）城市设计国际竞赛"优胜奖。

完善设计投标及评审方式的几点建议

当下，建筑设计和城市规划设计项目都需要进行投标。技术投标是为了选取一个好的方案，然而，设计单位往往是因为在所谓商务标的部分落马，大费其时，大伤脑筋。因为其中陷阱甚多，有时是因为图纸封包装在一块或一张张分封都会成为"废标"，报价低了二十万可能就会从技术第一减分到最后一名。这种把商务标设得非常繁复的做法，实在是没有必要，而且有越演越烈之势。各地又想开放，引入竞争，提高设计水平，但又有许多门槛障碍，如办诚信手册，对原件的反复校验，甚至弄得设计单位相互检查，如此等等。这既不利于投标本身的健康生态，也不利于和谐发展。为了克服当下设计市场投标的耗费资源、浪费人力物力的种种弊端，特提出以下几点建议，希望今后投标市场逐步走向符合本专业创作竞赛、提高城市建设水平的健康之路。

一、政府加强正确引导，不宜歧视设计单位，在提倡科学发展观和尊重知识的正确观念指导下管理和规范投标过程。

二、政府应针对性地统一建筑与规划设计的所谓商务标，各单位只要填写部分空白就可。而不至于落入其中陷阱，让设计单位人员把精力放在创作本身。

三、采取方案讲解答辩制。为防止主创人员和设计单位不符现象，应在健全注册建筑师档案的基础上，采用方案现场答辩制。档案上有注册人员的姓名、照片，验明之后，现场答辩应该可以杜绝代替投标的隐患。

四、创作是一项艰苦的劳动，需要评委认真而有水平地评价，目前临时摇珠找评委专家的方式应该改革。建议根据专家的特长，邀请评审专家。

总之，我国城市与建筑设计的普遍水平不高，精品不多，管理层应把重点放在城市建筑的长远效益上，充分理解设计创作的规律，节约设计人和单位的资源，互相尊重，为建设宜居美好的城市而共同努力。

周文辉，男，1942年生。原广州工程总承包集团有限公司副总工程师，高级工程师、一级建造师，广东省土木建筑学会施工技术委员会副秘书长。

1961年至今一直从事建筑技术管理工作。参与或主持多个大型项目建设；主持多种新型混凝土预制构件的成功研发；具体负责广州工程总承包集团有限公司的技术管理和贯标工作期间，使集团公司质量管理体系有效运行，多项工程获省市优良样板工程，工程创优工作成绩显著，该集团多年的创优业绩为广州地区先进水平。被聘为广州建设工程交易中心、市建联合会、广州国际会展中心工程、广州大学城建设指挥部的专家。参与广东省地基基础工程施工规范编制，在国家级的论文集或刊物上发表多篇论文，获得中建协和省级的奖励。

主持的伟伦体校工程获鲁班奖，并受到中国建筑业协会表彰为鲁班奖工程项目经理。多次被评为集团公司先进生产工作者，获1990年广州市优秀共产党员称号。

2003年3月至今受聘广州大学城建设指挥部办公室任副总工程师，从事工程质量技术管理工作。促进广州大学城建设工程项目管理创新，积极推广应用新技术，严格质量管理，积极开展工程质量创优活动，促使该项目244个单位工程获市优良样板，111个单位工程获省部级优良样板，8项工程获国优工程奖，一项工程获鲁班奖，整个项目获詹天佑奖。由于该项目创优成绩突出，个人获广州大学城建设指挥部优秀建设者称号！

确保工程质量
是建设工作者的天职

建设工程质量关系人民生命财产安全，关系国家和民族的形象，关系社会主义现代化建设事业的发展。百年大计，质量第一，工程质量责任重于泰山。工程质量是建设工程的永恒主题。确保工程质量是建设工作者的天职！

我认为确保工程质量，创建优良样板工程，争获鲁班奖主要做好如下方面的工作：

1、明确创优质量目标，认真进行质量策划。只有目标明确了，并精心策划创优工作，制定实现创优目标的有效措施，才能有效控制工程质量。

2、推行科学管理，运用质量管理体系国际标准进行管理，贯彻质量第一、预防为主的方针，坚持 "计划、执行、检查、处理"的循环工作方法，对工程质量进行持续改进，是行之有效的科学方法。

3、认真贯彻执行国家有关标准和法规，依法管理，按图施工，有规矩才能成方圆。

4、对人员、机械、材料、方法、环境进行质量控制，突出"人的因素第一"，通过有效的继续教育，不断提高员工的综合素质，才能做到用高素质的员工工作质量来保证工程质量。

5、结合工程实际开展"创优质，保安全，争鲁班"的劳动竞赛，激发劳动者的潜能，更好地实现创优目标，是有中国特色的，并经实践证明行之有效的项目管理成功经验。

6、做好施工过程（事前、事中、事后）的质量管理工作；贯彻执行样板引路制；消除工程质量通病；抓好工程技术资料管理按施工程序办事，及时按法定程序文件规定做好竣工验收备案工作。

7、结合实际积极推广应用更多的新材料、新工艺、新技术，努力实现节地、节水、节能、节材和环保的目标，提高工程质量的科技含量。

8、争取领导重视，各方积极支持，细致认真做好创优各项工作，真抓实干，一定能创建出精品工程。

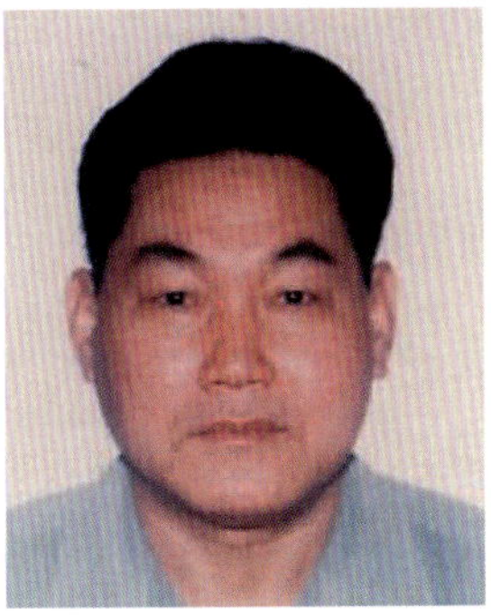

刘玉树，男，1941年5月出生。毕业于华南理工大学。国家一级注册结构工程师。现为广东省土木建筑学会结构学术委员会任主任委员、学会理事。

曾任广东省建筑设计研究院副总工程师、教授级高级工程师、院顾问总工。在建筑结构设计、地基基础选型及软基处理等领域从事研究和设计工作，组织主持或参与十多项大中型项目评审工作。参加编写或设计的《建筑地基基础设计规范》、深圳香格里拉大酒店、深圳国际金融大厦、低桩承台弹性桩计算程序等项目获得广东省科技进步三等奖、中国建筑学会全国优秀建筑结构设计二等奖、广东省重大科技成果等十多个奖项。在国家级、省级刊物或全国性学术会议论文集上发表十多篇论文，《筏板基础选型与设计方法的研讨》一文被美国科学文化中心评为全球优秀论文。

对我省建筑结构专业的感悟

我国人口众多、资源有限，建筑业在确保安全、兼顾美观的前提下，应该最大限度地节约资源。这就要求建筑结构设计人员要有先进的设计理念，丰富的实践经验和熟练运用规范、标准的能力，掌握科学的计算方法；施工人员要高度重视工程质量问题；建筑材料优质轻型化。这样的建筑产品才是舒适、节能、环保、耐久、抗震、抗风性能好的建筑产品。为延长建筑生命周期，应正确地按设计的用途和使用环境，建立对建筑工程定期保养修缮制度。因此，建筑结构专业发展机会巨大而社会责任也重大。

我国加入WTO后，设计行业与国际接轨，结构新颖、大跨度的建筑越来越多，高层建筑结构越来越复杂。在努力探索、尝试和吸收国内外技术、理念的基础上，我省建筑结构整体专业技术水平不断提高，形成了自己的技术特色，结构形式灵活性上在国内享有较高声誉，对高层建筑结构规范理解到位，经验和技术相对成熟，整体水平处于国内前列。但在经济主导的作用下，需要共同改进和改善的地方还多。如，社会层面的浮躁、急功近利，让各类工程存在大量不合理工期、不合理结构要求，建筑结构师的发挥常常受制，违心之作常常有之，成果质量大受影响；企业之间的人才、技术管理松散，相互交流以及传统有效的技术帮带形式少之又少甚至荡然无存，人力资源不能发挥应有作用，人才成长效率不高，成长偏慢；企业之间的交流和资源共享意识薄弱，资源浪费大，如建筑结构计算软件问题；上述人才、技术和机制因素令结构专业担负社会责任的能力打了不少折扣，离科学、合理、节能的要求尚有不小的差距。

本专委会几年来开展了AUTODESK软件、高层建筑结构设计计算、钢材防腐交流会等各类学术报告、学术交流、知识解答和培训活动N次，尝试能给本专业在技术和学术交流、资讯交换、信息咨询等方面一定的促进和帮助。为降低社会发展成本做出更大的专业贡献。

汤德明，男，1946年出生，湖南益阳人。现在华南理工大学建筑设计研究院工作。担任副总工程师，专业特长是建筑电气和智能化。现是广东省土木建筑学会理事；广东省电气学术委员会主任委员；中国建筑学会建筑电气分会理事；全国智能建筑技术情报网理事；全国建筑电气注册工程师；广州市建设工程评标专家等。

在将近37年的工作期间，参与并完成了大中型工程设计五、六十项，积累了一些经验，并有十多项获得过国家、省、部及市颁发的奖励。如珠海机场航站楼获2000年国家级金奖、广州大都会广场及市长大厦获1999年国家级铜奖等。历年来在国内公开刊物上发表论文多篇。

健康的品格、自身的修养是我一生的追求，不为利诱不为名惑，踏实工作！努力完成历史赋予我们这一代人的光荣使命。

变革与创新

学会，一个民间的学术团体，职责是共同交流促发展，齐心协力创辉煌。在传承中变革，在延续中创新。常言道，饮水思源，电气学会所以有今天，离不开老一辈电气专家们挚着的追求和锐意的改革。那个时候学术活动频繁，新产品新技术如雨后春笋般地涌现出来，学会得到了企业高度认同。而现在电气技术、产品的信息交流有了新的渠道，形式的改变和行会的增多给我们的工作带来了压力和困难，指望过去那种一呼百应的现象不存在了。我们必须与时俱进，开拓思路要不居一格，积极引导全面推进才能改变局面。

现在市场竞争激烈，生产厂家需要认识更多的设计人员，了解工程信息，开辟销售渠道。设计人员也需要了解当前产品的信息和发展趋势。同时也期望学会组织一些资深专家登台讲课，宣贯新规范、推广节能新技术，解决工程设计中的疑难问题。针对这些需求，我们多次邀请全国一些专家来广东传经送宝。并且把这些经验和做法送到那些偏远的经济不发达的地区，获得了很好的效果。对厂家我们送真诚服务，不谋私利不骗钱财，热情帮助他们解决生产技术、经营模式上的一些问题，赢得了他们的信赖和支持。提升了学会的知名度。

近年来我省电气工程行业的管理水平不断提高，新的法令、法规、标准和条例的颁布、修订、补充和完善，并且与国际标准逐步接轨，使建筑电气设计进入法制管理的新阶段，也使迅速发展的电气新技术在工程的应用更加规范，设计水平评价更是有章可循。电气行业的产品伴随着新技术的应用和推广已成为建筑工程领域最活跃的一部分。企业发展，品牌论道，学会风范，品格优先。我们要以自身特有品格和抱负打造出新局面，继承和发展优良传统不断地变革和创新，为学会营造一个更加融洽、和谐的交流平台和环境，为繁荣广东省建筑电气行业而不懈努力！

赵亮，男，1953年生，吉林省人。

曾任职：吉林省建设厅办公室主任；中国建设报、中国市容报吉林记者站站长；中国建设文苑杂志主编；深圳市宣传事业发展基金会副秘书长；深圳世界建筑导报社常务理事、秘书长、当代建设导报社社长。

曾创办：美国纽约华文出版公司；海南中外文化出版信息有限公司；北京赵亮编辑工作室有限公司；海南炜天房地产开发有限公司

主　编：《中国建筑工程勘察设计大观》（24省分卷）、《广东建筑与设计》1992卷、《广东建筑与设计》1993-2003卷、《广东土木建筑年鉴》2008创刊卷。

参　编：《上海建筑》、《北京亚运建筑》。

现　任：《广东土木建筑年鉴》执行主编；《广东土木建筑学会专家文集》系列丛书主编；

兼　职：国家注册高级营养师；安利（中国）日用品有限公司高级营销主任、经销商。

希望明天会更好

《广东土木建筑年鉴》2008创刊卷终于同大家见面了。

俗话说，万事开头难，《年鉴》这个头一开，我想，即使想不办好也难了。虽然这“孩子”先天不足，但我相信后天会有很好的成长环境和条件，老百姓常说：先天不足后天补，一样上山打老虎。现实中也是这样，孩子不生下来，说打掉就打掉了，但是只要哇哇一落地，父爱母爱就会爆发，爷爷奶奶、姥姥姥爷、七姑八姨万千宠爱一起涌来……。当然弃婴也有，那是万分之一少之又少，姑且不论。

《年鉴》有三个生存的理由：

一是“大土木”行业在国计民生当中位置重要，发生的“故事”多，值得记录的事情当然也就多。

二是当前电子网站虽多，但是对一些重要文件，重要讯息还是“眼见为实”，“白纸黑字”看着心里才踏实，特别是需要展示、讨论之时，更加需要实据可查，这种现象短时间之内不会改变。

三是“大土木”行业宣传个人的平台不多，不利于人才成长，也不利于发挥榜样的力量。《年鉴》可以在一定程度上缓解这种需求。

编辑年鉴有三难：

一是进门难；二是见人难；三是组稿难；总之，我省“大土木”行业好像历来只重视实干，不重视宣传。我坚信，就是再多三难也难不倒学会理事会和领导的决心，骨干单位的大力支持和编辑部的苦干！

编辑年鉴有三乐：

一乐填补空白，是在做开启未来的事业；二乐重视的领导、专家、企业家越来越多；三乐编辑环境虽然难，但编辑方向越来越明确，前途乐观。

今后年鉴三大主要内容：

一是刊载上一年度国家、各部委、粤府、各厅局有关“大土木”方面的法律法规、条例、重要文件、重要讲话。同时刊载各市建设主管部门颁布的有地方特色的规章、重要文件，以及地区发展概况。

二是刊载上一年度我省“大土木”行业各机关、企事业单位、个人，在国际、国内、省内所获各种表彰和奖励；同时以人为本，以较大篇幅记录“大土木”行业人物事迹、优秀企业事迹。

三是刊载“大土木”行业有特色的专业技术短文，抛砖引玉，启迪思维。

人从懂事那天起，就生活在希望与恐惧之中。

希望明天会更好，要努力！

恐惧明天会不好，更要努力！

总之，努力本身总是需要的，这一点大多数情况下不会有错。

有您的理解、支持，我们会勇往直前！

献上我们最真挚的感谢和祝福——好运与您永远同在！

第二部分

建筑类大奖

（一）中国建筑工程鲁班奖简介

中国建筑工程鲁班奖创立于1987年，作为全国建筑行业工程质量的最高荣誉奖，每年颁奖一次，授予创建一流工程的企业。鲁班奖创立以来，共有1176家建筑业企业承建的1122个工程获得此项荣誉。

创鲁班奖工程活动有力地推动了建筑业企业质量管理工作和工程质量水平的提高，随着一批批获奖工程的问世，鲁班奖受到社会的广泛关注和认可，成为公认的质量品牌的标志和企业信誉的象征。

鲁班奖

"鲁班奖" 全称为"建筑工程鲁班奖"，1987年由中国建筑业联合会设立，1993年移交中国建筑业协会。主要目的是为了鼓励建筑施工企业加强管理，搞好工程质量，争创一流工程，推动我国工程质量水平普遍提高。目前，这项标志着中国建筑业工程质量的最高荣誉，由建设部、中国建筑业协会颁发。

"鲁班奖"是行业性荣誉奖，属于民间性质。1996年7月，根据建设部"两奖合一"的决定，将1981年政府设立并组织实施的"国家优质工程奖"与"建筑工程鲁班奖"合并，奖名定为"中国建筑工程鲁班奖"，每年评选一次，奖励数额现为每年80个。

"鲁班奖"有严格的评选办法和申报、评审程序，并有严格的评审纪律。评审由评审委员会负责，协会只负责受理申报、组织初评和工程复查，不干预评选工作。评委由国务院有关部门和各地区的专家组成，以无记名投票方式选定。

历届鲁班奖广东省获奖名单

1987年度鲁班奖获奖名单

1、广州市花园酒店
广州市第一建筑工程公司
广州市机电安装公司

2、广（州）茂（名）线肇庆西江大桥
铁道部大桥工程局第三桥梁工程处

3、深圳体育馆
四川省第三建筑工程公司
深圳国际贸易中心大厦
中建三局深圳第一建筑安装工程公司

1988年度鲁班奖获奖名单

4、广州天河体育中心
广州市建筑总公司
广州市第一建筑工程公司
广州市第二建筑工程公司
广州市第三建筑工程公司
广州市第五建筑工程公司
广州市机电安装公司
5、广东浮法玻璃厂
铁道部第二工程局第二工程总队

1989年度鲁班奖获奖名单

6、广州省人民银行营业楼
7、广州市建设银行营业楼
广州市第二建筑工程公司
广东省工业设备安装公司
广州市机电安装公司

8、广州万宝冰箱三厂主厂房
开平县第三建筑工程公司

9、广州江南大酒店
广州市第四建筑工程公司
广州市机电安装公司

1990年度鲁班奖获奖名单

10、广东沙角电厂（A厂）3Ｘ３００兆瓦机组主厂房

广东省电力工业局第一工程局
广东省火电安装公司

1991年度鲁班奖获奖名单（无）

1992年度鲁班奖获奖名单

11、广州海印大桥（主桥）
广东省基础工程公司

1993年度鲁班奖获奖名单

12、汕头国际金融大厦
广东省第二建筑工程公司

13、深圳华日汽车维修大厦
广东省第八建筑工程公司
广东省第八建筑工程公司深圳公司

14、深圳铁路新客站站屋（一期工程）
铁道部建厂工程局
铁道部建厂工程局深圳建筑（一期工程）工程处

1994年度鲁班奖获奖名单

15、深圳湾海景花园B4号高层住宅
江苏省建筑安装工程公司深圳一公司（三处）

16、顺德市万家乐生活楼
顺德市诚业建筑集团公司
顺德市机电安装工程公司

17、佛山市飞鹿燃气用具总厂主车间
佛山市第一建筑工程公司
佛山市电力电气安装公司

1995年度鲁班奖获奖名单

18、广州世界贸易中心
广州市第四建筑工程公司
广东省工业设备安装公司
广州珠江装饰工程公司

19、深圳华民大厦
江苏省建筑安装工程公司深圳一公司

20、深圳愉泰大厦
中国华西企业公司
中国华西企业第一建筑工程公司
中国华西企业机电设备安装公司
深圳友利电电子制品厂主厂房
福建省土木建筑开发深圳公司

21、深圳妈湾电厂2*300MW机组主厂房
中建二局深圳南方建筑公司
西北电力建设第一工程公司

22、深圳雅园立交桥
铁道部第二工程局深圳工程公司
铁道部第二工程局
深圳思意达建筑实业公司

1996年度鲁班奖获奖名单

23、深圳荔景大厦
江苏省建筑安装工程公司深圳一公司

24、深圳华侨城湖滨花园C栋高层住宅
江苏省建筑安装工程公司深圳一公司
华森建筑与工程设计顾问有限公司

25、深圳塘尾友利电电子制品厂主厂房
福建省土木建筑开发深圳公司
深圳市宝安区建筑设计院

26、深圳无线电管理大厦
广东省第八建筑工程公司
广东省第八建筑工程公司深圳公司

27、深圳华明楼高层住宅
深圳市金众股份有限公司
广州市禾田大厦
广东省电白县第二建筑工程公司
天河亮新技术产业开发区建设总公司设计室

28、广东省南海市金都大酒店
南海市第二建筑工程公司
佛山市建筑设计院

29、广东省高明西江大桥
广东省公路工程总公司
四川省公路规划勘察设计院交通部公路研究所
广东省公路工程总公司设计室

30、深圳金田大厦
中国华西企业公司
中国华西企业三公司

1997年度鲁班奖获奖名单

31、广州伟伯体育运动学校教学训练场馆
广州工程总承包集团有限公司

32、广州天河城广场
广州市第四建筑工程公司
开平二建集团股份有限公司
广东省工业设备安装公司

33、深圳邮电局洪湖高层住宅
深圳市第一建筑工程公司

34、广州东山广场主楼
中国建筑第三工程局第一建筑安装工程公司
广东省工业设备安装公司
广州珠江装修工程公司

35、广州抽水蓄能电站（一期）
中国水利水电第十四工程局

1998年度鲁班奖获奖名单

36、广东国际大厦主楼
广东省第四建筑工程公司

37、广州宜安广场
广州市第一建筑工程有限公司
广州大都会广场
广州市第四建筑工程有限公司

38、深圳百汇大厦
深圳市第一建筑工程公司
深圳宝莲大厦高层住宅

深圳市广西一建工程有限公司

39、深圳发展银行大夏
中国华西企业有限公司

40、深圳五洲宾馆
铁道部建厂工程局
深圳梧桐山公路第二隧道
铁道部第十四工程局

1999年度鲁班奖获奖名单

41、广州好世界大厦
广州市第一建筑工程有限公司
广东省工业设备安装公司
广州珠江装修工程公司

42、深圳市蔡屋围综合楼
深圳市罗湖建筑安装工程公司

43、南航公司综合楼
广东开平建安集团有限公司

44、深圳市长泰花园
深圳市第一建筑工程有限公司
深圳市越众实业股份有限公司

45、广州城建大厦
广东省第三建筑工程公司
广州市机电安装有限公司

2000年度鲁班奖获奖名单

46、深圳俊园
江苏省建筑安装工程股份有限公司深圳分公司
江都市建筑安装工程有限公司
扬州市工业设备安装公司

47、深圳市中心医院门诊楼
深圳市建业建筑工程有限公司
深圳市美达安装工程有限公司
深圳市建业自然装饰工程有限公司

48、广深铁路高速双线电气化工程
铁道部电气化工程局
铁道部电气化工程局第一工程处
铁道部电气化工程局第二工程处
铁道部电气化工程局第三工程处

2001年度鲁班奖获奖名单

49、深圳市盐田港区二期工程
中港四航局第二工程公司
中港第二航务工程局第四工程公司

50、天河商旅12—2、3、4、6(荟雅苑)
广州市第一建筑工程有限公司
广东市房屋开发建设有限公司
广东省工业设备安装公司

茂名市建工集团有限公司

51、深圳公路主枢纽管理控制中心
深圳市市政工程总公司
深圳西林实业股份有限公司
汕头市达濠建筑总公司深圳公司

52、深圳市国税局税务征收综合大楼
中国华西企业有限公司
中国华西企业公司第四建筑工程公司
深圳市科源建筑装饰工程有限公司
汕头市达濠建筑总公司深圳分公司

2002年度鲁班奖获奖名单

53、金汇大厦
广州市第四建筑工程有限公司
中国石化开元大厦
深圳市第三建筑工程有限公司

54、香江野生动物世界二期会所(长隆酒店)
广东梁亮建筑工程有限公司
广东奥林匹克体育场
广东省建筑工程集团有限公司

55、广西路桥大厦
湛江市粤西建筑工程公司

56、深圳市盐田至坝岗高速公路一期大梅沙隧道
中铁十三局集团有限公司
中铁十二局集团有限公司

2003年度鲁班奖获奖名单

57、北京国际俱乐部扩建工程（外交公寓）
北京城建一建设工程有限公司
北京城建八建设工程有限公司
深圳海外装饰工程公司

58、中国农业发展银行山西省分行12号综合楼
山西四建集团有限公司
深圳市方大装饰工程有限公司
山西省工业设备安装公司

59、深圳世贸中心大厦
江苏省华建建设股份有限公司
中国建筑第二工程局深圳分公司

60、兰亭颖园A、B、C、D、E园座
汕头市建安（集团）公司　广东正升建筑有限公司

61、广州体育馆
广州市第三建筑工程有限公司
广州市建筑机械施工有限公司
广州市第一建筑工程有限公司
广东省工业设备安装公司
广州市机电安装有限公司

62、金海湾花园
深圳市福田建设股份有限公司

63、空军后勤部驻广州办事处住宅、附属楼
广东省电白县第二建筑工程公司
广州市坤龙建筑安装工程有限公司

2004年度鲁班奖获奖名单

64、东山雅筑(福今东住宅小区一期)
广州市第一建筑工程有限公司
广东正升建筑有限公司

65、安利(中国)日用品有限公司五期厂房工程
广东浩和建筑有限公司
广东省石油化工建设集团公司
汕头市潮阳建筑工程总公司

66、雁南飞围龙大酒店
广东宝丽华建设工程公司

67、东深供水改造工程
广东水电二局股份有限公司
广东省水利水电第三工程局
深圳市东深电子技术

2005年度鲁班奖获奖名单

68、政通大厦
中国建筑第八工程局天津公司
深圳市洪涛装饰工程有限公司
天津市机电设备安装公司
四川华西建筑装饰工程有限公司

69、青岛流亭机场扩建工程（航站楼）
青岛建设集团公司
青岛安装建设股份有限公司
深圳市美术装饰工程有限公司
青岛金星科技工程有限公司

70、富力金羊花园C1-C4幢
汕头市建安（集团）公司
广东正升建筑有限公司

71、韶关学院图书馆
广东省第五建筑工程公司

72、中山雍逸廷小区一、三组团
中天建设集团有限公司
广东敦庆建筑工程有限公司
广东海富建设有限公司

73、云南省政协新建办公楼
云南省第五建筑工程公司
深圳城市建筑装饰工程有限公司

74、渭南电信生产楼
陕西省第六建筑工程公司
北方国际合作股份有限公司
深圳市设计装饰工程公司西安分公司
陕西建融建筑装饰工程有限公司

75、西安高新创业广场
江苏江都建设工程有限公司
深圳市德港装饰工程有限公司
威海际高集团有限公司

76、石河子银力大厦综合楼
新疆石河子天筑建设（集团）有限责任公司
深圳市建筑装饰（集团）有限公司
山东万得福装饰工程有限公司

77、广东国华粤电台山发电有限公司2×600MW机组工程
广东火电工程总公司天津电力建设公司
广东省电力工业局第一工程局

2006年度鲁班奖获奖名单

78、深圳国际商会中心
江苏省华建建设股份有限公司
深圳长城家俱装饰工程有限公司
深圳市瑞华建设股份有限公司
姜堰市正裕建筑安装工程有限公司

79、中国井冈山干部学院
江西省第一建筑有限责任公司
深圳市美术装饰工程有限公司
苏州金螳螂建筑装饰股份有限公司
杭州市园林绿化工程有限公司
江西省工业设备安装公司

80、河南省邮政大厦
河南六建建筑集团有限公司
深圳市晶宫设计装饰工程有限公司

81、中国烟草总公司郑州烟草研究院科研实验办公楼
河南省第一建筑工程有限责任公司
中国建筑一局（集团）有限公司
深圳市华辉装饰工程有限公司
深圳市华南装饰设计工程有限公司

82、广州大学城建设项目房建二标（中山大学）图书馆
广州市第二建筑工程有限公司
广东正升建筑有限公司
广州市恒盛建设工程有限公司
广州市机电安装有限公司

83、东莞市丰泰花园酒店主楼
东莞市虎门建设发展有限公司

84、冠懋金色都汇
深圳市罗湖建筑安装工程有限公司

85、重庆大学主教学楼
广厦重庆第一建筑(集团)有限公司

86、北京城建天宁消防有限责任公司
广东省工业设备安装公司
沈阳远大铝业工程有限公司

87、新建胶州至新沂铁路
中铁十局集团有限公司
中铁四局集团有限公司
中铁十七局集团有限公司

中铁十二局集团有限公司
深圳市如茵生态环境建设有限公司
中铁三局集团有限公司
中铁十八局集团有限公司

88、宁启铁路扬州火车站
江苏扬建集团有限公司
江苏华发装饰有限公司
中铁十一局集团有限公司
江苏扬安机电设备工程有限公司
珠海兴业幕墙工程有限公司

89、京杭运河淮安三线船闸工程
中港第四航务工程局
中港四航局第二工程公司

90、500kV西江变电站
广东省输变电工程公司
广东省电力第一工程局
广东能洋电力建设有限公司

91、全国海关信息中心备份中心工程
中国建筑第一工程局第五建筑公司
北京中建润通机电工程有限公司
深圳市科源建设集团有限公司
深圳市华南装饰设计工程有限公司

92、东莞玉兰大剧院
中国建筑第五工程局
深圳市洪涛装饰工程有限公司
武汉凌云建筑装饰工程有限公司
中铁建工集团有限公司

93、郑州国际会展中心工程
中国建筑第八工程局第二建筑公司
中国建筑第二工程局第二建筑工程公司
中建八局工业设备安装有限责任公司
上海中建八局装饰有限责任公司
浙江精工钢结构有限公司
广东金刚幕墙工程有限公司

2007年度鲁班奖获奖名单

94、天津市高级人民法院审判综合楼工程
天津三建建筑工程有限公司
深圳市维业装饰设计工程有限公司
北京港源建筑装饰工程有限公司
天津市建设装饰工程有限公司

95、石家庄印钞厂科技教育综合办公楼
河北华信建筑工程有限公司
深圳市建筑装饰（集团）有限公司
深圳市科源建设集团有限公司
张家口市宣化区羊坊污水处理厂
河北省第二建筑工程公司

96、赤峰市医院门诊紧急救援中心楼
赤峰鑫盛隆建筑工程有限责任公司

97、山西煤炭进出口集团公司职工集资住宅楼
山西四建集团有限公司
山西翔远装饰工程有限公司
深圳市华南装饰设计工程有限公司

98、锦州医学院图书馆
辽宁三盟建筑安装有限公司

99、哈尔滨工程大学大学活动中心
哈尔滨长城建筑集团股份有限公司
黑龙江国光建筑装饰工程有限公司
深圳市三鑫特种玻璃技术股份有限公司

100、华府天地公寓工程
上海市第四建筑有限公司
上海新都装饰工程有限公司
上海新丽装饰工程有限公司
上海远大铝业工程有限公司
深圳金粤幕墙装饰工程有限公司

101、江苏省邮政通信指挥中心
南通四建集团有限公司
江苏合发集团有限责任公司
深圳市南利装饰工程有限公司
南京建发建筑装饰有限公司

102、山东检验检疫局综合办公设施
青岛建设集团公司
青岛建设集团华友建设发展有限公司
江苏南通三建集团有限公司
深圳长城家俱装饰工程有限公司

103、中国海洋大学崂山校区图书馆
青岛恒生源集团建设有限公司
深圳粤源装饰工程有限公司
广州市美术公司
山东宏雁电子系统工程公司

104、安徽省电网生产调度楼
中国建筑第五工程局
中国建筑第五工程局建筑装饰公司
深圳洪涛装饰工程有限公司
江苏建业建设集团有限公司

105、湖南信托大厦
湖南长大建设集团股份有限公司
深圳市晶宫设计装饰工程有限公司
中国建筑第五工程局建筑装饰公司
深圳市三鑫特种玻璃技术股份有限公司
湖南亚太城建工程有限公司

106、深圳市市民中心
深圳市金众（集团）股份有限公司
深圳市奇信建设集团有限公司
中铁建工集团北京有限公司
深圳瑞和装饰工程有限公司
深圳市第一建筑工程有限公司
深圳市三鑫特种玻璃技术股份有限公司
中国建筑第二工程局
深圳市建艺装饰设计工程有限公司
深圳深港建设工程发展有限公司
广东省第二建筑工程公司

107、佛山市中医院医疗综合大楼
广东省六建集团有限公司

108、广州富力金羊花园C5-C8栋(富力东堤湾C5-C8栋)
汕头市建安（集团）公司 广东正升建筑有限公司

109、广西区二招会议及宴会中心
广西建工集团第五建筑工程有限责任公司
深圳市洪涛装饰工程有限公司
中建（长沙）不二幕墙装饰有限公司

110、贵阳大剧院
贵州建工集团第一建筑工程公司
深圳广田建设集团有限公司
深圳市中航装饰设计工程有限公司

111、云南省电信有限公司关上综合业务楼
昆明一建建设(集团)有限公司
云南电信网信实业集团有限公司
深圳市深装总装饰工程工业有限公司
珠海市晶艺玻璃工程有限公司

112、翠湖宾馆二期工程（商务综合楼）
云南建工第六建筑工程有限公司

113、西北电力设计院研发基地办公楼
陕西省第三建筑工程公司
深圳城市建筑装饰工程有限公司
上海美特幕墙有限公司
四联智能技术股份有限公司

114、克拉玛依市世纪大厦A座
永升建设集团有限公司
深圳市建筑装饰（集团）有限公司
沈阳远大铝业工程有限公司

115、青藏铁路拉萨站站房工程
中铁建工集团有限公司
中铁建工集团北京安装工程有限公司
中铁建工集团北京有限公司
中铁建工集团北京装饰工程有限公司
江苏沪宁钢机股份有限公司
深圳市科源建设集团有限公司

116、深圳港盐田港区三期工程
中交第四航务工程局有限公司
中交四航局第二工程有限公司
中铁二局股份有限公司
中铁二局第四工程有限公司

117、公安部办公楼
中国新兴建设开发总公司
北京南隆建筑装饰工程有限公司
深圳长城家俱装饰工程有限公司

（二）中国土木工程(詹天佑)奖简介

一、为了推动科技进步，提高工程建设水平，把当今优秀科技成果应用于工程实践中，创造出先进的土木建筑工程，特设立中国土木工程（詹天佑)大奖。本项大奖旨在奖励和表彰我国在科技创新和科技应用方面成绩显著的优秀土木工程建设项目。本奖评选要充分体现"创新性"(获奖工程在设计、施工技术方面应有显著的创造性和较高的科技含量)、"标志性"(反映当今我国同类工程中的最高水平)、"权威性"(学会与政府主管部门之间协同推荐与遴选)。

本项大奖是我国土木工程界工程技术方面的荣誉奖;由中国土木工程学会和詹天佑土木工程科技发展基金委员会颁发;在建设部、铁道部及交通部等建设主管部门支持与指导下进行。

本奖每两年评选一次。每次评选综合大奖若干项。

二、本奖评选范围包括下列各类工程

(一)房屋及公共建筑工程

(二)桥梁工程

(三)交通工程

(四)港口工程

(五)隧道及地下工程、岩土工程

(六)市政工程（含给排水、煤气工程)

(七)特种工程（防护工程、水电核电工程、塔桅工程等)

申报条件是:

1、必须是列入国家或省、自治区、直辖市（含香港特区)、计划单列市和国务院有关部委的建设计划，经验收和投入使用的工程，并竣工后经过3年以上使用核验没有工程问题，使用良好。

2、必须是省、部范围内施工质量最佳工程，为同类工程的先进水平。

3、设计中有所创新和发展，施工中创造和运用先进的施工技术和方法，整体工程突出的体现了应用先进的科学技术成果，并达到国内同类工程中的一流水平。

三、根据本奖的评选工程范围和标准，由学会各级组织、建设主管部门和专家提名参选工程;根据上述提名，经大奖评委会进行遴选，提出候选工程;由候选工程的建设总负责单位填报"大奖申报表"和有关申报材料;最后由大奖指导委员会和评委会最后审定。

大奖的评审由"大奖评选委员会"组织进行。评选委员会由各专业土木工程专家组成。设大奖指导委员会负责工程评选的指导和监督。指导委员会由建设部、交通部、铁道部等有关部门领导组成。

四、对荣获大奖的主要单位授予"詹天佑"金像和荣誉证书;在获奖工程上嵌挂"获奖标牌";在科技、建设及学术报刊上发表获奖名单。在评奖年度举行颁奖大会;2000举行首届中国土木工程大奖颁奖大会。

（三）梁思成奖简介

"梁思成奖"是经国务院批准，以我国近代著名的建筑家、教育家梁思成先生命名的中国建筑设计国家奖。从2000年起，每年颁发一次。设立"梁思成奖"是为了激励我国建筑师的创新精神，繁荣建筑设计创作，提高我国建筑设计水平，表彰奖励在建筑设计创作中拥有重大成绩和贡献的杰出建筑师。首届"梁思成奖"授予了建国五十年来在建筑设计创作中对我国建筑设计发展具有突出贡献的十名建筑师。自2001年起，该奖每两年评选一次，每次设梁思成建筑奖2名，梁思成建筑提名奖2至4名。每位获奖人员将得到10万元人民币奖励。 "梁思成奖"被提名者，必须是中华人民共和国一级注册建筑师和中国建筑学会会员，在中国大陆从事建筑创作满20周年。除此之外，其作品还必须得到普遍认可并具有较好的社会、经济和环境效益；对同一时期的建筑设计发展起到一定引导和推动作用。同时在建筑理论上有所建树并有广泛影响，有较高的专业造诣和高尚的道德修养，一般还应在国内或国际获得过重要奖项。 "梁思成奖"采取个人申报、专家委员会评选推荐、政府审定的办法。专家提名委员会由中国建筑学会依据建筑领域的动态专家库进行抽取组成，具有一定的地域性和广泛的代表性，由13人组成的委员会委员为正教授级职称并有一级注册建筑师资格，原则上该委员会委员不能成为被提名者；专家评选委员会由建设部有关司局、中国建筑学会和建筑界资深专家组成。为了保证该委员会的广泛代表性、公正性，"梁思成奖"的提名人员也不能参加专家评选委员会；审定委员会由建设部分管部长、有关司局领导和中国建筑学会负责人及建筑界代表组成。原则上，该委员会委员不能兼任专家评选委员会委员一职。为了保证这项国家建筑设计奖的独立性、永久性，经国务院批准，"梁思成奖"的奖励基金，由国际建筑师协会第20届大会的经费结余组成，不由官方提供和企业赞助。

首　届"梁思成建筑奖"获奖者：齐　康　莫伯治（广东）　赵冬日　关肇邺　魏敦山
张锦秋　何镜堂（广东）　张开济　吴良镛

第二届"梁思成建筑奖"获奖者：马国馨　彭一刚

第三届"梁思成建筑奖"获奖者：程泰宁

第三届"梁思成建筑奖提名奖"获奖者：刘　力、刘克良

第四届"梁思成建筑奖"获奖者：王小东、崔　恺

第四届"梁思成建筑奖提名奖"获奖者：柴裴义、黄星元

（四）华夏科学技术奖简介

"华夏建设科学技术奖"是建设系统以社会力量办奖形式设立的建设行业科学技术奖。设奖机构为中国建筑设计研究院，承办机构为建设部科技发展促进中心，决 策机构为建设行业有关单位组成的奖励委员会。作为建设行业科技工作的归口司局，建设部科学技术司将对这一奖项进行扶持、规范、协调和指导。

该奖经国家科学技术奖励工作办公室审定，准予办理登记，并于2002年10月24日颁发了登记证书。

设立这一奖项的目的是实施"科教兴国"战略，加快建设科技创新，提升我国建设行业的综合技术水平。该奖项的推荐范围为：城乡规划、村镇规划、工程建设、城市 建设、村镇建设、建筑业、住宅房地产业、勘察设计咨询业、市政公用事业中的：新技术、新产品、新工艺、新方法、新材料、计算机软件等建设科技成果；引进、消化、吸收、开发、应用国外先进技术与产品；为行业服务的标准、规范、科技信息、科技档案等科技基础性成果；与决策科学化、管理现代化相关的软科学研究成 果；有组织有计划大规模推广应用并取得显著效益的科技成果；采用新技术、新成果完成的有示范作用的项目等。

推荐项目必须具有自主知识产权且无 权属争议，具备技术含量高和创新性强，以实现产业化或有产业化潜力，市场前景好，对行业共性技术有较大带动作用等特点；完成单位必须具有国内独立法人资 格；两个以上（含两个）单位共同完成的项目，由第一完成单位与其它完成单位协商一致后推荐上报。已获国家或省级科技奖励的不予推荐。

该奖申报先由各地建设厅科技主管部门提出推荐意见和奖励等级建议，再上报华夏建设科学技术奖励委员会办公室。获奖项目公布后，由华夏建设科学技术奖励委员会颁发奖状、证书和奖金。

（五）绿色建筑创新奖

"绿色建筑创新奖"由建设部设立，由建设部科学技术委员会负责实施，日常管理由建设部科学技术司负责。设立该奖的目的是，贯彻落实科学发展观，促进节约资源、保护环境和建设事业可持续发展，加快推进我国绿色建筑及其技术的健康发展。

“绿色建筑创新奖”分工程类项目奖和技术与产品类项目奖。工程类项目奖包括绿色建筑创新综合奖项目、智能建筑创新专项奖项目和节能建筑创新专项奖项目；技术与产品类项目奖是指应用于绿色建筑工程中具有重大创新、效果突出的新技术、新产品、新工艺。

“绿色建筑创新奖” 2005年3月29日评选出首届43项获奖项目，从此每两年评审一次，由省、自治区、直辖市建设行政主管部门负责组织本地的项目申报、初审和上报推荐。在此基础上，由建设部科学技术委员会办公室（设在建设部科学技术司内）组织评审并发布结果。

“‘绿色建筑创新奖’评审专家委员会”由绿色建筑领域的技术专家和国务院建设行政主管部门有关司局、行业学（协）会人员组成。通过评审的项目将在建设部官方网站公示，公示期为三个月。项目获奖后，建设部将以行文形式公布获奖项目，并向获奖单位颁发《全国绿色建筑创新奖》证书。“绿色建筑创新奖”是一个全新的奖项。它的设立，将推动更多建筑企业向公众提供健康、舒适、安全的居住、工作和活动的空间，同时实现节能、节地、节水、节材、环保的“四节一环保”目标，最终构建“人——建筑——自然”三者的和谐统一。

绿色建筑九大标准

一、生物多样化指标

包括社区绿网系统、表土保存技术、生态水池、生态水域、生态边坡 / 生态围篱设计和多孔隙环境

二、绿化指标

包括生态绿化、墙面绿化、墙面绿化浇灌、人工地盘绿化技术、绿化防排水技术和绿化防风技术

三、基地保水指标

包括透水铺面、景观贮留渗透水池、贮留渗透空地、渗透井与渗透管、人工地盘贮留

四、日常节能指标

(1) 相关技术：

建筑配置节能、适当的开口率、外遮阳、开口部玻璃、开口部隔热与气密性、外壳构造及材料、屋顶构造与材料、帷幕墙

(2) 风向与气流之运用：

包括善用地形风、季风通风配置、善用中庭风、善用植栽控制气流、开窗通风性能、大楼风的防治、风力通风的设计、浮力通风设计、通风塔在建筑上的运用

(3) 空调与冷却系统之运用：

包括空调分区、风扇空调并用系统、大空间分层空调、空调回风排热、吸收式冷冻机及热源台数控制、储冷槽系统、VAV空调系统、VRV空调系统、VWV空调系统、全热交换系统、CO2浓度外气控制系统与外气冷房系统

(4) 能源与光源之管理运用：

包括建筑能源管理系统、照明光源、照明方式、间接光与均齐度照明、照明开关控制、开窗面导光、屋顶导光与善用户外式帘幕

(5) 太阳能之运用：

包括太阳能热水系统与太阳能电池

五、二氧化碳减量指标

包括简朴的建筑造型与室内装修、合理的结构系统、结构轻量化与木构造

六、废弃物减量指标

再生建材利用、土方平衡、营建自动化、乾式隔间、整体卫浴、营建空气污染防制

七、水资源指标

包括省水器材、中水利用计画、雨水再利用与植栽浇灌节水

八、污水与垃圾改善指标

包括雨污水分流、垃圾集中场改善、生态湿地污水处理与厨餘堆肥

九、室内健康与环境指标

包括室内污染控制、室内空气净化设备、生态涂料与生态接著剂、生态建材、预防壁体结露 / 白华、地面与地下室防潮、调湿材料、噪音防制与振动音防制

首届全国绿色建筑创新奖广东获奖项目名单

项目名称（建筑工程『综合类』）

广州白云国际机场迁建工程

主要完成单位：

广州白云国际机场有限公司、广东省建筑设计研究院、中国建筑工程总公司、中国建筑第八工程局工业设备安装公司上海市安装工程有限公司联合体、深圳市三鑫特种玻璃技术股份有限公司、上海隧道工程股份有限公司

主要完成人：

张春林、王天喜、焦新平、林运贤、何正才、陈晓宁、张克俭、吴秀茹、胡金明、许玉洁、陈　雄、龚花强、张　明、于洪才、侯清峰

奖励等级：二等奖

（六）2007广东科学技术奖"大土木"行业获奖项目

二等奖

序号	项目编号	项目名称	完成单位	完成人
52	B11-0-2-02	建筑幕墙可靠性检测及鉴定综合技术研究	广东省建筑科学研究院	杨仕超 张士翔 张作萍 谭上飞 何 瑄 李庆祥 石民祥 吴培浩 马 扬
53	B11-0-2-03	新型隔震技术--层间隔震和三维隔震的研究开发与应用	广州大学 北京城建设计研究总院有限责任公司 汕头和泰隔震器材有限公司	周福霖 杨 铮 黄襄云 谭 平 魏陆顺 徐忠根 沈朝勇 周 云 刘 郁 陈建秋
57	B11-0-2-07	桩基承载性能时空效应理论与试验研究	广东省建筑科学研究院 同济大学 香港理工大学	李素华 徐天平 周 健 殷建华 李广平 杨位洸
58	B11-0-2-08	混凝土结构抗灾关键技术及其工程应用	华南理工大学 广东省建筑科学研究院	吴 波 韩小雷 陆瑞明 王 帆 徐玉野 李艺华 季 静 唐贵和 张正先 万志军
59	B12-0-2-01	广东省高速公路用地的生态恢复与水土保持研究	广东省生态环境与土壤研究所 广东省长大公路工程有限公司 广东省南粤物流实业有限公司	李定强 卓慕宁 郑煜基 贺新良 吴志峰 林锡奎 莫顶勋 刘 平 张美兴 胡耀国

三等奖

序号	项目编号	项目名称	完成单位	完成人
86	B08-0-3-04	通用泥水平衡顶管掘进机的研制与应用	广东省基础工程公司 华南理工大学建筑学院	钟显奇 陈少锋 黎东辉 莫海鸿 房营光 刘锦超 方俊生
117	B11-0-3-01	城市桥梁复杂结构空间分析设计方法研究与应用	广东省建筑设计研究院 中南大学 广州市中心区交通项目领导小组办公室	赏锦国 戴公连 李德建 李红宝 曹旭华 曹干珍 伍志平
118	B11-0-3-02	广东省公路交通量数据采集与处理技术研究	广东省公路管理局 华南理工大学	何振星 徐建闽 柯建雄 温惠英 赖香忠 林培群 胡胜敏

119	B11-0-3-03	北京首都国际机场3号航站楼超大型装饰工程新技术研究及实践	广东省建筑装饰工程有限公司	
120	B11-0-3-04	广州市智能交通系统应用试点示范工程(广州ITS共用信息平台)	广州市公共交通数据管理中心 广州交通信息化建设投资营运有限公司 北京航天智通科技有限公司	
121	B11-0-3-05	静压高强预应力管桩监控技术	广州军区建设工程质量监督总站	
122	B11-0-3-06	CDMss50/1200移动模架技术研究	广东省长大公路工程有限公司	
123	B11-0-3-07	湛江海湾大桥硬塑性粘土层海中深水桩基成孔施工工艺	广东省长大公路工程有限公司	
124	B11-0-3-08	广州市内环路广佛放射线珠江大桥顶推法施工过程仿真分析及相关技术研究	广东省建筑设计研究院 华南理工大学 广州市中心区交通项目领导小组办公室	
125	B11-0-3-09	山区公路高填方加筋陡坡应用技术研究	广东省路桥建设发展有限公司 重庆交通大学 广东省交通集团研发中心 广东省公路勘察规划设计院	
126	B11-0-3-10	单桩静载试验的桩土受力性状分析与测试技术的应用研究	广东省建筑科学研究院 南华工商学院	
130	B11-0-3-14	生态公路成套技术研究——广东渝湛高速公路生态公路成套技术研究	广东省高速公路有限公司 交通部科学研究院	黄小军　杜　娟　许继华 陈　兵　黄少雄　石　翔 曹志强
131	B11-0-3-15	《夏热冬暖地区居住建筑节能设计标准》广东省实施细则	广东省建筑科学研究院 广州市墙体材料革新与建筑节能办公室 华南理工大学 广州市建筑科学研究院	杨仕超　杨树荣　孟庆林 任　俊　黄有浓　石民祥 吴培浩
107	B10-0-3-04	高分子复合材料在地铁工程中的应用技术研究	广州市地下铁道总公司 中山大学 北京泊森达工贸有限责任公司	卢光霖　许家瑞　陈韶章 王　虹　曾耀昌　毛建华 张建根

关于2007年度广东省建设工程金匠奖评审结果的公示

粤建协[2007]4号

2007年度广东省优良样板工程工作已经结束，根据《广东省优良样板工程评选办法》（粤建管字[2001]49号）有关规定，我会决定对获得“2007年度省优良样板工程奖”及曾获得“广东省建设工程安全生产文明施工优良样板工地奖”的38项工程授予“2007年度广东省建设工程金匠奖”称号。现将38项工程及承建单位、参建单位、监理单位及项目经理名单（见附件）予以公示，公示期为7天。公示期内任何单位、个人如有异议，可向我会反映。反映的内容应实事求是，以单位名义反映的，应加盖公章；以个人名义反映的，应署明真实姓名和联系电话。

地址：广州市越华路116号煤炭大楼十楼　　邮编：510030

电话：020—83352307　传真：020—83198305

附件：2007年度广东省建设工程金匠奖名单

广东省建筑业协会

2008年1月25日

序号	工程名称	承建单位	项目经理	参建单位	监理单位
广州市					
1	万科蓝山花园住宅楼(自编号A2-3、A5-6)	中天建设集团有限公司	历夏秋	/	上海市建设工程监理有限公司
2	广州海关新业务技术综合楼	中国建筑第四工程局	冉志伟	/	广州建筑工程监理有限公司
3	酒店工程1幢(富力国际公寓)	汕头市建安（集团）公司	魏育明	广东正升建筑有限公司/金中天集团建设有限公司	广州广骏工程监理有限公司
4	锦绣香江花园二期B6地块7-8栋洋房及地下车库	中国建筑二局第三建筑公司	王武军	/	广州市恒茂建设监理有限公司
5	华南农业大学六一北区研究生宿舍B2工程	广东梁亮建筑工程有限公司	王海燕	/	广东省建筑工程监理公司
6	柏蕙花园二期	广东电白二建工程有限公司	黄木贵	广州市恒域建筑工程有限公司	广州兴华建设监理有限公司

序号	工程名称	承建单位	项目经理	参建单位	监理单位
7	商业、住宅楼（自编D1-1、D1-2、D1-3、D2-1、D2-2、D3-1、D3-2）	汕头市建安（集团）公司	谢壁茂	广东正升建筑有限公司	广州珠江工程建设监理公司
深圳市					
8	深圳市星河苏活购物公园	中国建筑第五工程局	秦仁杰	深圳广田建设集团有限公司/中日合资中建(长沙)不二幕墙装饰有限公司	深圳市华西建设监理有限公司
9	南山区检察院办公大楼	泛华工程有限公司	郭晓东	深圳市科源建设集团有限公司	深圳市首嘉工程顾问有限公司
10	红树西岸	江苏省华建建设股份有限公司	石伟国	/	深圳中海工程顾问有限公司
11	特美思广场	深圳市第一建筑工程有限公司	刘高平	深圳市三九装饰工程有限公司/深圳瑞和装饰工程有限公司/深圳市科源建设集团有限公司	深圳市城建监理有限公司
12	鸿隆广场	汕头建安(集团)有限公司	陈升辉	/	深圳市建明达建设监理有限公司
珠海市					
13	珠海市国税局多功能办税服务厅	中国建筑第八工程局	鄂学礼	广州市金鼎广铝装饰工程有限公司	珠海市建设工程监理有限公司
14	珠海市实验中学新疆楼	广东省建筑工程集团有限公司	严镜荣	/	珠海市华晨建设监理咨询有限公司
15	暨南大学珠海学院二期工程行政楼	中建三局第一建设工程有限责任公司	张小兵	/	广东华工工程建设监理有限公司
16	春晖秋实苑工程	珠海市建盛建筑工程有限公司	高明波	/	珠海市城市开发监理有限公司
东莞市					
17	金地格林花园二期7—6#栋	中国建筑第三工程局	王小林	/	广东广信建筑工程监理有限公司
18	健升大厦	东莞市健升建筑工程有限公司	程学生	东莞市华锋幕墙装饰工程有限公司	惠州市工程建设监理有限公司

序号	工程名称	承建单位	项目经理	参建单位	监理单位
19	东莞市胜和商住广场A座	中国建筑第五工程局	夏斌	东莞市科力机电设备安装工程有限公司	广东省国际工程咨询公司
中山市					
20	雍逸廷B区(B32、33、35、36、37，F38、39、50、51、52及地下车库）	中天建设集团有限公司	张巧民	/	中山火炬建设监理有限公司
21	中山移动通信第三机楼工程	广东省第四建筑工程公司	赖伟雄	/	中山市建设监理有限公司
佛山市					
22	佛山世纪莲体育中心游泳馆	中国建筑第八工程局	谈高锋	广州市水电设备安装有限公司/上海太阳膜结构有限公司/沈阳远大铝业工程有限公司	广东工程建设监理有限公司
23	佛山岭南明珠体育馆	广州市第三建筑工程有限公司	李添用	江苏沪宁钢机股份有限公司/广州市机电安装有限公司/广东省六建集团有限公司	浙江江南工程管理股份有限公司
23	佛山市中医院医疗综合大楼	广东省六建集团有限公司	李奇逊	/	佛山市建诚监理有限公司
汕头市					
25	商品房（嘉泰雅园商住楼9幢）	汕头市达濠市政建设有限公司	肖鹏展	/	汕头市城市建设监理公司
26	商品房（嘉泰雅园商住楼6幢）	汕头市达濠市政建设有限公司	肖鹏展	/	汕头市城市建设监理公司
茂名市					
27	中国人民银行茂名市中心支行发行库及营业办公楼用房	茂名市茂南建安集团有限公司	李兆光	/	茂名国信石化工程建设监理有限公司
28	信宜市人民医院(新院)住院楼	广东电白二建工程有限公司	曾顺明	茂名市信宜建筑工程公司	广东顺业石油化工建设监理有限公司
29	茂名学院教学楼（二期）工程	茂名市建筑集团有限公司	陈富强	广东省建筑构件公司广州预应力分公司	广东华工工程建设监理有限公司

序号	工程名称	承建单位	项目经理	参建单位	监理单位
30	茂名市技工学校教学楼	茂名市建筑集团第三有限公司	张达强	/	茂名市建业工程监理有限公司
31	茂名市工商局茂港分局办公楼	茂名市建筑集团有限公司	黄海波	/	茂名市城建工程监理有限公司
阳江市					
32	阳江市景湖花园C1楼	阳江市俊贤建筑安装工程有限公司	梁智允	/	阳江市建设监理有限公司
韶关市					
33	韶关市中级人民法院办公楼	广东省第五建筑工程有限公司	彭穗平	/	韶关市工程建设监理有限公司
清远市					
34	连州市工商局办公楼	连州市宏业建设工程有限公司	肖伟强	/	清远中正工程监理有限公司
梅州市					
35	嘉应学院工业中心大楼	梅州市华业建设有限公司	梁依泉	/	梅州市正明建设监理有限公司
肇庆市					
36	肇庆市劳动力市场	肇庆市建筑安装工程有限公司	练小东	/	深圳市中行建设监理有限公司
37	德庆县人民检察院办案综合大楼	高要市二建建筑工程有限公司	赵卫德	/	高要健城建设监理有限公司
云浮市					
38	新兴县检察业务综合楼	肇庆市建筑工程公司	王国衡	/	云浮市永安建设工程监理有限公司

关于2007年度广东省优良样板工程获奖名单的公示

粤建协（2008）1号

根据《广东省优良样板工程评选办法》（粤建管字[2001]49号）有关规定，2007年度广东省优良样板工程评选工作已经结束，现将通过评选的91个工程项目及其承建单位、参建单位、监理单位、项目经理名单以予公示（名单见附件），公示期为7天。公示期内任何单位、个人如有异议，可向我会反映。反映内容应实事求是，以单位名义反映的，应加盖公章；以个人名义反映的，应署明真实姓名和联系电话，以便核实情况。

地　址：广州市越华路116号煤炭大楼十楼质量安全部　　邮　编：510030

电　话：020—83352307　传　真：020—83198305

广东省建筑业协会

二00八年一月十五日

序号	工程名称	承建单位	项目经理	参建单位	监理单位
广州市					
1	广州大学城建设项目房建九标(广东药学院)科技楼	广州市第三建筑工程有限公司	黄志强	广东省工业设备安装公司/广东正升建筑有限公司	广东工程建设监理有限公司
2	华南理工大学技术科学楼	汕头市达濠建筑总公司	陈伟中	广东华工大建筑工程有限公司	广东华工工程建设监理有限公司
3	酒店工程1幢(富力国际公寓)	汕头市建安（集团）公司	魏育明	广东正升建筑有限公司/金中天集团建设有限公司	广州广骏工程监理有限公司
4	广州市第二少年宫	广州市第三建筑工程有限公司	赵晓彬	广东省工业设备安装公司	广州市广州工程建设监理有限公司

5	华南农业大学六一北区研究生宿舍B2工程	广东梁亮建筑工程有限公司	王海燕		广东省建筑工程监理公司
6	广州海关新业务技术综合楼	中国建筑第四工程局	冉志伟		广州建筑工程监理有限公司
7	越秀新都大厦(广州地铁上RJ-1商业、商务楼（自编地铁上盖RJ-1项目）	广州市第四建筑工程有限公司	梁国英	广州市第四装修有限公司/广东浩天建设工程有限公司	广州城建开发工程咨询监理有限公司
8	商业、住宅楼（自编D1-1、D1-2、D1-3、D2-1、D2-2、D3-1、D3-2）	汕头市建安（集团）公司	谢壁茂	广东正升建筑有限公司	广州珠江工程建设监理公司
9	柏蕙花园二期	广东电白二建工程有限公司	黄木贵	广州市恒域建筑工程有限公司	广州兴华建设监理有限公司
10	商业、住宅楼4幢（自编D、E、F、G栋连体）海珠区商住楼小区D-G栋	广东正升建筑有限公司	魏育奎		广东达安工程项目管理有限公司
11	锦绣香江花园二期B6地块7-8栋洋房及地下车库	中国建筑二局第三建筑公司	王武军		广州市恒茂建设监理有限公司
12	住宅楼工程2幢(自编F5、F6栋)	汕头市潮阳第一建安总公司	黄振茂		广州联嘉建设监理有限公司
13	万科蓝山花园住宅楼(自编号A2-3、A5-6)	中天建设集团有限公司	历夏秋		上海市建设工程监理有限公司
14	广州市第八十六中学教学楼工程	广州市黄埔建筑工程总公司	唐迎建		广州市城市建设工程监理公司
深圳市					
15	星河世纪(珠江广场)	江苏省华建建设股份有限公司	褚文早	深圳金粤幕墙装饰工程有限公司	深圳锟鹏工程顾问有限公司
16	水榭花都三期	中国华西企业有限公司	张河川	/	深圳市振业建设监理有限公司
17	中信红树湾花城二期	中建保华建筑有限责任公司	陈　宇	/	深圳市中行建设监理有限公司
18	特美思广场	深圳市第一建筑工程有限公司	刘高平	深圳市三九装饰工程有限公司/深圳瑞和装饰工程有限公司/深圳市科源建设集团有限公司	深圳市城建监理有限公司
19	红树西岸	江苏省华建建设股份有限公司	石伟国	/	深圳中海工程顾问有限公司
20	香山美树苑(原馨昱苑)	深圳市鹏城建筑集团有限公司	梁振	/	深圳市建控地盘监理有限公司

21	深圳市星河苏活购物公园	中国建筑第五工程局	秦仁杰	深圳广田建设集团有限公司/中日合资中建(长沙)不二幕墙装饰有限公司	深圳市华西建设监理有限公司
22	半岛城邦花园一期	中建保华建筑有限责任公司	常俊国	/	深圳市兆业工程顾问有限公司
23	福岸新洲名苑	深圳市鹏城建筑集团有限公司	梁启富	/	深圳市鑫诚建设监理有限公司
24	中国凤凰大厦	中国建筑第四工程局第一建筑工程公司	王文红	上海海地建设工程有限公司	深圳市中海工程顾问有限公司
25	南山区检察院办公大楼	泛华工程有限公司	郭晓东	深圳市科源建设集团有限公司	深圳市首嘉工程顾问有限公司
26	海岸大厦	汕头建安(集团)有限公司	张华湖	/	深圳市竣迪建设监理有限公司
27	鸿隆广场	汕头建安(集团)有限公司	陈升辉	/	深圳市建明达建设监理有限公司
28	泰然海松大厦	深圳市深安企业有限公司	童世科	深圳因特安全技术有限公司/深圳市泰然铝合金工程有限公司	深圳市兆业工程顾问有限公司
29	万景塑胶制品(深圳)有限公司厂房	广东捷荣建筑安装工程有限公司	陈柏秋	/	深圳市东鹏工程建设监理有限公司
30	免税商务大厦	深圳市建业建筑工程有限公司	严尔昌	深圳市智宇实业发展有限公司	深圳市城建监理有限公司
珠海市					
31	华发新城第二期B区主体建安工程（第四标段）	汕头市潮阳第一建安总公司	郑坚平		广东华工工程建设监理有限公司
32	珠海市国税局多功能办税服务厅	中国建筑第八工程局	鄂学礼	广州市金鼎广铝装饰工程有限公司	珠海市建设工程监理有限公司
33	珠海市实验中学新疆楼	广东省建筑工程集团有限公司	严镜荣		珠海市华晨建设监理咨询有限公司
34	暨南大学珠海学院二期工程行政楼	中建三局第一建设工程有限责任公司	张小兵		广东华工工程建设监理有限公司
35	华发国际花园1栋	珠海长实建筑工程有限公司	陈懋管		珠海经济特区森茂工程监理有限公司
36	春晖秋实苑工程	珠海市建盛建筑工程有限公司	高明波		珠海市城市开发监理有限公司
东莞市					
37	东田丽园F7、F8型住宅楼	东莞市建工集团有限公司	梁志坚		东莞市宏业建设工程监理有限公司

38	健升大厦	东莞市健升建筑工程有限公司	程学生	东莞市华锋幕墙装饰工程有限公司	惠州市工程建设监理有限公司
39	莞城市民活动中心	东莞市方中建筑工程有限公司	孙北海		广东省国际工程咨询公司
40	东莞市峰景高尔夫俱乐部	东莞市东城建筑公司	林木潮		江门市建设监理顾问公司
41	东田丽园N1、N2型住宅楼	东莞市建工集团有限公司	李四雄		东莞市宏业建设工程监理有限公司
42	金地格林花园二期7－6#栋	中国建筑第三工程局	王小林		广东广信建筑工程监理有限公司
43	世纪广场A、B座及裙楼	中国建筑第五工程局	陈　强	东莞市科力机电设备安装工程有限公司	惠州市工程建设监理有限公司
44	虎门裕田丰泽园22、23、25栋	东莞市虎门建设发展有限公司	朱伟锋		东莞市建设监理有限公司
45	虎门裕田丰泽园18、19栋	东莞市虎门建设发展有限公司	袁仁城		东莞市宏业建设监理有限公司
46	康乐花园30#公寓	东莞市建安集团有限公司	黎清校		惠州市工程建设监理公司
47	康乐花园27#公寓	东莞市建安集团有限公司	彭意松		惠州市工程建设监理有限公司
48	瑞康花园一瑞金阁	东莞市石龙建筑工程公司	姚志球		东莞市华南监理有限公司
49	翡翠山湖（一期）B型住宅楼翠林阁	东莞市凤岗建筑工程公司	何泽君		深圳市华展建设监理有限公司
中山市					
50	雍逸廷B区(B32、33、35、36、37，F38、39、50、51、52及地下车库）	中天建设集团有限公司	张巧民		中山火炬建设监理有限公司
51	中山奕翠园二期第四区住宅(15#-23#)	茂名市建工集团有限公司	梁帝炎		广州市宏业金基建设监理咨询有限公司
52	中山移动通信第三机楼工程	广东省第四建筑工程公司	赖伟雄		中山市建设监理有限公司
佛山市					
53	佛山世纪莲体育中心游泳馆	中国建筑第八工程局	谈高锋	广州市水电设备安装有限公司/上海太阳膜结构有限公司/沈阳远大铝业工程有限公司	广东工程建设监理有限公司
54	佛山岭南明珠体育馆	广州市第三建筑工程有限公司	李添用	江苏沪宁钢机股份有限公司/广州市机电安装有限公司/广东省六建集团有限公司	浙江江南工程管理股份有限公司

55	佛山市新闻中心	广东省六建集团有限公司 广东省工业设备安装公司	吴子成	沈阳远大铝业工程有限公司/深圳市三鑫特种玻璃技术股份有限公司	佛山市建诚监理有限公司
56	佛山环市童服创新中心C座	广州市第四建筑工程有限公司	张伟斌	广州市第四装修有限公司	广东省城规建设监理有限公司
57	康城花园二期A区第二组团高商品房（第9、10、16区）	佛山市顺德金业建筑工程有限公司	韩应球		佛山市吉盈建设监理有限公司
58	中共佛山市委党校新址扩建项目学员楼	广州市建筑置业有限公司	苏元鸿		佛山市顺德区立德工程建设监理有限公司
59	佛山世纪莲体育中心体育场	上海宝冶建设有限公司	梁雪松	广东海富建设有限公司/佛山市新一建筑集团有限公司/广东世纪达装饰工程有限公司/北京纽曼帝莱蒙膜建筑技术有限公司	广东工程建设监理有限公司
60	佛山市中医院医疗综合大楼	广东省六建集团有限公司	李奇逊		佛山市建诚监理有限公司
汕头市					
61	汕头市职业技术学院图书信息大楼	汕头市南华建筑有限公司	黄鉴涛		汕头市澄海工程建设监理有限公司
62	商品房（嘉泰雅园商住楼9幢）	汕头市达濠市政建设有限公司	肖鹏展		汕头市城市建设监理公司
63	汕头市第一中学新校区第一标段（高一、高二、高三教学楼、实验楼、电教综合楼和行政楼）	广东省第二建筑工程公司	杨元龙		汕头市城市建设监理公司
64	商品房（嘉泰雅园商住楼6幢）	汕头市达濠市政建设有限公司	肖鹏展		汕头市城市建设监理公司
65	中国乒乓球队汕头训练基地训练馆、学员楼	汕头市南华建筑有限公司	黄鉴涛		汕头经济特区建设监理公司
66	汕头市第一中学新校区体育馆	汕头市建筑工程总公司	张昭雄		汕头市城市建设监理公司
茂名市					
67	中共茂名市委综合办公楼	广州市金辉建筑置业有限公司	郑龙辉		茂名市城建工程监理有限公司

68	中国人民银行茂名市中心支行发行库及营业办公楼用房	茂名市茂南建安集团有限公司	李兆光		茂名国信石化工程建设监理有限公司
69	信宜市人民医院(新院)住院楼	广东电白二建工程有限公司	曾顺明	茂名市信宜建筑工程公司	广东顺业石油化工建设监理有限公司
70	茂名学院教学楼（二期）工程	茂名市建筑集团有限公司	陈富强	广东省建筑构件公司广州预应力分公司	广东华工工程建设监理有限公司
71	茂名市工商局茂港分局办公楼	茂名市建筑集团有限公司	黄海波		茂名市城建工程监理有限公司
72	广东省茂名市质量技术监督局检验检测综合楼	广东兆达建筑工程有限公司	黄耀华		茂名市城建工程监理公司
73	茂名市技工学校教学楼	茂名市建筑集团第三有限公司	张达强		茂名市建业工程监理有限公司
74	广东省茂名市第二技工学校教学楼	茂名市茂南建安集团有限公司	吴日胜		茂名市建筑工程监理有限公司
惠州市					
75	家路大酒店	惠州市建设集团建筑工程公司	叶晓欧		惠阳城市建设监理有限公司
76	社保服务大楼	惠州市东江建筑安装工程总公司	揭坤海	惠州市东江电气设备消防工程安装有限公司/深圳市金粤幕墙装饰工程有限公司	惠州市正富建设监理有限公司
江门市					
77	开平一中老师宿舍楼	广东耀南建筑工程有限公司	李锦和		开平市天地建设监理有限公司
阳江市					
78	阳江市公路运输枢纽信息管理中心	阳江市建安安集团有限公司	朱尚武		阳江市建设监理有限公司
79	阳江市景湖花园C1楼	阳江市俊贤建筑安装工程有限公司	梁智允		阳江市建设监理有限公司
韶关市					
80	韶关市中级人民法院办公楼	广东省第五建筑工程有限公司	彭穗平		韶关市工程建设监理有限公司
清远市					
81	连州市工商局办公楼	连州市宏业建设工程有限公司	肖伟强		清远中正工程监理有限公司

梅州市					
82	嘉应学院工业中心大楼	梅州市华业建设有限公司	梁依泉		梅州市正明建设监理有限公司
肇庆市					
83	肇庆市劳动力市场	肇庆市建筑安装工程有限公司	练小东	/	深圳市中行建设监理有限公司
84	德庆县人民检察院办案综合大楼	高要市二建建筑工程有限公司	赵卫德	/	高要健城建设监理有限公司
揭阳市					
85	揭阳市金润花园	广东省揭阳电力工程公司	黄叙鹏		揭阳市工程建设监理有限公司
云浮市					
86	新兴县检察业务综合楼	广东省肇庆市建筑工程公司	王国衡		云浮市永安建设工程监理有限公司
87	云浮市府前路综合办公楼	云浮硫铁矿企业集团公司建筑安装工程公司	张国梁		云浮市永安建设工程监理有限公司
省电力行业协会					
88	国华电力5×600MW机组工程4号机组安装工程	广东火电工程总公司	李忠信		上海电力监理咨询有限公司
89	广东惠州液化天然气电厂一期＃1机组	广东火电工程总公司	刘伟成		广东创成建设监理咨询有限公司
省广电集团有限公司					
90	220KV溴南变电站工程	广东火电工程总公司	林楚标	广东电网公司阳江供电局	广东天安工程监理有限公司
91	220KV能达变电工程	江门市电力工程输变电有限公司	黄日升	广东电网公司江门供电局	广东创成建设监理咨询有限公司

2007年度广东省优秀工程勘察设计奖提名名单公示

公共建筑(体育馆.医院.酒店)工程(共计44项)

序号	编号	项目名称	申报单位	主要参加人员
一等奖(7项)				
1		中山文化艺术中心	中建国际（深圳）设计顾问有限公司	庄葵 刘人健 田饶 董彦章 伍凌 杨庆伟 吴知 丁瑞星 林青松 李晓航 王丹华 黄立军 陈蕴 周海涛 梁俊宇
2		佛山世纪莲体育中心、体育场	华南理工大学建筑设计研究院	何镜堂 孙一民 杨适伟 李文红 孙文波 龚模松 江 帆 王 峰 高 飞 陈昳宏 陈新民 黄濮杰 赵少华
3		广东省佛山市岭南明珠体育馆	广东省建筑设计研究院 株式会社日本环境设计研究所	何锦超 潘伟江 罗若铭 李志宏 周敏辉 李小驰 何海平 梁文逵 许穗民 李伟锋 陈应荣 廖坚卫 钟世权 侯荣志 陈文祥
4		山东国际会展中心	广东省建筑设计研究院	李振华 邹咏文 刘斯力 陈小辉 张玉珍 刘志雄 林海波 陈常清 杨驰驰 陈晓航 朱晓丽 侯浩然 赖文彬 崔玉明 林 琳
5		南沙大酒店	广州市设计院	吴树甜 伍少欢 吕向红 蔡伟平 王松帆 陈旭 丰汉军 吴惠贞 林心关 钟新权 李桂芳 高蕴瑶 钟苏宁 李明盛 屈国伦
6		澳门2005东亚运动会主体育馆	广州珠江外资建筑设计院	梁宇行 朱立本 黄 捷 黄泰赟 钟啸樵 董瑞霞 罗志焱 黄白皓 吴剑崑 周丽莉 罗 玲 邓延兴 王晓杰 麦志豪 陈 希
7		天河正佳商业广场	广州市设计院	马震聪 杨焰文 周 定 何健汉 黄一丹 幸琼华 何镇南 屈国伦 甘剑雄 石晓蕊 梁 勇 胡毅 曾庆钱 卢海刚 李黎明
二等奖(15项)				
8		南山书城	深圳华森建筑与工程设计顾问有限公司	宋 源 谢 东 于 源 张良平 白建永 石苏生 吕 毅 王红朝 唐志辉 王英姿 刘泽荣

9		南国桃园高尔夫俱乐部会所	佛山市城建工程设计院有限公司	何　舜 陈霄星 麦凯文 曾文竹 严宇飞 吴毅志 叶伟坚 钟卓绫 马　可 史宏周 邵　骁 梁　龙 黄仲平
10		广州国际玩具礼品城一期工程	广东省建科建筑设计院	陈　军 蒋　涛 钟开健 许国强 苍久山 吴茜华 吴晓瑜 邓秀梅 赵云辉 陈春晖 许移爱 陈忠飞 丁昌胜 郑　军 陈　槟
11		深圳电视中心	机械工业部深圳设计研究院	范纯青 全松旺 莫德明 唐增洪 潘冰洪 丁瑞斌 熊汉华 冯育达 张晓丹 王忠礼 蒋丹翎 丁　红 郭赤贫 凌智敏 倪国民
12		普瑞温泉酒店	深圳市建筑设计研究总院	孟建民 陈　晖 黄厚泊 樊　勇 陈渝中 陈邦贤 李　晖 罗　兴 徐以时 周建戎 黄文俊 周　原 周辉 杨宁馨 颛 孙伟庆
13		深圳大梅沙愿望塔	深圳市建筑设计研究总院	沈晓恒 麦旋威 黄　旻 吴　超 刘琼祥 刘　臣 梁立新 崔博彦 郑文星 李汉国 贺建鑫 陈　坚 卢　斌 周　文
14		广州新白云国际机场南航基地南综合服务楼	广州市设计院	杨克明 甘剑雄 马震聪 陈洪伟 涂蝶群 林佩仰 李明盛 龚静华 邝　鹏 梁丽敏 李黎明 卢海刚 欧阳秋
15		潮州市饶宇颐学术馆扩建工程	华南理工大学民居建筑研究所 广东中人工程设计有限公司	陆　琦 廖　志 刘毅中 林飞庆 陈宇辉 陆元鼎
16		东莞市康华医院	广东华方工程设计有限公司	曾弈辉 王　恺 张伟慈 梁文玉 张　罡 陈永健 汪凡楚 杨　杰 高　俊 陈　聪 熊伟强 李雄桃 刘庆宁 何劲闯 刘少华
17		番禺青少年活动中心	广州瀚华建筑设计有限公司	冼剑雄 梁敏全 傅毅舟 关颖相 雷　凌 严仕基 肖建华 方　蛟 曲　涛 林盛琼 王庆林 陈敏华 郑建东 杨润强 李晓华
18		广州华林玉器广场（康王路七八号地块商业广场）	广州瀚华建筑设计有限公司	许　迪 张瑞良 张　伟 李晓华 阮志坚 梁铭沛 梁智泓 黄志斌 胡江平 曲　涛 方　蛟 王庆林 邓建强 方　杰 朱春燕
19		广州番禺易发商业街一期	广州市番禺城市建筑设计院有限公司	周　志 吴国英 冯新文 胡嘉伟 何　锋 廖达宇 关伟滨 刘咏华 戴宋其 李振浩 陈智群 黄炳生 李杏燕 冼文坚 陈伟勇

20		深圳威尼斯酒店（愉悦大厦）	深圳华森建筑与工程设计顾问有限公司	蔡敬琅 张良平 南 晖 赵 锂 刘 晶 许 敏 龚书楷 王红朝
21		广州国际美食博览中心	广东省建筑设计研究院	孙礼军 黄 佳 陈 星 罗赤宇 叶群英 邢小华 林洪思 胡嘉庆 赵煜灵 吴力平 林扑强 梁彦彬 王业纲 谭庭辉 徐 静
22		中共“三大”会址纪念馆	广州市设计院	吴 亭 杨克明 姚 迪 徐 刚 陈永平 胡 毅 李 觐 贺锐波 吉灯才 宁晓东 黄 伟 彭少棠 黄穗芳 邱建国
三等奖(22项)				
23		广州国际轻纺城（凯华城CDEF区）	广州瀚华建筑设计有限公司	许 迪 冼剑雄 林立新 张瑞良 张 伟 骆 韦 邓建强 孙 亮 郭 锋 方 蛟 唐小猛 刘益军 丘 陵 雷 凌 蔡雨林
24		新会龙泉度假酒店（总体）	江门市建工设计院	李荣彬 张 波 李金萍 黄振辉 李思颖 林文波 关鸿豪 陈明开
25		三亚南田温泉渡假区	广州珠江外资建筑设计院	王 河 李建恒 陈劲夫 朱蔚泓 宋立志 宋共楼 陈智斌 尹祖林 陈洪涛 邝世杰
26		澳门何东中葡小学地段多功能体育馆	广州珠江外资建筑设计院	梁宇行 朱立本 陈 健 谢海强 伍煜梁 陆桂来 陈劲夫 王志豪
27		松园宾馆西区改造第一期工程---新一号楼项目	广州珠江外资建筑设计院	王 河 郑一宁 陈劲夫 李永平 何军民 何毅洪 梁凤玉 程晓宁 钟 立 邝世杰 梁秀华 郑冠荣
28		天河商城	广东海外建筑设计院有限公司	黄卓昂 许志云 姚一凡 魏 娟 林浩华 冼 霞 冯文生 朱祥生 陈辞海 温 涛
29		东莞帝京国际酒店--旅馆主楼	广东省建筑设计研究院	区耀德 李 敏 王伟雄 黎 洁 黄宇清 郭 勇 梁 健 林景华 毛 娜 李治威 叶国认 张守林 李 波 蒋运林
30		广州市第一人民医院磐松楼扩建工程	广州城建开发设计院有限公司	李 炜 徐向军 郭秀瑾 刘付钧 文艳顺 陈杨泽 许 峰 马 兰 尤 泉 钟海军 曹小明 陈作勤

31		广州市轨道交通三号线工程-赤岗塔站	广东省建筑设计研究院	李志宏 潘伟江 周培欢 侯荣志 钟世权 许穗民 廖志坚 陈文祥 周晓炜 罗若铭 刘毅红 周雷廉 曾婉华 肖荔文
32		云峰国际大酒店	广东海外建筑设计院有限公司	黄卓昂 陈辞海 姚一凡 温 涛 朱 峰 黎超伟 唐 毅
33		浏阳欧阳予倩大剧院	深圳市建筑设计研究总院	陈邦贤 张 玮 戴 勇 陈学华 吴 瑛 何佳美 邝 婕
34		武汉当代国际花园总部基地一期工程	深圳市筑博工程设计有限公司	杨为众 范 力 陈学军 马镇炎 郝雪莹 朱 旭 吴 超 陈加林 邹 珂
35		广州科学城科技创新基地	广东省建科建筑设计院	王 峰 阳 枫 苍久山 邓秀梅 吴晓瑜 许国强 郭俊杰 谢伟生 杨 标 杨吉兰 詹云峰 李淼荔
36		东莞峰景高尔夫俱乐部扩建	东莞市东城建筑规划设计院	刘 芸 胡兴源 李景登 郑金龙 张志昭 邓斯平 王立新
37		东莞运河东1号花园（商业区）	深圳市筑博工程设计有限公司	孙慧玲 刘瑞嫜 郭云明 许 丰 朱 旭 韩晓松 潘少华 任吉春 杨慧来
38		江门市五邑华侨广场会展中心	江门市建工设计院	李荣彬 李金萍 黄振辉 李思颖 梁仲健 姜小云 林文波 杨 铭 张宝珠 陈明开 关鸿豪 邢小清
39		广州白云国际会议中心	中信华南（集团）建筑设计院	陈海津 冼碧仪 何健翔 吴明真 王红玉 梁浩泉 陆 雁 陆秉雄 王 昵 刘 红 孙志浩 才 奇
40		三正半山酒店亲水区	东莞市东艺建筑设计院有限公司	蒙震旦 蒋雪枫 朱寿标 陈志强 马铁翼 廖荣孚 高剑辉
41		广州航空邮件处理中心	华南理工大学建筑设计研究院	吴宙航 龚模松 王学峰 王淑秀 王 钊 黄江篱 汪奋强 朱晓平
42		哈密回王府（一期）	广东省建筑设计研究院	何锦超 陆 崎 蔡晓宝 陈 星 梁启超 李国兴 曾纯亮 黄燕鹏 罗允武 李 华 伍伟杰 黄洁华 陈 谢 周青青 周 文
43		南美科技园厂房	汕头市第二建筑设计院	张思东 杨时亮 林志鑫 张志坚 林植琛 沈志娟 胡 岚 黄维平
44		成德工业村	汕头市建筑设计院	林永辉 黄岳龙 孙广荣 刘 榕 朱贤国 姚汉忠

公共建筑(办公楼、学校)工程　(共计53项)

序号	编号	项目名称	申报单位	主要参加人员
一等奖（8项）				
1		广州大学新校区图书信息中心	广东省高教建筑规划设计院	李传义 朱 明 陈 琪 陶 涛 杨志疆 周 飞 沈 晞 王里佳 张永杏 何霁虹 郝素琴 肖玉萍
2		深圳大学建筑与城市规划学院院馆	深圳大学建筑设计研究院	龚维敏 卢 暘 张 剑 晏 风 刘中平 李月荣 战恩来 王建俊 董建辉 刘 畅 唐 进 于 兵
3		上海东华大学松江校区纺织化工学院楼	华南理工大学建筑设计研究院	孔志成 林师弘 李 科 於海华 郭远翔 曾 萌 俞 洋 王学峰 黄璞洁 吴小卫
4		广州发展中心大厦	广州市设计院	郭明卓 陈卫群 郭建昌 张卫国 万明亮 冯·格康 谭志昆 林心关 沈耀忠 常 煜 陈雪华 周玉兰 门汉光 周明嘉 屈国伦
5		深圳规划大厦	香港华艺设计顾问（深圳）有限公司 深圳市都市实践设计有限公司	朱 培 林 毅 黄鹤鸣 蒋 昱 陈耀光 严力军 李雪松 赵文斌 龚 莹 吴志清 刘飞海 陈 浩 王 辉 白义兵
6		合肥政务文化新区政务综合楼	深圳市建筑设计研究总院	孟建民 侯 军 刘琼祥 王丽娟 朱建群 李 茜 张 文 邓立平 李 欣 郜仁记 尹胜文 吴莲花 麦旋威 陈 坚 林聪颖
7		深圳大学文科教学楼	深圳华森建筑与工程设计顾问有限公司	宋 源 严庆平 徐 丹 于 源 张良平 张 军 王红朝 刘 磊 尤士刚 叶林青 巴桂江 李 焱 姚冠钰 曹 莉 陆 洲
8		珠海市国家税务局多功能办税大楼	广州瀚华建筑设计有限公司	冼剑雄 关颖相 关健斌 梁敏全 李少云 骆 韦 杨润强 唐小猛 李 志 曲 涛 姚绍安 蒋云君 丘 陵 朱春燕

二等奖（20项）				
9		华南理工大学大学城校区公共教学主楼	华南理工大学建筑设计研究院	何镜堂 郭卫宏 丘建发 韦 宏 劳晓杰 王琪海 俞 洋 李 豫 王 吉 钟日明 曾建晓
10		东莞市委新党校	东莞市城建规划设计院	郭志强 孙稳石 付国良 叶伟忠 张 良 黄敏军 单锦贤 何卫宇 徐伟峰 吴志坤 王俊峰 李秀萍 西 岳 张彤炜 殷继明
11		深圳大学城北京大学园区	香港华艺设计顾问（深圳）有限公司	盛 烨 曹 翔 钱伯霖 魏 纬 张晓民 陈文秀谢 华 李雪松 龚 莹 吴志清 陈石海 姜红涛 徐显棠
12		电子科技大学中山学院图书馆扩建	广东省高教建筑规划设计院	李传义 陈 琪 陶 涛 唐荣军 梁 爽 区伟强 余永莲 张永杏 沈 晞
13		佛山市顺德一中高中部	佛山市顺德建筑设计院有限公司	梁昆浩 陈霖峰 潘 晓 张小明 郑小萍 何暖康 朱剑伐 李少梅 梅策迎 林楚焘 吴志坚 潘国柱 肖艳华 张乐清 劳子英
14		南京审计学院公共教学楼	华南理工大学建筑设计研究院	何镜堂 蒋 涛 赖洪涛 俞 洋 赵初华 丘建发 龙旭水 伍尚峰 江 毅
15		广州中医药大学大会堂	广东省建筑设计研究院	邝伟权 伍 敬 陈小玲 陆世东 林洪思 刘志雄 沈 洪 文 健 梁志红 廖满英 谭永辉 卞 策 庄少立 黄 毅 林 登
16		航天大厦	中国建筑设计咨询公司深圳公司 深圳市都市实践设计有限公司	王辉 孟岩 呙朋 姜玲 张兵 李巨雄 刘玉娟 刘英 郑文国 刘滨 叶远龙 邱铨 傅卓恒 滕泽玲 黄鹏
17		中国联通广东分公司广州综合通信枢纽楼	广州城建开发设计院有限公司	陈希阳 关智熊 霍庆辉 钟振业 刘付钧 刘转州 黄玉萍 谢海松 尤泉 王涛 李自明 罗国劲 钟海军 马兰 沙泳洪
18		中州中心	广州珠江外资建筑设计院	黄 捷 梁宇行 陈 扬 黄泰赟 钟啸樵 董瑞霞 周丽莉 曾军 吴剑崑 丁伟达 谢 琳 麦志豪 陈希 林卫

19		富力盈隆广场	华南理工大学建筑设计研究院	倪阳 林毅 胡庆峰 宋光辉 苏锟 郑建华 肖方毅 黄宗芳 魏作伟 罗志国 杨　震 刘淑芳 杜立 麦加楚 臧福国
20		深圳安联大厦	香港华艺设计顾问（深圳）有限公司 王董国际有限公司	盛烨 刘汝涛 王兴法 凌立信 何美仪 李雪松 雷世杰 龚莹 吴志清 王盛宝 彭鸣 陈怡 李薇 李瑞芳 杨启宏
21		广东省委新一号楼	深圳市建筑设计研究总院	孟建民 侯军 沈晓恒 林镇海 张蕾 林文明 郑文星 李汉国 潘京平 罗　兴 吴时适 曾邦喜 颜琦章 刘　臣 罗　滨
22		TCL工业研究院大厦	深圳市陈世民建筑事务所有限公司　　深圳市方佳建筑设计有限公司	陈世民 张　琳 韦志强 袁　昕 张彦杰 邵秀丽 余瑞珍
23		信合大厦	广州市城市规划勘测设计研究院	李萍萍 潘忠诚 林　隽 吉日新 方　浩 张庆宁 区慧美 陈伟军 刘永添 苏艳桃 刘杰峰 李　刚 赵　蕾 刘　筠 王里玲
24		诺德中心	深圳市方佳建筑设计有限公司 深圳市陈世民建筑师事务所有限公司	陈世民 林　青 林　文 邹宇正 黄　斌 邵秀丽 李　宏 周兰英 林昭禧 周　鸽 洪华卫 张运辉
25		广东实验中学附属天河学校	广州市设计院	陈红榕 杨穗红 许英贤 孙志坚 赵松林 贺锐波 卓　瑜 郑宇明 肖　飞 叶嘉明 徐　刚 甘兆麟 李福安 老铁辉 梁丽敏
26		正佳广场东塔写字楼	广东省建筑设计研究院	陈少光 罗晓玲 陈　星 蔡赞华 叶群英 秦晓芳 潘玉霞 沈　洪 邝伟权 林朴强 王金锋 徐　静 王怀中 梁彦彬 温文浩
27		广州大学城华南理工大学科技楼B	华南理工大学建筑设计研究院	何镜堂 郭卫宏 涂劲鹏 蒋　涛 方小丹 周汉香 王琪海 李　豫 汤德明 赵少华

28		广州中医药大学图书馆	广东省建筑设计研究院	孙礼军 洪 卫 郭奕辉 林景华 李 波 李治威 黄宇清 郭 勇 马翠娟 许振刚 蒋运林 毛 娜 林力生 张文坚
三等奖（25项）				
29		广州大学新校区首期教学实验楼建筑设计（社科实验楼、文科教学楼、艺术实验楼）	广州市城市规划勘测设计研究院	潘忠诚 李少云 叶 青 谢湃然 文 健 朱昌宏 姜文辉 张俊辉 刘思明 魏扬城 曹秋霞 黄育俊 赵 蕾 谭玉云 曹秀环
30		塘厦第三小学	东莞市城建设计有限公司	张汉斌 钟国恭 温太宗 周佛之 张 艳 黎觉夫 杨志勇 陈剑彪 胡平发 陈建芬
31		肇庆学院音乐楼	广东省高教建筑规划设计院	李传义 唐 勉 唐 丽 王永宁 梁 爽 沈 晞 周 飞 王 强 王金波 陈 琪
32		广州中医药大学体育馆	广东省建筑设计研究院	孙礼军 梁海岫 谭伟东 甄庆华 陈小芳 李思秀 黎 洁 林力生 张 珩 吴勇军 李 宁
33		珠海市香洲区霞光小学	珠海市建筑设计院	郭桂钦 黎 丹 姚洪生 卓秀田 李卫军 林 巍
34		山西农业大学图书馆	深圳市建筑设计研究总院	孟建民 陈险峰 陈 伟 冯詠钢 王华章 邓立平 李 欣 麦旋威 李敏生 韩 庆 黄宏宁 郑 朴 廖 昕 聂 雨 邹丽娟
35		江南四期八区中学（广州市南武中学新校区）	广州城建开发设计院有限公司	陈希阳 江 涛 陈宁旭 黄玉萍 余文俊 陈传荣 黎 明 马睿章 刘 彬 黄夏清 曾 扬 雷宇虹 陈作勤 文艳顺 刘 芳
36		茂名学院教学实验楼	茂名市设计院有限公司	黄秉峰 黄 北 黎世杰 陈彬毅 冯 洪 何之加 何 辉 甘夏平 李 源 黄国庆 陈 娜
37		广州培英中学鹤洞校区图书馆	华南理工大学建筑设计研究院	杨晓川 王 钰 林旭文 黄振强 庞小燕 江 帆 张业文

38		广东外国语师范学校多功能体育馆	广州市设计院	张南宁 段　雷 张思明 张　珂 黄玲俐 黎　珀 李　觐
39		东莞市沙田镇政府办公楼	东莞市城建规划设计院	祁志强 孙稳石 付国良 叶伟忠 何卫宇 徐伟峰 张彤炜 殷继明 温纲明 王　沛 马　芳 李慧兰
40		南方电力调度通信大楼	广东省建筑设计研究院	邹咏文 杨驰驰 倪　萍 梁艳云 庄孙毅 陈小辉 刘志雄 钟亚木 陈乃华 刘　璟 陈常清 何　军 许继民
41		绵阳科教创业园产业孵化中心	香港华艺设计顾问（深圳）有限公司	盛　烨 罗　涛 周戈钧 白义兵 陈文秀 王　恺 刘连景 李雪松 傅勇平 陈石海
42		迈瑞研发大厦	深圳市电子院设计有限公司	宁　琳 韩　冬 何珂宁 孙　逊 曾　缤 温　敏 郑立群 隋爱群 邱　坤
43		东莞移动通信服务楼	广州市设计院	林少斌 杨穗红 谭卓枝 陈洪伟 胡　毅 陈永平 石晓蕊 利云飞 曾庆钱
44		广东电信广场	广州市城市规划勘测设计研究院	苑跃虹 郑俊杰 林振声 朱　岚 杨小斌 方小丹 周越洲 陈福熙 吴敬伟 马伟东 邓重秋 钟　城 李大年 魏扬城 杨丽珍
45		中兴通讯研发大楼	深圳市电子院设计有限公司	黄　舸 郑旭华 毛仁兴 许　谦 赵海红 何　菁 张庆伟 殷　明 黄运惠 孔德政
46		勤建商务大厦	广东建筑艺术设计院有限公司	邓日新 李　坚 周子程 郭思宁 李春棠 汤淑仪 申益强 林映华 黄德钧 李杰红 李魁行 谢达夫 邱继国 万桂和 黎阳升
47		深圳国际商务中心	深圳市城脉建筑设计有限公司	金逸群 阚忠彦 温震阳 韩　斌 罗学智 董立勇 徐　峥 黄　岩 韩　森 顾德娴 栾天全 陈　颖 毕浔君 陈向光 汪　漫

48		佛山信息大厦	广东南海建筑设计院有限公司	李爱刚 汤志端 邓建强 李　峰 侯　欣 邝蔚青 米　艳 肖玉萍 许　磊 杨九辉 张识成 黄贵良 梁永青 喻渭河 李　扬
49		广州市第三中学扩建工程教学楼	广州市城市规划勘测设计研究院	杨小斌 张小雨 陈志明 刘东燕 李修贤 刘杰峰 伍毅辉 李　刚
50		华南农业大学风雨球场	广州市设计院	李子刚 郭建昌 巫　伟 袁尚红 张卫国 陈雪华 万明亮 邹　军
51		深圳大学科技楼	深圳大学建筑设计研究院	龚维敏 卢　暘 傅学怡 陈宗良 陈朝晖 武迎建 肖冬开 连建社 庄白梅 邓德生 朱顺发 唐　进 顾　磊 晏　风 陈　平
52		广州中医药大学办公楼	广东省建筑设计研究院	刘晓东 黄　毅 梁志红 陈向荣 陈　旭 罗　谨 卞　策 池建军 廖　雄 文　健 叶昭宜 邝锡鸿 林　登 林　欣 黄广鑫
53		大学城广州中医药大学综合楼	广东省建筑设计研究院	文　健 甄庆华 袁伟良 林致强 卞　策 陈衷华 梁志红 李　宁 范绍芝 庄少立 蔡晓宝 李　毅 林　登 黄　毅 罗　谨

住宅工程（共计42项）

序号		项目名称	申报单位	主要参加人员
一等奖（7项）				
1		云山诗意	广州伯盛建筑设计事务所 广东建筑艺术设计院有限公司	盛宇宏 陈宏良 孙汉民 颜家国 钟伟祥 梁　航 王铭飞 苏秀芬 沈　纲 薛卫文
2		万科十七英里	深圳华森建筑与工程设计顾问有限公司	肖　蓝 韩新明 王　冠 张良平 任　旭 尹德全 周小强 刘　晶 严迅奇 石苏生

3		金海湾花园	广州市设计院 深圳市陈世民建筑师事务所有限公司	林浩骏 陈世民 蔡伟平 罗铁斌 赵松林 赵启皓 陆少芹 丰汉军 华锡锋 邝 鹏 黄孝颖 钟献荣 周 定 李桂芳 丛景嵩
4		深圳万科第五园（一、二期）	中建国际（深圳）设计顾问有限公司	赵晓东 王 戈 胡 军 李冠诚 赵小芳 赵文清 丁丽娟 杨庆伟 曹韶辉 丁瑞星 王 琳 杨先桥 李洪静 孙素文 尚聪勇
5		振业城（振业横岗项目）一期	深圳华森建筑与工程设计顾问有限公司	王晓东 徐 丹 岳子清 谷再平 杜 军 姜慧媛 尤士刚 尹德全 贾宗梁 丁 颖 胡光瑾 张 煦 刘 方 黄卓军 马红梅
6		香密湖．熙园	深圳华森建筑与工程设计顾问有限公司	张 晖 于 源 练贤荣 费金祖 刘维亚 钟小林 张立军 李百公
7		深圳市云深处别墅区	中国航天建筑设计研究院（深圳分院）	王 健 鲍永芳 吴留先 卢华辉 潘永根 王济珍 李水兵 刘金兰 马京分
二等奖（16项）				
8		中海蓝湾	广州瀚华建筑设计有限公司	冼剑雄 梁文锋 关健斌 傅毅舟 姚 君 陈福熙 吴 滨 刘益军 李 志 胡江平 蒋云君 陈敏华 王 琰 钟振彪 豪粤明
9		广州万科城市花园一期住宅组团（2-5组团）	广州瀚华建筑设计有限公司	冼剑雄 吴 鑫 朱振宇 李 波 周绍南 刘 湘 陈 军 王晓杰 唐小猛 刘世锋 郭 峰 蒋云君 郑建东 钟振彪 凌小坚
10		深圳市深业·新岸线（一期）	深圳市筑博工程设计有限公司	孙慧玲 李锦周 王旭翔 许 丰 欧阳峰 朱 旭 肖志敏 潘少华 刘喆喆
11		长春中海·莱茵东郡	香港华艺设计顾问（深圳）有限公司 吉林建筑工程学院设计院	林 毅 陈日飙 杨 华 刘耀彬 袁志仁 曾范梅 谷秀娟 吴 刚 周晓舟

12		保利香槟花园	广州承总设计院	黎　宁 胡　海 李振荣 吴建虹 余智敏 唐社英 赖国周 李炳魁 黄麟朝 黄毅强 陈春玲 周　劲 庄秀华 林宇丹 陶培韡
13		兰州仁恒（住宅）A1、A2栋	广州伯盛建筑设计事务所 广东建筑艺术设计院有限公司	盛宇宏 陈宏良 孙汉民 颜家国 陈坚民 钟文铭 王铭飞 梁石开 沈　纲 曾勇升 李　毅
14		深圳香域中央花园	香港华艺设计顾问（深圳）有限公司	陆　强 李　明 周戈钧 万慧茹 严力军 沙卫全 赵文斌 吴志清 凌　云 刘　俊 陈天大 叶卫民 王　群
15		时代廊桥	广州伯盛建筑设计事务所 广东建筑艺术设计院有限公司	盛宇宏 陈宏良 孙汉民 颜家国 卢法林 魏　彧 熊建平 陈育祥 周灿亮
16		深圳招·城市主场	中建国际（深圳）设计顾问有限公司	刘小青 张　立 张震洲 黄用军 丁丽娟 朱永斌 丁瑞星 曹韶辉 向庆滨 方卫兵 戴　菲 杨先桥 杜光辉 唐和平
17		南沙滨海花园水晶湾轻钢别墅（二期个性化别墅）	广州城建开发设计院有限公司	李　炜 林　安 符传桦 陈宁旭 余文俊 沙泳洪 黄　航 陈传荣 邱　敏 刘　芳 马睿章 邹杨帆 钟海军 周　梅 黄夏清
18		中山雅居乐花园十二期中心城	中山市建筑设计院有限公司	王　滔 邹卫华 许文浩 杨立文 罗振华 甄伟康 李保明 张伟峰
19		观澜湖高尔夫大宅	深圳市建筑设计研究总院	刘福义 魏国威 陈建宇 罗韶坚 苏礼康 洪石坚 杜晓弘 王　莹 谢沂峥 陈志英 孙文静 郑　昕 周力红 史　盛 潘爱民
20		阳光带. 海滨城二期	深圳市城脉建筑设计有限公司	毛晓冰 黄　辉 石丽茹 蒋宪新 黄　岩 毕浔君 夏学智 徐　峥 石　静 陈　颖 李　茜 韩　斌 韩　刚 陈荷华 李　彬

21		花园城三期1号地铁	深圳华森建筑与工程设计顾问有限公司	岳子清 叶林青 郭春胜 马洪梅 张良平 白建永 李 焱 石苏生
22		金海岸花园二期１０－１３栋	广州市番禺城市建筑设计院有限公司	吴国英 周建明 高少华 贡 欢 陈智恒 李杏燕 王林强 张钢钢 何志辉 禤甲海 冯志真
23		广州万科四季花城（1～3期）	广东省建筑设计研究院	陈朝阳 许成汉 吴彦斌 刘 嵘 林志华 龙国兵 何伟雄 李博宁 李 云 梁灿南 吴庆华 付 亮 张 健 袁红亮 吴 敏
三等奖（19项）				
24		广州淘金家园会所	深圳华森建筑与工程设计顾问有限公司广州分公司	邓 明 李红蕾 陈刘钢 吴从永 杨 虎 米来喜 邢晓东 郝 伟
25		中信潮华雅居	汕头市建筑设计院	林永辉 黄岳龙 李增烈 孙广荣 吴嘉平 陈小萼 刘 榕 朱贤国 陈 伟
26		珠海华发新城一期、二期住宅施工图设计	珠海市建筑设计院	夏 京 罗增辉 宋宏忠 姚 联 李 良 庞仁贵 李秋红 王 婕 郑 丰 何小平 吴 文 许贞丽 赵 春 杨 中 赵卫东
27		新光城市广场北区	广州瀚华建筑设计有限公司	冼剑雄 吴 鑫 傅毅舟 朱振宇 钟振彪 李少云 谢 春 曾展文 王 琰 胡江平 曲 涛 蒋支君 郑建东 李 志 朱春燕
28		历德雅舍一期工程	广州市城市规划勘测设计研究院	胡展鸿 郑智敏 许 琨 刘永添 陈伟军 黄育俊 李 刚 张穗萍 王里玲 吴 晨 林小波 麦智英 陈智勇 苏艳桃
29		广州中海名都Ａ１～Ａ４会所	深圳华森建筑与工程设计顾问有限公司广州分公司	邓 明 莫泽润 陈刘钢 吴从永 米来喜 杨 虎 邢晓东 郝 伟
30		南京天泓山庄	香港华艺设计顾问（深圳）有限公司	陆 强 孙 华 侯 菲 范 珂 彭 鸣 龚 莹 吴志清 刘飞海 黄宇奘 邓文浩 覃东晟 梅利军 凌 云 王 璐 包 伟

31		悠然天地家园	深圳市清华苑建筑设计有限公司	李维信 杨另圭 郭卫平 文 艺 周远鹏 胡战平 左振渊 徐 平 洪 岭 贡 兵
32		成都中航·云岭高尔夫别墅	香港华艺设计顾问（深圳）有限公司	魏 纬 高从兵 胡力天 彭光曦 叶卫民 丁福德 陈石海 张毅坚 李 娜 杨 蕾 谢 华 沙卫全 吴志清 邓国才 赵雁南
33		深圳水榭花都三期	香港华艺设计顾问（深圳）有限公司	林 毅 钱 欣 曾文兵 蒋 昱 赵文斌 刘连景 吴志清 陈石海 凌 云 于桂明 徐 莹 朱冰洁 谢 华 龚 莹 王晓云
34		深圳华侨城波托菲诺·纯水岸	机械工业部深圳设计研究院	全松旺 阚朝晖 张晓丹 刘大钢 任才龙 徐雪英 蒋丹翎 林贵华 李 旭 顾 敏 彭伯端 李耀星 丁瑞斌 王 茜 宗 磊
35		云浮三河洲花园（首期）	广东省城乡规划设计研究院	王如荔 邹恩葵 邹展宇 李 军 谭瑞峰 陈 丁 苏 伟 杨俊峰 陈建尔 苗鸿钧 谢 湛 陈钟卫 方百宁
36		中山万科“城市风景”项目	深圳大学建筑设计研究院	曹 卓 付 洪 孙颐潞 戴传彦 吴志刚 孟美莉 陈宋良 谢 蓉 肖冬开 李月荣 洪 悦 张 剑 甘尚琼 晏 风
37		深圳万科·万科城（一、二期）	深圳市筑博工程设计有限公司	杨为众 徐昌俊 刘瑞嫜 许 丰 黄国伟 张焕辉 贾 筠 蒋晌跃 周 平
38		武汉金地·格林小城	深圳市筑博工程设计有限公司	杨为众 贾 筠 彭 岭 赵雪峰 许 丰 吴 超 朱 旭 陈正红 柯超明 姜 玲
39		深圳振业第五公社	中建国际（深圳）设计顾问有限公司	刘小青 黄立军 张震洲 李建伟 陈 刚 刘文麒 李 斌 雷 静 李 华 边立永 何露莺 何霞云 唐富荣 杜光晖

40		万科 • 东海岸三期A区	深圳市筑博工程设计有限公司	杨为众 戴思源 梁其波 许　丰 韦小英 乔海军 刘植蓬 潘少华 董　艺
41		深圳鸿翔花园一期住宅	深圳华森建筑与工程设计顾问有限公司	严庆平 杜　军 王英姿 刘　磊 尹德全 苏丛茂 李　丛 唐志辉
42		重庆建工．未来城一期工程	深圳市建筑设计研究总院	孟建民 侯　军 王丽娟 夏常松 甘雪森 朱建群 徐　铁 麦旋威 张　文 刘　宁 邓立平 陈　坚 尹胜文 沐　立 陈　丰

市政路桥、隧道工程　(共计23项)

序号	编号	项目名称	申报单位	主要参加人员
一等奖（5项）				
1		广州南部快速路珠江特大桥	广东省公路勘察规划设计院	梁立农 曹卫力 黎　军 卢绍鸿 谢智敏 卢维华 黎　敏 何　海 姜启珍 罗剑平 陈达章 刘桂红 曾宇彤 陈潮锐 魏开发
2		肇庆大桥	广东省公路勘察规划设计院	王　强 鲁昌河 王景奇 胡玉昆 余曾锡 蔡小扬 徐翠晖 罗新才 王停珍 梁玉明 谢伟强 徐威明 陈德华 陈潮锐 邓穗芬
3		东莞水道特大桥	深圳市市政工程设计院	陈宜言 宁茂堂 蒋凌云 彭栋木 沈泽向 侯念春 陈宝春 孙　潮 蔡　明 徐　波 何晓晖 朱　勤 封洁纯 张海龙 方益红
4		广州市科韵路工程	广东省冶金建筑设计研究院	刘智君 陈继光 黎海堤 朱艳萍 潘朝慧 黄仁杰 罗晓彬 解　冰 陈　林 张　韡 唐浩斌 单晓方 贺　虹 曹玉锋 周　蓉

5		罗湖口岸 / 火车站地区综合改造工程	深圳市北林苑景观及建筑规划设计院有限公司 深圳市市政工程设计院	Kevin shanley 何　昉 黄任之 千　茜 王　涛 容　欢 陈宜言 陈少华 蔡　明 王少峰 徐　波 章锡龙 周成宝 王织平 张晓勇
二等奖（8项）				
6		广东省中山新隆至江门高速公路	广东省公路勘察规划设计院	邱　皓 苗德山 鲁昌河 左智飞 马炽藩 林本炎 谢海燕 孙向东 陈新富 刘事莲 李志江 杨　晖 高云飞 陈潮锐 黎　军
7		广州地铁二号线调整工程万胜围站工程设计	广州市地下铁道设计研究院	陈惠嫦 史海欧 郑　石 罗燕萍 刘丽萍 陈耀升 张　丽 王丹平 何　坚 邓剑荣 张　悦 巫　玲 郑　隽 谢　锐 何颂恒
8		番禺西丽大桥工程	广州市市政工程设计研究院	宁平华 熊正元 郭建民 刘　芳 黄炎坤 黄道沸 李伟强 卢学义 张怡伟 谭小灵 刘瑞娟 郑道雄 邱　刚
9		肇庆西江大桥扩建工程	广东省公路勘察规划设计院 肇庆市公路勘察规划设计所	曾友钦 梁立农 钟猛志 黎　军 王华中 何　海 钟汉邦 赖道明 区丽端 李江山 鲁昌河 薛林炬 陈思根 潘　勇 黄朝锋
10		广州科学城萝南路扩宽工程	广东省建筑设计研究院	赏锦国 王　勇 王华松 黄龙田 刘　燕 梁茂平 谭　歆 张变兰 王　健 林能佑 胡智敏 孔　铭 陈文义 陈海斌 田珊珊
11		西部沿海高速公路珠海金鼎至新会古井段交通工程及沿线设施	广东省公路勘察规划设计院	曾　盛 汪　超 许蔚华 童　杰 陈潮锐 刘丁慧 吴恩彻 郑其焌 占　辉 郭月利 赵文文
12		寺右新马路与花城大道间交通联接工程（广州大道隧道工程）	广州市市政工程设计研究院	姚小彬 宁平华 卢　芬 刘宇晨 谭新兰 谭霭仪 张承斌 徐永胜 熊正元 李伟强 刘　芳 张小璇 何湘芳 林　辉 程　谨

13		东莞市松山湖大道市政工程	深圳市市政工程设计院	蔡　明 赵　刚 陈少华 林有心 王少峰 封洁纯 杨　曦 宁茂棠 王先前 徐　波 王晓红 杨　飞 朱秀兰 李　锋 原　华
三等奖（10项）				
14		广湛高速公路阳江至茂名段	广东省公路勘察规划设计院	姜启珍 卢绍鸿 黎　军 陈湘华 戴耀中 林延鹏 何　海 罗剑平 鲁昌河 曹卫力 谢智敏 易　巍 陈潮锐 黎　敏 谭　凌
15		广州市增埗大桥改造工程	广州市市政工程设计研究院	刘　芳 宁平华 黄明珍 王定文 唐明裴 邓若瑜 区　杰 吴文华 郭建民 谢　欣
16		东莞市马石山隧道工程	深圳市市政工程设计院	王建新 邓永双 郑余朝 王永旗 朱秀兰 袁兴无 戴文涛 李良胜
17		夏港大道（广深路～连云路）道路工程	广州市市政工程设计研究院	李伟强 宁平华 刘　芳 吴粤军 邓若瑜 陆永帆 王　凡 郭建民 谭新兰 张守纪 彭　劲 邓仕敏 黄明珍 冼彩虹 马文轩
18		广州市轨道交通三号线客村站～大塘站区间隧道暗挖段工程设计	广州市地下铁道设计研究院	王　建 杨治兴 史海欧 赵德刚 贺利工 涂小华 朱筱菁 王　睿 莫嘉骅
19		广梧高速公路马安至河口段	广东省公路勘察规划设计院	梁志勇 万志勇 马炽藩 罗旭东 韩日丰 陈潮锐 李志江 谢小兵 黄锋旺 杨　晖 谢海燕 陈竞飞 林　敏 刘事莲 陈伟莉
20		国道205线龙川至河源公路（柳城至热水段）---河龙高速公路	广东省公路勘察规划设计院	易　巍 黄峰旺 韩日丰 陈潮锐 罗旭东 陈新富 孙向东 万志勇 刘事莲 谢小兵 陈竞飞 陈枝洪 武建中 邝清娴 陈伟莉
21		广东省西部沿海高速公路（珠海～阳江）珠海金鼎至新会古井段	广东省公路勘察规划设计院	陈新富 何　海 罗旭东 孙向东 吴恩彻 苏高裕 武建中 刘事莲 赵金锐 王　强 胡玉昆 罗火生 陈竞飞 吴　刚 陈枝洪

22		广清高速公路银盏至北江二桥段	广东省公路勘察规划设计院	韩海影 胡玉昆 王　强 蔡小扬 赵金锐 吴恩彻 罗火生 邱新林 聂玉文 江晓霞 陈潮锐 王景奇 刘　烜 朱勇军 罗新才
23		东莞市莞长公路改造工程	广东省冶金建筑设计研究院	刘智君 朱艳萍 黎海堤 罗晓彬 单晓方 黄仁杰 潘朝慧 贺　虹 陈远元 曹玉锋 唐　薇 周　蓉 廖晓辉 杨林林 苏永杰

园林景观 .市政公用(给排水)工程　(共计11项)

序号	编号	项目名称	申报单位	主要参加人员
一等奖（2项）				
1		广州市南部供水工程	广州市公用事业规划设计院	申石泉 王建平 保延新 邓应康 伍新政 游定辉 陈颂良 刘振汗 魏文捷 李燕华 陈　希 董志山 蔡志盛 叶国文 陈　薇
2		韩国京畿道中国传统庭园---粤华苑	广州园林建筑规划设计院	沈　虹 莫少敏 杨　俭 陶晓辉 梁思丹 李　超 李　健 谢健仪 颜漱华
二等奖（4项）				
3		东莞松山湖高科技产业园景观设计	深圳市北林苑景观及建筑规划设计院有限公司	千　茜 叶　枫 王　涛 徐月英 丁　蓓 黄　亮 利志渭 李如健 蔡锦淮 邓宇昱 程智鹏 覃锦淮 杨华光 王织平 周成宝
4		万科·十七英里环境设计	深圳市北林苑景观及建筑规划设计院有限公司	千　茜 章锡龙 王　涛 钟国华 李如健 王织平 杨政华 杨如轩 王辉平
5		广州市沥滘污水处理厂一期工程	广州市市政工程设计研究院 中国市政工程西南设计研究院	隋　军 罗万申 姚汉钟 张学兵 汪传新 赵忠富 陈贻龙 李堂发 黎勤波 孙　政 彭　勃 尹克明 李世杰 蒋　岭 程　瑾

6		佛山市高明苗村白石坳生活垃圾卫生填埋场	广东省建筑设计研究院	陈伟雄 原效凯 李骏飞 陈位洪 李来埔 朱桂玲 张变兰 姚诚毅 江　刚 甄宏志 张国梁 李德强 赖德贤 赵世海 周惠明
三等奖（5项）				
7		三水西南公园	广州园林建筑规划设计院	梅卫平 沈　虹 莫少敏 黄旭波 高　蔚 陈澜沧 卢智妍 王　朵 李　健 杨　俭 叶浩贤 刘　勇 李　超 冯间开 严漱华
8		湛江市渔港公园	湛江市城建设计院	李　敏 尤琼銮 钟　河 唐丽娜 吴刘萍 黄学理 张石生 喻志友
9		深圳市民中心环境设计	深圳市北林苑景观及建筑规划设计院有限公司	宁旨文 郭玉红 黄任之 罗明辉 王辉平 徐月英 朱胜宏 严廷平 肖　勇 王　煜 周亿勋 何　伟
10		深圳水库流域污水截排工程	深圳市水利规划设计院 深圳市市政工程设计院	陈　雯 陈筱云 黄　鹄 贝会华 周淑兰 刘琼玲 王建新 林　智 陈卓如 王兆红 张玉英 雷　声 谢　莹 张　彤 彭昭宇
11		镇安污水处理厂二期扩建工程	广州市市政工程设计研究院	姚汉钟 王传新 彭　勃 陈贻龙 黎勤波 李世杰 程　瑾 李　胜 张中炎 牛　樱 刘成林 周建华 邱　维 林鸿飞 陈建国

能源、水利、石化、矿山工程　（共计18项）

序号	编号	项目名称	申报单位	主要参加人员
一等奖（3项）				

1		广东大唐潮州三百门电厂一期工程	广东省电力设计研究院	宋燕友 唐红键 郑子伟 丁　敏 黄海华 潘　灏 匡　俊 王立平 龙国庆 刘宇穗 罗宇东 万承军 杨　丹 张　玲 黄海山 林伶利 邓宇姗 李　鹏 张志正 彭雪平 张略秋 蓝文标 汤东升 曾慧莲 刘必媛
2		500kV博罗变电站工程	广东省电力设计研究院	张章亮 陈辉祥 朱敏华 王世昭 邓小玉 张劲松 李煜东 张升球 陈　洁 吴　琛 何梓欣 曹华珍 张旭光 叶振芳 化振谦
3		广州南沙龙沙有限公司9000t/a烟酰胺项目	广东省石油化工设计院	顾广宇 张伟锬 刘悦晖 张　宁 祝　敏 邝国鑫 张　鹏 张　玟 徐　梁 陈有乐 黄燕荣 陈　伟 陈思宁 温晓航 邬韶萍
二等奖（8项）				
4		绥江牛岐船闸复航工程设计	广东正方圆工程咨询有限公司	李婉仪 瘟国健 吴宏中 李世峰 肖晓帆 王国兵 张垂虎 朱文光 戴　康 陈海志 吴玲华 陈　莹 赵国明 赖振飞 黄丽芬
5		珠江电厂1、2号机组600MW烟气脱硫工程	广东省电力设计研究院	杨佳珊 张　羽 谭学谦 廖思雄 罗　伶 陈利芳 林　群 刘召平 田　健 祝杨莉 黄雪梅 孙文龙 张治忠 黄　瑾 邹竟成
6		韶关电厂11号机1×300MW机组工程	广东省电力设计研究院	宋燕友 张志正 李　刚 欧卫海 钱可弭 钟　华 梁中军 万承军 林希平 罗海泉 曾志强 李　波 沈蔚莲 罗振宇 马映心

7		青海黄河嘉酿啤酒有限公司10万KL/年啤酒工程	广东省轻纺建筑设计院	蒙明志 潘建中 陈　钢 黄向辉 余　晓 贺敏旭 罗湘涛 李福俊 罗险峰 李　伟 杜光明 黄飞鸿 李慧琦 吴　磊
8		7#高炉全干法煤气布袋除尘系统工程	广东省韶钢设计院	邵　剑 蔡富良 杨天祥 曾纪宁 曹小红 陈练平 孙振武 李宇光 杨　群 林亮星 张　煊 黄俊卿 莫素强 罗佩洁
9		南沙开发区大井天山二石场、大井天山石块、大山石场、冲口石场、喜业旺业石场合并台阶式整治复绿工程	广东省冶金建筑设计研究院	邱仲业 韩仕权 林冬青 侯伟方 尚玉峰 谢世强 张玉珍 刘丽华 陈　敏 关贤欢
10		220KV丹桂变电站工程	佛山电力设计院有限公司	陈学辉 杨汝泉 白国卿 杨幼雯 侯光荣 林卫铭 李　莉 李志凌 王巧荣 黄康谋 陈　洁 卢小兰
11		广东省乳源县坝美水电站拱坝工程	广东省水利电力勘测设计研究院	李少鹏 章　鹏 陈志伟 赵田田 宋春华 郑晶星 周润棉 何伟俊 廖建强 梁成平 姚廉华 古汉文 钟雄柱 肖段龙 谢学军
三等奖（7项）				
12		五羊---本田摩托（广州）有限公司新工场搬迁项目	广东省石油化工设计院	黄溢樑 沈彦韬 刘　浩 王康年 郑赞强 蔡旭辉 陈有乐 温晓航 赵泰良 吴宇平 刘　巍 伍成和 钟　衡 林　雄 李兆宗
13		江门市江新联围江门堤段达标加固工程　（桩号14＋512至20＋769）	江门市水利水电勘测设计院有限公司	何民辉 谭超荣 雷东彦 冯仲明 周公建 叶劲川 陈　洁
14		110KV古灶变电站工程	佛山电力设计院有限公司	陈学辉 潘静丽 余崇高 杨幼雯 邓旭坚 林卫铭 汪晓梅 董　玲
15		广州丰彩菱重印刷科技研发中心有限公司项目工程（印刷中心、包装中心、设备用房、锅炉房、门卫室）	广东省重工建筑设计院	孙晓丹 谭　玮 刘　铿 李振亮 陈丽华 方　刚 刘　纺 王文纯 吴锦雄

16		广东溢达纺织有限公司梭织染整厂五百万码改扩建工程	广东省轻纺建筑设计院	邓华欢 刘曼峰 林盛发 梁威国 梁曦薇 于怀星 王岱琼 罗险峰 李素文 邓小轩 张伟强 张晓晖 潘秉聪 李福俊 孙　亮
17		110千伏沐溪输变电工程	韶头市擎能设计有限公司	黄向民 郑广杰 李韶军 王泽霞 向金国 李　杰 黄丽惠 郭秀慧 李国利 计　杨 黄国辉 朱云达 彭朝辉 张杰菁
18		110KV景园变电站工程	佛山电力设计院有限公司	陈学辉 潘静丽 余崇高 韦　辉 王巧荣 林卫铭 董　玲 杨汝泉 邓旭坚 李志凌 汪晓梅 陈　洁

岩土工程、水文地质勘察（共计41项）

序号	编号	项目名称	申报单位	主要参加人员
一等奖（6项）				
1		广东大唐潮州三百门电厂一期工程土工程	广东省电力设计研究院	何宝石 谢继超 李海云 汪华安 冯文高 陈泽民 马海毅 王清黎 张润明 曾伟雄
2		广东省潮州供水枢纽工程	广东省水利电力勘测设计研究院	陈云长 王汇明 车林源 吴照文 黄建添 曹　洪 赖伟茂 李松涛 李　帆 彭毅坚
3		广东邮电通信枢纽综合楼（68层）工程勘察	广州市城市规划勘测设计研究院	贺　冰 彭卫平 郑振云 廖建三 罗甜光 巫勇新 苏　艳 容穗红 牛红丽 余洽栋
4		港湾广场（一期）工程岩土工程一体化项目	广东省建筑设计研究院	朱远辉 麦劲儒 张冬至 石汉生 林本涛 朱爱国 吕　军 王　洪 韦中杰 何渌滢
5		深港西部通道一线口岸区岩土工程勘察、填海及地基处理工程设计	深圳市勘察研究院有限公司 深圳市工勘岩土工程有限公司	李荣强 沈孝宇 周洪涛 王贤能 张欣海 邓文龙 丁国贵 张喜珠 于　芳 张运标

6		广州市科韵路	广东省冶金建筑设计研究院	李焕新 李佰锋 董　荣 徐建明 林树潮 郭　涛 孙开诚 赵凤娥
二等奖（14项）				
7		深圳会展中心场地详细阶段岩土工程勘察	深圳市勘察测绘院有限公司	张旷成 张先亮 熊金安 张文华 刘官熙 丘建金 吴建斌 徐国希 邱　林 蔺　宏
8		广清高速公路银盏至北江二桥段	广东省公路勘察规划设计院 广东省地质物探工程勘察院	潘奎生 林济南 饶其荣 李树茂 张修杰 李学文 陈明晓 邓超文 孙跃军 张　峰
9		南沙开发区亭角立交工程	广州市市政工程设计研究院	刘良贵 黎友添 郑利松 杨　军 李　伟 林春秀 钟　涛 彭功勋
10		深圳市龙岗文化节中心岩土工程勘察和地基处理工程设计	深圳市工勘岩土工程有限公司 深圳市勘察研究院有限公司	李荣强 沈孝宇 周洪涛 邓文龙 张运标 周逢君 张振涛 王贤能 蒋笃恒 林雪辉
11		500kV花都开关站（勘察）	广东省电力设计研究院	徐正元 何宝石 罗本韬 莫树光 张润明 马海毅 曾伟雄 彭非常
12		深圳实验学校高中部边坡工程岩土工程勘察	深圳市勘察测绘院有限公司	张文华 江木顺 张先亮 陈建湘 李爱国 张未然 付素蓉 劳作优 蔡学文
13		广梧高速公路马安至河口段	广东省公路勘察规划设计院	张修杰 林济南 潘奎生 陈明晓 李树茂 张长利 邓超文 彭穗荣 黎小杰 吴穗平
14		广西柳江红花水电站工程地质勘察	中水珠江规划勘测设计有限公司	李宁新 向德忠 陈明清 朱云江 麻王斌 林起昌 吴　飞 黄玉廉 黄汉钧 沙红球
15		广州水泥厂迁建工程马溪厂址岩溶勘察	广东省地质物探工程勘察院	饶其荣 李学文 陈周平 张　峰 蒙盛武 孙跃军 柳坤明 蔡裕恩 李伟和 刘文祥
16		深圳市怡景中心城基坑支护工程	深圳市勘察测绘院有限公司 铁道部科学研究院深圳研究设计院	刘国楠 丘建金 侯庆华 王志人 江辉煌 胡双怀 徐玉胜 刘小平 赵　辉 李爱国
17		广州市内环路广佛出口放射线岩土工程勘察	广东省建筑设计研究院	伍四明 石汉生 周波照 陈永庭 林本海 沈永洋 王　洪 朱远辉 曾　攀 张冬至

18		广东省佛山市南海区里水地热水文地质详查	广东省工程勘察院	王　军 任大国 刘远锋 喻　红 张其光 温汉辉 王　渊
19		佛山市世纪莲体育中心岩土工程勘察	广东有色工程勘察设计院	李静荣 邬凤茂 方院庭 邬巧胜 陈荣波 邓敬友 余广鹏 刘　胜 隋耀华 张志坚
20		广州火车站周边快速链接系统工程	广州市市政工程设计研究院	刘良贵 李　伟 郑利松 李承海 付冬平 蔡剑波 赵　华 陈水龙
三等奖（21项）				
21		国道昆明东连接主线初步设计阶段地质勘察	广东省工程勘察院	王　军 郑健生 卢楚彪 古锐开 李双喜 赖万兴 刘远锋 常开平 林维芳
22		广州市轨道交通四号线东涌一黄阁北区间岩土工程勘察	广东有色工程勘察设计院	王世彪 李静荣 方院庭 周建华 邬巧胜 隋耀华 张志坚 雷永超 苏再非 刘　胜
23		广州华标涛景湾二期商住楼	华南理工大学建筑设计研究院勘察工程有限公司	梁国雄 马立臣 叶少航 温耀霖 谢泰潮
24		渝湛国道主干线高桥（粤桂省界）至遂溪（湛江）高速公路	广东省公路勘察规划设计院	林济南 陈明晓 潘奎生 李树茂 刘敬辉 周孝宇 邓超文 周锦波 邓穗强 彭穗荣
25		国家工商行政管理总局行政学院场平及边坡整治工程	深圳市勘察研究院有限公司	宋立峰 白李妍 付新明 周洪涛 余成华 左人宇 侯德军 胡俞晨 薛葆珠 潘大勇
26		广东省国际赛艇中心工程勘察	广州市城市规划勘测设计研究院	刘　伟 黄仕强 廖建三 郑振云 王想勤 容穗红 梁志成 袁新望 余洽栋 巫勇新
27		广州科学城珠吉道路(一横路~科学大道)及下穿高速公路隧道工程基坑岩土支护设计	广州市市政工程设计研究院	黎友添 刘良贵 李　伟 张德波 伊颖锋 张　欣 谭泽新 单联君
28		京九铁路K2085+600～K2086+250不良地质体岩土工程勘察	广东省惠州地质工程勘察院	何珊儒 刘永利 黄秀丰 钟志芳 陈志平 张福林 赖华东 黎文浪 陈仕龙 朱炳湖
29		深圳长城盛世家园二期超深基坑支护工程设计	中国京冶工程技术有限公司（深圳分公司）	杨志银 冯申铎 王凯旭 蔡巧灵 付文光 许　斌 王　皓 沈文立

30		名盛广场地下室全逆作法深基坑支护工程	广东省建筑设计研究院	陈　星 罗赤宇 王金锋 王　洪 叶群英 孙礼军 林扑强 向　前 陈少光 陈　颖
31		珠海市横琴岛番禺/惠州天然气开发项目终端场地岩土工程详细勘察	广东省珠海工程勘察院	马　强 何庆鹏 詹振阳 龙明滔 刘晓桦
32		广东省西部沿海高速公路（珠海-阳江）珠海金鼎至新会古井段	广东省公路勘察规划设计院	林济南 邓超文 潘奎生 张修杰 李水清 黄　宏 陈明晓 周孝宇 刘敬辉 李树茂
33		深圳市市民中心场地岩土工程详细勘察	深圳市勘察研究院有限公司	郭有强 袁　新 张喜珠 邓文龙 李荣强 胡景文 魏贤敏 张敏勇 林如喜 马燕平
34		仓边路复建综合楼基坑支护工程设计	广州市城市规划勘测设计研究院	张在喜 刘崇权 刘永添 彭卫平 娄　红 李力军 王想勤
35		宝盛沙地商住小区G、H、J、K、L、M栋商住楼	广州市设计院	潘　宏 郭建伟 曾奕辉 何　港 顾桥活 陈润雄 刘志伟 李金华 林伟民
36		佛山市东平大桥工程勘察	广东佛山地质工程勘察院	冼有才 贺细坤 周振林 邓志雄 袁丽云 张国经 谭孝勇 黄宇辉
37		嘉泰雅园商住楼岩土工程勘察	汕头市建筑设计院	方时畅 陈惠华 王笃贤 黄少群 林晓明 杨俊豪
38		广核大厦地基加固与基坑支护工程设计	广东核力工程勘察院	艾桂根 苏文聪 庄师柳 李明连 张　群 刘育春 唐发明 朱伟亮 周小纯 李中华
39		湛江东兴石油企业有限公司二联合设备基础地基处理工程	广东省湛江地质工程勘察院	梁岳伟 陈杰东 黄　洪 韩健庄 叶国杨 甄绍纪
40		星洲家园	汕头市粤东工程勘察院	林志文 吴锐鑫 陈洁珠 黄蓬源 姚新民 许巧娟
41		江门市南洋船舶工程有限公司厂区工程勘察	广东江门地质工程勘察院	麦海强 张国活 颜昌隆 蒙超燧 刘荣东 李玩辉 黄信耀 杨小艳

测　　量（共12项）

序号	编号	项目名称	申报单位	主要参加人员
一等奖（2项）				
1		广州市似大地水准面精化	广州市城市规划勘测设计研究院	方　锋 林　鸿 李建成 杨　光 黄金锋 欧海平 姚宜斌 刘业光 刁锦通 廖文翰
2		深圳轨道交通四号线二期工程控制测量	深圳市勘察研究院有限公司	肖　兵 方门福 胡朝辉 刘应军 陈远鸿 潘文俊 卢永华 林　娟 雷远建 杨清万
二等奖（4项）				
3		惠州抽水蓄能电站施工控制网	广东省水利电力勘测设计研究院	陈远洪 徐知秋 杨　波 杨喜源 蓝　宇 饶光勇 刘良福 关伟明 陈英杰 陈汉松
4		深圳市数字化城市管理信息系统信息普查工程	深圳市勘察测绘院有限公司	王双龙 汪其志 李爱国 郝埃俊 李培根 周贻港 王维林 朱干章 黄国强 赖东杰
5		广州市轨道交通工程2010年建设线路三等平面、二等水准控制测量	广州市城市规划勘测设计研究院	刁锦通 胡曙光 黎树禧 王齐林 李金城 刘　敏 赵文波 徐顺明 徐炳前 秦亮军
6		珠海市（新香洲测区）1：500数字化地形图测绘	珠海市规划测绘大队	马德富 黄汉星 胡冬芽 丁建勋 谢学梅
三等奖（6项）				
7		2005年度深圳市福田区、南山区土地利用更新调查（外业部分）	深圳市勘察研究院有限公司	银　霞 方门福 汪国宏 谢伟文 李林芳 王玉兰 卢永华 胡朝辉 林　娟 张春明
8		广州市科韵路工程测量	广东省冶金建筑设计研究院	叶清林 冯世新 潘桂才 刘建勋 王晓珲 张光辉 黄俊杰 陈世姚
9		韶关曲江至南雄高速公路工程测量	广东省公路勘察规划设计院	邱赞富 喻　雄 刘朋朋 彭向荣 阳德胜 汤　敏 吴兴礼 刘　定 林火瑞 熊祖志

10		广州白云国际机场地下管线竣工验收测量	广州市城市规划勘测设计研究院	莫深明 方　锋 丘广新 张汉春 欧海平 王大鹏 周士良 黄昀鹏 冯兆祥 吴伟雄
11		花都区新华污水处理厂截污管网工程	广州市市政工程设计研究院	罗相涛 林少敏 郭南耀 梁辉池 李军国 谢绍敏 张木增 黄业步 黄　武
12		深圳市龙岗第二测区土地利用现状更新调查(外业部分)	深圳市勘察测绘院有限公司	王维林 郝埃俊 王双龙 周贻港 熊梓言 张德心 张　义 刘同生 蔡永正 李　延

计算机软件（共5项）

序号	编号	项目名称	申报单位	主要参加人员
一等奖（1项）				
1		建筑结构通用分析与设计软件GSSAP	广东省建筑设计研究院	吴文勇 焦　柯 黄真康 陈　星 童慧波 欧妍君 陈圆然 孙树立 何锦超 李鸿辉
二等奖（2项）				
2		深圳市勘察设计行业信息管理系统	深圳市科筑信息技术有限公司 深圳市勘察设计行业协会	乐志强 张一莉 郭　挺 陈先桥 刘晓辉 张泽锋 潘纪生 魏万信 李　洁
3		建皓设计企业管理系统	广东南海建筑设计院有限公司 佛山市建皓科技发展有限公司	何敏丽 李　逊 龚益成 陈　锋
三等奖（2项）				
4		桥梁结构空间分析设计软件	广东省建筑设计研究院	赏锦国 戴公连 李德建 曹旭华 曹干珍 李红宝 伍志平 陈　伟 霍文斌 盛兴旺
5		“勘察e”数字化勘察信息处理软件	深圳市勘察研究有限公司	蒋　鹏 刘小敏 曾　菁 程宏威 罗　芳 陈　刚 王慧桢

工程技术创新奖（9项）

1		广州市轨道交通三号线珠江新城站~客村站盾构区间隧道工程设计	广州市地下铁道设计研究院	杨治兴 史海欧 罗俊成 张发科 刘胜利 陈玉清 贺利工 谢国胜 张远东 刘志英 黄建明
2		广州市轨道交通三号线汉溪站~市桥站区间隧道明挖段工程设计	广州市地下铁道设计研究院	陈玉清 杨治兴 史海欧 何莹心 刘　欣 苟俊琴 贺利工 涂小华 谢国胜 张福泉
3		广州市轨道交通三号线首通段工程智能配电系统工程设计	广州市地下铁道设计研究院	郭　莉 张建根 毛宁丰 陈岳陵 靳守杰 李鲲鹏 向　东 刘丽萍
4		北京首都国际机场T3B新航站楼超大型装饰工程设计	广东省建筑装饰工程有限公司	曾思成 蓝建勋 冯秉和 许艺晖 齐晓剑 韦　杰 欧佩华
5		广州港湾广场钢-混凝土混合结构新技术应用研究	广东省建筑设计研究院	陈　星 陈志民 李　宁 庄少立 石挺丰 梁志红 张　杰 陈向荣 胡晓燕 纪梓斌 范绍芝 甄庆华 王华林 吴勇军 翁泽松
6		广州合景国际金融广场	广州容柏生建筑工程设计事务所	李盛勇 陈晓航 廖　耘 容柏生 魏　捷 陈　颖 肖德周 唐　可 王晓春 彭丽红 邓孝祥 陈洪涛 李东存
7		广东省博物馆新馆悬挂结构新技术研究和应用	广东省建筑设计研究院	陈　星 李　娜 王华林 江　刚 罗赤宇 向　前 朱耀洲 林扑强 徐　静 蔡赞华 郭伟杰 许　滢 梁哥怡 陈国栋 祝　鹤
8		变截面空间组合钢管柱及超大跨度组合箱形压型钢板--新白云国际机场钢结构关键技术研究	广东省建筑设计研究院	李桢章 李恺平 廖旭钊 梁　志 伍国华 李伟锋 陈文祥 周敏辉 陈晓航
9		广州新白云国际机场航站楼大型点式预应力索结构玻璃幕墙研究与应用	广东省建筑设计研究院 深圳市三鑫特种玻璃技术股份有限公司	刘荫培 陈　雄 李桢章 周　昶 郭　胜 花定兴 潘　勇 谢国生 肖　苑 李琦真 陈益兵 吴华波 姚裕昌 蔡广建 谢新丽

关于2007年度
广东省建筑业新技术应用示范工程评审结果的公示
粤建协[2008]6号

2007年度广东省建筑业新技术应用示范工程评审工作已经结束，现将评审通过的12项工程及其执行施工单位、项目负责人名单以予公示（具体名单见附件），公示期为7天。公示期内任何单位、个人如有异议，可向我会反映。反映的内容应实事求是，以单位名义反映的，应加盖公章；以个人名义反映的，应署明真实姓名和联系电话。

地址：广州市越华路116号煤炭大楼十楼　　邮编：510030

电话：020—83352307　传真：020—83198305

附件：2007年度广东省建筑业新技术应用示范工程通过名单

广东省建筑业协会

2008年1月25日

序号	示范工程名称	执行的施工单位名称	项目负责人
广州市（8项）			
1	广州市轨道交通五号线[淘金站]土建工程	广州市建筑机械施工有限公司	丁昌银 黎　丁
2	广东省公安厅出入境制证中心大楼工程	广州市建筑机械施工有限公司	赖叶华 雷雄武
3	广交会琶州展馆配套设施项目工程(展馆)	广州市建筑集团有限公司	苏杰豪 曾建国
4	广州白云国际机场联邦快递亚太转运中心场所区工程	广州市第三建筑工程有限公司	罗兆威 余海泳

序号	示范工程名称	执行的施工单位名称	项目负责人
5	广东海上丝绸之路博物馆工程	1　广州市第三建筑工程有限公司 2　广州市金辉建筑置业有限公司	江永健 吕伟钊
6	广州交通信息指挥中心	广州市恒盛建设工程有限公司	张东深 黄桂明
7	保利世界贸易中心品牌展示性办公室	中天建设集团有限公司第七建设公司	李　扬 丁家林
8	洪德大厦(商业、办公、住宅楼工程1栋)	中天建设集团有限公司第七建设公司	李　扬 郑守高
省建工集团（4项）			
9	广州市轨道交通五号线（大坦沙南-西场站盾构区间）土建工程	广东省基础工程公司	赖伟文
10	珠江三角洲城际快速轨道交通广州至佛山段工程　岗站	广东省基础工程公司	谢　琪
11	广交会琶洲展馆配套设施项目41层办公楼主体工程展馆钢结构施工及办公楼施工总承包管理配合服务	广东省建筑工程集团有限公司	李泽谦
12	北京首都国际机场T3B新航站楼装饰工程	广东省建筑装饰工程有限公司	曾思成 蓝建勋

第三部分

年鉴人物

用智慧演绎建筑人生，用爱心呼唤绿色环境

——记原广东省建委主任、广东省土木建筑学会理事长陈之泉

陈之泉：

高级工程师、理事长
原广东省建设委员会主任
原广东省九届人大常委
广东省土木建筑学会理事长
英国牛津布鲁克斯大学荣誉博士

个人经历：
1937年出生于山西省闻喜县；
1960年天津建筑工程学院土木工程系毕业；
1960–1972年在建工部五局第三基础公司任技术员；
1972–1982年广东省基础工程公司工作，曾任技术员、队长、经理、副总经理；
1983–1998年广东省建设委员会工作，曾任副主任、副书记、主任、书记；
1998–2003年广东省人大城乡建设环境与资源保护委员会主任委员；
1991–2007任广东省房地产协会会长；
1995年出版第一本业务专著《论生存空间》；
1998年发表诗集《诗话人生》；
2000年出版第二本业务专著《论城市空间》；
2002年荣获中国人才研究会艺术家学部委员会委员（一级书法艺术委员）；
2004年被授予英国牛津布鲁克斯大学终身荣誉博士；
2004年任广东省土木建筑学会理事长；
2005年出版第三本业务专著《循环经济》；
2006年出版《陈之泉金奖书法艺术》。

我们采访陈之泉理事长（以下简称陈之泉）时，从他波动起伏的情绪中，深切地感受到了他那来自遥远而又清晰的记忆；我们的思路随着他的讲述，走进了他那曲折、丰富而又生动的人生经历。这次采访，让我们回味，让我们感动！

英国飞来的桂冠——荣誉博士

2003年，陈之泉从广东省人大常委会环资委主任委员职位上退休。2004年年初，陈之泉在他的电脑中发现了来自中山大学和英国的两个邮件，说是“英国牛津布鲁克斯大学欲授予您荣誉博士奖。”陈之泉感到半信半疑。紧接着，英国牛津布鲁克斯大学Graham Upton教授兼校长寄来了邀请函：“我郑重地邀请您接受我们学校——英国牛津布鲁克斯大学授予您荣誉博士学位这项奖。这项奖专门是为认可您对中国房地产行业的发展所做出的巨大贡献而设立的。我们学校寻找着给那些能够为当代学生起到楷模作用的人员颁奖。”收到邀请函的陈之泉有些纳闷：在退休之后还会有人给颁发此类高尚的荣誉奖？简直是天外飞来的桂冠！后经询问中山大学和英国牛津布鲁克斯大学的有关教授，了解到此奖项不仅是真实的，而且是终身的，此邀请函并非空穴来风。

英国牛津布鲁克斯大学，每年都要在世界上遴选一两个有一定学术威望的专家作为本校的终身荣誉博士，不需缴纳任何费用。该大学，是在经过向中山大学及陈之泉的个人主页等多方面的调查后才发出这份邀请的。2004年牛津布鲁克斯大学在中国遴选了二位专家，分别是陈之泉和原建设部副部长宋春华先生。

同年5月，牛津布鲁克斯大学的Graham Upton校长、建筑规划与房地产学院院长、曹军建博士（英籍华人）等七八位校方领导和学者，在北京长城饭店为陈之泉和宋春华举行了授牌仪式。

从英国飞来的这顶桂冠——荣誉博士，是对陈之泉一生在城市规划、建设和管理，以及房地产、环境保护等方面工作的肯定和认可。

为什么英国这座大学对陈之泉如此青睐？带着这个问题走进陈之泉的人生经历。从他的经历中，自然就会领悟到他的过人之处。他无论是在苦难的逆境还是在成功的顺境中，都是一位好学进取的践行者。

一、在磨难中成长

1937年，陈之泉出生在山西闻喜县。那时抗日战争已暴发，整个中国处于兵荒马乱、民不聊生的状态。1942年父亲去世。1945年哥哥去农田捡柴时遭遇狼袭而身亡。悲伤欲绝的母亲带着四个孩子艰难地维持着这个家庭的生活。但坚强的母亲常常鼓励他：“要好好念书，长大要有出息！”这句饱含着母亲极大寄望的话，始终盘旋在陈之

泉的耳旁。他从母亲一生的背影和眼神里，领悟到的是：坚强、忍耐，拼博、向前。

陈之泉8岁开始读私塾，10岁时转为公学，12岁时到距家十里地的高级小学开始独立的住校生活。为了生计，寒暑假还要在家种地干农活。再苦再难，也未曾动摇陈之泉勤奋学习的欲望。

班主任老师要每个学生买一本字典。别的同学都及时买到了，陈之泉的字典还没着落。问题是家里拿不出购买字典的20000元钱（相当于今日2元）。母亲没有办法，最后下决心带着他跑到三十几里外的舅舅家借钱。当母亲向舅舅提出了购买字典的事时，舅舅半天也没有回应，到了下午时分，舅舅说："这样吧！你们母子两到我表兄那里，他有可能帮你们解决"。第二天陈之泉和母亲一起又跑到县城找到了表舅。母亲坐了好一阵子，才讲出了来意。表舅体量到母子两的苦衷说：我刚买了一本"四角号码新字典"，就送给孩子用吧！母亲接过字典高兴万分，她一边不停地说着感谢的话，一边用衣襟擦试着感动的泪水。

从此，这本"四角号码词典"成了陈之泉的终生"伴侣"，走到那里都带着它，帮他识字、解词，填词、作诗、写文章。半个多世纪了，这本词典已变得破旧不堪，然而，他仍然把它放在身边，它那饱经沧桑的"面孔"，渗透着母亲操劳的心血、影射着自身艰辛的里程。每当他看到这本褪色的字典时，就会想起母亲的爱心和厚望。

母亲因生活压力太大，积劳成疾，于陈之泉高小将要毕业的那年，永远地离开了人世，但她的期望和信念一直激励着他前进的步伐。

母亲去世后，他能不能继续升学，心里没有把握。毕业之前，求人资助无果。最后还是伯母答应供他读完初中。升入初中的陈之泉，深感学习机会来之不易，在校遵守纪律、努力学习、尊敬老师，被少年儿童队选为小队长；不到15岁，就被破格批准加入了中国新民主主义青年团。一个学期后，陈之泉被评为红旗手（即三好学生），享受到国家的助学金，同年还被选为班上的团支部委员。

1955年，初中毕业前，陈之泉早就估计到不可能再继续升学。当时，"人民日报"上大篇幅宣传知青建设大东北的报道，点燃了他的激情，于是就联合几位同学给农业部写信，要求毕业后要到大西北开荒。回信说："你们年龄还小，希望好好学习，长大后建设祖国。"愿望被拒绝了，但陈之泉仍然满载梦想和激情，寻觅着未来的前程。

二、在困境中成才

农业部的拒绝，给了陈之泉另一种促动，无奈中，他写信给远在天津工作的姐姐和姐夫。没想到供养着四个学生的姐姐和姐夫，没有顾及任何困难，很爽快地答应接弟弟到天津来。当年暑假，陈之泉第一次从农村进入大城市——天津，从此便离开了生他养他的黄土高原，迈出了成功之路的第一步。

为了尽早就业，回报家庭，陈之泉不敢报考当时热门的学校，只填报了天津土木工程学校。该校不需要学生缴交太多费用，这是对陈之泉最大的安慰。入学后，他以极大的热情迎接着每一天的住校生活，孜孜不倦地学习。第一学期就被选为班干，第二学期后，连续数年被选为班上的团支部书记。由于表现突出，被共青团天津市委员会评为"天津市青年突击手"，荣获奖章一枚。这是当时学生中最高的荣誉。

说也逢时，是运气也是机遇。进入中专学校刚两年多，天津土木工程学校就晋升为天津建筑工程学院，其教育宗旨是"培养新中国的建筑工程师"。"工程师"几个字鼓舞着无数同学的学习激情。陈之泉也在此鼓舞之下，更加努力学习。

1960年，陈之泉从5年制的建筑工程学院正式毕业了。这是改变他一生的关键。在这5年的学生生活中，他不仅学到了扎实的专业知识，而且在连续五年的班干工作中，煅炼了他的口头表述、组织协调和社会工作等综合能力。

三、在实践中锻炼

1960年9月，陈之泉被分配到国家建工部五局上海基础公司南海工程处（广州）工作。10月，被调往粤西一重点工程工地，从事计划统计工作。一段时间后他想：室内工作，没有风吹浪打、没有日晒雨淋，虽然清闲舒适，但长时间下去很难学到真正的本领，于是他主动打报告，要求到一线去施工。很快得到领导批准。就这样，他一个人带领着数十名工人，独立接受施工任务。锻炼的机会来了：施工、技术、劳资、财务、机械、材料、行政管理，甚至思想工作等，样样都要他管。工作虽很辛苦，但磨练了自己。这样的工作他连续干了十多年。

1964年，陈之泉作为施工技术员，在广东韶关电厂水泵房工程施工中，负责外业工作。他与其他施工技术人员密切合作，顺利完成了直径为43米、无异型板桩的圆形钢板桩围堰合拢工作。在拆除钢板桩围堰时，又和工人老师傅密切配合，设计了一整套起拔能力达250多吨的土设备，解决了时下最大的拔桩难题。在这一工程中，他经受了极大的锻炼和提高。

1971年，陈之泉作为单项工程负责人，在广州承担了有世以来的第二个钻孔灌注桩工程。该工程地质中有5-6米的砂层，开工后多次发生坍塌，公司的总工程师、公司经理等领导都没有拿出解决问题的办法。在这极度困难的情况下，陈之泉到书店里去寻找答案，用整整半天的时间，找到了一本文献性的资料，提及泥浆护壁技术，他如获至宝，回到工地即进行试验，终于用泥浆护壁法解决了塌孔的难题。以后他在十多个钻（冲）孔灌注桩工地实践的基础上，撰写了《钻（冲）孔灌注桩讲义》，为广东省基础工程施工做出了贡献。

1976年，陈之泉作为施工队的技术副队长，承担了南中国最大的沉井工程（平面尺寸22.1X32m，高10多m），该工程最大的难点是要将近万吨重的沉井预制在承载力仅为0.5kg/cm²的淤泥层上，并下沉到岩层。这在全国是绝无仅有的。他作为施工队的技术负责人，承受着极大的精神压力。但在公司的领导下，解放思想，大胆细心，日夜坚守在工地上，一丝不苟地完成了任务：沉井下沉至设计标高时，其四角高差仅2.6公分，工程质量达到了优良标准。

1977年，陈之泉接受了公司下达的地下连续墙试验任务，在没有设备、没有成熟工艺、没有任何经验的情况下，与本工程队的技术人员、工人师傅一起，研究试制了与其施工工艺相配套的一整套地下连续墙施工设备，并总结出一套新的施工工艺，为广东省发展地下连续墙施工技术开创了先河。

1982年初，陈之泉被广东省建筑工程局批准晋升为省基础工程公司副总经理。此时他在工地上已摸爬滚打了23个年头。在此期间，他主持和参预的工程项目（包括桥梁、码头、泵房、大型沉井和各类深基础工程）共20多项。当时，在同龄的技术人员中，他是完成工程项目较多的一个。在施工中他尝尽了苦辣辛劳，经受了磨难考验。

在23年的企业生活中，无论工作怎么困难、环境如何艰苦，陈之泉总是认定一个目标，对工作兢兢业业、勤勤恳恳，对困难毫不畏惧、一丝不苟；对技术勤奋学习、认真钻研。长时间的基层工作，使他由一个青涩的施工技术员逐步成长为大型企业的技术领导干部，在实践中得到锻炼，从困难中走向成熟。

四、在成功中前进

人们都说：是金子就是埋在土里也会闪闪发亮。1982年秋，广东省建设委员会在全省建设系统遴选了三十多个副处以上的技术干部，举办研究班，通过学习、讨论、撰写文章和上台演讲等形式选拔人才。30多名干部中，就陈之泉一人被选拔到省建委任职。是机遇，是运气，还是实力？这从如此暂短的时间内，对无任何背景的陈之泉给予越级选拔的事实中就可以得到答案。就这样，他跨进了广东省政府的大门。

1983年初，省建委党组宣布陈之泉任省建委副主任，负责城市规划、市政建设、园林绿化、环境卫生、城市公用事业、房地产业、村镇建设等业务工作。他听到这么一大推不太熟悉的工作，头都大了。但他没有退阵，下定决心边干、边学、边向能者请教，还购买了有关城市规划、房地产业等方面的书籍进行自学。同时主动要求到北京参加了建设部干部学院举办的“规划研究班”（三个月）和“房地产研究班”（一个月）。两个研究班的学习，使他对城市规划和房地产业的业务工作做到了心中有数。

1987年，陈之泉发表了第一篇处女作——《论区域城镇体系规划》，提出了“用系统工程的观点编制城镇体系规划”的科学思想。论文发表两年后，他动员新会县按照《论区域城镇体系规划》的指导思想，编制了县域城镇体系规划，得到四套领导班子的好评。作为县域城镇体系规划，当时在全国还是第一个。之后国家在颁布的《中华人民共和国城市规划法》（1989年12月26日颁发）中，引用了陈之泉的观点。1990年，陈之泉又组织技术力量编制了珠三角的城镇体系规划，得到建设部领导的好评。作为区域城镇体系规划，当时在全国也是第一个。

1996年，集中广东省十多个有丰富实践经验的规划技术人员，用半年的时间，对1990年编制的珠三角城镇体系规划进行了修编，其质量有了突破性的提高。

也是在1987年，陈之泉以《房地产开发与住房制度改革》为题，撰写了近20000字的讲稿，在全省十多个城市的领导层中进行了演讲，其目的是宣传土地实行有偿使用、用综合开发的手段发展房地产业，以及如何进行住房制度改革等。这一活动，有力地推动了全省房地产市场的发展和住房制度改革工作。下半年，他执笔起草了广东省第一个房地产法规——《广东省房地产开发公司管理条例》，超越宪法规定，在广东开创了城市土地有偿使用的先河。在不到两年的时间内，广东的房地产业有了空前的发展。

1992年，陈之泉对建筑市场进行了深入的调查研究，发表了《论对建筑市场的再认识》一文，明确提出：市场由三个因素（买方、卖方和商品）组成；建设单位是买方，施工单位是卖方，建筑物是商品。在市场经济条件下，要管好建筑市场，必须把建设单位纳入其管理轨道。（在过去的几十年里，建设部门只管施工、设计单位和建筑物，对建设单位从不管理），否则，市场是管不好的。文章写好后，专门给建设部的主管领导进行了汇报，得到了他们的赞同和支持。以后在有关的建筑市场管理文件中才出现了对建设单位要实施管理的内容。这一观点是在进入市场经济后是陈之泉第一个首先提出来。

1995年，陈之泉极积组织并举办了“广东省第一期市长研究班”，在学习班上除专家演讲外，他还以《城市空间若干要素的对立统一》为题，用幻灯放影，图文并茂的形式进行了演讲，介绍了大量发达国家规划、建设、管理城市的实例。市长们纷纷反映：“研究班收获很大，学到了不少管理城市的知识；不仅市长们要学，书记们也应该来学一学。”这样的研究班，在全国也是第一次，它为管好城市起到了积极的促进作用。

1982年—1998年，陈之泉在省建委的16年里，把自己的理想、年华、心血和汗水，全部挥洒在事业上、挥洒在南粤大地上。改革开放后，广东城市的综合水平都有了较大提高。“改革富中华、开放振国威；南国山河秀，城乡貌更美”，这除了党的正确领导外，作为省建委主要领导的陈之泉，其功不可没。

在省建委任职期间，陈之泉身正万人敬，树立了一个“耿耿一生为人民，两袖清风死无憾”的廉洁清正的国家干部形象。1996年陈之泉出版了散文集《精神火花》，辑录了他十多年来自我修养方面的感悟和总结。这个小册子给读者的思想修养提供了一个参考的标尺，深受读者欢迎，并已第三次印刷。书中讲道：“权力是没有阶级性的一种无形的力量。它与仁德结合，可以创业于天下，造福于社会，赋安于百姓；它与邪恶合污，则天下不得而治，社会不得安宁，百姓时时遭殃。历史这面无情的镜子告诫我们：在权力台阶上的人，要正确对待自己的权力，正确使用自己的权力。”他是这样讲的，也是这样做的。在省建委的廉政建设中也为大家树立了榜样。在扶贫助学方面，他数次到扶贫点上进行调查、访问、扶贫、解困，为此，省委、省政府为陈之泉颁发了“先进领导干部奖杯”。

五、用爱心呼唤绿色

陈之泉在《循环经济》一书中写到：“绿色是美丽的，绿色是祥和的，绿色的存在，她意味着：生态的平衡，文化的兴盛，人类的生存，地球的永恒；同样绿色的消失，却意味着：生态的破坏，文化的衰败，人类的毁灭，地球的自衰。”这一段生动而富有现实意义的、描写人类环境的语言，不知在多少杂志、网站和人们的讲话中被引用过。

陈之泉对环保工作如此衷情，是因为从1983年起就兼任省环保委员会副主任工作，每年召开全省环保工作会议时，他总要出席并自撰讲话稿；因此与环保工作结下了不解之缘。

1993年——1998年，陈之泉在省建委主任职位上兼任政协广东省委员会委员。在这五年时间里，他向省政协大会共提呈了四份提案，其中三份都与环境保护工作有着直接的联系，均被评为优秀提案，并作为省政协当年视察工作的重点。在此基础上，陈之泉继续为推广散装水泥作了大量工作，有力地推动了全省散装水泥的发展，国家散装水泥报社还专门对其进行了采访，并用整版篇幅进行了报导。为此，国家经贸委给陈之泉颁发了先进个人奖杯。

1998年，陈之泉在广东省九届人大代表大会的选举中，除秘书长以上的职位外，他在80多位常委中以最高票数当选，同时被选为城建环资委主任委员。在省人大五年中，他把主要精力是投放在可持续发展和循环经济等工作方面。

1999年3月，陈之泉撰写，12位省人大常委签认，给省委李长春书记寄出了《要采取强硬措施限期整治广东水环境污染的建议》。针对这封信，李书记批示：“要把水的问题作为重中之重来抓”。之后，省政府制定了整治珠江两岸的规划，经实施后已取得了明显的成果。

2001年，陈之泉在大量调查研究的基础上，撰写并在国内第一个发表了有关循环经济的论文——《人类呼唤循环经济》。论文首先发表在《环境》杂志上，并且被“中国信息网”刊登在网页的头版头条位置，“软科学研究与共享网”等多个网站刊登了这篇文章，全国十多份杂志和专著也先后转载，并多次荣获金奖。原国家人大副委员长邹家华同志曾分别在上海、北京和深圳召开的有关会议上，肯定了陈之泉这篇文章对发展经济的积极作用，并号召与会者“都要看看这篇文章”。该文章在推动中国循环经济发展中起到了积极的历史作用。

陈之泉于1991年组建并兼任广东省房地产协会会长，2003年退休后，继续担任会长。2001年，协会开始筹划“绿色住区”认定活动，他为这一活动构画了基本框架：绿色住区要从规划、设计、施工、使用、管理等每个环节全面贯彻可持续发展精神。同时他为绿色住区的发展提出了“十化”的目标：规划设计科学化、工程质量优质化、建筑材料环保化、环境建设生态化、住宅功能智能化、生活能源清洁化、物资消耗循环化、文化艺术民族化、物业管理人性化、住宅产业现代化。至今为止，这“十化”仍然是绿色住区建设标准的指导思想。在省房协的努力下，全省已认定的绿色住区近100个，极大地提升并改善了城市的空间景观。中国房地产业协会，还曾邀请陈之泉在全国房地产年会上就绿色住区建设作了专题发言；四川省房地产协会也特邀其在四川省房协大会上作了专题演讲。有关省（区）也仿照广东房协的作法，在本省范围内推行了绿色住区认定活动。

2002年，陈之泉参考了国内外多方面的资料，撰写成《节能与可持续发展》论文，并被《当代中国理论与实践》等十多份专著与杂志评为金奖或特等奖。之后，以此论文为依据，他亲手编制成多媒体演示片，先后十多次在全省各类论坛、研讨和有关会议上进行过演示，普遍受到了良好的反映。

2004年，陈之泉在广东省土木建筑学会代表大会上被选为理事长。他多次讲述环境保护、可持续发展和循环经济的观点，发表了《论建筑产品生命周期管理》、《建筑业与循环经济》等论文；在有关大会上，明确阐述了建筑业要大幅度延长建筑物生命周期、要积极开发使用清洁能源、大力创建无污染建筑、用循环经济的理念指导施工等观点。这些比较超前的观点，得到了与会者们的好评。

总之，近十年来，陈之泉为保护资源、保护生态、保护人类生存的空间，做了大量工作。他认为，回报社会，为社会做出奉献也是人生乐事。

六、用理论指导实践

陈之泉经常撰写文章，这是是他的工作方法之一。他经常讲：“作为领导，在业务管理上要有新观点、新思路，以引领全行业的健康发展。有了新观点、新思路，没有系统的理论说明它，别人也是不会信服的。所以要通过调查研究、翻阅文献，用通俗的文字将其写成文章，这样，不管在什么场合下，只要客观需要，都会讲得头头是道。道理讲得清，听者领会的透，执行起来决心也大。”他是这样讲的，也是这样做的。他在省建委和省人大工作的21年间，共撰写了有关城市规划、房地产、环境保护等文章100多篇，并编辑成论文集。

1995年，陈之泉出版了《论生存空间》一书。建设部侯捷部长作《序》。这本书传到香港后，有关单位以精装形式进行了再版，并在全港发行。此书被“中国基本建设优化研究会”评定为全国基建优化优秀学术论著一等奖。

2000年，陈之泉出版了《论城市空间》一书，建设部李振东副部长为其撰写了前言。发行后，被中国建筑工业出版社以精装形式再版，并在全国发行。该书中《论城市空间多种要素的对立与统一》、《论旧城改造》、《海洋资源在遭难》等文章，多次被有关杂志社和专著编委会评为特等奖。

2005年，陈之泉出版了《循环经济》一书。出版不到半年，第一次印刷的数量被发售一空，年底又进行了第二次印刷。书中《人类呼唤循环经济》、《发展循环经济 改造传统产业》、《节能与可持续发展》等文章，多次被评为金奖或一等奖。该书还被广州大学作为学生选修教材。

以上这三本业务专著，是理论化了的实践经验。理论来自实践，又反转来指导实践，这是历史发展的必然。

七、用艺术享受人生

书法——是陈之泉人生经历中不可不说的另一个话题。“清明节，千里游子归心切。归心切，重返故土，厦空物缺。儿时西院青椿树，后生独自伴冷月。伴冷月，时年已去，人树同谢！”这是陈之泉在回到别离30年的故乡时写的一首词《归乡》，老一辈的人都去世了，但西厦院西房的吊柜上，爷爷写的一幅洒脱雍容大度的欧体字，令陈之泉难以忘怀。

陈之泉在长辈们的熏陶下，从三年级开始，每天都要写毛笔字，为此还挨过老师的板子。接受了“挨打”的教训，对写字就更加认真，这为他后来的书法造诣打下了坚实的基础。文革期间，陈之泉被列入黑五类子女名单，在精神上受到了很大压抑。他在《忆文革》的词中写道：“当年字报铺天地，游子名列五黑类。百事当先苦当“甜”，日少语，夜流泪，回味往事揉心碎。”在此情况之下，他积极争取到了为公司宣传组抄写大字报的工作。这段别有用心的经历倒使他的书法迈上了一个新台阶。从这时起，他对隶书和篆书发生了兴趣。

他学习书法的宗旨是“集百家之术，成自身之功。”多观看、多思考、多实践是他“集百家之术”的基本作法。对书家名人的书法，取其精华，去其糟粕，海纳百川，自成一体。对他而言，行、隶、篆、楷，样样精通。截止2006年底，其书法作品在各类书法竞赛、评比活动中已荣获60多项金奖、数十项收藏奖。被认定之书法润格为：4000-6000元/平方尺（海外1000-1500美元/平方尺）。荣获的各类荣誉称号有数十个；被各类书画艺术单位聘任的荣誉职务也有数十个之多；每年来自全国各地有关书画方面的信件达四、五百封，向他索要书法作品的书法爱好者也不乏其人。书艺在苦练中提升，荣誉似雪片状飞来，他步入了较高的书法艺术境界。他与书法结下了不解之缘，从书法中得到了无限的欣慰和快乐。每当他完成一幅得意之作后，会非常兴奋，过后也还会不时地拿出来自我欣赏。他对书法体会是：

千变万化的线条，搭起了书法艺术的殿堂，挥洒强劲的墨迹，构画出书法作品的辉煌；机动多变的字体，蕴藏着书法艺术的灵韵，力透纸背的功力，体现了书法功底的深厚。

陈之泉书法作品中，有不少作品被行家所推崇，如《虎》、《气吞山河》、《天地人和》、《超然物外》、《学海无涯》、《见贤思齐》、《上善若水》以及《毛泽东词“清平东——六盘山”》等。对“气吞山河”这幅作品，行家们的评价是：“气吞二字端正不阿，山河二字，一气呵成，山有山形，河有流势，山河相连，气势不凡，反映了作者一往无前的气概。”书如其人，在人生道路上，陈之泉面对困难，也一样有着气吞山河的勇气。

在陈之泉的家乡，破旧的小学教室成了危房，他听说后，牵头集资20万元，为学校建起了新的教学楼，在楼内的纪念室里挂着陈之泉书写的对联：“非学无以广才，非志无以成学”、“明断自天启，大略驾群才”，寄寓了陈之泉满腔读书明理治天下的抱负。2006年回故乡时，又牵头筹集资金35万元，建立了“胡城村奖学基金”，当年已有8位同学享受到了奖学金。

“一生做人若竹，百岁生涯如柳”，这是陈之泉的座右铭。意指要像竹子一样的生存（竹子的特点是：有节、虚心、直而有理、秀而不娇、才而多用、柔而有刚），要像柳树一样适应环境。白居易的佳句：“千花百草凋零尽，留向纷纷雪里看，”赞美竹子，拥有永不消失的春天；而柳树又具有灵活的适应性，插栽到哪里，就在哪里生根、发芽、开花、结果。正如陈之泉永远保持好学力行的人生，有着竹子一样的虚心进取、高风亮节、乐于奉献的美德。在广东这块温润的土壤里，他犹如一株灵活的柳树在南粤大地上生根、发芽，直至枝繁叶茂。

除了书法，陈之泉也喜欢诗词。1998年，他出版了《诗话人生》诗集。诗歌，丰富了他生活的内含，提升了他享受生活的品位。

八、求知欲破解奥秘

陈之泉何以成为一个比较全面发展的人？据多了解，就是一句话——“求知欲与好奇心”。他有一副对联写的好：《智慧源于求知欲，发明来自好奇心》。求知欲和好奇心，促使他珍惜时间、勤奋学习。孔子把知、仁作为人的美德，子曰：“好学近乎知，力行近乎仁。”意思是说一个人只要好学，差不多就是个聪明人了。懂得一个道理，能够身体力行地去做，几乎就是仁者了。孔子的话，指的是人们的学习态度。他也体现在陈之泉身上。他一生都在如饥似渴地学习，学电脑、学书法、学摄影、学开车，学行外知识，办个人网页，且取得了令人满意的成绩，用知识提升自己的水平，以修养完善自身的品行。

好奇心是陈之泉自小就有的一种心态。在小学时，他看完了无声电影，就在破玻璃上画上画，晚上在家里放“幻灯”；看到集市上出售的木偶玩具，他就用木头自己制作；在企业他喜欢使用先进的施工机具和新型施工工艺；在政府他善于思考，主动开创一些别人还没有干过的工作，如推行城乡一体化、用系统工程观点编制城镇体系规划、推动循环经济发展、宣传清洁能源使用等等。好奇心促使他不断前进。

科学知识是智慧的原料，实干精神是成功的基础。陈之泉的实干精神来自于他那坚韧和执着的作风。他对自己所经受的磨难，没有半点怨愤，他坦然地说：“前半生的磨难，变成了后半生的动力。”

浓郁的求知欲，旺盛的好奇心，实干的好作风，是他走向成功的原因。

采访：柯梅丽、张美薇、刘联伟

撰稿：柯梅丽

修改：张美薇、刘联伟

审定：王　离

全国工程勘察设计大师作品选

Architecture & Civil Engineering Annals of Guangdong

何镜堂 Hejingtang

何镜堂，广东东莞人，1938年4月生。中国工程院院士，中国工程设计大师，现任华南理工大学建筑学院院长兼建筑设计研究院院长、教授、博士生导师、国家特许一级注册建筑师。1956年毕业于东莞中学；1956年至1961年于华南工学院建筑学专业攻读本科学位；1961年至1965年于华南工学院民用建筑专业攻读研究生；1965年至1967年于华南工学院任教；1967年至1973年于湖北省建筑设计院工作；1973年至1983年于北京轻工业部设计院工作；1983年调入华南理工大学；1992年晋升为教授；1993年1月起享受政府特殊津贴；1994年被评为中国工程设计大师；1997年被聘为博士生导师；1999年当选为中国工程院院士；2000年评为广东省劳动模范；2001年获国家首届梁思成建筑奖；2004年获全国模范教师称号；2005年获全国劳动模范称号。

深圳科学馆

一九八七年底建成投入使用，建筑面积12,000m^2，座落在市深圳南中路与上步中路交叉处，与市人民政府大楼毗邻、交通便利、环境幽雅。

侵华日军南京大屠杀遇难同胞纪念馆

地点：南京

该馆占地2.5万平方米，主体建筑面积2100平方米。该馆保持原地形地貌，建筑成一座纪念性的墓冢。右侧迎面是以中、英、日三种文字镌刻的黑色大字“遇难者300000”。循院墙小径布列13块小型碑雕，部分地记载着大屠杀的主要遗址及史实，是全市遇难情景的缩影。院墙上嵌着搜捕、屠杀、祭祀3组总长51米、高 2.2米的大型黑灰色石刻浮雕。棺椁形遗骨陈列室门前，竖立着高 4米的立雕母亲像，室内陈放着从万人坑挖掘出的白骨和遇难者的部分名单。呈平顶半地下墓室形的史料陈列厅内。

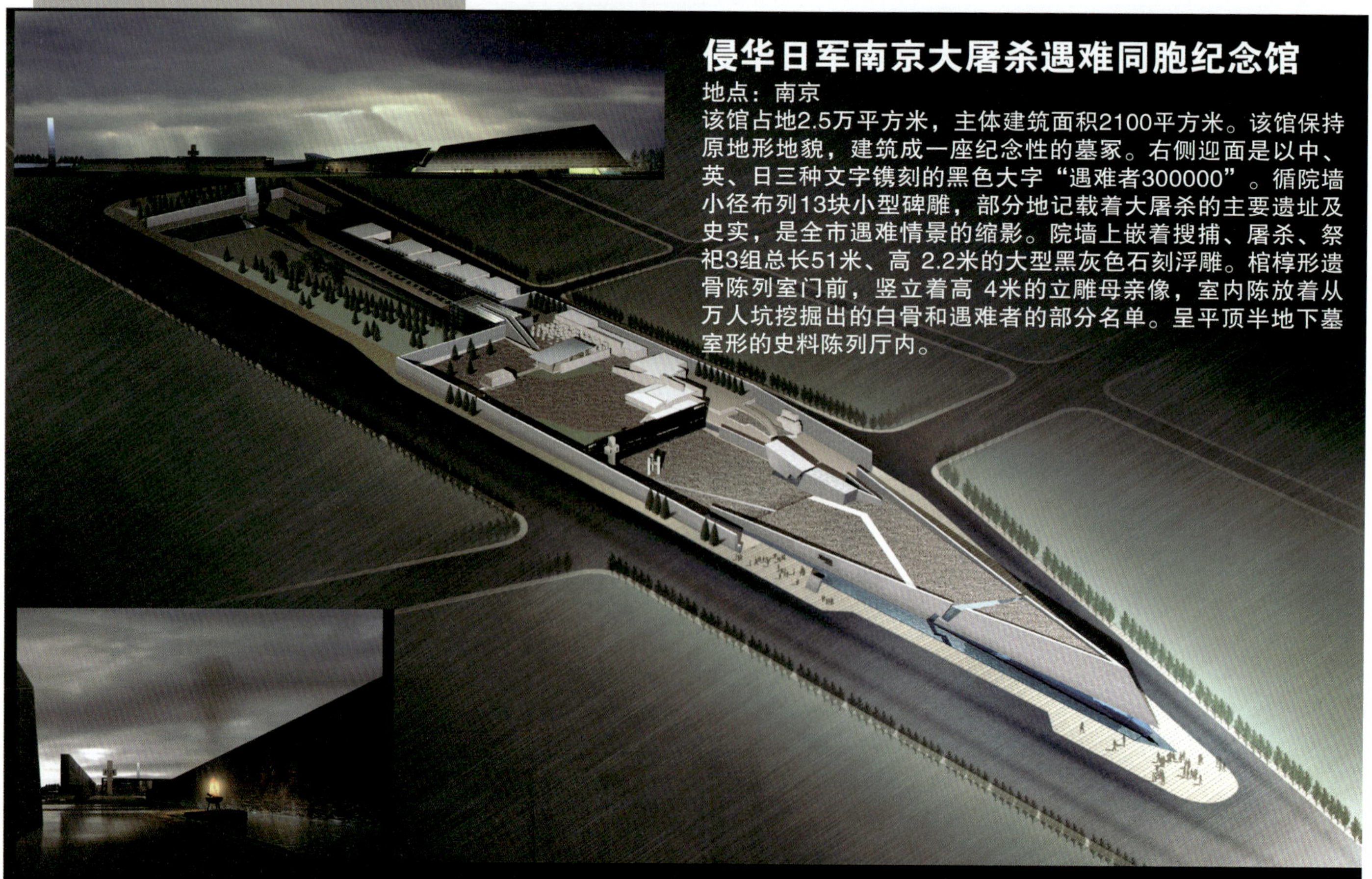

中国市长大厦及大都会广场

地点：广州
设计时间：1993/1995年
建筑面积：90，900㎡
获奖情况：国家优秀设计铜奖；建设部/1998年优秀设计二等奖；教育部/1998年优秀设计二等奖；建设部/“特别鲁班奖”

这是一组超高层的48层建筑群，运用城市综合体的设计理念，构筑了一个多功能的现代化城市广场和综合体，两幢建筑物中间特意设计了一个马蹄形广场，创造优美的建筑空间，提供了一个休闲的活动广场，着意表达现代化大都会文化广场的内涵和气质。市长大厦成为广州标志性建筑，并被评为广州市十大现代建筑。

何镜堂院士作品选 西汉南越王墓博物馆

地点:广州
设计/建成:1986/1989(首期);1990/1993(二期)
获奖情况:国家/1991年优秀设计金奖;建设部/1991年优秀设计一等奖;国家教委/1991年优秀设计一等奖;中国建筑学会优秀设计创作奖;UIA世界建筑大会/当代中国建筑艺术创作成就奖;中国环境设计优秀奖.

何镜堂参与主持设计了西汉南越王墓博物馆(主要参与者还有已故中国建筑设计大师工程院士莫伯治),被评为是“传译两千多年前的历史文化”的力作。该建筑设计构思独特,一气呵成,陈列楼、墓室和珍品馆组成一个有机的整体,体现很高的文化品位和传世价值。

地点：广东虎门
时间：1998年
建筑面积：7960m²
获奖情况：教育部优秀设计一等奖；建设部优秀设计三等奖；广东省建筑设计优秀创作奖.

设计思路可以概括为十二个字："历史主题，地方特色，时代精神".

总体布局以主展馆为主，形成一条垂直滨海大道的中轴线. 空间序列从海上开始，层层展开. 设计既遵循了纪念性建筑中的完整、严谨、统一的共性，又注重表达鸦片战争这一特定的历史主题。主展馆平面布局以广东特有的木棉花为意向组合，突出广东地域特色，同时木棉花又被誉为英雄花，因此又增添了缅怀先烈的意义。立体形象体现多层次寓意。群体建筑的形象极具雕塑感，犹如一座座“炮台”，和“战船”，使人引发海战的联想。

郭明卓 Guomingzhuo

郭明卓，男，全国设计大师、国家特许一级注册建筑师、教授级高级建筑师。1943年5月生于上海。1966年毕业于上海同济大学建筑学专业。1989年获广东省首届丁颖科技奖，1992年起享受国务院特殊津贴，1994年被评为建设部劳动模范。原任广州市设计院副院长、总建筑师，现任广州市设计院顾问总建筑师、中国建筑学会体育建筑专业委员会委员、广东省土木建筑学会副理事长、建筑创作学术委员会主任、广东省注册建筑师协会副会长。

主要作品：

广州华侨酒店、广东东莞常平体育馆、东莞市政府办公楼、广东省党校教学综合楼等获广东省优秀建筑设计奖。

广州市老干部活动中心获建设部优秀建筑设计表扬奖。

广州天河体育中心 获广东省优秀设计一等奖、建设部优秀设计一等奖、国家优秀设计银质奖、国家科技进步二等奖、1991年获国际建协IAKS奖银质奖第一名、1993年获中国建筑创作奖（1953年－1988年）。

广州市购书中心 获1997年广东省优秀设计一等奖、1999年建设部优秀设计二等奖、国家优秀设计铜质奖。

广州天河城广场获2003年广东省优秀设计一等奖。

羊城晚报印务中心获2003年广东省优秀设计一等奖、2004年建设部优秀设计二等奖。

近年主要作品还有广州合银广场、广州东站广场、广州名城商业广场、东莞常平文化中心等。

天河体育中心是为第六届全国运动会于1987年在广东省举行而兴建，位于原天河机场，占地54.54公里，规划建筑面积24.73万平方米。第一期工程建筑面积12.47万平方米，包括三大场馆（体育场、体育馆、游泳馆）和其他场地及附属建筑物（田径副场及风雨跑道、两个足球训练场、球类及体操健身技巧练习馆、新闻中心、检录室、设备用房、办公用房等）。1984年7月动工，1987年8月建成。

天河位于广州市建成区东侧，是广州市沿珠江北岸向黄埔方向发展的第二组团，位于未来的城市中心位置，以文教、科研及体育等单位为主，规划面积5.2平方公里。体育中心位于核心位置，占全区面积14%，除举行大型运动会外，平时是居民进行体育活动、休息、游玩与观看文艺演出的体育公园。主要建筑物及大门位置均按城市规划确定，体育场位于正中，长轴南北向；体育馆及游泳馆分别位于西南角及东南角，靠近南大门，以便单独开放使用时方便进出。为使观众便于辩明方向，道路系统整齐，三个主要场馆建筑形式在协调的前提下各具特征，便于识别。北半部为练习场地，东北角是田径练习场及风雨跑道，西面为足球练习场，观众集散主要在南半部，对北半部干扰较少。

建筑设计构思着力创造环境，在平坦地形上以人工塑造拔地而起之感，重视使用功能，充分运用新技术，新设备，构筑符合当前国际水平的场地，以有助于运动员创造优异成绩，并使观众在理想的条件下观看比赛具有鲜明的时代特征，体现当代的精神风貌和物质条件。建筑物的造型朴素自然，粗犷有力，单体量，群众性，有体育建筑特点和地方特色，形象平易近人。设计指导思想是“要大动作，不要小动作”。

园林绿化设计从环境开阔、宽大、空旷、建筑物形象雄伟，气势磅礴的特点出发，以自然景物烘托，不另建亭台楼阁、小桥流水等。以大面积草坪为主，地形略有不规则起伏，散置巨石花木。从南门口至体育场宽80米的道路上设了3个大型喷水池，有多种水型并配有彩色水下灯。计划安设18座题材与体育有关的雕塑，风格各异，富于现代感。现代化的建筑、绿化、雕塑有机结合，融为一体，形成了一个面貌全新的公园，成为“广州一大景观”。在环境艺术方面有新的突破。

羊城晚报印务中心

设计单位：广州市设计院
获奖情况：2004年建设部优秀工程设计二等奖
2003年广东省优秀工程设计一等奖
2003年广州市优秀工程设计一等奖

羊城晚报印务中心的设计主要从工艺要求出发,体形简洁而富于新意。总平面设计中，根据业主要求及有关规划批文，该印务中心用地仅用整个用地的北半部分，并尽量靠北布置，南面预留尽量多的发展用地，印务中心分两期施工，一期只建印刷车间、制版及配套附属设施，二期建周转纸库及储备纸库。印务中心的主出入口设在西面规划路的中部，发报及储备纸库的出入口设在北面规划路，考虑到发报场地及纸库的车辆周转，故建筑退缩北面及西面规划路边线分别为29m，10m，以保证发报场地有足够的停车位。

平面设计依据印刷设备工艺流程，充分考虑专业技术强，变化发展迅速这一建筑特点，采用统一柱网大空间布置格局，以达到灵活布置、自由分隔的使用要求，分析各种技术用房的使用功能及相互关系，在垂直和水平向进行合理分区，既相对独立、又便于相互联系。

造型处理上，考虑到羊城晚报是属于信息产业，业主作为本地最具实力的新闻媒体之一，希望建筑能够体现企业的形象和精神面貌，设计中将工程技术与艺术相结合，使宏大的体量虚实有致又富于韵律而不显笨重，色彩醒目而雅致。在立面设计上，用结构的构架、外露的空调风管来赋予建筑一种高科技的品格。在室内设计上，门厅和参观廊的空间处理，有利于烘托建筑的文化氛围，透明电梯，金属玻璃栏杆等智能空间处理又很好地表达了建筑的科技特征，创造出富于亚热带情调又兼具媒介个性的建筑，追求有别于传统工业建筑的个性。

常平文化中心

常平文化中心是常平镇的重点建设项目，包括现代化的剧院、书城、会议、音乐、舞蹈、书画等训练用房和办公等设施。建筑物面临新开主干道，前面有宽阔的广场，是当地的重要新建筑。

建筑设计将剧院舞台和高层部分组成建筑的主楼，主楼从舞台高度起逐级升高。剧院的观众厅以圆形的体量与舞台连接，透明的休息廊围合成半圆形与主楼后的半圆形体量构成了太极图的流畅曲线。太极图是中国文化精髓的体现，是世界上最奇妙的平面设计图形，作者希望以太极曲线与现代几何构成相结合，通过透明的清玻璃体量与大面积面砖墙面的对比，在表现当今经济和科技高速发展的特点中体现中西文化的内涵。

获奖情况：
2003年广东省优秀工程设计一等奖；
2002年广州市优秀工程设计一等奖。

天河城广场位于广州天河区中心,与天河体育中心和广州购书中心相邻，是一个集购物中心、酒店、写字楼于一体的大型城市建筑综合体，总建筑面积达33.69万m^2。第一期工程工程包括购物中心和全部地下室共17.4万m^2，第二期39层的五星级酒店（832房）和55层的写字楼的塔楼尚在建。购物中心包括大型百货公司、小型专卖店以及各种饮食、娱乐设施，以一个壮观的7层中庭为中心布置。跨越中庭的自动扶梯和天桥，使空间丰富而有动感。人流可分两层进出建筑物，从地铁站或过街隧道可进入建筑物的地下一层，从马路人行道可进入建筑物首层。天河城北面设下沉广场，货车可直接进入地下一层装卸货物，与购物中心主入口互不干扰。在建筑造型上，天河城采用现代几何构成的手法，45^0角斜线和八角形是形体构图的母题。整座建筑采用蜂窝铝板和银色反射玻璃组合的幕墙，既能与天河体育中心的场馆有所呼应，又创造出一种崭新的形象，有强烈的现代感，成为区域性的“地标”（Landmark）。建筑入口采用花岗石装饰，注重细部设计和环境设计。

Architecture & Civil Engineering Annals of Guangdong

中国酒店设计大师作品选

（室内篇）

王 河 Wanghe

王河 广州人，1963 年 5 月生，1986 年毕业于广州美术学院工艺美术装饰绘画专业，1989 年就读华南理工大学建筑设计研究院建筑设计及其理论硕士研究生，2004 年就读华南理工大学建筑学院建筑历史及其理论博士研究生，是文理科复合型人才。现任广州珠江外资建筑设计院院长助理、主任，建筑师、高级室内建筑师、高级环境艺术设计师。广州大学工程硕士研究生导师。

获 2006 年第二届中国国际建筑艺术双年展建设部、文化部颁发“中国酒店设计大师”称号；

获 2006 - 2007 年“CIID中国室内设计师年度十大封面人物”；

获 2004-2006 年“全国百名优秀室内建筑师”称号；

获 2007 年广东省“十大杰出青年”提名奖。

获奖情况：

项目	奖项
1、广东省委珠岛宾馆“东一号工程”	广州市建委颁发 2002 年广州市优秀设计一等奖 广东省建设厅颁发 2003 年广东省优秀设计一等奖
2、北京西郊机场候机楼	中国建筑学会室内设计分会颁发 2004 年 “海峡两岸四地室内设计赛二等奖”
3、三亚珠江南田温泉度假中心酒店	ASID 美国室内设计学会， CIID 中国建筑学会室内设计分会 颁发 2006 年“中国酒店设计优秀奖”
4、广州市帽峰沁苑酒店一号别墅	CIID 中国建筑学会室内设计， 2006 年第三届海峡两岸四地室内设计大奖赛组委会 颁发全国二等奖
5、广东省委松园宾馆“西一号工程”	广州市建委颁发 2006 年广州市优秀设计一等奖 广东省建设厅颁发 2007 年广东省优秀设计三等奖 建设部中国建筑文化中心颁发 2006 年“中国建筑文化奖
6、三亚珠江南田温泉度假中心酒店	广州市建委颁发 2006 年广州市优秀设计二等奖 广东省建设厅颁发 2007 年广东省优秀设计三等奖
7、中青旅山水酒店	ASID 美国室内设计学会， CIID 中国建筑学会室内设计分会颁发 2007 年“优胜奖”［最佳配饰］

两院院士吴良镛先生为王河亲切题词

岭南建筑新语

良镛题

从珠岛宾馆到松园宾馆谈起……

作　者：王　河

一、珠岛宾馆

（一）采用中国传统建筑中重檐歇山大屋顶的手法

珠岛宾馆建国以来这里一直是国家领导人到粤考察、参观、开会、举行国事接见的地方。由于它于不同时段建成，整个建筑群缺乏整体性，参差无序。因而，省委决定拆掉旧的二号楼，扩建一号楼、新建三号楼，把一、二、三号楼和四、五、六号楼联为一体，以满足重大的国事活动和接见任务的需求。因而，我的设计方案，大胆采用了中国传统建筑的重檐歇山大屋顶的手法。我认为只有采用中国传统建筑中最具代表性的建筑形式，才能体现设计任务书中要求的“庄重大方，民族特色”，以及体现广东经济大省和改革开放二十多年的新形象。

（二）古典建筑手法

居中为尊的规划手法

在这里，我尝试了皇家建筑的中轴线布局和院落组合手法，结合珠岛现有的地形、地貌，将一号楼布置在中轴线上，西厢是原有 4、5、6 号别墅，东厢二号、三号楼是会议、宴会、娱乐和部长楼，前方是开阔的岭南风格的庭园。这种布局因应了珠岛宾馆用地东西开阔，南北狭长的地形。同时，整个一号楼上部设计了一个重檐歇山大屋顶，使一号楼成为一、二、三、四、五、六号楼这个建筑群的主体建筑，统领整个建筑群，一条南北轴线与东西轴线相汇在一号楼门厅。这样就把正在建设的一、二、三号楼与原有的四、五、六号楼有机结合起来，塑造了居中为尊，东、西厢拱照的具鲜明民族特色建筑群体形象，而开阔的前庭主庭园恰好衬托出一号楼主体建筑的高大与宏伟。

（三）岭南庭园建筑手法

灵活多变的岭南庭院手法

“珠岛宾馆”的园林布局具有中国皇家园林气象，具体手法又体现了岭南庭园特色，其特点如下：

（1）因地制宜利用地形，充分利用珠岛前后水体的特点，突出一号楼所处的地形、地貌优势。

（2）灵活多变的园林布局，从方到圆，游廊、道路、门洞、漏窗、水池，步移景异，变化多姿，表现岭南园林风光.

（3）园林景区、景点设计，组成开阔的前广场“内廷”园林，水体悠然地过渡到二号楼，与幽深的后东湖相映成趣.

在南国清爽的十月立秋，九运前夕，珠岛宾馆迎来了国家主席江泽民。他下塌于珠岛宾馆，主持了九运会开幕式，并在二号楼红棉厅接见新的奥委会主席罗格。宾主相聚在珠江河畔，珠岛宾馆的腹地“东一号楼”园区，南眺二沙岛，北望东湖——幅岭南山水风景长卷，展望 2008 年北京奥运的盛况，一派欢欣鼓舞的喜庆气氛。送走客人后，江主席兴致勃勃地参观了改造后的珠岛宾馆，高兴地说到：“小岛改造，金碧辉煌，环境优美，风景如画，信息化自动化程度高。”

二、松园宾馆

（一）岭南风格的自由式布局

松园宾馆采用中国传统建筑中与自然对话、天人合一的思路进行规划布置，以岭南自由式庭院空间布局将传统的明堂式和四合院式串联起来，建筑三面环绕，势态均衡，庭院中心没有建筑，外实内虚。左、中、右三路前后串联，中路为主入口，设一主大堂，与前庭院、内庭院贯通。前为明堂水，内庭院为自然生态的岭南庭院，符合“四水归堂”的传统布局形式，代表了一种美好的愿望。由中路进南通道为主宾楼，北通道为宴会厅。南入口结合会议厅和前庭开阔的绿地广场，体现明堂式空间布局。北入口结合内庭院和小桥流水的山溪自然生态布置了亲切宜人的随员楼。

（二）松园宾馆的“形”与“势”

古人云：“千尺为势，百尺为形”，不着眼于增高加大单体空间的尺度，以免近观时失之超人的夸张，而着重于通过巧妙的“积而成势，驻远势而环形，形乘势来，形以势得”，这就是“松园宾馆”的设计艺术手法。

（三）中国传统建筑哲理中的阴阳与模数

贝聿铭大师在 1980 年 5 月 30 日，《关于北京城市规划和中国建筑民族化问题》中谈到：“虽然是具体设计一栋旅馆，但我们真意却是希望由此找到中国建筑创作民族化的道路。这个责任非同小可，我要做的只是拨开草丛，让来者看出隐于其中的一条道路。”

（1）　阴阳

中国建筑的艺术风格和形式，除了建立在属于物质范畴，如功能、物质条件或手段等因素的基础上以外，更是建立在属于精神范畴的中国人的哲学观念、审美心理、风俗习惯等基础之上的。中国传统哲学作为哲理图式而影响到建筑的，莫过于易经八卦和阴阳哲理。先天八卦建立在阴阳观念的基础上，阴阳观念则是中国古代哲学中一对带根本性的重要范畴。阴阳观念贯穿在古代几乎所有的建筑实践领域。

（2）“模数”的运用

我们在设计松园宾馆时，在阴阳宇宙观的建筑的设计思想指导下，同时注意对中国古建筑模数的应用。在规划上采用了中国传统建筑的模数和象征的意象手法。模数是指在进行建筑组群规划时，各部分尺度之间的一种有机的联系，使组群中不同位置，不同等级的重要建筑之间获得尺度上内在节律感与和谐感。

如果说“珠岛宾馆”工程根植于皇家建筑的话，那“松园宾馆”则根植于岭南民居；如果说“珠岛宾馆”是庄重大方、高雅适用的话，“松园宾馆”则是亲切安详、平静随和；如果说“珠岛宾馆”是大家闺秀，含蓄大方，则“松园宾馆”是现代西施，楚楚动人。不管是大胆地采用中国传统建筑中重檐歇山大屋顶的手法，还是岭南自由式的规划布局；不管是新建筑和古建筑互相穿插、新旧共处，相得益彰，还是中国建筑的“形”与“势”的探讨和应用；不管是居中为尊的皇家建筑手法与灵活多变的岭南园林建筑方法相结合，还是中国传统建筑哲理研究，我想说，我想做的是：中国的现代建筑，新的形式、新的创造要从中国自己的传统建筑格局中产生，其目的是探索一条既有时代性，有又民族性和地方性的建筑创作道路。

珠岛宾馆

广东省委珠岛宾馆“东一号工程”位于该宾馆内部腹地，两面临水（北面临东湖、南面临珠江），一号楼正面穿过绿带可眺望一水之隔的二沙岛，位置佳。该工程是由省委、省政府投资，为配合中华人民共和国第九次全运会，接待国家主要领导人的需要而设置的配套项目。

珠岛宾馆历史以来作为广东省委、省政府的接待基地，党和国家三代主要领导人在粤视察、参观都住在此。因此要求保留一号楼的主要部分作为历史见证，同时又要体现高雅适用、庄重大方，体现中华民族的文化特点要求，新建筑与整个珠岛宾馆建筑群的风格和环境相协调。新盖的1.2.3号楼房布局联为一体，错落有致，主次分明，各有门户，既可组合，又可以分散单独布局，互为补充配套，以满足党和国家领导人在粤举行会议、听取报告、安排国事接见、国宴接待等重大的国务活动。

地点：广州市东湖公园南面　建筑面积：10000平方米　设计时间：2000年至2001年

获奖情况：1. 广州市建委颁发：2002年广州市优秀设计一等奖　2. 广东省建设厅颁发：2003年广东省优秀设计一等奖

珠島賓館東一號工程鳥瞰圖

松园宾馆

松园宾馆位于白云山北侧、南湖南侧，山峦环绕，典雅幽静，湖光山色，鸟语花香，是广东省委、省市政府的接待基地，主要承担党和国家领导人的重要接待任务。

新建筑庄重大方、高雅适用，既体现中华民族的文化和岭南特色的交融又与整个白云山的环境相协调。以 1 号楼为主体，建筑错落有致，主次分明，满足党和国家领导人在粤举行会议、听取报告、安排国事接见、国宴接待等重大的国务活动，以及满足广东省委、省政府的工作、会议、接待等正常业务要求。

地点：位于广州市白云区同和镇同泰路　工程用地面积：163280 平方米，第一期工程建设“西一号楼”、游泳馆、网球馆，建筑面积：15964 平方米。

获奖情况：　1. 建设部中国建筑文化中心颁发：2006 年“中国建筑文化奖”
　　　　　　2. 广 州 市 建 委 颁 发：2006 年广州市优秀设计一等奖
　　　　　　3. 广 东 省 建 设 厅 颁 发：2007 年广东省优秀设计三等奖

帽峰沁苑酒店

帽峰山森林公园接待区沁苑项目分别墅接待区与建设中的中心接待楼及住宿区，别墅接待区分两幢别墅，各为两层坡屋顶建筑，中心接待楼位于别墅东南侧山谷凹陷处，为背依山体的高圆形综合楼，上可仰观深山密林，下可近观沁湖，楼前视野开阔，远对主山峰与天湖，近处沁湖湖水曲折。湖边设垂钓休闲娱乐之用，湖东平坦处设置现代体育娱乐设施。规划将建设人工泳池、园林别墅及购物区等。并选择适当地点设置登山游览步道及休息设施。

一期：别墅为两层坡屋顶建筑，建筑面积 923 平方米，建筑高度 12.2 米，二期：中心区接待楼有四层，基底面积 1304 平方米，建筑面积 5726 平方米，建筑高度 19.5 米，两翼为依山建设的住宿楼，共有标准间 87 间，套房 3 间，基底面积 2266 平方米，建筑面积 5372 平方米，其中一区为两层，建筑高度 7.9 米，三区为四层，建筑高度 14.4 米。建筑密度 10.5%，容积率 0.31。

总建筑面积：15000 平方米　设计周期：2004 至 2006 年　地点：广州帽峰山顶

获奖情况：　CIID 中国建筑学会室内设计分会，2006 年第三届海峡两岸四地室内设计大奖赛组委会颁发：全国二等奖

三亚（珠江）南田温泉酒店

三亚南田温泉渡假区位于三亚市藤桥镇西北 2.5 公里处赤田水库南面，总用地面积 1432.31 亩，生态环境保留完好，区内有天然温泉和原始热带椰林，风景优美，令人流连忘返。广州珠实集团在成功开发了三亚珠江花园酒店之后，计划将这块风水宝地开发成以温泉渡假为主，兼有体育训练基地、青少年素质教育基地等功能的综合渡假区。

地点：三亚市藤桥镇西北 2.5 公里处赤田水库南面　设计周期：2004 至 2005 年　一期建筑面积：约 30000 平方米

获奖情况：
1. ASID 美国室内设计学会，CIID 中国建筑学会室内设计分会颁发：2006 年“中国酒店设计优秀奖”
2. 广州市建委颁发：2006 年广州市优秀设计二等奖
3. 广东省建设厅颁发：2007 年广东省优秀设计三等奖

北京西郊机场候机楼装修工程项目

稳：持重则稳，稳表于形，形在于方圆　　祥：对称则均衡，均衡于心则祥和

精：大气而不失细部，视觉聚焦点需精，精则耐看　　进：继承传统特色，结合现代构成意识方为实进

本项目为国家元首候机楼出发厅装修项目，设计规模是候机大楼一层约3600平方米，重点设计一层大厅，一号候机厅，二号候机厅，3号候机厅，四号候机厅，保障任务室，及对其他厅室进行平面布置设计。

地点：北京中央军委　设计周期：2004年　总建筑装修设计面积：约3800平方米

获奖情况：　中国建筑学会室内设计分会颁发：2004年“海峡两岸四地室内设计赛二等奖”

中青旅山水酒店

1、本案为旅游度假高级总裁套房，满足高规格接待任务
2、设计构思：a 传统藏式建筑设计空间模数的延伸：根据传统藏式建筑空间的序列，以柱网格模数作为基本单元，从院至廊、厅、居室、阳台再至院（或室外）的空间延伸的手法，将功能空间有序排列合理的空间布局
b 传统藏式建筑严谨形制的提炼：将建筑空间严格而有机的划分，根据功能空间主次的各环节分区要求从基本的功能单元逐渐提升至高等级单元，并采用完全对称的手法，区别于附属功能的空间。
3、传统藏式建筑元素：用传统图案、雕饰、挂饰的元素，充分结合空间的各个视觉中心加以点缀，表现强烈的个性装饰要素。

获奖情况：2006 年文化部、建设部举办第二届中国国际建筑艺术双年展“中国酒店设计大师赛”，获“优胜奖”［最佳配饰］、获“中国酒店设计大师”称号。

广州市第八人民医院

广州市第八人民医院新址总用地面积：162824 平方米；其中可建设用地面积：105724 平方米，代征市政道路路位用地：26943 平方米，代征城市绿化用地：30157 平方米。总建筑面积约：123055 平方米。整个医院新址分三期进行建设，一期完成各项主要建筑，设置 200 张病床，建筑面积约：43213 平方米；二期设置 400 张病床，建筑面积约：51705 平方米；三期再设置 400 张病床，建筑面积约：25141 平方米，同时兴建直升机停机坪。

地点：广州白云区嘉和镇　设计周期：2005 至 2008 年

获奖情况：　2005 年 3 月由广州市卫生局、广州市招标中心组织全国招标获“第一名”（为中标在建项目）

广州市第八人民医院鸟瞰图

广州市第八人民医院效果图方案一

门诊楼大堂B

住院楼病房

门诊楼口腔科门诊等候廊

门诊楼儿科门诊等候廊

广东建筑师作品文库

Architecture & Civil Engineering Annals of Guangdong

黄捷 Huangjie

姓名：　黄捷　出生年月：1964年10月

教育情况：1986年7月毕业于重庆建筑工程学院建筑学专业获学士学位。

1989年6月毕业于华中理工大学建筑设计专业获硕士学位。

2000年9月考入华南理工大学建筑学院攻读建筑设计与理论　博士学位。

工作经历：1989年至今就职于广州珠江外资建筑设院从事建筑设计工作，现任职副院长，高级建筑师、国家一级注册建筑师、国家注册城市规划师。

主要作品：

1、1987年国际建协主办“国际住房年”国际设计竞赛一等奖第一名。课题：“为无家可归者提供住房”，本人作为方案主要设计者之一。
2、广州好世界广场：高层写字楼，地上33层，地下3层，建筑面积5.6万平方米，获广东省、广州市优秀设计一等奖。本人作为建筑专业设计人之一。
3、广州泰康城广场：高层综合楼，地上36层，地下2层，建筑面积9.6万平方米，获广东省、广州市优秀设计三等奖。本人作为项目负责人、建筑专业负责人、建筑专业设计人。
4、广州天河客运站：长途客运汽车站，地上23层，地下1层，建筑面积4.5万平方米，获广州市优秀设计表扬奖。本人作为建筑专业负责人、建筑专业设计人。
5、广州天河芳草园小区：高层住宅小区，地上30层，地下2层，建筑面积20万平方米。本人作为项目负责人、建筑专业负责人、建筑专业设计人。
6、广州花都芙蓉山庄:大型别墅区，建筑面积约30万平方米，国内招标中标实施。本人作为项目负责人。
7、广州海珠客运站：国内首例生态客运站场，建筑面积约7000平方米，国内招标中标实施。2004年获广州市优秀设计一等奖。本人作为项目负责人、建筑专业负责人、建筑专业设计人。
8、南昌昌南客运站：南昌市最大长途客运汽车站，建筑面积约2.5万平方米，国内招标中标实施。本人作为项目负责人、建筑专业负责人。
9、澳门东亚运动会主体育馆：澳门2005年东亚运动会主体育场馆，建筑面积6.8万平方米，方案中选实施。本人作为建筑专业负责人、建筑专业设计人之一。
10、武汉琴台文化中心琴台大剧院：第八届中国艺术节主会场，1800座歌剧院及400座多功能厅，建筑面积6.5万平方米，国际设计竞赛中标实施。本人作为项目负责人、建筑专业负责人、建筑专业设计人。
11、广州大学城中心区体育场：5万人体育场，建筑面积3.6万平方米，国内设计竞赛第二名
12、广州歌剧院：广州重要文化建筑，1800座歌剧院及400座多功能厅，建筑面积6.9万平方米。我院配合英国扎哈·哈迪德建筑师事务所设计。本人作为项目负责人。

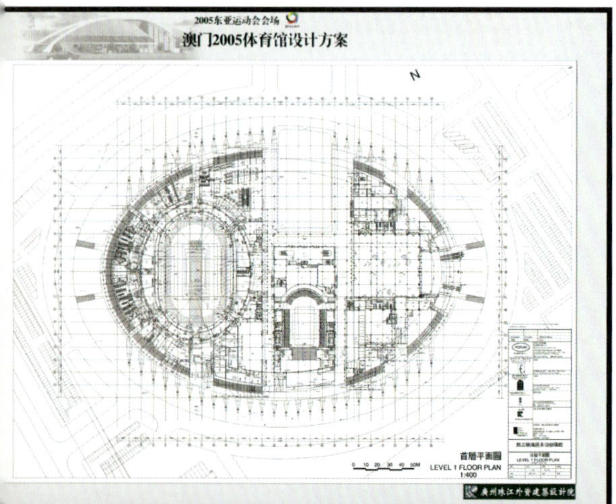

工程档案

项目名称：澳门东亚运动会体育馆
设计单位：广州珠江外资建筑设计院
合作单位：富能顾问有限公司
项目主持：梁宇行
建筑设计：朱立本、黄捷、吴剑崑、丁伟达、黄皓、朱浩明、曾军等
结构设计：梁宇行、黄泰赟等
机电设计：董瑞霞、钟啸樵、罗志炎等
用地面积：15万平方米
建筑面积：6.8万平方米
建设地点：澳门路氹填海区（路氹新城）
结构形式：轻钢结构、钢筋混凝土结构
施工时间：2002年12月～2005年1月

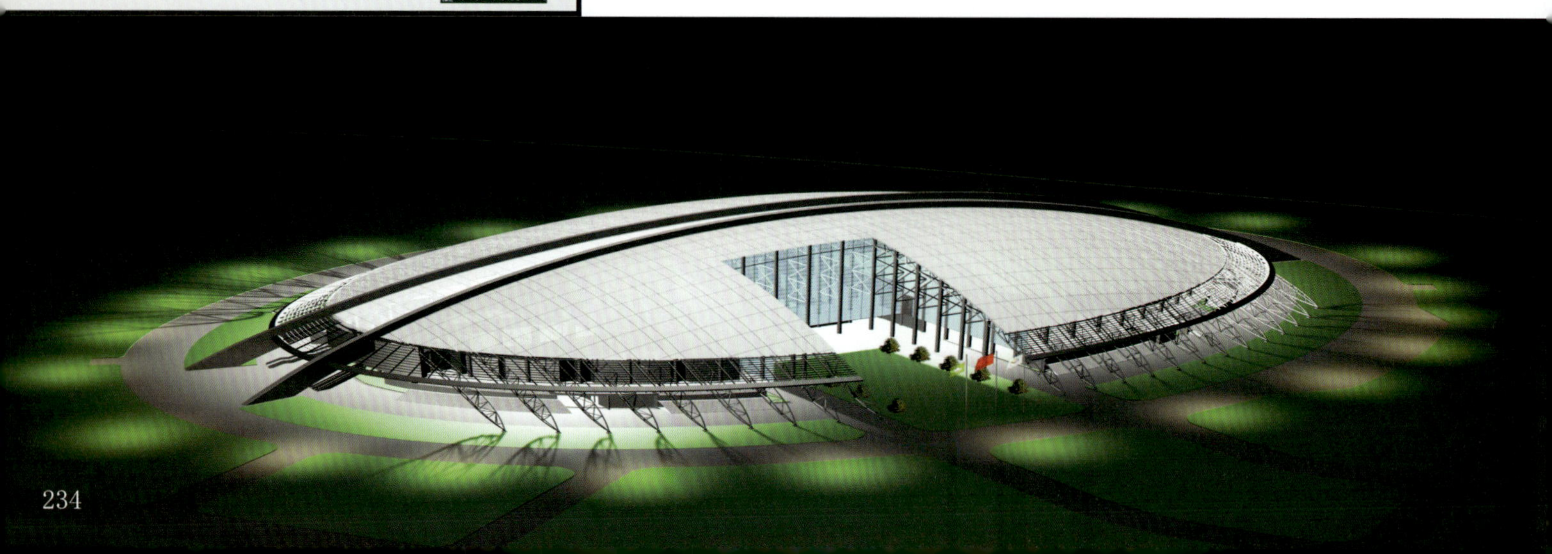

客运港海面透视

涵波碧影
皓月当空，湖天一碧，
金风送爽，水月相浮，
良辰美景，不知今夕何夕。
全景鸟瞰图

壮志凌云

广州市“双塔”（西塔）建筑设计方案构思

广州，中国南大门上一颗璀璨明珠，其物华天宝，人杰地灵，得益于浩荡“母亲河”珠江的滋润，已经形成了一条山水城市的历史风景轴线。在珠江沧海桑田的巨变中，广州城始终和珠江保持良好的的和谐关系，珠江自然成为广州人生活的纽带，是广州城的历史脉络时间轴线。

为进一步提高中心城市的地位和发挥中心城市的作用，广州市政府确立了建设了包括珠江新城在内的广州市21世纪中央商务区的目标。中央商务区内规划的两座超高层物业“双塔”的兴建将进一步带动珠江新城的发展。“双塔”是融酒店、会务、观光旅游、商业等多种功能于一体的综合性建筑。“双塔”作为新中轴线的重要节点，将成为体现广州城市形象的标志性建筑，是广州城市发展的“未来之光”。为此广州举行了广州“双塔”（西塔）建筑设计方案国际邀请竞赛，本案作为唯一国内设计机构独立完成的方案参赛，并获得广大市民的青睐，在现场公示投票中名列第一。

楚歌乐舞，激情飞扬

武汉·琴台文化艺术中心及文化广场设计构想

·楚国圣地，源远流长武汉自古为楚之腹地，早在3500年前，这里就建成了盘龙城。作为中国历史悠久的文化名城，其物华天宝，人杰地灵，深受楚文化的浸润。屈子曾在江汉一带“行吟泽畔”，写下了“惊采绝艳，难以并能”的浪漫诗篇“离骚”。

汉江自陕西起源，流经湖北汇入长江，成就了武汉市两江交汇、三镇鼎立的独特的地理格局，月湖位于汉江之滨、武汉三镇交汇的中心。湖面水体面积约63公顷，北靠龟山，南依梅子山，北距汉江的最近距离仅300m，自然资源和地理条件堪称一绝。尤为著名的是月湖之畔还坐落着始建于明万历年间的古琴台，是为纪念战国时期楚国人俞伯牙和钟子期相知相遇，伯牙为子期“摔琴谢知音”而建造的，其“高山流水觅知音”的千古佳话流传至今，为武汉留下了宝贵的知音文化，也为月湖平添了无尽的遐思和魅力。

·盛世殿堂，传世佳作武汉琴台文化艺术中心位于月湖之畔，汉江之滨，隔湖南望古琴台，作为月湖文化艺术主题公园的核心组成部份，它将成为武汉最高档次的文化表演场所，也是2006年第八届中国艺术节的主会场。

文化艺术中心主体建筑由一个1800座的综合大剧院、一个1600座的音乐厅和其他辅助设施组成。大剧院以演出大型歌剧、舞剧为主，能满足国内外各类歌剧、舞剧、音乐剧、大型歌舞、戏剧、话剧等大型舞台类演出的使用要求。音乐厅以自然声演出交响乐为主。并在总体布局中考虑了多功能厅的位置。

文化广场是以文化艺术为主题的大型城市广场。它紧临古琴台，与文化艺术中心隔湖相对。作为大量人流的集聚地，它能同时容纳3万人聚会和举办大型重要文

马震聪 Mazhencong

马震聪,广东番禺人，1965年7月生，1986年毕业于华南工学院（现华南理工大学）建筑学系，并在该年到广州市设计院从事建筑设计工作，现任广州市设计院副院长、总建筑师。高级建筑师、国家一级注册建筑师，中国建筑学会个人会员和香港建筑学会会员，并兼任中国建筑学会第十一界理事会理事、任中国建筑学会建筑师分会技术委员会委员和广州市科学技术委员会委员。

从事设计工作近二十年，曾主持和参与多项工程，包括：

---湖南省政府新机关大院（建筑面积：８万平方米）
　　获2004年广州市优秀工程设计一等奖；
---广州天河正佳商业广场（建筑面积：29万平方米）；
---广州南航碧花苑（占地：98万平方米）
　其中：南航碧花园培训中心餐饮楼
　　获2003年广东省优秀工程设计表扬奖
　　获2002年广州市优秀工程设计三等奖
　　南航碧花园培训中心4E商务别墅
　　获2004年广州市优秀工程设计三等奖
---广州市琶洲保利国际广场（建筑面积：15万平方米）
---广州东客站站前广场（建筑面积：18万平方米）
---广州通讯设备幼儿园
　　获1991年广东省优秀设计表扬奖
　　获1990年广州市优秀设计二等奖

湖南省政府新机关院位于长沙市新区，建筑面积办86,000m²。建成于2004年9月。办公区设于新机关院的南部，是新机关院的重要组成部分，办公区是一个由一座主办公楼与四座附楼组成的建筑群，两侧还设有预留发展用地。办公区北靠山，南面水，生态环境十分优越，建筑单体的设计也始终贯彻“生态为先”的意念，并体现出浓厚的政府办公建筑的风格。

城市购物中心的交通组织

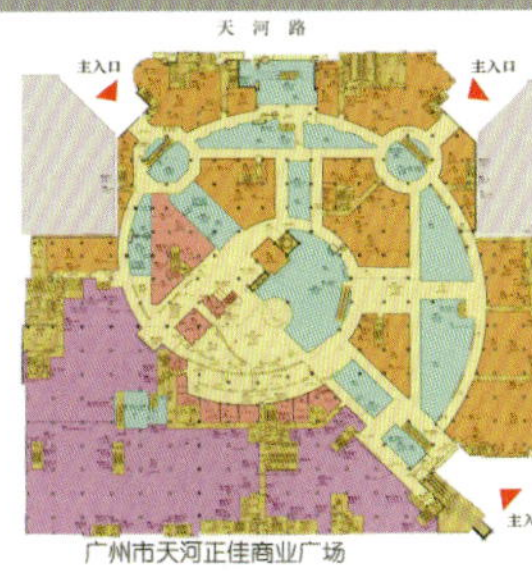

广州市天河正佳商业广场
1、便捷的入口
2、和中庭结合无死角的步行街

广州市正佳商业广场内弧型步行街

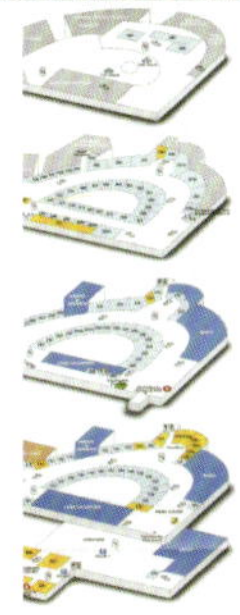

香港太古广场

城

序

大型购物中心进入我国已经多年，已建成或在建的购物中心已经不少。如上海的港汇广场、恒隆广场及广州市的天河城、中华广场和正在兴建的正佳广场等。这些购物中心有别于传统的商场，对于我们来说是一种新型的建筑。我院参加了广州的天河城、正佳和广州东站广场设计，在设计中也参考和研究了美国和香港的一些大型购物中心，对大型购物中心的设计有较深刻的体验和感受。在此，就有关大型购物中心的交通组织及其交通与空间和功能分区等方面进行分析。

一、购物中心的概念和分类

购物中心起源于本世纪初的美国，它是由各种大小不同类型商店和优质服务设施组成，它的构成犹如一个中小型社区，内有购物、餐饮、娱乐和运动等应有尽有。购物中心已经脱离了传统单一购物功能的商场，它还要满足人们在悠闲购物中游览、娱乐的需要，购物已不只是单纯买东西的家务劳动，而变成一种社会性的消遣，甚至是某些人的一种获得刺激与调节生活的享受，它是一个吸引市民和观光客前往的场所，并成为城市面貌的重要特征之一，它的社会公共商业空间已不只属于商品，而是无论有钱或无钱者，均可享用的一个既有文化又具活力的公共场所。

购物中心分为郊外型购物中心和市区型购物中心。郊外型购物中心由于用地广阔，其商业部分多为一至二层，最多不会超过四层，停车多为室外停车场或停车楼。市区型购物中心是建在市区中心，由于用地紧张，商业部分多为多层，如正佳广场为七层高，城市购物中心的停车和卸货多用于地下室，它的交通关系复杂。本文着重介绍城市购物中心的交通组织。

二、城市购物中心成功的要素

作为一个有生命力的城市购物中心，它应有以下特征：A）能吸引客人的到来；B）有能使客人在购物中心内长时间停留的能力。要做到这两点应考虑很多因素，如购物中心的定位和特色、功能搭配和内部空间组织等，在交通组织上则要考虑购物中心与外部的关系，并组织好内部的交通。

三、城市购物中心与外部的关系

处理好城市购物中心与外部关系的关键是如何将各种各样的城市交通人流尽量引入购物中心内，使购物中心的影响力随着城市交通设施的扩展而扩大。

成功的城市购物中心都选择在接近城市主干道、换乘中心、地铁站、公交车站的位置，并充分利用天桥、隧道、广场和下沉广场与这些设施连接，将人流引入购物中心内。

如香港的又一城就是一个很好的例子，在七层的购物中心中，共有五个层面分别和城市干道、市政隧道、地铁站、火车站、公交车站和出租车站等城市交通设施连接，使购物中心成为城市交通的中转站，成为城市人们日常生活中不可分割的一部分。城市交通的便利给购物中心带来了巨大的人流量，带来庞大的商机，给投资者和经营者带来巨额的回报。

四、城市购物中心的内部交通组织

购物中心内的交通主要解决顾客活动和后勤服务的路线及消防安全等，考虑人、车、货物之间三者相互的关系。其目的是通过合理的组织使顾客活动和后勤服务紧密配合互不干扰，并通过功能搭配和内部空间组织使顾客在购物中心内宾至如归流连忘返，具体如下：

1）入口的设置

传统的商场，其主要入口的设置强调的是建筑立面的效果和建筑的气势，并且它是单层次的出入口。但作为购物中心，需要的是方便快捷的交通，入口的设置考虑的是多层次和各种城市交通设施的最短距离的连接。如广州市正佳商业广场，地面的入口设置是根据北面天河路和东面的体育东路的行人路线和周边公交车站的位置设在用地的三个角上；地下一层根据地铁站的位置在东南角设置入口。通过这样处理缩短客人进入购物中心的距离，使他们在心理上更愿意选择进入购物中心。

汽车和货物入口，可设在次要的城市道路上，尽量将人、车、货入口拉开距离，做到人、车、货分流。

随着私家车的普及，有车一族将成为购物中心的主要客源，因此将地下停车场成为物中心的一个入口。如正佳广场就在地下二层设了多个装饰豪华的自动扶梯和电梯大堂，作为购物中心的入口。

2）购物中心内的水平交通

根据功能和顾客活动范围及后勤服务的要求，购物中心内的水平交通可分为公共交通和辅助交通两部分。

公共交通是购物中心的核心之一部分，其组织的好坏直接影响内部营业。成功的交通组织应能将人流从主商场引向各零售店，使人们往返于不同的销售空间中，使顾客在闲逛中不断发现购物中心的新乐趣，从而达到增加消费者的停留时间和为购物中心内的商家带来更多的商机的目的。

传统的集市是沿着一条街，两边布置店铺，人步行在街上，从两边的店铺中选购商品，这种模式发展下来就是我们在购物中心常用的公共交通方式---步行街。为增加购物中心的趣味性和上下层空间的互相渗透，通常在步行街中设置中庭。带中庭的步行街是购物中心公共交通的主要形式。经调查在同等条件下，中庭的步行街和不带中庭的步行街相比，其商家的营业额会增大许多，这主要是人一般喜好到趣味性较大的场所活动。

在香港又一城、太古广场、广州市正佳商业广场等购物中心里，步行街均设置成弧型，弧型的步行街有以下优点：A）弧线周长比直线长，增加店面长度，从商业的角度来说，店面长度越长，其租金收入越大；B）曲线的空间比方正的空间更有趣味性和探索性，人们在其中活动总会发现前面有未发现的新空间，步步新景，从而产生好奇心向前探索，增加在购物中心人的流动量和人们在购物中心的停留时间；C）沿着弧线的步行街行走，店面和人眼可保持一个较大的角度，增大店铺对人的吸引力。

在购物中心内每一处的公共交通组织应是通畅的，不能出现交通死角，这样使购物中心内每一店铺都有一定的客流量。

在每一个购物中心内会有大量的辅助设施，如卫生间、疏散楼梯、后勤电梯、仓库和设备用房，同时还有货物补充和垃圾外运等后勤场地，这些部分的交通就是辅助交通。

在购物中心内的公共活动区域每一平方米都可为投资者带来丰厚回报，因此所有后勤辅助设施应尽量布置在远离公共活动的区域，并通过合理组织使公共活动和后勤活动两者既方便联系又分开。

后勤交通的组织可采用两种模式：A）用后勤通道将卫生间、电话间、仓库、客用电梯、载货电梯、疏散楼梯等连接起来；B）将后勤用房集中成几个塔楼。第一种方式是常用的方式，如香港又一城、太古广场、广州市正佳商业广场等；后一种较少用，如广州市天河城。

3）购物中心内的垂直交通

购物中心的垂直交通在形式上有：自动扶梯、客用电梯、载货电梯、消防电梯、公共楼梯和疏散楼梯，按使用性质区分可分为公共交通和后勤交通。公共部分的垂直交通应是通而不畅，达到延长顾客停留时间的目的；后勤交通的垂直交通反之是通顺快捷，成为购物中心的后勤的保障。

自动扶梯由于运客量大而成为购物中心的主要运客垂直交通工具。客用电梯虽然运客量少但可直达某些层，可作辅助垂直运输用，如作为一些如餐厅、娱乐场所等功能使用。

自动扶梯的分布可结合水平交通布置，但不能象百货公司那样将自动扶梯上下对齐布置。如在香港又一城内，自动扶梯结合中庭分布在不同部位，人们沿着某一层步行街闲逛很容易会被其中的一台自动扶梯引到另一层，这样使得不同的层面不同的部位得到均匀的人流量。

载货电梯是购物中心的后勤补给和垃圾外运的主要工具，它结合地下的卸货场分布于购物中心各处，并用后勤通道和店铺连接，使后勤运输与公共活动分开。

4）汽车停放和货物装卸

由于城市用地的紧张，城市购物中心的汽车库和货物装卸场一般放在地下层。货物装卸场应考虑大型货车的停放，通过载货电梯将货物运输到购物中心各处。

如购物中心内有类似于家乐福、沃尔玛等大型超市，还要在地下室或首层考虑集装箱车货物的装卸。

5）管理设施

应设置系统的指示标志，如方向指引符号标志、导游图、定点指引标志等，明确引导交通，并对其色彩、装饰、比例、尺度等进行精心设计，与购物中心的建筑风格协调。

总的来说，购物中心内的交通组织应以人为本，处处考虑顾客的方便和舒适，创造合理的购物环境，做到顾客和商家双赢。

南航碧花园培训中心餐饮楼

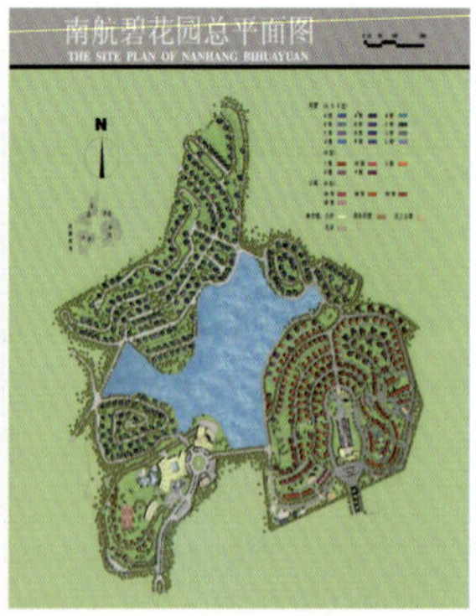

南航碧花园培训中心餐饮楼项目属于广州碧花园房地产开发公司南航碧花园内培训中心的餐饮楼，是A、B、C、D、E、区（住宅区）的配套设施，整个建筑大部分为两层、局部为四层，功能以各类餐厅为主，前期作为整个碧花园楼盘的售楼部，建筑以开敞空间为主，立面用料为喷漆，形体变化丰富，高低错落，相互咬合，风格为休闲度假式的南亚建筑形式。

广州天河正佳商业广场

广州天河正佳商业广场是由广州正佳企业有限公司投资开发建设的国际一流超大型购物中心（Shopping Mall）。该广场座落于天河路以南，体育东路以西，天河南一路以北，宏城商业广场以东的地块上。基地东西长约229米，南北长约237米，用地面积54,129平方米。总建筑面积约295,950m²，其中地上面积185,267m²，地下面积110,683m²，地上七层半，地下二层半。建筑总高度为43.66米。

配合规划要求，建筑物的主要入口设在东北、西北和东南角上，宽阔的广场结合内部空间设计了不同的风格的小品，布置了有特色的喷泉和地砖铺设，种植了不同风格的植物，形成了三个风格各异的广场；平面布置充分考虑人流走向和疏散，按国际惯用的商业空间处理手法进行设计。将百货公司布置在西南角，围绕百货公司的均为不同风格步行街，空间处理上仿效了一些传统的广州城的城市空间。到处是榕荫的大街，曲折的小巷，以及临街的骑楼。这就是极富人情味的旧广州城的地方风情。在正佳广场里，首至四层商场是由三条风格各异的步行街组成：贯通整个正佳广场的是一条生机勃勃的“主大街”；不断变化的霓虹灯饰令人目不暇接。另一条步行街是弧形的“花园街”，层层退级的购物平台绿茵婆娑如同流动的舞台，展现自我，观摩时尚。最后一条步行街为“风情街”，最潮流，最“in”的展示广州的繁华。

在中庭里，人们可以看到大型的构架和表演平台，随着楼层的增加，中庭逐渐扩大，在五楼以上不仅可以俯瞰下面四层购物街的情景，还可以感受家庭娱乐购物广场的欢乐气氛。而覆盖着所有中庭、街道是一个独特的光棚---“巨型天幕”，将不同特色的空间统一起来。中庭内有着丰富的景观，富有戏剧性的灯光和独特的色彩鲜艳的标示，处处洋溢着浓厚的商业气氛。

正佳广场是中西文化的融合，不仅只是从单纯商业角度出发，更要为市民创造一种都市文化体验的场所。这是一个室内化的城市空间，把广场、街道和各种功能空间归入一个多层次的共享天幕之下，成为城市多元生活的综合体现。换言之，正佳广场创造的是一个集购物、休闲、餐饮、娱乐多种城市生活体验的巨型室内城市生活空间。

张九学与医院建筑

咨询或探讨医院建筑设计方面的相关问题　请拨电话：020-87212563　87212824　87212834　传真：020 87212577
张九学：13302233200　13316192916　13902307658　地址：广州天河区燕岭燕都路64号绿佳花园北座二层
电子邮件：zhangjiuxue@vip.sina.com　gd_ZJX@126.com　公司网站：http://www.xiandaisj.com

张九学和他的建筑设计团队

张九学主导设计的医院建筑项目

The Hospital Architecture Leading Design for Mr zhangjiuxue

■ 山东邹平县人民医院建筑规划设计；河源市人民医院（新院）建筑规划设计、与可行性研究；青海大学附属医院建设可行性研究、与建筑规划设计；青海西宁市城南中心人民医院；湖南株洲市中心医院规划建设方案；山东滨洲医院规划建设方案；山东淄博第五人民医院（精神病专科医院）住院综合楼；广东医学院松山湖医院规划与可行研究、方案设计；广州中医药大学第三附属医院方案设计；珠海市遵义医学院第五附属医院；广州现代医院改造设计；青海西宁第二人民医院；青海交通医院；湖北汉川市人民医院；江西南昌市第二医院规划与住院综合大楼；江西南昌市第三医院规划与住院综合大楼方案；甘肃陇南市第一人民医院；甘肃平凉市人民医院住院大楼；甘肃西和人民医院住院大楼；陕西汉中市人民医院；天津武静人民医院；英德市人民医院建筑规划设计；广东燕岭医院建筑设计与可行性研究；河南固始县人民医院；天津宁河县人民医院建设论证、技术咨询及外科大楼建筑设计；广东省武警总队医院规划设计与住院大楼设计咨询评审；佛山高明华立医疗中心；佛山明城华立医院建筑设计与可行性研究；佛山白坭华立医院；南海罗村医院；南海黄岐医院改造与扩建方案设计；南海大沥医院住院楼；南海盐步医院；顺德市第一人民医院规划设计；广东157医院；广东交通医院改造设计；广州海军421医院伽玛刀机房设计；广州南方医科大学图书馆方案设计；广州仁爱医院改造设计；广州普惠微创医院改造设计；广州白云区中医院（人和华侨医院）规划设计；广州白云山医院规划设计；广州花都南方医科大学附属-江都医院改造规划设计；番禺大岗医院改造与设计；增城市人民医院住院楼方案；增城妇幼保健院改造设计；东莞市洪梅人民医院规划设计方案；东莞市南城区医院改造设计；东莞广济医院方案；东莞清溪医院住院综合大楼；东莞塘夏三局医院；东莞长安康怡医院；东莞樟木头医院；东莞市谢岗医院规划设计；东莞大朗医院住院大楼方案；东莞厚街医院改造设计；中山市东升人民医院；肇庆华佗医院名医堂改造设计；肇庆怀集县人民医院新住院大楼设计；肇庆四会万隆医院住院楼；德庆人民医院急救中心；惠州市人民医院医疗综合大楼方案设计；惠州中心血站方案设计；惠州市江北妇幼保健院方案设计；惠州博罗县人民医院；惠阳第一人民医院门诊大楼；惠东县人民医院住院大楼；清远佛岗人民医院；英德市妇幼保健医院改扩建设计；云浮市人民医院内科大楼；龙川县妇幼保健院住院楼；梅州铁炉桥医院；乳源县人民医院；普宁市人民医院感染病房综合楼；汕头大学医学院第二附属医院改造设计；汕头市澄海区人民医院改扩建设计；汕尾粤东中医院；汕尾逸挥基金医院；海丰县澎湃纪念医院门诊住院综合大楼与可行性研究；阳山县人民医院；阳春市人民医院改造规划设计；江门市人民医院综合楼实施方案设计；江门市第三人民医院改造设计；新会五邑滤外医疗疗养中心规划设计；新会市人民医院规划；深圳坪山医院住院医技大楼设计；深圳宝安公明医院规划；深圳39脑科医院医疗综合楼；珠海市人民医院实施方案设计；河南嵩县中医院；山东潍坊第三人民医院（精神病专科医院）规划；江苏无锡市滨湖医院规划；江苏涟水县人民医院规划与住院综合大楼设计；江苏杭州瑞兴医院实施方案设计；江西金溪县中医院；福建福鼎市立医院规划；福建晋江中医院新建住院综合大楼；福建晋江市人民医院晋南分院方案设计；湖南岳阳市中医院；湖南浏阳市第六人民医院；湖南娄底涟钢医院；湖南永州东安县人民医院规划设计；云南曲靖沾益县人民医院（新院规划）；青海健康服务社区中心；广州番禺南沙仁德医院可行性研究；佛山市妇幼保健院搬迁项目的咨询、评析和评审；南海九江医院可行性研究；顺德陈村新医院设计指导、咨询和评审；顺德北窖新医院设计指导、咨询和评审；东莞石龙医院设备装备技术审查论证；惠州市江北新医院建设可行性研究；新兴县人民医院（56,000m2）的规划与建筑方案；信宜市人民医院设计咨询和评析；河南大学第一附属医院规划论证及可行研究；江苏无锡2,000床大型医疗中心可行性研究和论证；广西玉林市第二人民医院规划建设可行性研究。

其他类型的建筑设计：惠州火车站站房实施方案设计；青海西宁科技馆；青海西宁刘家寨新村建设规划设计；青海西宁市瑞升住宅小区规划设计。

篇幅有限项目不逐一列举　………

张九学简介　INTRODUCTION

▌摘自《广东建筑与设计》一书

张九学先生1954年出生，分别在70和80年代就读于兰州铁道学院土木工程系和西北建筑工程学院建筑学系。是卫生部卫生工程建设专家委员会专家；广东现代建筑（医院）设计与顾问有限公司总经理、总工程师；国家一级注册建筑师、注册咨询（投资）工程师……。曾获省部级设计奖和全国设计方案竞赛奖四十多项，发表过40多篇论文。90年主持起草卫生部《乡镇卫生院建设标准》，2005至2006年主编《乡镇卫生院建筑设计》一书。多次考察东南亚、美国和欧洲国家的医院建筑，撰写的《德国、意大利医院建筑的考察和研究》获得了“全国优秀科技成果工程技术类——特等奖”和中国管理科学研究院学术委员会的“优秀学术成果一等奖”。经常在全国性的医院管理学习班、医院院长学习班举行“关于现代化医院建筑和发展”等多个专题讲座。参加国内医院的建设评审论证、设计评标、建设咨询策划、可行性研究、规划与建筑项目设计更是举不胜举。是医院建设方面颇具影响的建筑专家。在由建设部和文化部联合举办的第二届中国国际建筑艺术双年展中张九学先生主持设计的多个建筑作品获邀参展并赢得多项殊荣，张九学本人获得了最具个人风格奖。

主导设计的项目效果图

山东邹平县人民医院

乳源县人民医院

佛山高明华立医疗康复中心

河南固始县第二人民医院

惠州博罗县人民医院

青海健康服务社区中心

江苏无锡市滨湖医院

东莞市大朗医院

前　言　Preface

▌摘自《广东建筑与设计》一书

在一座城市里，从建筑规模看，医院不可能是当地最大的建筑，但它与当地居民的生命健康息息相关，所以医院建筑一定会是当地最为知名的公共建筑之一。

近些年来，随着中国经济的高速发展，城市化的进度大大加快，掀起了新一轮的城市建设高潮。一幢幢高大宏伟、形状多异、显赫奢华的大楼似乎在一夜之间破土而出，拔地而起，公共建筑也大沾其雨露。新一轮的医院建设和改造装修的高潮早已到来。

在这一大背景下，专业于医院建筑设计的专家或其设计单位的作用就越来越突显，逐渐受到重视。

在此，我们着重介绍一位在医院的整体规划和建筑设计方面颇有影响的设计专家张九学和他的设计团队，以及从他们的绘图板上矗立起来的多类医院建筑方案。

过去以来，一些设计人员对现代医院所要求的复杂功能和空间设计还没有真正了解，有些地区的新建医院还处在模仿和追随其他建筑形式的阶段，设计师们着意于追求奇异的造型、构架的搭配和时髦外观，注重制造火车站站房式的宽阔大厅，而不是致力于现代化医院所应该创造的科学、合理、便捷、温馨、舒适，而且处处都能够体现以人为本充满人性化的、医疗服务空间和环境空间。

张九学和他的医院设计团队。多年来，已经承担了**国内外两百多家医院和疾控中心的建筑设计和可行性研究课题，项目遍及广东、广西、云南、越南、柬埔寨、湖南、湖北、福建、江苏、江西、山东、天津、重庆、陕西、甘肃、青海等十八个省市地区，**对我国现代化医院建筑的专业性和特殊性有较为全面的了解和研究，对医院设计这一复杂而特殊的建筑形式作了多方面的探索。做出过不少各种类型的优秀建筑作品，许多项目还成为了当地的标志性建筑。

所罗列的有些方案可能并未采用，但未被采用的方案也可能是最佳的方案。祝愿每位设计师都能做出最好的方案，而且恰被重用……。

陕西汉中市人民医院
Hanzhong People's Hospital of Shanxi

改扩建规划与门诊综合楼设计
Outpatient Integration Building& In Planning Expand and Rebuild Design

方案主要设计人：张九学 杨幼红 张文俊

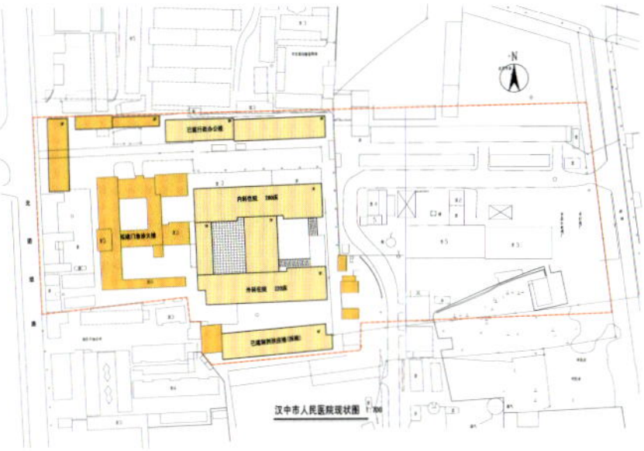

现状图 Present

现状照片 Present Photo

工程概况：

陕西省汉中市人民医院是集医疗、急救、预防、保健等诸项功能为一体的现代综合医院。

本工程为陕西省汉中市人民医院门诊住院综合楼工程。场地交通便利，西侧为北团结路，东侧为东塔南路。用地面积35751.8m^2，拟建的门诊住院综合楼地下一层，地上十二层。地下面积4483m^2，地上面积为20002m^2，总建筑面积为24485m^2，新增床位300床，新增停车位135辆。

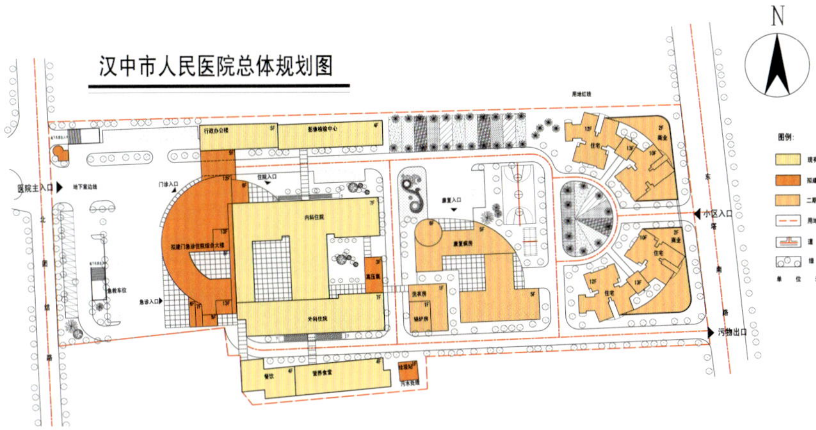

总平面图 Master Plane

护士站 Nurse Station

门诊综合楼 Outpatient Building

山东邹平县人民医院
Zouping People's Hospital of Shandong
建筑改扩建规划设计方案
In Planning Architecture Expand and Rebuild Design Option

方案主要设计人：张九学 杨幼红 张文俊

现状图 Present

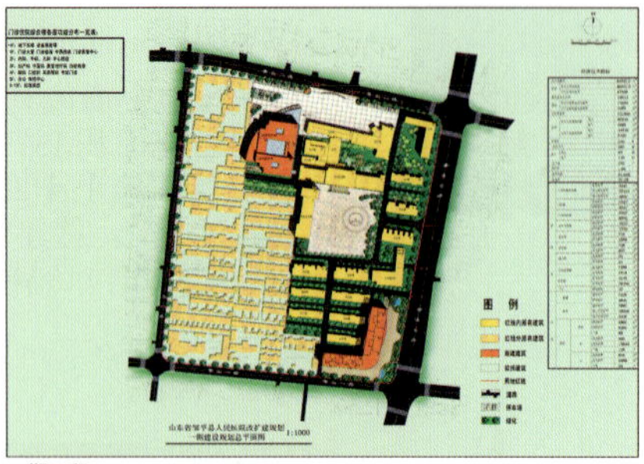
一期工程 The Firse Step

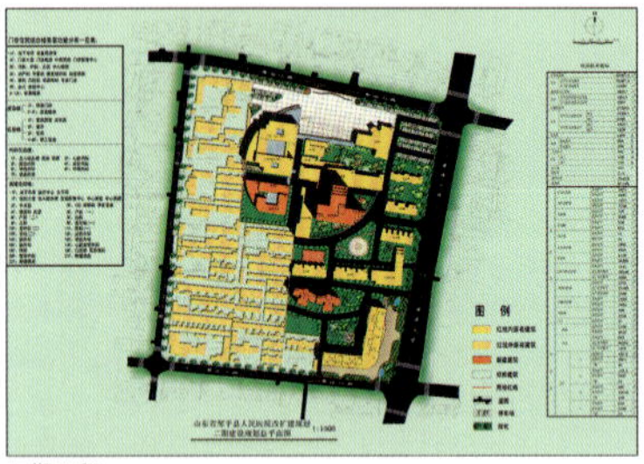
二期工程 The Second Step

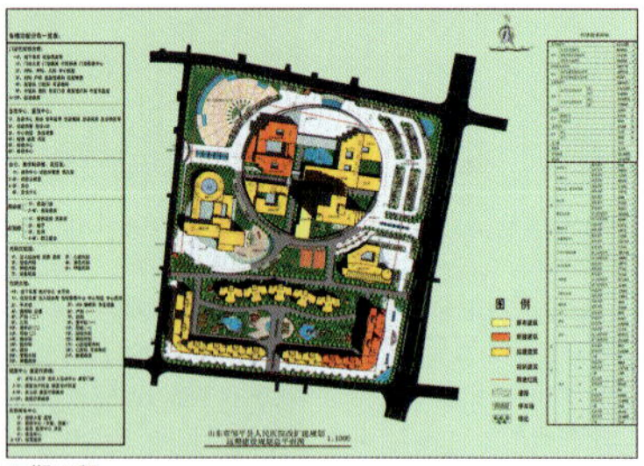
三期工程 The Third Step

建筑外观 Architectural Appearance

鸟瞰图 Bird's Eye Perspective

鸟瞰图 Bird's Eye Perspective

正面入口 Portal Front

设计概况：

现状：山东邹平县人民医院，始建于1949年，原占地面积55944m^2；现有床位453张；设置科室53个；医疗用房建筑面积3万m^2。

改扩建：邹平县人民医院改扩建规划——依托现址，东西拓展到黛溪三路、三八街，南北扩至黄山一路、黄山二路范围内，通过改扩建，按三期工程建设后，使其形成一个集医疗保健、康复疗养及职工生活为一体的功能小区。

新规划总用地约114530.0 m^2；规划总建筑面积288374.0m^2；其中医疗区用地面积63990m^{2}建筑建筑面积152599m^2；床位1200～1500张；规划停车位1320辆。分别设有综合门急诊、病房区、后勤保障区，并设广场、道路、停车场、绿地、景观活动区。本方案可分期实施，不影响既有建筑的正常使用，把门诊、急诊、住院、医技、营养食堂、中心供应等功能相对独立布置。功能分区明确，人流和物流、清洁和污染可以避免交叉。最终将建成一所集医疗、教学、科研、急救、康复于一体的综合性医院。

一期规划总建筑面积58410m^2，其中：门诊住院综合楼32240m^2；职工住宅26170m^2。把“现需要的、未来预留的”医疗用房整体统一规划、紧凑布置、综合利用。

安排康复疗养区用地约14190m^2；建筑面积49840m^2；可设置500床康复疗养院，附设老年人大学、大型的健身中心、室外活动广场，休闲绿地等等，康复疗养区可单独经营也可与医院成为一个整体。

职工生活区，约占地36350m^2；可安排700～1000户的套型住宅；建筑面积约130875m^2；按照高层和小高层结合。按照90～140m^2/套，的户型设计，一层设有商铺，并预留充足的绿化用地，为职工提供完善配套环境优雅的居住环境。

住院楼 Inpatient Building

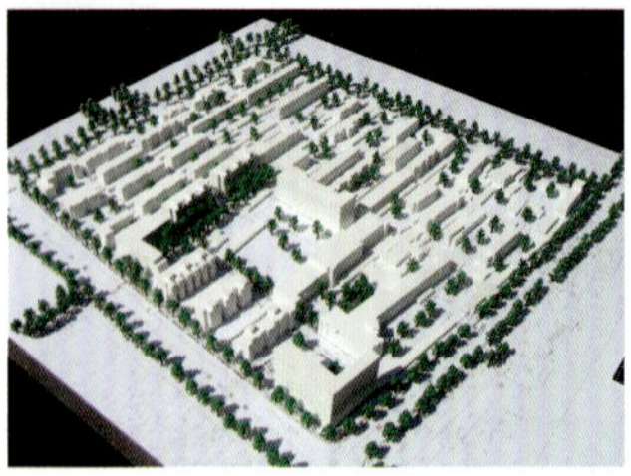
现状模型照片 Present Model Photo

一期工程体快模型 The Firse Step

二期工程体快模型 The Second Step

三期工程体快模型 Long-range Planning

建筑外观 **Architectural Appearance**

鸟瞰图 **Bird's Eye Perspective**

汕尾逸挥基金医院
Shanwei Yihui Foundation Hospital

新住院医技综合楼设计
New Inpatient & Medical Skill Building Design

方案主要设计人：张九学 袁忠 王治学 李小牛 等

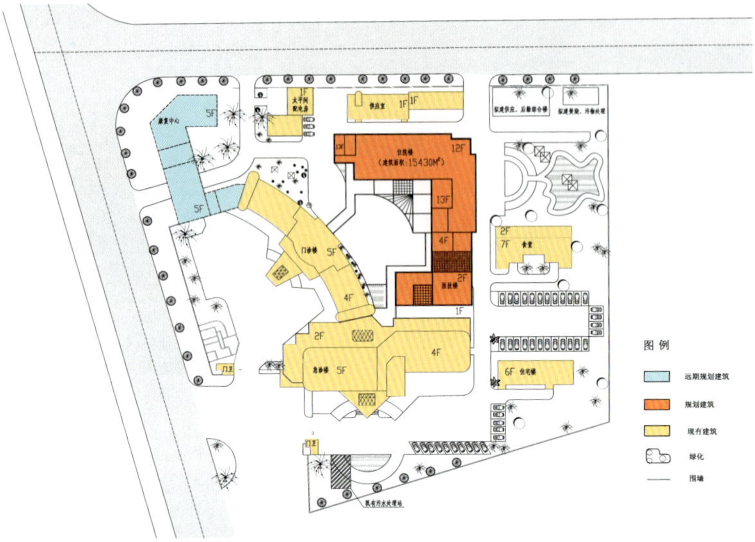

总平面图 Master Plane

门诊楼 Outpatient Building

工程建设概况：

汕尾逸挥基金医院由汕尾城区政府投资和三和洋行董事长洪逸挥先生捐资共同兴建的。2003年曾由汕尾当地一家单位设计并进行了基础施工，但平面布局受到了洪逸挥先生质疑，后委托张九学先生重新进行了设计。

工程分两期建设，一期工程于1996年投入使用，2002年进行二期——新住院大楼的建设。医院总占地30000.0m^2；总建筑面积：64000m^2；二期新建住院楼建筑面积10575.88m^2；医院规模400床。第二期工程也已在04年投入使用。

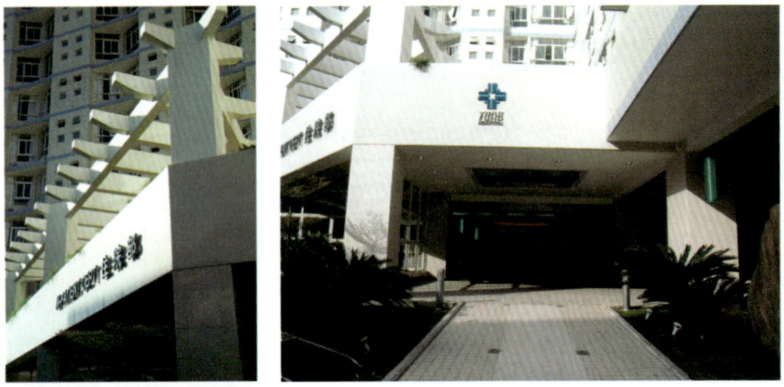

新建住院楼入口 Inpatient Building Portal

室外景观 Exterior Sight

住院楼 Inpatient Building

大堂 Atrium

候诊大厅 Waiting Hall

候诊大厅 Waiting Hall

双人间 two-bed wares

高级病房 VIP Sickroom

儿童活动区 Children Playing Space

新建住院楼 Inpatient Building

新建住院楼 Inpatient Building

护士站 Nurse Station

采光天棚 Sunshade

采光天棚 Sunshade

珠海遵义医学院第五附属医院

The Fifth Hospital Affiliated with Zunyi University Medical College Of zhuhai

建设用地建筑规划设计方案

New Place In Planning Construction & Architecture Design Option

方案主要设计人：张九学 杨雄光 杜勇涛 等

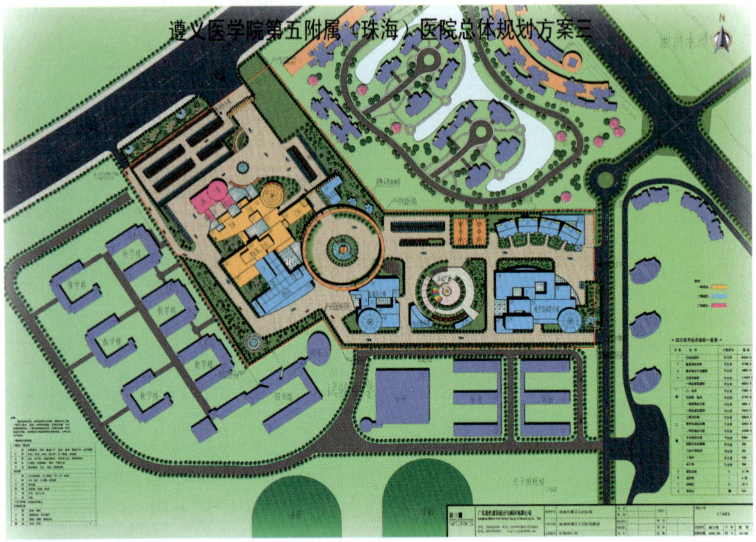

总平面图 Master Plane

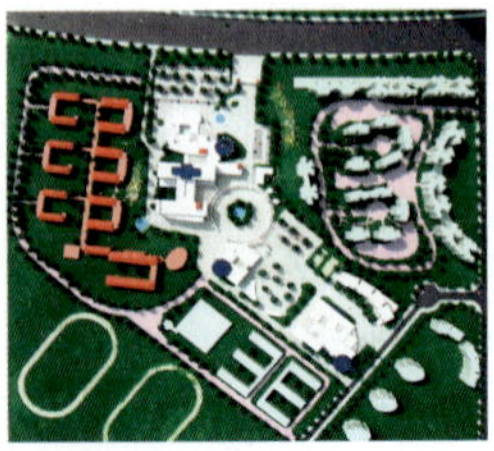

模型照片 Model Photo

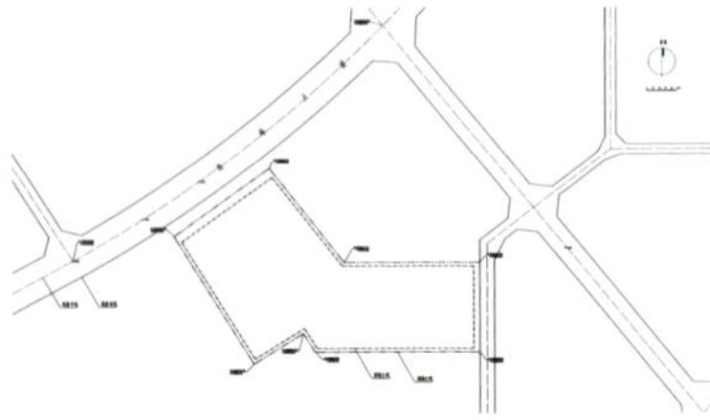

用地现状 Present

规划设计概况：

医院规划总用地面积88365.8m^2；总床位数为1000床；总建筑面积119687.9m^2；规划停车位351辆。建设分为三期：一期为门急诊、医技、400床住院楼、后勤综合楼、污水处理和高压氧，总建筑面积为40075.4m^2。二期为600床住院楼、后勤综合楼、教学培训综合楼、专家值班公寓和别墅式高级病房，总建筑面积为79612.5m^2。三期为扩大门急诊。

住院楼背面 Inpatient Building Back View

规划体快模型照片 Model Photo

规划体快模型照片 Model Photo

规划体快模型照片 Model Photo

建筑透视　**Architectural Perspective**

鸟瞰图　**Bird's Eye Perspective**

广州现代医院
Guangzhou Modern Hospital
建筑功能改造与装修设计
Architecture's Function Reconstruction & Decoration Design

方案主要设计人：张九学 廖荣标 陈俏樾 等

总平面图　Master Plane

建筑外观　Architectural Appearance

检验科　Clinician

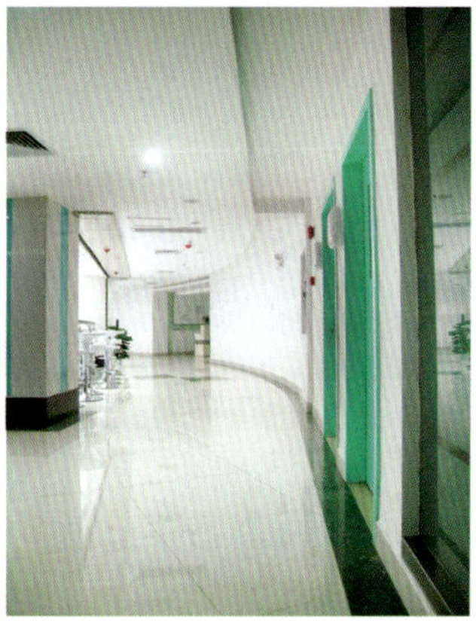
走廊　Corridor

造型墙　Sculpting Wall

工程概况：

广州现代医院是由一座旧酒店改建而成，总建筑面积14309m^2，地上9层地下1层，设计将建筑空间重新划分布局，令医院的人流物流更畅通便捷。改造后满足了高效率的救护功能，同时营造出温馨、舒适、休闲又富有人性化的就诊环境。

建筑入口　Architecture Portal

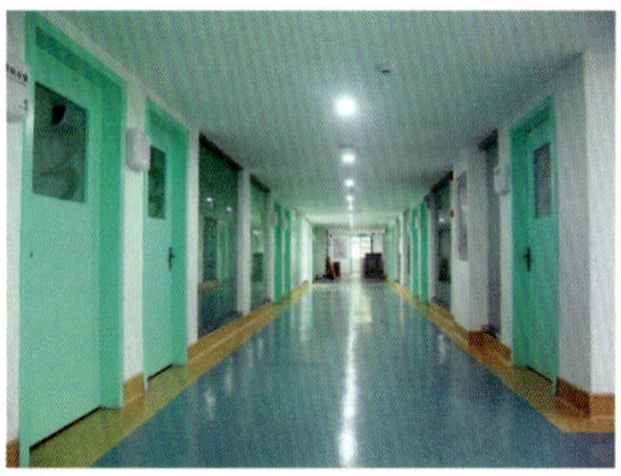
走廊　Corridor

门诊大厅　Clinic Hall

等候休息区　Waiting Rest Section

护士站　Nurse Station

取药大厅　Get Medicine Hall

洁净走廊　Clean Corridor

护士站　Nurse Station

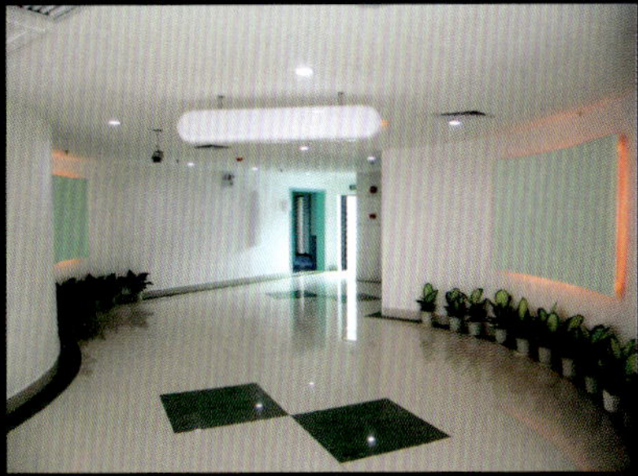

过道造型墙　Aisle Sculpting Wall

休闲区　Rest Section

造型墙　Sculpting Wall

中庭　Atrium

柜台　Counter

中庭　Atrium

中医理疗　Chinese Medicine Physiotherapy

走廊　Corridor

屋顶花园　Roof Garden　屋顶做成了给病人活动的花园

咨询或探讨医院建筑设计方面的相关问题 请拨电话：020-87212563 87212824 87212834 传真：020 87212577
张九学：13302233200 13316192916 13902307658 地址：广州天河区燕岭燕都路64号绿佳花园北座二层
电子邮件：zhangjiuxue@vip.sina.com gd_ZJX@126.com 公司网站：http://www.xiandaisj.com

佛山高明华立医疗康复中心

Gaoming Huali Medical & Healing Center Of Foshan

方案主要设计人：张九学 崔兴春 袁忠 张文俊 等

现状图 Present

鸟瞰图 Bird's Eye Perspective

说明：

本规划设计分为医疗区、康复区及职工住宅区三大区，为了整合更完善的交通组织、消防通道布置及医院功能，宜将工程分为两个阶段进行：

1). 新建门急诊、医技住院综合大楼，后勤综合楼及职工住宅区的服务中心楼和1#、2#职工宿舍楼，满足医院正常运营的各项功能需求。

2). 根据医院发展，新建康复中心及康复病房，同时新建职工住宅及职工宿舍，可根据发展可灵活调整康复区病房和职工住宅用房。

连廊 Vestibule

建设概况：

佛山华立医疗中心是由佛山华立集团计划投资3亿元人民币建设的，被列为佛山高明的重点工程。该工程于2003年初由华立集团委托设计，预计2007年建成使用。该医疗中心的医疗业务用房以明亮、布局紧凑、功能分区合理为突出特点，展示了适合我国国情的现代化医疗设施的风貌。

该工程占地面积2050054.36m^2；总建筑面积369726.0m^2；总床位966张；医疗区600床；康复中心350床；康复病房316床；总停车位900辆。设计有现代化的综合医疗中心、肝胆医院、放疗中心、高压氧治疗中心、配液中心、洁净手术中心、培训中心、后勤保障中心等。拥有2000多平方米的长大雨廊和宽阔的医院街，把各个功能区及入口连接起来，十分有利于就医和管理。该医院中心设有巨大的绿草坪和停车场，并在前广场设置了直升机停机设备。其中医疗区，总用地8824.66m^2；建筑面积111013.0m^2；康复区，总用地55536.7m^2；建筑面积80549.0m^2；职工住宅区建筑面积178164.0m^2；可安排1032户的职工住宅。

在由建设部和文化部联合举办的第二届中国国际建筑艺术双年展中佛山市高明华立医疗中心获邀参展，张九学先生本人获最具个人风格奖。

总平面图 Master Plane

收费大厅 Collection Hall

首层共享大堂 Architectural Perspective

二楼走廊 Corridor

候诊大厅 Waiting Hall

首层大厅 Hall

病房走廊 Corridor

建筑外观　　Architectural Appearance

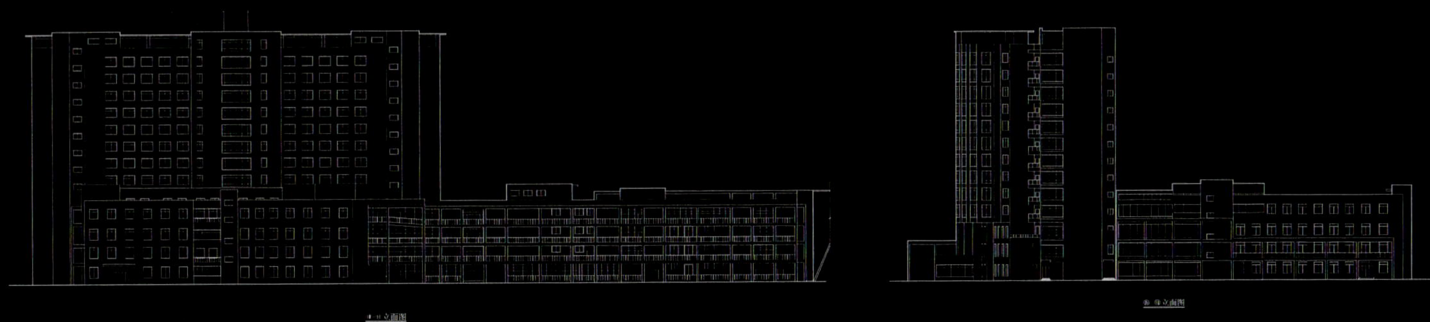

建筑外观　　Architectural Appearance

咨询或探讨医院建筑设计方面的相关问题 请拨电话：020 87212563 87212824 87212834 传真：020 87212577
张九学：13302233200 13316192916 13902307658 地址：广州天河区燕岭燕都路64号绿佳花园北座二层
电子邮件：zhangjiuxue@vip.sina.com gd_ZJX@126.com 公司网站：http://www.xiandaisj.com

青海仁济医院

Renji Hospital Of Qinghai

新院建设规划与建筑设计

New Place In Planning Construction & Architecture Design

方案主要设计人：张九学 黄燕芳 等

总平面图 **Master Plane**

建筑透视 **Architectural Perspective**

建筑模型照片 **Architectural Model Photo**

建设概况：

青海仁济医院位于新城大道北边，占地面积39047m^2。整个用地形状较为规则，地块呈梯形。南北高差较大，约为5–6米。新院的建设将立足城南区，辐射周围，成为该地区主要的综合性医疗急救中心。

根据医院要求，本次设计为“门诊、急诊、住院综合建筑群” 建筑面积约4万平方米，总床位数约600张，停车位250辆。

行政办公楼 **Administration Building**

门诊大厅 **Outpatient Hall**

住院楼 **Inpatient Building**

中庭 **Atrium**

鸟瞰图 Bird's Eye Perspective

建筑立面透视 Elevation Perspecties For Architecture

咨询或探讨医院建筑设计方面的相关问题 请拨电话：020-87212583 87212824 87212834 传真：020-87212577
张九学：13302233200 13316192916 13902307658 地址：广州天河区燕岭燕都路64号绿佳花园北座二层
电子邮件：zhangjiuxue@vip.sina.com gd_ZJX@126.com 公司网站：http://www.xiandaisj.com

广州中医药大学第三附属医院
The Third Hospital Affiliated with Guangzhou University of Traditional Chinese Medicine
建设用地规划与建筑设计投标方案
New Place In Planning Construction & Architecture Design Option

方案主要设计人：袁忠 黄燕芳 张九学 等

现状照片 Present Photo

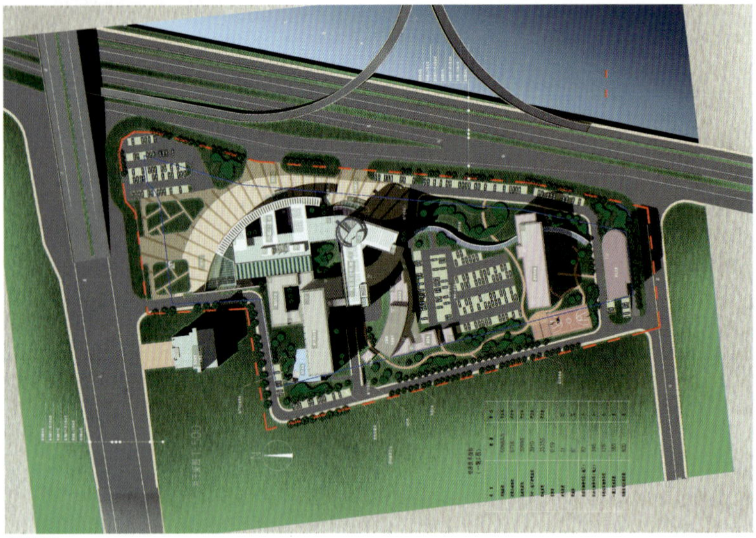

总平面图 Master Plane

立面图 Elevation Drawing

建筑透视 Architectural Perspective

住院楼 Inpatient Building

方案概况：

广州中医药大学第三附属医院新址位于芳村区龙溪大道以南，花地河以西，占地面积93.5亩。新院的建设将立足广州市，辐射珠三角，成为芳村区主要的综合性医疗急救中心，成为省级（国家级）骨科，重点学科基地，成为广州中医药大学科学和科研的重要基地。

根据广州中医药大学第三附属医院要求，本次设计的一期“门诊、急诊、住院综合大楼” 规模面积约为3.7万m^2(含地下层)，总床位数约400张。远期规划拟建二期住院楼、行政后勤办公楼、科教实验楼、学生宿舍楼。

门诊楼 Outpatient Building

建筑模型照片 Architectural Model Photo

建筑模型照片 Architectural Model Photo

鸟瞰图 Bird's Eye Perspective

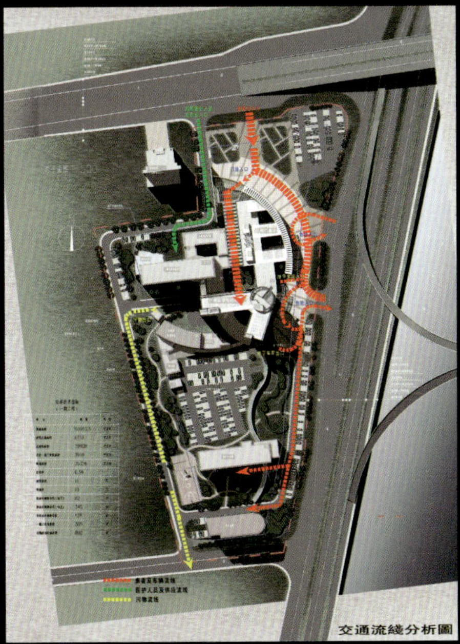

建筑功能分析图 Architectural Functional Analysis

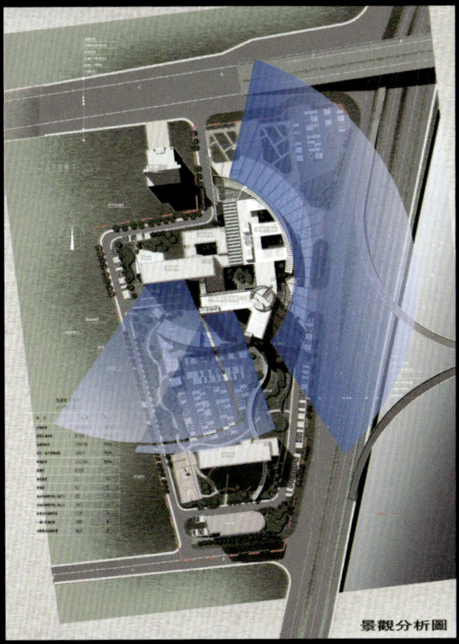

建筑功能分析图 Architectural Functional Analysis

建筑功能分析图 Architectural Functional Analysis

河源市人民医院（新院）
Heyuan People Hospital (new)
新院建设规划与建筑设计
New Place In Planning Construction & Architecture Design

方案主要设计人：张九学 黄燕芳 刘新花 谢志忠 杜勇涛 陈俏樾 等

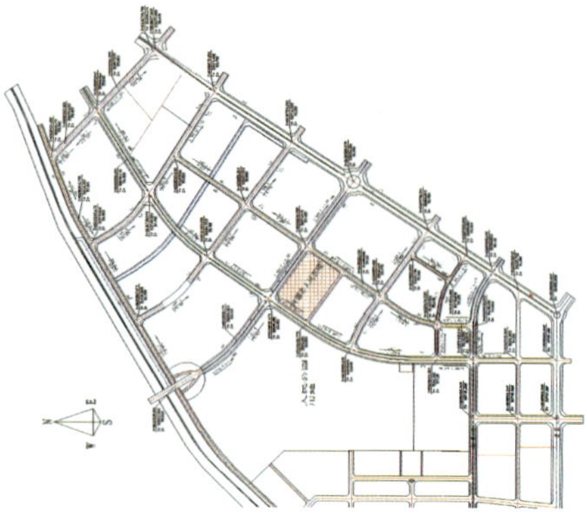
现状图 Present

施工中的门诊楼 Outpatient Building

建筑透视 Architectural Perspective

建设概况：

在由建设部和文化部联合举办的第二届中国国际建筑艺术双年展中河源市人民医院获邀参展，得到各方专家的充分肯定并举获得医院建筑设计的新风尚奖。

河源市人民医院规划1500床是集医疗、教学、康复、急救、预防、保健等诸项功能为一体的大型现代医院。

本项目位于河源市位纬十四路与文昌路交汇处，地处新区中心，交通便利，基础设施完整，有利于服务全市。该地块可建设用地面积约13公顷，建筑总面积13万m^2。根据规划，分为医疗区、特需医疗服务区、后勤生活区、急救中心、放疗中心、感染楼、肿瘤病房等。

全部工程分三期建设，一期为医疗区和后勤区，二期为住院楼扩大，三期为康复疗养和生活区。

总平面图 Master Plane

施工中的门诊楼 Outpatient Building

施工中的建筑入口雨棚 Architecture Portal Canopy

建筑模型照片 Architectural Model Photo

施工中的室内雨棚 Canopy

施工中的住院楼 Inpatient Building

建筑透视 Architectural Perspective

施工中的中庭 Atrium

鸟瞰图 Bird's Eye Perspective

门诊大厅 Outpatient Hall

取药大厅 Get Medicine Hall

电梯间 Elevator Hoistway

施工中的过道 Aisle

咨询或探讨医院建筑设计方面的相关问题 请拨电话：020-87212563 87212824 87212834 传真：020 87212577
张九学：13302233200 13316192916 13902307658 地址：广州天河区燕岭燕都路64号绿佳花园北座二层
电子邮件：zhangjiuxue@vip.sina.com gd_ZJX@126.com 公司网站：http://www.xiandaisj.com

清远佛岗人民医院

Qinyuan Fogang People Hospital

改扩建规划与新门诊综合楼设计

In Planning Expand and Rebuild & Outpatient Building Design

方案主要设计人：张九学 郭宇峰 袁忠 等

建筑入口 Architecture Portal

建筑透视 Architectural Perspective

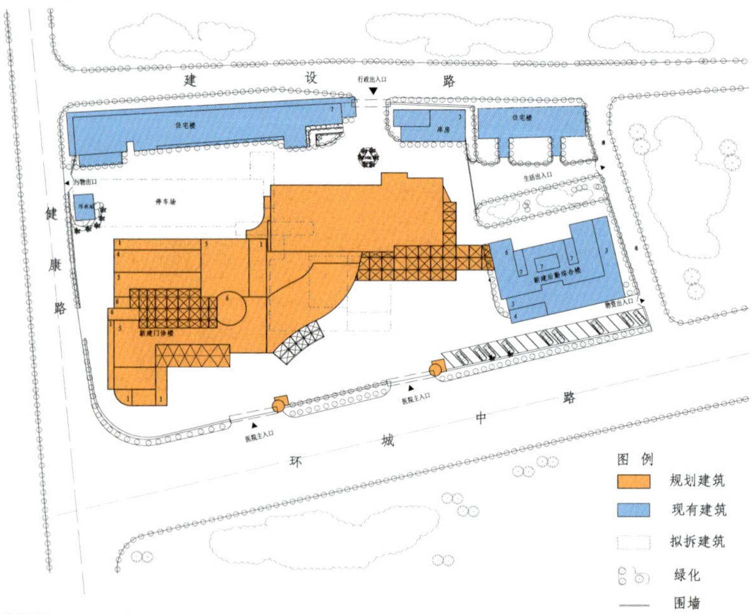

总平面图 Master Plane

多功能会议室 Multi-Function Meeting Room

办公室 Office

小会议室 little Boardroom

建筑入口雨棚 Architecture Portal Canopy

设计规划构思：

佛岗县人民医院总床位400床，建筑面积42000m^2。

工程采用总体规划设计，分期建设，一期门诊综合大楼工程已建成使用，住院大楼正在建设中。整个医院建筑布局紧凑，高低错落有致，主体建筑12层，风格统一。

房间全部采用落地式凸窗，视线采光好。从建成的一期工程看，已获得了广泛的好评，也成为佛岗最好的建筑之一。

电梯间 Elevator Hoistway

会议室 Boardroom

鸟瞰图 Bird's Eye Perspective

前期方案 鸟瞰图 Bird's Eye Perspective Of Previous Plan

采光天棚 **Sunshade**

门诊大厅 **Outpatient Hall**

中庭 **Atrium**

建筑细部 **Architectural Detail**

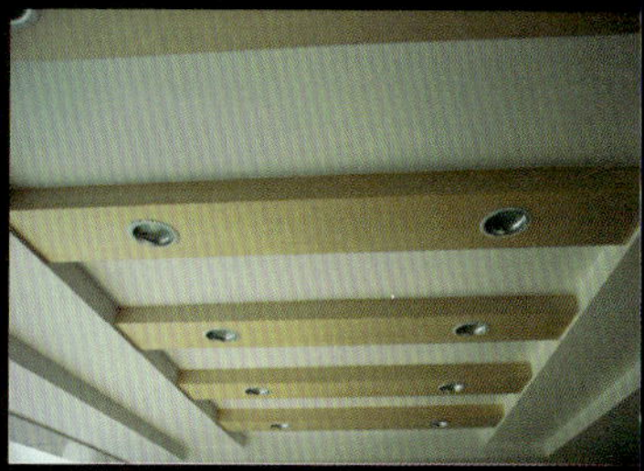

建筑细部 **Architectural Detail**

前期方案 住院楼 **Inpatient Building Of Previous Plan**

①(S)-⑮ 展开立面图

东莞松山湖医院

Songshan Lake Hospital Of Dongguan

建筑投标方案　Architecture Design Option

方案主要设计人：张九学　黄燕芳　等

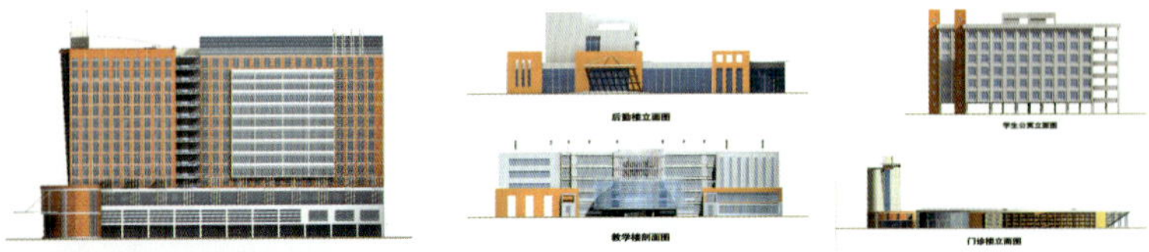

立面图　Elevation Drawing

住院楼　Inpatient Building

方案概况：

本项目位于东莞市松山湖产业园内科苑路西侧，地处新区中心，规划总用地面积265391m²；一期总建筑面积159660m²。把整个院区分为四个功能大区：医疗服务区、教学楼及学生公寓区、医护人员生活居住区、休养环境活动区。

在医疗服务区，规划有门急诊兼急救中心、有完善的医技中心和一期为400床规模的综合性住院大楼。同时充分地考虑未来扩大至1000－1500床时的住院大楼和门急诊扩大的预留用地，在住院服务区还附有3－6栋独立式（也可称别墅式）的高级疗养性病房。生活区建筑面积55400m²；其中100–110m²户型200套；70–80m²户型400套。

整个院区内既有紧密联系，又有十分合理的分隔，医疗用房融入在山水园林之中，体现了园林和花园式医院的特点。

总平面图　Master Plane

后勤楼　Logistics Building

教学楼　Teaching Building

职工宿舍楼　Staff Building

宿舍区　Dormitory Area

学生公寓　Rooming House

乌瞰图　　Bird's Eye Perspective

建筑透视　　Architectural Perspective

西宁第二人民医院

The Second People's Hospital Of Xining

门诊住院综合楼建筑规划设计方案

In Planning Outpatient-Inpatient Integration Building Design

方案主要设计人：张九学　杨雄光　刘新花　等

现状照片　Present Photo

总平面图　Master Plane

住院综合楼立面图　Inpatient Building Elevation

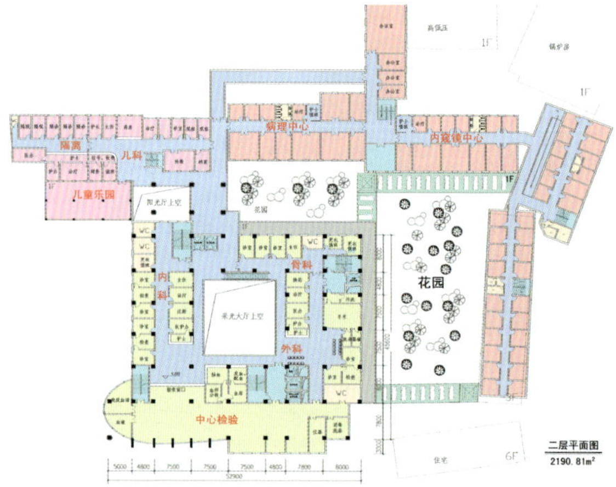

工程概况：

西宁市第二人民医院是集医疗、急救、预防、保健等诸项功能为一体的综合医院。医院用地面积21892.07m^2；原建筑面积26586.31m^2，院区正西方向临小桥一巷，正北方向临小桥二巷，正南方向临西湟一级公路。本工程为新建医院住院综合楼工程。

拟建医疗综合楼建筑面积22974.86m^2，地下一层，地上十二层，其中一期工程面积为19985.39m^2(包括地下面积1219.30m^2，地上面积18766.09m^2)，二期工程面积为2989.47m^2，建设完工后总建筑面积49561.17m^2，总床位420床，其中新建床位278床，改造床位142床。停车位160辆。新建大楼是集门诊、医技、住院为一体的综合性医疗大楼。

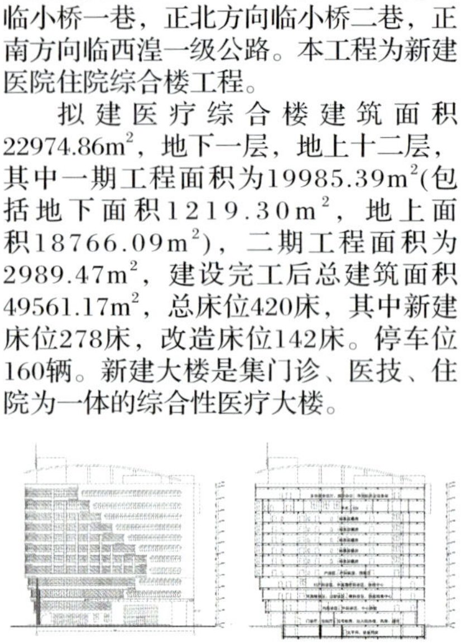

立剖面图　Elevation

住院综合楼　Inpatient Building

立面比选方案 **Elevation Comparison Plan**

立面比选方案 **Elevation Comparison Plan**

鸟瞰图 **Bird's Eye Perspective**

门急诊入口 **Outpatient & Emergency Portal**

门急诊入口立面图 **Outpatient & Emergency Porta Elevation**

青海大学附属医院

The Second People's Hospital Of Xining

医技住院综合楼与改扩建设计

In Planning Expand & Inpatient-Medical Skill Building Design

方案主要设计人：张九学 杨雄光 杜勇涛 杨幼红 等

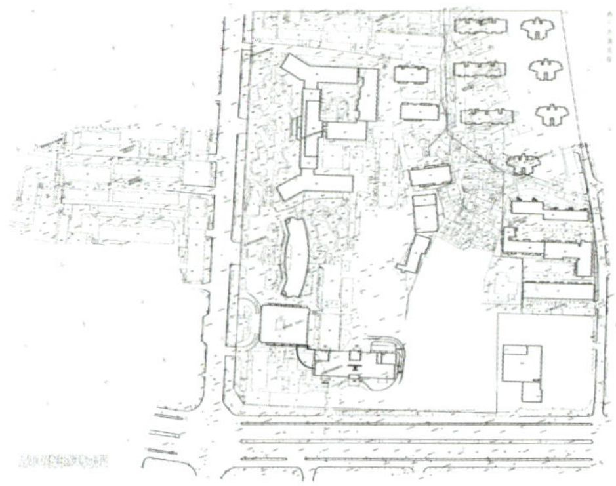

现状 Present

现状照片 Present Photo

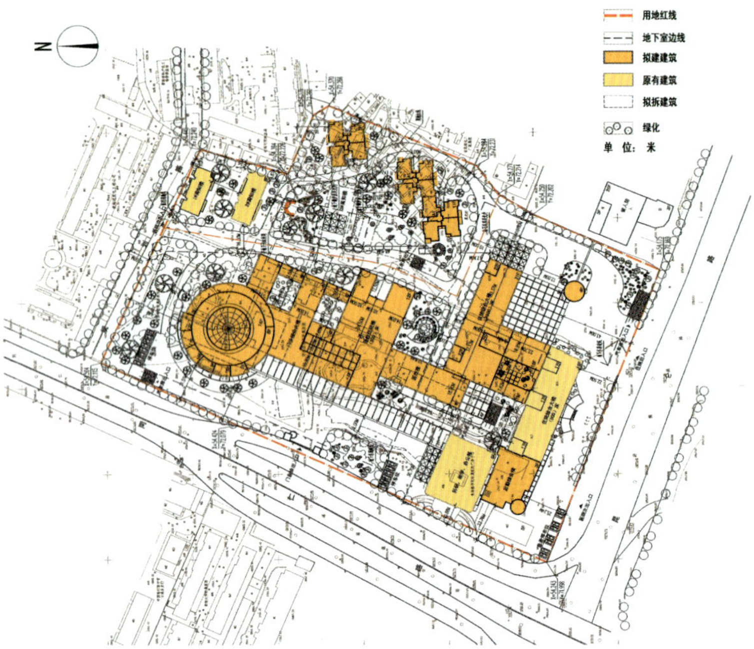

总平面图 Master Plane

鸟瞰图 Bird's Eye Perspective

鸟瞰图 Bird's Eye Perspective

设计概况：

本项目位于西宁市同仁路东南，昆仑路东北方向，医院规划占总地面积约265391m^2，总建筑面积168357.3m^2，医院规模1800床。把医院分成医疗市区、后勤保障市区，按集中与分散相结合的方式布局。

其中新建外科综合大楼主体最高22层，建筑面积约65800m^2，新增停车场车位600个。医技部分建筑面积为22500m^2，门诊楼建筑面积为26000m^2，职工生活区及其他用地面积65391m^2。总体规划中，地面停车场可预留10000m^2，林绿化面积18000m^2，院内道路约4500m^2，体育文体设施约500m^2。

未来将集医、教、研、培训四位一体的功能，成为青海省规模最大的综合性教学医院，与完善的临床医学中心。

建筑透视 Architectural Perspective

鸟瞰图 Bird's Eye Perspective

鸟瞰图 **Bird's Eye Perspective**

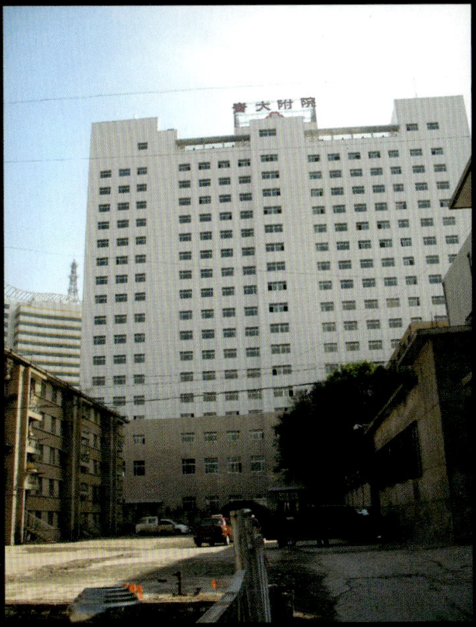

原住院楼 **Inpatient Building**

扩建后住院楼 **Inpatient Building**

咨询或探讨医院建筑设计方面的相关问题 请拨电话：020-87212563 87212824 87212834 传真：020 87212377
张九学：13302233200 13316192916 13711661007 地址：广州天河区燕岭燕都路64号绿佳花园北座二层
电子邮件：zhangjiuxue@vip.sina.com gdxdsj@163.com 公司网站：http://www.xiandaisj.com

南昌市中西医结合医院

Nanchang Hospital Of Traditional Chinese And Western Medicine

住院综合大楼设计

In Planning Expand and Rebuild & Inpatient Building Design

方案主要设计人：张九学 杨雄光 杜勇涛 等

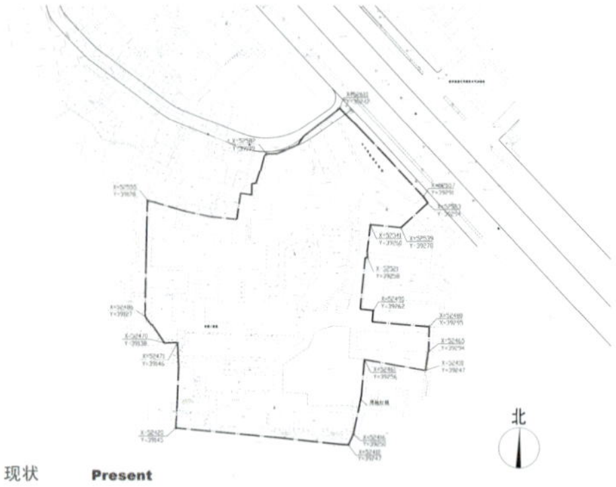

现状 Present

建筑模型照片 Architectural Model Photo

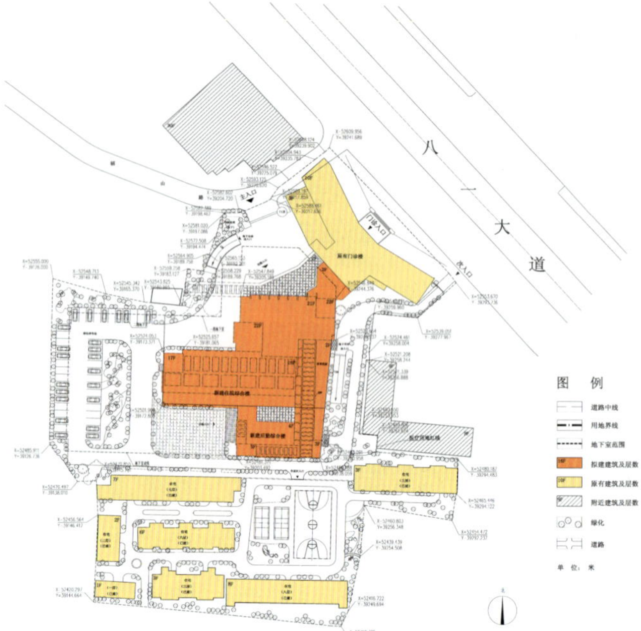

总平面图 Master Plane

住院综合楼 Inpatient Building

工程概况：

本项目基地位于南昌八一大道西南方向，占地面积约21003.5m^2。一期新建住院大楼建筑面积为42115.83m^2，二期拟建后勤楼建筑面积为2120.16m^2，总床位598床，停车位地上41个；地下137个。建设资金约0.8～1.0亿元。

新规划将急救和门诊入口设置在城市次干道—八一大道上。方便、快捷地把各种就医人流、车流引导到医院的相应入口，同时也把离开医院的人流、车流合理地融入到城市的交通流当中。在福山路上设置生活后勤入口，传染、污物出口。

通过改扩建将成为整个南昌及所辐射的周边地区广泛人群开展医疗与健康服务的保障基地。

鸟瞰图 Bird's Eye Perspective

建筑模型照片 Architectural Model Photo

建筑模型照片 Architectural Model Photo

建筑模型照片 Architectural Model Photo

建筑模型照片 Architectural Model Photo

惠州火车站
Huizhou railway station

方案主要设计人：张九学 袁忠 许昆

建筑规划设计
In Planning Architecture Design

建设概况：

2001年方案设计中标的惠州火车站。

惠州火车站房虽然建筑面积只有约15,000.0m²左右，站房用地与铁路和广汕公路均成斜交，该设计方案既保证了与铁路、公路的平行布置，又合理地解决了进站、出站、托取行包的人流、车流关系。建筑造型十分舒展、简洁的立面。本中标方案获得了评委的一致好评(施工图由铁道第一设计院完成)，已成为惠州市是标志性建筑之一。

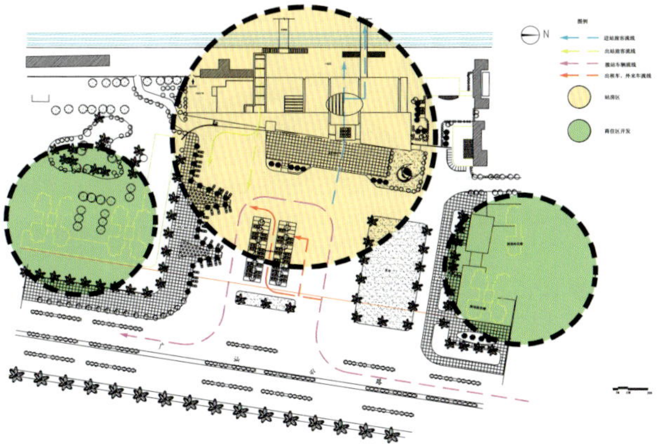

功能分析图 **Functional Analysis**

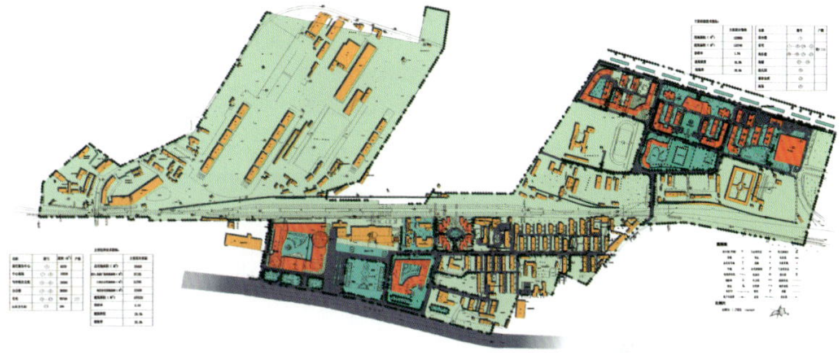

总平面图 **Master Plane**

进站大楼 **Inbound Building**

鸟瞰图 **Bird's Eye Perspective**

建筑透视 **Architectural Perspective**

青海省西宁科技馆
Xining Science and Technology Museum
建筑规划设计
In Planning Architecture Design

方案主要设计人：张九学 黄燕芳

现状图 Present

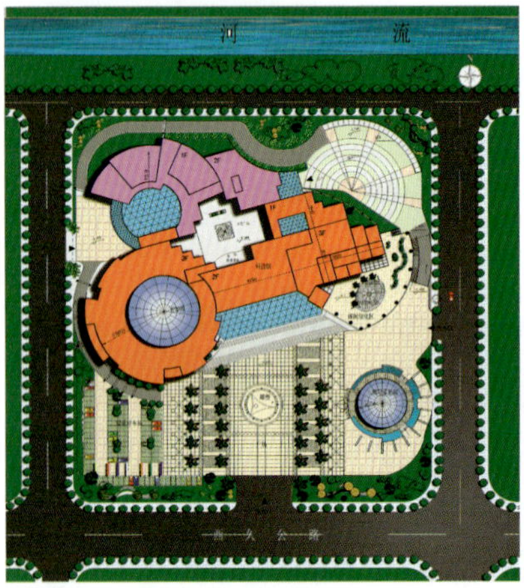

总平面图 Master Plane

景观塔 Landscape Tower

建筑入口 Architecture Portal

建筑模型照片 Architectural Model Photo

建筑模型照片 Architectural Model Photo

建设概况：

在由建设部和文化部联合举办的第二届中国国际建筑艺术双年展中获得一等奖。

青海省西宁科技馆，坐落于有“西宁大南川”之称的西宁城南新区中，总建筑面积32,000m2，规划总的停车位150个(含职工停车)。科技馆除了满足科技馆功能要求，更能体现出建筑的艺术性，成为西宁市地区标志性建筑之一。

立面图 Elevation Drawing

立面图 Elevation Drawing

建筑模型照片 夜景 Architectural Model Photo Night Piece

建筑透视　Architectural Perspective

鸟瞰图　Bird's Eye Perspective

建筑透视　Architectural Perspective

建筑模型照片　Architectural Model Photo

建筑模型照片　Architectural Model Photo

建筑模型照片　Architectural Model Photo

李求之 Liqiuzhi

1938年7月出生，1962年毕业于天津大学建筑学专业，教授级高级工程师。长期从事建筑设计和教学工作。原华南建设学院（西院）建系学系主任，建筑设计院研究院院长。

现为 国家一级注册建筑师
广州市城市科学研究会顾问
中国科联经济发展研究中心研究员
广州智海建筑工程技术有限公司总建筑师

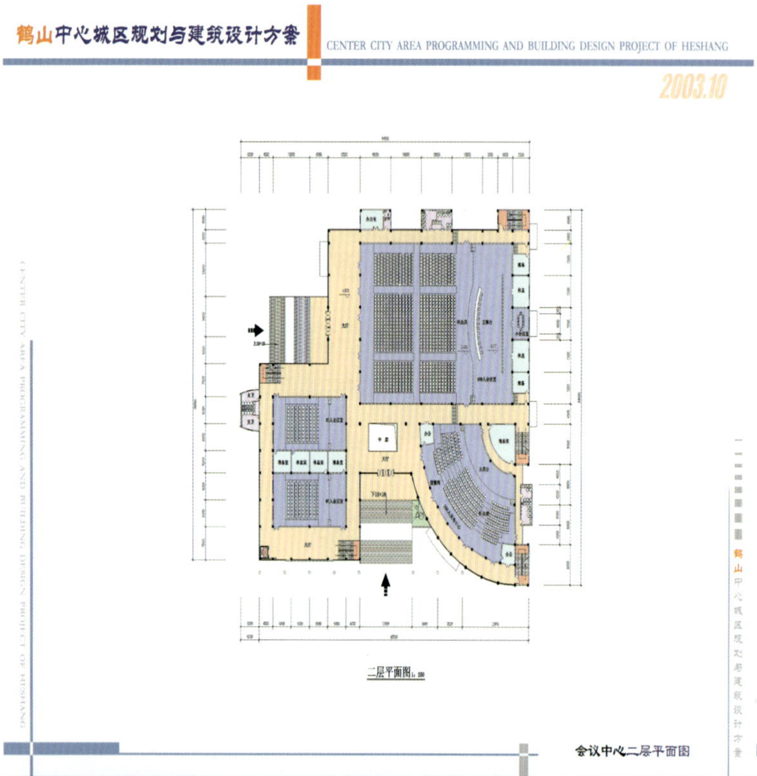

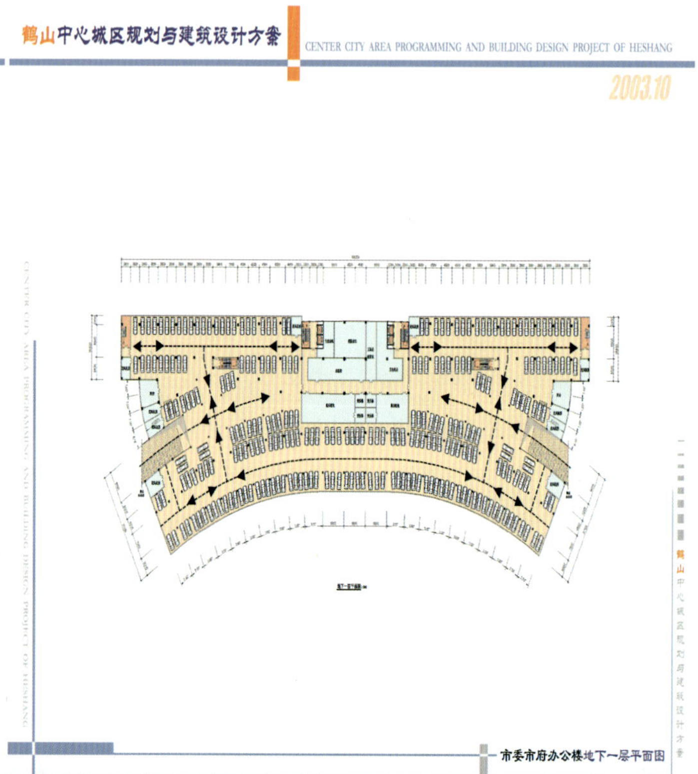

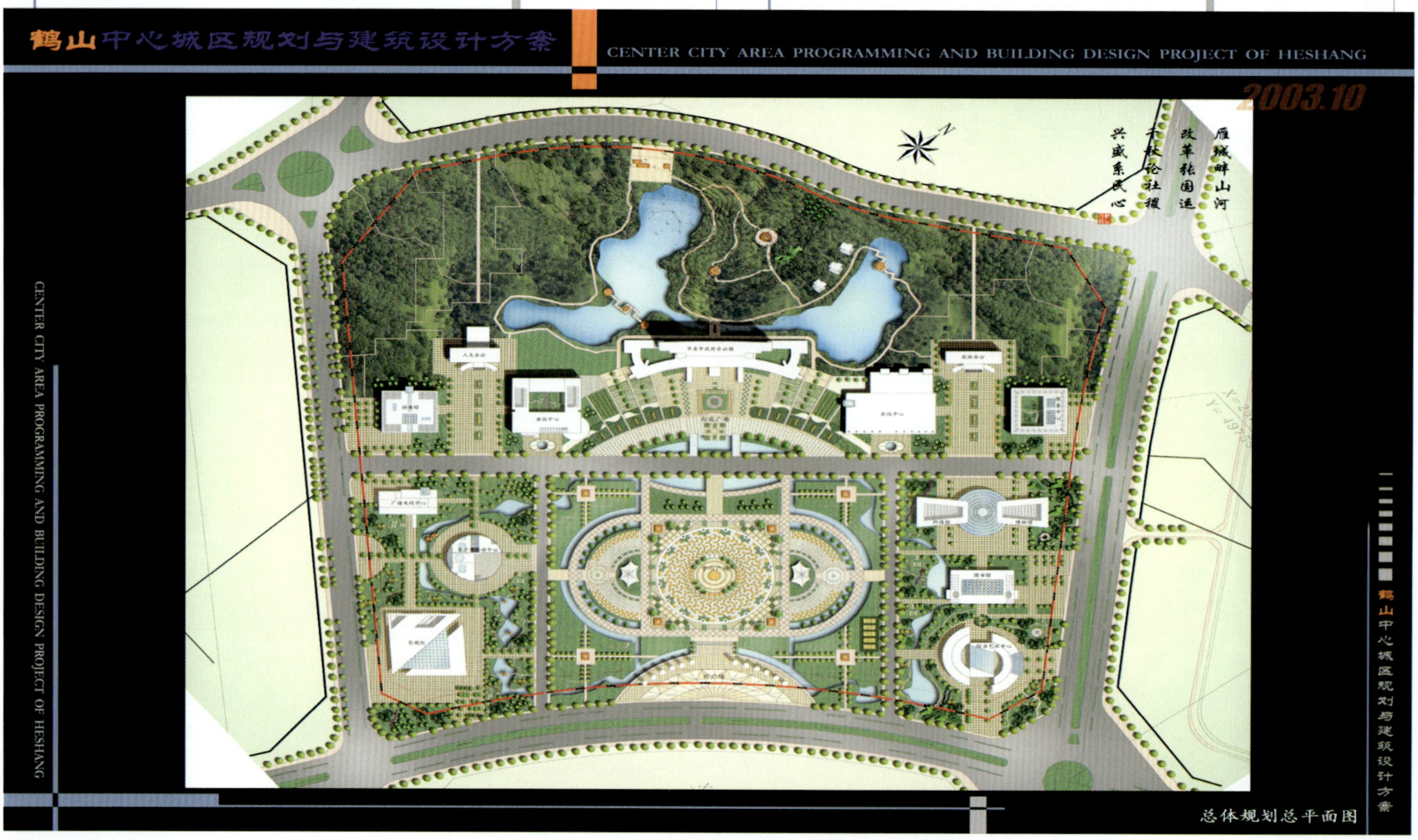

美林湖畔花园

大型现代化、智能化住宅小区，整体规划结合地形采取自由灵活的布局、高层、多层搭配、空间富于变化；住宅户型多样、配套设施齐全，庭院景观丰富，独具特色，富于亚热带风味，是华南板块很有影响的大型楼盘。

总平面布置图 自由灵活

总用地面积：120000平方米
总建筑面积：350000平方米
建设地点：广州员村
竣工时间：2001年

小区会所全貌 充满着亚热带风情

庭院组合特色　景观丰富多彩

高层住宅街景　体形尺度宜人

鸟瞰图

总平面图

流线型组合

盛世名门花园

建设地点广西贵港市，采取周边围合的规划布局形式，建筑物以条状、点式、弧面相结合，组团灵活多样、空间流动、节奏明块，充满强烈的时代气息，小区道路因地制宜，灵活多变，与庭院绿化有机结合，营造良好的生态环境。

住宅的小高层和多层为立，竣工时间2003年

花园入口

花园会所

临街立面

主要技术经济指标
总用地面积：**18**万平方米
总建筑面积：**27**万平方米
容积率：**1.5%**

人大办公楼一层平面图

鹤山中心城区规划与建筑设计方案
CENTER CITY AREA PROGRAMMING AND BUILDING DESIGN PROJECT OF HESHANG
2003.10

CENTER CITY AREA PROGRAMMING AND BUILDING DESIGN PROJECT OF HESHANG

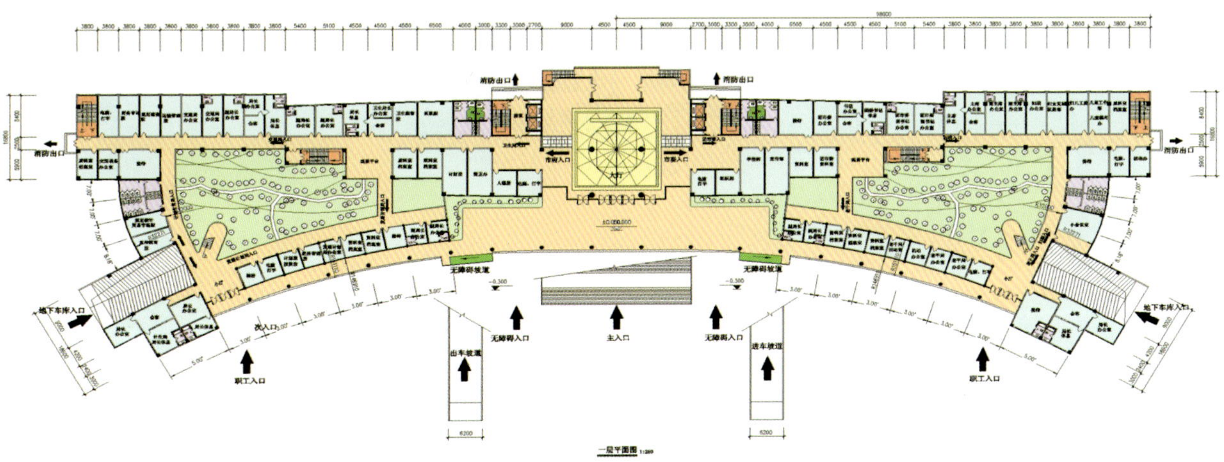

市委市府办公楼一层平面图

鹤山中心城区规划与建筑设计方案

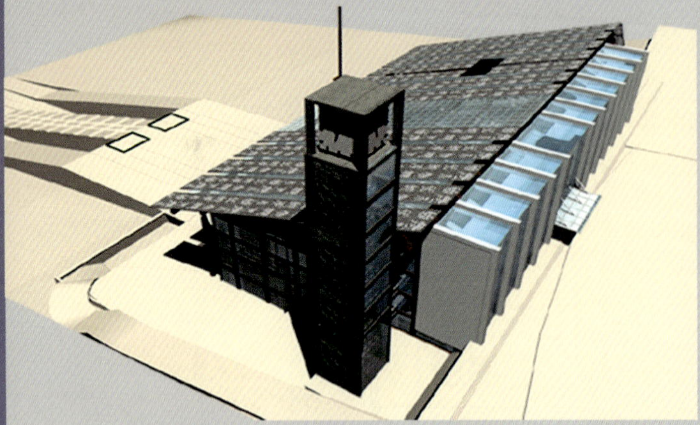

徐福林：国家一级注册建筑师
八五年七月黑龙江科技学院毕业
先后在北京华宇工程技术有限公司
同济大学及同济大学海南建筑设计院
香港何显毅建筑师楼（中国）有限公司
广州南方建筑设计研究院学习和工作
现为院副总建筑师、 副院长

广州南方建筑设计研究院

地址：广州市天河区瘦狗岭路551号广之旅大厦23楼 手机：13609028823 020-87576873
电话：020 - 38203019 传真:020 - 38203019 邮编:510640 E-mail:XFL1963@126.com /XFL-1@163.com

广州南方建筑设计研究院

规划作品

东莞锦绣山河规划设计方案

安徽芜湖国际会展中心规划设计方案

广州仲恺农业技术学院规划设计方案

东莞锦绣山河规划设计方案

广州市黄埔区青少年宫规划设计方案

东莞锦绣山河规划设计方案

韶关凯旋华府规划设计方案

芜湖奇瑞住宅小区规划设计方案

兴义南村枫林小区规划设计方案

东莞康乐花园（现为景湖春晓）规划设计方案

地址： 广州市天河区瘦狗岭路 551 号广之旅大厦 23 楼　手机： 13609028823　020-87576873
电话： 020 － 38203019　传真 :020 － 38203019　邮编 :510640　E-mail:XFL1963@126.com /XFL-1@163.com

公建作品

贵州毕节地区行政办公中心设计方案

贵州毕节地区行政办公中心设计方案

贵州毕节地区科技文化中心设计方案

贵州毕节地区科技文化中心设计方案

贵州毕节地区科技文化中心设计方案

广州大同商业广场设计方案

广东省职业技能鉴定中心酒店设计方案

兴义南村枫林小区会所、 幼儿园设计方案

广东省职业技能鉴定中心办公楼设计方案

广东省职业技能鉴定中心大门设计方案

广州南方建筑设计研究院

地址： 广州市天河区瘦狗岭路 551 号广之旅大厦 23 楼　手机： 13609028823　020-87576873
电话： 020 - 38203019　传真 :020 - 38203019　邮编 :510640　E-mail:XFL1963@126.com /XFL-1@163.com

公建 住宅 作品

广州天银商务大厦设计方案

贵阳景怡苑干警培训中心

长春市消防指挥中心设计方案

审计署广州办事处办公楼

广州迈达威大厦设计方案

韶关凯旋华府设计方案

湛江安康金海湾住宅小区设计方案

广州仲恺农业技术学院设计方案

兴义南村枫林小区住宅设计方案

广州外国语学校设计方案

广州南方建筑设计研究院

地址：广州市天河区瘦狗岭路551号广之旅大厦23楼　手机：13609028823　020-87576873
电话：020 - 38203019　传真：020 - 38203019　邮编：510640　E-mail:XFL1963@126.com /XFL-1@163.com

卢子敏 Luzimin

1962年9月29日出生,1984年7月毕业于华南理工大学建筑学系建筑学专业,就职于广州珠江外资建筑设计院,现任职副院长.1999年考取国家一级注册建筑师资格.作为项目总负责人、建筑专业负责人、建筑主要设计人,参与多项大型项目,其中:广州体育馆运动员村,多层园林建筑,地下一层地上八层,总建筑面积十万平方米,获广东省优秀建筑设计一等奖,广州市优秀设计一等奖。广州南沙大型水滨别墅区中的南沙滨海花园,总建筑面积十六万平方米,国际设计竞赛中标实施。位于从化市的广州南洋英文中学,地上高十层。总建筑面积五万八千平方米,获广州市优秀设计三等奖。广州花园酒店公寓楼(华乐大厦),地下一层地上二十八层,总建筑面积四万平方米,获广州市优秀设计三等奖。

体育花园又名"广州体育馆运动员村",它既是举行第九届全国运动会的广州体育馆的配套建筑群体,同时又是一个相对独立的有着浓郁体育气息的商品住宅区,在运动会结束后,冠以"体育花园"向社会销售。运动员村总体布局以体育馆的训练馆和大众活动馆之间为圆心,成多层同心圆放射状布置,层数由内至外依次增加。通过建筑物的高低错落结合景观绿化形成视觉上连通的院落,同时控制高度,使体育馆以白云山为背景、融入自然的设计意图得以更好的体现。部分建筑物用地面连廊连接,在保持视觉上和空间上的流动和通透的前提下加强了建筑群体的整体感,使大片绿地的形象更为突出。轻盈飘逸的弧型屋顶,既符合体育馆的曲线构图元素,使体育馆建筑群体统一和谐,同时又创造出运动的、富于变化的、自由浪漫的风格,突出其强烈的个性。村内生态群落景观别致,园林空间的分布及水体的运用匠心独运。

体育花园获:
广东省第十一次优秀工程设计一等奖
广州市2002年度优秀设计一等奖

恒宝华庭位于人口密集及建筑物密度极高的广州市西部旧城区，俗称“西关”。恒宝华庭的地下一层和地下二层结合地铁出入口，与首、二、三层形成五万多平方米的大型商业中心，而将四和五层设为停车场，一改通常的地下车库地上商业的习惯布置，让出商业价值较高的低层裙楼和地下室。

恒宝华庭总建筑面积21万平方米，五层裙楼之上为七栋32层的高层住宅。七栋塔楼在六层空中花园上半围合成院落式的布局，营造温馨的邻里氛围，这种院落布局，使人忘掉陈旧的旧城区，唤起浓浓的“西关情结”，在首层设置堂皇的住宅大堂，配置一组大承载量的电梯作为垂直穿梭交通工具，从首层直接到六层空中花园，让住户快捷到达花园平台，通过神似西关街巷的廊道转乘各自的塔楼电梯，在这里，重现西关邻里的交往空间。

恒宝华庭 获：
广州市2004年度优秀设计二等奖
2002年度国家优质工程银质奖

对建筑物的思考包括两个层面：一是建筑物与周边地方的关联，二是建筑物本身的构成和人在其中的活动。任何的层面，都要思考融合，个性的突出应基于和谐的表达。建筑设计犹如艺术创作，人们期待艺术的创新，同样建筑也需要创新，也可称之为变异。但建筑创作更强调和谐，即建筑与自然、与文化、与环境、与城市、与社会、与人，以及与未来的和谐，在简单中形成和谐，在繁杂中包含和谐。

我们的住宅建筑，必须表达这种和谐，尤其要表达住宅建筑与人、与环境方面的和谐，也就是对住宅建筑人性化、以人为本的演绎。

王如荔 Wangruli

出生年月：1962年6月
毕业时间：1983年7月
毕业院校：华南工学院建筑学系
所获学位：工学学士
工作经历及职位：1983年8月至今就职于广东省城乡规划设计研究院，现任职总建筑师
中国房地产及住宅研究会住宅设施委员会理事
广东省第四届土木建筑学会理事、广东省注册建筑师协会理事
广东省十届人大常委会委员、环境和资源保护委员会委员

主要获奖项目：

1。广州中医药大学第一附属医院住院楼获广东省第十一次（2003年度）优秀工程设计一等奖,2003年获广东省注册建筑师协会优秀建筑提名奖
2. 1999年“广东省‘九五’住宅设计方案竞赛”获省级一等奖，并获“迈向二十一世纪的中国住宅”村镇住宅设计方案竞赛获建设部二等奖
3. “长安中心小学教学楼”获广东省第十次（2001年度）优秀工程设计二等奖
4. “深圳宝安县步行商业区规划设计”获广东省（1985年度）优秀工程设计二等奖
5. “宝安影剧院”获广东省（1989年度）优秀工程设计三等奖
6. “华南花园”获广东省第九次（1999年度）优秀工程设计三等奖
7. “广东演艺中心住宅大楼”获广东省第十次（2001年度）优秀工程设计三等奖
8. “汕尾市海滨大道城市设计”获1999年度广东省优秀城镇规划表扬奖

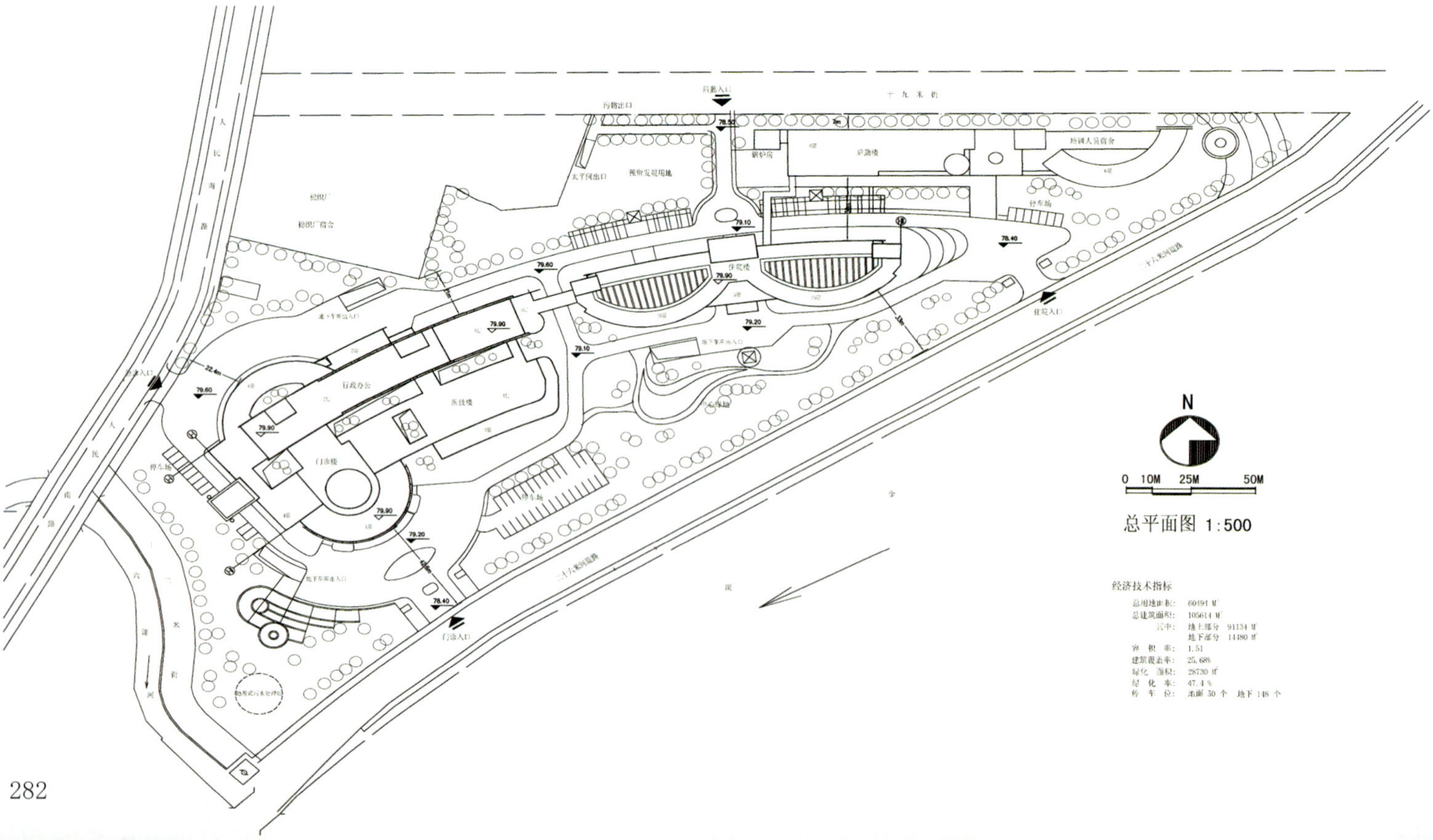

总平面图 1:500

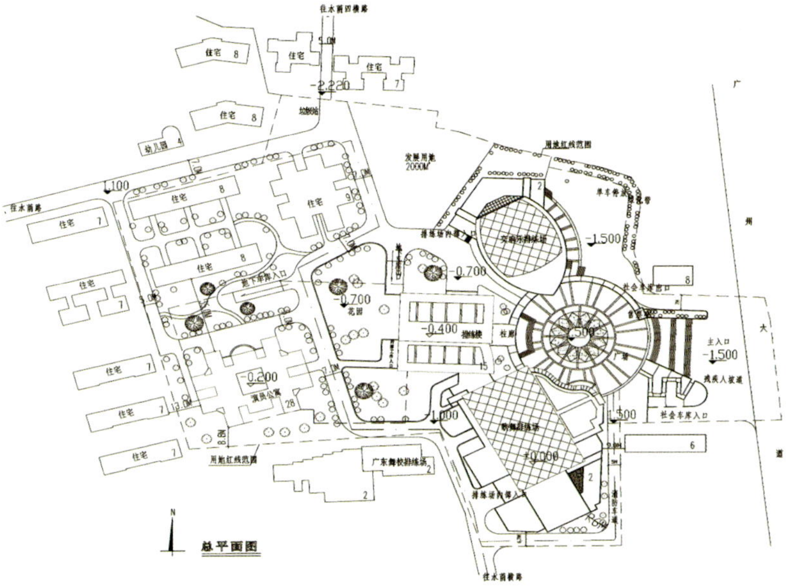

项目简介

广东演艺中心

规模：**33528 m^2**

设计时间：1997年

本工程为广东省十大文化建筑之一，包括一栋**17**层的排练楼、**569**座歌舞排练场、**456**座交响乐排练场。

在高差达**5**米多、狭窄而不规整的十字形用地上，以后退城市主干道的大台阶和直径为**60**米的圆形广场为中心组织各部分建筑，造型上以曲线为主题，表达了音乐与艺术的流畅，屋顶错落有致，迭宕起伏，宛如跳动的音符，半圆形连廊连接各栋建筑，色彩上以白、绿、灰相间，高雅柔和，体现演艺中心作为艺术生产建筑特有的韵味。

信宜市人民医院（新院）

设计时间：2002-2003年

设计顺应地形态势将门诊、医技和住院呈弧形由西向东串联布置，通过退台和绿化内庭等处理手法进行功能分区并形成一个有机的建筑群体。两栋南面呈弧形展开的十五层（**800**床）住院楼，为全部南向布置的病房争取到最佳朝向；病房卫生间旋转**45**°靠阳台布置，既保证了卫生间全部自然采光，又使病房内没有阴影死角并获得最大的景观视野；医护用房安排在北面，中间为护士站，自然形成两条医患流线分明的走廊。正在建设中的信宜市新

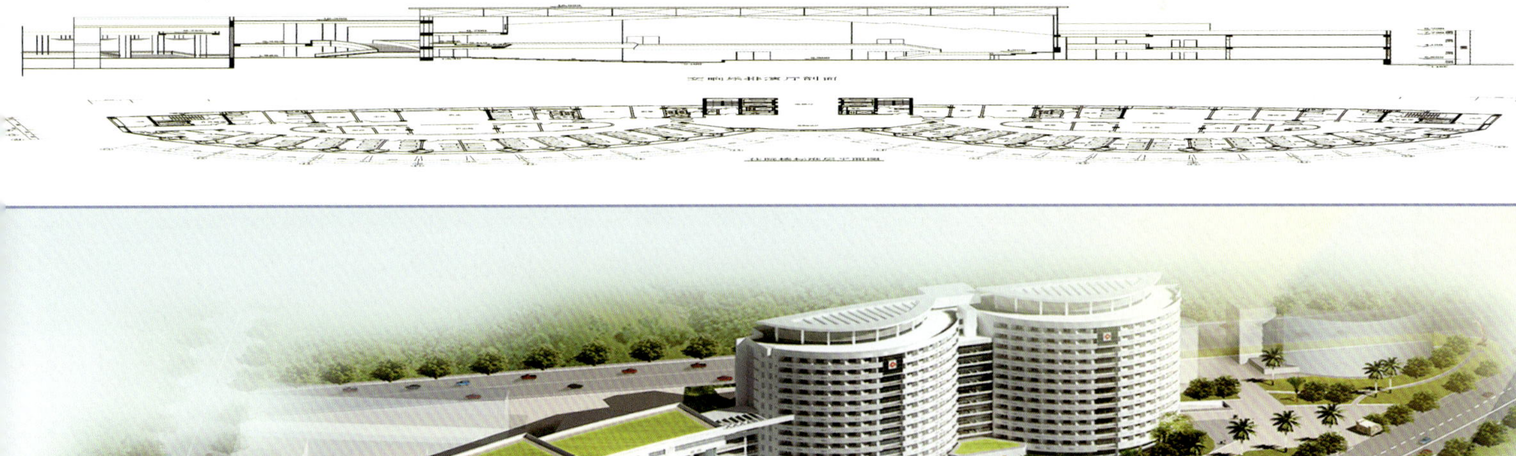

芳村网球馆
广州市民用建筑科研

赵向东 Zhaoxiangdon

赵向东：高级建筑师、一级注册建筑师，获首批内地与香港建筑师资格互认。1988年7月毕业于华南理工大学建筑学专业，获学士学位。现任广州市民用建筑科设计院副院长、总建筑师；广东省土木建筑学会理事；广东省注册建筑师协会理事；广东省建筑创作学委会委员；广州市建设科技委建筑专家委员会委员。

芳村体育馆模型

丽晶大酒店
广州市民用建筑科研设计院

主要作品介绍

1、广州海珠半岛花园二期（广州市首个大型豪华江景住宅小区，41层，9.5万平方米）
主要合作建筑师：邝庚年 林捷
获2001全国城市住宅设计研究网 “新世纪优秀住宅设计工程评选”二等奖
2000年度广州市优秀工程设计三等奖

2、 广东开平潭江半岛酒店（30层，7.1万平方米，四邑地区极具影响力的建筑物，超五星级酒店）
主要合作建筑师：邝庚年 张瑞良
获广东省第九次优秀工程设计三等奖
1998年度广州市优秀工程设计二等奖

3、广州芳村网球体育中心（九运会工程，国际赛标准场地，3层，6万平方米）
主要合作建筑师：魏勇平 梁滔
获2002年度广州市优秀工程设计三等奖

4、 广州骏业阁暨南方名酒城（25层，4.2万平方米）
主要合作建筑师：梁滔
获2002年度广州市优秀工程设计三等奖

5、 广东惠州天悦酒店暨国际金融大厦（31层，7万 平方米）
主要合作建筑师：林兆章 邝庚年

6、广州财富广场（37层，8万平方米）
主要合作建筑师：邝庚年 梁滔 林捷
获2004年度广州市优秀工程设计三等奖

7、广州润汇大厦（31层，5.6万平方米）
主要合作建筑师：黄翔
获2004年度广州市优秀工程设计二等奖

8、广州画院美术馆（9层，0.63万平方米）
主要合作建筑师：魏勇平
获2004年度广州市优秀工程设计表扬奖

9、广州锦汉展览中心（2层，4万平方米）
主要合作建筑师：林捷 魏勇平
获2004年度广州市优秀设计三等奖

10、广州天誉三期（酒店）（地下6层，地上38层，13万平方米）
主要合作建筑师：魏勇平 王董国际有限公司

越是地域的就越是国际的

作为广州本土建筑师，我接受的是岭南建筑的教育，因此在设计中，力求继承岭南建筑的特点，用浓厚的地域性和现代主义的结合来表现建筑。对岭南建筑既有继承但又有发展，并试图从所处的环境、气候特点的不同寻找建筑变异的因由，创造建筑的多样性，并注重发挥岭南建筑的特点。在设计中，充分考虑自然、通风、采光等特点，并力求与环境相结合，使建筑具有岭南的特点和元素，其实越是地域的就越是国际的。

黄劲 Huangjin
教授级高级建筑师
一级注册建筑师
广州市设计院一所总建筑师
联系电话:
87518388-1316
13719039806　13902203407

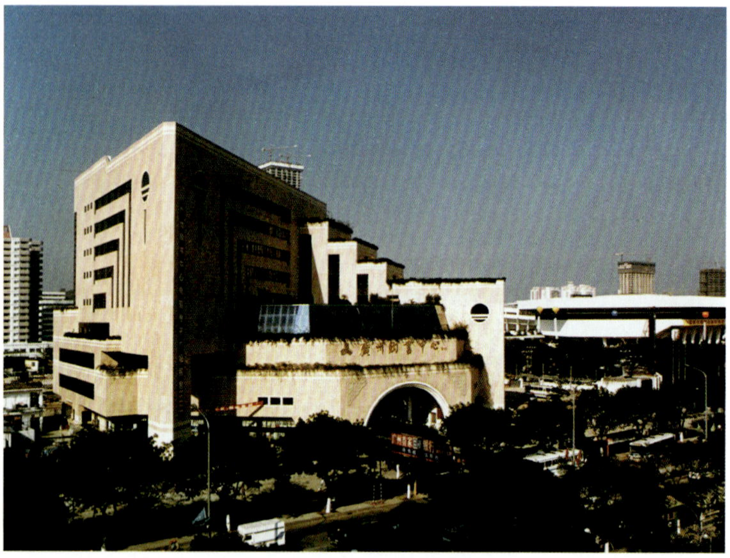

广州市购书中心

中山市中国银行大厦

佛山市兆银大酒店

南海市枫丹白鹭酒店

黄劲作品选

广州大学城中山大学图书馆

房地产设计作品

李远松 Liyunsong

个人简介

男，1974年5月出生。

1997年毕业于华南建设学院（西院）建筑系建筑专业。

毕业至今任职于广东省冶金建筑设计研究院，现为广东省冶金建筑设计研究院建筑一所（建筑创作研究所）所长。

自任职以来，曾参与及主持了多项工程，涉及的内容包括民用建筑、公共建筑、工业建筑、地下工程、市政、路桥、景观等多方面的设计。

主要设计作品

- 1997 京溪华侨苑住宅小区
- 1998 赤岗翠丽苑商住楼
- 1999 客村米兰苑商住楼
- 1999 麓苑路38号商住楼
- 1999 广惠高速公路附属建筑
- 2000 广州华南汽贸城名车展览中心
- 2001 公路市政设施要素设计
- 2002 京珠南广州段高速公路附属建筑
- 2002 长裕商业中心
- 2002 普宁市人民医院
- 2003 贵州高速公路清镇至镇宁段附属建筑
- 2004 广州联谊大厦
- 2005 广东特种设备（南海）检测基地
- 2005 广州轨道交通4号线奥林匹克站、车陂站
- 2005 广州南沙小虎岛石化码头港口综合办公区
- 2005 东莞企石镇汽车客运站
- 2005 广州轨道交通6号线横沙站

（中标方案）东莞企石镇汽车客运站
一级车站，建筑面积2万平方米

清远伯爵园渡假村
国家4A级旅游渡假村，含5星级酒店
规划用地面积54公顷，建筑面积22万平方米

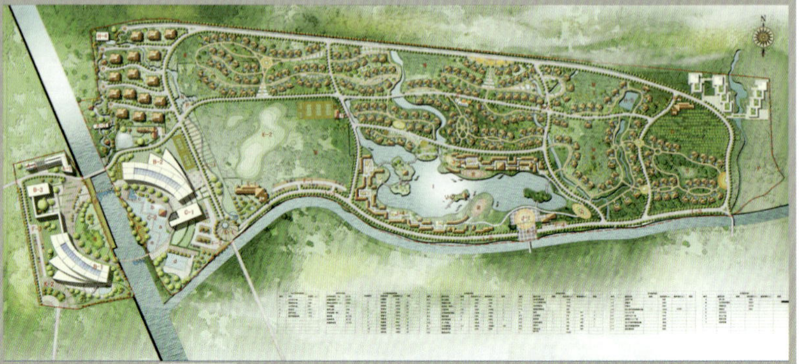

广东省特种设备（南海）检测基地
规划用地9万平方米，建筑面积13万平方米

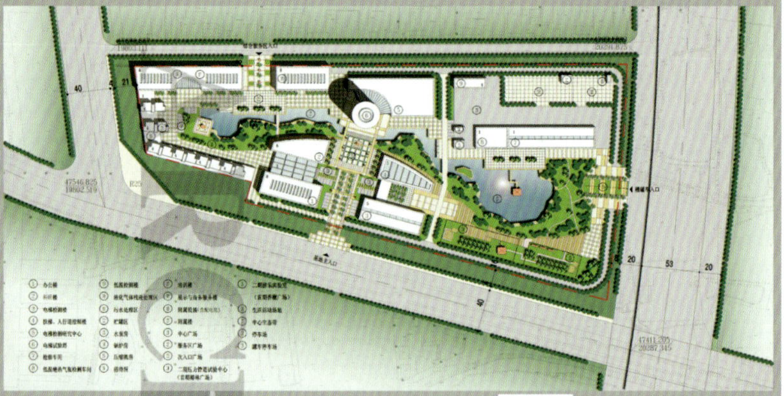

广东省特种设备（南海）检测基地

长裕商业中心 建筑面积3万平方米

地铁6号线奥林匹克站 地下一岛二侧式车站

刘志武 Liu zhiwu

刘志武，男，1977年毕业于华南理工大学建筑学系，1989年9月攻读建筠学院的硕士研究生，2001年后曾赴德国吉森大学、美国佐治亚大学短期学习，现为广东省岭南综合勘察设计院总工程师、教授级高工、国家一级注册建筑师。

○主要作品：东莞喜来登大酒店（五星级）、东莞富盈大酒店（五星级）、东莞明轩大酒店、广州业丰大厦、东莞鼎盛时代广场、广东省生态监测中心实验楼、东莞大岭山森林公园工程设计等项目。2001年主持“广州岭南花园生态绿地规划的研究”科研，运用生态学的理论，提出了单位面积生物量、碳氧环境质量的新概念，首创并建立了我国住宅生态绿地规划的新理论、程序和新方法，并在广州岭南花园住宅区做出示范，填补了我国城市建设生态绿地规划的理论空白。

○主要科研成果：

“广州岭南花园生态绿地规划的研究”，获2003年广东省科学技术奖三等奖。

“木材加工粉尘治理技术与综合利用研究” 获2006年广东省科学技术奖三等奖，

○主要方案设计：：

“风车度假村酒店方案”，方案设计：刘志武、孙卫国

“肇庆市体育馆方案”，方案设计：肖裕琴、刘志武（施工图设计：肇庆市建筑设计院）

“成都广东商城方案”，方案设计：刘志武、王晖 潘虹

“新丰福盈大饭店方案” 方案设计：刘志武、孙卫国

美国佐治亚大学

地址：广州市广园东路2001号

电话：13602808273

东莞喜来登大酒店方案设计构思

一、项目概况

东莞市厚街镇号称“小香港”，市场经济繁荣。拟建的工程位于东莞市厚街镇政府前，西临107广深国道和厚街商贸城，东面为居民楼，南靠10米宽的引水河涌（规划为城镇干道），基地南北255.53米，东西宽99.9米，为厚街镇商业繁华中心地段。

二、总体构思

1. “城市生态广场”理念

在厚街镇政府前用地为21246.92m^{2}的面积上营造一个什么样的建筑，是什么样的设计理念直接关系到设计方案的构思。持续发展（sustained development）的理论已宣告一个生态环境时代的来临。因此，在总体设计的构思中，我们首先沿厚街政府楼和广场拉一条轴线，规划一个城市文化广场，并且我们突出“广场的生态环境”的主导地位，将建筑布置于从属地位。我们把设计的广场做成开放式，能让城市居民能进去享乐其中（附图1）。同时我们把文化广场做成生态型的，整个广场覆土0.6~2米，能栽置较大的树木和灌木。广场覆土为坡形曲线，种植大叶油草皮。整个绿地的树木设计为乔、灌、草结合的复式结构，一方面进行景观的设计，二方面以减弱人们在广场的喧噪声。广场中间设计一喷水池以产生更多的负离子，增加空气的清洁度，增加绿地广场的生态功能，以构成一个建筑组群中的一个“肺”。

2. “城市景观环境”理念

城市景观空间形象在规划建筑单体时，就必须整体考虑。厚街政府楼地处一个坡地。高出规划用地30米左右。我们从人们视觉形象感受要求出发，根据美学规律，利用“特定场所”空间，塑造环境造型轮廓的天际线美感。

在广场的东面规划一个员工宿舍楼遮挡修饰周围的民宅景观。广场的构筑物、环廊和绿化曲线是广场景观的重点。东莞喜来登大酒店的设计不强调单体，而将自体溶于城市风景之中，在城市现代的繁华中塑立起超时代的实体及空间，通过对比、组合、提炼、变异等手法使本体脱颖而出成为一道亮丽的风景。

三、功能之实现

1. 建筑单体布局

根据上述空间环境的分析和构思，东莞喜来登大酒店沿广场中轴线布局在端头，以突出广场，减弱自身体量。塔楼采用东西布置，大厦的主入口面对107国道和厚街商贸城，这种布局一方面是为了营造繁荣的厚街街景，二方面是为了避免大酒店实体遮挡镇政府大楼的视线和景观。

大酒店的员工宿舍主立面和广场设计一同考虑街景的营造。大厦的出入口依道路布置，方便人流、车流，同时和休闲场所的空间互不干扰。东莞喜来登大酒店设一大型的地下车库，避免在城市道路层空间的拥挤。

2. 平面功能

东莞喜来登大酒店按豪华的五星级宾馆要求设计。塔楼全部为豪华客房和总统套房，并设置有商务楼层。在裙房空间里，平面布局将大面积商场、餐饮、娱乐空间全部布置于基地沿107国道一侧的黄金营业面上。主入口和餐饮、娱乐入口分开设立，以满足大量人流的相互不交叉需求。地下车库可直接进入塔楼的客房及商务用房，这样处理可使安静有序的办公、住房人流与喧闹嘈杂的商业人流分开；另一方面又使办公车流与办公人流良好结合，互相裨益，其主要的功能分区的建筑面积如下：

总建筑面积：84890m^2

客房面积：	40062 m^2 （客房660间）	47.19%
公共面积：	20823 m^2	24.53%
餐饮面积：	3258 m^2	3.84%
辅助部分面积：	9025 m^2	10.63%
地下车库面积：	11722 m^2	13.81%

3. 造型设计

我们在处理东莞喜来登大酒店造型设计时，一直将它置于城市广场中整体考虑。建筑体积在南侧和西侧作了层层叠落的退台，形成坡度，使室外公共空间、过渡空间、内部空间和庭院之间有个自然梯度。广场构筑物的造型设计我们强调于构筑物和树木造型的统合，同时处理好林地构成的“氧吧”与市区之间的自然梯度。

四、市场经济时代出现的建筑设计新特点

1. 建筑空间的“夸张”

东莞喜来登大酒店的平面功能极为讲究，除了满足建设法规、规范外，建筑空间的美学表现采用极度“夸张”的手法。酒店的大堂（lobby）采用了27m（W）×45m（L）×18m（H）巨形的空间（三层楼高）；大堂蛇形的装饰梯，悬挑18米长；地下停车场1.2万平方米，大堂吧（lobby bar）采用了二层高的玻璃中庭花园。花园里可以种植巨大的南方植物。任何人走进这“夸张”的空间里，都会感到自己渺小。，心理上都会感这或许是市场竞争残酷性的表现，这是我们建筑师在设计理论上从来都没有开始探索的问题。

2. 被服务空间装饰的“豪华”追求

随着我国经济改革的步伐，珠三角地区整个人民的生活水准大幅度地提高，反映在建筑设计上，室内装饰、设备及空间要求都出现豪华的追求。酒店的卫生间尺度很大（4×2.6米），每个卫生间都配有豪华的桑拿设备。服务内容都满足五星级宾馆评分最高一档级要求。从卫生间的装饰上，分层装饰成不同的风格和色调。窗帘盒的形式也是多种形式。

3. 向往“自然风光”的追求

东莞喜来登大酒店的大堂西面和北边全为三层楼高的无色透明大玻璃落地。身处大堂，广场上郁郁葱葱的绿化，生动活泼的小品，映入眼帘，使旅客真正感受到宾至如归的感觉。追随音乐的脚步走过室内的小桥，几缕阳光从二层楼高的大堂吧的玻璃天棚下透下来，在钢琴的悠闲乐曲下，那绢流水反射着快乐的光茫，仿如水中镶满了无数颗钻石，身处其中犹如走进了世外桃源，把世俗的束缚和烦恼都忘之脑后，达到真正享乐其中的目的。

项目负责人：　刘志武
方案设计人员：刘志武　房仕钢　陈钰皓　陈晓军　李大刚

《广州岭南花园生态绿地规划的研究》

《广州岭南花园住宅区生态绿地规划的研究》运用生态学理论研究21世纪城市人居环境的绿地系统科学规划的理论框架，对于城市住宅区生态绿地规划提出了新的理论与方法，它包括了1、城市空气碳氧平衡的理论；2、生态绿地规划基本量的表述；3、住宅区生态绿地碳氧环境质量等级划分标准；4、生态绿地的降温效应测算；5、住宅区生态绿地声环境规划；6、住宅区空气清洁度环境规划；7、绿地植物对大气有害物质的净化效应；8、住宅区生态绿地规划；9、住宅区生态绿地规划程序等九大部分。该研究提出了单位面积生物量、碳氧环境质量的新概念，这些新概念对于传统的规划、设计理念提出了新的挑战，对于城市持续发展，人居环境的研究变换了新的思路。

这个研究正好填补了我国城市建设规划理论上在这方面的空白，该课题的研究瞄准了国际生态民居和生态社区发展的新趋势，针对城市居民区生态环境恶化问题，通过对广州地区已建成住宅区的绿地进行深入现场调查，实测不同绿地的负离子浓度、噪声、温湿度和生物量，分析它们之间的关系，探索生态绿地环境质量的变化规律，应用碳氧平衡理论，首创并初步建立了我国城市住宅区生态绿地规划的理论体系、程序和方法，并在广州岭南花园住宅区进行了实践和示范，获得成功并收到显著的经济效益、生态效益和社会效益。该项研究在理论上具有前瞻性，对今后我国的城市房地产开发和市政园林建设以及城市环境建设的"可持续发展"具有重要的指导意义和推广价值。

岭南花园生态绿地规划的研究
科研负责人：刘志武 李伟
科研人员：刘志武 吴焕忠 李伟 林俊钦 莫育年 李茂深 叶渭贤 江建发 许文安 洪国兵 曾晖 罗翠霞

Li Zigang 李子刚

李子刚 Lizigang

广东顺德人，1949年6月生于广州，1975年毕业于广州市设计院建筑设计学校，同年起在广州市设计院从事建筑设计工作。1980年至1984年就读广东科技大学建筑专业，毕业后在设计院工作中历任建筑设计组组长，设计室副主任，设计室主任，1992年评为高级建筑师，1997年经国家建设部考核批准为一级注册建筑师。现任广州市设计院副总建筑师。

在从事建筑设计工作三十余年内，设计和主持设计的大型公共建筑项目主要有：广州新体育馆，天河体育中心游泳馆，黄埔体育场，广州海洋馆，广州赛马场，广东广信江湾新城，广州海关综合大楼，羊城晚报印务中心，二沙岛省体工队网球馆等。其中天河游泳馆荣获省科技进步一等奖，广州新体育馆获省市优秀设计一等奖，江湾新城获省市优秀设计一、二等奖，广州海洋馆获市优秀设计二等奖，羊城晚报印务中心获建设部优秀设计二等奖、省市优秀设计一等奖。

广州海洋馆是广州海洋生物科普有限公司投资开发项目，建于广州动物园内，占地面积为11915.6m^2，总建筑面积为14447.95m^2，本工程的工艺和方案设计由澳洲LIVING DCEAN INTERNA TIONAL承担,施工图设计由我院承担,澳洲公司作设计顾问,1996~1997年进行施工图设计,1998年投入使用,广州海洋馆由四个区组成,分别是:第一区:鲨鱼馆和企鹅馆,建筑面积2485.44m^2，内设维生系统;第二区:海洋剧场,建筑面积5207.01m^2，是海豚表演区,也是海洋馆的核心部分,内有海豚表演池、海豚放置池和1550座的观众席,在观众席下部是培训室,再下层是较大色维生系统,海洋剧场屋面采用钢桁架上铺拉白色帆布屋面,尖顶挺拔向上的造型,轻巧明快,是海洋馆的视角焦点,第三区:回游馆,建筑面积5239.50m^2，底层是回游池和海洋生物展览馆,二层触摸池和热带雨林区,在首、二层的中部设有直径2.8 m的透明的亚克力胶制成的两层高的圆柱形鱼池,使展厅充满生机和情趣,三层是电化教室,为集体参观的学生、团体介绍海洋科普知识的场所,四层是制冷机房,第四区:海狮馆和电房,1516m^{2}与一、二、三区相隔一室外广场,独立设置于用地北边,造型与海洋馆主馆遥相呼应,既打破了海洋馆由单一建筑物组成的单调性,又为观众游人提供了更多的室内、外活动空间。

海洋馆的参观路线是按下述路线进行的,为满足海洋馆大量人流流通畅顺的要求,在设计上考虑单方向行走路线,先由海洋馆北边主要入口进入,经由自动扶梯下至回游馆底层展览馆,再由馆内热带雨林水生物馆西侧出口,经海洋剧场南边参观走廊(斜坡道)直至鲨鱼馆,企鹅馆的出口,再进入海洋剧场,或通过室外广场,再到海狮馆参观。

获奖情况：
2001年广东省优秀工程设计二等奖
2001年广州市优秀工程设计二等奖

网球比赛练习场所处的地形环境湿窄长形地带，长向为东西向，对球场布置和建筑设计很不利，在设计上我们将球场东西向并列布置，将中间主场位置抬高，利用底层作为入口门厅和其它附属用房，这样既可以使比赛场和练习场互不干扰，又能节约建筑用地。场地东西向关键是遮阳，为防止阳光直射球场和眩光，在设计上利用大面积实墙的同时，采用侧面折射光和中间弧线墙反射光来补足场内光线，也丰富了建筑室内空间的艺术效果。练习场，由于砼结构跨度大，屋面砼梁较高，利用结构这一点，屋面做成两侧斜板，中间下沉使下沉处的侧窗光线通过斜板反射落到球场上使球场光线更为柔和充足，也打破了砼建筑大空间胖柱深梁的感觉。收到了较好的效果。

网球馆的建筑型体基本上以45°大斜角白色几何实体相互交合而成，四斜角则是深蓝色的镜面反光玻璃幕墙，形成了强有力的虚实对比和色彩对比。不失为体育建筑刚强有力，粗线条，大动作的风格。东西立面中间设一采光缝，既打破实面呆滞的感觉，利用折射光，又达到采光目的。虽然建筑外观以实体组合为主，但室内却能获得良好的通风和采光，丝毫没有一点封闭的感觉。经投入使用以来反映良好，符合国际网球比赛的场地要求。

江湾新城位于广州沿江路，分别为中、东、西区等五座塔楼的建筑群。总面积建筑149030㎡。层数分别为29、26、24、45层。

平面设计上功能分区明确，平面简洁，人流交通顺畅。其中东区七层以下各层（包括地下层）为各种文娱体育设施、各类商场和多功能大厅（餐厅），八层至四十二层为写字楼，四十三～四十四层为高级会所，四十五层为观光层。屋面设置直升机坪。在六层群房屋面设置花园。群楼（共五层）与主楼平面关系良好，群房采用大跨度大空间。主楼每层1500㎡。平面简洁，使用系数高，经济效益好。人流交通顺畅合理。为方便群众，首层（支柱架空层）、二层有室外自动扶梯联系。经计算，主楼设9部电梯（分区停站），另有五部电梯供地下室和地面层的公共部分使用。剖面设计尺寸合适，主楼每层仅3m高，公共部分层高仅4.2m，与同类建筑相比节约了高度。写字楼窗台高仅600cm，扩大了房间的室外视野。

立面造型简洁大方，挺拔有力，有强烈的雕塑感。重点处理与一般处理相结合，（装修设计密切结合建筑设计的要求），大门廊及大雨蓬的设计显示了大楼的气概，透过简洁而又辉煌、朴实而又典雅大方的大堂设计，及层次分明的空间，与沿珠江景色的结合很是得体。

外墙装饰采用高档材料（黑色花岗石及玻璃幕墙）与普通用材（浅灰色外墙釉面砖）结合使用，交相映衬，使立面表现出底部的坚实，中、上部的活跃，尤其突出了贯通主体玻璃幕墙的晶莹剔透，使整体建筑显得典雅、高贵、热情又不失庄重。

张南宁 Zhangnannin

1956年5月出生

1978年7月-1982年7月就读于西安冶金建筑学院（现西安建筑科技大学）建筑系建筑学专业获工学学士1982年8月-1984年9月在陕西纺织设计院工作

1984年10月至今在广州市设计院工作。现为国家一级注册建筑师、高级建筑师、广州市设计院副总建筑师

中国建筑学会建筑师分会医院建筑专业学术委员会委员
广东医院管理学会医院建筑管理专业委员会委员
广东省土木建筑学会青年建筑学组组员
广州市建筑学会理事
广州市村镇建设学会理事

主要作品：
广州百货大厦
广州师范学院文科区规划及建筑设计
广州市市委宣传部文轩苑酒店
广州市新殡仪馆
广州二沙岛新世界花园别墅
广东南海华夏陶瓷博览城
广东外语师范艺术学校综合体育馆
广州中山医科大一附院门、急诊大楼
沈阳药科大学珠海产学研基地校区
惠州电力大生产调度大楼
广州中山医科大一附院外科手术大楼
广东省东莞沙田医院
湖北省十堰市公安局办公楼

主要论文：
《广州百货大厦设计》建筑学报 （1991年）
《现代城市医院的特点》南方建筑 2003年 第2期
《室内空间的再创造》广东建筑装饰 2003年 第2期
《建筑设计中的理性思考》南方建筑 2003年 第3期

获奖情况：

1981年参加首届全国大学生“建筑师之家”建筑设计竞赛获二等奖

参加广州百货大厦设计获97年广东省优秀设计三等奖、广州市优秀设计二等奖

参加ASWAN建筑结构一体化软件包编制获国家建设部科技进步三等奖、第三届全国工程设计优秀软件二等奖、广东省建委科技进步一等奖

参加广州市新殡仪馆设计获2000年广东省和广州市优秀工程设计一等奖、国家建设部优秀工程设计二等奖

广州市市委宣传部文轩苑酒店获2001年广州市优秀设计三等

广州中山医科大一附院门、急诊大楼获2003年广州市优秀设计二等奖

广东南海华夏陶瓷博览城会展中心获2003年广州市优秀设计三等奖

中山大学（原中山医科大学）第一附属医院

（下称中大一附院）门、急大楼是一座现代城市医院，其主要设计特点为在一幢高层建筑内包容了门诊、急救中心、脑外手术、肾透析、产房、门诊监床检验以及14外护理单元近700张病床的住院部，总建筑面积68,237m²，地上十七层、地下二层。在本工程设计中，主要解决好各种医疗流线的关系，使其互不交叉，尤其是在一幢较集中的高层建筑内处理好医院各部分的洁、污流线，同时又充分利用一幢建筑物内相关医疗部分联系方便，各种管线短捷的优势，使医疗资源充分共享，探讨了现代大城市中大规模医院建筑设计的新思路。

中共广州市委宣传部宣传文化干部培训中心

工程为广州市委宣传部为广州宣传干部的培训而建造的一幢集住宅、饮食、会议及为会议活动配套的文体设施等组成的综合性公共建筑，建筑设计中，根据功能要求，将上述多种不同使用要求和不同层高要求的建筑空间布置在一幢建筑物内，如何处理好各种不同使用要求既互相联系又互不干扰地连成一个整体建筑是本工程的设计核心。

本工程采用该地区的温泉水作为热水源。

惠州电力大厦南方电力集团惠州分公司电力生产调度大楼是中标实施的设计方案，现已完成施工图设计，正在建设中。该工程位于广东省惠州市北江20号小区，占地面积2.5万平方米，建筑物主体高度122.6米，地面以上31层，地下2层，总建筑面积约3.9万平方米，是惠州地区的南电系统行政办公、电力调度管理的办公建筑。建筑设计方案力求反映电力部门积极向上、蓬勃发展的精神风貌，同时也能成为城市精神的象征,向人们展现开放、现代、文明的姿态，体现电力系统锐意进取、努力开拓的决心和意志。

华夏陶瓷博览会展中心项目是以珠江三角洲地区陶瓷及建材行业的展览和会议为主要用途的综合性建筑，具有鲜明的行业特点，同时兼具一般综合性会展功能的普遍特征，在设计中更是考虑与整个陶瓷城的功能结构体系及周边环境的紧密结合，在合理解决功能及各种流线关系的基础上较好地把握了超大尺度空间与人体尺度之间的过渡，在形成宏大气势的同时又不失亲切，在内外造型的细部处理上着重体现了陶瓷业的工艺特色，避免了会展类建筑过度追求高科技与工业化而形成的机械、冷漠及尺度上与人的疏离感，创造出明朗、亲和、具有特色的会展类建筑设计的新观念、新形象。

骆建云

副总建筑师，设计一室室主任，高级建筑师，一级注册建筑师

广东省土木建筑学会建筑创作学术委员会委员

1987年9月至1991年7月，重庆建筑工程学院建筑系建筑学专业，获学士学位

1991年9月至1994年7月，重庆建筑大学建筑设计及其理论专业，获硕士学位

1994年8月至今，广州市民用建筑科研设计院

部分设计项目：

广东省公安厅丹霞山培训中心设计方案
总建筑面积5400平方米
设计时间：1999年

广东广播中心方案
总建筑面积8万平方米
设计时间：1997年
获广东省广播中心建筑外型设计方案征集二等奖
主要合作者：刘椈

广州市土地房产管理学校(已建成)
总建筑面积4.5万平方米；
设计时间：1996年
竣工时间：1997年
获广东省第九次优秀工程设计二等奖，广州市1998年度优秀工程勘察设计二等奖；
主要合作者：赵晓铭、王柏延

广州轻工高级技工学校（在建）
总建筑面积7万平方米
设计时间：2002年
主要合作者：彭文景、王芷兰、林捷

广州东宝大厦（已建成）
总建筑面积5.4万平方米
设计时间：2000年
竣工时间：2004年
主要合作者：邝庚年

广州江南花园居住小区工程（在建）
总建筑面积18万平方米
设计时间：2003年
主要合作者：饶光、王柏延

暨南大学图书馆工程（在建）
总建筑面积3.8万平方米
设计时间：2004年
主要合作者：颜磊

广州科学城中心区建筑设计方案
总建筑面积36.85万平方米
设计时间：2004年
主要合作者：王芷兰、林捷、苏晓华、颜磊、周缙涛、梁伟

广东省立中山图书馆改扩建工程方案
总建筑面积10.56万平方米
设计时间：2004年
主要合作者：黄翔、颜磊、周缙涛、梁伟

广州和平大厦设计方案
总建筑面积5万平方米
设计时间：2002年
获方案征集第一名
主要合作者：苏晓华

广东省广播中心设计方案

莫把遗憾留给人间

——深圳市建筑设计研究总院 高级建筑师 国家一级注册建筑师 陈福谦

陈福谦总建筑师（建筑策划所）

陈福谦，1940年出生，广东兴宁市人。1964年毕业于华南理工大学建筑系建筑学专业。1964-1989年在湖南省建筑设计研究院工作，1989年至今在深圳市建筑设计研究总院工作。现任深圳市建筑设计研究总院建筑策划与工程设计所总建筑师，系中华人民共和国一级注册建筑师、高级建筑师、深圳市建设工程评标专家。

“莫把遗憾留给人间”是陈福谦的座右铭，从事建筑设计四十年来，不断的追求、不断的创新、用科学、严谨、现代、浪漫写就了成功事业。他主持完成建筑设计工程项目200余项。主持设计的利比里亚国家综合体育场工程获全国建筑科技成果优秀工程设计金奖和湖南省优秀工程设计一等奖；主持设计的具观赏及灌溉功能的兴宁茶壶王荣获“大世界基尼斯之最”称号（证书号：00610），并被载入《世界记录大全》；主持设计的湖南省小天鹅大酒店、深圳市建艺大厦、广深铁路行车调度综合楼分别获湖南省优秀工程设计二等奖、深圳市优秀工程设计二、三等奖。

陈福谦总建筑师有30余篇学术论文发表在国内外的各种学术报刊上，主要有：《利比里亚建筑》、《中利友谊的象征——利比里亚国家综合体育场即将建成》、《精心设计，提高设计质量——深圳市勘察设计单位施工图质量抽复查》、《利比里亚国家综合体育场设计与施工》、《生态学与住宅区》、《设计新理念，打造适用经济健康住宅精品》等。由于对社会的杰出贡献，他的传略被《深圳市高级职称人员传略》、《广东省专家名人辞典》、《中国专家大辞典》、《世界名人录》等收录。

广东省兴宁市兴城大厦
工程地点：兴宁市兴城镇
结构形式：框架剪力墙结构
建筑面积：11000m2
建筑层数、高度：十二层，高46.3m
设计时间：1994年9月
建成时间：1998年5月

深圳市建艺大厦
（获深圳市1997年优秀工程设计奖）
工程地点：深圳市振兴路与甘泉路交叉处西南角
结构形式：框架剪力墙结构
建筑面积：41288 m2
建筑层数、高度：地下三层，地上二十三层，高87.6m
设计时间：1992年3月
建成时间：1995年8月

利比里亚国家综合体育场
（获全国建筑科技成果优秀工程设计金奖和湖南省优秀工程设计一等奖）
工程地点：利比里亚首都蒙罗维亚
结构形式：框架结构、预制看台板
建筑面积：26400m2建筑层数、高度：三层（含看台），局部四层，高19.6m，四座灯塔高58.8m
设计时间：1981年2月
建成时间：1985年12月

兴宁市公安局指挥中心大楼
工程地点：兴城镇205国道北侧
结构形式：框架剪力墙结构
建筑面积：21340m2
建筑层数、高度：地下一层，地上十五层、十六层，局部二十层，高83.8m
设计时间：1996年11月
建成时间：2000年12月

大世界基尼斯之最——兴宁茶壶王
[荣获一九九八年大世界基尼斯之最“最大的茶壶”称号，（具观赏、灌溉功能），证书号NO：00610，载入世界记录大全]
工程地点：兴宁市黄蜂窝茶山
结构形式：钢筋混泥土
建筑指标：壶高7.8m、壶宽10.8m、最大直径7.0m、储水容量22.86m3
设计时间：1997年4月
建成时间：1997年11月

广东省兴宁市第一中学办公楼

（获梅州市优秀样板工程）
工程地点：兴宁市第一中学校园
结构形式：框架结构
建筑面积：2712 m2
建筑层数、高度：三层，局部四层，高19.3 m
设计时间：1995年8月（与广州市校友会合作）
建成时间：1996年6月

广东省兴宁市何云亭医院

工程地点：兴宁市石马镇
结构形式：框架结构
建筑面积：4300 m2
建筑层数、高度：四层，局部六层，高22.3 m
设计时间：1997年6月
建成时间：1998年5月

广东省蕉岭县国家税务局办税大厅

工程地点：蕉岭县城镇
结构形式：框架剪力墙结构
建筑面积：8388 m2
建筑层数、高度：地下一层，地上十一层，局部十三层，高52.8 m
设计时间：1998年2月
建成时间：2000年12月

广东省兴宁市公安交通指挥中心

工程地点：兴城镇205国道北侧
结构形式：框架剪力墙结构
建筑面积：8997m2
建筑层数、高度：地下一层，地上十二层，局部十五层，高83.8 m.
设计时间：1998年2月
建成时间：2000年12月

广东省丰顺县电力生产调度综合楼

工程地点：丰顺县城镇世纪广场北侧
结构形式：框架剪力墙结构
建筑面积：16916 m2
建筑层数、高度：主楼地下一层，地上十二层、十六层，高61.3 m，附楼二、三、四层，高12.15 m
设计时间：2004年10月（与叶增明建筑师合作）
建成时间：在施工中

深圳市广深铁路总公司行车调度综合楼

（获深圳市1993年优秀工程设计奖）
工程地点：深圳市火车站北侧、和平路东侧
结构形式：框架剪力墙结构
建筑面积：11000 m2
建筑层数、高度：十一层，局部十二层，高46.7 m
设计时间：1991年2月
建成时间：1992年3月

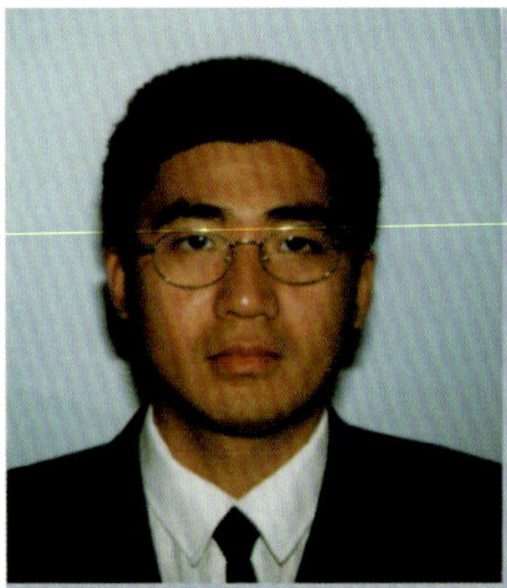

个 人 简 历

姓名：曾奕辉 Zengyihui

1988年毕业于华中理工科技大学建筑学系，获建筑学学士学位。

1988—1996年工作于广州市城市规划勘测设计研究院，任职建筑师。

1996—1998年就读于新西兰奥克兰大学建筑学系。

1998年5月毕业，获取奥克兰大学建筑学硕士学位，并获奥克兰大学二等荣誉毕业生称号。

1998—2000年工作于奥克兰Hoadley Budge Architects Interiors Ltd.事务所（简称HBA）任职建筑师。

2000—2001年工作于奥克兰Warren Mahoney Architects事务所（简称WAM）任职建筑师。

2002—现在 广东华方工程设计有限公司，国家一级注册建筑师、副总经理。

2004年 评为 中国卫生经济学会医疗卫生建筑专业委员会理事。

1. 工程名称： 奥大学生活动中心

地 点： 新西兰●奥克兰大学校园

工程内容： 学生活动中心 总建筑面积：50000㎡

建筑层数： 5层 设计时间： 2000—2001

建筑阶段： 已竣工

设计特色： 结合校园内周围的环境，将新建的学生活动中心，融入现有的校园建筑中，采用新型的建筑材料营造不同空间，建筑物的南面采用双层的外墙结构，使建筑物产生一种蒙胧的美感。

2. 工程名称： 清远市人民医院新院

地 点： 清远市●新城区

工程内容： 医院建筑

总建筑面积：90000㎡，800床

建筑层数： 9层

设计时间： 2003

建筑阶段： 正在规划中

设计特色： 医院的布局分区合理，主入口广场朝南，医疗区与医护人员的生活区有良好的园林绿化分隔，避免之间的影响。整体上南矮北高，充分利用阳光。污物出口布置在北面，对医疗区影响最少。门诊与住院部重视自然通用与采光，所有诊室和病房以及病房中的卫生间均有对外的窗户。采用分体式的空调，减少运营成本，符合“优质、低耗、高效”的办院方针，形成独特的风格。

获奖情况： 中标方案

3. 工程名称： 康华医院

地 点： 东莞●石鼓

工程内容： 医院建筑

总建筑面积：290000㎡，2000床

建筑层数： 6层

设计时间： 2002—2003

建筑阶段： 正在建设中

设计特色： 建筑物依山而建，强调生态与环境保护，注重医院的变化与发展，医疗流程上采用新的设计理念，门诊与住院采用单元的模式，满足医院的管理与发展，医技部集中布局，与门诊及住院有直接的联系。

4. 工程名称：　恒福阁
地　　点：　广州市 恒福路
工程内容：　高层公寓
总建筑面积：82000 m²
建筑层数：　32层
设计时间：　1992年—1996年
建设阶段：　已竣工
设计特色：　两个“Y”字型的公寓平面的组合，考虑到空气对流、采光等因素，外立面造型独特，为新古典主义的风格，颜色柔和，配合住宅建筑温暖的感觉。
获奖情况：　1997年度广州市优秀工程设计二等奖
　　　　　　1997年度广东省优秀工程设计二等奖

5. 工程名称：　中山市疾病预防控制中心
地　　点：　中山市●博爱路
工程内容：　医疗建筑
总建筑面积：17000 m²
建筑层数：　5层
设计时间：　2004
建筑阶段：　正在建设中
设计特色：　中山市疾病预防控制中心的设计围绕一个“生态医疗中心”的主题最大限度的利用自然的资源，满足人的需求。各种功能有不同的分区，合理组织中心内部的交通流线，不同的功能部分都有独立的出入口，通过场地环型道路相联系，而且根据结核病防止中心的特点，在道路和建筑平面位置的放置上都做了相应的处理，使其具有相对的独立性，避免了各种就医人流的交叉。
获奖情况：　中标方案

6. 工程名称：　广东省中山大学附属第三医院肝病大楼
地　　点：　广州市●中山大道
工程内容：　医疗建筑
总建筑面积：20000 m²，400床
建筑层数：　16层
设计时间：　2004
建筑阶段：　正在建设中
设计特色：　平面布局上坚持科学合理的原则，清洁区、半污染区、污染区功能分区明确；洁污流线分置；流程科学；设施完善为设计出发点把握住人性化设计的主旨，将建筑的服务于人的目的发挥到最优。总平面布局中，建筑分设六大出入口：门诊入口、医务人员入口、住院病人入口、非肝炎病人入口、服务区入口、污物的出口六大出入口将各自不同类别的人员分开，而且采用各自独立的竖向交通系统形成相对独立的区域，尽可能避免交叉感染而又具有一定的联系。
获奖情况：　中标方案

7. 工程名称：　广州中医药大学第三附属医院
地　　点：　广州市 芳村区 龙溪大道
工程内容：　医疗建筑
建筑层数：　13层
设计时间：　2004
建筑阶段：　正在建设中
设计特色：　广州中医药大学第三附属医院新院在设计上围绕“生态医院”的主题，体现对自然的尊重和对人的尊重，提倡“以人为本”的人性化设计，利用自然的资源，从生物的层次上升到社会层次。
获奖情况：　中标方案

简历：

陈 岩 Chenyan

- ★ 1990年毕业于沈阳建筑工程学院建筑学，学士学位；
- ★ 1990-1995年青海省建筑设计研究院设计室任建筑师；
- ★ 1995-2002年华南建设学院建筑设计研究院东莞分院任建筑师；
- ★ 2002 至今广东华方工程设计有限公司任建筑师，设计三所所长。

中国银行青海省分行国际金融大厦

2、中国银行青海省分行国际金融大厦

工程地点：青海省西宁市城东区

工程内容：高级写字综合楼

建筑层数：地上19层，地下3层

设计特色：追求功能与形式的统一

（1）平面形式结合功能使用要求建筑布局为几个元宝形状平面的组合，隐喻财富积累。

（2）整体外部造型为台阶形式，象征中国银行的发展节节升高。

（3）建筑立面及细部造型结合中国古代钱币形式进行抽象设计隐喻中国银行的历史。

获奖情况：获青海省“十佳建筑”

本人职责：建筑设计

3、东莞经贸中心

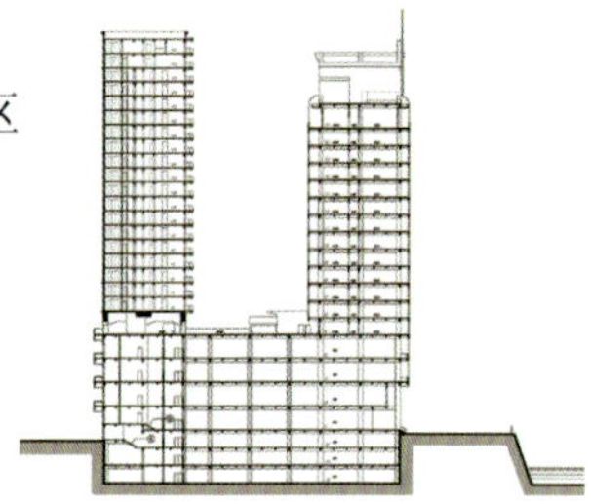

工程地点：广东省东莞市莞城区

工程内容：大型商业综合楼

总建筑面积：140000㎡

建筑层数：地上23层，下地3层

设计时间：1995-1996

建设阶段：已竣工，投入使用

设计特色：

（1）设计注重建筑的群体组合关系及对周边区域的影响；

（2）结合原有地形及周边路网，在有限的空间范围设计理顺商业、办公、住宅、车流等不同功能流线的关系，几种功能之间即相互联系又相对独立，流线互不干扰；

（3）建筑群体规模宏大，外部造型简洁明快。

本人职责：建筑设计

合作设计人：陈曙光

4、东华大厦

工程地点：东莞市东城区

工程内容：高级写字楼

总建筑面积：3.3万㎡

建筑层数：地上19层，地下1层

设计特色：

（1）平面布局紧凑，空间使用灵活多变；

（2）建筑造型与材料使用注意与区内东城国际酒店的对话及与周边建筑的协调。强调城市区域特色。

本人职责：项目设计负责人

合作设计人：付磊

5、华南MALL

工程地点：广东省东莞市万道路

工程内容：超大型主题式购物公园

设计特色：

（1）本项目拟建筑面积超过60万平方米，集购物、娱乐、餐饮、旅游、酒店等功能于一体；

（2）引进一种全新消费文化，创造华南地区规模最大的购物休闲中心，以“水”主题连接各功能单元，使购物、休闲、游乐融为一体，创造绿色的城市环境；

（3）乘船狂大MALL，购物看风景，将成为华南MALL的一大特色。

本人职责：项目设计负责人

合作单位：美国JWDA建筑师事务所

合作设计人：陈明、吴欣、张卫华、张学军等

6、东莞东城国际酒店

工程地点：东莞市东城区

工程内容：五星级商务酒店

总建筑面积：3.5万m²

建筑层数：地上19层，地下1层

设计时间：1999年

设计特色：

（1）在突出建筑本身动态特点的同时，注重建筑与城市周边建筑的对话，强调城市空间区域整体感；

（2）平面形式结合建筑功能流线丰富多变富有动态。

本人职责：项目设计负责人

合作设计人：鲜斌武、管井巨、付磊

7、东莞景湖花园五期

工程内容：高层居住小区

总建筑面积：10万m²

设计时间：2000年

建设阶段：已竣工，投入使用

设计特色：

在高层住宅设计中引入别墅设计的空间模式。

住宅平面设计紧凑，强调别墅入户模式流线即外部小区环境---> 内部私家花园（空中）---> 户内一层--->户内二层，同时注重室内与院内小环境的视线交流追求空间环境的趣味性。

本人职责：建筑设计

8、东莞方中假日酒店

工程地点：广东省东莞市茶山镇

工程内容：五星级假日酒店

设计特色：

（1）结合原有区域环境进行建筑功能设计，合理划分各功能分区，组织各种出入口，使人流、贷流、车流互不交叉干扰，各功能单元分区明确，经营灵活；

（2）整体建筑造型依山就势简洁现代，风格清新、淡雅。

本人职责：项目设计负责人

合作设计人：管井巨、付磊

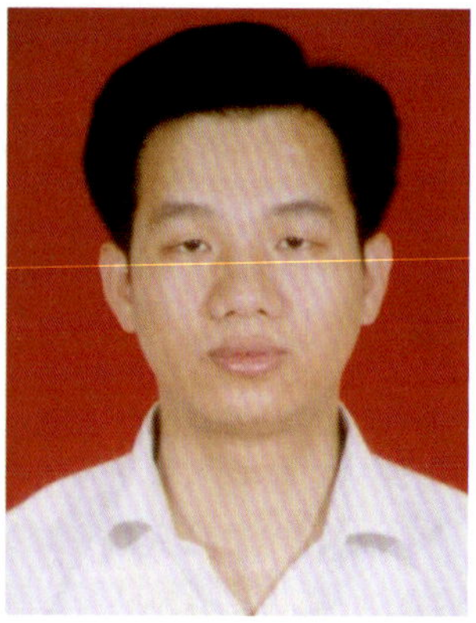

曹友启 Cao Youqi

1971年出生于湖南省衡阳市。国家一级注册建筑师。
1995年毕业于华南理工大学建筑学系，获建筑学学士学位。
1995至今 广东省电信规划设计院建筑设计所
建筑室主任、高级项目经理
主要设计作品（项目总负责、主要设计人）：广州大学城综合信息枢纽楼、广东省通信建设基地综合楼、河源电信枢纽楼、广东廉江电信职工住宅等。

广东省通信建设基地综合楼

设计及施工时间：2001至2005年

本建设用地位于广州市白云区夏茅五边邮电小区内，为一期生产区综合楼部分。东面为规划建设中的广花快速路，南边为规划路与其他小区分隔，西、北面均为小区规划道路。本用地地理位置优越，交通便捷，根据该地段城市设计要求及业主的投资愿望，本综合楼将建设成为该地区的标志性建筑。

为满足业主自用与租赁分开的要求，将主体建筑设计成为弧形双塔楼斜45度对称布置，并平行主干道布置，形成大楼前广场，作为大楼主要对外人流集散空间，也为展现建筑形象提供较开阔的室外空间。双塔楼设计使主楼长边为东南或西南朝向，利于通风节能，在功能上也使两栋分属不同公司的大楼明确分开。这种平面中轴对称使大楼显得均衡、稳定；主楼正面的弧形处理又使大楼显得活泼大方。两层地下室作为大楼的机电设备用房及地下停车场；四层裙楼作为对外租赁使用；两个塔楼各自形成独立的交通系统及使用空间。

地下二层（六级人防）：地下车库、水池水泵房等；地下一层：地下车库、机电设备房等；
裙楼首层为：大堂、门卫、陈列展览厅、营业厅、厨房等；二至五层分别为：演示厅、电视电话会议室、大会议室、培训课室、职员饭堂、预留发展机房等；
六至十八层除顶楼设有预留通信机房外，全部为办公楼。其中A塔楼主要供电信各分公司使用，根据业主需要按每两至三层为一单元，办公室为小开间，领导办公、接待、会议室等集中设置。B塔楼主要为租赁写字楼，每层为一个或若干个租赁单元，具体由租赁单位根据实际使用装修。

建筑造型设计采用现代建筑的处理手法，造型简洁明快，色彩素雅。根据业主投资情况及间歇性使用实际，主楼采用分体空调，设计将室外分体空调主机的设置与立面造型有机地结合起来，体现了形式与功能的统一。主楼弧形虚面的处理及主楼顶部曲线风帆造型，使大楼既显得轻盈飘逸，寓意信息业的蓬勃发展,一帆风顺。本大楼建成后将成为极具时代感的城市雕塑，成为夏茅地区的一颗璀璨明珠。

总用地面积：20069m^2
总建筑面积：50887m^2
其中：
地上建筑面积：43712m^2
地下建筑面积：7175m^2
建筑密度：19.5%
容积率：2.19
绿化率：33%
建筑层数：地上18层；地下2层
建筑总高度： 77.6 m
停车位：120辆（地面45辆、地下75辆）。
设计合作者： 王健

广州大学城综合信息枢纽楼

设计及施工时间：2003 ~ 2004年

项目概况：

本大楼位于广州大学城南部综合发展区内，是整个大学城的基础设施建设之一，也是大学城新校区的首期工程之一。本项目的建设是以多功能综合信息服务为目标，为广州大学城各类信息系统互联互通，资源共享和指挥决策提供支持和保障服务。本枢纽楼集通信中心、广播电视中心、数据中心、网络中心、智能控制中心、总控中心和相关的办公、会议、大学城指挥中心等为一体，并为各运营商及部分政府管理部门提供办公空间租赁服务，是大学城的通信枢纽中心和信息化管理中心。

基地环境分析：

广州大学城综合信息枢纽楼用地位于广州大学城综合发展南区内，内环路以南，中央大街以西。用地北面是大学城体育共享区，东面是作为大学城中轴线的中央南大街，东北面接规划市政广场。该地块三面都紧临城市主次干道，交通十分便利，按照广州大学城总体规划及城市设计，该地块将规划建设广州大学城的地标性建筑。

以充分满足通信工艺及信息管理中心的功能为基本要求，为广州大学城提供一个技术先进、设备完善、可持续发展的有现代化通信功能特征的综合信息枢纽大楼。

严格遵守国家规范、法规、地方标准；遵守相关行业的行业标准及建设方和使用方的特殊要求，满足通信工艺生产和管理的要求，共创一流的信息枢纽中心及配套设施。

尊重城市规划及城市文脉，力求创造具有时代感、同周围环境协调、具有大学城公共建筑特征的、又体现信息产业的行业特色和形象的，并同时具有深厚的文化内涵的现代化建筑形象。

在使用合理的前提下节省工程投资，降低造价和运营费用。在安全、实用、经济、美观的前提下，积极探索公共设施投资、经营和管理社会化的新路子。

总体布局：

根据广州大学城修建性详细规划和用地条件以及本大楼的功能需求，本综合信息枢纽楼呈“L”形布局，并与道路围合成为市政广场，与相临的管委会综合大楼前围合的市政广场连为一个整体，市政广场与内环路内的信息、体育共享区又遥相呼应。

市政广场为大楼的对外营业服务的主要人流入口，同时把共享区及市政广场的景观引入大楼。西南面及东北面各设一个为主楼内部人员主入口（主要考虑主楼使用单位较多，内部人流分区使用电梯需要。还考虑到顶层的指挥中心及公安等机密要求，主楼东北面设一个主楼出入口），这样内外人流分开出入口，对内使用与对外营业人流分开，保障了枢纽楼对于安全管理的需要.

主副楼之间在外观上通过连廊将建筑连为一个整体，但在功能上两部分相对独立。停车大部分在地下室解决，东南面室外布置部分停车位，西南面的30号路为车流出入口，这样保证人车分流，同时又作为内部货物入口及

紧急消防出口，内外的区分明确，方便使用及管理。

功能分区：建筑按使用功能不同分为地下车库区、动力设备区、对外营业区、通信机房区、大学城机房区、信息总控区、商务办公区等。其中主楼标准层各分为4～5个功能模块区，每个功能模块区可各自为一个独立的使用单元，方便对外租赁需要。每层的功能模块大小略有不同，可满足各类服务商或租赁方对面积的需要。各层功能具体如下：

地下室：设备房、汽车库；

首层为门厅、消防监控中心、营业厅及辅助设备房。副楼二至四层为电信机房及其配套用房；主楼二层至四层为各运营商机房及其配套用房；

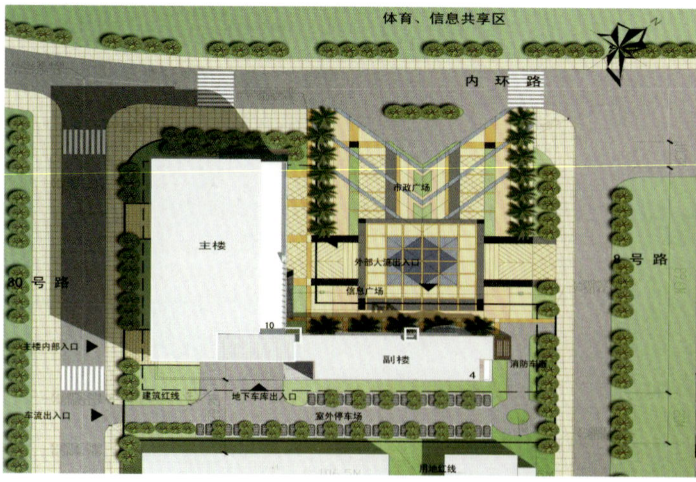

二层电梯间效果图

五至六层为大学城教育网、数据中心、网络中心、一卡通、汇接中心等机房及其配套用房；

七至八层为公安配套机房、指挥中心及管理用房等；

九层为大学城对外服务租赁办公室、技术研讨室、会议室、物业管理用房等；

十层为大学城指挥中心、总控中心、多功能厅及其附属用房等；

天面其他塔楼层为各运营商及公安等使用单位的无线机房及大楼设备用房等，另设有各运营商的无线发射平台。

大楼外观设计充分考虑大学城综合发展区城市设计的要求，力求美观、大方、稳重、简洁，使之与整个大学城综合发展区景观协调发展，并形成一个统一的整体。大楼主体以银白色铝塑板及玻璃雨蓬装饰，两个体量相差较大的主副楼以通信塔有机连接起来，整个大楼造型简洁，特别是大实大虚的外部建筑形象比较容易造成工艺技术美的视觉印象，使信息枢纽楼的功能与形式完美结合，体现了现代信息建筑的风格。大楼外立面采用整体简约的的设计手法，结合外立面的材料机理，形成较强的个性和现代感。

由于本项目是以信息枢纽中心为主体的多功能综合楼，工艺及技术要求复杂，主要介绍如下：

装修分为：上走线不吊顶机房、下走线架空吊顶机房及指挥中心、办公及营业厅部分总控中心二次装修；

电气：两路外供电、另加油机及电池电力供电；

通风空调：采用中央空调系统，其中通信机房及部分指挥中心采用恒温恒湿空调、管理类用房等为普通风机盘管、副楼根据

消防：除重要通信机房及部分指挥中心采用气体消防外、其余为自动报警及自动喷淋等消防设施。

通信塔设计要求：大楼顶设通信塔，供多个通信运营商及公安（包括交警、消防等部门）等使用，由于天线较多，本设计采用双频多极化天线。天线塔分为多层，以避免相互干扰，通信塔外装饰采用对无线电波无屏蔽的非金属材料，以保持大楼美观与统一。

本项目的室内装修及室外环境设计同建筑设计相互协调，风格统一。室外环境及室内装修设计秉承建筑立面的简约现代风格，以金属、玻璃、石材等材料，以简单的面与线等元素，充分展示了现代高科技信息大楼的风格，同时与广州大学城综合发展区的城市设计也是统一的。

总用地面积：9719 m^2
总建筑面积：39800 m^2
其中：
主楼地上建筑面积：30118 m^2
副楼地上建筑面积：4035 m^2
地下建筑面积：5647m2
建筑密度：38%
容积率：3.6
绿地率：18%
建筑总高度：48.3m
停车位：150辆（地面52辆、地下98辆）。
设计竞赛：中标 实施方案
设计合作者：郭雨君

郭雨君 Guo Yujun

华南理工大学建筑设计研究院工程硕士
现任广东省电信规划设计院建筑设计室副主任
主要作品：广州大学城综合信息枢纽楼、南宁市移动通信大厦、广东省医药学校教学楼、茂名市电信文化中心、深圳银基华庭广场、琶洲通信中心（方案）等公共建筑。

广州大学城综合信息枢纽楼

设计及施工时间2003~2004

设计手记：

我早年的梦想是当一名画家、雕塑家，曾追随梁明诚、杨家骢等美术界名宿学艺多年，直至八十年代末看到《世界建筑导报》刊登日本建筑大师丹下健三的作品集，为大师鬼斧神工之杰作所深深震撼而改变初衷，转而研习建筑学。后来，有幸考入华南理工大学建筑设计研究院，师从孔志诚、何镜堂、林永祥、陶郅等岭南建筑界的前辈宗师，从此沉浸于建筑带给我种种的苦与乐。

我曾为建筑的外观造型与内部功能之间的矛盾不断思辩而未果，而吾师孔志诚先生则一语道破之："造型与功能不应该是对立面，而是'君、臣、佐、使'的关系。"、"'金玉其外、破絮其中'的建筑充其量只是个半吊子的作品。"、"内外兼修，才是治学之正道。"先生良言，至今犹令我受益匪浅。但是，广州大学城综合信息枢纽楼这个项目却令我进退维谷，一度陷入僵局。

大学城综合信息枢纽楼是大学城公共区内的首座公共建筑，作为整个广州大学城的通信枢纽中心和信息化管理中心，是建设"数字化大学城"的重点项目。本项目位于广州大学城中心区内环路与8号路交汇处，总用地面积9719平方米，地块呈"L"形，总建筑面积39885平方米，建筑总高度约为50米。

在方案阶段，由于本项目定位于大学城标志性建筑之一，市政府为此组织了由珠江外资建筑设计院等多家省市知名建筑设计院参与的方案设计竞赛。根据该枢纽楼的重要地位，我提出一个"信息航母"的外观造型意念该方案造型独具匠心，宛若一艘扬帆出海的巨轮，寓意广州大学城的信息产业"长风破浪会有时，直挂云帆济沧海"；其主体结构集建筑艺术与现代科技于一体，采用钢钢筋混凝土混合结构体系+氟碳漆钢板屋面体系，体现建筑轻盈飘逸、舒展大方的时代气息；该方案立面局部采用富于韵律感的曲面铝板和点式玻璃幕墙等工艺技术手段，光影强烈，细部丰富，充分展现新时代通信建筑的美感与高科技特性。结果，该方案在专家评审会中获得全票通过，一举中标。(图1)

然而，方案组不久却接到市政府的通知，《通知》提出了与原计划出入较大的新的设计要点，这意味着我要对自己的作品推倒重来。面对新的挑战，我在二十天内对方案进行了改头换脸，分别以"机站楼"、"电子城"的概念又设计了两个方案（图2、图3），却均被市领导退了回来。这一来，的确令我陷入进退两难的局面，因为通信枢纽楼与普通公共建筑物不一样，它的内部功能要求特别复杂，每一次方案修改都会对各个工艺专业产生较大影响。但是为了保证广州大学城2004年9月份正式开学，该大楼方案必须得尽快修改，才能够在非常规的时间内高质量的完成市政府交托的重任。

正当我一筹莫展时，忽然悟到："当一切需要重新建构时，为什么不归本溯源，重新审视项目的本质应该呈现什么表征呢？"我反复思忖，这个项目既然是综合信息枢纽楼，那么它在大学城岛区的总体规划上，扮演的应当是一个"信息集成的终端盒子"之角色，所有外来的信息、数据、讯号等等从四面八方涌来这儿汇总，经过中央处理后，又发送到岛上的各所高校校园。如果我重新把大楼处理为像大量数码芯片叠加而成的几何型体，以抽象的方式赋予大楼"电脑中央处理器"的形象，是否更为切题？

打破思维的僵局后，我在不触动现有的功能架构的前提下，重新以极简主义的风格设计了一个全新的大楼外观造型，新方案含蓄、简约、宁静、大度，静静地矗立在大学城中心区，折射出现代建筑特有的魅力。该方案最终获得了市领导的首肯，并直接进入了实施阶段。（图4）

至此，思维之苦旅终于告一段落。现在，大楼已经竣工，每当我站在它的下面时，我就会想起它诞生的那一段值得回味的日子。（设计合作者：曹友启）

南宁移动通信枢纽楼

设计时间：**2002**

项目概况：

本建设用地位于南宁市琅东经济开发区，净用地面积**17.5**亩，位于民族大道和金浦路交界处，本工程地理位置优越，交通便捷。拟建的南宁移动通信枢纽楼将承担南宁市移动通信未来发展的需要。因此，南宁移动通信枢纽楼的建筑设计在使用功能上体现了一定的超前性、通用性，特别是在通信技术，智能化管理系统方面。

总体布局构思：

方案总平面在场地的西南角设置城市广场，南面临民族大道设带形前广场，在西北角布置运动场及游泳池，使用地西北形成相对安静的内院空间格局，令对外服务的广场与对内服务的运动休闲场地完全分开，内外有别。西南角入口广场及建筑主要立面都面向城市主干道民族大道。西南广场铺地直达两层共享空间的营业厅，使室内大厅形成向室外空间的有机延续和交融，加强城市空间的标志性及信息中心的引导性。景观的设计是以立体设计的方式表达的，本工程由于土地资源宝贵，设计上除地面尽可能布置绿化外，副楼天面设计为屋顶花园，主楼天面设计为叠级屋顶花园。城市广场及内庭院布置了矮灌木、草坪、花坛、小品雕塑、水池及喷泉等；广场铺地利用广西少数民族织锦图案，图案绿地种植大王椰子树，树下设休息座椅及广告牌等；西南面的城市广场可供举办露天音乐会及各类演出，进一步深化城市广场作为现代化城市公共空间的涵义。

功能设计：

对内服务的通信空间：基础设备房区（**A1**区、**B**区及部分**C1**区）：**A1**区位于主楼地下一层；**C1**区位于副楼地下一层；终端设备通讯机房区（**A2**区）：位于主楼一层至二十三层。

对内服务的管理空间：管理用房区（**C2**区）：位于副楼三层至六层。

对外服务空间：对外服务区（**C2**区）：主要内容包括：副楼首层至二层。

地下车库及人防空间：地下车库（**C1**区）；人防区（**C1**区）。

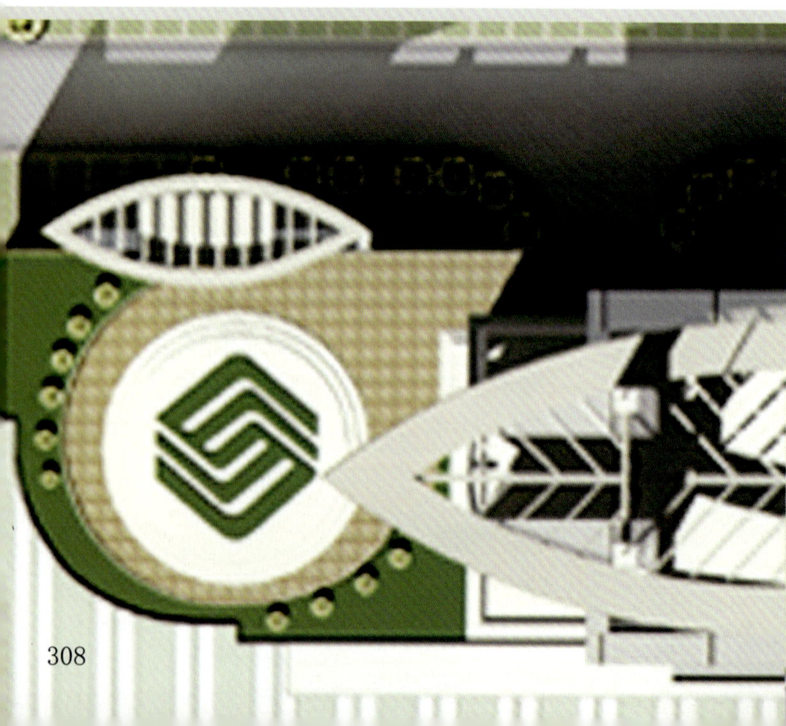

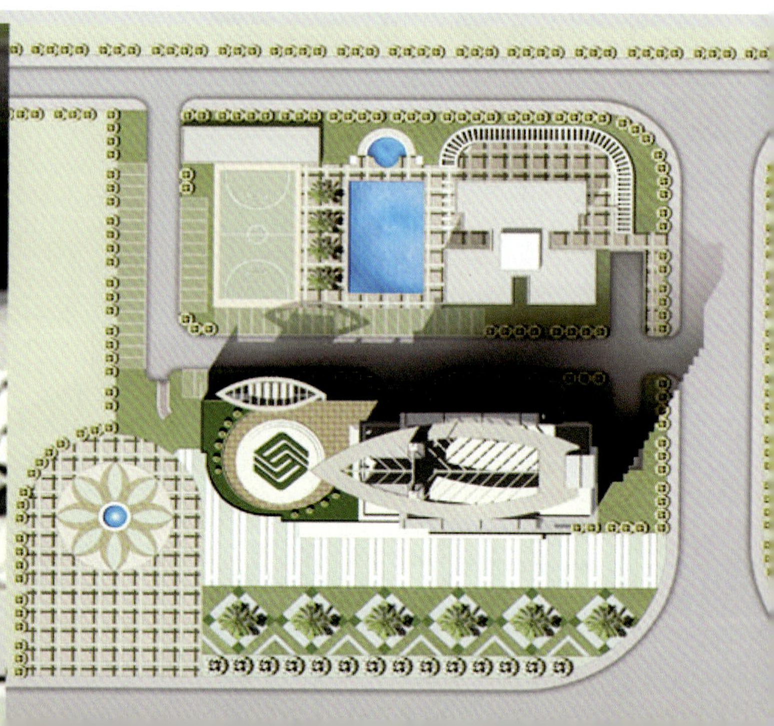

建筑造型设计：

裙房的构思：裙房设计以醒目的倒锥台状的玻璃筒体作为营业厅的入口，在吸引人流注意力的同时，把城市广场的景观引入营业大堂；主楼以富有韵律的柱廊式裙房立面作为入口气氛的烘托，彰显大公司应有的庄严气度；主楼立面构思：该大楼位于邕江之畔风景美丽的琅东经济开发区，本方案主立面的“帆”为造型概念，以简练的建筑手法去塑造一艘屹立在祖国大西南重镇的信息企业旗舰；天面顶部造型构思。发射机房顶架采用了轻钢结构的新颖造型，凌驾于天面之上，并连接了主副交通井，同时把位于天面的众多机房与设备（高位水箱、电梯机房、空调冷却水塔等等）从建筑的第五立面上统一起来。天线和发射机房顶架的“太空梭”造型所呈现的高科技形态，与移动通信的企业内涵互相吻合，同时赋予建筑物醒目的区域标志性。

主要技术经济指标：

净用地面积：　**11706.08m²**

规划总建筑面积：**55535 m²**

其中：　枢纽楼主楼：　**28403 m²**

枢纽楼副楼：　**8708 m²**

规划住宅楼：　**18424 m²**

建筑密度：　**22.9%**；

建筑容积率：　**4.75**

绿地率：　**39.5%**

建筑高度：　**99.6m**

停车位：　**158个**

广东省医药学校教学楼

设计时间：**2003**

项目概况：

广东省医药学校是省医药系统的重点高等院校，座落于广州市天河区龙眼洞，周边环境山峦叠翠，景色秀丽。其中，教学大楼是该校校园中轴线上的第一座建筑物，也是该校的“门户”。

总体布局构思：

新建的教学大楼与基地中原有的医药标本楼通过搭接部位的高差处理形成联体，从而共享了旧医药标本楼的教学资源，更共同围合出一个半开放式的教学内庭院。考虑到南方亚热带炎热多雨的气候特点，新建的教学大楼利用基地的地形高差，巧妙地在首层及二层设置错位架空层，并且结合教学内庭院，形成流动的休息、交流、活动的灰空间，同时布置了校史栏、电子通告屏幕、阅报栏等等设施，为大学生的课余活动提供了合适的场所。

新建的教学大楼在造型处理上，采用了自下而上、逐层提升的意象构思序列：首层正立面展宽达**33**米的弧形门拱，向莘莘学子敞开“知识大门”；正立面中央段（教师休息室）体量凹进，二楼至七楼立面沿中央轴线逐层收分，形成对称卷曲的倒三角形，神似“翻开的书卷”；第八层天面是富有该校特色的药用植物实验苗圃，苗圃上方的遮阳棚架设计成向中央渐渐升起的对称曲线，远看宛若“博士帽”的造型，寓意学子们经过刻苦学习而终成大器的美好愿境。

该教学楼在**2004**年**8**月竣工并投入使用，获得了学校的一致好评。

主要技术经济指标：

建筑面积：　**12000 m²**

占地面积：　**4500 m²**

建筑密度：　**42%**

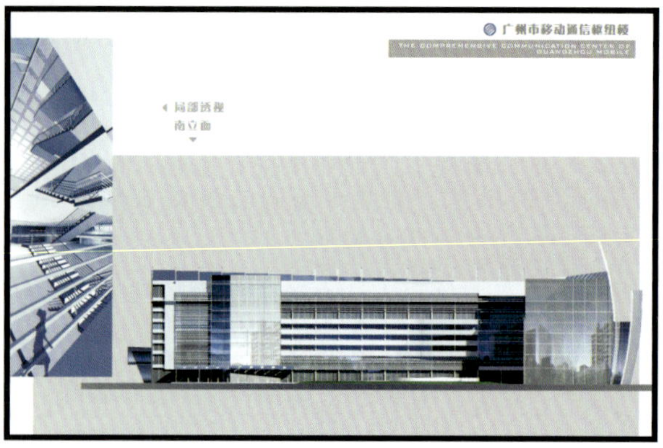

杨欣炜 Yang Xinwei

东南大学建筑系建筑学学士

现任广东省电信规划设计院建筑设计所一级设计人

主要作品（专业负责人、主要设计人）：东莞华贸大厦、广东邮电技术学院教学办公楼、广州七星岗电信中心机楼、琶洲通信中心（方案）。

琶洲通信中心

本项目地处珠江南畔，比邻琶洲会展中心，用地面积55亩。拟建的琶洲通信中心是广州移动通信的总部，为了承托起广州移动通信未来发展的需要并体现出企业形象，要求在建筑设计上有一定的超前性和表现性。

设计思路

从周围环境分析出发，将本建筑从体量上与周围环境取得融合，这是本设计中首先考虑的因素。一般来说，曲线具有某种自然主义的意义，而直线则显示一种几何化。在几何化的建筑形体中注入流动的曲线，使之与珠江水体和邻近的琶洲会展中心在构图元素上产生自然的共鸣。曲面幕墙所产生的立体空间也赋予了建筑流动的内部气氛。其次，无论是外墙材料选用上的透明性以及排比式的垂直构件都在营造一种轻灵的建筑特征。再者，在设计中从方案的平面布局也进行了细致推敲：通信中心办公区面向珠江呈南北条形布置，既能保证了办公区具有良好的通风采光性能又实现了珠江景观的直接引入；通信机楼区布置在基地的东侧，利用其高大的体量阻隔和消减来自华南快速干线的公路噪音，同时又可以进一步扩大通信中心的侧向体量之造型面宽，一举两得。

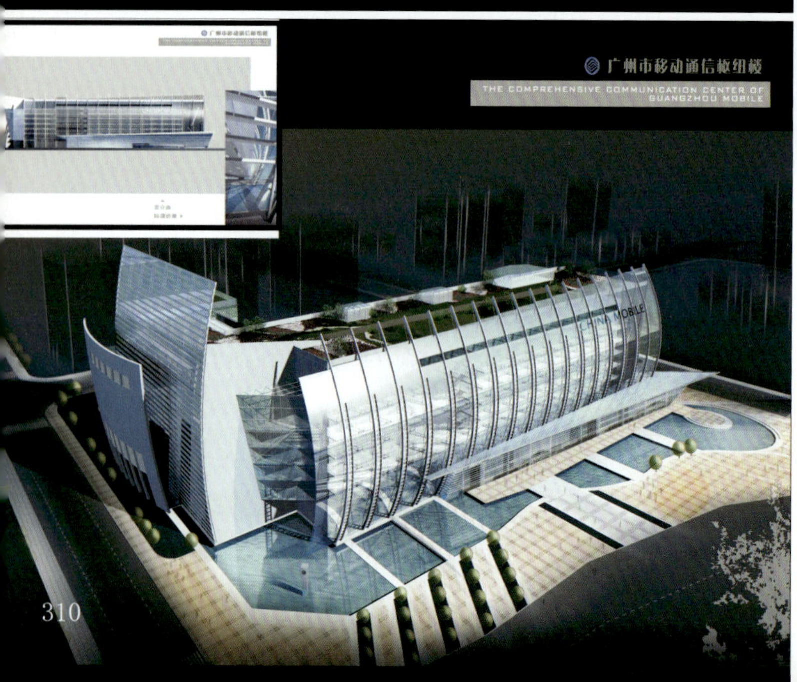

平面布置的设计上，主要依从使用功能的要求，尽量做到即满足了设备安装的要求又体现了大型企业的严谨组织性和良好整体性，使内部空间具有最强的实用性。本方案设计也颇注重建筑第五立面的处理屋顶花园的设计，是节能和美观的有机结合。

在场地设计中，本方案作为广州移动通信枢纽楼性质，除了解决和满足了营业、办公、会议、展示以及通信机楼的生产用途外，非常强调结合城市环境和城市景观的需要，充分开发和利用场地的沿江优势，通过设计广场、绿地、水景、小品，给市民创造了一个怡人的信息广场，实现了基地与城市外部环境的有机联系，也集中体现了“以人为本”的精神。

主要技术经济指标：

基地面积： 36728 m^2

移动通信枢纽楼面积：71380 m^2

建筑覆盖率： 23 %

建筑容积率： 1.49

高级人才名录

广东省建设厅关于2007年广东省建筑专业高级工程师资格评审通过人员的公示

粤建公示[2008]1号

经广东省建筑工程技术高级工程师资格第一评审委员评审，蔡穗虹等1040人获得高级工程师资格(名单附后),现予公示.

任何单位和个人如对公示内容有异议,可在公示之日起7日内(以邮戳为准)以书面形式向省建设厅投诉.单位投诉要加盖公章,个人投诉要署上姓名和联系电话.否则不予受理.

省建设厅地址:广州市东风中路305号省府大院5号楼,邮编:510031

广东省建设厅

二00八年一月三日

附：

2007年广东省建筑专业高级工程师资格评审通过人员名单

序号	姓名	单位
1	蔡穗虹	广东省城乡规划设计研究院
2	黎杰群	广东省城乡规划设计研究院
3	李　一	广东省城乡规划设计研究院
4	刘　勇	广东省城乡规划设计研究院
5	王　磊	广东省城乡规划设计研究院
6	杨细平	广东省城乡规划设计研究院
7	赵嘉新	广东省城乡规划设计研究院
8	邹展宇	广东省城乡规划设计研究院
9	黄英鹏	广东省建筑工程集团有限公司
10	林　海	广东省建筑工程集团有限公司
11	徐　刃	广东省建筑工程集团有限公司
12	陈建航	广东省建筑工程集团有限公司第一工程分公司
13	张惠艳	广东省第一建筑工程公司
14	陈汉长	广东省第一建筑工程有限公司
15	高　强	广东省第一建筑工程有限公司
16	胡天华	广东省第一建筑工程有限公司
17	黄广鹏	广东省第一建筑工程有限公司
18	林奕忠	广东省第一建筑工程有限公司
19	罗元发	广东省第一建筑工程有限公司
20	麻镇明	广东省第一建筑工程有限公司
21	唐开永	广东省第一建筑工程有限公司
22	吴幼民	广东省第一建筑工程有限公司
23	许陆生	广东省第一建筑工程有限公司
24	朱哲锋	广东省第一建筑工程有限公司
25	陈艾兵	广东省第二建筑工程公司
26	廖宇飞	广东省第二建筑工程公司
27	任萍萍	广东省第二建筑工程公司
28	姚佳宏	广东省第二建筑工程公司
29	余少航	广东省第二建筑工程公司
30	张明波	广东省第二建筑工程公司
31	郑志敏	广东省第二建筑工程公司
32	朱汉添	广东省第二建筑工程公司
33	张振才	广东二建广东建华装饰工程有限公司
34	洪　粤	广东二建建华有限公司
35	刘怡明	广东省第三建筑工程公司
36	陈小慧	广东省第四建筑工程公司
37	杨曲波	广东省第四建筑工程公司
38	张剑峰	广东省第四建筑工程公司
39	钟自强	广东省第四建筑工程公司
40	温志平	广东省第四建筑工程有限公司
41	谢　荣	广东省第四建筑工程有限公司
42	谢　顺	广东省第四建筑工程有限公司
43	钟伟正	广东省第四建筑工程有限公司
44	董维奇	广东省基础工程公司
45	傅伟强	广东省基础工程公司
46	高国强	广东省基础工程公司
47	龚　胜	广东省基础工程公司
48	赖伟文	广东省基础工程公司
49	刘　玮	广东省基础工程公司
50	刘糖果	广东省基础工程公司
51	彭勇波	广东省基础工程公司
52	汤　泳	广东省基础工程公司
53	陶聿君	广东省基础工程公司
54	王礼贵	广东省基础工程公司
55	吴　健	广东省基础工程公司
56	钟文浪	广东省基础工程公司
57	彭伟军	广东基础工程公司
58	吴　忠	广东基础工程公司
59	陈宇栾	广东省工业设备安装公司
60	邓　斌	广东省工业设备安装公司
61	范景民	广东省工业设备安装公司
62	黄敏智	广东省工业设备安装公司
63	刘智勇	广东省工业设备安装公司
64	吴　学	广东省工业设备安装公司
65	吴志新	广东省工业设备安装公司
66	张优近	广东省工业设备安装公司
67	赵少群	广东省工业设备安装公司
68	周伟波	广东省工业设备安装公司
69	陈诗光	广东省工业设备安装有限公司
70	邓珊满	广东省工业设备安装有限公司
71	何新泉	广东省工业设备安装有限公司
72	黄聪玲	广东省工业设备安装有限公司

73	李晓东	广东省工业设备安装有限公司
74	魏成权	广东省工业设备安装有限公司
75	张丹宇	广东省工业设备安装有限公司
76	郑武军	广东省工业设备安装有限公司
77	黄建麟	广东省工业安装有限公司
78	姜国斌	广东省工业安装有限公司
79	罗广和	广东省工业安装有限公司
80	张　卓	广东省工业安装有限公司
81	陈华明	广东省建筑科学研究院
82	高建强	广东省建筑科学研究院
83	李　廷	广东省建筑科学研究院
84	李庆祥	广东省建筑科学研究院
85	林中龙	广东省建筑科学研究院
86	童艳光	广东省建筑科学研究院
87	杨国龙	广东省建筑科学研究院
88	叶　毓	广东省建筑科学研究院
89	詹　莹	广东省建筑科学研究院
90	张建华	广东省建筑科学研究院
91	朱科峰	广东省建筑科学研究院
92	黄　田	广东工程建设工程监理有限公司
93	姜建伟	广东工程建设工程监理有限公司
94	梁　杰	广东工程建设工程监理有限公司
95	刘晓东	广东工程建设工程监理有限公司
96	孙　渊	广东工程建设工程监理有限公司
97	谷　峰	广东建筑装饰集团公司
98	邝　莹	广东建总实业发展公司
99	钟升贤	广东建总实业发展公司
100	黄小旋	广东省建筑构件工程公司
101	金石嵩	广东省建筑构件工程公司
102	李怀述	广东省建筑构件工程公司
103	张念柏	广东省建筑构件工程公司
104	连长江	广东省重工建筑设计院
105	林永安	广东省重工建筑设计院
106	王　磊	广东省重工建筑设计院
107	朱铁梅	广东省重工建筑设计院
108	何成勇	广东省建筑工程机械施工有限公司
109	何肇培	广东省建筑工程机械施工有限公司
110	康秀红	广东省建筑工程机械施工有限公司
111	李大革	广东省建筑工程机械施工有限公司
112	刘热强	广东省建筑工程机械施工有限公司
113	冉泽辉	广东省建筑工程机械施工有限公司
114	吴　斌	广东省建筑工程机械施工有限公司
115	冼伟强	广东省建筑工程机械施工有限公司
116	周明科	广东省建设工程造价管理总站
117	韩朝民	广东省建设工程质量安全监督检测站
118	潘泽军	广东省建设工程质量监督站
119	焦　杰	广东省建业技术工程公司
120	胡可军	广东省建筑材料研究院
121	肖惠玉	广东省建筑材料研究院
122	岑继光	广东省冶金建筑设计研究院
123	单晓芳	广东省冶金建筑设计研究院
124	贺　虹	广东省冶金建筑设计研究院
125	李晓云	广东省冶金建筑设计研究院
126	阮新民	广东省冶金建筑设计研究院
127	卫　健	广东省冶金建筑设计研究院
128	谢建春	广东省冶金建筑设计研究院
129	陈文义	广东省建筑设计研究院
130	陈东哲	广东省建筑设计研究院
131	陈莹涛	广东省建筑设计研究院
132	董晓明	广东省建筑设计研究院
133	黄　可	广东省建筑设计研究院
134	黄　毅	广东省建筑设计研究院
135	黄秋明	广东省建筑设计研究院
136	蓝向阳	广东省建筑设计研究院
137	黎景来	广东省建筑设计研究院
138	李淼荔	广东省建筑设计研究院
139	麦劲儒	广东省建筑设计研究院
140	潘玉霞	广东省建筑设计研究院
141	谭伟东	广东省建筑设计研究院
142	王怀中	广东省建筑设计研究院
143	韦　静	广东省建筑设计研究院
144	吴文枫	广东省建筑设计研究院
145	杨　健	广东省建筑设计研究院
146	余步青	广东省建筑设计研究院
147	张　强	广东省建筑设计研究院
148	张冬至	广东省建筑设计研究院
149	张国梁	广东省建筑设计研究院
150	朱桂玲	广东省建筑设计研究院
151	陈博雄	广东省建筑工程监理公司
152	方　芳	广东省建筑工程监理公司
153	何建业	广东省建筑工程监理公司
154	刘启辉	广东省建筑工程监理公司
155	邱重生	广东省建筑工程监理公司
156	唐　华	广东省建筑工程监理公司
157	许　奕	广东省建筑工程监理公司
158	杨忠文	广东省建筑工程监理公司
159	胡进福	广东省建筑装饰工程有限公司
160	林少洪	广东省建筑装饰工程有限公司
161	钱　缨	广东省建筑装饰工程有限公司
162	沈骥忠	广东省建筑装饰工程有限公司
163	唐家潘	广东省建筑装饰工程有限公司
164	吴晓忠	广东省建筑装饰工程有限公司
165	许艺晖	广东省建筑装饰工程有限公司
166	丁嘉智	广东省建筑装饰有限公司
167	高　莉	广东省建筑装饰有限公司
168	韩宇红	广东省轻纺建筑设计院
169	李文英	广东省轻纺建筑设计院
170	刘曼峰	广东省轻纺建筑设计院
171	邓汉斌	广东兆达建筑工程有限公司
172	黄晃华	广东兆达建筑工程有限公司
173	黄耀华	广东兆达建筑工程有限公司
174	简家秀	广东兆达建筑工程有限公司
175	柯溥峻	广东兆达建筑工程有限公司
176	柯全坤	广东兆达建筑工程有限公司
177	梁光胜	广东兆达建筑工程有限公司
178	吴康秋	广东兆达建筑工程有限公司
179	徐军萍	广东兆达建筑工程有限公司
180	杨开平	广东兆达建筑工程有限公司
181	杨　卿	广东省兆达建筑工程有限公司
182	贾晶华	广东省航达规划设计院
183	韦子君	广东省华南建筑设计院
184	谢卫江	广东省环境保护工程研究设计院
185	邓思明	广东省机场管理集团白云国际机场扩建指挥部
186	周永宁	广东省机场管理集团公司
187	刘纳阳	广东省机场管理集团公司白云机场扩建工程指挥部
188	刘先南	广东省机场管理集团公司扩建工程指挥部
189	李　奇	广东城正交通技术服务中心
190	洪祥豪	广东高宏建设监理有限公司
191	陈良助	广东工业大学建筑设计办公室
192	冯耀东	广东工业大学建筑设计办公室
193	陈奕慧	广东工业大学建筑设计研究院
194	黄循城	广东工业大学建筑设计研究院
195	刘苑平	广东工业大学建筑设计研究院
196	戴智敏	广东冠粤路桥有限公司
197	王钰梅	广东海外建设集团有限公司
198	徐耀平	广东海外建设集团有限公司
199	范剑鹏	广东海外建设监理有限公司
200	谢杰文	广东海外建筑设计院有限公司
201	黄　镇	广东恒大路桥建设有限公司
202	赖建文	广东恒大路桥建设有限公司
203	王　朋	广东恒大路桥建设有限公司
204	柯懂洋	广东华联建设项目管理咨询有限公司
205	刘卓骞	广东建伟工程造价咨询有限公司
206	袁源宾	广东金辉华工程有限公司
207	谢文怀	广东晶通公路工程建设集团有限公司
208	梁卫东	广东南雅建筑工程设计有限公司
209	毛建华	广东人防建筑设计院有限公司
210	张建基	广东省大建集团有限公司

211	莫　谊	广东省电子机械工业设计研究院
212	黄雨固	广东省高教建筑规划设计院
213	刘瑞科	广东省美术设计装修工程公司
214	杨曲波	广东省南方广播影视传媒集团建设处
215	王晓娟	广东省石油华工设计院
216	区锐珠	广东新德业市政建设工程有限公司
217	陈东隆	广东新龙基建筑工程有限公司
218	刘建文	广东新南方集团有限公司
219	赵方宇	广东新南方建筑工程有限公司
220	寇文革	广东医学院
221	许锡雁	广东永道工程咨询有限公司
222	周舜英	广东永道工程咨询有限公司
223	戴建标	广东中量工程造价事务所有限公司
224	许东明	广东中量工程造价事务所有限公司
225	曾冬妮	广东珠江建筑工程设计公司
226	周新玲	广州机械设计研究院
227	宋咏明	广州铝质装饰工程有限公司
228	李　红	广州美术学院
229	陈金荣	广州市美术公司
230	邹石新	广州市美术公司
231	姚小林	广州珠江工程建设监理公司
232	申冬梅	金中天集团建设有限公司
233	张钦加	裕通建设集团有限公司
234	张钦泉	裕通建设集团有限公司
235	张钦洲	裕通建设集团有限公司
236	黎军锦	广东省建筑工程总公司房地产开发公司
237	刘良玉	中国对外贸易中心（集团）
238	余德全	广东省佳迅建设工程经济事务所
239	吴志勤	珠光置业股份有限公司
240	王冠华	珠海德联工程造价咨询中心有限公司
241	乔清凤	珠海格力置业股份有限公司
242	肖　勇	珠海鸿立工程造价咨询事务所有限公司
243	刘本波	珠海经济特区建设监理有限公司
244	张伟平	珠海经济特区建设监理有限公司
245	黎　广	珠海市供水总公司
246	吴　红	珠海市供水总公司
247	周向红	珠海市供水总公司
248	邓德源	珠海市规划设计研究院
249	李　仁	珠海市基础工程直属管理处
250	蒋卓辉	珠海市建安昌盛工程有限公司
251	张　勤	珠海市建设工程质量监督检测站
252	许光强	珠海市建筑设计院
253	许贞丽	珠海市建筑设计院
254	朱　括	珠海市建筑设计院
255	双　鹰	珠海市金湾区建设工程质量监督检测站
256	姚高洪	珠海市金湾区建设工程质量监督检测站
257	李爱堂	珠海市明业建筑工程有限公司
258	徐建中	珠海市明业建筑工程有限公司
259	吴伟杰	灿文建筑设计(珠海）有限公司
260	刘奕淳	广东发展银行股份有限公司汕头分行
261	陈劲斌	广东金刚幕墙工程有限公司
262	吴从真	（汕头）广东金刚玻璃科技股份有限公司
263	连远雄	（汕头）深圳潮阳建筑工程公司 （深潮建筑设计有限公司）
264	陈定华	广东汕头城市建设监理公司
265	廖顺生	广东中美建筑设计院有限公司汕头分公司
266	陈　娜	汕头达濠建筑总公司
267	王　跃	汕头大学基建办公室
268	郑文若	汕头大学建筑设计研究室
269	吕理哲	汕头大洋（集团）房地产开发公司
270	陈文伟	汕头市测试技术研究院
271	刘奎荣	汕头市测试技术研究院
272	张文生	汕头市测试技术研究院
273	蔡可斌	汕头市长安建筑设计有限公司
274	叶晓虹	汕头市长安建筑设计有限公司
275	林崇明	汕头市潮南区地方公路管理总站
276	蔡刚浩	汕头市潮南区建设工程质量监督站
277	张健昕	汕头市潮南区建设工程质量监督站
278	周炳顺	汕头市潮阳第二建筑总公司
279	刘汉清	汕头市潮阳第七建筑总公司
280	廖楚池	汕头市潮阳第三建筑总公司
281	周文彤	汕头市潮阳第三建筑总公司
282	陈　曙	汕头市潮阳建筑工程总公司
283	马庆文	汕头市潮阳建筑工程总公司
284	肖昌明	汕头市潮阳建筑工程总公司
285	郑小夏	汕头市潮阳建筑工程总公司
286	陈爱华	汕头市潮阳建筑设计院
287	郭志鹏	汕头市潮阳建筑设计院
288	马陈祯	汕头市潮阳建筑设计院
289	彭俊武	汕头市潮阳建筑设计院
290	吴跃群	汕头市潮阳建筑设计院
291	张利昌	汕头市潮阳建筑设计院
292	陈顺光	汕头市潮阳区规划设计研究院
293	马棉丹	汕头市潮阳区规划设计研究院
294	姚永华	汕头市潮阳区规划设计研究院
295	杨启才	汕头市潮阳区建筑工程质量监督站
296	陈翰兵	汕头市城建工程设计院
297	鄞素文	汕头市城建工程设计院
298	周　涛	汕头市城建工程设计院
299	黄　渊	汕头市城市规划设计研究院
300	肖文锐	汕头市城市规划设计研究院
301	李文勇	汕头市城市建设监理公司
302	林福泰	汕头市城市建设监理公司
303	林苗辉	汕头市城市建设监理公司
304	王小龙	汕头市城市建设监理公司
305	王文元	汕头市澄海工程建设监理有限公司
306	蔡仲正	汕头市澄海规划设计研究院
307	黄宋平	汕头市澄海规划设计研究院
308	余红梅	汕头市澄海规划设计研究院
309	张绍安	汕头市澄海规划设计研究院
310	蔡辉煜	汕头市澄海区工程建设监理有限公司
311	蔡绍良	汕头市澄海区建筑总公司
312	王培权	汕头市澄海区建筑总公司
313	谢潮民	汕头市澄海区建筑总公司
314	陈群华	汕头市澄海区埔美建筑有限公司
315	吴映峰	汕头市达濠建筑总公司
316	陈　彬	汕头市达濠市政建设有限公司
317	陈树宏	汕头市达濠市政建设有限公司
318	黄志雄	汕头市达濠市政建设有限公司
319	林旭君	汕头市达濠市政建设有限公司
320	王晓武	汕头市达濠市政建设有限公司
321	吴为顺	汕头市达濠市政建设有限公司
322	肖鹏展	汕头市达濠市政建设有限公司
323	杨奕珩	汕头市达濠市政建设有限公司
324	朱士孟	汕头市达濠市政建设有限公司
325	王传超	汕头市大资工程监理有限公司
326	林永青	汕头市第二建筑设计院
327	陈毓东	汕头市港口工程公司
328	黄奕雄	汕头市工程建设安全监督总站
329	李　俊	汕头市工程质量监督站
330	吴培强	汕头市工程质量监督站
331	钟　俊	汕头市工程质量监督站
332	蔡盈仪	汕头市佳正工程咨询有限公司
333	陈宋妹	汕头市建安（集团）公司
334	李晋迎	汕头市建安（集团）公司
335	吴世全	汕头市建安（集团）公司
336	余少平	汕头市建安（集团）公司
337	陈汉强	汕头市建安实业（集团）有限公司
338	陈伟平	汕头市建安实业（集团）有限公司
339	洪健涛	汕头市建安实业（集团）有限公司
340	林伟鸿	汕头市建安实业（集团）有限公司
341	刘伟光	汕头市建安实业（集团）有限公司
342	吴本鹏	汕头市建安实业（集团）有限公司
343	方楚忠	汕头市建设局驻广州管理处
344	单小兰	汕头市建筑工程总公司
345	胡跃嘉	汕头市建筑工程总公司
346	徐敬业	汕头市建筑工程总公司
347	张小平	汕头市建筑工程总公司
348	陈筱庭	汕头市建筑设计院
349	程少彬	汕头市建筑设计院

350 郭一峰 汕头市建筑设计院
351 贾晓玲 汕头市建筑设计院
352 沈怀涛 汕头市建筑设计院
353 曾少如 汕头市建筑设计院
354 张楚娴 汕头市建筑设计院
355 郑少雄 汕头市建筑设计院
356 郑秀勤 汕头市建筑设计院
357 黄锦雄 汕头市金海建筑有限公司
358 高映辉 汕头市金平区工程建设安全监督站
359 黄志玫 汕头市金平区工程建设安全监督站
360 肖玫琪 汕头市金平区工程建设安全监督站
361 黄钰中 汕头市金田建筑有限公司
362 周院生 汕头市龙华建筑总公司
363 陈端生 汕头市南华建筑有限公司
364 罗喜珍 汕头市南华建筑有限公司
365 黄文生 汕头市升航建筑有限公司
366 郑　楷 汕头市升平建筑设计院
367 游顺烈 汕头市市政工程维修中心
368 陈满彬 汕头市市政工程总公司
369 辛松钦 汕头市市政工程总公司
370 杨应升 汕头市市政工程总公司
371 倪镇洪 汕头市峡山建筑工程公司
372 陈海嘉 汕头市信泰装饰工程有限公司
373 陈瑞玲 汕头市粤建工程造价咨询有限公司
374 黄　蔚 汕头市粤建工程造价咨询有限公司
375 黄燕虹 汕头市自来水总公司
376 施志强 汕头市自来水总公司
377 蔡友法 南澳县建筑工程质量监督站
378 陈　罗 广东省第五建筑工程有限公司
379 聂君全 广东省第五建筑工程有限公司
380 潘桂容 广东省第五建筑工程有限公司
381 王茗芳 广东省第五建筑工程有限公司
382 温家琦 韶关市财政局投资评审中心
383 吕　決 韶关市规划设计研究院
384 李保勤 韶关市建筑工程质量安全监督站
385 黎　屹 韶关市建筑设计院
386 饶其峰 韶关市建筑设计院
387 邹盛华 韶关学院
388 刘明英 南雄市建筑电装工程公司
389 何忠良 河源市财政投资评审中心
390 陈伦贵 河源市广源市政设计院有限公司
391 李家波 河源市建设工程质量监督站
392 廖石明 河源市建设工程质量监督站
393 王永汉 河源市建设工程质量检测站
394 林彪龙 河源市龙川县建筑工程质量安全监督站
395 李仕发 和平县建设工程质量安全监督站
396 梁培基 和平县建筑设计室
397 陈可胜 龙川县长城建筑工程公司
398 刘承基 龙川县城建建筑工程公司
399 赖伙明 东源县建筑安装工程有限公司
400 叶建勋 紫金县建筑设计室
401 袁爱民 紫金县建筑设计室
402 廖春凡 紫金县永安建设工程监理咨询有限公司
403 陈　燕 梅州市城市规划设计院
404 黄星辉 梅州市城市规划设计院
405 刘小容 梅州市城市规划设计院
406 曾小燕 梅州市环境卫生管理局
407 罗宁雄 梅州市建设工程质量监督站
408 高伟荣 梅州市梅江建筑工程公司
409 陈小琼 梅州市梅江区建设工程质量安全监督站
410 蓝德君 梅州市市政建设集团公司
411 李宇明 梅州市市政建设集团公司
412 曾海新 梅州市市政建设集团公司
413 徐国强 广东诚实建设工程设计有限公司
414 邹丹平 广东诚实建设工程设计有限公司
415 李本廉 兴宁市黄槐建筑工程公司
416 张小琼 兴宁市建设工程造价管理站
417 陈伟忠 兴宁市建筑工程质量安全监督站
418 洪福胜 梅县城市规划设计室
419 林曲云 梅县广厦建设工程监理事务所
420 杜晓晖 梅县建设工程质量安全监督站
421 王坤汉 梅县建设工程质量安全监督站
422 郑光明 梅县建筑设计院有限公司
423 孙肖文 大埔县城镇建设工程公司
424 刘深河 大埔县建设工程造价管理站
425 李乃文 广东五华一建工程有限公司
426 李　波 五华县城市规划设计室
427 胡思茂 五华县建设工程质量安全监督检测站
428 陈天祺 五华县建筑材料总厂
429 宋永强 五华县建筑设计院有限公司
430 陈健平 平远县建设工程质量监督站
431 李仁华 广东省惠州市地产总公司
432 董　璞 惠州大学建筑规划设计院
433 谢岸平 惠州大亚湾城市规划设计研究院
434 杨　霏 惠州市城乡建筑工程有限公司
435 李剑兰 惠州市道路桥梁勘察设计院
436 王广军 惠州市德赛集团有限公司
437 郑德陶 惠州市东江电气设备消防工程安装有限公司
438 魏旭霞 惠州市工程勘察设计研究院
439 邓明强 惠州市工业建筑工程公司
440 陈善光 惠州市规划设计研究院
441 李子锋 惠州市规划设计研究院
442 林燕海 惠州市规划设计研究院
443 邬瑞玲 惠州市规划设计研究院
444 卓振锋 惠州市浩盛集团有限公司
445 马　宁 惠州市惠城区建筑工程质量监督站
446 王爱华 惠州市建设工程造价管理站
447 雷国飞 惠州市建设集团建筑工程公司
448 利安明 惠州市建设集团建筑工程公司
449 黄来娣 惠州市建筑材料试验室
450 周建平 惠州市建筑工程有限公司
451 吴水添 惠州市建筑工程总公司
452 刘红华 惠州市建筑科技设计研究院
453 谭哲宝 惠州市建筑设计研究院
454 陈光钊 惠州市建筑设计院
455 马丽君 惠州市建筑设计院
456 莫海慧 惠州市捷信工程造价咨询事务所有限公司
457 杨秀兰 惠州市捷信工程造价咨询事务所有限公司
458 陈木明 惠州市铭豪润建筑有限公司
459 贺兆先 惠州市市政工程总公司
460 曾维泉 惠州市市政工程总公司
461 周　平 惠州市自来水总公司
462 吕永森 惠州远顺工程设计有限公司
463 叶惠芬 惠阳建筑工程总公司
464 张宝忠 惠阳建筑工程总公司
465 蔡锦钱 惠州市惠阳区建设工程质量检测中心
466 温伟新 惠州市惠阳区施工安全监督站
467 孔越东 惠东县城市建筑工程公司
468 刘汉楚 惠东县城市建筑工程公司
469 吴华明 惠东县建筑工程质量监督站
470 陈冬云 博罗县第二建筑工程总公司
471 唐　杰 博罗县规划局规划设计院
472 梁志华 博罗县建工施工图审=审查有限公司
473 陈世亮 博罗县建设工程质量监督站
474 苏辉传 博罗县建设工程质量监督站
475 邵文荣 博罗县建设工程质量检测中心
476 陈惠坚 博罗县建筑设计院
477 黄建兴 博罗县建筑设计院
478 赖泽祖 博罗县世基建筑工程有限公司
479 肖伟榕 广东博罗规划设计院
480 肖运平 广东省惠州市博罗县建设工程质量检测站
481 伍锦湛 龙门县建设工程质量监督站
482 杨小平 广东汕尾市规划设计研究院
483 周雪玲 汕尾光弘工程经济咨询有限公司
484 罗宜秀 汕尾红海湾泰材建筑工程有限公司
485 庄光汉 汕尾市工程建设监理有限公司
486 蔡奕元 汕尾市规划设计研究院
487 陈茂水 汕尾市规划设计研究院
488 李　金 汕尾市规划设计研究院
489 韦海坚 汕尾市规划设计研究院

490	余小伦	汕尾市规划设计研究院
491	陈绵佳	汕尾市建安建筑安装工程有限公司
492	陈瑞腾	汕尾市建安建筑安装工作有限公司
493	王　飞	汕尾市建筑设计研究院
494	余锡群	汕尾市建筑设计研究院
495	吴海坚	汕尾市建筑设计院有限公司
496	杨晓东	汕尾市建筑质量监督站
497	杨汉东	广东省海丰县建筑安装工程总公司
498	余伟雄	广东省海丰县建筑安装工程总公司
499	黄家荣	海丰县建筑安装工程总公司
500	彭万生	海丰县建筑安装工程总公司
501	陈泽鸿	海丰县建筑设计院
502	黄丰仪	汕尾市海丰县创业工程建设监理有限公司
503	范泽雄	广东省陆丰市建筑设计设计室
504	彭丹贡	陆丰市东海建筑工程公司
505	蔡东标	陆丰市规划设计研究院
506	高　俊	广东华方工程设计有限公司
507	林玉琴	广东省八建公司设计院
508	甄海山	广东省第八建集团有限公司
509	陈　伟	广东省八建集团有限公司
510	梁兴强	广东省八建集团有限公司
511	林　琴	广东省八建集团有限公司
512	林华庚	广东省八建集团有限公司
513	容康松	广东省八建集团有限公司
514	唐　宏	广东省八建集团有限公司
515	陈立慧	广东省八建集团有限公司设计院
516	何　仁	广东省八建集团有限公司深圳公司
517	李雪玲	东莞市 聚科源建设工程咨询有限公司
518	左迎新	东莞市财政局麻涌分避
519	陈永馨	东莞市财政投资审核中心
520	赵永桥	东莞市财政投资审核中心
521	张世强	东莞市茶山镇公用事业服务中心
522	钟辉安	东莞市常通燃气道管安装工程有限公司
523	杨景胜	东莞市城建规划设计院
524	丁少艳	东莞市创业市政建设工程咨询有限公司
525	林文静	东莞市东城建筑规划设计院
526	欧治国	东莞市方中建筑工程有限公司
527	但志伟	东莞市福华建筑工程有限公司
528	钟冠星	东莞市公路桥梁开发建设总公司
529	雷　磊	东莞市虎门镇公用事业服务中心
530	沐春阳	东莞市虎门镇建筑工程质量监督站
531	谢　芳	东莞市虎让建设发展有限公司
532	林丰山	东莞市华球建筑工程监理有限公司
533	屈富科	东莞市建邦工程建设监理有限公司
534	邓旭华	东莞市建设工程安全监督站
535	曹　伟	东莞市建设工程质量监督站
536	冯敏冶	东莞市建设工程质量监督站
537	林　雄	东莞市建设工程质量监督站
538	崔淑芳	东莞市建业工程造价咨询事务所有限公司
539	李志坚	东莞市建业工程造价咨询事务所有限公司
540	叶焕然	东莞市建业工程造价咨询事务所有限公司
541	刘志文	东莞市建筑设计院有限公司
542	郑　杰	东莞市勘察设计协会
543	林汉强	东莞市科力急电设备安装工程有限公司
544	陈家鹏	东莞市清溪镇清溪自来水公司
545	方永超	东莞市一方建筑设计有限公司
546	汪天雄	广东省东莞市东城建筑规划设计院
547	李书山	中信华南（集团）东莞有限公司
548	陈艳辉	广东达安工程项目管理有限公司中山分公司
549	郭航向	中山公用工程有限公司
550	吴燕翘	中山公用工程有限公司
551	杨　妤	中山市长洲建筑工程有限公司
552	阮晓彦	中山市城市规划设计院
553	徐永明	中山市第一建筑设计院有限公司
554	周　琴	中山市方圆建设工程事务所有限公司
555	陈天凌	中山市规划设计院
556	方阳生	中山市规划设计院
557	何少杨	中山市规划设计院
558	沈建燊	中山市规划设计院
559	李浩军	中山市建设工程质量检测中心
560	赵　武	中山市建设工程质量检测中心
561	石向阳	中山市建信建筑有限公司
562	陈　英	中山市建筑设计院有限公司
563	徐健成	中山市建筑设计院有限公司
564	张志雄	中山市建筑设计院有限公司
565	邹卫华	中山市建筑设计院有限公司
566	陈嘉志	中山市捷高建设工程事务所有限公司
567	潘卫红	中山市捷高建设工程事务所有限公司
568	林海华	中山市沙溪镇建设管理所
569	李志豪	中山市小榄镇建筑设计院
570	梁万喜	中山市小榄镇园林管理处
571	陈超明	广东省第七建筑集团有限公司
572	容文雄	广东省第七建筑集团有限公司
573	姚颖森	广东省第七建筑集团有限公司
574	赵国基	广东省第七建筑集团有限公司
575	曾　晖	五邑大学建筑设计所
576	孙满利	广东省江门市建设工程设计审查中心
577	张兆成	广东省江门市建筑设计工程公司
578	李旭槐	江门市碧源污水治理有限责任公司
579	马锦棠	江门市房产管理局建筑设计饰
580	杨明豪	江门市规划勘测设计院
581	张以红	江门市规划勘测设计院
582	王贵东	江门市环境科学研究所
583	张宝珠	江门市建工设计院
584	陈雅玲	江门市建设工程质量监督站
585	简华炽	江门市建设工程质量监督站
586	伍德平	江门市建设监理顾问公司
587	袁国清	江门市建设监理顾问公司
588	叶志华	江门市建设设计院江宇建设监理有限公司
589	邓　影	江门市建筑设计院
590	林　灏	江门市建筑设计院
591	谭启宏	江门市建筑设计院
592	张雪峰	江门市建筑设计院
593	王兆川	江门市江海规划建筑设计院有限公司
594	彭爱华	江门市辽原装饰有限公司
595	冯招想	江门市蓬江建筑设计研究院有限公司
596	吴奭铭	江门市蓬江区建都混凝土有限公司
597	梁振强	江门市新会区建设工程质量安全监督站
598	王雨林	江门市新会区建设工程质量检测站
599	何银喜	江门市新会区实佳工程造价咨询有限公司
600	刘宇峰	广东新会水务有限公司
601	曾灿庭	广东开平建安集团有限公司
602	张解矛	广东开平建安集团有限公司
603	司徒建民	广东省开平市建筑设计院
604	李小清	广东省开平市开平腾达建筑设计院
605	林　成	开平市住宅建筑工程集团公司
606	黄年想	恩平市第一建筑工程有限公司
607	陈国帆	台山市大江建筑工程有限公司
608	区卫贞	台山市建设工程造价管理站
609	刘国春	鹤山市德兴建筑工程有限公司
610	黄国健	鹤山市海悦路桥建筑工程有限公司
611	陈建军	鹤山市建设工程质量安全监督检测站
612	林　军	鹤山市建筑设计院有限公司
613	刘炳学	鹤山市经纬建筑工程有限公司
614	刘如茂	鹤山市强盛建筑工程有限公司
615	冯爱怡	鹤山市伟信工程造价咨询有限公司
616	徐林源	广东华典建筑工程有限公司
617	戴再锋	广东龙光（集团）有限公司
618	洪海林	广东龙光（集团）有限公司
619	林周明	广东龙光（集团）有限公司
620	姚文燕	广东龙光（集团）有限公司
621	张粤双	广东龙光（集团）有限公司
622	周洁雪	广东龙光（集团）有限公司
623	关瑞勋	广东省六建集团有限公司
624	何少忠	广东省六建集团有限公司
625	俞能林	广东省六建集团有限公司
626	冯佩华	佛山南方建筑设计院
627	胡　巍	佛山市禅城区建设工程监督站
628	劳泽瑜	佛山市禅城区建设工程监督站
629	李北海	佛山市禅城区建设工程质量安全检测站

630 古伟强 佛山市禅城区建设工程质量监督站
631 姚根平 佛山市城建工程设计院有限公司
632 罗秋容 佛山市城匠建筑设计院有限公司
633 阮　忠 佛山市城匠建筑设计院有限公司
634 田鹏波 佛山市城区规划勘测设计研究院
635 曹伟明 佛山市城市地理信息中心
636 金　灿 佛山市城市规划勘测设计研究院
637 凌金文 佛山市城市规划勘测设计研究院
638 夏渝元 佛山市德正城市建设工程监理有限公司
639 林启鹏 佛山市第十二届省运会场馆建设中心
640 莫　莉 佛山市第十二届运动会场馆建设中心
641 黎运访 佛山市二建建筑工程集团有限公司
642 陈　雅 佛山市房建集团有限公司
643 范剑文 佛山市房建集团有限公司
644 李文坚 佛山市房建集团有限公司
645 欧阳政 佛山市房建集团有限公司
646 夏昭萍 佛山市房建集团有限公司
647 萧国霞 佛山市房屋建筑设计院有限公司
648 吴福泉 佛山市高艺建筑设计院有限公司
649 冯家光 佛山市桂园建筑工程有限公司
650 廖志基 佛山市桂园建筑工程有限公司
651 黄德星 佛山市汇博建设工程有限公司
652 曾剑锋 佛山市汇博建设工程有限公司
653 蔡莉莉 佛山市建诚监理有限公司
654 赖灿辉 佛山市建诚监理有限公司
655 莫家权 佛山市建友工程监理有限公司
656 白成生 佛山市建筑工程质量监督站
657 陈拥军 佛山市江博建设工程有限公司
658 卢火养 佛山市晋兴建筑工程有限公司
659 李　彤 佛山市燃气集团有限公司属下
佛山市华禅能燃气设计有限公司
660 张思中 佛山市人信建设工程造价咨询有限公司
661 黄承红 佛山市市政工程质量检测有限公司
662 黄桥新 佛山市市政建设工程有限公司
663 罗志威 佛山市市政建设工程有限公司
664 姚晋鹏 佛山市市政建设工程有限公司
665 余　虹 佛山市天禹工程造价咨询有限公司
666 杨清珠 佛山市盈科工程造价咨询事务所有限公司
667 胡浩兵 佛山市中层钢结构有限公司
668 程燕霞 佛山消防设计安装工程有限公司
669 杨　芳 佛山市顺德城业建筑集团有限公司
670 苏　农 佛山市顺德建设监理有限公司
671 费海月 佛山市顺德建筑设计院有限公司
672 何培建 佛山市顺德建筑设计院有限公司
673 潘　晓 佛山市顺德建筑设计院有限公司
674 姚丽红 佛山市顺德区财政投资评审中心
675 黄建武 佛山市顺德区规划设计研究院
676 刘　瑜 佛山市顺德区规划设计研究院
677 梁华菘 佛山市顺德区规划设计院有限公司
678 欧阳尚贤 佛山市顺德区规划设计院有限公司
679 霍小萱 佛山市顺德区建设工程施工图审查中心
680 谭素群 佛山市顺德区建设工程施工图审查中心
681 郑素明 佛山市顺德区建设工程质量监督站
682 左英志 佛山市顺德区建设工程质量监督站
683 张宗颖 佛山市顺德区市政设计研究院
684 黎国良 顺德供水总公司
685 莫志军 顺德区机电安装工程有限公司
686 周志雄 顺德区建设工程质量监督站
687 韦玉红 广东博意建筑设计院有限公司
688 刘冬燕 广东省博意建筑设计院有限公司
689 叶　强 广东博意建筑设计院有限公司
690 贾亦非 佛山市南海城乡建筑设计有限公司
691 卢耀胜 佛山市南海城乡建筑设计有限公司
692 黄凯云 佛山市南海区黄岐进　建筑工程有限公司
693 卢振祥 佛山市南海区建汇建筑工程有限公司
694 方晓欣 广东南海建筑设计院
695 万少微 广东南海建筑设计院
696 李献义 广东南海建筑设计院有限公司
697 潘巧莹 广东南海建筑设计院有限公司
698 王爱群 佛山市三水博维规划建筑设计有限公司
699 卢亮华 佛山市三水建诚工程造价咨询有限公司
700 黄绪云 佛山市三水区二建集团有限公司
701 刘显国 佛山市三水园建绿化工程有限公司
702 刘伟峰 广东省阳江第一建筑集团有限公司
703 何杰华 广东省阳江市城乡建筑市政设计有限公司
704 谭　婷 广东省阳江市城乡建筑市政有限公司
705 敖卓鸥 广东省阳江市第一集团有限公司
706 黄志欢 广东省阳江市第一建筑集团有限公司
707 苏朝忠 广东省阳江市第一建筑集团有限公司
708 郑昌杰 广东省阳江市第一建筑集团有限公司
709 关德彬 广东省阳江市建安集团有限公司
710 雷文胜 广东省阳江市建安集团有限公司
711 陈雪锋 阳江建设工程安全监督站
712 关天文 阳江建设工程安全监督站
713 陈光辉 阳江市城市规划设计院
714 莫让军 阳江市城市规划设计院
715 沙国光 阳江市城市规划设计院
716 黄开展 阳江市第一建筑集团有限公司
717 麦伟全 阳江市第一建筑集团有限公司
718 黄家舸 阳江市建安集团第二建筑工程有限公司
719 梁春雷 阳江市建安集团第二建筑工程有限公司
720 傅海文 阳江市建安集团第三建筑工程有限公司
721 林汉青 阳江市建安集团第四建筑工程有限公司
722 冯达赏 阳江市建安集团有限公司
723 冯远兴 阳江市建安集团有限公司
724 林光浩 阳江市建安集团有限公司
725 赖月秀 阳江市建设工程造管理站
726 莫燕萍 阳江市建设工程造管理站
727 莫纯康 阳江市建设工程造价管理站
海陵岛试验区分站
728 谭世韬 阳江市建设工程质量监督站
729 叶小波 阳江市建设工程质量监督站
730 钟　强 阳江市建设工程质量监督站
731 陈通道 阳江市建设工程质量检测中心
732 杜文雄 阳江市建设监理有限公司
733 苏明希 阳江市建设监理有限公司
734 吕敬彬 阳江市建筑设计院
735 谢彦雄 阳江市建筑设计院
736 庄广超 阳江市建筑设计院
737 梁绍宏 阳江市江城区第三建筑工程公司
738 蔡传俊 阳江市俊贤建筑安装工程有限公司
739 吴建华 广东省阳春市第二建筑工程公司
740 吴泽权 阳春市财政局投资中心
741 黄　勇 阳春市第二建筑工程公司
742 曾昭锦 阳春市国源地产置业公司
743 郑　诚 阳春市建设工程质量监督站
744 林以英 阳春市建筑工程公司
745 苏宇朝 阳春市建筑工程公司
746 黄家强 阳春市建筑规划设计院
747 李　先 阳春市建筑规划设计院
748 曾令浓 阳春市建筑规划设计院
749 阮　欢 阳春市市政建设工程公司
750 司徒达敢 阳东县东鹏集团建筑工程公司
751 陈　家 阳东县东鹏集团建筑工程有限公司
752 梁大雄 阳东县东鹏集团建筑工程有限公司
753 林良绪 阳东县东鹏集团建筑工程有限公司
754 黄成德 阳东县建筑工程公司
755 雷锻炼 阳东县建筑工程公司
756 张道进 阳东县建筑工程公司
757 梁昌和 阳东县质安站
758 曾文耀 广东省阳东县建筑设计室
759 陈若凡 阳西县第二建筑工程公司
760 麦球祥 阳西县第二建筑工程公司
761 沙文军 阳西县第二建筑工程公司
762 冯　阳 阳西县市政建设工程总公司
763 陈　勇 广东省高速公路有限公司湛江分公司
764 陆建志 广东省湛江农垦建设集团
765 杨志明 广东省湛江市遂溪县第四建筑工程公司
766 徐任华 广东湛江市第四建筑工程有限公司
767 陈晓丹 湛江建筑工程质量检测站

768 陈　健 湛江麻章区建设工程质量安全监督检测站
769 陈韦华 湛江市碧诚工程有限公司
770 陈海鹰 湛江市大城建筑工程有限公司
771 李土福 湛江市第四建筑工程有限公司
772 杨毅来 湛江市第四建筑工程有限公司
773 郑建鹏 湛江市第四建筑工程有限公司
774 郑惠利 湛江市第一教育工程公司
775 杨诗丽 湛江市工程预算审核中心
776 刘瑜华 湛江市规划勘测设计研究院
777 郭固良 湛江市规划勘测设计院
778 李丽霞 湛江市规划勘测设计院
779 叶国明 湛江市规划勘测设计院
780 邓龙海 湛江市建设工程安全监督管理站
781 林以麟 湛江市建筑工程集团公司
782 龙广成 湛江市建筑工程集团公司
783 吴东生 湛江市建筑工程集团公司
784 郑　坤 湛江市建筑工程集团公司
785 陈　恒 湛江市建筑工程质量监督站
786 林春海 湛江市建筑工程质量监督站
787 黎文雄 湛江市建筑工程质量检测站
788 余　晖 湛江市建筑工程质量检测站
789 任　超 湛江市荣基建筑工程有限公司
790 尹霞林 湛江市散装水泥办公室
791 李毅志 湛江市市政建设工程总公司
792 薛小平 湛江市市政建设工程总公司
793 郭新华 湛江市万诚房地产土地评估有限公司
794 张　翔 湛江市粤西建筑工程公司
795 庄帝福 湛江市粤西建筑工程总公司
796 焦伟明 湛江市云厦工程建设监理有限公司
797 梁世浩 湛江市中信基建事务所有限公司
798 王秀芳 湛江市中誉工程造价事务所有限公司
799 陈柳蕊 湛江市中正工程造价咨询事务所有限公司
800 洪碧野 湛江市中正工程造价咨询事务所有限公司
801 黎　文 湛江市住宅建筑工程公司
802 陈劝君 广东省遂溪县建筑安装工程公司
803 韩国华 广东省遂溪县建筑设计院
804 戴振海 广东三穗建筑工程有限公司
805 郭　亮 广东三穗建筑工程有限公司
806 赖远东 广东三穗建筑工程有限公司
807 梁庆华 广东三穗建筑工程有限公司
808 庞振平 广东三穗建筑工程有限公司
809 吴春庭 广东三穗建筑工程有限公司
810 吴英松 广东三穗建筑工程有限公司
811 莫少雄 广东省三穗建筑安装工程有限公司
812 曾春灵 广东三穗建筑工程有限公司
813 张　全 广东三穗建筑工程有限公司
814 伍学斌 吴川市第四建筑工程公司
815 庞亚轩 吴川市建设工程造价管理站
816 许伟平 吴川市建筑安装工程公司
817 陈文雅 广东省雷州市建设工程施工质量监督站
818 柯　伟 广东省雷州市建筑设计院
819 林日光 廉江市第一建筑工程公司
820 许　平 廉江市第一建筑工程公司
821 钟炽文 廉江市第一建筑工程公司
822 李　春 廉江市建安工程有限公司
823 陈和生 广东省徐闻建筑安装集团公司
824 郑永进 徐闻县第三建筑企业总公司
825 符忠友 徐闻县工程建设监理有限公司
826 李德昌 徐闻县规划建筑设计院
827 李华荣 徐闻县建设工程有限公司
828 李　宁 徐闻县建筑安装集团公司
829 符　跃 徐闻县建筑安装集团有限公司
830 何天红 徐闻县建筑安装集团有限公司
831 劳立宏 徐闻县建筑安装集团有限公司
832 韦成彪 徐闻县建筑工程质量监督站
833 邓宇明 广东省茂名市规划设计研究院
834 黄亚新 广东省茂名市规划设计研究院
835 赖洲波 广东省茂名市规划设计研究院
836 李金福 广东省茂名市规划设计研究院
837 李向荣 广东省茂名市规划设计研究院
838 何之加 广东省茂名市设计院有限公司
839 吴　铮 广东省茂名市自来水公司
840 黎　冉 茂名建筑集团第二有限公司
841 李建章 茂名建筑集团第二有限公司
842 杨　强 茂名建筑集团第二有限公司
843 梁向南 茂名建筑集团第三有限公司
844 张达强 茂名建筑集团第三有限公司
845 杨俊元 茂名建筑集团第一有限公司
846 谭火莲 茂名建筑集团有限公司
847 高　全 茂名市城建设计院
848 谭子宽 茂名市城建设计院
849 李伟进 茂名市城市综合开发公司
850 黄茂生 茂名市房地产发展总公司
851 丁　波 茂名市建工集团有限公司
852 陈汉群 茂名市建禾建设工程有限公司
853 张康强 茂名市建禾建设工程有限公司
854 黄　鹏 茂名市建禾建筑工程有限公司
855 陈　利 茂名市建设工程安全监督检测站
856 陈　滔 茂名市建设工程造价管理站
857 黄琦琪 茂名市建设工程质量监督检测站
858 黎　勇 茂名市建设工程质量监督检测站
859 李湛海 茂名市建设工程质量监督检测站
860 梁永健 茂名市建设工程质量监督检测站
861 许雄文 茂名市建设工程质量监督检测站
862 曾　丽 茂名市建设工程质量监督检测站
863 刘灵燕 茂名市建设工程质量监督站
864 李建桃 茂名市建设工程质量检测站茂港分站
865 王淡兰 茂名市建设局驻广州建筑管理处
866 王　鄂 茂名市建业工程造价咨询事务所有限公司
867 陈　磐 茂名市建筑工程监理有限公司
868 刘　喜 茂名市建筑工程监理有限公司
869 杨　新 茂名市建筑工程监理有限公司
870 阮介平 茂名市建筑集团第三有限公司
871 陈　清 茂名市建筑集团第一有限公司
872 蔡　彬 茂名市建筑集团有限公司
873 江渝涛 茂名市建筑集团有限公司
874 黎世豪 茂名市建筑集团有限公司
875 麦　清 茂名市建筑集团有限公司
876 吴永超 茂名市建筑集团有限公司
877 杨　气 茂名市建筑集团有限公司
878 杨伟康 茂名市建筑集团有限公司
879 张建平 茂名市建筑集团有限公司
880 朱英俊 茂名市建筑集团有限公司
881 李肖凡 茂名市茂南建安集团有限公司
882 陈彬毅 茂名市设计院有限公司
883 杨旭凡 茂名市设计院有限公司
884 殷　毅 茂名市设计院有限公司
885 刘伟斌 茂名市市政工程总公司
886 吕　周 茂名市市政工程总公司
887 崔冰峰 茂名市粤能电力股份有限公司
888 邓宝松 茂名市政工程总公司
889 王永贤 茂名市质量计量监督检测所
890 陈　列 茂名职业技术学院建筑设计室
891 王喜华 茂名职业技术学院建筑设计院
892 郭忠元 中国建设银行股份有限公司茂名分行
893 黄洋波 中国建设银行股份有限公司茂名分行
894 肖超宽 高州建设设计院
895 何　标 高州市城镇建设规划设计室
896 李佰承 高州市第六建筑工程公司
897 吴少邻 高州市建设工程公司
898 黄泽雄 高州市建筑工程有限公司
899 肖　钢 高州市建筑工程质量监督站
900 江振喜 高州市建筑设计院
901 梁广雄 高州市建筑设计院
902 李　才 高州市建筑施工安全监督站
903 黄小平 广东省高州市建筑工程总公司
904 罗文彬 广东省化州市城效建筑工程公司
905 陈燕波 广东省化州市第四建筑工程公司
906 陈永泰 广东省化州市第四建筑工程公司
907 邓四海 广东省化州市建筑工程公司

908 陈继明 广东省化州市建筑工程总公司
909 蒙育春 化州市第二建筑工程公司
910 彭海仁 化州市第二建筑工程公司
911 张 军 化州市第二建筑工程公司
912 吴继忠 化州市建筑工程总公司
913 肖启佳 化州市建筑工程总公司
914 陈 曦 茂名市信宜建筑工程公司
915 陈 江 信宜市广厦建筑工程有限公司
916 陈 冉 信宜市建设工程质量监督站
917 邹斌海 信宜市建设工程质量监督站
918 李卫东 信宜市建筑设计院
919 温瑞卡 信宜市建筑设计院
920 麦 玲 信宜县建筑设计院
921 陈 哲 电白县建筑安装工程公司
922 刘琪郎 电白县建筑安装工程公司
923 冯大华 电白县建筑设计室
924 潘嘉光 电白县粤建工程造价咨询事务所有限公司
925 崔志天 广东电白二建工程有限公司
926 高应腾 广东电白二建工程有限公司
927 黄锡宏 广东电白二建工程有限公司
928 李 校 广东电白二建工程有限公司
929 李家润 广东电白二建工程有限公司
930 刘勇钟 广东电白二建工程有限公司
931 罗 强 广东电白二建工程有限公司
932 许洪青 广东电白二建工程有限公司
933 杨 翊 广东电白二建工程有限公司
934 郑 伟 广东电白二建工程有限公司
935 吴启英 广东电白县建筑安装工程公司
936 杨速波 广东省电白第二建筑工程公司
937 邓益中 广东省电白县第三建筑工程公司
938 卢 利 广东省电白县第三建筑工程公司
939 邱 炳 广东省电白县第三建筑工程公司
940 杨伟明 广东省电白县第三建筑工程公司
941 江少湘 广东省电白县建筑工程质量监督站
942 黄建忠 茂名市电白建筑工程总公司
943 李祝春 茂名市电白建筑工程总公司
944 梁任保 茂名市电白建筑工程总公司
945 潘 琼 茂名市电白建筑工程总公司
946 肖耀明 茂名市电白建筑工程总公司
947 梁汉炯 广东省肇庆市建筑工程公司
948 陈仲添 肇庆市城市规划设计院
949 黄 勇 肇庆市城市规划设计院
950 蒙敬辉 肇庆市城市规划设计院
951 张成币 肇庆市城市规划设计院
952 郑维玲 肇庆市城市规划设计院
953 苏金南 肇庆市城业建设工程监理有限公司
954 王福棠 肇庆市第二建筑工程集团有限公司
955 张佩泉 肇庆市鼎湖城建筑工程有限公司
956 梁纪煊 肇庆市鼎湖区住宅建设公司
957 张向彪 肇庆市端州建筑设计院有限公司
958 赵汝庄 肇庆市汉一房地产开发公司
959 梁绍龙 肇庆市宏志建设有限公司
960 张宗宏 肇庆市建设工程施工安全监督站
961 梁卓云 肇庆市建设工程质量监督站
962 李 皓 肇庆市建设工程质量检测站
963 赵 阳 肇庆市建筑安装工程公司
964 陈厚全 肇庆市建筑安装工程有限公司
965 谭御芬 肇庆市建筑工程公司
966 谭 卓 肇庆市建筑施工图审查中心站
967 谢一平 肇庆市瑞州建筑设计院有限公司
968 叶少伟 肇庆市政工程维修管理处
969 古宛娴 肇庆学院
970 薛志辉 高要市建安建筑工程有限公司
971 潘伟雄 高要市纵横建筑设计有限公司
972 江玉波 四会市环宇工程造价咨询有限公司
973 钱一海 四会市建筑设计室
974 岑红瑞 怀集县建筑工程施工安全监督站
975 卢杰生 怀集县建筑设计室
976 蔡景雄 清远市财政局投资审核中心
977 洪宝田 清远市城乡规划设计院
978 陈宇涛 清远市建设工程安全监督站
979 陈志成 清远市建设工程造价管理站
980 朱远航 清远市建筑工程质量监督站
981 谢瀚华 清远市水利水电建筑工程有限公司
982 杨霄飞 英德市建筑工程质量监督站
983 王昭良 连州市方圆建筑设计有限公司
984 张艳萍 连州市方圆建筑设计有限公司
985 廖彩云 连州市工程造价管理站
986 熊自强 连州市宏业建设工程有限公司
987 许孔辉 连州市建筑工程质量安全监督站
988 林文胜 清远市佛冈县建筑工程质量监督站
989 梁伟荣 连南瑶族自治县建筑设计室
990 董汉武 阳山县建筑勘察设计室
991 韩伟忠 阳山县建筑勘察设计室
992 钱可强 清新县建业建设工程有限公司
993 王庆新 清新县建筑工程质量监督检测站
994 李桂昭 潮州市城市规划勘测设计院
995 林伟雄 潮州市城市规划勘测设计院
996 邱传明 潮州市城市规划勘测设计院
997 区冰媚 潮州市城市规划勘测设计院
998 郑照发 潮州市城市规划勘测研究院
999 陈君健 潮州市枫溪区建设工程质量监督检测站
1000 丁实锐 潮州市建设工程咨询事务所有限公司
1001 丁有鹏 潮州市建筑工程安全监督站
1002 吴 平 潮州市建筑设计院
1003 吴森文 潮州市建筑设计院
1004 谢清香 潮州市建筑设计院
1005 李永源 潮州市市政建设总公司
1006 陈 潮安县建设工程造价管理站
1007 陈俊生 潮安县建筑工程质监站
1008 杨林生 潮安县建筑工程质量监督站
1009 王 锷 潮安县建筑设计室
1010 黄茂斌 广东创茂建设工程有限公司
1011 倪奕能 揭东县工程质量监督站
1012 徐端林 揭阳市建设发展总公司
1013 孙静佳 揭阳市建设工程造价管理站
1014 张壮雄 揭阳市建设工程造价管理站
1015 王 平 揭阳市建筑工程质量监督站
1016 徐伟光 揭阳市建筑设计院
1017 郑秋发 揭阳市建筑设计院
1018 潘杰新 揭阳市区渔湖建筑工程公司
1019 高伟坚 揭阳市榕城区工程质量监督站
1020 蔡林波 揭阳市榕江建筑工程总公司
1021 王创锋 揭阳市榕江建筑工程总公司
1022 黄炳炎 金中天集团建设有限公司
1023 张东林 普宁市工程质量监督站
1024 游宝林 普宁市建筑设计院
1025 袁树汉 揭东县建筑设计室
1026 刘少宏 揭西县建筑设计室
1027 戴建南 惠来县第一建筑工程公司
1028 柯良才 揭阳市惠来建筑工程总公司
1029 林玉珊 揭阳市惠来建筑工程总公司
1030 王永军 云浮市工程建设安全监督站
1031 张星源 云浮市工程建设安全监督站
1032 张玉石 云浮市工程建设安全监督站
1033 梁炎通 云浮市建设工程质量监督站
1034 梁振兴 云浮市建设工程质量监督站
1035 张鉴周 云浮市建筑设计院有限公司
1036 朱灿辉 云浮市建筑设计院有限公司
1037 梁兴文 云浮市永安建设工程监理有限公司
1038 耿志新 广东省云浮市新兴县第七建筑集团有限公司
1039 钟世雄 广东省云浮市新兴县第七建筑集团有限 公司
1040 龙飞波 云浮市新兴县第七建筑集团有限公司

2007年路桥、港航专业高级工程师资格评审结果公示

广东省交通厅人事处

经广东省路桥、航运工程技术高级工程师资格评审委员会评审通过，下列256人获得路桥专业高级工程师资格，18人获得港航（水工）专业高级工程师资格，现予公示（申请副高确认以及申请中级确认并报副高评审的人员名单稍后发布）。公示时间从2007年12月18日上午8：00至12月27日下午5：30止。若对下列同志取得资格有异议，请电话或书面向广东省路桥、航运工程技术高级工程师资格评审委员会办公室或广东省交通厅人事处反映，反映情况的电话和书面材料要自报或签署真实姓名，不报或不签署真实姓名的，不予受理。

受理情况反映的部门、电话联系人和地址：

单位：广东省交通厅人事处　　联系人：邓丽霞 郑晓俊

联系电话：83730806 83881517

联系地址：广州市白云路27号　　邮编：510101

获得路桥专业高级工程师资格人员名单

省公路局：柳和平

省公路局路桥管理中心：魏伟锋、伍洲、高星林

省路桥规划勘察中心：彭运查

省公路工程质量监测站：詹巧水、钟华敏

省交通工程质量监督站：余峰、余向明

省交通工程造价管理站：温晓军、黄燕琴

省高速公路有限公司：

王雪峰、郑建浩、李鼎伟、邱志雄、蔡业青、黄蕾鸣、吴玉财、陈智江、谭连、吴雄仕、何际辉、周斌、黄行

省公路建设有限公司：

罗志光、黄尚林、韩富庆、赖兆平、刘汉方、邱伟明

省路桥建设发展有限公司：

周呈强、何家祥、张连成、罗永忠、吕大伟、李志锋、郭林泉、蒲春平

省长大公路工程有限公司：

刘黎、陈君享、詹元林、张永明、蔡炎标、雷洁、肖穗生、张泽烨、何海群、韦登超、黄兴、赵奇才、郑智军、曾利文、丘旭富、方建勤、黄少玲、余海涛

广东交通实业投资公司：辛猛

省公路勘察规划设计院：

郭文华、栗学铭、刘　、邱新林、江晓霞、谢智敏、谭凌、罗剑平、曾宇彤、兰南、苏高裕、林敏、刘事莲、万志勇、邓超文、金双泉

广东华路交通科技有限公司：

罗俊强、欧阳琼亮、梁立新、李品营、陈宁青、蔡镇生、金钟、李明国

广东晶通公路工程建设集团：李百坤、郭宏钦、赖洪江

广东南粤物流股份有限公司：

刘以建、石时需、牛翔、王彦林、廖恒志

广东冠粤路桥有限公司：

刘龙伟、关天仕、吕云峰、曾过生、刘永跃、廖荣宁、黄向明、宋增斌、黄锡明

广东航盛建设集团有限公司：

苏沛良、庞奇　、邓志深、彭兵田

广州市公路局：

钟金标、冯维健、王海君、翁雯、刘峰增、王明兴、蔡良东、饶法强、杨刚、马奕斌、陈远新、李振、黄宏豪、李烘星

广州市交通运输研究所：沈颖

广州市中心区交通项目领导小组办公室：谢实海

广州番禺地方公路管理总站：魏映华、苏志刚

广东长宏公路工程有限公司：乔钢

珠海市交通工程质量监督站：苏伯森

珠海市交通勘察设计院有限公司：陈永雄

珠海市交通工程质量监督检测站：赵国恩、蔡荣莉

汕头市公路局：

黄云华、黄踵胜、林梓煜、蔡应彬、沈毓凡、黄小勇、卢培平、徐声钊、张少东、王锡辉、郭伟坚、廖光明、陈子敬

韶关市公路局：

李敬平、蒋广京、王永斌、陈韶玉、黄阶贵、

韶关市公路工程有限公司：蒋仲渊、张建忠

河源市公路工程总公司：钟雪源

河源市东源县公路局：刘志松

河源市公路局：杨万里

河源市鸿粤工程监理有限公司：朱日平

河源市鸿图公路勘察设计公司：余青锋

梅州市公路局：邱通　、李森松

梅州市公路局公路工程质检站：黄光辉
梅州市公路勘察设计院：胡小裕
梅州市交通工程质监站：林忠绪
广东恒泰公路工程有限公司：黄文
惠州市交通工程造价管理站：李丹
惠州市道路桥梁勘察设计院：
朱卫星、陈乃浪、夏冬、杨宇
惠州市公路局：王丽云、周惠科
惠州市交通规划设计院：付均强
惠州市道桥勘察设计院：陈宇文
惠州公路建设总公司：
张奋、邹哲仲、叶国辉、巫寅辉、刘文辉、黄利德

汕尾市公路局：陈楚洲

东莞市交通规划勘察设计院：刘益辉
东莞市公路局：林家瑜
东莞市交通工程质量监督站：邓志谦

江门市路桥集团有限公司：吴卫明
江门市路桥集团第一工程公司：冯北杰
江门市路桥集团第二工程有限公司：尹燕芳、麦满富
江门市交通工程建设总公司：严波
广东路通公路工程监理有限公司江门分公司：郑凯
江门市交通工程质监站：岑汝良、林逸标
开平市交通建设总公司：袁建华
鹤山市海悦路桥建筑工程有限公司：麦润添

佛山市交通局：陈丹羽
佛山市三水区路桥建设有限公司：邓锡信
佛山市南海区路桥建设有限公司：杨鹏程
佛山市公路局：李红群
佛山市南海区公路局：梁国彪
佛山市顺德区公路局：曾阳春
佛山南海区交通建设质量监理站：白　强
佛山市盛建公路工程监理有限公司：刘王生
佛山市南海区道路建设管理处：叶东雄
佛山公路工程公司：
林称、黄阚添、黄进明、彭可清、丁朴、于波、尧义珉

阳江市公路局：梁剑铮、林高、陈发

湛江市公路局：何坚、何国成
湛江市公路局工程大队：李果丰、黄生
湛江市交通局地方公路管理总站：麦有
湛江市交通路桥实业发展有限公司：张海明

茂名市高州公路局：张建强
茂名市交通建设工程总公司：袁钜胜、吴云
茂名市公路建设有限公司：黄　华、李汝水
茂名市交通设计院：
宁奂、甘雨、吴锦春、陈太东、王启武、钟胜

肇庆市公路局：
杜国敏、杨永胜、邵松林、赵燕华、邹洁才、陆先明、彭玉杏、韦乔彪、陈伟清
肇庆市公路工程总公司：冯敬、罗志聪
肇庆市鼎星公路监理有限公司：郭锋生

高要市磊达路桥工程有限公司：兰绍双

清远市直属公路局：朱伟雄、蓝启愈
清远市佛冈公路局：张邦良、刘建标
清远市地方公路管理总站：杨忠俊
清远市公路局设计院：孙燕

潮州市公路工程质量检测站：吴作智
潮州市交通工程质监站：丁松乔、陈志远

揭阳市公路局：林桦
揭阳市公路工程质量检测站：黄荣得
揭西县公路局：赖涛锋

普宁市公路局：张乐民、杨华洲

惠来县鸿江路桥工程有限公司：林顺德、方江坤

云浮市交通工程质监站：陈水荣、赖鉴铭
云浮市交通工程造价管理站：梁晓明
云浮市华通工程监理有限公司：李泫心、梁瑞智

罗定市公路局：陈志品

郁南县公路局：吴万泉

获得港航（水工）专业高级工程师资格人员名单：

省航道局：吴镇光、赖鸣书、杜联刚、洪本英
省航运规划设计院：肖芳玉
广东正方圆工程咨询有限公司：潘永纯
省航盛建设集团有限公司：
刘宇鹏、张徐、沈海清、李宇、邓小宁

广州港集团有限公司：张伟、凌小军、邹进营
广州港水运工程监理公司：简耀东

汕头港华兴工程建设监理所：徐瑞藩、张伟豪

湛江市交通工程质量监督站：张林

广东省路桥、航运工程技术高级工程师
资格评审委员会办公室
二〇〇七年十二月十七日

第四部分

专业技术交流

住宅裂縫成因及控制與處理

楊建榮

通过长期观察研究及对裂缝工程的处理，笔者对住宅裂缝的成因进行分析，并相应提出控制与处理住宅建筑外墙裂缝的对策。

一、建筑裂缝的主要种类与直接原因

1. 地基变形造成上部结构裂缝

一般地基尤其是软土地基，在受上部荷载后，会产生较大的沉降，必然在各个部位发生沉降差，超过限度就会在墙体及楼板结构产生裂缝。

2. 结构设计不当的裂缝

结构设计上除了满足规范进行计算分析外，应当注意结构刚度的协调，收缩变形的协调及温度变形的协调，任何不协调都会在结构使用后产生裂缝。

3. 收缩裂缝

混凝土在其形成与成长过程中一直在收缩，当受到约束就会产生拉应力，而混凝土的抗拉强度很低，特别是在早期，所以混凝土非常容易在早期产生收缩裂缝。在其后期收缩应力又往往与其他因素在一起，造成混凝土结构裂缝。

4. 温度变形裂缝

温度变形裂缝，是住宅建筑产生裂缝的主要因素。住宅是各类构件的联合体，材料膨胀系数不同。温度变化时，会产生很大约束应力，当受拉部位超过构件或材料抗拉极限应力，就产生温度裂缝。

5. 因施工或使用不当造成的裂缝

住宅建设过程和使用过程中，有许多人为因素造成的裂缝：如钢筋的位置放错，负弯矩钢筋落到底部，跨中钢筋太高；电线管、水管集中在一处断面；拆模过早，结构提前受力；施工荷载过大，超过住宅荷载等。这些都会造成严重的结构性裂缝。

二、对裂缝的基本认识

1. 裂缝产生的客观必然性

(1) 当代住宅都是以钢筋混凝土为主体结构，混凝土组成从机理上微观裂缝是其物理学性质所决定的，混凝土各组成材料通过水泥凝胶结合，在结硬过程中，消失的水总是会留下空洞，加之骨料本身缝隙与结合面空隙，所以混凝土自身从微观上就存在大量不连续的缝隙。

(2) 钢筋与混凝土有着不同的弹性模量和极限强度。一般而言，钢筋与混凝土弹性模量之比为5：1，抗拉强度之比150：1，要钢筋与混凝土共同工作，发挥钢材优良的抗拉性能，一定会以混凝土拉裂作为代价。按结构重要性及结构所处环境，规定允许混凝土有0.1毫米、0.2毫米和0.3毫米的裂缝。

(3) 混凝土除了固体物质共有的热胀冷缩性能外，更具有与时俱增的长期干缩，特别是现代混凝土，因泵送入模对流动度的要求，水泥浆体比传统混凝土高出很多，其干缩率大幅度提高。

2. 裂缝危害程度的分析

(1) 裂缝可分：可见裂缝与不可见裂缝，我们要控制处理的是可见裂缝。

(2) 可见裂缝又可分：正常裂缝，即不妨碍功能，不危及结构的规范允许裂缝；有害裂缝，危及结构安全及影响功能的裂缝。

(3) 正常与有害裂缝应按建筑功能与环境状况来正确界定，而且按实际情况进行正常处理。裂缝问题，一方面是控制，通过努力使裂缝分散、细化达到无害程度；另一方面是处理，只要处理适当，是能保证住宅建筑正常使用的。

3. 控制与处理裂缝的价值观念

高级住宅要控制与处理全部可见裂缝，中低档住宅允许一定量的可见裂缝，这就要有一个工程与价值的定位。

三、裂缝的控制与处理

1. 设计控制裂缝措施

(1) 控制沉降裂缝的关键是避免住宅东西向的全面性沉降及南北向的重形心偏离，根本办法是减少住宅最终沉降的绝对值。上海地区对一般住宅的绝对沉降值限制在150毫米，高档住宅还应更严格限制。

(2) 控制温差裂缝较好的办法是结合节能要求，如采用外墙外保温及屋面防水层倒置式的外保温。这样使结构物都能包裹在保温层之内，使温差裂缝在使用阶段即可大大减少甚至避免。

(3) 控制收缩裂缝。收缩是长期发生的，强度越高的混凝土收缩越大，所以设计应用的混凝土标高不要太大。另外，对较易产生裂缝的区域及开洞四角可相应增加构造配筋。

(4) 避免设计不合理的人为裂缝。住宅各部位在设计上尽可能做到在收缩与温差发生时，变形基本协调。如平面体量不要过大，楼面与墙体不要支在刚度差异太大的基座上等。

2. 施工控制裂缝措施

(1) 合理设计与控制混凝土配比，在保证强度的前提下，减少水泥用量与绝对水量。

(2) 合理组织施工。施工是防止混凝土结构早期裂缝的重要环节，合理的施工安排可以减少结构各部位间的约束应力。

(3) 加强混凝土早期养护。应尽可能延长水中养护或认真控制浇水养护时间，养护时间至少14天。

(4) 科学确定拆模时间与控制施工荷载。

(5) 加强结构的防护。对较高的住宅或结构工期较长的住宅应当及时防护，避免直接暴露在大气之中。

3. 住宅裂缝的处理

(1) 可见有害裂缝：对0.2～0.3毫米以上的结构裂缝或渗漏裂缝，应当及时处理。处理的方法可按常规的环氧灌缝封闭，其基本要求是结合面强度应超过混凝土本身抗拉强度，做到密闭不渗水。

(2) 可见无害裂缝：一般情况下，可以不作处理，影响美观的部位可以用腻子括平封闭后涂料装饰。

(3) 高级住宅的无害裂缝：除了在设计结构时，加强措施减少裂缝之外，在建筑处理上，采用外保温、外装饰把结构面全面包起来。内部易裂缝部位同样可以通过装饰板包裹。

住宅工程现浇楼板裂缝成因分析及防治

杨城

近年来，我们发现，现浇钢筋混凝土楼板出现裂缝的情况较多，这已成为影响住宅工程质量的一大通病。现对裂缝成因及防治措施简析如下：

一、现浇钢筋混凝土楼板出现裂缝的主要情

(1) 多层砖混结构；

(2)小高层现浇钢筋混凝土短肢剪力墙结构；

(3)高层现浇钢筋混凝土剪力墙结构；

(4)多层现浇钢筋混凝土框架结构。

出现现浇钢筋混凝土楼板裂缝的工程，以住宅楼较为多见，商业楼、公建用房相对少些。若按层次分布情况，大多数裂缝分布与层次无关，只有极个别工程，其裂缝在层次上从上到下有递减趋势。

二、结构楼板裂缝出现的时间

一般都在结构封顶半年后陆续出现，如不及时采取补强措施，在1至2年时间内，裂缝仍会继续发展。

三、裂缝所在部位及其特征

(1)现浇钢筋混凝土楼板裂缝，多分布在房屋外墙转角所在房间的楼板上。裂缝一般呈45°斜向，有时一只角同时出现两条裂缝，裂缝基本上为上下贯通。

(2)部分裂缝产生在板内电线管埋没位置。

(3)个别工程的楼板裂缝垂直于板跨方向，或呈不规则状分布

四、裂缝成因分析

经过对各种影响因素的对比分析，我们认为：

(一)现浇钢筋混凝土楼板裂缝，主要是由混凝土温度变形和收缩变形引起的。钢筋混凝土梁、柱、墙、板等构件共处在同一个大气环境中，当环境的温度和湿度变化时，这些构件的混凝土相应都会产生温度变形和收缩变形。由于体型上的差异，板的体积与表面积的比值较小，在水平方向上楼板的收缩变形一般均超前于(或大于)梁、柱、墙，使板内出现拉应力，梁内呈压应力。

另一方面是外纵墙与山墙在外界气温的影响下，经历热胀和冷缩的反复作用，它们的温差合力对房间沿外墙角部楼板，将产生较大的主拉应力。

以上两个作用力的叠加，对板形成最不利状态，当板内拉应力超过了混凝土的抗拉强度，并且楼板变形大于配筋后混凝土的极限拉伸的时候，楼板内就会产生裂缝。

裂缝的位置取决于两个因素，一是约束，二是抗拉能力。对楼板来说，约束最大的位置在四个转角处，因为转角处梁或墙的刚度最大，它对楼板形成的约束也最大，同时沿外墙转角处因受外界气温影响，楼板属收缩变形最大的部位；一般来说，板内配筋都按平行于板的两条相邻边而设置，也就是说，转角处夹角平分线方向的抗拉能力最薄弱。故大多数板上裂缝都出现在沿外墙转角处，而且呈45°斜向放射状。

(二)当前工程施工中，现浇钢筋混凝土楼板的混凝土普遍采用泵送混凝土，其水泥用量、水灰比、坍落度等都比较大，石子半径又比较小，混凝土的收缩值比过去现场拌制的要大，为了抵抗楼板内受不均匀温差和收缩的影响而出现局部的应力集中，若外墙转角处楼板只按老规矩配筋，就不能适应变化了的新情况。

(三)楼板内埋设电线套管，特别是近些年来普遍推广使用的PVC管代替金属管以后，使板内有效截面受到不同程度的削弱。又因该管与混凝土的线胀系数不一致，粘结效果差，这时沿电线套管埋设方向就有可能因为应力集中而出现裂缝。

(四)由于施工安排不当，楼板近支座处的负弯矩钢筋常常被操作人员踩踏下沉，又没有得到及时纠正，使其不能有效发挥抵抗负弯矩的作用。

五、控制现浇钢筋混凝土楼板裂缝的对策

(一)在采用商品混凝土泵送施工的条件下，处于外墙转角处房间内的现浇钢筋混凝土楼板，应适当增大其配筋后混凝土极限抗拉伸能力，其技术措施如下：

(1)适当增加板厚；

(2)提高板的配筋；

(3)采用钢纤维混凝土，以提高混凝土抗拉强度；

(4)采用“细筋密筋”配筋方法。

以上几种方法由于受到不同条件的限制，故应以提高楼板含钢率为主。还可以有针对性地在外墙转角楼板处增配放射性配筋。

(二)提高部分外墙的保温隔热标准。特别是对外墙转角处的里墙面，要采用加贴保温隔热材料的办法，使温差对楼板变形带来的影响，减少到最低限度。

(三)研究开发泵送条件下的低收缩率的干硬性混凝土，专门用在现浇钢筋混凝土楼板工程上。

(四)楼板内PVC电线套管，只允许平行于楼板受力方向(或双向板的短边方向)埋设；埋在楼板内的PVC电线套管上下部，应加铺宽度不小于400毫米的钢丝网片，作为补强措施。

(五)有条件的不妨采用“放”的特殊构造措施。例如，可将端跨设计成简支板的形式，即在楼板与梁之间设置施工缝隔离。

(六)严格施工管理，浇捣楼板混凝土时，必须铺设操作平台，防止施工操作人员直接踩踏上皮负弯矩钢筋。同时加强浇捣楼板混凝土整个过程中的钢筋看护，随时将位置不正确的钢筋复位，确保其位置准确。

(七)设计楼板底模及支架时，应充分考虑能够满足承受各种可能的施工荷载的需要。混凝土浇捣后，必须留有足够的养护时间。

(八)施工速度应建立在严密的科学组织的基础上。坚决摒弃违反科学的蛮干的做法。只有这样，才能使当前楼板结构裂缝的多发性、普遍性这一质量顽症得到有效遏制。

住宅工程现浇楼板裂缝成因分析及防治

杨 城

近年来，我们发现，现浇钢筋混凝土楼板出现裂缝的情况较多，这已成为影响住宅工程质量的一大通病。现对裂缝成因及防治措施简析如下：

一、现浇钢筋混凝土楼板出现裂缝的主要情

(1)多层砖混结构；

(2)小高层现浇钢筋混凝土短肢剪力墙结构；

(3)高层现浇钢筋混凝土剪力墙结构；

(4)多层现浇钢筋混凝土框架结构。

出现现浇钢筋混凝土楼板裂缝的工程，以住宅楼较为多见，商业楼、公建用房相对少些。若按层次分布情况，大多数裂缝分布与层次无关，只有极个别工程，其裂缝在层次上从上到下有递减趋势。

二、结构楼板裂缝出现的时间

一般都在结构封顶半年后陆续出现，如不及时采取补强措施，在1至2年时间内，裂缝仍会继续发展。

三、裂缝所在部位及其特征

(1)现浇钢筋混凝土楼板裂缝，多分布在房屋外墙转角所在房间的楼板上。裂缝一般呈45°斜向，有时一只角同时出现两条裂缝，裂缝基本上为上下贯通。

(2)部分裂缝产生在板内电线管埋没位置。

(3)个别工程的楼板裂缝垂直于板跨方向，或呈不规则状分布

四、裂缝成因分析

经过对各种影响因素的对比分析，我们认为：

(一)现浇钢筋混凝土楼板裂缝，主要是由混凝土温度变形和收缩变形引起的。钢筋混凝土梁、柱、墙、板等构件共处在同一个大气环境中，当环境的温度和湿度变化时，这些构件的混凝土相应都会产生温度变形和收缩变形。由于体型上的差异，板的体积与表面积的比值较小，在水平方向上楼板的收缩变形一般均超前于(或大于)梁、柱、墙，使板内出现拉应力，梁内呈压应力。

另一方面是外纵墙与山墙在外界气温的影响下，经历热胀和冷缩的反复作用，它们的温差合力对房间沿外墙角部楼板，将产生较大的主拉应力。

以上两个作用力的叠加，对板形成最不利状态，当板内拉应力超过了混凝土的抗拉强度，并且楼板变形大于配筋后混凝土的极限拉伸的时候，楼板内就会产生裂缝。

裂缝的位置取决于两个因素，一是约束，二是抗拉能力。对楼板来说，约束最大的位置在四个转角处，因为转角处梁或墙的刚度最大，它对楼板形成的约束也最大，同时沿外墙转角处因受外界气温影响，楼板属收缩变形最大的部位；一般来说，板内配筋都按平行于板的两条相邻边而设置，也就是说，转角处夹角平分线方向的抗拉能力最薄弱。故大多数板上裂缝都出现在沿外墙转角处，而且呈45°斜向放射状。

(二)当前工程施工中，现浇钢筋混凝土楼板的混凝土普遍采用泵送混凝土，其水泥用量、水灰比、坍落度等都比较大，石子半径又比较小，混凝土的收缩值比过去现场拌制的要大，为了抵抗楼板内受不均匀温差和收缩的影响而出现局部的应力集中，若外墙转角处楼板只按老规矩配筋，就不能适应变化了的新情况。

(三)楼板内埋设电线套管，特别是近些年来普遍推广使用的PVC管代替金属管以后，使板内有效截面受到不同程度的削弱。又因该管与混凝土的线胀系数不一致，粘结效果差，这时沿电线套管埋设方向就有可能因为应力集中而出现裂缝。

(四)由于施工安排不当，楼板近支座处的负弯矩钢筋常常被操作人员踩踏下沉，又没有得到及时纠正，使其不能有效发挥抵抗负弯矩的作用。

五、控制现浇钢筋混凝土楼板裂缝的对策

(一)在采用商品混凝土泵送施工的条件下，处于外墙转角处房间内的现浇钢筋混凝土楼板，应适当增大其配筋后混凝土极限抗拉伸能力，其技术措施如下：

(1)适当增加板厚；

(2)提高板的配筋；

(3)采用钢纤维混凝土，以提高混凝土抗拉强度；

(4)采用“细筋密筋”配筋方法。

以上几种方法由于受到不同条件的限制，故应以提高楼板含钢率为主。还可以有针对性地在外墙转角楼板处增配放射性配筋。

(二)提高部分外墙的保温隔热标准。特别是对外墙转角处的里墙面，要采用加贴保温隔热材料的办法，使温差对楼板变形带来的影响，减少到最低限度。

(三)研究开发泵送条件下的低收缩率的干硬性混凝土，专门用在现浇钢筋混凝土楼板工程上。

(四)楼板内PVC电线套管，只允许平行于楼板受力方向(或双向板的短边方向)埋设；埋在楼板内的PVC电线套管上下部，应加铺宽度不小于400毫米的钢丝网片，作为补强措施。

(五)有条件的不妨采用“放”的特殊构造措施。例如，可将端跨设计成简支板的形式，即在楼板与梁之间设置施工缝隔离。

(六)严格施工管理，浇捣楼板混凝土时，必须铺设操作平台，防止施工操作人员直接踩踏上皮负弯矩钢筋。同时加强浇捣楼板混凝土整个过程中的钢筋看护，随时将位置不正确的钢筋复位，确保其位置准确。

(七)设计楼板底模及支架时，应充分考虑能够满足承受各种可能的施工荷载的需要。混凝土浇捣后，必须留有足够的养护时间。

(八)施工速度应建立在严密的科学组织的基础上。坚决摒弃违反科学的蛮干的做法。只有这样，才能使当前楼板结构裂缝的多发性、普遍性这一质量顽症得到有效遏制。

新建房屋地基沉降的控制与处理

叶国群

为了解决用地紧张矛盾，通常一栋房屋会紧邻另一栋建造。在实际施工中，地基沉降往往造成新建房屋或原建房屋损坏。本文只讨论新建房屋对原建房的影响问题，

众所周知，建筑物的荷载是通过基础传给地基，上部荷载在地基土层中引起附加应力，并有扩散作用。不论其应力多大，只要原建筑物抵抗变形的能力强或地基变形小，就不至于损坏。附加应力大小取决于地基与基础的相对刚度、荷载大小及分布情况、基础埋深和土的性质以及施工时间间隔等多种因素。因此，新建房屋对原建房屋地基产生影响的主要原因是荷载大小和地基土的性质。

一、新旧建筑物沉降计算

一般建筑物在施工期间完成的沉降量，对于沙土，可认为其最终沉降已基本完成；对于低压缩粘性土，可认为已完成最终沉降的50%～80%；对于中压缩粘性土，可认为已完成20%～50%；对于高压缩性粘性土，可认为已完成5%～20%。因此，可以根据相邻建筑物的预估沉降量已完成的情况，计算出新旧房屋附加应力所引起沉降对各自的相互影响和相邻基础对地基中附加应力的影响。

1.沉降计算。依据《建筑地基基础设计规范》(GBJ7—89)第5.2.5条，各层土的平均压缩模量Es越大，沉降量越小；基底附加应力Po越小，沉降量越小。因此，我们认为相邻地基沉降影响大小取决于两建筑物的最终沉降量的大小。

2.房屋的变形计算。可分为沉降量、沉降差、倾斜、局部倾斜4种。沉降量主要用于计算独立桩基础和地基变形较均匀的排架结构柱基的沉降变化，也可预估建筑物在施工期间和使用期间的地基变形量；沉降差主要用于计算框架结构相邻桩基的地基变形差异；倾斜主要用于多层或高层建筑和高耸结构，由倾斜值控制；局部倾斜主要用于计算砌体承重墙因纵向不均匀沉降引起的倾斜。由变形特征的作用，我们就可根据不同的结构形式，根据控制值大小确定其是否安全和对相邻建筑物的影响。

二、基础处理方法

1.新旧房屋基础之间只设沉降缝时，一般低层办公、住宅建房，若地质均匀，持力层承载力特征fa≥80～100kPa，地基沉降量很小，只需加强相邻最外一开间房屋刚度，地基可不作加固处理。多层办公、住宅房屋若地质均匀，持力层承载力特征值fa≥120～180kPa，地基沉降很少，只需加强相邻最外一开间房屋刚度，地基可不作处理。否则，应处理地基或调整新旧建筑物的距离，建议采用悬挑基础或灰土挤密桩加固处理。

2.桩基础适用于软弱地基处理，但应考虑群桩效应和桩基下软弱卧层的验算。

3.悬桩基础：当地质情况或旧建筑物自身条件不满足上述第1条的要求，两楼之间又不允许留距离时，应采用悬挑基础的方式解决，具体有条基加挑梁悬挑，有筏基加挑梁悬挑。不论哪一种悬挑方式，均须先满足变形和强度的要求，地基净反力必须满足Pmax≤1.2fa的要求。

4.地基强度不满足上述几条要求的局部处理方法：若原设计局部为条形基础，可把基础局部扩大为整体基础以满足上部荷载对地基的要求，亦可在局部基底下采用地基加固处理，按《建筑地基处理技术规范》(JGJ79--91)进行处理，使之达到与原地基净反力接近之要求；若原设计为筏基，可在局部基底下采用地基处理，使之满足承载力的要求，不论选择哪种处理方法应满足Pmax≤1.2fa。

三、基础间距离

软弱地基上，当相邻建筑物用地不太紧张时，即要求建筑物保持相对距离最小，保证不造成建筑物的损坏。这个距离由预估沉降量和受影响建筑物的长高比决定。

四、设计步骤及计算方法

1.资料收集。原建筑物的建造年限、安全等级、结构类型及层数、地质情况、基础类型、长高比、抗震设防等级、预估沉降量完成情况等。

2.预估沉降量。新建房屋根据《建筑地基基础设计范》(GBJ7--89)第5.2.5条计算，用角点法计算附加应力。

3.确定设计方案：先判别所建房屋的沉降量值对原基础产生的影响是否超过规范规定值，若不超过，可不作处理；若超过则可在悬挑基础局部处理、小桩加固等措施中选用。当采用悬挑基础计算时，悬挑基础挑出长度，应由沉降量影响的大小和范围确定。若影响大则悬挑长，若影响小则悬挑少，直到满足规定值为宜。验算基底净反力，若Pmax≤1.2fa，地基局部不作处理；若Pmax≥1.2fa，地基局部处理或调整基础底面积，局部处理加固后的地耐力应满足Pmax≤1.2fa的要求，不能太强，否则新建房屋会出现裂缝。

外墙外保温体系抗裂问题分析

杨生凤

随着我国建筑节能事业的深入开展，全国大部分大中城市开始推广采用外墙外保温建筑，一些相对成熟的保温体系如：EPS（XPS）板薄抹灰体系、聚苯颗粒保温砂浆体系等开始得到广泛应用。同时，由于我国区域气候的巨大差异及保温系统的复杂性，外墙外保温工程中出现了很多开裂、空鼓、剥落等工程质量问题，建筑的外观与外墙质量遭受破坏，严重影响了建筑的形象。

一、外墙外保温工程产生裂缝的具体原因

建筑外墙外保温工程在构造上是一个完整的体系，主体结构（墙体）由保温层、保护层、腻面层及底漆面漆层组成，共同形成一个多功能的复合墙体。这种复合墙体长期暴露于大气环境中，对体系的耐久性有很高的要求。因此当外墙外保温工程出现问题时，应该从体系的角度考虑原因：

1.外墙外保温体系中的保温层导热系数很低，而保温体系夏季时表面温度可高达70℃。来自体系表面的热量集中在保护层（抹面砂浆）以上。而保温层与保护层（抹面砂浆）的材质密度不同，弹性模量和线性膨胀系数相差很大，在季节、昼夜的温度应力作用下变形也不同。一段时间后就会出现不同程度的裂缝（如图一）。

2.保温板（薄抹灰外保温体系）在昼夜及季节变化发生热胀冷缩、湿胀干缩时也会在板缝处集中产生变形应力。保温体系通常采用纯点粘或筐点粘，体系存在贯通的空腔，正负风压对有空腔的保温隔热墙面进行挤或拉，易造成板缝处开裂。极端情况下负风压甚至会将保温板掀掉。（如图二）

3.在聚苯颗粒保温砂浆体系中，保温砂浆密度小、体积大，聚苯颗粒又比较软，在受外力影响或温差变化时很容易产生变形收缩或膨胀裂缝。

4.目前在外墙外保温体系中保护层（抹面砂浆）一般都采用聚合物干混砂浆，要求高一点的采用聚合物乳液砂浆。这些砂浆不会自裂，但由于成本限制抗裂效果还不够理想。

二、解决外墙外保温工程中裂缝问题的几种途径

1.使用具有抗裂性能、粘结强度高的保护层（抹面砂浆）。

2.目前在采用外墙外保温体系的建筑涂装工程中已普遍开始使用弹性漆饰面。弹性漆能在一定范围弥补较小的龟裂纹，但由于弹性漆的一般成膜厚度只有不到0.1毫米，只能遮盖而不能阻止龟裂纹的扩展。

3.经过对大量的已完工外墙外保温工程实践应用，以及对开裂、剥落问题工程的分析研究，并结合试验检测发现，在建筑外墙外保温体系中，仅依靠弹性漆弥补、遮盖裂纹并不能从根本上解决问题。如果采用以弹性抗裂腻子为主抵抗裂纹、弹性漆为辅弥补裂纹，则从体系配合角度发挥了弹性体系的功能最大化。

从目前建筑外墙涂装工程（包括外保温工程）的应用现状来看，市场上普遍使用的是不具备柔韧性（弹性）、没有防水抗裂功能的普通腻子。外墙用腻子市场中，干粉腻子占70～80%；膏状或双组分低标准（动态抗开裂性低于JG/T157-2004标准）腻子占10～20%；膏状或双组分达标腻子占10%左右。具体而言：

干粉腻子。价格便宜、施工运输方便。干粉腻子主要黏结材料为水泥，故对基层含水率、气候要求均较低，质量也比较稳定，不容易出问题。但因可分散性胶粉本身的局限性，使得干粉腻子的动态抗开裂性很难达到JG/T157-2004标准，抗裂效果很不理想。水泥含量较高的干粉腻子批刮后还需及时进行保养，否则强度也会很低。

膏状或双组分低标准腻子。价格、性能差别较大，有的无任何抗裂效果，有的有一定抗裂功能，但与标准要求还有差距。

膏状或双组分达标腻子。成本较高。根据动态抗开裂性指标的不同（0.1～0.3毫米或更高）及抗裂原理的不同，抗裂效果也有很大区别。

弹性膏状腻子。优点是施工方便、抗碱性好，同样乳液含量情况下动态抗开裂性指标较双组分腻子略高。其缺点是：①对基层含水率、气候条件要求高，透气性、附着力差，在潮湿地区或梅雨季节施工容易出现起泡现象；②在窗台、沿口等易渗水部位，长时间浸水后会出现粉化、剥落现象；③拉伸强度低，控制裂纹能力弱；随着时间推移，当弹性减弱时抗裂效果也明显减小。

双组分弹性抗裂腻子。透气性好、强度高，对气候要求较膏状腻子低，能避免弹性膏状腻子的缺陷。

根据保温工程饰面涂层的需求特点，上海岩艺涂装科技有限公司在多年的专业研发、生产外墙腻子的基础上，研制开发出了具有良好抗裂效果，能有效控制、弥补龟裂纹产生并提高弹性漆附着力的天补牌聚合物乳液类平涂系列抗裂腻子（双组分弹性抗裂腻子）。该类产品具有以下特点：

一是双重抗裂。高拉伸强度，由于抗裂纤维与特殊的互穿网络结构乳液共同作用形成抗拉强度很高的腻面层，抵抗基层变形应力，控制裂缝产生。弹性，当局部基层变形应力大于腻面层抗拉强度时，腻面的弹性可以起到弥补龟裂纹的作用。

二是双向粘结。岩艺公司引进国外先进的JISA6916-2000基材处理涂材技术性能标准中“表面有涂层时耐久性”技术指标，不仅要求腻面层与基层之间的粘结强度，还强调表面有涂层（涂料）时与腻面层之间的粘结强度，确保表面涂料层与腻面层的粘结强度>0.7兆帕。

两年多来，岩艺公司通过大量的工程实践应用，其天补聚合物乳液类平涂系列抗裂腻子的性能突出，特别是抗裂与粘结功能尤为明显。如在新疆某医院外科楼和综合楼的外墙装饰均采用外墙外保温涂料饰面，其中的外科楼和综合楼使用同样的聚苯板薄抹灰保温体系，同时使用同一厂家氟碳金属漆，由同一队伍施工。外科楼使用的是××牌腻子，于2004年10月完工交付使用，至今已经出现了大面积开裂、起皮、鼓包的现象（见图三）。相比之下，综合楼使用的是岩艺公司天补牌腻子，施工工序依次在保温砂浆抹面层上批刮两遍天补牌聚合物乳液高柔韧厚腻子（找平、抗裂），再批刮1～2遍金属专用光面腻子（装饰、辅助抗裂），氟碳金属漆面层（面层为非弹性，抗裂全部由腻子层完成）。迄今为止，综合楼完好如初，没有出现如外科楼开裂、起皮、鼓包的现象。天补牌腻子与保温层粘结牢靠、抗裂效果明显，适应新疆温差大、紫外线照射强的恶劣环境，性能十分可靠。工程选取材料的依据：

①新疆地区昼夜温差大、空气气候相对恶劣，是考验建筑外墙外保温工程的适宜场所。

②该工程既采用了外墙外保温工艺，同时又采用对基层找平抗裂要求比较高的氟碳金属漆做为饰面涂层。

③该工程在相同施工条件下（地点、工艺、人员），采用了两种弹性腻子产品。

诸如此类外保温系统面临的问题，很值得市场的关注。由于现在的外墙外保温工程受现有保温体系的技术局限，应用一段时间后，保护砂浆层会出现较明显的裂缝。要解决好裂缝问题，除了严格按照规定施工外，选用抗裂效果好、黏结强度高的保护砂浆，达到对装饰面层抗裂效果的有效控制非常关键，而且对装饰面层仅靠弹性漆覆盖细小裂纹是远远不够的。因此采用高拉伸强度、高黏结强度的高性能抗裂腻子与弹性漆结合，是目前外墙保温工程实现控制、弥补墙体裂纹的有效途径。

推广新墙材与建筑节能要注意的问题

周卫国

我国发展新型墙体材料已有几十年的历史，而推广建筑节能是以1980~1981年住宅通用设计的采暖能耗为基础，于1986年（JGJ26—86）首次确定30%的节能概念，至1995年新部标（JGJ26—95）将节能标准提高到50%%，随着《民用建筑节能管理规定》出台，国内建筑节能工作全面启动。经过近几年的发展，新型墙体材料与建筑节能的推广在实际的工作中还存在着一些问题。如：有些企业生产的新型墙体材料被限制使用和发展；有的新型墙体材料不能按照墙改政策享受各种优惠待遇；有的节能建筑竣工验收后不能或不能全部享受墙改专项基金的返还等等。究其原因，主要是政策衔接不够科学，与执行政策密切相关的新型墙体材料定义过时等。由于当时定义新型墙体材料的目的是为了制止烧砖取土破坏耕地，保护农田，鼓励利用各种工业废渣替代黏土制砖。因此，在新型墙体材料定义中，体现不出与建筑节能及新型建筑结构体系之间的工作联系，存在一定的局限性和狭隘性。所以，需要对相关政策和新型墙体材料的定义赋予完整的概念，以指导工作。

一、定义新墙材与建筑节能的原则及意义

最初定义新型墙体材料时，建筑节能工作尚处在一个概念性的试点、示范工程阶段。建筑物的墙体基本上都是由单一的墙体材料组成，品种少、规格单一，技术含量也不高。当时只要严格按照建筑设计标准设计采用和施工规程施工，都能基本满足建筑物的要求。随着国家建筑节能标准的全面实施，新型节能建筑结构体系层出不穷，成规模、上档次的新型节能墙体材料应运而生；建筑施工技术和施工机械、设备也在不断更新等等，这些变化在给新型墙体材料发展创造巨大生产和应用空间的同时，也对其科研、生产及应用提出了更高的标准和要求。因此，必须转变传统管理理念，顺应市场潮流，向着复合材料、复合结构、复合墙体、轻质高强、新型建筑结构体系的方向发展。凡是符合建造节能、利废、节约资源建筑物的墙体材料，都应列入“国家鼓励、支持发展”的墙体改革范围。否则，应将其列入另册，限制和禁止发展。如何在此框架下，使新定义的界定更规范、更科学、更合理且便于操作，特提出以下建议：

1.杜绝鱼龙混杂。目前，一些用新型墙体材料定义归类为新型墙体材料的不合格产品，冠以新型墙体材料的头衔，挤进新型墙体材料市场，享受着国家墙改和税收优惠政策。这里讲的不合格产品分为三类，一类是其产品既无国家标准、行业标准，也无地方标准，只能套用相近似的其它标准，缺少一些必要的检测数据和指标（如：工业废渣碳化砖等）；另一类虽有国标或行业生产标准，但却没有建筑设计标准及相关配套的施工规程（如：蒸压灰砂多孔砖、混凝土多孔砖等）；还有虽有生产标准，但是国家明文规定禁止使用的（如：蒸养灰砂砖等）。上述新型墙体材料根本不能被建筑物的围护结构内外墙体所采用，又何谈新型呢。

2.统一技术标准。新型墙体材料的相关标准衔接不尽科学合理。例如，有的产品依据国标或行业标准检测合格，但按照国家《砌体结构设计规范》要求，使用该产品砌筑的砌体却是不合格砌体。《建筑抗震设计规范》也对一些合格产品的使用制定了限制条件。还有一些利用工业废渣生产的产品，由于原材料及配合比有了较大的变动，只能套用与之相近的标准参照执行，但产品的内在性能和质量却与之有较大差异，这也是造成砌体不合格的原因之一。墙体综合判定指标应是制定新墙材标准的基础。

3.利于墙体改革。建筑节能标准已经执行多年，实践证明，仅靠单一材料实现50%%或65%%的节能目标是困难的，也是不经济的。因此，选用新型墙体材料时，必须要考虑墙体材料的综合性能，即在保证砌体耐久性、稳定性的前提下与何种材料搭配使用最合理、最经济、最安全。这就是前面所讲的复合墙体的概念，也是事关墙体改革成败的关键。只有能够组成合格墙体的墙体材料才能称为新型墙体材料。

4.鼓励技术创新。一些具有创意的新型节能建筑结构体系，在材料的应用上，已经超越了传统的墙体材料选用模式。它们基本上是采用多种建筑材料的组合体，若将墙体的材料分开看，哪一种材料都有不足之处，但经过科学合理的复合、搭配，使各种材料自身的优势汇集一体，墙体的综合使用功能满足了建筑物的要求。这些，应成为墙体改革的发展方向。

二、新型墙体材料的判定标准与分类

众所周知，由墙体材料组成的墙体，大致可分为砖砌体结构、块砌体结构、板砌体结构、剪力墙结构、框架结构、框剪结构等几大类。同类结构又分实心和空心墙体；承重和非承重墙体等等。不论哪一类墙体都应保证建筑物的安全性、耐久性及建筑物的物理性能要求，同时还要符合节能、利废、节约资源的原则。所以，首先应判定新型墙体材料必须是合格的墙体材料；其次还应判定新型墙体材料符合墙体的综合性能要求。只有通过合格墙体检验的材料才能被称为新型墙体材料，这个结果是国家制定鼓励发展政策的依据，应根据不同时期的经济、技术发展状况，选择相对成熟的墙体（建筑体系），列入国家鼓励、支持发展的目录，并附带一些限定条件，如对孔洞率和容重等指标的要求。凡是满足目录中墙体综合性能要求的合格墙体材料，都应判定为是国家鼓励、支持发展的新型墙体材料。

三、新型墙体材料定义的运用方法探讨

前面讲到对新型墙体材料定义的原则，最终应落实在“国家鼓励、支持建造节能、利废、节约资源的建筑物”上。宏观定义是指一栋建筑物的建筑结构体系，与其对应的是建筑物的墙体。具体讲是指建筑物主体的围护结构——内外墙体。墙体材料与建筑物和建筑结构体系本是一个整体，三者缺一不可。在国家鼓励、支持发展建筑结构体系或建筑物围护结构——内外墙体的总体框架下，各级政府结合本地经济发展状况和资源存量，筛选出适合当地发展的建筑结构体系，出台实施办法和配套优惠政策，完善各项行政和技术法规。管理部门的工作重点要放在建立市场、管理市场上，对符合目录中鼓励、支持发展的体系或墙体综合性能要求的墙体材料，要给以政策上的扶持和经济上的支持，为企业创建一个公平竞争的市场环境，支持、引导墙材企业按照市场经济法则搞好配套科研、生产，以满足市场需求。对列入限制发展目录的体系或墙体，不得享受各种优惠政策。列入禁止发展目录的体系或墙体，应当坚决禁止。对有禁不止者，当给以相应的处罚。

例如，按照现有的新型墙体材料定义标准，混凝土剪力墙结构、框架结构、框剪结构等建筑，都被列为新型墙体材料建筑，并享受免收墙改资金的优惠政策。但如果按照国家资源节约的新国策，就应将其列入限制发展目录，不得享受优惠政策。因为混凝土是由水泥、砂、石（石灰石）等主要原材料组成。作为胶凝材料的水泥在生产过程中，消耗了大量的不可再生资源石灰石和黏土以及大量的煤炭等高品质能源；在混凝土生产中，又加入了大量的石灰石块，二者所消耗石灰石资源的经济价值要远大于烧砖所用黏土资源的经济价值。再者，墙体、框架基本都是实心的，混凝土比重大、用量多，既浪费了原材料，又增加了建筑物的荷重，加大了基础处理和施工费用。可以看出，此种结构体系不是最经济的，如果采取对该类建筑结构进行技术改进，提高混凝土强度，增加墙体的孔洞率等措施，在实现混凝土减量化的目标后，就应列入国家鼓励、支持发展的墙体（建筑体系）目录。

因此，重新定义新型墙体材料的目的在于用科学的管理方法指导工作，用符合客观发展规律和市场经济法则的宏观调控手段，来引领墙材企业步入健康、持续地发展。在正确把握新型墙体材料和建筑节能标准的前提下并使之充分落到实处，推广新型墙体材料和建筑节能工作才能得以顺利开展 。

室内排水横管设置的综合技术

姚彦鹅

近年来，人们对住宅整体质量的要求，使得设计者和开发商们更加注重住宅的细部处理，久治不愈的渗漏通病使建造者们在卫浴空间多下工夫。卫生间排水横管设置在住宅内是住宅规范提出的要求。由于目前尚无排水横管埋置深浅度的具体规定，不溢水的横排水地漏难以得到相关技术的支持，规范要求也难以实现。本文作者总结自己多年的研究成果，设计出具有综合性技术要求以及排水横管埋置深度为130毫米的具体标准，具有排水通畅的功能，可使洗衣机或浴缸废水通过时不溢水。

卫生间排水的传统做法是将排水横管吊挂在天棚下面，用竖向支管分别与座便器、洗面器、地漏、浴缸等用水器具接通，这种做法存在的地面渗漏及安装检修不便等问题是众所周知的，所以住宅规范提出污水排水横管宜设于本层套内。由于目前的管材和部品安装要在本层套内，其埋置深度约为300毫米以上，又带来许多新问题，因此，目前的工程实践中还很少应用，规范中也只能用“宜”而不能用“必须”来加以规定。

实现规范要求，必须对卫生间的建筑、结构、排水管道等进行综合设计，特别是要设计出高度小、排水通畅、不溢水的横排水地漏。对此，经过几年思考、设计、制作样品、试验，最终研究出综合技术及其核心产品——水封内悬式横排水地漏，基本达到了刊登在给水排水杂志2001年第6期上的各位专家对地漏的功能要求，现将本综合技术的水内悬式

横排水地漏简单介绍如下：

一、排水横管本户内设置的综合技术

1、全部管材及部件，埋在135毫米（地漏处）至155毫米（门口处）厚的埋置层内，埋置层自上而下为：块材面层、水泥砂浆找平层、防水层、水泥砂浆找平层、轻混凝土填充层。

2、假定卫生间外地坪铺设厚度为30毫米，卫生间门内地面低于外地面10毫米、地面找坡为0.01，地漏高度为130毫米，则卫生间楼板标高降低应大于140毫米。

3、全部穿越防水层的管材和部件在防水层处均设有止水翼环，止水翼环与防水层粘牢。

4、下排水座便器处的地面高于排水横管管底约150毫米，座便器的位置应靠近排水主干管。

5、全部采用UPVC管材，承插口粘接，其中主干管和座便器排水管为D110毫米，其余管材为D50毫米，横管安装坡度为0.02－0.025，D50毫米管的中心不低于D110毫米管的中心。

6、本技术适应卫生间的任何布置方案。

7、本技术可用于住宅或宾馆的卫生间。

二、水封内悬式横排水地漏

本地漏由地漏盒和内芯组成，地漏盒设有水平进出水口，内芯由吊管、吊盒、篦子组成，吊盒内的存水与吊管形成水封，其主要技术指标如下：

1、几何尺寸：长／宽／高＝110／110／130（毫米）。

2、内悬水封深度50毫米。

3、地面与水封面的高差62毫米。

4、地漏各过水截面面积大于D50毫米管的内截面面积，各过水截面净宽大于12毫米。

5、浴缸排出的废水通过地漏时，不会使污水溢出地面，并可向地漏水封内补水。

6、拔起内蕊，地漏处用于管道疏通。

7、内芯与地漏盒之间的接触面平整光滑，在内芯重力作用下此接触面不会有臭气溢出，也可以在此接触面间加胶垫，用螺丝将内芯与地漏盒连接。

8、全部零件采用UPVC塑料制作。

作为浴缸（洗衣机）地漏，外形尺寸与前者相同，无地面排水功能，水封采用存水弯式。

试论住宅楼宇项目电气分包中的控制路径

舜杰

住宅楼宇质量是否优良，布局及其施工是否合理，配套是否齐全，居住是否舒适安全将直接影响住户的使用、评价和开发商、建筑商的利益。因此住宅楼宇作为特殊商品从设计、方案到施工、验收就更应引起总包方、项目管理部及分包方的注意。本文就总承包状态下项目部对住宅电气分包(不含装潢)的控制问题进行探讨，以供同行参考。

1.明确总承包体制下的项目管理职责

实施工程总承包管理，首先要理顺总承包管理机制。建筑公司是总包决策中心，公司职能部门是总包经营中心，项目部是生产管理中心，重点抓好分包单位管理。项目部在实际管理中必须以合同为依据，明确总包、分包的责、权、利，对分包实行统一指挥、协调、计划、管理、监督。

2.对分包的资质控制

在施工报建时，承包单位要提供符合项目施工资质条件的详细资料，如果是中标工程，同时必须与投标书承诺相一致，获批准的项目施工具体构成等。总包方应及时通知业主、监理等单位，以便共同监督实施。项目部应将分包企业的资质、营业执照及相关资料复印件存档。

对住宅楼宇电气施工而言，其基本要求是拥有专业建筑承包企业、建筑劳务承包企业资质及建筑智能化施工资质证书。同时需要考察其业绩、专业技术人员、机构设备能力。业绩必须符合欲建的工程对分包企业及负责人资质、工程师(技术负责人)资质的要求。

专业技术人员，主要从住宅电气施工设计、选材、安装、检测的的人员专业结构、资格等级、工程资历、人员数量等方面进行控制，其人员数量可按工程规模(如面积、层数、跨度、高度、长度或与设计等级标准相一致)进行配置。

机械设备装备能力，此项主要由设备数量、设备的先进性、综合配套能力等指标来控制；设备无论自有还是租赁，均一视同仁以促进设备租赁市场的发育。

3.工程项目的前期控制

要求分包企业编制先进、优化的施工组织设计及科学的项目施工计划是工程得以顺利开展的关键。特别是一些“高、大、难”工程，由于项目建设工期长、系统宠大、管理复杂，要建成优质的达标工程，就必须编制优化的项目施工组织设计，制定科学、详细，符合实际的工程施工计划，指导项目井然有序地去实现预定的工程目标。项目部和分包企业在计划执行过程中要加强信息反馈，及时对计划进行调整，各分包工程施工就能按计划“正点”运行，工程管理水平就能大大提高，就能达到策划的预期目标。

4.严格目标责任及目标管理的控制

依据总合同，按ISO9000标准文件资料管理程序要求，总包在建立各级质量责任制及岗位责任制，建立《工作标准》、《管理标准》、《技术标准》的基础上，确定总体施工组织设计、总体目标设计，再按照ISO9000标准要求，严格审批各分包企业的技术方案、质量设计方案，重点设备材料供应方案等。总包按照总体施工进度控制计划，指令项目管理部做好阶段性工期控制，各分包单位要按照总包的统一要求，制定相应的分包工程工期控制计划，由此构成整体的目标体系。当然，目标控制最终要通过合同形式来实现，以合同为纽带，逐级落实分项目目标，并对目标实施过程控制，努力实现“低成本、高质量、高效益”的管理目标。

5.风险的转化与控制

建筑施工是一个风险频发的领域，而商业保险是能够有效转移风险的市场化方式，但很多承包商“买不买保险无所谓”心态由来已久。这种心态是长期计划经济建设体制培养出来的——建设单位存有经验主义和侥幸心理，认为投保是浪费建设资金。这是不对的。在实践中，我们对分包企业的条件之一就是购买企业责任保险及人身和财产保险，以保险作为分散风险的手段。

同时，我们重视工程索赔管理。按合同条款规定，索赔事宜应在发生28天内提出，分包要及时提供索赔文件，总包要对索赔文件进行审批，确定之后，总包向业主呈报。总包要重视与业主之间的索赔与反索赔，也要重视总包与分包之间的反索赔与索赔工作。

6.分包工程的过程控制

有效运转是项目过程控制的核心。只有认真贯彻、执行质量保证体系和职业安全健康及环境管理体系，才能严格控制工程的安全、质量、环境管理有序进行，使工程建设过程处于受控状态。

项目经理要对该项目工期、成本、质量、安全、风险、合同、采购、人力资源等各个方面进行全方位的管理，把企业的质量方针贯穿于项目工程建设的全过程，精心管理，确保整个管理体系的有效运转。

(1)项目的成本管理应以成本核算为中心，加强项目成本预测、成本计划、成本动态控制、成本分析，应用价值工程原理科学地施工以降低成本，真正做到干前有预算，干中有核算，干后有决算。企业不能简单地以项目经理部创利水平来考核，而应以降低成本额度考核。对项目经理部的工作业绩，企业可通过实行项目经理年薪制及成本考核奖励等方式来实现。

(2)为安全生产负责任。如图纸自审、会审、主要原材料的检验、测(计)量仪器和仪表的年度报检(审)、开(停)工报告的报批、施工方案(作业指导书)的编制、网络进度计划的编制和实施、各种安全技术交底、工程质量验收等，哪一项工作都与项目管理工作有着千丝万屡的关系。

(3)施工方案与现场调度。根据施工现场的自然环境条件、材料机具劳力的供应情况，紧密结合工程实际，指导分包企业制定出最经济、最安全的施工方案，编制便于指导施工的施工组织设计(作业指导书)和合理的进度计划。在施工前进行详细的安全、技术交底，施工中应经常深入现场，了解和掌握现场施工中存在的问题，不断改进施工方案和生产工艺，提高施工的安全性。对于比较特殊的施工部位(工艺)，如大型电器设施安装与调试、隐蔽性布线施工、监控设施、门禁系统及采用新的施工工艺等，必须经过专业技术人员的计算、分析和论证，制定出详细可行的实施方案，并加强检查和验收力度，确保技术上可行，安全上有保障。

(4)组织专业性安全检查和不定期的特种检查。对易发生安全事故的特种设备、特殊场所和特殊施工工序，除安全管理部门的综合性检查外，项目部应组织有专业技术人员参加的专业性安全检查。检查前，应明确检查重点、检查手段和检查方法。如对电气焊、压力容器、易燃易爆场所、高空作业场所和专项安全技术措施等，必须进行全面检查和验收。发现问题要及时纠正处理，以确保安全生产。

电气工程建成后，严格按照工程验收规定和程序要求，组织竣工验收直至最终办理竣工备案；未经验收合格和办毕竣工备案的工程，不得办理移交也不得投入使用。

一个项目管理的优劣，直接关系到建筑企业的命运。建立以工程项目为出发点、中心和归宿的管理方式，是每位项目管理者必须关注的课题。

石灰精在混凝土中的应用

王品伦

随着科技和生产的发展，建设工程对混凝土质量提出更高的要求，要求混凝土向高强高性能方向发展。其中高性能混凝土外加剂是高强高性能混凝土技术发展的关键技术，而石灰精（砂浆活化剂）就是一类发展前景非常看好的材料。

石灰精用于混凝土建筑中，具有抗压强度高、收缩率比小，粉煤灰置换水泥量大等特点。施工过程中选用普通泵送剂与之配合掺入混凝土，更具有低水灰比，大坍落度，经时坍落度损失小等提高混凝土工作性的特点。如果选用高效泵送剂与之配合，能配制C60以上高强混凝土。

1.材料

主要有水泥、砂、石子、粉煤灰、矿碴粉、硅灰、SHJ-1A型石灰精和普通泵送剂等。

2.SHJ-1A型石灰精的作用机理

SHJ-1A型石灰精是由有机高分子材料和无机材料复合而成，具有良好的化学反应性和吸附性能以及激发活化无机材料等高力学性能的活化剂。SHJ-1A的大分子自由基与无机材料粒子一起被塑练时产生许多新生表面和电缺陷，这是引发接枝的活性中心。自由基的活性很大，能使无机材料产生活性链的引发和增长，激发其潜在活性。大分子自由基与无机粒子形成偶合键，获得接枝或形成交联网络，大大改善了配伍材料的亲和力和性能。

3.粉煤灰的作用

粉煤灰系无塑性的瘠性材料。虽具有大量的SIO2、AL2O3等活性物质，但为非活性相，没有引发剂或催化剂，几乎是不反应或反应很缓慢。“滚珠轴承”作用。粉煤灰比表面积大，表面能高，吸附水的能力小，在混凝土中等量或超量替代一定量的水泥。粉煤灰中大量的玻璃体微珠，降低了水泥颗粒间的磨擦力，混凝土的和易性明显改善，提高了流动度。

增强作用。在混凝土水化过程中，粉煤灰经SHJ-1A活化，玻璃体网络解聚，释放出具有活性的SIO2、AL2O

3，新生表面出现缺陷，产生大量断键，表面能大为增加。与水泥水化产物发生化学键合，生成具有一定强度的凝胶物质。在原有的网络结构基础上又新增网络，形成三维网络结构，提高了混凝土的物理力学性能和耐久性。

增密和抗渗作用。粉煤灰在混凝土中与Ca(OH)2进行二次反应生成凝胶，堵塞了孔道，使孔结构细化，孔的连通性下降。粉煤灰在反应中消化了Ca(OH)2，使原来形成有缺隙的、相互连通的孔道减少，混凝土孔隙率降至1%以下。因空间的限制，晶体无法成长，提高了混凝土的刚性和韧性。因此，SHJ-1A复掺粉煤灰、超细矿渣粉和硅灰，可配制高强混凝土。

减小收缩率比的作用。粉煤灰在SHJ-1A活化后，具有微膨胀作用，SHJ-1A使粉煤灰吸附水的能力降低，当胶凝材料为390kg/m3时，用水量仅150kg/m3。粉煤灰增密增强特性更为突出，混凝土的收缩率比28天仅为104%。因粉煤灰中的晶态，提高了水泥石中的晶胶比，降低了收缩值和徐变度。

4.应用

掺入SHJ-1A型石灰精和粉煤灰配制的混凝土，其3天抗压强度比为173%,说明粉煤灰早期强度的缺点被SHJ-1A活化后所克服；7天抗压强度比为157%，说明粉煤灰强度增长缓慢；28天抗压强度比为164%，说明粉煤灰在SHJ-1A活化下后期强度增长较大。基准混凝土水灰比0.52，SHJ-1A混凝土胶凝材料水胶比0.43，粉煤灰掺量在31%的状态下强度发展规律正常。

掺SHJ-1A用普通泵送剂配伍的混凝土与单掺减水剂的混凝土性能对比表明，混凝土的工作性和抗压强度有较大的提高，掺SHJ-1A和用普通泵送剂配伍的混凝土经时坍落度损失6厘米，而单掺减水剂的混凝土经时坍落度损失高达17厘米。7天抗压强度比对比说明，掺减水剂的混凝土有早强功能，但早期强度仍低于掺SHJ-1A的混凝土；28天抗压强度比更说明粉煤灰在SHJ-1A的活化作用下强度发展很好，而减水剂对粉煤灰不具有活化功能，因此强度比差68%。

掺不同外加剂的混凝土强度及收缩率比的对比。SHJ-1A、ASP和FDN等不同混凝土高效外加剂掺入的混凝土抗压强度比和收缩率比对比结果表明,掺SHJ-1A的混凝土掺量小，仅是ASP、FDN的40%，抗压强度高于掺ASP的混凝土和掺FDN的混凝土。尤其28天抗压强度，比ASP混凝土高36%，比FDN混凝土高41%；收缩率比分别比ASP混凝土和FDN混凝土低17%和低21%。说明掺SHJ-1A混凝土收缩和徐变小，具备配制高强混凝土的条件。

综上所述，在混凝土中粉煤灰能等量或超量替代水泥，减少10%左右的细骨料，增加混凝土的强度和可泵性，降低收缩值，减少50%徐变度，减少水化热，提高混凝土抗渗能力等形态效应、活性效应和微集料效应。但是，因为粉煤灰影响混凝土早期强度以及抗折，抗剪和粘结强度低的缺陷，但只要用SHJ-1A等高性能活化剂激发改性，就能发挥粉煤灰更大的作用。实践证明，在混凝土和砂浆中粉煤灰掺量可在水泥量的30%以上。

施工项目管理与成本控制

傅坚强 徐锦虎 凌金耀

施工项目管理与项目成本控制是相辅相成的，只有加强施工项目管理，才能控制项目成本；也只有达到项目成本控制的目的，加强施工项目管理才有意义。施工项目成本控制体现了施工项目管理的本质特征，施工项目成本控制是施工项目管理绩效评价的客观、公正的标尺。

一、施工项目管理的内容和特点

施工项目管理是为使项目在合同造价的范围内实现合同约定质量、工期等要求的全过程、全方位的规划、组织、控制与协调。项目管理的对象是项目。项目管理的目标就是项目的目标，项目的目标界定了项目管理的主要内容是“三控制二管理一协调”，即进度控制、质量控制、费用控制、合同管理、信息管理和组织协调。

施工项目的生产要素有劳动力、材料、机械设备、技术和资金，这些要素具有集合性、相关性、目的性和环境适应性，是一种相互结合的关系，这些说明项目是具有系统性的施工，施工项目管理具有系统管理的特点。

二、项目管理的施工系统

项目管理的施工系统包括技术、社会、经济三个分系统，三者密切相关、相互作用、相互影响。

(1)技术系统。技术系统是三个分系统的核心，项目管理的最终目的是向业主交付低成本、高质量的工程产品。只有采取先进的技术措施，才能做到低投入、高产出，并创造优质产品。

(2)社会系统。施工项目是由人来操作的，故必然产生人与人之间的联系，即为社会系统。

(3)经济系统。经济系统是项目管理施工系统的关键分系统，是“目标分系统”之一。

经济系统是与技术系统、社会系统相伴随而发生的。施工过程中的各个环节都要进行投入产出分析，搞好责任成本管理，对所有资源要素按时间节奏进行动态优化组合，保证以最低的投入获得最大的产出。也就是说，工程项目在施工生产过程中的每一环节都要进行项目成本控制，确保成本核算的准确性和一致性，才能真正做好项目成本控制。

三、项目成本控制

项目成本控制，指在项目成本的形成过程中，对生产经营所消耗的人力资源、物质资源和费用开支，进行指导、监督、调节和限制，及时纠正快要发生和已经发生的偏差，把各项生产费用控制在计划成本的范围之内，保证成本目标的实现。施工项目成本控制的目的，在于降低项目成本，提高经济效益。

(一)项目成本控制原则

施工项目成本控制原则是企业成本管理的基础和核心，施工项目经理部在对项目施工过程进行成本控制时，必须遵循以下基本原则：

1.成本最低化原则。在实行成本最低化原则时，应注意降低成本的可能性和合理的成本最低化。

2.全面成本控制原则。全面成本管理是全企业、全员和全过程的管理，亦称“三全”管理。应防止成本控制人人有责，人人不管。成本控制工作要随着项目施工进展的各个阶段连续进行，既不能疏漏，又不能时紧时松。

3.动态控制原则。施工项目是一次性的，成本控制应强调项目的中间控制，即动态控制。动态控制、实时控制是项目成本管理的实施关键。

4.目标管理原则。包括：目标的设定和分解，目标的责任到位和执行，检查目标的执行结果，评价目标和修正目标，形成目标管理的计划、实施、检查、处理循环，即PDCA循环。

5.责、权、利相结合的原则。

(二)项目成本控制措施

降低施工项目成本的途径，应该是既开源又节流，或者说增收又节支。只开源不节流，或者只节流不开源，都不可能达到降本的目的，至少是不会有理想的降本效果。控制项目成本的措施归纳起来有三大方面：组织措施、技术措施、经济措施。

1.组织措施。项目经理是项目成本管理的第一责任人，应及时掌握和分析盈亏状况，并迅速采取有效措施；工程技术部应在保证质量、按期完成任务的前提下，尽可能采用先进技术，以降低工程成本；经济部应注重加强合同预算管理，增创工程预算收入；财务部应随时分析项目的财务收支情况，合理调度资金；项目经理部的其他部门和班组都应精心组织，为增收节支尽责尽职。

2.技术措施。制订先进的、经济合理的施工方案，以达到缩短工期、提高质量、降低成本的目的；在施工过程中，努力寻求各种降低消耗、提高工效的新工艺、新技术、新材料等降低成本的技术措施；严把质量关，杜绝返工现象，缩短验收时间，节省费用开支。

3.经济措施

(1)人工费控制管理；

(2)材料费控制管理；

(3)机械费控制管理；

(4)间接费及其他直接费控制。

项目成本控制的组织措施、技术措施、经济措施，三者是融为一体、相互作用的。项目经理部是项目成本控制中心，要以投标报价为依据，制定项目成本控制目标，各部门和各班组通力合作，形成以市场投标报价为基础的施工方案、物资采购、劳动力配备经济优化的项目成本控制体系。

综上分析，施工项目管理与项目成本控制是相辅相成的，通过加强项目管理，进行项目成本控制，提高工程投资效益，才能达到最终提高企业综合经济效益的目的。

施工管理的质量控制

杨建荣 王建祥

世界著名的管理学家桑德姆教授说：“质量是打开世界市场的金钥匙。”推而广之，质量是建筑企业的生命线。谁赢得质量，谁就赢得市场，就赢得用户，就赢得社会效益和经济效益。

一、施工项目的质量是工程建设的核心

施工项目的质量是决定工程建设成败的关键。多年来，质量管理工作越来越为人们所重视，建筑企业的各级领导已经看到，提高工程质量是市场有效手段，是争取用户、占领市场和发展企业的根本保障。

施工项目的质量同时也是社会效益和经济效益的有力保障。当前我国建筑企业面临激烈的市场竞争，企业能否在市场竞争中立于不败之地，关键在于企业能否为用户提供质量高、工期短的建筑产品。如果工程质量差，不能满足投资者的要求，不但用户遭受经济损失，企业将面临失去用户、声誉尽毁的局面，更严重的还会因质量、安全等问题损害了国家利益。

二、施工项目质量控制应注意的问题

(一)明确自己的行业特点

由于建筑产品的使用功能，平面与空间的结合，结构与造型等的特殊性，以及建筑产品所用材料的物理学性能的特殊性，决定了建筑产品的特殊性。特殊性在于：无固定的生产工厂，流动性大；没有批量生产，多样性决定了单件性；生产周期长；露天作业、高空作业多；生产组织工序协调复杂等。与其他工业产品不同，建筑产品占据广阔的地面和空间，在选定的地面上生产，是不能移动的固定产品。建筑产品不但要满足使用功能的要求，而且还要体现出各地区民族风格，同时还受地区的自然条件等因素的限制，使建筑产品在规模、结构、形式、基础、装饰等诸方面发生变化，因而呈现出变化纷繁的多样性。所以，要根据本行业的特殊性，有的放矢地狠抓产品质量，提高产品质量。

(二)质量控制的具体方法

施工是形成工程项目实体的过程，也是形成最终产品质量的重要阶段，所以施工阶段的质量控制是工程质量的重中之重。质量控制应遵循以下几点原则：

(1)要清楚地认识影响施工质量的各种不利因素，并设法给予解决，尽量避免不利因素影响施工质量。

(2)坚持“质量第一、用户至上”的社会主义商品经营原则，建筑产品作为一种特殊的商品亦不能例外。建筑产品使用年限较长，是“百年大计”的事，直接关系到人民生命财产的安全。所以，工程在施工中应自始至终地把“质量第一、用户至上”作为质量控制的头等大事来抓。

(3)质量控制必须以人为核心，调动人的积极性、创造性，增强全体员工的责任感。对投入工程施工的各项作业人员，事前必须进行技术素质、思想素质和质量意识的考核，采取公平竞争、择优上岗的原则，避免人为失误。以人的工作质量，保证施工质量，促进工程质量的提高。

(4)“以预防为主”，就是要从对质量的事后检查转向对质量的事前控制、事中控制，对产品的检查转向对工作质量的检查，对工序质量的检查，对中间产品质量的检查。如我公司承建的上海浦东凌兆12号地块“玉兰苑小区”，在工期短、质量标准高的情况下，为了保证工程质量及按期完成，项目部成立了质量安全检查小组，由质、安、施工及各工种工长组成。对工程主要材料采购实行申报制。主材由业主、监理确定品牌、厂家，方可采购。对主材料进场实行检验制度，主材进工地必须由监理检验合格后，方可进入工地仓库。特别是水泥，更应严字当头。进入工地的水泥首先由监理检验合格后，方可进入工地仓库。水泥库内，应设置两块标牌，一块是待检测禁用，一块是化验合格可用，水泥仓库设专人负责制。在施工作业上，每完成一道工序后，由下道工序的工长会同检查组成员检查验收。验收合格后，方可施工。还特地指派人员负责砼的的配比和计量工作。 这样，由事后质量检查变为事先质量控制，在短期内收到了良好效果。

(5)贯彻科学、公正、守法的职业规范。在处理质量问题时，应尊重客观事实，尊重科学依据，正直、公正、不持偏见，遵纪守法，杜绝不正之风。既要坚持原则，秉公办事，又要以理服人，热忱帮助。

三、以严谨的科学态度，不断提高管理水平

当前我国建筑企业的技术素质和管理水平，由于缺乏系统的技术理论知识和高超的质量管理知识，对新技术、新工艺、新材料在施工中的应用更为匮乏，知识更新速度缓慢，跟不上国家经济建设迅速发展的步伐。建筑企业的各级技术人员要真正达到“懂技术、善经营、会管理”的要求，以严谨的科学态度，刻苦钻研业务技术，努力学习建筑企业的管理理论，不断提高思想素质和技术素质。只有这样，才能带领本企业的全体员工生产出优质廉价的建筑产品。

上海金茂大厦塔吊应用技术研究

顾冬生

本文介绍金茂大厦154EC－H10塔吊安装爬升新工艺即塔吊挑爬技术。主要包括挑爬架的构造及安装、挑爬架在塔吊爬升时的换位工艺流程及相关构件的受力分析。

金茂大厦位于上海浦东陆家嘴，主楼高420m，共88层，混凝土核心筒外围为钢结构。根据工程实际选择LIEBHERR154EC-H10塔式起重机为金茂大厦主楼混凝土核心筒施工塔吊机型。其主要参数为：主卷扬高度370m，臂长50m，最大起重量10t，自重60t。由于金茂大厦超常的施工高度和构造形式，154EC-H10塔吊无法按传统的塔吊安装爬升工艺进行安装和爬升。

一、方案分析

目前国内用于高层建筑施工的塔式起重机主要有外附

和内爬两种形式。无论是内爬还是外附都必须具备一定的条件。内爬必须有一对能承受塔吊全部载荷且间距适当的剪力墙或梁柱体系，而外附式除了需要坚固的外墙面及安装就位的空间外，还需配置大量塔身标准节和附墙装置。在研究金茂大厦主楼塔吊施工方案中，遇到了上述两种条件均难以具备的局面。为此，必须构思出超乎常规的第三种塔吊施工工艺。受家庭吊橱三角架形式的启发，一种全新的塔吊施工工艺——塔吊挑爬安装技术在施工方案论证时酝酿产生了。

二、挑爬架的构成

要使塔吊顺利进行挑爬提升，如内爬式使用搁置钢梁一样，必需制作3套挑爬架。每套挑爬架主要是由8根杆件及4只铰座组成。它们分别是主钢梁2根，副钢梁2根，水平拉杆2根，垂直拉杆2根，以及垂直拉杆铰座2只和水平拉杆铰座2只。 在实施中，主钢梁靠墙一端与墙面上铰座连接，悬挑端则通过垂直拉杆向上悬挂固定。侧面与水平拉杆相连。主钢梁是主要受力杆件，用厚16 mm锰钢板焊接成箱型梁。塔吊内爬导向框直接搁置在其上表面。副钢梁的功能是将两根主钢梁联接起来，形成一个矩形框。主副钢梁间以高强螺栓连接。水平拉杆是用以承受塔吊工作时扭矩和水平力而设置的，其功能类似于外附式中的附墙杆，用厚壁无缝管制作，其长度设计成可调试（螺纹调节）。垂直拉杆是连接主钢梁外端与墙面上部锚固点的承重受力杆件，用厚壁无缝管制作。将总长分成上下两段，上段和下段及下段和主钢梁之间均以法兰连接，总长调节可用调整法兰垫片来实现。每增减一片调整垫片可使总长增减20mm。采用法兰连接主要是出于垂直拉杆承受动载和抗冲击载荷等因素的考虑。

三、受力分析

与内爬工艺一样，塔吊在正常状态时由上下两道挑架固结支撑。在进行受力分析时，需建立整个支撑系统地力学模型。不管塔吊在何种状态，下挑架承受塔吊全部的垂直载荷和小部分水平载荷；而上挑架只承受水平载荷，且其所受的水平载荷远大于下挑架所承受的水平载荷。考虑到动态因素，我们在对支撑系统挑架杆件进行受力计算时应加入冲击系数和其他不利系数，以便使设计尽可能接近实际工况。

四、挑爬架的安装工艺及塔吊爬升技术

挑爬架的安装工艺包括安装主钢梁；安装副钢梁；安装导向方框，检查导向框的水平度；安装挑架的水平拉杆及垂直拉杆。

塔吊爬升工艺如下：

现确定塔吊每爬升一次的行程为12m，假定爬升前塔吊下挑架的标高为nm，则其上挑架的标高为(n＋12)m。

随着施工的升高，在(n＋24) m处新设一组挑架，并将原(n＋12)m处挑架外端用垂直拉杆向上拉结至(n＋24)m处墙面上的铰座。

根据塔吊的内爬式工艺流程，将塔吊爬升一个行程，然后作就位处理。

拆除nm标高处的下挑架，此时塔吊就位高度上升了一个行程12m，确保了施工的继续进行。

结语 ：LIEBHERR154EC-H10塔吊采用挑爬技术安装就位于金茂大厦混凝土核心筒体东立面墙体内。经过两年左右的施工实践，塔吊的挑爬技术已日趋成熟，操作也日趋熟练，爬升一次的时间从原来12小时缩短到4小时左右，为大厦主体结构按时顺利封顶提供了保障。

金茂大厦154EC-H10塔吊应用技术即塔吊挑爬技术是一项塔吊安装使用的全新工艺，它经受了金茂大厦施工实践的检验。应该注意的是，挑爬技术在应用时应遵循的原则是塔吊中心离墙面越近越好。即把塔身偏离墙面而对整个墙体产生的总弯矩减少到最小程度。使用挑爬技术时，必须对挑架所附着的墙体进行强度校合。

软土地区大面积直、斜桩施工技术

李佳雨

大面积直、斜桩施工技术是一种新型的地基处理方式，本文介绍了软土地区大面积直、斜桩施工工艺、施工测量以及技术质量要求。

一、施工工艺

1. 施工流程

沉桩施工按先中心桩后周边桩的施工原则，应先施打承台中心直桩，然后施打承台边桩(斜桩)，以减少挤土，确保边桩位置正确。

2. 施工场地处理

在施工场地一侧，由建设单位铺筑一条6米宽的维修施工便道，可供施工期间进行设备运输及预制构件的进场。

3. 桩的吊运

采用W-1001型15吨履带吊卸桩。管桩卸车采用两端钩吊法；方桩卸车采用预先设置吊点吊运。吊钩的水平夹角不宜小于60度，管桩吊运时，吊点位置应符合设计要求，允许偏差为±25厘米，吊运过程应保持平稳，不应发生碰撞。

4. 沉桩施工

1) 直桩施工技术措施

在正式沉桩前，对沉桩范围内地下不明障碍物进行探摸，探查方法采用打入钢筋法，探查发现有障碍物须予以清除。清除障碍物后的场地进行回填，回填须密实，回填粒径≤45毫米，回填后的场地必须满足桩机施工的要求。清除完毕后，重新测设样桩，经复核验收合格后，进行沉桩施工。

桩定位时，在沉桩桩机的正交方向(正面和侧面)分别架设一台经纬仪，控制沉桩垂直度，桩垂直不得大于0.5%，且保证桩锤、桩帽、桩身在同一轴线上。

采用硬木、纸板作为桩与桩锤之间的柔性垫层，施工过程中，经常检查并及时更换失效的柔性垫层。

严格控制第一节桩的沉桩质量，认真观测稳桩、压锤时的桩身变化情况，发现有偏移或倾斜时，立即分析原因，并采取措施予以纠正。

开始锤击时，使锤处于低冲程的空冷锤法锤击状态，桩尖入土3米后，在确认桩身贯入方向无异常时，方进行连续正常锤击。在正常沉桩过程中，要保持柴油锤正常跳动，不得随意调整柴油锤油门开关，并时刻观察桩的入土情况并作好沉桩原始记录。

2) 斜桩施工技术措施

斜桩施工时，桩机下必须铺垫厚钢板(30毫米)，桩机履带应完全处在承垫钢板上，以补充地耐力不足及保持桩机稳定；履带桩机前后液压支撑应支于承垫钢板上，防止桩机前后俯仰，减少沉桩时斜率变化。放桩位前，先按斜桩桩顶到地面的距离及斜桩方向，计算样桩提前量，然后再放桩位。

斜桩的斜率控制，桩架上设置导向架，并确保桩身与导向架始终处于平行的状态。斜桩施工中，下节桩最为关键，在桩尖入土3～4米之内，应加强斜率监控，若发生垂直度和斜率变化，应及时修正；斜桩接桩时，上、下节桩应在同一轴心线上。桩起吊和插桩时，桩机导杆恢复垂直状态，方能施工。

送桩器应具有足够的强度和刚度。送桩刚度宜尽量接近桩身刚度，且应考虑能尽量减小上拨时的阻力；送桩器应与管桩直径相适应，桩帽宜套入桩顶30～40厘米。

送桩时，送桩过程中，应确保桩锤、送桩器和桩身在同一中心轴线上。送桩后，很容易使桩平面位置产生偏差，尤其是送桩深度超深，桩的偏斜越大。故施工中必须保证“送桩杆”与桩身的纵向轴线保持一致。

送桩达到深度后，“送桩杆”不要急于拔出，可先将“送桩杆”拔松动后，待相邻桩入土深度超过拟送桩深度，再可将送桩杆拔出。

二、桩基施工测量

由于采用径向布墩，为便于使用，桩位验收所采用坐标系统为局部坐标系，即X方向为顺桥向，Y方向为横桥向，Z为铅垂方向，坐标原点为墩柱承台中心，根据上海城市坐标系统给定并经精确测定的设计坐标值，以此为基准控制各部位的误差。

1.测量方法

施工平面放样时，桩基施工时利用加密控制网进行工程桩样桩放样，首先在加密控制网的控制点处架设仪器，后视定向后，须对测站点和后视点进行方向检验或距离检验。具体放样时，采用坐标法，定出墩柱中心坐标，然后再细分各桩位的中心线。

2.复测方法

桩位放好后，再利用测绘院提供的控制网进行复测。

三、技术质量要求

(1)符合建筑桩基技术规范。

(2)预制桩强度达到设计强度100%。

(3)插桩前，对样桩进行复核，误差小于1厘米。

(4)以设计桩尖标高控制为主，基础桩必须进入持力层。沉桩过程中，要做好记录。按每1米为单位连续记录锤击数。距设计标高2～3米时，则按0.3米为单位记录。

(5)斜桩应控制在8.4：1～7：1范围内。

(6)PHC桩接桩，预制桩分节长度考虑相邻桩同一平面接头错开50%，且接头位置错开≮1米。

(7)电焊接桩焊接工艺符合下列要求：上下端板应除污、除锈，坡口处呈现金属光泽，方可施焊；焊条使用J42系列的电焊条；桩基工程位于地下水对钢材具有腐蚀性的区域，焊条使用J50系列的电焊条。并在焊接完毕后，涂刷防腐剂。

(8)应能满足焊透坡口根部的要求，将端板周围的焊缝接口焊满，其外观质量等级达到《钢结构工程施工及验收规范》中二级焊缝施焊质量。

(9)异常情况停打标准以下列要求为准：①贯入度剧变；②桩身突然发生倾斜、移位或有严重回弹；③地下水溢出或周围土隆起。

轻钢彩板建筑如何选择螺钉

顾纪清

轻钢彩板房，屋面、墙身使用的是自钻自攻螺钉。小小螺钉事关大局，1万平方米建筑面积须安装数万颗优质不锈钢螺钉，才能保证应有的抗拔力、安全性和使用年限。螺钉选择不当，采购失误，以次充好，会影响工程质量和使用寿命。

采购及使用螺钉中有不少误区，一是按母材选购螺钉。彩钢板是碳钢，选择碳钢螺钉，在酸雨侵蚀下，使用年限相差悬殊，彩板使用30年以上，碳钢螺钉只能用几年就生锈，腐蚀漏水；二是认为螺钉是易损件，坏了可以换。其实拧上螺钉定终身，坏了不能换，半截螺钉留在结构内，拔不出，留下空穴，成为漏水之源；三是认为墙身无所谓。墙身漏水，侵入酸雨，水膜干湿相间，成为腐蚀的“夹弄”，会危及钢结构主体；四是图眼前、不顾后果。轻钢彩板房漏水屡见不鲜，不少因螺钉不妥，彩钢板被大风掀掉；五是碳钢螺钉便宜省钱。碳钢螺钉初始投资是不锈钢螺钉的11%，但由于抗腐蚀性能差，维修费急剧上升。盲目求“省”，反而失大。

如何正确选择螺钉？设计是灵魂，从设计把关。尊重设计，按设计技术文件中阐述的使用年限选择螺钉，按设计蓝图规定的螺钉牌号及材质选择螺钉；螺钉的使用年限必须与彩钢板使用年限配套。要达到使用20～30年以上，必须选用“304”或“316”奥氏体不锈钢螺钉及特殊防水垫圈(不锈钢螺钉，每平方米约20～25元)。

建筑钢结构处于酸雨包围之中，压型彩钢板经过特种防腐处理，底层镀锌的一般可使用30年，底层镀铝的使用年限更长。据国外经验介绍，采用AISI304或316奥氏体不锈钢螺钉，可从根本上杜绝腐蚀的发生。我国在20世纪90年代引进了瑞士历史悠久的SFS紧固件系统的这种螺钉，已在国内某些钢结构建筑上使用。实践证明，要抵挡酸雨的侵蚀，必须采取奥氏体不锈钢螺钉。

建筑节能在工程中的应用

谢洪军 张加根

目前“节能、环保、舒适”型建筑越来越受到国家和老百姓的重视，建设部也发布了建筑节能“十五”计划纲要，但在上海地区实际应用还不多，较大规模、较大面积地同时使用多项节能措施更加少了，许多节能项目还处在试验阶段。特别是地源热泵空调系统，上海地区只有小别墅中开始试验使用，目前我公司在上海金山投资了一个新金山国际幼稚园，总建筑面积21000平方米，三层建筑，共十一个单体，委托德国本哈特温克教授建筑设计事务所进行方案设计，本项目设计理念先进，设计充分考虑了中国特有的生态环境条件、可持续发展以及无障碍理念，采用了德国技术的环保节能标准，建造时采用国际最先进环保节能措施及新型材料设备，并实际应用于该项目。如：地源热泵空调系统、外墙保温系统、无梁楼盖的应用、外遮阳系统、太阳能的应用、门窗断桥隔热的应用、雨水收集系统、低压照明节能系统、外墙装饰材料采用绿色材料等，目前该项目已正式运行。可以说本建筑是目前上海地区已建成的建筑项目中最全面、最集中地体现了节能、环保、舒适、可持续发展概念的实例之一。现就本项目所采用的环保节能技术作一下交流介绍：

一、地源热泵空调系统

地源热泵是一种利用地下浅层地热资源(也称地能，包括地下水、土壤或地表水等)的既可供热又可制冷的高效节能空调系统。地源热泵通过输入少量的高品位能源（如电能），实现低温热源向高温热源的转移，地能分别在冬季和夏季作为低温热源和高温热源：即在冬季，把地能中的热量“取”出来，提高温度后，供给室内的用户；在夏季，把室内的热量取出来，释放到地能中去。它的封闭环路部分由埋藏在地表以下的一长段塑料管道组成，该塑料管道埋在地下与土壤接触，因而热量在管道里的液体和土壤之间进行传递。环路中循环的水或防冻剂水溶液，在冬季热量传递给热泵，在夏季将热量传出热泵。地下换热器中循环的液体和热泵之间的热交换，发生在热泵的水-制冷剂换热器里。

热泵系统使用储存在地壳中的太阳能，能量每天都通过太阳辐射、降水、风等方式传递到或从地表传出，由于土壤的绝热性，它的温度要比外部空气温度更稳定些。由此地表30英寸以下的土壤温度接近于年平均大气温度。并且冬、夏季时，土壤温度达到最低和最高的时间要比土壤表面温度延迟4周，这是土壤的一个最大优点。正是由于这个优点，地源热泵在年大气温度波动较大的地区具有最大的优点。

本项目由于建筑密度比较低，有较大的草坪面积，上海地区地下水比较丰富，适合做地源热泵空调，设计采用了近300根EP埋地竖管，埋地深度为60米，间距4.5×4.5米，设计时根据建筑物的使用功能状况，把系统设计成多个独立的系统，方便使用时各系统能够独立运行。避免像中央空调集中制冷制热，不方便分成多个系统，某一区域需要使用空调时就要一起开，能量消耗大。地源热泵的优点是冷热源来自地下，不需要制冷机组和锅炉，机房只需很小的水泵房，热泵交换器很小，可安装在卫生间或走廊的吊顶内。可增加建筑物实际的使用面积，减少土建投入，同时地源热泵系统可独立设置运行，可根据需要单独开机，不会影响总体的使用和维护，最大的优点是地源取之不尽、用之不竭。虽然一次性投入比普通中央空调大一些，但运行成本比普通中央空调低很多，经测算，一个夏天的使用成本比普通中央空调降低30%左右。

二、外墙保温系统

外墙保温目前有两种做法：保温砂浆和保温板材。

本工程所有外墙选用了“挤塑型聚苯乙烯保温板”作为外墙保温材料。挤塑型聚苯乙烯保温板是经特殊工艺，连续挤压发泡成的新型高品质的保温板材，连续均质的表层及紧密的闭孔式蜂窝结构能够完全确保其优异的保温隔热性能，超强的高抗压性能和抗老化性及极好的抗水性能。与传统的建筑保温材料相比较，其性能的优越性更能体现，挤塑型聚苯乙烯保温板的导热系数为0.03W/(M.K)，抗压强度为大于250KPA，热阻值保留率10年大于80%，而“普通的聚苯板”的导热系数为大于0.041 W/(M.K)，抗压强度为小于50KPA，热阻值保留率10年大于60%。同时它易于应用，施工简单、施工工期短。本工程采用外墙保温系统后，夏天室内温度比没有外保温的建筑物低3-5度，节约能源的消耗，实现了宜人的室内温度，并有效改善了居住的舒适性，同时具有良好的防水、防潮、防晒、防风、防火等效果及外墙的抗老化。

三、无梁楼盖

本工程设计积极引进国外的先进设计理念，改变国内传统建筑结构设计一般为有梁建筑的观念，本工程全部建筑物设计采用了无梁楼盖结构，所有主要室内空间不做吊顶，只有走廊和设备部位采用吊顶用于布置设备。无梁楼盖结构有两大优点：第一，整个建筑物的层高可以比有梁的建筑要降低200-300毫米，同时无梁楼盖建筑施工工艺比较简单，模板损耗少，劳动人力投入少，还可缩短施工工期，并且不做吊顶后期装修也相应简单方便，可大大节约建造成本。第二，由于层高的降低，室内空间体积也相应减小，吊顶内的这部分空间为无用空间，但实际使用时它所吸收的能量却很大。当空调运行时，吊顶内的空间温度随房间温度上升下降，这时这部分空间所消耗的能量浪费就很严重，采用无梁楼盖的建筑物空间得到了合理的利用，空调的运行成本也相对比有吊顶的建筑物节约，同时我们经过测算，无梁楼盖同有梁楼盖的建造成本基本相同。

四、外遮阳系统

本工程设计根据南方地区的气候特征，在建筑物的东南方向设计了较大面积的采光通风窗，采光绝对良好，在西北方向设计了比较小的窗，以便在冬天能够获得更多的热量和夏天能够获得更多的凉风，同时冬天西北风对建筑物的影响减少到最小，保证自然状态下的冬暖夏凉，增加了使用的舒适性。为了解决夏天朝南方向大面积的窗对房间的阳光直射，本工程设计时采用国外的传统做法，朝南的窗全部采用了自动伸缩的遮阳雨蓬，夏天阻挡了炎热的太阳直射，保障室内的温度变化不大，台风季节可根据风力的大小自动伸缩。外窗帘和外遮阳系统在国外使用得很普通，具有良好的保温隔热效果，同时由于外窗帘和外遮阳可做成各种色彩，增加了外建筑物立面美观，我们国内可逐步应用。

五、太阳能的应用

太阳能是取之不尽、用之不竭的环保能源，上海地区阳光充足，非常适合太阳能的利用。本工程设计时充分利用了太阳能：第一，由于本学校为寄宿制学校，还有游泳池，热水的用量很大，为了降低运行成本，本工程在设计时就考虑了太阳能供热系统，不使用锅炉，每幢楼的屋面安装了大面积的太阳能集热管及热水箱，目前使用下来效果相当满意，如此大规模的使用太阳能热水供应，在上海地区还是比较少的，不仅可节约能源，减少运行成本，使用管理维护简单，同时不使用锅炉就消除了锅炉的安全隐患，这点对学校特别重要。第二，本工程由于室外场地面积比较大，需配置很多室外照明灯具，考虑到运行成本，本工程全部配置了太阳能灯，投入成本不比普通灯高，但运行成本比较省。

六、门窗断桥隔热的应用

门窗是建筑物保温隔热的最薄弱的地方，本工程在设计时为了配合外墙保温，保证建筑物整体的保温隔热效果，采用了中空断桥隔热门窗，一般中空门窗虽然玻璃是双层，但框是单层，达不到隔热的效果。断桥门窗是指门窗金属框料中间用塑料橡胶等阻热材料分隔，使得门窗金属框内外断桥，再加上玻璃中空保证了门窗的整体隔热保温。外墙保温加上门窗断桥隔热，这样的配合是目前国内最好外墙保温系统。

本项目充分利用了先进的节能环保措施，许多投资人认为，节能措施的应用将大大增加建筑成本，同时使用效果达不到要求，但我们通过本项目的实际应用，建筑物的整体节能效果相当好，经上海市建设工程质量检测中心评估，工程节能效果达到设计了的要求，德国专家对此评价很高。我们认为，只要根据本身建筑物的特性及所处环境的不同，从设计入手总体考虑，合理选择节能的措施(不要盲目追风乱选)，同时严格控制建造成本，造价比普通建筑微高一些，但相差不大。使用后的运行成本且大大降低，对投资人来说是有利可图的，对我们国家的可持续性发展将起到很大的作用。

广州地区民用建筑节能技术的研究与应用

冀兆良 梁栋 屈国伦

广州地处亚热带季风海洋性气候区，具有夏热冬暖的气候特点，夏热时间长（一般4月～10月），基本上不用采暖。改革开放以来，广州地区经济发展迅速，城市建设突飞猛进，现代住宅建筑、公共建筑、商业建筑的大量增加和空调器的普遍应用，使建筑能耗大大增加，目前建筑能耗已占商业能源总量的29%，建筑节能技术的研究与应用更显重要。

按照国家建设部建筑节能"九五"计划和2010年规划的要求，随着《节能法》的正式实施，广州市建委更加重视建筑节能技术的研究与应用。在前几年节能研究工作的基础上，于1999年将《广州地区民用建筑节能技术研究》列为重点支持的科研项目，由广州大学主持、广州设计院参加组成科研课题组，几年来课题研究取得一定成果，为广州地区民用建筑节能设计标准的编制做好技术准备工作。

广州地区民用建筑节能技术研究的主要内容为：广州地区民用建筑能耗现状的调查分析；广州地区空调能耗分析和标准年气象参数的构成；健康、舒适、节能的建筑室内环境参数研究；建筑围护结构传热系数的测试及节能分析；空调负荷的计算、分析及评价指标；空调冷源、空调系统、空调设备的节能技术研究；建筑节能措施。

随着全国建筑节能计划实施步伐的加快，广州地区的建筑节能也愈加受到政府主管部门及工程技术人员的重视，在积极开展技术研究工作的同时，建筑节能技术的实际应用也在推进。

（1）新型墙体材料推广应用，广州已禁止使用实心黏土砖、推广应用的新型墙体材料有陶粒砌块、烧结粉煤灰轻质砖、黏土空心砖、加气混凝土砌块、灰砂砖、石膏砌块、埃特板、泰柏板、石膏板，广东省颁布了地方标准《非承重混凝土砌块砌体工程技术规程》已施行。推广应用利于节能的塑料门窗、镀膜隔热玻璃窗，广东省要求2000年塑料门窗的应用比例不低于30%，同时屋面隔热砖的改进应用，"无土植被"屋面、绿化隔热等屋顶技术措施也在实用中受到重视。

（2）为举办全国九运会而新建的广州体育馆空调工程，冷水机组总装机量为15480kW，冷冻水系统的二级泵、三级泵采用了变频调速水泵，运行中可按实际需要的冷负荷变频调速，据计算这项节能技术的采用使该空调系统全年可节电42万千瓦时，与定流量系统相比，节电率32%。

（3）空调系统设计中采用节能技术。广州市设计院设计的羊城晚报大楼空调工程，在恒温恒湿空调系统中采用了冷却水作热媒对送风进行二次加热的节能技术，系统节能率约25%。

（4）节能型空调设备的开发研究备受重视。广州市建委支持市设计院研究中间冷媒式热回收组合式空调机的开发与应用，直接与工程应用联系起来进行节能技术开发，已取得阶段性成果。此外，围绕建筑节能的环保型地温空调系统、太阳能利用技术等方面，也均有进展。

（5）在宣传教育方面，广东省已将《建筑节能》列为注册建筑师的继续教育必修课，已办培训班5期；广州市将《建筑节能》列为建设系统工程技术人员的继续教育课程，已举办培训班3期。广州人建筑节能的观念、意识及技术知识在不断增强和提高。

根据全国建筑节能的形势发展及广州地区建筑节能的实际情况，我们认为推进广州地区建筑节能技术研究与应用还应采取以下对策：

（1）加强对建筑节能的监控管理，对新建和改建建筑的设计、施工、验收、使用，严格执行已颁布实施的节能技术及管理法规及规定，增加节能审查和评价。

（2）政府应做出规定，在建设工程的招标、投标、评标要求中，明确增加建筑节能内容。

（3）运用市场经济手段，通过能源价格调控，科学合理地促进建筑节能技术与节能管理的进步。对节能建筑设备的开发研制应给出切实有效的鼓励政策，并引导业主对现有能耗偏大的建筑进行节能技术改造。

（4）在构成标准年气象参数的基础上，研究编制民用建筑全年能耗计算分析实用程序软件。

（5）加快地方性建筑节能设计标准的编制工作。

家居装修中的隐患及质量控制

严明发

随着我国经济的发展和人民生活水平的提高，人们对居住环境及居住质量提出了更高的要求。根据建设部的调查，全国目前有85%左右的新搬住房居民对住宅重新内装修，本人结合多年从事家装的工作实践，谈谈家居装修中的隐患和质量控制。

一.家居装修中的安全隐患

1.破坏墙体的整体结构

住宅中的墙体主要承受住宅的水平与竖向荷载。然而一些居民为了满足审美、舒适等个人的需要，打掉部分墙体，在承重墙体上开凿较大的洞口，或在分隔墙体上悬挂较重的物体，导致墙体裂缝。

2.阳台隐患在悬挑阳台上安装封闭窗，把贮藏柜、煤气灶(罐)、水池等重物移到阳台上

为了解决排水问题，在阳台板上凿孔穿管。甚至在凿孔时，将阳台板内的钢筋凿断。凿板时的强烈振动使阳台表面的混凝土或水泥砂浆保护层开裂，程度严重的会导致阳台倾覆。

3.随意增加楼面荷载

目前，住宅装修中常用的铺地材料有瓷质或陶土铺地砖，塑料类铺地材料，拼花木质地板。后两种铺地材料对住宅楼板的安全使用影响不大，而前一种铺地材料要保证与楼面的牢固粘结，就必须对原面层进行处理。一般凿毛面层后铺设15毫米左右的水泥砂浆再铺地板砖，使楼地面厚度比原来增加了30毫米～40毫米。如果采用密实度更高的大理石、花岗石、铺地材料厚度还要增加。根据《建筑结构荷载规范》(GBJ9-87)规定：住宅楼面均布活荷载标准值为1.5kN/m2，而地砖、大理石和花岗石仅面层荷载就达0.2～0.7kN/m2，已达原荷载标准值的13%～46.7%，再

加上楼面废料不及时清运和铺地材料随意堆放，使施工期间的楼面荷载大大超过1.5kN/m2。如果楼下住户同时在楼板下加设吊顶或其它装饰物，楼板所承受的单位面积荷载将更大，所产生的隐患也是显而易见的。

4.消防隐患

住宅装修由于缺乏严格而统一的管理，装修设计及施工往往不按消防法规进行操作。装修材料大都选用未作防火处理的易燃物品，而家用电器的增加无形之中又增加了这一不安全因素。根据消防部门的资料，很多住宅火灾的起因是住宅电气设计、安装的电器线路配电装置不能适应住户生活用电急剧增长的要求，导致配电装置或家用电气超负荷而引起的火灾，特别是高层住宅或住户自己改造的用电线路，火灾隐患更为严重。

上述种种破坏性装修，有的已造成危害，有的则埋下了难以估量的潜在危险。同时，装修产生的噪声和振动以及尘土和建筑垃圾又给生活居住环境带来了严重的污染。如何消除装修中的安全隐患，提高家居装修质量？首先必须提高家庭装饰设计水平。

二、家庭装饰设计的质量控制

1.明确功能分区，协调总体设计

家居装修设计首先应按住户的要求进行房间的功能分区，譬如客厅、门厅、卧室、客房、厨房、卫生间、浴室、书房、工作室、儿童室、贮藏室及阳台等。然后，根据各房间的平面布置与土建专业技术人员配合，对原土建进行适宜的局部改造。其次，在家具装修设计中，要有总体、合理和完整的设计规划，从而保证装修效果、风格的协调统一。在总体设计基础上，做好周密的设计细部，包括地面、墙面、吊顶的作法及用材，壁柜或吊柜的具体尺寸分格处理，灯位、插座、开关的具体位置，门及门套、窗套、墙裙等等具体做法。这样既有利于控制各房间的比例尺度及总体控制各房间的空间视觉效果，同时又有利于下一步的施工组织和工程造价的控制。

2.房间饰面材料的选择与家具的协调配套

家居装修设计中最重要的一个环节是饰面材料及家具的选择配套。在家居装修中，客厅、门厅等起居空间的饰面材料及家具的选择应以典雅大方、宽敞舒适、明快和谐为原则，色彩上尽量和谐统一，不能强调过分的对比，材质上尽量采用耐磨、耐用的材料为饰面材料，吊顶的处理应简洁、明快，家具布置宜简洁实用；卧室、客房等休息空间色彩宜柔和淡雅，家具布置以温馨舒适为原则，饰面材料宜有一定温度感，吊顶同样宜朴素简洁，家具与房间装饰色调反差不应太大；厨房装饰材料则应选择耐擦洗、易清洁的材料；卫生间及浴室的装修应注重防水处理，地面应注意防滑；书房、工作室的风格及色彩宜体现宁静、优雅的书卷气息；儿童室宜选用有弹性、温度感好、易清洁的材料，设计上宜布置得活泼可爱，富有情趣。其他房间如贮藏室、阳台可以根据每个家庭的具体情况进行简单的装修。

三、家居装修施工质量控制

1.注重装饰材料的协调组合

装修施工中，建筑材料的组合主要有粗质材料的组合、细质材料的组合、异类材料的组合、同类材料的组合等。施工过程中具有许多技巧。

粗质材料的组合：粗质材料装饰在内墙上，会给人们一种粗犷豪放、刚毅的感觉，增强了人的自信心，同时给人回归大自然的感觉。在粗质材料的装饰施工中，不要太讲究统一和规则，以自然为主，力求创造一种自然的景色。

细质材料的组合：细质材料一般指人工合成的材料如涂料、油漆、墙纸、墙布等。对于这种材料的组合，一般是强调色彩的变化，从而丰富室内情趣，达到理想的装饰空间。

同类材料的组合：同类材料是指采用同一种材料，通过不同的排列、组合，产生不同的艺术效果，达到不同的目的。如木地面装饰，在木材的拼法上有许多形式，可以根据不同的房间，采取不同形式的铺法，达到不同的效果。

异类材料的组合：这种组合其特点就是用两种质地和机理完全不同的材料，通过精心构图组合而成，往往给人一种粗中有细、细中有粗的对比的感觉。一般用于儿童房，既可以强调天然材料的特性，又可以用人工材料加以点缀和弥补。

2.加强家居装修的行业管理

由于家庭装修具有面积小、工程量少、内容多、施工繁琐、利润低的特点，许多专业装饰公司无意进入家居装修市场。要提高家居装修施工质量，就必须加强家居装修行业的行政管理，建立相应专门的监督管理机构，健全有关行业法规，提高装修从业人员的技能素质，保证施工人员对门窗工程、电器管线工程、顶棚工程、墙地面工程等按有关操作规范施工，从而有效控制家居装修质量，把家居装修纳入良性循环、健康发展的轨道。

智能工程招投标工作内容与方法

李林

目前进行中的智能化系统工程招投标工作，还没有一个与之相适应可操作的模式和规范，因此造成中标单位并不能圆满完成招标单位在技术、系统产品选型、工程施工和维护管理等方面的要求。为了帮助业主（招标单位）能够正确的、科学的通过招投标的方式选择一个合格的系统工程承包商，本报刊发此文，提出智能化系统工程招投标步骤和方法的一些建议，希望能给业主（招标单位）一个参考或一个可借鉴的操作模式。

做好两个方面的前期工作智能化系统工程招投标的工作，是一个技术性很强，同时又具有技术与工程实施相结合的特点，因此必须结合上述特点来进行招投标的准备工作，应该首先进行以下两个方面的工作。

（1）招标文件的编制智能化系统工程招标文件的编制，可以由建筑设计院，专业顾问咨询公司等中性单位来编制。编制的重点应是“技术规范书”这一部分。编制者应该对所招标智能化系统的实际需求有足够的经验，并掌握各分系统相关技术的能力。在有条件的情况下，编制好的“技术规范书”可交由技术专家进行书面评议，并在提出修改建议后再定稿。

（2）投标资格的预审，选择合格的投标商预审的内容主要集中在工程资质、工程能力与经验、工程业绩、工程合作伙伴等方面以及投标商技术特点，强项和相对不足之处。通过预审工作可以选择4－5家相对合格的投标商进入正式的招投（议）标程序。

遵循两个“坚持”，抓住三个重要“环节”

（1）两个“坚持”是：坚持一切以数据说话，以量化数据为评审依据的方法；坚持采用以相关技术专家集体评审的方法。

（2）三个重要环节是：抓住以招标“技术规范书”为依据，细化分析各投标商“技术方案”；抓住以工程能力、工程经验、工程业绩、相关工程资质为基础；抓住评审（评分）方法和标准，使评标工作由定性决策为定量决策。

招投标具体实施的六个步骤（1）招标文件的编制和相关评审方法的确定根据智能建筑实际功能需求和相关技术的先进性和发展趋势，编制“技术规范书”；为了便于评审工作的数据化，编制招标文件中各子系统所需统计数据资料的表格（即技术参数与设备配置数据量化表）；制定和确认评审（或评分）的方法，评审（评分）内容，各子系统综合性能占分比例以及相关评审（评分）标准。

（3）阅标当业主收到投标商的投标文件后，招投标工作进入阅标阶段。在这阶段主要有以下内容：将各投标商有关“技术方案”复制后，交由业主的阅标单位和聘请的阅标专家进行以书面方式的技术评审。如果投标商在4－6家左右，阅标专家需花2个星期左右的时间进行阅标工作，并填妥由业主交给的“技术参数与设备配置量化表”；在业主技术人员和阅标专家阅标的基础上，需要分别就此产生的对各投示商在投标文件中的疑问，向投标商提出以书面方式的“技术或商务的疑问卷”，并限定投标商在一个确定的时限内（通常72小时以内）以书面方式返回针对上述疑问卷的答卷。这些答卷将作为中标单位签约合同的附件。

业主将返回的疑问答卷复制后，转发给各阅标单位和专家，通常以这种书面的疑问答卷方式进行工作，而整个阅标阶段需进行2－3次（视问题的多少而定）。

（4）专家评审在阅标工作基本结束的基础上，业主应组织评审专家组（评审专家组的组成，不一定由所有的阅标专家参加）进行一次与投标商直接面对面的关于智能化系统工程技术答疑评审会，给合投标商一次面答的机会。通常每一个投标商的面答时间不少于4个小时。作答的内容，主要包括：投标商简介，工程能力与业绩，重点是“技术方案”介绍。评审专家组根据阅标和面答过程中的问题提问，投标商除了对评审专家所提问题作简短的回答以外，还需做全部问题的书面回答（并要求在24小时内提供，以便最后一天评审专家组做书面评审意见时参考）。

（5）业主评议与工程能力考核在这个阶段应做好以下几个方面的工作：由业主技术小组提供招投标技术总结；有针对性的对中选和候选投标商进行工程实力的考核。考核的内容通常包括：一提供类似招标系统工程规模和工程内容的合同文件－提供类似招标系统工程规模的已竣工工程的验收文件；提供类似招标系统工程，并经建筑设计院认定盖章的施工深化图纸；提供投标商与合作伙伴全套的施工和专业资质；提供两个类似招标系统工程可供考察的单位（一个是所提供合同文件的单位，另一个是类似已完工并正常运行的单位）（5）商务与技术谈判通常进入这个阶段的投标商通常为两家，所需进行的工作内容为：由业主根据

招标文件确定商务合同条款，以及合同的附件“系统工程技术规范”和“系统工程验收规范”；进行商务与技术谈判；最终进行总承包商与分包商的选择。

（6）发出中标通知书在商务与技术谈判的基础上，由业主领导确认一家合格的工程总承包商，并与中标承包商共同确认一些关键系统的分包商，并在此基础上向中标的系统总承包商发出中标通知，接下来与中标单位确定并签定正式合同。按照和约的规定，智能化系统工程转入工程实施阶段。

浅谈绿化施工管理

宋云标 俞瑞刚 王寿山

近年来，随着人们对保护环境、改善环境觉悟的提高，城市建设进入生态环境建设阶段，绿化事业呈现出前所未有的蓬勃之势，广场绿地、景观大道、小游园、花园小区……层出不穷，然而繁荣背后，也暴露诸多问题。

一、当前绿化建设存在的主要问题

1. 由于绿化建设投资主体多元化，政府主管部门难以掌握，致使一些绿化工程，如住宅小区绿化，开发商从节约资金，降低成本考虑，请一些个体户，胡乱种上几棵树，铺点草。整个工程未经正规设计单位设计，景观效果差，品位低下。

2. 绿化施工队伍良莠不齐，难以充分体现工程的设计思想。绿化工程不同于建筑工程，其严谨性、技术性不是很强，致使许多素质不高的个体队伍纷纷涌入绿化施工行业，机械地照搬图纸。

3. 没有专门的绿化监理公司，绿化施工监理多由建筑工程施工监理兼任。只重视最后的景观效果，对土壤、基肥、树坑规格等不是很重视，致使一些树木生长不良，增加了后期维护管理的难度。

二、加强绿化施工管理的举措

绿化工程品位高低，质量的好坏，直接关系到一个城市的景观效果、城市形象和文化品位。因此加强绿化施工管理，规范绿化市场势在必行。

1. 实施绿化工程施工的报批手续

我们可以借鉴建筑行业的做法，任何单位进行绿化工程施工需向绿化主管部门申报，办理施工许可证。绿化主管部门主要审查其绿化工程的设计方案(设计图纸必须出自有绿化设计资质的设计单位)，从其绿地的景观性、生态性、功能性及其与周边环境的协调性全面考查。绿化主管部门批准后，方可按此施工。

2. 实施绿化施工市场的准入制

达到一定规模的绿化工程，必须实行招投标制，让具有一定绿化施工资质和绿化施工业绩的施工单位参加，实行优胜劣汰制，让那些施工质量差、信誉不好的施工单位退出绿化施工行业。即便是小规模的绿化工程的施工，也必须有绿化施工资质。

3. 实行绿化施工监理制

建立一支不仅有建筑、水电等工程师，而且必须有园林工程师组成的绿化施工监理公司，对绿化工程的投资、进度、质量实施控制。

⑴组织好设计交底和图纸会审工作

绿化施工过程是又一次创作过程，存在如何充分体现设计思想和设计理念的问题，因此，图纸交底异常重要，要求设计单位详细介绍设计意图，施工单位要深刻领会工程整体的设计思想，以便在施工中灵活运用。

⑵加强施工工序的质量管理

重视土壤的处理工作。土壤的好坏直接关系到植物今后的生长，要对其进行理化性质化验分析，从酸碱度、孔隙度、透水透气性以及持水性等进行分析、测试，再采取

相应的消毒、施基肥、客土等措施。

定点放线的处理。一般要求位置准确，标记明显，种植穴标明中心点位置，种植槽标明边线，但特殊情况又需灵活处理，适当调整株间距离。

种植穴、槽的挖掘。种植穴、槽的挖掘视苗木根系、土球直径、土壤情况来要求，尤其是土质较差的种植穴一定要挖深些，然后进行施基肥和客土，以创造有利于植物生长的小环境。

把好苗木质量关。对苗木的品种、株形、冠幅、高度、干径、土球大小、根系发育情况等严格把关，选择符合设计要求、生长健壮、无机械损伤、无病虫害的优良苗木。

浇定根水。栽植后24小时内，必须浇定根水，且要浇透。

固定支撑。5厘米以上的乔木应设支柱固定，固定物应整齐美观。

只有严格按施工工序操作，逐道工序交接检查，一环扣一环，才能保证施工质量。

4. 绿化工程先行建筑工程验收

为保证一些绿化作为建筑附属工程的绿化施工到位和绿化质量，绿化工程必须先行建筑主体工程验收。由绿化主管部门、施工单位和监理共同参与验收。

论现场管理的优化

谢锦豪 倪财富

现场管理是建筑施工企业生产经营活动的基础。同时，也是企业整体管理工作中最重要的组成部分。换言之，施工企业若想在日趋白热化的市场竞争中获得应得份额，就必须优化现场管理。

优化现场管理必须遵循三个基本原则：一是经济效益原则。施工现场管理一定要避免只抓进度和质量而不计成本和市场的生产观和进度观。项目部应力争少投入多产出，杜绝浪费和不合理开支。

二是科学合理原则。施工现场的各项工作都应当按照既科学又合理的原则办事，做到现场管理科学化。同时要做到操作方法和作业流程合理，现场资源利用有效，现场定置安全科学。

三是标准化、规范化原则。标准化、规范化是对施工现场的最基本管理要求。为了有效协调地进行施工生产活动，施工现场的诸要素都必须坚决服从一个统一的意志，克服主观随意性。只有这样，才能提高施工现场的工作效率和管理效益，建立起一个科学、规范的现场作业秩序。

优化施工现场管理的主要内容为：施工作业管理、物资流通管理、施工质量管理、现场整体管理的诊断、岗位责任制的职责落实等。通过对施工现场主要管理内容的优化，实现优化目标。以市场为导向，为用户提供最满意的建筑精品，全面完成各项生产任务；彻底消除施工生产中的浪费现象，科学合理地组织作业；优化人力资源，不断提高全员的思想素质和技术素质；加强定额管理，降低物耗及能耗，减少物料压库占用资金现象；优化现场协调作业，有效控制现场投入；均衡组织施工作业，实现标准化作业管理；加强基础工作，使施工现场始终处于正常有序的可控状态；文明施工，确保安全生产和文明作业。

现场管理的主要途径：

一、强化项目领导班子，健全项目管理体系，完善项目管理制度，是提高施工现场管理水平，争创优质工程的必要前提。

1. 现场项目部是实现创优目标的关键。项目部必须由懂管理、懂技术、责任心和创优意志强的人组成。

2. 制度是实现创优目标的保证。项目部要结合工程实际，建立一套行之有效的项目管理制度，完善激励机制，实行奖优罚劣。

3. 建立质量保证体系。实行有效的创优规划和编制严密的施工组织设计，对各种常见的工程质量通病制定相应的预防措施。根据施工阶段工程实体质量时间的形成过程，着重做好事前、事中、事后质量控制。

二、加强建筑材料及机械设备的控制，严格实行质量监测是争创优质工程的重要手段。

1. 建筑材料是工程施工的物质条件，是工程质量的基础。材料的采购和使用必须做好以下工作：掌握材料信息，优选供货厂家；合理组织材料供应，确保工程正常施工；合理组织材料使用，减少材料损失；加强材料运输、仓库保管工作，健全现场材料管理制度；加强材料检查验收，严把材料质量关等。

2. 施工机械设备是实现施工机械化的重要物质基础。在项目施工阶段必须综合考虑施工现场条件、建筑结构形式、机械设备性能、施工工艺和方法、施工组织与管理、建筑技术经济等各种因素，制定出合理的机械设备施工方案。

三、注重“样板”的质量控制，确定最佳的施工方法是工程创优的有效途径。

1. “样板”施工前，应向操作者进行质量、技术交底。其内容包括分部分项工程名称、部位、使用的材料、技术、质量标准、操作要领等，务必使操作者领会要求。

2. “样板”按交底要求施工完毕后，现场项目部应组织有关人员进行质量评定。若未达到预定目标，则应重做“样板”重新评定，直至符合要求。

3. 选定合格建材是确保“样板”质量的根本保证。“样板”选用的材料不仅要性能合格，而且要符合环保，同时还要注意规格、色泽、形体完整。

四、加强现场施工质量监控是工程创优的根本保证。

1. 项目部在招投标过程中就要参与项目有关工作，一旦中标，在施工前要熟悉和参与设计图纸会审，不仅要找出图纸设计的差错，还要查看是否有利施工。凡发现不符施工规范或与施工条件不利时，应及时与设计、建设等有关部门沟通，求得合理解决。

2. 搞好原材料、半成品及成品的质量监控，检查进场实物和质保书，看其型号、规格、性能是否符合设计要求，对易碎品、易潮、易变形、易污染的物品在运输、堆放、安装等环节，亦要进行监控，对进场材料还必须按规定进行物理和化学性能测试。

3. 分部分项工程是单位工程质量的基础，其优劣直接影响工程质量评定，质量监控中要把它作为主要环节来抓。在按图施工和使用合格的原材料、半成品、成品的前提下，分部分项的监控工作重点应放在按规范、规定施工，出现问题立即纠正。

4. 关键部位、薄弱环节也是质量监控的重点。要有专人负责，定期检查督促，发现质量问题及时加以处理和补救。

建筑装饰施工现场技术管理要点

张卫国

建筑装饰施工涉及的装饰材料品种繁杂，规格多样，施工工艺与处理方法各不相同。因此，其施工现场的技术管理有自身的特殊性，一名合格的工程技术人员既要懂施工技术，也要熟悉各种装饰材料及性能，还要具备美学知识，才能更好地理解设计意图，才能取得满意的施工效果。下面我结合自己8年来的装饰施工经验，谈一谈建筑装修装饰施工技术管理的体会。主要有以下几个方面。

一、参与合同的起草，熟悉合同条款。在施工过程中经常会遇见业主提出变更或现场与图纸不相符的情况，这时施工就需要作出相应的调整。这个调整既涉及图纸，也必须在合同中有所体现，因为它会导致工期与费用的变化。所以，整个施工过程都不能偏离施工合同，技术人员必须熟悉合同内容。

二、熟悉施工图纸，参与设计交底和图纸会审。装饰设计需要通过工程技术人员组织工人施工来实现，技术人员是把设计变为实现效果的桥梁，这就要求技术人员熟悉施工图纸。只有熟悉了设计图纸，掌握了设计意图和风格，才能编制出切实可行的施工组织设计，才能有效的组织工程的实施。

三、编制施工组织设计或施工方案。好的施工组织设计或施工方案，是有效控制施工质量、进度、成本的先决条件，因此对其科学合理和严密可行的要求很高，不同的环境、条件、技术含量和工期要求，以及不同的地区、季节等因素，都是编制施工组织设计或施工方案的依据。好的施工组织设计是工程招投标与施工准备的重要环节。

四、做好交底工作。在各分部分项工程开工前向施工班组和工人进行技术和安全交底工作，其目的是使操作人员明确各部位设计意图和施工技术及安全等要求，以保证工程严格按照设计图纸、施工组织设计、安全操作规程和施工验收规范等要求进行施工，避免了盲目作业。

五、做好隐蔽验收工作。当上道工序会被下道工序遮盖时，必须在做好自检的基础上，向监理工程师提出隐蔽验收要求，经其验收合格后即可进行下道工序，如防水层、防火涂料的涂刷等。这项工作必须严格执行。

六、及时向监理和业主申报技术洽商和经济洽商。在施工过程中，经常会遇见业主口头提出的变更或实际情况无法满足设计要求的现象，这时施工单位应及时写出技术洽商请监理和业主确认，以便安排施工。如果涉及到原报价书未包含的费用，还应提出经济洽商以增补此项费用。

七、负责编制主要材料的计划单并及时做好材料的报验工作。对于主要材料，应随着施工进度安排提前编制计划，特别是异型材料更需提前放样并交办材料部门抓紧定购，有些材料还需技术人员前往沟通确认，避免因材料出错或到货不及时影响进度。所有进场主材都应有合格证和相应的检测报告，并按规定向监理工程师报验，待批准同意使用后方可投入施工。

八、施工过程中工程质量的检查。由于装修装饰工程涉及范围广、类别杂、部位多、层次多，做法多样、形式多变，而且对整个工程能否评优起着关键作用，因而其质量要求很高。这就要求我们在施工中必须严把质量关，建立起专人自检、班组互检，下道工序检查上道工序，质检员复检，验收合格后进入下道工序的检验模式，做到及时发现问题，及时制定措施解决问题。

九、技术资料的收集与整理。技术资料是对工程可追溯性的保证，一旦出现问题，可根据资料进行追查分析，找出原因，明确责任方或责任人，使问题能够彻底解决。另一方面也是工程决算的实际依据，是项目经营中不可缺少的环节。因此需配备专人负责，做好技术管理措施资料和质量保证资料。

十、绘制竣工图。装修装饰工程的图纸一般都有个通病，即只注重表面的设计，而对内部构造做法表达的不够全面和详细，因此在实际施工中一般都根据常规做法和经验进行施工，另外在施工中还经常会有设计变更，这些情况在工程竣工后，都应全面真实地反映在竣工图纸上（特别是隐蔽工程），以利今后备查和便于维修，同时也是工程决算必不可少的重要依据。

十一、参与竣工决算的编制。一项装修装饰工程完工后，竣工决算的编制工作变得非常重要，它关系到工程的最终造价和项目的赢利水平。而现场技术人员熟悉施工情况，了解整个施工过程，他们必须和预算人员一起协作完成此项工作，只有这样才能更加全面翔实地编制竣工决算，避免漏项。十二、工程小结。每当完成一项装修装饰工程，我们都必须进行一次技术总结和交流，通过总结达到克服缺点，吸取经验教训，特别是新工艺、新技术和新材料。

建筑施工企业技术创新之我见

杜寿兴

技术创新是企业兴旺和长盛不衰的源泉，这一点越来越成为企业界的共识。近年来国内建筑施工企业纷纷建立了现代企业制度，如何增强企业的成长性，是企业经营管理者面临的最大课题。下面笔者结合自己的工作实践和学习体会谈谈一己之见。

建筑施工企业技术创新是以产业化为目的的。施工企业的产品就是服务项目，就是“加工”某类建筑物的服务能力，服务品种多少、服务质量高低、服务能力大小就是其竞争制胜的决定因素，资质门类和等级、质量认证都是对综合服务能力的认定，相当于工业企业的产品许可证。建筑企业技术创新的根本目的就是要提高服务能力，而不是仅仅着眼于建好某一个特定的建筑物。比如说攻克超高层房屋建筑技术就是意味着具备干这一类工程的服务能力，并不是说干好某一个特定的超高层建筑后这种能力就消失了，技术创新（即提高这种服务能力的工作）就中止了，相反应当在承建一个个有差异的同类工程的实践中得到加强。这也就是我们常讲的，业绩越多，技术创新的成果和施工经验就越多，施工能力就越强，就越能承揽到更多的同类工程，实现规模化“生产”即产业化的目的。

建筑企业同样存在技术创新与市场、与生产脱节的问题。孤立地看，建筑企业技术创新是先有市场后有创新，但如果把投标过程和施工过程贯穿起来看，还是先有新技术成果后应用于生产和开辟新市场，这一点和工业企业完全一样。因为投标时技术难题在招标文件中已经反映出来，企业提交的施工方案必须能够满足项目成功建成的需要，技术难题必须先解决好并得到评委的认可才能中标，这本身就是新技术、新工艺的开发过程和鉴定过程，中标后的施工过程就是把技术开发成果结合实际运用于生产，保证进度、安全、质量，实现利润的过程。

建筑企业也需要专门的研发机构。它的职能包括两个方面：第一是领导和组织在建项目技术攻关，提高常规作业的技术含量，改进现有的服务产品；第二是选择有商业价值和有发展潜力的技术开发项目进行研究，开发新的服务产品为承揽任务进行技术储备。一方面建筑企业技术创新的首要任务是满足在建项目施工需要，另一方面引进或开发具有国际水平或国内领先优势的技术成果，推出新的服务产品，形成超出对手的服务能力、有自主知识产权或独占性的核心技术，依靠技术上的跨越实现服务产品的升级换代，在一定时期内形成垄断或独占优势，创造出高额的利润。

增强技术创新能力是建立现代企业制度的重要任务。现代企业制度是能使企业自我发展的制度，而企业的自我发展首先就是指资产增值和技术创新，现代企业应当开发利用而且必须是在“以资产增值支持技术创新，以技术创新带来资产增值”的循环中不断壮大起来的。不具有技术创新能力的企业不是现代企业，不能切实保障技术创新的企业制度不是现代企业制度。另一方面，建立现代企业制度能够使企业成为有技术创新内在要求，有创新战略、有筹资能力、有自主开发能力、有强大技术创新能力的市场主体，实现从创新设想产生，直到创新决策、创新投入、技术开发、市场创新、提供服务、再次创新等一系列环节的一体化运作，真正解决技术创新主体缺位的问题，从而促进企业技术创新能力的提高。

增强技术创新能力是提高企业核心竞争力的重要基础。市场竞争的一般规律是，要想在竞争中取胜，就必须比对手有优势。要取得优势越来越依靠企业的核心竞争力，所谓核心竞争力是企业独具的，支撑企业较竞争对手具有持续竞争优势的核心能力。核心竞争力的特点，一是它是以企业独有的核心技术或产品为主要特征，也包括管理、营销、团队素质、企业文化、政治优势、操作工艺诀窍等方面的因素。二是它是对手在一定时期内难以模仿、破解或者模仿、破解起来成本太大的优势。三是核心竞争力一般都能带来市场优势，形成稳定的垄断或独占性的利润。四是核心竞争力也是不断发展的。谁停止创新，就意味着落后和死亡。

增强技术创新能力是实践“三个代表”的客观要求。从这个意义上讲，重视和支持技术创新，不仅仅关系到技术的进步，而且是关系到能否保持党的先进性，能否践行党的宗旨，能否代表最广大人民根本利益的根本问题，是国有大型企业党建与时俱进的新课题，是各级党组织的重要责任。

蓄冷罐施工技术研究

殷杰

蓄冷技术是目前建筑空调系统中较流行的节能技术，根据介质的不同，分为水蓄冷和冰蓄冷。蓄冷罐是水蓄冷技术中的关键设备，它将直接影响到蓄冷的效果。本文结合施工经验，简要阐述蓄冷罐的制作安装技术。

一、蓄冷罐技术参数

蓄冷罐的大小及容量，一般按照整个工程的需求量进行规划设计。现按照如下规格蓄冷罐的技术参数，对蓄冷罐的施工技术进行研究。

蓄冷罐为直径26米的钢制直立圆桶罐，高约24米。当蓄冷温度差为8℃时，蓄冷量29800RT/h，放冷速率为5000～6000RT/h。与普通储罐相比有以下特点：罐体的绝热要求高，在罐底板上敷40毫米厚非交联聚乙烯泡塑保温板，罐外敷100毫米厚聚乙烯泡塑保温板。结构相对复杂，蓄冷罐顶部和底部各有一套均流布水装置，罐内有一根垂直的主分水管和6根均布的环向立柱及两层环梁支架等。

二、施工工艺流程

其流程如下：

施工准备→板材制作加工→基础复测划线→底板组焊→顶圈壁板组焊→罐顶组焊→布水装置组焊→提升桅杆安装→顶圈板、罐顶整体提升→余下各圈壁板逐圈组焊提升→底圈壁板与底板边缘板组焊→底板中幅板与边缘板焊接→附件安装→罐底板密封性检查→布水装置剩余部分安装→充水沉降试验→罐防腐处理→罐体绝热。

三、施工技术要点及措施

1. 施工准备。包括施工技术、设施、材料、机具、量具、检验仪器及人员的准备。其中最重要的是，要针对蓄冷罐的施工图、技术条件和现场条件编制好施工方案。

2. 蓄冷罐的预制加工。重要的和批量的预制件均由加工厂预制。蓄冷罐的预制内容包括：罐底板、罐壁板、上下导流板、平板均流器、拱顶板和抗风圈等弧形构件的预制。预制时，必须严格按照规范预先绘制排板图，并严格按规范要求进行验收。

3. 罐底板组焊。施工时，应严格遵守组装与焊接顺序和方法。按照排板图，应首先铺设罐底中心板，中心板的中心线应与储罐基础中心线重合。从中间一带中幅板向两侧展开，依次铺完中幅板，边铺设边找正，边定位，最后铺设边缘板。中幅板为搭接焊，边缘板之间为对接焊。为保证焊接质量，罐底弓形边缘板的对节直焊缝采用埋弧自动焊接，焊接材料为H08A焊丝和HJ431焊剂，焊剂使用前，必须按规范要求进行烘干。为减少罐底凸起变形，罐底板的焊接应采取正确的焊接顺序。

4. 罐壁板组焊。组装前，先按预制质量标准进行复验，必要时重新找圆，但应防止锤痕。罐壁板环焊缝的焊接，应在上下节壁板的纵焊缝焊完后进行，罐壁板的纵向对接焊缝是保证罐壁板焊接质量的关键。

5. 罐内群桅杆提升倒装法及桅杆设置。当顶圈及罐顶组装焊接完成后，在罐内沿圆周均布安装24根桅杆，上挂神仙葫芦，分别与顶圈下部的胀圈设置吊点连接，同时同步提升约1.8米至2米。然后组装焊接下一圈，完成后再如上提升，依次逐圈提升罐体，直至全部圈板安装完成为止。

蓄冷罐单体重量约360吨，扣除底圈壁板、罐底板和下部均流布水装置的重量，最大吊装重量在300吨以内。经计算，拟采用24套门式桅杆同步提升吊装。考虑到不均衡系数，采用20吨神仙葫芦，可确保吊装安全。门式桅杆高度取3.2米，立杆采用Φ159×6，立杆间净距为500毫米。神仙葫芦必须选同一型号和规格。群桅杆应统一编号，同步起吊，均衡提升。罐中心竖立中心桅杆，供系缆风绳之用。群桅杆应在定圈壁板和拱形罐顶组装完成后竖立。

6. 顶圈以下各圈壁板组焊。顶圈下一圈壁板组装：在顶圈壁板外侧沿壁板组装线组装顶圈下一圈壁板、留出1～2道活口，用收紧装置使其贴于顶圈壁板上。提升顶圈至预定高度，调整壁板间隙、铅垂度，在活口两侧约1米的环缝处定位焊，再按实际尺寸划纵缝切割线，割除多余壁板，然后封口。组对焊缝，用间隙垫板控制上下两圈壁板间的环缝间隙，并定位焊。活口两侧环缝宜留出长约1米的焊缝暂不焊接，待活口纵缝焊接后再焊之。每圈壁板的活口应相互错开。环缝焊接后，检查各项尺寸偏差应符合GBJ128中的规定。按以上步骤，组装焊接一圈壁板提升一圈，直至组装完底圈壁板。

7. 罐体充水沉降试验。充水试验前，罐底板和罐壁板上的焊接工作全部完成，检验合格，并做好供水准备工作。充水水位高度应等于设计最高水位。试验时，应逐节、逐条焊缝进行检查，无异常和渗漏等为合格。罐内充水时，禁止锤击。试水中，如发现罐底漏水，应立即将水放掉，找出泄漏部位进行修理，放水管口应远离基础，以防地基基础浸水。试水中，罐壁的少量渗漏等现象修复后，可用煤油试验进行复查；对于大量渗漏及显著变形现象，修复后应重新进行充水试漏。在修复时，应将水位降至渗漏处300毫米以下。试水时，壁温不应低于5℃，每小时上升水位不宜超过400毫米，且应随水位的升高，速度逐渐减慢。

8. 防腐和绝热。必须在罐体充水试验合格后进行。施工前，应认真做好防腐面和绝热面的除锈和清洁工作。按施工图纸的要求进行防腐和绝热施工。罐内壁的厚浆型环氧树脂涂刷要达到规定厚度。保温板铺设要紧密、无缝隙，确保绝热效果。罐内壁涂刷防腐层和罐底板铺设绝热层时，要加强通风措施，有专人监护，以免中毒事故发生。

推进工程建设“绿色施工”的思考

肖绪文、王玉玲、谢刚奎、王青水

相对于“绿色建筑”，“绿色施工”更显重要

建筑是供给人类生产生活和活动的人造空间，是建筑企业按一定要求、一定规律，将各种材料进行化合和组合所形成的以一定形态存在的各种特殊功能空间。迄今在这种特殊产品的生产和运行中，建筑业耗用了人类从自然界中获取原材料的50%以上，消耗了全球可利用能源的50%左右，建筑施工污染比例占到了空气污染、光污染、电磁污染等各种污染总和的34%，并排出了相当于人类活动产出垃圾40%的建筑垃圾。可见，倡导建筑施工和运行中的绿色行为，对于控制资源消耗和环境污染是何等重要！

建筑在全生命周期的运行期内，是一种“存在状态”，由于其“运行周期”相对于“施工周期”很长，所以，建筑能否节能、节水、节地、节材和保护环境是重要的。建筑施工周期虽然相对较短，但其对自然形态的影响却往往是突发性的，对于资源和能源的消耗也是非常集中的。因此，在施工期内粉尘、噪声、污物的控制，资源和能源消耗的减少是至关重要的。所以，相对于“绿色建筑”，“绿色施工”更显得重要。

“绿色施工”促进“绿色建筑”形成

推进“绿色建筑”的目的是为人类提供舒适、健康、安全的居住、工作和活动空间，“绿色建筑”要求在建筑的全生命周期内（物料生产、建筑规划、设计、施工、运营维修及拆除过程中）实现高效率地利用能源和资源（土地、水、材料）和最低限度地影响环境。其含义有二：第一，从效果特征上看，绿色建筑对于使用者来说，应该是舒适、健康和安全的；第二，从运行特征上看，绿色建筑对于社会来说，应该是资源节约和环境友好的。这个定义体现了结果和过程的统一、目的和手段的一致，我们认为这是对绿色建筑的准确描述。“建筑施工”是建筑产品生产过程中的重要环节，是建筑企业组织按照设计文件的要求，使用一定的机具和物料，通过一定的工艺过程将图纸上的“建筑”进行物质实现的生产过程。“绿色施工”实质上是以保持生态环境和节约资源为目标，对工程项目施工采用的技术和管理方案进行优化，并严格实施，确保施工过程安全和高效、产品质量严格受控的方式方法；具体的说，就是在保证施工过程安全文明高效优质的条件下，做到“节能、节地、节水、节材和环境保护”。所以，“绿色施工”不再只是传统施工过程所要求的质量优良、安全保障、施工文明、CI形象等，也不再是被动的去适应传统施工技术的要求，而是要从生产的全过程出发，依据“四节一保”的理念，去统筹规划施工全过程，改革传统施工工艺，改进传统管理思路，在保证质量和安全的前提下，努力实现“施工过程中降耗、增效和环保效果的最大化”。

可见，“绿色建筑”与“绿色施工”虽然分别体现了建筑在运行和生产两个阶段的绿色要求，其目的都是为了达到资源的最高效利用和对环境的最有效保护，但“绿色建筑”强调的是建筑造型、用材的环保和节约原则，强调能源的高效利用，而“绿色施工”着重于施工过程的环保和节约的有效控制。

二者密切相关，各有侧重

——“绿色施工”可以促进“绿色建筑”形成，但“绿色施工”不一定能保证“绿色建筑”的形成，比如“绿色施工”能严格控制用材的绿色指标和设备的“四节”指标，然而，既定建筑空间和系统设计有违绿色原则的情况却不易自主改变。

——“绿色建筑”未必一定要“绿色施工”，但不“绿色施工”肯定会给“绿色建筑”造成缺陷，甚至会影响“绿色建筑”的形成。

——“绿色施工”水平愈高，对生态环境的影响愈小，相反“绿色施工”水平愈低，对生态环境的破坏就愈剧烈。相对于“绿色建筑”，“绿色施工”对大环境的影响更为突出，时间更为集中。

——“绿色建筑”与“绿色施工”是构成“绿色建筑”、“绿色物业”的关键所在，两者必须同时实施才能取得系统的良好绿色效果。

——施工完成后的经验总结、效果评价和改进意见不够深入，经验和教训内容不具体，操做性差。

总之，“绿色施工”必须基于非绿色因素分析，查找非绿色表现，认真探索内在原因，从建设体制角度、施工管理角度、工艺技术角度制定切实对策，使管理的各环节、工艺技术的各要素都能切实受控，“绿色施工”就能真正得到实现。

第五部分

地区发展概况

广州市建设委员会领导班子简介及工作分工情况

简文豪

男
1952年7月出生
汉族
广东广州人
1987年6月加入中国共产党
1968年12月参加工作
大专
华南理工大学工民建专业毕业
工程师
现任职务：中共广州市建设工委书记、广州市建设委员会主任
分工情况：主持市建设工委和市建委的全面工作，负责组织建设、干部人事工作。直管组织人事处，联系市建设系统各职能局、办、总公司。

李廷贵

男
1954年4月出生
汉族
河南南阳人
1974年2月加入中国共产党
1972年12月参加工作
硕士
华中科技大学工业工程专业毕业
现任职务：中共广州市建设工委副书记、市城管委办公室副主任
分工情况：负责城市管理、宣传教育、党建以及共青团、妇联工作，负责创卫工作。分管城市管理处、宣传教育处（机关党委），联系市城管综合执法支队和市城建党校。（注：李廷贵同志负责创卫工作期间，委托曹寒松同志代管宣传教育、党建以及共青团、妇联工作，联系市城建党校。）

林波

男
1953年11月出生
汉族
山东荣成人
1974年10月加入中国共产党
1970年12月参加工作
本科
中央党校函授学院政治专业毕业
现任职务：中共广州市建设工委委员、建设纪工委书记
分工情况：负责市建设纪工委工作，负责行政监察工作。分管纪检监察室。

陆原

男
1960年3月出生
汉族
江苏省常州人
2000年7月加入中国共产党
1982年1月参加工作
本科
同济大学道路桥梁专业毕业
高级工程师
现任职务：中共广州市建设工委委员、市建委副主任
分工情况：负责城市建设和维护项目的计划和前期工作，负责城建资金的筹措和管理工作，负责建设勘察设计管理和建设科技工作。分管计划资金处、科技设计处，联系市交通整治办、市建设投资公司、市建设科技委办、市坑道管理所和市墙革与节能办。（注：市建委总工程师到任后，陆原同志现负责的建设勘察设计管理和建设科技工作移交总工程师负责，分管的科技设计处移交总工程师分管，联系的市建设科技委办和市墙革与节能办移交总工程师联系。）

雷凤英

女
1954年7月出生
汉族
广东清远人
1976年12月加入中国共产党
1972年8月参加工作
本科
中山大学经济地理专业毕业
现任职务：中共广州市建设工委委员、市建委副主任
分工情况：负责机关行政、房地产开发、村镇建设、经济合作、离退休干部管理和工会工作，负责旧城改造和城中村改造工作。分管办公室、房地产开发处（村镇建设处）、经济合作处、离退休干部管理处，联系市建筑行业劳保办和市散装水泥办。

向恩明

男
1966年6月出生
土家族
湖南桑植人
1991年7月加入中国共产党

1987年7月参加工作
硕士
南京农业大学国土资源管理专业毕业
高级工程师
现任职务：广州市建设委员会副主任
分工情况：负责建筑业管理工作，负责新电视塔项目、珠江新城核心区项目和珠江新城高层（东、西塔）的协调督办工作。分管建筑业管理处和新电视塔指挥部，联系市建设工程招标办、广州建设工程交易中心、市建设工程安监站、市建设工程质监站、市建设工程造价站、市建筑业联合会和市珠江新城核心区建设办。（注：市建委总工程师到任后，向恩明同志现负责的珠江新城核心区项目和珠江新城高层（东、西塔）的协调督办工作，联系的珠江新城核心区建设办移交总工程师负责。）

陶镇广

男
1963年10月出生
汉族
广东新兴人
1990年7月加入中国共产党
1986年4月参加工作
研究生
省社科院政治经济专业毕业
现任职务：广州市建设工委委员 广州市建委副主任
分工情况：负责城市建设和维护项目的协调督办工作，负责水系（务）和景观工程的协调督办工作，负责铁路、电力、机场建设工程和重点工程等重大项目的协调督办工作，负责中山三、四路复建房项目的协调督办工作，负责市建委"三防"工作。分管工程督办处、水系办和市景观整治办。联系市道路扩建办。

李敏霞

女
1964年2月出生
汉族
河南原阳人
2000年12月加入中国共产党
1983年8月参加工作
博士后
哈建大结构专业毕业
现任职务：广州市建委总工程师
分工情况：协助向恩明副主任分管建设工程安全生产管理工作。

曹寒松

1948年7月出生
汉族
湖南永兴人
1969年4月加入中国共产党
1968年2月参加工作
大专
市委党校
现任职务：广州市建设委员会副巡视员
分工情况：负责政策法规工作。分管政策法规处。

戴理富

男
1957年8月出生
汉族
广东遂溪人
1977年6月加入中国共产党
1974年12月参加工作
研究生
中央党校
现任职务：广州市建设委员会副巡视员
分工情况：负责综合调研和信息化建设工作。分管综合调研处，联系市城建信息中心。

委领导联系信箱:gzcc@gzcc.gov.cn
委领导联系电话：83124902

广州市建委各处室联系人一览表

序号	处室	联系人	联系电话
1	办公室	罗宪权	83124810
2	人事处	时光	83124924
3	宣教处	陈玲辉	83124873
4	督办处	许锦英	83124957
5	建管处	梁卫英	83124837
6	科技处	邓达廉	83124867
7	经合处	陈金辉	83124842
8	法规处	赵勇	83124853
9	计划处	袁鹏	83124849
10	开发处	唐学斌	83124946
11	监察室	张钢	83124975
12	综合处	林宇京	83124920
13	城管处	曾莉	83124983
14	老干处	易凤珍	83124878

【广州市建设成就便览】

广州地铁三四号线全线开通

2006年12月30日下午2时，广州地铁三号线、四号线(新造——黄阁)全线开通。这两条新线的开通，将使广州市的轨道交通线路突破100公里大关，达到116公里；这两条新线的开通，对广州甚至对中国轨道交通行业，都具有十分重要的意义。

三号线 大站快线贯通南北

三号线全线长36.33公里，相当于一二号线的总和，被地铁建设者们称为“地下长城”。四号线二期长27.1公里，因为是广州首条高架地铁线路，也被称为广州地铁的“空中飞龙”。

据介绍，三号线是广州市轨道交通南北向主干线，是全国首条大站快线制式线路。线路全长36.33公里，全线共设车站18座，列车最高运行时速达120公里。其中，主线广州东站——番禺广场，全长28.78公里，设13座车站；支线全长7.55公里，设5座车站。

据了解，三号线是国内第一条采用“Y”字形运行的地铁线路，主线和支线呈“Y”字形走向，同时为两个方向的客流提供服务。另外，三号线率先设置区间隧道纵向疏散平台，方便乘客在紧急情况下从事故隧道疏散到相邻安全隧道或前方车站。

四号线 七过珠江高空彩虹

据悉，四号线是全世界首个采用中大运量直线电机运载系统的地铁线路，也是广州轨道交通线网中第一条高架线路。据了解，四号线线路需七次穿越珠江，多次过断裂带，一般的列车根本无法达到要求。为此，广州地铁大胆采用了在国外已是成熟产品、但在国内尚属空白的直线电机系统，成功解决了诸多客观困难。

四号线于2003年8月1日正式动工建设，大学城专线2005年12月26日开通试运营。据有关人士介绍，四号线在建设中没有任何经验可循，只能靠自己摸索。在面对土建工程难题的同时，征地拆迁问题也像一只巨大的拦路虎挡在建设者面前。其中多数工点都存在拆迁滞后问题，有的工点因征地拆迁问题解决不了，一拖就是一年多，最典型的是四号线南段黄阁段的一个标，今年8月份才拆迁进场，12月底就要建成开通，仅用4个月的时间又要架桥又要铺轨，又要建车站，但建设者们硬是在短时间内漂亮地完成了这个“不可能的任务”。

合纵连横衍生新商圈

“地铁一通，黄金万两”。今天，广州地铁进入新纪元！三号、四号线全面贯通，地下轨道交通首次南拓至番禺，北伸至新塘。地铁商圈再度扩容，给城郊、城中心的商家们带来无限商机，地铁的客流与品牌效应带动站点周围原有商业的发展，吸引新的商业进驻，传统商业与地铁商圈的整合，牵引着广州商业发展的新格局……

一号线 为第一商圈立功

1999年6月，地铁一号线开通。因沿途站点主要集中在荔湾、越秀等老城区，途径区域是广州市传统商业区，基础设施完善，人口密集，商业氛围鼎旺，不仅带旺中华广场、流行前线，而且与被称为“中国第一商圈”天河商圈的崛起，有着密不可分的关系。零售业内人士表示，地铁一号线开通那年，天河城营业额提高了20%，对催旺中华广场也立下汗马功劳。“天河城花了2～3年的时间才进入全面盈利，而中华广场只花了2年时间就达到预期效果，地铁绝对是‘功臣’。”中华百货总经理黄文杰曾向媒体坦言。

二号线 羊城六商圈牵手

2003年6月28日，广州地铁二号线开通，轨道交通延伸到白云、海珠两区，所经区域大部分属于非商业区。但是，在地铁二号线带动下，广州商圈范围逐步扩大：原有的天河城、农林下路、北京路、上下九路、中华广场、江南西路六大商业圈全部被地铁联结。二号线的开通不仅是一号线运行范围的突破，更是广州商业视野的延伸。例如：位于广州火车站的天马时装批发中心，自从二号线接通该中心的消息公布后，其商铺租价大幅提升，紧靠地铁口的商铺租金比以往上涨了40%。

业内人士分析，尽管目前新商业旺点尚未形成，但二号线必定会把江南西商圈带成海珠区的北京路、天河城。

三号线 带活新商贸神话

全线开通的地铁三号线穿越广州城市新中轴珠江新城、南广州中心番禺区，同样为沿线商用物业带来滚滚商机。地铁带动番禺房地产业的兴旺，拉升周边商铺市场的发展，地铁沿线的商铺价哥高，但前景、潜力更大。售价是殊让投资商转移资金到投资风险较低的番禺区地铁商铺，而地铁的便捷为商铺带来意想不到的升值潜力。如：地铁三号线番禺市桥站的易发商业街，曾是国内外闻名的音响批发市场，地铁规划至此后，番禺政府计划将其打造为番禺商业旗舰，通过建设易发商业街，促使番禺市桥商圈全面升级，成为继北京路、上下九路、天河商圈之后的广州“第四大商圈”。

四号线 大学城商圈崛起

地铁四号线、大学城专线的开通，无疑是象牙塔变商业旺地的“助推器”。大学城内的商业项目以城内40万学生及20万教职员工、现有居民等为基础消费群，以10～20分钟车程范围内，琶洲为代表的海珠东南部商务精英群体、华南板块和洛溪板块高尚社区80万高薪白领为主力消费群，加上大学城独有的每年340万人次的高素质旅游消费人口，大学城商圈很可能是未来广州第二个天河商圈。

人流效应 地铁聚人气财富滚滚来

走完北京路，再逛天河城；淘完老鼠街，再到大卖场……广州地铁一号、二号线开通后，人们的逛街不再受到时空的限制，时间大大缩短。1999年6月，广州首“地铁一号线”开通，紧接着(前年6月28日，二号线开通试运营，6年时间一、二号线累计运送乘客约5.5亿人次，年均增幅达21%。而地铁沿线商铺2001年商贸收入为1200万元，2002年就增加500万元，且以每年20%至30%的幅度增长。

天河城、中华广场人流量膨胀，与地铁息息相关。天河城70%的客流量来自珠三角地区的消费者，而大多数乘坐的交通工具就是地铁。现在，地铁一号线车站商铺出租率达100%，药品、皮具、报刊、点心、冲印、洗衣、银行等连锁经营遍布16个站点；地铁二号线沿途站点内已进驻便利店、洗衣店等。

人潮带来的财富，让广州地铁公司蠢蠢欲动，“大物业”的概念已经进入公司发展议程：广州地铁在新线中不断铺设便利店、洗衣店、冲印店、地铁文化驿站等连锁商业网络，还在公园前站的人民广场开发占地1万平方米的四层地下主题商场“动漫新城”；在二号线与三号线交汇的客村站，开发大型地下商业步行街；在黄沙站，计划与香港财团共同开发占地3.2万平方米的地下商厦。

偏远地产凭线而贵

地铁三四号线的开通，被认为是广州完善此前缺省的东部轨道网络，首次形成市区的环状轨道网络。更多的换乘机会，也打通了广州房地产前行的血脉，不少区位偏远的地块和房产“凭线而贵”，除了直接受益最大的番禺板块楼盘一手房外，二手房也趁机大涨。不过，有专家表示，地铁物业房价一般能高出10%～15%，超出这个幅度就是其他因素的影响掺杂；而且地铁物业的价值仍因站而异，投资者要谨慎。

中山大学教授袁奇峰认为，此前一二号线的开通，是线路跟随人流；三四号线则是引导人流，是城市结构线。新线开通，整个广州城的换乘机会变多，时间距离概念更明显。这些对无法在市中心置业的市民来说，都是利好。

南部一手楼“凭线而贵”

从房地产来讲，直接受益最大的就是番禺板块楼盘。但业界人士都认为，该板块楼盘一早就大打“地铁招牌”，在开通前期已经将利好透支了。“开通只是将开出的支票兑现了”，袁奇峰评价。但是地铁开通这张“支票”，在该板块的成熟仍有不可否认的利好。戴德梁行市场研究部经理黎庆文指出，三四号线把地铁站点深入到了南沙，就将有助于南沙房地产的发展。

今年12月12日在广州房地产交易中心，广州城建集团等“大鳄”为去年流拍的南沙地块争得火热。最终，该次卖地地价翻番，这些都透露开发商对南部房地产的乐观，他们认为“今时不同往日，马上就通地铁了”。在南沙已建成项目的奥园集团也表示，目前楼盘卖得很好。

二手房市伺机大热涨价

“月底开通的地铁在小区门口就有站，到天河不到10分钟”。近期在广州二手市场，中介纷纷借着三四号线开通之机大揽生意；而此前看准地铁利好买定物业等升值的投资客，也纷纷出手抛盘大赚一笔。尽管部分楼盘受周边环境及供应量大等影响，升值并不明显，但也没有贬值趋势，一些商品房与当年一手价位持平。

番禺板块的二手房显出强劲增势。据番禺国土房管局数据，11月份该区二手房成交套数增加284套，涨幅为27%；二手房均价为3021元/平方米，涨幅为26%。据满堂红地产数据，3号线新开通的厦滘站附近的丽江花园，成交的二手房一套几乎都涨了七八万。赚钱最多的一套面积近200平方米，上次购买时间为2004年；两年间再卖，赚了32万元。番禺板块二手旺市也波及到了广州大道南，有投资客2003年在翠馨华亭以23万元购进小户型，最近以35万元转手卖出。

据透露，不少投资客早前都在地铁沿线以低价购进物业，坐等升值。特别是原本交通条件不好，但是通了地铁后与天河等城中心时间大大缩小的区域。比如，三号线开通后，赤岗塔以及客村到天河北的时间不过10分钟，天河公园在繁忙时间要半个小时左右才到天河北。但开通前，赤岗塔及客村的楼价仅有天河公园的3/4，升值空间巨大为投资客所爱。这一升值板块的信步闲庭，由当时入市的均价4300元/平方米升至目前的5500元/平方米；珠江帝景苑则由6000元/平方米升值到8200元/平方米。而根据经验，芳村等地开通地铁后虽然二手房买卖不是特别旺，但二手房租赁却大热。

黄金辐射圈500米以内

据介绍，一般地铁对房地产的辐射效应分为三个圈层：核心圈层，地铁出入口之地面，通常称为地铁上盖物业，以商业保值、增值可能最大；紧密圈层，周边两个街区之内，以商业、写字楼及城市公寓收益最大；辐射圈层，视站点位置而论，愈是郊区范围愈广。

合富辉煌房地产首席分析师黎文江认为，步行500米可到地铁站的物业，升值趋势最明显；如果超过了500米步行距离可能开始需要公车换乘，所以其影响强度会慢慢减弱。他强调，消费者对交通费用有一定的敏感度。因为会依赖公共交通上下班的购房者，多数月收入不是很高，如果每个月500–600元的地铁通勤费就会受不了。如果开通地铁后，上下班新增交通费用不超过4元/天，就会很吸引购房者；如果新增费用超过了4元/天后，楼房价差要更多，购房者才能够忍受。另外，在理想状况下，离地铁站越近，房地产价格越高，呈现出正态分布的特征。因此，车站附近的房地产的价值高于位于区间的房地产，即对于投资者而言，最有价值的不是一条地铁线的本身，关键是出入口。

专家建议 地铁物业升值有周期

黎庆文认为，要注重地铁对房地产拉动的周期。比如此前1号线的芳村站点，未开通前使该区域的楼市热了一轮，而真正开通后却房价大跌。据介绍，该区域的房价在1997年1号线首段开通前上升至6000元/平方米，但在地铁开通后不仅不再上升，反而到1999年回落至4000元/平方米，到2001年更跌至3000元/平方米。

以广州地铁为研究范本、全国首本系统研究轨道交通引导城市开发的专著《轨道交通时代的城市开发》也指出，一般来说，城市中心区，由于其商业氛围已经形成，其增值的周期很短；而新开发区，增值周期则较长。而地铁站地区范围内的房地产，与所在区域其他类似房地产相比，前者比后者的价格要高出10%～15%。那些高于这个幅度的增值，应该是将其他因素的影响也掺杂进来了。

该书指出，地铁对房地产产生的增值可视为开通前预期心理的增值和事后实质效益两部分的合计。由于预期心理的增值容易受市场等因素感染，所以，地铁开通前是开发商炒作房地产价值的最佳时期。但在此时入市的个人投资者，往往容易被套牢。所以对投资者而言，要警惕在前期过多透支地铁对房价的影响。但由于地铁概念的带动作用，对开发商加快销售速度是有很大影响的。

另外，“临近地铁”对一般公寓会成为一种升值的优势存在；但高尚社区如果临近地铁，可能还会造成一定的负面影响。所以，在实际判断某一地房地产的价值增长时，要综合多种因素判断，切勿仅着眼于有无地铁。

城市“南拓” 轨道为骨

市民“钟摆式”往返广番,质问：“没有地铁,广州交通怎么办?”

随着地铁三、四号线全线开通，广州地铁总长度将达116公里，比北京地铁总里程长2公里，仅次于上海，位居全国第二。地铁三、四号线全线开通，紧跟其来的又是广州的“禁摩”。作为将来居民主要交通出行方式之一的地铁，将发挥越来越大的作用。三、四号线开通前的调试停运，已经让不少对地铁有了依赖的市民感到不习惯，“实在不敢想象现在如果没有地铁出行广州交通是个什么样子。”

三号线将打破南北格局

当前番禺交通的主要问题是几十万新移民安家番禺，工作在广州，每天呈“钟摆式”交通往返广州番禺。这些人是城市的建设者，有相当部分年轻人还是这座城市现在或未来的精英，解决他们的出行需求是最为迫切的任务。地铁三号线的建设，将彻底改变广州南北客运交通的格局，并最终形成以三号线为核心、常规公交为辅助的南北交通新格局。

构筑快捷城市交通网络

根据战略规划，广州市未来的发展将以南拓为主要内容。随着交通新格局的形成，不但可以使市民的交通成本降低，减少出行时间，还可以最大限度地满足人们通过地铁路网方便地来往于工作与居所，方便地到达众多的购物商场、酒楼，方便地前往休闲、运动、娱乐场所，使生活方式向“接近大自然、靠近市中心”转变。理想的城市交通格局是以公共交通为主体，轨道交通为骨干，小公交、出租车为补充，共同构筑起快捷方便的城市交通网络。

接驳专线实现“门到站”

“禁摩”之后，地铁和城市公交将是居民的主要交通出行方式，为方便市民出行，实现公交与地铁有效衔接，市交委日前推出应对方案，年底与地铁三号线同期开通7条公交地铁接驳专线。这些公交地铁接驳专线将番禺洛溪、大石、南村、钟村等地区各主要楼盘及周边村镇与最近的地铁站连成一体，弥补地铁线路覆盖范围的不足，且公交地铁接驳专线实现了“门到站”服务，使得小区居民可以实现由小区门口至地铁站的快速出行，满足市民换乘地铁需求。

四号线为亚运交通作准备

广州地铁有关专家曾表示，2010年广州亚运会的亚运村选址已正式确定在广州新城。为配合该项重大决策的实施，向居住在亚运村的运动员提供便利的交通服务，四号线的建设迫切性已十分明显。广州新城启动区近期将建设2万～3万人规模的大型亚运综合体育场馆，目前处于市政、土建建设阶段。地铁四号线建设可以加快广州市支柱产业带的形成，支持经济结构的调整，促进城市新的经济增长点的发展。

部分站点设大型停车场

地铁三、四号线沿线小区居民众多，记者从近日的采访中了解到，年底地铁三、四号线全线开通之后，有不少市民打算骑自行车或者开车换乘地铁。番禺祈福新村小区业主杨先生表示，由于三号线年底开通的站点距离祈福新村较远，公交地铁接驳9号专线虽然可以兜到祈福，但仍然不是非常方便，因此打算自己开车到汉溪长隆站换乘。

对此，广州地铁总公司总经理卢光霖近日接受记者专访时表示，目前广州地铁已经在汉溪长隆、大石、厦　站三个站在进行试点，规划修建公交站、自行车保管站和停车场。其中，汉溪长隆站公交接驳点已经建好，30日可与地铁新线同期投入使用，总占地面积超过4000平方米，仅公交车停放场地就有2100平方米。随着广州“禁摩”，自行车将越来越多，地铁五、六号线也全方位铺开，在城市周边将建立大型停车场。

4个字来概括“空中飞龙”

三号线全线长36.33公里，相当于一二号线的总和，被地铁建设者们称为是“地下长城”；四号线二期长27.1公里，因为是广州首条有高架的地铁线路，也被称为广州地铁的“空中飞龙”。这两条线不仅在技术设计上与其他线路不同，在建设过程中，也有明显的特点，用4个字来概括就是：新、快、难、险。

新：首条按“Y”运行的地铁

三号线是全国首条大站快线制式线路。在设计思路和理念上，根据三号线沿线规划发展的特点，提出采用大站距快车，提高旅行速度、减少旅行时间的设计思路。三号线沿线以组团式规划发展，地铁主要解决组团与组团之间以及组团与城市中心区的客流运送，因此，采用大站距快速线的设计思路，全线平均站间距为2.3km，列车最高运行速度为120km/h，旅行速度为57.5km/h，比常规地铁高45%左右，快速效果明显。在运营概念上，三号线是国内第一条采用“Y”字形运行的地铁线路，同时，为适应不同时期的客流规模，提高服务水平，三号线率先提出采用小编组、高密度的运营方式。三号线主线和支线呈“Y”字形走向，主线行车交路和支线行车交路采用“Y”字形运行，同时为两个方向的客流提供服务。同时，为适应不同时期的客流规模，减少行车间隔、提高服务水平，列车初期采用3辆编组，最小行车间隔为120秒；近、远期采用3、6辆编组，即平峰时段采用3辆编组，高峰时段采用6辆编组，最小行车间隔为105秒，这样既提高了服务水平，又提高了列车的满载率，日均列车满载率可达40~50%，降低了运营成本。在安全疏散方面，三号线在国内地铁率先设置区间隧道纵向疏散平台。方便乘客在紧急情况下从事故隧道疏散到相邻安全隧道或前方车站，确保乘客安全。三号线在全国首个采用基于无线传输的线路，使列车在高速运行中的安全性更高。

四号线是全世界首个采用中大运量直线电机运载系统的线路，也是广州广州市轨道交通线网中第一条有高架线的线路。四号线线路所经之处，需7次穿越珠江，多次过断裂带，特殊的要求使得一般的列车根本无法达到要求。在设计理念上，广州地铁不断创新，大胆采用在国外已是成熟产品、但在国内尚属空白的直线电机系统，成功解决了四号线面临的诸多客观困难，开创了国内轨道交通采用直线电机运载系统的先河。该系统爬坡能力强，特别适用于在老城区为避开拆迁及多次穿越珠江而造成的大坡度、小转弯半径的地域条件，使选线更具灵活性，有利于线路由地下至地面、高架的过渡，并具有节能、低噪的优点。同时，四号线也是世界上首条中大运量的直线电机机车运载系统，在国际城轨交通界具有里程碑意义。此外，四号线信号系统除了拥有三号线移动闭塞特有的优点外，车地通信系统还在国内第一次采用无线传输技术，具有信息传输速率高、可靠性及安全性高，轨旁设备少，安装简单、线路维护方便等优点。四号线首次采用三轨接触轨1500V供电，使以往列车运行中需拖着的“长辫子”（接触网）移到了轨道的侧面，避免了列车上部网线对城市景观的影响，同时也使供电距离更远，系统更稳定，抵抗台风等自然灾害能力更强，使用寿命可长达50年。

快：建设速度是一号线两倍

三号线是广州市轨道交通南北向主干线，线路全长36.33km，全线共设车站18座，其中主线广州东站～番禺广场，全长28.78公里，设13座车站；支线全长7.55公里，设5座车站。三号线2001年12月26日正式动工建设，至2006年12月30日全线建成开通，仅用了5年时间（一号线18.4公里，用了6年时间建成），建设速度是一号线的两倍。

四号线2003年8月1日正式动工建设，大学城专线2005年12月26日开通试运营。四号线二期段线路全长27.1公里，设8座车站（其中两座预留车站），2005年1月18日动工，仅用了不到两年的时间建成。

难：让外国专家都瞠目结舌

三号线全线长36.3公里，长度是一二号线的总和，建设中所穿越的地质情况之恶劣也是已一、二号线不可比拟的。三号线有8个区间约24公里采用盾构法施工，占全线总长度的三分之二。但这8个盾构区间中，就有沥大、天华、市番三个盾构区间因地质条件极为复杂，施工遇到重重困难而成了“卡咽喉工程”。尤其是支线的天河客运站–华师区间，盾构机碰到世界罕见的上软下硬，且有“地下石林”的孤石群地层。这些让有几十年地铁建设经验的外国专家都瞠目结舌的难题，让广州地铁的建设者吃尽了苦头。

此外，三号线的盾构还需7过断裂带（瘦狗岭断裂、广三断裂、礼村断裂、里仁洞断裂和市桥断裂带），4次从珠江底下穿过；线路南北两头均需穿越繁华城区，建筑物及地下管线密集；更具有挑战性的是线路还要穿过既有的地铁一号线体育西路站、广州东站，二号线客村站并与之换乘，还丝毫不能影响运营中线路的安全。

为了克服一连串的困难，广州地铁建设者大胆地采用了一系列新技术、新工艺攻克这些工程难点。例如三号线70%的区间隧道采用盾构机掘进，全线共使用15台盾构机，是国内地铁建设史上盾构隧道最长的一条线路；采用4000余次微振爆破等工艺通过广州东站铁路枢纽，无一损坏，无一投诉；采用先矿山法暗挖后盾构拼管片通过的工法克服超硬岩地段；盾构机首次在地下调头掘进等等。

四号线是广州轨道交通中首条有高架的线路，建设中没有任何经验可循，只能靠自己摸索。四号线线路所经之处，需7次穿越珠江，多次过断裂带。在面对土建工程难题的同时，四号线的征地拆迁问题也像一只巨大的拦路虎挡在建设者面前。其中多数工点都存在拆迁滞后，有的工点因征地拆迁问题解决不了，一拖就是一年多，最典型的是四号线南段黄阁段的一个标，今年8月份才拆迁完进场，12月底就要建成开通，仅用4个月的时间又要架桥又要铺轨，又要建车站，听起来简直就像天方夜谭。

险：几十名工人曾命悬一线

三号线和四号线几年间的建设历程，可谓是一路坎坷，险象环生。两条线在建设中都碰到盾构机突然在珠江底抛锚的重大险情。其中三号线是在沥大区间，四号线是在仑大区间。

2005年5月31日晚，沥大左线盾构机正在南珠江主航道底下掘进时，突然发生严重故障，刀盘无法转动。紧急从日本赶来的盾构专家，没有找到故障原因。后来地铁公司组织专家多次研究，判定故障可能是出在刀盘部分，要解决问题的唯一的办法就是对盾构机进行开仓检查，否则，就只能看着盾构机抛锚江底寸步难行。但是在江底对盾构机开仓检查风险极大，一旦地层不稳定，轻则掌子面塌方伤人，重则塌方后隧道与珠江连通，南珠江水带着泥砂一泻而下，将整个隧道淹没，造成灾难性后果。在江底开仓维修盾构机，在国内外都没有经验可循，有巨大的决策风险。危难时刻，地铁总公司总经理卢光霖、副总经理陈韶章等沉着、冷静地分析了地质情况，大胆决定开仓检查。终于“救活了”躺在江底的盾构机，为开通扫除了障碍。

除了来自工程本身的困难之外，突发的意外事件也同样考验着地铁建设者。2004年5月13日，广州突降特大暴雨，大街小巷就被来不及排走的积水淹没。大量的雨水顺着地势较低的华岗区间风井灌入正在施工的隧道，倾刻间隧道的水就超过了1.5米，井口最深处超过2米深。此时正在隧道中施工的几十名工人还没明白是怎么回事，就被一下子推到了生死线的边缘。幸亏施工单位应急措施得当，在积极抢救的同时，向被淹的隧道迅速抛下汽车轮胎，才使几十名命悬一线的工人转危为安。虽然事情已经过去两年多了，但每当提起此事，工程的负责人还是心有余悸。

在三四号线几年的建设过程中，类似这样的险情还有很多，但在业主地铁公司和施工单位的共同努力下，每次险情都得到了妥善的处理，一次次的化险为夷才使得工程能继续推进，也正是这一次次的考验使地铁的建设者不断积累经验，为克服更棘手的难题打下了基础。

温馨提醒

●体育西换乘别走错方向西站三号线的站台内共有三条轨道，两个站台，两个站台分别被夹在三条轨道的中间。两边的两条轨道一条是开往番禺广场方向，一条则开往天河客运站方向。在这条轨道上，地铁列车要停两次，开门两次，每次开门都是列车前进方向的右边门。

乘客在该站换乘时需特别留意，如果乘坐这列车从东站到体育西站后第一次停靠时，要转乘到番禺广场的乘客可从右门下车走到对面的站台等候。要到天河客运站方向的乘客则需等列车第二次启动停靠后第二次开门时下车，到对面的站台候车。如有问题，可留心站内标识、广播或向工作人员询问。

●一号线(西朗–广州东站)18.5公里，16站

●二号线(广州新客站–嘉禾)23.5公里，24站(三元里–嘉禾段2009年12月开通，江南西–广州新客站段2008年12月开通)

●三号线(天河客运站–番禺广场)36.5公里(含支线)，18站

●四号线(黄村–冲尾)46.7公里，初设18站(黄村–万胜围2010年6月开通，黄阁–冲尾段2007年12月开通)

●五号线(窖口–文冲)32公里，24站(2008年12月开通)

●六号线(浔峰岗–燕塘)21公里，20站(2010年6月开通)

【广州白云国际会议中心】2007年1月16日广东最大的会议中心——广州白云国际会议中心正式揭开神秘面纱，试运行后将承接一系列大型会议、展览等。2月初首先迎来广东省“两会”，随着酒店配套设施的完善，4月迎接春季广交会。据了解，前年10月26日，这项总投资超过30亿元的工程正式动工，历时400多天，这座占地面积约27万平方米的“庞然大物”便拔地而起。

【广佛城际快速轨道交通工程正式动工】2007年6月28日上午，在礼花吐艳，劲狮欢舞的欢乐声中，广东省委副书记、省长黄华华，常务副省长钟阳胜，省委常委、常务副省长黄龙云，广州市委副书记、市长张广宁，佛山市委书记林元和一起启动了珠三角珠江三角洲城际快速轨道交通广州至佛山段开工的按钮，标志着我国首条城际轨道交通工程进入到正式的施工阶段。广州和佛山市凌伟宪、邬毅敏、苏泽群、陈云贤、卢汉超等领导以及省市有关部门负责人，国内地铁界专家等也出席开工仪式。

【广州新电视塔工程】“高度610米，主塔450米，发射天线桅杆160米，建设用地面积17.546万平方米，总建筑面积114054平方米……”、“世界第一的高度，位于珠江之滨广州城市新中轴线的地理位置，巨大的地下空间开发，处于建筑密度高的城市景观焦点区”等等，无论哪组数据都表明新电视塔的建设在广州城市建设史上史无前例，对于建设人员来说确实是一个具有巨大挑战性的艰巨任务，其科研难度不言而喻。

造成难度的主要因素是“高度”——高度对于高空施工是一个莫大的考验，既有施工上的难度，也有风、雨、雷、电、云雾等各种不可预见的高空因素的影响。电视塔本身各个结构的制作、安装和建设，也是具有震慑力的难题，其中，整个塔的工程建设最精彩、最尖端的是钢结构的吊装。“核心筒和钢结构”是新电视塔的主要受力单元，施工必须保证在预定时间内使得内外两个结构一节一节往上升，直至达到目前世界第一的高度。此外，“难度工程”还包括钢混凝土核心筒和钢结构的拼装构建、深加工、吊装、涂装，阻力器的设计安装，夜景工程的设计安装，电梯的设计安装都也成为高端科技攻关项目。

广州市建委全力以赴，组织精兵强抓好该项目的全面推进。现行方案确定后，广州新电视塔建设指挥部办公室马上按照“概念性方案—建筑方案—初步设计—施工图”的步骤，制定了具有确定时间表的总体控制计划：2006年11月完成+7.200米以下桩基础和地下室结构施工，2008年12月完成450米塔主体结构施工，2009年12月完成装修工程和设备安装，2010年6月完成设备调试和试运行，为第十六届亚洲运动会做好准备。

【广州“十五”城市建设成就（节选）】“十五”期间，广州市遵循科学发展观与构建和谐社会的时代要求，积极实施“南拓、北优、东进、西联”发展战略，城市建设取得令人注目的成就。初步构建了“山、城、水、田、海”的自然生态格局，城市空间结构由以往的单一中心、圈层式，向多中心、网络型、组团式转变，基本完成了城市空间布局与基础设施的战略性调整，城市交通和环境面貌发生了巨大变化，市政公用事业、房地产和建筑业取得新成绩，综合管理水平不断提高。为展现广州城市建设辉煌成就，特刊出“数字看成就”专稿，献给广大读者。

【基础设施建设】亮点：市本级城建投资909.55亿元(不含电力投资)。地铁线网长度累计增加40.75公里，轨道交通网初步形成。新增道路长度2164公里，交通路网日渐完善，道路交通容量大幅度提高。

“十五”期间，广州市全力推进大型对外交通枢纽、城市轨道交通和城市道路交通等基础设施建设，集中力量推进一批事关广州长远发展的重大项目建设，解决城市建设的根本性、战略性问题，初步构建起陆海空立体式交通枢纽和以“双快”交通体系为骨干的城市道路网络。

“十五”期间累计完成市本级城建投资909.55亿元(不含电力投资)，比“九五”同期增长48.9%，其中完成城市轨道交通和城市道路交通等基础设施建设553亿元。

先后展开新白云国际机场、广州港南沙港区、新火车客运站等大型交通枢纽设施建设。2004年8月投入使用的广州新白云机场已经开通国际（地区）客货运航线37 条，2005年旅客吞吐量和货邮吞吐量分别达到2339万人次和75.21万吨。去年，南沙港集装箱吞吐量已超过100万标箱，广州港货物吞吐量达2.66亿吨，居中国第 3 位，世界第5位。广州新客运站已于2004年12月启动，建成后将成为全国四大铁路客运中心之一、亚洲最大规模的一流站场。

地铁工程建设投入达到175.43亿元。2005年地铁线网长度达到59.25公里，比2000年18.5公里增加40.75公里，轨道交通网初步形成。

城市道路交通共投入377.6亿元，建设和改造大批城市道路。到2005年底，全市（十区）市政道路总长度达到5051公里；道路总面积达到8296万平方米，人均道路面积达到13.44平方米。与“九五”相比，“十五”期间新增道路长度2164公里，新增道路面积5491万平方米，人均新增道路面积5.28平方米。

公交运营线路总长度达到8192公里,公交车辆总数达到10439标台,年公交客运量达到21.27亿人次，出租车数量达到16025辆。地铁运营车辆达到276辆，年客运量达到21354万人次。

国际会议展览中心一期、广州大学城、新体育馆等项目也相继落成。经过多年的高强度建设，广州的基础设施日臻完善，中心城市的集聚辐射功能明显增强。

【建筑业】亮点：建筑业行业管理进一步规范，“公平、公开、公正、择优”的有形建筑市场秩序已经确立；工程质量普遍提高；安全生产形势逐年好转。

“十五”期间，建筑业共完成产值2266亿万元，全社会房屋施工面积32161.77万平方米，分别比“九五”增长92.69%和47.12%。

工程建设质量普遍提高，优良工程率逐年提高。其间，共有12个项目获得国家优质工程“鲁班奖”，2个工程获得全国土木工程“詹天佑奖”。2005年广州市建设系统共获得各种科技进步奖27项，取得科技成果6项。 2005年施工事故率和万人施工死亡率均低于全国平均水平。

新墙材和散装水泥应用普及率稳步提高。2005全市新墙材应用比例达到92%，其中市区的新墙材应用比例超过97%以上，节约土地2278.44亩，节能8.56万吨标煤。

有形建筑市场进一步规范。建立了建筑企业诚信信息备案制度，逐步实行了企业诚信信息备案制与招标交易市场、施工现场管理联动监管，加大查处违法案件力度。2005年建设工程交易3135项，同比增长29%，中标价725.39亿元，同比增长5%。中标价比最高拦价平均降低11.44%,降低工程造价70多亿。建设工程应招标和应公开招标率均达到100%。

【房地产业】亮点：房地产业一直保持平稳、规范、健康发展；市场供求总量与结构动态均衡，投资与消费行为保持理性。“十五”期间，全市共完成房地产投资2198.78亿元，房屋施工面积26551.2万平方米，分别比“九五”期间增长58.48%和65.16%。经过多年的规范和引导，住宅建设基本实现产业化。

人民群众的居住条件不断改善。2005年全市完成房地产投资488.86亿元，同比增长10.9%；商品房销售面积753.01万平方米，同比下降13.7%;销售均价5219元/平方米（住宅），同比上升11.32%。

深圳市建设成就

【建筑业概况】2007年全市建筑业总产值776.49亿元，比去年同期增长8.96%（增加值174.69亿元，比去年同期增长7.23%）；建筑施工面积6578.47万平方米，比去年同期增长27.4%，其中本年新开工面积2413.62万平方米，竣工面积1450.66万平方米；全员人均劳动生产率17.76万元。

【建筑工程质量安全管理】2007年，我局按照“质量安全年”实施方案的要求，重拳出击，严抓严管，狠抓狠管，工程质量安全处于严控状态。2项工程获国家鲁班奖，3项工程获国家优质工程奖，16项工程获省优良样板工程，10项工程获金牛奖，42项工程获市优质工程奖，25项工程通过了省安全与文明施工“双优”样板工地检查，63项工程获得了市安全与文明施工“双优”样板工程称号。

工程质量安全监管力度进一步增强。一是组织开展全市季度结构工程检查和其它专项质量检查活动，实施商品住宅建筑逐套检验制度，开展住宅质量通病整治工作。全市结构工程合格率达到100%，政府工程竣工验收一次通过率达到100%，质量投诉下降14%。二是加强检测工作，检测中心全年完成建筑材料检验11.4万组，基桩检测2.3万根，工程结构检测258项，工程质量鉴定（含司法鉴定）205项，完成监督抽检6384样次，同比增长近一倍，并对全市26家检测机构进行了专项检查。三是与各区建设局、市安监站签订安全生产责任状，深入开展安全生产大检查和各类专项检查活动，对重点工程、地下工程、低价中标工程，以及其他危险性较大的工程，实施重点监督。全年共发生伤亡事故11宗，死亡14人，事故宗数下降35.2%，人数下降22.2%，控制在省建设厅和市安委会下达的指标之内。四是开展全市范围的建筑工地文明施工大检查，共检查建筑工地799项，发出14份停工通知书，64份整改通知书。五是加大处罚力度，公布施工安全检查结果排序，按照《深圳市建筑市场严重违法行为特别处理规定》,对发生质量安全事故，或存在重大质量安全隐患拒不整改的企业，依法给予停止承接工程的处罚。在碧水龙庭二期工程“11 3”事故中，对涉嫌犯罪的5名嫌疑人，移交司法机关依法处理。

工程质量安全管理体系进一步完善。完成《既有大型公共建筑质量安全管理办法》、《房屋鉴定管理办法》送审稿，探索建立全过程全寿命周期的质量安全管理体系。建设工程质量评价体系初步建立，并推进了项目、企业、行业三个层次的建筑安全评价体系建设。3项工程被评为安全质量标准化示范工程。发布《深圳市建设工程应急预案》等三个应急预案，并开展了应急演练。

工程质量安全管理理念进一步提升。成功举办第二届中国建设工程质量论坛，得到了建设部的高度评价，并决定今后将论坛固定在深圳举办。深入学习岭澳核电项目质量安全管理先进经验，并向全市建设行业大力推广。召开全市振兴建设工程质量暨优质工程表彰大会，制定发布《关于进一步解放思想全面提升建设工程质量水平的指导意见》，提出了提高质量水平的40条创新意见。

【重大项目建设】积极推进重大项目建设管理。开展轨道交通5号线BT建设模式调研，得到市领导和有关部门的充分肯定；开展政府工程项目管理模式研究，探索代建制、BOT等多种项目建设管理模式；继续探索重大项目审批制度改革，提出了减少审批环节、缩短审批时限、优化审批流程等建设性意见；开展大运会场馆和BRT项目建设调研，所提意义和建议被市政府采纳。积极参与轨道交通初步设计审查等前期工作，充分发挥了建设主管部门的职能作用和优势。顺利开展地铁5号线BT模式建设。市政府成立了地铁5号线建设管理领导小组，并将管理办公室设在我局。5号办成立以来，开展了5号线发包方式研究，积极主导了BT模式建设合同的谈判进程，参与了初步设计审查工作，制定了《5号线建设管理办法》，基本完成了地铁5号线BT模式建设的承发包与合同谈判工作。积极探索设计施工一体化，起草了《关于我市轨道交通工程实施设计施工总承包模式改革的试点方案》。

【建筑节能减排工作】加强建筑节能全过程监管。组织在建项目建筑节能大检查，共检查民用建筑在建项目429项，并在媒体公布检查结果，对执行建筑节能标准较好的45个项目进行了表扬，对较差的93个项目进行了批评;开展建筑节能施工图设计文件抽查，全年抽查40项工程，其中39项被责令整改；对241个项目进行建筑节能专项验收，初步建立深圳市建筑节能专项验收监管体系；组织全市公共建筑空调温度控制标准执行情况检查，被抽查的153栋公共建筑的空调温度达标率为88%。在全国建设领域节能减排工作检查中，我市建筑节能和绿色建筑工作处于领先地位。

全力抓好建筑节能和绿色建筑试点。组织落实32个建筑节能和绿色建筑示范项目，总建筑面积达430万平方米，投资额130亿元，其中国家级示范有11个，涉及总建筑面积97万平方米。我市和北京市、天津市一起被建设部、财政部确定为全国首批国家机关办公建筑和大型公共建筑节能监测示范城市，并完成了1139栋公共建筑的基本信息统计，开展30栋公共建筑的能耗统计并进行了公示。中央电视台、美国新闻周刊等媒体对我市大力发展绿色建筑的做法进行了报道并给予高度评价。

积极开展建筑垃圾综合利用和推广预拌砂浆工作。组织制定《深圳市建筑垃圾综合利用管理规定》。积极开展塘朗山填埋场、深惠路、地铁3号线建筑垃圾综合利用试点工作。目前塘朗山建筑垃圾综合利用项目已投入建设，今年春节前将可投入使用。逐步在全市建设工程中禁止施工现场搅拌砂浆，并按规定使用预拌砂浆，启动了8个示范项目，初步建立推广预拌砂浆的政策、技术、标准和市场体系。

广泛开展国内外交流与合作。组团参加第三届北京国际绿色建筑大会，并获大会优秀组织奖。组织赴新加坡考察绿色建筑发展情况，撰写的《新加坡绿色建筑考察报告》受到了市领导的表扬。举办中法、中德建筑节能研讨会。建设部与联合国开发署、美国能源基金会以及荷兰等国家和组织在深圳实施的三个国际合作项目进展顺利。此外，通过举办绿色建筑示范项目现场会等形式，提高了广大从业人员和市民建筑节能环保意识。

【建设科技教育工作】加强标准化体系建设。全面推进地方标准编制工作,加快重大关键问题标准的编制，指导企业标准的制定，加强企业QC小组和新“工法”标准的制定和推广工作。组织编制和修订《建筑基桩检测规程》等13个涉及建筑节能、节水、节材和保障工程质量的地方技术规范，基本形成了适合我市需要的建设技术标准体系。

加强科研和“四新”技术推广。筹备成立建设科技委员会。完成《深圳市建设科技促进办法》的起草。发布《深圳市建筑节能产品目录》。组织申报建设部“十一五”可再生能源建筑应用技术9项、广东省建设厅成果推广项目1项，办理科技成果出深推广转化24项，发布2007年全市建设科技立项及成果推广转化指南项目31项，组织申报建设部“双百”工程4项。

加快推进信息化建设。推进我市建设系统“金建工程”建设和立项申报工作，研究探索数字化工地建设,开展燃气数字化管理，目前已通过项目建议书的评审，即将批准立项。

推行“平安卡”试点工作。发布《关于加强建筑工人安全教育推行“平安卡”管理制度的通知》，并在宝安区和大型政府工程中开展“平安卡”试点工作。全年完成劳务工安全培训7万多人次，录入劳务工安全教育信息7万条，发放平安卡2万多张。

【招标投标工作】遏制恶性低价竞争和围标串标。完成市政府67号文的修订，并加快制定各项配套措施，编制资格后审程序及规则、商务标清标相关规则，修订监理招标文件文本和监理合同示范文本，调整监理招标投标办法，制定重大项目招标投标政策。改进评标方法，全年进场交易项目中标价与标底价相比平均下浮16.53%，较往年有较大幅度提升，逐步接近合理造价范围。市场集中度逐步提高，中标项目数量前10名的企业占26%、前30名占51%、前50名占64%。严肃查处深圳机场飞行区扩建工程等典型招标投标违规案件，保障了建筑市场的公平与正义。

进一步优化评标专家结构和评标规则。引进91位香港专家进入我市评标专家库，建立了资深专家库和应急专家库。编制针对不同工程的招标投标技术指导规则，规范专家评标标准，进一步提高了评标质量。

不断拓展交易中心服务功能。交易中心的服务功能不断拓展，地质灾害整治、环境评估等多类特殊工程主动进场交易；工程交易范围逐步从政府工程拓展到社会工程，从本市扩展到其它区域。全年共完成施工招标项目1205项，中标价339.57亿元，非强制进场交易项目359项，中标价总计43.3亿元，其中非强制进场交易项目数和中标价均比去年同期翻了一番。

强化工程造价管理。组织起草《深圳市建设工料测量条例》，出台《关于建筑材料价格波动时调整工程造价的意见》，修编《深圳市人工费计价标准》。发布近300条绿色建筑相关产品材料价格信息，对全市106家造价咨询企业成果文件进行抽查。全年完成审计工程项目61项，造价金额25亿元，核减工程造价0.54亿元,核减率为2.17%。

【建筑行业管理】进一步加强建筑队伍管理。发布了2007年度政府工程监理和第二批施工企业预选承包商名录，共有477家施工企业、75家监理企业入选。发展劳务分包，将实施劳务分包的工程范围扩大到所有政府投资工程，市属建筑劳务企业发展到45家，是全省劳务企业数量最多的城市。实行企业IC卡管理，对全市500多家外驻企业进行专项执法检查。

努力建设和谐行业。继续开展清理拖欠工程款及建筑工人工资工作，共受理拖欠工程款案件297宗，清还工程款6.74亿元，受理欠薪案件683宗，清还建筑工人工资500多万元，涉及6300多人。加强制度建设，制定《深圳市建筑市场主体信用管理办法》，起草《深圳市建设工程质量投诉处理办法》。完成44件人大建议、政协提案办理工作，协调处理各类来信来访，参加两期“民心桥”节目，着力解决民生问题。

【燃气行业监管】强化燃气安全管理。贯彻落实《深圳市燃气条例》和深圳市燃气行业发展规划，发布实施《深圳市燃气管道及设施安全保护办法》，强化燃气管道及设施的安全保护力度。开展燃气安全检查，对施工破坏燃气管道的企业依法处罚，对燃气用户的入户检查率达到90%以上，杜绝了重特大燃气安全事故。广泛开展安全用气宣传，发放宣传资料近200万份，投入宣传经费120万元，用户燃气火灾爆炸事故和一氧化碳中毒事故同比分别下降32%和45%。

加快天然气转换进程。全年完成46万户居民用户天然气转换任务，比原计划提高了25%。目前，全市已有58万户市民用上了天然气，占全市管道气用户的72.5%。预计2008年上半年将全面完成天然气转换工作。

【完善建设法规体系】加快立法进程。出台《深圳市建筑市场严重违法行为特别处理规定》，制定5个《深圳经济特区建筑节能条例》配套规定和6个《深圳市燃气条例》配套文件。起草修订法规、规范性文件36项。开展行政法规规章清理，基本完成规范性文件清理工作。开展非行政许可审批和登记事项的清理，保留非行政许可审批和登记事项5项，取消9项，作一般管理事务5项。加强行政执法。实施《深圳市建设局行政执法规程（试行）》，促进依法行政。全年共发出《行政处罚决定书》58份，对5家企业暂停在本市承接工程。共记录建筑市场主体不良行为2245条，并先后两次在全市各大媒体，对受到红色和黄色警示的企业和个人进行公示，共有28家企业和13名个人受到红色警示，其中25家企业和10名个人被停止在本市承接工程或执业三个月。组织应对5宗诉讼案，除2宗仍在审理外，其余3件案件均判决我局胜诉。进一步强化对各区建设局的层级监督，同时加强了对光明新区、市地铁公司等委托执法单位的监督指导。

深圳市建筑业新技术应用示范工程

1、
工程名称：江胜大厦
执行单位：江苏省华建建设股份有限公司深圳分公司
工程类型：办公楼
建筑面积：143481
年　度：2007

2、
工程名称：惠程电气厂区工程1号厂房和办公楼
执行单位：深圳市金众(集团)股份有限公司
工程类型：厂房
建筑面积：21311
年　度：2007

3、
工程名称：深圳市侨香村经济适用房第五标段
执行单位：深圳市鹏城建筑集团有限公司
工程类型：高层住宅
建筑面积：85000
年度：2007

4、
工程名称：天安高尔夫珑园1、2、3栋　下载
执行单位：深圳市广胜达建筑工程有限公司
工程类型：高层住宅
建筑面积：65103
年度：2007

清远市建设成就

一、城镇化建设

【市政基础设施】近几年来，全市各地加大力度推进城镇道路、绿化、路灯及环卫等设施的建设，城镇投资和生活环境不断改善。佛冈县投入1.2亿元建设了水轴线，投入1亿元进行“五路一桥”的建设；清新县投入450万元完成了笔架路、明霞大道的沥青路面工程，投入250多万元建成了二渡河河堤休闲公园；阳山县投入1500多万元完成了阳山大道、思贤路、贤令山路等道路的建设和维修；连山县投入2500多万元进行沿江东路、鹿鸣东路、东出口环路的续建、改建和扩建；连南县建设了50000平方米的顺德文化广场；清城区投入2900多万元对松鹤西街、城北路、下濠基、松鹤街等道路进行改造，投资6700万元对沿江路进行维修改造；英德市投资3736万元将金子山大道、英州大道、浈阳路、和平路、桥西路、人民大桥实现了“一路一树一灯”，以山水园林城市为目标，开展环城水系的建设，并修建了滨江公园；连州市投入1000万元完成人民路中轴线的拆迁。

【新农村建设】着力推进农房改造和灾后重建家园工作。市建设局联合市规划局确定了省建设厅在清远市的2个新农村规划建设试点，并积极参与了市委关于新农村建设文件的起草讨论和市政协关于新农村建设的调研工作。2006年，清城区、英德市、清新县、佛冈县完成改建农房2147户，面积25.5万m²，投入资金10858.1万元，改造村庄197个。去年六、七月我市遭受了洪涝灾害，造成大量的房屋倒塌。我局成立了灾后重建家园工作领导小组，先后发出了《关于做好灾后重建工作的指导意见》、《关于进一步做好重建家园工作的通知》，对重建家园从规划、设计、质量安全、建材选购等方面提出了技术要求，并设计了7套重建家园方案，编印成册分发到各地，给灾民建房提供指导。各县（市、区）的建设部门亦派出人员配合民政部门进行倒塌房屋鉴定，指导重建的施工、质量和安全工作。全市2966户全倒重建户已在2007年元旦前全部入住新居。

【燃气行业】 四年多来，我市燃气建设步伐不断加快，新（续）建气站7座，新增储气能力1200立方米。到2006年底，全市共有气站32座，总储气能力8000立方米，管道燃气企业2家，气化站3座。管道燃气企业累计发展居民用户14087户，工商用户36户；累计完成安装7826户，通气点火居民6736户，工商用户36户。目前，市区共建有气化站2座，市区和清新县城共铺设干管57.98公里，庭院管和立管34.35公里，累计投入工程建设资金4436.83万元。为了确保燃气安全生产，我们加强了对全市各地气站和市区销售网点的安全检查。元旦、春节、五一、国庆期间，除组织进行节前安全生产抽检，及时排除安全隐患外，还安排人员值班，并在各种传媒上开展了燃气使用安全常识的宣传。此外，我们还与省燃气协会联合举办了液化石油气泵安装、维修保养学习班。组织各县（市、区）建设局和部分燃气企业技术管理人员参加了中国城市燃气协会举办的新版《城镇燃气设计规范》宣贯学习班。举办了多期送气工学习班。

二、建筑业

【概况】四年多来，我市建筑业持续健康发展，产业规模不断扩大，建筑工程报建总造价由2002年的13亿元上升到2006年的59亿元，增长了4.5倍，报建总面积由2002年的160万m²上升到2006年的827万m²，报建总面积首次进入全省前十名，已超过中山、肇庆、韶关等城市。尤其是工业项目增长迅猛。2002年至2006年仅高新区工业项目报建总造价就达18.3亿元，建筑面积410万m²，2006年工业项目报建总造价6亿元，报建面积130万m²，比2005年分别增长30%、47%，比2002年分别增长17倍、21倍。2002年至2006年共有8宗工程被省评为优良样板工程，30宗被市评为优良样板工程，19宗被评为省安全生产、文明施工双优工程，56宗工程被市评为安全生产、文明施工双优工程。建筑业持续发展的同时，建筑市场管理、建筑工程的质量、安全生产水平也得到了进一步提高，建筑业已步入良性发展轨道。

一是进一步规范了有形建筑市场。为强化对建筑市场的监管，提请市政府重新颁布了《清远市工程建设招标投标若干规定》，出台了《清远市房屋建筑和市政基础设施工程项目公开招标正式投标人确定办法》和《清远市房屋建筑和市政基础设施工程项目公开招标评标暂行办法》等文件，进一步完善了专家库的管理，营造了公开、公平、公正的建设工程承发包环境。仅2006年，进入市交易中心交易工程281宗，建筑面积333.01万m²，对比2005年增长154.05%；中标合同金额工程造价50.29亿元,对比2005年增长154.76%。

此外，我们还圆满完成了市政府交办的清连高速公路24个项目、北江河砂专营权和市区6、7、9号小区开发经营权的招标任务。目前，市区水利、电力、公路交通等专业工程均已纳入招投标范围。我们正在建设市建设工程交易中心IC卡报名系统、计算机辅助评标系统及评标专家管理系统、开标评标全过程监控系统，将全面实现对建设工程招投标过程的计算机管理。

二是大胆探索、创新管理，取得了新的成效。在整顿和规范建筑市场秩序中，特别注意制度的改革和创新工作。先后出台了《清远市建筑施工企业现场人员人身意外伤害保险暂行办法》、《清远市推行建设工程担保制度暂行办法》，建立了媒体曝光、监理报告等九项制度。通过这些改革和创新，使我市建设市场进一步完善，建筑市场进一步规范。

三是建筑企业改革发展态势良好，企业竞争力逐步提高。至目前为止，全市共有建筑企业80家，已取得安全生产许可证的企业70家，其中二级企业18家，三级企业52家。新取得劳务企业资质6家，(经工商登记准备申报资质的共22家)，监理企业6家。有一家总承包三级企业升为二级，两家乙级监理企业升为甲级；还有两家二级总承包企业正在组织材料准备申报一级企业，企业发展态势良好。

【建筑工程质量】 四年来，我市一直把提高建筑工程质量、安全生产水平作为建筑管理的核心来抓，通过层层分解责任，健全机制，完善制度，专项整治、推进标准化管理等措施，强化对建筑工程质量安全的监管。

为促使工程质量水平提高，建立健全了质量管理制度，完善了《建筑工程质量监督手册》；开发了《清远市建筑工程质量监督管理系统》及“静载试验交流自动化改造技术”软件；通过了高应变检测计量认证；改进了工程质量监督方式，加大了对责任主体质量行为的监督力度；认真开展了专项整治，加大了对工程质量通病的治理力度。几年来，没有发生过重大工程质量事故。

【施工安全管理】四年来，通过层层签订目标责任状，围绕“施工许可、安全生产许可证”这一主线，持续推行《清远市建筑业项目经理、施工员、质安员及项目总监理工程师、注册监理员扣分管理办法》及省厅的动态管理办法，建立完善了安全生产动态管理体系。大力推进安全生产标准化工作，先后在全市推行了钢脚手架的使用，提升架、安全网的检测，高支模、深基坑等专项方案的审查。建立了意外伤害保险、安全例会、约谈制度、开工前技术交底等一系列制度，全面推进安全生产、文明施工水平的提高。

【造价管理】 加大了对工程造价咨询市场的监管力度，组织对采用工程量清单计价模式的工程结算情况进行了调查摸底。对《清远工程造价信息》进行了重新改版，增加了发布材料品种，充实了信息内容，并改进了材料价格信息的采集、整理办法。密切注意市场材料价格涨跌，做好商品混凝土最高限价的动态管理。举办了06新定额宣传培训班，培训专业技术人员588人。

此外，根据国务院、省、市有关政策规定，认真做好清理拖欠工程款和农民工工资工作。建立了重点项目督办制度，集中解决了一批重点、难点拖欠项目。到2006年底止，全市在中国工程建设信息网上填报的40793.65万元拖欠工程款和农民工工资已全部得到解决。

三、房地产业

【房地产业改革】 1999年底，国家停止了住房实物分配制度的实施。由于当时的国有房地产开发企业大多经营困难，为解决我市住房市场的供应机制问题，2000年初，建设局经过认真调研，征得省主管部门的同意，出台了允许自然人开发房地产的项目公司政策，使我市房地产业进入了快速发展的轨道。几年来，我市市区已涌现出一批规模较大、档次较高、设施齐全、配套完善、环境优美的大型住宅小区以及城市广场、赢之城等综合商业中心，一批四星级宾馆投入使用，首家五星级宾馆即将竣工。清新、阳山、佛冈、英德、连州等地房地产业也在迅速崛起。房地产业的发展对我市改变城市面貌，提升城市品位，改善居住环境，推动城市商业繁荣，拉动经济增长，带动相关行业的发展，都发挥了极其重要的作用。房地产业的税费收入为地方税收和财政收入的快速增长作出了较大贡献，房地产业已经成为我市国民经济发展的主要支柱产业之一。

【房地产市场】保持了稳中有升的发展态势，房地产开发投资和住房供应持续增长，商品房销售保持畅旺，商品房空置逐步减少。随着金海湾豪庭、金碧湾花园、丽清花园、广州后花园、清远碧桂园、凤城世家、汇景名居等项目的竣工和畅销，我市房地产业在保持健康发展的同时，档次和品位得到进一步提升。2006年全市完成房地产开发投资39.3亿元，对比2002年增长26倍，其中市区24.09亿元，对比2002年增长169.63%；商品房竣工面积155.5万㎡，对比2002年增长120.22 %。2003至2006年，房地产开发投资达97.3亿元，商品房新开工面积约500万㎡，商品房竣工面积503万㎡，商品房销售额约60亿元。该市还出台了《清远市物业专项维修资金管理办法》，积极配合有关部门协调解决了789户城镇特困户的住房问题。积极推进市区新城东6、7、9号小区城中村改造项目，目前该项工作进展顺利。

三、勘察设计

【勘察设计管理】通过施工图审查，对违反国家强制性条文的勘察设计单位、注册师、设计人员予以网上公示，并记录在案。2006年完成工程初步设计审查项目10项，建筑工程合同备案199项，施工图审查备案180项、面积约240万㎡，受理了73家外来勘察设计单位进驻清远的登记备案。

【建筑节能】市建设局举办了宣传贯彻建设部《地源热泵系统工程技术规范》、《民用建筑太阳能热水系统应用技术规范》、广东省建设厅《夏热冬暖地区居住建筑节能设计标准广东省实施细则》培训班，一批先进的节能技术，如太阳能综合利用技术、建筑遮阳技术等，已经应用于工程项目，有力地促进了我市建筑节能技术的推广和运用。

【新型建筑材料】认真抓好《广东省发展应用新型墙体材料管理规定》的贯彻落实。进一步加大了淘汰实心粘土砖的工作力度，把禁用范围向三个方面延伸：一是由城市向城镇延伸；二是由城镇住宅向农村住宅延伸；三是由民用建筑向工业建筑延伸。引进了粉煤灰砖、混凝土多孔砖等新型建筑材料。加强了对全市实心粘土砖生产企业的管理，提高了新型墙材的应用率和企业达标率。2006年全市办理新型墙材报建工程49宗，建筑面积67.81万㎡。建成投产新型墙材生产企业5家，主要生产灰砂砖和普通混凝土砖。全年生产新型墙材1.48亿块标砖，销量1.38亿块标砖，

认真落实《广东省建设工程项目使用袋装水泥和现场搅拌混凝土行政许可规定》。在抓好市区、英德、连州、清新等地“禁现”工作的同时，重点落实了阳山、佛冈县禁止在县城区现场搅拌混凝土的工作。2006年全市完成供散量638万吨，用散量72.7万吨，预拌混凝土生产量65.4万立方米，分别超过省下达任务的52%、3.8%、9%。散装水泥供应量创我市历史最高水平。

【人员培训】先后开展架子工、木工和钢筋工技能岗位培训623人，培训建设工程监理岗位人员110人，对160名在我市注册的工程建设监理员进行了年审考核，培训了208名建筑施工、质安、材料等专业技术岗位人员，组织164人参加了建设类执业资格考试，为104名有关执业资格人员办理了注册、年审手续。

【大型工程城建档案】加强了资料的接收和档案管理信息化工作。收集了各县（市、区）重点建设工程档案目录，正在筹建我市重点建设工程档案目录中心。不断完善档案接收管理制度和城建档案信息资源库，全年输入城建档案管理信息1273项、7847卷。接收城建档案2154卷，整理档案313宗、910卷，照片档案409张。对外提供档案利用238卷142人（次）。

四、工业园区项目建设

四年多来，我市工业项目增速迅猛，2002年至2006年，市高新区已初步形成“一区六园”，23个工业集中区，开发建设面积18平方公里，实际进驻企业200多家，办理报建造价18.3亿元，面积410万㎡。在建项目40个，在建面积约150万㎡。2002年以来，为加强对工业区的建设管理，确保质量安全，我们先后采取了一系列措施：一是成立专门的管理协调小组，提供“一条龙”服务；二是简化办事程序，提高办事效率。专门编制了报建程序，简化了造价审定、墙改、散装水泥使用，商品混凝土的强制推广使用、意外伤害保险购买、招投标方式改为直接发包等程序，真正做到了“即来即办，特事特办”；三是费用收取坚决执行市委“4号文”精神；四是突出重点，强化服务。经常对在建项目进行归纳、分类，分不同时期制定质量、安全重点管理的措施、目标、计划。做到有计划、有重点、有步骤地推进工业项目管理。经过几年来的努力，工业园区建设工程的质量、安全生产情况进一步好转，建设单位的质量、安全意识普遍提高，施工单位的工程质量、安全生产保证体系进一步完善，文明施工意识进一步提高，并能积极申报市双优工程。2005年，创佳工业园厂房工程被评为省“双优”工程。目前，金德管业宿舍、办公楼工程正在申报市“双优”工程。

五、建设系统改革

市建设局从加强管理入手，积极稳妥地推行各项改革措施。首先是突出抓了国有建筑施工企业、勘察设计单位的改革转制工作。原清远市建筑设计院以招标方式转制，中标价615万元，成为全国甲级勘察设计单位以招标方式转制的第一家，该院转制的做法得到省建设厅的高度评价。随后，市建筑集团公司、市城乡建设总公司、市建筑集团三建公司、市建兴实业公司、市保安技防公司、市房地产开发总公司、市建设工程公司都已完成转制工作。其次是开展了特许经营权的招标工作。我们通过经营权招标，引进资金1500万元建设了市区第二家商品混凝土搅拌站，经营权中标价215万元。2004年又成功进行了市区第三家商品混凝土搅拌站经营权的招标，为市财政赢得了400多万元的收入。连州、阳山、英德也都相继开展了商品混凝土搅拌站经营权的招标工作，分别实现中标价280万元、300万元、760万元。佛冈县混凝土搅拌站经营中标价1770万元，创下了我市该项经营权中标价的新高。此外，阳山县对县城街道清洁保洁实行了招标发包；清新实行了综合管网改造；连山对县城公园管理、街道保洁、农贸市场管理公开向社会招标发包；清城区对绿化维护、市政道路维修也实行了承包经营。

我们通过加强管理，向管理要效率，以管理出效益，在清产核资的基础上，通过盘活、减荷、卸压等措施，先后成功化解了历史遗留债务近7000万元的经济压力。狠抓了各项规费的收缴工作，量入而出，科学合理使用资金，保证了各项业务经费的正常开支。

六、人防工作

一是健全了人防工作机构。目前，各县（市）人防办均已建立，并与建设局合署办公，局长兼任人防办主任，连南、清新、阳山等县还配备了人员编制。

二是指挥通信工作成效突出。在市区、清新完成了防空警报网首期建设任务之后，英德、佛冈、连州、阳山等县（市）也分别开展了防空警报网的建设，并成功举行了防空警报试鸣。目前，全市共有防空警报器64台，流动防空警报车2台。各县（市）还分别制定了防空袭方案，重组了7支人防专业队伍共660人。

三是人防工程建设步伐加快。2006年，市区在建人防工程15宗，建筑面积4.81万㎡，全年共完成人防地下室设计要点25项，审查面积97541.93㎡；人防工程初步设计审查17项，审查面积48674.21㎡。英德市为人防指挥所行政划拨军事用地24653.99㎡，已完成了101工程的选址、规划、立项、征用土地等手续，目前正在建设之中。各县（市）均已颁布了收取人防易地建设费的文件，开展了易地建设费的征收工作，2006年全市共收取人防易地建设费1617万元。

四是人防法制宣传效果明显。2006年，我们根据省人防办要求，成立了纪念《人民防空法》颁布10周年宣传活动领导小组，邀请石芳飞副市长在电视台发表电视讲话，开展了“人民防空法律知识网上有奖问答”竞赛活动，组织参加了省人防办举办的“我与人防”征文比赛，举办了人防法律法规现场咨询活动，印制了3000本《人民防空法法规文件汇编》，1000本《人民防空有关小知识》，举办了中学生“三防”教育骨干培训班，筹建了中学生“三防”教育基地。进行了2006年度县级人防工作目标管理年度考核，英德和佛冈、清新等单位分别获得二、三等奖。

骨干企业图片专辑

Architecture & Civil Engineering Annals of Guangdong

广东南海建筑设计院有限公司

广东南海建筑设计院有限公司由原南海市建筑设计院、南海市第二设计院和南海市永固工程勘察有限公司合并组成，是中国珠江三角洲地区最具综合实力的中型设计咨询单位之一。拥有建筑设计甲级、工程咨询甲级、市政设计丙级、规划设计丙级、勘察乙级等多项资质证书。

我公司为中国勘察设计协会理事单位，为国际咨询工程师联合会（FIDIC）成员协会会员和中国工程咨询协会会员，是广东省建筑设计行业信息化建设示范单位，并已通过ISO9001管理质量体系及ISO14001环境管理体系认证。我公司现拥有各类注册师70人，拥有高级工程师19名，工程师62名，员工180多人，技术力量雄厚，工种齐备，实践经验丰富。

30多年来，完成设计项目3000多个，设计项目立足佛山，遍及广东、广西、云南、福建、山东、河南、新疆、内蒙、江浙和北京等地。多次荣获部、省、市优秀设计奖和科技奖。2001年获得建设部建设系统精神文明先进单位。近年来，我公司积极与法国、德国、美国、以及港澳台地区的建筑师们合作，设计了一批款式新颖和具有时代气息的新建筑。

我公司已建立起一整套现代企业运作机制，实现了公司内部联网、资源共享、管理电脑化、远程办公，已迈开向国际接轨的步伐。我公司在广西、肇庆设有办事处，并投资设立佛山市建皓科技有限公司。

我公司所拥有的人才智力资源和先进的技术工具，使我们不仅能胜任任何复杂程度的建筑工程设计，还能帮助业主（包括外国投资商）进行项目咨询，并提供一切工程建设的项目管理服务。

电话：0757-6281764　　传真：0757-6226776
邮箱：master@nharch.com　　网址：http://www.nharch.com

概况

南海建筑设计院有限公司由原南海市建筑设计院、南海市第二建筑设计院和南海市永固工程勘察有限公司合并转制而成。转制前3个单位职工总数148人。退休人员10人，拥有建筑设计甲级资质，工程勘察乙级资质。1998年，南海市政府要求在2000年前完成全市企业转制任务，由市政府成立市转制办公室，各局成立转制领导小组，各单位成立转制小组，全方位、有系统地进行企业转制工作。

南海建筑设计院有限公司由原南海市建筑设计院、南海市第二设计院和南海市永固工程勘察有限公司合并组成，是中国珠江三角洲地区最具综合实力的甲级建筑设计勘察咨询单位之一。

我们的经营理念是：　您的需要，是我们创造的动力和方向！

商业地产&居住地产开发的设计先锋

——广州市住宅建筑设计院有限公司

广州市住宅建筑设计院有限公司拥有建筑工程设计甲级资质，其他资质：工程咨询甲级，工程勘察乙级，城市规划丙级。在50年的建筑工程设计中积累了丰富的经验，曾获国家、省、市级奖励的设计项目达40多项。近年经改制重组被广州富力地产股份有限公司收购。本院近年来完成了广州富力地产股份有限公司所开发的绝大部分项目的设计工作，花园式住宅项目累计建筑面积逾400万平米，商业地产项目也超过了100万平米，所有产品以极高的性价比和市场认可度迅速完成销售，对富力地产走向辉煌做出较大贡献。

我院主要设计范围：规划、建筑、结构及岩土、机电、室内装修、园林。

规划设计，包揽了富力地产大部分规划设计工作从五千亩到几十亩大中小地块均能达成较为优秀的布局又能让地块产生最大的商业价值；

我院的建筑和室内及园林设计完成从住宅到高档办公、酒店等各类民用建筑的设计，其中所设计的富力地产在广州、北京、天津、西安等地的产品皆成为当地住宅建筑领跑者，超五星级酒店更是开创了当地的酒店设计先河；

结构及岩土专业，结构设计精确配合建筑装修需要，基础设计能够因地制宜，在每一地方采用最先进的设计理念和施工工艺，无论是广州的淤泥地质、广州的溶岩地质还是北京的粘土卵石，还有西安的湿陷性黄土，我们都探索出在当地最佳性价比的基础形式，安全经济快速实现业主的进度要求；另外承担了富力地产全部基坑设计（富力地产项目以城市中的住宅和商业建筑居多，基坑难度较大），总数近百，其中多个超过20米深，面对软土、溶岩、旧建筑、地铁等等种种难题均以安全快速方法解决，项目遍布广州、北京、天津、西安、重庆、海南三亚等；

机电专业在100万商业地产设计过程中累积强大无比的经验，更值得赞叹的是完成两个超五星级酒店的施工图设计：富力丽思卡尔顿酒店和富力君悦酒店（档次等同上海金茂大厦的君悦酒店）。

我院设计师年青精干、朝气蓬勃，有一级注册建筑师12人，一级注册结构师16人，具有10年以上设计经验的超过40人，70%以上为重点大学本科毕业，诸如清华、华南理工大等著名院校为多。

我院是一支行动迅速的队伍，在长期配合发展商的开发进程中形成了良好的快速突击能力，最大限度节约业主的时间成本，为业主赢得战机。

我院在长期配合业主的建设进程中培养了千方百计提高性价比的风气，本着求实负责的态度进行设计，形成了很多的节约材料、经济实用的规则和做法，最大限度地为业主提高项目的性价比以及为业主提供周到迅速的服务，因此一贯能够推动业主迈向更大的成功。

公司地址：广州市较场东路**19**号富力地产大厦**11-15**楼
邮政编码：**510055**
电子邮箱：**recruit@rfchina.com**
公司网址：**http://www.rfchina.com**

广州市住宅建筑设计院有限公司设计项目示例

1 富力中心（甲级写字楼项目，已封顶，07 年中投入使用，240 米高，采用钢管混凝土－混凝土核心筒结构）

2 已全部售出的甲级写字楼： 富力．盈隆广场 （160 米高，06 年底投入使用）

3 富力． 丽思卡尔顿酒店 （已封顶，07 年中投入运营，160 米高，建筑方案设计合作方为美国 WATG）

4 已全部售出的甲级写字楼：富力．科讯大厦（已投入使用）

5 豪宅典范：富力．爱丁堡国际公寓

6 富力．君悦酒店 （已封顶，07 年中投入运营，高层连体建筑，建筑方案设计合作方为美国 LOHAN）

粤华苑——中国传统庭园
位置：韩国京畿道，水原市的老园公园内
面积：6000平方米
荣获2006年广州市优秀工程设计一等奖
粤华苑中国传统庭园是广东省与京畿道两省文化交流活动之一，为增进两省人民友谊而建的传统庭园。于2006年4月17日举行竣工暨开园典礼。是第一个由中国设计和施工的中国风格的公园，展示了中国山水园林的美丽精髓。

三友亭

鸟瞰

广州园林建筑规划设计院

广州园林建筑规划设计院是全国著名的风景园林专业甲级设计院，具有风景园林专业甲级、工程咨询甲级、建筑设计乙级的资质，工程咨询乙级。并于2004年通过ISO9001认证。广州园林建筑规划设计院于1985年成立，至今已20周年。拥有风景园林、城市规划、建筑、结构、建筑设备、电子计算机、经济分析等专业技术人员近70人，注册工程师13人，、监理工程师5人。其中高级职称14人，中级职称27人。技术力量雄厚，主要承担各类公园、旅游区、风景名胜区、城市景观以及各类园林建筑、民用建筑的规划设计和咨询、监理，编制项目建议书、进行可行性研究以及各类规划设计的前期咨询和其他的技术合作、技术联营技术成果转让等业务，业务范围涉及国内外。至今有49项工程设计分别获得国家、建设部和省、市建委授予的优秀设计奖。

莫少敏副总工与雷副省长和韩国京信畿道知事

地址：广州市陵园西路8号
经营计划室：（020）83875380
办公室：83876721
图文传真：（020）83807723
83876721
E-mail:admin@gzdesigns.cn
gzgardens@163.com

粤华苑

船枋

广州市公用事业规划设计院
给水设计所

广州市公用事业规划设计院给水设计所的前身是广州市自来水公司设计室。具有市政公用（给水、排水）甲级和建筑工程乙级设计资质。十多年来，主要承担广州市及省内城镇小型至特大型水厂的常规处理、深度处理、污泥处理、输水管道、及附属建筑设计，各类型给排水泵站、给排水管网设计工作。参与水厂的运行调试管理工作，为自来水事业的发展和建设作出了贡献。

设计所现有员工63人，其中高级工程师11人，工程师26人，包括一级注册建筑师、一级注册结构师、注册公用设备给排水工程师、注册电气工程师、注册咨询工程师各1人，造价工程师2人。专业覆盖面广，有：给排水工艺、输水管网、水工构筑物、建筑、结构、岩土工程、园林绿化、概预算、机械、电气、自动化控制、计算机信息等，技术力量雄厚。

设计项目先后15次获得国家建设部、广东省、广州市优秀设计奖。其中《南部供水工程》更荣获广州市2006年度优秀设计一等奖和年度大奖。

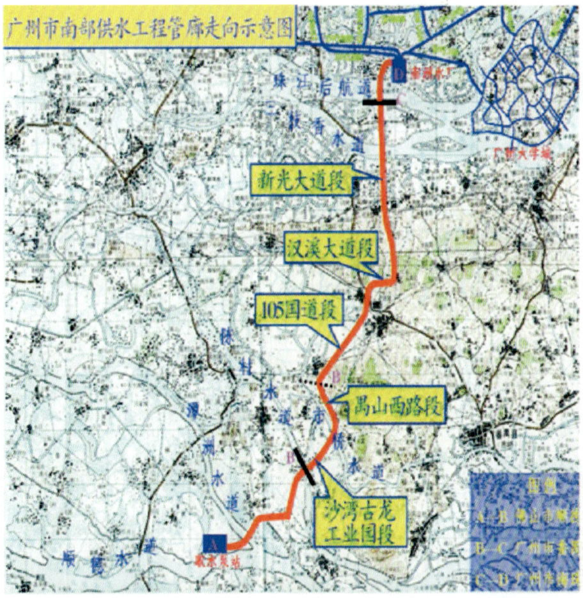

《南部供水工程》荣获广州市2006年度优秀设计一等奖和年度大奖

南洲全貌

大学城饮用净水-4

大学城-2

竣工

所领导班子

广州市公用事业规划设计院给水设计所

我院（给水设计所）成立于1988年，是广东省内具有给水设计甲级资质的几个设计院之一。十多年来，主要承担广州市自来水公司所有大中型水厂和省内城镇水厂的新建和扩建改造设计工作，积累了丰富的水厂设计和水厂运行管理方面的经验。给水设计所现有71人，大多数具有多年设计经验和管理经验，技术力量雄厚，先后15次获得国家建设部、广东省、广州市优秀设计奖。

联系方式：
地址：广州市环市西路5号　　邮编：510160
电话：020－81058253　81058756
传真：020－81058253

广州自来水公司西洲水厂

西洲水厂是一个设计规模为50万m^3/d大型现代化水厂，于1996年7月建成投产，达到九十年代国内先进水平。

该项目荣获1998年度广州优秀工程设计一等奖和广东省第八次优秀工程设计一等奖。

广州自来水公司西洲水厂污泥处理系统

该工程是大型净水厂（50万m^3/d）的污泥处理系统，采用PVC斜板浓缩池，节省大量占地面积和资金：多处工艺采用水下搅拌方式，防止了污泥沉积造成的环境污染；离心脱水机及主要设备均采用国产设备；自动化程度高.实现了生产运行的无人值守；环境优美。体现了国内大型水厂污泥处理系统较高的设计水平和运行管理水平。

广州自来水公司刘屋洲取水泵站

该站设计取水能力130万m^3/d，位于增城市新塘镇，于2000年6月建成投产，是目前广东省城市给水行业规模最大的泵站。该站特别注重环保方面的设计，确保了广州饮用水源的水质。

该项工程荣获2000年度广州市优秀工程设计一等奖和广东省第九次优秀工程设计三等奖。

广州自来水公司西村水厂投氯系统工程

西村水厂是全国三个特大型水厂之一，供水规模达到100万米^3/日以上。新建氯气投加室于2000年5月正式建成投产，是具有国内先进水平的净水厂投氯系统工程。

该项工程荣获2000年度广州市优秀工程设计二等奖和广东省第九次优秀工程设计三等奖。

广州自来水公司丰乐加压站

该站是华南地区加压规模最大的管道直抽式加压站，加压流量24000m^3/时。是广州“东水西调”提高水质的核心工程。

该项工程荣获2002年度广州市优秀工程设计二等奖

广州自来水公司广园加压站

该站位于白云山麓，设计加压供水能力9.6万m^3/日，2002年5月建成投产。加压站的建成，缓解了广州沙河地区由于水质性缺水而造成的长期缺水、缺压问题，对广州“三年一中变”起了重要作用。站区的建筑设计美观整齐，克服了工业厂房单调、呆板的弱点，园林绿化面积达占地面积的35%以上。整个站区优雅、洁净，与周边的白云山风景区和谐结合。获2004年度广州市优秀工程设计三等奖。

广州沥滘污水处理工程

—广州大桥5号泵站

该站设计提升污水规模4.4万m^3／日，于2004年3月建成。泵站地处广州大桥侧的绿化广场上，规划部门要求从桥（道）上观看形不成建（构）筑物视点，所以设计处理的难度大。泵站建成后的总体效果较理想，能与周围环境协调统一；泵站工艺设计和设备的选用是较先进、合理的，使用效果是良好的。获20047年度广州市优秀工程设计三等奖。

南洲水厂

南洲水厂建设规模为100万m^3/日，主要向大学城、珠江新城、海珠区等地区供水。位于广州市海珠区新窖镇沥窖村，总占地面积约22公顷。南洲水厂于1997年开始建设，2004年9月15日剪彩全面投产至今，水质都达到国家饮用净水的水质标准（CJ94—1999）。

南洲水厂深度处理工程

该工程是国内净水行业中规模最大、工艺最齐全、设备最先进的深度处理工程。该工程通过国际竞争性招标，从国外引进大型的现场制氧设备和臭氧发生设备，生产出的臭氧气体比常规水处理使用的液氯消毒效果要好。

该厂还配备了液氧储备系统，主要是在“现场制氧系统”进行例行检修时为“臭氧发生系统”提供生产原料——高纯度氧气。还设有48个生物活性炭滤池，经过深度处理后的水，水质标准超过国家《生活饮用水卫生标准》，完全达到国家饮用净水的水质标准（CJ94—1999）。

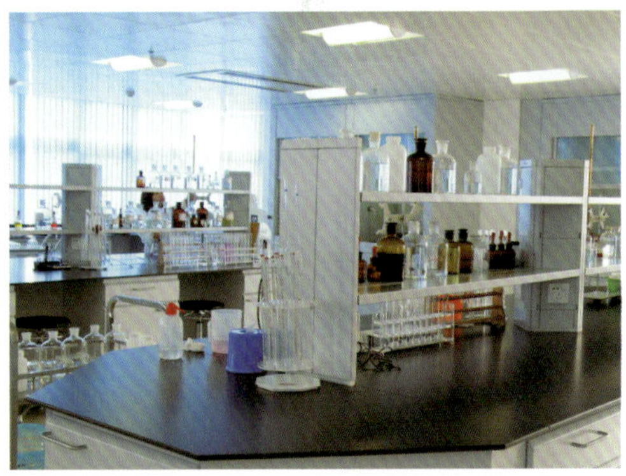

该工程是一条环绕市中心区城市快速路。主线全长26.7公里，双向6车道，全线设有3座跨江大桥、12座大型立交桥、72个进出口、7条放射线。该项目大大改善了是广州市交通状况，为广州市市政建设作出了巨大贡献，获得了国家优质工程银质奖、全国优秀工程设计项目铜质奖等奖项。

广州市市政工程设计研究院

广州市市政工程设计研究院成立于1984年，是国家建设部批准的市政公用甲级设计单位。具有国家建设部核准的市政公用工程、建筑工程、环境工程甲级设计和甲级工程勘察、甲级工程测量、一类施工图审查等。也具有工程监理与招标代理甲级资质。并通过了ISO9001：2000质量管理体系认证。本院拥有一支技术水平高、实际经验丰富的专业设计、勘察、科研队伍，是全国首批百强勘察设计院之一，已形成了以道路、桥梁、给水排水、环境工程、交通工程、建筑工程设计等业务为重点的产业框架。建院20年来，先后完成市政工程勘察设计任务2600余项，其中约200项工程获国家、部、省、市科技进步奖和优秀勘察设计奖。本院以服务广州、立足华南、走向全国、具有一定国际竞争力的知识型企业为发展目标，全力打造精品工程，竭诚为城市建设和广大客户服务。

地　址：广州环市东路348号东梯
邮政编码：510060
联系电话：020-83825639、83835192
传　真：020-83834279
网　址：www.gzmedri.com
电子信箱：public@gzmedri.com

广州市猎德污水处理厂规划总规模为108万m3/d，已建一、二期规模达44万m3/d，分别采用AB工艺、组合交替式活性污泥法工艺；三期工程利用世界银行贷款在建规模为20万m3/d，采用改良A2/O工艺。该项目获国家优质工程银质奖、“全国十佳污水处理厂”称号，并获得广东省优秀设计一等奖。

广东柯杰外加剂科技有限公司

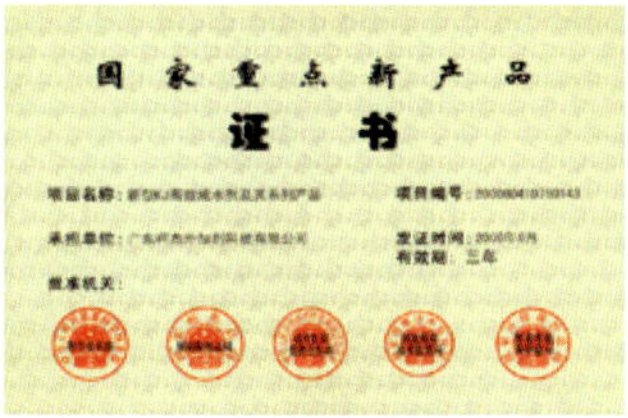

广东柯杰外加剂科技有限公司成立于1999年，是由前全国混凝土外加剂协会副理事长、在混凝土外加剂工程技术事业做出突出贡献而获国务院颁发的“政府特殊津贴”（91年）的柯科杰教授级高工创办的广东省民营科技企业。专业从事混凝土外加剂、油田化学品以及特种防水化工建材产品的研发与生产。是全国混凝土外加剂行业骨干企业、中国建筑防水材料协会常务理事单位，与多个相关行业协会理事单位。

广东柯杰公司坚持以“顾客至上，信誉第一”为宗旨，“以人为本”的管理原则，发扬“拼搏、创新、优质、高效”的企业精神，始终坚持“以产品质量为生命，以科技创新为龙头，以顾客满意为目标”的经营方针，实行科研、开发、制造、销售、服务一条龙，科、工、贸一体化。

公司拥有一批高、中级科技人才，先进可靠的技术条件和技术装备，技术创新能力强，研发能力位于国内同行业前列；已建成各类（脂肪族类、氨基磺酸盐类、萘系改性密胺类）KJ系列高效减水剂与聚羧酸系KJ-JS高性能减水剂的大型合成生产线（7万吨/年）、复合生产线与油田化学品合成生产线，以及特种防水建筑材料生产线等，形成了三大类十八个系列六十多个型号，已在2500多万m^3C20~C80高速铁路客运专线高性能混凝土、C80PHC管桩、预拌混凝土、水电、火电、桥梁、高等级公路、工业与民用建筑等各种重点混凝土工程与油田固井工程上广泛应用，部分替代国外名牌产品或出口，实现了良性综合发展。 商标KJ高效减水剂与聚羧酸KJ-JS高性能减水剂及其系列多功能外加剂产品，为本公司专有技术产品，产品性能优异，实物质量在同类产品中居国内领先水平；公司有完善的质保和售后服务体系，2001年通过ISO9001质量体系认证，用户满意度与信誉度高，在国内享有较高的品牌知名度。先后荣获“国家重点新产品”、“建设部科技成果推广项目”等证书、“广东省优秀新产品奖”、“广东省科技进步奖”和广东省著名商标等荣誉。

电 话：（0757）85102848
传 真：（0757）85102849
Email：gdkjco@kejiecn.com
网 址：www.kejiecn.com
邮 编:：528241
地 址：广东省佛山市南海区和顺和桂工业园A区和平路6号

广东龙光集团

广东龍光集团创办于1992年，是以经营房地产为主，集工程建筑施工、物业管理、物流和高速公路等基础设施投资经营的综合性大型企业集团，到2006年为止，注册资本为10亿元（含属下公司），总资产80多亿元，属下拥有广西广贺高速公路公司和深圳、汕头、佛山、南宁等10多家房地产公司及工程公司，企业员工达2000多人，是一家经济实力较强、技术力量较雄厚的企业集团。

地址(ADD)：广东省汕头市珠池路光明大厦811层
电话(TEL)：+86+0754-8888875
邮编(PC)：515041
传真(FAX)：+86+0754-8878229
网址Http: //www.logan.com.cn

龍光·君悦龙庭”（深圳）
——天高府阔，赏御龙城

龍光世纪大厦（深圳）
——深圳西岸商务新地标

企业荣誉

◆ 2006年被中国房协评为“中国房地产诚信企业”、“最具品牌价值地产企业”

◆ 2006年被评为“泛珠区域最具影响力房地产企业”

◆ 2006年被省政府评为“广东省百强民营企业”

◆ 2005年被评为“泛珠区域房地产开发品牌企业”

◆ 2004年被建设部城乡规划管理中心等部门评为“中国房地产名牌企业”

◆ 2003至2006年连年被广东四大国有商业银行等单位联合授予“广东地产资信20强”荣誉称号

◆ 2003年被中国信用管理协会评为“质量、服务、信誉三优物业管理企业”

◆ 2002年和2003年，连续2年被中国农业银行广东省分行评为“黄金客户”

◆ 2002年被广东省地方税务局评为广东省地税“诚信纳税人”

◆ 2001年被中国工商银行广东省分行评为“住房信贷优秀客户”

◆ 2000年至2005年，连续6年被中国银行汕头分行评为“AAA企业”

◆ 1998年至2005年，连续8年被汕头工商局评为“重合同守信用企业”

◆ 1997年至2005年，连续9年被汕头建设局评为“建设系统先进企业”

此外，集团还多次被汕头市委市政府授予“纳税大户”、“纳税光荣户”、“优秀民营企业”、“文明单位”等荣誉称号。

龍光·普罗旺斯（南宁）
——法式原乡小镇

普罗旺斯鸟瞰图

天悦龙庭鸟瞰图

◆ 2006年，普罗旺斯被评为“国际人文金牌社区”，“泛珠区域规划设计最具创意楼盘”
◆ 2005年，天湖郦都项目获得建设部、国际公园协会分别颁发的“最佳花园式社区“及”中国国际花园社区“荣誉称号
◆ 2005年，天悦龙庭项目获得2005上半年深圳宝安楼市销售面积、销售金额双料冠军
◆ 2004年，天悦龙庭项目获得由深圳精品住宅交易会组委会评选的“深圳十大美丽家园”荣誉称号
阳光海岸项目被建设部城乡规划中心、中国房地产及住宅研究会评为中国房地产优秀品牌项目“国家级健康生态住宅”
◆ 2003年，龙禧花园获得由中国房地产业协会及《中国房地产报》共同颁发的“中国健康住区”荣誉称号
金禧花园、龙禧花园均获得由广东省房协颁发的“广东省绿色住宅区”荣誉称号
阳光花园三期获得由广东省建设厅颁发的“广东省建设工程金匠奖”
◆ 2002年，阳光花园三期建设工程获得由汕头建设委员会颁发的“金凤杯奖”及“广东省优良样板工程”
◆ 2001年，阳光花园、龙珠花园、龙禧花园获得汕头首届“十大最受欢迎明星楼盘”称号；龙禧花园获得汕头市“优秀住宅区室外环境设计奖”；金美花园获汕头市“优秀住宅综合奖”；阳光花园获得由广东省建设厅颁发的“广东省物业管理示范小区”荣誉称号
◆ 2000年，金美花园与聚龙花园双双获得由汕头市建设委员会评选的“优良样板工程”
◆ 1998至1999年，阳光花园一期建设工程获得由汕头建设委员会颁发的“金凤杯奖”及“广东省优良样板工程”

龍光·水悦城邦（顺德）
——演绎欧洲新古典主义

效果图

广东华联建设项目管理咨询公司

一、公司概况

广东华联建设项目管理咨询有限公司（原广东华联造价工程师事务所有限公司）前身系广东省建设工程造价管理总站直属的广东建设工程造价咨询服务中心，成立于1996年1月。2001年经广东省建设工程造价管理总站批准改制为广东华联造价工程师事务所有限公司，为适应市场形势，2006年更名广东华联建设项目管理咨询有限公司，新公司整合了广东华联造价工程师事务所有限公司和广东物建工程监理有限公司的雄厚资源，是一家同时具备工程造价咨询甲级、工程监理甲级、工程招标代理甲级、工程咨询乙级资质以及工程造价司法鉴定资格的综合性咨询企业。

公司现拥有专业技术人员120多名，其中各专业注册造价工程师31名，注册监理工程师28名，注册咨询工程师6名，司法鉴定所拥有司法鉴定人8名；拥有中级以上职称的工程技术人员75名，其中高级工程师15名，广东省专家级人员9名，工程专业技术人员经验丰富，专业齐全。

公司业务涵盖从建设项目前期策划直至工程竣工决算的全过程咨询服务，具体服务内容：建设工程项目管理，包括工程咨询、工程统筹策划、工程代建等；编制及审核项目建议书、可行性研究报告、项目经济评价及项目评估报告；工程招标代理；工程设计咨询及设计管理；工程建设监理；编制及审核工程估算、概算、预算、结算及竣工决算，提供工程各阶段造价咨询服务；建筑工程造价司法鉴定及相关业务。咨询专业包括土建、安装、装修、市政、水利、园林绿化、公路桥梁、机场码头、地铁及铁路等各个专业。

多年来，公司秉承“诚信第一、质量第一、服务第一、客户想的就是我要做的”服务宗旨，遵守“守法、诚实、公正、严谨”的职业道德，受客户委托，完成了数千个建设项目的咨询业务，其中包括广东电网公司、广东粤电集团、广州新白云机场迁建工程指挥部、广东移动通信有限公司、广东省财政厅、佛山市财政局、佛山市南海区财政局、佛山市禅城区财政局、广东省审计厅、广东省高级人民法院、广州市中级人民法院、广州建设投资监督管理中心及广西壮族自治区公安厅等企事业单位的许多大型、复杂建设项目的造价咨询、工程监理、招标代理及工程全过程项目管理，为政府和建设投资业主节约了大量资金，深受社会各界好评，在市场中建立了良好的企业形象。

地址：广州市解放北路801号桂冠大厦八楼
电话：020-83643131 83643280 83643281
传真：020-83643125
Email:hl@gdhlzj.com

二、公司主要业绩

序号	项目名称	服务类别	工程造价（万元）
1	广州电力大厦	结算审核	44000
2	广东工业大学二期工程体育中心工程	概算审核	15897
3	佛山世纪莲体育中心	概算审核 预算编制	99706
4	广东全球通（新址）初扩设计概算	结算审核	36615
5	广东全球通（新址）安装及装修工程	标底编制	19588
6	东莞金月湾花园工程	预算编制	27000
7	佛山岭南明珠体育馆	概算审核	53336
8	佛山市季华路西延道路（1～4标段）	预算审核	40000
9	广州新白云国际机场航站楼装修工程	预算编制 结算审核	61669
10	广州抽水蓄能电站8*300MW	决算审计	180000
11	广州本田第二工厂厂房建设工程总装车间	预算编制	9633
12	南海清华园小区	工程监理	8000
13	皇朝·比华利云水居	工程监理	20000
14	广州珠江新城丽都雅苑	招标代理	43000

广东省华南工程物探技术开发总公司

广东省华南工程物探技术开发总公司成立于 1988 年 5 月 8 日，是经原广东省地质矿产局(现广东省地质勘查局)和广东省科学技术委会批准成立，在广东省工商行政管理局注册登记，具有独立法人地位、独立承担相应的民事法律责任的国有企业。

公司各类资质证书齐全和完备：具有岩土工程勘查甲级证书、工程物探勘查甲级证书、国家级、省市级工程检测资质证书、质量管理体系认证证书和计量认证证书。主要从事各类岩土工程勘察、各类工程物探、基桩检测、地下管网及各类埋藏物和障碍物探测、土、溶洞勘查探测、公路路面质量检测、钢结构检测、砼结构检测、砖砌质量检测、锚杆抗拔试验、沉降变形型监测、浅层载荷试验、轻型动力触探试验、重型动力触探试验和标贯试验等工作。

公司拥有一支精干的技术队伍，现有职工 61 人，总经理(法定代表人)为许培德同志，各类技术干部 33 人，其中教授级高工和高级工程师 8 人，中级职称 13 人，初级职称 12 人。

目前公司拥有一批世界一流的进口仪器设备和国产最新型的装备，生产厂家来自美国、英国、日本、北京、天津、广州、重庆等地。

公司一直以来贯彻科学发展观，以人为本，以高新技术为依托，经过多年的努力，在广东省、华南地区以及香港地区承担了大量工程项目的工程勘察、工程物探和工程检测等工作，取得了骄人的业绩。相继完成的代表项目有：中、日、美合资的亚美聚脂切片厂工程勘察、美国奥迪斯电梯厂工程勘察、新广州体育馆工程勘察、105 国道广东从化段隧道工程勘察；京珠高速（韶关北段）岩溶路基工程物探勘查、广东省清远市北江三桥工程选址工程物探勘查、香港挡土墙等项目工程物探勘查；广州南沙沙仔岛多用途码头等地质灾害危险性勘查；广深高速、广州机场高速、广州南部快速路、广州大学城、中海壳牌南海石化等项目基础检测；京珠高速逸仙公路改造、国道 324 线等项目公路路面质量及病害检测等。

多年来我单位在上述项目业务中积累了丰富的工程实践经验，技术水平不断提高，一批项目及成果获得各级主管部门的奖励。其中“透地雷达在公路工程质量检测中的应用研究”项目荣获 1998 年广东省科技进步三等奖；“京珠高速公路粤境甘塘－瓮城段 B 标 K113+320－K114－000 斜(滑)坡岩土工程勘察”项目获省地质勘查局 2002 年度优秀岩土工程勘察二等奖，广东省建设厅第九次优秀勘察表扬奖表扬奖；“广东省清远市北江三桥工程选址综合物探勘查”荣获广东省地质勘查局 2005 年科学技术成果一等奖暨优秀工程勘查一等奖，广东省建设厅第十次优秀工程勘察表扬奖；“广州市大金钟—新广从路高架桥综合工程物探勘查”荣获广东省地质勘查局 2005 年科学技术成果二等奖。

本公司本着“质量第一，用户至上”的宗旨，热情为客户服务，连续十二年荣获“守合同，重信用”企业，我们将继续秉承“公正、科学、严谨、诚信”的企业宗旨，更好地为广大客户服务。

总部地址：广州市东风东路 739 号地质大厦 **邮政编码：510080**
基地地址：广州市沙太路燕园路 16 号 **邮政编码：510510**
电话：（020）87734405、87734394、87241932、87734364
传真：（020）87797683 **电子邮箱：hnwtgs@21cn.net**
财务帐号：44001580906050281552
开户银行：中国建设银行广州市沙太支行

广东省地质建设工程集团公司

广东省地质建设工程集团公司（简称广地集团）成立于1992年5月，是经原地质矿产部、建设部批准建立，隶属于广东省地质勘查局，是一家集科研、开发、生产于一体的综合性大型地质勘查、地质灾害防治工程、地基基础工程施工、工程勘察单位。

广地集团下辖8个直属公司、13个分公司和地质环境研究所、岩土设计研究所、测试检测中心。广地集团现有员工636人，其中工程技术人员416人（高级以上86人，中级136人，初级194人），有国家注册土木工程师（岩土）、一级注册建造师等各类专业注册人员42名；拥有各类仪器设备2000多台（套）。总资产20800万元，生产性固定资产净值1821万元。注册金资本5180万元。

广地集团持有地质勘查（水文、工程、环境，地质调查，固体矿产，液体矿产，地球物理，勘查工程施工等）六项甲级、地质灾害防治工程（评估、勘查、设计、施工、监理）五项甲级、地基与基础工程壹级、工程勘察综合类甲级和珠宝首饰加工检测与销售等各类资质证书；通过了安全许可证认证、CMA计量认证和质量管理、职业健康安全管理、环境管理的三标一体化认证；银行信用等级为AA级；连续八年获广东省“守合同重信誉企业”称号。

主要业绩：广地集团近年来先后完成了数百项省内外重点工程项目的施工，包括：

新广州白云机场、广州地铁、广园东路快速干线、昆明高速公路东连接线、京珠高速公路粤境北段、广州内环路、广州珠江新城、深圳地铁一号线、南京地铁新街口站、天津地铁大厦、广州珠江电厂、广州南沙开发区热电厂、广西钦州电厂一期工程主厂房、广西来宾电厂、广东汕尾电厂一期工程主厂、珠海粤裕丰钢铁厂码头、上海宝钢一厂、广州刘屋洲取水泵站等工程勘察和基础工程施工项目;广州保利国际广场、广州中泰广场、广州东山口锦轩现代城、广州金隆园商住楼、珠海海怡湾畔等基坑设计与基坑支护工程施工项目;京珠高速公路粤境北段、粤赣高速公路、广州保利林语山庄、广州白云堡豪苑观光塔等边坡支护工程的勘察、设计、施工项目;阳春大河移民区地陷治理、惠东县荷寿下地陷治理等地灾治理工程设计、施工项目。工程质量与施工管理水平得到了有关单位的广泛好评。

长期以来，广地集团本着“质量第一，信誉第一，服务第一，用户第一”的经营宗旨，弘扬“以人为本，和衷共济，诚实守信，开拓创新”的企业精神，竭诚为社会各界提供优质的服务，愿与社会各界真诚合作，共创美好明天。

地址：广州市东风东路739号地质大厦八楼。
电话：020-37654415
邮编：510080

广东工程建设监理有限公司

广东工程建设监理有限公司成立于1991年10月，具有房屋建筑、公路、市政公用、机电安装和港口与航道工程监理甲级资质、工程招标代理机构甲级资格和乙级工程咨询等资质。

公司成立以来，完成了一大批特大型、大中型的监理、招标代理、项目管理等项目，具有进行工程项目管理、建设监理、招标（采购）代理和工程咨询（含项目代建）的丰富经验。公司技术力量雄厚，拥有一大批高、中级专业技术人员和一大批注册监理工程师、注册造价工程师、注册咨询工程师、注册一级建筑师、注册一级结构工程师、注册一级建造师等；公司管理制度科学和规范，已通过ISO9001：2000质量管理体系和ISO14001:2004环境管理体系、OHSAS18001职业健康安全管理体系认证，能严格按照制度化、规范化、科学化的要求开展服务工作。公司实行办公自动化管理，拥有产权属于自己的办公室，有一批汽车、电脑和检测设备、工器具，能优质高效地完成各项委托服务。公司坚持把优质服务作为企业的生命线，在长期的实践中，逐步形成和坚持了“优质服务”、“全天候监理”、“廉洁自律”的良好做法和作风，所服务的项目，在投资、进度、质量、安全控制等方面取得了显著成效，有不少工程被评为鲁班奖、詹天佑土木工程大奖、国家优质工程银质奖、全国建筑工程装饰奖和广东省、广州市优良样板工程等，深受建设单位和社会各界的好评。

广东奥林匹克体育场

南宁国际会展中心

公司有较高的知名度和社会信誉，两次被评为全国先进建设监理单位，被评为全国建设系统“精神文明建设先进单位”，被国家工商行政管理总局评为“中国守合同、重信用企业”，连续多年被评为“广东省守合同、重信用企业”，多次被评为“广东省直系统文明单位”，荣获广东省委、省政府颁发的“九运会场馆建设贡献奖”，被广东省政府授予2004、2005年度全省重点项目工作先进单位、被评为广州大学城一期工程建设银奖单位，被中国建设监理协会评为“2006年度全国先进工程监理企业”，被评为2006年度广东省先进监理企业、广东省诚信示范企业。

公司始终遵循“守法、诚信、公正、科学”的执业准则，恪守“质量第一、服务第一、信誉第一”和信守合同的原则，以“优秀的员工素质；优质的业务服务；优良的工程质量；保护环境，注重平安，守法诚信，持续改进”为管理方针，一如既往，竭诚为委托单位提供高标准的一流服务。

公司地址：广州市白云路111-113号白云大厦16楼　　邮政编码：510100
联系电话：020-83292521、83292501　　传　　真：020-83292550
网　　址：www.gdpm.com.cn

广东电信广场

惠州市体育馆

广深高速

广州市建筑集团有限公司

广州市建筑集团有限公司（广州市建筑集团）是广州市唯一具有房屋建筑工程施工总承包特级资质的大型综合性建筑企业，同时具有市政公用工程施工总承包、机电安装工程施工总承包、地基与基础工程专业承包、建筑装修装饰工程专业承包、钢结构工程专业承包等多项一级资质以及房地产开发、隧道工程施工、对外工程承包等资质，现拥有18家子公司和广东省重点工程技术研究开发中心、建筑科学研究院、设计院、博士后科研工作站等科研机构，各类专业技术人员、经济管理人员4000多人，业务范围涉及工程施工、机电安装、市政隧道、建筑装饰、建机生产、建材供应、科学研究、业主代建、房地产开发、建筑设计、境外经营、大专教育、物业管理等多个领域。

广州市建筑集团有限公司（广州市建筑集团）始建于1950年。公司笃力践行"建广厦千万，留美景人间"的企业精神，成立56年来，累计竣工面积4000多万平方米，相当于再造了四座旧广州城。继白天鹅宾馆荣获1984年度国家质量金质奖后，中国大酒店、花园酒店、天河体育中心、广州世界贸易中心等15项工程荣获全国建筑工程质量最高荣誉 "鲁班奖"，是全国获得该奖项最多的建筑企业之一。同时，集团公司还获得华夏建设科学技术奖2项，国家优质工程质量奖银奖5项，全国建筑工程装饰奖6项，新技术应用示范工程9项，省级以上工法9项，专利4项，广东省优良样板工程奖70余项，广州市建设工程质量"五羊杯"奖工程60多项及230多项广州市优良样板工程嘉奖。2004年，广州岭南花园住宅小区获第四届詹天佑土木工程大奖；2005年，中海名都花园（机电安装工程）获2005年詹天佑大奖优秀住宅小区金奖；同年10月，广州国际会议展览中心又喜获第五届"詹天佑"土木工程大奖及2005年全国十大建设科技成就等荣誉。

多年来，集团公司先后被评为广州地区企业（集团）综合实力120强第2名，全国"中国的脊梁"国有企业500强，全国先进建筑施工企业，信用特等企业，"连续十五年重合同守信用单位"，被列入国家520户重点企业、建设部33家重点抓好的大型建筑企业、广东省83家和广州市58家重点发展的大企业集团。2005年，在中国企业500强中，集团公司排序第210位。在2005年广东省100强企业中，集团公司排序第22位，列建筑业企业第1位，是广州最具竞争力建筑企业10强之首。

集团公司在大力发展工程建设的同时，不断地进行科研开发与技术创新。"九五"期间，花大气力整合集团系统的研发技术优势。1999年12月经省政府批准，广州市建筑集团有限公司组建了广东省广州建筑重点工程技术研究开发中心，并于 2003年7月通过了省科技厅、省计委、省经委、省经贸委等部门的验收。工程中心的成立大力地推进了技术创新工作，利用一流的设备和高素质的人才优势承担了20余项国家、省、市级科研任务，其中获省级以上科技进步奖6项，市级科技进步奖7项。"十五"期间，集团公司制定了进一步加大科研开发投入力度，大力推进建筑行业内的关键技术课题和大型项目中高新技术课题的研发等技术进步规划。2002年，经国家人事部批准建立了企业博士后工作站，成为广东地区建筑高素质科技人才的聚集地，有效地整合了企业内外的高层次人才优势，对尖端技术进行攻关，取得了显著的效果，为企业及行业的技术进步做出了贡献。同时，加强产学研合作，先后与同济大学、中山大学、华南理工大学等高等院校和科研院所强强联合研究开发一系列高层次、具辐射带动效应的科研课题，为社会造就了一批具备专业理论和实践经验的高级技术人才，为广东省的建筑业发展做出了巨大贡献。

随着中信广场、广州新体育馆、广州国际会议展览中心、广州大学城、广州新白云机场、广州地铁二号线【赤—鹭区间隧道】盾构工程、广州新电视塔等一大批现代化标志性建筑的建成，标志着广州市建筑集团已发展成为技术力量雄厚，市场竞争力强劲的大型现代化企业。

我们热切希望继续与国内外同仁及社会各界人士密切合作，携手并肩，共创美好明天！

广州市第二建筑工程有限公司

80层中信广场获国家优质工程银质奖

广州市第二建筑工程有限公司是广州建筑施工的主力军，具有房屋建筑工程施工总承包、市政公用工程施工总承包国家壹级资质；建筑装修装饰、机电设备安装工程专业承包等国家贰级资质。公司获得中国对外经济合作经营资格及中国商务部核准的外援工程资格，具有承包境外工业与民用建筑工程和境内国际招标工程资质。率先通过ISO9001质量管理体系认证，有一整套科学管理体系和为客户提供优质、高效服务的综合实力。

50多年来，广州二建承建了1000多项工程。白天鹅宾馆获首届国家优质工程金质奖；80层高的广州市地标建筑中信广场荣获国家优质工程银质奖；广州岭南花园住宅小区荣获国家詹天佑土木工程大奖；广东省人民银行和广州市建设银行营业大楼、天河体育中心游泳馆、南方日报采编楼、广州大学城中山大学图书馆4项工程荣获鲁班奖，其中大学城中山大学图书馆刚获得第二届（2006）年全国建设工程优秀项目管理成果三等奖。上世纪80年代以来，荣获国家级奖项、省市优良样板工程和五羊杯工程奖共126项。上世纪90年代以来，承建30层以上高层超高层建筑23项，具有高层超高层施工技术实力和管理经验。98年《羊城晚报》组织市民评选“羊城之光”十大建筑，有广州二建承建参建的工程占6项。2004年10月，不到一年时间，胜利地完成32万多平方米、超8亿施工总承包的广州大学城中山大学（一期）工程。改革开放20多年来，广州二建与时俱进，不断进行经营机制、管理体制、施工技术创新，充满生机活力，取得长足发展。大力开拓地铁、市政、桥梁、高速路，以及境外市场。荣获“全国优秀施工企业”、“全国用户满意施工企业”、全国科学技术奖“技术创新先进企业”、“全国建筑业新技术应用先进集体”、全国“质量、服务、诚信示范单位”、全国“工程建设科技创新示范单位”，省先进企业、广州市“三年一中变”标兵单位、“连续十五年重合同守信用单位”等殊荣。

展望未来，广州二建将一如既往地发扬“团结拼搏，求实创新”的企业精神，坚持“用诚信、质量和服务，赢取企业信誉；靠科技、管理和创新，打造精品工程”质量方针，为客户提供更高品质的产品和更加优质的服务。

地址（ADD）：中国广州市法政路50号（50 Fazheng Road,Guangzhou China）邮政编编：510045

电话（TEL）：+86 20 83558216　　传真（FAX）：+86 20 83550883　网址（http）:www.gej.cc

广州大学城中山大学图书馆2006年获中国建筑工程鲁班奖

广州市建筑机械施工有限公司

始建于1960年的广州市建筑机械施工有限公司，是广州市建筑集团有限公司属下具有独立法人资格的全资子公司。

经过四十多年的发展壮大，本公司已形成拥有资产总额6亿多元，年总包产值15亿元发上，以工业与民用建筑为主，集市政道桥、建筑装修装饰、地基与基础、土石方、混凝土预制构件和钢结构制安等多种专业能力于一体的综合性建筑施工企业，专业技术力量雄厚，机械设备配套齐全，具有房屋建筑、市政工程总承包一级资质，地基与基础、建筑装修装饰专业承包一级及钢结构、机电安装、土石方、混凝土预制构件专业承包二级资质。同时，还相继拓展了房地产开发、房屋拆迁安置等经营业务。目前，本公司有从业人员近1000人，有经济、技术职称的管理人员400多人，其中高、中级工程技术人员100多人（高级工程技术人员近30人）；项目经理80多名。具有与企业生产经营相适应的大中型机械设备230多台（套）。属下共有土建、装修、基础地基、道路等多个基层生产施工单位，两间生产场地共14万平方米、年生产能力共达6万立方米以上的混凝土预制构件厂。为全国500家最大经营规模建筑企业，2006年入选广州市“百强企业”。

近几年来，公司注意根据市场变化，确定市场目标，调整经营思路，对内强化管理，对外塑造形象，开拓创新，全力打造综合能力最强的服务品牌企业，有效地促进了企业的持续稳定发展。1998年通过ISO9002质量体系认证，2004年通过质量、环境保护和职业健康安全“三位一体”认证，1986年起连续19年获得广州市工商行政管理局评定的“守合同、重信用”单位称号，2002-2003年度被评为广州市精神文明先进单位、安全生产先进单位，并获得全国“安康杯”竞赛省优胜企业称号。2005年被评为全国用户满意施工企业、全国建筑业企业工程总承包先进企业。2006年被CHC全国高科技质量监督促进工作委员会评为“全国科技创新质量管理先进单位”。并且，积极参与了广州体育馆、广州国际会议展览中心、广州大学城广州中医药大学校区、广东省博物馆等众多省市重点工程项目的建设，仅自2002年起至今，公司先后荣获中国建筑工程鲁班奖1项、国家优质工程银奖4项、省市优良样板工程奖60余项，省市安全文明施工样板工地40余项。

苟日新，日日新。面对日益发展的建设要求，机施人小步快跑，不断学习吸收新理念、新方法、新工艺、新技术，不断优化人才、技术、劳务、材料及机械设备等资源的水平，不断在管理机制、技术产品、企业文化等方面创新，使企业焕发恒久的活力,并藉此力求将每一个项目雕琢成精品，做新时代的鲁班。目前，企业现正向着特大型工程、复杂工程总策划、总承包的方向探索，力求跻身省内最具综合服务能力的大型建设企业之列。

德不孤，必有邻。我们始终坚持遵规守法，将促进社会文明和经济发展作为办企宗旨；我们始终坚持诚实守信，将竭尽所能为顾客服务作为立业之本；我们始终坚持平等双赢，将追求与分包商、供应商等战略伙伴的和谐互利作为发展之基；我们始终坚持关爱互助，将物质富裕、精神富足，成就员工全面发展作为动力之源。

涓涓不息，将为江河。秉承建广厦千万、留美景人间之理想，愿与各界人士真诚合作，让我们一起把家园建设得更美好！

地址：广州市南堤二马路28号
邮　编：510115
电话：020-83199660
传　真：020-83382462
企业网址：http://www.gzsjjs.com
电子邮箱：yx@gzsjjs.com

广州国际会展中心获国家优质工程银奖

新广州体育馆 获中国建设工程鲁班

广州国际会议展览中心

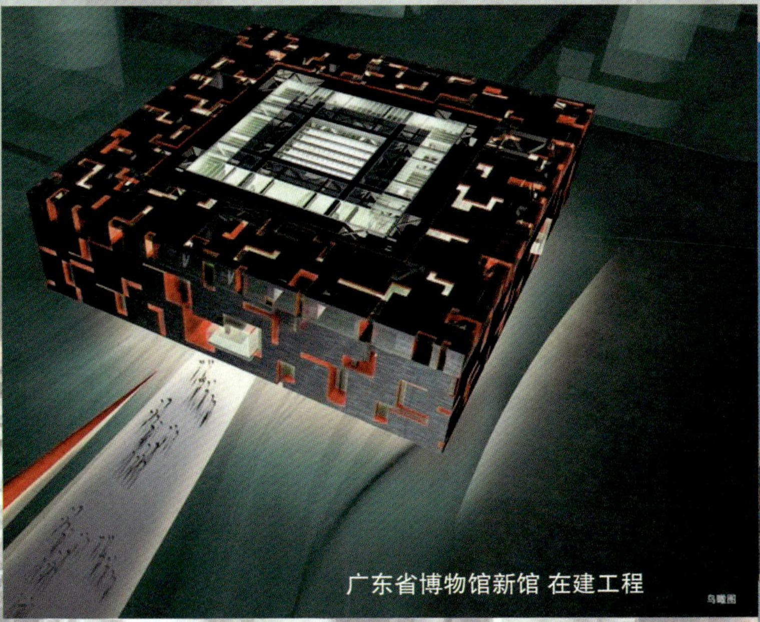

广东省博物馆新馆 在建工程

鸟瞰图

广州大学城广州中医药大学 (3)办公楼

代表工程：

广州大学城广州中医药大学校区一、二期工程（该项目由34个单位工程组成，其中一个单位工程（广州大学城广州中医药大学药科楼）获评国家优质工程银奖，10个单位工程获评省样板，23个10个单位工程获评市样板，5个10个单位工程获评结构样板工程奖）

广州大学城广州中医药大学 (7)药科楼

广州大学城广州中医药大学 (6)国际楼

广州市建筑集团有限公司
装修分公司

广州市建筑集团有限公司装修分公司是广州市建筑集团有限公司直属分公司，代表广州市建筑集团管理装修工程项目，是广州市建筑装修行业的先行军。作为分公司，充分发挥集团公司专业设计、施工、管理一条龙服务的优势，塑造出一批品质卓越、质量上乘的精品工程，受到社会各界的好评。

我们将秉承集团公司“建广厦千万，留美景人间”的企业精神，坚持依靠科技进步求发展，以质量诚信塑品牌，敞开胸怀，与社会各界朋友携手并肩，真诚合作，共创新的灿烂和辉煌。

公司地址：广州市广卫路4号建工大厦409室

电话：83344050　　传真：　83344051　　邮编：510030　　mail：gzzhxiu@vip.163.com

广州市白云国际会议中心

广西梧州江滨国际大酒店

广州市松园宾馆

东莞塘厦三正半山酒店

广东广建项目管理有限公司

GUANGDONG GUANGJIAN PROJECT MANAGEMENT CO., LTD.

公司简介

广东广建项目管理有限公司是广州市建筑集团有限公司改制分立企业，成立于2006年1月，主要从事工程项目投资策划、项目代建管理服务、项目建议书、项目可行性研究、项目融资、投资咨询、工程招标代理等业务，具有国家颁发的工程咨询乙级资质和广东省建设厅颁发的工程招标代理乙级资质，公司已通过ISO三位一体管理体系认证，是中国工程咨询协会及广东招标协会的会员单位。

我们深信：精简高效的组织机构，丰富的工程项目管理经验，综合的咨询管理能力，严密的管理体系以及雄厚的技术依托力量将使广东广建项目管理有限公司能胜任各类工程咨询、项目管理、招标代理等业务。我们期望通过金质的服务，与您共创美好的未来。

主要代建项目业绩

1/2/3/广州歌剧院项目

4/萝岗中心医院项目

5/惠州市文化艺术中心项目

6/广州市智能交通管理指挥中心

7/广州市第八人民医院迁建一期工程

8/广州市公安局水上反恐训练场项目

9/广州市药品检验所扩建实验楼项目

10/广州市委党校改造项目

地址：中国广州市广卫路4号501

Add:Room501, No. 4GuangWei Road. Guangzhou, China

邮编/P.C：510030

电话/Tel:(020)83325961

传真/Fax:(020)83326350

E-mail:gzgjpm@yahoo.com.cn

广州市建筑集团有限公司
第一建筑工程分公司

广州市建筑集团有限公司因生产经营及申报资质的需要，经批准于2001年7月26日将全资子公司“广州市第一建筑工程有限公司”并回“广州市建筑集团有限公司”，名称变更为“广州市建筑集团有限公司第一建筑工程分公司”。公司是广州建筑施工的主力军，具有房屋建筑工程施工总承包特级、市政公用工程施工总承包壹级、机电安装工程施工总承包壹级、地基与基础工程专业承包壹级、建筑装修装饰工程专业承包壹级、钢结构工程专业承包壹级、体育场地设施工程专业承包贰级及建筑防水工程专业承包贰级等资质。

公司技术力量雄厚，生产规模不断扩大，施工实力逐年增强，年承建产值突破21亿元。1985年至2005年获得省、市优良样板工程质量奖项共104项，其中花园酒店、天河体育中心、宜安广场、好世界广场、天河商旅12-2、3栋、广州新体育馆、东山雅筑(一期)分别荣获1987、1988、1998、1999、2001、2003、2004年国家建筑工程鲁班奖；广州国际会议展览中心工程获得2004年国家优质工程银质奖和第五届詹天佑土木工程大奖、2005年全国十大建设科技成就奖；1998年至2005年获得广东省、广州市安全文明施工样板工地35项，还有一批项目被评为广州市文明施工工地；2000年至2001年连续两年获得全国“安康杯”竞赛优胜企业称号。2003年至今未发生重大事故情况，按合同完成工程，无不文明事故或不合格工地情况。

近年来公司承接了一大批大型标志性工程的建设任务，其中包括总建筑面积100多万㎡的广州国际会议展览中心一、二、三期工程；建筑面积30.77万㎡的广州大学城房建一期广东工业大学工程；建筑面积23万㎡的广州大学城校区二期待建项目工程（第一标段）；总高度610米的广州新电视塔；432米高度的珠江新城西塔；建筑面积20万㎡的广州市珠江新城核心区市政交通项目主体土建施工及施工总承包管理配合服务二标（地下空间）；建筑面积16.6万㎡的金沙洲新社区工程第一施工标段等。

公司已建立完善的管理体系，具有“质量、环境、职业健康安全”三位一体管理体系认证，具有良好的质量控制体系；被国家工商行政管理总局评为“全国守合同重信用企业”，被广州市工商行政管理局评为“信用特等单位”、“连续十八年守合同、重信用单位”，具有良好的银行信用，总授信额度近十亿元，银行信用等级为“AAA”级，是国家二级企业档案工作达标管理单位，受到社会各界的广泛赞誉和信赖。

广州国际会议展览中心项目（首期）
2004年国家优质工程银质奖
第五届詹天佑土木工程大奖
2005年全国十大建设科技成就奖

广州花园酒店
1987年首届建筑工程“鲁班奖”

广州国际会议展览中心（三期）

广州新电视塔（610m高）

广州天河体育中心运动场
1988年第二届建筑工程“鲁班奖”

宜安广场
1998年建筑工程“鲁班奖”

天河商旅122、3幢（荟雅苑）
2001年建筑工程“鲁班奖”

广州市好世界广场
1999年建筑工程“鲁班奖”

东山雅筑一期工程
2004年建筑工程“鲁班奖

公司与广州粤建三和软件有限公司、广州一洲信息技术有限公司联合研制而成的《建筑工程施工安全辅助设计系统》，在2006年12月通过建设部的科技成果评估（建科评〔2006〕044号）（广州市科技局登记号：GK07036），并认定该产品为国内领先水平。

公司将继续努力实践着“建广厦千万，留美景人间”的企业精神，遵循持续改进、质量取胜的原则，坚持“科学管理、全程监控、优质高效、顾客至上”质量方针，以优质的服务和优良的工程满足顾客及社会的需求。

公司地址（ADD）：中国广州市广仁路1号12楼(12/F GuangRen Plaza,1 GuangRen Road,GuangZhou China)
邮政编号：510030
电话（TEL）：+86 20 83839988
传真（FAX）：+86 20 83833294
网址（http）：www.gzmcg.com

珠江新城地下空间

广州市第三建筑工程有限公司

广州市第三建筑工程有限公司成立于一九五四年，以房屋建筑、市政工程及相关业务为主，以装饰装修、建材试验、机械租赁等为辅，具有房屋建筑工程总承包壹级等9项资质，形成了一套有效的企业管理现代化模式，成为拥有8家控股或参股企业的综合性公司。是“广东省先进企业”和“广州市信用AA级企业”。

从1996年开始实施ISO9002质量管理体系，1997年4月通过了中建协质量认证中心的认证。2002年又开始实施环境管理体系和职业健康安全管理体系，2003年5月取得认证证书，成为广州地区建设系统首家获得三个体系认证的企业。2003-2006年创建出广州体育馆鲁班奖工程1个、广州大学城华南理工大学院系办公实验楼1－18、1－19国家优质工程奖1个、广东省“金匠奖”工程1个、广东省优良样板工程10个、“五羊杯”工程2个、广州市优良样板工程28个。三年竣工交付使用的工程合格率100%，没有出现因工程质量问题而被投诉。在建筑施工中积极推广应用建设部十项新技术，并不断技术创新。编写的《高层建筑、筒仓液压滑升模板工法》、《布袋桩施工工法》、《人工成槽连续墙施工工法》分别被评为广东省工法，并荣获广东省建设系统科技进步三等奖以及被评定为广州市科技成果。公司被评为2000年度广州地区建设科技信息工作先进单位和2000-2001年度广州市墙体革新工作先进集体。QC小组活动“三率”在广东省建设系统名列前茅，成绩显著，因而连年获殊荣。2003-2006年被评为全国优秀QC小组3个，全国工程建设优秀QC小组6个。2003年被评为全国工程建设QC小组活动优秀企业，2004年度被评为全国工程建设质量管理优秀企业、全国用户满意施工企业、广东省质量管理小组活动优秀企业，2005年被评为全国工程建设QC小组活动优秀企业，2006年被评为全国工程建设科技创新示范单位。

公司坚持“信守合同、规范施工、质量创优、用户满意”的质量方针，以工程质量好，施工速度快，服务态度好，地赢得广大用户的赞誉。

地址：广州市东风东路510号
电话：020-83834010
传真：020-83831970
邮编：510050

佛山岭南明珠体育馆工程荣获广东省安全文明样板工程奖

广州大学城华南理工大学院系办公实验楼1—18、1—19工程，荣获国家优质工程奖

广州中洲中心工程荣获广州市优良样板工程奖

广州体育馆工程荣获鲁班奖

广州市第三中学综合楼工程荣获广东省优良样板工程奖

广州地铁二号线中大站土建工程被评为广州市安全文明样板工程奖

诚信敬业 开拓创新

广州市第四建筑工程有限公司

广州市第四建筑工程有限公司，简称“广州四建”，成立于1956年，是一家历史悠久、技术力量雄厚、不断改革发展创新、建设业绩卓著的建筑施工企业。本届领导班子于2000年成立后，锐意改革兴企、文化建企，几年来通过不间断地贯彻和实施自身的发展战略，使广州四建走上健康发展的道路。生产经营能力与规模每年约8至10亿元人民币，年竣工工程面积约40至50万平方米。2004年的总包工作量达到了创历史纪录的14.9亿元，年竣工工程面积达88万平方米；2005年完成总包工作量12.6亿元，年竣工工程面积达51万平方米。

公司具有房屋建筑总承包、机电设备安装专业承包、建筑装修装饰专业承包和附着升降脚手架专业承包等4个壹级资质，以及市政公用工程施工总承包、地基与基础专业承包、钢结构专业承包等3个贰级资质。通过了银行AA信用登记和授信的审定，被评为广州市地方纳税信誉A级企业。被评为广州市连续20年“守合同，重信用”单位、2006年广州市100强企业。

公司每年引进一批专业对口的、大专以上学历的新人，对在职员工进行继续教育、岗位技能培训和现代管理知识培训，员工的年龄结构、文化结构和专业结构正逐步改善。目前40岁以下的员工占在岗员工总数51%，41岁至50岁的占28%，51岁以上的占21%。具有大专以上学历的占55%，具有各级项目经理资格证的占28%，有各类职称的员工占在册员工总数的73%。

广州四建于1996年在广州建筑业界率先取得IS09002国际质量管理标准（1996版）的认证，并通过持续改进，2003年成功地从1996版转换为2000版；2002年取得IS014000环境管理标准认证，2006年成功地从1996版转换为2004版；2003年取得国家职业安全健康标准认证。公司一贯注重推广国家建设部提倡的新技术、新工艺、新材料、新设备，质量、安全、文明管理一直走在业界前列。 1996年在广州地区独家荣获国家建设部首评的、四年有效的“全国工程质量管理先进企业”称号，2000年在广州地区再次独家荣获四年有效的“全国工程质量管理优秀企业”称号，1998年荣获中国建筑业协会颁发的“创鲁班特别荣誉奖”。自上世纪九十年代以来，广州四建在工程合格率100%的基础上，工程优良率达80%以上。创出了广州市优良样板工程65项，“五羊杯”工程12项，珠海市样板工程1项，惠州市样板工程1项，佛山市样板工程1项，广东省优良样板工程28项。创出了6个国家建筑质量最高奖工程鲁班奖工程。是目前广东省荣获鲁班奖工程最多的施工企业。

广州四建在发展广州地区业务的同时，成功开拓了佛山、珠海、惠州、中山、新丰等地的建筑市场，先后建成了一大批高级的商业楼宇，高尚的商品住宅，优雅的大中小学校府，功能先进的厂房、医院、体育场馆，以及市政道路、地铁工程设施等，参建了广州国际会议展览中心工程和广州新白云国际机场工程，不少工程成为地区有影响的、标志性的工程。

“先进的施工管理、先进的施工技术、先进的企业文化”是广州四建培育核心竞争力的努力方向。“建广厦、留美景，筑精品、交挚友，凝合力、齐创业”是广州四建员工共同的企业价值观。“团结、民主、务实、创新，安全、优质、文明、高效”是广州四建的企业精神。近年因企业文化建设成绩，公司被评为“广东省优秀企业文化突出贡献单位”。

惠州体育馆工程-2005年度惠州市优良样板

广州市兴丰生活垃圾卫生填埋场工程-2006年度广州市样板工程、2005年度国家市政金杯示范

大学城信息枢纽中心

公司领导班子成员

广州市房屋开发建设有限公司

广州市房屋开发建设有限公司（简称广州房建），成立于1965年6月，是广州工程总承包集团有限公司属下具有独立法人资格的国家房屋建筑工程施工总承包一级、建筑装修装饰工程专业承包一级、园林古建筑工程专业承包一级企业。公司同时具有市政公用工程施工总承包二级、文物保护工程施工二级、地基与基础工程专业承包二级、机电设备安装工程专业承包二级、土石方工程专业承包三级和房地产开发、拆迁拆卸、房屋建筑设计及物业管理等资质。

公司注册资本金5031万元，净资产8200多万元，各类技术和经济管理人员近400人，是一家以建筑施工为主业，集房地产开发、 建筑设计、古建筑修葺、物业管理、中介服务和商贸等产业为一体的多元化综合型企业。1997年9月通过ISO9001质量体系认证，2004年1月通过质量、环境、职业健康安全一体化管理体系认证。

公司前身是广州市房屋修缮工程公司，曾用名：广州市房屋经营建设公司、广州市房屋经营开发建设公司。四十多年来，公司积累了丰富的生产经营管理经验，打造了扎实的施工技术基础和雄厚的经济实力，不断实践可持续发展的科学观念，树立了鲜活的企业品牌形象。近十年来，公司先后被评为省级先进企业、中国500家最大建筑业企业、连续十五年守合同重信用企业、广州市安全生产先进单位、广州市优秀建筑企业、全国工程建设质量管理优秀企业、中国工程建设科技创新示范单位。历年来，公司施工的工程项目有50多项被评为省、市优良样板工程和“五羊杯”奖工程，其中天河商旅124、6（荟雅苑）获2001年度中国建筑工程鲁班奖（国家优质工程）。公司在广州地区同行业中享有良好的信誉。

公司的经营理念是：竭诚守信、品质至上、客户优先、企业创新。

广州房建

GBDC

董事长：冯信望
总经理：郑铭
地址：广州市广卫路15号之一
邮编：510030
电话：020-83333192
020-83330384
传真：020-83393776

古建筑修葺工程“陈家祠”

自行开发和施工的“印象东山”

获2001年度鲁班奖工程的“荟雅苑”

即将竣工的易通大厦

广州市住宅建设发展有限公司

广东省中医院综合门诊大楼
获2006年中国“詹天佑”土木工程大奖

公司地址：广州市文德路67-69号金德大厦14-16楼
联系电话：83226223
传真：83226300
邮编：510030
电子邮箱：gzzjlrb@163.com

公司成立于1957年11月，是国家建设部核定的房屋建筑施工总承包一级和建筑装修装饰工程专业承包一级国有企业，同时还具有预拌商品混凝土、建筑勘探、市政工程专业承包、钢结构专业承包、房地产开发、片地抗拒迁、物业管理等各种专业经营资质。

公司还是国务院核定我国最早承建最高层建筑的施工企业，早在上世纪60代末70年代初便以承建当时最高的广州新爱群大厦（18层）、广州宾馆（27层）、广州白云宾馆（32层）而名闻海内外。改革开放以来，公司各项工作稳步发展，曾先后获广州广州地区建筑综合经济实力十强企业第一名、中国500家最大经营规模和最佳经济效益建筑企业、中国建筑施工综合实力百强企业等荣誉称号，每年有大量的工程获国家、省、市优质工程奖项，其中承建的“积德花苑”工程首次成为广东地区第一家以住宅楼建筑而获国家“鲁班”工程奖，所承建的广东省中医院综合门诊大楼以极高的科技含量获2006年中国“詹天佑”土木工程大奖。

汕头市城市建设监理公司

汕头市城市建设监理公司成立于1994年，是具有独立法人资格的全民所有制企业。公司先后取得了国家建设部核发的甲级监理单位资质证书和建设工程招标代理甲级资质证书。公司于2000年8月通过英国标准协会（BSI）ISO9001:2000国际质量体系认证；通过ISO14001：2004环境管理体系、GB/T28001-2001职业健康安全管理体系认证。

公司经营城市建设工程监理：包括商住楼宇、办公楼、厂房、学校、医院、酒店等公共建筑及市政道路、给排水、设备（智能）安装、高级装修等工程；代理工程招标及造价咨询。

公司现有建筑、结构、电气、水暖、设备、路桥、造价、计算机应用、经济、财会等专业技术人员130多名，其中，注册监理工程师37名,注册造价工程师8名，注册质量师、安全师6名，工程师及高级工程师81名。公司现已建立了一套完整、科学的监理管理模式，并根据ISO9001质量体系的要求制定了企业质量手册和程序文件。目前，各在监工程项目配备了计算机及相应的管理程序，基本实现了网络化的电脑管理。

公司成立以来承接工程项目包括公共建筑、办公大楼、宾馆、医院、大型住宅区、工业厂房、学校、公路、市政设施等，建筑面积约800万平方米，总投资额约110亿元。主要代表性工程项目有汕头市林百欣国际会议展览中心、汕头市政府办公大楼、澄海区党政机关办公大楼、汕头市中级人民法院审判综合楼、汕头市工商局办公楼、汕头君华大酒店（五星级）、汕头市中心医院住院大楼、汕大医学院第一附属医院综合医科大楼、汕头市疾病预防控制中心、粤东信息大厦、国际海缆汕头登陆站、汕头市第一中学新校区、澄海职业技术教育中心、汕头烟草专卖局卷烟配送中心、深圳市健马科技园、汕头特区成德工业村、蓝水星主题公园、汕头中心城区东区市政道路、东莞中信东泰阳光澳园假日住宅区、汕头市广厦新城住宅区、汕头锦泰花园住宅区等，并有48个工程项目获得广东省和汕头市优良样板工程称号。公司自1998年以来连续被汕头市建设局、广东省建设厅评为“先进监理单位”和“先进企业”，连续四年被授予“守合同重信用企业”称号，并多次被国家、省、市新闻传媒报道。

公司质量方针：“规范、科学、优质、进取”。

公司质量目标：1.项目工程质量验收合格率100%。2.合同履约率100%。3.业主满意率95%以上。

公司将以良好的监理素质和完善的质量管理体系，为客户提供优质高效的服务。

您的委托，我必承诺，城市监理。

法定代表人、总经理：黄勃生

地　址：广东省汕头市长平路73号
邮　编：515041
电话总机：0754-8910188、8244734
传　真：0754-8626768

东莞市中信新天地商住楼工程

汕头市第一中学新校区工程

汕头市博物馆装修工程

汕头市华信广场商住楼工程

汕头市嘉泰雅园商住楼工程

汕头市黄河路东延工程

汕头市华兴冶金备件厂新厂区工程

汕头市解放桥维修加固工程

汕头市一家人厂房工程

汕头市林百欣国际会议展览中心

广州华南路桥实业有限公司

广州华南路桥实业有限公司是一家由华南（香港）快速公路发展有限公司和广州市隧道开发公司（广州市市政园林局下属单位）共同组建，经国家工商行政管理局批准，于1996年4月28日在广州依法注册成立的具独立法人资格的中外合作企业。

华南路桥公司是广州首家“项目法人负责制”路桥交通企业，目前主要负责广州市重点市政交通工程项目——华南快速干线及其配套设施的策划、设计、兴建和经营管理。公司总部设在广州岑村五山路华南快速干线管理中心，下设6个一级部门、9个二级室和10个收费站，现有员工近800人。2002年初，公司通过德国TUV莱茵公司ISO9001：2000质量体系认证，实现企业管理与国际质量管理体系接轨。

华南路桥公司成立以来，成功投资经营了华南干线一、二期项目，企业事业一日千里，蒸蒸日上。目前，公司已发展成为一家注册资金4.95亿元、资产达35亿元（未计三期项目）、车流量和年收入逐年增长的大型路桥企业，综合实力在广东省内同行中位居前列。

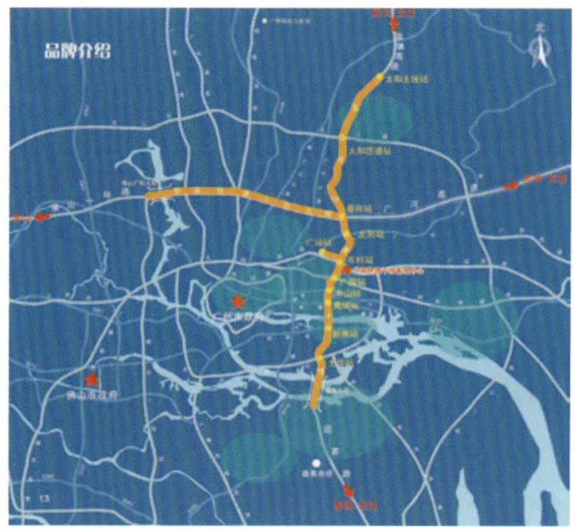

华南路桥公司投资建设的华南快速干线系统工程是广州市总体发展战略规划中联结西翼、北翼、南翼大组团的重要基础设施，距广州新城市中轴线仅1.5公路。它呈现“┤”形，北接韶关、南连番禺、西通佛山、东联拟建的广河高速公路直达惠州、河源，全长约55公里，总投资约58亿元人民币，整体建设分三期完成。广州华南快速干线作为省市重点工程项目，其已建成通车的华南干线一、二期项目是京珠高速公路国道干线广州境内的重要组成部分，被誉为“广州南北交通大动脉”。它的建成通车，实现了广州市道路主骨架与京珠高速公路联网，标志着广州的公路网从此并入全国公路主骨架。从北京走京珠高速经华南快速干线抵广州后，即可进入珠三角高速公路网，直达佛山、中山、珠海、深圳等整个珠三角地区，并将进一步辐射华南地区。它的建成对改善广州市路网布局、提高广州市道路通行能力起着重要的作用，对进一步促进广州市作为珠江三角洲的政治、经济、文化中心具有重大意义。

电话：020-38765300
传真：38765301
地址：广州天河五山岑村路
邮编：510640

求实　创新　团结　高效

广州市新光快速路有限公司

新光快速路位于广州市新中轴线上，是根据广州市总体发展规划的“南拓”战略的城市主干道。起点位于天河区花城大道，向南跨过珠江至番禺区光明北路，全长 19.9 公里，设计时速为 80 公里/小时，设双向 8 车道；全线设置特大桥 2 座（猎德大桥、新光大桥）；大桥 2 座（三枝香大桥、石榴岗大桥）；互通式立交 9 座；下穿隧道 1 座；配套建设隧道管理中心和交通管理中心等设施。

新光快速路项目由广州市新光快速路有限公司负责融资、建设、运营和还贷。新光快速路有限公司于 2003 年 3 月份注册成立，公司一成立，立即进入边组建边工作的状态，从编制工程可行性研究报告开始，经过方案设计、初步设计、施工图设计、施工建设等阶段。全线途经三区、七镇（街）十七个村，以及万亩果园、长隆野生动物园等敏感地带，涉及到规划、国土、建设、交通、环保、海事、航运、港务、农业、林业、质监、安监等 40 多个部门，参建的设计、施工、监理、科研、检测、监控等 100 多个单位，协调工作量大。新光快速路设施既包括市政道路的所有项目，也涵盖高速公路的全部内容，桥梁、隧道、高架、立交、供水、供电、排水、照明、通讯、人行道（天桥）、绿化带、观光电梯及交通安全、监控收费设施等一应俱全，建设难度大。从“项目可行性研究”开始到建成通车，只花了三年零七个月，建设工期紧。已完成的项目工程质量合格率达 100%，优良率达到 85%以上，满足设计和规范要求。施工安全方面无论是在珠江水面底下 40 多米深的基础施工还是水面以上 100 多米跨度大的桥拱部位，无论是地质条件极差的隧道还是深基坑、高支模、大跨度吊装等，均全面实现了安全生产，未发生一起施工安全事故。

新光大桥、新光隧道、绿化工程是新光快速路的亮点工程。尤其是新光大桥，建成后成为新广州中轴线上的标志景观建筑，是世界上第一座三跨钢箱桁架与钢筋混凝土 V 型刚结构结合的钢混组合体系桥，也是世界上第一座采用“低位拼装、滑移上船、浮运就位、垂直提升、梁式合拢”安装技术的大型拱桥。

新光快速路一期工程（海珠区新港中路至番禺区光明北路）于 2003 年 12 月 8 日开工，在市政府、市建委的正确领导下，新光公司领导班子带领全体员工历经三年多的奋力拼搏，在新光大桥技术标准高，全线拆迁难度大，立交设计方案变化大的情况下，公司全体员工紧密团结在领导班子周围，团结协作，克服困难，建成了一条高标准、生态型的城市快速路。新光快速路一期（海珠区新窖南路至番禺区光明北路段）于 2006 年 9 月完成土建工程，2007 年 1 月完成了收费站场及收费系统土建设及设备安装工程，2007 年 1 月 20 日正式开通试运行，2007 年 2 月 10 日开始对过往车辆收取通行费。该路自运行以来，得到社会各界的好评，一致称赞新光快速路建设难度最大，创新技术最多，安全生产最好，景观效果最佳的一条南北交通大动脉。极大地有利于广州市中心区与番禺区之间的交通和城市发展。

广州市新光快速路有限公司
二 00 七年六月二十九日

新光大桥

新光大桥全长 1082 米，宽度 37.62 米，双向六车道，两侧设置了 2×3 米的观光人行通道，南北两岸各设置 2 座观光电梯。主桥跨度为 177 米+428 米+177 米，是世界上第一座三跨钢箱桁架与钢筋砼 V 型刚构结合的钢混组合体系桥，是世界上第一座采用“地位拼装，滑移商船，浮运就位、垂直提升、梁式合拢”拱肋安装技术的拱型桥。全桥用钢量不足 1.4 万吨，是世界上大跨度钢拱桥中用钢量最省的桥梁。新光大桥以新颖独特的结构体系，气势恢弘的优美造型，恰似一只展翔的“大雁”，象征着广州经济的腾飞。

嘉诚国际公寓

开发商:广州市天诚记地产开发有限公司
承建商:湛江市粤西建筑工程公司广州分公司
总建筑面积:51000多平方米,地下室友一层,裙楼四层,住宅25层
建于2005年1月,于2007年4月交付使用。
该公寓是集商业与住宅于一体的星级装修标准的单身商住公寓

金圆中心工程(概况)

东莞市金圆中心是由中国人民银行东莞分行投资兴建的多功能综合楼,位于东莞市可园南路1号。该建筑物地下室两层,裙楼四层,塔楼33层组成,建筑面积为4.2万平方米,建筑高度为136米。按功能划分为:1-4层为营业部和办公室,5-13层及15-33层为办公用房,14层为避难层。一层层高为3.6米,2-4层层高为4.8米,标准层层高为3.4米,14层层高为4.8米。外墙全部采用进口玻璃及铝板幕墙。

广西路桥大厦工程(概况)

广西路桥大厦，位于广西南宁市中华路17号，是一座集办公、酒店和旅业于一体的综合楼，建筑面积3.36万平方米。该工程荣获2002年度全国优质工程鲁班奖。广西路桥大厦为钢筋砼框架筒体结构体系，地下二层，地上三十层。1-5层裙楼作五星级酒店用，裙楼长48.6M，宽37.8M，层高4.5M；塔楼6-20层为标准客房，21层以上为办公会议用房。塔楼长为40M，宽27.6M，层高3.3M。大厦外墙正面及两侧立面为玻璃幕墙，背立面铝合金窗，墙面贴100*100面饰砖。

湛江市粤西建筑工程公司

公司党委书记、总经理：黎春盛

湛江市粤西建筑工程公司是国家一级建筑施工企业、全国先进集体建筑企业、广东省先进集体、广东省先进企业、广东省优秀企业、创全优工程先进企业、连续十八年守合同重信用企业。于1951年成立，其前身是吴川县建筑工程公司，是吴川市成立最早的国营建筑企业。公司本部设在吴川市解放北路6号。拥有各类专业技术职称人员420人，其中中级以上职称94人，项目经理68人（一级项目经理21人）， 施工机械设备1372台，动力装备率5.7千瓦/人，技术装备率1.31万元/人。注册资本金6850万元。下属分公司、厂25个。其中以广州、中山、东莞、珠海、深圳、湛江的经营规模较大。1990-2000年期间，共完成施工产值166325万元，竣工面积187.4347万平方米，工程质量合格率100%，优良率在51.8 %以上，荣获市级优良样板工程奖53项，省级优良样板工程奖10项，全国优质工程鲁班奖1项。

国贸城市广场

湛江市“国贸城市广场”位于人民大道南东侧，工程总建筑面积为125407M^2，采用钢筋混凝土部分框支剪力墙结构，人工钻孔桩和管桩基础，一个大盘上托四座塔楼。按特一级抗震设防。地下室三层为车库和附属设施用房，地上一至五层为商场超市：第一层层高5.8M，2—4层层高5M，五层层高6M，6层为4.2M架空花园，7—27层为商住楼，层高3M，5个单元，每单元三梯五户。外墙为铝幕材墙，门窗分别采用钢化玻璃门、铝合金门及铝合金窗。立面丰富多姿，错落有序，具有鲜明的立体效果。

深圳市新洲阳光雅居(概况)

新洲阳光雅居工程位于深圳市福田区，东临新洲三路，南为新洲八街，西为新中苑，北为新洲九街。总用地面积5932.5M^2，总建筑面积为58868.51M^2。地下室一二层层高为5.2M和4M。首层层高7M，二层为架空层层高

番禺职业技术学院

番禺职业技术学院建筑与艺术设计系

建筑工程技术专业

番禺职业技术学院建筑与艺术设计系现有建筑工程技术、工程造价、装潢艺术设计、环境艺术设计、产品造型设计、影视动画、皮具设计、多媒体艺术设计等8个专业，其中国家、国家示范性重点建设专业1个，建有广东省高职高专教育实训基地1个。近三年，在国家级出版社共出版17本高职艺术设计教材，论文、设计获奖作品达140余篇（幅）（其中获教育部举办的全国第一届大学生艺术展一等奖），学生专利1项。在全国同类院校中产生了较大的影响，该专业招生规模不断扩大，毕业生质量不断提高，得到了社会的认可和好评，毕业生一次就业率连续四年达100％。

学院领导走访校外实训基地

建筑工程技术专业开办于1995年，是番禺职业技术学院最早开办的专业之一。根据行业的需求和学院的人才培养目标，本专业培养具有良好的职业道德，掌握工程技术、工程法律法规知识，具有工程一线施工管理能力，具备“一技之长＋综合素质”的德、智、体、美等方面全面发展的高素质技能型人才。本专业历届毕业生235人，在校生人数达到105人，毕业生的就业率达100％，有些已成为施工企业、监理公司的骨干。

学生在校外实训基地顶岗实习

建筑工程技术专业现有专任教师12人，其中高级职称6人，博士1人，研究生4人。专任教师均来自企业一线，具有较丰富的实践工作经验。为了更好地开展教学与教研活动，使教学与实际工作岗位更紧密的联系起来，本专业在番禺建筑安装公司、建达监理公司等8家企业建立了实训基地，教师不仅定期下企业锻炼，还聘请了该企业的技术员、工程师、总监参与教学。

近二年来，本专业教师共出版专业教材4部，发表论文40余篇，建筑施工技术课程被评为院级精品课程。

学院地址：广东省 广州市 番禺区 沙湾 青山湖
邮政编码：511483
电话：020-84736666
传真：020-84736785
招生电话：020-34874086

学生与企业兼职教师在一起

学生在校内实训

三和軟件 Sanhe software

广州粤建三和软件有限公司

主营业务：建设领域管理信息系统应用软件、电子政务项目的开发、推广、技术服务
核心产品：3H工程质量检测管理信息系统、3H工程质量监督管理信息系统、3H建设工程质量安全监管电子政务系统
地址：广州市龙口东路342-360号天诚广场509室
网站：http://www.3hmis.com
广州：020-61246880　北京：010-67683857
长沙：0731-2863840　重庆：023-62125210

信息化解决方案专家

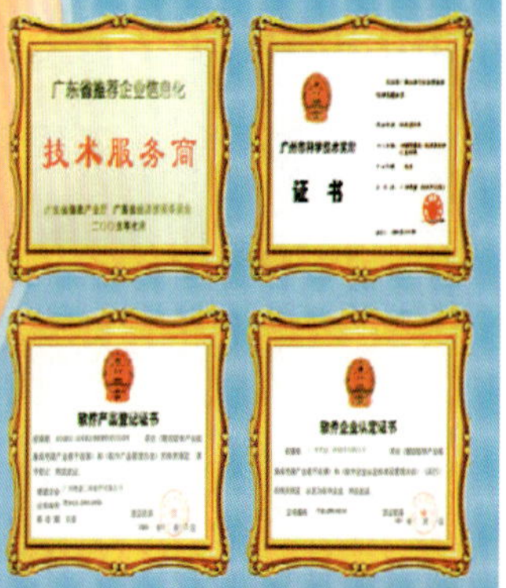

广州一洲信息技术有限公司
核心产品：Ez通用建设工程施工资料管理信息系统
Ez建筑工程施工安全辅助设计系统
地址：广州市越秀区越华路116号煤炭大厦6楼611－613室
网站：http://www.gdbuild.cn
广州：020 -83369282　江门：0750-8350009
深圳：0755-83941495　茂名：0668-2891282
东莞：0769-22718005　惠州：0752-2502232
佛山：0757-82301089　湛江：0759-3198701

广州市建都建筑技术有限公司（建都建筑书店）
主营业务：建筑图书、标准规范、表格标牌、建筑软件、办公文具等产品批发零售
地址：广州市东风中路318号嘉业大厦首层
网站：http://www.gzjd.net.cn
广州：020-83630858　海口：0898-65338448
湛江：0759-3198665

广州山语园林绿化有限公司
主营业务：园林绿化工程、节水灌溉、喷泉喷灌的设计与施工，边坡护坡与水土流失整治等。
地址：广州市龙口东路342-360号天诚广场510室
网站：http://www.gzsy.net.cn
电话：020-31664650

广东工业大学华立学院

▲ 师生交流

工地学习 ▶

广东工业大学华立学院土木工程系现有全日制在校生950人，设有土木工程、工程管理(工程项目管理方向、工程造价管理方向)、土地资源管理(国土资源与房地产开发方向)3个本科专业4个方向)，是学院工科类最大的系。该系拥有一支学历、职称、年龄结构比较合理的教师队伍，教授、副教授等高级职称占40%，中级职称和研究生占60%，师资力量雄厚。

土木工程系充分依托校本部广东工业大学的教学资源，成立了本科专业建设委员会，由现任广东工业大学建设学院主管教学的副院长朱雪梅教授担任专业建设委员会主任，定期召开本科专业建设委员会会议，研究本科教学计划的制定、教学大纲的编写、实验室建设、委派师资讲学等问题。该系和广东工业大学建设学院土木工程系、工程管理系、建筑学系等系部建立了密切的合作关系，长期进行包括师资交流、学生交流、安排学生实习、聘请专家、教授讲学或作学术报告等活动，开阔学生的视野，丰富学生的知识。

为培养应用型高级技术人才，土木工程系特别重视实践性教学环节，设有房屋建筑课程设计、混凝土结构课程设计、工程预算、施工组织设计、基础工程课程设计、单层工业厂房结构设计、钢结构课程设计、多层结构课程设计、工程造价课程设计、施工方案的技术经济分析、项目管理实务、合同管理实务等多门课程设计，安排学生进行认识实习、测量实习、地质实习、生产实习、毕业实习等实习课程，切实增强学生的实际应用能力。

本科专业介绍

土木工程

培养目标：本专业培养适应社会主义现代化建设需要，德智体全面发展，掌握土木工程学科的基本理论和基本知识，获得土木工程师基本训练的具有一定创新能力和实践应用能力的高级工程技术人才。

工程管理(建筑项目管理方向)

培养目标：培养掌握工程项目管理的基本理论与方法，具备从事工程项目管理、工程成本管理、工程质量管理、工程进度管理、工程安全管理、工程招标投标和合同管理等基本技能的高等工程技术应用型人才。

工程管理(工程造价管理方向)

培养目标：培养掌握工程造价管理的基本理论与方法，具备从事工程造价的确定和分析、工程预算和竣工决算的编制、工程招标投标和合同管理、投资控制、房地产估价等基本技能的高等工程技术应用型人才。

土地资源管理(国土资源与房地产开发方向)

培养目标：培养具备现代管理学、经济学及资源学的基本理论，掌握土地管理方面的基础知识，具有测量、制图、计算机等基本技能，能在国土、城建、农业、规划、房地产业、金融、税务、保险部门以及相关领域从事土地调查与评估、土地利用规划、地籍管理、不动产估价以及房地产开发、经营、投资策划与管理的高级专门人才。

地址：广州市增城广汕公路三江路段
邮编：511325
电话/传真：(020)82901370

工地参观

◀ 参观结构实验室

测量实习 ▶

名誉院长周福霖院士

黄华华省长参观我院实验室

现任学院领导班子

我院郑先昌博士赴南极参加21次科学考察

承办第7届全国地震学术会议

广州大学土木工程学院

广州大学土木工程学院下设建筑工程系、交通土建工程系、地下工程系、建筑设备工程系、市政工程系和工程力学系，设有工程抗震研究中心等8个研究机构。现有教职工130余人，其中中国工程院院士1人，教授23人，副教授60余人，博士学位的教师40余人，博士、硕士生导师60余人，国家学科专业指导委员会顾问、委员5人。设有土木工程专业、建筑环境与设备工程专业、给水排水工程专业、交通工程专业等4个本科专业；设有防灾减灾工程及防护工程博士点，土木工程一级学科硕士点和结构工程、市政工程、供热供燃气通风及空调工程、防灾减灾工程及防护工程、岩土工程、桥梁与隧道工程、工程力学等7个硕士点，建筑与土木领域工程硕士点1个，在校研究生、本科生近2000人。有教育部重点实验室1个，广东省重点实验室1个，广州市重点实验室3个。土木工程、给水排水工程专业为广东省名牌专业，建筑环境与设备工程专业为广州市名牌专业，防灾减灾工程及防护工程、市政工程、供热供燃气通风及空调工程、桥梁与隧道工程为广东省重点（扶持）学科。现有省市重点课程6门、建设部优秀课程3门。近3年主持国家自然科学基金等科研项目200余项，到位科研经费超过3000万元，出版专著及教材60余部，发表学术论文600余篇。

汕头大学土木工程系

一、历史

1985年建系并开始招收本科生，1995年获“结构工程”硕士授予权，2003年获“结构工程”博士授予权。2007年获“建筑与土木工程”的工程硕士授予权。

二、现状

1.有教授7人（其中博士生导师6人），副教授、高工和高级实验师7人，其他教工7人。

2.拥有总面积2600平米的结构、风洞、地理信息系统应用、建材、材力、土工和测量7个实验室，近2000万元先进的仪器设备。2006年结构与风洞实验室成为广东省高教厅科研型重点实验室。

3.已形成兼具学科先进性和地方色彩、以“可持续发展和减灾防灾”为特色、相互支撑的、具有多学科交叉优势的5个稳定的研究方向：

（1）结构健康检测和监测系统与诊断理论；

（2）结构风工程；

（3）结构维修加固理论与方法；

（4）城市建设信息系统及减灾工程；

（5）组合结构及其网上合作设计。

4.2000年以来主持国家基金项目14项，省部级项目20多项，地方工程项目数十项。在国际期刊和国内一级学会会刊发表论文50多篇，总科研经费1000多万元。

博士与硕士生导师团队

风洞实验室教师研究风洞试验方案

三、未来

1.年计划招生：本科生60名，硕士生25名、博士生5-6名，工程硕士生20名。

2.积极进行本科教育改革，完成好全国教育科学研究“十一五”规划的教育部重点项目“符合国际工程教育共识的CDIO（ConceivingDesigningImplementingOperation）培养模式应用研究”；培养具有扎实的工程科学基础、创造性和系统思维与调控能力、多学科背景和国际视野、良好的管理和沟通能力、团队合作精神、职业道德和法律意识的土木工程本科毕业生。

3.承担更多的国家和省部级科研与教学改革项目，争取出国际水平的科研成果。

4.承担更多的地方工程建设项目。

5.建成“粤东地区结构与岩土检测鉴定及加固改造中心”。

6.建成“粤东地区抗风和减灾工程研究中心”。

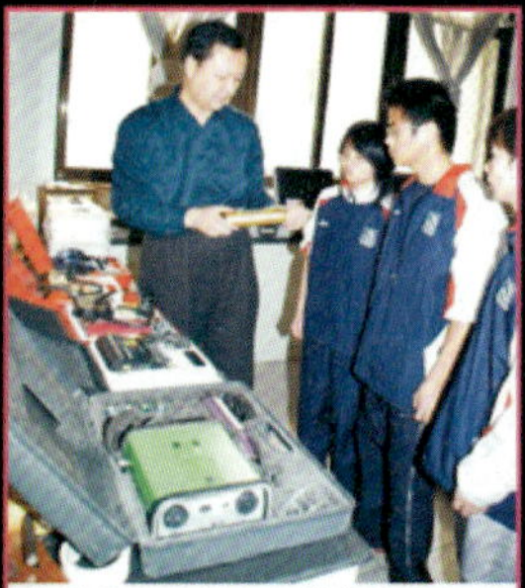

结构实验室教师向学生介绍仪器

联系方式：广东汕头大学土木系 熊光晶、陈立强　　邮编：515063

电话：0754－2902989　2902676　　E-mail: gjxiong@stu.edu.cn，chenlq@stu.edu.cn

广东省土木建筑学会新世纪重要活动图片选

2002年中国土木工程学会、中国建筑学会在广州举行团体会员工作会议

2000年3月29～31日，由广东省建设厅和学会联合主办、建筑施工学术委员会协办的“广东省第三次建筑施工技术交流会”在广师学术交流中心胜利召开，与会人数多达500人

2000年中国土木工程学会在广州举行团体会员工作会议

2004年在科学馆成功举办了建设工程安全资料与省统表应用研讨软件演示会，参加人数高达800多人。

2003年3月学会接待美国土木工程师学会香港分会的同行，并陪同参观刚竣工的广州会展中心。

《广东建筑与设计》三位策划人拜访莫伯治院士时的留影（2003.7.3）前左为莫伯治院士；前右为陈家辉总工；后左为王离秘书长；后右为赵亮总编辑

参加《广东建筑与设计》一书终审工作会议的主要编委：前排左一广东省土木建筑学会秘书长王离、左二广东省土木建筑学会名誉理事长陈家辉、中间中国工程院院士何镜堂、右二广东省房地产协会会长陈之泉、右一中国工程设计大师郭明卓、后排中间赵亮总编辑、左一编委会编委郭卫宏、左二樊保旭编辑部主任，右二编委会编委李炜，右一编委会副主任袁山

1996—1997年被广东省科协评为先进集体，2002由中国土木工程学会评为学会工作先进集体

广东省土木建筑学会与港澳进行学术交流互赠留念品

2002年全国新型建筑材料专业情报信息网与广东省土木建筑学会举办了“新型住宅小区、地铁隧道防水材料与应用技术交流会”

CM三维高强复合地基

——建设部科技成果重点推广项目

经济效益：较桩基大幅度降低投资、缩短工期。

技术效益：较端承摩擦桩沉降小。

广东地区高层建筑及厂房已应用建筑面积350万m^2以上。

广花盆地岩溶地质高层建筑大量应用。

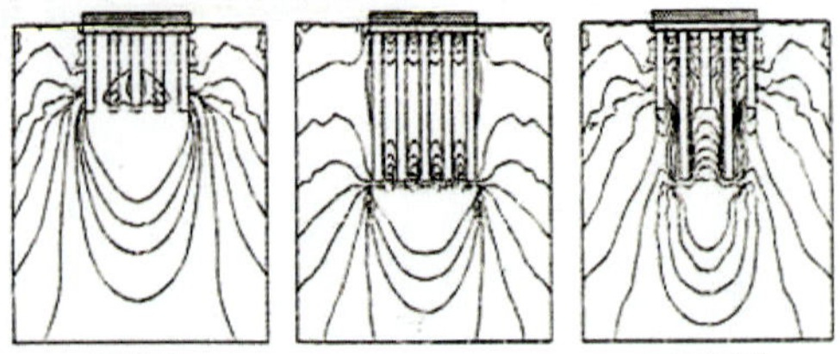

亚刚性桩 复合地基应力场　　刚性桩 复合地基应力场　　CM复合地基 复合地基应力场

广州雅居乐雍逸豪庭

广州雅宝新城

广州风神阳光公寓

广州万科天景花园

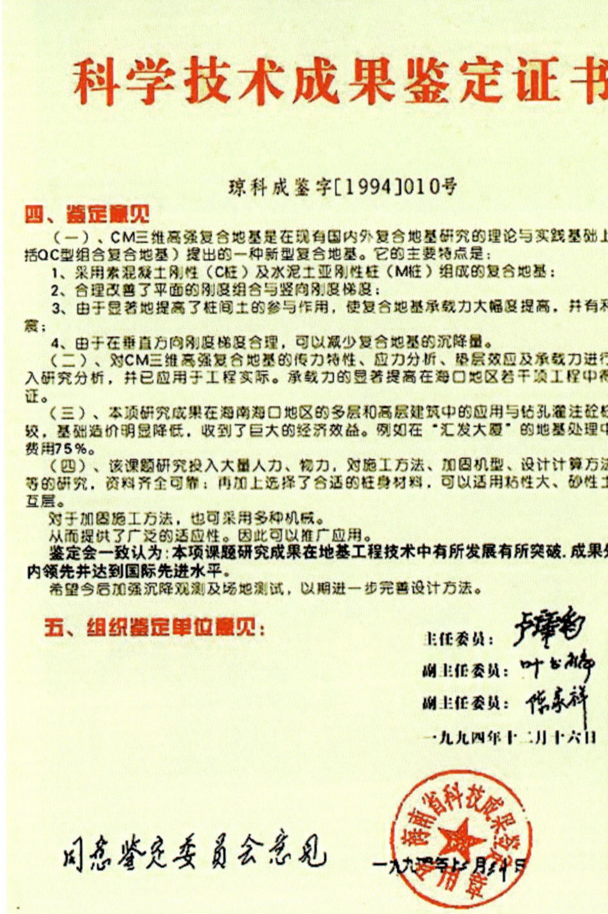

科学技术成果鉴定证书

琼科成鉴字[1994]010号

四、鉴定意见

（一）、CM三维高强复合地基是在现有国内外复合地基研究的理论与实践基础上（包括QC型组合复合地基）提出的一种新型复合地基。它的主要特点是：

1、采用素混凝土刚性（C桩）及水泥土亚刚性桩（M桩）组成的复合地基：

2、合理改善了平面的刚度组合与竖向刚度梯度：

3、由于显著地提高了桩间土的参与作用，使复合地基承载力大幅度提高，并有利于抗震；

4、由于在垂直方向刚度梯度合理，可以减少复合地基的沉降量。

（二）、对CM三维高强复合地基的传力特性、应力分析、垫层效应及承载力进行了深入研究分析，并已应用于工程实际。承载力的显著提高在海口地区若干项工程中得到验证。

（三）、本项研究成果在海南海口地区的多层和高层建筑中的应用与钻孔灌注砼桩相比较，基础造价明显降低，收到了巨大的经济效益。例如在“汇发大厦”的地基处理中节约费用75%。

（四）、该课题研究投入大量人力、物力，对施工方法、加固机型、设计计算方法……等的研究，资料齐全可靠：再加上选择了合适的桩身材料，可以适用粘性大、砂性土及交互层。

对于加固施工方法，也可采用多种机械。

从而提供了广泛的适应性。因此可以推广应用。

鉴定会一致认为：本项课题研究成果在地基工程技术中有所发展有所突破，成果处于国内领先并达到国际先进水平。

希望今后加强沉降观测及场地测试，以期进一步完善设计方法。

五、组织鉴定单位意见：

主任委员：卢肇钧

副主任委员：叶书麟

副主任委员：[illegible]

一九九四年十二月十六日

同意鉴定委员会意见

一九九四年十二月[illegible]日

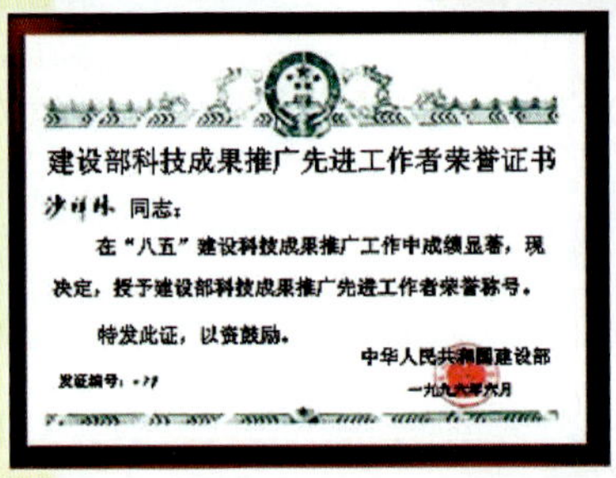

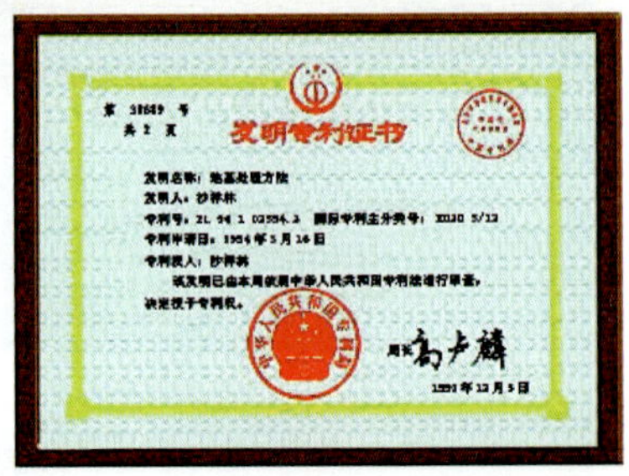

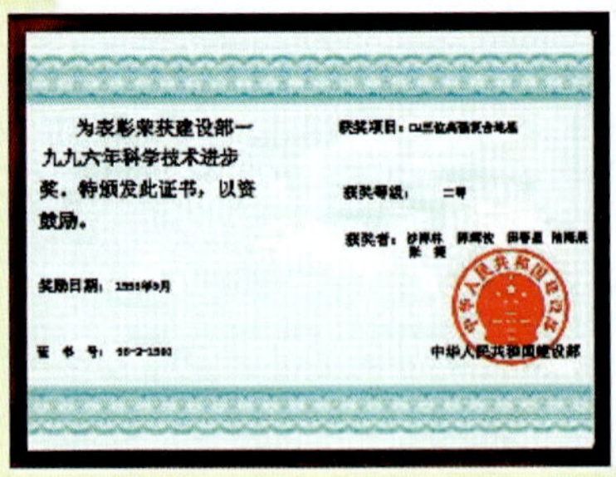

鉴定委员会名单

序号	鉴定职务	姓名	工作单位	所学专业	现从事专业	职称	职务	签名
1	主任	卢肇钧	铁道部科学研究院	岩土工程	岩土工程	研究员	中国科学院院士	[illegible]
2	副主任	叶书麟	同济大学	岩土工程	岩土工程	教授	[illegible]	[illegible]
3	副主任	[illegible]	海口规划建筑勘测设计院	工程地质勘察	工程地质勘察	高级工程师	海南省勘察学会秘书长	[illegible]
4	委员	周镜	铁道部科学设计院	岩土工程	岩土工程	研究员	[illegible]	[illegible]
5	委员	杨灿文	铁道部科学设计院	岩土工程	岩土工程	研究员	中国土木工程学会土力学及基础学会秘书长	[illegible]
6	委员	[illegible]	铁道部科学设计院	岩土工程	岩土工程	副研究员	中国土木工程学会土力学及基础学会副秘书长	[illegible]
7	委员	陈祥福	中建岩土工程有限公司	岩土工程	工程力学	高级工程师	总经理、总工程师	[illegible]
8	委员	[illegible]	陕西省建筑设计院	工民建	工民建	教授级高工	总工程师	[illegible]
9	委员	[illegible]	云南省建筑设计院海南分院	工民建	工民建	高级工程师	总工程师	[illegible]
10	委员	[illegible]	海南省建筑设计院	工民建	工民建	高级工程师	院长	[illegible]
11	[illegible]	[illegible]	海口规划建筑勘测	[illegible]	[illegible]	[illegible]	[illegible]	[illegible]

咨询电话：
江焕杰　13316168988
沙祥林　13312805688

第六部分

广东省土木建筑学会专辑

肩负广州南拓重任的

广州轨道交通四号线

广州市地下铁道总公司是广州市政府全资大型国有企业，成立于1992年12月28日，担负着广州市快速轨道交通建设及运营管理的重任，同时经营以地铁附属资源为主的多元化产业。现已建成四条线路，合计116km，初步形成线网骨架。至2010年，将建成超过200km的轨道交通线网。

广州市轨道交通四号线北起萝岗新区，南至南沙新港，是一条规划引导型（TOD）线路，连接大学城、科学城、软件园、奥林匹克中心，是广州市南拓的中轴线。四号线的建设将加速广州市教育、科技、体育资源的整合与完善，是配合广州城区南拓战略的重大举措。

2006年12月30日开通的广州市轨道交通四号线万盛围至金洲段（全长41.25km）创造了中国城轨建设史上的诸多第一：首次采用直线电机运载系统；首次采用DC1500V第三轨供电；首次采用基于无线扩频技术的移动闭塞信号系统；首次采用截段拼装法建成轨道交通高架线路。

广州市地下铁道总公司还将科技创新成果提升为我国新型轨道交通系统系列标准。不仅打破国外技术和价格垄断，使我市全面掌握了直线电机运载系统规划、设计和集成技术，对直线电机技术的推广应用、节约地铁工程投资具有积极而深远的意义。

广东省土木建筑学会
2007年工作总结和2008年工作要点

（经2008年1月5日四届四次理事会议讨论原则通过）

在学习贯彻十七大精神的热潮中，我们送走了难忘的2007年，迎来了崭新的2008年。在送旧迎新的日子中，我们要好好总结学会在过去一年中所走过的路，并认真制订新一年的奋斗目标。

一、二○○七年工作总结

在2007年3月21日四届三次理事会上通过的《学会2007年工作要点》的指引下，学会工作基本完成了2007年的任务，具体如下：

一、学会坚持以学术活动为主，将学术交流和技术培训作为重点工作来抓

1、学会与各专委会联合开展学术活动是07年学会学术活动的主要形式。

①3月30日，学会和建筑结构专业委员会共同组织了广东省博物馆新馆结构新技术应用介绍及现场观摩会，请有关专家针对该工程新颖的大跨度对挑悬挂结构体系，从设计和施工角度进行了详尽的讲解。此次活动吸引了近900名工程技术人员参加。

②4月10日，学会联同建筑结构专业委员会及省建筑设计院等单位在中央酒店举办了多、高层建筑结构计算中的疑难问题及其处理办法的技术讲座。结合多年通用分析的研发经验，从理论和实践上讲解多、高层建筑结构计算中的疑难问题及其处理办法。参加讲座的工程技术人员近300人。

③4月24日上午，学会和建筑施工专业委员会联合在广州市举办一个题为“广州地铁新技术”的学术讲座，邀请广州市地铁总公司卢光霖总经理讲授广州地铁建设推广应用国内领先、国际一流的几项新技术。会前倾盆大雨，但还是有200多人参加。

④8月17日由学会和土力学与地基基础专业委员会联合主办的“广州市轨道交通五号线（大坦沙南——西场盾构区间）工程现场观摩会”，近200名工程技术人员参加，除详细听取广东省基础工程公司盾构施工专家介绍外，还实地考察了泥水平衡盾构施工法。

2、各专业委员会开展学术活动的形式越来越多样化。

①1月19日，电气专委会召开2006年学术研讨会，参会人员约200人。

②2月春节前，环境艺术专委会和建筑创作专委会联合举行广州地区建筑设计专家新年座谈会，何镜堂院士、郭明卓大师出席并分别作了热情洋溢的讲话，指出建筑设计界07年的发展方向，鼓励大家多创作出代表岭南地域特色的新建筑。

③市政专业委员会分别在4月27日和10月11日组织会员单位参观了广州新电视塔、烟草公司基坑等新技术应用工程。

④给排水专委会分别在5月、8月、10月召开了得利满产品介绍及研讨会、威利雅水处理技术介绍及研讨会、PCCP管产品介绍及研讨会。

⑤6月4日，建筑物理专委会举办了建筑节能有关问题的讲座，100多位专家、技术人员参加了会议，同时还参观了省建科院新址上的试验大楼。

⑥8月9日上午，施工专委会组织委员们参观广州大学城体育馆工程。

⑦9月6日～7日，工程检测专委会与建筑物诊治专委会及省岩土学会联合在清远市举办广东省第四届建设工程检测与建筑物诊治学术会议，有200来人参加。

⑧11月8日，建筑材料专委会秘书长杨正梅主持了广州某住宅花园的使用材料及防水方案的研讨审理会，有关专家及设计、监理、甲方单位等30多人参加了会议。

⑨11月22日～23日，暖通专委会召开2007年学术交流会暨2007设计选型“面对面”活动。400多工程技术人员及暖通厂家代表参加了会议。

⑩12月4日，建筑结构专委会组织工程技术人员参观了中山市展览中心的大跨度钢结构施工技术。

⑾12月30日，环境艺术专委会在广州召开了2007年“建筑与环境”学术讲座，何镜堂院士、黎明院长等工程技术专家和美术家在会上作了精彩的学术报告。

3、选好专题、作好准备，根据各地需要派专家作专题讲座，是07年学会开展学术交流的一种新形式。

学会根据当前工程重点、热点、难点问题提前组织有关专家编写好专题讲课资料，学会根据各地土木建筑学会或建设局的需要，随时派出

专家作专题学术报告。已准备好的专题内容有：高支模、深基坑支护、预应力管桩应用及事故处理、新型墙体材料施工技术、建筑防水技术、节能技术、钢结构技术、安全生产技术与管理等。“预应力管桩应用及事故处理”07年已在新会、台山、顺德等地作过介绍；8月7日在阳江市建设局和土木建筑学会组织的学习班上，谭敬乾高工作了“新型墙体材料施工和应用技术”的演讲；学会理事长陈之泉高工作了“节能及开发利用太阳能”的演讲； 11月30日、12月1日及12月20日学会派出倪建国高工又在阳江、阳春作了“建筑工程安全生产技术和管理”的演讲，3次会议有近千人参加听讲，大家反映较好！

4、积极推介新技术、新材料也是学会进行学术交流的一个重要内容。

07年学会召开二次新技术、新材料、新工艺推介会，免费为学会会员和广大工程技术人员提供学习平台。

①10月31日，由学会主办、（德国）上海申德欧有限公司承办的“节能隔热与外保温的最新发展技术研讨会”在广州大厦成功召开，参会工程技术人员约250人。

②11月23日，由学会主办、上海港湾软地基处理工程有限公司承办的“高真空击密法”软土处理系列专利技术会在广州大厦成功召开，参会人员近300人，中央电视台采访报道了会议盛况，会议效果较好。

5、学会协助广州盾建地下工程有限公司成功举办了中日盾构隧道技术交流会。

由广州市地下铁道总公司和日本早稻田大学主办、广州市盾建地下工程有限公司、广东省土木建筑学会及华南理工大学承办的中日盾构隧道技术交流会于9月20～22日在广州大厦召开，日本方面来了40多位专家，听学术报告人数多达250人以上，会上由中国工程院院士王梦恕、日本早稻田大学小泉淳教授、广州地铁总公司竺维彬教授级高工作了专题学术报告，还进行了广泛的讨论和交流。这次会议对推动我国的盾构工程技术起到了积极的作用。

6、学会免费举办了一场大型的“钢结构学术报告会”。

随着建筑业的发展，钢结构应用越来越广泛，10月12日学会邀请华南理工大学王仕统教授及中建三局钢结构公司总经理王宏教授级高工分别在学会主办的“钢结构学术报告会”上进行了演讲，免费为会员提供学习机会，会场爆棚，近300人参加。

二、搞好学会的编辑出版工作

1、除协助华工建筑学院做好《南方建筑》新版前的准备工作外，学会秘书处还组织有关人员主编出版了上半年的三期《南方建筑》，其中一期与电气专委会合作，一期与汕头市建筑学会合作，一期自办，优先为学会会员发表学术论文创造条件。

2、积极准备《专家文集》、《广东土木建筑年鉴》的编辑出版工作。

编辑出版《专家文集》是我国地方学会的首创，得到专家们的支持。王盛源研究员的《王盛源文集》已经出版。编辑出版《广东建筑年鉴》的工作难度大，但得到许多理事、理事单位、会员们的大力支持，以赵亮同志为首的工作室作了大量的调查、联络、发动工作，出版工作已基本就绪，可在08年10月出版。

3、积极参加有关规范（规程）的编制工作。

广东省标准《锤击式预应力混凝土管桩基础技术规程》修订稿在学会名誉理事长容柏生院士指导下，经学会秘书长王离教授级高工具体组织和负责起草工作，完成了征求意见稿的条文修改及意见整理，撰写了全部条文说明，并于9月14～15日在广州东园宾馆召开全体编委会会议，基本完成送审稿；学会还参加了广东省标准《预应力管桩机械啮合接头技术规程》的编制工作，目前也达到送审稿阶段。其他许多理事代表各自的单位，参加了许多行业规范（规程）的编制工作，充分体现出学会技术人才的集中和技术方面的权威性。

三、积极推荐申报“詹天佑土木工程大奖”项目

学会每年五月份前后要推荐一批工程项目给中国土木工程学会参加“詹天佑土木工程大奖”的评选，07年学会推荐三个申报项目，分别是：“广州大学城”、“深圳罗湖地铁枢纽工程”和“广东省档案馆（新馆）”。为了提高申报资料的质量，学会秘书处和申报单位共同研究，制成水平较高的DVD多媒体汇报演示碟，以提高申报入选率。评选工作已于11月份结束，我学会推荐的三个项目全部获奖。

四、《广东省土木建筑学会优秀人才录》已全面启动并取得一定的成果

撰写学会优秀人才录工作是07年学会的一项重要工作，工作量大，任务繁重。首先，在学会理事会、常务理事会的大力支持下，确定了第一批和第二批被采访专家名单，第一批选定了33名，基本上是65岁以上的老专家，第二批选定了36名，基本上是60岁以上的，也有少量50～60岁的名家。到07年底，对第一批名单中的27位专家进行了采访，并通过各种方式精心收集了他们个

人的详细资料。目前，已有24位专家的传记初稿已撰写完毕。

学会优秀人才录的工作得到广东建设报吴士工总编辑及有关记者、编辑的大力支持，在《广东建设报》上专门开辟了“人物”专版，以每星期一整版的篇幅刊登了优秀人才录的文稿，从07年8月3日至12月31日，已有18位专家的事迹在《广东建设报》上相继刊登，引起社会、行业的关注，普遍反映良好。这18位专家是：何镜堂、陈之泉、容柏生、吴仁培、吴潮淮、周福霖、林旭初、王盛源、吴硕贤、黎宝松、麦远俭、林培源、郭明卓、林兆璋、谈祖棪、黄汉炎、韩大建、谢适安。除《广东建设报》上刊登外，还在学会网站上刊登全文，为我们广东省土木建筑行业中的优秀人才树碑立传。

五、积极开展“技术咨询”等经济创收工作

学会在各位理事和会员的大力支持下，承接了一些有偿的技术咨询工作，收到良好的技术经济效益和社会效益，进一步树立了学会的学术权威性。07年承接的咨询项目虽然没有06年多，但有些项目影响比较大，主要有：

1、2007年元月，完成某花园小区工程造价的评估咨询报告；

2、2007年2月，完成了广州市某综合楼安全咨询报告；

3、2007年4月，完成了广州市某大楼结构评估分析报告；

4、2007年9月，完成了佛山某基坑加固方案的评审报告；

5、2007年11月，又完成上述加固（修订）方案的评审报告；

6、2007年11月，承接某轨道交通地段软土处理技术咨询工作；

7、2007年12月，完成了东莞某基础工程事故处理的咨询报告。

另外，还有几个法院委托的鉴定项目和企业委托的技术咨询项目正在洽谈中。

六、为开展评奖评优活动作了大量的准备工作

1、积极配合中国土木工程学会、中国建筑学会、中国科协和省科协，做好“詹天佑土木工程大奖”、“梁思成建筑大奖”、“中国青年科技奖”、“广东省丁颖科技奖”等奖项的推荐申报工作。

2、学会优秀论文评选方案已通过并正在实施，目前正在收集优秀论文的申报资料，08年上半年正式开评。

3、广东省“詹天佑故乡杯”土木工程奖的实施方案几经修改已报有关部门备案，已得到中国土木工程学会的认可，以及广东省科协的批准，08年开始实施。

七、加强学会的组织建设工作

1、2007年2月9日在广州东园宾馆举办了2007年学会各专业委员会主任委员和秘书长会议，35人出席了会议。各专业委员会介绍了本专委会06年的工作经验，同时谈了07年的一些构想。12月3~4日又召开了一次主任委员和秘书长会议，为08年的工作提前作准备。

2、2007年3月21日，在广东大厦召开了四届三次理事会议，审议通过了学会2006年工作总结及2007年工作要点等工作计划。

3、2007年9月27日至28日在清远佛冈汤塘黄花湖白云温泉山庄召开“广东省土木建筑学会2007年地方学会联谊会”，这是学会有史以来第一次召开的地方学会联谊会，会上各地市学会负责人交换了各自的工作经验和心得，对于学会间的相互借鉴和合作起到了积极的作用，大家一致要求这样的会议每年召开一次。

4、编辑出版了四期广东省土木建筑学会《简讯》，分发给每个学会会员，及时将学会的动态告诉会员，加强了与会员的沟通和联系。

5、加强会员发展、重新登记和收缴会费的工作07年学会的理事及单位会员会费的收缴工作从06年的年底收费改为每年的年中开始，到目前为止，已有一半以上理事和单位会员交缴了会费。

6、学会网站（网址：www.gdbuild.com.cn）已着手更新单位会员的信息，现在已有25家单位将其更新信息发到了学会。

7、在07年7月广东省科协召开的代表大会上，我学会被评为2005～2006年度的省级学会“先进集体”，曹华先副理事长、汤旋驹常务理事被评为省级学会先进工作者，这是广东省科协对我学会这几年工作的一个基本肯定。

八、存在问题

1、学会2007年工作计划有些项目未完成，主要有詹天佑大奖工程创新技术报告会、新西兰奥克兰市交通经验交流会等项目，要推迟到08年来做。

2、学会改革力度不大，改革进度不快，在努力探索学会的工作规律、建立新的工作体系方面，我们还任重道远。

广东省土木建筑学会简介

广东省土木建筑学会是我省土木建筑科技工作者依法登记，具有法人资格的学术性社会团体。是广东省科学技术协会的组成部分，是党和政府联系科技工作者的桥梁和纽带，是科技进步的重要社会力量。广东省土木工程学会和广东省建筑学会是广东省土木建筑学会的前身，成立于1953年；1987年经广东省民政厅批准把2个学会合并为现在的广东省土木建筑学会。因此，本学会具有悠久的历史和广泛的联系。本会拥有4000多个人会员以及47个团体会员单位。会员中绝大部分是中、高级和教授级职称（职务）的专业工作人员；分布在我省建设行政主管部门、建筑设计、科研、施工、交通、航运、大专院校等企事业单位，几十年来为我省土木建筑科技事业作出了显著的成绩和卓越的贡献。

广东省土木建筑学会的宗旨和主要任务：

坚持党的基本路线，以经济建设为中心，实施科教兴国和可持续发展战略，促进科学技术与经济相结合，促进土木建筑科学技术的普及和推广，促进科学技术人才的成长和提高。

积极开展省内外、国内外学术交流活动；组织重点学术课题的探讨；接受政府部门和企事业单位委托的科技项目论证、成果鉴定及技术咨询等服务；举办各种技术培训班，开展继续教育；编辑出版科技学术刊物；兴办经济实体，热诚为社会服务，为我省经济建设作出新贡献。

学会组织结构：

广东省土木建筑学会具有完善的组织架构。学会主要设立理事会、常务理事会和秘书处。理事会成员由全体会员代表大会选举产生，再由理事会成员推选出常务理事会成员，最后由常务理事会选举产生理事长1名、常务副理事长1名、副理事长9名、秘书长1名和聘任2名副秘书长。理事会一般每年召开一次，在理事会闭会期间常务理事会负责行使理事会的职责，对任期届满，不再担任常务理事以上的学会领导人员，分别授予名誉理事长、顾问和名誉理事等荣誉称号。学会日常工作由学会秘书处办理。

学会出版2个学术杂志，一部年刊：

《南方建筑》 双月刊；《广东土木与建筑》月刊；《广东土木建筑年鉴》年刊。

《广东土木建筑年鉴》简介

《广东土木建筑年鉴》（以下简称《年鉴》）是我省首次推出的总结记录广东省土木建筑行业发展状况的综合年鉴；由广东省土木建筑行业资深领导陈之泉亲任编委会主任；中国工程院士、中国工程勘察设计大师、专家、学者、学科带头人、企业家、政府部门有关人员担当编委。《年鉴》记载的行业的代表性广、覆盖面大，除建工系统外，还包括房地产、市政、公路交通、铁路、港口航道、水利水电、地质、地震、科研院校等单位以及有关政府部门，充分体现出“大土木”年鉴的编辑思想理念，使《年鉴》对现实有指导意义，对历史有史记价值，填补我省土木建筑行业的一项空白。

《年鉴》内容覆盖了广东省土木建筑行业各个学科领域，不仅为广东省土木建筑行业行政管理部门、理论和技术工作者提供权威行业信息和具有代表性的优秀学术成果，同时也为国内外同行业行政管理部门和理论、技术工作者、学术研究机构提供了了解广东省土木建筑行业的信息性、资料性工具书。

年鉴名称：《广东土木建筑年鉴》（中文）

指导单位：

广东省建设厅　广东省交通厅　广东省水利厅

广州市建委　深圳市建设局　广州铁路集团

主办单位：广东省土木建筑学会

主编单位：广东土木建筑年鉴编委会

出版日期：每年9月出版上一年年鉴

《年鉴》的出版是繁荣广东土木建筑行业的一大幸事，不仅为广大企事业单位、读者提供了开阔视野、提高素质、促进自身与企业健康可持续性发展的信息宝库，更重要的是为落实省委省政府提出的把广东建设成为文化大省的战略增砖添瓦贡献了薄力。

编委会地址：广州市流花路中展里68号流花大楼9楼　广东省土木建筑学会编委会

邮编：510160

联系人：赵 亮（13570419799）

电话/传真：020-86667337

收稿信箱：zgppspqs@vip.sina.com　　gdtmjznj@163.com

学会网址：www.gdbuild.com.cn

广东省土木建筑学会章程

第一章总则

第一条　名称：

中文名称：　广东省土木建筑学会

英文名称：THE CIVIL ENGINEERING AND ARCHITECTURAL SOCIETY OF GUANG DONG

第二条 性质：

广东省土木建筑学会（以下简称本会）是1987年，经广东省民政厅批准，由原广东省土木工程学会与广东省建筑学会合并而成。是广东省土木建筑科学技术工作者依法登记并具有法人资格的学术性非营利社会组织。

第三条 宗旨：

坚持党的基本路线，以经济建设为中心，坚持科学技术是第一生产力的思想，实施科教兴国和可持续发展战略，促进土木建筑科学技术的繁荣和发展，促进土木建筑科学技术的普及和推广、促进土木建筑科学技术人才的成长和提高，促进科学技术与经济相结合，为社会主义物质文明和精神文明建设服务，为我省经济建设作出贡献。向上级有关部门反映土木建筑科技工作者的意见和呼声，维护会员和科技人员的正当权益。

第四条 主管部门：

本会的社团管理部门是广东省民政厅；业务主管部门是广东省科学技术协会；行业主管部门是广东省建设厅；挂靠单位是广东省建工集团有限公司。本会接受上述主管部门的指导和监督管理。

第五条 本会住所：

广东省广州市流花路中展里68号流花大楼9楼904-907房

第二章　业务范围

第六条　本会从事与土木建筑有关的业务如下：

学术交流：积极组织召开全省学术交流会议，举办科技展览，组织重点学术课题研讨，推广和普及新技术、新产品、新信息。

技术咨询：对本省土木建筑技术中的问题进行咨询服务；接受政府部门和企业事业单位委托的科技项目论证，成果鉴定，提供技术服务；接受科技项目的评估、评审；接受技术标准的编审等任务。

技术培训：大力普及土木建筑科学技术知识，积极传播土木建筑科学思想和方法，开展继续教育，推动知识更新，举办各种技术培训班。

出版刊物：编辑、出版学术刊物。

兴办科技实体：根据广东省民政厅和广东省科学技术协会的指导精神，依法登记成立经济实体。

第三章　会员

第七条 本会会员种类：

凡承认本会章程并符合会员条件者，均可申请入会。本会会员分个人会员、单位会员、名誉会员。

第八条申请加入本会的会员，必须具备下列条件之一：

（一）个人会员

1、拥护本会的章程，有加入本会的意愿；

2、具有建筑师、工程师、助理研究员、讲师等中级以上职称或取得硕士以上学位的土木建筑科技工作者；

3、高等学校本科毕业并工作三年以上；非高等学校毕业，从事土木工程工作十年以上，有实际工作经验和一定学术水平者；

4、定居国外及港澳地区，符合上述会员条件的中国藉或外藉华裔的土木建筑科技人员。

（二）单位会员

1、拥护本会的章程，有加入本会的意愿；

2、与本会行业范围有关，并具有一定数量科技队伍的科研、教学、生产等企事业单位，以及有关学术性社会团体。

（三）名誉会员

曾担任本会理事长，常务副理事长的学会领导人在任期届满后，经理事会讨论通过，授予名誉理事长称号；曾担任本会副理事长，常务理事的学会领导人在任期届满后，经理事会讨论通过，授予名誉理事称号。对在本学会中有较高学术威望、热心学会工作的著名学者，经理事会讨论通过，可聘请为学会顾问。

第九条 会员入会程序：

（一）提交入会申请书；

（二）由理事会或理事会授权机构审查批准；

（三）缴交会费；

（四）由理事会或理事会授权机构统一发会员证。

第十条　会员享有下列权利：

（一）本会的选举权、被选举权和表决权；

（二）享受本会《会员优惠制度》内容；

（三）获得本会服务的优先权；

（四）拥有对本会工作的批评建议和监督权；

（五）入会自愿，退会自由。

第十一条　会员履行下列义务：

（一）执行本会的决议，完成本会委托的工作；

（二）维护本会合法权益；

（三）按规定交纳会费。

第十二条　会员退会：

会员退会应书面通知本会，并交回会员证。

第十三条　会员违纪处理：

会员如有严重违反本章程的行为，经理事会或常务理事会表决通过，给予除名。

第四章　组织机构和负责人产生、罢免

第十四条　本会的最高权力机构是会员代表大会，其职权是：

（一）审定和修改章程；

（二）审定本会工作方针和任务；

（三）审定理事会的工作报告和财务报告；

（四）选举新一届理事会，选举和罢免理事；

（五）决定终止事宜或其它重大事宜。

第十五条　会员代表大会须有三分之二以上的会员代表出席方能召开，其决议须经到会的会员代表半数以上表决通过方能生效。

第十六条　会员代表大会每五年召开一次，因特殊情况需提前或延期召开的，须由理事会表决通过，报广东省科学技术协会审查，经广东省民政厅批准同意。但延期最长不超过一年。

第十七条　理事会是会员代表大会的执行机构，在闭会期间领导本会开展日常工作，对会员代表大会负责。

第十八条　理事会的职权是：

（一）执行会员代表大会的决议；

（二）选举和罢免理事长、副理事长、秘书长；

（三）筹备召开全省会员代表大会；

（四）向会员代表大会报告工作和财务状况；
（五）审定会员的吸收或除名；
（六）审定设立办事机构（秘书处）、分支机构（如专业委员会）、实体机构；
（七）审定副秘书长、各机构主要负责人选；
（八）领导本会各机构开展工作；
（九）审定内部管理制度和学会活动计划；
（十）决定其他重大事项

第十九条　理事会的理事由会员代表大会选举产生。其人选应是学术上有成绩，学风正派并热心参加本会工作的土木工程科技人员，以及积极支持学会工作的管理人员。理事年龄一般不超过７０岁。理事会须有三分之二以上理事出席方能召开，其决议须经到会理事三分之二以上表决通过方能生效。

第二十条　理事会每年召开一次会议，情况特殊的，也可采用通讯等形式召开。

第二十一条　本会设立常务理事会。常务理事会由理事会选举产生。在理事会闭会期间行使第十八条第一、三、五至十项职权，并对理事会负责（常务理事人数不超过理事人数的三分之一）。

第二十二条　常务理事会须有三分之二以上常务理事出席方能召开，其决议须经到会常务理事三分之二以上表决通过方能生效。

第二十三条　常务理事会每年召开两次会议，情况特殊的也可采用通讯等形式召开。

第二十四条　本会的理事长、副理事长、秘书长必须具备下列条件：
（一）坚持党的路线、方针、政策、政治素质好；
（二）在土木建筑领域内有较大影响；
（三）理事长、副理事长最高任职年龄不超过７０周岁，秘书长为专职；
（四）身体健康，能坚持正常工作；
（五）未受过剥夺政治权利的刑事处罚；
（六）具有完全民事行为能力。

第二十五条　本会理事长，副理事长如超过最高任职年龄的，须经理事会表决通过，报广东省科学技术协会审查并经广东省民政厅批准同意后，方可任职。

第二十六条　本会理事长，副理事长，秘书长，任期最长不超过两届，因特殊情况需延长任期的，须经会员代表大会三分之二以上会员代表通过，报广东省科学技术协会审查并经广东省民政厅批准同意后，方可任职。

第二十七条　本会理事长原则上应为本会法定代表人。特殊情况下由理事长提名常务副理事长或秘书长，并经理事会通过后可担任法定代表人。

本会法定代表人不兼任其他团体的法定代表人。

第二十八条　本会理事长行使下列职权：
召集和主持理事会（或常务理事会）会议；
检查会员代表大会、理事会（或常务理事会）决议的落实情况；
代表本会签署有关重要文件。

第二十九条　本会秘书长行使下列职权：主持办事机构开展日常工作，组织实施年度工作计划；
协调各分支机构、工作机构、实体机构开展工作；
提名副秘书长以及办事机构、分支机构和实体机构主要负责人，交理事会或常务理事会审定；
决定办事机构、实体机构专职工作人员的聘任；
处理其他日常事务。

第三十条　本会可根据需要经广东省民政厅批准并报广东省科学技术协会备案后，设立若干专业委员会。其名称统一为：广东省土木建筑学会*****专业委员会。不另定章程，非独立核算。

第五章　资产管理、使用原则

第三十一条　本会经费来源：
广东省科学技术协会拨款；
国内外企事业单位、团体及个人赞助或捐赠；
会员会费；
利息；
举办各种活动或服务的收入；
其他合法收入

第三十二条　本会按照有关规定收取会员会费：
个人会员：每人每年30元。
单位会员：每年3000元。

第三十三条　本会经费必须用于本章程规定的业务范围和事业的发展，不得在会员中分配。

第三十四条　本会建立严格的财务管理制度，保证会计资料合法、真实、准确、完整。

第三十五条　本会配备具有专业资格的会计人员。会计不得兼任出纳。会计人员必须进行会计核算，实行会计监督。会计人员调动工作或离职时，必须与接管人员办清交接手续。

第三十六条　本会的资产管理体制必须执行国家规定的财务管理制度，接受会员代表大会和财政部门的监督，资产来源属于国家拨款或者社会捐赠、资助的，必须接受审计机关的监督，并将有关情况以适当方式向社会公布。

第三十七条　本会换届或更换法定代表人之前必须接受广东省民政厅和广东省科学技术协会的财务审计。

第三十八条　本会的资产，任何单位、个人不得侵占、私分、挪用。

第三十九条　本会专职工作人员的工资和保险、福利待遇，参照国家对事业单位的有关规定执行。

第六章　章程的修改程序

第四十条　对本会章程的修改，须经理事会表决通过后报会员代表大会审议。

第四十一条　本会修改的章程，须在会员代表大会通过后１５日内，经广东省科学技术协会审查并经广东省民政厅批准同意后生效。

第七章　终止程序及终止后的财产处理

第四十二条　本会完成宗旨或自行解散或由于分立、合并等原因需要注销的，由理事会或常务理事会提出终止动议。

第四十三条　本会终止动议须经会员代表大会表决通过，并报广东省科学技术协会审查并经广东省民政厅批准同意。

第四十四条　本会终止前，须在广东省科学技术协会、广东省民政厅指导下成立清算组织，清理债权债务，处理善后事宜。清算期间，不开展清算以外的活动。

第四十五条　本会经省民政厅办理注销登记手续后即为终止。

第四十六条　本会终止后的剩余财产，在广东省科学技术协会、广东省民政厅的监督下，按照国家有关规定，用于发展与本会宗旨相关的事业。

第八章　附　　则

第四十七条　本章程2004年6月24日第四次全省会员代表大会表决通过。

第四十八条　本章程的解释权属本会理事会。

第四十九条　本章程自广东省民政厅核准之日起生效。

广东省土木建筑学会
理事长、副理事长简介

理事长陈之泉同志简介

陈之泉，男，生于1937年12月，毕业于天津建筑工程学院(现为河北工业大学)，高级工程师。中共党员。2004年荣获英国牛津布鲁克斯大学荣誉博士。

1960年后被分配到建工部直属企业五局基础工程公司（后改称广东省基础工程公司）工作，分别担任过施工员、单项工程负责人、工程师、施工队副队长、队长、公司副经理等职（期间1968年11月到1969年3月下放农场劳动）。先后主持或参与的工程和科学研究项目有20多项，如南中国最大的沉井、江西丹江大桥、大直径钻孔桩破坏性试验（当时国内最大）等。

1983年后任广东省建委副主任，1994年任广东省建委主任、党组书记（1993年～1998年期间兼任政协广东省委员会委员），先后分管过城市规划建设和管理、房地产业、建筑业、标准定额、建筑设计、建设科技、人事业务及全面工作等。八十年代还分别参加了建设部举办的城市规划和房地产业厅级干部研究班。

1998年后任广东省人大常委、城建环资委主任委员。2003年正式退休。

现有社会职务：广东省房地产业协会会长、广东省可持续发展协会副理事长、中国建设书法家协会副会长；中国管理科学研究院特约研究员；岭南诗社副社长；北京师范大学珠海不动产学院特聘教授（九十年代还曾出任过中山大学兼职教授、华南建设学院[西院]客座教授）等。

近20年来，出版之著作有：《论生存空间》（获全国建设系统专业论著一等奖，）、《论城市空间》（获中国房地产与住宅研究会二等奖）、《绿色在呼唤》等专业著作；二十世纪七十年代编写了《钻（冲）孔灌注桩讲义》；八十年代组织翻译了《日本城市建设》一书；九十年代参加了“世界第四届桩基与深基础施工技术会议”，并发表了《大型沉井在软土中的施工》一文，被编入《中国桩基与深基础工程理论与实践》专著；另外，还著有《诗话人生》、《陈之泉多体书法集》等艺术专著。近年来多次获奖的论文有《论城市空间若干要素的对立统一》、《人类呼唤循环经济》、《论形态文化的保护》等。

在企业工作期间曾多次荣获先进奖、革新奖。在政府工作期间，曾荣获“广东省95年省直机关干部加强农村基层组织建设先进个人”奖、“国家经济贸易部推广散装水泥先进个人”奖、“全国人大99年中华环保世纪行先进工作者”等奖项。喜爱书法，多次荣获金奖，并兼任中国人才研究会艺术家学部委员会委员等多项艺术职务。

陈之泉博士是一位经历丰富知识面广的学者和政府公务员，研究领域涉及到工程技术、环境保护、房地产业、社会管理、文学艺术等。他办事认真严谨，为人谦虚，能团结同志一起工作，对新事物敏感性强，是一位精力充沛的学者型领导。

名誉理事长容柏生院士简介

容柏生，男，1930年生。1949～1952就读于广州岭南大学，1953年毕业于华南工学院后即参加工作，1985～2003年任广东省建筑设计院总工程师，现为该院荣誉总工程师。

容总长期从事建筑结构设计工作，一贯积极钻研业务，有深厚的理论基础知识，承担过大量大型或复杂工程的设计任务，设计中有创新精神并取得丰硕的科研成果。早在上世纪70年代初期，就在计算机专业人员的配合下，研制成功了一套较完善地运用计算机进行高层建筑结构全面分析的方法和程序，在高层建筑结构设计方面起到主导作用，并为许多兄弟单位做了大量的高层建筑结构计算，对促进高层建筑结构的发展做出贡献。在80年代初主持设计的深圳香格里拉大酒店工程中，首创了钢筋混凝土巨型构架结构，丰富了高层建筑结构体系，该成果获建设部科技进步二等奖；继而在深圳长城大厦工程中，与地质专业人员共同研究，成功地在花岗岩残积土地基上用天然地基建造成高18层的建筑，为尔后对这种土层的利用提供了范例，该成果获广东省科技进步二等奖。

容总1985年开始担任广东省建筑设计院总工程师，在把好技术关和技术水平提高方面做了大量的工作外，仍然一直坚持直接参与设计和科研工作。80年代后期，由他主持并直接参与的广东国际大厦（高63层）工程设计中，在国内没有先例的情况下，运用了各种技巧，解决了各种技术问题，其中无粘结部分预应力楼盖的应用达到国际领先水平；与施工单位紧密协作，采取了一系列先进施工措施，圆满地全部用国内技术成功建造成当时国内最高的钢筋混凝土超高层建筑。该建筑的建成，把我国钢筋混凝土超高层建筑结构的水平推到一个新的台阶，他对此项工程所写的分析文章成为此后同类工程设计的重要参考资料。为此该项工程获得多项奖励，包括国家科技进步二等奖和国家优秀设计金奖，最近还获得首届中国土木工程（詹天佑）大奖。2001年超高层建筑抗震试验研究与结构设计项目又获广东省科学技术奖二等奖。此外，他还获得了多项市、局级的科技进步奖。在他的推动、指导或直接参与下，该院坚持了结合生产进行科学研究和计算机程序的编制工作，已取得多项成果，对提高设计水平起到重要的作用，如钢管混凝土柱新型节点的试验研究、巨型构架结构体系的应用、总结提出的高层住宅建筑中的短肢剪力墙结构体系（已被新的高层建筑钢筋混凝土结构技术规程所采纳）、编写大型高层建筑结构分析的计算机程序等，其中部分已通过鉴定并获得省级的科技进步奖。此外，容总还参与了我国建筑工程方面多项国家规范和省地方标准的制订或审查工作。

由于他的成就和贡献，他曾获得省职工劳动模范、广东省有突出贡献专家等荣誉，1989年被建设部授予首批中国工程设计大师称号，1995年被选为中国工程院院士。目前，他仍然承担了大量社会上的技术工作，诸如鉴定、论证、咨询、审查、评定、重大工程事故处理等。还担任了国家超限高层建筑工程抗震设防审查委员、中英结构工程师互换补充测试的中方考官、多所有名大学的兼职或名誉教授、广州市科技委副主任等职务。对于这些工作，他都认真对待和努力完成，对省内以至全国建筑工程的质量保证、水平提高做出贡献。

容总是我学会第三届理事会名誉理事长，对学会工作一贯关心支持并热情加以指导。学会举办的几次大型学习班，容总不辞劳苦，亲自上台讲课，有时一讲就是两整天，听讲者三百余人，座无虚席，反映很好，对学会推动行业技术进步作出了重大的贡献！

常务副理事长赵资钦同志简介

赵资钦，男，1952年6月出生，汉族，中共党员，1979年毕业于清华大学水工建筑专业，现任省建工集团董事、副总经理，教授级高级工程师，主管集团30多家企事业单位的科技进步、生产管理、技术人员培训、教育等工作。

赵资钦同志是一位从基层工程技术人员一步一个脚印成长起来的现代企业高级管理人才，历任解放军基建工程兵00619部队技术员，广东省基础工程公司工程师、副经理、副总经理、高级工程师、总经理；参加工作三十多年来，刻苦学习，认真钻研，主持负责及参与上百项工程项目施工、技术管理，解决了大量的关键性技术问题和重大技术难题，取得了显著的科研成果，主要专业技术成果有：

获省科技进步奖3项：一等奖1项、二等奖1项、三等奖1项；省重大科学技术研究成果1项；省优秀成果1项；省建工集团科技进步奖11项：一等奖3项、二等奖3项、三等奖5项。

获工程类技术成果奖2项：国家优质工程鲁班奖1项、全国建筑业新技术应用金牌示范工程1项。

近两三年来发表论文十多篇，制定省级工法一项。

由于赵资钦同志做了大量卓有成效的工作，得到组织和社会的肯定：荣获全国五一劳动奖章、全国建筑企业优秀项目经理、全国建筑业安全生产先进个人、全国工程建设质量管理先进工作者、全国工程建设质量管理活动优秀管理者，省委省政府记一等功1次、荣获省五一劳动奖章、省直属机关优秀共产党员、省优秀项目经理、省安全生产先进个人、省文明施工年先进个人、省优秀质量管理工作者、省QC小组活动优秀领导者、广州市安全生产标兵、广州市消防先进工作者、广东建工集团突出贡献特等奖、优秀共产党员等荣誉60多项。

由赵资钦同志主持施工总承包的广东奥林匹克体育场工程荣获国家优质工程鲁班奖、省科技进步一等奖、“全国建筑业新技术应用金牌示范工程”称号。

赵资钦同志担任的社会职务有：中国建筑学会地基基础专业委员会理事，省安全生产监督管理协会常务理事、副理事长，广州市建筑业联合会常务理事、副会长，本学会第三届理事会常务理事，本学会土力学与地基基础工程专业委员会名誉主任委员、建筑施工专业委员会名誉主任委员。

赵资钦同志年富力强，有强烈的事业心、责任感和无私的奉献精神，工作扎实，雷厉风行，有良好的职业道德和敬业精神，能虚心向老同志和专家学习，富有开拓进取和创新精神，有很强的组织管理能力，关心学会，热心学会工作。

名誉理事长陈家辉同志简介

陈家辉，男，1928年1月出生，1950年毕业于中山大学工学院土木工程系，中共党员，上世纪五十年代至七十年代，在东北齐齐哈尔铁路局任技术员，工程师，主任工程师，施工处副处长等职，1980年5月后援外，任中国土木工程总公司也门分公司经理，负责承包大型饮料厂及高速公路；1982年5月后任齐齐哈尔铁路局副总工程师。1984年2月后调到广东省建筑工程总公司任总工程师，一直到1993年9月退休。直到现在，尽管陈家辉老人有许多头衔，如1987年被华南理工大学聘为兼职教授，1995年获英国特许建造师资格等等，但我们广东土木工程界不管是老专家、老教授还是年轻的技术人员，都亲切地叫他“陈总”。

陈总从事土木建筑行业长达54年之久，长期战斗在重点工程的第一线，他对铁路、高速公路、飞机场、港口、大桥、隧道、高层建筑、岩土工程（地基基础、深基坑）及高性能混凝土等工程领域均有较高的造诣和丰富的实践经验，上世纪八十年代中期负责“广东国际大厦（63层）工程综合应用新技术”课题是被建设部列为“七·五”期间重点攻关项目，一共采用了无粘结预应力混凝土平板技术、超高层泵送混凝土等十项新工艺新技术，被建设部主持鉴定的专家一致认为该项目科技成果处于国内领先地位，达到国际先进水平。为此，1989年SP-70模板获省科技进步二等奖，1990年广东国际大厦63层结构施工新技术获省科技进步一等奖，1991年无粘结预应力设计与施工获建设部科技进步二等奖；1992年广东国际大厦工程设计与施工获国家科技进步二等奖。陈总本人于1991年获国务院有突出贡献专家的政府津贴，1992年获广东省唯一的一个广东省突出贡献专家一等奖。陈总在百忙中撰写科技论文并公开发表的有二十几篇。1999年与谢尊渊教授主编《建筑施工实例应用手册》一书，共142万字，由中国建筑工业出版社出版，受到全国建筑界业内人士的好评。

陈总一贯热衷于学术交流活动和学会的工作，他退休前曾担任过中国岩石力学与工程学会常务理事，中国土木工程学会理事，广东省土木建筑学会常务副理事长，广东省科技顾问委员会委员，清华大学土木系学术顾问等，本学会第三届理事会陈总担任学会的顾问，在学会开展工程咨询活动中发挥了重要作用。2002年起学会理事长空缺期间，陈总不顾年高，十分关心学会的工作，经常加以指导，这几年学会工作能正常开展，陈总起了领导和指导作用，所以，学会秘书处把他当作一位“老理事长”看待。

理事会顾问吴仁培同志简介

吴仁培，男，1930年生于江苏省张家港市。1955年毕业于同济大学结构工程系，之后在华南工学院土木工程系任助教、讲师、副教授（1957年在清华大学土力学高级研究班进修）。1985年晋升教授并任华南理工大学建筑工程系主任至1992年。1996年退休，一直从事工程设计与岩土工程教育科研和咨询工作。

吴教授任建工系主任并主管研究生教学工作期间，鉴于当时在研究生培养上有脱离经济建设主战场的倾向，于是在1986年召开的第一次全国土木（建筑）工程系主任会议上，率先提出如何培养工程型工学硕（博）士，为工程界输送实用型高层次技术人才（如总工程师等）的设想，并带头在华工建工系少量研究生中作尝试。通过师生几年的共同努力，取得预期的效果，吴教授也成为教育战线有突出贡献的专家，享受国家级政府特殊津贴。

科研工作方面，吴教授也是硕果累累：如上世纪五十年代末，参与了广州市工程界关于混凝土沉管灌注桩的实验研究及应用推广工作，这种桩型，成为开放改革前广东省大量应用的一种桩基技术，并很快推广至全国，其相关的设计、施工技术列入了国家规范。1983年参加由高教部组织大连理工大学、清华大学、同济大学、天津大学及华南理工大学进行的“钢筋混凝土海洋石油多功能平台的可行性”研究工作（属国家六·五攻关项目）并代表华南理工大学任项目组副组长。该项科研成果获高教部首届科技进步一等奖。

1985年广州市兴建200米高的63层国际大厦（当时号称全国第一高楼）施工中要采用多项新技术，吴教授组织系里有关老师一起参与研究，使大厦如期优质建成，科研成果获省科技进步一等奖。1980年参加由建工出版社组织的全国高校统编教材《地基与基础》的编审工作，该书被评为出版社的优秀教材。

吴教授一贯主张教学、科研应结合社会实践，曾主持或参与设计过数十项大型或高层建筑物及较复杂的岩土工程项目，同时也为省内各地工程界解决了许多实践中遇到的工程问题。因此在我省同行中享有很高的声誉。1986年被推选为国际岩石力学学会中国小组成员，同年，发起省内几位同行专家组建了广东省岩石力学与工程学会并出任理事长。学会在开展技术咨询及学术活动方面做得较好，连年评为省的先进学会。1989年起吴教授还被聘任为《中国土木建筑百科辞典》总编委会的常务编委，至今该书已出版了十四个分卷。1992年，我省成立专家顾问委员会，吴教授被聘为首届专家顾问，目前仍任广州市建设科技委岩土工程及地基基础专业委员会的主任委员，并连续二次获广州市优秀专家称号。

吴教授一贯强调教学研究应与工程实践密切联系，所以他培养出来的学生能理论联系实际，解决工程实际的能力强，许多学生已成为工程建设战线上的鼎足人物。吴教授不仅在教学战线耕耘不停，对我们学会工作一贯热情支持和长期指导，受到学会及社会土木界老中青三代的尊重。

理事会顾问张旷成大师简介

张旷成，男，1930年8月出生，1952年毕业于川北大学（今重庆大学）土木工程系，1953年在沈阳重工业部设计干部学校高级工程地质一班学习8个月，从此开始从事工程地质岩土工程勘察、设计、研究至今达五十二年。曾任机械工业勘察研究院工程地质队副队长；分院、院技术室副主任、主任；分院、院总工程师、顾问总工、专家室主任等职。1956年晋升为建国后首批工程师，1982年、1987年首批晋升为高级工程师和教授级高级工程师。1989年12月荣获首批中国工程勘察大师荣誉称号；1991年10月起享受国务院特殊津贴；1991年12月荣获陕西省突出贡献专家称号；1992年6月荣获陕西省优秀共产党员专家称号；1997年被中共深圳市委确认为深圳市杰出专家；首批国家特许注册土木工程师（岩土）。现任深圳市勘察测绘院顾问总工程师。

张大师担任过技术负责、审核、审定的工程勘察、设计项目多达千余项。通过工程实践，对松散圆砾、卵石层地基承载力、变形特征；滑坡、泥石流稳定性；黄土、岩溶地基；断裂稳定性、桩基、高层建筑勘察等，作过较深入的研究。从1956年主编一机部标准《工业与民用建筑物与构筑物工程地质勘测规程》开始，相继从事过很多工程地质、岩土工程标准化工作，主编、参编的国家标准、行业标准、地方标准、手册共14项，其中主编了全国第一本有关这一领域的行业标准《高层建筑岩土工程勘察规程》JGJ72-90，目前该规程修编的送审稿已通过建设部审查，评委给予了高度的评价，认为在总体上达到了“国际先进水平”，现已经通过建设部批准，近期将出版、发行；1993年来到深圳后，主要从事地基处理、基坑支护、桩基工程等岩土工程设计咨询工作，主编了深圳市标准《深圳地区建筑深基坑支护技术规范》SJG05-96，这是这一领域中全国第一本标准，曾获深圳市科技进步二等奖。主编过《深圳地区岩土工程的理论与实践》一书。参与了深圳市许多大型复杂工程的评审和岩土工程技术咨询，目前正在主持特大型的“深圳市后海湾填海（4.2km2）及软基处理工程”的方案设计和施工图设计。曾在国内外刊物和学术会议上发表和宣读论文30余篇。

张大师科研成果累累：曾获国家科委颁发的科技成果完成者证书1项；国家科技进步二等奖1项；国家优秀工程勘察银质奖3项、铜质奖2项；部省级科技进步二等奖6项、三等奖3项；省市优秀工程勘察奖8项。

“老骥伏枥，志在千里”，张大师不辞年高，每天照常上班，担负着重大岩土工程的设计和咨询任务。大师一贯为人谦和，对年轻人热情帮助和扶持，对学会工作大力支持，在我省土木工程界尤其是岩土工程界同志的眼中是一位“德高望重”的长者和学者。

副理事长韩大建同志简介

韩大建，女， 广西北海人，1940年3月生。1963 年北京大学固体力学专业毕业，同年9月到华南理工大学土木工程系任教至今。其中1980年至1984年赴美国普渡(Purdue)大学土木工程系留学，获结构工程硕士和博士学位。1986年晋升教授，1990年被国务院学位委员会批准为博士生导师。曾任华南理工大学副校长、校学位评定委员会副主任。现任华南理工大学城市建设研究所所长、兼任中国建筑学会建筑结构分会计算机应用委员会委员、中国力学学会常务理事、广东省土木建筑学会副理事长、清华大学结构工程与振动重点实验室学术委员会委员等。第九、十届全国政协常委、第八、九届广东省政协副主席。中国教育国际交流协会第四届副理事长。

韩大建教授长期以来从事结构工程的教学和科研工作，已招收培养博士生29名（ 其中18名已获得博士学位 ）、硕士生51名 （ 其中39名已获硕士学位 ）。主笔学术专著2部及参编学术专著2部在国外著名出版社出版，并在国内外学术刊物发表了学术论文100多篇，学术会议论文约70篇。另发表译著3部，其中一部分别在北京和台湾出版。有代表性的著作：“Tubular Members in Offshore Structures，”Pitman Books Ltd.， London， 1985；“Plasticity for Structural Engineers，”Springer-Verlag， New York， 1988和“Cable Force Adjustment and Construction Control”， in “ Bridge Engineering Handbook”， Wei-Fah Chen and Lian Duan， Eds.， CRC Press， New York， 1999。获广东省高教厅科技奖两项，另有两篇论文分别获得中国土木工程学会2000年和2002年优秀论文奖。.

韩大建教授早期在塑性力学和混凝土本构理论等基础研究领域有突出成绩， 获国内外学者很高评价。近二十多年来，主要致力于桥梁工程的应用研究，近年来还开展了空间索膜结构的开发研究。注重结合广东省及香港地区的重大工程建设项目开展工作。完成了三项广东省自然科学资金项目，完成大型工程研究项目有“广州市番禺大桥斜拉桥施工控制” 、“广东省西部沿海高速公路崖门大桥斜拉桥的施工控制”、“香港汀九大桥风致振动研究”、“广州市金沙洲大桥主桥连续梁施工控制” 等。目前正在主持“广东省湛江海湾大桥斜拉桥施工控制” 等大型项目。其所领导的城市建设研究所完成大跨度桥梁施工控制项目7个，桥梁和大跨度空间结构的检测和健康监测项目19个，桥梁管理系统的开发项目2个，空间膜结构研究项目4个、设计空间膜结构4万多平方米。

副理事长郭成奎同志简介

郭成奎，男，生于1946年3月，毕业于上海同济大学建筑机械专业，高级工程师，中共党员，广东省建设厅巡视员。

1968年至1970年在建工部第四土石方工程公司第42施工队工作，1970年至1981年在广东省机械施工公司先后任机修厂副厂长、技术培训办公室副主任等职，1982年至今先后任广东省建工局、广东省建委、广东省建设厅副科长、办公室副主任、建管处副处长、办公室主任、建委副主任、建设厅副厅长等职，2003年5月任正厅级巡视员。郭成奎厅长多年来在建设主管部门任领导职务，对建筑市场管理、工程设计、施工、监理等方面的管理工作有丰富经验，并兼职中国建设监理协会第三届理事会副会长；中国土木工程学会第八届理事会常务理事；广东省勘察设计协会理事长；广东省建设监理协会会长；广东省土木建筑学会理事会副理事长。

副理事长何镜堂院士简介

何镜堂，男，生于1938年4月，1965年毕业于华南工学院（研究生），现任华南理工大学建筑学院院长兼建筑设计研究院院长、总建筑师、教授、博导，中国工程院院士、中国工程设计大师、国家特许一级注册建筑师，广东省注册建筑师协会会长，广东省科学技术协会副主任，中国建筑学会教育建筑学术委员会主任，国务院学位委员会建筑学科评议组成员等。

何镜堂教授是一位成功卓著的建筑设计大师，先后主持负责设计的重大复杂工程有100多项，获省级以上优秀设计奖40多项。其中西汉南越王墓博物馆获国家优秀设计金奖、建设部和国家教委一等奖、中国建筑学会创作奖；华南理工大学逸夫科学馆、浙江大学新校区和华南师范大学南海学院分别获国家教委一等奖和建设部二等奖；大都会广场及中国市长大厦获国家铜奖、教育部一等奖和建设部二等奖；虎门鸦片战争海战馆获教育部一等奖等。在学术研讨会上创造性地提出二观（整体观、可持续发展观），三性（地域性、文化性、时代性）的建筑哲理和创作思想。近年来在《建筑学报》发表论文20多篇，出版专著《当代中国建筑师——何镜堂》。2000年获首届“梁思成建筑奖”。

副理事长周福霖院士简介

周福霖，广州大学工程结构抗震研究中心主任，教授，中国工程院院士。1963年湖南大学工民建本科毕业，1983年加拿大不列颠哥伦比亚大学研究生毕业。曾任机械部第四设计研究院副总工程师，华南建设学院西院副院长。兼任联合国工业发展组织隔震技术顾问，国际减震控制学会（ASSISI）常务理事，中国建筑学会抗震防灾分会减震控制学术委员会主任委员。曾承担联合国工发组织、中国国家自然科学基金会、美国国家科学基金会、中—美合作，建设部等抗震隔震减震和控制研究项目。主编我国第一部隔震技术规程，主持设计建成我国首幢叠层橡胶支座隔震住宅楼，被评价为“世界隔震技术发展第三里程碑”，主持设计世界最大面积的隔震建筑群，推广应用于各类隔震房屋和桥梁，成功经受地震考验。建立发展我国结构隔震、减震控制理论和工程应用技术。获得国家科技进步二等奖，建设部科技进步一等奖，二等奖，广东省科技进步一等奖等近10项奖励。著作三本，论文百余篇。曾荣获建设部劳动模范，广东省有突出贡献专家，广东省五一劳动奖章，国务院政府特殊津贴等专家称号。指导过博士生，硕士生多名。

副理事长郭明卓大师简介

郭明卓，男，1943年5月生于上海，1966年毕业于上海同济大学建筑学专业，国家特许一级注册建筑师，教授级高级建筑师，中国工程设计大师，现任广州市设计院顾问总建筑师。

1977年到广州市设计院工作至今，其作品多次荣获国家及省部级优秀设计奖。其中天河体育中心获建设部优秀设计一等奖，国家优秀设计银奖、国际建协IAKS奖银奖第一名、中国建筑学会优秀建筑创作奖（1953-1988年）、国家科技进步二等奖。广州购书中心获建设部优秀设计二等奖，国家优秀设计铜奖。羊城晚报印务中心获建设部优秀设计二等奖，广东省优秀设计一等奖。天河城广场获广东省优秀设计一等奖。广州老干部中心获建设部优秀设计表扬奖。东莞常平体育馆、东莞市政府办公楼、广东省委党校教学楼、广州华侨酒店等获广东省优秀设计奖。在《建筑学报》、香港《建筑与城市》等发表论文6篇。1989年获广东省首届丁颖科技奖，1992年起享受国务院特殊津贴，1994年被评为建设部劳动模范。1984年至今任中国建筑学会体育建筑专业委员会委员；中国建筑学会第8届理事会理事；第11届理事会理事候选人；广东省土木建筑学会理事会副理事长，建筑创作专业委员会主任委员，环境艺术专业委员会副主任委员。

副理事长潘浚源同志简介

潘浚源，男，1946年生，1968年西南交通大学铁道工程专业毕业，高级工程师，中共党员。

潘浚源同志1968年至今从事铁道工程工作36年，曾任沈阳铁路局第一工程段技术员；广州铁路局基建处工程师、办公室秘书、衡广复线办公室处长助理、基建处副总工、总工、高工；广铁集团京广湘黔枝柳铁路建设指挥部副指挥长；广铁集团公司副总工。现任广铁集团公司总工程师，并兼任广东省铁道学会副理事长、广东省科学技术协会委员、詹天佑铁道科技发展基金第三届委员会委员。

潘浚源同志任职以来一直积极探索、研究新技术、新工艺，解决过不少关键技术问题。其中由其主持的“铁路增建二线隧道开挖微振爆破”项目于1997年获得铁道部工程总公司科技进步三等奖；“京广线武广段提速工程计算机模拟系统”项目于2003年获得湖北省科技进步三等奖；2002年度获得中国科学技术发展基金会茅以升科学技术奖——铁道工程师奖。

副理事长叶世强同志简介

叶世强，男，1940年生，1964年华南工学院工业与民用建筑函授班工民建专业毕业，高级工程师，中共党员。叶世强同志1959年至今从事建筑业施工技术管理工作达43年，曾任广州市第一建筑工程公司技术副经理（一级大型企业）、广州建筑机械施工工程公司经理（一级大型企业）、广州市建筑工程总公司副总工程师、总工程师。现任广州市建筑集团有限公司总工程师，并兼任广州市建筑学会结构与施工学术委员会副主任、广东省土木工程学会和广东省工程建设标准化协会理事、广州市建筑业联合会质量管理委员会副主任、广州市建筑集团有限公司科技委员会主任。

叶世强同志长期主持建筑施工生产第一线工作，受聘高级工程师技术职务13年。曾负责主持和参与广州花园酒店、珠江水泥厂等大型重点工程施工组织管理与指挥工作，有较高的施工管理专业水平和能力，解决了不少工程施工过程中的关键技术问题，特别是对高层、超高层建筑施工、深基坑支护、大体积混凝土施工和全面的工程质量管理有较丰富的基础理论和施工实践经验。并曾经组织审定了广州地区一批大型、重点复杂工程项目的施工技术方案，其中作为主要项目负责人的花园酒店工程获得首届建筑工程质量鲁班奖。

副理事长袁明桂同志简介

袁明桂，男，1947年生，1982年毕业于湖南大学土木系工民建专业，中共党员，高级工程师，现任广东省土木建筑学会挂靠单位——广东省建筑工程集团有限公司董事长、党委书记。

袁明桂同志历任轻工部广州设计院干部，广东省建委科长，广东省河源市建委副主任，广东省建委副处长，中外建广东经理，广东海外建设总公司总经理，广东省建筑工程集团有限公司董事长、党委书记。任职以来一贯坚持理论联系实际，积极探索施工管理技术，在公司组织开发和承包的重大项目施工过程中，敢于大胆采用新技术、新材料、新工艺和新办法并取得了极大成功。袁明桂同志有很强的施工组织、指挥和管理能力，经他组织实施和施工项目大都是优良工程。其中广州市猎德污水处理厂项目、广州邮件处理中心项目等均先后获得了省、市优良样板工程称号。平时能够开展技术研究、积极撰写施工技术论文，多篇论文被学术会议定为大会宣读论文并受到了学术界的一致好评。

副理事长李福伟同志简介

李福伟，男，1949年生，1974年毕业于清华大学建筑工程系工民建专业，广东顺德人，中共党员，高级工程师，现任广东省建筑工程集团有限公司副董事长。1974年后，在广东省建筑工程公司任施工员、技术员（期间：参加国家重点建设工程——黄埔新港工程建设从事技术工作）。1982年后，在广东省第一建筑工程公司104施工队任技术队长、队长（期间：组织指挥省重点工程——广州西村9000吨冷库工程）。1984年8月至1986年10月，支援西藏建设，任省援藏领导小组驻西藏山南办事处副主任，现场建设副总指挥。1986年11月后，在广东省建筑工程总公司任工程部经理。1988年6月后在广东省工程承包公司任总经理，在广东省建筑工程监理公司任总经理（期间：参加国家“七・五”重点建设工程-广东省云浮水泥厂工程建设，任工程总指挥）。1997年10月后在广东省国际工程咨询公司任总经理。2002年8月后在广东省建筑工程集团有限公司任副董事长。

李福伟同志在抓好工作的同时，也抓紧学术上的研究，在《中国工程咨询》等刊物、学术会议上发表多篇论文。任广东省工程咨询协会常务副会长，中国工程咨询协会第二届常务理事，国际咨询（土木）工程师联合会（菲迪克・FIDIC）中国代表团成员，熟悉FIDIC条款和FIDIC机构组织运作。从1999年至2003年以中国工程咨询代表团成员先后参加在荷兰海牙、美国夏威夷、墨西哥阿卡普尔科举行的FIDIC年会。是我学会第三届理事会常务理事。

副理事长傅立容同志简介

傅立容，男，生于1946年9月，毕业于河海大学水港系，高级工程师，中共党员，1968年起一直在中港第四航务工程局工作，历任技术员，施工处主任、预制厂厂长、二公司副经理、经理，1991～1992任孟加拉吉大港码头工程项目经理，1997年至今任中港第四航务工程局副局长、总工程师并兼广州航海学会副理事长，广东省土木建筑学会理事会副理事长。

傅立容同志三十多年来一直从事水工建筑物、公路、桥梁与工程的施工，主持过十多项大中型工程施工技术和管理，如人民路高架路、大亚湾核电站水工工程等，主持大直径合金圆筒震动下沉新技术试验，国内最大打桩船改造工程等。

副理事长黄步安同志简介

黄步安，男，生于1944年3月，华东水利学院（河海大学）水道及港口建筑专业毕业，高级工程师，中共党员。黄步安同志在建工部基础三公司基础一公司及广东省基础工程公司工作历任技术员、施工组长、副队长、队长、分公司经理，1985年起在广东省建工集团工作，历任总工室副主任、主任、总工程师等职务，其中1999～2002年在广东省九运会省级场营建建设指挥部任总工程师。现任广东科技中心筹建办总工程师，兼任广东省科协委员。

黄步安同志在工程管理及桩基础方面有丰富的经验，写过多篇学术论文并主编了《建筑安装工程质量验评手册》。1985年编写桩基工程获建设部科技进步二等奖，1991年参加广东国际大厦施工管理及科研获广东省科技进步一等奖，1993年参加广制广东省桩基规程获省科技进步三等奖，1994年获政府特殊津贴。

副理事长（兼秘书长）王离同志简介

王离，男，生于1944年3月，毕业于同济大学桥梁工程专业，教授级高级工程师，中共党员。2000年起任广东省土木建筑学会第三届、四届副理事长兼秘书长。

1968年至1992年，在广东省基础工程公司工作。曾任工人、技术员、工程师、副科长（1984年～1987年外派澳门南方置业公司基础部任副经理）。

1992年至2001年在广东建设开发公司（1996年改为广东建设实业集团公司）任开发部副经理、集团公司副总工程师、总工程师。（1997年～1998年兼任广东建设实业（澳门）有限公司总经理）。

三十多年来，王离秘书长主要从事土木建筑特别是地基基础的设计、施工、技术开发及房地产开发工作，主要业务专长是地基基础工程尤其是桩基础工程的设计、施工、监理、咨询及技术开发；近十多年来致力于预应力管桩和静力压桩的推广应用工作，使广东在这方面处于全国领先地位；先后处理过土建工程特别是地基基础工程方面的疑难杂症上百项；是国家标准《先张法预应力混凝土管桩》、1991年版本广东省标准《建筑地基基础施工及验收规程》、广东省标准《预应力混凝土管桩基础技术规程》的主要起草人之一，是广东省标准《静压桩基础技术规程》编制组组长；是中国建筑工业出版社的《实用桩基工程手册》的副主编。

王离秘书长公开发表论文近四十篇，获得广东省科技进步二等奖一项、三等奖一项。广东省建筑工程总公司科技进步一等奖一项。

1994年被聘为中南工业大学兼职硕士研究生导师；2001年被广州大学聘为客座教授。现任中国土木工程学会理事，广东省岩石力学与工程学会常务理事，还担任广州市建设科技委员岩土工程与地基基础专业委员会委员、广州大学城顾问等。

副理事长曹华先同志简介

曹华先，男，1965年7月生，教授级高级工程师，中共党员。1986年毕业于浙江大学水工结构专业，2002年暨南大学工商管理硕士毕业，2003年8月～2004年2月在美国理海大学作高级访问学者。

1986年8月～1998年12月在广东省基础工程公司历任施工员、施工队技术负责人、项目经理、分公司技术负责人、分公司经理、公司党委副书记、公司副总经理等职。1998年12月至今任广东省建筑科学研究院院长（2004年3月起兼任党委书记）。

曹华先同志主持或参与完成科研课题10余项，发表论文20多篇。获广东省建工集团有限公司科技进步奖10项，其中5项获得广东省科技进步奖，分别为“省工商银行业务大楼五层地下室超深基坑信息法施工”、“清远市体育馆预应力组合扭壳屋盖结构荷载实验技术研究”、“建筑工程混凝土结构加固新技术和试验研究”、“复合注浆法在地基基础中的应用研究”和“建筑物诊治技术研究”。曹华先同志主持开展的建筑物诊治技术科研成果，及倡导成立的建筑物诊治学术委员会，对我省建筑物诊治技术的发展起到了一定的推动作用。

曹华先同志曾荣获基础公司青年之星、集团公司杰出青年、基础公司优秀党员、省建科院优秀党员、集团公司优秀党员等荣誉称号。作为广东省建科院院长，曹华先同志率领全院职工在科研与生产中取得了较好的经济效益和社会效益，2000年省建科院荣获建设部“全国建设技术创新先进单位”荣誉称号，2003年省建科院荣获广东省“文明单位”荣誉称号。

副理事长吴硕贤
教授、中国科学院院士

华南理工大学建筑技术科学研究所所长 ；广东省土木建筑学会副理事长、物理专业委员会副主任委员；

亚热带建筑科学国家重点实验室主任 ；国际著名刊物《声与振动学报》编委 。

主要经历：

1947出生于福建泉州市，福建诏安人

1970毕业于清华大学建筑系

1970-1974西安铁路局基建处任施工技术科科员、技术员

1974-1978南昌铁路局第二工程段福州铁路设计所工作

1978-1984清华大学建筑系硕士、博士

1984-1998浙江大学土木系、建筑系担任讲师、副教授、教授

1987-1988澳大利亚悉尼大学建筑学院博士后研究助理

1991-1992奥地利因斯布鲁克大学建筑学院高级访问学者

1995出版诗词集《偶吟集》

1998调华南理工大学建筑学系任教授、所长、博导

2002、2005年分别获广东省科学技术奖二等奖

2005年获国家环境保护科学技术奖二等奖

2005当选中国科学院院士

广东省土木建筑学会
各专业委员会简介

广东省土木建筑学会
给排水专业技术委员会

主任委员：陈伟雄，男，1966年生，同济大学环境工程系给排水专业本科毕业，高工，广东省建筑设计研究院市政院副院长，现给排水专业委员会主任委员。

给排水专业技术委员会函盖的专业有建筑给排水、市政给排水、环保（水）等，参加人员的单位有设计院、生产厂家、监理公司、水公司、施工单位、技术咨询单位及政府部门等。本委员会是广东省水工业的一个重要的组织团体，工作开展主要以资料交流为主，大会和小会相辅的形式。经几年的开展，给排水专业委员会对促进广东省与国内、外学术团体的交流，促进广东省内技术交流和新工艺、新技术、新产品的推广起到一个重要的桥梁作用。通过交流，在广东省水业形成一个互助互帮、互相提高和促进的良好局面。

主任委员：陈伟雄

副主任委员：符培勇　胡勇有　罗广寨　林　方　王　峰　王建平　杨学波　赵力军　周沛林　钟啸樵

秘书长：陈皖蜀

广东省土木建筑学会
工程检测专业委员会

主任委员：汤旋驹，男，1943年生，同济大学工程检测与电子技术专业毕业，高工，广东省地震局勘测中心常务副总工，本学会第三届、四届理事，现工程检测学委会主任委员。

广东省土木建筑学会工程检测专业委员会成立于2000年6月18日，现有委员256人，分别来自科研、高校、技监、各建设行业质监、质检站、监理、施工等部门。专业范围包括了我省工业与民用建筑、铁路、地铁、公路、桥梁、港口、水利、电力、地震、地质、地矿……等土木工程与建筑工程质量检测与监测，更体现了“五湖四海”的学会组织原则。

本专业委员会主要从事学术研究、探讨与交流、对在建、已建的各行业建设工程质量进行检测、监测与监督，对拟建工程场地进行工程勘察、设计、施工，并对已有建筑物进行检测、鉴定、评价等，在近四年期间，本专委会主办了广东省第一界、第二界建设工程检测学术会议，并出版了两期省、部级专刊《广东土木与建筑》《南方建筑》各一期。本专委会配合省质量技术监督局举办了工程勘察、岩土工程原位测试专业上岗证培训考核班，配合政府部门培训考核人才。本专委会的主要科研技术骨干还为我省工程桩检测上岗证培训与考核、基桩检测规范的编订等作出了较大的贡献。

主任委员：汤旋驹

副主任委员：徐天平　吴裕锦　钱春阳　梁志华　赵　剑　肖　兵

秘书长：陈久照

广东省土木建筑学会
计算机应用专业委员会

主任委员：韩大建，女，1940年生，建筑结构专业，博士，教授，华南理工大学建筑学院城市建设研究所所长，本学会副理事长。

广东省土木建筑学会计算机应用专业委员会是隶属于广东省土木建筑学会的一个分会，该专业委员会的主要任务是推动计算机在土木建筑的应用，普及计算机辅助计算和辅助设计的知识，组织和举办各种学术活动，向工程设计人员推荐国内外最新的专业软件，引导或组织编程人员掌握国内外最新研究动态，进行与计算机辅助设计或辅助计算软件的开发，促进各兄弟单位的交流与合作。

计算机应用专业委员会的工作开始于上世纪七十年代，是最早开展计算机在土木工程中应用活动的学术团体，积极组织和参与全国性的学术交流会议，委员会的主要成员参与了全国土木工程学会计算机应用委员会的工作，曾多次在广州组织全国工程设计计算机应用学术会议，担任会议主席。历届委员在主任委员的带领下，精诚团结，形成一个有凝聚力的团体，为推动和普及计算机在广东省土木建筑行业的应用竭尽全力。

广东省土木建筑学会
建筑结构专业委员会

主任委员：刘玉树，男，1941年生，毕业于华南工学院，建筑结构专业,教授级高工，原广东省建筑设计研究院副总工,本学会理事兼建筑结构专委会主任委员

广东省土木建筑学会建筑结构专业委员会是省学会属下的专业委员会，委员会委员由全省各地有名设计单位和高等院校有学术造诣人士组成，内设主任委员一名，副主任委员若干名。委员会挂靠广东省建筑设计研究院。

委员会主要职能：作为全省建筑结构专业学术团体，定期开展本专业学术活动，介绍及通报工程设计实例和新型结构体系，结构设计中有关结构选型、结构计算、结构措施等方面的新信息，使行内人员及时了解到建筑结构专业新动态，适宜地运用新结构、新技术、新材料和新工艺，从而促进本省结构设计水平的提高。

委员会业务特色：接受工程咨询，解答工程设计中的难题，鉴别工程质量事故和参与工程设计评查工作。

主任委员：刘玉树
副主任委员：周　定　廖晓明　舒宣武　蔡　健　李少云　王启文　刘福义　林秋松　张元坤
秘书长：张元坤

广东省土木建筑学会
建筑物诊治专业委员会

主任委员：曹华先，男，1965年生，暨南大学工商管理专业硕士毕业。水工结构专业，教授级高工，广东省建筑科学研究院院长，本学会建筑物诊治专委会主任委员。建筑物诊治专业委员会成立于二00一年七月，　挂靠在广东省建筑科学研究院，现有委员102名。

该学委会主要从事既有建筑物检测、鉴定、加固与改造技术的学术交流、技术推广与技术咨询等学术活动。学会成立之后，成功举办了两次全省建筑物诊治学术交流大会并编辑出版了两期《广东土木与建筑》增刊，为推动我省建筑物诊治技术水平的提高和解决既有建筑物的疑难杂症等问题做出了一定的贡献。

主任委员：曹华先
副主任委员：蔡　健　韩金田　杨绍祺　陆瑞明　袁庆华
秘书长：邓　浩（兼）

广东省土木建筑学会
环境艺术专业委员会

主任委员：何镜堂，男，1938年生，华南工学院研究生毕业，建筑专业，中国工程院院士，华南理工大学设计院院长，本学会第三届、四届副理事长兼环境艺术专委会主任委员。

广东省土木建筑学会环境艺术专业委员会是由广东省从事环境艺术创作人士组成的民间学术团体，在广东省土木建筑学会领导下工作。专业委员会的宗旨是："团结环境艺术设计师，致力于提高环境艺术的理论与实践水平，探索具有岭南特色的环境艺术风格、发挥环境设计师的社会作用，维护设计师的权益，发展与世界各国同行间合作，为我国现代化建设服务"。

专委会把工作重点放在学术交流和推广，每年举行一至二次学术交流会及年会，包括国际学术交流、国内学术交流、会员作品展览、环境艺术设计作品大奖赛等。

专委会还为政府部门制订有关环境艺术设计的政策、法规提供咨询和建议，为搞好城市建设服务。学会将在传播环境艺术设计文化、普及环境艺术设计与装修知识、组织理论研究和实践探讨、为室内外环艺设计者发挥才能构筑舞台等方面做出更大的贡献。

主任委员：何镜堂
副主任委员：史庆堂　许安之　郭明卓　黎　明
秘书长：黄维纲

广东省土木建筑学会
混凝土与预应力混凝土专业委员会

主任委员：潘德强，男，1937年生，天津大学土木工程混凝土专业毕业，高工，广州四航工程技术研究院顾问，本学会第三届常务理事，现砼与预应力砼专委会主任委员。

混凝土与预应力混凝土专业委员会由广东省的主要科研院所、大学、建筑施工单位、水泥制品企业、外加剂厂家及混凝土搅拌站的相关专业的代表组成。涉及单位32个、具有委员50人、其中常务委员28人。委员代表的组成为老中青三结合，委员们都是各单位的学术带头人。该专业委员会的主任委员潘德强是资深的混凝土专家，在混凝土界具有一定的名望。该专业委员会的特色是专门从事对混凝土及相关技术的研究及其在工程中的应用，通过专业委员会的集体智慧和力量为广东省的经济建设提供必要的技术咨询和技术支持性服务。

主任委员：潘德强
副主任委员：陈应钦　柯科杰　陈加猛、王胜年
秘书长：王胜年

广东省土木建筑学会
建筑创作专业委员会

主任委员：郭明卓，男，1943年生，同济大学建筑学专业毕业，教授级高工，原广州市设计院副院长，本学会第三届、四届副理事长，现建筑创作专委会主任委员。

广东省土木建筑学会建筑创作专业委员会是属于广东省土木建筑学会的分支机构，设名誉主任一名、主任委员一名、副主任委员三名、秘书长和副秘书长共三名、常务委员二十五名和委员若干。

本委员会的主要职能：繁荣本省的建筑创作，加强本省建筑设计学术交流。

业务特色：学术交流会或研讨会。

主任委员：郭明卓

副主任委员：罗 竑 陶 郅 许安之

秘书长：马震聪

广东省土木建筑学会
建筑物理专业委员会

主任委员：张廷全，男，1941年生，重庆建筑工程学院建筑系建筑物理专业毕业，原广东省建设厅科教处处长，高级工程师，本学会第三届、四届常务理事，现建筑物理学委会主任委员。

广东省土木建筑学会建筑物理专业委员会由长期从事建筑声学、建筑光学、建筑热工和建筑节能等建筑技术领域教学、科研、设计、检测等专家组成，主要进行该技术领域的学术交流及技术咨询工作。可承担建筑构件隔声、厅堂音质、采光照明，特别是夏热冬暖地区建筑小区及建筑物节能、遮阳、玻璃幕墙抗风防雨、新型墙材选用、室内外风环境等方面的设计及技术咨询。

主任委员：张廷全

副主任委员：吴硕贤 黎 明 杨仕超

秘书长：杨仕超（兼）

广东省土木建筑学会
建筑施工专业委员会

主任委员：张润民，男，1937年生，清华大学土木建筑系毕业。原广州工程总承包集团有限公司董事、副总经理兼总工程师，现任广州大鹏房地产公司总工程师，高级工程师，本学会第三届、四届常务理事，现建筑施工学委会主任委员。

建筑施工专业委员会（前称建筑施工专业委员会）是在省学会中成立较早，会员较多，学术活动较活跃的专业委员会之一。第三届委员会曾协助出版《施工实例应用手册》，成功举办了全省性的施工技术交流会，组织专题讲座15次，现场参观23次，共参加人数达6300余人次，曾与中国建筑协会，广州市建筑业联合会，珠海、顺德分会，以及香港特别行政区同行组织多次活动，常为社会开展技术咨询，组织新技术，新产品推介会等活动，团结广大施工技术人员发挥了桥梁和纽带作用，为加速科技进步做了许多有益的工作。

主任委员：张润民

副主任委员：何广聚 李定中 曾昭炎 冼伟华 梁伟雄 林兴流 李中庆 叶作楷 敖国藩

秘书长：邱秉达

广东省土木建筑学会
市政工程专业委员会

主任委员：黎宝松，男，1942年生，西安公路学院公路工程系桥梁与隧道专业毕业，教授，高工，广州市市政园林局总工，本学会第三届、四届常务理事兼市政工程专委会主任委员。

市政工程专业委员会负责我省的道路、桥梁、排水、污水处理、城市供水、燃气、地下铁道和轨道交通、交通标志、路灯照明、园林绿化、垃圾处理等市政专业在设计、施工、科研和管理、维护等方面的学术交流、技术攻关和信息共享。本委员会由政府职能管理部门，设计、施工、监理、质量安全监督、检测等单位和高等院校的著名专家、学者组成，集中了我省市政工程各专业、各行业的精英力量，能科学、有效、高效地解决我省乃至全国市政工程建设中各类重大、关键学术问题。本委员会主任黎宝松高级工程师，现任广州市政协副主席，有很深的学术造诣、高超的领导艺术和组织协调能力。

主任委员：黎宝松

副主任委员：陈 捷 梅尧坤 曹旭华 卢学义 于海学

秘书长：安关锋

广东省土木建筑学会
土力学与基础专业委员会

主任委员：韩金田，男，1963年生,同济大学岩土工程专业研究生毕业,教授级高工,广东省建科院副院长兼副总工,本学会土力学与基础工程专委会主任委员；建筑物诊治专委会副主任委员。

土力学与基础专业委员会在广东省土木建筑学会中是历史较长、成员较多、学术活动较活跃、专业特色较鲜明、取得成绩较多的专业委员会之一。现第六届学委会有名誉主任、委员和顾问共93名。

多年来本学会充分发挥岩土、地基方面专业特长，面向生产、面向实践，为现场和地方解决了相关的设计和施工技术难题，多次组织学术交流、专题报告或讲座等学术活动，如：召开了软土地基、溶岩地基等技术交流会，成功举办了多次大型学术交流会等，取得了显著成绩。

主任委员：韩金田

副主任委员：莫海鸿 方启超 唐孟雄 廖水生

秘书长：赖伟文

广东省土木建筑学会
建筑防水专业委员会

主任委员：蒙炳权，男，1938年生,1962年天津大学有机化工系毕业，建筑工程材料专业,高级工程师,建筑防水专委会主任委员。

建筑防水专业委员会是我省从事建筑防水技术研究、施工、防水构造设计、技术咨询等方面的专业人士组成的学术团体。

现设主任委员一名、副主任委员五名、顾问三名，秘书长一名、副秘书长共三名，常务委员二十五名和委员若干，皆为防水专业专家学者。

专委会多年来秉承面向社会，服务大众的宗旨，为企业和地方解决了相关的技术难题，多次组织学术交流、专题报告或讲座等学术活动，成绩显著。

主任委员：蒙炳权

副主任委员：朱文辉　陈奕沔　杨正梅　张道真

秘书长：谭上飞

广东省土木建筑学会
地下工程专业委员会

主任委员：林培源，男，1933年生，唐山铁道学院桥梁与隧道学本科毕业，教授级高工，原广州铁路集团公司科学技术研究所所长，本学会地下工程专委会主任委员。

广东省土木建筑学会地下工程专业委员会成立于2001年12月，现有专业委员会委员79人，挂靠2001年成立大会同时举办学术报告会，到会人数320人。2002年新委员会先后对南航宿舍楼桩基加固、广州市三眼桥村委综合楼桩基处理；三水市炮竹新仓库后山边坡稳定性、惠州市检验检疫局宿舍楼后山边坡整治咨询、设计等工程项目进行研讨、并指导实践，解决了有关的工程难题。2003年组织了“广东地下工程”论文集的编辑出版，在中国建筑工业出版社印刷，国内外公开发行。

新委员会的业务范围，包括隧道、地下铁道、地下商场、地下车库等地下、空间的开发和利用，基坑开挖、支护、高边坡稳定、外开挖技术等工程领域的科研、咨询、学术总结、交流和推广。

主任委员：林培源

副主任委员：莫庭斌 黎宝松 方引晴

秘书长：陈皖蜀

广东省土木建筑学
会工程经济专业委员会

主任委员：吴　松，男，1963年生，天津大学基本建设管理工程专业毕业。现任广东省建设工程造价管理总站站长、高级工程师。工程经济专业委员会（前称工程经济学术委员会），是省土木学会中成立较早、学术活动较活跃的专业委员会之一。曾协助广东省建设工程造价管理总站（原广东省建设工程标准定额总站）编写《广东省建设工程概预算专业人员培训教材》，成功举办全省工程经济学术交流会多次，组织专题讲座5次，参加人数1000余人。工程经济专业委员会为建筑行业新技术、新产品、新工艺的推广以及工程造价的合理确定，发挥了积极的作用，做了大量的工作。

主任委员：吴　松

副主任委员：倪建国　黎浩源　查世伟　李学范

秘书长：查世伟

广东省土木建筑学会
建筑材料专业委员会

主任委员：陈应钦，，男，1946年生，华南工学院毕业，化学建材专业，高工，原广东省建材工业科研所所长，本学会建筑材料专委会主任委员。

建筑材料专业委员会是从事建筑材料研究、技术咨询和新工艺、新产品、新设备推广、技术人员培训等方面工作的学术团体。成立以来一直以团结组织专家及工程技术人员促进科技进步为目标，多次举办培训、学习班以及技术研讨会，并为企事业单位、大专院校就材料的应用、研发等提供了不少帮助和意见，为加速科技进步做了许多有益的工作。

主任委员：陈应钦

副主任委员：张永健　黄庙由　林克辉　李绍球　于缘宝　王新祥

秘书长：杨正梅。

广东省土木建筑学会
建筑电气专业委员会

主任委员：汤德明，1946年生，1970年毕业于南京东南大学动力系，发配电专业，华南理工大学建筑设计研究院副总工，高级工程师，建筑电气专委会主任委员。

建筑电气专业委员会从开始至今会员人数已发展到1800多人。从第四届开始，学委会挂靠到华南理工大学建筑设计院，由于此时学委会组织已比原来成立时大大发展，故不再实行“两套班子一套人马”的形式。另从第四届开始，按省土木学会规定改为五年一届。从第五届开始，为更好发挥学委会与建筑电气生产行业的桥梁关系，学委会经报经省土木学会同意，增加了一贯对学委会工作大力支持的广东伟雄集团作为挂靠单位，增加了如伟雄集团、TCL国际电工、ABB公司等著名建筑电气品牌的厂家代表任学委会的常委或委员。为使学委会的工作更具活力，更与时俱进。第五届学委会除了大批更换中青年技术人员任职外，对退下的老委员专门成立了一个顾问组，让老同志继续对学会工作建言献策，发挥余热。

主任委员：汤德明

副主任委员：何镇南　黄晓峰　邓华明　温尚霖　凌志新

秘书长：凌志新

广东省土木建筑学会
暖通空调专业委员会

主任委员：刘建华，女，1936年生，1959年毕业于清华大学暖通空调专业。在1997年前在广东省建筑设计研究院从事设计、审核、审定工作。1997年后在省院监理公司副总工程师，高级工程师。

暖通空调委员会有会员400多人，委员会经常组织学术交流，并二年举办一次学术年会，参加人员踊跃。委员会开展技术咨询、组织新产品、新技术推广会，为设计、施工、业主等单位起沟通作用，社会反映良好。

为更好开展学会工作，本委员会设主任一人，副主任7人，秘书长1人，副秘书长2人，委员40人。

主任委员：刘建华

副主任委员：屈国伦　廖坚卫　邓伟雄　朱可澄　钟朝安　李　豫　冀兆良

秘书长：邓伟雄

关于请组织做好《广东土木建筑年鉴》有关工作的函

粤建学编函[2008]1号

各土木建筑有关企事业单位：

广东省土木建筑学会在建设厅、交通厅、水利厅、广铁集团的指导下，组织编纂出版《广东土木建筑年鉴》首卷的工作中，得到了各系统、各方面的大力支持，充分体现了“大土木”的格局。为进一步做好《广东土木建筑年鉴》的组织编纂出版工作，现将有关事项通知如下：

一、《广东土木建筑年鉴》按年度编辑出版，每年一卷。其组稿、编辑、出版、发行和彩版征集汇编工作由《广东土木建筑年鉴》编辑部负责。具体办法详见《广东土木建筑年鉴》（2009卷）组稿编辑工作的说明。

二、请各地、各有关部门、企事业单位积极组织做好《广东土木建筑年鉴》（2009卷）稿件的撰写和报送工作，于2009年6月20日前报送《广东土木建筑年鉴》编辑部（联系人及电话：赵亮　13570419799，传真：020－86667337，电子信箱：gdtmjznj@163.com）。

附件：关于《广东土木建筑年鉴》（2009卷）组稿编辑工作的说明

广东省土木建筑学会
广东土木建筑年鉴编委会
二〇〇八年十月十八日

关于《广东土木建筑年鉴》（2009卷）组稿编辑工作的说明

为了做好《广东土木建筑年鉴》（2009卷）的编辑和发行工作，说明如下：

一、抓紧做好《广东土木建筑年鉴》（2009卷）『以下简称《年鉴》』的组稿和编辑工作

《年鉴》（2009卷）将全面记载2008年度各地区、各部门建设事业发展与改革的总体情况和主要成就、出台的政策法规和重大改革举措及其取得的成就。关于城乡规划、建设和管理，国家重点工程建设，社会主义新农村建设，加强法律法规和建设工程标准体系建设，积极推进依法行政，加强房地产宏观调控，调整住房供应结构，稳定住房价格，建立住房保障制度，整顿规范房地产市场和建筑市场秩序，推进旧住宅小区和棚户区改造，科学编制严格实施城乡规划，加强城乡规划效能监察，保护历史文化名城名镇名村，建设科技创新，建筑节能和环保及节能省地型住宅和建筑，供热改革，优先发展城市公共交通，清理解决拖欠工程款，城市综合防灾减灾，质量安全管理等工作情况，要重点记载。

《年鉴》（2009卷）将全面记载2008年各企事业单位、个人在国际国内省内市内获得各种奖励表彰的情况。

《年鉴》采用记实性文体，文稿要简明扼要，重点突出，实事求是，数字准确。各地区稿件一般在1．5万字左右；省有关厅局、部门和单位稿件在5000字左右；有关企事业单位稿件在1000字左右。文稿可选配4－6幅工程建设和重大活动照片，具有重要史料价值的珍贵照片，包括领导同志出席重大建设活动、视察重大建设项目的照片，或具有典型意义与史料价值的建筑工程照片，作为“特载”刊登《年鉴》（2009卷）。

《年鉴》（2009卷）“建设大事记”专栏，按月、日简要记载全省各地区2008年度建设领域的重大工程建设、重大活动、重大事件和重大工作。每条文字300字以内。各地区和有关部门可根据本地区、本部门实际组织编写、推荐。

二、请协助做好《广东土木建筑年鉴》的发行工作

《年鉴》是一部大型文献史料性工具书。将全面、系统地记载我省“大土木”行业各个领域每年度的发展状况和达到的水平，还将收录国务院领导、建设部领导讲话及国务院和有关部委、广东省一批重要法律法规、政策性文件，具有重要史料价值、实用价值和收藏价值。因此，请各地协助做好《年鉴》的发行工作。具体办法参见《广东土木建筑年鉴》编辑部关于发行工作的办法。

三、《广东土木建筑年鉴》编辑部希望提供稿件的地区和部门大力支持，积极做好《年鉴》（2009卷）稿件的组织编写与报送工作

编委会地址：广州市流花路中展里68号流花大楼九楼（省土木建筑学会内）　邮编：510160
编辑部地址：广州市中山一路51号拓业大厦附楼819室　邮编：510600
深圳联络处：深圳市八卦三路522栋（深圳市德信美印刷有限公司内）　邮编：518029
执行主编：赵亮（广州13570419799）（深圳13926538005）
电话/传真：（020）86667337
电子信箱：gdtmjznj@163.com　819970909@qq.com　zgppspqs@vip.sina.com

关于编辑出版
《广东省土木建筑专家文集》丛书的通知

粤建学（编）字（2006）008号

各有关专家及相关单位：

广东省土木建筑学会已经走过五十多个春秋，许多老专家已经作古，健在的老专家很多也已经过了古稀之年。为总结保存老专家们的智慧结晶，丰富我省土木建筑行业的科技宝库，展示他们的风采，宏扬他们的精神，传承他们的专业知识，广东省土木建筑学会四届三次常务理事会研究决定，开始启动《广东省土木建筑专家文集》（以下简称〈专家文集〉）系列丛书的编辑出版工作。这也是落实省委省政府提出的建设文化大省的战略我们学会作出的具体举措。希望各有关单位、部门给予大力支持。现将有关事项通告如下：

一、成立《专家文集》编委会

成立《专家文集》编委会，编委会由学会理事以上有关专家组成，设主任委员一人，副主任委员二人，主编一人，委员九人。

二、《专家文集》入编条件：

1、与土木建筑行业相关的中国科学院院士和中国工程院院士；中国工程设计大师及勘察大师。

2、在省内土木建筑界有颇高知名度的老专家（60岁以上）。

3、需提供25万字以上发表过的土木建筑方面的论文或著作，以及未发表过的文章和珍贵的照片，每位专家单独成卷出版。

4、入编者均应是广东省土木建筑学会的会员。

三、入编程序：

1、提名工作：

由广东省土木建筑学会秘书处根据平时掌握的资料，按照专家文集入编条件，与有关专家联系并征得同意，然后提出入编人员的初步名单。

2、名单确定：

由学会常务理事会议审议确定。

3、编辑出版：

⑴、按常务理事会确定的名单，通知入选专家，由专家本人确定交稿件时间（为减低成本和减少差错，请提供电子文件）；⑵、编委会据此作出工作计划，开展筹集资金和编辑出版的工作；⑶、样书必须经本人校对同意；⑷、每部《专家文集》样稿编出后，由编委会组织有关专家、编委把关审阅，并撰写跋；由专家本人邀请有关人员撰写序；本人和学会出面邀请有关知名人士题词；⑸、成熟一部出版一部。

四、资金来源

由《专家文集》编委会负责筹集，原则上不向文集作者本人收费，但可以争取作者单位和社会资助，也可通过售书和广告等形式进行补充。

五、四届三次常务理事会通过的入选名单：

容柏生、何镜堂、周福霖、吴硕贤、张旷成、陈宗弼、郭明卓、
陈之泉、陈家辉、黎克强、林培源、王盛源、傅学怡、张元坤。

六、联系方式：

地址：广州市流花路中展里68号流花大楼9楼　　　邮编：510160
电话/传真:020-86667337
负责人：赵亮（13570419799）
稿件信箱：zgppspqs@vip.sina.com
网　址：www.gdbuild.com.cn

广东省土木建筑学会
《广东省土木建筑专家文集》丛书编委会
2006年9月12日

广州市民用建筑科研设计院

本院成立于1981年10月，是国家甲级设计单位，现有职工63人，各类专业技术人员占92%以上，其中高级工程师16人，工程师28人，硕士13人，设计工具先进。1990年被评为广州市电子计算机应用推广先进单位。

十多年来，本院完成主要大型工程规划、设计项目六十多项。获得国家及部、省、市级以上奖励的成果有50项（其中科研获奖项目11项，获奖科研论文10篇，勘察设计获奖项目29项），计算机发明专利1项，并有80篇科研论文在国际或全国学术会议和学术杂志上发表。1995年被国家建设部评为全国房地产行业精神文明建设先进单位。1997年度广州市勘察设计单位资历年审合格优秀单位。

本院为社会提供的服务项目有：建筑工程设计、建筑装饰设计、规计设计、环保设计、消防设计、建筑工程监理、新型墙材的应用研究、结构化综合布线、电脑技术的研究应用以及技术咨询、技术培训和维修服务等。

地址：越秀北路89号越豪大厦15-18楼
电话：83856448、83870318、83870118、83856461
E-mail：GZMJKSY@Pub.Guangzhou.GD.CN/

广东新豪斯建筑设计有限公司（原广东广信建筑设计院）

本公司成立于1984年5月。前身为广东省信托房产公司设计院，1993年7月更名为广东广信建筑设计院，2002年10月改制更名为广东新豪斯建筑设计有限公司，具有综合建筑设计甲级资质、装饰设计、自动消防系统工程设计和丙级城市规划设计资格。2003年8月企业通过ISO9001：2000国际质量管理体系认证。

公司现设有总工室、综合办公室和方案设计、建筑规划、结构、设备四个专业设计所以及北京分所。

十年来我司共完成了30多个居住小区的规划设计和20多栋高层、超高层住宅、写字楼、公寓设计，以及一些宾馆、学校、幼儿园、高级会所、厂房等设计。近几年完成的项目有：广东省公安厅办公楼指挥中心、城启大厦写字楼、荔港南湾北区4、5、6、7期、荔港南湾南区1期、逸蓝华庭、波尔多庄园、城启晴轩、伊顿-18、十三行商住楼、广船珠江倩影、江门江海花园江殷居、江琴居、江聆居、清远标牌陶瓷厂房、广东省公安厅办公楼改造和会议室加建装修设计等。

公司地址：广州市五羊新城寺右南一街一巷7~8号二楼
联系电话：总机： 37579917 、37579921
办公室：37579910
传　　真： 37579910

广州市白云建筑设计院有限公司

广州市白云建筑设计院有限公司成立于1975年，现为国家建筑综合甲级设计单位，是广州市十个优秀设计院之一。该院技术人员素质较高，专业配套齐全，技术层次构成比较合理。近十年来所设计的项目多项荣获省、市优秀设计奖。“
地 址： 广州市政通路5号二、三楼
电 话： 020-86588331
传 真： 020-86397612

阳江市城市规划设计院

法人代表：林举超
联系电话：0662-3217083
传真号吗：
通讯地址：阳江市西平路规划局六楼
邮政编码：529500
从业人数：39
企业等级：丙级

广东土木建筑年鉴（2008）
编　　者：广东省土木建筑学会
出版发行：中国建筑业出版社
（香港湾仔道165-171号乐基中心608室）
印刷：深圳市德信美印刷有限公司
开本：1194 x 889 mm　1/16
印张：29.5　　450000字
版次：2008年11月第一版
印次：2008年11月第一次印刷
印数：3000册
书号：988-97842-2-X
定价：888.00元/（1-4卷）
本卷：480.00元